1416125

CHINA

KEI LUM CHAN

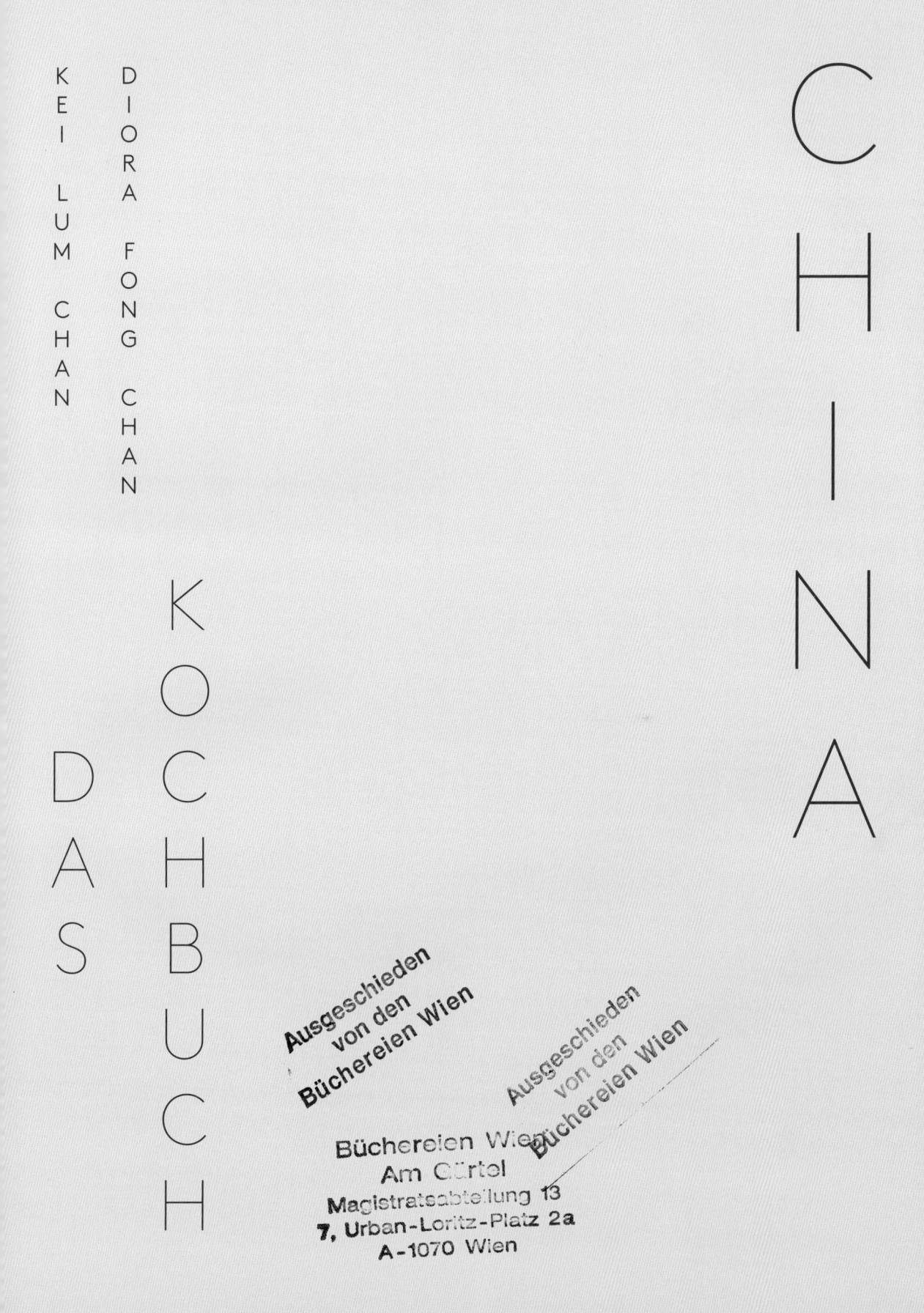

DIORA FONG CHAN

DAS KOCHBUCH

CHINA

EINFÜHRUNG	VORSPEISEN	& SALATE	SUPPEN	FISCH & MEERESFRÜCHTE	GEFLÜGEL	FLEISCH
7	43		87	125	239	313

GEMÜSE

TOFU & EIER

REIS CONGEE

& NUDELN

DESSERTS

GASTKÖCHE

GLOSSAR · REGISTER · BIBLIOGRAFIE · ANMERKUNGEN

EINFÜHRUNG

业务代办点
GSM130 131/CDMA133手机卡
17910 17911 IP电话业务
GSM130 131/CDMA133续费卡
好消息
玉龙供销社白沙综合服务社

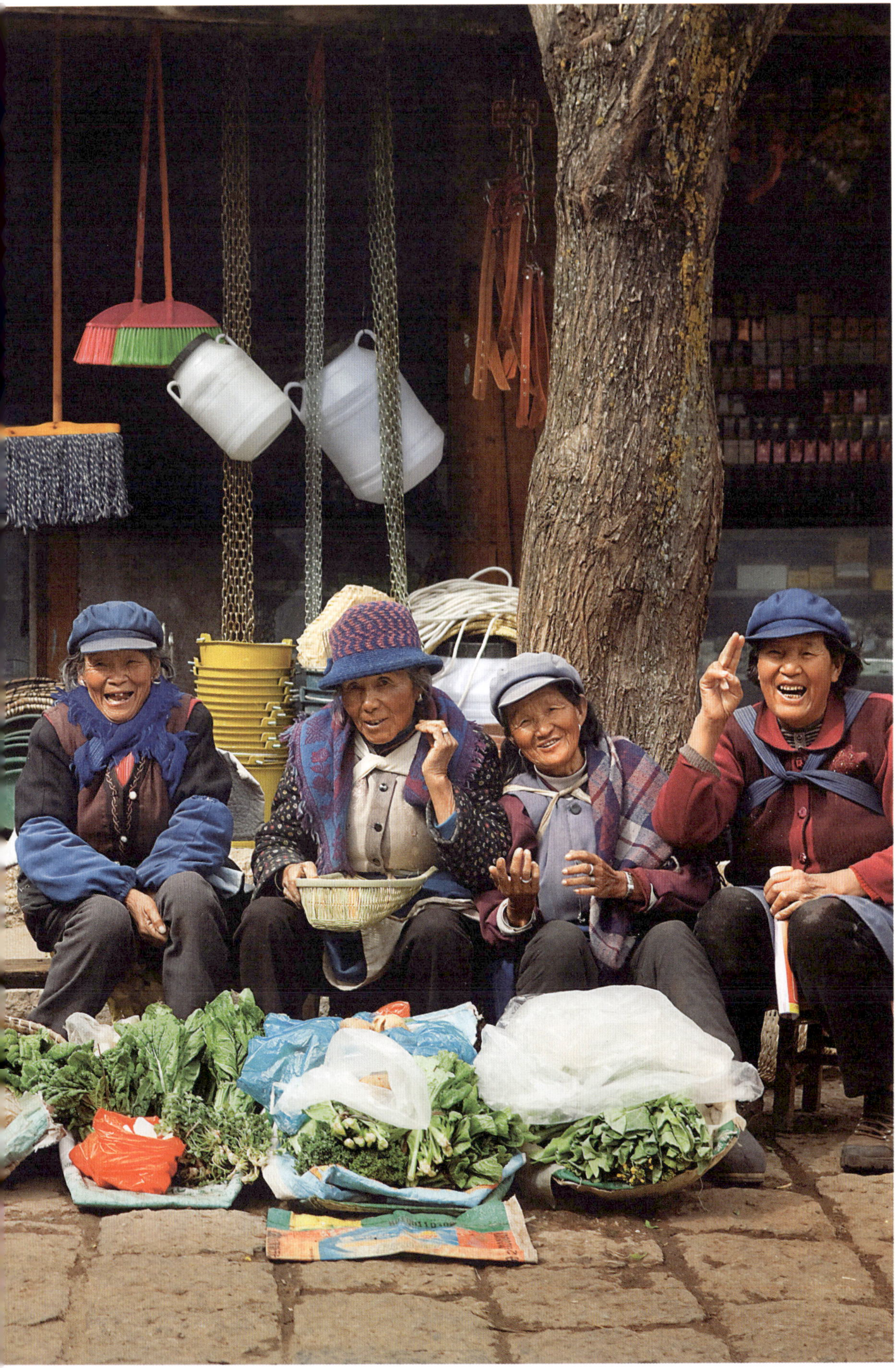

VORWORT DER AUTOREN

Meine erste Kochstunde bekam ich mit acht Jahren. Mein Vater war ein hervorragender Koch, und ich trieb mich oft in der Küche herum und versuchte zu helfen. Eines Tages bereitete er ein festliches Abendessen vor und hatte mich beauftragt, eine Ente über einem Kohlefeuer zu rösten. Wir hatten keinen Drehspieß, also spießte ich die Ente auf eine lange Gabel, hielt sie über das Feuer und drehte sie gelegentlich, damit sie gleichmäßig garte. Ganz einfach, dachte ich.

Mit der Zeit wurde die Ente immer schwerer, mein Interesse schwand und meine Geduld ebenso. Als die Haut der Ente schön braun war, erklärte ich sie daher kurzerhand für fertig, dabei war sie tatsächlich noch ganz roh. Mein Vater erklärte mir, dass man nicht mit den Händen kocht, sondern mit dem Herzen – nur wenn man mit ganzem Herzen dabei ist, kocht man richtig. Diese Lektion ist mir heute noch präsent, und das Motto zieht sich durch alle unsere Kochbücher.

Meine Frau Diora und ich stammen aus Familien mit großer Wertschätzung für gutes Essen und Küchenkultur. Mein Vater war Chefredakteur und Gastrokritiker einer bekannten Hongkonger Zeitung. Seine zehnbändige Reihe „Food Classics", 1953 geschrieben und veröffentlicht, galt weithin als chinesische Kochbibel und wird heute noch in Hongkong und Festlandchina neu aufgelegt. Von ihm habe ich einen großen Teil meines Wissens und meines Talents geerbt, und ich teile seine Leidenschaft für die chinesische Küche. Teile von Dioras Familie lebten in der Qing-Dynastie am Kaiserhof und bekleideten vor 1949 hohe Positionen in der chinesischen Regierung. Ihretwegen gehört gutes Essen heute zur Tradition ihrer Familie.

Als wir mit diesem ehrgeizigen Projekt begannen, hatten wir noch keine Vorstellung vom Ausmaß der Arbeit. Wir wollten eine Sammlung von Rezepten vorstellen, die den besten Querschnitt durch die chinesische Küche und die Traditionen jeder Region von Beijing über Sichuan bis nach Guangdong zeigt. Sobald wir mit der Liste anfingen, erkannten wir, dass wir uns an der falschen Stelle Sorgen gemacht hatten. Das Problem war nicht, genügend Gerichte zu sammeln, sondern eine Auswahl zu treffen.

Die meisten regionalen Speisen verdienen ein eigenes Buch, und es galt, die Rezepte zu recherchieren, auszuwählen, aufzuschreiben und durch Nachkochen zu prüfen, ob sie sich für zu Hause eignen. Das war schwierig, machte aber auch Spaß, und wir erfuhren dabei viel Neues über Chinas kulinarische Geschichte. Viele Klassiker und Gerichte mit langer Tradition finden sich in diesem Buch, andere, wie Pekingente oder geröstetes Schwein, haben wir weggelassen, weil sie sich zu Hause nicht gut zubereiten lassen.

In der chinesischen Küche werden alle Gerichte geteilt, ob zu Hause oder im Restaurant. Die Anzahl der Portionen im Rezept kann irreführend sein, da sie davon abhängt, wie viele Gerichte auf den Tisch kommen. Bei einem chinesischen Essen ist es normal, so viele Gerichte zu servieren, wie Personen mitessen; daran sollte sich der Leser orientieren. Unter „Wenn Chinesen zu Tisch bitten" (Seite 31) finden Sie weitere Informationen zu unseren Essensritualen.

Es war nie einfacher, authentisches chinesisches Essen außerhalb von China zu kochen. Ehemals schwer erhältliche exotische Zutaten wie Pak Choi, Hoisin-Sauce und Klebreis finden sich inzwischen in der Asienabteilung der großen Supermärkte und in Asienläden. Für weniger häufige Zutaten geben wir meist Ersatzmöglichkeiten an.

Die Zeitangaben in den Rezepten sollen nur der Orientierung dienen und können individuell abweichen. Ihre realistische Einschätzung wird sich immer mehr entwickeln und verfeinern, je vertrauter Sie mit der chinesischen Küche werden.

Wir beschreiben Essen oft über Farbe, Geruch und Geschmack; auch beim Kochen entscheiden wir mit Augen, Nase und Zunge, wann ein Schritt abgeschlossen ist. In diesem Buch möchten wir unsere Liebe für und den Stolz auf die chinesische Küche weitergeben. Wir hoffen, es weckt das Interesse aller, die noch nie chinesisch gekocht haben, und der Erfahrenen, die unsere Geschichte besser verstehen möchten.

Kei Lum und Diora Fong Chan

DIE GESCHICHTE DER CHINESISCHEN ESSKULTUR

Eine übliche Begrüßung in China lautet: „Hast du schon Reis gegessen?" (im Sinne von: „Hast du schon gegessen?"). Das zeigt, wie tief verwurzelt das Essen in der Landesseele ist. Essen ist die Grundlage der Kultur und des täglichen Lebens für die 1,4 Milliarden Bewohner des Landes. Mit Ausnahme von Frankreich hat die Küchenkultur in keinem anderen Land so große gastronomische Höhen erklommen.

Vom Altertum über die chinesische Kaiserzeit und die Ära der sozialistischen Reformen bis in die Moderne ist die chinesische Küche stets ein Spiegel sowohl kultureller Triumphe als auch von Kulturkämpfen gewesen. Um zu verstehen, wie gesellschaftliche Normen, Klassen, Ideologien und Obrigkeit in einer Schale Reis zusammenkommen, müssen wir uns ansehen, wie Nahrung in China eingesetzt wurde, um das Volk zu lenken, wie das Essen mit der Gesundheit zusammenhängt und wieso Nahrung Glück und Wohlstand symbolisiert.

NAHRUNG ALS SYMBOL DES SOZIALEN STATUS

Die chinesische Wertschätzung des Essens ist heute noch so lebendig wie damals im zweiten Jahrhundert, als Hen Li das Gefühl mit den Worten „Für das Volk ist das Essen der Himmel" beschrieb. Die Achtung vor gutem Essen spielte eine zentrale Rolle bei der Prägung gesellschaftlicher Normen. Bereits vor 3000 Jahren etablierten sich strenge Riten (gesellschaftliche Standards), die *Liji*, in denen die Interaktionen zwischen dem Kaiser und seinen Untertanen sowie zwischen einfachen Leuten unterschiedlicher Stellung beschrieben wurden. Dazu gehörten auch Regeln, wann und wie zu essen, wie der Tisch zu decken und welches Geschirr zu benutzen war.

Der Anbruch eines Goldenen Zeitalters in der Tang-Dynastie (618–907) bedeutete auch die Entwicklung der Kochkunst: Zubereitungstechniken wurden raffinierter, neue Saucen wurden erfunden, und die Aromen verfeinerten sich. Der Handel über die Seidenstraße florierte und brachte exotische Zutaten (Feigen aus Persien, Ginsengwurzeln aus Korea, Mangos aus Südostasien) und Wein aus Trauben ins Land.

Bis zu dieser Zeit hatten die Chinesen hauptsächlich über das Essen geschrieben, um Konzepte zu illustrieren – Agrikultur, Medizin, Klassen, Staatsbildung –, aber nur selten über die Kunst des Essens und Trinkens. Mit dem Erblühen der kulinarischen Künste jedoch nahm auch die Wertschätzung der Gelehrten zu. Yuan Mei, ein Dichter in der Qing-Dynastie, dokumentierte die Geschichte der chinesischen Esskultur im *Suiyuan Shidan* (1790), indem er 326 Delikatessen aus dem Norden und dem Süden im Laufe der Jahrhunderte beschrieb. Der Einfluss der Feinschmecker jener Zeit war so groß, dass manche Speisen nach ihnen benannt wurden: Nach dem berühmten Dichter Su Dongpo (1036–1101) etwa heißt ein Gericht mit süßem, klebrigem, zweimal gekochtem und rot geschmortem Schweinefleisch aus Zhejiang „Dongpo-Schweinebauch" (Seite 380).

Im Gegensatz zu den lukullischen Höhenflügen der privilegierten Klassen war das Verhältnis der einfachen Leute zum Essen zeitweise eher vom Überleben und von schlichter Versorgung geprägt. Armut schloss jedoch die Wertschätzung von Nahrung keineswegs aus. Im einfachen Volk wurde das Essen trotzdem mit Sorgfalt und Respekt zubereitet, wie es sich gehörte. Das Beste aus dem zu machen, was man hat, ist ein Grundprinzip der chinesischen Philosophie, und der Unterschied zwischen den Klassen lag einzig im Reichtum, nicht aber in den Lebensprinzipien.

NAHRUNG ALS HERRSCHAFTSINSTRUMENT

In einem Land, das von einer Folge von Hungersnöten heimgesucht wurde (nahezu eine pro

Jahr), deren Schwere und Ausmaß teilweise zum Zusammenbruch ganzer Dynastien (z. B. der Ming-Dynastie 1644) und dem Sturz der herrschenden Klasse führten, spielte Nahrung eine zentrale Rolle in der Frage, wer die Macht im Staat hatte. Seit dem Altertum nutzte die Obrigkeit Nahrung als Instrument, um das Volk zu lenken, und dieses Wechselspiel von Verpflegung und Macht prägt von jeher die chinesische Küche. So lautete die ursprüngliche Übersetzung der Redensart „Für das Volk ist das Essen der Himmel" denn auch „Nichts ist dem Volk wichtiger, als genug zu essen zu haben"; erst in neueren Zeiten hat sich die Bedeutung hin zum vergnügungsorientierten Aspekt des Essens gewandelt.

China mit Nahrung zu versorgen ist eine monumentale Aufgabe. Trotz seiner großen Landmasse eignen sich nur elf Prozent des Landes für die Agrikultur, und ein noch geringerer Teil davon bringt gute Erträge. Zum Vergleich: Europa hat ungefähr die gleiche Fläche wie China, davon sind jedoch 90 Prozent landwirtschaftlich nutzbar.

Die Notwendigkeit der Landwirtschaft zur Sicherung der Versorgung wird im 2500 Jahre alten Grundlagenwerk Qimin Yaoshu (齐民要术 – „Wichtige Methoden, dem Volk Harmonie zu bringen") über den Ackerbau dargelegt. Die Schrift enthält eine Abhandlung über Nahrungsmittel und 280 Rezepte, die die Grundlage für die Entwicklung der chinesischen Kochkunst bilden sollten (so wie Auguste Escoffiers Ma Cuisine für die französische Küche).

In der Kaiserzeit war dem Kaiser bewusst, dass gut gefüllte öffentliche Kornkammern Stabilität im einfachen Volk garantierten und die Regierungsführung sicherten. Dieses Bewusstsein führte so gar so weit, dass in der Tang-Dynastie jeder Beamte, der sich als nachlässig in der Instandhaltung der Kornkammern erwies und den Verderb des Getreides verschuldete, zu bis zu drei Jahren Zwangsarbeit verurteilt wurde.

Bis zu den Achtzigerjahren des 20. Jahrhunderts hatte China bereits mehr als 100 Jahre sozialer Unruhen und politischer Unsicherheit hinter sich und Invasionen fremder Länder, eine Revolution, die zum Ende der Qing-Dynastie führte, den Krieg gegen Japan und den anschließenden Bürgerkrieg erlebt. Für die meisten Chinesen waren es harte Zeiten, vor allem angesichts der Anzahl großer Hungersnöte um die Mitte des 20. Jahrhunderts.

Die ineffektive Landwirtschaftspolitik in den ersten Jahren nach Gründung der Volksrepublik China 1949 machte es allen Menschen noch schwieriger. Für die chinesische Küche brachen dunkle Zeiten an, die bis zur Reform- und Öffnungspolitik der Achtzigerjahre dauerten. Unter der neuen Politik entstanden und florierten Privatunternehmen, und langsam fand die chinesische Küche zu ihrer alten Form zurück.

Dass in einem Land mit einer so beklagenswerten Geschichte voller Not, jahreszeitlicher Kapriolen, Krieg, Armut, Überschwemmungen und Hungersnöte eine so vielfältige und reiche Küchentradition entstehen konnte, zeugt vom Einfalls- und Ideenreichtum der Chinesen. Der Mangel an Nahrungsmitteln zwang sie dazu, eine ausgeklügelte Küche auf der Grundlage von Sparsamkeit und der meisterhaften Verschmelzung von Aromen zu entwickeln.

ESSEN FÜR GESUNDHEIT UND INNERES GLEICHGEWICHT

Als die sozialistischen Reformen der Kulturrevolution in den 1970er-Jahren aufgegeben wurden, ließ die Nahrungsmittelknappheit langsam nach, und die Bevölkerung konnte vom reinen Überleben wieder dazu übergehen, für Gesundheit, inneres Gleichgewicht und langes Leben zu essen.

Die Rolle der Ernährung in der Stärkung der Gesundheit und der Vorbeugung gegen Krankheit ist ein zentrales Dogma der chinesischen Esskultur. Selbst in der Askese, die die Kulturrevolution auszeichnete, erkannte Mao die Notwendigkeit an, frisches, nährstoffreiches Essen zu servieren, indem er die Volksküchen im ganzen Land vereinheitlichte.

Das Konstrukt der Nahrung als Medizin geht auf alte Zeiten zurück. Schon 1330 in der Yuan-Dynastie schrieb der Hofarzt Hu Sihui (忽思慧) „Das Prinzip der richtigen Ernährung" mit 200 Kräutersuppen, die den Körper ins Gleichgewicht bringen sollten. Die Tradition der Arzneisuppen ist noch heute lebendig.

Die meisten Chinesen lernen die vorbeugenden und heilenden Eigenschaften von Nahrungsmitteln eher beim Kochen als durch ein formales Studium kennen. Heißes und scharfes (yin) Essen erleichtert den Fluss der Chi-Energie durch den Körper, muss jedoch durch kühlende (yang) Nahrungsmittel ausgeglichen werden.

In heißen, feuchten Sommern werden Mungobohnensuppe (Seite 633) und Lilienzwiebelsuppe bei Hitzschlag empfohlen; ist im Herbst die Luft kühl und trocken, werden Birnen, Kakis, Oliven und Rüben gegessen, um die Lungen zu befeuchten; kalorienreiche Nahrungsmittel wie Schweinefüße, Longan, Walnüsse und Sesamsaat sind ideal im Winter; gebrechlichen, kälteanfälligen Menschen wurde wegen seiner wärmenden Eigenschaften Hundefleisch empfohlen. Bei speziellen Leiden sollte nach alter Lehre der Verzehr bestimmter Nahrungsmittel das Gleichgewicht im Körper wiederherstellen: Hirse mit braunem Zucker und gerösteter Sesamsaat brachte nach einer Geburt die Energie zurück, Schildkrötensuppe sollte die Nierenfunktion anregen. Die Tradition, bestimmte Lebewesen zu essen, wird auch heute noch in China praktiziert, auch wenn der Verzehr aus Nachhaltigkeits- und Tierschutzgründen reglementiert ist.

Die vegetarische Lebensweise, die heute aus Gesundheitsgründen so verbreitet ist, wurde im alten China praktiziert, weil es schlicht kein Fleisch gab, aber auch aufgrund religiöser Überzeugungen: In der Liang-Dynastie verbot Kaiser Wu, ein frommer Buddhist, allen Mönchen während seiner Regierungszeit von 502 bis 549 den Verzehr von Fleisch. Seiner Überzeugung nach ermuntert der Daoismus dazu, in Harmonie mit der Natur zu leben, und diese Praxis hat sich bis heute fortgesetzt.

MODERNE CHINESISCHE KÜCHENKULTUR

Seit den 1980er-Jahren hat sich in China ein wirtschaftlicher und sozialer Wandel vollzogen: Die staatlichen Versorgungsämter mit ihren einheitlichen Speisekarten wurden durch privat geführte Restaurants ersetzt, die Chinas kulinarischem Kanon neues Leben einhauchen.

Migranten aus ganz China haben den Weg in die größeren Städte gefunden und wenn sie keine Arbeit fanden, Streetfood-Geschäfte eröffnet. So brachten sie die Esskultur ihrer Heimatprovinzen in die urbanen Zentren, die auf diese Weise zum Paradies für jeden Gourmet aufstiegen. Im Angebot findet sich eine überwältigende Vielfalt typischer regionaler Gerichte von scharfen handgezogenen Rindfleischnudeln aus Lanzhou über Lammspieße mit Kreuzkümmelaroma aus Xingjiang (Seite 417) bis zu den berühmten kalten Nudeln mit Aal aus Shanghai (Seite 593).

Weiter weg im Ausland führte die großflächige Emigration der Chinesen ab der Mitte des 19. Jahrhunderts nach Südostasien, Europa, Amerika und Australien dazu, dass die Küche sich an ihre neue Heimat anpasste und lokale Zutaten mit aufnahm. Kanton (heute Guangzhou) in Südchina war das Epizentrum der Emigration, was erklärt, warum die Gerichte aus dieser Region dem westlichen Gaumen am vertrautesten sind (etwa Süßsaure Rippchen, Seite 366, oder Krabbe mit Ingwer und Frühlingszwiebeln, Seite 206). Gerichte aus Chinas anderen Provinzen holen jedoch in der Globalisierung auf: In Manhattan stehen die Bewohner Schlange für geschabte Nudeln aus Shanxi, und die Schweinefleisch-Teigtaschen in Suppe aus Shanghai, *xiao long bao*, haben eine treue Fangemeinde in Sydney.

Manche beklagen den Verlust der Authentizität durch die Globalisierung, aber die chinesische Küchenkultur hat sich schon immer durch den Kontakt mit neuen Völkern und die Einbeziehung neuer Zutaten weiterentwickelt. Für uns steht zeitgenössische chinesische Esskultur für die Bewahrung der Vergangenheit, ein erneuertes greifbares Interesse an den verschiedenen Küchen des Landes und eine globale Fortführung der Wertschätzung guten Essens.

REGIONALKÜCHEN

Die Bezeichnung „chinesisches Essen" ist viel zu ungenau, um Chinas kulinarische Landschaft zu beschreiben, die 34 Provinzen und Regionen mit 56 einheimischen Nationalitäten umfasst – jede mit ganz eigenen Küchentraditionen. Im Hinblick auf die Regionalküchen stellt man sich China besser als einen Kontinent vor denn als ein Land. Seine dramatische, abwechslungsreiche Landschaft von den üppigen Flusstälern des Jangtse und des Gelben Flusses über die tibetanische Hochebene bis zu den halbtrockenen Steppen der Inneren Mongolei und die klimatischen Bedingungen bestimmen die regionalen Speisepläne.

Dieser Abschnitt liefert Fakten über die Regionen und zeigt, wie Geografie, Klima und Landschaft die Nahrung formen – der Stil des küstenreichen Nordostens unterscheidet sich stark von den Gerichten der Binnenregion Zentralchina, die ihrerseits andere Aromen zu bieten haben als Taiwan und Hongkong.

Ganz grob vereinfachend könnte man sagen, dass jedes der Hauptgebiete Chinas sich durch ein bestimmtes Aroma auszeichnet: Der Norden (Shandong) ist salzig, der Osten (Anhui, Jiangsu und Zhejiang) sauer, der Süden (Guangdong und Fujian) mild-süß und der Westen (Hunan und Sichuan) atemberaubend scharf. Diese Regionen, allgemein auch als die acht großen Küchen bekannt, stechen unter allen Regionalküchen am meisten hervor.

Neben den großen Küchen gibt es auch kleinere Regionen, die durch ihre Nähe zu einer größeren Region sowie durch die Gebräuche der dort lebenden ethnischen Gruppen geprägt sind.

DIE ACHT GROSSEN KÜCHEN

ANHUI

Die landumschlossene Provinz Anhui im Osten Chinas grenzt an sechs andere Provinzen. Die Landschaft gestaltet sich abwechslungsreich: Ebenen im Norden, Berge im Süden und der Jangtse, der sich durch die Berge hindurchschlängelt. Ein anderer großer Fluss, der Huai, fließt durch den zentralen und nördlichen Teil der Region, wo das ganze Jahr über gemäßigtes Klima herrscht und sich die Jahreszeiten voneinander abgrenzen. Die Region verfügt mit Flüssen, Seen und reichlich Ackerland über viele landwirtschaftliche Ressourcen.

Die Küche von Anhui blickt auf eine 2000-jährige Geschichte zurück und ist bekannt für ihre ausgefeilte Schneidekunst und diverse Gartechniken. Suppen und Kräuter sind ein fester Bestandteil, Tee wird häufig als Kochzutat eingesetzt. Das Jiuhua-Gebirge, eines der vier großen buddhistischen Gebirge in der Region, ist berühmt für seine vegetarischen Gerichte.

Die Anhui-Küche lässt sich in drei regionale Unterküchen einteilen: Huang Shang und Jixi im Süden, Wuhu nahe der südlichen Zentralregion und entlang dem Fluss Huai im Norden. Huang Shan und Jixi stehen für die typische Anhui-Küche; zu den üblichen Gartechniken gehören Pfannenrühren, Double Steaming, Schmoren und Slow Cooking. Die Wuhu-Region am Jangtse ist auch für die Verarbeitung von Geflügel und Süßwasserfischen bekannt, die gedämpft, geräuchert, geschmort, sautiert und langsam gekocht werden. Zum Garen wird gewöhnlich viel Öl eingesetzt. Die Huai-Region ist berühmt für Tofu, stark gesalzenes und gewürztes Essen und die Gartechniken Grillen, Räuchern, Schmoren und Sautieren.

Zu den typischen Gerichten gehören Tofu à la Zhu Hongwu (Seite 526), Jixi-Schweinebauch (Seite 390), Grüntee-Wasserkastanien-Dessert (Seite 640), Chop Suey (Seite 492) und Geschmortes Fuliji-Hähnchen (Seite 272).

SHANDONG

Die Shandong-Küche, auch Lu-Küche genannt, ist 3000 Jahre alt und damit die erste der acht großen chinesischen Regionalküchen.

Einen großen Einfluss hatten die Lehren des Konfuzius, insbesondere die richtige Zubereitung der Zutaten und das Zusammenbringen zu einem harmonischen Geschmack. Dank einer

EINFÜHRUNG

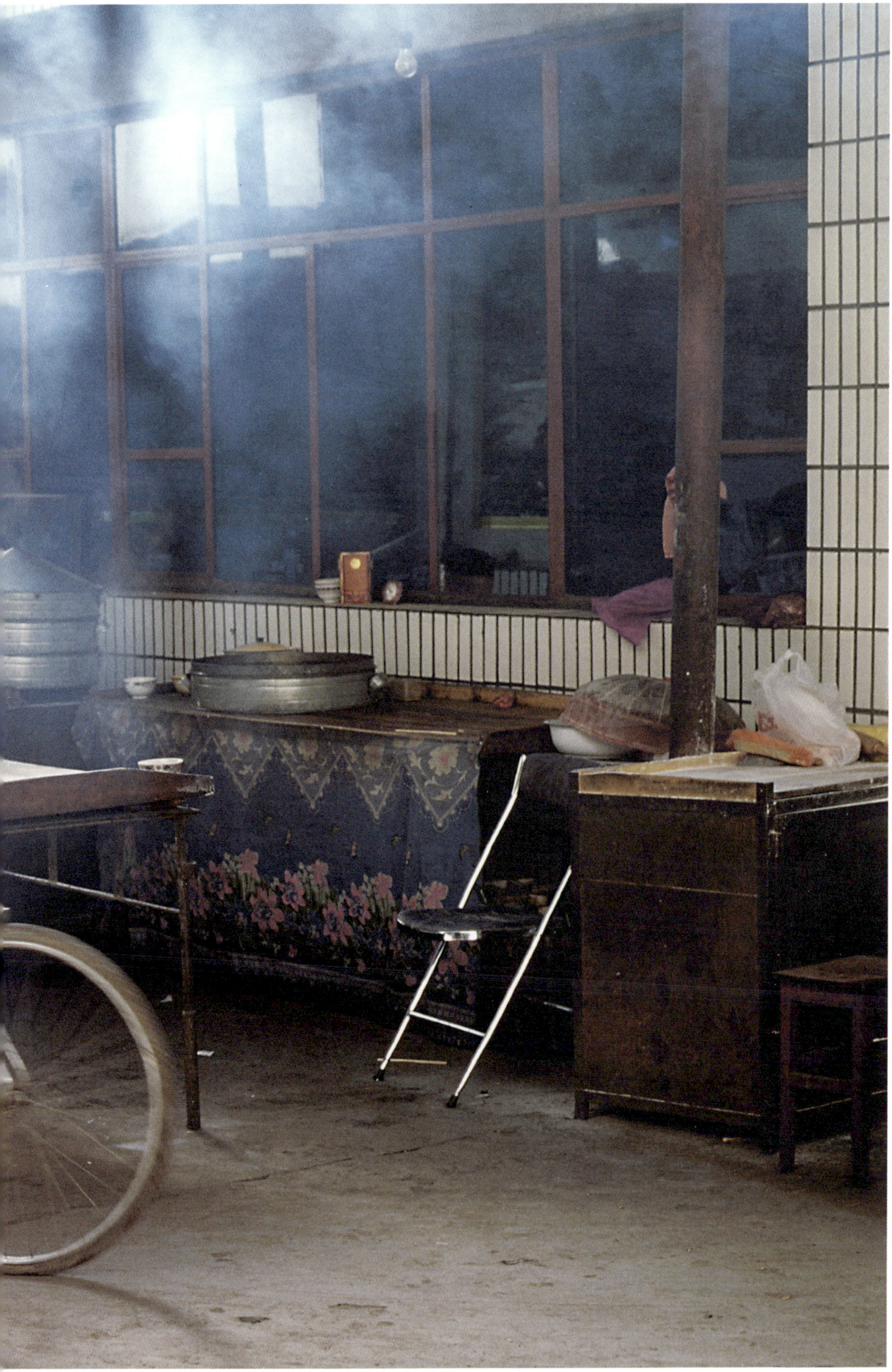

mehr als 3000 km langen Küste und mehreren großen Flüssen ist die Shandong-Küche besonders reich an Meeresfrüchten und Fischereiprodukten.

Die Shandong-Küche unterteilt sich in den Jiaodong-, den südwestlichen, den Tailai- und den konfuzianischen Stil. Die Küche der Halbinsel Jiaodong spezialisiert sich auf Meeresfrüchte, wie Bärengarnelen in Essig (Seite 187). Der Südwesten gehört zum alten Kanaldistrikt mit seinen üppigen Süßwasserfischbeständen. Gerichte wie Weichschildkröte mit Huhn (Seite 237), Fisch in süßsaurer Sauce (Seite 169) und gedämpfter Aucha-Barsch sind hier sehr beliebt.

Jinan war lange das Handels- und politische Zentrum von Shandong; hier entstanden Gerichte wie sautierte Schweineinnereien.

Aufgrund der vielen Tempel ist Tailai vor allem für seine vegetarischen Gerichte bekannt. Gutes Wasser, Tofu und frisches Gemüse liefern herausragende Zutaten für Gerichte wie Geschmorte Bambussprossen (Seite 495) und Geschmorter Tofu (Seite 503).

Konfuzius' Nachkommen lebten in der Sung-Dynastie im Wohlstand und zählten zum Adel. Die sozial sehr aktive Familie entwickelte eine höchst raffinierte Küche mit komplizierter Messerarbeit und harmonischen Aromen und erschuf Gerichte mit getrockneten Abalonen, Seegurken, Haiflossen und Schwimmblasen. Der konfuzianische Kochstil kam meist bei Festbanketten zum Tragen und übte einen großen, anhaltenden Einfluss auf die Shandong-Küche aus. Seegurken mit Winterzwiebeln (Seite 236) und Sautierte Abalonen (Seite 232) sind nur zwei dieser ausgesprochen beliebten Gerichte.

JIANGSU

Jiangsu liegt in Ostchina am Gelben Meer. Der Jangtse fließt im Süden durch die Provinz, der Kaiserkanal durchquert sie in Nord-Süd-Richtung und teilt dabei den Jangtse und andere Flüsse. Das seen- und flussreiche Land wird gelegentlich auch als „Wasserland" bezeichnet. Der Jangtse und der Kaiserkanal erleichterten den Handel zwischen Ost und West sowie Nord und Süd, was Jiangsu zu einer der reichsten Regionen des Landes machte. Wegen ihrer herrlichen Landschaft und des guten Essens war sie jahrhundertelang auch ein beliebtes kaiserliches Reiseziel.

Jiangsus Küchenkultur unterteilt sich in vier Stile: Yangzhou, Nanjing, Suzhou und Xuhai.

Speisen aus Yangzhou zeichnen sich durch ihre komplizierte Ausführung und den kunstvollen Umgang mit dem Messer aus, wie beispielhaft an der Wensi-Tofu-Suppe (Seite 99) gut zu erkennen ist, für die ein Stück Tofu in haarfeine Streifen geschnitten wird. Die Aromen sind eher leicht und fettarm; typische Gerichte sind beispielsweise Löwenkopf-Fleischbällchen (Seite 324), Halbtrockener Tofu mit Huhn und Schinken (Seite 517) und Gebratener Reis nach Yangzhou-Art (Seite 558).

Nanjing, die Hautpstadt von Jiangsu, war in der Vergangenheit auch die Hauptstadt mehrerer Dynastien. In dem politischen und wirtschaftlichen Zentrum entstand unter dem Einfluss kulinarischer Besonderheiten naher Regionen ein eigener Stil. Die Entenzucht ist ein wichtiger Industriezweig in Nanjing, und die Salzwasserenten und gepressten Enten erfreuen sich landesweit großer Beliebtheit. Sautierter Aal (Seite 179) ist eine weitere Delikatesse, die man sich hier nicht entgehen lassen sollte.

Suzhou inmitten des Jangtse-Deltas und zahlreicher Seen gehört zu den ältesten Städten in China und hat vor allem Süßwasserprodukte zu bieten. Wollhandkrabben aus dem nahen See gelten gedämpft und mit Essig serviert als Gourmetspeise. Weitere Delikatessen sind Bettler-Huhn und Rippchen nach Wuxi-Art (Seite 392). Bekannt ist Suzhou aber auch für sein Gebäck und seine Dim Sum.

Xuhai im Norden von Jiangsu steht unter dem starken Einfluss des nahen Shandong-Kochstils. Zu den beliebtesten regionalen Gerichten gehören Fächergarnelen (Seite 196) und Tintenfisch mit Schnittknoblauch (Seite 234).

FUJIAN

Die südostchinesische Provinz ist von jeher durch die Seefahrt geprägt. In Quanzhou an der Taiwanstraße begann der Meeresteil der Seidenstraße; der Handel mit anderen Ländern florierte.

Die Fujian-Küche wird in den nördlichen, den westlichen und den südlichen Stil unterteilt. Vertreter des westlichen Stils ist die Stadt Fuzhou; besondere Vorliebe hegt man in dieser raffinierten und leichten Küche für Suppen. Das Gericht *fo tiao qiang* („Buddha springt über die Mauer") ist eine Suppe aus wertvollen Zutaten wie Haiflossen, Seegurke, Huhn, Pilzen und Schinken, die über 5–6 Stunden doppelt gedämpft werden, und gilt als Glanzlicht der Fuzhou-Küche.

Typisch für viele Gerichte ist auch der Einsatz roter Trestersauce. Der westliche Küchenstil ähnelt in vielen Punkten der Hakka-Küche; viele Zutaten stammen aus den Bergen. Fleisch und Gemüse wie Bambussprossen, Rettich, Tofu,

Süßkartoffeln, Schweinefleisch und Fisch werden vor dem Gebrauch getrocknet und sorgen so für ein einzigartiges Aroma. Gerichte im südlichen Stil sind schärfer und süßer und enthalten oft Meeresfrüchte, vor allem Weich- und Schalentiere.

Gedämpfte Krabbe auf Klebreis (Seite 202), Fuzhou-Lychee-Fleischbällchen (Seite 340), Kurz gebratene Schweineleber (Seite 358), Muscheln in Brühe (Seite 108), Rippchen mit roter Trestersauce (Seite 335) und Ninghua-Tofukugeln (Seite 514) sind beliebte Gerichte aus Fujian.

ZHEJIANG

Zhejiang liegt im Osten Chinas, grenzt im Norden an Jiangsu, im Süden an Fujian, im Westen an Jiangxi und im Osten an das Ostchinesische Meer und verfügt über zahlreiche Salz- und Süßwasserressourcen. Acht große Flüsse und 30 große Seen bewässern das Gebiet. Schon in seiner frühen Geschichte war Zhejiang ein wirtschaftliches und politisches Zentrum und erlebte seine Blütezeit während der Hochkonjunktur in der Sung-Dynastie vor rund 1000 Jahren. Ebenso galt es als literarisches Zentrum, was naturgemäß gutes Essen und Trinken mit sich brachte. Bekannt ist Zhejiang auch für seinen Shaoxing-Reiswein und den Jinhua-Schinken.

Die Zhejiang-Küche teilt sich in vier Stile: Hangzhou, Shaoxing, Ningbo und Wenzhou. Mit seinem herrlichen Westsee ist Hangzhou das Zentrum der Kultiviertheit, was sich in seinem Essen widerspiegelt. Die fett- und salzarmen Speisen werden durch Pfannenrühren, Kurzbraten, Schmoren, Ziehenlassen, Dämpfen, Blanchieren und Sautieren zubereitet; in Fleisch- und Fischgerichten kommt oft roter Essig zum Einsatz. Typische Gerichte sind Dongpo-Schweinebauch (Seite 380), Doppelt gekochter Pökelschinken (Seite 382) und Yan-Du-Xian-Suppe (Seite 113). In Shaoxing, Ursprung des berühmten Reiswein, bevorzugt man Double Steaming, Dämpfen, Sautieren und Marinieren in Reiswein. Zu den bekannten Gerichten gehören doppelt gedämpfter Schweinebauch mit fermentiertem Kohlgemüse und Drunken Trotters (Seite 316).

Die Stadt Ningbo am Ostchinesischen Meer ist bekannt für ihre Fischspeisen wie Geschmorter Flussaal (Seite 180) und Corvinasuppe (Seite 108). Die Gerichte werden geschmort, gedämpft, kurz gebraten und mit Ingwer, Frühlingszwiebeln und Reiswein doppelt gedämpft.

Auch in Wenzhou im Zhejiangs Süden werden Süßwasserfische und Meeresfrüchte aus dem Ostchinesischen Meer verarbeitet. Typische Gerichte sind Gebratene Schwertmuscheln mit Eiern, Frittierte Anchovis (Seite 72) und geschmorter Fisch mit Huhn, Schinken und Pilzen.

GUANGDONG

In der Provinz an der Südküste Chinas florieren Landwirtschaft und Aquakultur dank mildem Klima, reichlich Regen und einer langen Küste seit Jahrhunderten. Die Hauptstadt Guangzhou gehörte zu den ersten chinesischen Häfen, die sich dem Westen gegenüber öffneten und so den Zugang zu vielen neuen Nahrungsmitteln aus Übersee gewährleistete.

Das milde Klima sorgt das ganze Jahr über für frisches Obst und Gemüse, Fleisch und lebende Fische. Frühmorgens gepflücktes Gemüse gelangt noch am selben Tag auf den Markt, und Geflügel, Schwein und Rind werden noch am Schlachttag verkauft. Süß- und Salzwasserfische schwimmen bis zum Verkauf in Aquarien. Alles kommt noch am selben Tag auf den Tisch.

Frische ist der Schlüssel zur Guangdong-Küche, und um sie zu erhalten, wird meist pfannengerührt und gedämpft. Gemüse wird mit oder ohne Fleisch kurz auf starker Hitze gebraten und bleibt knackig und voller Vitamine und Nährstoffe. Fisch wird gewöhnlich mit Ingwer und Frühlingszwiebeln gedämpft, bis er gerade gar ist – keine Minute länger! Ein perfekt gedämpfter Fisch wird oft als Bewertungskriterium für Restaurants herangezogen. An Hähnchen führt kein Weg vorbei (ob als Geschenk oder an Festtagen); es wird besonders sorgfältig zubereitet, damit es schmackhaft und saftig bleibt. Gedämpftes Hähnchen (Seite 250) und Guifei-Hähnchen (Seite 245) sind dafür die besten Beispiele.

Schweinefleisch ist abends auf jedem Tisch in Guangdong zu finden; Süßsaure Rippchen (Seite 366), Gegrillte Schweineschulter (Seite 394) und Schweinebraten erfreuen sich im ganzen Land großer Beliebtheit. Rindfleisch wird nicht in großen Mengen verzehrt, ist jedoch bei den Kantonesen äußerst beliebt. Geschmorte Rippchen und Sehnen (Seite 410) gehört nach wie vor zu den beliebtesten Gerichten überhaupt und wird mit Reis oder Nudeln gegessen. Langsam gekochte Suppen sind eine Kanton-Spezialität, und die Zutaten und Kräuter variieren mit den Jahreszeiten, um das Immunsystem zu stärken.

Dim Sum bedeutet „das Herz berühren". Sie entstanden in der Hauptstadt Guangzhou und erfordern geschickte Hände, um frische Zutaten zu kleinen, mundgerechten Häppchen zu formen, die man zum Frühstück oder Mittagessen genießt.

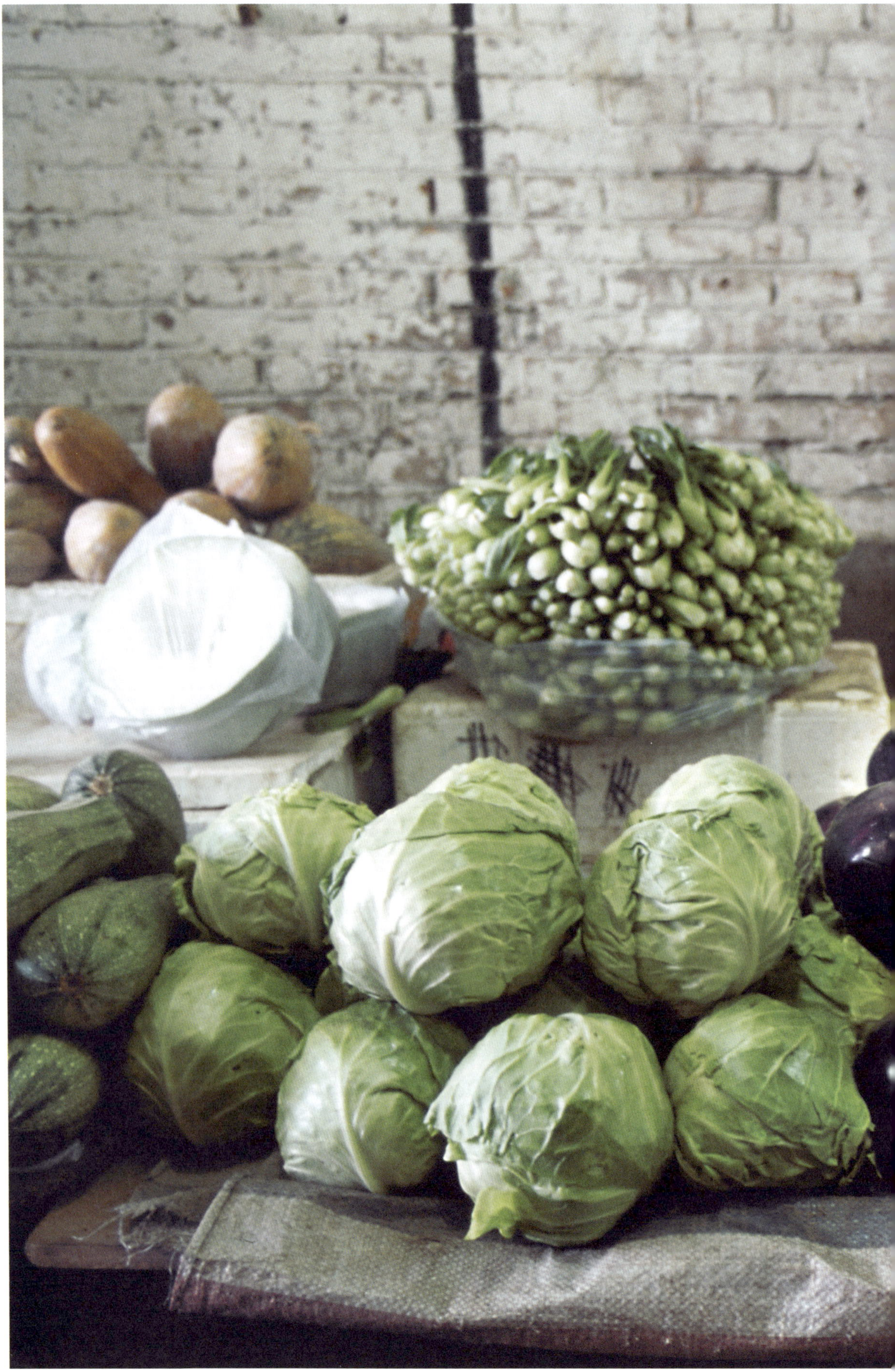

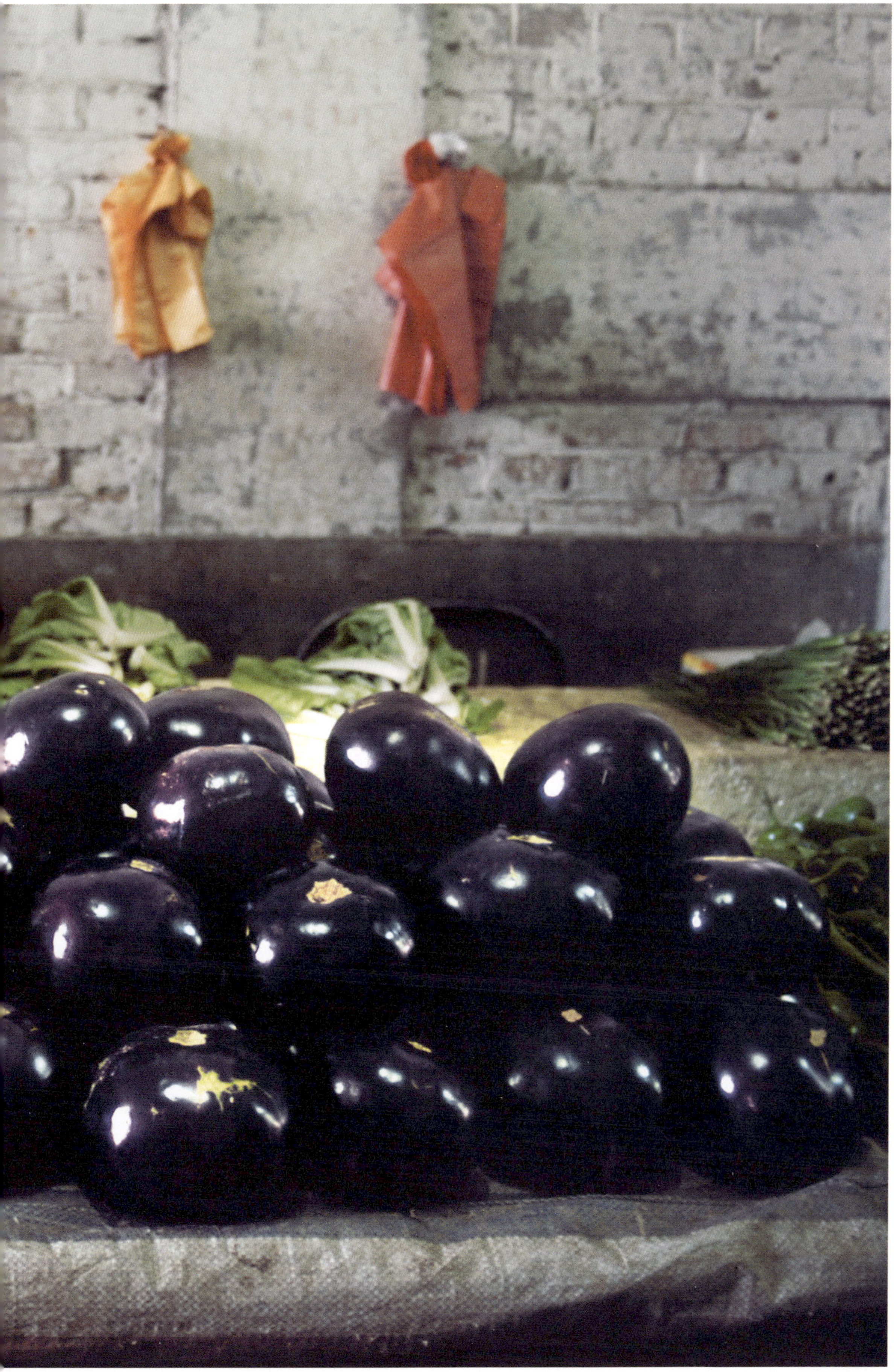

Shunde gehört zu Guangdong und liegt südlich von Guangzhou. Ursprünglich lebten hier Bauern und Fischer, doch während der Ming-Dynastie vor über 400 Jahren wurde die Seidenproduktion immer wichtiger, und den Bewohnern von Shunde ging es in den nächsten 300 Jahren sehr gut. Viel von dem, was wir aus der Shunde-Küche kennen, geht auf die wohlhabenden Familien in dieser langen Zeit des Wohlstands zurück.

Typisch für die Shunde-Küche ist die akribische Arbeit, mit der gewöhnliche Zutaten in erlesene Gerichte verwandelt werden. Die zahlreichen Fischteiche liefern reichlich Süßwasserfische, darunter den vielseitigen Schlammkarpfen. Die Zubereitung von Fisch, ob durch Dämpfen, Rührbraten, Braten, Frittieren oder als Fischkugeln, ist die Spezialität der Shunde-Küche. Klassische Gerichte wie Gefüllter Schlammkarpfen (Seite 172) und Schlammkarpfen-Kugeln mit Taro (Seite 176) sollte man sich nicht entgehen lassen. Aus sahniger Büffelmilch wird die köstliche Frittierte Englische Creme (Seite 630) hergestellt – ein weiterer Beweis für das Talent, aus gewöhnlichen Zutaten Köstlichkeiten zu zaubern.

Es heißt, die Hakka seien in fünf großen Wellen über 2000 Jahre aus dem Norden nach Guangdong gekommen, aber die Mehrheit scheint sich in den Hügeln um Meizhou und Heyuan und in Teilen von Fujian niedergelassen zu haben. Viele von ihnen sind nach Taiwan und Südostasien weitergezogen, wo sie heute noch traditionelle Kochtechniken pflegen.

Die Küche der Hakka zeichnet sich wegen der harschen Bedingungen in den Hügeln durch ihre Einfachheit aus; es dominieren simple, bodenständige Gerichte. Die Zutaten, oft wildes Gemüse, verschiedene Fleischsorten und Chitterlings, stammen meist eher aus Bergen und Wäldern als aus dem Meer. Das ursprüngliche Aroma der Zutaten wird bewahrt, Gewürze und Saucen sparsam verwendet. Die Haupttechniken sind Dämpfen, Dünsten, Schmoren und Rührbraten, nur selten wird etwas frittiert.

Die Hakka-Küchenkultur basiert auf Reis; Reisgerichte wie Hakka-Reispudding (Seite 548), Gebratene Abakusperlen (Seite 482) und Hakka-Teigtaschen (Seite 63) machen das deutlich. In Salz gebackenes Hähnchen (Seite 290) ist ein hervorragendes Beispiel für die einfache Zubereitung, und der Schweinebauch mit fermentiertem Kohlgemüse (Seite 320) mit wenig mehr Zutaten als Essiggemüse ist ein klassisches Hakka-Gericht.

Östlich von Guangdong neben Fujian liegt die Region Chaozhou, die im Norden von Gebirgsketten und im Süden vom Meer begrenzt ist. Die regionale Küche vereint in sich die Eigenschaften einer Reis- und einer Mereskultur.

Congee ist ein Grundnahrungsmittel in der Chaozhou-Küche und wird zum Frühstück, Mittagessen, Abendessen und als Mitternachtssnack verzehrt – eine Schüssel Congee nach einer schweren Mahlzeit soll den Magen beruhigen und eine gute Mahlzeit abschließen.

Die Chaozhou oder Teochew sind für ihre Einlegekunst bekannt, was auf ihren Märkten durch das Angebot an eingelegtem Gemüse und Schalentieren zum Ausdruck kommt. Mit einigen eingelegten Zutaten wird gekocht, meist werden sie jedoch mit Congee oder als Snack gegessen. Auch Saucen sind wichtig in der Chaozhou-Küche: Puning-Bohnenpaste, Pflaumenpaste, Orangenpaste, Mandarinensauce, rote Tresterauce und chinesisches Olivengemüse sind nur einige Beispiele.

Meeresfrüchte sind die Spezialität der Chaozhou-Küche. Was aus dem Meer kommt, wird gebraten, frittiert, gedämpft, geräuchert, geschmort oder einfach gekocht. Klassische Chaozhou-Gerichte sind Krabbe mit Ingwersauce (Seite 207), Frittierte Garnelenkugeln (Seite 74) und Im Wok geräucherte Seebrasse (Seite 157).

Wenn Chaozhou-Fischer aufs Meer fahren, nehmen sie oft einen großen Beutel Salz mit, mit dem der nicht markttaugliche Fisch eingesalzen wird. Nach einigen Stunden eingesalzen in einem Bambuskorb wird der Fisch in Meerwasser gekocht und abgekühlt. Der berühmte köstliche Reis mit Fisch (Seite 129) lässt sich auch leicht zu Hause zubereiten.

Wie in der Guangdong-Küche nach dem gedämpften Fisch, wird ein Chaozhou-Restaurant oft nach der Qualität seiner Gans beurteilt.

Die Provinz Hainan, bestehend aus der Insel Hainan und vielen kleineren Inseln im Südchinesischen Meer, ist durch die Hainanstraße vom Südzipfel Chinas getrennt. In der regionalen Küche finden sich viele Aspekte und Techniken aus dem angrenzenden Guangdong.

Bevor Hainan 1988 zur Provinz wurde, gehörte es zu Guangdong, und das spiegelt sich auch in seinem Küchenstil wider. Die vier bekanntesten Gerichte aus Hainan sind Wenchang-Hähnchen, Jiaji-Ente, Ziege aus Dongshan und Krabbe aus Hele. Das Wenchang-Hähnchen wurde später in Hainan-Hähnchen umbenannt und zum berühmten Hainan-Hähnchen mit gewürztem Reis (Seite 542) erweitert.

SICHUAN

Sichuan bedeutet „vier Flüsse". Jialing, Tuo, Yalong und Jinsha fließen durch die Region, die zum Becken von Gelbem Fluss und Jangtse gehört. Das gemäßigte Klima im Sichuan-Becken sorgt für reichlich natürliche und landwirtschaftliche Ressourcen. Sichuan-Pfefferkörner wurden schon in der Zeit der Frühlings- und Herbstannalen vor rund 2500 Jahren verwendet. Knoblauch kam dazu, als in der Han-Dynastie vor über 2000 Jahren die Handelsroute gen Westen geöffnet wurde, und wurde zum wichtigsten Würzmittel der Sichuan-Küche. Als vor etwa 400 Jahren in der Ming-Dynastie der Chili nach China kam, nahmen die Bewohner Sichuans ihn begeistert auf und bauten ihn in großem Umfang an.

Gerichte aus Sichuan sind für ihre vielen komplexen Aromen sowie ihre raffinierten Garmethoden bekannt, von denen 32 noch heute praktiziert werden. Die Aromen sind eine Kombination aus den sieben Grundaromen oder -geschmäcken: salzig, süß, bitter, sauer, scharf (Chili), betäubend (Sichuan-Pfefferkörner) und würzig, was gut in der Redensart „Hundert Aromen für hundert Speisen" zum Ausdruck kommt. Der großzügige Einsatz von Kräutern und Würzmitteln und die betäubende Schärfe der Sichuan-Pfefferkörner stehen inzwischen für die Sichuan-Küche, obwohl ein großer Teil ihrer Gerichte diese Merkmale gar nicht aufweist. Auch buddhistisch-vegetarische Gerichte sind unter den Sichuanern sehr beliebt; meist werden sie von Mönchen in Tempeln und Klöstern zubereitet.

Typisch für die Sichuan-Küche sind zwei große Städte: Chengdu und Chongqing. Bekannte Gerichte sind Mapo-Tofu (Seite 512) und Rinderfilet in Chilibrühe (Seite 400).

HUNAN

Hunan ist auf drei Seiten von Gebirge umgeben: im Osten, Süden und Westen. Das Klima ist subtropisch mit heißen, feuchten Sommern und reichlich Regen. Die Hunan-Küche ist sehr vielfältig und spiegelt Fluss, Seen und Berge wider.

Vielleicht wegen des Wetters mögen die Bewohner Hunans scharfes und saures Essen. Chili wurden im 16. Jahrhundert eingeführt und von den Hunanern so begeistert empfangen, dass sie fortan bei jeder Mahlzeit dabei waren. Die Bewohner von Hunan mögen auch eingelegtes Gemüse und Pökelfleisch und lieben bittere Zutaten wie fermentierte schwarze Bohnen oder Bittermelone.

Im Gebiet des Flusses Xiang wird viel gedämpft, pfannengerührt, langsam gekocht und geschmort; die Aromen reichen von salzig über sauer bis scharf. Auf das Dämpfen hat man sich vor allem in Liuyang verlegt. In den Seengebieten werden Fisch und Wassergeflügel frittiert, geschmort und doppelt gedämpft; die Bewohner der Berge bevorzugen jedoch Pökelfleisch und eingelegtes Gemüse.

Zu den bekanntesten Gerichten aus Hunan gehören Fischkopf in Chilisauce (Seite 156), Hunan-Schweinebauch (Seite 379) und Chinesisches Pökelfleisch mit halbtrockenem Tofu (Seite 360).

NORDÖSTLICHE KÜCHE

Zum Nordosten Chinas gehören die drei Provinzen Liaoning, Jilin und Heilongjiang, auch kurz „die drei nordöstlichen Provinzen" genannt. Zwischen Ende des 19. und Beginn des 20. Jahrhunderts zogen viele Bewohner von Shandong in den Nordosten und brachten die traditionellen Kochtechniken mit, die heute das Fundament der nordöstlichen Küche bilden.

Zum vielfältigen Nahrungsangebot im Nordosten gehören seltene Pilze, Vögel und andere Wildtiere, auf denen viele Gerichte basieren. Mehrere Flüsse sorgen für ein reiches Angebot an Süßwasserfischen wie Lachs, Karpfen und Wels. Über den Warmwasserhafen Dalian an der Spitze der Liaodong-Halbinsel kommen frische Meeresfrüchte aus der Bohai-Bucht in die Region.

Wegen des kalten Klimas werden viele wärmende Speisen geschmort oder im Schmortopf gegart, wie Schmortopf mit Gemüse und Rippchen (Seite 338) und Geschmortes Hähnchen mit Pilzen (Seite 286). Für den Winter wird viel Wurzelgemüse eingelagert, etwa für das beliebte Gericht Kartoffeln mit Auberginen und Paprika (Seite 444).

Außer in Dalian wird Fisch im Nordosten entweder geräuchert, gekocht oder geschmort. In Dalian ist der Einfluss von Shandong spürbar; hier findet man die besten Meeresfrüchte des Nordens.

NÖRDLICHE KÜCHE

Hebei, Henan, Beijing und Tianjin gehören zu den Ebenen Nordchinas, wo vorwiegend Weizen angebaut wird und Nudeln und Teigtaschen die Basis vieler Gerichte bilden. Über eine Million Muslime leben hier, weswegen häufig Halal-Nahrungsmittel, meist Lamm und Rind, auf dem Speiseplan stehen. Shanxi im Westen von Heibei teilt diese Liebe zu Nudeln und Lamm, obwohl es nicht zur chinesischen Nordebene gehört.

BEIJING

Beijing, seit über 700 Jahren fast ununterbrochen Landeshauptstadt, hat sich kulinarisch stets von den umliegenden Regionen sowie verschiedenen ethnischen Minderheiten inspirieren lassen. In der Ming-Dynastie (1368–1644) stand Beijing unter starkem Einfluss von Shandong, einer Region im Südosten, die für ihre Kultur und ihr Essen bekannt ist. Köche aus Shandong wurden in den Palast beordert, und ihr Kochstil wurde zur Grundlage für das Palastessen. Später war der Shandong-Stil einschließlich des konfuzianischen Kochstils die Basis, auf der sich die Beijing-Küche entwickelte.

In der Qing-Dynastie (1644–1912) brachten die Mandschuren ihre Küche mit, die vorwiegend aus gekochtem und geröstetem Fleisch bestand. Sie verschmolz mit dem Shandong-Stil zur kaiserlichen Küche, aus der nach dem Zusammenbruch der Qing-Dynastie im gemeinen Volk *fangshan* (仿膳) wurde, die „nachgemachte kaiserliche Küche".

Lamm und Rind gehörten wegen des großen muslimischen Bevölkerungsanteils bald untrennbar zur Beijing-Küche. Zu ihren besten Beispielen gehören Schweinefleisch mit Pekingsauce (Seite 374), Frittierter Tofu (Seite 516) und Kurz gebratene Lammkeule in Essig (Seite 416).

HEBEI

Dank seiner Lage zwischen Mongolischem Plateau im Norden, dem Golf von Bohai im Osten und dem Taihang-Gebirge im Westen verfügt Hebei neben seiner Landwirtschaft über reichhaltige wilde Nahrungsmittelressourcen wie Wildpilze, Wildgemüse, Fasane, Rehe und Meeresfrüchte.

In der Hebei-Küche wird gern gebraten, geschmort, sautiert und im Hot Pot ziehen gelassen, unter den Zutaten finden sich oft Winterzwiebeln, Knoblauch, Ingwer, Koriander und Sesamöl. Zu den bekannten Gerichten gehören Vizekönig-Tofu (Seite 525), knusprige Schweinshaxen und Hähnchen mit Garnelen (Seite 269).

HENAN

Henan hat wohl die längste kulinarische Geschichte Chinas. Yi Yin (1648–1559 v.Chr.), Chinas erster Gourmetkoch, begann seine Karriere als Sklave und arbeitete sich langsam hoch, bis er beim Aufbau der Shang-Dynastie half und schließlich Premierminister wurde. Die Hauptstadt von Shang lag in Henan, was die Provinz zur Mutter der chinesischen Küche machte.

In Kaifeng, einer Stadt in Zentral-Henan, betont man die Harmonie der Aromen, im Gegensatz zum scharfen Essen des Südens und den intensiven Aromen des Nordens. Luoyang im Westen ist berühmt für sein „Luoyang-Wasserbankett" mit 24 Gängen, die alle mit Suppe serviert werden.

Zu den bekanntesten Gerichten aus Henan gehören Geschmortes Daokou-Hähnchen (Seite 289), Hähnchen mit chinesischer Yamswurzel (Seite 277), Knuspriger Schweinebauch (Seite 365) und Geschmortes Lammragout mit Tofu (Seite 430).

TIANJIN

Durch seine Lage am Meer ist die Küche von Tianjin eher durch Meeresprodukte geprägt als durch die Nähe zu Beijing. Sie übernahm viele Techniken aus dem nahen Shandong, auch der kaiserliche Stil aus Beijing hatte einen unverkennbaren Einfluss. Gewürze und Sojasauce werden sparsam eingesetzt, um die Aromen der Zutaten zu erhalten. Süß- und Salzwasserfische, Garnelen und Krabben sind die Hauptzutaten in vielen traditionellen Gerichten wie sautierte Flunder und Corvinasuppe nach Tianjin-Art.

Auch Speisen mit Lamm und Rind sind wegen des muslimischen Bewohneranteils beliebt.

SHANXI

Die Geschichte von Shanxi war wegen seiner Nähe zu den Nomaden im Norden immer konfliktbeladen. Die Menschen lernten, mit wenig auszukommen, bis vor einigen Jahrhunderten Händler aus Shanxi mit Südostchina und der Mongolei im Norden handelten. Shanxi erlangte Wohlstand, und seine Küche übernahm viele Techniken aus anderen Gebieten.

Die Bewohner von Shanxi haben eine Schwäche für Nudeln aus Weizen, Hafer, Mais und Hirse. Die Auswahl an Nudelsorten ist hier deutlich größer als in allen anderen Regionen Chinas. Für die berühmten „Messernudeln" hält der Koch einen großen Teigklumpen in einer Hand und schneidet mit der anderen die Nudeln in dünnen Streifen direkt ins kochende Wasser. Diese Zubereitungsart erfordert beidseitiges Geschick und viel Aufmerksamkeit!

Ein wichtiges Würzmittel in der Gegend ist Essig, der in fast jedem Gericht Verwendung findet. Die Marke Lao Chen Cu („Gealterter Essig") ist in ganz China berühmt.

Beliebte herzhafte Gerichten sind etwa Lammragout mit chinesischer Yamswurzel (Seite 431), Schweinefleisch mit Aprikosenkernen (Seite 391) und Winterzwiebeln mit Maronen (Seite 481).

NORDWESTLICHE KÜCHE

Die in der Tang-Dynastie angelegte Seidenstraße brachte die Chinesen mit Speisen und Religionen anderer Kulturen in Kontakt. Die Gerichte und Traditionen der über vier Millionen Muslime verschiedener ethnischer Zugehörigkeit in Xinjiang, Gansu, Shaanxi und Ningxia sind ein fester Bestandteil der jeweiligen lokalen Kultur.

SHAANXI

Die Landschaft in der Provinz im Nordwesten Chinas ist mit dem Lössplateau im Norden, dem Qin-Lin-Gebirgszug im Süden und den Ebenen in der Mitte sehr vielfältig. Die Küche des Plateaus und der Ebenen steht unter dem starken Einfluss angrenzender Regionen (Innere Mongolei, Gansu und Ningxia) mit einem Schwerpunkt auf Fleisch, vor allem Lamm, Ballaststoffen und Nudeln. Die Menschen essen gern scharf und salzig und bereiten ihre Speisen am liebsten durch Dämpfen, Slow Cooking und Schmoren zu. Die Küche des Südens orientiert sich am benachbarten Sichuan – Chili, Sichuan-Pfefferkörner und weißer Pfeffer sind allgegenwärtig und verleihen den Gerichten feurige Schärfe und Salzigkeit.

Bekannte Gerichte sind z. B. Hammelsuppe (Seite 120) mit Fladenbrot (Seite 54), Lamm-Pies (Seite 419) und Geschmorter Ochsenschwanz (Seite 412).

NINGXIA

Ningxia, eine kleine autonome Region im nördlichen Zentralchina, liegt westlich im Flussviereck des Gelben Flusses und grenzt an die Innere Mongolei sowie die Provinzen Shaanxi und Gansu. Hier wurde in der Han-Dynastie vor über 2000 Jahren die Route nach Westasien geöffnet, die später zur berühmten Seidenstraße gehörte.

Die Bevölkerung besteht aus mehreren Ethnien, ein Drittel sind Muslime. Ningxias kulinarische Tradition ist eng mit Shaangxi und Gansu verknüpft und zeichnet sich durch zahlreiche Lamm- und Hammelgerichte aus. Am liebsten wird eine lokale Lammsorte namens *tan yang* zubereitet, die es nur in Ningxia und der angrenzenden Inneren Mongolei gibt.

Schmoren und Grillen sind neben Dämpfen, Rotschmoren und Frittieren die bevorzugten Garmethoden. Zu den traditionellen Gerichten gehören geschmortes Lamm, Nudelsuppe mit Hammelfleisch (Seite 580), süßsaurer Gelber-Fluss-Karpfen und Haxe mit Gewürznelken (Seite 374). Die Aromen reichen von süßsauer über scharfsauer bis scharf, mit der milden Note der süßen Bohnensauce.

GANSU

In dieser Provinz in Chinas Nordwesten wurde der Grundstein für die chinesische Zivilisation gelegt. Hier wurde in der Han-Dynastie vor über 2000 Jahren die Handelsroute gen Westen geöffnet, die spätere Seidenstraße. Auf diesem Weg kamen Karotten, Gurken, Zwiebeln, Chili, Wassermelonen und Alfalfasprossen ins Land und bereicherten Chinas Küchenkultur.

Mehrere Flüsse, darunter der Gelbe Fluss, ziehen sich durch Gansu und sorgen für Fische und die Bewässerung des Ackerlands. Gansu ist die Heimat zahlreicher Volksgruppen, deren Küche auf Fleisch basiert (vor allem Lamm oder Hammel) und Fisch und Gemüse nur als Beilage kennt. Nudeln sind hier ein Grundnahrungsmittel und allgegenwärtig. Besonders beliebt sind handgezogene Nudeln aus Lanzhou, die erst bei der Bestellung individuell gezogen und meist in Rinderbrühe gekocht weren.

XINJIANG

Xinjiang ist mit 1,6 Millionen Quadratkilometern und einer Bevölkerung von 22 Millionen die größte aller chinesischen Verwaltungseinheiten. Weizen, Mais und Hirse werden in großem Maßstab angebaut, ebenso Obst sowie Tomaten, Zwiebeln, Kartoffeln und Auberginen.

Mit einem muslimischen Bevölkerungsanteil von mehr als 50 Prozent besteht die Xinjiang-Küche hauptsächlich aus Lamm und Huhn (alles halal) mit Gemüse, Nudeln und Brot. Die Speisen sind meist kräftig gewürzt, Lammgerichte etwa mit Kreuzkümmel und Chili.

Knusprige Lammkeule (Seite 414), Lammspieße (Seite 417), Hähnchen Xinjiang (Seite 280) und Reis-Lamm-Schmortopf (Seite 565) sind klassische Xinjiang-Gerichte, die man unbedingt probieren sollte.

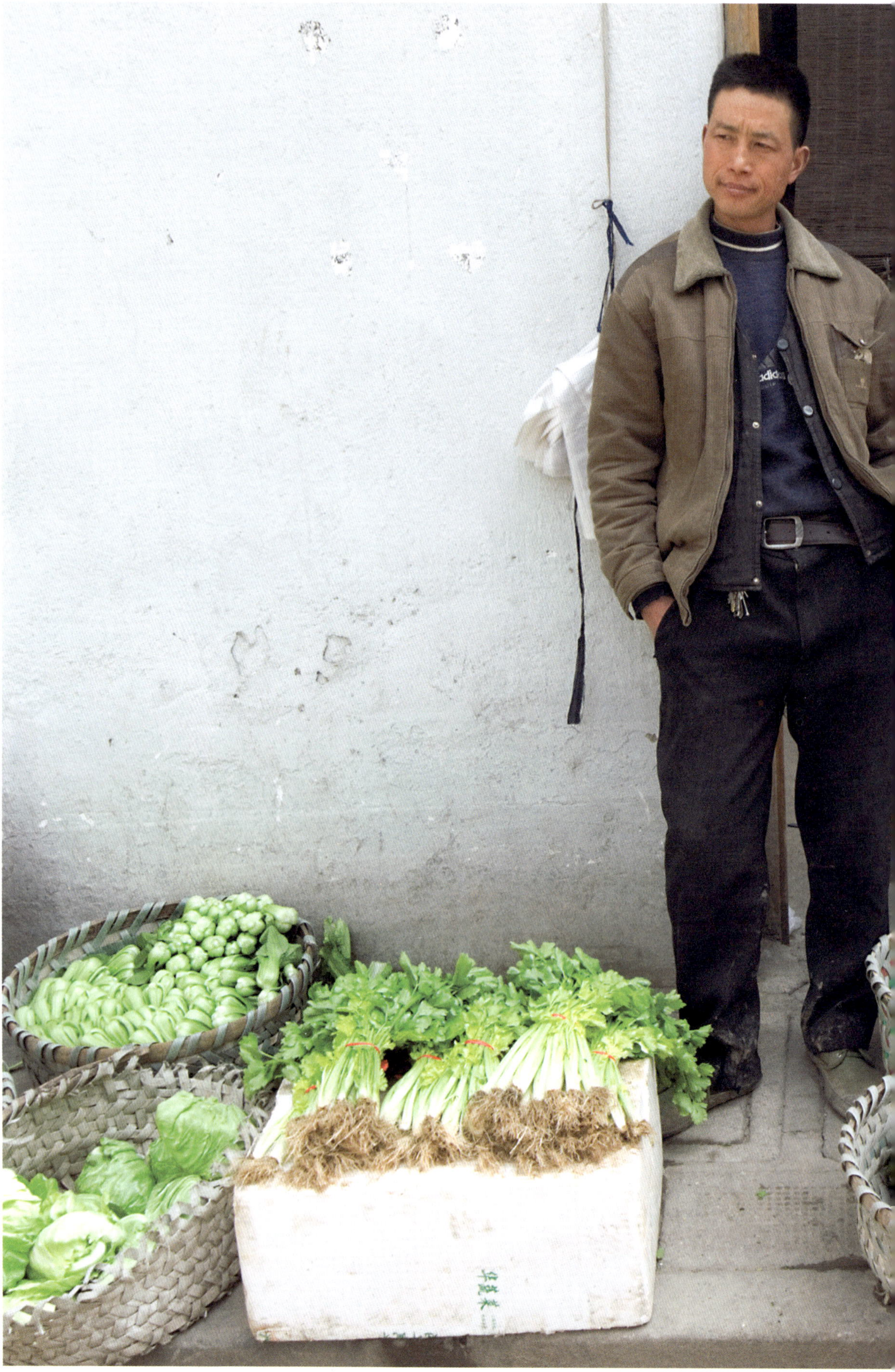

.5元/斤

WESTLICHE KÜCHE

Tibet und Qinghai teilen sich die Qinghai-Tibet-Hochebene. In Tibet leben etwa drei Millionen Menschen, davon 90 Prozent Tibeter und zehn Prozent andere Volksgruppen. Qinghai dagegen hat eine Bevölkerung von rund sechs Millionen, davon etwa 50 Prozent Han-Chinesen, 25 Prozent Tibeter und 25 Prozent Muslime und andere ethnische Gruppen. Ein Großteil der Küchenkultur ist in beiden Gebieten gleich, wobei in der Qinghai-Küche zusätzlich Einflüsse der Han und muslimische Einflüsse zum Tragen kommen.

TIBET

Die Landwirtschaft im mehr als 4000 Meter über dem Meeresspiegel gelegenen Hochland von Tibet mit seinen langen, harten Wintern beschränkt sich vorwiegend auf den Anbau von Nacktgerste und die Yak- und Schafzucht.

Nacktgerste ist das Grundnahrungsmittel in Tibet. Sie wird in der Sonne getrocknet, dann in einer trockenen Pfanne geröstet und zu Mehl gemahlen. Yakbutter und eine Art Joghurt werden dem Mehl zugefügt und von Hand zu kleinen Klumpen vermischt, den „zanba". Zanba gehört für die Tibeter ebenso zu einer Mahlzeit wie Reis oder Nudeln für Nicht-Tibeter. Auch Bier und Wein werden aus Nacktgerste hergestellt.

Neben Zanba besteht ein tibetisches Mahl gewöhnlich aus Fleisch (Yak oder Lamm); dazu wird Tee gereicht, der aus Teeziegeln gebraut und dann mit Yakbutter und Salz gemischt wird. Gemüse war bis vor Kurzem selten, und Fisch kommt in Tibet trotz der vielen Seen nicht häufig auf den Tisch. Dank der Eröffnung der Lhasa-Bahn und der zahlreichen Straßen nach Qinghai, Xinjiang, Sichuan und Yunnan kamen Lebensmittel wie Huhn, Schweinefleisch, Karotten, Kartoffeln und Auberginen ins Land und bereicherten die tibetische Küche.

QINGHAI

In Qinghai im Nordosten der Qinghai-Tibet-Hochebene befindet sich Chinas größter Salzwassersee. Über 50 Prozent der Fläche besteht aus Grasland, was erklärt, warum die Viehzucht hier so weitverbreitet ist.

Die Qinghai-Küche ist relativ einfach; es wird viel frittiert, geschmort und geröstet. Die meisten Fleischgerichte sind salzig und scharf und werden mit Lamm, Ziege oder Schwein zubereitet.

SÜDWESTLICHE KÜCHE

Yunnan und Guizhou liegen auf dem Yunnan-Guizhou-Plateau, an dem auch Guangxi im Osten Anteile hat. Alle drei Gebiete sind von zahlreichen ethnischen Gruppen dicht besiedelt. Ihre Küche nutzt gern natürliche Zutaten aus Bergen und Wäldern: Blüten, Pilze, Früchte und Kräuter.

YUNNAN

In Yunnan in Chinas Südwesten findet sich eine breite Palette an Landschaften und Klimabedingungen. Die Höhenunterschiede zwischen den Berggipfeln und den Niederungen betragen über 6000 Meter, und das Klima reicht von eisigem Gebirgsklima bis zu feuchter subtropischer Hitze. In der Region wachsen mit über 250 Pilzarten zwei Drittel aller essbaren Pilze in China.

Viele Volksgruppen sind in Yunnan ansässig und ihre Küchen sind ein wichtiger Teil der lokalen Kochtradition. Blüten und Früchte werden häufig als Zutaten verwendet und verleihen der Yunnan-Küche einen besonderen Aspekt. Pilze spielen eine zentrale Rolle in der Yunnan-Küche. Matsutake, Ganba, Steinpilze und Pfifferlinge sind nur einige der hochgeschätzten Sorten, die frisch erhältlich sind, und sollten auf jeden Fall probiert werden. Zu den beliebten Pilzgerichten gehören Gebratener Reis mit Ganba-Pilzen (Seite 550), Sautierte Steinpilze (Seite 471) und Pfifferlinge mit Pakalana (Seite 466).

Unbedingt kosten sollte man auch Yunnan-Schinken in honigsüßer Sauce (Seite 332), Hähnchen mit Papaya (Seite 278) und Dai-Hähnchen mit Kokos (Seite 282).

GUIZHOU

Guizhou auf dem Yunnan-Guizhou-Plateau in Südwestchina ist eine Bergregion mit subtropisch feuchtem Klima, in der eine Reihe ethnischer Gruppen zu Hause sind.

Unter dem Einfluss dieser Vielfalt zeichnet sich die Küche durch die Schärfe und Säure fermentierter Zutaten aus. Chili, Knoblauch, Frühlingszwiebeln, Minze, Lorbeerblätter, Kreuzkümmel und Sichuan-Pfefferkörner werden oft vermischt und als Dip gereicht. Fisch in Essiggemüse-Suppe mag Guizhous bekanntestes Gericht sein, aber auch Reis im Bambusstab und Hähnchen mit Südlichen Schüpplingen (Seite 257) werden gern gegessen. Der berühmte Maotai-Schnaps stammt ebenfalls aus Guizhou.

GUANGXI

Das hügelige Guangxi neben der Provinz Guangdong grenzt im Süden an das Südchinesische Meer und im Westen an Vietnam. Mit ihren zahlreichen Volksgruppen kann sich die Region einer breit gefächerten Kultur rühmen. Typisch für die Guangxi-Küche sind die Hügel um Guilin im Norden, deren Wildtiere als Delikatesse gelten; ihre Aromen sind eher schwer und leicht scharf. Das Küstengebiet liefert eine Vielzahl frischer und getrockneter Meeresfrüchte. Die Kochkunst der verschiedenen Volksgruppen bildet einen weiteren Aspekt der Guangxi-Küche, und Zutaten wie Blüten, Bambus und andere Naturprodukte werden zusammen mit eingelegtem Gemüse und gepökeltem Fleisch verarbeitet.

Guangxi ist bekannt für seine Tarowurzeln, Wasserkastanien und Osmanthusblüten, die in vielen Rezepten auftauchen. Gerichte wie Schweinebauch mit Taro (Seite 318), Gefüllte Kürbisblüten (Seite 449) und Wasserkastaniensuppe mit Osmanthuszucker (Seite 626) lassen sich auch gut zu Hause zubereiten.

ZENTRALCHINESISCHE KÜCHE

Süßwasserfische spielen eine bedeutende Rolle in der Küche der gewässerreichen Provinzen Hubei und Jiangxi.

HUBEI

Hubei in Zentralchina wird in West-Ost-Richtung vom Jangtse durchflossen. Ihre zahlreichen Seen brachten der Region den Beinamen „Provinz der tausend Seen" ein.

Kein Wunder also, dass Fisch in einigen typischen Gerichten aus Hubei die Hauptrolle spielt, etwa beim bekannten Fisch mit Schnittsellerie und Bambussprossen (Seite 152). Die Bewohner Hubeis lieben langsam gekochte Suppen und die Lotuswurzel-Rippchen-Suppe (Seite 114) kommt in fast jedem Haushalt auf den Tisch. Fleisch wird gern mit Reis gegessen, ein Klassiker sind die Fleischbällchen mit Klebreis (Seite 330). Ein besonderes Blattgemüse, der violette Blätterkohl, ist in der Wuhan-Gegend weitverbreitet, und Violetter Blätterkohl mit gepökeltem Schwein (Seite 354) ist in fast jedem Restaurant zu finden.

JIANGXI

Jiangxi liegt nordöstlich von Guangdong und östlich von Hunan, ist auf drei Seiten von Bergen umgeben und wird von über 2000 Flüssen durchzogen. Hier liegt auch Chinas größter Süßwassersee, der Boyang Hu, und dank über 140 Fischarten in den Gewässern von Jiangxi ist frischer Fisch das Highlight der regionalen Küche.

Die bevorzugten Garmethoden sind Rotschmoren, Dämpfen, Double Steaming und Rührbraten, die Aromen reichen von scharf und salzig bis fettreich, was wohl auf das warme, feuchte Klima und die kulinarischen Einflüsse aus der benachbarten Provinz Hunan zurückzuführen ist. Zu den bekanntesten Gerichten gehören Sautierte Fischrollen (Seite 168), Geschmorter Karpfen (Seite 159), Jiangxi-Ente (Seite 293) und Schweinefilet mit Sesamsaat (Seite 370). Doppelt gedämpfte Suppe ist eine weitere regionaltypische Spezialität.

WEITERE WICHTIGE KÜCHEN

BUDDHISTISCH-VEGETARISCH

Als vor 2000 Jahren der Mahayana-Buddhismus nach China kam, wurde daraus der chinesische Buddhismus, der neben dem Daoismus noch heute als Religion lebendig ist. Der chinesische Buddhismus verbietet das Töten und verzichtet auf den Verzehr von Fleisch und Fleischprodukten.

Ein einzigartiger Aspekt der vegetarischen Gerichte im chinesischen Buddhismus ist das Verbot bestimmter Zutaten. Knoblauch, Zwiebeln, Frühlingszwiebeln, Schnittknoblauch und Schalotten erzeugen einen Geruch, der als abstoßend gilt und beim Meditieren und Lernen stört; daher sind diese Zutaten aus der buddhistischen Küche verbannt. Die Harmonie unter den Schülern in der Gruppe ist wichtiger.

Tempel in ganz China bieten Besuchern vegetarische Mahlzeiten an, und es ist üblich, dass die Gläubigen, auch wenn sie nicht unbedingt vegetarisch leben, daran teilnehmen, vor allem an bestimmten Festtagen. Bei diesen Gelegenheiten werden häufig Gerichte wie Gemüse mit rotem fermentiertem Tofu (Seite 476), Seitan mit Maronen (Seite 481), Knusprige Tarorollen (Seite 485) und Vegetarisches Congee mit Mais und Süßkartoffeln (Seite 490) serviert.

HONGKONG

Das einstige Fischerdorf entwickelte eine Küche auf der Grundlage verschiedener Kochstile sowie von Einflüssen aus Südost- und Südasien. Hongkongs Stärke liegt in seiner Fähigkeit, Ideen und Techniken anderer aufzugreifen und sich anzueignen. Als Freihafen hat Hongkong die Auswahl unter Zutaten aus aller Welt und kann so Gerichte erschaffen und bewahren, die es nur in Hongkong gibt.

Frische ist für die Hongkong-Küche von zentraler Bedeutung. Gemüse wird am Pflücktag verkauft, Fleisch direkt nach dem Schlachten zum Markt gebracht. Die besten Fische, ob aus Süß- oder Salzwasser, müssen in Aquarien schwimmen, damit sie ganz frisch sind. Es ist üblich, täglich einkaufen zu gehen, um das frischeste Gemüse und Fleisch verarbeiten zu können, natürlich noch am Einkaufstag.

Zu den bekannten Gerichten aus Hongkong zählen Reis-Schmortopf mit Ei und Rindfleisch (Seite 564), Gebackene Schweinekoteletts auf Reis (Seite 552), Sojasaucen-Hähnchen (Seite 283), Jingdu-Rippchen (Seite 336) und die köstlichen Eiercremetörtchen nach Hongkong-Art (Seite 648).

INNERE MONGOLEI

Als Dschingis Khan seine Armee durch die mongolischen Hochebenen und Zentralasien führte, hatte er Pferde und Nutztiere dabei. Alles andere musste auf Lasttieren transportiert und im Handumdrehen verladen werden können. Eine derart mobile Armee hatte keine Zeit zum Kochen – ihr Essen bestand überwiegend aus getrocknetem Fleisch und Brot.

Die Mongolen sind ursprünglich ein Nomadenvolk und schlugen ihr Lager dort auf, wo es reichlich Gras für ihre Tiere gab. Alles, auch die Jurte (Hauszelt), in der sie lebten, musste von einem Tag auf den anderen transportfertig eingepackt werden können. Sie nahmen nur die nötigsten Gerätschaften mit, die täglich benutzt und verstaut wurden. Eine Mahlzeit bestand oft aus einer gekochten oder gerösteten ganzen Ziege (oder einem Lamm) mit Käse und Tee oder Wein.

Heute leben die Mongolen sesshaft in Städten und müssen nicht mehr umherziehen, aber ihre kulinarischen Vorlieben haben sich trotz Einflüssen aus Sichuan und anderen Regionen nicht wesentlich verändert. Wer bei einer mongolischen Familie zu Besuch ist, bekommt literweise salzigen Tee mit gerösteter Hirse und Käse serviert. Zu essen gibt es gewöhnlich gekochte Hammelrippen mit einem Salat aus wilden Frühlingszwiebeln oder Rüben. Ziegen-leberwurst ist eine Delikatesse, die man sich nicht entgehen lassen sollte. Zum Frühstück gibt es eine Schüssel Hirse-Congee (Seite 575) mit Salat und Aufschnitt.

SHANGHAI

Shanghai begann vor 2000 Jahren als Fischerdorf und wurde in der Zeit der Frühlings- und Herbstannalen (771–476 v.Chr.) das Lehensgut von Fürst Chunshen. Seinen heutigen Namen bekam es in der Song-Dynastie, als man es die „Shanghai-Stadt" nannte, die „Stadt auf dem Meer". In der Ming-Dynastie wurde Shanghai zum Stickerei- und Handelszentrum, aber erst in unserer Zeit stieg es zur internationalen Finanz- und Handelsmetropole auf.

Die Shanghai-Küche besteht aus zwei Stilen: Einer wird lokal weiterentwickelt, der andere nimmt Elemente aus den nahen Regionen Anhui, Jiangsu und Zhejiang auf. Der lokale Stil zeichnet sich häufig durch fettige, süße und intensive Aromen aus. Zu den typischen Gerichten gehören Geschmorte rote Fleischbällchen (Seite 375), Fisch in Trestersauce (Seite 145) und Corvina mit Frühlingszwiebeln (Seite 174). Der andere Stil übernahm die leichtere, fettärmere Zubereitung anderer Regionen; typisch sind etwa Kalimeris-Tofu-Salat (Seite 50), Vegetarisches „Krebsfleisch" mit Tofu (Seite 456) und Drunken Chicken (Seite 56).

TAIWAN

Die Insel Taiwan liegt östlich des chinesischen Festlands und war von den taiwanesischen Ureinwohnern besiedelt, bis Mitte des 17. Jahrhunderts die Han-Chinesen hauptsächlich aus Fujian über die Meeresenge und aus Meizhou kamen (das als Heimat der Hakka galt), um der Herrschaft der Mandschuren zu entgehen. Nun stellten sie die größte Volksgruppe in Taiwan. Ab 1949 zogen Menschen aus anderen Provinzen, wie Jiangsu, Zhejiang, Hunan und Sichuan, in großer Zahl nach Taiwan und einige ihrer Kochstile fanden ihren Weg in die taiwanesische Küche.

Die taiwanesische Küche ähnelt in großen Teilen der Fujian- und der Hakka-Küche. Sautieren, Schmoren, Dämpfen und Frittieren sind die wichtigsten Garmethoden, und es wird viel mit Sojasauce und Zucker gekocht. Gerichte wie Schweinebauch in Sojasauce (Seite 388), Tintenfisch mit Chili und Koriander (Seite 233) und geschmorter Tofu mit fermentiertem Kohlgemüse (Seite 505) sind typisch für diesen Stil. Gerichte wie Gemüserolle (Seite 522), Vermicelli mit Thunfisch (Seite 599) und Rindfleischnudeln nach Taiwan-Art (Seite 576) entstanden jedoch lokal.

WENN CHINESEN ZU TISCH BITTEN

Ob Snack oder richtige Mahlzeit, Essen ist in China selten eine einsame Angelegenheit. Beim Essen geht es nicht nur um die Ernährung, sondern auch um den Kontakt zu anderen als Ausdruck von Liebe und Respekt. Die sorgfältige Zubereitung eines Gerichts, z.B. einer Wintermelonensuppe (Seite 98) zur Stärkung, wenn man sich schlapp fühlt, oder süßer gebratener Sesambällchen als Geschenk, verrät mehr Zuneigung als eine Umarmung oder ein Kuss. Selbst etwas so Einfaches wie das Auswählen des besten Stücks auf der gemeinsamen Tafel, um es dann in die Schüssel eines anderen zu legen, ist ein Akt der Ehrerbietung.

Seit der Ausbreitung des Streetfoods in den letzten drei Jahrzehnten in China beschränkt sich das Ritual des gemeinsamen Essens nicht mehr auf das eigene Heim oder Restaurants. So hoch das Ansehen einer sorgfältig selbst zubereiteten Mahlzeit oder eines üppigen Banketts unter den Chinesen auch ist, die Gelegenheit für einen köstlichen schnellen Happen zwischendurch und zu jeder Tages- und Nachtzeit unter Leute zu kommen ist in China an jeder Straßenecke präsent.

Traditionell beginnt der Tag in China mit einer warmen Mahlzeit, vielleicht mit einer Schüssel Reisbrei, Congee genannt (Seite 568–576), mit frittierten Teigstangen, wie es im Süden gern gegessen wird, oder mit heißer frischer Sojamilch wie in Taiwan. Und dann ist da noch *yum cha*, die in Guangzhou und Hongkong so beliebte Tradition, Teigtaschen und andere kleine Häppchen zu essen und dabei Tee zu schlürfen. Für unterwegs nimmt man sich in Shanghai einen *da bing* mit, einen gegrillten Weizenpfannkuchen mit Frühlingszwiebeln und Sesam; in Nanjing greift man zum *jidan bing*, einem frittierten Eierplätzchen, oder auch zum *jian bing*, einer Crêpe mit Ei, Salat und Hoisin-Sauce, wohl das chinesische Frühstücks-Streetfood mit der größten Fangemeinde.

Das Mittagessen ist nicht weniger vielfältig. Wie das Frühstück wird es oft in Eile verspeist. Vielfach ist es eine Schüssel Nudeln mit pikanter Sauce und etwas Protein, wie die scharfen Dan-Dan-Nudeln aus Sichuan (Seite 590); die Nudeln können auch mit etwas Blattgemüse und Fleischstreifen im Wok gebraten sein, wie beim Char Kway Teow (Seite 588) oder sie sind die Einlage in einer herzhaften Schüssel Suppe (Seite 87–123). Auch Reis oder gedämpftes Brot mit ein paar einfachen Beilagen werden mittags gern gegessen.

Das Abendessen in der Familie zu Hause besteht meist aus einigen einfachen Gerichten, die sich alle teilen. Die chinesische Küche steht in dem Ruf, raffiniert und kompliziert zu sein, was auf chinesische Festbanketts durchaus zutreffen mag; die alltägliche Hausmannskost jedoch ist wunderbar unkompliziert und lässt sich gut zu Hause nachkochen.

Typischerweise kommen so viele Speisen auf den Tisch, wie Menschen daran sitzen. In der Regel werden kalte Gerichte zuerst serviert und dann die warmen von leicht nach schwer. Eine leichte Brühe oder klare Suppe – z.B. als kleine Stärkung – kann entweder zu Beginn der Mahlzeit serviert werden, wie es in Guangzhou üblich ist, oder am Ende, wie man es in Sichuan kennt. Desserts kommen eher zu besonderen Gelegenheiten auf den Tisch; hier erfreuen sich vor allem süße Suppen wie Rote-Bohnen-Suppe (Seite 644) oder Schwarzer-Sesam-Suppe (Seite 638) oder Kleingebäck wie Mandelkekse (Seite 652) großer Beliebtheit. Im Rahmen eines formellen Banketts hält man sich strenger an die Reihenfolge – kalte Gerichte, Wokgerichte, Schmorgerichte, Hauptgerichte, Reis, süße Suppe und Obst –, aber in kleineren Haushalten können auch alle Gerichte gleichzeitig auf den Tisch kommen.

Die Anzahl der Portionen in diesem Buch basiert auf den traditionellen Essensbräuchen in China. Mit anderen Worten, wenn ein Rezept für vier Personen angegeben ist, soll es mit drei bis vier anderen Gerichten und gedämpftem Reis serviert werden. Wir wissen, dass die Essgewohnheiten im Westen etwas anders aussehen, und es ist auch möglich, die Rezeptmenge für größere Portionen pro Person zu verdoppeln, aber

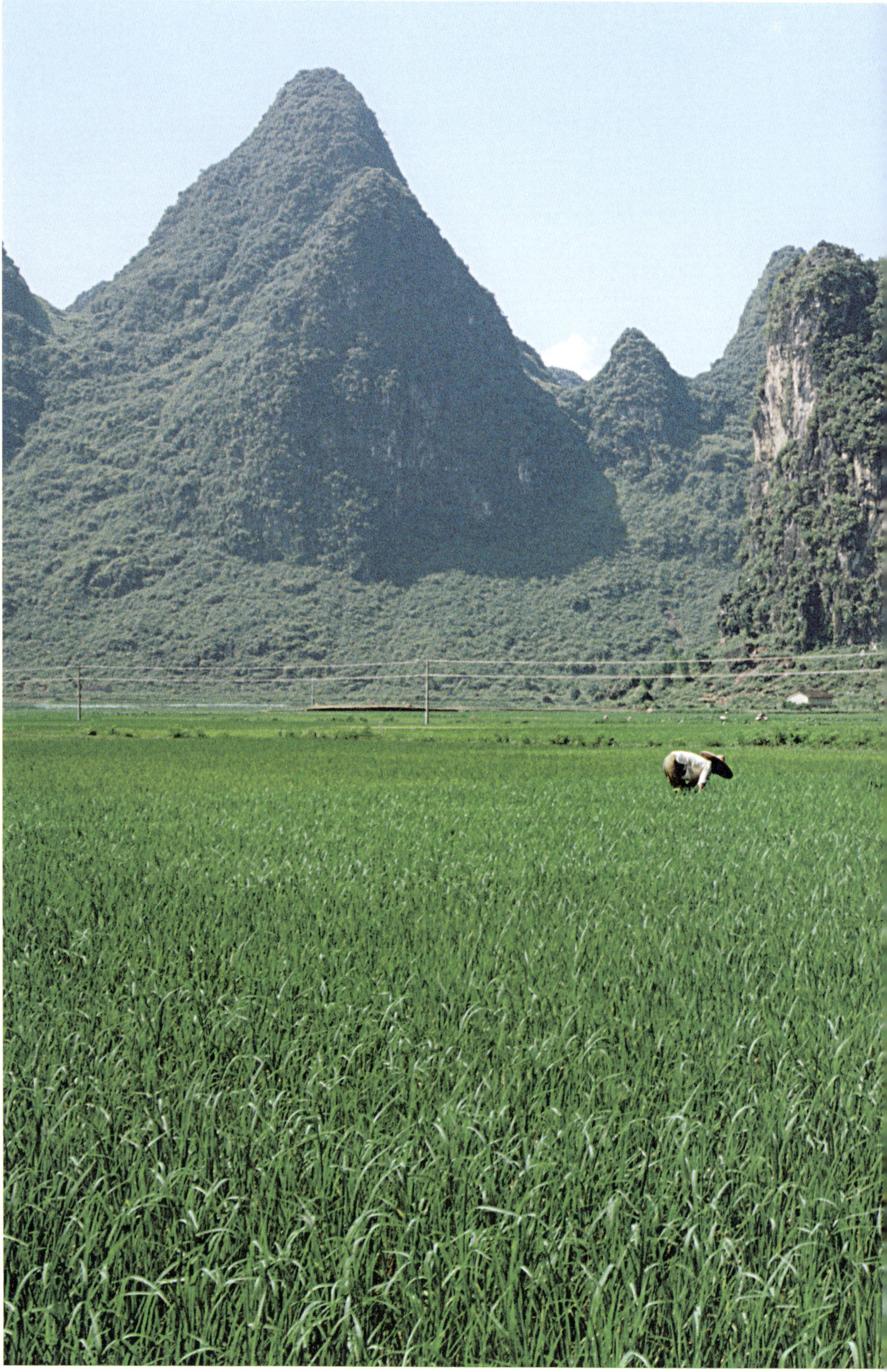

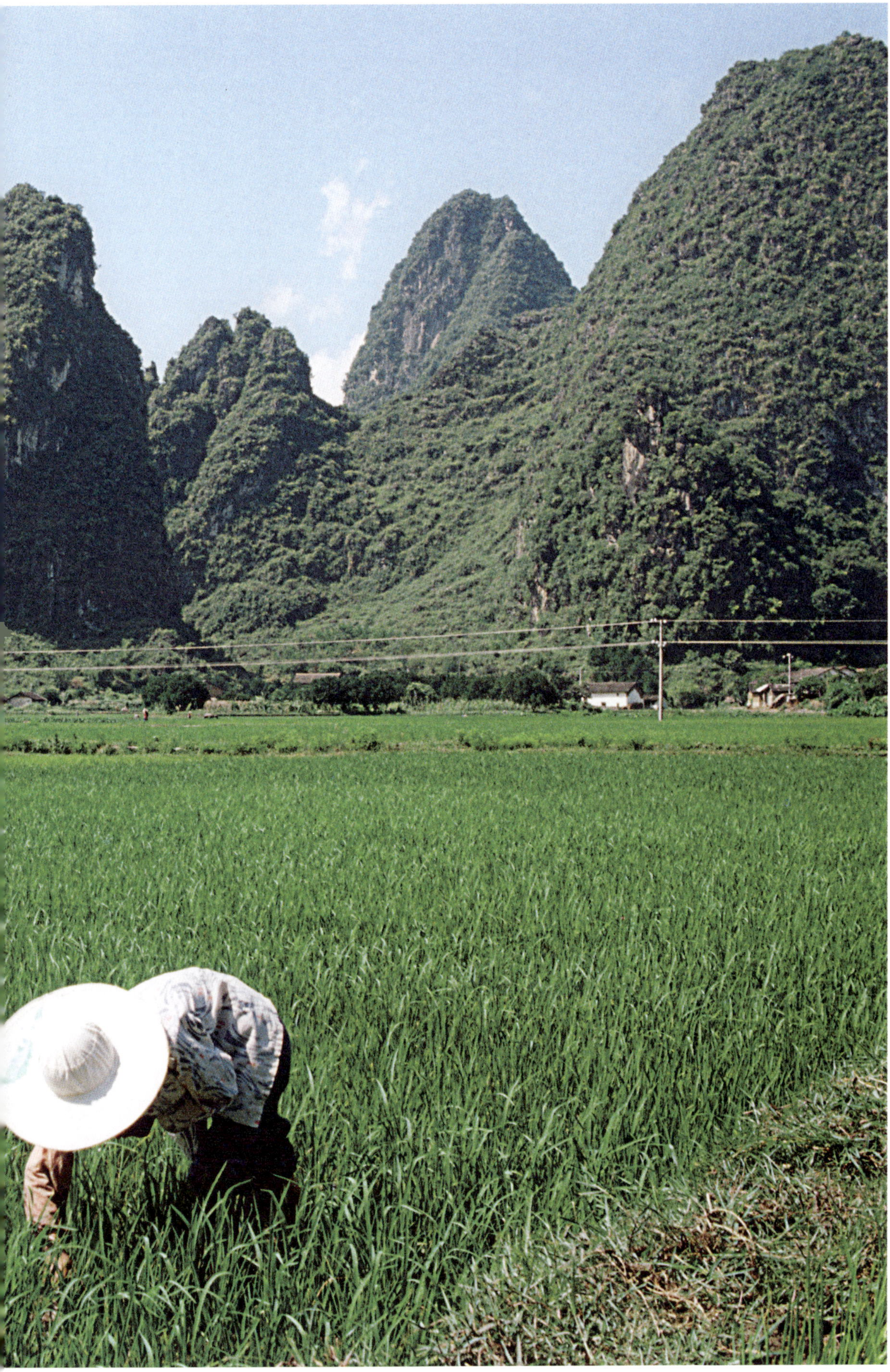

wir möchten den Leser herzlich dazu einladen, es auch einmal auf die chinesische Art zu versuchen, die für mehr Vielfalt und Auswahl bei Tisch sorgt!

Moderne Köche, die über einen wagemutigen Appetit und viel kulinarische Neugier verfügen und denen heute eine Vielzahl chinesischer Zutaten zur Verfügung stehen, sind vielleicht geneigt, Gerichte aus verschiedenen chinesischen Regionen zusammenzustellen, wie es auch „chinesische" Restaurants im Ausland oft tun, wenn sie typische Gerichte aus den Provinzen auf die Karte setzen. Dieses Buch lässt sich sehr gut dazu nutzen, auf diese Weise eine Mahlzeit zusammenzustellen.

Bei der Entscheidung, was gekocht werden soll, ob für zwei oder zehn Personen, kommt auch heute noch der alte Grundsatz von Gleichgewicht und Harmonie zum Tragen. In der Mahlzeit sollte eine Vielzahl konstrastreicher Aromen, Konsistenzen und Farben vertreten sein, weil das Vergnügen einer chinesischen Mahlzeit zum großen Teil darin besteht, alles zu probieren, was angeboten wird.

Vielfalt ist für uns wahrlich das Salz in der Suppe des Lebens, und für uns ist es wichtig, aus den frischesten Zutaten eine abgerundete Mahlzeit zuzubereiten. So kaufen wir Gemüse oft am Marktstand, und Fische und Meeresfrüchte sind häufig noch lebendig, bis sie verkauft werden.

Bei der Zubereitung von Hähnchen gilt in der chinesischen Küche der Grundsatz, dass das Fleisch vom ganzen Tier immer frischer ist als Teilstücke aus dem Supermarkt. Keulen und Brüste verwenden wir nur, wenn das Rezept gewürfeltes oder filetiertes Hähnchen verlangt. Bei der Wahl eines ganzen Hähnchens für Gerichte wie Drunken Chicken (Seite 56) oder Hainan-Hähnchen mit gewürztem Reis (Seite 542) eignen sich Maishühner wegen ihrer attraktiven gelben Haut besonders gut.

Mir ist bewusst, dass man beispielsweise in Nordamerika Knochen und Gräten in Geflügel- oder Fischgerichten nicht schätzt, aber so wird in China traditionell nun einmal gekocht. Nach chinesischer Überzeugung schmeckt Hähnchen mit Knochen besser, deshalb bleiben sie in vielen Geflügel- und Fleischrezepten erhalten. Wem das Probleme bereitet, der kann jedoch auch filetierten Fisch oder Hähnchen und Fleisch ohne Knochen kaufen.

Eine ausgewogene Mahlzeit kann z.B. aus einer kalten Vorspeise, einem Pfannengericht, etwas Gedämpftem und vielleicht einem Schmorgericht bestehen; weiche Nahrungsmittel sollten durch etwas Knuspriges ergänzt werden, es sollten trockene und saucenreiche Gerichte serviert werden, und Speisen mit kräftigen Aromen (salzig, würzig, scharf, fettig, sauer) sollten durch erfrischende, zarte Noten in anderen Gerichten ausgeglichen werden.

Die Mahlzeit sollte auch ausgewogen sein, was Möglichkeit und Mittel der Zubereitung angeht; ein Menü, in dem jedes Gericht in letzter Minute im Wok gerührt und sehr heiß serviert werden muss, lässt sich schwer verwirklichen. Früher, als Brennstoffe ein kostbares Gut waren, kochte man eine ganze Mahlzeit im Wok: Roher Reis und Wasser am Boden, darüber kam ein Stapel Bambus-Dämpfkörbe, von denen jede Schicht gedämpfte Gerichte oder eine Suppe enthielt. Diese geniale Methode kann sich auch der moderne Koch zunutze machen, wenn er wenig Platz auf dem Herd hat.

Ein weiterer praktischer Hinweis: Wenn Sie für viele Gäste kochen, ist es üblich, mit jedem zusätzlichen Gast die Anzahl und Art der Gerichte statt der Portionsgrößen zu erhöhen. Für den unerfahrenen Koch ist es jedoch möglicherweise unrealistisch, sich an so vielen Rezepten gleichzeitig zu versuchen; in diesem Fall erhöhen Sie nach eigener Einschätzung lieber die Mengen. Bei Pfannengerichten würde ich jedoch davon abraten, da der Wok sonst schnell zu voll wird und kein Wok-Hei entstehen kann (das hochgeschätzte spezielle Aroma, das nur bei der Zubereitung in einem sehr heißen Wok entsteht). Außerdem werden die Zutaten dann sautiert und nicht richtig angebraten. Falls Sie größere Mengen im Wok zubereiten möchten, tun Sie das also lieber in zwei Durchgängen. Stellen Sie zu besonderen Gelegenheiten ein zusätzliches Gericht auf den Tisch. Verwenden Sie die Portionsangaben in den Rezepten nur als Richtwert, da es bei einer vollständigen Mahlzeit darauf ankommt, wie viele Gerichte geteilt und gemeinsam genossen werden.

GARTECHNIKEN

Ein gutes Gericht basiert natürlich auf der Qualität seiner Bestandteile. Das Ziel beim Kochen besteht darin, die unverfälschten Aromen der Zutaten zu präsentieren.

Zwar wird das Rührbraten oder Pfannenrühren als häufigste Technik mit der chinesischen Küche in Verbindung gebracht, es ist jedoch nur eine von Hunderten. Die Chinesen unterteilen jeden Kochstil mehrfach, um die feineren Komplexitäten darzustellen. Wir beschreiben die häufigsten Methoden, die teilweise ähnlich erscheinen, jedoch gibt es feine Unterschiede in den Details. Einige Techniken dienen dazu, eine erwünschte Konsistenz zu erreichen, andere sollen die Feuchtigkeit einschließen.

Die Vorbereitung und Organisation der Zutaten beeinflusst, wie man kocht. Tatsächlich ist der chinesische Koch überwiegend mit dem Vorbereiten der Zutaten beschäftigt und relativ wenig mit dem eigentlichen Garen.

Es gibt mehr als 100 chinesische Bezeichnungen für Schneidetechniken, wobei verschiedene Zutaten spezifische Techniken verlangen. Letztendlich besteht das Ziel darin, Zutaten so zu zerkleinern, dass die Stücke in Größe und Form gleich sind und gleichmäßig garen, und Fleisch so zu schneiden, dass es die optimale Zartheit erreicht.

BACKEN (JU, 焗)

Bei dieser Methode werden Speisen über einen längeren Zeitraum in trockener Hitze gegart, oft im Ofen, siehe Walnusskekse (Seite 654). In Salz gebacken (yan ju, 盐焗) sind Zutaten, wenn sie mit einer Salzschicht überzogen und mit oder ohne trennende Papierschichten dazwischen in einem Ofen oder einem Wok ohne Fett gar gebacken werden, siehe In Salz gebackenes Hähnchen (Seite 290). Beim Backen bei schwacher Hitze (xiao huo ju, 小火焗) wird heiße Luft in einem geschlossenen Raum wie einem Topf oder Wok mit Deckel zum Garen genutzt, siehe Garnelen mit schwarzem Pfeffer und Basilikum (Seite 198).

BLANCHIEREN (CUAN, 汆)

Die Zutaten werden kurz in heißem Wasser oder heißer Suppe gegart und dann in kaltes Wasser getaucht, um Frische und Aroma zu erhalten. Vor allem Gemüse sollte in bereits kochendes Wasser gegeben werden, damit der Koch die Blanchierzeit kontrollieren kann. Manchmal wird Fleisch oder Fisch in kaltes Wasser gelegt und aufgekocht, jedoch nur dann, wenn alle Zutaten dieselbe Temperatur erreichen sollen.

DÄMPFEN (ZHENG, 蒸)

Über dem Siedepunkt (100 °C) wird Wasser zu Dampf. Dämpfen ist eine sehr sanfte Garmethode, die sich ideal für Meeresfrüchte und anderes empfindliches Gargut eignet. Vor allem garen die Speisen rasch, und es werden keine Nährstoffe ausgewaschen. Die Zutaten werden auf einem ofenfesten Teller oder in einer Schüssel auf ein Gestell in einem Wok mit Deckel oder einem Dampfgarer mit kochendem Wasser gestellt. (Meist wird auf starker Hitze gedämpft, um möglichst viel Dampf zu erzeugen.) Ich empfehle das Dämpfen in einem Wok, in den kleine und große Schüsseln passen; es geht aber auch in einem elektrischen Dampfgarer, der allerdings eventuell nur kleine Schüsseln fasst, siehe Gedämpfter Zackenbarsch (Seite 132).

DOUBLE STEAMING (DUN, 隔水炖)

Beim Double Steaming wird die Speise langsam durch indirekte Hitze gegart, ohne sie zu bewegen. Die Zutaten werden zusammengebracht und gewürzt und mit oder ohne Wasser in einen dicht verschlossenen Behälter gefüllt, der dann in einen Wok oder Dämpfeinsatz gestellt und auf starker Hitze eine bis drei Stunden gedämpft wird. Nach Bedarf kann Wasser nachgefüllt werden, siehe Löwenkopf-Fleischbällchen (Seite 324). Beim Double Steaming mit Stürzen (kou, 扣) werden die Zutaten in einer dicht verschlossenen Schüssel vollständig gegart und dann hügelförmig auf eine Platte gestürzt. Die heiße Schüssel dabei mit einem Geschirrtuch festhalten, mit einem Teller abdecken und die Sauce in eine andere Schüssel abgießen. Die Schüssel auf den Teller stürzen und die Sauce über die heiße Speise gießen. (Alternative: Den Schüsselinhalt ohne Stürzen auf einen Teller legen.) Siehe Schweinebauch mit fermentiertem Kohlgemüse (Seite 320).

DÜNSTEN (DUN, 不隔水炖)
Beim Dünsten wird langsam durch direkte Hitzezufuhr gegart. Dazu werden die Zutaten mit Gewürzen und Brühe oder Wasser in einen verschlossenen Behälter gegeben, etwa einen Schmortopf, und mehrere Stunden direkt auf schwache oder mittlere Hitze gestellt, siehe Lammragout mit chinesischer Yamswurzel (Seite 431).

EINLEGEN (YAN, 腌)
Rohes frisches Gemüse wird mit Salz und Gewürzen gemischt und in einem verschlossenen Schraubglas mehrere Tage fermentiert, siehe Eingelegtes Gemüse (Seite 49).

FRITTIEREN (ZHA, 炸)
Das Frittieren in Öl ist eine beliebte Garmethode in China, da sie die Zutaten in kurzer Zeit gart. Ist eine knusprige Kruste erwünscht, wird zweimal frittiert. Die Zutaten werden dazu erst gar frittiert und dann kurz aus dem Öl genommen, um ihre Innentemperatur zu senken und etwas Flüssigkeit abdampfen zu lassen. Anschließend wird das Öl wieder auf die gewünschte Temperatur erhitzt und die Zutaten wieder hineingegeben und kurz frittiert, um eine krosse Kruste zu erhalten, ohne sie zu übergaren. Bei sehr zarten Zutaten wie Garnelen kann dieser Vorgang insgesamt dreimal wiederholt werden. Siehe Frittierte Garnelen (Seite 69). Beim Frittieren mit anschließendem Schmoren (ta, 塌) werden die Zutaten erst in Teig getaucht, dann frittiert oder gebraten und zum Schluss in wenig Sauce geschmort oder sautiert, siehe Frittierter Tofu (Seite 516).

HONIGSÜSSE SAUCE (MI ZHI, 蜜汁)
Unverarbeiteter oder karamellisierter Zucker wird mit den Zutaten vermischt und alles über lange Zeit gegart, bis die Zutaten mit einem Zuckersirup benetzt sind, siehe Doppelt gekochter Pökelschinken (Seite 382).

IN ÖL WENDEN (ZOU YOU, 走油)
Die Zutaten werden leicht in Öl gewendet und dann auf schwacher bis mittlerer Hitze etwa eine Minute angegart, um sie für die nächste Garphase (meist Rührbraten) vorzubereiten. Häufig kommt diese Methode bei Fleisch und Meeresfrüchten wie Garnelen zur Anwendung; sie verkürzt die Bratzeit und verhindert das Übergaren der Zutaten, siehe Garnelen mit Longjing-Tee (Seite 188). Beim Wenden in Öl mit Sautieren (liu, 熘) werden die Zutaten in heißem Öl gewendet und dann in einer eingedickten Sauce leicht sautiert, siehe Fisch in Tresatersauce (Seite 145).

KOCHEN (BAO, 煲)
Die Zutaten werden in viel Wasser aufgekocht und auf schwächerer Hitze 1–2 Stunden geköchelt, siehe Suppe mit Schweinefleisch, Lotuswurzel und Oktopus (Seite 116).

KURZBRATEN (JIAN CHAO, 煎炒)
Beim Kurzbraten wird weniger Öl verwendet als beim Frittieren und eine geringere Temperatur als beim Rührbraten, sodass die Zutaten außen goldbraun oder knusprig und innen weich sind. Es wird erst die eine Seite und nach dem Wenden die andere Seite gebraten. Beim Braten (jian, 煎) werden die Zutaten in einem Wok oder einer Pfanne mit wenig Öl gegart und gebräunt, siehe Jiaozi (Seite 70). Beim Pfannenbacken (luo, 烙) mischt man die Zutaten mit Gewürzen und Stärke und bäckt sie in einer Bratpfanne zu einem Pfannkuchen. Siehe Nudelfisch-Pfannkuchen (Seite 168).

MARINIEREN (YAN PAO, 腌泡)
Hier werden die Zutaten mit Gewürzen gemischt, um sie vor dem nächsten Zubereitungsschritt zu aromatisieren und Fleisch zart zu machen, siehe Süßsaure Rippchen (Seite 366). Beim Marinieren in Reiswein (zui, 醉) werden vorgegarte Zutaten einige Stunden in Reiswein eingelegt und bekommen so ein starkes Weinaroma, siehe Drunken Chicken (Seite 56).

MISCHEN (BAN, 拌)
Rohe oder gegarte Zutaten werden mit Würzmitteln gemischt und sofort serviert. Siehe Lotuswurzel mit Ingwer (Seite 80).

RÄUCHERN (XUN, 熏)
Vorgegarte Zutaten werden in trockener Hitze in Rauch gegart, der durch das Erhitzen von Teeblättern, Zucker und Reis erzeugt wird, siehe Im Wok geräucherte Seebrasse (Seite 157).

ROLLSCHNEIDEN (GUN DAO, 滚刀)
Diese Technik wird bei länglichem Gemüse wie asiatischen Auberginen, Karotten und Zucchini

eingesetzt. Es entstehen interessante Formen mit einer größeren Oberfläche, die deswegen schneller garen. Die Klinge senkrecht zum Schneidbrett halten und in der Diagonale gerade nach unten schneiden, dann das Gemüse um ein Viertel weiterdrehen und im selben Winkel gerade nach unten schneiden. Auf diese Weise über die ganze Länge rollen und schneiden. Auch große Kartoffeln und Tomaten lassen sich so schneiden, sie sollten nur vorher geviertelt werden, siehe Yan-Du-Xian-Suppe (Seite 113).

RÖSTEN (KAO, 烤)
Garen in heißer Luft im Ofen, siehe Gegrillte Schweineschulter (Seite 394).

ROTSCHMOREN (HONG SHAO, 红烧)
Bei dieser speziellen Technik werden die Zutaten in einer karamellisierten Sojasauce-Zucker-Mischung geschmort und nehmen dabei eine herrlich tiefrote Färbung an, siehe Hunan-Schweinebauch (Seite 379). Beim Trockenschmoren (gan shao, 干烧) wird die Zutat meist durch Frittieren vorgegart, um die eigene Feuchtigkeit herauszuziehen, damit sie im nächsten Schritt mehr Aroma aufnehmen kann. Die Zutat wird auf mittlerer Hitze in einer Sauce geschmort, die dann auf starker Hitze zu einer sehr dicken Sauce eingekocht wird, siehe Fisch in Chilisauce (Seite 170). Auch beim leichten Schmoren (ruan shao, 软烧) wird die Zutat vorgegart, meist durch Blanchieren, Überbrühen oder ähnliche Techniken, und dann auf schwacher Hitze in Sauce geschmort, bis diese eindickt, siehe Geschmorter Tofu (Seite 503).

RÜHRBRATEN (CHAO, 炒)
Eine der beliebtesten Gartechniken: Die Zutaten werden auf starker Hitze unter ständigem Rühren in Öl gegart, siehe Rinderflanke in Austernsauce (Seite 398). Beim Rührbraten auf starker Hitze (bao, 爆) werden die Zutaten sehr schnell gegart, meist ohne Sauce, siehe Schweinenieren aus dem Wok (Seite 363). Beim Rührbraten mit wenig Öl (bian, 煸) werden die Zutaten kräftig gerührt, bis die Flüssigkeit größtenteils verdampft ist, dann erst gewürzt. Bei einigen Gemüsesorten mit harter Schale wie Bohnen wird die Feuchtigkeit zuvor durch Rösten in einer trockenen Pfanne oder Frittieren entfernt, dann werden sie mit anderen Zutaten auf starker Hitze unter Rühren gebraten, siehe Gebratene grüne Bohnen (Seite 500).

SCHMOREN (HUI, 烩)
Beim Schmoren wird sowohl in trockener als auch in feuchter Hitze gegart: Erst wird das Gargut auf hoher Temperatur angebraten, dann mit Gewürzen und einer Flüssigkeit in einen Wok oder Topf umgefüllt und kurz (siehe Shiitake mit frittierten Fischplätzchen, Seite 138) oder länger geköchelt. Es überrascht kaum, dass die Chinesen mehrere Arten des Schmorens kennen. Beim Schmoren im geschlossenen Topf (men, 焖) werden die Zutaten, meist Fleisch, in einem Topf unter Rühren leicht angebräunt und dann mit etwas Wasser auf mittlerer Hitze bei geschlossenem Deckel über lange Zeit geschmort, siehe Schweinebauch mit Lotuswurzel (Seite 385). Das Schmoren ohne Deckel (wen, 炆) ähnelt dieser Technik, aber die Speise wird mit Stärke angedickt, siehe Wels mit Knoblauch (Seite 173).

SLOW COOKING (WEI, 煨)
Die Zutaten werden (mit Wasser oder Sauce) zum Kochen gebracht und dann auf schwacher Hitze lange kochen gelassen, um die Aromen zu verbinden, siehe Geschmorte Rinderrippchen (Seite 409).

SÜLZEN (DONG, 冻)
Fleisch wird zunächst auf schwacher Hitze weich gekocht und dann in einer Fleischbrühe gekühlt, bis eine Gallertmasse entsteht, siehe Rindfleischsülze (Seite 58).

ÜBERBRÜHEN (ZHUO, 灼)
Ähnlich wie Blanchieren, jedoch ohne anschließendes Eintauchen in kaltes Wasser. Die Zutaten werden in dünne Scheiben geschnitten und kurz in kochendes Wasser getaucht.

ZIEHENLASSEN (JIN ZI, 浸渍)
In der chinesischen Küche werden meist Fische auf zwei Arten durch Ziehenlassen gegart. Bei der einen zieht er in Wasser (jin, 浸): Einen großen Topf Wasser zum Kochen bringen, den Herd ausschalten, die Zutaten ins Wasser geben und in der Speicherwärme langsam garen. Normalerweise wird nur Fisch so gegart, die Methode lässt sich aber auch auf Hähnchen anwenden, siehe Fisch nach Westsee-Art (Seite 152). Beim Ziehenlassen in Öl (shui jin, 水浸) wird ein großer Topf Öl auf 180 °C erhitzt und dann der Herd ausgeschaltet. Die Zutaten langsam ins Öl gleiten lassen und ziehen lassen, bis sie gar sind.

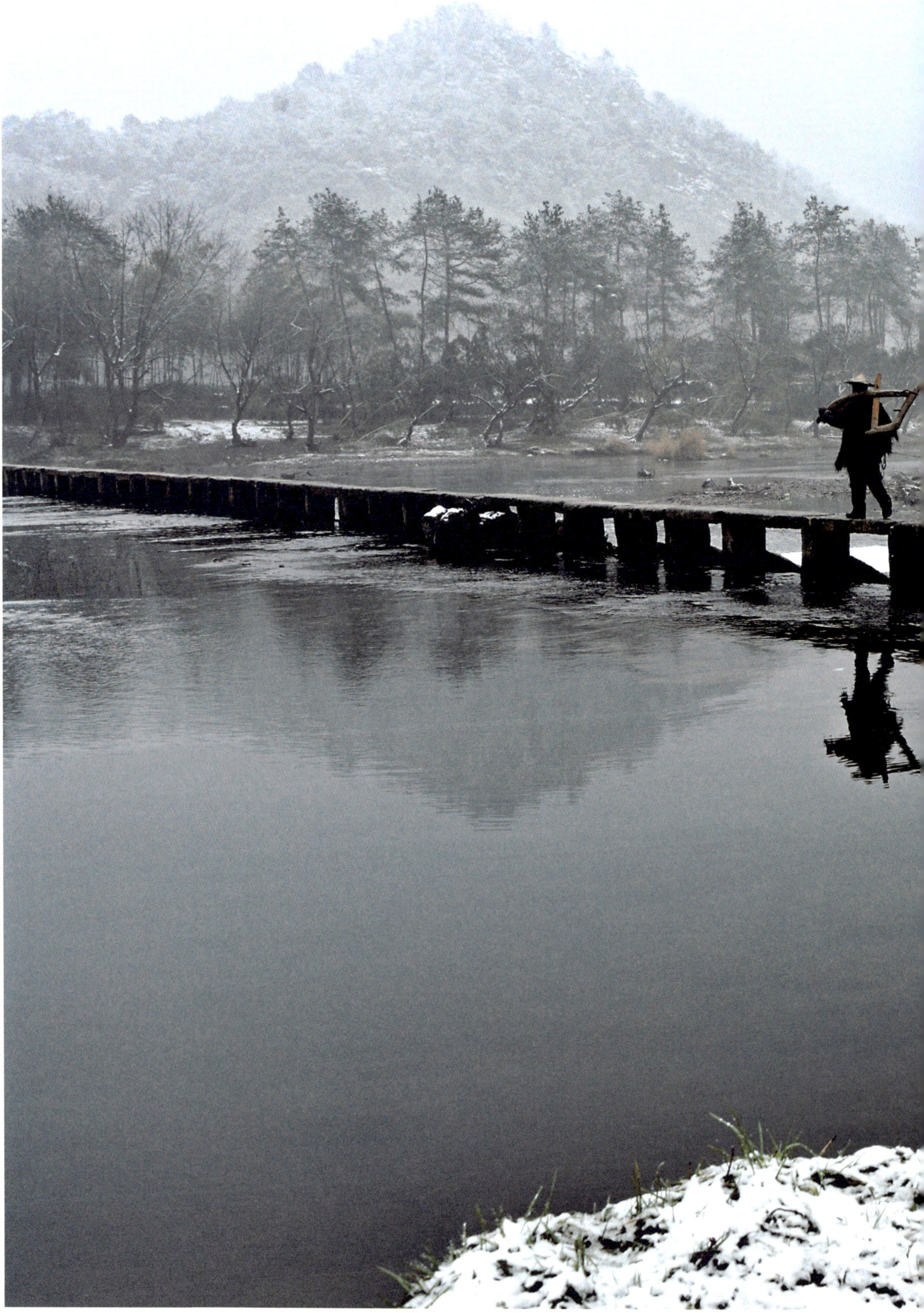

39

KÜCHENGERÄTE

Das Schöne an der chinesischen Küche ist, dass viel von Hand gemacht werden kann, selbst Teigtaschen und Nudeln, und dass man mit wenigen wichtigen Gerätschaften auskommt.

Zur Not können Sie auch mit den Küchengeräten improvisieren, die Sie schon haben – Rührbraten geht auch in der Pfanne statt im Wok und Zutaten lassen sich auch mit einem Kochmesser statt mit dem Hackbeil schneiden. Ich empfehle jedoch unbedingt die Anschaffung der folgenden traditionellen Utensilien für chinesisches Kochen auf höherem Niveau. Die Geräte sind nicht teuer, und ihr Einsatzgebiet ist nicht so speziell, dass Sie sie nicht auch im normalen Küchenalltag nützlich finden werden.

BAMBUSSIEB
Ideal zum Braten oder Abseihen, lässt sich auch durch ein normales Sieb oder sogar durch einen Schaumlöffel ersetzen.

DAMPFGARER
Der älteste Dampfgarer aus Ton (zeng, 甑) wurde bei den Ausgrabungen der Hemudu-Kultur (5000–4500 v. Chr.) gefunden. Das irdene Kochgeschirr hatte einen flachen Boden mit vielen Löchern und wurde auf einen Kessel (li, 鬲) mit Wasser gestellt. Der Dampf des heißen Wassers stieg durch die Löcher nach oben und garte die Zutaten darin, genau wie beim Dampfgarer in der modernen Küche.

Der Bambus-Dämpfkorb hat sich im Laufe der Zeit kaum verändert. Zylindrische Bambusgestelle werden übereinandergestapelt, sodass mehrere Gerichte gleichzeitig zubereitet werden können. Der Dämpfkorb wird in einen Wok mit kochendem Wasser gestellt und eignet sich zum Dämpfen aller Speisen von Reisgerichten und Teigtaschen bis zu Fisch und Dampfbrötchen mit Schweinefleisch. Durch Aufstocken mit weiteren Etagen können die Gerichte im selben Dämpfkorb unterschiedlich lang gedämpft werden. Durch das Dämpfen lassen sich die Nährstoffe besonders gut im Essen erhalten.

Bambus-Dämpfkörbe sind in verschiedenen Größen im Internet oder in Geschäften für Küchenbedarf erhältlich.

DÄMPFGESTELL
Viele Rezepte in diesem Buch – vor allem solche mit Fisch und Blattgemüse – werden gedämpft. Das Wasser im Wok sollte niemals so hoch stehen, dass es die Unterseite des Tellers berührt. Ein Dämpfgestell aus Metall, das in den Wok gestellt wird, trägt eine ofenfeste Schüssel oder einen Bambus-Dämpfkorb.

FLEISCHKLOPFER
Ein Fleischklopfer, auch Plattiereisen genannt, ist ein robustes Handgerät, mit dem Fleisch vor der Zubereitung mürbe geklopft werden kann.

FRITTIERLÖFFEL
Breiter, flacher Drahtkorb mit langem Griff zum Herausheben von heißen Zutaten aus Flüssigkeiten oder zum Abschäumen von Brühe. Ein normaler Schaumlöffel ist zwar kleiner, kann aber stattdessen verwendet werden. Allerdings muss die Aufgabe dann unter Umständen in mehreren Durchgängen ausgeführt werden.

GEWÜRZSÄCKCHEN
Die kleinen, wiederverwendbaren Beutel aus Gaze sind äußerst praktisch – mit ihrer Hilfe können größere, nicht essbare Kräuter und Gewürze das Gericht im Garprozess aromatisieren, müssen jedoch vor dem Servieren nicht von Hand herausgefischt werden.

HACKBEIL
Unverzichtbares Werkzeug in der chinesischen Küche, da jeder Teil des Messers genutzt werden kann. Neben der scharfen Klinge zum Schneiden eignet sich die stumpfe Oberkante hervorragend zum Weichklopfen von Fleisch; mit der flachen Seite lassen sich Knoblauch und Ingwer zerdrücken. Zum Hacken von Knochen sollte ein schweres Hackbeil verwendet werden (bei einem leichteren könnte die Klinge brechen). Nicht

alle Hackbeile eignen sich zum Durchtrennen von Knochen – nehmen Sie dazu eine schwerere Qualität, ich persönlich bevorzuge hochwertige Edelstahlbeile.

KOCHSTÄBCHEN
Es ist nicht eindeutig, wann und von wem die Stäbchen erfunden wurden, aber das älteste Paar wurde in einem uralten Grab in Shangqiu entdeckt (der damaligen Hauptstadt von Shang). Es bestand aus Bronze und stammte aus der Shang-Dynastie (1766–1122 v. Chr.). Die ersten Stäbchen waren vermutlich einfach zwei Stöcke oder Zweige zum Herausnehmen von Gemüse, das im Kessel gekocht wurde, und blieben nicht erhalten. Zum Umrühren in Woks und Pfannen mit heißem Öl keine Stäbchen aus Kunststoff, sondern aus Holz oder Metall benutzen.

KOCHTHERMOMETER
Wichtiges Hilfsmittel, um bei richtigen Temperaturen zu frittieren.

MÖRSER
In einem Mörser lassen sich Gewürze wie Pfefferkörner zerstoßen und Pasten herstellen.

REISKOCHER
Praktisches elektrisches Küchengerät, in dem Reis gekocht oder gedämpft werden kann. Reiskocher können heutzutage nicht nur Reis dämpfen, sondern auch Congee und Eintöpfe zubereiten. Wenn Sie keinen Reiskocher haben, lassen sich die meisten Reisgerichte jedoch auch im Topf auf dem Herd zubereiten.

REISLÖFFEL
Großer, flacher Löffel, oft aus Holz oder Kunststoff, zum Umrühren und Servieren von Reis.

SCHMORTOPF
Großer Topf aus Gusseisen oder Keramik, ideal für Suppen, Reisgerichte, Aufläufe und Braten. Kann auch als Ersatz für einen Tontopf verwendet werden.

SCHÜSSELZANGE
Mit der Schüsselzange lassen sich kleine, heiße gedämpfte Gerichte aus dem Dämpfeinsatz nehmen.

SPIESSE
Stäbe aus Holz oder Metall, die beim Grillen oder Rösten Fleischstücke zusammenhalten.

TEIGROLLE
Chinesische Teigrollen sind deutlich einfacher als ihre westlichen Gegenstücke: nicht mehr als ein 30 cm langes Rundholz, mit dem sich Teigblätter für Teigtaschen ausrollen lassen.

TONTÖPFE
Diese Gefäße eignen sich ideal für langsam gekochte Eintöpfe, Suppen und Schmorgerichte und können auch zum Servieren verwendet werden. Vor dem ersten Gebrauch den Tontopf unbedingt vollständig unter Wasser tauchen und 24 Stunden stehen lassen.

WOK
Kein anderes Küchengerät ist in der chinesischen Küche so wichtig wie der Wok. Der Wok mit rundem, konkavem Boden war ein Kessel ohne Beine, in dem in alten Zeiten Fleisch und Gemüse als Gaben für den Himmel oder für die ganze Gemeinschaft gekocht wurden. Als man damit begann, in den Häusern Herde zu bauen, verkleinerte man den Wok, damit er daraufpasste, und langsam wurde er zu dem Kochgerät, das wir heute kennen. Die konzentrierte Hitze am Wokboden sorgt für schnelles Garen und erhält die Nährstoffe; der Wert dieser Methode ist den Chinesen schon lange bekannt. Wenn Sie einen Wok kaufen, nehmen Sie unbedingt einen mit Deckel – sehr praktisch beim Dämpfen.

WOKRING
Ein Wokring wird auf die Herdplatte gestellt, um die Bewegung des Woks beim Kochen zu minimieren. Er ist nicht unbedingt nötig, aber manche finden ihn vielleicht praktisch.

WOKWENDER
Mit einem Wokwender aus Metall lassen sich Speisen im Wok umrühren, vor allem gebratener Reis, Klebreisbällchen und alles, was in großen Mengen gerührt werden muss. Es kann auch ein Pfannenwender (Fischheber) verwendet werden.

VORSPEISEN & SALATE

VORSPEISEN & SALATE

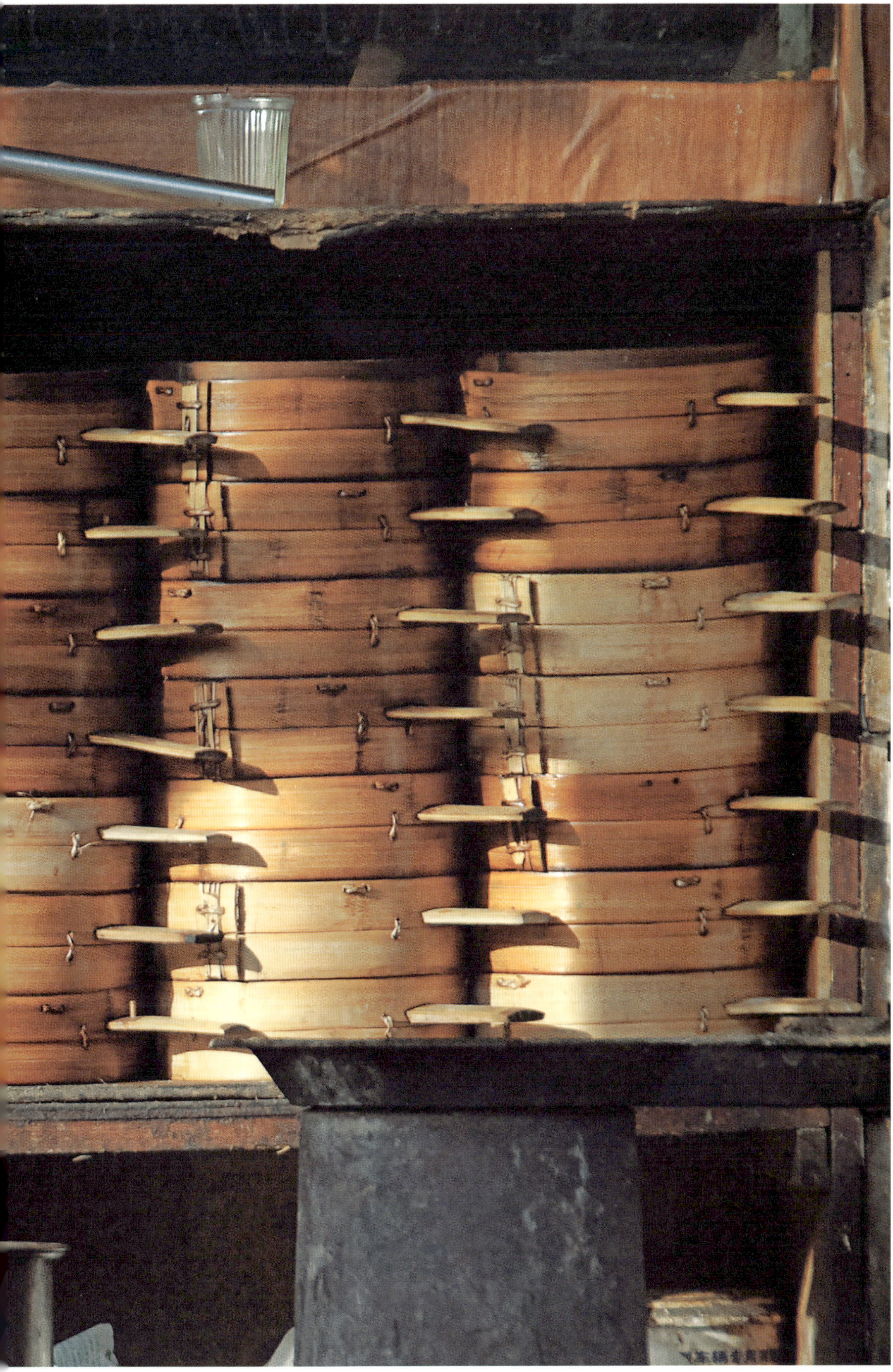

HERKUNFT: TIANJIN
ZUBEREITUNGSZEIT: 15 MINUTEN,
ZZGL. 30 MINUTEN RUHEZEIT
GARZEIT: 5 MINUTEN
PERSONEN: 4

炝莴苣
SPARGELSALAT

- 2 STÄNGEL SPARGELSALAT
- ½ TL SALZ
- 2 EL PFLANZENÖL
- 1 TL SICHUAN-PFEFFERKÖRNER
- 1 TL GERIEBENER INGWER
- 1 ROTE CHILISCHOTE, SAMEN ENTFERNT UND IN STREIFEN GESCHNITTEN
- 1 EL HELLE SOJASAUCE
- 1 EL ZUCKER
- 2 EL WEISSER REISESSIG
- 1 TL SESAMÖL

Dieser Salat wird wegen seiner milden, schmackhaften Stiele kultiviert, die oft geschält, in Scheiben geschnitten und gebraten werden. In asiatischen Supermärkten erhältlich. Er kann durch Stangensellerie ersetzt werden.

* Spargelsalat von Blattteil und Basis befreien, nur den Mittelteil verwenden. Äußere Schicht abschälen. Blätter entfernen. Zarte Innenstiele erst in 4 cm lange Stücke, dann in Streifen schneiden. In ein Sieb legen und mit Salz bestreuen. Etwa 30 Minuten stehen lassen, dann mit Küchenpapier trocken tupfen.
* Das Pflanzenöl in einem Wok oder einer großen Pfanne auf schwacher Hitze heiß werden lassen, Sichuan-Pfefferkörner hineingeben und 1–2 Minuten unter Rühren braten, bis sie duften. Ingwer und Chili zufügen, dann Sojasauce, Zucker, Essig und Sesamöl unterrühren. Den Herd ausschalten. Den Spargelsalat mit der noch heißen Sauce mischen. Warm oder kalt servieren.

HERKUNFT: GUANGDONG
ZUBEREITUNGSZEIT: 5 MINUTEN
GARZEIT: 5 MINUTEN
PERSONEN: 2–4

凉拌苦瓜
BITTERMELONENSALAT

- 1 BITTERMELONE
- ½ TL SALZ
- ½ EL HELLE SOJASAUCE
- ½ EL SCHWARZER REISESSIG ODER BALSAMICO-ESSIG
- ½ TL SESAMÖL

* Die Schale der Bittermelone mit einem Schälmesser in löffelgroßen Stücken abschälen. Samenmantel und Samen entfernen.
* Einen kleinen Topf Wasser auf starker Hitze zum Kochen bringen, Bittermelone hineingeben und etwa 30 Sekunden blanchieren. Abtropfen lassen, in eine Schüssel geben und noch warm mit dem Salz mischen. Zum Abkühlen beiseitestellen.
* Sojasauce und Essig unterrühren, dann die Sauce aus der Schüssel abgießen. Das Sesamöl unterrühren und als Salat servieren.

鸡丝凉皮
HÄHNCHENSALAT MIT NUDELN

HERKUNFT: TIANJIN
ZUBEREITUNGSZEIT: 10 MINUTEN,
  ZZGL. 20 MINUTEN EINWEICHZEIT
GARZEIT: 15 MINUTEN
PERSONEN: 4

* Die Sesamsaat in einem kleinen Topf auf mittlerer Hitze in 3–5 Minuten goldbraun rösten, dabei gelegentlich den Topf rütteln. Beiseitestellen.
* Die Hähnchenbrüste in einem Dämpfeinsatz oder Bambus-Dämpfkorb über einen Topf mit kochendem Wasser stellen. Mit Deckel in 10 Minuten gar dämpfen. Herausnehmen und zum Abkühlen beiseitestellen, dann das Fleisch grob zerpflücken.
* Die Mungobohnenstärke in eine große ofenfeste Schüssel legen, mit kochendem Wasser bedecken und 20 Minuten einweichen. Abtropfen lassen, in kaltem Wasser abschrecken, dann erneut abtropfen lassen. Den festen Teil an den Rändern wegschneiden und die Platten in Streifen schneiden. In eine Schüssel geben und mit dem Sesamöl mischen.
* Für das Dressing die Sesampaste in einer kleinen Schüssel mit 2–3 Esslöffeln Wasser verrühren. Sojasauce und Sesamöl zufügen und alles gut mischen.
* Huhn, Nudeln und Salatdressing in einer großen Schüssel mischen und nach Geschmack salzen. Auf einen Servierteller legen, mit Salz und der gerösteten Sesamsaat bestreuen und servieren.

- 1 TL SESAMSAAT
- 3 HÄHNCHENBRÜSTE, OHNE KNOCHEN UND OHNE HAUT
- 200 G GETROCKNETE MUNGOBOHNENSTÄRKE
- 1 EL SESAMÖL
- SALZ NACH GESCHMACK

FÜR DAS DRESSING:
- 1 EL SESAMPASTE
- ½ EL HELLE SOJASAUCE
- 1 EL SESAMÖL

青芥辣青瓜拌鸡丝
HÄHNCHENSALAT MIT WASABI

HERKUNFT: HONGKONG
ZUBEREITUNGSZEIT: 5 MINUTEN
GARZEIT: 20 MINUTEN
PERSONEN: 2

* 1 Liter Wasser mit 1 Teelöffel Salz in einem großen Topf auf starker Hitze zum Kochen bringen. Die Hähnchenbrust hineingeben. Deckel aufsetzen, den Herd ausschalten und 15 Minuten ziehen lassen, bis das Hähnchen gar ist.
* Hähnchenbrust aus dem Topf nehmen und zum Abkühlen beiseitelegen. Die Haut abziehen und entfernen, das Fleisch grob zerpflücken.
* Die Sesamsaat in einem kleinen Topf auf mittlerer Hitze in 3–5 Minuten goldbraun rösten, dabei gelegentlich den Topf rütteln. Beiseitestellen.
* Wasabi, Mayonnaise und den restlichen ½ Teelöffel Salz in einer Schüssel gut verrühren.
* Hähnchen und Gurke in einer Salatschüssel mischen, die Wasabisauce zufügen und alles gründlich mischen. Mit der gerösteten Sesamsaat bestreuen.

- 1 ½ TL SALZ
- 1 HÄHNCHENBRUST, OHNE KNOCHEN, MIT HAUT
- 1 TL SESAMSAAT
- 1 TL WASABI
- 3 EL MAYONNAISE
- 1 SALATGURKE, SAMEN ENTFERNT UND IN 5 CM LANGE STIFTE GESCHNITTEN

HERKUNFT: GUANGDONG
ZUBEREITUNGSZEIT: 10 MINUTEN
GARZEIT: 15 MINUTEN
PERSONEN: 4

麻酱茄子
AUBERGINENSALAT MIT SESAMSAUCE

- 1 TL SESAMSAAT
- 2 AUBERGINEN, IN STREIFEN VON 1 × 6 CM GESCHNITTEN
- 3 EL SESAMPASTE
- ½ EL HELLE SOJASAUCE
- 2 KNOBLAUCHZEHEN, GEHACKT
- 1 FRÜHLINGSZWIEBEL, GEHACKT

* Die Sesamsaat in einem kleinen Topf auf mittlerer Hitze in 3–5 Minuten goldbraun rösten, dabei gelegentlich den Topf rütteln. Beiseitestellen.
* Die Auberginen auf einen ofenfesten Teller legen und in einem Dämpfeinsatz oder Bambus-Dämpfkorb über einen Topf mit kochendem Wasser stellen. Mit Deckel in 15 Minuten weich dämpfen. Das Wasser vom Teller gießen und die Auberginen zum Abkühlen beiseitestellen.
* Die Sesampaste in einer kleinen Schüssel mit 2–3 Esslöffeln Wasser verrühren. Sojasauce und Knoblauch zufügen.
* Die Sauce über die abgekühlten Auberginen träufeln und mit Sesamsaat und Frühlingszwiebel bestreuen.

HERKUNFT: HONGKONG
ZUBEREITUNGSZEIT: 15 MINUTEN, ZZGL. 8 STUNDEN EINWEICHZEIT
GARZEIT: 5–10 MINUTEN
PERSONEN: 4

青瓜拌海蜇
QUALLE-GURKEN-SALAT

- 1 TL SESAMSAAT
- 200 G QUALLE, ABGESPÜLT
- 1 EL SALZ
- ½ ROTE CHILISCHOTE, SAMEN ENTFERNT UND GEHACKT
- 1 SALATGURKE, SAMEN ENTFERNT UND IN DÜNNE STREIFEN GESCHNITTEN

FÜR DIE SAUCE:
- 3 EL ROTER ESSIG
- 2 EL ZUCKER
- 2 TL HELLE SOJASAUCE
- 2 TL SESAMÖL
- SALZ

* Die Sesamsaat in einem kleinen Topf auf mittlerer Hitze in 3–5 Minuten goldbraun rösten, dabei gelegentlich den Topf rütteln. Beiseitestellen.
* Von der Qualle Innereien und Mund an der Mantelunterseite entfernen, Tentakel und Arme abschneiden und mit einem Messer die Schleimhaut abschaben. Erneut gründlich abspülen.
* 1 Teelöffel Salz in einer großen Schüssel in 2,25 Liter Wasser auflösen und die Quallenhaut 8 Stunden darin einweichen. Das Wasser dabei zweimal wechseln und jedes Mal 1 Teelöffel Salz zufügen. Die Quallenhaut in 5 Millimeter breite Streifen schneiden.
* Eine große Schüssel mit Eiswasser füllen und beiseitestellen.
* Einen großen Topf Wasser auf starker Hitze zum Kochen bringen, Herd ausschalten und das Wasser auf 70–80 °C abkühlen lassen. Die Quallenstreifen hineingeben und 1 Minute stehen lassen, bis sie sich aufrollen. Mit einem Schaumlöffel ins Eiswasser überführen. Wenn die Streifen wieder so dick sind wie vorher, abtropfen lassen und in eine Schüssel geben. Die Chilischote zufügen.
* Für die Sauce Essig, Zucker, Sojasauce und Sesamöl in einer kleinen Schüssel verrühren. Salzen. Die Hälfte der Sauce in die Schüssel mit der Qualle gießen und den Rest beiseitestellen. Die Qualle 5 Minuten marinieren, dann die Flüssigkeit aus der Schüssel abgießen. Die restliche Sauce mit den Quallenstreifen mischen. Gurkenstreifen auf einem Servierteller verteilen, Qualle darauf anrichten und mit Sesamsaat bestreuen.

泡菜
EINGELEGTES GEMÜSE

HERKUNFT: SICHUAN
ZUBEREITUNGSZEIT: 30 MINUTEN,
  ZZGL. 2 STUNDEN KÜHLZEIT,
  ZZGL. 7 TAGE PÖKELZEIT
PERSONEN: 4

* Ein Einmachglas mit einem Fassungsvermögen von 3 Litern zum Sterilisieren gründlich mit heißem Seifenwasser auswaschen und bei niedriger Hitze mindestens 10 Minuten im Ofen trocknen lassen.
* Für die Lake 1½ Liter Wasser mit dem Salz in einem großen Topf zum Kochen bringen. Vollständig abkühlen lassen, dann ins sterile Einmachglas gießen.
* Sichuan-Pfefferkörner und Sternanise in ein Gewürzsäckchen geben und ins Glas hängen. Ingwer und Chili zufügen, dann den Kaoling zugießen.
* Einen Topf Wasser zum Kochen bringen, Bohnen hineingeben und 10 Sekunden blanchieren. Abtropfen und vollständig trocknen lassen.
* Gemüse abspülen, trocken tupfen und so ins Glas legen, dass es ganz mit Lake bedeckt ist. Glas luftdicht verschließen und 7 Tage an einem kühlen, dunklen Ort stehen lassen.

HINWEIS:
Die Lake kann wiederverwendet werden. Dazu Salzwasser aufkochen und zum Abkühlen beiseitestellen. Die Lake nach Bedarf mit Gewürzsäckchen und Salzwasser ergänzen. Das Gemüse stets mit sauberem Besteck herausnehmen und das Glas danach wieder verschließen.
Bildet sich an der Oberfläche ein weißer Film, 1–2 Esslöffel Kaoliang zufügen und das Glas wieder verschließen.

- 120 G GRÜNE BOHNEN, STIELE ENTFERNT
- ¼ KOPF CHINAKOHL, IN MUNDGERECHTE STÜCKE GESCHNITTEN
- 225 G DAIKON-RETTICH, IN STIFTE VON 1 × 5 CM GESCHNITTEN
- 2 KAROTTEN, IN STIFTE VON 1 × 5 CM GESCHNITTEN
- 4 ROTE ODER GRÜNE CAYENNE-CHILISCHOTEN

FÜR DIE LAKE:
- 100 G SALZ
- 3–4 TL SICHUAN-PFEFFERKÖRNER
- 2 STERNANISE
- 10 G INGWER (CA. 2 CM), IN SCHEIBEN GESCHNITTEN
- 2 ROTE CHILISCHOTEN
- 4 EL KAOLIANG

糟毛豆
EINGELEGTE SOJABOHNEN

HERKUNFT: SHANGHAI
ZUBEREITUNGSZEIT: 10 MINUTEN,
  ZZGL. 4–5 STUNDEN MARINIERZEIT
GARZEIT: 35 MINUTEN
PERSONEN: 6–8

* 2 Liter Wasser in einem großen Topf zum Kochen bringen. Sichuan-Pfefferkörner, Salz und Fünf-Gewürze-Pulver hineingeben und auf mittlerer Hitze 5 Minuten köcheln lassen. Die Sojabohnen zufügen und 20 Minuten köcheln lassen. Den Herd ausschalten und die Bohnen weitere 10 Minuten ziehen lassen. Abtropfen lassen und die Sojabohnen mit Küchenpapier trocken tupfen. Die Sichuan-Pfefferkörner entfernen.
* Die Pökel-Weinsauce in einer großen Schüssel mit 120 ml kaltem Wasser mischen und die Sojabohnen so hineingeben, dass sie vollständig bedeckt sind. 4–5 Stunden im Kühlschrank marinieren, dabei ein- bis zweimal umrühren. Die Bohnen aus der Schüssel nehmen, nach Geschmack salzen und auf einen Servierteller legen.

- 1 EL SICHUAN-PFEFFERKÖRNER
- 1 TL SALZ, ZZGL. ETWAS MEHR NACH GESCHMACK
- 1 TL FÜNF-GEWÜRZE-PULVER
- 300 G SOJABOHNEN, GEPALT
- 120 ML PÖKEL-WEINSAUCE

HERKUNFT: SHANGHAI
ZUBEREITUNGSZEIT: 15 MINUTEN
GARZEIT: 5 MINUTEN
PERSONEN: 2
SEITE 51

马兰头拌香干
KALIMERIS-TOFU-SALAT

- ½ TL PFLANZENÖL
- 300 G *KALIMERIS INDICA* ODER RUCOLA, ABGESPÜLT
- 2 STÜCKE HALBTROCKENER TOFU, ABGESPÜLT
- ½ TL SALZ, ZZGL. ETWAS MEHR MEHR NACH GESCHMACK
- 1 EL SESAMÖL

Dieser kalte Salat aus Shanghai ist eine beliebte Vorspeise im Restaurant und zu Hause. *Kalimeris indica* (auch bekannt als Indische Aster oder Indische Schönaster) wird auch „Gehweg-Chrysantheme" genannt, weil sie in China an Flussufern und Wegesrändern wächst. Das Wildgemüse mit den blaugrünen Blättern enthält viele Nährstoffe und ist tiefgekühlt in chinesischen Supermärkten erhältlich.

* Einen Topf Wasser auf starker Hitze zum Kochen bringen. Pflanzenöl und Kalimeris indica zufügen und 1 Minute blanchieren. Abtropfen lassen und unter fließendem kaltem Wasser abspülen. Überschüssiges Wasser ausdrücken.
* Im selben Topf frisches Wasser zum Kochen bringen und den halbtrockenen Tofu hineingeben. Auf mittlerer Hitze 1 Minute köcheln lassen, dann abtropfen lassen.
* Überschüssiges Wasser von Tofu und Kalimeris indica mit Küchenpapier aufnehmen. Beides fein hacken und in eine Schüssel geben, dann Salz und Sesamöl zufügen und alles gründlich mischen. Abschmecken und bei Bedarf nachwürzen.
* Auf einen Servierteller häufen. Für eine feierliche Präsentation den Salat in einen Edelstahl-Tortenring (Durchmesser: 7,5 cm) füllen und fest hineindrücken. Zum Servieren auf einen Teller stürzen.

HERKUNFT: FUJIAN
ZUBEREITUNGSZEIT: 20 MINUTEN, ZZGL. 2 TAGE EINLEGEZEIT
PERSONEN: 6–8

酱萝卜
EINGELEGTER RETTICH IN SOJASAUCE

- 1 KG DAIKON-RETTICH, UNGESCHÄLT IN DÜNNE SCHEIBEN GESCHNITTEN
- 1 EL SALZ
- 120 ML HELLE SOJASAUCE
- 3 EL DUNKLE SOJASAUCE
- 100 G ZUCKER
- 1 EL SESAMÖL

* Daikon und Salz in einer großen Schüssel mischen. 15 Minuten stehen lassen, dann unter fließendem kaltem Wasser abspülen und abtropfen lassen.
* Daikon, Sojasaucen und Zucker in eine große Schüssel geben und gut mischen. Abgedeckt 2 Tage in den Kühlschrank stellen. Die Sauce aus der Schüssel abgießen und das Sesamöl untermischen. Die Daikonscheiben auf einen Teller legen und servieren.

KALIMERIS-TOFU-SALAT

HERKUNFT: SICHUAN
ZUBEREITUNGSZEIT: 10 MINUTEN,
  ZZGL. 8 STUNDEN EINLEGEZEIT
GARZEIT: 5 MINUTEN
PERSONEN: 6–8

泡椒藕
EINGELEGTE LOTUSWURZELN

- 500 G LOTUSWURZELN, GESCHÄLT UND DIE ENDEN ABGESCHNITTEN
- 10 G EINGELEGTE ROTE CHILISCHOTEN
- ½ TL SALZ
- 1 EL ZUCKER
- 1 TL INGWERSAFT
- 2 EL WEISSER REISESSIG

* Mit einem Stäbchen die Kanäle der Lotuswurzeln säubern und unter fließendem kaltem Wasser abspülen. In 2 mm dicke Scheiben schneiden.
* Einen großen Topf Wasser zum Kochen bringen, die Lotuswurzelscheiben hineingeben und 1 Minute blanchieren. Abtropfen lassen und zum Abkühlen beiseitestellen. In ein sterilisiertes Schraubglas füllen.
* Chilischoten, Salz, Zucker, Ingwersaft und Essig in einer Schüssel mischen und umrühren, bis sich Zucker und Salz aufgelöst haben. Die Mischung zu den Lotuswurzeln im Schraubglas geben, luftdicht verschließen und 8 Stunden in den Kühlschrank stellen. Während der Einlegezeit die Scheiben ein- bis zweimal wenden.

HERKUNFT: HONGKONG
ZUBEREITUNGSZEIT: 10 MINUTEN,
  ZZGL. 4 STUNDEN EINWEICHZEIT
GARZEIT: 30–35 MINUTEN
PERSONEN: 4

豆酥
SOJACHIPS

- 50 G FRISCHE ODER TIEFGEKÜHLTE SOJABOHNEN, ABGESPÜLT
- ¼ TL SALZ
- ¼ TL ZUCKER
- ¼ TL HELLE SOJASAUCE
- 1 EL PFLANZENÖL

* Die Sojabohnen in 250 ml Wasser 4 Stunden einweichen.
* Mit der Einweichflüssigkeit in einen Mixer oder eine Küchenmaschine geben und zerkleinern, bis sie die Konsistenz von Paniermehl haben. Durch ein mit einem Seihtuch (Gaze) ausgelegtes Sieb abseihen, um das Granulat von der Milch zu trennen.
* Den Ofen auf 140 °C vorheizen.
* Das Sojagranulat auf einem antihaftbeschichteten Backblech verteilen und 25 Minuten im Ofen backen, bis es trocken ist. Aus dem Ofen nehmen und mit Salz, Zucker und Sojasauce mischen. Nach und nach das Öl zufügen. Das Granulat in eine Pfanne geben und auf schwacher Hitze in 5–10 Minuten kross rösten. Vom Herd nehmen, abkühlen lassen und bis zum Gebrauch in den Kühlschrank stellen.

HINWEIS:
Fertige Sojachips bekommt man manchmal auch in taiwanesischen Lebensmittelgeschäften.

老醋花生
ERDNÜSSE IN ESSIGSAUCE

HERKUNFT: SHANXI
ZUBEREITUNGSZEIT: 10 MINUTEN
GARZEIT: 5 MINUTEN
PERSONEN: 6

* Die Erdnüsse in einen hohen Topf geben und mit Öl bedecken. Auf schwacher Hitze in 4–5 Minuten kross frittieren. Mit einem Schaumlöffel herausheben und auf Küchenpapier abtropfen lassen. Die frittierten Erdnüsse in eine Schüssel füllen. Mit dem Kaoliang beträufeln und umrühren. Zum Abkühlen beiseitestellen.
* Essig, Salz, Zucker, Sojasauce und Knoblauch in einer Schüssel gründlich verrühren, bis Salz und Zucker sich aufgelöst haben. Die Sauce über die Erdnüsse in der Schüssel gießen.

- 200 G ERDNUSSKERNE
- PFLANZENÖL ZUM FRITTIEREN
- 1 EL KAOLIANG
- 4 EL SCHWARZER REISESSIG ODER BALSAMICO-ESSIG
- ½ TL SALZ
- 2 EL ZUCKER
- 1 EL HELLE SOJASAUCE
- 2 KNOBLAUCHZEHEN, GEHACKT

单饼
PFANNKUCHEN

HERKUNFT: BEIJING
ZUBEREITUNGSZEIT: 30 MINUTEN, ZZGL. 35 MINUTEN GEHZEIT
GARZEIT: 10 MINUTEN
ERGIBT: 20 STÜCK

* Für den kalten Teig 200 g Mehl in eine große Schüssel geben, 100 ml kaltes Wasser zugießen und mit Stäbchen gründlich umrühren. Den Teig auf eine saubere Arbeitsfläche legen und glatt kneten. Wieder in die Schüssel legen, mit einem feuchten Geschirrtuch abdecken und an einem warmen Ort 20 Minuten gehen lassen.
* Für den heißen Teig 300 g Mehl in eine große Schüssel geben, 1 Esslöffel Öl unterrühren und zügig 250 ml kochendes Wasser zugießen. Mit Stäbchen zu einem homogenen Teig verrühren. Den Teig auf eine saubere Arbeitsfläche legen und glatt kneten. (Falls er zu heiß ist, etwas warten, aber nicht ganz abkühlen lassen). Die Oberfläche zwei- bis dreimal einschneiden, damit etwas Hitze abziehen kann.
* 400 g heißen Teig und 100 g kalten Teig abwiegen (den Rest für ein anderes Mal aufheben). Den heißen Teig mit Mehl bestäuben, den kalten Teig daraufsetzen und alles zusammen zu einem glatten Teig verkneten. In eine Schüssel legen, mit einem feuchten Geschirrtuch abdecken und an einem warmen Ort 15 Minuten gehen lassen.
* Den Teig in 2 gleich große Portionen teilen. Jeden Teil zu einer langen Rolle formen, dann jede Rolle in Stücke à 20 g teilen. Mit einer Teigrolle jedes Stück zu einer dünnen, runden Scheibe ausrollen.
* 1 Teelöffel Öl auf schwacher Hitze in einer Pfanne heiß werden lassen. Eine Scheibe hineingeben und von jeder Seite in 1 Minute leicht braun braten. Auf einen Teller legen und wiederholen. Die Pfannkuchen lassen sich in anderen Rezepten wie Muxu-Schweinefleisch (Seite 350) als Teigblätter verwenden.

- 500 G MEHL, ZZGL. ETWAS MEHR ZUM BESTÄUBEN
- 1 ⅓ EL PFLANZENÖL, ZZGL. ETWAS MEHR ZUM BRATEN

HERKUNFT: SICHUAN
ZUBEREITUNGSZEIT: 10 MINUTEN,
ZZGL. 2 STUNDEN GEHZEIT
GARZEIT: 15–20 MINUTEN
PERSONEN: 6–8

面饼
FLADENBROT

- ½ TL SALZ
- 300 G MEHL, ZZGL. ETWAS MEHR ZUM BESTÄUBEN

* Das Salz in einer Schüssel in 200 ml warmem Wasser auflösen.
* Das Mehl in eine große Rührschüssel füllen, nach und nach das Salzwasser zugießen und zu einem glatten Teig verkneten. Die Schüssel mit einem feuchten Geschirrtuch abdecken und den Teig 2 Stunden gehen lassen.
* Ein Schneidbrett mit Mehl bestäuben, den Teig darauflegen und in 4 gleiche Teile teilen.
* Ein Stück Teig zu einer langen Rolle formen. Mit einer Teigrolle zu einem langen, flachen Streifen ausrollen. Die Oberfläche mit 1 Prise Mehl bestäuben und aufrollen. Aufrecht hinstellen und mit der flachen Hand zu einem runden Fladenbrot von ca. 1 cm Dicke und 10 cm Durchmesser zusammendrücken. Mit den restlichen Teigstücken ebenso verfahren.
* Die Brote ohne Öl in eine Pfanne legen und auf schwacher bis mittlerer Hitze erwärmen. Etwa 15–20 Minuten lang alle 3 Minuten wenden, bis sie durchgebacken sind.
* Die fertigen Fladenbrote sind trocken und hart und halten sich bis zu 3 Monate im Kühlschrank.

HERKUNFT: SICHUAN
ZUBEREITUNGSZEIT: 5 MINUTEN
GARZEIT: 15 MINUTEN
PERSONEN: 4

棒棒鸡
BANG-BANG-HÄHNCHEN

- 3 HÄHNCHENBRÜSTE, OHNE KNOCHEN UND OHNE HAUT
- 10 G INGWER (CA. 2 CM), IN FEINE STREIFEN GESCHNITTEN

FÜR DIE SAUCE:
- 1 TL SESAMPASTE
- 2 TL CHILIÖL
- 1 TL ZUCKER
- 1 TL SCHWARZER REISESSIG ODER BALSAMICO-ESSIG
- 2 EL HELLE SOJASAUCE
- ½ TL GEMAHLENER SICHUAN-PFEFFER
- 1 TL SESAMÖL

Das kalte Hähnchen mit scharfer Sauce wurde ursprünglich auf den Straßenmärkten im Viertel Hanyang verkauft. Die Hähnchenbrust wird vor dem Zerkleinern mit einem Fleischklopfer mürbe geklopft (daher der Name).

* Die Hähnchenbrüste mit 2 Litern Wasser in einen großen Topf geben, zum Kochen bringen und den Herd dann ausschalten. Deckel aufsetzen und 10 Minuten im heißen Wasser ziehen lassen. Das Fleisch herausnehmen und zum Abkühlen beiseitelegen.
* Auf ein Schneidbrett legen und mit einer Teigrolle oder einem Fleischklopfer etwa 1 Minute lang bearbeiten, um die Fasern voneinander zu lösen. Das Fleisch mit der Hand fein zerfasern, in eine Schüssel geben und den Ingwer untermischen. Auf einem Servierteller anrichten.
* Für die Sauce alle Zutaten in einer zweiten Schüssel verrühren, über das Hähnchen gießen und servieren.

银芽鸡丝
HÄHNCHENSALAT MIT BOHNENSPROSSEN

HERKUNFT: SICHUAN
ZUBEREITUNGSZEIT: 15 MINUTEN
GARZEIT: 20 MINUTEN
PERSONEN: 4

* Keimblätter und Wurzeln von den Bohnensprossen entfernen und nur die Stängel weiterverarbeiten. Einen Topf Wasser zum Kochen bringen, Sprossen hineingeben und 15 Sekunden blanchieren. Abtropfen und abkühlen lassen.
* Die Sprossen mit dem Sesamöl mischen und auf einem Servierteller anrichten.
* Einen Topf Wasser zum Kochen bringen, die Chilischote hineingeben und 15 Sekunden blanchieren. Abtropfen und abkühlen lassen.
* 1½ Liter Wasser in einem Topf auf starker Hitze zum Kochen bringen. Fleisch hineingeben und den Herd ausschalten. 15 Minuten im heißen Wasser ziehen lassen, dann herausnehmen und abtropfen lassen. Sobald es etwas abgekühlt ist, mit den Händen in feine Streifen zerpflücken, mit den Chiliringen mischen und auf den Sprossen anrichten.
* Für das Dressing alle Zutaten in einer kleinen Schüssel verrühren und abschmecken. Über das Hähnchen gießen und servieren.

- 250 G BOHNENSPROSSEN
- 1 TL SESAMÖL
- 1 ROTE ODER GRÜNE CAYENNE-CHILISCHOTE, SAMEN ENTFERNT UND IN DÜNNE RINGE GESCHNITTEN
- 2 HÄHNCHENBRÜSTE, OHNE KNOCHEN UND OHNE HAUT

FÜR DAS DRESSING:
- 2 KNOBLAUCHZEHEN, GEHACKT
- 1 EL CHILIÖL
- 1 TL SESAMÖL
- ½ EL HELLE SOJASAUCE
- ½ TL ZUCKER
- ½ TL ZHENJIANG- ODER BALSAMICO-ESSIG
- ¼ TL SALZ

椒麻鸡翅
HÄHNCHENFLÜGEL MIT PFEFFERSAUCE

HERKUNFT: SICHUAN
ZUBEREITUNGSZEIT: 10 MINUTEN
GARZEIT: 15 MINUTEN
PERSONEN: 4

* Hähnchenflügel in einen Topf geben und mit Wasser bedecken. Auf starker Hitze zum Kochen bringen und 1 Minute blanchieren. Abtropfen lassen und unter fließendem kaltem Wasser abspülen.
* Die Flügel wieder in den Topf geben. Ingwer zufügen und vollständig mit Wasser bedecken. Zum Kochen bringen, Deckel aufsetzen und den Herd ausschalten. 12 Minuten ziehen lassen.
* Die Flügel in eine große Schüssel mit kaltem Wasser legen, bis sie abgekühlt sind. Abtropfen lassen.
* Einen Topf mit Wasser auf starker Hitze zum Kochen bringen, die Sprossen zufügen und 15 Sekunden blanchieren. Abtropfen lassen und unter fließendem kaltem Wasser abspülen. Die Sprossen auf einem Servierteller verteilen und die Hähnchenflügel darauf anrichten.
* Die Sichuan-Pfefferkörner in einer kleinen Pfanne ohne Öl auf schwacher Hitze 2–3 Minuten rösten, bis sie duften. In einen Mörser füllen, grob zerstoßen und in eine Schüssel geben. Salz, Zucker, Sojasauce, Hühnerbrühe, Frühlingszwiebel und Sesamöl zufügen und alles zu einer Sauce verrühren. Über die Hähnchenflügel gießen und sofort servieren.

- 8 HÄHNCHEN-UNTERFLÜGEL
- 10 G INGWER (CA. 2 CM), IN SCHEIBEN GESCHNITTEN
- 300 G BOHNENSPROSSEN
- 1 TL SICHUAN-PFEFFERKÖRNER
- ½ TL SALZ
- 1 TL ZUCKER
- 1 TL HELLE SOJASAUCE
- 2 EL HÜHNERBRÜHE
- 1 FRÜHLINGSZWIEBEL, GEHACKT
- 1 TL SESAMÖL

HERKUNFT: SHANGHAI
ZUBEREITUNGSZEIT: 15 MINUTEN,
　　ZZGL. 1 STUNDE TROCKEN- UND
　　26 STUNDEN MARINIERZEIT
GARZEIT: 35 MINUTEN
PERSONEN: 4–6
　SEITE 57

醉鸡
DRUNKEN CHICKEN

- 1 GANZE MAISPOULARDE (2 KG)
- 1 EL SALZ
- 120 ML HOCHWERTIGER SHAOXING-REISWEIN
- 1 EL INGWERSAFT
- ½ BRAUNE ZUCKERSCHEIBE
- 1 GRÜNER APFEL, ZZGL. APFELSCHEIBEN ZUM GARNIEREN

Vom unspektakulären Erscheinungsbild dieser Spezialität aus Shanghai sollte man sich nicht täuschen lassen, denn sie überrascht mit kräftigem, vielschichtigem und komplexem Aroma. Traditionell wird das Hähnchen gedämpft oder pochiert und dann einen ganzen Tag in Weinmarinade eingelegt. Da es kalt oder bei Raumtemperatur serviert wird, ist es das ideale Sommergericht.

* Das Fett am Bürzel abschneiden. Die Poularde 1 Stunde zum Trocknen an einem Fleischerhaken aufhängen. Mit Küchenpapier von innen trocken tupfen.
* Die Poularde auf einen großen ofenfesten Teller legen. Überall mit Salz, 1 Esslöffel Reiswein und Ingwersaft einreiben und an einem kühlen Ort mindestens 2 Stunden marinieren, dabei ein- bis zweimal wenden. Nicht in den Kühlschrank legen!
* Die Poularde in mikrowellenfeste Klarsichtfolie wickeln, dabei den Bürzel unbedeckt lassen. Mit der Brust nach oben in einem Dämpfeinsatz oder Bambus-Dämpfkorb über einen Topf mit kochendem Wasser stellen. Deckel aufsetzen und in 23–25 Minuten gar dämpfen.
* Den Herd ausschalten, aber den Deckel noch 5 Minuten auf dem Topf oder Korb lassen. Die Poularde vom Dämpfteller nehmen, abkühlen lassen und die Folie entfernen. Den Saft vom Teller abgießen und für später aufheben. Die Poularde vierteln und beiseitelegen.
* Den aufgefangenen Fleischsaft in einen Topf gießen und eine gleich große Menge Wasser sowie die braune Zuckerscheibe zufügen. Die Sauce auf starker Hitze zum Kochen bringen und 3–4 Minuten köcheln, um den Zucker vollständig aufzulösen.
* Die Sauce in eine große Schüssel füllen und abkühlen lassen. Dieselbe Menge Reiswein zugießen.
* Apfel vom Kerngehäuse befreien, achteln und in die Sauce geben. Poularde dazulegen, mit Klarsichtfolie abdecken und 24 Stunden im Kühlschrank marinieren.
* Am nächsten Tag die Folie entfernen, das Fleisch in Scheiben schneiden und auf einem Servierteller anrichten. Etwas Sauce über die Poularde löffeln, damit sie nicht austrocknet. Nach Geschmack mit frischen Apfelscheiben garnieren.

DRUNKEN CHICKEN

HERKUNFT: HONGKONG
ZUBEREITUNGSZEIT: 10 MINUTEN
GARZEIT: 40 MINUTEN
PERSONEN: 6–8

- 400 G SEITAN, ABGESPÜLT
- 475 ML PFLANZENÖL
- 1 ROTE CHILISCHOTE, IN DÜNNE STREIFEN GESCHNITTEN
- 1 SÜSSHOLZWURZEL
- 3 EL HOISIN-SAUCE
- 1 EL SHAOXING-REISWEIN
- 3 EL DUNKLE SOJASAUCE
- 3 EL BRAUNER ZUCKER

斋鸭肾
VEGETARISCHE ENTE

* Den Seitan in einen großen Topf legen und mit Wasser bedecken. Auf starker Hitze zum Kochen bringen und 10 Minuten blanchieren. Abtropfen lassen und unter fließendem kaltem Wasser abspülen. Abkühlen lassen, dann in 1 cm große Würfel schneiden.
* Das Öl in einem Wok oder hohen Topf auf 170 °C erhitzen oder bis ein Brotwürfel in 45 Sekunden braun wird. Die Seitanwürfel portionsweise hineingeben und in 3–4 Minuten hellbraun frittieren. Mit einem Schaumlöffel vorsichtig herausheben und auf Küchenpapier abtropfen lassen.
* Das Öl bis auf 1 Esslöffel abgießen. Auf schwacher bis mittlerer Hitze erneut heiß werden lassen, die Chilistreifen hineingeben und 1 Minute unter Rühren braten, bis sie duften. Die Süßholzwurzel und 250 ml Wasser zufügen, alles zum Kochen bringen, auf schwache Hitze reduzieren und 10 Minuten köcheln lassen. Die Süßholzwurzel entfernen.
* Seitan, Hoisin-Sauce, Sojasauce und Zucker unterrühren. Auf mittlere Hitze erhöhen und 4–5 Minuten unter Rühren weiterbraten, bis die Sauce eindickt und am Seitan haften bleibt.

HERKUNFT: NORDOSTEN
ZUBEREITUNGSZEIT: 15 MINUTEN, ZZGL. 12 STUNDEN KÜHLZEIT
GARZEIT: 2 STUNDEN 50 MINUTEN
PERSONEN: 4

- 300 G RINDERSEHNEN, IN MUNDGERECHTE STÜCKE GESCHNITTEN
- 300 G RINDFLEISCH (BELIEBIGER TEIL), IN SCHEIBEN GESCHNITTEN
- 1 EL SICHUAN-PFEFFERKÖRNER
- 25 G INGWER (CA. 5 CM), IN SCHEIBEN GESCHNITTEN
- 1 TL SALZ, ZZGL. ETWAS MEHR NACH GESCHMACK
- ½ TL ZUCKER

  FÜR DEN DIP:
- 2 EL SCHWARZER REISESSIG ODER BALSAMICO-ESSIG
- 5 G INGWER (CA. 1 CM), IN FEINE STREIFEN GESCHNITTEN

牛筋皮凍
RINDFLEISCH-SÜLZE

* Die Sehnen in einen Topf geben und mit Wasser bedecken. Auf starker Hitze zum Kochen bringen und 15 Minuten blanchieren. Schaum und Feststoffe von der Oberfläche abschöpfen. Die Sehnen mit einem Schaumlöffel herausnehmen und unter fließendem kaltem Wasser abspülen.
* Topf säubern, mit Wasser füllen und auf starker Hitze zum Kochen bringen. Die Fleischscheiben 30 Sekunden blanchieren, herausnehmen und abtropfen lassen. Beiseitelegen.
* Sichuan-Pfeffer in ein Gewürzsäckchen füllen. Sehnen in einen großen Topf geben, Ingwer, Säckchen und 1½ Liter Wasser zufügen und auf starker Hitze zum Kochen bringen. Mit Deckel auf schwacher Hitze 2 Stunden köcheln lassen.
* Fleischscheiben, Salz und Zucker zufügen und aufkochen lassen. Ohne Deckel 30 Minuten weiterköcheln lassen. Abschmecken. Gewürzsäckchen und Ingwer entfernen und den Topfinhalt in ein tiefes Bratblech (23 × 33 cm) füllen. Abgedeckt 12 Stunden in den Kühlschrank stellen.
* Für den Dip Essig und Ingwer in einer kleinen Schüssel verrühren. Zum Servieren die Rindfleischsülze in dünne Scheiben schneiden, auf einem Teller anrichten und mit der Sauce servieren.

VORSPEISEN & SALATE

蒜泥白肉
SCHWEINEFLEISCH MIT KNOBLAUCHSAUCE

HERKUNFT: SICHUAN
ZUBEREITUNGSZEIT: 10 MINUTEN, ZZGL. 2 STUNDEN RUHEZEIT
GARZEIT: 1 STUNDE
PERSONEN: 4–6

* Den Schweinebauch mit der Hautseite nach unten auf das Schneidbrett legen. So zuschneiden, dass er überall gleich dick ist, und die Haut sauber abschaben, dann unter fließendem kaltem Wasser abspülen. Mit Salz abreiben und 2 Stunden stehen lassen.
* Sternanise, Pfefferkörner, Zimtstange und 250 ml Wasser in einen großen Topf geben. Zum Kochen bringen, auf schwache Hitze reduzieren und 10 Minuten köcheln lassen.
* Fleisch und so viel kaltes Wasser zufügen, dass es ganz bedeckt ist, und ohne Deckel zum Kochen bringen. Auf schwache bis mittlere Hitze reduzieren und 20 Minuten köcheln lassen.
* Den Deckel aufsetzen und den Herd ausschalten. Den Topf 20 Minuten beiseitestellen, bis das Fleisch gar ist. Aus dem Topf nehmen und vollständig auskühlen lassen. In dünne Scheiben schneiden und auf einem Servierteller anrichten.
* Für die Sauce alle Zutaten gut verrühren. Über die Fleischscheiben gießen (oder als Dip dazu reichen) und mit Koriander bestreuen.

- 1 SCHWEINEBAUCH (600 G), OHNE KNOCHEN, MIT HAUT
- 1 EL SALZ
- 2 STERNANISE
- 1 EL SICHUAN-PFEFFERKÖRNER
- 1 KLEINE ZIMTSTANGE
- ¼ BUND KORIANDERGRÜN, GEHACKT

FÜR DIE KNOBLAUCHSAUCE:
- 1 KNOLLE KNOBLAUCH, ZEHEN GETRENNT, HAUT ENTFERNT UND GEHACKT
- 1 TL ZUCKER
- ¼ TL SALZ
- 1 EL CHILIÖL
- 1 TL SICHUAN-CHILIÖL
- 2 EL SESAMÖL

菜肉馄饨
SCHWEINEFLEISCH-GEMÜSE-WONTONS

HERKUNFT: SHANGHAI
ZUBEREITUNGSZEIT: 20 MINUTEN, ZZGL. 15 MINUTEN MARINIERZEIT
GARZEIT: 20 MINUTEN
ERGIBT: 4 STÜCK

* Fleisch, Sojasauce, Salz, Zucker und 4 Esslöffel Wasser in einer großen Schüssel mischen und 15 Minuten marinieren.
* Einen großen Topf Wasser auf starker Hitze zum Kochen bringen, Pak Choi hineingeben und 2–3 Minuten blanchieren. Abtropfen lassen und unter fließendem kaltem Wasser abspülen. Den Pak Choi hacken, den Großteil des Wassers ausdrücken und zum Fleisch geben. Speisestärke und Sesamöl unterrühren.
* 1 Wonton-Teigblatt flach auf ein Schneidbrett legen. ½ Esslöffel Füllung in eine Ecke setzen, die Spitze darüberschlagen und über die Mitte aufrollen. Die beiden anderen Spitzen übereinanderschlagen. Die Spitzen mit Wasser betupfen und fest zusammendrücken. Mit den restlichen Teigblättern und der übrigen Füllung ebenso verfahren.
* Einen großen Topf Wasser zum Kochen bringen und die Wontons portionsweise hineingeben. Wieder aufkochen lassen, 120 ml kaltes Wasser zufügen und erneut aufkochen lassen. Sobald die Wontons oben schwimmen, mit einem Schaumlöffel in eine Schüssel heben. Servieren.

- 300 G SCHWEINEHACKFLEISCH
- ½ EL HELLE SOJASAUCE
- ½ TL SALZ
- 1 TL ZUCKER
- 600 G GRÜNER PAK CHOI
- 1 EL SPEISESTÄRKE
- 1 TL SESAMÖL
- 450 G SHANGHAI-WONTON-BLÄTTER

HERKUNFT: GUANGDONG
ZUBEREITUNGSZEIT: 15 MINUTEN
GARZEIT: 15 MINUTEN
ERGIBT: 4 STÜCK
SEITE 61

锦卤馄饨
FRITTIERTE WONTONS

- 50 G SCHWEINEHACKFLEISCH
- 50 G GEGRILLTE SCHWEINESCHULTER (SEITE 394), IN DÜNNE STREIFEN GESCHNITTEN
- 1 TL HELLE SOJASAUCE
- ½ TL SPEISESTÄRKE
- ½ TL ZUCKER
- 1 TL SESAMÖL
- 8 WONTON-BLÄTTER
- 750 ML PFLANZENÖL
- SALZ

FÜR DIE SÜSSSAURE SAUCE:
- 75 G BRAUNER ZUCKER
- 5 EL ROTER ESSIG
- 3 TOMATEN
- 150 G VORGEKOCHTE CHITTERLINGS (SCHWEINEDARM), IN DÜNNE STREIFEN GESCHNITTEN

* Für die Sauce Zucker und Essig in einer kleinen Schüssel gründlich verrühren und beiseitestellen.
* Die Tomaten unten einschneiden. Einen kleinen Topf Wasser zum Kochen bringen, Tomaten hineingeben und 1–2 Minuten erhitzen, anschließend sofort in eine Schüssel mit Eiswasser legen. Wenn sie etwas abgekühlt sind, die Haut abziehen. In große Stücke schneiden und beiseitestellen.
* Für die Füllung beide Sorten Schweinefleisch, Sojasauce, Stärke, Zucker und Sesamöl in einer Schüssel mischen.
* Eine kleine Schüssel mit kaltem Wasser füllen. 1 Wonton-Teigblatt flach auf ein Schneidbrett legen. ½ Esslöffel Füllung in die Mitte setzen. Die Ecken darüber zusammenführen und so verdrehen, dass ein Päckchen entsteht. Die Ecken mit etwas Wasser betupfen und fest zusammendrücken. Mit den restlichen Teigblättern und der übrigen Füllung ebenso verfahren.
* Das Öl in einem Wok oder hohen Topf auf 180 °C erhitzen oder bis ein Brotwürfel in 30 Sekunden braun wird. Die Wontons portionsweise vorsichtig ins Öl gleiten lassen und in 1–2 Minuten goldbraun frittieren. Mit einem Schaumlöffel vorsichtig aus dem heißen Öl nehmen und auf Küchenpapier abtropfen lassen.
* Das Öl bis auf 1 Teelöffel abgießen. Chitterlings (Schweinedarm) und Tomaten hineingeben und auf mittlerer Hitze 2 Minuten unter Rühren braten. Braunen Zucker und Essig unterrühren und weitergaren, bis der Zucker sich aufgelöst hat. Falls gewünscht, abseihen.
* Die Wontons mit der süßsauren Sauce servieren.

HINWEIS:
Die Wontons lassen sich bis zu 1 Monat einfrieren. Dazu die unfrittierten Wontons auf einem Teller verteilen, tiefkühlen, bis sie fest sind, dann in einen Gefrierbeutel umfüllen. Vor dem Servieren die tiefgekühlten Wontons in einen Topf mit kaltem Wasser legen und auf mittlerer bis starker Hitze zum Kochen bringen. Sobald sie oben schwimmen, 60 ml kaltes Wasser zufügen und erneut zum Kochen bringen.

FRITTIERTE WONTONS

HERKUNFT: FUJIAN
ZUBEREITUNGSZEIT: 15 MINUTEN,
 ZZGL. 20 MINUTEN EINWEICHZEIT
GARZEIT: 12 MINUTEN
ERGIBT: 4 STÜCK

三角豆腐饺
TOFU-TASCHEN

- 3 GETROCKNETE SHIITAKE
- 50 G SCHWEINEHACKFLEISCH
- 1 FRÜHLINGSZWIEBEL, GEHACKT
- 1 TL SALZ
- ½ TL SESAMÖL
- ½ TL SPEISESTÄRKE
- 500 G FESTER TOFU, ABGETROPFT
- 250 ML HÜHNERBRÜHE (SEITE 90)
- GEMAHLENER WEISSER PFEFFER NACH GESCHMACK
- GEDÄMPFTER REIS (SEITE 540) ZUM SERVIEREN

* Die Pilze in eine Schüssel legen, mit kaltem Wasser bedecken und mindesten 20 Minuten einweichen. Herausnehmen, Wasser herausdrücken, vom Stiel befreien und hacken.
* Hackfleisch, gehackte Pilze, Frühlingszwiebel, ½ Teelöffel Salz, Sesamöl und Stärke in einer großen Schüssel mischen. Mit den Händen aus der Masse 16 Kugeln formen.
* Mit einem scharfen Messer eine dünne Schicht von der rauen Außenhaut des Tofus abschaben und den Tofu in 16 quadratische Scheiben schneiden (10 cm Kantenlänge, 3 mm dick). Ein Stück Gaze auf die Größe der Tofuscheiben zuschneiden und 1 Tofuscheibe exakt auf die Gaze legen. 1 Hackfleischkugel in die Mitte setzen. Vorsichtig eine Ecke der Gaze anheben und zur gegenüberliegenden Ecke über die Füllung schlagen, sodass ein Dreieck mit der Hackfleischkugel in der Mitte entsteht.
* Die beiden Ränder des Dreiecks fest zusammendrücken. Die Gaze entfernen, die Ränder der Tasche zurückschneiden und vorsichtig auf einen Teller legen. Mit den restlichen Tofuscheiben und den übrigen Hackfleischbällchen ebenso verfahren.
* Die Taschen auf einen ofenfesten Teller legen und in einem Dämpfeinsatz oder Bambus-Dämpfkorb über einen Topf mit kochendem Wasser stellen. Mit Deckel in 10 Minuten gar dämpfen.
* Die Hühnerbrühe in einem Topf erhitzen, mit dem restlichen ½ Teelöffel Salz würzen und über die Taschen gießen. Mit weißem Pfeffer bestreuen und mit Reis servieren.

客家茶粿
HAKKA-TEIGTASCHEN

HERKUNFT: HAKKA, GUANGDONG
ZUBEREITUNGSZEIT: 15 MINUTEN,
 ZZGL. 10 MINUTEN EINWEICHZEIT
GARZEIT: 20 MINUTEN
ERGIBT: 4 STÜCK

Als Einwanderer aus dem Norden in die bergigen Gebiete bei Jiangxi, Fujian und Guangdong zogen, wurden die meisten Hakka Bauern. Schnell zubereitete und transportable Teigtaschen waren ein Grundnahrungsmittel für die Bauern auf den Feldern. Schnell wurde daraus auch ein beliebtes Dim Sum, das mit Tee serviert wird.

- 250 G DAIKON-RETTICH, GERASPELT
- 5 EL GETROCKNETE GARNELEN
- 200 G SCHWEINEHACKFLEISCH
- ½ TL HELLE SOJASAUCE
- ½ TL SPEISESTÄRKE
- ¼ TL GEMAHLENER WEISSER PFEFFER
- 1 TL PFLANZENÖL
- 4 EL EINGELEGTER RETTICH, GEHACKT
- ½ TL SALZ, ZZGL. ETWAS MEHR NACH GESCHMACK
- ½ TL ZUCKER
- ½ TL SESAMÖL

FÜR DIE TEIGBLÄTTER:
- 250 G KLEBREISMEHL
- 130 G REISMEHL
- ¼ TL SALZ
- PFLANZENÖL ZUM BESTREICHEN

* Für die Füllung den geraspelten Daikon in ein Sieb legen. Überschüssige Flüssigkeit ausdrücken, dann auf dem Boden einer Pfanne verteilen. Auf mittlerer Hitze in 5 Minuten trocken braten. Beiseitestellen.
* Getrocknete Garnelen in einer kleinen Schüssel mit kaltem Wasser 10 Minuten einweichen. Abtropfen lassen, fein hacken und beiseitestellen.
* Hackfleisch, Sojasauce, Stärke und weißen Pfeffer in einer Schüssel mischen. Beiseitestellen.
* Das Öl in einer großen Pfanne auf starker Hitze heiß werden lassen, getrocknete Garnelen und Hackfleisch hineingeben und etwa 1 Minute anbräunen. Auf mittlere Hitze reduzieren und Daikonraspel, eingelegten Rettich, Salz, Zucker und Sesamöl zufügen. Abschmecken und ggf. nachwürzen. Vom Herd nehmen und beiseitestellen.
* Für die Teigblätter beide Mehlsorten in einer großen Schüssel mischen. Eine Mulde in die Mitte drücken. In einem Messbecher 150 ml heißes Wasser, Salz und Öl verrühren und in die Mulde gießen. Mit einem Teigschaber das Mehl vorsichtig in die Mitte schieben und alles mischen. Zu einem weichen, geschmeidigen Teig kneten, dabei nach und nach etwa 120 ml kaltes Wasser zufügen. Mit einer Teigrolle zu einem langen Streifen ausrollen und in 8 gleiche Stücke teilen. 1 Teigstück zu einem 2 mm dicken Kreis ausrollen. 1 Löffel Füllung in die Mitte setzen. Den Teig über der Füllung zu einer Kugel schließen. Mit den restlichen Teigblättern und der übrigen Füllung ebenso verfahren.
* Ein Stück Alufolie in 7,5 cm große Quadrate schneiden und mit Öl bestreichen. Auf jedes Quadrat 1 Teigtasche legen und in einem Dämpfeinsatz oder Bambus-Dämpfkorb über einen Topf mit kochendem Wasser stellen. Mit Deckel 12–15 Minuten dämpfen.
* Etwas Öl in einer Pfanne auf mittlerer bis starker Hitze sehr heiß werden lassen. Jede Teigtasche mit dem heißen Öl bestreichen und sofort servieren.

HINWEIS:
Die Teigtaschen lassen sich bis zu 1 Monat einfrieren. Dazu die ungedämpften Taschen auf einem Teller verteilen, tiefkühlen, bis sie fest sind, dann in einen Gefrierbeutel umfüllen. Vor dem Gebrauch auf einem Backblech mit Backpapier auftauen und nach Anleitung zubereiten.

HERKUNFT: SICHUAN
ZUBEREITUNGSZEIT: 15 MINUTEN,
　　ZZGL. 15 MINUTEN MARINIERZEIT
GARZEIT: 30 MINUTEN
ERGIBT: 48 STÜCK
SEITE 65

红油炒手
WONTONS NACH SICHUAN-ART IN ROTEM ÖL

- 150 G SCHWEINEHACKFLEISCH
- ½ TL HELLE SOJASAUCE
- ¼ TL SALZ
- ½ TL ZUCKER
- ¼ CHINAKOHL (CA. 200 G), BLÄTTER ABGETRENNT
- ½ EL SPEISESTÄRKE
- ½ TL SESAMÖL
- 48 KANTONESISCHE WONTON-BLÄTTER
- 2 EL ZERSTOSSENE ERDNUSSKERNE (NACH BELIEBEN)
- 1 FRÜHLINGSZWIEBEL, IN RINGE GESCHNITTEN

FÜR DAS ROTE ÖL:
- 1 TL WEISSE SESAMSAAT
- 1 TL GEHACKTER INGWER
- 3 KNOBLAUCHZEHEN, GEHACKT
- ½ TL SALZ
- 1 TL HELLE SOJASAUCE
- 1 TL CHILIPULVER
- ½ TL ZERSTOSSENE SICHUAN-PFEFFERKÖRNER
- 4 EL PFLANZENÖL
- 1 TL SESAMÖL
- 1 EL ZUCKER

* Hackfleisch, Sojasauce, Salz, Zucker und 2 Esslöffel Wasser in einer Schüssel gut vermengen. 15 Minuten marinieren.
* Inzwischen für das rote Öl die Sesamsaat in einem kleinen Topf auf mittlerer Hitze in 3–5 Minuten goldbraun rösten, dabei den Topf gelegentlich rütteln. Beiseitestellen.
* Ingwer, Knoblauch, Salz, Sojasauce, Chilipulver und zerstoßene Pfefferkörner in einer kleinen ofenfesten Schüssel mischen.
* Die Öle in einer kleinen Pfanne auf mittlerer bis starker Hitze heiß werden lassen, dann in die Schüssel gießen. Zucker und geröstete Sesamsaat einrühren. Beiseitestellen.
* Für die Füllung einen großen Topf Wasser zum Kochen bringen, die Kohlblätter hineingeben und 5 Minuten blanchieren. Abtropfen lassen und unter kaltem fließendem Wasser abspülen. Den Kohl hacken, den Großteil des Wassers ausdrücken und zum Hackfleisch geben. Gründlich vermengen. Stärke und Sesamöl zufügen und erneut vermengen.
* Ein Wonton-Blatt flach auf ein Schneidbrett legen. Etwa ½ Esslöffel Füllung in die Mitte setzen. Zu einem Dreieck falten, dann die seitlichen Spitzen in die Mitte schlagen. Die Kanten mit etwas Wasser verschließen. Die Spitzen fest zusammendrücken und den Wonton auf einen großen Teller legen. Mit den restlichen Teigblättern und der übrigen Füllung ebenso verfahren.
* Einen großen Topf Wasser auf starker Hitze zum Kochen bringen. Die Wontons portionsweise hineingeben und 3–4 Minuten kochen, bis sie an die Oberfläche steigen. 120 ml kaltes Wasser zufügen und erneut zum Kochen bringen. Wenn die Wontons wieder an die Oberfläche steigen, mit einem Schaumlöffel in eine Schüssel heben.
* Mit dem roten Öl beträufeln, mit den zerstoßenen Erdnüssen, falls verwendet, und Frühlingszwiebeln bestreuen und sofort servieren.

HINWEIS:
Die Wontons lassen sich bis zu 1 Monat einfrieren. Dazu die ungekochten Wontons auf einem Teller verteilen, tiefkühlen, bis sie fest sind, dann in einen Gefrierbeutel umfüllen. Vor dem Servieren die tiefgekühlten Wonton in einem Topf mit kaltem Wasser legen und auf mittlerer bis starker Hitze zum Kochen bringen. Sobald sie oben schwimmen, 60 ml kaltes Wasser zufügen und erneut zum Kochen bringen.

WONTONS NACH SICHUAN-ART IN ROTEM ÖL

HERKUNFT: BEIJING UND NORDWESTEN
ZUBEREITUNGSZEIT: 15 MINUTEN,
  ZZGL. 30 MINUTEN RUHEZEIT
GARZEIT: 15 MINUTEN
ERGIBT: 32 STÜCK

羊肉水饺
TEIGTASCHEN MIT LAMMFLEISCH

FÜR DEN TEIG:
- 500 G WEIZENMEHL, TYPE 405, GESIEBT

FÜR DIE FÜLLUNG:
- 300 G HACKFLEISCH VOM LAMM ODER HAMMEL
- 2 FRÜHLINGSZWIEBELN, GEHACKT
- ½ TL GERIEBENER INGWER
- 1 TL SALZ
- 2 EL SPEISESTÄRKE
- 1 EL SESAMÖL
- 4 EL SCHWARZER REISESSIG ODER BALSAMICO-ESSIG ZUM SERVIEREN

* Für den Teig das Mehl in einer großen Schüssel mit 500 ml Wasser verrühren und zu einem glatten Teig kneten. Mit einem feuchten Geschirrtuch abdecken und 30 Minuten stehen lassen.
* Inzwischen für die Füllung Hackfleisch, Frühlingszwiebeln, Ingwer, Salz und 4 Esslöffel Wasser in einer Schüssel vermengen und 10 Minuten ruhen lassen. Speisestärke und Sesamöl unterrühren.
* Den Teig vierteln und mit einer Teigrolle jede Portion zu einem schmalen Streifen ausrollen. Jeden Streifen in 8 Teile schneiden. Jedes Teigstück zu einem runden Teigblatt von 6 cm Durchmesser ausrollen, das am Rand dünner wird.
* 1 Esslöffel Füllung in die Mitte eines Teigblatts setzen und den Rand mit Wasser befeuchten. Das Teigblatt über die Füllung zu einem Halbkreis schlagen und die Ränder fest zusammendrücken. Mit Daumen, Zeige- und Mittelfinger auf einer Seite kleine Falten fest in den Rand drücken, um die Hälfte zu verschließen. Mit der anderen Seite ebenso verfahren.
* Einen großen Topf Wasser auf mittlerer bis starker Hitze zum Kochen bringen. Die Teigtaschen portionsweise hineingeben, wieder zum Kochen bringen und 5–6 Minuten kochen, bis sie an die Oberfläche steigen. 60 ml kaltes Wasser zugießen und erneut zum Kochen bringen. Die Taschen mit einem Schaumlöffel herausheben und in eine Schüssel legen. Servieren und den Essig dazu reichen.

HINWEIS:
Die Teigtaschen lassen sich bis zu 1 Monat einfrieren. Dazu die ungekochten Teigtaschen auf einem Teller verteilen, tiefkühlen, bis sie fest sind, dann in einen Gefrierbeutel umfüllen. Vor dem Servieren die tiefgekühlten Taschen in einem Topf mit kaltem Wasser legen und auf mittlerer bis starker Hitze zum Kochen bringen. Sobald sie oben schwimmen, 60 ml kaltes Wasser zufügen und erneut zum Kochen bringen.

猪肉蒸饺
TEIGTASCHEN MIT SCHWEINEFLEISCH

HERKUNFT: JIANGSU
ZUBEREITUNGSZEIT: 1 STUNDE, ZZGL. 30 MINUTEN GEHZEIT
GARZEIT: 12 MINUTEN
ERGIBT: 36 STÜCK

* Für den Teig das Mehl in eine große Schüssel geben und nach und nach 150 ml Wasser zugießen. Mit Stäbchen gut verrühren. (Der Teig kann etwas trocken und blättrig aussehen.) In der Schüssel kneten, bis er zusammenhält, dann auf eine Arbeitsfläche legen und mit schiebenden und faltenden Bewegungen 3–4 Minuten weiterkneten, bis der Teig seidig glatt ist. Wenn er zu klebrig ist, etwas mehr Mehl zufügen. Den Teig wieder in die Schüssel geben und mit einem feuchten Geschirrtuch abdecken. Bei Raumtemperatur etwa 30 Minuten gehen lassen.
* Für die Füllung Hackfleisch, Salz, Sojasauce und 3 Esslöffel Wasser gründlich mischen. Schnittlauch, Sesamöl und weißen Pfeffer zufügen und gut vermengen. Die Stärke unterrühren.
* Ein sauberes Schneidbrett mit Mehl bestäuben und den Teig aus der Schüssel auf das Brett legen. Etwa 1 Minute kneten, dann in 3 gleich große Portionen teilen. 1 Portion zu einer langen Rolle von etwa 2 cm Durchmesser formen. In 12 Kugeln teilen (je etwa 10 g). Mit den restlichen Teigstücken ebenso verfahren.
* 1 Teigkugel mit der Hand glatt rollen. Auf das Brett legen, mit der flachen Hand leicht flach drücken, dann mit einer Teigrolle zu einem runden Teigblatt von ca. 7 cm Durchmesser ausrollen. Mit den restlichen Teigkugeln ebenso verfahren.
* 1 Esslöffel Füllung in die Mitte eines Teigblatts setzen und den Rand mit Wasser befeuchten. Das Teigblatt über die Füllung zu einem Halbkreis schlagen und die Ränder fest zusammendrücken. Mit Daumen, Zeige- und Mittelfinger auf einer Seite kleine Falten fest in den Rand drücken, um die Hälfte zu verschließen. Mit der anderen Seite ebenso verfahren. Mit den restlichen Teigblättern und der übrigen Füllung wiederholen.
* Einen Dämpfeinsatz oder Bambus-Dämpfkorb mit einem kleinen Quadrat Backpapier auslegen, dabei an den Seiten etwas Platz für den Dampf lassen. Das Papier mit etwas Öl bestreichen. Die Teigtaschen in den Dämpfkorb legen und über einen Topf mit kochendem Wasser stellen. Mit Deckel in 10–12 Minuten gar dämpfen.
* Für den Dip Essig und Ingwer verrühren. Die Teigtaschen mit der Sauce servieren.

HINWEIS:
Die Teigtaschen lassen sich bis zu 1 Monat einfrieren. Dazu die ungedämpften Teigtaschen auf einem Teller verteilen, tiefkühlen, bis sie fest sind, dann in einen Gefrierbeutel umfüllen. Vor dem Gebrauch auf einem Backblech mit Backpapier auftauen und nach Anleitung zubereiten.

FÜR DEN TEIG:
- 250 G WEIZENMEHL, TYPE 550, ZZGL. ETWAS MEHR ZUM BESTÄUBEN

FÜR DIE FÜLLUNG:
- 300 G SCHWEINEHACKFLEISCH
- ½ TL SALZ
- 1 EL HELLE SOJASAUCE
- 150 G SCHNITTLAUCH, GEHACKT
- 1 EL SESAMÖL
- 1 PRISE GEMAHLENER WEISSER PFEFFER
- 1 EL SPEISESTÄRKE
- PFLANZENÖL ZUM BESTREICHEN

FÜR DEN DIP:
- 4 EL SCHWARZER REISESSIG ODER BALSAMICO-ESSIG
- 10 G INGWER (ETWA 2 CM), IN FEINE STREIFEN GESCHNITTEN

HERKUNFT: SHANDONG
ZUBEREITUNGSZEIT: 35 MINUTEN,
   ZZGL. 30 MINUTEN GEHZEIT
GARZEIT: 12 MINUTEN
ERGIBT: 36 STÜCK

牛肉蒸饺
TEIGTASCHEN MIT RINDFLEISCH

FÜR DEN TEIG:
- 250 G WEIZENMEHL, TYPE 550, ZZGL. ETWAS MEHR ZUM BESTÄUBEN

FÜR DIE FÜLLUNG:
- 300 G RINDERHACKFLEISCH
- ½ TL SALZ
- 1 EL HELLE SOJASAUCE
- 1 KLEINE ZWIEBEL, GEHACKT
- 1 EL SESAMÖL
- 1 PRISE GEMAHLENER WEISSER PFEFFER
- 1 EL SPEISESTÄRKE
- PFLANZENÖL ZUM BESTREICHEN
- 2 EL SCHWARZER REISESSIG ODER BALSAMICO-ESSIG ZUM SERVIEREN

* Für den Teig das Mehl in eine große Schüssel geben und nach und nach 150 ml Wasser zugießen. Mit Stäbchen gut verrühren. (Der Teig kann etwas trocken und blättrig aussehen.) In der Schüssel kneten, bis er zusammenhält, dann auf eine Arbeitsfläche legen und mit schiebenden und faltenden Bewegungen 3–4 Minuten weiterkneten, bis der Teig seidig glatt ist. Wenn er zu klebrig ist, etwas mehr Mehl zufügen. Den Teig wieder in die Schüssel geben und mit einem feuchten Geschirrtuch abdecken. Bei Raumtemperatur etwa 30 Minuten gehen lassen.

* Für die Füllung Hackfleisch, Salz, Sojasauce und 3 Esslöffel Wasser gründlich mischen, dann 15 Minuten marinieren. Zwiebel, Sesamöl und weißen Pfeffer zufügen und gut vermengen. Die Stärke unterrühren.

* Ein sauberes Schneidbrett mit Mehl bestäuben und den Teig aus der Schüssel auf das Brett legen. Etwa 1 Minute kneten, dann in 3 gleich große Portionen teilen. 1 Portion zu einer langen Rolle von etwa 2 cm Durchmesser formen. In 12 Kugeln teilen (je etwa 10 g). Mit den restlichen Teigstücken ebenso verfahren.

* 1 Teigkugel mit der Hand glatt rollen. Auf das Brett legen, mit der flachen Hand leicht flach drücken, dann mit einer Teigrolle zu einem runden Teigblatt von ca. 7 cm Durchmesser ausrollen. Mit den restlichen Teigkugeln ebenso verfahren. 1 Esslöffel Füllung in die Mitte eines Teigblatts setzen und den Rand mit Wasser befeuchten. Das Teigblatt über die Füllung zu einem Halbkreis schlagen und die Ränder fest zusammendrücken. Mit Daumen, Zeige- und Mittelfinger auf einer Seite kleine Falten fest in den Rand drücken, um die Hälfte zu verschließen. Mit der anderen Seite ebenso verfahren. Mit den restlichen Teigblättern und der übrigen Füllung wiederholen.

* Einen Dämpfeinsatz oder Bambus-Dämpfkorb mit einem kleinen Quadrat Backpapier auslegen, dabei an den Seiten etwas Platz für den Dampf lassen. Das Papier mit etwas Öl bestreichen. Die Teigtaschen in den Dämpfkorb legen und über einen Topf mit kochendem Wasser stellen. Mit Deckel in 10–12 Minuten gar dämpfen. Servieren und den Essig dazu reichen.

HINWEIS:
Die Teigtaschen lassen sich bis zu 1 Monat einfrieren. Dazu die ungedämpften Teigtaschen auf einem Teller verteilen, tiefkühlen, bis sie fest sind, dann in einen Gefrierbeutel umfüllen. Vor dem Gebrauch auf einem Backblech mit Backpapier auftauen und nach Anleitung zubereiten.

梁溪脆鳝
FRITTIERTER AAL

HERKUNFT: JIANGSU
ZUBEREITUNGSZEIT: 15 MINUTEN
GARZEIT: 10 MINUTEN
PERSONEN: 6

* Mit einem scharfen Messer den Aalkopf abschneiden und entfernen. Den Körper über die gesamte Länge aufschneiden und die Wirbelsäule herausziehen. Mit dem Salz abreiben, unter fließendem kaltem Wasser abspülen und mit Küchenpapier trocken tupfen. Erst in 7,5 cm große Stücke und dann senkrecht in 5 mm breite Streifen schneiden.
* Das Pflanzenöl in einem Wok oder hohen Topf auf 170 °C erhitzen oder bis ein Brotwürfel in 45 Sekunden braun wird. Den Aal hineingeben und 3 Minuten frittieren, bis die Haut leicht kross ist. Mit einem Schaumlöffel vorsichtig aus dem Öl heben. Das Öl wieder erhitzen, den Aal erneut in den Topf geben und weitere 3–4 Minuten kross frittieren. Herausnehmen und auf Küchenpapier abtropfen lassen.
* Das Öl bis auf 2 Esslöffel abgießen. Gehackten Ingwer und gehackte Frühlingszwiebelteile hineingeben und 1–2 Minuten unter Rühren braten, bis die Mischung duftet. Reiswein, Sojasauce und Zucker zufügen und alles 2–3 Minuten wenden, bis der Zucker sich aufgelöst hat und die Sauce eingedickt ist. Den Aal zufügen, gut mischen dann das Sesamöl dazugeben. Auf einem Teller anrichten und mit den Ingwer- und Frühlingszwiebelstreifen garnieren.

- 1 SÜSSWASSERAAL (900 G)
- ½ TL SALZ
- 475 ML PFLANZENÖL
- 50 G INGWER (CA. 7,5 CM), 1 HÄLFTE IN DÜNNE STIFTE GESCHNITTEN, 1 HÄLFTE GEHACKT
- 2 FRÜHLINGSZWIEBELN, WEISSE TEILE IN DÜNNE STREIFEN GESCHNITTEN, GRÜNE TEILE GEHACKT
- 2 EL SHAOXING-REISWEIN
- 1½ EL HELLE SOJASAUCE
- 4 EL ZUCKER
- 1 EL SESAMÖL

油爆虾
FRITTIERTE GARNELEN

HERKUNFT: SHANGHAI
ZUBEREITUNGSZEIT: 15 MINUTEN
GARZEIT: 15-25 MINUTEN
PERSONEN: 4-6

* Mit einer Küchenschere Fühler und Beine der Garnelen abschneiden. Die Garnelen in 4 Portionen aufteilen.
* Das Pflanzenöl in einem Wok oder hohen Topf auf 170 °C erhitzen oder bis ein Brotwürfel in 45 Sekunden braun wird. Die Garnelen portionsweise ins Öl gleiten lassen und 1–2 Minuten frittieren, bis das Sieden nachlässt. Herausnehmen und das Öl wieder auf 170 °C erhitzen, dann die Garnelen erneut 1–2 Minuten frittieren. Den Vorgang wiederholen (insgesamt dreimal). Die Garnelen zum Abtropfen in ein Sieb legen. Mit den restlichen Garnelen ebenso verfahren.
* Das Öl bis auf 2 Esslöffel abgießen. Auf mittlerer Hitze heiß werden lassen, abgetropfte Garnelen, Zucker und Ingwer hineingeben und 1 Minute unter Rühren braten. Den Reiswein am Rand hineinträufeln, Sojasauce, Salz, Essig und Frühlingszwiebeln zufügen und 1–2 Minuten unter Rühren braten, bis die Mischung ziemlich trocken ist. Zum Schluss das Sesamöl unterrühren und nach Geschmack nachwürzen.

- 400 G GANZE SÜSSWASSERGARNELEN, 5-7,5 CM LANG, MIT KOPF
- 1 L PFLANZENÖL
- 2 EL ZUCKER
- 1 EL GERIEBENER INGWER
- 1 EL SHAOXING-REISWEIN
- 1 TL HELLE SOJASAUCE
- ½ TL SALZ, ZZGL. ETWAS MEHR NACH GESCHMACK
- 1 EL ZHENJIANG- ODER BALSAMICO-ESSIG
- 2 EL GEHACKTE FRÜHLINGSZWIEBELN
- ½ TL SESAMÖL

HERKUNFT: SHANGHAI
ZUBEREITUNGSZEIT: 55 MINUTEN,
  ZZGL. 15 MINUTEN MARINIERZEIT
GARZEIT: 20 MINUTEN
ERGIBT: 24 STÜCK
SEITE 71

锅贴
JIAOZI

- 300 G SCHWEINEHACKFLEISCH
- 1 ½ TL HELLE SOJASAUCE
- ½ TL SALZ
- 1 TL ZUCKER
- 1 KLEINER CHINAKOHL (CA. 600 G), BLÄTTER ABGETRENNT
- 1 EL SPEISESTÄRKE
- 1 TL SESAMÖL
- 24 GROSSE TEIGBLÄTTER
- 1 EL PFLANZENÖL
- KORIANDER ZUM GARNIEREN (NACH BELIEBEN)

FÜR DEN DIP:
- 2 TL ZHENJIANG- ODER BALSAMICO-ESSIG
- 1 EL FEINE INGWERSTREIFEN

Jiaozi, international auch Pot Stickers (Topfkleber) genannt, sind Teigtaschen mit Fleisch- oder Gemüsefüllung, die in ganz Asien gern gegessen werden. Sie können gekocht, gedämpft oder gebraten werden, meist jedoch brät man sie in etwas Öl an, gibt Wasser dazu und dämpft sie bei geschlossenem Deckel, bis die Füllung gar ist. Nachdem das Wasser verdunstet ist, werden die Teigtaschen von einer Seite kross gebraten.

* Hackfleisch, Sojasauce, Salz, Zucker und 4 Esslöffel Wasser mischen und 15 Minuten marinieren.
* Einen großen Topf Wasser zum Kochen bringen, die Kohlblätter hineingeben und 5 Minuten blanchieren. Abtropfen lassen und unter fließendem kaltem Wasser abspülen. Den Kohl hacken, den Großteil des Wassers ausdrücken. Gründlich mit dem Hackfleisch vermengen. Stärke und Sesamöl zufügen und erneut vermengen.
* Eine kleine Schüssel mit kaltem Wasser füllen und beiseitestellen. 1 Teigblatt in eine Hand legen und 1 Esslöffel Füllung in die Mitte setzen. Den Rand mit etwas Wasser bestreichen, zu einem Halbkreis über die Füllung schlagen und die Ränder fest zusammendrücken. Beginnend an einer Seite des Halbkreises, kleine Falten kräftig in den Rand drücken, etwa 10–14 Falten pro Teigtasche. Mit den restlichen Teigblättern und der übrigen Füllung ebenso verfahren.
* Für den Dip Essig und Ingwer in einer kleinen Schüssel mischen und beiseitestellen.
* Das Öl in einer großen Pfanne auf mittlerer Hitze heiß werden lassen, die Jiaozi und 120 ml Wasser hineingeben und Deckel aufsetzen. 20 Minuten dünsten, bis das Wasser aufgenommen wurde und die Jiaozi an der Unterseite goldbraun sind. Auf einen Servierteller legen, mit Koriander garnieren, falls verwendet, und mit dem Dip servieren.

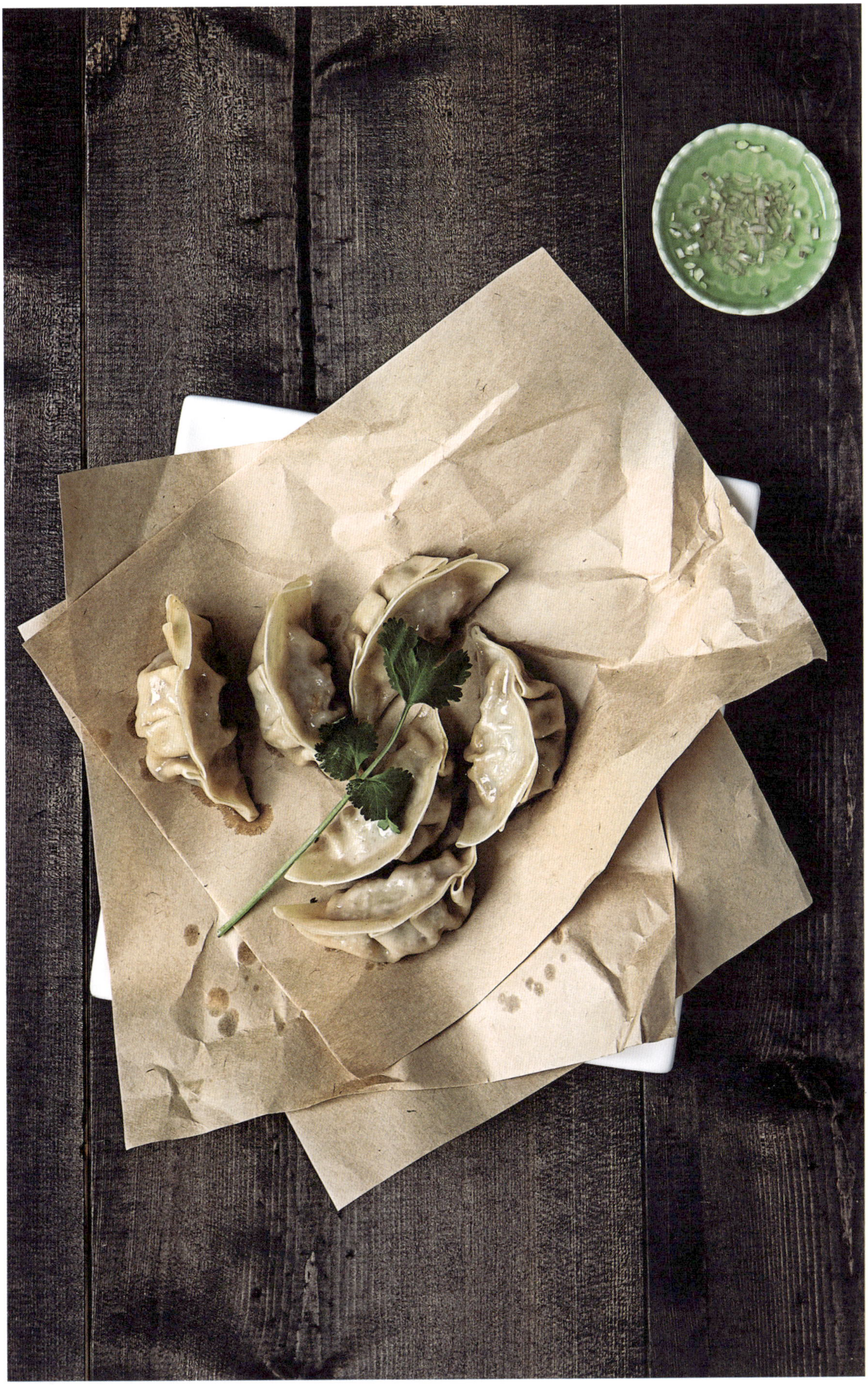

JIAOZI

HERKUNFT: SHANGHAI
ZUBEREITUNGSZEIT: 5 MINUTEN,
ZZGL. 20 MINUTEN RUHEZEIT
GARZEIT: 10 MINUTEN
PERSONEN: 4

蜜汁凤尾鱼
FRITTIERTE ANCHOVIS

- 600 G GRENADIERANCHOVIS ODER ANDERE KLEINE ANCHOVISART, KÖPFE UND BÄUCHE ENTFERNT
- ½ TL SALZ
- 1 PRISE GEMAHLENER WEISSER PFEFFER
- 475 ML PFLANZENÖL
- 10 G INGWER (CA. 2 CM), GERIEBEN
- 2 KNOBLAUCHZEHEN, GEHACKT
- 3 EL ZUCKER
- 1 TL FISCHSAUCE
- 1 EL SHAOXING-REISWEIN

* Die Anchovis abspülen und abtropfen lassen. In eine Schüssel legen, salzen und pfeffern und 20 Minuten stehen lassen. Mit Küchenpapier trocken tupfen.
* Das Öl in einem Wok oder hohen Topf auf 180 °C erhitzen oder bis ein Brotwürfel in 30 Sekunden braun wird. Die Anchovis hineingeben und in 1–2 Minuten goldbraun und kross frittieren. Mit einem Schaumlöffel vorsichtig aus dem Öl heben und auf Küchenpapier abtropfen lassen.
* Das Öl bis auf 1 Esslöffel abgießen und auf mittlere Hitze reduzieren. Ingwer und Knoblauch zufügen und 1 Minute unter Rühren braten, bis sie duften. Zucker, Fischsauce und 2 Esslöffel Wasser einrühren und die Sauce 30 Sekunden einkochen lassen. Die Anchovis zufügen und mit dem Reis beträufeln. Vorsichtig umrühren, bis die Sauce die Fische benetzt. Sofort servieren.

HERKUNFT: SHUNDE
ZUBEREITUNGSZEIT: 20 MINUTEN
GARZEIT: 10 MINUTEN
PERSONEN: 4

顺德鱼腐
FRITTIERTE FISCHPLÄTZCHEN NACH SHUNDE-ART

- 400 G HASEL, GESÄUBERT, FILETTIERT UND ENTHÄUTET
- ½ TL SALZ
- 2 KNOBLAUCHZEHEN, GEHACKT
- ¼ TL GEMAHLENER WEISSER PFEFFER
- 4 TL SPEISESTÄRKE
- 4 EIER, GETRENNT
- 250 ML PFLANZENÖL
- SÜSSSAURE SAUCE (SEITE 169) ZUM SERVIEREN

* Die Fischfilets in Scheiben schneiden und in einer Küchenmaschine pürieren.
* Fischpüree, Salz, Knoblauch und Pfeffer in einer großen Schüssel mit Stäbchen in einer Richtung zu einer klebrigen Masse verrühren. Stärke und Eigelbe zufügen und gründlich unterrühren. Eiweiße in einer kleinen Schüssel schaumig schlagen, dann unter die Fischpaste heben.
* Das Öl in einem Wok oder hohen Topf auf 140 °C erhitzen oder bis ein Brotwürfel in 2 Minuten braun wird. Gehäufte Teelöffel der Fischpaste portionsweise hineingeben und mit Stäbchen zügig im Öl verteilen, damit sie nicht zusammenkleben. 3–4 Minuten frittieren, bis sie hellbraun und aufgegangen sind. Mit einem Schaumlöffel vorsichtig aus dem Öl heben und auf Küchenpapier abtropfen lassen.
* Mit der süßsauren Sauce servieren.

HINWEIS:
Die Fischplätzchen halten sich 3–4 Tage im Kühlschrank und können auch in Pfannengerichten, Suppen und Eintöpfen verwendet werden.

辣酒煮花螺
SCHNECKEN IN CHILISAUCE

HERKUNFT: HONGKONG
ZUBEREITUNGSZEIT: 5 MINUTEN, ZZGL. 20 MINUTEN RUHEZEIT
GARZEIT: 5 MINUTEN
PERSONEN: 4

* Schnecken mit Salz in eine Schüssel geben und mit Wasser bedecken. 20 Minuten stehen lassen, dann abtropfen und abspülen.
* Einen großen Topf Wasser auf starker Hitze zum Kochen bringen. Die Schnecken hineingeben und 15 Sekunden blanchieren. Abtropfen lassen und beiseitestellen.
* Das Öl in einem Wok oder einer großen Pfanne erhitzen. Schalotten, Ingwer, Knoblauch, Chili und Pfefferkörner hineingeben und auf mittlerer Hitze 1 Minute unter Rühren anbraten, bis sie duften. Chili-Bohnen-Paste, Zucker, Fischsauce und Reiswein zufügen und alles zum Kochen bringen. Die Schnecken zufügen, auf starke Hitze erhöhen und 2 Minuten unter Rühren braten.
* Auf einem großen Servierteller anrichten und mit den gehackten Frühlingszwiebeln garnieren.

- 600 G FRISCHE MEERESSCHNECKEN IN DER SCHALE
- 2 EL SALZ
- 2 EL PFLANZENÖL
- 2 SCHALOTTEN, GEHACKT
- 1 EL GERIEBENER INGWER
- 3 KNOBLAUCHZEHEN, FEIN GEHACKT
- 2 MILDE ROTE CHILISCHOTEN, GEHACKT
- 1 TL ZERSTOSSENE WEISSE PFEFFERKÖRNER
- 1 EL CHILI-BOHNEN-PASTE
- 2 TL ZUCKER
- 1 TL FISCHSAUCE
- 120 ML SHAOXING-REISWEIN
- 1 EL GEHACKTE FRÜHLINGSZWIEBELN

虎皮虾包
GARNELEN-EIER-ROLLEN IN SOJAHAUT

HERKUNFT: SICHUAN
ZUBEREITUNGSZEIT: 20 MINUTEN
GARZEIT: 5 MINUTEN
PERSONEN: 4

* Die Garnelen unter fließendem kaltem Wasser abspülen und mit Küchenpapier trocken tupfen.
* Einen Topf Wasser zum Kochen bringen, Erbsen hineingeben und 1 Minute blanchieren. Abtropfen und unter fließendem kaltem Wasser abspülen. Beiseitestellen.
* Garnelen, Erbsen, Rückenspeck, Schinken, Wasserkastanien, Salz, Reiswein, Pfeffer und die Hälfte des Eiweißes in einer Schüssel vermengen. Die Füllung in 8 Portionen teilen.
* Die Sojahaut auf ein Schneidbrett legen und in acht Quadrate mit 10 cm Kantenlänge schneiden. Ein Quadrat mit Eiweiß bestreichen und 1 Portion Füllung in die Mitte setzen. Zur Hälfte aufrollen, die Seiten einschlagen und weiter aufrollen. Mit den restlichen Quadraten und der übrigen Füllung ebenso verfahren.
* Das Öl in einem Wok oder hohen Topf auf 160 °C erhitzen oder bis ein Brotwürfel in 1 Minute braun wird. Die Rollen hineingeben und in 2–3 Minuten goldbraun braten. Mit einem Schaumlöffel vorsichtig herausheben und auf Küchenpapier legen. Auf einem Servierteller anrichten und mit Sesamöl beträufeln. Sofort servieren.

- 250 G ROHE GARNELEN, AUSGELÖST UND DARMFÄDEN ENTFERNT
- 50 G ERBSEN
- 50 G RÜCKENSPECK VOM SCHWEIN, FEIN GEHACKT
- 25 G SCHINKEN, FEIN GEHACKT
- 5 WASSERKASTANIEN, GESCHÄLT UND GEHACKT
- ¼ TL SALZ
- 1 TL SHAOXING-REISWEIN
- 1 PRISE GEMAHLENER WEISSER PFEFFER
- 1 EIWEISS, VERRÜHRT
- 1 BLATT SOJAHAUT
- 250 ML PFLANZENÖL
- 1 TL SESAMÖL

HERKUNFT: CHAOZHOU
ZUBEREITUNGSZEIT: 40 MINUTEN, ZZGL. 2 STUNDEN KÜHLZEIT
GARZEIT: 10 MINUTEN
ERGIBT: 18 STÜCK
SEITE 75

炸虾枣
FRITTIERTE GARNELENKUGELN

- 600 G ROHE GARNELEN, AUSGELÖST UND DARMFÄDEN ENTFERNT
- 1 TL GROBES SALZ
- 1 EIWEISS
- ¼ TL GARNELENPASTE
- ¼ TL SALZ
- ½ TL ZUCKER
- ¼ TL GEMAHLENER WEISSER PFEFFER
- 1 TL SPEISESTÄRKE
- 40 G RÜCKENSPECK VOM SCHWEIN, FEIN GEHACKT
- 4 WASSERKASTANIEN (FRISCH ODER AUS DER DOSE), FEIN GEHACKT
- 750 ML PFLANZENÖL
- CHAOZHOU-MANDARINENSAUCE ODER SÜSSSAURE SAUCE (SEITE 169) ZUM SERVIEREN

* Die Garnelen in ein Sieb legen, das Salz zufügen und mit den Händen untermischen. Unter fließendem kaltem Wasser abspülen und abtropfen lassen. Die Garnelen auf ein sauberes Geschirrtuch legen, darin einrollen und 1 Stunde in den Kühlschrank legen.
* Die Garnelen aus dem Kühlschrank nehmen und auf ein Schneidbrett legen. Mit dem Rücken eines Hackbeils oder schweren Messers flach drücken. Wiederholt mit dem Messerrücken „hacken", bis eine Paste entsteht. (Alternative: In der Küchenmaschine zerkleinern.)
* Garnelenmasse und Eiweiß in einer großen Schüssel verrühren. Dazu mit Stäbchen in einer Richtung umrühren, bis die Paste klebrig und zähflüssig ist. Garnelenpaste, Salz, Zucker, Pfeffer und Stärke zufügen und gründlich untermischen. Mit den Händen weiterarbeiten: Jeweils 1 Handvoll der Paste so lange gegen die Schüsselwand schlagen, bis sie eine elastische, zähe Konsistenz bekommt. Rückenspeck und Wasserkastanien zufügen.
* Eine Hand mit Wasser befeuchten, eine Handvoll Garnelenmasse aufnehmen und so durch die Öffnung zwischen Daumen und Zeigefinger drücken, dass eine tischtennisballgroße Kugel entsteht. Mit der anderen Hand einen Löffel in Wasser tauchen und die Garnelenkugel auf einen Teller legen. Mit der restlichen Garnelenmasse ebenso verfahren. Mindestens 1 Stunde in den Kühlschrank stellen.
* Das Öl in einem Wok oder hohen Topf auf 170 °C erhitzen oder bis ein Brotwürfel in 45 Sekunden braun wird. Die Garnelenkugeln portionsweise hineingeben und in 4–5 Minuten goldbraun und kross frittieren. Mit einem Schaumlöffel herausheben und auf Küchenpapier abtropfen lassen. Mit Chaozhou-Mandarinensauce oder süßsaurer Sauce servieren.

FRITTIERTE GARNELENKUGELN

HERKUNFT: TAIWAN
ZUBEREITUNGSZEIT: 20 MINUTEN,
 ZZGL. 10 MINUTEN MARINIERZEIT
GARZEIT: 5 MINUTEN
ERGIBT: 16 STÜCK

蚵仔卷
AUSTERN-ROLLEN

- 300 G AUSTERN, AUSGELÖST UND ABGETROPFT
- 1 ½ TL SPEISESTÄRKE
- 150 G SCHWEINEHACKFLEISCH
- 1 TL SALZ
- ½ TL ZUCKER
- ¼ TL GEMAHLENER WEISSER PFEFFER
- 475 ML PFLANZENÖL
- 6 STÄNGEL SCHNITTKNOBLAUCH, IN 1-CM-STÜCKE GESCHNITTEN
- ½ TL SESAMÖL
- 2 EL SÜSSKARTOFFEL- ODER TAPIOKASTÄRKE
- 1 BLATT SOJAHAUT
- 1 EI, VERRÜHRT

* Mit den Händen die Austern mit 1 Teelöffel Speisestärke abreiben und eventuelle Schalenfragmente auslesen. Einen Topf Wasser auf starker Hitze zum Kochen bringen und die Austern 15 Sekunden blanchieren. Abtropfen lassen und in einer Schüssel beiseitestellen (große Austern halbieren).
* Hackfleisch in einer Schüssel mit Salz, Zucker, Pfeffer und ½ Teelöffel Stärke vermengen und 10 Minuten marinieren.
* Für die Füllung 1 Esslöffel Öl in einem Wok oder einer großen Pfanne erhitzen und die Hackfleischmasse auf mittlerer bis starker Hitze 2 Minuten unter Rühren gar braten. Schnittknoblauch und Sesamöl unterrühren. Die Masse in die Schüssel mit den Austern geben. Süßkartoffelstärke und 2 Esslöffel Wasser zufügen und alles gut vermengen. Die Füllung in 16 gleich große Portionen teilen.
* Die Sojahaut zu einem Quadrat von 40 cm Kantenlänge zuschneiden, dann in 16 gleich große Quadrate schneiden. 1 Quadrat mit dem verrührten Ei bestreichen und 1 Portion Garnelenfüllung in die Mitte setzen. Zur Hälfte aufrollen, die Seiten einschlagen und ganz aufrollen. Mit den restlichen Quadraten und der restlichen Füllung ebenso verfahren.
* Das restliche Pflanzenöl in einem Wok oder hohen Topf auf 170 °C erhitzen oder bis ein Brotwürfel in 45 Sekunden braun wird. Die Austernrollen portionsweise hineingleiten lassen und in 1 Minute goldbraun und kross frittieren. Mit einem Schaumlöffel vorsichtig herausheben und auf Küchenpapier abtropfen lassen. Sofort servieren.

炸鸡酥络
FRITTIERTE FRIKADELLEN

HERKUNFT: BEIJING
ZUBEREITUNGSZEIT: 20 MINUTEN
GARZEIT: 20 MINUTEN
PERSONEN: 4

* 475 ml Wasser in einem großen Topf zum Kochen bringen. Ingwer, Frühlingszwiebel, Salz und Sichuan-Pfefferkörner zufügen und 5 Minuten kochen. Hähnchen zufügen, Deckel aufsetzen und den Herd ausschalten. 10 Minuten ziehen lassen, bis das Hähnchen gar ist. Fleisch herausnehmen und zum Abkühlen beiseitelegen.
* Die Haut abziehen und entfernen, das Fleisch mit den Händen fein zerfasern. In 20 Portionen teilen.
* Das Öl in einem Wok oder hohen Topf auf 170 °C erhitzen oder bis ein Brotwürfel in 45 Sekunden braun wird. 1 Portion Hähnchenfleisch in die Hand legen, möglichst flach drücken und vorsichtig ins heiße Öl gleiten lassen. In 2–3 Minuten goldbraun frittieren. Mit einem Schaumlöffel vorsichtig herausheben und auf Küchenpapier abtropfen lassen. Mit den restlichen Portionen ebenso verfahren.
* Die Frikadellen noch heiß mit gemahlenem Sichuan-Pfeffer bestreuen. Nach Geschmack salzen und vor dem Servieren abkühlen lassen.

- 5 G INGWER (CA. 1 CM), ZERDRÜCKT
- 1 FRÜHLINGSZWIEBEL, IN 5 CM GROSSE STÜCKE GESCHNITTEN
- 2 EL SALZ
- ½ TL SICHUAN-PFEFFERKÖRNER
- 3 HÄHNCHENBRÜSTE, OHNE KNOCHEN, MIT HAUT
- 475 ML PFLANZENÖL
- ¼ TL GEMAHLENER SICHUAN-PFEFFER

蜜烧鸡肝
GEGRILLTE HÄHNCHENLEBER

HERKUNFT: GUANGDONG
ZUBEREITUNGSZEIT: 10 MINUTEN, ZZGL. 30 MINUTEN MARINATING
GARZEIT: 20 MINUTEN
PERSONEN: 4

* Das Fett von der Oberfläche der Hähnchenlebern abschneiden, Blutgefäße herausziehen und gründlich unter fließendem kaltem Wasser abspülen. Mit Küchenpapier trocken tupfen. Die Lebern mit den Grillsauce-Zutaten gründlich mischen und 30 Minuten marinieren.
* Inzwischen 4 Bambusspieße mindestens 10 Minuten in einer Schüssel Wasser einweichen (so brennen sie unter dem Ofengrill nicht an). Abtropfen lassen.
* Die Zutaten für die Glasur in einer Schüssel verrühren und 1 Esslöffel heißes Wasser unterrühren. Beiseitestellen.
* Den Ofen auf 190 °C vorheizen.
* Auf jeden Spieß 4 Hähnchenlebern stecken. Ein Kuchenblech mit etwas Öl einfetten und die Spieße darauf verteilen. Auf mittlerer Schiene 10 Minuten im Ofen rösten, bis sie gerade gar sind. Aus dem Ofen nehmen und die Spieße mit der Glasur bestreichen.
* Den Ofengrill einschalten und die Lebern auf oberster Schiene 3 Minuten grillen. Die Spieße wenden, erneut mit der Glasur bestreichen und weitere 2 Minuten grillen. Aus dem Ofen nehmen. Mit einer Gabel die Lebern vorsichtig auf einen Servierteller schieben. Heiß servieren.

- 16 HÄHNCHENLEBERN
- PFLANZENÖL ZUM EINFETTEN
- 4 BAMBUSSPIESSE

FÜR DIE GRILLSAUCE:
- 6 EL ZUCKER
- 1 TL FÜNF-GEWÜRZE-PULVER
- 2 EL HOISIN-SAUCE
- ½ TL GEWÜRZLILIENPULVER
- ½ TL HELLE SOJASAUCE
- 2 EL SHAOXING-REISWEIN
- 2 EL GEHACKTER KNOBLAUCH
- 2 EL GEHACKTE SCHALOTTEN
- 1 EL INGWERSAFT

FÜR DIE GLASUR:
- 2 EL MALTOSESIRUP
- 2 EL ZUCKER
- 1 EL MIRIN

HERKUNFT: SHANGHAI
ZUBEREITUNGSZEIT: 10 MINUTEN,
ZZGL. 10 MINUTEN EINWEICHZEIT
GARZEIT: 20 MINUTEN
PERSONEN: 6–8

羊肚菌毛豆烤麸
MORCHELN MIT KAOFU

- 200 G KAOFU
- 1 EL INGWERSAFT
- 12 GETROCKNETE MORCHELN
- 300 G GEPALTE SOJABOHNEN, ABGESPÜLT
- 250 ML PFLANZENÖL
- 20 G INGWER (CA. 2,5 CM), IN FEINE STREIFEN GESCHNITEN
- ½ ROTE PAPRIKASCHOTE, SAMEN ENTFERNT UND IN 1 CM GROSSE WÜRFEL GESCHNITTEN
- 1 EL SHAOXING-REISWEIN
- 1 EL AUSTERNSAUCE
- ¼ TL SALZ
- 1 TL ZUCKER
- ½ TL SESAMÖL

* Den Kaofu in teelöffelgroße Stücke teilen. Mit dem Ingwersaft in einen kleinen Topf geben und mit Wasser bedecken. Auf starker Hitze zum Kochen bringen und 1 Minute blanchieren. Abtropfen lassen und unter fließendem kaltem Wasser abspülen, bis er abgekühlt ist. Wasser herausdrücken und überschüssiges Wasser mit Küchenpapier aufnehmen. Beiseitestellen.
* Die Pilze in eine Schüssel legen, mit 120 ml kaltem Wasser bedecken und mindestens 10 Minuten einweichen. Herausnehmen, Wasser herausdrücken und die Stiele entfernen. Das Einweichwasser in eine Schüssel abseihen und für den späteren Gebrauch beiseitestellen.
* Einen großen Topf Wasser zum Kochen bringen, die Sojabohnen hineingeben und etwa 5 Minuten blanchieren. Abtropfen lassen und unter fließendem kaltem Wasser abspülen, dann die Kerne aus der Haut drücken und beiseitestellen.
* Das Öl in einem Wok oder hohen Topf auf 170 °C erhitzen oder bis ein Brotwürfel in 45 Sekunden braun wird. Den Kaofu hineingeben und in 2–3 Minuten hellgoldbraun frittieren. Mit einem Schaumlöffel den Kaofu vorsichtig aus dem Öl heben, überschüssiges Öl am Topfrand herausdrücken und auf einen Teller mit Küchenpapier legen.
* Das Öl bis auf 1 Esslöffel abgießen. Die Ingwerstreifen hineingeben und auf mittlerer Hitze 1 Minute unter Rühren anbraten, bis er duftet. Paprika, Pilze, Reiswein, Austernsauce, Salz, Zucker und das Pilz-Einweichwasser zufügen und auf starker Hitze zum Kochen bringen. Den Kaofu zufügen und auf mittlerer Hitze 5–10 Minuten köcheln lassen, bis die Sauce eindickt. Zum Schluss Sojabohnen und Sesamöl unterrühren.

鱼汤萝卜糕
RETTICH-AUFLAUF

HERKUNFT: SHUNDE
ZUBEREITUNGSZEIT: 20 MINUTEN
GARZEIT: 1 STUNDE 30 MINUTEN
PERSONEN: 4–6

Dieses Rezept folgt der traditionellen Zubereitung mit frischer Fischsuppe, aber Sie können stattdessen auch 4 Esslöffel konzentrierten Fischfond nehmen und mit Schritt 2 beginnen.

* Für die Fischsuppe das Öl in einem großen Topf auf mittlerer Hitze heiß werden lassen, die Ingwerscheiben hineingeben und 2–3 Minuten unter Rühren braten, bis sie duften. Den Fisch zufügen und 2 Minuten von einer Seite anbräunen, dann wenden und von der anderen Seite ebenfalls 2 Minuten anbräunen. Wein, Pfefferkörner und 750 ml kochendes Wasser zufügen. Auf starker Hitze zum Kochen bringen und ohne Deckel 30 Minuten köcheln lassen, bis nur noch 4 Esslöffel Flüssigkeit übrig sind. Vom Herd nehmen, in eine Schüssel abseihen und beiseitestellen.
* Für den Rettichauflauf die getrockneten Garnelen 5 Minuten in einer Schüssel mit kaltem Wasser einweichen. Abtropfen lassen, hacken und beiseitestellen.
* Daikon, Salz, Zucker und Pfeffer in einem großen Topf mischen und auf schwacher Hitze 10 Minuten dünsten, bis der Daikon durchscheinend ist. Die Fischsuppe unterrühren.
* Vom Herd nehmen. Sobald der Daikon abgekühlt ist, nach und nach unter ständigem Rühren die Mehlsorten zufügen, bis eine Paste entsteht.
* 1 Esslöffel Öl in einem Wok oder einer großen Pfanne auf starker Hitze heiß werden lassen, Hackfleisch und getrocknete Garnelen hineingeben und 1 Minute unter Rühren braten. Pökelfleisch und Entenleberwurst zufügen und 30 Sekunden unter Rühren weiterbraten, dann vom Herd nehmen. Den Wokinhalt in den Topf mit der Daikonpaste geben und alles gut vermengen. Die Masse in einen Dämpfaufsatz (Durchmesser: 20 cm) geben und in einem Dämpfeinsatz oder Bambus-Dämpfkorb über einen Topf mit kochendem Wasser stellen. Mit Deckel 1 Stunde dämpfen (nach Bedarf Wasser nachfüllen).
* Deckel abnehmen, den Auflauf mit gerösteter Sesamsaat und Koriander bestreuen und andrücken. Deckel aufsetzen, Herd ausschalten und 30 Sekunden stehen lassen, dann den Auflauf herausnehmen und zum Abkühlen beiseitestellen.
* Den vollständig abgekühlten Auflauf in 1 cm dicke Quadrate schneiden (nur so viel, wie serviert wird. Der Rest kann im Kühlschrank aufbewahrt werden). Die restlichen 2 Esslöffel Öl in einer kleinen Pfanne auf mittlerer Hitze heiß werden lassen und die Quadrate in 3 Minuten leicht anbräunen, dann wenden und von der anderen Seite 3 Minuten anbräunen. Mit Chilisauce servieren.

- 1 ½ EL GETROCKNETE GARNELEN
- 1 KG DAIKON-RETTICH, GERASPELT
- 1 TL SALZ
- 1 TL ZUCKER
- ½ TL GEMAHLENER WEISSER PFEFFER
- 200 G REISMEHL
- 4 EL GLUTENFREIES REISMEHL
- 3 EL PFLANZENÖL
- 100 G SCHWEINEHACKFLEISCH
- 50 G CHINESISCHES PÖKELFLEISCH, GEHACKT
- ½ ENTENLEBERWURST, GEHACKT
- 1 TL GERÖSTETE SESAMSAAT
- 2 STÄNGEL KORIANDER, GEHACKT
- 1 EL CHILISAUCE ZUM SERVIEREN

FÜR DIE FISCHSUPPE:
- 1 EL PFLANZENÖL
- 20 G INGWER (CA. 5 CM), IN SCHEIBEN GESCHNITTEN
- 1 SÜSSWASSERFISCH (150 G), GESÄUBERT UND ABGESPÜLT
- 1 EL REISWEIN
- 30 WEISSE PFEFFERKÖRNER

HERKUNFT: HENAN
ZUBEREITUNGSZEIT: 40 MINUTEN
GARZEIT: 10 MINUTEN
PERSONEN: 4
SEITE 81

抓皮春卷
FRÜHLINGS-ROLLEN

- 475 ML PFLANZENÖL, ZZGL. 1 EL ZUM BRATEN
- 50 G SCHWEINEFILET, IN 3 MM BREITE STREIFEN GESCHNITTEN
- ½ TL SALZ, ZZGL. ETWAS MEHR NACH GESCHMACK
- 2 TL HELLE SOJASAUCE
- 2 TL REISWEIN
- 100 G SCHNITTLAUCH, IN 2 CM LANGE STÜCKE GESCHNITTEN
- 8 FRÜHLINGSROLLEN-TEIGBLÄTTER
- 1 TL SPEISESTÄRKE

* 1 Esslöffel Öl in einer großen Pfanne auf mittlerer bis starker Hitze heiß werden lassen, das Fleisch hineingeben und in 4–5 Minuten unter Rühren gar braten.
* Salz, Sojasauce und Wein verrühren und zum Fleisch geben. 1 Minute unter Rühren weiterbraten. Nach Geschmack nachwürzen, dann auf einen Teller legen und abkühlen lassen.
* Den Schnittlauch unter das Fleisch mischen. Die Füllung in 8 gleich große Portionen teilen.
* 1 Teigblatt auf ein Schneidbrett legen, 1 Portion Füllung an ein Ende setzen und das Teigblatt zu einem 10 cm langen Zylinder aufrollen, dabei die Seiten einschlagen. Mit den restlichen Teigblättern und der übrigen Füllung ebenso verfahren. Die Stärke in einer kleinen Schüssel mit 1 Esslöffel verrühren. Die Ränder der Frühlingsrollen mit der Stärkelösung betupfen und festdrücken.
* 475 ml Öl in einem Wok oder hohen Topf auf 180 °C erhitzen oder bis ein Brotwürfel in 30 Sekunden braun wird. Die Rollen portionsweise vorsichtig hineingleiten lassen und in 2 Minuten goldbraun und kross frittieren, dabei einmal wenden. Mit einem Schaumlöffel vorsichtig auf einen Teller mit Küchenpapier heben. Sofort servieren.

HERKUNFT: SHANDONG
ZUBEREITUNGSZEIT: 10 MINUTEN
GARZEIT: 5–10 MINUTEN
PERSONEN: 4

姜拌藕
LOTUSWURZEL MIT INGWER

- 500 G LOTUSWURZELN, GESCHÄLT UND ENDEN ABGESCHNITTEN
- 2 TL HELLE SOJASAUCE
- 1 EL SCHWARZER REISESSIG ODER BALSAMICO-ESSIG
- 2 TL SESAMÖL
- 10 G INGWER (CA. 2 CM), GERIEBEN
- ¼ TL SALZ

* Mit einem Stäbchen die Kanäle der Lotuswurzeln säubern und unter fließendem kaltem Wasser abspülen. In 3 mm dicke Scheiben schneiden.
* Sojasauce, Essig und Sesamöl in einer Schüssel verrühren.
* Einen Topf mit Wasser zum Kochen bringen, die Lotuswurzelscheiben hineingeben und 1 Minute blanchieren. Abtropfen lassen und in eine ofenfeste Schüssel legen. Mit Ingwer und Salz mischen und mit Alufolie abdecken. Die Schüssel in einem Dämpfeinsatz oder Bambus-Dämpfkorb über einen Topf mit kochendem Wasser stellen. Mit Deckel in 5 Minuten weich dämpfen.
* Alufolie entfernen, die Lotuswurzeln auf einem Teller anrichten und mit der Sauce beträufeln.

FRÜHLINGSROLLEN

HERKUNFT: CHAOZHOU
ZUBEREITUNGSZEIT: 15 MINUTEN,
    ZZGL. 30 MINUTEN EINWEICHZEIT
GARZEIT: 30 MINUTEN
PERSONEN: 4

卷煎
KLEBREIS-ROLLEN

- 160 G KLEBREIS
- 6 GETROCKNETE SHIITAKE
- 1 EL GETROCKNETE GARNELEN
- 2 EL PFLANZENÖL
- 100 G SCHWEINEHACKFLEISCH
- 1 ½ EL GROB GEHACKTER EINGELEGTER RETTICH
- 1 EL HELLE SOJASAUCE
- 1 TL ZUCKER
- 1 BLATT SOJAHAUT (50 CM KANTENLÄNGE), IN 4 GLEICH GROSSE QUADRATE GESCHNITTEN

* Den Klebreis 30 Minuten in einer ofenfesten Schüssel in heißem Wasser einweichen.
* Inzwischen die Pilze in eine Schüssel legen, mit kaltem Wasser bedecken und mindestens 20 Minuten einweichen. Herausnehmen, Wasser herausdrücken und die Stiele entfernen. Grob hacken und beiseitestellen.
* Den Reis abtropfen lassen und unter fließendem kaltem Wasser abspülen. Wieder in die Schüssel geben, mit heißem Wasser bedecken und die Schüssel in einem Dämpfeinsatz oder Bambus-Dämpfkorb über einen Topf mit kochendem Wasser stellen. Mit Deckel 25 Minuten dämpfen, bis der Reis durchgegart ist. Zum Abkühlen beiseitestellen.
* Inzwischen die getrockneten Garnelen etwa 10 Minuten in einer kleinen Schüssel Wasser einweichen. Abtropfen lassen und grob hacken.
* 1 Esslöffel Öl in einer großen Pfanne auf starker Hitze heiß werden lassen. Das Hackfleisch zufügen und 1 Minute unter Rühren leicht anbräunen. Pilze, Garnelen, eingelegten Rettich, Sojasauce und Zucker zufügen und 30 Sekunden alles gründlich mischen. Vom Herd nehmen und mit dem Reis mischen.
* Für die Rollen 1 Sojahaut-Quadrat auf eine saubere Arbeitsfläche legen. Ein Viertel der Reismasse an einem Rand verteilen und aufrollen, dabei beide Enden zur Mitte einschlagen. Mit den anderen 3 Quadraten und der restlichen Füllung ebenso verfahren. Die Rollen mit der Naht nach unten in einem Dämpfeinsatz oder Bambus-Dämpfkorb über einen Topf mit kochendem Wasser stellen. Zum Kochen bringen und mit Deckel 3 Minuten dämpfen.
* Den restlichen Esslöffel Öl in einem Wok auf mittlerer bis starker Hitze heiß werden lassen, die gedämpften Rollen hiniengeben und in 2–3 Minuten kross braten. In 5 cm lange Stücke schneiden, auf einem Servierteller anrichten und servieren.

黄金丸子
GOLDENE FLEISCHBÄLLCHEN

HERKUNFT: HONGKONG
ZUBEREITUNGSZEIT: 20 MINUTEN
GARZEIT: 10 MINUTEN
PERSONEN: 4

* Die Garnelenpaste in eine Schüssel geben und mit Stäbchen 1 Minute in einer Richtung umrühren, bis sie gummiartig zäh wird. Beiseitestellen.
* Hackfleisch, Salz, Zucker, Sojasauce und 6 Esslöffel Wasser in einer zweiten Schüssel verrühren und beiseitestellen.
* Den Klippfisch auf einen ofenfesten Teller legen, den Teller in einem Dämpfeinsatz oder Bambus-Dämpfkorb über einen Topf mit kochendem Wasser stellen. Mit Deckel 3 Minuten dämpfen. Den Teller vorsichtig aus dem Topf nehmen und zum Abkühlen beiseitestellen. Nach dem Abkühlen die Gräten entfernen und den Fisch mit der Gabel fein zerdrücken.
* Garnelen, Fischpüree und Stärke zur Hackfleischmasse geben und gründlich unterrühren. Mit nassen Händen 2,5 cm große Kugeln aus der Masse formen.
* Das Öl in einem Wok oder hohen Topf auf 170 °C erhitzen oder bis ein Brotwürfel in 45 Sekunden braun wird. Die Fleischbällchen portionsweise hineingeben und in 2–3 Minuten goldbraun frittieren. Mit einem Schaumlöffel vorsichtig herausheben und auf Küchenpapier abtropfen lassen.

- 300 G ROHE GARNELEN, AUSGELÖST, DARMFÄDEN ENTFERNT UND ZU EINER PASTE FEIN GEHACKT
- 300 G SCHWEINEHACKFLEISCH
- 1 TL SALZ
- ½ EL ZUCKER
- 1 EL HELLE SOJASAUCE
- 5 G CHINESISCHER KLIPPFISCH
- 1 ½ EL SPEISESTÄRKE
- 475 ML PFLANZENÖL

棗核肉
GEFÜLLTE DATTELN

HERKUNFT: ANHUI
ZUBEREITUNGSZEIT: 15 MINUTEN, ZZGL. 10 MINUTEN EINWEICHZEIT
GARZEIT: 5 MINUTEN
PERSONEN: 4

* Das Hackfleisch mit der Hälfte des Eiweißes in eine Schüssel geben, großzügig salzen und gut verrühren. Beiseitestellen. (Das restliche Eiweiß für ein anderes Rezept aufheben.)
* Inzwischen die Datteln 10 Minuten in einer Schüssel Wasser einweichen. Abtropfen lassen, dann aufschneiden und den Stein entfernen. Von innen und außen leicht mit Stärke bestäuben und mit der Hackfleischmasse füllen.
* Die Datteln mit den Fingern vorsichtig verschließen. Mit Stärke bestäuben.
* Das Öl in einem Wok oder hohen Topf auf 150 °C erhitzen oder bis ein Brotwürfel in 1 ½ Minuten braun wird. Die gefüllten Datteln portionsweise hineingleiten lassen und in 1 Minute goldbraun frittieren. Mit einem Schaumlöffel vorsichtig aus dem Öl heben und auf Küchenpapier abtropfen lassen.
* Zucker, Essig, Sojasauce und 150 ml Wasser in einem kleinen Topf verrühren und auf starker Hitze zum Kochen bringen. In einer kleinen Schüssel 1 Teelöffel Stärke mit 1 Esslöffel Wasser anrühren und unter den Topfinhalt mischen. Unter Rühren aufkochen und 30 Sekunden eindicken lassen. Auf einem Servierteller anrichten und servieren.

- 150 G SCHWEINEHACKFLEISCH
- 1 EIWEISS, VERRÜHRT
- 250 G JUJUBE-DATTELN
- 2 EL SPEISESTÄRKE
- 2 EL ZUCKER
- 1 ½ EL ZHENJIANG- ODER BALSAMICO-ESSIG
- 1 EL HELLE SOJASAUCE
- 475 ML PFLANZENÖL
- SALZ

HERKUNFT: SICHUAN
ZUBEREITUNGSZEIT: 5 MINUTEN
GARZEIT: 35 MINUTEN
PERSONEN: 6–8

红油猪耳
SCHWEINEOHREN IN CHILISAUCE

- 2 SCHWEINEOHREN, SAUBER GESCHABT, ABGESPÜLT UND ABGETROPFT
- 5 G INGWER (CA. 1 CM), IN SCHEIBEN GESCHNITTEN
- 2 EL PFLANZENÖL
- 1 TL SICHUAN-PFEFFERKÖRNER
- 1 STERNANIS
- 2 KNOBLAUCHZEHEN, GEHACKT
- 1 TL SALZ
- 1 EL HELLE SOJASAUCE
- 2 EL ROTES CHILIÖL
- ½ TL SCHWARZER REISESSIG ODER BALSAMICO-ESSIG
- 1 EL SESAMÖL

* Schweineohren und Ingwer in einen mittelgroßen Topf geben und mit Wasser bedecken. Auf starker Hitze zum Kochen bringen, auf schwache Hitze reduzieren, Deckel aufsetzen und etwa 30 Minuten köcheln lassen. Die Schweineohren aus dem Topf nehmen und zum Abtropfen in ein Sieb legen.

* Das Öl in einem Wok oder einer großen Pfanne erhitzen. Sichuan-Pfefferkörner und Sternanis hineingeben und auf schwacher Hitze 2 Minuten unter Rühren braten, bis sie duften. Gewürze mit einem Schaumlöffel herausnehmen und entfernen. Knoblauch, Salz, Sojasauce, Chiliöl, Essig und Sesamöl zufügen und auf schwacher Hitze weitere 1–2 Minuten verrühren. Die Schweineohren in dünne Scheiben schneiden und auf einem Teller anrichten. Mit der Sauce beträufeln und servieren.

HERKUNFT: HUNAN
ZUBEREITUNGSZEIT: 15 MINUTEN, ZZGL. 20 MINUTEN RUHEZEIT
GARZEIT: 25 MINUTEN
PERSONEN: 4

芥末薄片肉
SCHWEINEFILET MIT SENFSAUCE

- 1 SCHWEINEFILET (400 G), 20–30 % FETT
- 100 G GRÜNE BOHNEN, ENDEN ABGESCHNITTEN UND IN 4 CM LANGE STÜCKE GESCHNITTEN
- ¼ TL SALZ
- 1 EL SESAMÖL
- 1 TL SENFPULVER
- 4 KNOBLAUCHZEHEN, GERIEBEN
- 5 G INGWER (CA. 1 CM), GERIEBEN
- 2 EL HELLE SOJASAUCE
- 2 TL SCHWARZER REISESSIG ODER BALSAMICO-ESSIG

* Das Fleisch in einen großen Topf legen und mit Wasser bedecken. Zum Kochen bringen, auf schwache Hitze reduzieren und in 20 Minuten gar kochen. Den Topf vom Herd nehmen und das Fleisch 20 Minuten im heißen Wasser ziehen lassen.

* Mit einem Schaumlöffel herausnehmen und auf ein Schneidbrett legen. In 6 × 3 cm große und 2 mm dicke Scheiben schneiden.

* Einen Topf Wasser zum Kochen bringen, die grünen Bohnen hineingeben und 1 Minute blanchieren. Abtropfen lassen und unter fließendem kaltem Wasser abspülen. In einer Schüssel mit dem Salz und ½ Esslöffel Sesamöl mischen. Die angemachten Bohnen auf einem Teller anrichten und die Fleischscheiben darauflegen.

* Das Senfpulver in einer Schüssel mit einem Löffel zu einer Paste anrühren. Knoblauch, Ingwer, Sojasauce, Essig und den restlichen ½ Esslöffel Sesamöl unterrühren. Die Senfsauce über Fleisch und Bohnen träufeln.

夫妻肺片
INNEREIEN IN CHILISAUCE

HERKUNFT: SICHUAN
ZUBEREITUNGSZEIT: 5 MINUTEN
GARZEIT: 1 STUNDE
PERSONEN: 4

* Kutteln und Herz in einen großen Topf geben und mit Wasser bedecken. Auf starker Hitze zum Kochen bringen und 5 Minuten blanchieren. Abtropfen lassen, unter fließendem kaltem Wasser abspülen und wieder in den Topf geben. 2 Liter Wasser zugießen und Rinderhesse, Sternanise, Fünf-Gewürze-Pulver und Reiswein zufügen. Aufkochen lassen, auf schwache bis mittlere Hitze reduzieren und 40 Minuten köcheln lassen, bis das Fleisch weich ist.
* Fleisch aus dem Topf nehmen und zum Abkühlen beiseitestellen. In Scheiben schneiden und beiseitestellen.
* Die Erdnüsse ohne Öl in eine kleine Pfanne geben und auf schwacher Hitze in 4–5 Minuten goldbraun rösten. Aus der Pfanne nehmen und leicht anstoßen, dann beiseitestellen. In derselben Pfanne die Sesamsaat in 4–5 Minuten goldbraun rösten und herausnehmen. Die Sichuan-Pfefferkörner 2–3 Minuten rösten, bis sie duften, in einen Mörser füllen und zu einem groben Pulver zerstoßen.
* Alle Zutaten für die Sauce mit 1 Esslöffel lauwarmem Wasser gründlich verrühren. Die Sauce über das Fleisch gießen und servieren.

- 100 G RINDERKUTTELN
- 100 G RINDERHERZ
- 100 G RINDERHESSE
- 2 STERNANISE
- 1 EL FÜNF-GEWÜRZE-PULVER
- 1 EL SHAOXING-REISWEIN

FÜR DIE SAUCE:
- 30 G ROHE ERDNUSSKERNE
- 1 EL WEISSE SESAMSAAT
- 1 TL SICHUAN-PFEFFERKÖRNER
- 1 TL ZUCKER
- 1 TL HELLE SOJASAUCE
- 1 TL CHILIÖL
- ½ TL SESAMÖL
- ½ TL SALZ

木耳烤麸
KAOFU MIT MU-ERR

HERKUNFT: SHANGHAI
ZUBEREITUNGSZEIT: 20 MINUTEN
GARZEIT: 10 MINUTEN
PERSONEN: 4

* Ein Drittel des Ingwers in Scheiben, den Rest in feine Streifen schneiden.
* Einen Topf Wasser zum Kochen bringen, Kaofu und Ingwerscheiben hineingeben. Auf schwache Hitze reduzieren und 1 Minute köcheln lassen, Kaofu mit einem Schaumlöffel herausheben und zum Abkühlen beiseitestellen. Ingwerscheiben entfernen. Mit den Händen das Wasser aus dem Kaofu drücken. Zum Abtropfen auf Küchenpapier legen.
* Einen Topf Wasser zum Kochen bringen, die Pilze hineingeben und 2 Minuten blanchieren. Abtropfen lassen und beiseitestellen.
* Das Pflanzenöl in einem Wok oder hohen Topf auf 170 °C erhitzen oder bis ein Brotwürfel in 45 Sekunden braun wird. Kaofu hineingeben und in 4–5 Minuten goldbraun frittieren. Herausnehmen und auf Küchenpapier abtropfen lassen.
* Das Öl bis auf 1 Esslöffel abgießen. Auf starker Hitze heiß werden lassen, die Ingwerstreifen hineingeben und 30 Sekunden unter Rühren anbraten. Kaofu, Paprika und Pilze unterrühren. Mit dem Reiswein beträufeln. Austernsauce, Salz und Zucker zufügen und gut mischen. Sesamöl zufügen, umrühren und nach Geschmack nachwürzen.

- 20 G INGWER (CA. 5 CM)
- 200 G KAOFU, IN MUNDGERECHTE STÜCKE GERISSEN
- 20 G GETROCKNETE MU-ERR, IN WASSER EINGEWEICHT UND ABGETROPFT
- 250 ML PFLANZENÖL
- ½ ROTE PAPRIKASCHOTE, SAMEN ENTFERNT UND IN KLEINE STÜCKE GESCHNITTEN
- ½ GRÜNE PAPRIKASCHOTE, SAMEN ENTFERNT UND IN KLEINE STÜCKE GESCHNITTEN
- 1 EL SHAOXING-REISWEIN
- 1 EL AUSTERNSAUCE
- ½ TL SALZ, ZZGL. ETWAS MEHR NACH GESCHMACK
- 1 TL ZUCKER
- ½ TL SESAMÖL

SUPPEN

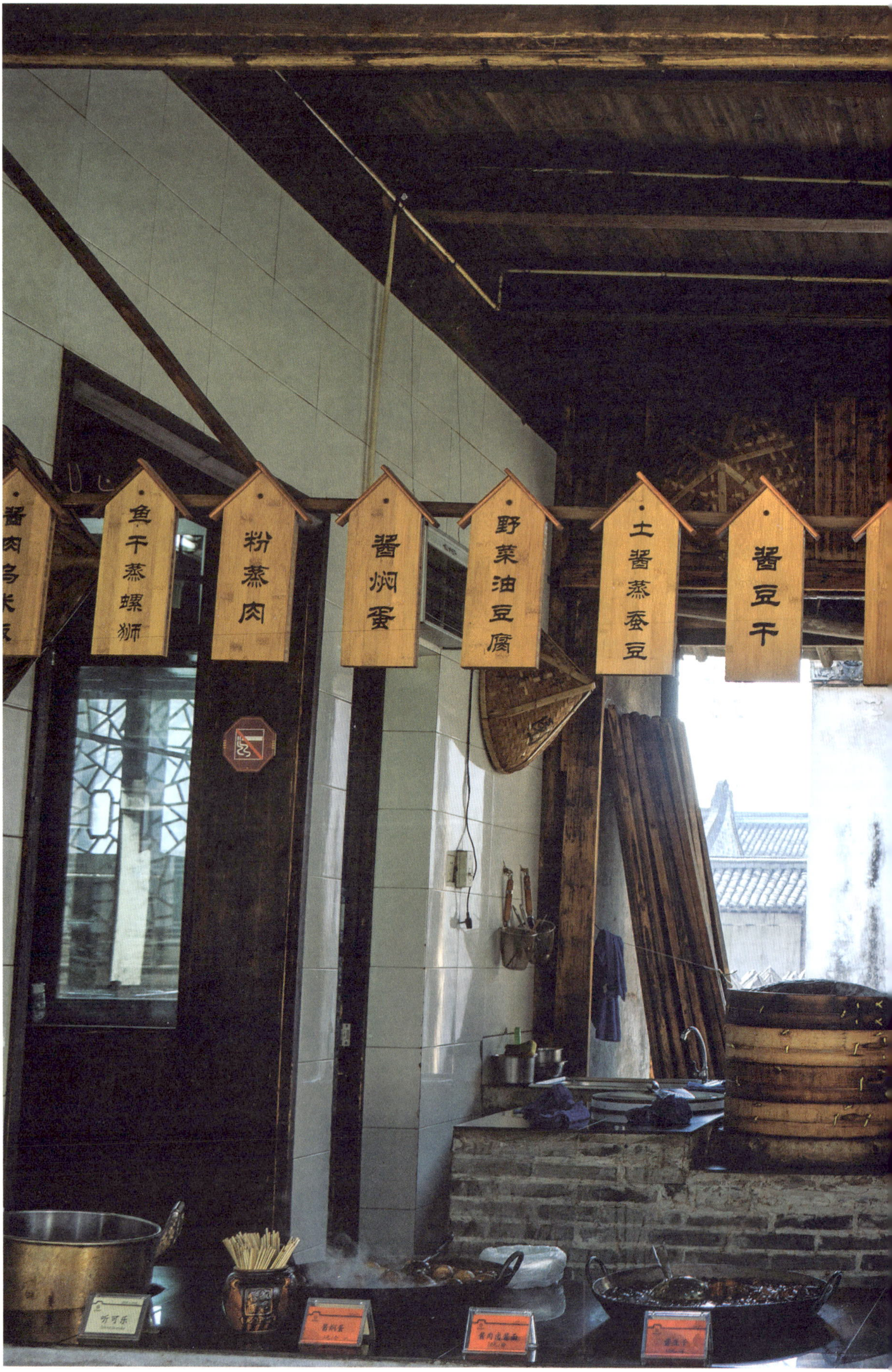
鱼干蒸螺狮
粉蒸肉
酱焖蛋
野菜油豆腐
土酱蒸蚕豆
酱豆干

鸭脖　鸭腿　土酱蒸茄子　水乡野火饭　杂粮　盐水花生节

HERKUNFT: ALLE REGIONEN
ZUBEREITUNGSZEIT: 10 MINUTEN
GARZEIT: 3 STUNDEN 45 MINUTEN
ERGIBT: 2 LITER

牛肉高汤
RINDERBRÜHE

- 2 KG RINDERKNOCHEN
- 600 G SPANNRIPPE VOM RIND
- 2 KAROTTEN, IN SCHEIBEN GESCHNITTEN
- 2 ZWIEBELN, GEVIERTELT
- 10 G INGWER (CA. 2 CM), IN SCHEIBEN GESCHNITTEN
- ½ ZIMTSTANGE
- 4 GEWÜRZNELKEN
- 3 STERNANISE
- 1 EL ZERSTOSSENE WEISSE PFEFFERKÖRNER
- SALZ NACH GESCHMACK

* Den Ofen auf 200 °C vorheizen. Die Knochen in einen Bräter legen und 1 Stunde rösten.
* Das Fleisch in einen großen Topf geben und mit Wasser bedecken. Auf starker Hitze zum Kochen bringen und 10 Minuten blanchieren. Abtropfen lassen und unter fließendem kaltem Wasser abspülen.
* Knochen, Fleisch und restliche Zutaten (bis auf Salz) in einen großen Topf geben und 4 Liter Wasser zugießen. Deckel aufsetzen, auf starker Hitze zum Kochen bringen und 30 Minuten kochen lassen. Schaum und Feststoffe von der Oberfläche schöpfen, auf schwache Hitze reduzieren, Deckel aufsetzen und 2 Stunden köcheln lassen. Salzen.
* Zum Aufbewahren die abgekühlte Brühe in einen großen Behälter abseihen und bis zu 1 Woche im Kühlschrank lagern (kann auch bis zu 3 Monate eingefroren werden). Vor Gebrauch die Fettschicht an der Oberfläche entfernen.

HERKUNFT: ALLE REGIONEN
ZUBEREITUNGSZEIT: 10 MINUTEN
GARZEIT: 4 STUNDEN 25 MINUTEN
ERGIBT: 2 LITER

鸡汤
HÜHNERBRÜHE

- 1 SUPPENHUHN (1,5 KG), GEVIERTELT
- 300 G MAGERES SCHWEINEFLEISCH, IN KLEINE STÜCKE GESCHNITTEN
- 50 G CHINESISCHES PÖKELFLEISCH, IN KLEINE STÜCKE GESCHNITTEN
- 10 G INGWER (CA. 2 CM), IN SCHEIBEN GESCHNITTEN

* Alle Zutaten mit 4 Litern Wasser in einen großen Topf geben, zum Kochen bringen und auf starker Hitze 20 Minuten kochen lassen. Schaum und Feststoffe von der Oberfläche schöpfen, auf schwache Hitze reduzieren und 4 Stunden köcheln lassen. Zum Abkühlen beiseitestellen.
* Zum Aufbewahren die abgekühlte Brühe in einen großen Behälter abseihen und bis zu 1 Woche im Kühlschrank lagern (kann auch bis zu 3 Monate eingefroren werden). Vor Gebrauch die Fettschicht an der Oberfläche entfernen.

猪骨高汤
SCHWEINEBRÜHE

HERKUNFT: ALLE REGIONEN
ZUBEREITUNGSZEIT: 10 MINUTEN
GARZEIT: 3 STUNDEN 30 MINUTEN
ERGIBT: 2 LITER

* Knochen, Rippchen und Huhn in einen großen Topf geben und mit Wasser bedecken. Auf starker Hitze zum Kochen bringen und 10 Minuten blanchieren. Abtropfen lassen und gründlich unter fließendem kaltem Wasser abspülen.
* Alle Zutaten mit 3 Litern Wasser in einen großen Topf geben und auf starker Hitze zum Kochen bringen. Schaum und Feststoffe von der Oberfläche schöpfen und 15 Minuten kochen lassen. Auf schwache Hitze reduzieren und in 3 Stunden auf 2 Liter Brühe einköcheln lassen. Zum Abkühlen beiseitestellen.
* Zum Aufbewahren die abgekühlte Brühe in einen großen Behälter abseihen und bis zu 1 Woche im Kühlschrank lagern (kann auch bis zu 3 Monate eingefroren werden). Vor Gebrauch die Fettschicht an der Oberfläche entfernen.

- 2 KG SCHWEINEKNOCHEN
- 300 G SCHÄLRIPPCHEN VOM SCHWEIN
- 600 G HÄHNCHEN (BRUST ODER KEULE), MIT KNOCHEN
- 50 G INGWER (CA. 7,5 CM), IN SCHEIBEN GESCHNITTEN
- 2 FRÜHLINGSZWIEBELN, HALBIERT
- 120 ML REISWEIN
- 1 TL WEISSER REISESSIG

鱼高汤
FISCHFOND

HERKUNFT: ALLE REGIONEN
ZUBEREITUNGSZEIT: 10 MINUTEN
GARZEIT: 40 MINUTEN
ERGIBT: 750 ML

* Das Öl in einem großen Topf auf starker Hitze heiß werden lassen, den Ingwer hineingeben und 1–2 Minuten anbraten, bis er duftet. Den Fisch zufügen und auf mittlerer Hitze anbräunen. Den Reiswein zufügen, 1 Liter kochendes Wasser zugießen und zum Kochen bringen. Auf mittlere Hitze reduzieren und 30 Minuten köcheln lassen. Zum Abkühlen beiseitestellen.
* Zum Aufbewahren die abgekühlte Brühe in einen großen Behälter abseihen und in den Kühlschrank stellen. Innerhalb von 2–3 Tagen verbrauchen.

- 1 TL PFLANZENÖL
- 5 G INGWER (CA. 1 CM), IN SCHEIBEN GESCHNITTEN
- 500 G BELIEBIGER WEISSFISCH, GESÄUBERT
- 1 EL REISWEIN

HERKUNFT: ALLE REGIONEN
ZUBEREITUNGSZEIT: 15 MINUTEN
GARZEIT: 45 MINUTEN
ERGIBT: 1 LITER

虾高汤
GARNELENBRÜHE

- 300 G GARNELENKÖPFE UND -SCHALEN
- 2 EL PFLANZENÖL
- 8 KNOBLAUCHZEHEN, GEHACKT
- 5 SCHALOTTEN, GEHACKT
- 6 GETROCKNETE CHILISCHOTEN, GEHACKT
- 3 EL GETROCKNETE GARNELEN, IN WASSER EINGEWEICHT UND GEHACKT
- 1 TL GARNELENPASTE
- 750 ML HÜHNERBRÜHE (SEITE 90)

* Garnelenteile kalt abspülen und abtropfen lassen. Eine Pfanne auf schwacher Hitze heiß werden lassen, Garnelen hineingeben und 10 Minuten rösten.
* Das Öl in einer großen Pfanne auf schwacher Hitze heiß werden lassen, Knoblauch, Schalotten und Chilischoten hineingeben und 1–2 Minuten unter Rühren braten, bis sie duften. Getrocknete Garnelen, Garnelenpaste, -köpfe und schalen zufügen und 1–2 Minuten unter Rühren braten, bis sie duften. Hühnerbrühe und 250 ml Wasser zugießen und auf starker Hitze zum Kochen bringen. 30 Minuten kochen lassen. Abseihen und zum Abkühlen beiseitestellen.
* Zum Aufbewahren die Brühe in einen großen Behälter gießen, Deckel aufsetzen und in den Kühlschrank stellen. Innerhalb von 3–4 Tagen verbrauchen.

HERKUNFT: ALLE REGIONEN
ZUBEREITUNGSZEIT: 10 MINUTEN, ZZGL. 20 MINUTEN EINWEICHZEIT
GARZEIT: 1 STUNDE 30 MINUTEN
ERGIBT: 1 LITER

素汤
GEMÜSE-BRÜHE

- 50 G GETROCKNETE SHIITAKE
- 50 G GETROCKNETE STROHPILZE
- 2 KAROTTEN, IN GROSSE STÜCKE GESCHNITTEN
- 500 G SOJASPROSSEN

Im Gegensatz zu den üblichen Gemüsebrühen folgt dieses einzigartige Rezept buddhistischen vegetarischen Prinzipien und eignet sich für viele vegetarische Gerichte in diesem Buch.

* Die Shiitake in eine Schüssel legen, 120 ml kaltes Wasser zugießen und mindestens 20 Minuten einweichen. Die Pilze herausnehmen, Wasser herausdrücken und die Stiele entfernen. Beiseitelegen, dabei das Einweichwasser aufheben.
* Die Strohpilze in eine Schüssel legen, 250 ml Wasser zugießen und 20 Minuten einweichen. Herausnehmen und abspülen, Einweichwasser aufheben.
* Alle Zutaten in einen großen Topf geben, 1 Liter Wasser und das Einweichwasser zufügen, auf starker Hitze zum Kochen bringen und 15 Minuten kochen lassen. Auf schwache Hitze reduzieren, Deckel aufsetzen und 1 Stunde 15 Minuten köcheln lassen. Zum Abkühlen beiseitestellen.
* Zum Aufbewahren die Brühe in einen großen Behälter abseihen, Deckel aufsetzen und bis zu 1 Woche im Kühlschrank lagern (kann auch bis zu 3 Monate eingefroren werden).

蛋花汤
EIERBLUMENSUPPE

HERKUNFT: GUANGDONG
ZUBEREITUNGSZEIT: 5 MINUTEN
GARZEIT: 5 MINUTEN
PERSONEN: 4

* Die Hühnerbrühe in einem Topf zum Kochen bringen. Die verrührten Eier langsam hineinträufeln und mit Stäbchen in einer Richtung unterrühren, sodass Bänder aus geronnenem Ei entstehen. Salzen und die Frühlingszwiebeln einrühren, dann in einer Terrine oder in Portionsschüsseln servieren.

- 1 L HÜHNERBRÜHE (SEITE 90)
- 2 EIER, VERRÜHRT
- SALZ NACH GESCHMACK
- 2 FRÜHLINGSZWIEBELN, GEHACKT

护国菜羹
PATRIOTENSUPPE

HERKUNFT: CHAOZHOU
ZUBEREITUNGSZEIT: 10 MINUTEN
GARZEIT: 10 MINUTEN
PERSONEN: 4–6

Mönche aus einem Kloster in Chaozhou servierten diese Suppe gegen Ende des 13. Jahrhunderts dem letzten Kaiser der Sung-Dynastie, als er von den Mongolen verfolgt wurde. Im Laufe der Zeit wurde das Rezept weiterentwickelt und enthält nun Hühnerbrühe; es kann jedoch auch mit Gemüsebrühe zubereitet werden.

* Einen Topf Wasser auf starker Hitze zum Kochen bringen, Süßkartoffelblätter hineingeben und 1–2 Minuten blanchieren. Abtropfen lassen und unter fließendem kaltem Wasser abspülen.
* Das Pflanzenöl in einem Wok oder einer großen Pfanne auf mittlerer Hitze heiß werden lassen, die Blätter hineingeben und 2 Minuten unter Rühren braten. Mit der Hühnerbrühe in einen Mixer oder eine Küchenmaschine geben und pürieren. In einen großen Topf gießen und die Pilzhälften zufügen. Auf starker Hitze zum Kochen bringen und 5 Minuten kochen lassen. Salz und Sesamöl zufügen.
* Das Wasserkastanienmehl in einer kleinen Schüssel mit 3 Esslöffeln Wasser anrühren und die Mischung unter die Suppe rühren. Unter Rühren 30 Sekunden aufkochen lassen, damit die Suppe eindickt. Nach Geschmack nachwürzen, dann in eine Terrine oder Servierschüssel füllen und servieren.

- 1 KG SÜSSKARTOFFELBLÄTTER, NUR ZARTE BLÄTTER
- 1 EL PFLANZENÖL
- 750 ML HÜHNERBRÜHE (SEITE 90)
- 10 STROHPILZE, HALBIERT
- 1 TL SALZ, ZZGL. ETWAS MEHR NACH GESCHMACK
- 1 TL SESAMÖL
- 1 EL WASSERKASTANIENMEHL ODER SPEISESTÄRKE

HERKUNFT: TAIWAN
ZUBEREITUNGSZEIT: 10 MINUTEN
GARZEIT: 1 STUNDE
PERSONEN: 2

凤梨苦瓜汤
BITTERMELONENSUPPE MIT ANANASSAUCE

- 2 HÄHNCHENBRÜSTE, OHNE HAUT UND KNOCHEN, GROB IN STÜCKE GESCHNITTEN
- 25 GETROCKNETE ANCHOVIS
- 4 EL EINGEKOCHTE ANANASPASTE
- 1 KLEINE BITTERMELONE, VORZUGSWEISE WEISS, SAMEN ENTFERNT, LÄNGS HALBIERT UND IN 2 × 4 CM GROSSE STREIFEN GESCHNITTEN
- 1 TL REISWEIN
- ½ TL SALZ, ZZGL. ETWAS MEHR NACH GESCHMACK

* Das Huhn in einen mittelgroßen Topf legen und mit Wasser bedecken. Auf starker Hitze zum Kochen bringen und 1 Minute blanchieren. Abtropfen lassen und beiseitestellen.
* Die getrockneten Anchovis mit 1,2 Litern Wasser in einen großen Topf geben und alles zum Kochen bringen. Auf schwacher bis mittlerer Hitze 15 Minuten kochen lassen, bis die Flüssigkeit auf die Hälfte eingekocht ist.
* Fleisch und Ananaspaste zufügen, Deckel aufsetzen und auf schwacher Hitze weitere 30 Minuten köcheln lassen, bis das Fleisch gar ist. Bittermelone einrühren, auf mittlere Hitze erhöhen und 5 Minuten weiterkochen. Mit dem Reiswein würzen und mit Salz abschmecken. In Portionsschüsseln servieren.

HERKUNFT: HONGKONG
ZUBEREITUNGSZEIT: 20 MINUTEN, ZZGL. 8 STUNDEN EINWEICHZEIT
GARZEIT: 20 MINUTEN
PERSONEN: 4–6

鸡茸雪蛤
HÜHNERSUPPE MIT HASMA

- 10 G HASMA
- 1 EL INGWERSAFT
- 1 HÄHNCHENBRUST, OHNE HAUT UND KNOCHEN, FEIN ZU EINER PASTE GEHACKT
- 1 EIWEISS
- 600 ML HÜHNERBRÜHE (SEITE 90)
- ½ TL SALZ, ZZGL. ETWAS MEHR NACH GESCHMACK
- 1 TL GEMAHLENER WEISSER PFEFFER
- 2 EL WASSERKASTANIENMEHL ODER SPEISESTÄRKE
- 1 TL SESAMÖL
- 1 EL GEHACKTER SCHINKEN
- 1 BUND KORIANDERGRÜN, NUR DIE BLÄTTER

* Das Hasma etwa 8 Stunden in 475 ml Wasser einweichen, bis es wie ein Wattebausch aussieht. Mit einer Küchenpinzette eventuelle Schmutzteilchen herausziehen und entfernen.
* Einen Topf Wasser zum Kochen bringen, Hasma und Ingwersaft hineingeben und 5 Minuten blanchieren. Abtropfen lassen und beiseitestellen.
* Die Fleischpaste in eine große Schüssel geben und mit Stäbchen das Eiweiß unterrühren.
* 250 ml Hühnerbrühe in einem kleinen Topf zum Kochen bringen. Die heiße Brühe in die Schüssel mit der Fleischpaste gießen und in einer Richtung umrühren, bis eine homogene Masse entstanden ist. Beiseitestellen.
* Die restlichen 350 ml Hühnerbrühe in den Topf gießen, zum Kochen bringen und das Hasma hineingeben. Auf schwache Hitze reduzieren und 3 Minuten köcheln lassen.
* Das Wasserkastanienmehl in einer kleinen Schüssel mit 4 Esslöffeln Wasser anrühren. Die Mischung in die Suppe rühren. Auf schwache Hitze reduzieren, nach und nach die Brühe mit der Fleischpaste zufügen und vorsichtig umrühren. Mit Salz und weißem Pfeffer würzen.
* Das Sesamöl zufügen und die Suppe in eine Terrine schöpfen. Mit dem gehackten Schinken und Koriandergrün garnieren und servieren.

上汤蕹菜钵
WASSERSPINAT-SUPPE

HERKUNFT: CHAOZHOU
ZUBEREITUNGSZEIT: 5 MINUTEN
GARZEIT: 10 MINUTEN
PERSONEN: 4

* Das Öl in einem großen Topf auf mittlerer Hitze heiß werden lassen, Knoblauchzehen hineingeben und in 2–3 Minuten leicht anbräunen.
* Hühnerbrühe und Salz zufügen und zum Kochen bringen. Den Wasserspinat zufügen und ohne Deckel 5 Minuten kochen lassen. Zum Servieren in eine Terrine füllen oder in Portionsschüsseln schöpfen.

- 1 EL PFLANZENÖL
- 3 KNOBLAUCHZEHEN, HALBIERT
- 750 ML HÜHNERBRÜHE (SEITE 90)
- 1 TL SALZ
- 600 G WASSERSPINAT, IN 2 CM LANGE STÜCKE GESCHNITTEN

西洋菜陈肾猪肉汤
BRUNNENKRESSESUPPE MIT SCHWEINEFLEISCH

HERKUNFT: GUANGDONG
ZUBEREITUNGSZEIT: 15 MINUTEN, ZZGL. 1 STUNDE EINWEICHZEIT
GARZEIT: 2 STUNDEN 30 MINUTEN
PERSONEN: 4–6

* Die getrockneten Entennieren etwa 1 Stunde in einer Schüssel mit kaltem Wasser einweichen.
* Die Schweineschulter in einen großen Topf legen und mit Wasser bedecken. Auf starker Hitze zum Kochen bringen und 5 Minuten blanchieren. Schaum und Feststoffe von der Oberfläche schöpfen, falls erforderlich. Abtropfen lassen und unter fließendem kaltem Wasser abspülen. Beiseitelegen.
* Schweineschulter, Entennieren, Ingwer und 3 Liter Wasser in einen Suppentopf geben, Deckel aufsetzen und auf starker Hitze zum Kochen bringen. 15 Minuten kochen lassen, dann auf schwache bis mittlere Hitze reduzieren und 1½ Stunden weiterkochen lassen.
* Brunnenkresse und Datteln zufügen, aufkochen lassen und weitere 30 Minuten kochen lassen. Salzen.
* Das Schweinefleisch aus der Suppe nehmen und auf ein Schneidbrett legen. Sobald es etwas abgekühlt ist, in kleinere Stücke schneiden. Das Fleisch in eine Terrine legen, die Suppe darübergießen und mit der Sojasauce servieren.

- 2 GETROCKNETE ENTENNIEREN
- 1 SCHWEINESCHULTER (600 G), MIT HAUT, ABGESPÜLT
- 5 G INGWER (CA. 1 CM), IN SCHEIBEN GESCHNITTEN
- 800 G BRUNNENKRESSE
- 2 JUJUBE-DATTELN, ENTSTEINT
- 1 TL SALZ
- HELLE SOJASAUCE ZUM SERVIEREN

HERKUNFT: SICHUAN
ZUBEREITUNGSZEIT: 20 MINUTEN,
  ZZGL. 20 MINUTEN EINWEICHZEIT
GARZEIT: 15 MINUTEN
PERSONEN: 6
SEITE 97

酸辣汤
SAUER-SCHARFE SUPPE

- 4 GETROCKNETE SHIITAKE
- 5 G GETROCKNETE MU-ERR
- 100 G MAGERES SCHWEINEFLEISCH, IN STREIFEN GESCHNITTEN
- 2 TL SALZ
- ½ TL SPEISESTÄRKE
- 200 G FESTER TOFU, ABGETROPFT
- ½ TL ZUCKER
- 100 G BAMBUSSPROSSEN, IN SCHEIBEN, ABGETROPFT
- 2 EL WASSERKASTANIENMEHL ODER SPEISESTÄRKE
- 1 EI, VERRÜHRT
- 5 EL ROTER ESSIG
- ½ EL GEMAHLENER WEISSER PFEFFER
- 1 TL SESAMÖL
- 300 G GEKOCHTE EIER- ODER REISNUDELN (NACH BELIEBEN)
- KORIANDERGRÜN ZUM GARNIEREN (NACH BELIEBEN)

* Shiitake und Mu-Err in zwei getrennte Schüsseln legen, mit kaltem Wasser bedecken und mindestens 20 Minuten einweichen. Beide abtropfen lassen. Shiitake herausnehmen, Wasser herausdrücken und die Stiele entfernen. In dünne Scheiben schneiden, dann beiseitelegen. Die Mu-Err in kleine Stücke zerpflücken.
* Fleisch, ¼ Teelöffel Salz und die Stärke in einer Schüssel mischen und beiseitestellen.
* In einer zweiten Schüssel Tofu mit ¼ Teelöffel Salz mischen, mit Wasser bedecken und 15 Minuten einweichen. Abtropfen lassen, in dünne Streifen schneiden und beiseitelegen.
* 1 Liter Wasser in einem großen Topf zum Kochen bringen und 1 Teelöffel Salz und den Zucker hineingeben. Shiitake, Mu-Err und Bambussprossen zufügen. Die Fleischstücke vorsichtig mit Stäbchen in die Suppe geben und sanft verteilen, damit sie nicht zusammenkleben. Nicht umrühren.
* Das Wasserkastanienmehl in einer kleinen Schüssel mit 4 Esslöffeln Wasser anrühren, bis das Mehl sich gelöst hat, und unter ständigem Rühren langsam in die Suppe gießen. Den Tofu hineingeben und auf mittlere bis schwache Hitze reduzieren.
* Ein Sieb über die Suppe halten und das verrührte Ei langsam hineingießen. Gleichzeitig das Sieb in einer Kreisbewegung so über die Suppe führen, dass das verrührte Ei in einer ununterbrochenen Linie in die Suppe abgesiebt wird. 1 Minute stehen lassen, nicht umrühren.
* Essig und Pfeffer einrühren, dann das Sesamöl zufügen. Die Nudeln, falls verwendet, auf die Schüsseln aufteilen. Die heiße Suppe darüberlöffeln und mit Koriandergrün garnieren, falls verwendet. Servieren.

SAUER-SCHARFE SUPPE

HERKUNFT: GUANGDONG
ZUBEREITUNGSZEIT: 10 MINUTEN,
  ZZGL. 20 MINUTEN EINWEICHZEIT
GARZEIT: 1 STUNDE 5 MINUTEN
PERSONEN: 4

冬瓜汤
WINTERMELONEN-SUPPE

- 2 GETROCKNETE SHIITAKE
- 2 GETROCKNETE JAKOBSMUSCHELN
- 1 L HÜHNERBRÜHE (SEITE 90)
- 50 G MAGERES SCHWEINEFLEISCH, IN 1 CM GROSSE WÜRFEL GESCHNITTEN
- 200 G WINTERMELONE, GESCHÄLT UND IN 1 CM GROSSE WÜRFEL GESCHNITTEN
- 10 G INGWER (CA. 2 CM), ZERSTOSSEN
- 1 TL SALZ, ZZGL. ETWAS MEHR ZUM ABSCHMECKEN

* Die Shiitake in eine Schüssel legen, mit kaltem Wasser bedecken und mindestens 20 Minuten einweichen. In 2 cm große Stücke schneiden.
* Während die Pilze einweichen, die getrockneten Muscheln mit 120 ml kaltem Wasser in eine kleine Schüssel geben und 15 Minuten einweichen. Abseihen, dann den kleinen, harten Muskel entfernen. Das Einweichwasser aufheben.
* Die Hühnerbrühe in einem großen Topf zum Kochen bringen. Muscheln, Einweichwasser, Pilze, Fleisch, Wintermelone, Ingwer und 475 ml Wasser zufügen und erneut aufkochen lassen. Auf schwache Hitze reduzieren und 1 Stunde kochen lassen. Salzen, nach Geschmack nachwürzen und zum Servieren in eine Terrine füllen.

HERKUNFT: BUDDHISTISCH-VEGETARISCH
ZUBEREITUNGSZEIT: 5 MINUTEN,
  ZZGL. 4 STUNDEN EINWEICHZEIT
GARZEIT: 2 STUNDEN
PERSONEN: 4

冬瓜海带汤
WINTERMELONEN-KOMBU-SUPPE

- 225 G GETROCKNETE MUNGOBOHNEN
- 10 G GETROCKNETER KOMBU (RIEMENTANG)
- 1 TL PFLANZENÖL
- 5 G INGWER (CA. 1 CM), IN SCHEIBEN GESCHNITTEN
- 750 ML GEMÜSEBRÜHE (SEITE 92)
- 200 G WINTERMELONE, GESCHÄLT UND IN 4 × 3 × 1 CM GROSSE STÜCKE GESCHNITTEN
- ¼ TL SALZ, ZZGL. ETWAS MEHR NACH GESCHMACK

* Die Mungobohnen mit kaltem Wasser bedecken und 4 Stunden einweichen. Gut abtropfen lassen.
* Inzwischen den getrockneten Kombu mit kaltem Wasser bedecken und 30 Minuten einweichen. Den Kombu säubern, dann abtropfen lassen und in 2,5 cm lange Abschnitte schneiden.
* Das Öl in einem Topf auf mittlerer Hitze heiß werden lassen, den Ingwer zufügen und 30 Sekunden unter Rühren braten, bis er duftet. Gemüsebrühe, Mungobohnen, Kombu und Wintermelone zufügen und zum Kochen bringen. Auf mittlere bis schwache Hitze reduzieren und 2 Stunden köcheln lassen. Salzen, nach Geschmack nachwürzen und zum Servieren in eine Terrine füllen.

西湖莼菜汤
WASSERSCHILD-SUPPE

HERKUNFT: ZHEJIANG
ZUBEREITUNGSZEIT: 10 MINUTEN,
  ZZGL. 10 MINUTEN MARINIERZEIT
GARZEIT: 10 MINUTEN
PERSONEN: 4

* Einen großen Topf Wasser zum Kochen bringen. Den Wasserschild hineingeben und 30 Sekunden blanchieren. Abtropfen lassen und in eine Terrine legen.
* Hähnchenbrust mit ½ Teelöffel Salz in eine ofenfeste Schüssel geben und 10 Minuten marinieren. Den Schinken zufügen. In einem Dämpfeinsatz oder Bambus-Dämpfkorb über einen Topf mit kochendem Wasser stellen. Mit Deckel in 5 Minuten gar dämpfen. Herausnehmen und zum Abkühlen beiseitestellen.
* Die Haut von der Hähnchenbrust abziehen und Hähnchen und Schinken in feine Streifen schneiden.
* Die Hühnerbrühe in einem Topf erhitzen, den restlichen ½ Teelöffel Salz zufügen und die Brühe in die Terrine gießen. Mit den Hähnchen- und Schinkenstreifen garnieren.

- 250 G WASSERSCHILD
- 1 HÄHNCHENBRUST, OHNE KNOCHEN, MIT HAUT
- 1 TL SALZ
- 25 G JINHUA- ODER PARMASCHINKEN
- 475 ML HÜHNERBRÜHE (SEITE 90)

文思豆腐羹
WENSI-TOFU-SUPPE

HERKUNFT: JIANGSU
ZUBEREITUNGSZEIT: 25 MINUTEN,
  ZZGL. 20 MINUTEN EINWEICHZEIT
GARZEIT: 2 STUNDEN 10 MINUTEN
PERSONEN: 4

* Die Shiitake in eine Schüssel legen, mit kaltem Wasser bedecken und mindestens 20 Minuten einweichen. Herausnehmen, Wasser herausdrücken und die Stiele entfernen.
* Den Tofu auf ein Schneidbrett legen und halbieren. Jede Hälfte längs in 3 gleich große Stücke schneiden.
* 1–2 Esslöffel Wasser auf ein Stück Tofu geben und in dünne Scheiben schneiden. Die flache Messerseite vorsichtig so gegen ein Ende der Reihe lehnen, dass die Tofuscheiben zur Seite fallen und übereinander liegen. Die Tofuscheiben erneut mit Wasser beträufeln und in sehr dünne, haarähnliche Streifen schneiden. Die Tofustreifen in eine große Schüssel mit kaltem Wasser legen und mit Stäbchen vorsichtig voneinander trennen. Mit den restlichen Tofuscheiben ebenso verfahren.
* Einen Suppentopf mit 2 Litern Wasser füllen, Shiitake, Sojasprossen und Ingwer hineingeben und alles zum Kochen bringen. Auf schwache Hitze reduzieren und 2 Stunden köcheln lassen, bis die Suppe um die Hälfte eingekocht ist. In einen großen Topf abseihen, Pilze und Sprossen entfernen.
* Von frischen Strohpilzen das untere Ende abschneiden. Frische oder Dosenpilze abspülen und vierteln. In den Topf geben und auf starker Hitze zum Kochen bringen. Salzen und in eine Terrine füllen. Die Tofustreifen mit Stäbchen aufnehmen, in die Suppe gleiten lassen und vorsichtig verteilen. Etwas Sesamöl über die Suppe träufeln und servieren.

- 2 GETROCKNETE SHIITAKE
- 250 G SEIDENTOFU
- 500 G SOJASPROSSEN, ABGESPÜLT
- 5 G INGWER (CA. 1 CM), IN SCHEIBEN GESCHNITTEN
- 50 G STROHPILZE
- ¼ TL SALZ
- SESAMÖL

HERKUNFT: JIANGSU
ZUBEREITUNGSZEIT: 10 MINUTEN,
　ZZGL. 20 MINUTEN EINWEICHZEIT
GARZEIT: 10 MINUTEN
PERSONEN: 4

爆氽
SCHMORFISCH MIT SUPPE

- 2 GETROCKNETE SHIITAKE
- 250 G FILET VOM GRASKARPFEN (ODER ANDEREM FESTEM FISCH), IN 1 CM GROSSE STÜCKE GESCHNITTEN
- 1 EL HELLE SOJASAUCE
- 1½ EL SHAOXING-REISWEIN
- 4 EL PFLANZENÖL
- 250 ML HÜHNERBRÜHE (SEITE 90)
- 50 G BAMBUSSPROSSEN, IN SCHEIBEN, ABGETROPFT
- 5 G INGWER (CA. 1 CM), IN SCHEIBEN GESCHNITTEN
- 1 FRÜHLINGSZWIEBEL, IN 4 CM LANGE STÜCKE GESCHNITTEN
- SALZ NACH GESCHMACK
- GEDÄMPFTER REIS (SEITE 540) ZUM SERVIEREN (NACH BELIEBEN)

Dieses beliebte, köstliche Gericht aus Jiangsu ist leicht und doch wärmend. Es kann allein als nahrhafte, sättigende Suppe oder mit Reis im Rahmen einer Familienmahlzeit serviert werden.

* Die Shiitake in eine Schüssel legen, mit kaltem Wasser bedecken und mindestens 20 Minuten einweichen.
* Inzwischen Fisch, Sojasauce und 1 Esslöffel Reiswein in einer Schüssel mischen und 5 Minuten marinieren. Mit Küchenpapier trocken tupfen.
* Das Öl in einem Wok oder einer großen Pfanne auf mittlerer bis starker Hitze heiß werden lassen, den marinierten Fisch hineingeben und in 1–2 Minuten von beiden Seiten goldbraun braten. Auf einen Teller mit Küchenpapier legen.
* Die Pilze aus dem Wasser nehmen, Wasser herausdrücken und die Stiele entfernen. In Streifen schneiden, dann beiseitelegen.
* Die Hühnerbrühe in einen Topf geben und zum Kochen bringen. Fisch, Bambussprossen, Ingwer, Frühlingszwiebel, Pilze und den restlichen ½ Esslöffel Reiswein zufügen. Auf schwache Hitze reduzieren und mit Deckel 5 Minuten köcheln lassen. Salzen und mit Reis servieren.

HERKUNFT: BUDDHISTISCH-VEGETARISCH
ZUBEREITUNGSZEIT: 5 MINUTEN,
　ZZGL. 30 MINUTEN EINWEICHZEIT
GARZEIT: 25 MINUTEN
PERSONEN: 2

烩银耳
SILBEROHR-SUPPE

- 2 GETROCKNETE SILBEROHR-PILZE (CA. 30 G)
- 475 ML GEMÜSEBRÜHE (SEITE 92)
- 1 TL SHAOXING-REISWEIN
- ½ TL SALZ, ZZGL. ETWAS MEHR NACH GESCHMACK

* Die Pilze etwa 30 Minuten in heißem Wasser einweichen. Abspülen und den festen Teil an der Basis wegschneiden. In kleinere Stücke zerpflücken.
* Gemüsebrühe und Pilze in einem Topf zum Kochen bringen. Hitze reduzieren und bei halb aufgesetztem Deckel 20 Minuten köcheln lassen. Reiswein und Salz zufügen. Nach Geschmack nachsalzen, dann in Portionsschüsseln füllen.

雪花鱼丝羹
WEISSE SUPPE MIT FISCH UND EI

HERKUNFT: ZHEJIANG
ZUBEREITUNGSZEIT: 25 MINUTEN, ZZGL. 20 MINUTEN EINWEICHZEIT
GARZEIT: 10 MINUTEN
PERSONEN: 4

- 2 GETROCKNETE SHIITAKE
- 1 CORVINA (600 G), FILETIERT UND ENTHÄUTET
- 1 TL SALZ, ZZGL. ETWAS MEHR NACH GESCHMACK
- 5 EL SPEISESTÄRKE
- MEHL ZUM BESTÄUBEN
- 2 EIWEISS
- 475 ML HÜHNERBRÜHE (SEITE 90)
- 65 G BAMBUSSPROSSEN, IN SCHEIBEN, ABGETROPFT
- WEISSER PFEFFER, GEMAHLEN
- 15 G JINHUA- ODER PARMASCHINKEN, IN DÜNNE STREIFEN GESCHNITTEN, ZUM GARNIEREN
- 1 TL GEHACKTE FRÜHLINGSZWIEBEL ZUM GARNIEREN

* Die Shiitake in eine Schüssel legen, mit kaltem Wasser bedecken und mindestens 20 Minuten einweichen. Herausnehmen, Wasser herausdrücken und die Stiele entfernen. In dünne Streifen schneiden und beiseitelegen.
* Die Fischfilets mit ½ Teelöffel Salz bestreuen und fein zu einer Paste hacken. (Alternative: In einer Küchenmaschine pürieren.) 4 Esslöffel Stärke in eine flache Schüssel geben, die Fischpaste hineingeben und in der Stärke wenden.
* Die Fischpaste in 3 Portionen teilen. 1 Portion mit einer bemehlten Teigrolle zu einer dünnen Scheibe ausrollen. Mit den restlichen Portionen ebenso verfahren.
* Einen Topf Wasser auf starker Hitze zum Kochen bringen, die Fischscheiben hineingeben und 1 Minute blanchieren. Abtropfen lassen und unter fließendem kaltem Wasser abkühlen. In Streifen schneiden.
* Die Eiweiße in einer kleinen Schüssel schaumig aufschlagen.
* Die Hühnerbrühe in einem großen Topf erhitzen, Fisch, Bambussprossen, Pilze und den restlichen ½ Teelöffel Salz zufügen und zum Kochen bringen.
* 1 Esslöffel Stärke in einer kleinen Schüssel mit 1 Esslöffel Wasser anrühren und die Mischung in die Suppe rühren. Die aufgeschlagenen Eiweiße zufügen und alles unter Rühren 30 Sekunden aufkochen lassen, bis die Suppe eindickt.
* 1 Prise Pfeffer hineingeben, nach Geschmack nachwürzen und in eine Terrine füllen. Mit Schinken und der gehackter Frühlingszwiebel garnieren.

HERKUNFT: HONGKONG
ZUBEREITUNGSZEIT: 10 MINUTEN,
ZZGL. 10 MINUTEN RUHEZEIT
GARZEIT: 20 MINUTEN
PERSONEN: 4

粟米鱼肚羹
SCHWIMMBLASE-MAIS-SUPPE

- 5 G INGWER (CA. 1 CM), IN SCHEIBEN GESCHNITTEN
- 2 FRÜHLINGSZWIEBELN, HALBIERT
- 100 G GETROCKNETE SCHWIMMBLASE, ABGESPÜLT
- 150 G SCHWEINEHACKFLEISCH
- 1 TL SALZ, ZZGL. ETWAS MEHR NACH GESCHMACK
- ½ TL SPEISESTÄRKE
- ¼ TL GEMAHLENER WEISSER PFEFFER
- 400 ML HÜHNERBRÜHE (SEITE 90)
- 1 DOSE MAISCREME (400 G)
- 1 TL WASSERKASTANIENMEHL ODER SPEISESTÄRKE
- 2 EIER, VERRÜHRT
- ½ TL SESAMÖL

* Ingwer und Frühlingszwiebeln mit 1 Liter Wasser in einen großen Topf geben, auf starker Hitze zum Kochen bringen und 5 Minuten kochen lassen. Die Schwimmblase hineingeben, erneut aufkochen lassen, Deckel aufsetzen und den Herd ausschalten. 10 Minuten stehen lassen.
* Die Schwimmblase in einem Sieb abtropfen lassen und unter fließendem kaltem Wasser abspülen. Überschüssiges Wasser ausdrücken und in mundgerechte Stücke schneiden. Ingwer und Frühlingszwiebeln entfernen.
* Hackfleisch in einer großen Schüssel mit ½ Teelöffel Salz, Stärke und Pfeffer vermengen.
* Die Hühnerbrühe in einen zweiten Topf gießen und zum Kochen bringen. Hackfleisch, Maiscreme und 120 ml Wasser zufügen und mit Stäbchen das Hackfleisch trennen. Erneut aufkochen lassen, die Schwimmblase und den restlichen ½ Teelöffel Salz zufügen und etwa 3 Minuten kochen lassen.
* Wasserkastanienmehl in einer kleinen Schüssel mit 1 Esslöffel Wasser anrühren und die Mischung in die Suppe rühren. Unter Rühren 30 Sekunden aufkochen lassen, bis die Suppe eindickt. Die verrührten Eier langsam hineinträufeln und mit Stäbchen in einer Richtung unterrühren, sodass Bänder aus geronnenem Ei entstehen. Sesamöl zufügen und nach Geschmack salzen. In eine Terrine füllen und servieren.

HERKUNFT: HONGKONG
ZUBEREITUNGSZEIT: 10 MINUTEN
GARZEIT: 40 MINUTEN
PERSONEN: 4

鲩鱼豆腐汤
GRASKARPFEN-TOFU-SUPPE

- 2 EL PFLANZENÖL
- 1 SCHWANZ (450 G) VOM GRASKARPFEN ODER ANDEREM SÜSSWASSERFISCH, GESÄUBERT UND TROCKEN GETUPFT
- 5 G INGWER (CA. 1 CM), IN SCHEIBEN GESCHNITTEN
- 1 TL ZERSTOSSENE WEISSE PFEFFERKÖRNER
- 1 EL SHAOXING-REISWEIN
- 400 G FESTER TOFU, ABGETROPFT UND IN 2,5 CM GROSSE WÜRFEL GESCHNITTEN
- 1 TL SALZ, ZZGL. ETWAS MEHR NACH GESCHMACK
- HELLE SOJASAUCE ZUM SERVIEREN

* Das Öl in einer Pfanne auf mittlerer Hitze heiß werden lassen, den Fisch hineingeben und von jeder Seite 3–4 Minuten bräunen.
* Ingwer und Pfefferkörner zufügen, den Reiswein hineinträufeln und 30 Sekunden weiterdünsten. Auf starke Hitze erhöhen, 750 ml kochendes Wasser zugießen und zum Kochen bringen. Den Tofu zufügen, auf mittlere Hitze reduzieren und 30 Minuten köcheln lassen. Das Salz zufügen und nach Bedarf nachsalzen.
* Fisch und Tofu auf einen Servierteller legen und die Brühe in eine Terrine füllen. Mit heller Sojasauce servieren.

酸汤鱼
WELS-SUPPE
MIT EINGELEGTEM GEMÜSE

HERKUNFT: GUIZHOU
ZUBEREITUNGSZEIT: 10 MINUTEN
GARZEIT: 40 MINUTEN
PERSONEN: 4

Traditionell wird diese Suppe in einem großen Suppentopf zubereitet und köchelt stundenlang, bevor der Fisch hinzugefügt wird. Diese Version des Rezepts lässt sich in einem Bruchteil der Zeit zubereiten, da die Suppengrundlage mit dem Fisch angesetzt wird.

* Den Fisch in einer Schüssel mit 1 Teelöffel Salz mischen und zum Abtropfen in ein Sieb legen. Beiseitestellen.
* Inzwischen die Tomaten an der Unterseite einschneiden. Einen kleinen Topf Wasser zum Kochen bringen, die Tomaten für 1–2 Minuten hineingeben. Sofort in eine Schüssel Eiswasser legen. Wenn die Tomaten etwas abgekühlt sind, die Haut abziehen. Die Tomaten in eine Küchenmaschine oder einen Mixer füllen und pürieren.
* 750 ml Wasser in einem großen Topf zum Kochen bringen. Die Sojasprossen hineingeben und 5 Minuten köcheln lassen. Mit einem Schaumlöffel in eine Terrine umfüllen und beiseitestellen.
* Das eingelegte Gemüse in den Topf mit der Sprossen-Kochflüssigkeit geben und pürierte Tomaten, Knoblauch, Ingwersaft, Chilipulver, Zucker und den restlichen Teelöffel Salz unterrühren. Erneut aufkochen lassen, auf schwache Hitze reduzieren und 20 Minuten köcheln lassen.
* Für den Dip alle Zutaten in einer kleinen Schüssel verrühren und beiseitestellen.
* Fisch und Zitronensaft in die Brühe geben und auf mittlerer Hitze kochen, bis der Fisch gar ist. Das Sesamöl unterrühren, nach Geschmack nachsalzen und die Suppe in die Terrine füllen. Mit der Dipsauce servieren.

- 1 WELS (900 G), GESÄUBERT UND IN 2,5 CM GROSSE STÜCKE GESCHNITTEN
- 2 TL SALZ, ZZGL. ETWAS MEHR NACH GESCHMACK
- 2 TOMATEN
- 200 G SOJASPROSSEN, ABGESPÜLT
- 150 G EINELEGTES GEMÜSE, IN 2 CM GROSSE STÜCKE GESCHNITTEN
- 4 KNOBLAUCHZEHEN, IN SCHEIBEN GESCHNITTEN
- 1 EL INGWERSAFT
- ½ TL CHILIPULVER
- 1 TL ZUCKER
- 2 EL ZITRONENSAFT
- 1 TL SESAMÖL

FÜR DEN DIP:
- 1 FRÜHLINGSZWIEBEL, GEHACKT
- 1 EL HELLE SOJASAUCE
- 1 TL CHILIFLOCKEN
- 1 TL SESAMÖL

HERKUNFT: GUANGDONG
ZUBEREITUNGSZEIT: 25 MINUTEN,
 ZZGL. 15 MINUTEN MARINIERZEIT
GARZEIT: 5 MINUTEN
PERSONEN: 4
SEITE 105

鲜虾馄饨
GARNELEN-WONTON-SUPPE

- 150 G SCHWEINEHACKFLEISCH
- ½ TL HELLE SOJASAUCE
- ½ TL SALZ
- ½ TL ZUCKER
- 150 G ROHE GARNELEN, AUSGELÖST, DARM ENTFERNT UND GEHACKT
- ½ EL SPEISESTÄRKE
- 1 TL SESAMÖL
- 12 KANTONESISCHE WONTON-BLÄTTER
- 25 G GELBER SCHNITTLAUCH, IN 2 CM LANGE STÜCKE GESCHNITTEN
- 475 ML HÜHNERBRÜHE (SEITE 90)

In der westlichen Welt wird kein Gericht so eng mit der chinesischen Küche verknüpft wie dieses. Die Wontons werden getrennt gekocht, damit die Stärke aus den Teigblättern die Hühnerbrühe nicht andickt.

* Für die Füllung Hackfleisch, Sojasauce, Salz, Zucker und 1½ Esslöffel Wasser in einer Schüssel mischen und 15 Minuten marinieren. Die Garnelen untermischen, dann Stärke und Sesamöl unterrühren.
* Eine kleine Schüssel mit kaltem Wasser füllen. 1 Esslöffel Füllung auf eine Ecke eines Teigblatts legen, die Spitze darüberschlagen und das Teigblatt über die Mitte aufrollen. Die beiden anderen Spitzen übereinanderschlagen. Die Spitzen mit Wasser betupfen und fest zusammendrücken. Auf ein Tablett oder einen großen Teller mit Backpapier legen. Mit den restlichen Teigblättern und der übrigen Füllung ebenso verfahren.
* Einen großen Topf Wasser auf starker Hitze zum Kochen bringen. Die Wontons portionsweise vorsichtig hineingleiten lassen, auf mittlerer Hitze wieder aufsieden lassen und 4–5 Minuten kochen, bis sie an die Oberfläche steigen. Die Wontons auf Portionsschüsseln verteilen und mit dem gelben Schnittlauch garnieren.
* Die Hühnerbrühe in einem Topf zum Kochen bringen und über die Wontons schöpfen. Servieren.

GARNELEN-WONTON-SUPPE

HERKUNFT: FUJIAN
ZUBEREITUNGSZEIT: 25 MINUTEN
GARZEIT: 10 MINUTEN
PERSONEN: 4

发菜海蚌汤
MUSCHELSUPPE MIT FAT CHOY

- 1 KG JAPANISCHE TEPPICHMUSCHELN
- 1 EL SHAOXING-REISWEIN
- 750 ML HÜHNERBRÜHE (SEITE 90)
- 15 G GETROCKNETES FAT CHOY
- ½ TL SALZ

* Eine Muschel fest in einer Hand halten und ein Muschelmesser (oder ein kurzes, stumpfes Messer) zwischen die beiden Schalen schieben. Vorsichtig am Rand entlang durch den Schließmuskel schneiden und die Schale aufstemmen. Das Fleisch herauslösen und halbieren. Mit den restlichen Muscheln ebenso verfahren, dann unter fließendem kaltem Wasser abspülen.
* Einen Topf Wasser auf etwa 70 °C erhitzen, Herd ausschalten, Muschelhälften hineingeben und 1 Minute einweichen. Abtropfen lassen.
* Muscheln, Reiswein und 2 Esslöffel Hühnerbrühe in einer Schüssel gut mischen. 5 Minuten marinieren, dann abtropfen lassen.
* Inzwischen das Fat Choy 10 Minuten in einer kleinen Schüssel Wasser einweichen. Herausnehmen, abspülen und das überschüssige Wasser ausdrücken. Mit 4 Esslöffeln Hühnerbrühe in eine ofenfeste Schüssel geben und in einem Dämpfeinsatz oder Bambus-Dämpfkorb über einen Topf mit kochendem Wasser stellen. Mit Deckel 5 Minuten dämpfen, dann abtropfen lassen.
* Das Fat Choy auf eine Seite in eine Terrine legen und die Muscheln auf die andere Seite.
* Die restliche Hühnerbrühe in einem Topf zum Kochen bringen, Salz zufügen und über Fat Choy und Muscheln gießen.

宋嫂鱼羹
FISCHSUPPE NACH SONGSAO-ART

HERKUNFT: ZHEJIANG
ZUBEREITUNGSZEIT: 25 MINUTEN, ZZGL. 20 MINUTEN EINWEICHZEIT
GARZEIT: 40 MINUTEN
PERSONEN: 4

Die Geschichte dieses Gerichts reicht 900 Jahre bis in die Song-Dynastie zurück: Eine Frau namens Song verkaufte ihre Fischsuppe am Westsee, wo sich zufällig gerade der Kaiser aufhielt. Er probierte und lobte die Suppe, und kurz darauf eröffnete sie ein Restaurant, das bald zu den berühmtesten kulinarischen Zielen in Hangzhou gehörte.

- 1 AUCHA-BARSCH (400 G) ODER ANDERER FESTER WEISSFISCH, GESÄUBERT, FILETIERT UND GRÄTEN AUFGEHOBEN
- 10 G INGWER (CA. 2 CM), 1 HÄLFTE IN SCHEIBEN, 1 HÄLFTE IN FEINE STREIFEN GESCHNITTEN
- 5 GETROCKNETE SHIITAKE
- 1½ TL SALZ, ZZGL. ETWAS MEHR NACH GESCHMACK
- 1 EL INGWERSAFT
- 2 EIWEISS
- 1 EL PFLANZENÖL
- 10 BAMBUSSPROSSEN, IN SCHEIBEN, IN FEINE STREIFEN GESCHNITTEN
- 1 EL SHAOXING-REISWEIN
- ¼ TL GEMAHLENER WEISSER PFEFFER
- 1 EL ROTER ESSIG
- 1 EL WASSERKASTANIENMEHL ODER SPEISESTÄRKE
- 2 EL FEINE JINHUA- ODER PARMASCHINKENSTREIFEN ZUM GARNIEREN
- 2 FRÜHLINGSZWIEBELN, IN FEINE STREIFEN GESCHNITTEN, ZUM GARNIEREN

* Fischgräten, Ingwerscheiben und 750 ml Wasser in einen großen Topf geben. Zum Kochen bringen, auf mittlere Hitze reduzieren und 30 Minuten kochen lassen. Die Brühe durch ein feinmaschiges Sieb in eine Schüssel abseihen.
* Die Shiitake in eine Schüssel legen, mit kaltem Wasser bedecken und mindestens 20 Minuten einweichen. Herausnehmen, Wasser herausdrücken und die Stiele entfernen. In dünne Streifen schneiden und beiseitelegen.
* Inzwischen die Fischfilets mit ½ Teelöffel Salz und dem Ingwersaft mischen und 10 Minuten marinieren. Abtropfen lassen und mit der Hautseite nach unten auf einen ofenfesten Teller legen. In einem Dämpfeinsatz oder Bambus-Dämpfkorb über einen Topf mit kochendem Wasser stellen. Mit Deckel in 6–7 Minuten gar dämpfen. Falls sich Wasser auf dem Teller gesammelt hat, dieses abgießen, dann vorsichtig die Haut und eventuelle feine Gräten entfernen. Den Fisch zerfasern und beiseitestellen.
* Die Eiweiße in einer Schüssel schaumig aufschlagen. Beiseitestellen.
* Das Öl in einem Topf auf mittlerer bis starker Hitze heiß werden lassen, Ingwerstreifen, Shiitake und Bambussprossen hineingeben und etwa 2 Minuten unter Rühren braten, bis die Mischung duftet. Den Reiswein darüberträufeln.
* Die aufgehobene Fischbrühe, Pfeffer und den restlichen Teelöffel Salz zufügen und alles zum Kochen bringen. Vorsichtig den Fisch einrühren und den Herd ausschalten.
* Ein Sieb über die Suppe halten und die verrührten Eier langsam hineingießen. Gleichzeitig das Sieb in einer Kreisbewegung so über die Suppe führen, dass das verrührte Ei in einer ununterbrochenen Linie in die Suppe abgeseiht wird. 1 Minute stehen lassen, nicht umrühren. Die Suppe wieder auf schwache Hitze stellen und den Essig einrühren.
* Das Wasserkastanienöl in einer kleinen Schüssel mit 2 Esslöffeln Wasser anrühren und die Mischung in die Suppe rühren. Unter Rühren 30 Sekunden aufkochen lassen, bis die Suppe eindickt. Nach Geschmack salzen.
* Die Suppe in eine Terrine schöpfen und mit Schinken und Frühlingszwiebeln garnieren. Kurz vor dem Servieren noch einmal umrühren.

HERKUNFT: ZHEJIANG
ZUBEREITUNGSZEIT: 10 MINUTEN
GARZEIT: 30 MINUTEN
PERSONEN: 4

雪菜大汤黄鱼
CORVINA-SUPPE

- 1–2 CORVINAS (CA. 600 G), KÜCHENFERTIG
- 50 G BAMBUSSPROSSEN, IN SCHEIBEN, ABGETROPFT
- 4 EL PFLANZENÖL
- 10 G INGWER (CA. 2 CM), IN SCHEIBEN GESCHNITTEN
- 1 EL SHAOXING-REISWEIN
- 3 FRÜHLINGSZWIEBELN, 2 VERKNOTET, 1 IN FEINE STREIFEN GESCHNITTEN
- 100 G EINGELEGTE SENFSTÄNGEL, IN 1 CM GROSSE STÜCKE GESCHNITTEN
- ½ TL SALZ, ZZGL. ETWAS MEHR NACH GESCHMACK

* Den Fisch mit einem scharfen Messer auf jeder Seite dreimal einschneiden.
* Einen kleinen Topf Wasser zum Kochen bringen, Bambussprossen hineingeben und 2 Minuten blanchieren. Abtropfen lassen und unter fließendem kaltem Wasser abspülen. In Streifen schneiden und beiseitestellen.
* 3 Esslöffel Öl in einem Wok auf mittlerer Hitze heiß werden lassen, Ingwer hineingeben und 1–2 Minuten unter Rühren anbraten, bis er duftet. Den Fisch hineingeben, auf starke Hitze erhöhen und von jeder Seite 2–3 Minuten bräunen.
* Den Reiswein einträufeln, 750 ml kochendes Wasser zugießen und die verknoteten Frühlingszwiebeln dazugeben. Auf mittlere Hitze reduzieren, Deckel aufsetzen und 10 Minuten köcheln lassen. Die Frühlingszwiebeln entfernen. Bambussprossen, Senfstängel, Salz und den restlichen Esslöffel Öl einrühren. Auf starker Hitze wieder zum Kochen bringen und 4–5 Minuten kochen lassen, bis die Suppe milchig aussieht und der Fisch gar ist. Nach Geschmack nachsalzen.
* In eine Terrine füllen und mit Frühlingszwiebel bestreuen.

HERKUNFT: FUJIAN
ZUBEREITUNGSZEIT: 15 MINUTEN
GARZEIT: 5 MINUTEN
PERSONEN: 4

鸡汤氽海蚌
MUSCHELN IN BRÜHE

- 12 JAPANISCHE TEPPICHMUSCHELN
- 2 EL SHAOXING-REISWEIN
- 925 ML HÜHNERBRÜHE (SEITE 90)
- 1 ½ EL HELLE SOJASAUCE
- ¼ TL SALZ

* Eine Muschel fest in einer Hand halten und ein Muschelmesser (oder ein kurzes, stumpfes Messer) zwischen die beiden Schalen schieben. Vorsichtig am Rand entlang durch den Schließmuskel schneiden und die Schale aufstemmen. Das Fleisch herauslösen und halbieren. Mit den restlichen Muscheln ebenso verfahren, dann unter fließendem kaltem Wasser abspülen.
* Einen Topf Wasser auf etwa 70 °C erhitzen, Herd ausschalten, Muschelhälften hineingeben und 1 Minute einweichen. Abtropfen lassen.
* Die Muscheln in eine Schüssel legen, dann den Reiswein unterrühren und 5 Minuten stehen lassen. Abtropfen lassen, die Muscheln wieder in die Schüssel geben, 175 ml Hühnerbrühe zufügen und erneut 5 Minuten einweichen. Abtropfen lassen. Die Muscheln gleichmäßig auf 4 Schüsseln aufteilen.
* Die restlichen 750 ml Hühnerbrühe in einem großen Topf zum Kochen bringen, dann Sojasauce und Salz zufügen. Die Brühe über die Muscheln in den Schüsseln gießen und servieren.

拆鱼豆腐羹
FISCH-TOFU-SUPPE

HERKUNFT: SHUNDE
ZUBEREITUNGSZEIT: 15 MINUTEN, ZZGL. 20 MINUTEN EINWEICHZEIT
GARZEIT: 1 STUNDE
PERSONEN: 4

* Die Shiitake in eine Schüssel legen, mit kaltem Wasser bedecken und mindestens 20 Minuten einweichen. Herausnehmen, Wasser herausdrücken und die Stiele entfernen.
* Den Fisch mit Küchenpapier trocken tupfen. Das Öl in einer großen Pfanne auf mittlerer Hitze heiß werden lassen, den Fisch hineingeben und von jeder Seite 3–4 Minuten anbräunen. Zum Abkühlen auf einen Teller legen.
* Die Haut abziehen und entfernen, dann das Fleisch von den Gräten trennen und in eine Schüssel geben.
* Gräten, Ingwer und 1 Liter Wasser in einen großen Topf geben. Auf starker Hitze zum Kochen bringen, auf mittlere Hitze reduzieren und 20 Minuten köcheln lassen, bis nur noch etwa 750 ml Flüssigkeit übrig sind.
* Die Brühe in einen anderen Topf abseihen, die Pilze hineingeben und aufkochen lassen. Die Tofuwürfel zufügen und erneut zum Kochen bringen.
* Das Wasserkastanienmehl in einer kleinen Schüssel mit 2 Esslöffeln Wasser anrühren und die Mischung in die Suppe rühren. Unter Rühren etwa 30 Sekunden aufkochen lassen, bis die Suppe eindickt. Salz und Pfeffer zufügen, nach Geschmack nachwürzen. In eine Terrine füllen, mit dem Koriandergrün garnieren und servieren.

- 3 GETROCKNETE SHIITAKE
- 1 SCHWANZ (450 G) VOM GRASKARPFEN ODER ANDEREM SÜSSWASSERFISCH, GESÄUBERT
- 2 EL PFLANZENÖL
- 2 INGWERSCHEIBEN
- 250 G FESTER TOFU, ABGETROPFT UND IN 2 CM GROSSE WÜRFEL GESCHNITTEN
- 1 EL WASSERKASTANIENMEHL ODER SPEISESTÄRKE
- ½ TL SALZ, ZZGL. ETWAS MEHR NACH GESCHMACK
- ¼ TL GEMAHLENER WEISSER PFEFFER, ZZGL. ETWAS MEHR NACH GESCHMACK
- 1 BUND KORIANDERGRÜN, IN 2 CM LANGE STÜCKE GESCHNITTEN

HERKUNFT: FUJIAN
ZUBEREITUNGSZEIT: 5 MINUTEN
GARZEIT: 20 MINUTEN
PERSONEN: 4

蟹肉冬茸羹
KREBSSUPPE MIT WINTERMELONE

- 250 G WINTERMELONE, GESCHÄLT UND IN KLEINE STÜCKE GESCHNITTEN
- 475 ML HÜHNERBRÜHE (SEITE 90)
- 3 EIWEISS, VERRÜHRT
- 60 G KREBSFLEISCH
- 1–2 SCHEIBEN GEKOCHTER SCHINKEN, GEHACKT
- ½ TL SALZ, ZZGL. ETWAS MEHR NACH GESCHMACK
- 1 EL WASSERKASTANIENMEHL ODER SPEISESTÄRKE

Die Wintermelone wird hier zunächst gedämpft, um den Wassergehalt zu reduzieren, und nicht in der Suppe gegart. Das dauert zwar etwas länger, verhindert aber ein Verwässern der Brühe – die Suppe wird klar und aromatisch.

* Die Wintermelonenstücke auf einen ofenfesten Teller legen und diesen in einem Dämpfeinsatz oder Bambus-Dämpfkorb über einen Topf mit kochendem Wasser stellen. Deckel aufsetzen und 15 Minuten dämpfen. Das Wasser auf dem Teller abgießen. Die Wintermelone mit einem Kartoffelstampfer zerdrücken.
* Die Hühnerbrühe in einem Topf zum Kochen bringen, das Wintermelonenpüree hineingeben, umrühren und wieder aufkochen lassen.
* Das verrührte Eiweiß langsam in die Suppe träufeln und dabei mit Stäbchen in einer Richtung unterrühren, sodass Bänder aus geronnenem Eiweiß entstehen. Krebsfleisch, Schinken und Salz zufügen und erneut aufkochen lassen.
* Das Wasserkastanienmehl in einer kleinen Schüssel mit 2 Esslöffeln Wasser anrühren und die Mischung in die Suppe rühren. Unter Rühren etwa 30 Sekunden aufkochen lassen, bis die Suppe eindickt. Nach Geschmack nachsalzen, dann in eine Terrine füllen oder in Portionsschüsseln schöpfen.

鳝和羹
AAL-SUPPE

HERKUNFT: SHAANXI
ZUBEREITUNGSZEIT: 10 MINUTEN, ZZGL. 20 MINUTEN EINWEICHZEIT
GARZEIT: 10 MINUTEN
PERSONEN: 4

- Mit einem scharfen Messer den Aalkopf abschneiden und entfernen. Den Körper über die gesamte Länge aufschneiden und die Wirbelsäule herausziehen. Mit dem Salz abreiben, unter fließendem kaltem Wasser abspülen und mit Küchenpapier trocken tupfen.
- Einen großen Topf Wasser zum Kochen bringen, den Aal hineingeben und 30 Sekunden blanchieren. Abtropfen lassen und unter fließendem kaltem Wasser abspülen. In 4 × 2 cm große Stücke schneiden.
- Die Shiitake in eine Schüssel legen, mit kaltem Wasser bedecken und mindestens 20 Minuten einweichen. Herausnehmen, Wasser herausdrücken und die Stiele entfernen. In dünne Streifen schneiden.
- 2 Esslöffel Öl in einem Wok oder einer großen Pfanne auf mittlerer Hitze heiß werden lassen, den Aal hineingeben und 1 Minute unter Rühren anbraten, bis er fast gar ist. Herausnehmen und beiseitestellen.
- ½ Esslöffel Öl in den Wok geben und auf mittlerer Hitze heiß werden lassen. Ingwer, Pilze und Bambussprossen hineingeben und 1–2 Minuten unter Rühren braten. Aal, Hühnerbrühe, Reiswein, Sojasauce, Salz und Zucker zufügen und aufkochen lassen. Auf schwache Hitze reduzieren und mit Deckel 3 Minuten köcheln lassen.
- Das Wasserkastanienmehl in einer kleinen Schüssel mit 2 Esslöffeln Wasser anrühren und die Mischung in die Suppe rühren. Unter Rühren etwa 30 Sekunden aufkochen lassen, bis die Suppe eindickt. Nach Geschmack nachsalzen, dann in eine Terrine füllen und Koriandergrün, Frühlingszwiebel, Knoblauch und weißen Pfeffer zufügen.
- Den restlichen ½ Esslöffel Öl in einem sauberen Wok erhitzen, die Sichuan-Pfefferkörner hineingeben und 2–3 Minuten unter Rühren braten, bis sie duften. Pfefferkörner entfernen und das scharfe Öl über die Suppe gießen. Sofort in der Terrine servieren.

- 1 OSTASIATISCHER KIEMENSCHLITZAAL (900 G)
- 1 TL GROBES SALZ
- 4 GETROCKNETE SHIITAKE
- 3 EL PFLANZENÖL
- 20 G INGWER (CA. 2,5 CM), IN FEINE STREIFEN GESCHNITTEN
- 10 BAMBUSSPROSSEN, IN SCHEIBEN
- 475 ML HÜHNERBRÜHE (SEITE 90)
- 1 TL REISWEIN
- 1 TL HELLE SOJASAUCE
- 1 TL SALZ, ZZGL. ETWAS MEHR NACH GESCHMACK
- 1 TL ZUCKER
- 2 EL SPEISESTÄRKE
- 1 BUND KORIANDERGRÜN, IN ABSCHNITTE GESCHNITTEN
- 1 FRÜHLINGSZWIEBEL, IN 4 CM LANGE STÜCKE GESCHNITTEN
- 1 KNOBLAUCHZEHE, GEHACKT
- ¼ TL GEMAHLENER WEISSER PFEFFER
- 3 EL SICHUAN-PFEFFERKÖRNER

HERKUNFT: JIANGSU
ZUBEREITUNGSZEIT: 10 MINUTEN
GARZEIT: 35 MINUTEN
PERSONEN: 4

圆盅鸡
HÜHNERSUPPE IN DER SCHÜSSEL

- 4 HÄHNCHENKEULEN, OHNE KNOCHEN, MIT HAUT
- 2 EL SHAOXING-REISWEIN
- 750 ML HÜHNERBRÜHE (SEITE 90)
- ½ TL SALZ
- 2 FRÜHLINGSZWIEBELN, IN FEINE STREIFEN GESCHNITTEN
- 5 G INGWER (CA. 1 CM), IN SCHEIBEN GESCHNITTEN
- GEDÄMPFTER REIS (SEITE 540) ZUM SERVIEREN

Dieses Gericht kann sowohl für sich als Suppe als auch bei der Familienmahlzeit zum Reis serviert werden. Die Hühnersuppe wird gleichmäßig auf die Portionsschüsseln verteilt und portionsweise gedämpft. Da die Zutaten nicht bewegt werden, bleibt die Suppe ganz klar. Diese Technik der Suppenzubereitung ist vor allem in Südchina beliebt.

* Das Fleisch in einen Topf legen, 1 Liter Wasser zufügen und auf starker Hitze zum Kochen bringen. Sofort aus dem Topf nehmen und unter fließendem kaltem Wasser abspülen. Zum Abkühlen beiseitestellen.
* Das Fleisch in 2,5 cm große Quadrate schneiden und gleichmäßig auf vier Schüsseln verteilen (Hautseite nach oben). In jede Schüssel etwas Reiswein, Hühnerbrühe, Salz, Frühlingszwiebel und Ingwer geben, dann mit Alufolie abdecken.
* In einem Dämpfeinsatz oder Bambus-Dämpfkorb über einen Topf mit kochendem Wasser stellen. Mit Deckel 30 Minuten dämpfen, bis das Fleisch gar ist. Die Folie entfernen, Frühlingszwiebeln und Ingwer herausnehmen und entfernen. In den Schüsseln mit Reis servieren.

腌笃鲜
YAN-DU-XIAN-SUPPE

HERKUNFT: ZHEJIANG
ZUBEREITUNGSZEIT: 20 MINUTEN,
　ZZGL. 15 MINUTEN EINWEICHZEIT
GARZEIT: 2 STUNDEN 30 MINUTEN
PERSONEN: 8

* Die Haut des Schweinebauchs sauber schaben und unter fließendem kaltem Wasser abspülen.
* Gepökeltes Schwein und Schweinebauch in einen großen Topf geben und mit Wasser bedecken. Auf starker Hitze zum Kochen bringen und 5 Minuten blanchieren. Abtropfen lassen und unter fließendem kaltem Wasser abspülen.
* Das Fleisch wieder in den Topf geben, Ingwer und Frühlingszwiebeln zufügen und mit Wasser bedecken. Aufkochen lassen, auf schwache Hitze reduzieren und 1½ Stunden köcheln lassen.
* Inzwischen Tofuknoten, Natron und 475 ml Wasser in eine Schüssel geben und 15 Minuten einweichen. Die Tofuknoten unter fließendem kaltem Wasser abspülen.
* Bei frischen Bambussprossen den unteren Teil wegschneiden und entfernen und nur die zarten Spitzen verarbeiten. Die Bambussprossen in Stücke schneiden. Einen Topf Wasser zum Kochen bringen, die Bambussprossen hineingeben und 2 Minuten blanchieren. Abtropfen lassen.
* Im selben Topf frisches Wasser auf starker Hitze zum Kochen bringen, den Pak Choi hineingeben und 1 Minute blanchieren. Sofort unter fließendem kaltem Wasser abspülen.
* Fleisch aus dem Topf nehmen, Ingwer und Frühlingszwiebeln entfernen. Bambussprossen in die Suppe geben, aufkochen lassen und auf schwache Hitze reduzieren. 45 Minuten köcheln lassen.
* Das Fleisch in kleinere Stücke schneiden und wieder in den Topf geben, die Tofuknoten zufügen und weitere 5 Minuten kochen. Den Pak Choi zufügen, aufkochen lassen und nach Geschmack salzen. In eine Terrine füllen.

- 1 SCHWEINEBAUCH (300 G) OHNE KNOCHEN, MIT HAUT
- 250 G GEPÖKELTES SCHWEIN
- 25 G INGWER (CA. 5 CM), IN SCHEIBEN GESCHNITTEN
- 2 FRÜHLINGSZWIEBELN, HALBIERT
- 200 G TOFUKNOTEN
- ½ TL NATRON
- 100 G BAMBUSSPROSSEN, IN SCHEIBEN, FRISCH ODER AUS DER DOSE
- 150 G GRÜNER PAK CHOI
- SALZ NACH GESCHMACK

HERKUNFT: HUBEI
ZUBEREITUNGSZEIT: 15 MINUTEN
GARZEIT: 6 STUNDEN
PERSONEN: 6
SEITE 115

排骨煨藕汤
LOTUSWURZEL-RIPPCHEN-SUPPE

- 1 KG SCHÄLRIPPEN, IN 5 CM GROSSE STÜCKE GESCHNITTEN
- 500 G LOTUSWURZELN, GESCHÄLT UND ENDEN ABGESCHNITTEN
- 2 EL PFLANZENÖL
- 3 FRÜHLINGSZWIEBELN, 1 GEHACKT, 2 IN 4 CM LANGE STÜCKE GESCHNITTEN, ZZGL. ETWAS MEHR ZUM GARNIEREN
- 15 G INGWER (CA. 2,5 CM), IN SCHEIBEN GESCHNITTEN
- 1 TL REISWEIN
- ½ EL SALZ
- ¼ TL GEMAHLENER WEISSER PFEFFER

* Die Schälrippen in einen großen Topf legen und mit Wasser bedecken. Auf starker Hitze zum Kochen bringen und 3 Minuten blanchieren. Abtropfen lassen und unter fließendem kaltem Wasser abspülen.
* Mit einem Stäbchen die Kanäle in den Lotuswurzeln säubern und gründlich unter fließendem kaltem Wasser abspülen. In mundgerechte Stücke oder in Scheiben schneiden.
* Das Öl in einem großen Topf auf mittlerer Hitze heiß werden lassen, die Rippchen hineingeben und in etwa 10 Minuten kross braten. Frühlingszwiebelstücke, Ingwer, Reiswein und 2,5 Liter Wasser zufügen. Zum Kochen bringen, auf schwache Hitze reduzieren und mit Deckel 1 Stunde köcheln lassen.
* Die Lotuswurzeln zufügen und weitere 4 Stunden auf schwacher Hitze köcheln lassen. Salzen, auf mittlere Hitze erhöhen und 30 Minuten köcheln lassen. (Frühlingszwiebeln und Ingwer herausnehmen, falls gewünscht.) Die Suppe in eine Terrine gießen und mit gehackten Frühlingszwiebeln und Pfeffer garnieren.

HERKUNFT: HONGKONG
ZUBEREITUNGSZEIT: 10 MINUTEN
GARZEIT: 2 STUNDEN 15 MINUTEN
PERSONEN: 4

五指毛桃猪腱汤
SUPPE MIT SCHWEINSHAXE UND HAIRY FIG

- 1 SCHWEINSHAXE (400 G), ABGESPÜLT
- 5 G INGWER (CA. 1 CM), IN SCHEIBEN GESCHNITTEN
- 100 G HAIRY FIGS, ABGESPÜLT
- 2 MAISKOLBEN, HÜLLBLÄTTER UND FÄDEN ENTFERNT UND IN 4 CM GROSSE STÜCKE GESCHNITTEN
- 1 KAROTTE, IN 2 CM GROSSE STÜCKE GESCHNITTEN
- 1 TL SALZ, ZZGL. ETWAS MEHR NACH GESCHMACK

* Die Schweinshaxe in einen großen Topf legen und mit Wasser bedecken. Auf starker Hitze zum Kochen bringen und 5 Minuten blanchieren. Falls erforderlich, Schaum und Feststoffe von der Oberfläche schöpfen. Abtropfen lassen und unter fließendem kaltem Wasser abspülen.
* 1½ Liter Wasser in einem großen Topf zum Kochen bringen. Schweinshaxe und Ingwer hineingeben, Deckel aufsetzen und auf starker Hitze 15 Minuten kochen lassen. Hairy Figs, Mais und Karotte zufügen und wieder aufkochen lassen. Auf mittlere bis schwache Hitze reduzieren und 1 Stunde 45 Minuten kochen lassen. Salzen, nach Geschmack nachwürzen. Das Fleisch vom Knochen lösen und in Stücke teilen. Die Suppe in eine Terrine oder in Portionsschüsseln füllen.

LOTUSWURZEL-RIPPCHEN-SUPPE

HERKUNFT: HONGKONG
ZUBEREITUNGSZEIT: 20 MINUTEN,
  ZZGL. 30 MINUTEN EINWEICHZEIT
GARZEIT: 2 STUNDEN 45 MINUTEN
PERSONEN: 4

- 50 G GETROCKNETE MUNGOBOHNEN
- 50 G GETROCKNETER OKTOPUS
- 600 G SCHWEINSHAXE
- 1 LOTUSWURZEL (CA. 600 G), GESCHÄLT UND ENDEN ABGESCHNITTEN
- 10 G INGWER (CA. 2 CM), IN SCHEIBEN GESCHNITTEN
- 1 TL SALZ, ZZGL. ETWAS MEHR NACH GESCHMACK
- HELLE SOJASAUCE ZUM SERVIEREN

莲藕章鱼猪腱汤
SUPPE MIT SCHWEINEFLEISCH, LOTUSWURZEL UND OKTOPUS

Gewöhnlich werden bei diesem Gericht die Kanäle der Lotuswurzeln mit den Mungobohnen gefüllt, die sonst auf den Boden absinken würden. Nach dem Kochen werden Lotuswurzel, Schweinefleisch und Oktopus auf einem separaten Teller zur Brühe serviert.

* Die Mungobohnen mit 250 ml Wasser in eine kleine Schüssel geben und 30 Minuten einweichen. Abtropfen lassen.
* In einer zweiten Schüssel den getrockneten Oktopus 30 Minuten in warmem Wasser einweichen, dann abtropfen lassen. In mundgerechte Stücke schneiden und beiseitestellen.
* Die Schweinshaxe unter fließendem kaltem Wasser abspülen. In einen großen Topf legen und mit Wasser bedecken. Auf starker Hitze zum Kochen bringen und 1–2 Minuten blanchieren. Abtropfen lassen und unter fließendem kaltem Wasser abspülen. Beiseitelegen.
* Mit einem Stäbchen die Kanäle der Lotuswurzel säubern und gründlich unter fließendem kaltem Wasser abspülen. Mit dem Stäbchen die Lotuswurzel von beiden Enden zu 80 Prozent mit den Mungobohnen füllen.
* 2 Liter Wasser in einem großen Topf zum Kochen bringen. Ingwer, Schweinshaxe, Lotuswurzel und Oktopus hineingeben. Deckel aufsetzen und auf starker Hitze 10 Minuten kochen lassen, dann auf schwache Hitze reduzieren und 2½ Stunden kochen lassen. Salzen und nach Geschmack nachwürzen.
* Schweinshaxe und Lotuswurzel auf ein Schneidbrett legen und nach kurzem Abkühlen in große Stücke schneiden. Auf einem Servierteller anrichten, dann den Oktopus zufügen. Die Suppe in Portionsschüsseln schöpfen und mit dem Teller servieren. Mit heller Sojasauce servieren.

花生煲猪尾
SCHWEINESCHWANZ-ERDNUSS-SUPPE

HERKUNFT: GUANGDONG
ZUBEREITUNGSZEIT: 10 MINUTEN, ZZGL. 15 MINUTEN EINWEICHZEIT
GARZEIT: 2 STUNDEN 20 MINUTEN
PERSONEN: 4–6

* Schweineschwanz in einer Schüssel mit Wasser bedecken und 15 Minuten einweichen. Abtropfen lassen, dann die Haut sauber schaben. Mit einem scharfen Messer an den Gelenken in kleine Stücke schneiden.
* Die Stücke in einen großen Topf geben und mit Wasser bedecken. Auf starker Hitze zum Kochen bringen und 5 Minuten blanchieren. Abtropfen lassen und unter fließendem kaltem Wasser abspülen.
* Den Schweineschwanz wieder in den Topf geben, Erdnüsse, Datteln, Ingwer und 2 Liter Wasser zugeben und Deckel aufsetzen. Auf mittlerer bis starker Hitze zum Kochen bringen und 10 Minuten kochen lassen, dann auf schwache Hitze reduzieren und weitere 2 Stunden köcheln lassen. Nach Geschmack salzen.
* In eine Terrine oder in Portionsschüsseln schöpfen.

- 1 SCHWEINESCHWANZ (300 G)
- 150 G AUSGELÖSTE ROHE ERDNUSS-KERNE, ABGESPÜLT UND ABGETROPFT
- 3 JUJUBE-DATTELN, ENTSTEINT UND HALBIERT
- 10 G INGWER (CA. 2 CM), IN SCHEIBEN GESCHNITTEN
- SALZ NACH GESCHMACK

猪肚白果汤
SCHWEINEMAGEN-GINKGO-SUPPE

HERKUNFT: CHAOZHOU
ZUBEREITUNGSZEIT: 15 MINUTEN, ZZGL. 1 STUNDE EINWEICHZEIT
GARZEIT: 3 STUNDEN
PERSONEN: 4

* Den Schweinemagen umstülpen und gründlich mit 1 Esslöffel grobem Salz abreiben. Unter fließendem kaltem Wasser abspülen, dann mit 1 Esslöffel Stärke abreiben. Erneut abspülen. Mehrmals wiederholen, bis alle Schmutzteilchen und der Schleimfilm entfernt sind.
* Den Magen mit Essig und 750 ml Wasser in eine große Schüssel geben und 1 Stunde einweichen.
* Inzwischen die Blätter vom Kohlgemüse wegschneiden und die Stängel gründlich abspülen. 1 Stunde in einer Schüssel mit kaltem Wasser einweichen.
* Den Magen unter fließendem kaltem Wasser abspülen und in einen großen Topf legen. Mit frischem Wasser füllen und auf starker Hitze zum Kochen bringen. Auf mittlere Hitze reduzieren und 5 Minuten blanchieren. Abtropfen lassen und abspülen, dann Anhängsel und Fett von der Innenseite entfernen. Den Magen in lange Streifen schneiden und in eine ofenfeste Schüssel legen.
* Das Kohlgemüse abtropfen lassen, Wasser ausdrücken und in ebenso große Stücke wie den Magen schneiden. Zum Fleisch in die Schüssel geben. Ginkgonüsse, Pfeffer und Hühnerbrühe dazugeben, dann alles in einem Dämpfeinsatz oder Bambus-Dämpfkorb über kochendes Wasser stellen. Mit Deckel 3 Stunden dämpfen. (Wasser nachfüllen, falls erforderlich.) In einer Terrine oder in Portionsschüsseln servieren.

- 1 SCHWEINEMAGEN, ABGESPÜLT
- 3 EL GROBES SALZ
- 3 EL SPEISESTÄRKE
- 1 EL WEISSER REISESSIG
- ¼ KOPF (CA. 50 G) FERMENTIERTES KOHLGEMÜSE AUS CHAOZHOU
- 70 G GESCHÄLTE GINKGONUSSKERNE
- 1 EL WEISSE PFEFFERKÖRNER, LEICHT ANGESTOSSEN
- 475 ML HÜHNERBRÜHE (SEITE 90)

HERKUNFT: BEIJING
ZUBEREITUNGSZEIT: 15 MINUTEN
GARZEIT: 20 MINUTEN
PERSONEN: 4

肝糕汤
SCHWEINELEBER-SUPPE

- 250 G SCHWEINELEBER
- 1 TL SALZ
- ½ TL GEMAHLENER WEISSER PFEFFER
- 1 L HÜHNERBRÜHE (SEITE 90)
- 1 HÄHNCHENBRUST, OHNE KNOCHEN UND OHNE HAUT

* Die Schweineleber in einen Mixer oder eine Küchenmaschine geben, ½ Teelöffel Salz, Pfeffer und 250 ml Hühnerbrühe zufügen und pürieren. Durch ein Sieb in eine große ofenfeste Schüssel streichen.
* Das Leberpüree in einem Dämpfeinsatz oder Bambus-Dämpfkorb über einen Topf mit kochendem Wasser stellen. Mit Deckel 8 Minuten dämpfen, bis eine Leberpastete entsteht. Aus dem Dämpfeinsatz nehmen und die Pastete in der Schüssel in kleine Quadrate schneiden. Nicht aus der Schüssel nehmen (sodass die Pastete intakt bleibt).
* Das Hähnchenfleisch in den Mixer oder die Küchenmaschine geben und pürieren. Mit 250 ml Hühnerbrühe mischen und zu einer dünnen Paste pürieren.
* Die restlichen 500 ml Hühnerbrühe in einen großen Topf gießen, den übrigen ½ Teelöffel Salz zugeben und zum Kochen bringen. Ein Drittel der Hähnchenpaste zufügen und in einer Richtung umrühren, während alles erneut aufkocht. Schaum und Feststoffe von der Oberfläche schöpfen.
* Mit der restlichen Hähnchenpaste wiederholen, umrühren und wieder aufkochen lassen. Die Brühe abseihen und in die Schüssel mit der Pastete gießen. Vor dem Servieren in einem Dämpfeinsatz oder Bambus-Dämpfkorb über einen Topf mit kochendem Wasser stellen. Mit Deckel 5 Minuten dämpfen, dann servieren.

HERKUNFT: HAKKA
ZUBEREITUNGSZEIT: 10 MINUTEN, ZZGL. 30 MINUTEN MARINIERZEIT
GARZEIT: 1 STUNDE
PERSONEN: 4

猪筒骨白菜汤
SCHWEINEFLEISCH-PAK-CHOI-SUPPE

- 300 G SCHWEINSHAXE, IN STÜCKE GESCHNITTEN
- 1 TL SALZ, ZZGL. ETWAS MEHR NACH GESCHMACK
- 1 TL PFLANZENÖL
- 5 G INGWER (CA. 1 CM), IN SCHEIBEN GESCHNITTEN
- 1 BEINKNOCHEN VOM SCHWEIN, HALBIERT
- 600 G PAK CHOI

* Schweinshaxe mit ½ Teelöffel Salz in eine Schüssel geben und 30 Minuten marinieren.
* Das Öl in einem großen Topf auf mittlerer bis starker Hitze heiß werden lassen und den Ingwer 1–2 Minuten anbraten, bis er duftet. 1½ Liter Wasser zugießen, auf starker Hitze zum Kochen bringen und den Schweineknochen zufügen. Auf mittlere Hitze reduzieren und 30 Minuten köcheln lassen.
* Pak Choi, Haxe und den restlichen ½ Teelöffel Salz zufügen und 30 Minuten kochen lassen. Nach Geschmack nachsalzen. In eine Terrine oder in Portionsschüsseln schöpfen.

牛肝菌松茸炖乌鸡
SEIDENHUHN-PILZ-SUPPE

HERKUNFT: YUNNAN
ZUBEREITUNGSZEIT: 15 MINUTEN, ZZGL. 1 STUNDE EINWEICHZEIT
GARZEIT: 2 STUNDEN 5 MINUTEN
PERSONEN: 6

Das teuer gehandelte Japanische Seidenhuhn hat ein seidiges weißes Gefieder und schwarze Haut (und Knochen). In China und anderen Teilen Asiens häufig zu finden, kann durch ein normales Huhn ersetzt werden.

* Die Pilze abspülen und 1 Stunde in 475 ml kaltem Wasser einweichen. Herausnehmen und das Einweichwasser in eine Schüssel abseihen. Beides beiseitestellen.
* Einen großen Topf Wasser zum Kochen bringen, das Huhn vorsichtig hineinlegen und 1 Minute blanchieren. Abtropfen lassen und beiseitelegen.
* Denselben Topf mit frischem Wasser füllen, zum Kochen bringen und das Schweinefleisch hineingeben. 1 Minute blanchieren, dann abtropfen lassen.
* Huhn, Schweinefleisch, Datteln, Ingwer und Pfefferkörner in eine große ofenfeste Schüssel geben. Die Pilze und das Einweichwasser zufügen. 1 Liter kochendes Wasser zugießen und mit Alufolie dicht abdecken. In einem Dämpfeinsatz oder Bambus-Dämpfkorb über einen Topf mit kochendem Wasser stellen. Mit Deckel 2 Stunden dämpfen, bis alles weich und gar ist. (Bei Bedarf Wasser nachfüllen.)
* Das Fleisch in 6 große Stücke teilen. Die Suppe salzen und in einer Terrine servieren.

- 15 G GETROCKNETE STEINPILZE
- 15 G GETROCKNETE MATSUTAKE
- 1 GANZES SEIDENHUHN ODER NORMALES HÄHNCHEN (700 G)
- 100 G MAGERES SCHWEINEFLEISCH
- 6 JUJUBE-DATTELN, ENTSTEINT
- 5 G INGWER (CA. 1 CM), IN SCHEIBEN GESCHNITTEN
- ½ ESSLÖFFEL WEISSE PFEFFERKÖRNER
- SALZ NACH GESCHMACK

HERKUNFT: SHAANXI
ZUBEREITUNGSZEIT: 10 MINUTEN
GARZEIT: 1 STUNDE 30 MINUTEN
PERSONEN: 4

羊肉泡馍
HAMMEL-SUPPE

- 1 HAMMEL- ODER LAMMKEULE (600 G), ENTBEINT
- 20 G INGWER (CA. 2,5 CM), ZERDRÜCKT
- 6 FRÜHLINGSZWIEBELN, DIAGONAL IN 2 CM DICKE, 4 CM LANGE STÜCKE GESCHNITTEN, ZZGL. ETWAS MEHR ZUM GARNIEREN
- 4 FLADENBROTE (SEITE 54), VON HAND IN 2 CM GROSSE STÜCKE GEBROCHEN, ZUM SERVIEREN
- SALZ NACH GESCHMACK

FÜR DAS GEWÜRZSÄCKCHEN:
- 2 STERNANISE
- 1 TL SICHUAN-PFEFFERKÖRNER
- 2 KAPSELN SCHWARZER KARDAMOM

Dieses Gericht wird traditionell mit Fladenbrot serviert, das von Hand in kleine Stücke gebrochen und in die Schüsseln gelegt wird, bevor die Suppe hineingegossen wird. Während man das Brot bricht, unterhält man sich; so wurde dieses gesellige Ritual zu einem regelmäßigen sozialen Ereignis.

* Das Fleisch in einen großen Topf legen und mit Wasser bedecken. Auf starker Hitze zum Kochen bringen und 5 Minuten blanchieren. Falls erforderlich, Schaum und Feststoffe von der Oberfläche schöpfen. Abtropfen lassen und unter fließendem kaltem Wasser abspülen.
* Sternanise, Pfefferkörner und Kardamomkapseln in ein Gewürzsäckchen füllen.
* Fleisch, Ingwer, Frühlingszwiebeln und Gewürzsäckchen in einen großen Topf geben, 2 cm hoch mit Wasser bedecken und zum Kochen bringen. Auf schwache Hitze reduzieren und 1 Stunde 15 Minuten kochen lassen, bis das Fleisch weich ist.
* Ingwer und Gewürzsäckchen herausnehmen und entfernen. Das Fleisch herausnehmen und zum Abkühlen beiseitestellen. In Scheiben schneiden.
* Das Brot auf Portionsschüsseln verteilen und in jede Schüssel einige Fleischstücke legen.
* Die Suppe zum Kochen bringen und nach Geschmack salzen, dann in die Schüsseln schöpfen und mit Frühlingszwiebeln garnieren. (Reichlich Suppe in die Schüsseln geben, da ein Teil vom Fladenbrot aufgenommen wird.) Sofort servieren.

杏汁白肺汤
SCHWEINELUNGE-APRIKOSENKERN-SUPPE

HERKUNFT: HAKKA
ZUBEREITUNGSZEIT: 10 MINUTEN, ZZGL. 1 STUNDE EINWEICHZEIT
GARZEIT: 3 STUNDEN
PERSONEN: 6–8

* Die Aprikosenkerne 1 Stunde in 475 ml Wasser einweichen. Mit dem Einweichwasser in einen Mixer oder eine Küchenmaschine geben und pürieren. Durch ein Abseihtuch (Gaze) in eine Schüssel streichen. Den Saft beiseitestellen und die Feststoffe entfernen.
* Inzwischen den Silberohr-Pilz etwa 30 Minuten in heißem Wasser einweichen. Abspülen und den festen Teil an der Basis abschneiden. In kleinere Stücke zerpflücken.
* Die Schweinelunge von innen und außen gründlich reinigen und so lange mit fließendem kaltem Wasser ausspülen, bis sie weiß wird. Mit einem scharfen Messer Luftröhre und Bronchienast wegschneiden und den weichen Teil der Lunge in 4 cm große Stücke schneiden.
* Einen großen Topf Wasser zum Kochen bringen, Lunge, Ingwer und Essig hineingeben und 5 Minuten kochen lassen. Abtropfen lassen und gründlich unter fließendem kaltem Wasser abspülen, bis die Lunge nicht mehr nach Essig riecht.
* Im selben Topf Lunge, Silberohr-Pilz, Schweinefleisch und Brühe auf starker Hitze zum Kochen bringen. Auf schwache Hitze reduzieren, dann etwa 3 Stunden köcheln lassen. Mit einem Schaumlöffel das Schweinefleisch herausheben und entfernen (nach 3 Stunden hat es keinen Geschmack mehr), dann den Aprikosenkernsaft unterrühren. Mit Salz und Pfeffer würzen, nach Geschmack nachwürzen und die Suppe in eine Terrine füllen.
* Mit Sojasauce als Dip für die Lunge servieren.

- 200 G SÜSSE APRIKOSENKERNE
- 1 GETROCKNETER SILBEROHR-PILZ
- 1 SCHWEINELUNGE (CA. 1 KG)
- 5 G INGWER (CA. 1 CM), IN SCHEIBEN GESCHNITTEN
- 2 EL WEISSER REISESSIG
- 400 G MAGERES SCHWEINEFLEISCH, IN MUNDGERECHTE STÜCKE GESCHNITTEN
- 1 ½ L HÜHNER- ODER SCHWEINEBRÜHE (SEITE 90–91)
- 1 TL SALZ, ZZGL. ETWAS MEHR NACH GESCHMACK
- ¼ TL GEMAHLENER WEISSER PFEFFER, ZZGL. ETWAS MEHR NACH GESCHMACK
- HELLE SOJASAUCE ZUM SERVIEREN

HERKUNFT: ZHEJIANG
ZUBEREITUNGSZEIT: 10 MINUTEN,
 ZZGL. 5 MINUTEN MARINIERZEIT
GARZEIT: 5 MINUTEN
PERSONEN: 2
SEITE 123

西湖牛肉羹
WESTSEE-RINDFLEISCHSUPPE

- 150 G RINDERHACKFLEISCH
- 2 TL SÜSSKARTOFFELSTÄRKE ODER SPEISESTÄRKE
- 475 ML HÜHNERBRÜHE (SEITE 90)
- ½ TL SALZ, ZZGL. ETWAS MEHR NACH GESCHMACK
- 1 EIWEISS, VERRÜHRT
- ½ TL SESAMÖL
- ¼ TL GEMAHLENER WEISSER PFEFFER
- 15 G GEHACKTES KORIANDERGRÜN, ZZGL. ETWAS MEHR ZUM GARNIEREN (NACH BELIEBEN)

* Das Hackfleisch in einer Schüssel mit 4 Esslöffeln Wasser mischen und 5 Minuten beiseitestellen. Umrühren und zum Abtropfen in ein Sieb geben. Wieder in die Schüssel geben und 1 Teelöffel Süßkartoffelstärke untermischen.
* Die Hühnerbrühe in einem Topf auf starker Hitze zum Kochen bringen. Hackfleisch und Salz zufügen, dabei ständig rühren, um das Hackfleisch zu trennen.
* Den restlichen Teelöffel Süßkartoffelstärke in einer kleinen Schüssel mit 1 Esslöffel Wasser anrühren und diese Mischung in die Brühe rühren. Unter Rühren 30 Sekunden aufkochen lassen, bis die Suppe eindickt.
* Das verrührte Eiweiß langsam in die Suppe träufeln und dabei mit Stäbchen in einer Richtung unterrühren, sodass Bänder aus geronnenem Eiweiß entstehen. Sesamöl, Pfeffer und Koriandergrün einrühren, dann nach Geschmack nachsalzen. Die Suppe in eine Servierschüssel oder Terrine füllen und mit Koriandergrün garnieren, falls verwendet.

HERKUNFT: SHANXI
ZUBEREITUNGSZEIT: 10 MINUTEN,
 ZZGL. 15 MINUTEN EINWEICHZEIT
GARZEIT: 1 STUNDE 40 MINUTEN
PERSONEN: 4–6

当归生姜羊肉汤
LAMMSUPPE MIT CHINESISCHEN KRÄUTERN

- 10 G MUNGOBOHNEN-VERMICELLI (GLASNUDELN)
- 500 G LAMMKEULE, OHNE KNOCHEN, IN 6 × 3 CM GROSSE SCHEIBEN GESCHNITTEN
- 300 G DAIKON-RETTICH, GROB IN STÜCKE GESCHNITTEN
- 10 G GETROCKNETE SHIITAKE, IN KALTEM WASSER EINGEWEICHT, STIELE ENTFERNT UND HÜTE IN STÜCKE ZERPFLÜCKT
- 1 TL SALZ

FÜR DIE HEILKRÄUTER:
- 2–3 GETROCKNETE MANDARINENSCHALEN
- 10 G ENGELWURZ, IN SCHEIBEN GESCHNITTEN
- 25 G INGWER (CA. 5 CM), IN SCHEIBEN GESCHNITTEN
- 10 G BAI ZHU, IN SCHEIBEN
- 7 GEWÜRZNELKEN

* Die Mandarinenschale 15 Minuten in kaltem Wasser einweichen, dann abtropfen lassen. Die weiße Haut von der Schale abschaben und entfernen.
* Inzwischen die Nudeln 10 Minuten in einer Schüssel mit kaltem Wasser einweichen und abtropfen lassen. Beiseitestellen.
* Einen großen Topf Wasser zum Kochen bringen, Fleisch hineingeben und 1 Minute blanchieren. Abtropfen lassen und mit kaltem Wasser abspülen.
* Das Fleisch mit 2 Litern Wasser in eine große Schüssel geben und auf starker Hitze zum Kochen bringen. Die Oberfläche abschöpfen, um Schaum und Feststoffe zu entfernen. Die Heilkräuter in ein Gewürzsäckchen stecken, in den Topf geben, auf schwache Hitze reduzieren und mit Deckel etwa 1 Stunde köcheln lassen. Den Daikon zufügen und weitere 30 Minuten köcheln lassen. Das Gewürzsäckchen herausnehmen und entfernen. Shiitake und Nudeln in die Suppe rühren, aufkochen lassen und salzen. Die Suppe in eine Terrine oder in Portionsschüsseln schöpfen und servieren.

WESTSEE-RINDFLEISCHSUPPE

FISCH & MEERESFRÜCHTE

FISCH & MEERESFRÜCHTE

127

HERKUNFT: CHAOZHOU
ZUBEREITUNGSZEIT: 15 MINUTEN,
ZZGL. 20 MINUTEN EINWEICHZEIT
GARZEIT: 15 MINUTEN
PERSONEN: 4

潮式古法炊白鯧
PAMPEL NACH CHAOZHOU-ART

- 3 GETROCKNETE SHIITAKE
- 1 SILBERNER PAMPEL (450 G) ODER BELIEBIGER WEISSFISCH, KÜCHENFERTIG
- 1 EL REISWEIN
- 1½ TL SALZ
- 10 G RÜCKENSPECK VOM SCHWEIN, IN DÜNNE STREIFEN GESCHNITTEN
- 1 TL SPEISESTÄRKE
- 4 FRÜHLINGSZWIEBELN, 2 IN 4 CM LANGE STÜCKE GESCHNITTEN (NUR SCHÄFTE), 2 IN FEINE STREIFEN
- 50 G INGWER (CA. 2,5 CM), 1 HÄLFTE IN FEINE STREIFEN GESCHNITTEN, 1 HÄLFTE IN SCHEIBEN
- 2 EL PFLANZENÖL
- 10 G MAGERES SCHWEINEFLEISCH
- 10 G FERMENTIERTES KOHLGEMÜSE, ENDEN ABGESCHNITTEN, ABGESPÜLT UND IN SCHEIBEN GESCHNITTEN
- 1 TOMATE, SAMEN ENTFERNT UND GEACHTELT
- 1 STANGE SCHNITTSELLERIE, IN 3 CM LANGE STÜCKE GESCHNITTEN
- ¼ TL SESAMÖL
- GEDÄMPFTER REIS (SEITE 540) ZUM SERVIEREN

* Die Shiitake in eine Schüssel legen, mit kaltem Wasser bedecken und mindestens 20 Minuten einweichen. Herausnehmen, Wasser herausdrücken und die Stiele entfernen. In dünne Streifen schneiden.

* Inzwischen mit einem scharfen Messer den Fisch auf jeder Seite zwei- bis dreimal einschneiden und trocken tupfen. Den Reiswein in einer kleinen Schüssel mit 1 Teelöffel Salz verrühren, den Fisch von innen und außen damit einreiben und 15 Minuten marinieren.

* In einer zweiten Schüssel den Rückenspeck mit ½ Teelöffel Speisestärke gründlich mischen. Beiseitestellen.

* Einen ofenfesten Teller mit den Frühlingszwiebelstücken auslegen und den Fisch darauflegen. Die Ingwerscheiben auf dem Fisch verteilen und in einem Dämpfeinsatz oder Bambus-Dämpfkorb über einen Topf mit kochendem Wasser stellen. Mit Deckel in 8–10 Minuten gar dämpfen. Den Teller vorsichtig aus dem Dämpfeinsatz nehmen, Ingwer und Frühlingszwiebeln entfernen. Die Garflüssigkeit vom Teller in eine Schüssel gießen und aufheben. Den Fisch mit den Frühlingszwiebelstreifen bestreuen und auf einem Servierteller anrichten.

* Das Pflanzenöl in einem Wok oder einer großen Pfanne erhitzen. Ingwerstreifen, mageres Schweinefleisch, Rückenspeck, Kohlgemüse und Pilze zufügen und auf starker Hitze 2–3 Minuten unter Rühren braten, bis die Mischung duftet. Tomate, Schnittsellerie, den restlichen ½ Teelöffel Salz und die Fisch-Garflüssigkeit zufügen und 1 Minute unter Rühren weiterbraten, bis das Fleisch gerade gar ist. Das Sesamöl zufügen.

* Den restlichen ½ Teelöffel Stärke in einer kleinen Schüssel mit ½ Esslöffel Wasser anrühren und die Mischung in den Wok rühren. Unter Rühren 30 Sekunden aufkochen lassen, bis die Sauce eindickt. Über den Fisch gießen und mit Reis servieren.

鱼饭
REIS MIT FISCH

HERKUNFT: CHAOZHOU
ZUBEREITUNGSZEIT: 10 MINUTEN, ZZGL. 2 STUNDEN MARINIERZEIT
GARZEIT: 13–15 MINUTEN
PERSONEN: 4

Wenn die Fischer von Chaozhou aufs Meer hinausfuhren, hatten sie außer grobem Salz kaum Vorräte dabei. Ihre Hauptnahrungsquelle waren die Fische, die sie fingen. Die Zubereitung war einfach: salzen, dämpfen, abkühlen lassen. Dieses hochgeschätzte regionale Gericht ist weithin unter dem Namen *fish rice* bekannt, weil er gut die einfache Zubereitung wiedergibt.

- 600 G DORSCH, HEILBUTT ODER BELIEBIGER MEERESFISCH, KÜCHENFERTIG
- 1½ EL MEERSALZ
- 2 EL PUNING-BOHNENPASTE
- 1 EL WEISSER REISESSIG
- GEDÄMPFTER REIS (SEITE 540) ZUM SERVIEREN

* Den Fisch von innen und außen mit dem Meersalz einreiben und mindestens 2 Stunden im Kühlschrank marinieren.
* Auf einen ofenfesten Teller legen und in einem Dämpfeinsatz oder Bambus-Dämpfkorb über einen Topf mit kochendem Wasser stellen. Mit Deckel in 13–14 Minuten gar dämpfen. Den Fisch vorsichtig herausnehmen und die Garflüssigkeit vom Teller abgießen. Beiseitestellen und vollständig abkühlen lassen.
* Inzwischen für den Dip in einer kleinen Schüssel Bohnenpaste und Essig verrühren.
* Wenn der Fisch abgekühlt ist, mit einer Küchenschere die Haut am Rücken von Kopf bis Schwanz aufschneiden. Die Haut abziehen und entfernen, dann den Fisch mit dem Dip servieren. Dazu Reis reichen.

HERKUNFT: HONGKONG
ZUBEREITUNGSZEIT: 15 MINUTEN,
  ZZGL. 15 MINUTEN MARINIERZEIT
GARZEIT: 10 MINUTEN
PERSONEN: 3–4

豉汁蒸盲曹鱼
BARRAMUNDI MIT SCHWARZE-BOHNEN-SAUCE

- 1 BARRAMUNDI (500 G), KÜCHENFERTIG
- ¼ TL SALZ
- 2 EL PFLANZENÖL
- 1 FRÜHLINGSZWIEBEL, IN 5 CM LANGE STÜCKE, DANN IN FEINE STREIFEN GESCHNITTEN

FÜR DIE SCHWARZE-BOHNEN-PASTE:
- 1 ROTE CHILISCHOTE, SAMEN ENTFERNT UND IN FEINE STREIFEN GESCHNITTEN
- 1 EL FERMENTIERTE SCHWARZE BOHNEN, ABGESPÜLT UND GEHACKT
- 3 KNOBLAUCHZEHEN, GEHACKT
- ½ TL HELLE SOJASAUCE
- ½ TL ZUCKER

* Den Fisch mit dem Salz einreiben, in eine flache Schüssel legen und 15 Minuten marinieren.
* Die Zutaten für die Bohnenpaste in einer Schüssel verrühren. Die Paste gleichmäßig auf dem Fisch verstreichen.
* Den Fisch in einem Dämpfeinsatz oder Bambus-Dämpfkorb über einen Topf mit kochendem Wasser stellen. Mit Deckel in 8 Minuten gar dämpfen.
* Das Öl in einer kleinen Pfanne erhitzen. Den gedämpften Fisch auf einen Servierteller legen, mit dem warmen Öl beträufeln, mit den Frühlingszwiebelstreifen bestreuen und servieren.

HERKUNFT: HONGKONG
ZUBEREITUNGSZEIT: 10 MINUTEN
GARZEIT: 10 MINUTEN
PERSONEN: 4

豆酥鳕鱼
DORSCH MIT SOJACHIPS

- 400 G FILETS VOM DORSCH ODER ANDEREM FESTEN WEISSFISCH
- ½ TL SALZ
- 1 TL SPEISESTÄRKE
- 1½ EL PFLANZENÖL
- 2 SCHALOTTEN, GEHACKT
- 2 KNOBLAUCHZEHEN, GEHACKT
- 1 PRISE GEMAHLENER WEISSER PFEFFER
- 1 PORTION SOJACHIPS (SEITE 52)
- GEDÄMPFTER REIS (SEITE 540), NUDELN ODER GEKOCHTE KARTOFFELN ZUM SERVIEREN

* Die Fischfilets mit Küchenpapier trocken tupfen. Fisch, Salz und Stärke in einer großen Schüssel mischen und 5 Minuten stehen lassen. ½ Esslöffel Öl hineinträufeln und gut untermischen.
* Den Fisch auf einen ofenfesten Teller legen und in einem Dämpfeinsatz oder Bambus-Dämpfkorb über einen Topf mit kochendem Wasser stellen. In 8 Minuten gar dämpfen. Herausnehmen, die Garflüssigkeit vom Teller abgießen und warm stellen.
* Den restlichen Esslöffel Öl in einem Wok oder einer großen Pfanne erhitzen, die Schalotten hineingeben und auf mittlerer Hitze unter Rühren 1 Minute braten, bis sie duften. Knoblauch und Pfeffer unterrühren, die Sojachips zufügen und kurz unter Rühren mitbraten. Über den Fisch geben und mit Reis, Nudeln oder Kartoffeln servieren.

咸鲜青筋鱼
GEDÄMPFTER GESALZENER TORPEDOBARSCH

HERKUNFT: HONGKONG
ZUBEREITUNGSZEIT: 5 MINUTEN, ZZGL. 2 STUNDEN RUHEZEIT
GARZEIT: 8 MINUTEN
PERSONEN: 4

* Den Fisch unter fließendem kaltem Wasser abspülen, auf einen ofenfesten Teller legen und den Ingwer darauf verteilen. Von innen und außen mit dem Salz abreiben und auf ein Dämpfgestell über einem Teller legen. 2 Stunden stehen lassen, damit das Wasser aus dem Fisch abtropfen kann (braucht nicht gekühlt zu werden, da das Salz den Fisch konserviert).
* Den Fisch abspülen, auf einen ofenfesten Teller legen und den Ingwer darauf verteilen. Den Fisch in einem Dämpfeinsatz oder Bambus-Dämpfkorb über einen Topf mit kochendem Wasser stellen. Mit Deckel in 6–7 Minuten gar dämpfen.
* Öl in einer kleinen Pfanne auf starker Hitze 1 Minute heiß werden lassen. Den Fisch beträufeln und mit Reis servieren.

- 1 TORPEDOBARSCH, KÜCHENFERTIG
- 10 G INGWER (CA. 2 CM), IN FEINE STREIFEN GESCHNITTEN
- 1 EL GROBES SALZ
- 2 EL PFLANZENÖL
- GEDÄMPFTER REIS (SEITE 540) ZUM SERVIEREN

清蒸鳎目鱼
GEDÄMPFTE FLUNDER

HERKUNFT: SHUNDE
ZUBEREITUNGSZEIT: 15 MINUTEN, ZZGL. 20 MINUTEN EINWEICHZEIT
GARZEIT: 10 MINUTEN
PERSONEN: 4

* Die Shiitake in eine Schüssel legen, mit kaltem Wasser bedecken und mindestens 20 Minuten einweichen. Herausnehmen, Wasser herausdrücken und die Stiele entfernen. In dünne Streifen schneiden.
* Den Fisch auf einen Teller legen, mit Salz einreiben und 10 Minuten stehen lassen. Das Wasser vom Teller abgießen und den Fisch mit Küchenpapier trocken tupfen.
* Schweinefleisch, Soajasauce und Stärke in einer Schüssel gründlich mischen.
* Den Schnittlauch gleichmäßig auf einem ofenfesten Teller verteilen und den Fisch darauflegen.
* Pilze, Ingwer und Fleisch in einer Schüssel mit 1½ Teelöffel Öl mischen und auf dem Fisch verteilen. Den Teller auf ein Dämpfgestell in einem Wok mit kochendem Wasser stellen. Mit Deckel in 8 Minuten gar dämpfen.
* Aus dem Wok nehmen, mit weißem Pfeffer bestreuen und mit der gehackten Frühlingszwiebel garnieren. Die restlichen 2 Esslöffel Öl in einer kleinen Pfanne erhitzen und über den Fisch träufeln. Mit Reis servieren.

- 4 GETROCKNETE SHIITAKE
- 1 FLUNDER (500 G), KÜCHENFERTIG
- ½ TL SALZ
- 50 G MAGERES SCHWEINEFLEISCH, IN FEINE STREIFEN GESCHNITTEN
- ½ TL HELLE SOJASAUCE
- ½ TL SPEISESTÄRKE
- 100 G GELBER SCHNITTLAUCH, IN 5 CM LANGE STÜCKE GESCHNITTEN
- 10 G INGWER (CA. 2 CM), IN FEINE STREIFEN GESCHNITTEN
- 2 ½ EL PFLANZENÖL
- ½ TL GEMAHLENER WEISSER PFEFFER
- 1 FRÜHLINGSZWIEBEL, GEHACKT
- GEDÄMPFTER REIS (SEITE 540) ZUM SERVIEREN

HERKUNFT: HONGKONG
ZUBEREITUNGSZEIT: 5 MINUTEN
GARZEIT: 12 MINUTEN
PERSONEN: 4
SEITE 133

清蒸石斑鱼
GEDÄMPFTER ZACKENBARSCH

- 1 RIESENZACKENBARSCH (600 G) ODER ANDERER FESTER WEISSFISCH, KÜCHENFERTIG
- 2 EL PFLANZENÖL
- 10 G INGWER (CA. 2 CM), IN FEINE STREIFEN GESCHNITTEN
- 2 FRÜHLINGSZWIEBELN, IN FEINE STREIFEN GESCHNITTEN
- GEDÄMPFTER REIS (SEITE 540) ZUM SERVIEREN

FÜR DIE SOJA-SPEZIALSAUCE:
- 2 EL HELLE SOJASAUCE
- 2 TL FISCHSAUCE
- 2 TL ZUCKER
- ¼ TL GEMAHLENER WEISSER PFEFFER

* Die Saucenzutaten in eine Schüssel geben, gut verrühren und beiseitestellen.
* Den Fisch auf einen ofenfesten Teller legen und in einem Bambus-Dämpfkorb über einen Topf mit kochendem Wasser stellen. Mit Deckel in 9 Minuten gar dämpfen. Die Garflüssigkeit vom Teller abgießen.
* Die Sauce in einer Pfanne mit 4 Esslöffeln Wasser mischen und zum Kochen bringen, dann vom Herd nehmen und über den Fisch gießen.
* Die Pfanne mit Küchenpapier ausreiben, das Öl hineingeben und 1 Minute auf mittlerer Hitze heiß werden lassen. Die Ingwerstreifen einrühren und alles über den Fisch gießen. Mit den Frühlingszwiebeln garnieren und mit Reis servieren.

HERKUNFT: CHAOZHOU
ZUBEREITUNGSZEIT: 10 MINUTEN, ZZGL. 8 STUNDEN MARINIERZEIT
GARZEIT: 10 MINUTEN
PERSONEN: 4

煸腌鱼
CHAOZHOU-BRATFISCH

- 1 WEISSER UMBER (500 G)
- 2 EL DUNKLE SOJASAUCE
- ½ EL REISWEIN
- 1 EL INGWERSAFT
- 1 ½ TL ZUCKER
- ½ TL SALZ
- 20 G INGWER (CA. 2,5 CM), IN SCHEIBEN GESCHNITTEN
- 120 ML PFLANZENÖL
- GEDÄMPFTER REIS (SEITE 540) ZUM SERVIEREN

* Mit einem scharfen Messer den Fisch auf jeder Seite im 45-Grad-Winkel zum Kopf fünf- bis sechsmal einschneiden (bis auf die Gräten). (Durch den schrägen Schnitt lassen sich später Ingwerscheiben hineinstecken, ohne herauszufallen.)
* Sojasauce, Reiswein, Ingwersaft, Zucker und Salz in einer kleinen Schüssel gründlich verrühren.
* In jeden Schnitt im Fisch auf beiden Seiten je 1 Ingwerscheibe schieben. Auf einen Teller legen, mit der Marinade beträufeln, mit Klarsichtfolie abdecken und einen schweren Gegenstand (z.B. eine Schüssel Wasser) daraufstellen. Im Kühlschrank 8 Stunden marinieren, dabei den Fisch einmal wenden.
* Die Marinade wegschütten und den Fisch mit Küchenpapier trocken tupfen.
* Das Öl im Wok auf schwacher bis mittlerer Hitze heiß werden lassen, den Fisch hineinlegen und von jeder Seite in 5 Minuten braun und kross braten. Auf einem Teller anrichten und mit Reis servieren.

GEDÄMPFTER ZACKENBARSCH

HERKUNFT: HONGKONG
ZUBEREITUNGSZEIT: 15 MINUTEN
GARZEIT: 10 MINUTEN
PERSONEN: 4

冬菜蒸多宝鱼
STEINBUTT MIT TIANJIN-KOHL

- 1 STEINBUTT (600 G), FLUNDER ODER ANDERER PLATTFISCH, KÜCHENFERTIG
- ½ TL SALZ
- 2 EL TIANJIN-KOHL
- 1 TL ZUCKER
- 2 ½ EL PFLANZENÖL
- 3 FRÜHLINGSZWIEBELN, GEHACKT
- GEDÄMPFTER REIS (SEITE 540) ZUM SERVIEREN

* Den Fisch mit Küchenpapier trocken tupfen. Beide Seiten salzen und 5 Minuten marinieren. Auf einen ofenfesten Teller legen.
* Den Tianjin-Kohl in kaltem Wasser abspülen, Wasser herausdrücken und hacken. Mit Zucker und ½ Esslöffel Öl in einer Schüssel gründlich mischen und auf dem Fisch verteilen. Den Fisch in einem Dämpfeinsatz oder Bambus-Dämpfkorb über einen Topf mit kochendem Wasser stellen. Mit Deckel in 7–8 Minuten gar dämpfen. Den Teller vorsichtig herausnehmen und die gehackten Frühlingszwiebeln über den Fisch streuen.
* Die restlichen 2 Esslöffel Öl in einer kleinen Pfanne auf starker Hitze heiß werden lassen. Das heiße Öl über den Fisch gießen und sofort mit Reis servieren.

HERKUNFT: ZHEJIANG
ZUBEREITUNGSZEIT: 10 MINUTEN, ZZGL. 30 MINUTEN MARINIERZEIT
GARZEIT: 10 MINUTEN
PERSONEN: 4

醋香带鱼
SENSENFISCH MIT ESSIG

- 1 SENSENFISCH (600 G), KÜCHENFERTIG
- 1 TL SALZ
- ½ TL GEMAHLENER WEISSER PFEFFER
- 1 TL SPEISESTÄRKE
- 250 ML PFLANZENÖL
- 5 G INGWER (CA. 1 CM), IN FEINE STREIFEN GESCHNITTEN
- 2 KNOBLAUCHZEHEN, IN SCHEIBEN GESCHNITTEN
- 2 FRÜHLINGSZWIEBELN, IN FEINE STREIFEN GESCHNITTEN
- 3 EL ZHENJIANG- ODER BALSAMICO-ESSIG
- 2 TL ZUCKER
- 1 EL HELLE SOJASAUCE
- 1 TL SHAOXING-REISWEIN
- ½ TL SICHUAN-PFEFFERÖL
- ½ TL SESAMÖL
- GEDÄMPFTER REIS (SEITE 540) ZUM SERVIEREN

* Kopf und Schwanz des Fisches abschneiden und entfernen. Mit einem scharfen Messer den Fisch in 10 cm lange Stücke schneiden und jedes Stück auf jeder Seite zweimal einschneiden. In eine Schüssel legen, Salz und Pfeffer zufügen und 30 Minuten marinieren. Mit Küchenpapier trocken tupfen und leicht mit der Stärke bestäuben.
* Das Öl in einem Wok oder hohen Topf auf 170 °C erhitzen oder bis ein Brotwürfel in 45 Sekunden braun wird. Den Fisch hineingeben und in 3 Minuten goldbraun frittieren, wenden und weitere 3 Minuten frittieren, bis er gar ist. Mit einem Schaumlöffel vorsichtig aus dem Öl heben und auf Küchenpapier abtropfen lassen.
* Das Öl bis auf 1 Esslöffel abgießen. Ingwer und Knoblauch hineingeben und auf mittlerer Hitze 1 Minute unter Rühren braten, bis sie duften. Fisch, Frühlingszwiebeln, Essig, Zucker, Sojasauce, Reiswein und Sichuan-Pfefferöl zufügen und 1 Minute anbraten, bis die Sauce eindickt. Auf einem Teller anrichten und mit dem Sesamöl beträufeln. Mit Reis servieren.

冬菇烩花胶
SCHWIMMBLASE MIT SHIITAKE

HERKUNFT: HONGKONG
ZUBEREITUNGSZEIT: 30 MINUTEN,
ZZGL. 8 ½ STUNDEN EINWEICHZEIT
GARZEIT: 25 MINUTEN
PERSONEN: 4-6

* Die Schwimmblase 30 Minuten in warmem Wasser einweichen. Unter fließendem kaltem Wasser gründlich abspülen.
* Die Schwimmblase mit der Hälfte des Ingwers in einen großen Topf mit kaltem Wasser geben und zum Kochen bringen. 10 Minuten kochen lassen, den Deckel aufsetzen und den Herd ausschalten. Mindestens 8 Stunden oder über Nacht einweichen. Ist die Schwimmblase noch nicht weich genug, alle Schritte wiederholen. Abtropfen lassen und braune Stellen entfernen.
* Die Shiitake in einer Schüssel mit kaltem Wasser bedecken und mindestens 20 Minuten einweichen. Herausnehmen, Wasser herausdrücken und die Stiele entfernen. Mit 1 Esslöffel Pflanzenöl mischen. Die Einweichflüssigkeit aufheben.
* Den restlichen Esslöffel Pflanzenöl in einem Wok oder einer großen Pfanne auf mittlerer Hitze heiß werden lassen, den übrigen Ingwer hineingeben und unter Rühren 1 Minute braten. Pilze, Reiswein, Hühnerbrühe, Pilzwasser, Austernsauce, Salz und Zucker zufügen und zum Kochen bringen.
* Schwimmblase zufügen, auf schwache Hitze reduzieren und mit Deckel 5 Minuten köcheln lassen. Deckel abnehmen, auf starke Hitze erhöhen und die Sauce 5 Minuten einkochen lassen. Frühlingszwiebeln und Sesamöl zufügen. Nach Geschmack nachwürzen und auf einem Teller anrichten. Mit Reis servieren.

- 120 G GETROCKNETE SCHWIMMBLASE
- 50 G INGWER (CA. 7,5 CM), IN SCHEIBEN GESCHNITTEN
- 8-10 GETROCKNETE SHIITAKE
- 2 EL PFLANZENÖL
- 1 EL REISWEIN
- 250 ML HÜHNERBRÜHE (SEITE 90)
- 2 EL AUSTERNSAUCE
- 1 TL SALZ, ZZGL. ETWAS MEHR NACH GESCHMACK
- 1 TL ZUCKER
- 3 FRÜHLINGSZWIEBELN, IN 4 CM LANGE STÜCKE GESCHNITTEN
- 1 TL SESAMÖL
- GEDÄMPFTER REIS (SEITE 540) ZUM SERVIEREN

酥煎带鱼
GEBRATENER SENSENFISCH

HERKUNFT: CHAOZHOU
ZUBEREITUNGSZEIT: 5 MINUTEN,
ZZGL. 30 MINUTEN MARINIERZEIT
GARZEIT: 10 MINUTEN
PERSONEN: 4

* Mit einem scharfen Messer den Fisch in 6 cm lange Stücke schneiden und jedes Stück auf jeder Seite zweimal einschneiden. Fisch und Salz in einer Schüssel mischen und 30 Minuten marinieren. Mit Küchenpapier trocken tupfen und leicht mit der Stärke bestäuben.
* Das Öl in einer großen Pfanne auf starker Hitze heiß werden lassen, den Fisch hineingeben und etwa 10 Sekunden braten. Auf schwache Hitze reduzieren und von jeder Seite 5–6 Minuten bräunen. Auf einem Teller anrichten und mit Reis servieren.

- 1 SENSENFISCH (400 G), KÜCHENFERTIG
- 1 TL SALZ
- 2 EL SPEISESTÄRKE
- 2 EL PFLANZENÖL
- GEDÄMPFTER REIS (SEITE 540) ZUM SERVIEREN

HERKUNFT: CHAOZHOU
ZUBEREITUNGSZEIT: 10 MINUTEN,
 ZZGL. 30 MINUTEN EINWEICHZEIT
GARZEIT: 30 MINUTEN
PERSONEN: 4

大白菜炆鱼鳔
SCHWIMMBLASE MIT KOHL

- 10 G INGWER (CA. 2 CM), IN SCHEIBEN GESCHNITTEN
- 25 G FRITTIERTE SCHWIMMBLASE, ABGESPÜLT
- 1 EL GETROCKNETE GARNELEN
- 4 GETROCKNETE SHIITAKE
- 1 TL PFLANZENÖL
- 3 KNOBLAUCHZEHEN, GESCHÄLT
- ⅓ KAROTTE, IN SCHEIBEN GESCHNITTEN
- ¼ KLEINER CHINAKOHL, IN 5 CM LANGE STÜCKE GESCHNITTEN
- 1 TL FISCHSAUCE
- ½ TL ZUCKER
- 120 ML HÜHNERBRÜHE (SEITE 90)
- 1 STÄNGEL SCHNITTSELLERIE, BLÄTTER ENTFERNT UND IN 3 CM LANGE STÜCKE GESCHNITTEN
- ½ TL SPEISESTÄRKE
- SALZ NACH GESCHMACK

* 1 Liter Wasser zum Kochen bringen, den Ingwer hineingeben und 10 Minuten kochen lassen. Die Schwimmblase zufügen, erneut aufkochen lassen und den Herd ausschalten. 30 Minuten stehen lassen. Abtropfen lassen und die Schwimmblase abspülen, Wasser herausdrücken und in 5 cm große Stücke schneiden.
* Inzwischen die getrockneten Garnelen in einer kleinen Schüssel mit kaltem Wasser 5 Minuten einweichen.
* Die Shiitake in eine Schüssel legen, mit kaltem Wasser bedecken und mindestens 20 Minuten einweichen. Herausnehmen, Wasser herausdrücken und die Stiele entfernen. Jeden Pilz halbieren und beiseitelegen.
* Das Öl in einem Wok oder einer Pfanne erhitzen, Knoblauch, Schwimmblase, Garnelen, Pilze, Karotte, Chinakohl, Fischsauce, Zucker und Hühnerbrühe hineingeben und zum Kochen bringen. Auf schwache Hitze reduzieren und mit Deckel 15 Minuten köcheln lassen. Schnittsellerie einrühren und 1 Minute mitkochen. Die Stärke in einer kleinen Schüssel mit ½ Esslöffel Wasser mischen und in den Wok rühren. Unter Rühren 30 Sekunden aufkochen lassen, bis die Sauce eindickt. Salzen und auf einem Servierteller anrichten.

HERKUNFT: CHAOZHOU
ZUBEREITUNGSZEIT: 10 MINUTEN,
 ZZGL. 15 MINUTEN MARINIERZEIT
GARZEIT: 30 MINUTEN
PERSONEN: 2

白萝卜丝煮鱼
MEERBRASSE MIT DAIKON

- 1 MEERBRASSE (400 G), GESÄUBERT
- ½ TL SALZ
- 4 EL PFLANZENÖL
- 1 EL SPEISESTÄRKE
- 10 G INGWER (CA. 2 CM), IN SCHEIBEN GESCHNITTEN
- 200 G DAKION-RETTICH, IN 5 CM DICKE SCHEIBEN GESCHNITTEN
- ½ TL ZUCKER
- 1 TL FISCHSAUCE
- 250 ML HÜHNERBRÜHE (SEITE 90)
- 1 ROTE CHILISCHOTE, SAMEN ENTFERNT UND IN STREIFEN GESCHNITTEN
- 1 STÄNGEL SCHNITTSELLERIE, ENDE ABGESCHNITTEN UND IN 5 CM LANGE STÜCKE GESCHNITTEN

* Den Fisch überall mit Salz einreiben und 15 Minuten stehen lassen. Mit Küchenpapier trocken tupfen.
* 2 Esslöffel Öl in einer großen Pfanne erhitzen. Den Fisch leicht mit Stärke bestäuben und in die Pfanne legen. Auf schwacher Hitze von jeder Seite in etwa 5 Minuten goldbraun braten. Auf einen Teller legen.
* Die restlichen 2 Esslöffel Öl auf starker Hitze in der Pfanne heiß werden lassen und den Ingwer 1 Minuten unter Rühren braten, bis er duftet. Daikon, Zucker und Fischsauce unterrühren und die Hühnerbrühe zugießen. Alles zum Kochen bringen, auf mittlere Hitze reduzieren und etwa 15 Minuten kochen lassen, bis der Daikon gar ist. Fisch, Chilistreifen und Schnittsellerie zufügen und 2 Minuten mitkochen. Auf einem Servierteller anrichten.

干烧红鲉
SAUTIERTER KUPFERSCHNAPPER

HERKUNFT: HONGKONG
ZUBEREITUNGSZEIT: 10 MINUTEN, ZZGL. 20 MINUTEN EINWEICHZEIT
GARZEIT: 20 MINUTEN
PERSONEN: 4

* Die Shiitake in eine Schüssel legen, mit kaltem Wasser bedecken und mindestens 20 Minuten einweichen. Herausnehmen, Wasser herausdrücken und die Stiele entfernen. Würfeln und beiseitestellen.
* Mit einem scharfen Messer den Fisch auf jeder Seite einmal flach einschneiden, das Salz in den Schnitt reiben und 10 Minuten ruhen lassen. Von innen und außen mit Küchenpapier trocken tupfen.
* Das Öl in einem Wok oder hohen Topf auf 150 °C erhitzen oder bis ein Brotwürfel in 1½ Minuten braun wird. Den Fisch hineingeben und in 8–10 Minuten gar und goldbraun frittieren. Mit einem Schaumlöffel vorsichtig aus dem Öl heben und auf Küchenpapier abtropfen lassen.
* Das Öl bis auf 1 Esslöffel abgießen. Auf mittlerer Hitze heiß werden lassen, Rückenspeck, Knoblauch, Ingwer und Frühlingszwiebeln hineingeben und 1 Minute unter Rühren braten, bis die Mischung duftet. Frische und getrocknete Chilischoten, Kohlgemüse und Pilze zufügen und 1 Minute unter Rühren braten. Sojasaucen, Zucker und 4 Esslöffel Wasser zufügen, zum Kochen bringen und 3 Minuten kochen lassen, bis die Sauce eindickt. Den Essig zufügen und alles gut mischen. Salzen.
* Den Fisch in die Sauce geben und 1 Minute mitgaren, dann wenden und wieder 1 Minute garen, bis die Sauce eindickt. Auf einen Teller legen und mit der Sauce übergießen. Mit Reis servieren.

- 4 GETROCKNETE SHIITAKE
- 1 KUPFERSCHNAPPER (600 G), KÜCHENFERTIG
- ½ TL SALZ, ZZGL. ETWAS MEHR NACH GESCHMACK
- 250 ML PFLANZENÖL
- 20 G RÜCKENSPECK VOM SCHWEIN, IN 1 CM GROSSE WÜRFEL GESCHNITTEN
- 2 KNOBLAUCHZEHEN, GERIEBEN
- 4 TL GERIEBENER INGWER
- 3 FRÜHLINGSZWIEBELN, FEIN GEHACKT
- 2 ROTE CHILISCHOTEN, SAMEN ENTFERNT UND GEHACKT
- 2 GETROCKNETE ROTE CHILISCHOTEN, IN 1 CM GROSSE STÜCKE GESCHNITTEN
- 50 G FERMENTIERTES KOHLGEMÜSE AUS SICHUAN, ENDEN ABGESCHNITTEN, ABGESPÜLT UND GEHACKT
- 1 TL HELLE SOJASAUCE
- 1 TL DUNKLE SOJASAUCE
- 1 TL ZUCKER
- 1 TL ZHENJIANG- ODER BALSAMICO-ESSIG
- GEDÄMPFTER REIS (SEITE 540) ZUM SERVIEREN

HERKUNFT: GUANGDONG
ZUBEREITUNGSZEIT: 15 MINUTEN,
    ZZGL. 20 MINUTEN EINWEICHZEIT
GARZEIT: 15 MINUTEN
PERSONEN: 4

生炆斑球
ZACKENBARSCH MIT SHIITAKE UND FRÜHLINGSZWIEBELN

- 1 ZACKENBARSCH (600 G), IN 3 CM GROSSE WÜRFEL GESCHNITTEN
- 5 GETROCKNETE SHIITAKE
- 1 GETROCKNETE MANDARINENSCHALE
- 120 ML PFLANZENÖL
- 4 KNOBLAUCHZEHEN, GESCHÄLT
- 25 G INGWER (CA. 5 CM), IN FEINE STREIFEN GESCHNITTEN
- 3 FRÜHLINGSZWIEBELN, IN 4 CM LANGE STÜCKE GESCHNITTEN
- 250 G GEBRATENER SCHWEINEBAUCH, IN 1 CM GROSSE WÜRFEL GESCHNITTEN
- ½ KAROTTE, IN SCHEIBEN GESCHNITTEN
- 1 TL HELLE SOJASAUCE
- 1 EL AUSTERNSAUCE
- 1 TL ZUCKER
- 120 ML HÜHNERBRÜHE (SEITE 90)
- 1 TL SPEISESTÄRKE
- SALZ NACH GESCHMACK
- 2 BUND KORIANDERGRÜN, GEHACKT
- GEDÄMPFTER REIS (SEITE 540) ZUM SERVIEREN

* Den Fisch abspülen und mit Küchenpapier trocken tupfen.
* Shiitake und Mandarinenschale in zwei getrennten kleinen Schüsseln 20 Minuten in kaltem Wasser einweichen. Herausnehmen, die Stiele von den Pilzen entfernen und Shiitake und Mandarinenschale in Streifen schneiden.
* Das Öl in einem Wok oder einer großen Pfanne auf mittlerer Hitze heiß werden lassen, den Knoblauch hineingeben und 1–2 Minuten unter Rühren braten, bis er duftet. Herausnehmen und beiseitelegen.
* Das Öl auf mittlerer bis starker Hitze wieder heiß werden lassen, vorsichtig den Fisch hineinlegen und in 5 Minuten knapp gar braten. Herausnehmen und zum Abtropfen in ein Sieb legen.
* Das Öl bis auf 1 Esslöffel abgießen. Knoblauch, Ingwer, Frühlingszwiebeln, Schweinebauch, getrocknete Mandarinenschale, Pilze und Karotte zufügen und auf starker Hitze 2–3 Minuten unter Rühren braten. Bratfisch, Soja- und Austernsauce, Zucker und Hühnerbrühe zufügen und alles zum Kochen bringen. Auf schwache Hitze reduzieren und ohne Deckel 5 Minuten köcheln lassen.
* Die Stärke in einer kleinen Schüssel mit 1 Esslöffel Wasser anrühren und die Mischung in den Wok rühren. Unter Rühren 30 Sekunden aufkochen lassen, bis die Sauce eindickt. Nach Geschmack salzen. Auf einem Teller anrichten und mit Koriandergrün garnieren. Mit Reis servieren.

HERKUNFT: SHUNDE
ZUBEREITUNGSZEIT: 5 MINUTEN,
    ZZGL. 20 MINUTEN EINWEICHZEIT
GARZEIT: 5 MINUTEN
PERSONEN: 4

冬菇烩鱼腐
SHIITAKE MIT FRITTIERTEN FISCHPLÄTZCHEN

- 12 GETROCKNETE SHIITAKE
- 1 EL PFLANZENÖL
- 5 G INGWER (CA. 1 CM), IN SCHEIBEN GESCHNITTEN
- 12 FRITTIERTE FISCHPLÄTZCHEN NACH SHUNDE-ART (SEITE 72)
- ½ EL AUSTERNSAUCE
- ½ TL SPEISESTÄRKE
- ¼ TL SESAMÖL

* Die Shiitake in eine Schüssel legen, mit kaltem Wasser bedecken und mindestens 20 Minuten einweichen. Herausnehmen, Wasser herausdrücken und die Stiele entfernen.
* Pflanzenöl in einem Wok oder einer großen Pfanne auf mittlerer Hitze heiß werden lassen, Ingwer hineingeben und 1 Minute unter Rühren braten, bis er duftet. Die Pilze einige Sekunden unter Rühren mitbraten, dann Fischplätzchen und Austernsauce zufügen und gut umrühren. 4 Esslöffel Wasser zufügen und zum Kochen bringen. Auf schwache Hitze reduzieren und 3 Minuten köcheln lassen. Die Stärke in einer kleinen Schüssel mit ½ Esslöffel Wasser anrühren und die Mischung in den Wok rühren. Unter Rühren 30 Sekunden aufkochen lassen, bis die Sauce eindickt.
* Das Sesamöl einrühren und auf einem Teller anrichten.

砂锅鱼头
GESCHMORTER FISCHKOPF

HERKUNFT: ZHEJIANG
ZUBEREITUNGSZEIT: 10 MINUTEN, ZZGL. 20 MINUTEN EINWEICHZEIT
GARZEIT: 45 MINUTEN
PERSONEN: 4

* Die Shiitake in eine Schüssel legen, mit kaltem Wasser bedecken und mindestens 20 Minuten einweichen. Herausnehmen, Wasser herausdrücken und die Stiele entfernen. In dünne Streifen schneiden und beiseitestellen.
* Während die Pilze einweichen, den Fischkopf mit einem scharfen Messer längs halbieren und abspülen. Mit 1 Teelöffel Salz, Ingwersaft und Pfeffer in einer Schüssel gründlich mischen. 15 Minuten marinieren.
* Das Öl in einem Wok oder hohen Topf auf 170 °C erhitzen oder bis ein Brotwürfel in 45 Sekunden braun wird. Den Fisch mit 2 Esslöffeln Stärke bestäuben und ins heiße Öl legen. In 6–7 Minuten goldbraun frittieren. Mit einem Schaumlöffel vorsichtig aus dem Öl heben und auf Küchenpapier abtropfen lassen.
* Die ganzen Knoblauchzehen ins Öl geben und auf schwacher Hitze in 2 Minuten hellbraun frittieren. Herausnehmen und beiseitelegen. Nun den Tofu hineingeben und in 3–4 Minuten hellbraun frittieren. Herausnehmen und beiseitelegen.
* Einen großen Topf Wasser auf starker Hitze zum Kochen bringen. Den Kohl hineingeben und 2 Minuten blanchieren. Abtropfen lassen und beiseitelegen.
* Schweinefleisch, den restlichen ¼ Teelöffel Salz, ¼ Teelöffel Stärke und 1 Teelöffel Öl in einer Schüssel mischen.
* Die restlichen 3 Teelöffel Öl in einem Schmortopf auf mittlerer Hitze heiß werden lassen, Ingwerscheiben, Pilze, Knoblauch, Fleisch und Chili-Bohnen-Paste hineingeben und 4–5 Minuten unter Rühren braten. Hühnerbrühe und Kohl zufügen, den Fischkopf auf den Kohl legen, dann Reiswein und Sojasauce zufügen. Zum Kochen bringen und auf starker Hitze 10 Minuten kochen lassen. Tofu, Mungobohnenstärke und Frühlingszwiebeln zufügen und auf mittlere Hitze reduzieren. Mit Deckel 6–8 Minuten köcheln lassen. Das Sesamöl unterrühren und mit Reis im Schmortopf servieren.

- 4 GETROCKNETE SHIITAKE
- 1 KOPF EINES SALZWASSERFISCHS (450 G)
- 1 ¼ TL SALZ
- 1 EL INGWERSAFT
- ¼ TL GEMAHLENER WEISSER PFEFFER
- 475 ML PFLANZENÖL, ZZGL. 4 TL
- 2 EL SPEISESTÄRKE, ZZGL. ¼ TL
- 5 KNOBLAUCHZEHEN
- 250 G FESTER TOFU, ABGETROPFT UND GEWÜRFELT
- ½ KLEINER CHINAKOHL, IN SCHEIBEN GESCHNITTEN
- 30 G ZERKLEINERTES SCHWEINEFLEISCH
- 5 G INGWER (CA. 1 CM), IN SCHEIBEN GESCHNITTEN
- 2 EL CHILI-BOHNEN-PASTE
- 250 ML HÜHNERBRÜHE (SEITE 90)
- 1 EL SHAOXING-REISWEIN
- 1 TL HELLE SOJASAUCE
- 150 G GETROCKNETE MUNGOBOHNENSTÄRKE, IN WASSER EINGEWEICHT
- 3 FRÜHLINGSZWIEBELN, IN 4 CM LANGE STÜCKE GESCHNITTEN
- ½ TL SESAMÖL
- GEDÄMPFTER REIS (SEITE 540) ZUM SERVIEREN

HERKUNFT: HONGKONG
ZUBEREITUNGSZEIT: 15 MINUTEN,
  ZZGL. 20 MINUTEN MARINIERZEIT
GARZEIT: 25 MINUTEN
PERSONEN: 4–6

红炆斑尾
GESCHMORTER SCHWANZ VOM ZACKENBARSCH

- 5 GETROCKNETE SHIITAKE
- 1 ZACKENBARSCH-SCHWANZ (750 G), KÜCHENFERTIG
- 1 TL SALZ
- ¼ TL GEMAHLENER WEISSER PFEFFER
- 1 EI, VERRÜHRT
- 1 EL SPEISESTÄRKE
- 4 EL PFLANZENÖL
- 20 G INGWER (CA. 2,5 CM), IN SCHEIBEN GESCHNITTEN
- 4 KNOBLAUCHZEHEN, ZERDRÜCKT
- 4 SCHALOTTEN, GEVIERTELT
- 75 G MAGERES SCHWEINEFLEISCH, IN STREIFEN GESCHNITTEN
- 1 EL SHAOXING-REISWEIN
- 2 EL AUSTERNSAUCE
- 1 TL HELLE SOJASAUCE
- 1 TL ZUCKER
- 475 ML HÜHNERBRÜHE (SEITE 90)
- 3 FRÜHLINGSZWIEBELN, NUR SCHÄFTE, IN 4 CM LANGE STÜCKE GESCHNITTEN
- 1½ EL SPEISESTÄRKE
- ½ TL SESAMÖL
- GEDÄMPFTER REIS (SEITE 540) ZUM SERVIEREN

* Die Shiitake in eine Schüssel legen, mit kaltem Wasser bedecken und mindestens 20 Minuten einweichen. Herausnehmen, Wasser herausdrücken und die Stiele entfernen. In Streifen schneiden und beiseitestellen.

* Mit einem großen scharfen Messer den Fischschwanz neben der Wirbelsäule tief einschneiden. Auf beiden Seiten mit Salz und Pfeffer abreiben. Jede Schwanzseite mit dem verrührten Ei bestreichen, dann leicht mit Stärke bestäuben.

* 3 Esslöffel Öl in einem Wok oder hohen Topf auf 150 °C erhitzen oder bis ein Brotwürfel in 1½ Minuten braun wird. Den Fisch hineingeben und von jeder Seite 5 Minuten braten, bis er goldbraun und gar ist. Mit einem Schaumlöffel den Fischschwanz vorsichtig aus dem Öl heben und auf Küchenpapier abtropfen lassen.

* Den restlichen Esslöffel Öl im Wok oder in einer großen Pfanne auf mittlerer Hitze heiß werden lassen, Ingwer, Knoblauch und Schalotten hineingeben und 1–2 Minuten unter Rühren braten, bis sie duften. Fleisch und Pilze zufügen und untermischen. Den Reiswein hineinträufeln und 1 Minute weiterbraten. Austernsauce, Sojasauce, Zucker und Hühnerbrühe zufügen und alles zum Kochen bringen. Den Fischschwanz in den Wok legen, auf mittlere Hitze reduzieren und mit Deckel von jeder Seite 5 Minuten köcheln lassen. Den Fischschwanz auf einem Servierteller anrichten, die Sauce im Wok lassen.

* Die Frühlingszwiebeln in die Sauce rühren, auf mittlere bis starke Hitze erhöhen und 5 Minuten köcheln lassen, bis sie auf etwa 250 ml eingekocht ist.

* Die Stärke in einer kleinen Schüssel mit 4 Esslöffeln Wasser anrühren und die Mischung in die Sauce rühren. Das Sesamöl zufügen. Unter Rühren 30 Sekunden aufkochen lassen, bis die Sauce eindickt. Nach Geschmack würzen. Die Sauce über den Fisch gießen und mit Reis servieren.

雪菜马头鱼
TORPEDOBARSCH MIT FERMENTIERTEM KOHLGEMÜSE

HERKUNFT: FUJIAN
ZUBEREITUNGSZEIT: 10 MINUTEN, ZZGL. 15 MINUTEN MARINIERZEIT
GARZEIT: 15 MINUTEN
PERSONEN: 4

* Hackfleisch, Sojasauce und Zucker in einer Schüssel vermengen und 15 Minuten marinieren. ½ Teelöffel Stärke unterrühren und beiseitestellen.
* Inzwischen den Fisch von innen und außen mit dem Salz abreiben und 15 Minuten stehen lassen. Mit Küchenpapier trocken tupfen.
* 2 Esslöffel Öl in einem Wok oder einer großen Pfanne auf mittlerer Hitze heiß werden lassen. Den Fisch mit einer dünnen Schicht Stärke bestäuben, in den Wok legen und 4–5 Minuten braten. Wenden und weitere 4–5 Minuten braten, bis er braun und gar ist. Auf einen Teller legen und beiseitestellen.
* Den Wok mit Küchenpapier auswischen und auf mittlere Hitze stellen. Den restlichen Esslöffel Öl, Ingwer, Knoblauch, Hackfleisch, Kohlgemüse und 120 ml Wasser zufügen und 2 Minuten kochen lassen. Den Fisch in die Sauce legen und ohne Deckel etwa 1 Minute mitköcheln, dann auf einen Teller legen.
* Den restlichen ½ Teelöffel Stärke in einer kleinen Schüssel mit ½ Esslöffel Wasser anrühren und die Mischung in den Wok rühren. Unter Rühren 30 Sekunden aufkochen lassen, bis die Sauce eindickt. Die Chilistücke einrühren und die Sauce über den Fisch gießen. Mit Reis servieren.

- 50 G SCHWEINEHACKFLEISCH
- 1 TL HELLE SOJASAUCE
- ½ TL ZUCKER
- 1 TL SPEISESTÄRKE, ZZGL. ETWAS MEHR ZUM BESTÄUBEN
- 1 TORPEDOBARSCH ODER TILAPIA (400 G), KÜCHENFERTIG
- ½ TL SALZ
- 3 EL PFLANZENÖL
- 1 TL FEINE INGWERSTREIFEN
- 1 KNOBLAUCHZEHE, FEIN GEHACKT
- 150 G FERMENTIERTES KOHLGEMÜSE, ENDEN ABGESCHNITTEN, ABGESPÜLT UND GEHACKT
- 1 ROTE CHILISCHOTE, SAMEN ENTFERNT UND GEHACKT
- GEDÄMPFTER REIS (SEITE 540) ZUM SERVIEREN

HERKUNFT: HONGKONG
ZUBEREITUNGSZEIT: 15 MINUTEN
GARZEIT: 12 MINUTEN
PERSONEN: 4
SEITE 143

番茄鲈鱼
SEEBARSCH MIT TOMATEN

- 4 SEEBARSCHE, KÜCHENFERTIG
- 1 TL SALZ
- 1 PRISE GEMAHLENER WEISSER PFEFFER
- 2 GROSSE TOMATEN
- 3 EL PFLANZENÖL
- 10 G INGWER (CA. 2 CM), IN FEINE STREIFEN GESCHNITTEN
- ½ ZWIEBEL, IN DÜNNE SCHEIBEN GESCHNITTEN
- 1 EL ZUCKER
- ½ TL STÄRKE
- 3 FRÜHLINGSZWIEBELN, IN FEINE STREIFEN GESCHNITTEN
- GEDÄMPFTER REIS (SEITE 540) ZUM SERVIEREN

* Den Fisch mit ½ Teelöffel Salz und dem weißen Pfeffer einreiben und 5 Minuten beiseitestellen. Mit Küchenpapier trocken tupfen.
* Die Tomaten unten einschneiden. Einen kleinen Topf Wasser zum Kochen bringen, die Tomaten hineingeben und 1–2 Minuten erhitzen. Sofort in eine Schüssel mit Eiswasser legen. Etwas abkühlen lassen, die Haut abziehen und jede Tomate in 6 Stücke schneiden.
* 2 Esslöffel Öl in einem Wok oder einer Pfanne auf mittlerer Hitze heiß werden lassen, den Fisch hineinlegen und auf jeder Seite 2–3 Minuten braten, bis er goldbraun und gar ist. Auf einen Teller legen.
* Den restlichen Esslöffel Öl auf mittlerer Hitze im Wok heiß werden lassen, den Ingwer hineingeben und 1 Minute unter Rühren braten, bis er duftet. Zwiebel, Tomaten, Zucker und den restlichen ½ Teelöffel Salz zufügen und 2 Minuten unter Rühren braten. Den Fisch hineinlegen, den Deckel aufsetzen und 2 Minuten auf starker Hitze kochen lassen. Den Fisch auf einen Teller legen.
* Die Stärke in einer kleinen Schüssel mit ½ Esslöffel Wasser anrühren und die Mischung in den Wok gießen. Unter Rühren 30 Sekunden aufkochen lassen, bis die Sauce eindickt. Sauce und Fisch in eine Schüssel füllen und mit den Frühlingszwiebelstreifen garnieren. Mit Reis servieren.

SEEBARSCH MIT TOMATEN

HERKUNFT: TIANJIN
ZUBEREITUNGSZEIT: 5 MINUTEN,
    ZZGL. 20 MINUTEN EINWEICHZEIT
GARZEIT: 10 MINUTEN
PERSONEN: 4

官烧目鱼
FLUNDER MIT SHIITAKE UND BAMBUSSPROSSEN

- 4 GETROCKNETE SHIITAKE
- 250 G FLUNDERFILETS, IN 5 CM BREITE STREIFEN GESCHNITTEN
- 1 EL INGWERSAFT
- 1 EL REISWEIN
- 1 EI, VERRÜHRT
- 2 ½ EL SPEISESTÄRKE
- ½ TL SALZ, ZZGL. ETWAS MEHR NACH GESCHMACK
- 750 ML PFLANZENÖL, ZZGL. 1 TL
- 60 G BAMBUSSPROSSEN, IN SCHEIBEN, ABGETROPFT, IN STREIFEN GESCHNITTEN
- 20 G SALATGURKE, IN STIFTE GESCHNITTEN
- 1 FRÜHLINGSZWIEBEL, IN FEINE STREIFEN GESCHNITTEN
- 5 G INGWER (CA. 1 CM), IN FEINE STREIFEN GESCHNITTEN
- 1 KNOBLAUCHZEHE, IN SCHEIBEN GESCHNITTEN
- 2 EL WEISSER REISESSIG
- 5 EL HÜHNERBRÜHE (SEITE 90)
- 2 EL ZUCKER
- 2 TL SICHUAN-PFEFFERÖL
- GEDÄMPFTER REIS (SEITE 540) ZUM SERVIEREN

* Die Shiitake in eine Schüssel legen, mit kaltem Wasser bedecken und mindestens 20 Minuten einweichen. Herausnehmen, Wasser herausdrücken und die Stiele entfernen. In dünne Scheiben schneiden.
* Fisch, ½ Esslöffel Ingwersaft und 1 Teelöffel Reiswein in einer Schüssel mischen. 5 Minuten marinieren.
* In einer kleinen Schüssel die Hälfte des Eis (den Rest für ein anderes Rezept aufheben) mit 1 Esslöffel Stärke, ¼ Teelöffel Salz und 1 Teelöffel Pflanzenöl zu einer Paste verrühren. Zum Fisch geben und alles gut mischen.
* 750 ml Pflanzenöl in einem Wok oder hohen Topf auf 170 °C erhitzen oder bis ein Brotwürfel in 45 Sekunden braun wird. Den Fisch hineinlegen und in 4–5 Minuten goldbraun und gar frittieren. Mit einem Schaumlöffel vorsichtig aus dem Öl nehmen und auf Küchenpapier abtropfen lassen.
* Pilze, Bambussprossen und Gurke in den Wok geben und 2 Minuten frittieren. Mit einem Schaumlöffel vorsichtig herausheben und auf Küchenpapier abtropfen lassen. Beiseitestellen.
* Das Öl bis auf etwa 1 Esslöffel abgießen. Frühlingszwiebel, Ingwer und Knoblauch in den Wok geben und auf mittlerer Hitze 1 Minute unter Rühren braten, bis sie duften. Den restlichen Ingwersaft, Reiswein, Essig, Hühnerbrühe, Zucker und den restlichen ¼ Teelöffel Salz zufügen und auf starker Hitze zum Kochen bringen.
* Die restlichen 1½ Esslöffel Stärke in einer kleinen Schüssel mit 3 Esslöffeln Wasser anrühren und die Mischung in den Wok rühren. Unter Rühren 30 Sekunden aufkochen lassen, bis die Sauce eindickt. Fisch, Pilze, Bambussprossen und Gurke zufügen, umrühren und das Sichuan-Pfefferöl zufügen. Nach Geschmack nachwürzen und auf einem Teller anrichten. Mit Reis servieren.

糟熘鱼片
FISCH IN TRESTERSAUCE

HERKUNFT: SHANGHAI
ZUBEREITUNGSZEIT: 10 MINUTEN, ZZGL. 20 MINUTEN EINWEICHZEIT
GARZEIT: 10 MINUTEN
PERSONEN: 4

* Die Mu-Err in eine Schüssel legen, mit kaltem Wasser bedecken und mindestens 20 Minuten einweichen. Herausnehmen, Wasser herausdrücken und die Stiele entfernen. In kleine Stücke zerpflücken.
* Inzwischen Fisch, Eiweiße und ½ Esslöffel Stärke mischen und 10 Minuten marinieren.
* Die Trestersauce in einem Mixer oder einer Küchenmaschine zu einer dicken Sauce pürieren.
* Einen Topf Wasser zum Kochen bringen, die Bambussprossen hineingeben und 1 Minute blanchieren. Abtropfen lassen und unter fließendem kaltem Wasser abspülen.
* Das Öl in einem Wok oder hohen Topf auf 150 °C erhitzen oder bis ein Brotwürfel in 1½ Minuten braun wird. Die Fischscheiben hineingleiten lassen und sofort mit Stäbchen im Öl verteilen, damit sie nicht zusammenkleben. 1 Minute frittieren, bis sie fast gar sind. Mit einem Schaumlöffel vorsichtig aus dem Öl nehmen und auf Küchenpapier abtropfen lassen.
* Das Öl bis auf 1 Esslöffel abgießen. Mu-Err und Bambussprossen hineingeben und auf starker Hitze 2 Minuten unter Rühren braten. Reiswein, Ingwersaft, Salz, Zucker, Trestersauce und Hühnerbrühe zufügen und zum Kochen bringen. Die frittierten Fischscheiben dazugeben und 1 Minute zügig umrühren.
* Den restlichen ½ Esslöffel Stärke in einer kleinen Schüssel mit 1½ Esslöffeln Wasser anrühren und die Mischung in den Wok rühren. Unter Rühren 30 Sekunden aufkochen lassen, bis die Sauce eindickt. Auf einem Teller anrichten und mit Reis servieren.

- 5 G GETROCKNETE MU-ERR
- 250 G FILETS VOM GRÜNEN LIPPFISCH ODER ANDEREM WEISSFISCH, IN DICKE SCHEIBEN GESCHNITTEN
- 2 EIWEISS, LEICHT VERRÜHRT
- 1 EL SPEISESTÄRKE
- 3 EL WEISSE TRESTERSAUCE
- 20 G BAMBUSSPROSSEN, IN SCHEIBEN, ABGETROPFT
- 250 ML PFLANZENÖL
- 1 EL SHAOXING-REISWEIN
- 1 EL INGWERSAFT
- ½ TL SALZ
- 2 TL ZUCKER
- 120 ML HÜHNERBRÜHE (SEITE 90)
- GEDÄMPFTER REIS (SEITE 540) ZUM SERVIEREN

HERKUNFT: HONGKONG
ZUBEREITUNGSZEIT: 15 MINUTEN,
  ZZGL. 2 STUNDEN MARINIERZEIT
GARZEIT: 15 MINUTEN
PERSONEN: 4
SEITE 147

酥骨鲳鱼
PAMPEL MIT KNUSPRIGEN GRÄTEN

- 1 SILBERNER PAMPEL (400 G) ODER ANDERER WEISSFISCH, KÜCHENFERTIG
- 1 EIWEISS
- 750 ML PFLANZENÖL
- 10 G INGWER (CA. 2 CM), IN SCHEIBEN GESCHNITTEN
- 3 KNOBLAUCHZEHEN, IN SCHEIBEN GESCHNITTEN
- 6 STROHPILZE, ABGESPÜLT UND HALBIERT (NACH BELIEBEN)
- 2 STÄNGEL SCHNITTSELLERIE, IN 3 CM LANGE STÜCKE GESCHNITTEN
- ½ ROTE CAYENNE-CHILISCHOTE, IN STREIFEN GESCHNITTEN
- 1 TL FISCHSAUCE
- ½ TL ZUCKER
- 1 TL REISWEIN
- ½ TL SPEISESTÄRKE
- 1 PRISE GEMAHLENER WEISSER PFEFFER
- GEDÄMPFTER REIS (SEITE 540) ZUM SERVIEREN

FÜR DEN TEIG:
- 3 EL MEHL
- 1 EL SPEISESTÄRKE
- ¼ TL BACKPULVER
- ½ TL SALZ
- ½ EL PFLANZENÖL

* Zunächst den Fisch filetieren. Dazu den Kopf entfernen und das Filet durch Schnitte durch die Haut oben, unten und über dem Schwanz andeuten. Den Fisch an der Mittellinie von Kopf bis Schwanz in 2 Hälften schneiden. Das Messer in die Mittellinie schieben und einen Teil filetieren. Den Fisch umdrehen und den anderen Teil filetieren. Den Fisch wenden und wiederholen. Die Gräten beiseitelegen.
* Die Filets in 3 cm große Stücke schneiden und die Gräten waagerecht in 3 gleich große Abschnitte schneiden. Den Fisch mit dem Eiweiß mischen und 2 Stunden im Kühlschrank marinieren.
* Das Öl in einem Wok oder einer großen Pfanne auf 130 °C erhitzen. Den Fisch hineingeben und 2–3 Minuten frittieren, bis er weiß ist, dabei die Stücke mit Stäbchen vorsichtig voneinander trennen. Mit einem Schaumlöffel herausheben und auf Küchenpapier abtropfen lassen.
* Für den Teig Mehl, Stärke, Backpulver, Salz und 4 Esslöffel Wasser in einer Schüssel verrühren. Das Öl zufügen und gründlich zu einem dünnen Teig vermischen.
* Das Öl im Wok wieder auf 150 °C erhitzen oder bis ein Brotwürfel in 1½ Minuten braun wird. Die Gräten in den Teig tauchen und in 4–5 Minuten kross frittieren. In Fischform auf einem Teller anrichten.
* Das Öl bis auf etwa 1 Esslöffel abgießen. Auf mittlerer Hitze heiß werden lassen, Ingwer und Knoblauch hineingeben und 1 Minute unter Rühren braten, bis sie duften. Pilze, falls verwendet, Schnittsellerie, Chili, Fischsauce und Zucker zufügen und 1 Minute unter Rühren braten. Fisch und Wein zufügen.
* Die Stärke in einer kleinen Schüssel mit ½ Esslöffel Wasser anrühren und die Mischung in den Wok gießen. Unter Rühren 30 Sekunden aufkochen lassen, bis die Sauce eindickt. Mit weißem Pfeffer würzen.
* Den Fisch auf den krossen Gräten auf dem Teller anrichten. Mit Reis servieren.

PAMPEL MIT KNUSPRIGEN GRÄTEN

HERKUNFT: GUANGDONG
ZUBEREITUNGSZEIT: 10 MINUTEN,
 ZZGL. 20 MINUTEN MARINIERZEIT
GARZEIT: 12 MINUTEN
PERSONEN: 4

煎封鯧鱼
SAUTIERTE SEEBRASSE

- 1 SEEBRASSE (400 G), KÜCHENFERTIG
- ½ TL SALZ
- ¼ TL GEMAHLENER WEISSER PFEFFER
- 3 EL PFLANZENÖL
- 10 G INGWER (CA. 2 CM), IN FEINE STREIFEN GESCHNITTEN
- 2 TL ZUCKER
- 1 TL DUNKLE SOJASAUCE
- 1 EL KETCHUP
- 1 EL WORCESTERSHIRESAUCE
- 120 ML HÜHNERBRÜHE (SEITE 90)
- 1 KLEINE SCHARFE ROTE CHILISCHOTE, IN FEINE STREIFEN GESCHNITTEN
- 3 FRÜHLINGSZWIEBELN, NUR SCHÄFTE, IN FEINE STREIFEN GESCHNITTEN
- GEDÄMPFTER REIS (SEITE 540) ZUM SERVIEREN

* Mit einem scharfen Messer den Fisch auf jeder Seite dreimal einschneiden. Mit Salz und Pfeffer abreiben und 20 Minuten stehen lassen. Mit Küchenpapier trocken tupfen.
* 2 Esslöffel Öl in einem Wok oder einer großen Pfanne auf starker Hitze heiß werden lassen. Den Fisch hineinlegen, auf mittlere Hitze reduzieren und 4–5 Minuten anbräunen. Wenden und von der anderen Seite 4–5 Minuten anbräunen, bis der Fisch gar ist. Auf einen Teller legen.
* Den restlichen Esslöffel Öl auf mittlerer Hitze heiß werden lassen, den Ingwer hineingeben und 1 Minute unter Rühren braten, bis er duftet. Zucker, Sojasauce, Ketchup, Worcestershiresauce und Hühnerbrühe zufügen und zum Kochen bringen.
* Den Fisch zufügen und auf mittlerer Hitze von jeder Seite 1 Minute dünsten. Auf starke Hitze erhöhen und 1–2 Minuten kochen lassen, bis die Sauce eindickt.
* Auf einem Teller anrichten und mit Chili- und Frühlingszwiebelstreifen garnieren. Mit Reis servieren.

HERKUNFT: HONGKONG
ZUBEREITUNGSZEIT: 10 MINUTEN,
 ZZGL. 15 MINUTEN MARINIERZEIT
GARZEIT: 10 MINUTEN
PERSONEN: 4

三豉蒸三文鱼头
LACHSKOPF MIT SCHWARZEN BOHNEN UND EINGELEGTEN SCHWARZEN OLIVEN

- ½ TL SALZ
- 2 TL REISWEIN
- 1 LACHSKOPF (CA. 400 G), ABGESPÜLT
- 1 EL BOHNENPASTE
- 1 EL FERMENTIERTE SCHWARZE BOHNEN, ABGESPÜLT UND GEHACKT
- 6 EINGELEGTE SCHWARZE OLIVEN, FEIN GEHACKT
- 3 KNOBLAUCHZEHEN, GEHACKT
- 1 TL ZUCKER
- 1 EL PFLANZENÖL
- 1 FRÜHLINGSZWIEBEL, GEHACKT, ZUM GARNIEREN
- GEDÄMPFTER REIS (SEITE 540) ZUM SERVIEREN

* Salz und Reiswein auf dem Fischkopf verteilen und 15 Minuten marinieren.
* Die Bohnenpaste mit einer Gabel zerdrücken. In eine Schüssel geben und gehackte schwarze Bohnen, Oliven, Knoblauch, Zucker und Öl zufügen. Zu einer Paste verrühren und gleichmäßig auf dem Fischkopf verstreichen. Den Fischkopf auf einen ofenfesten Teller legen und in einem Dämpfeinsatz oder Bambus-Dämpfkorb über einen Topf mit kochendem Wasser stellen. Mit Deckel in 10 Minuten gar dämpfen. Mit der gehackten Frühlingszwiebel garnieren und mit Reis servieren.

糖醋鱼块
FISCH SÜSSSAUER

HERKUNFT: ZHEJIANG
ZUBEREITUNGSZEIT: 5 MINUTEN,
 ZZGL. 15 MINUTEN MARINIERZEIT
GARZEIT: 10 MINUTEN
PERSONEN: 4

* Fisch und Salz in einer Schüssel mischen und 15 Minuten stehen lassen. Stärke und 4 Esslöffel Wasser zufügen und alles gut mischen.
* Das Öl in einem Wok oder hohen Topf auf 150 °C erhitzen oder bis ein Brotwürfel in 1½ Minuten braun wird. Die Fischstücke vorsichtig hineingleiten lassen und in 3–4 Minuten kross und gar frittieren. Mit einem Schaumlöffel aus dem Öl nehmen und auf Küchenpapier abtropfen lassen.
* Zucker und Essig in einer kleinen Schüssel verrühren.
* Das Öl bis auf 1 Esslöffel abgießen und auf mittlerer Hitze heiß werden lassen. Die Zucker-Essig-Mischung zufügen, dann den Fisch einrühren. Paprika und Ananas zufügen und 2 Minuten unter Rühren braten, bis die Sauce eindickt.
* Auf einem Teller anrichten und mit Reis servieren.

- 450 G FILETS VON SÜSSLIPPE ODER SEETEUFEL, IN STÜCKE GESCHNITTEN
- 1 TL SALZ
- 2 EL SPEISESTÄRKE
- 475 ML PFLANZENÖL
- 4 EL BRAUNER ZUCKER
- 4 EL ROTER ESSIG
- ½ GRÜNE PAPRIKASCHOTE, SAMEN ENTFERNT UND GEWÜRFELT
- ½ ROTE PAPRIKASCHOTE, SAMEN ENTFERNT UND GEWÜRFELT
- 1 DOSE (225 G) ANANASSTÜCKE, ABGETROPFT
- GEDÄMPFTER REIS (SEITE 540) ZUM SERVIEREN

五香燻魚
WÜRZIGER RAUCHFISCH

HERKUNFT: JIANGSU
ZUBEREITUNGSZEIT: 5 MINUTEN,
 ZZGL. 1 STUNDE MARINIERZEIT
GARZEIT: 10 MINUTEN
PERSONEN: 4

Trotz des „Rauch" im Namen wird der Fisch nicht geräuchert. Die Bezeichnung leitet sich vielmehr von der Farbe des Fisches nach dem Frittieren ab.

* Frühlingszwiebeln, Ingwer, Salz und 2 Teelöffel Reiswein in einer großen Schüssel gründlich mischen. Fisch zufügen, erneut mischen und 1 Stunde im Kühlschrank marinieren.
* Den Fisch aus der Schüssel nehmen und mit Küchenpapier trocken tupfen. Die Marinade aufheben und beiseitestellen.
* Das Öl in einem Wok oder hohen Topf auf 150 °C erhitzen oder bis ein Brotwürfel in 1½ Minuten braun wird. Den Fisch hineingleiten lassen und in 3–4 Minuten hellbraun und gar frittieren. Mit einem Schaumlöffel vorsichtig aus dem Öl heben und auf Küchenpapier abtropfen lassen.
* Die restlichen 2 Teelöffel Reiswein mit Sojasauce, Fünf-Gewürze-Pulver, Essig, Zucker, 1 Esslöffel Wasser und der Marinade in einem kleinen Topf verrühren. Auf schwacher Hitze 2–3 Minuten heiß werden lassen, bis sich der Zucker aufgelöst hat, dann in eine große Schüssel gießen.
* Ein Filet in die Sauce tauchen, bis es benetzt ist. Auf ein Schneidbrett legen, mit Sesamöl bestreichen und nach dem Abkühlen in Abschnitte schneiden. Auf einem Servierteller anrichten. Mit den restlichen Filets ebenso verfahren.

- 4 FRÜHLINGSZWIEBELN, NUR SCHÄFTE, IN 4 CM LANGE STÜCKE GESCHNITTEN UND PLATT GEKLOPFT
- 1 EL GERIEBENER INGWER
- ½ TL SALZ
- 4 TL SHAOXING-REISWEIN
- 4 FILETS (JE 120 G) VON DER JAPANISCHEN MAKRELE, ABGESPÜLT UND TROCKEN GETUPFT
- 1 L PFLANZENÖL
- 1 EL HELLE SOJASAUCE
- 1 TL FÜNF-GEWÜRZE-PULVER
- 1 EL ZHENJIANG- ODER BALSAMICO-ESSIG
- 50 G BRAUNE ZUCKERSCHEIBE
- 1 EL SESAMÖL

HERKUNFT: JIANGXI
ZUBEREITUNGSZEIT: 10 MINUTEN,
ZZGL. 20 MINUTEN MARINIERZEIT
GARZEIT: 15 MINUTEN
PERSONEN: 2–4

兴国米粉鱼
FISCH MIT REISVERMICELLI

- 1 GRASKARPFENBAUCH (450 G), IN 2 CM GROSSE STÜCKE GESCHNITETN
- 1 EL HELLE SOJASAUCE
- 1 TL INGWERSAFT
- 1 TL CHILISAUCE
- 1 TL REISWEIN
- 1 TL SPEISESTÄRKE
- 2 EL PFLANZENÖL
- 200 G JIANGXI-REISVERMICELLI, ZERSTOSSEN
- ½ TL SALZ
- ½ TL FÜNF-GEWÜRZE-PULVER
- ½ TL GEMAHLENER WEISSER PFEFFER
- 1 FRÜHLINGSZWIEBEL, GEHACKT
- GEDÄMPFTER REIS (SEITE 540) ZUM SERVIEREN

Dieses Gericht wird ursprünglich mit einer lokalen Sorte Reisvermicelli zubereitet; als Ersatz empfehlen wir Reisvermicelli aus Guangxi, Guizhou oder Yunnan, die eine ähnliche Kochzeit haben.

* Fisch, Sojasauce, Ingwersaft, Chilisauce und Reiswein in einer großen Schüssel mischen und 20 Minuten marinieren. Stärke unterrühren. Direkt vor dem Garen das Öl einrühren.
* Einen großen Topf Wasser auf starker Hitze zum Kochen bringen. Die Vermicelli in den Topf geben und 8 Minuten kochen, bis sie locker und fast bissfest sind. Gründlich abtropfen lassen und mit Salz und Fünf-Gewürze-Pulver mischen. In eine ofenfeste Schüssel füllen.
* Den Fisch auf die Vermicelli legen und in einem Dämpfeinsatz oder Bambus-Dämpfkorb über einen Topf mit kochendem Wasser stellen. Mit Deckel in 6 Minuten gar dämpfen. Aus dem Dämpfkorb nehmen, mit Pfeffer bestreuen und mit der gehackten Frühlingszwiebel garnieren. Mit Reis servieren.

HERKUNFT: CHAOZHOU
ZUBEREITUNGSZEIT: 10 MINUTEN,
ZZGL. 10 MINUTEN MARINIERZEIT
GARZEIT: 10 MINUTEN
PERSONEN: 4

咸柠檬蒸乌头
MEERÄSCHE MIT SALZZITRONEN

- 1 MEERÄSCHE (600 G), KÜCHENFERTIG
- ½ TL SALZ, ZZGL. ETWAS MEHR NACH GESCHMACK
- 2 SALZZITRONEN (VORZUGSWEISE AUS CHAOZHOU), KERNE ENTFERNT UND IN DÜNNE SCHEIBEN GESCHNITTEN
- ½ TL ZUCKER
- 1 ZITRONE, IN SCHEIBEN GESCHNITTEN
- 2 EL PFLANZENÖL
- GEDÄMPFTER REIS (SEITE 540) ZUM SERVIEREN

* Den Fisch mit Salz abreiben und auf einem ofenfesten Teller 10 Minuten stehen lassen. Wasser vom Teller abgießen.
* Die Salzzitronen in einer kleinen Schüssel mit dem Zucker mischen und auf dem Fisch verteilen.
* Die frischen Zitronenscheiben darauf anrichten und in einem Dämpfeinsatz oder Bambus-Dämpfkorb über einen Topf mit kochendem Wasser stellen. Mit Deckel in etwa 8 Minuten gar dämpfen.
* Das Öl in einer kleinen Pfanne erhitzen und über den Fisch träufeln. Nach Geschmack salzen. Mit Reis servieren.

板蒸鯇鱼腩
KARPFENBAUCH AUF TOFU

HERKUNFT: SHUNDE
ZUBEREITUNGSZEIT: 20 MINUTEN,
  ZZGL. 15 MINUTEN EINWEICHZEIT
GARZEIT: 12 MINUTEN
PERSONEN: 4

* Den Fisch entlang der Gräten in 2 cm große Stücke schneiden. Überschüssiges Wasser abgießen und beiseitestellen.
* Den Tofublock waagerecht in 3 gleich große Scheiben schneiden, dann senkrecht vierteln. Die Tofustücke in eine Schüssel geben. Salz zufügen, mit Wasser bedecken und 15 Minuten einweichen. Abspülen und abtropfen lassen, mit Küchenpapier trocken tupfen und so auf einem ofenfesten Teller verteilen, dass der Tofu ihn bedeckt.
* Schwarze Bohnen, Knoblauch, Zucker und Sojasauce in einer Schüssel zu einer Sauce verrühren.
* Fisch mit der Sauce mischen und auf dem Tofu verteilen. Mit Chilistreifen betreuen und den Teller in einem Dämpfeinsatz oder Bambus-Dämpfkorb über einen Topf mit kochendem Wasser stellen. Mit Deckel in 10 Minuten gar dämpfen.
* Das Öl in einem kleinen Topf auf starker Hitze heiß werden lassen, den Ingwer hineingeben und 30 Sekunden unter Rühren braten. Die Mischung über den Fisch gießen und mit Reis servieren.

- 1 GRASKARPFENBAUCH (300 G) ODER BELIEBIGER SÜSSWASSERFISCH, SCHWARZE HAUT ABGESCHABT UND ABGESPÜLT
- 250 G FESTER TOFU, ABGETROPFT
- 1 TL SALZ
- 2 EL FERMENTIERTE SCHWARZE BOHNEN, ABGESPÜLT UND GEHACKT
- 2 KNOBLAUCHZEHEN, GEHACKT
- 1 TL ZUCKER
- 1 TL HELLE SOJASAUCE
- 1 ROTE CHILISCHOTE, SAMEN ENTFERNT UND IN FEINE STREIFEN GESCHNITTEN
- 2 EL PFLANZENÖL
- 20 G INGWER (CA 2,5 CM), IN FEINE STREIFEN GESCHNITTEN
- GEDÄMPFTER REIS (SEITE 540) ZUM SERVIEREN

鲜柠檬蒸乌头
MEERÄSCHE MIT ZITRONE

HERKUNFT: HONGKONG
ZUBEREITUNGSZEIT: 5 MINUTEN
GARZEIT: 10 MINUTEN
PERSONEN: 4

* Den Fisch von innen und außen mit Salz abreiben. Nicht abspülen.
* Die Hälfte der Zitronenscheiben auf einem ofenfesten Teller verteilen. Den Fisch auf die Zitronenscheiben legen und die restlichen Scheiben auf dem Fisch verteilen. Den Teller in einem Dämpfeinsatz oder Bambus-Dämpfkorb über einen Topf mit kochendem Wasser stellen. Mit Deckel in etwa 8 Minuten gar dämpfen.
* Das Öl in einem Topf auf schwacher Hitze heiß werden lassen und über den Fisch gießen. Mit Reis servieren.

- 1 MEERÄSCHE (600 G), KÜCHENFERTIG
- 1 TL SALZ
- 1 ZITRONE, IN SCHEIBEN GESCHNITTEN
- 1 EL PFLANZENÖL
- GEDÄMPFTER REIS (SEITE 540) ZUM SERVIEREN

HERKUNFT: HUBEI
ZUBEREITUNGSZEIT: 15 MINUTEN,
    ZZGL. 20 MINUTEN EINWEICHZEIT
GARZEIT: 20 MINUTEN
PERSONEN: 4
📷 SEITE 153

清蒸鳊鱼
FISCH MIT SCHNITTSELLERIE UND BAMBUSSPROSSEN

- 2 GETROCKNETE SHIITAKE
- 3 TL SALZ
- 1 FRÜHLINGSZWIEBEL, IN 5 CM LANGE STÜCKE GESCHNITTEN
- 1 EL INGWERSAFT
- 1 MEERBRASSE (750 G) ODER TILAPIA, KÜCHENFERTIG
- 50 G BAMBUSSPROSSEN, IN SCHEIBEN
- 5 G INGWER (CA. 1 CM), IN SCHEIBEN GESCHNITTEN
- 1 STÄNGEL SCHNITTSELLERIE, IN 5 CM LANGE STÜCKE GESCHNITTEN
- 4 EL HÜHNERBRÜHE (SEITE 90)
- 2 EL SCHMALZ
- GEDÄMPFTER REIS (SEITE 540) ZUM SERVIEREN

* Die Shiitake in eine Schüssel legen, mit kaltem Wasser bedecken und mindestens 20 Minuten einweichen. Herausnehmen, Wasser herausdrücken und die Stiele entfernen. In dünne Streifen schneiden.
* 2 Teelöffel Salz, Frühlingszwiebel und Ingwersaft in einer flachen Schüssel mischen. 10 Minuten marinieren. Abspülen und den Fisch abtropfen lassen.
* Einen Topf Wasser zum Kochen bringen, die Bambussprossen hineingeben und 1 Minute blanchieren. Abtropfen lassen und unter fließendem kaltem Wasser abspülen.
* Den Fisch auf einen ofenfesten Servierteller legen. Den restlichen Teelöffel Salz, Ingwer, Sellerie, Bambussprossen und Pilze darauf verteilen und die Hühnerbrühe darübergießen. Den Teller in einem Dämpfeinsatz oder Bambus-Dämpfkorb über einen Topf mit kochendem Wasser stellen. Mit Deckel in 15 Minuten gar dämpfen. Den Ingwer entfernen.
* Das Schmalz in einem kleinen Topf auf schwacher Hitze sanft zerlassen. Über den Fisch träufeln. Mit Reis servieren.

HERKUNFT: ZHEJIANG
ZUBEREITUNGSZEIT: 5 MINUTEN
GARZEIT: 15 MINUTEN
PERSONEN: 4

西湖醋鱼
FISCH NACH WESTSEE-ART

- 1 GRASKARPFEN (500 G), GESÄUBERT UND ENTSCHUPPT
- 25 G INGWER (CA. 5 CM), 1 HÄLFTE IN SCHEIBEN, 1 HÄLFTE IN FEINE STREIFEN GESCHNITTEN
- 1 TL SALZ
- 3 EL ZHENJIANG- ODER BALSAMICO-ESSIG
- 2 TL BRAUNER ZUCKER
- 1 TL SPEISESTÄRKE
- GEDÄMPFTER REIS (SEITE 540) ZUM SERVIEREN

* Mit einem kleinen Messer die schwarze Haut auf der Innenseite des Fisches abschaben und den Fisch gut abspülen.
* Ingwerscheiben mit ½ Teelöffel Salz in einen großen Topf geben, 750 ml Wasser zugießen und zum Kochen bringen. Den Herd ausschalten, den Fisch in ein Metallsieb legen und mit der Hautseite nach oben ins Wasser hängen. Deckel aufsetzen und 10 Minuten ziehen lassen, bis er gar ist.
* Den Fisch vorsichtig auf einen Servierteller legen und warm stellen. 250 ml Kochflüssigkeit in einen kleinen Topf abseihen. Essig, Ingwerstreifen, den restlichen ½ Teelöffel Salz und Zucker zufügen.
* Stärke in einer kleinen Schüssel mit 1 Esslöffel Wasser anrühren und die Mischung in die Sauce rühren. Unter Rühren 30 Sekunden aufkochen lassen, bis die Sauce eindickt. Über den Fisch gießen und mit Reis servieren.

FISCH MIT SCHNITTSELLERIE UND BAMBUSSPROSSEN

HERKUNFT: HONGKONG
ZUBEREITUNGSZEIT: 10 MINUTEN
GARZEIT: 10 MINUTEN
PERSONEN: 4

榄角蒸鯿鱼
MEERBRASSE MIT EINGELEGTEN SCHWARZEN OLIVEN

- 1 MEERBRASSE (600 G), KÜCHENFERTIG
- 1 TL SALZ
- 10 G INGWER (CA. 2 CM), IN FEINE STREIFEN GESCHNITTEN
- 1 EL CHINESISCHES OLIVENGEMÜSE
- 12 EINGELEGTE SCHWARZE OLIVEN, HALBIERT
- 2 EL OLIVENÖL
- GEDÄMPFTER REIS (SEITE 540) ZUM SERVIEREN

* Den Fisch von innen und außen mit dem Salz bestreuen und auf einen ofenfesten Teller legen. Mit Ingwerstreifen, chinesischem Olivengemüse und eingelegten schwarzen Oliven belegen. Mit Olivenöl beträufeln.
* Den Fisch in einem Dämpfeinsatz oder Bambus-Dämpfkorb über einen Topf mit kochendem Wasser stellen. Mit Deckel in etwa 10 Minuten gar dämpfen. Mit Reis servieren.

HERKUNFT: GUANGDONG
ZUBEREITUNGSZEIT: 15 MINUTEN, ZZGL. 15 MINUTEN MARINIERZEIT
GARZEIT: 15 MINUTEN
PERSONEN: 2

番茄煮红衫鱼
GOLDSTREIFEN-MEERBRASSE MIT TOMATEN

- 1 GOLDSTREIFEN-MEERBRASSE (400 G) ODER MEERÄSCHE, GESÄUBERT UND FILETIERT
- 1 TL SALZ
- 1 PRISE GEMAHLENER WEISSER PFEFFER
- 2 TOMATEN
- 3 EL PFLANZENÖL
- 10 G INGWER (CA. 2 CM), IN FEINE STREIFEN GESCHNITTEN
- ½ ZWIEBEL, IN DÜNNE SCHEIBEN GESCHNITTEN
- 1 EL ZUCKER
- 1 TL SPEISESTÄRKE
- 3 FRÜHLINGSZWIEBELN, IN FEINE STREIFEN GESCHNITTEN
- GEDÄMPFTER REIS (SEITE 540) ZUM SERVIEREN

* Fisch, ½ Teelöffel Salz und Pfeffer in einer Schüssel mischen und 15 Minuten marinieren. Mit Küchenpapier trocken tupfen.
* Die Tomaten unten einschneiden. Einen kleinen Topf Wasser zum Kochen bringen, die Tomaten hineingeben und 1–2 Minuten erhitzen. Sofort in eine Schüssel mit Eiswasser legen. Etwas abkühlen lassen, die Haut abziehen und jede Tomate in 6 Stücke schneiden.
* 2 Esslöffel Öl in einer großen Pfanne auf starker Hitze heiß werden lassen, den Fisch hineinlegen und von jeder Seite 3–4 Minuten braten, bis er goldbraun und gar ist. Auf einen Teller legen.
* Den restlichen Esslöffel Öl in einer Pfanne auf mittlerer Hitze heiß werden lassen und den Ingwer 1 Minute unter Rühren braten, bis er duftet. Die Zwiebel zufügen und 1 Minute unter Rühren braten. Tomaten, Zucker und den restlichen ½ Teelöffel Salz zugeben und weitere 2 Minuten unter Rühren braten. Den Fisch in die Pfanne geben, die Sauce darüberlöffeln, bis er bedeckt ist, und mit Deckel 2 Minuten dünsten.
* Mit einem Schaumlöffel in eine Servierschüssel legen. Stärke in einer kleinen Schüssel mit 1 Esslöffel Wasser anrühren und die Mischung in die Pfanne rühren. Unter Rühren 30 Sekunden aufkochen lassen, bis die Sauce eindickt. Die Sauce über den Fisch gießen und mit Frühlingszwiebelstreifen bestreuen. Mit Reis servieren.

荷叶蒸辣子鱼
GEDÄMPFTER FISCH IN LOTUSBLÄTTERN

HERKUNFT: YUNNAN
ZUBEREITUNGSZEIT: 20 MINUTEN, ZZGL. 45 MINUTEN EINWEICHZEIT
GARZEIT: 15 MINUTEN
PERSONEN: 4

* Die Lotusblätter 45 Minuten in kaltem Wasser einweichen.
* Inzwischen den Fisch überall mit grobem Salz abreiben. Abspülen, abtropfen lassen und in 2,5 cm große Stücke schneiden. Fisch, Koriandergrün, Ingwer, Frühlingszwiebeln, Knoblauch, Basilikum, Minze, Fenchel, Zitronengras und Chili in einer großen Schüssel mischen. Gut umrühren. Reiswein, Salz, Pfeffer und Schmalz zufügen und alles gründlich vermengen. 30 Minuten im Kühlschrank marinieren.
* Die Lotusblätter abtropfen lassen und mit Küchenpapier trocken tupfen. Mit einem scharfen Messer die steifen Blattadern nahe dem Stiel aus dem Blatt schneiden und die Blätter übereinander auf ein Schneidbrett legen. Dabei darauf achten, dass eventuelle Löcher in einem Blatt vom anderen Blatt abgedeckt werden.
* Die Fischmasse in die Mitte der Blätter legen, die Seiten nach innen schlagen und das Ganze zu einem Päckchen wickeln. Die Blätter auf einem Dämpfgestell in einem Dämpfeinsatz oder Bambus-Dämpfkorb über einen Topf mit kochendem Wasser stellen. Mit Deckel in 15 Minuten gar dämpfen. Das Päckchen vorsichtig auf einen Teller legen, die Lotusblätter öffnen und mit Reis servieren.
(Die Lotusblätter werden nicht mitgegessen.)

- 2 GETROCKNETE LOTUSBLÄTTER
- 1 WELS (300 G), KÜCHENFERTIG
- 1 TL GROBES SALZ
- 4 STÄNGEL KORIANDERGRÜN, FEIN GEHACKT
- 50 G INGWER (CA. 7,5 CM), FEIN GEHACKT
- 2 FRÜHLINGSZWIEBELN, FEIN GEHACKT
- 4 KNOBLAUCHZEHEN, FEIN GEHACKT
- 50 G BASILIKUMBLÄTTER, FEIN GEHACKT
- 50 G MINZEBLÄTTER, FEIN GEHACKT
- ¼ FENCHELKNOLLE, FEIN GEHACKT
- 2 ZITRONENGRASSTÄNGEL, FEIN GEHACKT
- 1 CAYENNE-CHILISCHOTE, FEIN GEHACKT
- 2 EL REISWEIN
- ½ EL SALZ
- 1 TL GEMAHLENER WEISSER PFEFFER
- 2 EL SCHMALZ
- GEDÄMPFTER REIS (SEITE 540) ZUM SERVIEREN

HERKUNFT: HONGKONG
ZUBEREITUNGSZEIT: 10 MINUTEN
GARZEIT: 10 MINUTEN
PERSONEN: 4

豉汁蒸黄骨鱼
WELS MIT SCHWARZE-BOHNEN-SAUCE

- 250 G FESTER TOFU, ABGETROPFT UND IN 6 TEILE GESCHNITTEN
- 1 WELS (600 G), KÜCHENFERTIG
- 2 EL FERMENTIERTE SCHWARZE BOHNEN, ABGESPÜLT UND GEHACKT
- 2 KNOBLAUCHZEHEN, GEHACKT
- 1 ROTE CHILISCHOTE, SAMEN ENTFERNT UND GEHACKT
- 1 TL ZUCKER
- 1 TL HELLE SOJASAUCE
- 3 EL PFLANZENÖL
- 20 G INGWER (CA. 2,5 CM) IN FEINE STREIFEN GESCHNITTEN
- 2 FRÜHLINGSZWIEBELN, IN FEINE STREIFEN GESCHNITTEN
- GEDÄMPFTER REIS (SEITE 540) ZUM SERVIEREN

* Den Tofu in zwei Reihen auf einem großen ofenfesten Teller verteilen. Den Fisch auf den Tofu legen.
* Schwarze Bohnen, Knoblauch, Chili, Zucker, Sojasauce und 1 Esslöffel Öl in einer Schüssel verrühren. Die Sauce gleichmäßig auf dem Fisch verstreichen.
* Den Fisch in einem Dämpfeinsatz oder Bambus-Dämpfkorb über einen Topf mit kochendem Wasser stellen. Mit Deckel in 8 Minuten gar dämpfen.
* Die restlichen 2 Esslöffel Öl in einer kleinen Pfanne heiß werden lassen.
* Ingwer und Frühlingszwiebeln auf dem Fisch verteilen, mit dem heißen Öl übergießen und mit Reis servieren.

HERKUNFT: HUNAN
ZUBEREITUNGSZEIT: 15 MINUTEN
GARZEIT: 12 MINUTEN
PERSONEN: 4

剁椒鱼头
FISCHKOPF IN CHILISAUCE

- 1 KOPF (750 G) VOM MARMORKARPFEN, GRASKARPFEN ODER LACHS, HALBIERT
- 2 EL WEISSER REISESSIG
- 2 EL INGWERSAFT
- ½ EL SALZ, ZZGL. ETWAS MEHR NACH GESCHMACK
- 2 EL SPEISESTÄRKE
- ½ KNOBLAUCHKNOLLE, ZEHEN GETRENNT UND GEHACKT
- 50 G INGWER (CA. 7,5 CM), GERIEBEN
- 2 FRÜHLINGSZWIEBELN, GEHACKT
- 20 EINGELEGTE ROTE CHILISCHOTEN, GEHACKT
- 1 ROTE CHILISCHOTE, GEHACKT
- 3 EL PFLANZENÖL
- GEDÄMPFTER REIS (SEITE 540) ZUM SERVIEREN

* Den Fischkopf in eine große Schüssel legen, Essig, Ingwersaft und 1 Liter Wasser zufügen und auswaschen, um eventuelle Blutreste und Fischgeruch zu entfernen. Gründlich abspülen und abtropfen lassen. Den Fischkopf mit dem Salz abreiben und leicht mit Stärke bestäuben. Mit der Hautseite nach oben auf einen großen ofenfesten Teller legen.
* Knoblauch, Ingwer, Frühlingszwiebeln, eingelegte und frische Chilischoten und 1 Esslöffel Öl in einer Schüssel mischen und über den Fischkopf streuen. Den Teller in einem Dämpfeinsatz oder Bambus-Dämpfkorb über einen Topf mit kochendem Wasser stellen. Mit Deckel in 12 Minuten gar dämpfen.
* Die restlichen 2 Esslöffel Öl in einem kleinen Topf erhitzen und über den Fischkopf träufeln. Nach Geschmack nachsalzen und mit Reis servieren.

烟鲳鱼
IM WOK GERÄUCHERTE SEEBRASSE

HERKUNFT: CHAOZHOU
ZUBEREITUNGSZEIT: 10 MINUTEN, ZZGL. 2 STUNDEN MARINIERZEIT
GARZEIT: 20 MINUTEN
PERSONEN: 4

Die meisten Hobbyköche glauben, zum Räuchern müsse man einen Grill oder spezielle Geräte haben, dabei braucht man nur einen Wok und Alufolie. Das Auskleiden des Woks mit der Folie verhindert, dass die Räucherzutaten am Wok ansetzen (und zu einer klebrigen Masse verschmoren).

- 1 SEEBRASSE (500 G), KÜCHENFERTIG
- 1 EL TEEBLÄTTER
- 1 EL ZUCKER
- 1 EL MEHL
- PFLANZENÖL ZUM BESTREICHEN
- MAYONNAISE ZUM SERVIEREN

FÜR DIE MARINADE:
- 1 EL INGWERSAFT
- 1 FRÜHLINGSZWIEBEL, GEHACKT
- 1 EL ZUCKER
- 1 EL DUNKLE SOJASAUCE
- 1 EL MALTOSESIRUP
- 1 EL SHAOXING-REISWEIN

* Mit einem scharfen Messer den Fisch auf jeder Seite zweimal flach einschneiden. In eine Schüssel legen.
* Die Marinadezutaten in einer flachen Schüssel verrühren, über den Fisch gießen und 2 Stunden marinieren (muss nicht gekühlt werden).
* Den Ofen auf 230 °C vorheizen. Ein Backblech mit Backpapier auslegen.
* Mit den Händen die Marinade vom Fisch wischen. Auf das Backblech legen und 5 Minuten im Ofen rösten. Wenden und weitere 5 Minuten rösten.
* Einen Wok mit zwei Blatt Alufolie auskleiden, dabei der Krümmung folgen und die Folienränder so über den Wokrand schlagen, dass die Innenseite vollständig abgedeckt ist.
* Teeblätter, Zucker und Mehl in einer Schüssel mischen und in den vorbereiteten Wok geben. Ein Dämpfgestell mit Öl bepinseln und über die Räucherzutaten in den Wok stellen. Zwischen Fisch und Räuchermaterial sollten dabei noch 2,5 cm Platz sein. Deckel aufsetzen und die Räucherzutaten auf starker Hitze etwa 2–3 Minuten heiß werden lassen, bis sie zu rauchen beginnen.
* Deckel abnehmen, den Fisch auf das Gestell legen, Deckel wieder aufsetzen und auf schwache Hitze reduzieren. Den Fisch etwa 5 Minuten räuchern, bis er gar ist. Auf einem Servierteller anrichten und dazu Mayonnaise reichen.

HERKUNFT: GUANGDONG
ZUBEREITUNGSZEIT: 10 MINUTEN
GARZEIT: 25 MINUTEN
PERSONEN: 4

白萝卜煮鱼松
SCHLAMMKARPFEN MIT DAIKON

- 1 SCHLAMMKARPFEN (250 G), FILETIERT UND GEWOLFT
- ½ TL SALZ
- ¼ TL GEMAHLENER WEISSER PFEFFER
- 2 EL PFLANZENÖL
- 10 G INGWER (CA. 2 CM), IN SCHEIBEN GESCHNITTEN
- 600 G DAIKON-RETTICH, GROB IN STÜCKE GESCHNITTEN
- 4 STÄNGEL SCHNITTSELLERIE, IN 5 CM LANGE STÜCKE GESCHNITTEN
- 1 FRÜHLINGSZWIEBEL, IN 5 CM LANGE STÜCKE GESCHNITTEN
- GEDÄMPFTER REIS (SEITE 540) ZUM SERVIEREN

* Den Fisch mit ¼ Teelöffel Salz und dem Pfeffer mischen.
* Das Öl in einer großen Pfanne auf schwacher Hitze heiß werden lassen, den Fisch hineingeben und mit einem Pfannenwender (Fischheber) so festdrücken, dass eine 5 mm dicke Frikadelle entsteht. 2–3 Minuten braten, bis sie goldbraun ist. Wenden und weitere 2–3 Minuten braten.
* Die Friadelle mit dem Pfannenwender in kleine Stücke teilen und den Ingwer zufügen. Auf starke Hitze erhöhen und 250 ml kochendes Wasser zugießen. Daikon und Schnittsellerie zufügen und alles zum Kochen bringen. Auf schwache Hitze reduzieren und mit Deckel 15 Minuten köcheln lassen. Den restlichen ¼ Teelöffel Salz und die Frühlingszwiebel zufügen, nach Geschmack nachwürzen, auf einem Teller anrichten und mit Reis servieren.

HERKUNFT: BEIJING
ZUBEREITUNGSZEIT: 10 MINUTEN
GARZEIT: 15 MINUTEN
PERSONEN: 4

醋椒鱼
FISCH IN WÜRZIGER ESSIGSAUCE

- 1 AUCHA-BARSCH (450 G), KÜCHENFERTIG
- 3 EL SCHMALZ ODER PFLANZENÖL
- 1 FRÜHLINGSZWIEBEL, SCHAFT IN 4 CM LANGE STREIFEN GESCHNITTEN UND GRÜNER TEIL GEHACKT
- 1 TL GEHACKTER INGWER
- ½ TL GEMAHLENER WEISSER PFEFFER
- 475 ML HÜHNERBRÜHE (SEITE 90)
- 1 TL INGWERSAFT
- 1 TL REISWEIN
- ½ TL SALZ, ZZGL. ETWAS MEHR NACH GESCHMACK
- 2 BUND KORIANDERGRÜN, IN 2 CM LANGE ABSCHNITTE GESCHNITTEN
- 2 EL SCHWARZER REISESSIG
- 1 TL SESAMÖL
- GEDÄMPFTER REIS (SEITE 540) ZUM SERVIEREN

* Mit einem scharfen Messer den Fisch auf jeder Seite dreimal einschneiden.
* Einen großen Topf Wasser zum Kochen bringen, den Fisch hineingeben und 10 Sekunden köcheln lassen. Abtropfen lassen und beiseitestellen.
* Das Schmalz in einem Wok auf starker Hitze zerlassen, die gehackte grüne Frühlingszwiebel, Ingwer und Pfeffer zufügen und 1–2 Minuten unter Rühren braten, bis alles duftet. Hühnerbrühe, Ingwersaft, Reiswein und Salz zufügen. Aufkochen lassen, den Fisch hineingeben und wieder zum Kochen bringen. Die Hitze reduzieren, Deckel aufsetzen und 10 Minuten köcheln lassen. Restliche Frühlingszwiebel, Koriandergrün und Essig zufügen und das Sesamöl einrühren. Nach Geschmack nachsalzen.
* Den Fisch auf einem Teller anrichten und mit der Sauce übergießen. Mit Reis servieren.

白汤鲫鱼
KARAUSCHE IN SUPPE

HERKUNFT: JIANGSU
ZUBEREITUNGSZEIT: 10 MINUTEN,
  ZZGL. 20 MINUTEN EINWEICHZEIT
GARZEIT: 20 MINUTEN
PERSONEN: 4

* Mit einem scharfen Messer beide Fische auf jeder Seite gitterförmig einschneiden.
* Die Shiitake in eine Schüssel legen, mit kaltem Wasser bedecken und mindestens 20 Minuten einweichen. Herausnehmen, Wasser herausdrücken und die Stiele entfernen. In dünne Streifen schneiden.
* Einen Topf Wasser zum Kochen bringen, die Bambussprossen hineingeben und 1 Minute blanchieren. Abtropfen lassen und unter fließendem kaltem Wasser abspülen.
* Das Öl in einem Wok auf starker Hitze heiß werden lassen, die Fische hineingeben und 1 Minute anbraten, dann wenden und 1 weitere Minute braten. Reiswein, verknotete Frühlingszwiebel, Ingwer und 750 ml Wasser zufügen und alles zum Kochen bringen. Deckel aufsetzen und auf schwacher Hitze 10 Minuten köcheln lassen, bis der Fisch gar ist.
* Pökelfleisch, Bambussprossen, Pilze und Salz zufügen und auf starker Hitze 2 Minuten kochen lassen. Frühlingszwiebel und Ingwer herausnehmen und entfernen.
* Das Schmalz in einem kleinen Topf auf schwacher Hitze sanft zerlassen.
* Den Fisch mit allen Zutaten und der Suppe in eine Servierschüssel füllen. Das Schmalz darüberträufeln und servieren.

- 2 KARAUSCHEN (JE 250 G), KÜCHENFERTIG
- 2 GETROCKNETE SHIITAKE
- 50 G BAMBUSSPROSSEN, IN SCHEIBEN
- 3 EL PFLANZENÖL
- 3 EL SHAOXING-REISWEIN
- 1 FRÜHLINGSZWIEBEL, VERKNOTET
- 5 G INGWER (CA. 1 CM), IN SCHEIBEN GESCHNITTEN
- 25 G CHINESISCHES PÖKELFLEISCH, IN SCHEIBEN GESCHNITTEN
- 1 TL SALZ
- 1 EL SCHMALZ

清焖荷包鲤
GESCHMORTER KARPFEN

HERKUNFT: JIANGXI
ZUBEREITUNGSZEIT: 15 MINUTEN,
  ZZGL. 20 MINUTEN EINWEICHZEIT
GARZEIT: 20 MINUTEN
PERSONEN: 4

* Die Shiitake in eine Schüssel legen, mit kaltem Wasser bedecken und mindestens 20 Minuten einweichen. Herausnehmen, Wasser herausdrücken und die Stiele entfernen. Würfeln und beiseitestellen.
* Den Fisch mit einem scharfen Messer auf jeder Seite dreimal einschneiden. Salz und Reiswein in einer kleinen Schüssel verrühren und den Fisch auf beiden Seiten damit bepinseln. 10 Minuten marinieren.
* Das Öl in einem Wok oder einer großen Pfanne auf mittlerer bis starker Hitze heiß werden lassen, Ingwer, Frühlingszwiebel und Pilze hineingeben und 1–2 Minuten unter Rühren braten, bis alles duftet. Den Fisch mit der Brühe zufügen und zum Kochen bringen. Auf schwache Hitze reduzieren und mit Deckel 10 Minuten köcheln lassen. Den Fisch wenden und weitere 10 Minuten köcheln lassen. Das Koriandergrün zufügen und auf einem Teller anrichten. Mit Reis servieren.

- 3 GETROCKNETE SHIITAKE
- 1 KARPFEN (500 G), KÜCHENFERTIG
- 1 TL SALZ
- 1 EL REISWEIN
- 2 EL PFLANZENÖL
- 2 TL FEIN GEHACKTER INGWER
- 1 FRÜHLINGSZWIEBEL, GEHACKT
- 250 ML HÜHNERBRÜHE (SEITE 90)
- 3 STÄNGEL KORIANDERGRÜN, IN 2 CM LANGE ABSCHNITTE GESCHNITTEN
- GEDÄMPFTER REIS (SEITE 540) ZUM SERVIEREN

HERKUNFT: SICHUAN
ZUBEREITUNGSZEIT: 15 MINUTEN,
  ZZGL. 10 MINUTEN MARINIERZEIT
GARZEIT: 10 MINUTEN
PERSONEN: 4

糖醋脆皮鱼
KARPFEN SÜSSSAUER

- 1 KARPFEN (700 G), KÜCHENFERTIG
- 3 TL SALZ
- 1 EL SHAOXING-REISWEIN
- 5 EL SPEISESTÄRKE
- 5 EL ZUCKER
- 250 ML HÜHNERBRÜHE (SEITE 90)
- 475 ML PFLANZENÖL
- 2 TL FEIN GEHACKTER INGWER
- 4 KNOBLAUCHZEHEN, GEHACKT
- 3 EL SCHWARZER REISESSIG ODER BALSAMICO-ESSIG
- ½ EL SESAMÖL
- 2 FRÜHLINGSZWIEBELN, 1 GEHACKT, 1 IN FEINE STREIFEN GESCHNITTEN
- 10 G EINGELEGTE CHILISCHOTEN, IN FEINE STREIFEN GESCHNITTEN
- 1 BUND KORIANDERGRÜN, GROB GEHACKT
- GEDÄMPFTER REIS (SEITE 540) ZUM SERVIEREN

* Mit einem scharfen Messer den Fisch auf jeder Seite im 45-Grad-Winkel zum Kopf drei- bis viermal tief einschneiden (bis auf die Gräten).
* In einer kleinen Schüssel 2 Teelöffel Salz mit dem Reiswein verrühren und den Fisch auf beiden Seiten damit einpinseln. 10 Minuten marinieren.
* 3 Esslöffel Stärke in einer großen, flachen Schüssel mit 3 Esslöffeln Wasser anrühren. 5 Minuten stehen lassen, bis die Stärke sich am Schüsselboden absetzt, dann das Wasser abgießen, sodass nur noch die feuchte Stärke in der Schüssel ist.
* Den restlichen Teelöffel Salz in einer Schüssel mit 2 Esslöffeln Stärke, Zucker und Brühe mischen und beiseitestellen.
* Das Pflanzenöl in einem Wok oder einer großen Pfanne auf 170 °C erhitzen oder bis ein Brotwürfel in 45 Sekunden braun wird. Den Fisch am Schwanz hochnehmen, in die feuchte Stärke tauchen und mit dem Kopf voran vorsichtig ins heiße Öl gleiten lassen. In 5 Minuten goldbraun und gar frittieren. Mit einem Schaumlöffel den Fisch vorsichtig aus dem Öl heben und auf Küchenpapier abtropfen lassen. Auf einen Servierteller legen und warm stellen.
* Das Öl bis auf 1 Esslöffel abgießen. Ingwer und Knoblauch hineingeben und auf starker Hitze 1–2 Minuten unter Rühren braten, bis sie duften. Brühe-Stärke-Mischung zugießen und auf starker Hitze unter Rühren braten, bis die Sauce eindickt. Essig, Sesamöl und gehackte Frühlingszwiebel einrühren und die Sauce über den Fisch gießen. Mit eingelegten Chilischoten, Frühlingszwiebelstreifen und Koriandergrün garnieren. Mit Reis servieren.

干烧石头鱼
GESCHMORTER WELS

HERKUNFT: HUBEI
ZUBEREITUNGSZEIT: 10 MINUTEN, ZZGL. 10 MINUTEN MARINIERZEIT
GARZEIT: 20 MINUTEN
PERSONEN: 4

Der Flusswels *Parakysis longirostris* ist ein schuppenloser Süßwasserfisch aus dem Han Jiang mit milchigweißem, zartem Fleisch und spielt in dieser Spezialität der Stadt Jingmen in der Provinz Hubei die Hauptrolle. Da er nicht viele Gräten hat, werden Kopf und Schwanz als Teil des Gerichts serviert.

* Den Fischkörper in 3 cm dicke Stücke schneiden. In einer flachen Schüssel ½ Teelöffel Salz mit 1 Esslöffel Reiswein verrühren. Kopf, Schwanz und zerkleinerten Körper 10 Minuten darin marinieren.
* Das Öl in einem Wok oder hohen Topf auf 170 °C erhitzen oder bis ein Brotwürfel in 45 Sekunden braun wird. Den Fisch hineingeben und in 4–5 Minuten bräunen. Mit einem Schaumlöffel den Fisch vorsichtig aus dem Öl heben und auf Küchenpapier abtropfen lassen.
* Das Öl bis auf 1 Esslöffel abgießen. Auf mittlerer bis starker Hitze heiß werden lassen, Ingwer und Frühlingszwiebelstücke hineingeben und etwa 1 Minute unter Rühren braten, bis alles duftet. Chilisauce, Fleisch und den restlichen Esslöffel Reiswein zufügen und auf starker Hitze 1 Minute verrühren. Die Hühnerbrühe zufügen und zum Kochen bringen.
* Fisch, Bambussprossen, den restlichen ½ Teelöffel Salz, Zucker und Sojasauce in den Wok geben und erneut zum Kochen bringen. Auf schwache Hitze reduzieren, Deckel aufsetzen und etwa 10 Minuten köcheln lassen, bis die Sauce eindickt und der Fisch gar ist. Essig, Pfeffer und gehackte Frühlingszwiebel einrühren.
* Fischkopf und -schwanz an beiden Enden einer Platte anrichten und die Fischstücke in die Mitte legen. Mit der Sauce aus dem Wok übergießen. Mit Reis servieren.

- 1 FLUSSWELS (750 G) ODER ANDERER WELS, GESÄUBERT, KOPF UND SCHWANZ AUFHEBEN
- 1 TL SALZ
- 2 EL REISWEIN
- 475 ML PFLANZENÖL
- 15 G INGWER (CA. 2 CM), GEHACKT
- 2 FRÜHLINGSZWIEBELN, 1 IN 5 CM LANGE STÜCKE GESCHNITTEN, 1 GEHACKT
- 2 EL CHILISAUCE
- 75 G SCHWEINESCHULTER, IN 1 CM GROSSE WÜRFEL GESCHNITTEN
- 120 ML HÜHNERBRÜHE (SEITE 90)
- 50 G BAMBUSSPROSSEN, IN 1 CM GROSSE WÜRFEL GESCHNITTEN
- 1 EL ZUCKER
- 1 EL HELLE SOJASAUCE
- 1 EL WEISSER REIESSIG
- ¼ TL GEMAHLENER WEISSER PFEFFER
- GEDÄMPFTER REIS (SEITE 540) ZUM SERVIEREN

清烩鲈鱼片
GESCHMORTER FLUSSBARSCH

HERKUNFT: JIANGSU
ZUBEREITUNGSZEIT: 15 MINUTEN, ZZGL. 20 MINUTEN EINWEICHZEIT
GARZEIT: 15 MINUTEN
PERSONEN: 4

- 5 G GETROCKNETE MU-ERR
- 1 FLUSSBARSCH (600 G), FILETIERT, GRÄTEN AUFHEBEN
- 2 INGWERSCHEIBEN, ZZGL. ½ TL GERIEBENER INGWER
- 1 TL SALZ
- 1 EIWEISS
- 1 EL SPEISESTÄRKE
- 2 EL PFLANZENÖL
- 1 FRÜHLINGSZWIEBEL, GEHACKT
- 50 G GELBER SCHNITTLAUCH, IN 5 CM GROSSE STÜCKE GESCHNITTEN
- 4 WASSERKASTANIEN, IN SCHEIBEN GESCHNITTEN
- 3 EL SHAOXING-REISWEIN
- 1 EL SESAMÖL
- ¼ TL GEMAHLENER WEISSER PFEFFER
- 1 BUND KORIANDERGRÜN, GEHACKT
- 3 EL SCHWARZER REISESSIG ODER BALSAMICO-ESSIG

* Die Mu-Err in eine Schüssel legen, mit kaltem Wasser bedecken und mindestens 20 Minuten einweichen. Herausnehmen, Wasser herausdrücken und die Stiele entfernen.
* Fischgräten und Ingwerscheiben in einen großen Topf legen und mit Wasser bedecken. Auf starker Hitze zum Kochen bringen. Auf schwache Hitze reduzieren und 5 Minuten köcheln lassen, bis noch etwa 250 ml Flüssigkeit übrig sind. Schaum und Feststoffe von der Oberfläche schöpfen, falls erforderlich. Durch ein Sieb in eine Schüssel abseihen, Gräten und Ingwer entfernen und die Brühe aufheben.
* Die Fischfilets in 5 × 2,5 × 0,5 cm große Stücke schneiden. In einer Schüssel mit ½ Teelöffel Salz mischen. Das Eiweiß aufschlagen und mit ½ Esslöffel Stärke zum Fisch geben, dann alles gut mischen.
* Das Pflanzenöl in einem Wok oder einer großen Pfanne auf mittlerer bis starker Hitze heiß werden lassen, Frühlingszwiebel und geriebenen Ingwer hineingeben und 1 Minute unter Rühren braten, bis sie duften. Mu-Err, Schnittlauch, Wasserkastanien, Fischbrühe, Reiswein und den restlichen ½ Teelöffel Salz zufügen und alles zum Kochen bringen. Auf schwache Hitze reduzieren, den Fisch hineingeben, erneut zum Kochen bringen und 2–3 Minuten kochen lassen, bis er gar ist.
* Den restlichen ½ Esslöffel Stärke in einer kleinen Schüssel mit 1½ Esslöffeln Wasser anrühren und die Mischung in den Wok rühren. Unter Rühren 30 Sekunden aufkochen lassen, bis die Sauce eindickt.
* Das Sesamöl hineinträufeln und alles in eine große Schüssel füllen. Mit Pfeffer und Koriandergrün bestreuen. Servieren und den Essig dazu reichen.

荷包鲫鱼
GEFÜLLTE KARAUSCHE

HERKUNFT: JIANGSU
ZUBEREITUNGSZEIT: 25 MINUTEN
GARZEIT: 30 MINUTEN
PERSONEN: 4

* Den Fisch auf einer Seite so filetieren, dass das Filet am Bauch mit dem Körper verbunden bleibt. Zum Entfernen der Wirbelsäule diese an beiden Enden durchschneiden, ein Messer darunterschieben und herausheben. Der Fisch ist nun hohl und am Bauch verbunden. Den Fisch auf beiden Seiten mit ½ Esslöffel Sojasauce abreiben.
* Für die Füllung Hackfleisch und gehackte Bambussprossen in einer großen Schüssel mischen, 1 Teelöffel Reiswein, ½ Esslöffel Sojasauce, ½ Teelöffel Zucker, ¼ Teelöffel Salz und ½ Teelöffel Stärke zufügen und alles gut vermengen.
* Das Filet anheben und die Füllung gleichmäßig im Fisch verteilen. Die Fischseiten sanft so zusammendrücken, dass der Fisch wieder seine ursprüngliche Form annimmt. Mit Küchengarn zusammenbinden, damit Filet und Füllung nicht verrutschen. Der Fisch sieht nun sehr dick aus.
* Das Öl in einem Wok oder einer großen Pfanne auf mittlerer bis starker Hitze heiß werden lassen, den Fisch hineinlegen und von einer Seite in 4–5 Minuten goldbraun braten. Mit einem Schaumlöffel vorsichtig aus dem Öl heben und auf Küchenpapier abtropfen lassen.
* Rückenspeck, Ingwer und Frühlingszwiebeln in den Wok geben und 1–2 Minuten unter Rühren braten, bis alles duftet. Den Fisch mit der gebräunten Seite nach oben wieder in den Wok geben. Die restlichen 2 Teelöffel Reiswein, 2½ Esslöffel Sojasauce, 1½ Teelöffel Zucker, ¼ Teelöffel Salz, die Bambussprossenscheiben und 100 ml Wasser zufügen und alles zum Kochen bringen.
* Deckel aufsetzen, auf schwache Hitze reduzieren und 20 Minuten köcheln lassen. Auf starke Hitze erhöhen und ohne Deckel kochen lassen, bis die Sauce um die Hälfte eingekocht ist.
* Fisch und Bambussprossen auf einem Teller anrichten. Küchengarn entfernen. Den restlichen Teelöffel Stärke in einer kleinen Schüssel mit 1 Esslöffel Wasser anrühren und die Mischung in den Wok rühren. Unter Rühren 30 Sekunden aufkochen lassen, bis die Sauce eindickt. Die Sauce über den Fisch gießen und sofort mit Reis servieren.

- 1 KARAUSCHE (350 G) ODER FLUSSBARSCH, GESÄUBERT UND ABGESPÜLT
- 3 EL HELLE SOJASAUCE
- 120 G SCHWEINEHACKFLEISCH
- 150 G BAMBUSSPROSSEN, IN SCHEIBEN, CA. 120 G GEWÜRFELT
- 1 EL SHAOXING-REISWEIN
- 2 TL ZUCKER
- ½ TL SALZ
- 1 ½ TL SPEISESTÄRKE
- 3 EL PFLANZENÖL
- 25 G RÜCKENSPECK VOM SCHWEIN, IN 5 MM GROSSE WÜRFEL GESCHNITTEN
- 50 G INGWER (CA, 7,5 CM), IN SCHEIBEN GESCHNITTEN
- 1 FRÜHLINGSZWIEBEL, GEHACKT
- GEDÄMPFTER REIS (SEITE 540) ZUM SERVIEREN

HERKUNFT: SICHUAN
ZUBEREITUNGSZEIT: 10 MINUTEN,
ZZGL. 1 STUNDE MARINIERZEIT
GARZEIT: 1 STUNDE 20 MINUTEN
PERSONEN: 4

豆豉鲫鱼
KARPFEN MIT SCHWARZEN BOHNEN

- 1 KARAUSCHE (500 G) ODER FLUSSBARSCH, KÜCHENFERTIG
- 1 TL SALZ
- 3 EL REISWEIN
- 1 TL SPEISESTÄRKE
- 5 EL PFLANZENÖL
- 3 TL ZUCKER
- 100 G SCHWEINEHACKFLEISCH
- 3 EL FERMENTIERTE SCHWARZE BOHNEN, ABGESPÜLT UND GEHACKT
- 475 ML HÜHNERBRÜHE (SEITE 90)
- 2 TL SESAMÖL
- GEDÄMPFTER REIS (SEITE 540) ZUM SERVIEREN

* Den Fisch auf beiden Seiten mit einem scharfen Messer drei- bis viermal einschneiden, dann mit ½ Teelöffel Salz und 1 Esslöffel Reiswein abreiben. 1 Stunde marinieren.
* Den Fisch leicht in Stärke wälzen.
* 1 Esslöffel Pflanzenöl in einem kleinen Topf auf schwacher Hitze heiß werden lassen, 2 Teelöffel Zucker hineingeben und 2 Minuten erhitzen, bis der Zucker sich aufgelöst hat und die Mischung karamellfarben aussieht. 2 Esslöffel Wasser einrühren und 2 Minuten unter Rühren köcheln lassen, bis eine sirupartige Konsistenz entsteht. Vom Herd nehmen und beiseitestellen.
* 2 Esslöffel Pflanzenöl in einem Wok erhitzen, den Fisch hineinlegen und auf jeder Seite 5 Minuten braten, bis er goldbraun und gar ist. Auf einen Teller legen.
* Die restlichen 2 Esslöffel Pflanzenöl in den Wok geben und auf mittlerer Hitze heiß werden lassen. Das Hackfleisch hineingeben und 3 Minuten unter Rühren braten. Die schwarzen Bohnen zufügen und eine Minute unter Rühren mitbraten, bis die Mischung duftet. Hühnerbrühe, den restlichen ½ Teelöffel Salz, 2 Esslöffel Wein, 1 Teelöffel Zucker und den Sirup zufügen und alles zum Kochen bringen.
* Den Fisch wieder in den Wok geben, auf schwache Hitze reduzieren und ohne Deckel 1 Stunde köcheln lassen, bis die Sauce fast vollständig verdampft ist. Sesamöl darüberträufeln und auf einem Teller anrichten. Mit Reis servieren.

HERKUNFT: JIANGSU
ZUBEREITUNGSZEIT: 5 MINUTEN
GARZEIT: 10 MINUTEN
PERSONEN: 4

老烧鱼
GESCHMORTER FISCHBAUCH

- 4 EL SCHMALZ
- 1 FRÜHLINGSZWIEBEL, GEHACKT
- 1 TL GERIEBENER INGWER
- 500 G FRISCHER FISCHBAUCH, VORZUGSWEISE GRASKARPFEN
- 3 EL SHAOXING-REISWEIN
- 5 EL HELLE SOJASAUCE
- 3 EL ZUCKER
- 1 TL SPEISESTÄRKE
- 1 TL SESAMÖL
- GEDÄMPFTER REIS (SEITE 540) ZUM SERVIEREN

* Das Schmalz in einem Schmortopf auf mittlerer Hitze zerlassen, Frühlingszwiebel und Ingwer hineingeben und 1 Minute unter Rühren braten, bis sie duften. Den Fischbauch hineingeben und auf schwacher Hitze von beiden Seiten leicht anbräunen. Reiswein, Sojasauce, Zucker und 250 ml Wasser zufügen und zum Kochen bringen. Auf schwache Hitze reduzieren und ohne Deckel 10 Minuten köcheln lassen, bis die Sauce eindickt und der Fisch gar ist.
* Die Stärke in einer kleinen Schüssel mit 1 Esslöffel Wasser anrühren und die Mischung in die Sauce rühren. Aufkochen lassen, bis die Sauce eindickt, und alles wenden, bis die Fischbauchscheiben gut mit Sauce benetzt sind. Das Sesamöl einrühren und alles auf einem Teller anrichten. Mit Reis servieren.

冬瓜炆釀豆卜
FRITTIERTER TOFU MIT FISCHFÜLLUNG

HERKUNFT: HONGKONG
ZUBEREITUNGSZEIT: 15 MINUTEN, ZZGL. 15 MINUTEN EINWEICHZEIT
GARZEIT: 20 MINUTEN
PERSONEN: 4

- 150 G FRITTIERTER TOFU, HALBIERT
- 2 EL PFLANZENÖL
- 450 G WINTERMELONE, GESCHÄLT UND IN GROSSE STÜCKE GESCHNITTEN
- 1 TL SALZ
- 1 TL SPEISESTÄRKE
- 2 FRÜHLINGSZWIEBELN, IN 5 CM LANGE STÜCKE GESCHNITTEN
- GEDÄMPFTER REIS (SEITE 540) ZUM SERVIEREN

FÜR DIE SCHLAMMKARPFEN-FÜLLUNG:
- 2 GETROCKNETE SHIITAKE
- 6 GETROCKNETE GARNELEN
- 150 G UNGESALZENER SCHLAMMKARPFEN ODER ROHE GARNELEN, FEIN GEHACKT
- ¼ TL SALZ
- ¼ TL GEMAHLENER WEISSER PFEFFER
- ½ TL SPEISESTÄRKE

* Für die Füllung Pilze und getrocknete Garnelen in getrennten Schüsseln mit heißem Wasser 15 Minuten einweichen. Herausnehmen, die Pilzstiele entfernen und Pilze und Garnelen hacken.
* Den Schlammkarpfen in eine große Schüssel geben. Salz und Pfeffer zufügen und mit Stäbchen in einer Richtung unterrühren, bis die Masse eine elastische, gummiartige Konsistenz annimmt. Pilze, Garnelen und Stärke zufügen und gut untermischen. Mit einem Löffel etwas Füllung in jede Tofuhälfte geben.
* 1 Esslöffel Öl in einem Wok oder einer großen Pfanne auf schwacher Hitze heiß werden lassen. Die gefüllten Tofustücke mit der Füllung nach unten in den Wok legen und in 3–4 Minuten goldbraun braten. Auf einen Teller legen.
* Den restlichen Esslöffel Öl im Wok erhitzen, Wintermelone, Salz und 6 Esslöffel Wasser hineingeben und alles zum Kochen bringen. Auf mittlere Hitze reduzieren und mit Deckel 10–12 Minuten köcheln lassen, bis die Wintermelone durchscheinend wird.
* Die gefüllten Tofustücke zufügen und ohne Deckel 3 Minuten mitköcheln. Die Stärke in einer kleinen Schüssel mit 1 Esslöffel Wasser anrühren und die Mischung mit den Frühlingszwiebeln in den Wok rühren. Unter Rühren 30 Sekunden aufkochen lassen, bis die Sauce eindickt. Mit Reis servieren.

HERKUNFT: FUJIAN
ZUBEREITUNGSZEIT: 10 MINUTEN,
ZZGL. 8 STUNDEN MARINIERZEIT
GARZEIT: 30 MINUTEN
PERSONEN: 4–6

红糟鱼
FISCH IN ROTER TRESTERSAUCE

- 1 GRASKARPFEN (600 G) ODER ANDERER WEISSFISCH, GESÄUBERT, FILETIERT UND IN 2 CM DICKE SCHEIBEN GESCHNITTEN
- 3 EL PFLANZENÖL
- 1 TL FEIN GEHACKTER INGWER
- 2 GETROCKNETE CHILISCHOTEN
- 2 EL ROTE TRESTERSAUCE
- 1 TL FISCHSAUCE
- 1 EL SHAOXING-REISWEIN
- 1 EL ZUCKER
- GEDÄMPFTER REIS (SEITE 540) ZUM SERVIEREN

* Den Fisch mit Küchenpapier trocken tupfen.
* Das Öl in einer großen Pfanne auf starker Hitze heiß werden lassen, den Fisch hineinlegen und 10 Sekunden anbraten. Auf mittlere Hitze reduzieren und insgesamt 3–4 Minuten weiterbraten, bis der Fisch auf beiden Seiten gebräunt ist. In eine flache Schüssel legen.
* Das Öl bis auf 1 Esslöffel abgießen. Den Ingwer und Chilischoten hineingeben und auf mittlerer bis starker Hitze 1 Minute unter Rühren braten, bis sie duften. Trester- und Fischsauce, Reiswein, Zucker und 475 ml Wasser zufügen und alles zum Kochen bringen. Auf schwache Hitze reduzieren und 10–15 Minuten köcheln lassen, bis die Sauce auf die Hälfte eingekocht ist. So über den Fisch gießen, dass jedes Stück mit reichlich Sauce bedeckt ist. Mit Klarsichtfolie abdecken und 8 Stunden im Kühlschrank marinieren.
* Zum Servieren den Fisch auf einem ofenfesten Teller in einem Dämpfeinsatz oder Bambus-Dämpfkorb über einen Topf mit kochendem Wasser stellen. Mit Deckel in 5–6 Minuten gar dämpfen. Mit Reis servieren.

HERKUNFT: BEIJING
ZUBEREITUNGSZEIT: 10 MINUTEN,
ZZGL. 30 MINUTEN MARINIERZEIT
GARZEIT: 10 MINUTEN
PERSONEN: 4

干煎鱼
GEBRATENER AUCHA-BARSCH

- 1 AUCHA-BARSCH (450 G), KÜCHENFERTIG
- ½ TL SALZ
- 1 STÄNGEL SCHNITTKNOBLAUCH, IN 1,5 CM LANGE STÜCKE GESCHNITTEN
- 1 EL PÖKEL-WEINSAUCE
- 1 TL SHAOXING-REISWEIN
- ½ TL ZUCKER
- 1 EL SPEISESTÄRKE
- 1 EI, LEICHT VERRÜHRT
- 4 EL PFLANZENÖL
- GEDÄMPFTER REIS (SEITE 540) ZUM SERVIEREN

* Den Fisch mit Küchenpapier trocken tupfen. Mit einem scharfen Messer auf beiden Seiten einschneiden und das Salz gleichmäßig in die Schnitte reiben. 30 Minuten marinieren.
* Schnittknoblauch, Pökel-Weinsauce, Reiswein und Zucker in einer Schüssel gründlich verrühren. Beiseitestellen.
* Den Fisch leicht mit Stärke bestäuben und mit dem verrührten Ei bestreichen.
* Das Öl in einer großen Pfanne auf starker Hitze heiß werden lassen, den Fisch hineingeben und 30 Sekunden anbraten. Auf schwache Hitze reduzieren und von jeder Seite 5 Minuten braten, bis er goldbraun und gar ist.
* Die Sauce in die Pfanne gießen, auf starke Hitze erhöhen und 15 Sekunden garen. Den Fisch wenden und 15 Sekunden weitergaren, bis der Fisch auf beiden Seiten mit Sauce benetzt ist. Auf einem Servierteller anrichten und mit Reis servieren.

鱼咬羊
FISCH MIT LAMMFÜLLUNG

HERKUNFT: ANHUI
ZUBEREITUNGSZEIT: 20 MINUTEN, ZZGL. 10 MINUTEN MARINIERZEIT
GARZEIT: 50 MINUTEN
PERSONEN: 4

Das chinesische Zeichen für „frisch" (鲜) bedeutet sowohl frisch als auch wohlschmeckend. Es setzt sich aus zwei separaten Zeichen zusammen: Das linke bedeutet „Fisch" (鱼), das rechte „Lamm" (羊). Die alten Chinesen hielten die Kombination von Fisch und Lamm für das ultimativ perfekte Geschmackserlebnis.

* Über der Kloake einen 1 cm tiefen Schnitt ausführen, um die Eingeweide zu durchtrennen. Zum Entfernen zwei Stäbchen in das Fischmaul schieben und die Eingeweide mit den Spitzen greifen. Die Stäbchen drehen, dabei gut festhalten und den Verdauungstrakt durch das Fischmaul herausziehen. Den Fisch gründlich mit kaltem Wasser abspülen.
* Ingwersaft, Sojasauce und 1 Teelöffel Zucker in einer Schüssel verrühren. Das Fleisch zufügen und 10 Minuten marinieren.
* 1 Esslöffel Öl in einem Wok auf starker Hitze heiß werden lassen, das Fleisch hineingeben und 1 Minute unter Rühren braten. Ein Drittel der Ingwerscheiben, ½ Teelöffel Salz, 1 Esslöffel Reiswein und 250 ml Wasser zufügen und alles zum Kochen bringen. Auf schwache Hitze reduzieren und mit Deckel 15 Minuten köcheln lassen. Den Herd ausschalten. Die Lammstreifen mit Stäbchen durch das Maul in den Fischbauch schieben. Die Sauce aufheben.
* Die restlichen 2 Esslöffel Öl in einem sauberen Wok erhitzen, den Fisch hineingeben und von jeder Seite 4–5 Minuten braten, bis er goldbraun und gar ist.
* Den Fisch in einen Schmortopf legen, restlichen Ingwer, Frühlingszwiebel, Sternanis, die restlichen 2 Teelöffel Zucker, 2½ Teelöffel Salz, 1 Esslöffel Reiswein, die Hühnerbrühe und die aufgehobene Sauce zufügen und alles zum Kochen bringen. Auf schwache Hitze reduzieren und etwa 30 Minuten köcheln lassen, bis die Sauce eindickt und der Fisch gar ist. Sternanis, Ingwer und Frühlingszwiebel entfernen. Mit Reis servieren.

HINWEIS:
Dieses Rezept lässt sich auch mit Lammhackfleisch zubereiten; dann empfehlen wir zum Füllen allerdings einen Löffel statt Stäbchen.

- 1 AUCHA-BARSCH (400 G), GESCHUPPT UND KIEMEN ENTFERNT, ABER NICHT AUSGENOMMEN
- 1 TL INGWERSAFT
- 1 EL HELLE SOJASAUCE
- 3 TL ZUCKER
- 1 LAMMKEULE (200 G), IN 1 × 2 × 4 CM GROSSE STREIFEN GESCHNITTEN (SIEHE HINWEIS)
- 3 EL PFLANZENÖL
- 15 G INGWER (CA. 2,5 CM), IN SCHEIBEN GESCHNITTEN
- 3 TL SALZ
- 2 EL SHAOXING-REISWEIN
- 1 FRÜHLINGSZWIEBEL, VERKNOTET
- 1 STERNANIS
- 475 ML HÜHNERBRÜHE (SEITE 90)
- GEDÄMPFTER REIS (SEITE 540) ZUM SERVIEREN

HERKUNFT: CHAOZHOU
ZUBEREITUNGSZEIT: 10 MINUTEN,
　ZZGL. 15–20 MINUTEN MARINIERZEIT
GARZEIT: 8–10 MINUTEN
PERSONEN: 4

银鱼烙
NUDELFISCH-PFANNKUCHEN

- 250 G NUDELFISCHE ODER WHITEBAIT (GLASFISCHCHEN), KÜCHENFERTIG
- 1 TL SALZ
- 4 TL SPEISESTÄRKE
- 4 EIER, VERRÜHRT
- ¼ TL GEMAHLENER WEISSER PFEFFER
- ¼ TL SESAMÖL
- 75 G GELBER SCHNITTLAUCH, IN 1 CM LANGE STÜCKE GESCHNITTEN
- 2 EL PFLANZENÖL
- GEDÄMPFTER REIS (SEITE 540) ZUM SERVIEREN

* Die Fischchen mit ½ Teelöffel Salz in eine kleine Schüssel geben, umrühren und 15–20 Minuten marinieren.
* Die Stärke in einer zweiten Schüssel mit 2 Esslöffeln Wasser anrühren. 5 Minuten stehen lassen, bis die Stärke sich am Schüsselboden absetzt. Dann das Wasser abgießen, sodass nur noch die feuchte Stärke in der Schüssel ist.
* Eier, Pfeffer, den restlichen ½ Teelöffel Salz, Sesamöl und feuchte Stärke in einer großen Schüssel zu einem dünnen Teig verrühren. Fisch und gelben Schnittlauch unterrühren.
* Das Pflanzenöl in einer antihaftbeschichteten flachen Pfanne auf mittlerer Hitze heiß werden lassen, den Teig hineingeben und von jeder Seite in 4–5 Minuten goldbraun braten. Auf einen Teller legen und mit Reis servieren.

HERKUNFT: JIANGXI
ZUBEREITUNGSZEIT: 10 MINUTEN
GARZEIT: 5 MINUTEN
PERSONEN: 4

葱白鱼卷
SAUTIERTE FISCHROLLEN

- 1 SCHLANGENKOPFFISCH (500 G) ODER SEEZUNGE, GESÄUBERT UND FILETIERT
- 1 EIWEISS, VERRÜHRT
- 2 TL SPEISESTÄRKE
- ½ TL SALZ
- 475 ML PFLANZENÖL
- 10 G INGWER (CA. 2 CM), GEHACKT
- 4 FRÜHLINGSZWIEBELN, IN 5 CM LANGE STÜCKE GESCHNITTEN
- 1 TL ZUCKER
- 1 EL SHAOXING-REISWEIN
- 2 EL HÜHNERBRÜHE (SEITE 90)
- 1 TL WEISSER REISESSIG
- ¼ TL GEMAHLENER WEISSER PFEFFER
- GEDÄMPFTER REIS (SEITE 540) ZUM SERVIEREN

* Den Fisch mit der Hautseite nach unten auf ein Schneidbrett legen. Mit einem scharfen Messer gitterförmig so einschneiden, dass die Tiefe der Schnitte zwei Dritteln der Filettiefe entspricht und sie 5 mm Abstand zueinander haben. Den Fisch in 3 × 5 cm große Stücke schneiden und in eine Schüssel geben.
* Eiweiß mit 1 Teelöffel Stärke und ¼ Teelöffel Salz gründlich verrühren und in die Schüssel geben.
* Das Öl in einem Wok auf 130 °C erhitzen. Die Fischstücke hineingeben, mit Stäbchen im Öl verteilen und etwa 1 Minute frittieren, bis sie sich einrollen. Mit einem Schaumlöffel aus dem Öl heben und auf Küchenpapier abtropfen lassen.
* Das Öl bis auf etwa 1 Esslöffel abgießen. Auf starker Hitze heiß werden lassen, Ingwer und Frühlingszwiebeln hineingeben und 30 Sekunden unter Rühren braten, bis sie duften. Den restlichen ¼ Teelöffel Salz, Zucker, Reiswein und Hühnerbrühe zufügen und alles zum Kochen bringen. Den restlichen Teelöffel Stärke mit 1 Esslöffel Wasser anrühren und die Mischung in den Wok rühren. Unter Rühren 30 Sekunden aufkochen lassen, bis die Sauce eindickt.
* Den Fisch in die Sauce geben, Essig und Pfeffer einrühren und alles 30 Sekunden lang wenden. Auf einem Servierteller anrichten und mit Reis servieren.

醋溜鲤鱼
FISCH IN SÜSSSAUER-SAUCE

HERKUNFT: SHANDONG
ZUBEREITUNGSZEIT: 10 MINUTEN
GARZEIT: 15 MINUTEN
PERSONEN: 4–6

* Mit einem scharfen Messer den Fisch auf jeder Seite im 45-Grad-Winkel zum Kopf drei- bis viermal einschneiden (bis auf die Gräten).
* Die Stärke auf einem großen, flachen Teller mit 4 Esslöffeln Wasser mischen und gut verrühren.
* Den Fisch mit dem Salz einreiben. Die angerührte Stärke umrühren, den Fisch hineintauchen und ganz damit benetzen.
* 750 ml Öl in einem Wok oder hohen Topf auf 150 °C erhitzen oder bis ein Brotwürfel in 1½ Minuten braun wird. Den Fisch am Schwanz greifen und mit dem Kopf voran vorsichtig ins heiße Öl gleiten lassen. 10 Minuten frittieren, bis er außen leicht gebräunt und kross und innen gar ist. Mit einem Schaumlöffel den Fisch vorsichtig auf einen Servierteller legen. Warm stellen.
* Die restlichen 2 Esslöffel Öl in einem sauberen Wok erhitzen, Knoblauch, Ingwer und Frühlingszwiebeln hineingeben und auf mittlerer Hitze 30 Sekunden unter Rühren braten. Die Saucenzutaten und 120 ml Wasser zufügen und alles zum Kochen bringen. Die Sauce 1 Minute kochen lassen, bis sie eindickt. Über den Fisch gießen und mit Reis servieren.

- 1 KARPFEN (750 G), KÜCHENFERTIG
- 4 EL SPEISESTÄRKE
- ½ TL SALZ
- 750 ML PFLANZENÖL, ZZGL. 2 EL
- 2 KNOBLAUCHZEHEN, GEHACKT
- 5 G INGWER (CA. 1 CM), GEHACKT
- 2 FRÜHLINGSZWIEBELN, GEHACKT
- GEDÄMPFTER REIS (SEITE 540) ZUM SERVIEREN

FÜR DIE SÜSSSAURE SAUCE:
- 6 EL ZUCKER
- 4 EL WEISSER REISESSIG
- 2 EL KETCHUP
- 1 EL SHAOXING-REISWEIN
- 1 EL HELLE SOJASAUCE
- 2 EL SPEISESTÄRKE

HERKUNFT: SICHUAN
ZUBEREITUNGSZEIT: 15 MINUTEN,
  ZZGL. 20 MINUTEN EINWEICHZEIT
GARZEIT: 25 MINUTEN
PERSONEN: 4
SEITE 171

大千干烧鱼
FISCH IN CHILISAUCE

- 3 GETROCKNETE SHIITAKE
- 1 GETROCKNETER MU-ERR
- 1 KARPFEN (800 G), KÜCHENFERTIG
- 1 TL SALZ, ZZGL. ETWAS MEHR NACH GESCHMACK
- 1 EL SPEISESTÄRKE
- 1 L PFLANZENÖL
- 2 KNOBLAUCHZEHEN, GEHACKT
- 2 TL GERIEBENER INGWER
- 150 G SCHWEINEHACKFLEISCH
- 1 EL REISWEIN
- 10 EINGELEGTE ROTE CHILISCHOTEN, GEHACKT
- 2 EL PIXIAN-CHILI-BOHNEN-PASTE, GEHACKT
- 1 EL HELLE SOJASAUCE
- 2 TL ZUCKER
- ½–1 EL SCHWARZER REISESSIG ODER BALSAMICO-ESSIG
- ½ TL GEMAHLENER WEISSER PFEFFER, ZZGL. ETWAS MEHR NACH GESCHMACK
- 4 FRÜHLINGSZWIEBELN, GEHACKT
- 1 ROTE CHILISCHOTE, IN STREIFEN GESCHNITTEN, ZUM GARNIEREN (NACH BELIEBEN)
- 1 TL SESAMÖL

* Shiitake und Mu-Err in zwei separate Schüsseln legen, mit kaltem Wasser bedecken und mindestens 20 Minuten einweichen. Shiitake herausnehmen, Wasser herausdrücken und die Stiele entfernen. Würfeln und beiseitestellen. Mu-Err in kleine Stücke zerpflücken.

* Während die Pilze einweichen, den Fisch mit einem scharfen Messer auf jeder Seite fünf- bis sechsmal einschneiden. Mit Küchenpapier trocken tupfen und mit dem Salz bestreuen. 10 Minuten marinieren. Den Fisch auf beiden Seiten leicht mit Stärke bestäuben.

* Das Pflanzenöl in einem Wok oder einer großen Pfanne auf 180 °C erhitzen oder bis ein Brotwürfel in 30 Sekunden braun wird. Den Fisch hineingeben und in 4–5 Minuten goldbraun und kross frittieren. Mit einem Schaumlöffel vorsichtig herausheben und auf Küchenpapier abtropfen lassen.

* Knoblauch und Ingwer in das restliche Öl im Wok geben, Hackfleisch zufügen und auf mittlerer Hitze 1 Minute unter Rühren braten, bis alles duftet. Den Wein hineinträufeln, dann eingelegte Chilischoten, Chili-Bohnen-Paste, Pilze, Sojasauce und Zucker einrühren. 350 ml kochendes Wasser zugießen und aufkochen lassen. Den Fisch zufügen, auf mittlere Hitze reduzieren, Deckel aufsetzen und etwa 5 Minuten köcheln lassen, bis er gar ist. Wenden und 5 Minuten von der anderen Seite gar köcheln. Den Fisch auf einem Servierteller anrichten.

* Die Sauce im Wok zum Kochen bringen. Auf mittlerer Hitze ohne Deckel 2–3 Minuten köcheln lassen, bis die Sauce eingekocht ist. Zum Schluss Essig, Pfeffer, Frühlingszwiebeln und Sesamöl einrühren. Die Sauce über den Fisch gießen und mit Frühlingszwiebeln und Chilistreifen, falls verwendet, garnieren.

FISCH IN CHILISAUCE

HERKUNFT: SHUNDE
ZUBEREITUNGSZEIT: 40 MINUTEN,
   ZZGL. 20 MINUTEN EINWEICHZEIT
GARZEIT: 30 MINUTEN
PERSONEN: 4

煎酿鲮鱼
GEFÜLLTER SCHLAMMKARPFEN

- 3 GETROCKNETE SHIITAKE
- 1 EL GETROCKNETE GARNELEN
- 1 SCHLAMMKARPFEN (400 G), KÜCHENFERTIG
- ½ TL SALZ
- ½ TL ZUCKER
- ¼ TL GEMAHLENER WEISSER PFEFFER
- 25 G RÜCKENSPECK VOM SCHWEIN, FEIN GEHACKT
- 1 STÄNGEL KORIANDERGRÜN, FEIN GEHACKT
- 2 FRÜHLINGSZWIEBELN, FEIN GEHACKT
- 2 TL SPEISESTÄRKE
- 1 TL SESAMÖL
- 3 EL PFLANZENÖL
- GEDÄMPFTER REIS (SEITE 540) ZUM SERVIEREN

* Shiitake und getrocknete Garnelen in zwei separate Schüsseln legen, mit kaltem Wasser bedecken und mindestens 20 Minuten einweichen. Die Stiele der Pilze entfernen und in kleine Stücke schneiden. Die Garnelen fein hacken und mit den Pilzen beiseitestellen.

* Mit einem scharfen Messer den Fischbauch vom Kopf bis zum Schwanz einschneiden. Die Finger zwischen Fischhaut und -fleisch schieben und langsam nach innen vorarbeiten, um die Haut überall vom Fleisch zu trennen. Mit einer Schere Fleisch und Gräten vom Kopf trennen, dann am Schwanz ebenso verfahren.

* Die Fischhaut vorsichtig auf links wenden und am Rücken entlang das Fleisch vollständig von der Haut trennen. Fischkopf und -schwanz sollten noch an der Haut hängen. Den Fisch filetieren und die Gräten entfernen.

* Die Fischfilets in eine Küchenmaschine geben und möglichst fein pürieren. (Je dünner die Scheiben, desto feiner die Gräten, daher ist es wichtig, sie so fein wie möglich zu schneiden.)

* Für die Füllung die Fischpaste in eine große Schüssel geben, Salz, Zucker, Pfeffer und 4 Teelöffel Wasser zufügen und mit Stäbchen in einer Richtung verrühren, bis die Masse zähflüssig ist. Die Paste aufnehmen und fünf- bis sechsmal gegen den Schüsselboden schlagen, um die gummiartige Konsistenz zu verstärken.

* Rückenspeck, Pilze, Garnelen, Koriandergrün, Frühlingszwiebeln und 1 Teelöffel Stärke zufügen und in einer Richtung zu einer homogenen Masse verrühren. Sesamöl und 1 Esslöffel Pflanzenöl zufügen und gut unterrühren.

* Fischhaut auf einen Teller legen, aufklappen und mit einer Küchenschere die spitzen Gräten wegschneiden, die innen am Rücken in der Haut stecken. Die Innenseite mit Küchenpapier trocken tupfen und mit ½ Teelöffel Stärke bestäuben.

* Die Füllmasse mit den Händen in die Fischhaut füllen und mit den Fingern glatt streichen.

* Die beiden Fischseiten zur Mitte ziehen und sanft so zusammendrücken, dass der Fisch wieder seine ursprüngliche Form hat. Die Fischhaut mit dem übrigen ½ Teelöffel Stärke bestäuben.

* Die restlichen 2 Esslöffel Öl in einem Wok oder einer großen Pfanne auf schwacher Hitze heiß werden lassen. Den Fisch mit dem Bauch nach unten hineinlegen und in 3–4 Minuten goldbraun braten. Mit einem Schaumlöffel vorsichtig aus dem Öl heben und auf ein Schneidbrett legen. Quer in dicke Stücke schneiden und wieder in die Pfanne geben. 2 Minuten braten, wenden und in weiteren 2 Minuten goldbraun und gar braten. Auf einen Teller legen und mit Reis servieren.

五柳鱼
SÜSSSAURER FISCHBAUCH

HERKUNFT: HAKKA
ZUBEREITUNGSZEIT: 10 MINUTEN
GARZEIT: 15 MINUTEN
PERSONEN: 4

* Den Fischbauch in kaltem Wasser abspülen und die schwarze Haut vom Fleisch abziehen.
* Einen Wok oder eine große Pfanne mit Wasser füllen, Ingwerscheiben, Reiswein und ½ Teelöffel Salz zufügen und auf starker Hitze zum Kochen bringen. Den Herd ausschalten, den Fisch mit der Hautseite nach oben vorsichtig ins Wasser legen, Deckel aufsetzen und etwa 10 Minuten ziehen lassen, bis er gar ist. Mit einem Schaumlöffel herausheben und auf Küchenpapier abtropfen lassen. Warm stellen.
* Den Wok mit Küchenpapier auswischen. ½ Esslöffel Öl, eingelegtes Gemüse, Essig, Fischsauce, Zucker und den restlichen ½ Teelöffel Salz hineingeben und zum Kochen bringen.
* Die Stärke in einer kleinen Schüssel mit 1 Esslöffel Wasser anrühren und die Mischung in den Wok rühren. Unter Rühren 30 Sekunden aufkochen lassen, bis die Sauce eindickt. Das Sesamöl einrühren, die Sauce über den Fisch gießen und mit Frühlingszwiebeln und Chilistreifen garnieren.
* 2 Esslöffel Öl in einer Pfanne auf starker Hitze heiß werden lassen. Über den Fisch träufeln und mit Reis servieren.

- 1 BAUCH (600 G) VOM GRASKARPFEN ODER ANDEREM SÜSSWASSERFISCH
- 3 INGWERSCHEIBEN, ZZGL. 20 G (CA. 2,5 CM), IN FEINE STREIFEN GESCHNITTEN
- 1 EL REISWEIN
- 1 TL SALZ
- 2 ½ EL PFLANZENÖL
- 200 G EINGELEGTES GEMÜSE, IN FEINE STREIFEN GESCHNITTEN
- 2 EL ROTER ESSIG
- 2 TL FISCHSAUCE
- 1 TL ZUCKER
- 1 TL SPEISESTÄRKE • ¼ TL SESAMÖL
- 4 FRÜHLINGSZWIEBELN, IN FEINE STREIFEN GESCHNITTEN
- 1 ROTE CHILISCHOTE, IN FEINE STREIFEN GESCHNITTEN
- GEDÄMPFTER REIS (SEITE 540) ZUM SERVIEREN

蒜子炆鲶鱼
WELS MIT KNOBLAUCH

HERKUNFT: GUANGDONG
ZUBEREITUNGSZEIT: 15 MINUTEN
GARZEIT: 15 MINUTEN
PERSONEN: 6

* Fisch, Ingwer und Reiswein in eine Schüssel geben und 10 Minuten marinieren. Die Stärke unterrühren.
* Das Öl in einem Wok oder hohen Topf auf 140 °C erhitzen oder bis ein Brotwürfel in 2 Minuten braun wird. Den Knoblauch hineingeben und in 2–3 Minuten goldbraun frittieren. Mit einem Schaumlöffel vorsichtig aus dem Öl heben und auf Küchenpapier abtropfen lassen.
* Das Öl wieder auf 150 °C erhitzen oder bis ein Brotwürfel in 1½ Minuten braun wird. Den Fisch portionsweise hineingeben und in 3 Minuten goldbraun frittieren. Mit einem Schaumlöffel vorsichtig herausnehmen und auf Küchenpapier abtropfen lassen.
* Das Öl bis auf etwa 2 Esslöffel abgießen. Ingwer und Bohnenpaste hineingeben, Fleisch, Sojasauce, Salz, Zucker und 250 ml Wasser einrühren, dann auf starker Hitze zum Kochen bringen. Den Fisch zufügen, wieder aufkochen lassen, auf schwache Hitze reduzieren und 8 Minuten köcheln lassen, bis die Sauce eindickt. Frühlingszwiebeln einrühren und mit Sesamöl beträufeln. Auf einem Teller mit dem frittierten Knoblauch anrichten und mit Reis servieren.

- 1 WELS (900 G), FILETIERT UND IN 3 CM GROSSE STÜCKE GESCHNITTEN
- 1 EL INGWERSAFT
- 1 EL REISWEIN
- 2 EL SPEISESTÄRKE
- 475 ML PFLANZENÖL
- 150 G SCHWEINEBRATEN, IN 1,5 CM DICKE SCHEIBEN GESCHNITTEN
- 1 KNOBLAUCHKNOLLE, GESCHÄLT
- 20 G INGWER (CA. 2,5 CM), IN SCHEIBEN GESCHNITTEN
- 1 EL BOHNENPASTE
- 1 EL HELLE SOJASAUCE
- 1 TL SALZ
- ½ EL ZUCKER
- 2 FRÜHLINGSZWIEBELN, IN STÜCKE GESCHNITTEN
- ½ TL SESAMÖL
- GEDÄMPFTER REIS (SEITE 540) ZUM SERVIEREN

HERKUNFT: SHANGHAI
ZUBEREITUNGSZEIT: 5 MINUTEN,
 ZZGL. 15 MINUTEN MARINIERZEIT
GARZEIT: 25 MINUTEN
PERSONEN: 4
SEITE 175

葱燶黄鱼
CORVINA MIT FRÜHLINGSZWIEBELN

- 4 FILETS VON CORVINA ODER SEEBARSCH, KÜCHENFERTIG
- 1 TL ZUCKER
- 2 EL HELLE SOJASAUCE
- 1 EL INGWERSAFT
- 4 EL PFLANZENÖL
- 6 FRÜHLINGSZWIEBELN, IN 5 CM LANGE STÜCKE GESCHNITTEN UND SCHÄFTE FLACH GEKLOPFT
- 5 G INGWER (CA. 1 CM), IN FEINE STREIFEN GESCHNITTEN
- 1 EL SHAOXING-REISWEIN
- ½ TL SESAMÖL
- KORIANDERGRÜN ZUM GARNIEREN (NACH BELIEBEN)
- GEDÄMPFTER REIS (SEITE 540) ZUM SERVIEREN

* Den Fisch mit einem scharfen Messer auf jeder Seite dreimal einschneiden. Zucker, Sojasauce und Ingwersaft in einer kleinen Schüssel verrühren, den Fisch hineinlegen und 15 Minuten marinieren.
* Mit Küchenpapier trocken tupfen, Marinade beiseitestellen.
* 3 Esslöffel Pflanzenöl in einem Wok oder einer großen Pfanne auf mittlerer bis starker Hitze heiß werden lassen, den Fisch hineinlegen und auf schwacher Hitze 5 Minuten braten. Wenden und weitere 5 Minuten braten, bis er auf beiden Seiten goldbraun ist. Auf einen Teller legen.
* Den restlichen Esslöffel Öl im Wok auf mittlerer Hitze heiß werden lassen. Frühlingszwiebeln, Ingwerstreifen und Fisch hineingeben und den Reiswein auf die Wokwände träufeln. Die Marinade und 150 ml Wasser zugießen, Deckel aufsetzen und zum Kochen bringen. Auf schwache Hitze reduzieren und mit Deckel in 5 Minuten gar köcheln lassen. Deckel abnehmen, Sesamöl hineinträufeln und auf starke Hitze erhöhen. 2–3 Minuten ohne Deckel köcheln lassen, bis die Sauce eingekocht ist. Auf einem Teller anrichten, mit Koriandergrün garnieren, falls verwendet, und mit Reis servieren.

HERKUNFT: HENAN
ZUBEREITUNGSZEIT: 10 MINUTEN,
 ZZGL. 10 MINUTEN MARINIERZEIT
GARZEIT: 20 MINUTEN
PERSONEN: 4

酒煎鱼
GEBRATENER FISCH IN REISWEIN

- 1 KARPFEN (750 G), KÜCHENFERTIG
- 2 TL SALZ
- 4 EL SCHMALZ
- 25 G INGWER (CA. 5 CM), IN SCHEIBEN GESCHNITTEN
- 4 FRÜHLINGSZWIEBELN, IN 5 CM LANGE STÜCKE GESCHNITTEN
- 1 TL HELLE SOJASAUCE
- ¼ TL GEMAHLENER WEISSER PFEFFER
- 6 EL SHAOXING-REISWEIN
- 1 TL SPEISESTÄRKE
- GEDÄMPFTER REIS (SEITE 540) ZUM SERVIEREN

* Mit einem scharfen Messer den Fisch auf beiden Seiten drei- bis viermal flach einschneiden. Mit dem Salz abreiben, dann in eine Schüssel legen und 10 Minuten marinieren. Abspülen, abtropfen lassen und mit Küchenpapier trocken tupfen.
* Das Schmalz in einem Wok auf mittlerer Hitze zerlassen, den Fisch hineinlegen und auf jeder Seite 4–5 Minuten leicht anbräunen. Ingwer, Frühlingszwiebeln, Sojasauce, Pfeffer und 4 Esslöffel Reiswein zufügen und alles zum Kochen bringen. Auf schwache Hitze reduzieren, Deckel aufsetzen und 5 Minuten köcheln lassen. Den Fisch wenden und weitere 5 Minuten köcheln lassen, bis er gar ist. Auf einem Servierteller anrichten, die Sauce im Wok lassen.
* Die Stärke mit den restlichen 2 Esslöffel Reiswein anrühren und die Mischung in den Wok rühren. Unter Rühren 30 Sekunden aufkochen lassen, bis die Sauce eindickt. Die Sauce über den Fisch träufeln. Mit Reis servieren.

CORVINA MIT FRÜHLINGSZWIEBELN

HERKUNFT: SHUNDE
ZUBEREITUNGSZEIT: 20 MINUTEN,
   ZZGL. 1 STUNDE EINWEICHZEIT
GARZEIT: 10 MINUTEN
PERSONEN: 4

芋丝鲮鱼球
SCHLAMMKARPFEN-KUGELN MIT TARO

- 1 GETROCKNETE MANDARINENSCHALE
- 3 GETROCKNETE SHIITAKE
- 1 FRISCHER SCHLAMMKARPFEN (600 G), GESÄUBERT, ENTHÄUTET UND FILETIERT
- ½ TL SALZ
- ¼ TL GEMAHLENER WEISSER PFEFFER
- 2 BUND KORIANDERGRÜN, GEHACKT
- 200 G TARO, IN FEINE STREIFEN GESCHNITTEN
- 2 EL SPEISESTÄRKE
- 750 ML PFLANZENÖL

Fischpaste aus dem kleinen Schlammkarpfen wird in der asiatischen Küche gern verwendet. Nach diesem Rezept können Sie sie selbst herstellen, doch wenn die Zeit nicht reicht, können Sie in spezialisisierten Asienläden auch fertige Fischpaste kaufen. Hier brauchen Sie etwa 500 Gramm.

* Die getrocknete Mandarinenschale 1 Stunde in warmem Wasser einweichen.
* Inzwischen die Shiitake in eine Schüssel legen, mit kaltem Wasser bedecken und mindestens 20 Minuten einweichen. Herausnehmen, Wasser herausdrücken und die Stiele entfernen. Fein hacken.
* Den Fisch in eine Küchenmaschine geben und pürieren. Die Paste in eine große Schüssel füllen, Salz, Pfeffer und 2 Esslöffel Wasser zufügen und mit Stäbchen in einer Richtung umrühren, bis die Konsistenz gummiartig wird.
* Die Mandarinenschale abtropfen lassen, in Streifen schneiden und dann fein hacken. Pilze, Mandarinenschale und Koriandergrün unter die Fischpaste rühren.
* In einer zweiten Schüssel Taro, Stärke und 6 Esslöffel Wasser verrühren. Mit nassen Händen die Fischmasse zu golfballgroßen Kugeln formen und in der Taro-Mischung wälzen. Beiseitelegen.
* Das Öl in einem Wok oder hohen Topf auf 140 °C erhitzen oder bis ein Brotwürfel in 2 Minuten goldbraun wird. Fischkugeln hineingleiten lassen (ggf. portionsweise) und in etwa 3–4 Minuten goldbraun und gar frittieren. Mit einem Schaumlöffel die Fischkugeln vorsichtig aus dem Öl nehmen und auf Küchenpapier abtropfen lassen.

刘公香鲤鱼
FRITTIERTER KARPFEN

HERKUNFT: ANHUI
ZUBEREITUNGSZEIT: 10 MINUTEN, ZZGL. 1 STUNDE MARINIERZEIT
GARZEIT: 5 MINUTEN
PERSONEN: 4

Die Schuppen eines Karpfens sind weich und fettreich. Nach dem Frittieren können sie sogar mit Haut und Fleisch zusammen verzehrt werden.

* Fisch mit Küchenpapier trocken tupfen, falls erforderlich.
* Salz, Chilipulver, Kreuzkümmel, Koriandergrün und Reiswein in einer flachen Schüssel verrühren. Den Fisch mit der Mischung abreiben, 1 Stunde marinieren (kein Kühlen nötig). Die Marinade abgießen und den Fisch mit Küchenpapier trocken tupfen.
* Das Öl in einem Wok oder hohen Topf auf 170 °C erhitzen oder bis ein Brotwürfel in 45 Sekunden braun wird. Den Fisch am Schwanz hochnehmen und vorsichtig mit dem Kopf voran ins heiße Öl gleiten lassen. Etwa 5 Minuten frittieren, bis die Haut goldbraun und kross und der Fisch gar ist. Mit einem Schaumlöffel vorsichtig herausheben und auf Küchenpapier abtropfen lassen.
* Den Fisch auf einem Servierteller anrichten. Dazu Frühlingszwiebeln und süße Bohnensauce reichen.

- 1 KARPFEN (500 G), GESÄUBERT, ABER NICHT GESCHUPPT
- ½ TL SALZ
- ½ TL CHILIPULVER
- ¼ TL GEMAHLENER KREUZKÜMMEL
- 1 STÄNGEL KORIANDERGRÜN, GEHACKT
- 1 EL SHAOXING-REISWEIN
- 750 ML PFLANZENÖL
- 2 FRÜHLINGSZWIEBELN, IN 5 CM LANGE STÜCKE UND DANN IN FEINE STREIFEN GESCHNITTEN
- 2 EL SÜSSE BOHNENSAUCE

喜洲鱼
SCHMORFISCH NACH XIZHOU-ART

HERKUNFT: YUNNAN
ZUBEREITUNGSZEIT: 10 MINUTEN, ZZGL. 20 MINUTEN MARINIERZEIT
GARZEIT: 30 MINUTEN
PERSONEN: 4

* Den Fisch mit Küchenpapier trocken tupfen und in eine Schüssel legen. Sojasauce, Reiswein, Salz, Fenchelsamen und Sternanis in einer Schüssel mischen, über den Fisch gießen und 20 Minuten marinieren.
* Inzwischen die Shiitake in eine Schüssel legen, mit kaltem Wasser bedecken und mindestens 20 Minuten einweichen. Herausnehmen, Wasser herausdrücken und die Stiele entfernen. In Streifen schneiden und beiseitestellen.
* Das Öl in einem Wok oder einer großen Pfanne erhitzen, den Knoblauch hineingeben und auf mittlerer Hitze 1–2 Minuten unter Rühren braten, bis er hellbraun ist und duftet. Ingwer, Schinken und Pilze einrühren. Die Hühnerbrühe zugießen und zum Kochen bringen. Den Fisch mit der Marinade zufügen, wieder aufkochen lassen, auf schwache bis mittlere Hitze reduzieren und mit Deckel 20 Minuten köcheln lassen, bis der Fisch gar ist. Auf einem Teller anrichten, mit Pfeffer bestreuen und mit dem Sichuan-Chiliöl beträufeln. Nach Geschmack nachwürzen.

- 1 KARPFEN (1 KG), KÜCHENFERTIG
- 1 EL HELLE SOJASAUCE
- 2 TL REISWEIN
- 1 TL SALZ, ZZGL. ETWAS MEHR NACH GESCHMACK
- ½ TL GEMAHLENE FENCHELSAMEN
- ½ TL GEMAHLENER STERNANIS
- 4 GETROCKNETE SHIITAKE
- 2 EL PFLANZENÖL
- 6 KNOBLAUCHZEHEN
- 25 G INGWER (CA. 5 CM), IN SCHEIBEN GESCHNITTEN
- 50 G YUNNAN-SCHINKEN, IN 4 × 2 CM GROSSE SCHEIBEN GESCHNITTEN
- 475 ML HÜHNERBRÜHE (SEITE 90)
- ¼ TL GEMAHLENER WEISSER PFEFFER
- 2 EL SICHUAN-CHILIÖL

HERKUNFT: HONGKONG
ZUBEREITUNGSZEIT: 15 MINUTEN,
 ZZGL. 1 STUNDE KÜHLZEIT
GARZEIT: 12 MINUTEN
PERSONEN: 4

双豉蒸金钱鳝
AAL MIT BOHNENSAUCE

- 1 SÜSSWASSERAAL (450 G)
- 1 TL SALZ
- 1 TL SPEISESTÄRKE
- 1 GETROCKNETE MANDARINENSCHALE
- 1 EL FERMENTIERTE SCHWARZE BOHNEN, ABGESPÜLT UND GEHACKT
- 3 KNOBLAUCHZEHEN, FEIN GEHACKT
- 1 TL ZUCKER
- ½ EL HELLE SOJASAUCE
- ½ EL BOHNENPASTE
- ½ EL SHAOXING-REISWEIN
- ½ EL INGWERSAFT
- 3 EL PFLANZENÖL
- 2 ROTE CHILISCHOTEN, SAMEN ENTFERNT UND GEHACKT
- 3 EL GEHACKTE FRÜHLINGSZWIEBELN
- GEDÄMPFTER REIS (SEITE 540) ZUM SERVIEREN

* Mit einem scharfen Messer den Aalkopf abschneiden und entfernen. Den Aal über die ganze Länge aufschneiden und die Wirbelsäule entfernen. Mit Salz und Stärke bestreuen und den Schleim von der Haut reiben. Unter fließendem kaltem Wasser abspülen und abtropfen lassen. Trocken tupfen und 1 Stunde in den Kühlschrank legen.
* Inzwischen die Mandarinenschale 10 Minuten in kaltem Wasser einweichen, dann abtropfen lassen und hacken.
* In einer zweiten Schüssel Mandarinenschale, Bohnen, Knoblauch, Zucker, Sojasauce, Bohnenpaste, Reiswein, Ingwersaft und 1 Esslöffel Öl zu einer Paste verrühren.
* Ein Geschirrtuch um ein Ende des Aals wickeln, damit er nicht wegrutscht, und in 1 cm dicke Scheiben schneiden. Auf einem ofenfesten Teller verteilen und mit der Paste bestreichen. Mit Chili garnieren. Den Teller in einem Dämpfeinsatz oder Bambus-Dämpfkorb über einen Topf mit kochendem Wasser stellen. Mit Deckel in 10–12 Minuten gar dämpfen.
* Die restlichen 2 Esslöffel Öl in einer kleinen Pfanne erhitzen und über den Aal träufeln. Mit den Frühlingszwiebeln garnieren und mit Reis servieren.

HERKUNFT: HONGKONG
ZUBEREITUNGSZEIT: 10 MINUTEN
GARZEIT: 10 MINUTEN
PERSONEN: 4

豉椒黄鳝片
AAL IN SCHWARZE-BOHNEN-SAUCE

- 1 OSTASIATISCHER KIEMENSCHLITZAAL (600 G)
- 1½ TL SALZ
- 1 TL SPEISESTÄRKE
- 1½ EL FERMENTIERTE SCHWARZE BOHNEN, ABGESPÜLT UND GEHACKT
- 3 KNOBLAUCHZEHEN, GEHACKT
- 1 TL ZUCKER • 2 EL PFLANZENÖL
- 1 ROTE CHILISCHOTE, SAMEN ENTFERNT UND IN FEINE STREIFEN GESCHNITTEN
- ½ ROTE PAPRIKASCHOTE, SAMEN ENTFERNT UND GEHACKT
- ½ GRÜNE PAPRIKASCHOTE, SAMEN ENTFERNT UND GEHACKT
- 1 TL SHAOXING-REISWEIN
- 1 EL HELLE SOJASAUCE
- 1 EL SESAMÖL
- ¼ TL GEMAHLENER WEISSER PFEFFER
- GEDÄMPFTER REIS (SEITE 540) ZUM SERVIEREN

* Mit einem scharfen Messer den Aalkopf abschneiden und entfernen. Den Aal über die ganze Länge aufschneiden und die Wirbelsäule entfernen. Mit Salz und Stärke bestreuen und den Schleim von der Haut reiben. Unter fließendem kaltem Wasser abspülen und abtropfen lassen. Längs halbieren, dann in 5 cm dicke Stücke schneiden.
* Einen großen Topf Wasser zum Kochen bringen. Aal hineingeben, mit Stäbchen verteilen und 10 Sekunden kochen lassen. Herd ausschalten. Abtropfen lassen und abspülen.
* Bohnen, Knoblauch und Zucker in einer Schüssel verrühren.
* Das Pflanzenöl in einem Wok oder einer großen Pfanne erhitzen, Chili und Schwarze-Bohnen-Sauce zufügen und auf starker Hitze 30 Sekunden unter Rühren braten. Paprika und Aal zufügen und 1 weitere Minute unter Rühren braten, bis der Aal trocken aussieht. Reiswein, Sojasauce und den restlichen ½ Teelöffel Salz zufügen und 30 Sekunden unter kräftigem Rühren braten, bis der Aal durchgegart ist. Sesamöl und Pfeffer unterrühren. Auf einem Teller anrichten und mit Reis servieren.

燉鱔
SAUTIERTER AAL

HERKUNFT: JIANGSU
ZUBEREITUNGSZEIT: 10 MINUTEN
GARZEIT: 10 MINUTEN
PERSONEN: 4

* Mit einem scharfen Messer den Aalkopf abschneiden und entfernen. Den Aal über die ganze Länge aufschneiden und die Wirbelsäule entfernen. Mit Salz und Stärke bestreuen und den Schleim von der Haut reiben. Unter fließendem kaltem Wasser abspülen und abtropfen lassen. Diagonal in 5 cm lange Stücke schneiden.
* Das Pflanzenöl in einem Wok oder hohen Topf auf 170 °C erhitzen oder bis ein Brotwürfel in 45 Sekunden braun wird. Den Knoblauch hineingeben und in 1–2 Minuten goldbraun und kross frittieren. Mit einem Schaumlöffel vorsichtig aus dem Öl heben und auf Küchenpapier abtropfen lassen.
* Die Aalstücke vorsichtig ins heiße Öl gleiten lassen und 2 Minuten frittieren, dann herausheben und das Öl abgießen.
* Den Wok wieder auf mittlere bis starke Hitze stellen, Aalstücke und Knoblauch hineingeben und Reiswein, Sojasauce, Zucker, Ingwer, Frühlingszwiebeln und 120 ml Wasser zufügen. Auf starker Hitze alles zum Kochen bringen. Auf schwache Hitze reduzieren und 3–4 Minuten unter Rühren braten, bis die Sauce eindickt und der Aal gar ist. Ingwer und Frühlingszwiebeln entfernen.
* Den restlichen Teelöffel Stärke in einer kleinen Schüssel mit 1 Esslöffel Wasser anrühren und die Mischung in den Wok rühren. Unter Rühren 30 Sekunden aufkochen lassen, bis die Sauce eindickt. Das Sesamöl hineinträufeln und untermischen, dann auf einem Teller anrichten. Salzen und pfeffern und mit Reis servieren.

- 1 OSTASIATISCHER KIEMENSCHLITZAAL (500 G)
- ½ TL SALZ, ZZGL. ETWAS MEHR NACH GESCHMACK
- 2 TL SPEISESTÄRKE
- 475 ML PFLANZENÖL
- 2–3 KNOLLEN KNOBLAUCH, GESCHÄLT
- 3 EL SHAOXING-REISWEIN
- 1 ½ EL HELLE SOJASAUCE
- 1 EL ZUCKER
- 10 G INGWER (CA. 2 CM), IN SCHEIBEN GESCHNITTEN
- 2 FRÜHLINGSZWIEBELN, IN STÜCKE GESCHNITTEN
- 1 EL SESAMÖL
- ¼ TL GEMAHLENER WEISSER PFEFFER
- GEDÄMPFTER REIS (SEITE 540) ZUM SERVIEREN

HERKUNFT: ZHEJIANG
ZUBEREITUNGSZEIT: 10 MINUTEN
GARZEIT: 55 MINUTEN
PERSONEN: 4

红烧河鳗
GESCHMORTER FLUSSAAL

- 1 FLUSSAAL (600 G)
- 1 EL SALZ
- 1 TL SPEISESTÄRKE
- 4 EL SCHMALZ
- 50 G INGWER (CA. 7,5 CM), IN SCHEIBEN GESCHNITTEN
- 4 FRÜHLINGSZWIEBELN, IN 4 CM LANGE STÜCKE GESCHNITTEN
- 2 EL SHAOXING-REISWEIN
- 2 EL ZUCKER
- 1 EL HELLE SOJASAUCE
- 2 EL DUNKLE SOJASAUCE

* Den Aal in einer Schüssel 3 Minuten in einer Mischung aus 475 ml kochendem und 250 ml kaltem Wasser einweichen.
* Mit einem scharfen Messer den Aalkopf abschneiden und entfernen. Den Aal über die ganze Länge aufschneiden und die Wirbelsäule entfernen. Mit Salz und Stärke bestreuen und den Schleim von der Haut reiben. Unter fließendem kaltem Wasser abspülen und abtropfen lassen.
* 2 Esslöffel Schmalz in einem Wok oder einer großen Pfanne auf schwacher Hitze zerlassen. Ingwer und Frühlingszwiebeln hineingeben und auf mittlerer Hitze 2 Minuten unter Rühren braten, bis sie duften. Aal und Reiswein zufügen und weitere 1–2 Minuten unter Rühren braten.
* 475 ml Wasser zugießen und auf starker Hitze zum Kochen bringen. Zucker und Sojasaucen einrühren. Auf schwache Hitze reduzieren und portionsweise 1½ Esslöffel Schmalz zufügen (jeweils ½ Esslöffel). Mit Deckel etwa 45 Minuten köcheln lassen, bis der Aal ganz zart ist.
* Auf starke Hitze erhöhen und ohne Deckel etwa 5 Minuten kochen lassen, bis die Sauce eingedickt ist. Den restlichen ½ Esslöffel Schmalz unterrühren. Servieren.

晚香玉炒虾片
GARNELEN MIT PAKALANA

HERKUNFT: TIANJIN
ZUBEREITUNGSZEIT: 15 MINUTEN
GARZEIT: 5 MINUTEN
PERSONEN: 4

* Die Pakalana mit Küchenpapier sanft trocken tupfen, dabei möglichst viel Wasser aufnehmen.
* Jede Garnele mit einem scharfen Messer durch den Rücken halbieren. Garnelen, ¼ Teelöffel Salz, Eiweiß und Stärke in einer Schüssel gut mischen.
* Das Öl in einem Wok oder hohen Topf auf 150 °C erhitzen oder bis ein Brotwürfel in 1½ Minuten braun wird. Die Garnelen vorsichtig ins Öl gleiten lassen und mit Stäbchen rasch verteilen, damit sie nicht zusammenkleben. 2 Minuten frittieren, bis sie rosa und gar sind. Pakalana zufügen, umrühren und mit einem Schaumlöffel beides vorsichtig herausheben und in einem Sieb abtropfen lassen.
* Das Öl bis auf etwa 1 Esslöffel abgießen. Auf mittlerer bis starker Hitze heiß werden lassen, Ingwer und Frühlingszwiebel hineingeben und 1 Minute unter Rühren braten, bis sie duften. Garnelen, Pakalana, Reiswein, Zucker und den restlichen ¼ Teelöffel Salz zufügen 1 weitere Minute unter Rühren braten. Auf einem Teller anrichten und mit Reis servieren.

- 100 G PAKALANA, ABGESPÜLT
- 500 G GROSSE ROHE GARNELEN, AUSGELÖST UND DARMFADEN ENTFERNT
- ½ TL SALZ
- 1 EIWEISS
- 1 EL SPEISESTÄRKE
- 475 ML PFLANZENÖL
- 1 EL FEIN GEHACKTER INGWER
- 1 TL FEIN GEHACKTE FRÜHLINGSZWIEBEL
- 2 TL REISWEIN
- ½ TL ZUCKER
- GEDÄMPFTER REIS (SEITE 540) ZUM SERVIEREN

榄菜焗虾
GARNELEN MIT CHINESISCHEM OLIVENGEMÜSE

HERKUNFT: CHAOZHOU
ZUBEREITUNGSZEIT: 10 MINUTEN
GARZEIT: 10 MINUTEN
PERSONEN: 4

* Mit der Küchenschere die spitzen Scheren und Beine der Garnelen abtrennen. Die Schale am Rücken vom Schwanz zum Kopf aufschneiden, den Darmfaden herausziehen, dann abspülen und mit Küchenpapier trocken tupfen.
* Das Öl in einem Wok oder hohen Topf auf 170 °C erhitzen oder bis ein Brotwürfel in 45 Sekunden braun wird. Eine Handvoll Garnelen ins Öl gleien lassen. Sobald weniger Blasen aufsteigen, auf einen Teller legen. Das Öl wieder erhitzen und die Garnelen wieder hineingeben. Den Vorgang für jede Garnelenportion dreimal wiederholen, bis alle frittiert sind.
* Das Öl bis auf etwa 1 Esslöffel abgießen. Garnelen, Zucker, Olivengemüse und Fischsauce hineingeben und auf mittlerer Hitze 1 Minute unter Rühren braten und mischen, dabei die Garnelen nicht übergaren. Auf einem Teller anrichten und mit Reis servieren.

- 400 G ROHE SCAMPI, MIT SCHALEN
- 5 EL PFLANZENÖL
- 1 EL ZUCKER
- 3 EL CHINESISCHES OLIVENGEMÜSE
- 1 EL FISCHSAUCE
- GEDÄMPFTER REIS (SEITE 540) ZUM SERVIEREN

HERKUNFT: GUANGDONG
ZUBEREITUNGSZEIT: 20 MINUTEN,
ZZGL. 2 STUNDEN KÜHLZEIT
GARZEIT: 10 MINUTEN
PERSONEN: 6

百花酿鲜菇
PILZE MIT GARNELENFÜLLUNG

- 6 PORTOBELLO-PILZE, STIELE ENTFERNT
- ½ TL HELLE SOJASAUCE
- SPEISESTÄRKE ZUM BESTREICHEN

FÜR DIE GARNELENFRIKADELLE:
- 300 G ROHE GARNELEN, AUSGELÖST UND DARMFADEN ENTFERNT
- 1 ¼ TL SALZ
- ½ TL ZUCKER
- 1 EIWEISS
- ½ EL SPEISESTÄRKE
- 20 G RÜCKENSPECK VOM SCHWEIN, FEIN GEHACKT
- ½ TL GEMAHLENER WEISSER PFEFFER
- 2 EL PFLANZENÖL
- GEDÄMPFTER REIS (SEITE 540) ZUM SERVIEREN

* Die Garnelen in ein Sieb legen, 1 Teelöffel Salz zufügen und mit den Händen die Garnelen damit abreiben. Unter fließendem kaltem Wasser abspülen, abtropfen lassen und in ein sauberes Geschirrtuch wickeln. 2 Stunden in den Kühlschrank stellen.
* Die Garnelen auf ein sauberes, trockenes Schneidbrett legen. Mit einem großen Hackbeil flach drücken und mit der stumpfen Seite grob hacken. In eine große Schüssel geben, Zucker und den restlichen ¼ Teelöffel Salz zufügen.
* Eiweiß und Stärke zufügen. Mit Stäbchen in eine Richtung umrühren, bis die Garnelenmasse eine zähe Konsistenz annimmt. Die Masse mit einer Hand aufnehmen und 1–2 Minuten lang wiederholt gegen die Schüsselwand schlagen, damit sie noch gummiartiger wird. Rückenspeck und Pfeffer gründlich untermischen.
* Pilze in einer mittelgroßen Schüssel mit der Sojasauce mischen. Auf der Unterseite jedes Pilzes dünn etwas Stärke verteilen und den Pilz mit der Garnelenmasse füllen. Die Finger mit etwas Wasser befeuchten und die Oberfläche der Füllung glatt streichen. Die gefüllten Pilze mit der Garnelenseite nach oben auf einen ofenfesten Teller legen und in einem Dämpfeinsatz oder Bambus-Dämpfkorb über einen Topf mit kochendem Wasser stellen. Mit Deckel 8 Minuten dämpfen, bis die Garnelen gar sind.
* Das Öl in einer kleinen Pfanne erhitzen. Über die Pilze gießen und mit Reis servieren.

鱼香旱蒸虾
GEDÄMPFTE GARNELEN IN DUFTENDER SAUCE

HERKUNFT: SICHUAN
ZUBEREITUNGSZEIT: 15 MINUTEN, ZZGL. 5 MINUTEN MARINIERZEIT
GARZEIT: 10 MINUTEN
PERSONEN: 4

* Jede Garnele zwischen dem ersten und dem fünften Bauchsegment drei- bis viermal waagerecht einschneiden. Jeder Schnitt sollte etwa bis zur Hälfte der Garnelendicke gehen, um die Bauchmuskeln zu durchtrennen – so rollt sich die Garnele beim Garen nicht ein. Die Garnele von der Bauchseite her so aufschneiden, dass sie sich aufklappen lässt. Die Seiten einzeln nach hinten biegen, um die Schale zu knacken.
* ½ Teelöffel Salz, Ingwerscheiben, Frühlingszwiebel und Reiswein in einer Schüssel mischen. Die Garnelen 5 Minuten in der Mischung marinieren.
* Die Garnelen aufgeklappt auf einen ofenfesten Teller legen. Den Teller in einem Dämpfeinsatz oder Bambus-Dämpfkorb über einen Topf mit kochendem Wasser stellen. Mit Deckel in 5–6 Minuten gar dämpfen. Vom Herd nehmen. Das Wasser vom Teller abgießen, Ingwer und Frühlingszwiebel entfernen.
* Den restlichen ½ Teelöffel Salz, Zucker, Essig, Hühnerbrühe und Stärke in einer Schüssel zu einer Sauce verrühren.
* Das Öl in einem Wok oder einer Pfanne erhitzen. Eingelegte Chilischoten, gehackten Ingwer und Knoblauch hineingeben und 1–2 Minuten unter Rühren braten, bis alles duftet. Die Sauce einrühren und zum Kochen bringen. Die Sauce über die Garnelen träufeln und mit gehackter Frühlingszwiebel garnieren.

- 500 G (CA. 8) ROHE RIESENGARNELEN (GAMBAS) MIT SCHALE, DARMFADEN SOWIE KOPF UND BEINE ENTFERNT
- 1 TL SALZ
- 20 G INGWER (CA. 1 CM), 1 HÄLFTE IN SCHEIBEN GESCHNITTEN, 1 HÄLFTE GEHACKT
- 1 FRÜHLINGSZWIEBEL, IN 5 CM LANGE STÜCKE GESCHNITTEN, ZZGL. ETWAS MEHR ZUM GARNIEREN
- 2 EL SHAOXING-REISWEIN
- 1 ½ EL ZUCKER
- 1 ½ EL SCHWARZER REISESSIG ODER BALSAMICO-ESSIG
- 150 ML HÜHNERBRÜHE (SEITE 90)
- ½ EL SPEISESTÄRKE
- 2 EL PFLANZENÖL
- 30 G EINGELEGTE CHILISCHOTEN, GEHACKT
- 5 KNOBLAUCHZEHEN, GEHACKT

HERKUNFT: HONGKONG
ZUBEREITUNGSZEIT: 10 MINUTEN
GARZEIT: 15 MINUTEN
PERSONEN: 4–6
📷 SEITE 185

辣虾粉丝
GARNELEN MIT GLASNUDELN

In Honkong wird dieses Gericht mit Garnelenköpfen und -schalen zubereitet.

- 3 EL PFLANZENÖL
- 400 G ROHE GARNELEN, AUSGELÖST, DARMFADEN ENTFERNT UND SCHWÄNZE INTAKT
- 4 EL GERIEBENER INGWER
- 4 FRÜHLINGSZWIEBELN, GEHACKT
- ½ KNOLLE KNOBLAUCH, GEHACKT
- 1 EL CHILISAUCE
- 1 EL SHAOXING-REISWEIN
- 1 TL DUNKLE SOJASAUCE
- 1 TL HELLE SOJASAUCE
- 1 EL ZUCKER
- 150 G KETCHUP
- 150 G GLASNUDELN
- ½ TL SESAMÖL
- GEDÄMPFTER REIS (SEITE 540) ZUM SERVIEREN (NACH BELIEBEN)

* Das Pflanzenöl in einem Wok oder einer großen Pfanne auf mittlerer Hitze heiß werden lassen, die Garnelen hineingeben und 2–3 Minuten anbraten. Auf einen Teller legen.
* Ingwer, Frühlingszwiebeln und Knoblauch in den Wok geben und 1–2 Minuten unter Rühren braten, bis sie duften. Chilisauce, Reiswein, Sojasaucen und Zucker einrühren und auf starker Hitze 1–2 Minuten unter Rühren braten. Den Ketchup und 475 ml Wasser zufügen und alles zum Kochen bringen. Die Garnelen hineingeben und 1 Minute sautieren.
* Die Glasnudeln zufügen, auf schwache Hitze reduzieren und 5 Minuten köcheln lassen, bis die Nudeln die Sauce vollständig aufgenommen haben. Das Sesamöl unterrühren.
* Die Nudeln in eine Servierschüssel füllen. Falls gewünscht, mit Reis servieren.

HERKUNFT: CHAOZHOU
ZUBEREITUNGSZEIT: 5 MINUTEN, ZZGL. 15 MINUTEN MARINIER- UND 1 STUNDE KÜHLZEIT
GARZEIT: 10 MINUTEN
PERSONEN: 4

青瓜肉碎煮中虾
GARNELEN MIT GURKE

- 400 G ROHE GARNELEN, KÖPFE ENTFERNT, AUSGELÖST, DARMFADEN ENTFERNT UND SCHWÄNZE INTAKT
- 1½ TL SALZ, ZZGL. ETWAS MEHR NACH GESCHMACK
- 1 EIWEISS
- 25 G SCHWEINEHACKFLEISCH
- 1 TL SPEISESTÄRKE
- 1 EL PFLANZENÖL
- 4 KNOBLAUCHZEHEN
- 1 TL FISCHSAUCE
- 1 SALATGURKE, IN SCHEIBEN GESCHNITTEN
- GEDÄMPFTER REIS (SEITE 540) ZUM SERVIEREN

* Die Garnelen in einer Schüssel mit ½ Teelöfel Salz mischen. Unter fließendem kaltem Wasser abspülen und abtropfen lassen. Mit dem Eiweiß mischen und 1 Stunde kalt stellen.
* Inzwischen das Hackfleisch mit ½ Teelöffel Salz mischen und 15 Minuten stehen lassen. ½ Teelöffel Stärke zufügen und gut unterrühren.
* Das Öl in einer Pfanne auf mittlerer Hitze heiß werden lassen, den Knoblauch hineingeben und 2 Minuten unter Rühren goldbraun braten. Das Hackfleisch unterrühren, den restlichen ½ Teelöffel Salz, die Fischsauce und 120 ml Wasser zufügen und alles zum Kochen bringen.
* Garnelen und Gurke zufügen und auf starker Hitze etwa 1 Minute sautieren, bis die Garnelen rosa und gar sind.
* Den restlichen ½ Teelöffel Stärke in einer kleinen Schüssel mit ½ Esslöffel Wasser anrühren und die Mischung in die Pfanne rühren. Unter Rühren 30 Sekunden aufkochen lassen, bis die Sauce eindickt. Nach Geschmack nachsalzen, auf einer Platte anrichten und mit Reis servieren.

GARNELEN MIT GLASNUDELN

HERKUNFT: SICHUAN
ZUBEREITUNGSZEIT: 15 MINUTEN
GARZEIT: 10 MINUTEN
PERSONEN: 4

椒盐虾饼
GARNELENFRIKADELLEN

- 2 EIWEISS
- 2 EL SPEISESTÄRKE
- 250 G ROHE GARNELEN, AUSGELÖST, DARMFADEN ENTFERNT UND ABGESPÜLT
- 50 G SCHINKEN, FEIN GEHACKT
- 50 G RÜCKENSPECK VOM SCHWEIN, FEIN GEHACKT
- 7 WASSERKASTANIEN, FEIN GEHACKT
- 50 G ERBSEN
- 1 EL REISWEIN
- 1 TL SALZ
- ½ TL GEMAHLENER WEISSER PFEFFER
- 2 EL PFLANZENÖL
- 1 EL SESAMÖL

FÜR DAS GEWÜRZSALZ:
- 1 TL SALZ
- ¼ TL GEMAHLENER SICHUAN-PFEFFER
- ¼ TL GEWÜRZLILIENPULVER

* Für das Gewürzsalz das Salz in einer Pfanne auf schwacher Hitze erwärmen. Vom Herd nehmen. Gemahlenen Sichuan-Pfeffer und Gewürzlilienpulver zufügen und gründlich mischen. Beiseitestellen.
* Die Eiweiße in einer kleinen Schüssel schaumig aufschlagen. Stärke zufügen und zu einem dünnen Teig verrühren.
* Garnelen, Schinken und Rückenspeck in eine große Schüssel geben, Wasserkastanien, Erbsen, Reiswein, Salz, Pfeffer und Eiweißteig zufügen und alles gut mischen. Aus der Masse 10–12 Frikadellen formen, jede von etwa 4 cm Durchmesser und 1 cm dick.
* Das Pflanzenöl in einer großen Pfanne auf mittlerer Hitze heiß werden lassen, die Garnelenfrikadellen portionsweise hineingeben und 2–3 Minuten braten. Wenden und von der anderen Seite 1–2 Minuten braten, bis sie gebräunt und durchgegart sind. Auf einem Teller anrichten und mit dem Sesamöl beträufeln. Sofort servieren und das Gewürzsalz dazu reichen.

HERKUNFT: SHANGHAI
ZUBEREITUNGSZEIT: 10 MINUTEN, ZZGL. 4 STUNDEN MARINIERZEIT
GARZEIT: 20 MINUTEN
PERSONEN: 6–8

杞子醉虾
GARNELEN MIT GOJI-BEEREN IN REISWEINSAUCE

- 600 G ROHE GARNELEN IN DER SCHALE
- 3 G ENGELWURZ, IN SCHEIBEN GESCHNITTEN
- 20 GETROCKNETE GOJI-BEEREN
- 10 GETROCKNETE LONGAN
- 5 G INGWER (CA. 1 CM), IN SCHEIBEN GESCHNITTEN
- ½ TL SALZ
- 20 G KANDISZUCKER
- 250 ML SHAOXING-REISWEIN

* Die Garnelen unter fließendem kaltem Wasser abspülen und mit Küchenpapier trocken tupfen.
* Einen Topf Wasser auf starker Hitze zum Kochen bringen. Die Garnelen hineingeben und 2 Minuten blanchieren, bis sie gar sind. Abtropfen lassen und unter fließendem kaltem Wasser abspülen. Zum Abkühlen beiseitestellen.
* Im selben Topf 475 ml Wasser zum Kochen bringen. Engelwurz, Goji-Beeren, Longan, Ingwer, Salz und Zucker zufügen und auf schwacher Hitze 15 Minuten köcheln lassen. Vom Herd nehmen und vollständig abkühlen lassen. Reiswein unterrühren und die Garnelen so hineinlegen, dass sie vollständig bedeckt sind. 4 Stunden im Kühlschrank marinieren.
* Abtropfen lassen, auf einer Platte anrichten und bei Raumtemperatur servieren.

豉油皇煎虾
GARNELEN MIT SOJASAUCE

HERKUNFT: HONGKONG
ZUBEREITUNGSZEIT: 10 MINUTEN
GARZEIT: 5 MINUTEN
PERSONEN: 4

* Mit der Küchenschere die spitzen Scheren und Beine der Garnelen abtrennen. Die Schale am Rücken vom Schwanz zum Kopf aufschneiden, den Darmfaden herausziehen, dann abspülen und mit Küchenpapier trocken tupfen.
* Alle Saucenzutaten in einer kleinen Schüssel verrühren und beiseitestellen.
* Das Pflanzenöl in einem Wok oder einer großen Pfanne auf mittlerer Hitze heiß werden lassen, die Garnelen hineingeben und 2–3 Minuten braten, bis sie rosa werden. Ingwer, Frühlingszwiebeln, Reiswein und Sauce unterrühren und 1–2 Minuten unter Rühren braten, bis die Sauce eindickt. Das Sesamöl zufügen und auf einen Teller legen. Mit Reis servieren.

- 400 G ROHE RIESENGARNELEN (GAMBAS) IN DER SCHALE
- 2 EL PFLANZENÖL
- 20 G INGWER (CA. 2,5 CM), GERIEBEN
- 2 FRÜHLINGSZWIEBELN, GEHACKT
- 1 EL SHAOXING-REISWEIN
- 1 TL SESAMÖL
- GEDÄMPFTER REIS (SEITE 540) ZUM SERVIEREN

FÜR DIE SAUCE:
- 1 ½ EL HELLE SOJASAUCE
- ½ TL DUNKLE SOJASAUCE
- 1 EL ZUCKER

醋烹大虾
BÄRENGARNELEN IN ESSIG

HERKUNFT: SHANDONG
ZUBEREITUNGSZEIT: 10 MINUTEN
GARZEIT: 5 MINUTEN
PERSONEN: 4

* Zum Entfernen des Darmfadens bei jeder Garnele einen Zahnstocher hinter dem zweiten Bauchsegment einstechen und den Darmfaden herausziehen. Fühler und Beine mit der Schere abschneiden. Die Schere in den Kopf stechen und die Schale vom Kopf zum Schwanz am Bauch aufschneiden. Mit einem scharfen Messer den Körper vom Schwanz zum Kopf aufschneiden. Die beiden Körperseiten festhalten und nach hinten biegen, um die Schale zu knacken.
* Das Öl in einem Wok oder hohen Topf auf 150 °C erhitzen oder bis ein Brotwürfel in 1½ Minuten braun wird. Die Garnelen vorsichtig ins Öl gleiten lassen und 1 Minute frittieren, bis sie halb gar sind. Mit einem Schaumlöffel vorsichtig herausheben und auf Küchenpapier abtropfen lassen.
* Das Öl bis auf etwa 2 Esslöffel abgießen. Auf mittlerer bis starker Hitze heiß werden lassen, Ingwer und Frühlingszwiebeln hineingeben und 1 Minute unter Rühren braten, bis sie duften. Hühnerbrühe, Reiswein, Essig und Salz zufügen, auf starke Hitze erhöhen und zum Kochen bringen. Die Garnelen zufügen und etwa 1 Minute sautieren, bis sie rosa und gar sind. Die Stärke in einer kleinen Schüssel mit 1 Esslöffel Wasser anrühren und die Mischung in den Wok rühren. Unter Rühren 30 Sekunden aufkochen lassen, bis die Sauce eindickt. Auf einem Teller anrichten und mit Reis servieren.

- 8 ROHE BÄRENGARNELEN MIT SCHALE
- 475 ML PFLANZENÖL
- 10 G INGWER (CA. 2 CM), IN FEINE STREIFEN GESCHNITTEN
- 3 FRÜHLINGSZWIEBELN, IN FEINE STREIFEN GESCHNITTEN
- 4 EL HÜHNERBRÜHE (SEITE 90)
- 1 EL SHAOXING-REISWEIN
- 1 EL SCHWARZER REISESSIG ODER BALSAMICO-ESSIG
- ½ TL SALZ
- 1 TL SPEISESTÄRKE
- GEDÄMPFTER REIS (SEITE 540) ZUM SERVIEREN

HERKUNFT: ZHEJIANG
ZUBEREITUNGSZEIT: 10 MINUTEN, ZZGL. 1 STUNDE KÜHLZEIT
GARZEIT: 5 MINUTEN
PERSONEN: 4

龙井虾仁
GARNELEN MIT LONGJING-TEE

- 600 G ROHE SÜSSWASSERGARNELEN, AUSGELÖST UND DARMFADEN ENTFERNT
- ½ TL SALZ, ZZGL. ETWAS MEHR NACH GESCHMACK
- ½ EIWEISS
- 1 TL SPEISESTÄRKE
- 1 EL LONGJING-TEE
- 475 ML PFLANZENÖL
- 1 EL SHAOXING-REISWEIN
- GEDÄMPFTER REIS (SEITE 540) ZUM SERVIEREN

Longjing-Tee, in der wörtlichen Übersetzung auch als „Drachenbrunnentee" bekannt, ist eine Grünteesorte aus Zhejiang, die bereits 1500 Jahre existiert. Wegen seiner ausgezeichneten Qualität wurde er in der Tang-Dynastie hochgeschätzt und fand in der Song-Dynastie große Verbreitung. Der Legende zufolge soll in der Qing-Dynastie der Kaiser Qianlong (1711–1799) die Longjing-Plantagen in Zhejiang bei vier verschiedenen Gelegenheiten besucht haben. Er liebte den Tee so sehr, dass er 18 Teepflanzen vor dem Hugong-Tempel in der Nähe des Westsees in Zhejiang zu kaiserlichen Teepflanzen erklärte. Jedes Jahr wurde Tee von diesen Pflanzen gepflückt, verarbeitet und exklusiv für den Kaiserhof nach Beijing gebracht.

* Die Garnelen mit ¼ Teelöffel Salz abreiben und 30 Sekunden stehen lassen. Unter fließendem kaltem Wasser abspülen, dann auf Küchenpapier legen, um überschüssige Feuchtigkeit aufzufangen. In ein sauberes Geschirrhandtuch wickeln und 1 Stunde in den Kühlschrank legen.
* Die Garnelen, den restlichen ¼ Teelöffel Salz und das Eiweiß in einer Schüssel verrühren. Die Stärke unterrühren und beiseitestellen.
* Die Teeblätter in einen Becher geben, 4 Esslöffel kochendes Wasser zugießen und 1 Minute ziehen lassen. Abseihen und die Blätter aufheben.
* Das Öl in einem Wok oder hohen Topf auf 120 °C erhitzen. Die Garnelen vorsichtig ins Öl gleiten lassen und mit Stäbchen rasch darin verteilen. 30 Sekunden frittieren, bis sie rosa werden. Mit einem Schaumlöffel vorsichtig aus dem Öl heben und in einem Sieb abtropfen lassen.
* Das Öl bis auf 2 Teelöffel abgießen. Auf starker Hitze heiß werden lassen, die Garnelen hineingeben und 1 Minute unter Rühren braten, bis sie gar sind. Die Teeblätter zufügen, den Reiswein darüberträufeln und alles wenden, bis der Wein verdampft ist. Nach Geschmack nachwürzen, die Garnelen auf einem Teller anrichten und mit Reis servieren.

宫保大虾
GARNELEN NACH GONGBAO-ART IN CHILISAUCE

HERKUNFT: SICHUAN
ZUBEREITUNGSZEIT: 15 MINUTEN, ZZGL. 10 MINUTEN RUHEZEIT
GARZEIT: 10 MINUTEN
PERSONEN: 4

* Die Garnelen unter fließendem kaltem Wasser abspülen, abtropfen lassen und in eine Schüssel geben. Das Salz zufügen und 10 Minuten stehen lassen. Unter fließendem kaltem Wasser abspülen, abtropfen lassen und in einer Schüssel mit dem Eiweiß mischen.
* Für die Sauce alle Zutaten gut verrühren und beiseitestellen.
* Die Erdnüsse in einen Wok oder eine große Pfanne geben, das Pflanzenöl zufügen und auf schwacher Hitze in 4–5 Minuten unter Rühren kross braten. Mit einem Schaumlöffel herausheben und auf Küchenpapier abtropfen lassen.
* Das Öl wieder erhitzen, die Garnelen hineingeben und auf starker Hitze 1–2 Minuten unter Rühren braten, bis sie halb gar sind. Herausnehmen und beiseitestellen. Das restliche Öl auf mittlerer bis starker Hitze heiß werden lassen, Knoblauch, Chilischoten und Sichuan-Pfefferkörner hineingeben und 1–2 Minuten unter Rühren braten, bis alles duftet. Die Garnelen mit den Frühlingszwiebeln wieder in den Wok geben und 1 weitere Minute unter Rühren braten. Die Sauce in den Wok gießen und auf starker Hitze zum Kochen bringen. Auf mittlerer Hitze ohne Deckel 1–2 Minuten köcheln lassen, bis die Sauce eingedickt ist und die Garnelen gar sind.
* Das Sesamöl hineinträufeln, die Erdnüsse zufügen und alles mischen. Auf einem Teller anrichten und mit Reis servieren.

- 400 G ROHE GARNELEN, AUSGELÖST UND DARMFADEN ENTFERNT
- ½ TL SALZ
- 1 EIWEISS, VERRÜHRT
- 50 G ERDNUSSKERNE
- 4 EL PFLANZENÖL
- 2 KNOBLAUCHZEHEN, IN SCHEIBEN GESCHNITTEN
- 10 GETROCKNETE ROTE CHILISCHOTEN, HALBIERT
- 20 SICHUAN-PFEFFERKÖRNER
- 2 FRÜHLINGSZWIEBELN, GEHACKT
- 1 EL SESAMÖL
- GEDÄMPFTER REIS (SEITE 540) ZUM SERVIEREN

FÜR DIE SAUCE:
- 2 EL SHAOXING-REISWEIN
- 2 EL HÜHNERBRÜHE (SEITE 90)
- 1 EL HELLE SOJASAUCE
- 2 TL WEISSER REISESSIG
- 1 ½ TL SPEISESTÄRKE
- 1 ½ TL ZUCKER
- ½ TL SALZ

HERKUNFT: SICHUAN
ZUBEREITUNGSZEIT: 15 MINUTEN
GARZEIT: 10 MINUTEN
PERSONEN: 4

脆皮大虾
GARNELEN SÜSSSAUER

- 500 G GROSSE ROHE GARNELEN, AUSGELÖST, DARMFADEN ENTFERNT UND SCHWÄNZE INTAKT
- 2 EIWEISS, LEICHT VERRÜHRT
- ½ TL SALZ
- 3 TL SHAOXING-REISWEIN
- 3 EL SPEISESTÄRKE
- 1½ EL HELLE SOJASAUCE
- 2 EL ZUCKER
- 2 EL WEISSER REISESSIG
- 250 ML HÜHNERBRÜHE (SEITE 90)
- 475 ML PFLANZENÖL
- 150 G PANIERMEHL
- 2 TL GERIEBENER INGWER
- 3 KNOBLAUCHZEHEN, FEIN GEHACKT
- 2 EINGELEGTE CHILISCHOTEN, SAMEN ENTFERNT
- 2 FRÜHLINGSZWIEBELN, IN FEINE STREIFEN GESCHNITTEN
- 1 BUND KORIANDERGRÜN, IN 2,5 CM LANGE STÜCKE GESCHNITTEN
- GEDÄMPFTER REIS (SEITE 540) ZUM SERVIEREN

* Mit einem scharfen Messer eine Garnele durch den Rücken bis zum Bauch einschneiden und den Schwanz so durch die Öffnung ziehen, dass ein Knoten entsteht. Mit den restlichen Garnelen ebenso verfahren.
* Eiweiße, Salz, 1 Teelöffel Reiswein und 2 Esslöffel Stärke in einer großen Schüssel gründlich zu einem dünnen Teig verrühren. Die Garnelen zufügen und untermischen, bis sie überall benetzt sind.
* In einer kleinen Schüssel Sojasaue, Zucker, die restlichen 2 Teelöffel Reiswein, Reisessig, den restlichen Esslöffel Stärke und Hühnerbrühe zu einer Sauce verrühren.
* Das Öl in einem Wok oder hohen Topf auf 150 °C erhitzen oder bis ein Brotwürfel in 1½ Minuten braun wird. Die Garnelen im Paniermehl wälzen und vorsichtig ins heiße Öl gleiten lassen. Portionsweise in 2–3 Minuten hellbraun frittieren. Mit einem Schaumlöffel vorsichtig aus dem Öl heben und auf einen Teller legen.
* Das Öl in einem Wok oder hohen Topf auf 170 °C erhitzen oder bis ein Brotwürfel in 45 Sekunden braun wird. Alle Garnelen wieder ins heiße Öl geben und in 1–2 Minuten goldbraun frittieren. Mit einem Schaumlöffel aus dem Öl heben und auf Küchenpapier abtropfen lassen.
* Das Öl bis auf etwa 1 Esslöffel abgießen. Auf mittlerer bis starker Hitze heiß werden lassen, Ingwer, Knoblauch und Sauce hineingeben und 2–3 Minuten unter Rühren braten, bis die Sauce eindickt. Die Sauce über die Garnelen gießen und mit eingelegten Chilischoten, Frühlingszwiebeln und Koriandergrün garnieren. Mit Reis servieren.

翡翠虾仁
GARNELEN MIT ERBSEN

HERKUNFT: SICHUAN
ZUBEREITUNGSZEIT: 10 MINUTEN, ZZGL. 1 STUNDE KÜHLZEIT
GARZEIT: 5 MINUTEN
PERSONEN: 4

* Die Garnelen mit 1 Teelöffel Salz abreiben und 30 Sekunden stehen lassen. Unter fließendem kaltem Wasser abspülen, abtropfen lassen und mit Küchenpapier trocken tupfen, um die überschüssige Feuchtigkeit aufzunehmen. In ein sauberes Geschirrhandtuch wickeln und 1 Stunde in den Kühlschrank legen.
* Garnelen, Eiweiß und ¼ Teelöffel Salz in einer kleinen Schüssel verrühren.
* In einer zweiten Schüssel Reiswein, Pfeffer, ¼ Teelöffel Salz, Stärke und Hühnerbrühe gründlich verrühren.
* Das Öl in einem Wok oder hohen Topf auf 130 °C erhitzen. Die Garnelen vorsichtig ins Öl gleiten lassen und mit Stäbchen rasch darin verteilen. 30 Sekunden frittieren, bis sie rosa werden. Mit einem Schaumlöffel vorsichtig aus dem Öl heben und in einem Sieb abtropfen lassen.
* Das Öl abgießen und die Garnelen wieder in den Wok geben. Erbsen und Sauce zufügen und auf starker Hitze 2 Minuten sautieren, bis die Sauce verdampft ist und die Garnelen gar sind. Auf einem Servierteller anrichten und mit Reis servieren.

- 250 G ROHE GARNELEN, AUSGELÖST UND DARMFADEN ENTFERNT
- 1 ½ TL SALZ
- 1 EIWEISS, VERRÜHRT
- 2 TL REISWEIN
- ¼ TL GEMAHLENER WEISSER PFEFFER
- 1 TL SPEISESTÄRKE
- 3 EL HÜHNERBRÜHE (SEITE 90)
- 475 ML PFLANZENÖL
- 100 G ZUCKERERBSEN, NUR DIE ERBSEN, HALBIERT
- GEDÄMPFTER REIS (SEITE 540) ZUM SERVIEREN

虾多士
GARNELEN AUF TOAST

HERKUNFT: HONGKONG
ZUBEREITUNGSZEIT: 20 MINUTEN
GARZEIT: 5 MINUTEN
PERSONEN: 2

* Einen Topf Wasser zum Kochen bringen. 8 Garnelen hineingeben und 2 Minuten blanchieren, bis sie rosa sind, dann abtropfen lassen.
* Die rohen Garnelen auf ein Schneidbrett legen und mit dem Rücken eines schweren Messers einzeln zu einer Paste klopfen (oder in einer Küchenmaschine pürieren). Garnelenpaste, Salz, Zucker und Pfeffer in einer Schüssel mit Stäbchen in einer Richtung verrühren, bis die Masse eine zähe Konsistenz annimmt. Etwas Garnelenmasse mit der Hand aufnehmen und drei- bis fünfmal gegen den Schüsselboden schlagen, um die gummiartige Konsistenz zu verstärken.
* Schinken und Stärke unter die Masse rühren. Das Brot in 8 gleich große Quadrate schneiden. Die Garnelenmasse gleichmäßig darauf verteilen und auf jedes Brot 1 blanchierte Garnele drücken.
* Das Öl in einem Wok oder hohen Topf auf 180 °C erhitzen oder bis ein Brotwürfel in 30 Sekunden braun wird. Die Quadrate ins Öl gleiten lassen und in 2 Minuten goldbraun und kross frittieren. Die Toasts mit einem Schaumlöffel vorsichtig herausheben und auf Küchenpapier abtropfen lassen.

- 400 G (CA. 24) ROHE GARNELEN, AUSGELÖST UND DARMFADEN ENTFERNT
- ½ TL SALZ
- ½ TL ZUCKER
- ¼ TL GEMAHLENER WEISSER PFEFFER
- 20 G SCHINKEN, GEHACKT
- 1 EL SPEISESTÄRKE
- 2 SCHEIBEN WEISSBROT
- 475 ML PFLANZENÖL

HERKUNFT: HUNAN
ZUBEREITUNGSZEIT: 20 MINUTEN,
  ZZGL. 1 STUNDE KÜHLZEIT
GARZEIT: 15 MINUTEN
PERSONEN: 4
SEITE 193

雀巢虾仁
GARNELEN IM NEST

- 400 G ROHE GARNELEN, AUSGELÖST UND DARMFADEN ENTFERNT
- 1 TL SALZ
- 100 G ZUCKERSCHOTEN, IN STREIFEN GESCHNITTEN
- 2 EIER ZZGL. 1 EIWEISS
- 4 EL SPEISESTÄRKE
- 2 EL MEHL
- 2 KARTOFFELN, IN FEINE STREIFEN GESCHNITTEN
- 4 EL HÜHNERBRÜHE (SEITE 90)
- 1 TL SESAMÖL
- 475 ML PFLANZENÖL
- 25 G SCHINKEN, GEWÜRFELT
- 1 BUND KORIANDERGRÜN, BLÄTTER ABGEZUPFT, ZUM GARNIEREN
- GEDÄMPFTER REIS (SEITE 540) ZUM SERVIEREN (NACH BELIEBEN)

* Die Garnelen in ein Sieb legen, mit ½ Teelöffel Salz bestreuen und mit den Händen überall damit einreiben. Unter fließendem kaltem Wasser abspülen und abtropfen lassen. In ein sauberes Geschirrtuch wickeln und 1 Stunde in den Kühlschrank legen.
* Einen kleinen Topf Wasser zum Kochen bringen, die Zuckerschoten hineingeben und 1 Minute blanchieren. Abtropfen lassen und beiseitestellen.
* Das Eiweiß in einer Schüssel verrühren, 1 Esslöffel Stärke einrühren und die Garnelen zufügen. Gründlich mischen.
* Die 2 Eier in einer Schüssel verrühren und Mehl, 2 Esslöffel Stärke und ¼ Teelöffel Salz zufügen. Die Kartoffeln zufügen und alles gut mischen.
* In einer kleinen Schüssel Hühnerbrühe, Sesamöl, den restlichen Esslöffel Stärke und ¼ Teelöffel Salz zu einer Sauce verrühren.
* Das Pflanzenöl in einem Wok oder hohen Topf auf 130 °C erhitzen. Die Garnelen vorsichtig ins Öl gleiten lassen und mit Stäbchen rasch darin verteilen. 1 Minute frittieren, bis sie rosa sind. Mit einem Schaumlöffel vorsichtig aus dem Öl heben und auf Küchenpapier abtropfen lassen.
* Die Kartoffelstreifen in einem Handsieb aus Metall in die Form eines Vogelnests bringen. Das Öl in einem Wok oder hohen Topf auf 170 °C erhitzen oder bis ein Brotwürfel in 45 Sekunden braun wird. Das Sieb mit den Kartoffelstreifen vorsichtig ins Öl tauchen und 2–3 Minuten frittieren, bis das Nest goldbraun ist. Das Sieb aus dem Öl heben und das Kartoffelnest auf einen Teller legen.
* Das Öl bis auf etwa 1 Esslöffel abgießen. Auf mittlerer bis starker Hitze heiß werden lassen, Schinken und Zuckerschoten hineingeben und 1 Minute unter Rühren braten. Garnelen und Sauce einrühren und erhitzen, bis sie eindickt, dann den Wokinhalt in das Kartoffelnest gießen. Mit Koriandergrün garnieren und mit Reis servieren, falls verwendet.

GARNELEN IM NEST

HERKUNFT: SICHUAN
ZUBEREITUNGSZEIT: 10 MINUTEN, ZZGL. 1 STUNDE KÜHLZEIT
GARZEIT: 10 MINUTEN
PERSONEN: 6

干烧大虾
GARNELEN MIT SCHARFER SAUCE

- 6 ROHE RIESENGARNELEN (GAMBAS, CA. 450 G), AUSGELÖST UND DARMFADEN ENTFERNT
- 3 TL SHAOXING-REISWEIN
- ½ TL SALZ, ZZGL. ETWAS MEHR NACH GESCHMACK
- 3 EL PFLANZENÖL
- 25 G MAGERES SCHWEINEHACKFLEISCH
- 1 TL GERIEBENER INGWER
- 10 G FERMENTIERTES KOHLGEMÜSE AUS SICHUAN, ENDEN ABGESCHNITTEN, ABGESPÜLT UND GEHACKT
- 2 FRÜHLINGSZWIEBELN, NUR SCHÄFTE, IN 4 CM LANGE STÜCKE GESCHNITTEN
- 4–5 EINGELEGTE ROTE CHILISCHOTEN, SAMEN ENTFERNT UND HALBIERT
- 5 EL HÜHNERBRÜHE (SEITE 90)
- 1 TL HELLE SOJASAUCE
- 1 EL SESAMÖL
- GEDÄMPFTER REIS (SEITE 540) ODER GEKOCHTE NUDELN ZUM SERVIEREN

* Die Garnelen in ein sauberes Geschirrtuch wickeln und 1 Stunde in den Kühlschrank legen.
* 1 Teelöffel Reiswein in einer kleinen Schüssel mit ¼ Teelöffel Salz verrühren.
* Das Pflanzenöl in einem Wok auf mittlerer Hitze heiß werden lassen, die Garnelen hineingeben und 3–4 Minuten braten, bis sie gerade rosa sind. Auf einen Teller legen und mit dem gesalzenen Reiswein beträufeln.
* Das Hackfleisch in den Wok geben und Ingwer, Kohlgemüse, Frühlingszwieben und eingelegte Chilischoten einrühren. Hühnerbrühe, den restlichen ¼ Teelöffel Salz, Sojasauce und die übrigen 2 Teelöffel Reiswein einrühren und zum Kochen bringen. Auf mittlere bis starke Hitze erhöhen und 2–3 Minuten unter Rühren braten, bis die Sauce um die Hälfte eingekocht ist.
* Die Garnelen zufügen, umrühren und auf starke Hitze erhöhen. 1 Minute weiterkochen, bis die Sauce um die Hälfte eingekocht ist. Das Sesamöl hineinträufeln, nach Geschmack nachsalzen und auf einem Teller anrichten. Mit Reis oder Nudeln servieren.

黄金虾
GOLDENE GARNELEN

HERKUNFT: HONGKONG
ZUBEREITUNGSZEIT: 10 MINUTEN
GARZEIT: 30 MINUTEN
PERSONEN: 4

* Den Ofen auf 150 °C vorheizen.
* Zum Entfernen des Darmfadens bei jeder Garnele einen Zahnstocher oder Cocktailspieß hinter dem zweiten Bauchsegment einstechen und den Darmfaden herausziehen. Fühler und Beine mit der Schere abschneiden. Den Kopf hinter dem ersten Bauchsegment abtrennen und aufheben. Mit einem scharfen Messer den Körper vom Schwanz zum Kopf aufschneiden. Die beiden Körperseiten festhalten und nach hinten biegen, um die Schale zu knacken.
* Die Eigelbe in eine ofenfeste Schüssel geben und 20 Minuten im Ofen backen. Herausnehmen und mit einer Gabel zerdrücken. Den Zucker unterrühren.
* Für den krossen Knoblauch das Öl in einem Wok oder hohen Topf auf 130 °C erhitzen, den Knoblauch hineingeben und 1–2 Minuten frittieren, bis er angebräunt ist. Mit einem Schaumlöffel vorsichtig aus dem Öl heben und auf Küchenpapier abtropfen lassen. Beiseitestellen.
* Das Öl auf mittlerer bis starker Hitze auf 170 °C erhitzen. Garnelenköpfe und -körper hineingleiten lassen und 2–3 Minuten frittieren, bis sie rosa sind und das Fleisch weiß und undurchsichtig ist. Mit einem Schaumlöffel vorsichtig aus dem Öl heben und auf Küchenpapier abtropfen lassen. Beiseitestellen.
* Die Butter in einem sauberen Wok auf schwacher bis mittlerer Hitze zerlassen. Die zerdrückten Eigelbe hineingeben. Mit dem Pfannenwender (Fischheber) noch weiter zerdrücken und 1 Minute unter Rühren braten. Die Garnelen zufügen und unterrühren. Die Mischung auf einem Teller anrichten und mit dem krossen Knoblauch garnieren. Mit Reis oder Kartoffeln servieren.

- 8 ROHE BÄRENGARNELEN
- 6 GESALZENE ENTENEIGELB
- 1 TL ZUCKER
- 4 EL BUTTER
- GEDÄMPFTER REIS (SEITE 540) ODER KARTOFFELN ZUM SERVIEREN

FÜR DEN KROSSEN KNOBLAUCH:
- 475 ML PFLANZENÖL
- 2 KNOLLEN KNOBLAUCH, GEHACKT

HERKUNFT: JIANGSU
ZUBEREITUNGSZEIT: 15 MINUTEN,
  ZZGL. 10 MINUTEN MARINIERZEIT
GARZEIT: 5 MINUTEN
PERSONEN: 4
SEITE 197

凤尾大虾
FÄCHER-GARNELEN

- 8 ROHE RIESENGARNELEN (GAMBAS), KÖPFE ENTFERNT, AUSGELÖST UND SCHWÄNZE INTAKT
- 2 FRÜHLINGSZWIEBELN, IN 4 CM LANGE STÜCKE GESCHNITTEN
- 1 EL INGWERSAFT
- 1 TL SHAOXING-REISWEIN
- ½ TL SALZ
- ¼ TL GEMAHLENER WEISSER PFEFFER
- ¼ TL GEMAHLENER SICHUAN-PFEFFER
- 2 EIER
- 2 TL SPEISESTÄRKE
- 1 L PFLANZENÖL
- GEDÄMPFTER REIS (SEITE 540) ZUM SERVIEREN (NACH BELIEBEN)

FÜR DAS SICHUAN-PFEFFER-SALZ:
- ½ TL SALZ
- ¼ TL GEMAHLENER SICHUAN-PFEFFER

* 1 Garnele mit einem kleinen scharfen Messer von der Bauchseite bis zum Rücken (nicht ganz durchschneiden!) in 2 verbundene Hälften schneiden. Darmfaden entfernen, die Hälften aufklappen und flach auf das Schneidbrett legen. Mit den restlichen Garnelen ebenso verfahren.
* Mit Frühlingszwiebeln, Ingwersaft, Reiswein, Salz und weißem Pfeffer in eine Schüssel geben. Alles gut mischen und mindestens 10 Minuten marinieren.
* Die Frühlingszwiebeln entfernen und die Garnelen mit Küchenpapier trocken tupfen, um die überschüssige Flüssigkeit aufzunehmen.
* Für das Sichuan-Pfeffer-Salz das Salz in einer kleinen Schüssel mit dem gemahlenen Sichuan-Pfeffer mischen. Beiseitestellen.
* Die Eier in einer weiteren Schüssel verrühren und mit der Stärke zu einem glatten Teig verarbeiten.
* Das Öl in einem Wok oder hohen Topf auf 160 °C erhitzen oder bis ein Brotwürfel in 1 Minute braun wird. Die Garnelen einzeln am Schwanz fassen, in den Teig tauchen und vorsichtig ins heiße Öl gleiten lassen. Portionsweise 1–2 Minuten frittieren, bis der Teig goldbraun ist und die Garnelen gar sind. Mit einem Schaumlöffel vorsichtig aus dem Öl heben und auf Küchenpapier abtropfen lassen.
* Auf einem Servierteller anrichten und mit dem Gewürzsalz bestreuen. Falls gewünscht, mit Reis servieren.

FÄCHERGARNELEN

HERKUNFT: HONGKONG
ZUBEREITUNGSZEIT: 5 MINUTEN
GARZEIT: 10 MINUTEN
PERSONEN: 4
📷 SEITE 199

椒盐中虾
GARNELEN MIT GEWÜRZSALZ

- 600 G ROHE GARNELEN MIT SCHALE
- 475 ML PFLANZENÖL
- 2 EL SPEISESTÄRKE
- 1 ROTE CHILISCHOTE, SAMEN ENTFERNT UND IN FEINE STREIFEN GESCHNITTEN
- 2 KNOBLAUCHZEHEN, GEHACKT
- 2 FRÜHLINGSZWIEBELN, NUR SCHÄFTE, IN 4 CM LANGE STÜCKE GESCHNITTEN
- 1 EL SHAOXING-REISWEIN
- GEDÄMPFTER REIS (SEITE 540) ODER KARTOFFELN ZUM SERVIEREN

FÜR DAS GEWÜRZSALZ:
- 1 TL SALZ
- 1 TL GEWÜRZLILIENPULVER
- ½ TL FÜNF-GEWÜRZE-PULVER
- ½ TL CHILIPULVER

* Für das Gewürzsalz das Salz in einem Topf auf schwacher Hitze 1–2 Minuten erwärmen, dann in eine kleine Schüssel füllen. Die restlichen Zutaten zufügen und alles gut mischen. Beiseitestellen.
* Mit der Küchenschere die spitzen Scheren und Beine der Garnelen abtrennen. Die Schale am Rücken vom Schwanz zum Kopf aufschneiden, den Darmfaden herausziehen, dann abspülen und mit Küchenpapier trocken tupfen.
* Das Öl in einem Wok oder hohen Topf auf 150 °C erhitzen oder bis ein Brotwürfel in 1½ Minuten braun wird. Die Garnelen in Stärke wälzen, vorsichtig ins Öl gleiten lassen, mit Stäbchen zügig darin verteilen und in 2–3 Minuten goldbraun, kross und gar frittieren. Mit einem Schaumlöffel vorsichtig aus dem Öl heben und auf Küchenpapier abtropfen lassen.
* Das Öl bis auf etwa 1 Esslöffel abgießen. Auf mittlerer Hitze heiß werden lassen, Chili, Knoblauch, Frühlingszwiebeln und Garnelen hineingeben und 1 Minute unter Rühren braten. Den Reiswein hineinträufeln, den Herd ausschalten und das Gewürzsalz unterrühren. Mit Reis oder Kartoffeln servieren.

HERKUNFT: HONGKONG
ZUBEREITUNGSZEIT: 10 MINUTEN
GARZEIT: 5 MINUTEN
PERSONEN: 4

黑胡椒罗勒焗虾
GARNELEN MIT SCHWARZEM PFEFFER UND BASILIKUM

- 450 G ROHE GARNELEN MIT SCHALE
- 1 EL BUTTER
- 3 SCHALOTTEN, IN SCHEIBEN GESCHNITTEN
- 2 KNOBLAUCHZEHEN, FEIN GEHACKT
- 1 TL SALZ
- ½ TL ZUCKER
- 2 TL GROB GEMAHLENER SCHWARZER PFEFFER
- 1 EL SHAOXING-REISWEIN
- 50 G BASILIKUMBLÄTTER

* Mit der Küchenschere die spitzen Scheren und Beine der Garnelen abtrennen. Die Schale am Rücken vom Schwanz zum Kopf aufschneiden, den Darmfaden herausziehen, dann abspülen und mit Küchenpapier trocken tupfen.
* Die Butter in einem Schmortopf auf mittlerer Hitze zerlassen, die Schalotten hineingeben und 1 Minute unter Rühren braten, bis sie duften. Knoblauch, Salz, Zucker und Garnelen hineingeben und 2–3 Minuten mitbraten, bis die Garnelen rosa werden. Den schwarzen Pfeffer einrühren, den Reiswein einträufeln, die Basilikumblätter untermischen und für 30 Sekunden den Deckel aufsetzen. Den Herd ausschalten.
* Im Schmortopf servieren.

GARNELEN MIT GEWÜRZSALZ

HERKUNFT: HONGKONG
ZUBEREITUNGSZEIT: 10 MINUTEN,
ZZGL. 1 STUNDE KÜHLZEIT
GARZEIT: 10 MINUTEN
PERSONEN: 6

茄汁煎虾碌
GEBRATENE GARNELEN IN SAUCE

- 450 G ROHE RIESENGARNELEN (GAMBAS) MIT SCHALE
- 3 EL KETCHUP
- 1 EL ZUCKER
- 2 TL ZHENJIANG- ODER BALSAMICO-ESSIG
- 1 TL HELLE SOJASAUCE
- ½ TL GEMAHLENER WEISSER PFEFFER
- 3 EL PFLANZENÖL
- 1 EL SPEISESTÄRKE
- 2 SCHALOTTEN, GEHACKT
- 1 EL GEHACKTER KNOBLAUCH
- ¼ TL SESAMÖL
- GEDÄMPFTER REIS (SEITE 540) ZUM SERVIEREN

* Mit der Küchenschere die spitzen Scheren und Beine der Garnelen abtrennen. Die Schale am Rücken vom Schwanz zum Kopf aufschneiden, den Darmfaden herausziehen, dann abspülen und mit Küchenpapier trocken tupfen. Jede Garnele am ersten Bauchsegment durchschneiden. Die Garnelen in ein sauberes Geschirrtuch wickeln und 1 Stunde in den Kühlschrank legen.
* Ketchup, Zucker, Essig, Sojasauce und Pfeffer in einer Schüssel verrühren und beiseitestellen.
* Das Pflanzenöl in einem Wok oder einer großen Pfanne erhitzen. Die Garnelen leicht mit der Stärke bestäuben und in den Wok geben. Auf mittlerer Hitze in 3–4 Minuten gar braten. Mit dem Pfannenwender (Fischheber) die Garnelen an die Seite schieben, Schalotten und Knoblauch in die Wokmitte geben und 1 Minute unter Rühren braten, bis sie duften. Gründlich mit den Garnelen mischen und weitere 1–2 Minuten unter Rühren braten, bis die Sauce eingekocht ist. Das Sesamöl hineinträufeln, alles auf einem Servierteller anrichten und mit Reis servieren.

HERKUNFT: HONGKONG
ZUBEREITUNGSZEIT: 10 MINUTEN,
ZZGL. 10 MINUTEN GEFRIERZEIT
GARZEIT: 35 MINUTEN
PERSONEN: 3

盐焗奄仔蟹
IN SALZ GEBACKENE KRABBEN

- 3 JUNGE KRABBEN (JE 150 G), TIEFGEKÜHLT
- 600 G GROBES SALZ
- 1 EL FÜNF-GEWÜRZE-PULVER

* Die Krabben unter fließendem kaltem Wasser abspülen und mit Küchenpapier trocken tupfen. 10 Minuten tiefkühlen.
* Das Salz 5 Minuten in einem Wok ohne Öl oder einer großen Pfanne auf starker Hitze rühren, bis es sehr heiß ist. Das Fünf-Gewürze-Pulver einrühren und die Krabben vorsichtig mit dem Bauch nach oben im heißen Salz vergraben. Deckel aufsetzen, auf mittlere Hitze reduzieren und 5 Minuten backen. Auf schwache Hitze reduzieren und weitere 20–25 Minuten backen, bis die Krabben gar sind.
* Die Krabben mit einer Zange aus dem Salz nehmen. Überschüssiges Salz abstreifen, dann die Panzer entfernen und jede Krabbe längs in 2 Hälften schneiden. Auf einem Teller anrichten und servieren.

粉丝蟹煲
KRABBEN-GLASNUDEL-AUFLAUF

HERKUNFT: HONGKONG
ZUBEREITUNGSZEIT: 15 MINUTEN
GARZEIT: 25 MINUTEN
PERSONEN: 4

* Bei jeder Krabbe die Bauchklappe abheben, die Unterseite abbürsten, den Panzer abheben, Magen und Kiemen entfernen und unter fließendem kaltem Wasser abspülen. Jede Krabbe halbieren, jede Hälfte in 3–4 Stücke schneiden. Mit dem Rücken eines schweren Messers die Scheren leicht anstoßen.
* Die Glasnudeln 3 Minuten in einer Schüssel mit heißem Wasser einweichen. Abtropfen lassen.
* Austernsauce, Salz, Zucker und 4 Esslöffel Hühnerbrühe in einer Schüssel gründlich verrühren.
* Die Stärke in eine große Schüssel geben, die Krabbenstücke zufügen und leicht bestäuben.
* 475 ml Pflanzenöl in einem Wok oder hohen Topf auf 170 °C erhitzen oder bis ein Brotwürfel in 45 Sekunden braun wird. Die Krabbenstücke portionsweise vorsichtig hineingleiten lassen und 2–3 Minuten frittieren. Mit einem Schaumlöffel herausheben und auf Küchenpapier abtropfen lassen.
* Das Öl bis auf 2 Esslöffel abgießen. Auf mittlerer bis starker Hitze heiß werden lassen, Ingwer und Knoblauch hineingeben und 1–2 Minuten unter Rühren braten. Die Schalotten unterrühren und weitere 30 Sekunden unter Rühren braten, dann Krabbe, Reiswein und verfeinerte Austernsauce zufügen und alles gründlich mischen. Den Herd ausschalten.
* 1 Esslöffel Pflanzenöl in einem Schmortopf auf starker Hitze heiß werden lassen. Den Kohl hineingeben und in 2–3 Minuten unter Rühren knapp gar braten. Die Glasnudeln zufügen und unter Rühren braten, bis sie überall mit Öl benetzt sind. Die Sojasauce in einer kleinen Schüssel mit der restlichen Hühnerbrühe verrühren und nach und nach unter die Glasnudeln rühren. Krabbe, Sauce und Frühlingszwiebeln zufügen, Deckel aufsetzen und 10 Minuten auf schwacher bis mittlerer Hitze köcheln lassen. Das Sesamöl unterrühren, auf einem Servierteller anrichten und mit gedämpftem Reis servieren.

- 2 FRISCHE KRABBEN (JE 800 G)
- 150 G GLASNUDELN
- 1 EL AUSTERNSAUCE
- 1 TL SALZ
- 1 TL ZUCKER
- 150 ML HÜHNERBRÜHE (SEITE 90)
- 4 EL SPEISESTÄRKE
- 475 ML PFLANZENÖL, ZZGL. 1 EL
- 10 G INGWER (CA. 2 CM), IN SCHEIBEN GESCHNITTEN
- 2 KNOBLAUCHZEHEN, IN SCHEIBEN GESCHNITTEN
- 4 SCHALOTTEN, GEHACKT
- 1 EL SHAOXING-REISWEIN
- ⅓ KOHLKOPF (CA. 300 G), GEHOBELT
- 1 EL HELLE SOJASAUCE
- 3 FRÜHLINGSZWIEBELN, NUR SCHÄFTE, IN 5 CM LANGE STÜCKE GESCHNITTEN
- 1 TL SESAMÖL
- GEDÄMPFTER REIS (SEITE 540) ZUM SERVIEREN

HERKUNFT: FUJIAN
ZUBEREITUNGSZEIT: 15 MINUTEN,
    ZZGL. 1 STUNDE EINWEICHZEIT
GARZEIT: 1 STUNDE 10 MINUTEN
PERSONEN: 4–6
📷 SEITE 203

红蟳米糕
GEDÄMPFTE KRABBE AUF KLEBREIS

- 250 G KLEBREIS, ABGESPÜLT
- ½ TL SALZ
- 1 GETROCKNETES LOTUSBLATT
- 1 FRISCHE KRABBE (450 G), WEIBCHEN MIT ROGEN ODER ANDERE VOLLFLEISCHIGE KRABBE
- 3 MITTELGROSSE GETROCKNETE JAKOBSMUSCHELN
- 8 GETROCKNETE SHIITAKE
- 2 EL PFLANZENÖL
- 1 EL GERIEBENER INGWER, ZZGL. 1 EL FEINE INGWERSTREIFEN
- 3 SCHALOTTEN, GEHACKT
- 200 G SCHWEINEHACKFLEISCH
- 1 EL HELLE SOJASAUCE
- 1 EL GEHACKTE FRÜHLINGSZWIEBELN

Die Vorfahren vieler Taiwanesen stammen aus Fujian, was die Küchenkultur natürlich beeinflusst hat. Dieses Gericht ist ein perfektes Beispiel dafür: ein beliebtes taiwanesisches Gericht mit Wurzeln in der Fujian-Küche.

* Reis und Salz in eine große Schüssel geben und mit kochendem Wasser bedecken. 1 Stunde einweichen, dann gründlich abspülen und abtropfen lassen.
* Inzwischen das Lotusblatt 45 Minuten in kaltem Wasser einweichen. Abtropfen lassen, abspülen und mit einem Geschirrtuch trocken tupfen.
* Die Bauchklappe der Krabbe abheben, die Unterseite abbürsten, den Panzer abheben, Magen und Kiemen entfernen und unter fließendem kaltem Wasser abspülen. In 6–8 Stücke schneiden.
* Getrocknete Jakobsmuscheln mit 120 ml kaltem Wasser in eine Schüssel geben und 15 Minuten einweichen. Abtropfen lassen und das Einweichwasser für den späteren Gebrauch aufheben. Den kleinen harten Muskel entfernen und das Fleisch in feine Streifen schneiden.
* Die Shiitake in eine Schüssel legen, mit 250 ml kaltem Wasser bedecken und mindestens 20 Minuten einweichen. Herausnehmen, Wasser herausdrücken, die Stiele entfernen und hacken. Die Einweichflüssigkeit aufheben.
* Das Öl in einem Wok oder einer großen Pfanne auf mittlerer Hitze heiß werden lassen, geriebenen Ingwer und Schalotten hineingeben und 1 Minute unter Rühren braten, bis sie duften. Hackfleisch, Pilze, Muscheln und Sojasauce zufügen und erneut 1 Minute unter Rühren braten. Die Mischung in die Schüssel mit dem abgetropften Klebreis geben und das aufgehobene Einweichwasser von Muscheln und Pilzen zugießen. Alles gut mischen.
* Das Lotusblatt auf ein Dämpfgestell oder einen ofenfesten Teller legen und den Reis in der Mitte verteilen. Das Blatt über den Reis falten. In einem Dämpfeinsatz oder Bambus-Dämpfkorb über einen Topf mit kochendem Wasser stellen und mit Deckel 45 Minuten dämpfen.
* Deckel abnehmen, die Krabbenstücke auf den Reis legen und die Ingwerstreifen darauf verteilen. Weitere 20 Minuten dämpfen, bis Reis und Krabbe ganz durchgegart sind. Die Frühlingszwiebeln darüberstreuen und servieren. (Das Lotusblatt wird nicht mitgegessen.)

GEDÄMPFTE KRABBE AUF KLEBREIS

HERKUNFT: CHAOZHOU
ZUBEREITUNGSZEIT: 15 MINUTEN
GARZEIT: 25 MINUTEN
PERSONEN: 4

豆酱焗蟹
KRABBE IN PUNING-BOHNENPASTE

- 1 FRISCHE KRABBE (900 G)
- 750 ML PFLANZENÖL
- 6 EL SPEISESTÄRKE
- 3 EL PUNING-BOHNENPASTE, GEHACKT
- 2 EL SESAMPASTE
- 1 TL ZUCKER
- 1 EL SHAOXING-REISWEIN
- 100 G RÜCKENSPECK VOM SCHWEIN, IN 5 MM GROSSE WÜRFEL GESCHNITTEN
- 20 G INGWER (CA. 2,5 CM), IN SCHEIBEN GESCHNITTEN
- 120 ML HÜHNERBRÜHE (SEITE 90)
- 2 FRÜHLINGSZWIEBELN, IN 4 CM LANGE STÜCKE GESCHNITTEN
- SALZ NACH GESCHMACK
- GEDÄMPFTER REIS (SEITE 540) ZUM SERVIEREN

* Bei jeder Krabbe die Bauchklappe abheben, die Unterseite abbürsten, den Panzer abheben, Magen und Kiemen entfernen und unter fließendem kaltem Wasser abspülen. Jede Krabbe halbieren, jede Hälfte in 3–4 Stücke schneiden. Zum Abtropfen in ein Sieb legen.
* Das Öl in einem Wok oder hohen Topf auf 180 °C erhitzen oder bis ein Brotwürfel in 30 Sekunden braun wird. Die Krabbenstücke in Stärke wenden und vorsichtig ins heiße Öl gleiten lassen. In 3–4 Minuten goldbraun frittieren. In ein Sieb legen und das überschüssige Öl abtropfen lassen.
* Puning-Bohnenpaste, Sesampaste, Zucker und ½ Esslöffel Reiswein in einer kleinen Schüssel verrühren. Beiseitestellen.
* Eine Pfanne erhitzen und den Rückenspeck auf schwacher Hitze 1–2 Minuten braten, bis er kross und das Fett ausgelassen ist. Mit einem Schaumlöffel den krossen Speck herausheben und auf Küchenpapier abtropfen lassen. Beiseitestellen.
* Das Öl bis auf 2 Esslöffel aus dem Wok gießen. Auf starker Hitze heiß werden lassen, den Ingwer hineingeben und 1–2 Minuten unter Rühren braten, bis er duftet. Krabbe und Bohnenpaste zufügen und den restlichen ½ Esslöffel Reiswein hineinträufeln. Wieder 1 Minute unter Rühren braten, dann die Hühnerbrühe zugießen und zum Kochen bringen.
* Auf schwache Hitze reduzieren und mit Deckel 10 Minuten köcheln lassen. Deckel abnehmen, krossen Speck und Frühlingszwiebeln zufügen und alles gut mischen. Nach Geschmack würzen.
* Auf einem Servierteller anrichten und mit Reis servieren.

裹烧蟹
KRABBENPUFFER

HERKUNFT: JIANGSU
ZUBEREITUNGSZEIT: 15 MINUTEN
GARZEIT: 15 MINUTEN
PERSONEN: 4–6

Was beim Hummer die „Hummerleber" ist, wird bei der Krabbe als „Krebsfett" bezeichnet, obwohl es sich nicht um Fett handelt, sondern um die Mitteldarmdrüse, einen Hauptbestandteil ihres Verdauungssystems. Sie wird in vielen Kulturen verzehrt und gilt zu gedämpfter oder gekochter Krabbe oft als Delikatesse. Wie die Lebern anderer Tiere auch, sollte sie allerdings nur in Maßen genossen werden, weil sie Schadstoffe in hohen Konzentrationen enthalten kann.

* Frühlingszwiebel und Ingwer mischen und über einer Schüssel den Saft ausdrücken. In einer kleinen Schüssel Saft, Eiweiß, Reiswein, Stärke und Salz gut verrühren. Gehackten Fisch, Rückenspeck, Krabbenfleisch und Krebsfett zufügen und gründlich untermischen.
* Eine rechteckige oder quadratische Backform so weit einfetten, dass die Masse 5 mm dick darin verteilt werden kann. Die Krabbenmasse gleichmäßig verteilen. Die Form auf ein Dämpfgitter in einen Wok mit kochendem Wasser stellen. Mit Deckel 5 Minuten dämpfen. Die Masse in 2 × 4 cm große Stücke schneiden.
* 2 Eier in einer Schüssel verrühren, dann das Mehl zufügen und zu einem Teig verrühren, der langsam und glatt von einem Löffel tropft. Falls er zu dick ist, etwas Wasser zufügen.
* Das Öl in einem Wok oder hohen Topf auf 150 °C erhitzen oder bis ein Brotwürfel in 1½ Minuten braun wird. Die Krabbenpuffer in den Teig tauchen und portionsweise in 3–4 Minuten goldbraun frittieren. Mit einem Schaumlöffel aus dem Öl heben und auf Küchenpapier abtropfen lassen. Auf einem sauberen Teller anrichten.
* Für das Sichuan-Pfeffer-Salz das Salz in einer kleinen Schüssel mit dem gemahlenen Sichuan-Pfeffer mischen. Das Gewürzsalz und weißen Pfeffer über die Krabbenpuffer streuen und servieren.

- 1 FRÜHLINGSZWIEBEL, FEIN GERIEBEN
- 10 G INGWER (CA. 2 CM), FEIN GERIEBEN
- 2 EIER, ZZGL. 1 EIWEISS
- 2 EL SHAOXING-REISWEIN
- ½ EL SPEISESTÄRKE
- ¼ TL SALZ
- 100 G WEISSFISCHFILET, GEHACKT
- 25 G RÜCKENSPECK VOM SCHWEIN, GEHACKT
- 150 G KRABBENFLEISCH UND KREBSFETT
- 250 ML PFLANZENÖL, ZZGL. ETWAS MEHR ZUM EINFETTEN
- 2 EL MEHL
- ¼ TL GEMAHLENER WEISSER PFEFFER

FÜR DAS SICHUAN-PFEFFER-SALZ:
- ½ TL SALZ
- ¼ TL GEMAHLENER SICHUAN-PFEFFER

HERKUNFT: GUANGDONG
ZUBEREITUNGSZEIT: 15 MINUTEN
GARZEIT: 15 MINUTEN
PERSONEN: 4

姜葱炒蟹
KRABBE MIT INGWER UND FRÜHLINGSZWIEBELN

- 1 EL AUSTERNSAUCE
- 1 ½ TL HELLE SOJASAUCE
- 1 TL ZUCKER
- 1 FRISCHE KRABBE (900 G)
- 2 EL SPEISESTÄRKE
- 475 ML PFLANZENÖL
- 50 G INGWER (CA. 7,5 CM), IN SCHEIBEN GESCHNITTEN
- 25 G RÜCKENSPECK VOM SCHWEIN, FEIN GEHACKT
- 2 KNOBLAUCHZEHEN, IN SCHEIBEN GESCHNITTEN
- 6 FRÜHLINGSZWIEBELN, IN ABSCHNITTE GESCHNITTEN
- 1 TL SHAOXING-REISWEIN
- 2 EIER, VERRÜHRT
- GEDÄMPFTER REIS (SEITE 540) ZUM SERVIEREN

* Austernsauce, Sojasauce, Zucker und 2 Esslöffel Wasser in einer Schüssel verrühren und beiseitestellen.
* Die Bauchklappe der Krabbe abheben, die Unterseite abbürsten, den Panzer abheben, Magen und Kiemen entfernen und unter fließendem kaltem Wasser abspülen. Die Krabbe halbieren, jede Hälfte in 3–4 Stücke schneiden. Mit einem Messerrücken die Scheren aufklopfen. Die Krabbenstücke leicht in der Stärke wälzen.
* Das Öl in einem Wok oder hohen Topf auf 170 °C erhitzen oder bis ein Brotwürfel in 45 Sekunden braun wird. Ingwer und Krabbenstücke vorsichtig ins Öl gleiten lassen und in 5 Minuten goldbraun frittieren. Vorsichtig mit einem Schaumlöffel herausheben und in einem Sieb abtropfen lassen.
* Das Öl bis auf etwa 1 Esslöffel abgießen. Auf starker Hitze heiß werden lassen, den Rückenspeck hineingeben und 1 Minute unter Rühren braten. Den Knoblauch und die Hälfte der Frühlingszwiebeln zufügen und erneut 1 Minute unter Rühren braten. Gebratene Krabbe und Ingwer zufügen, untermischen und Reiswein und verfeinerte Austernsauce darüberträufeln. Erneut alles mischen, Deckel aufsetzen und auf mittlerer bis starker Hitze 2 Minuten dünsten, bis die Krabbe gar ist. Deckel abnehmen, die restliche Frühlingszwiebel unterrühren, die verrührten Eier zugießen und alles mischen, bis die Sauce eindickt.
* Auf einer Platte anrichten und sofort mit Reis servieren.

避风塘炒蟹
KRABBE IN SCHARFER KNOBLAUCHSAUCE

HERKUNFT: HONGKONG
ZUBEREITUNGSZEIT: 10 MINUTEN
GARZEIT: 15 MINUTEN
PERSONEN: 4

* Die Bauchklappe der Krabbe abheben, die Unterseite abbürsten, den Panzer abheben, Magen und Kiemen entfernen und unter fließendem kaltem Wasser abspülen. Die Krabbe halbieren, jede Hälfte in 3–4 Stücke schneiden.
* Salz, 1 Teelöffel Zucker und Sojachips in einem kleinen Topf auf schwacher Hitze 2 Minuten erwärmen. Beiseitestellen.
* Das Öl in einem Wok oder hohen Topf auf 170 °C erhitzen oder bis ein Brotwürfel in 45 Sekunden braun wird. Die Krabbenstücke vorsichtig ins Öl gleiten lassen und in 5 Minuten goldbraun frittieren. Mit einem Schaumlöffel aus dem Öl heben und auf Küchenpapier abtropfen lassen. Beiseitestellen.
* Das Öl bis auf etwa 2 Esslöffel abgießen. Auf mittlerer Hitze heiß werden lassen, die Schalotten hineingeben und 1–2 Minuten unter Rühren braten, bis sie duften. Getrocknete und frische Chilischoten, schwarze Bohnen, Sichuan-Pfefferkörner, krossen Knoblauch, Sojachips-Mischung, Sojasauce und den restlichen Teelöffel Zucker zufügen und auf starker Hitze 2 Minuten unter Rühren braten. Die Krabbenstücke unterrühren, die Frühlingszwiebeln zufügen und gründlich mischen. Auf einem Servierteller anrichten und mit Reis servieren.

- 1 FRISCHE KRABBE (600 G)
- 1 TL SALZ
- 2 TL ZUCKER
- 4 EL SOJACHIPS (SEITE 52)
- 2 EL SPEISESTÄRKE
- 475 ML PFLANZENÖL
- 4 SCHALOTTEN, GEHACKT
- 16 GETROCKNETE CHILISCHOTEN, GEHACKT
- 4 ROTE CHILISCHOTEN, IN GROSSE STÜCKE GESCHNITTEN
- ½ EL FERMENTIERTE SCHWARZE BOHNEN, ABGESPÜLT
- ½ TL SICHUAN-PFEFFERKÖRNER, ZERSTOSSEN
- 1 PORTION KROSSER KNOBLAUCH (SEITE 195)
- 2 EL HELLE SOJASAUCE
- 2 FRÜHLINGSZWIEBELN, GEHACKT
- GEDÄMPFTER REIS (SEITE 540) ZUM SERVIEREN

冻蟹
KRABBE MIT INGWERSAUCE

HERKUNFT: CHAOZHOU
ZUBEREITUNGSZEIT: 10 MINUTEN
GARZEIT: 20–25 MINUTEN
PERSONEN: 4

* Die Krabben auftauen lassen, Bauchklappen entfernen, abbürsten und unter fließendem kaltem Wasser abspülen. Mit dem Panzer nach unten auf einen Teller legen. Mit Salz bestreuen und in einem Dämpfeinsatz oder Bambus-Dämpfkorb über einen Topf mit kochendem Wasser stellen. Mit Deckel in 20–25 Minuten gar dämpfen. Herausnehmen und auf einem Teller zum Abkühlen beiseitestellen.
* Die Panzer abheben, die Krabben halbieren und jede Hälfte in 3–4 Stücke schneiden. Die Teile auf einem Servierteller in Krabbenform anrichten.
* Ingwer und Essig in einer kleinen Schüssel zu einem Dip verrühren.
* Die Krabben mit dem Dip servieren.

- 2 KRABBEN (JE 500 G), TIEFGEKÜHLT
- 1 TL SALZ
- 2 TL FEIN GEHACKTER INGWER
- 3 EL ROTER ESSIG

HERKUNFT: HONGKONG
ZUBEREITUNGSZEIT: 15 MINUTEN
GARZEIT: 12 MINUTEN
PERSONEN: 4
SEITE 209

豉汁龙虾
HUMMER IN SCHWARZE-BOHNEN-SAUCE

- 1 FRISCHER HUMMER (900 G)
- 4 EL SPEISESTÄRKE
- 750 ML PFLANZENÖL
- 10 G INGWER (CA. 2 CM), IN SCHEIBEN GESCHNITTEN
- 1 EL HELLE SOJASAUCE
- 1 EL SHAOXING-REISWEIN
- 4 EL HÜHNERBRÜHE (SEITE 90)
- 2 FRÜHLINGSZWIEBELN, IN 5 CM LANGE STÜCKE GESCHNITTEN
- 2 EIER
- 1 TL SESAMÖL
- GEDÄMPFTER REIS (SEITE 540) ZUM SERVIEREN

FÜR DIE SCHWARZE-BOHNEN-SAUCE:
- 2 EL FERMENTIERTE SCHWARZE BOHNEN, ABGESPÜLT UND GEHACKT
- 2 KNOBLAUCHZEHEN, GEHACKT
- 1 EL ZUCKER
- 1 EL PFLANZENÖL

In diesem Rezept wird ein lebender Hummer verarbeitet, aber Sie können Ihren Fischhändler auch darum bitten, ihn küchenfertig zuzubereiten. Oder Sie kaufen einen tiefgekühlten.

* Den Hummer mit dem Kopf voran in einen großen Topf mit kochendem Wasser tauchen. Ein scharfes Messer zwischen Kopf und Körper ansetzen und den Kopf abtrennen. Den Körper längs halbieren und jede Hälfte in 3 cm lange Stücke schneiden. Die Scheren vom Kopf abdrehen und aufklopfen. Den Kopf entfernen. Die Hummerstücke abspülen trocken tupfen und in einer großen Schüssel mit der Stärke mischen.
* Für die Schwarze-Bohnen-Sauce alle Zutaten in einer Schüssel gründlich verrühren.
* Das Öl in einem Wok oder hohen Topf auf 170 °C erhitzen oder bis ein Brotwürfel in 45 Sekunden braun wird. Die Hummerstücke vorsichtig ins Öl gleiten lassen und in 3–4 Minuten hellbraun frittieren. Mit einem Schaumlöffel vorsichtig aus dem Öl nehmen und auf Küchenpapier abtropfen lassen.
* Das Öl bis auf etwa 2 Esslöffel abgießen. Erhitzen, die Ingwerscheiben hineingeben und auf mittlerer Hitze 1 Minute unter Rühren braten, bis sie duften. Die Schwarze-Bohnen-Sauce einrühren. Den Hummer zufügen, auf starke Hitze erhöhen und alles mischen. Sojasauce, Reiswein und Hühnerbrühe zugießen und zum Kochen bringen. Den Hummer etwa 30 Sekunden sautieren, bis er gar ist. Die Frühlingszwiebeln zufügen, die Eier in den Wok schlagen und alles mischen, bis der Hummer überall benetzt ist. Sesamöl zufügen, umrühren und auf einem Teller anrichten. Mit Reis servieren.

HUMMER IN SCHWARZE-BOHNEN-SAUCE

HERKUNFT: TAIWAN
ZUBEREITUNGSZEIT: 10 MINUTEN,
ZZGL. 1 STUNDE EINEICH- UND
5 STUNDEN MARINIERZEIT
GARZEIT: 10–15 MINUTEN
PERSONEN: 4–6

蒜香腌蚬仔
BABY-VENUSMUSCHELN, IN KNOBLAUCHSAUCE EINGELEGT

- 1,8 KG BABY-VENUSMUSCHELN
- 2 KNOLLEN KNOBLAUCH (CA. 60 G), ZEHEN GETRENNT
- 250 ML HELLE SOJASAUCE
- 150 ML DUNKLE SOJASAUCE
- 2 EL REISWEIN
- 4 EL ZUCKER
- 120 ML SCHWARZER REISESSIG ODER BALSAMICO-ESSIG

* Die Muscheln 1 Stunde in eine Schüssel mit kaltem Wasser legen, bis sie allen Sand abgegeben haben. Abtropfen lassen.
* 475 ml Wasser in den unteren Teil eines Wasserbadtopfs füllen. Die Muscheln mit 1½ Litern Wasser in den oberen Teil füllen. Keinen Deckel aufsetzen.
* Den Wasserbadtopf auf starker Hitze auf den Herd stellen. Sobald die Temperatur des Muschelwassers 55 °C erreicht (Thermometer verwenden!), einmal umrühren, damit die Wassertemperatur überall gleich bleibt. Wenn die Temperatur 60 °C erreicht, den Herd ausschalten. Die Muscheln mit einem Schaumlöffel vorsichtig aus dem Wasser heben und auf Küchenpapier abtropfen lassen. Ungeöffnete Muscheln entfernen. Die Muschelflüssigkeit abseihen.
* 1,3 Liter abgeseihte Muschelflüssigkeit in einen Topf gießen, auf starker Hitze zum Kochen bringen und den Herd ausschalten. Den Topf in eine Backform mit kaltem Wasser stellen, um die Temperatur des Muschelwassers auf 50 °C abzusenken. Knoblauch, Sojasaucen, Reiswein, Zucker und Essig einrühren, dabei die Temperatur der Muschelflüssigkeit zwischen 41 und 50 °C halten.
* Die Flüssigkeit zu den Muscheln in die Schüssel gießen und 5 Stunden in den Kühlschrank stellen. Vor dem Servieren den Knoblauch herausnehmen.

豉椒炒蛏子
SCHWERTMUSCHELN IN SCHWARZE-BOHNEN-SAUCE

HERKUNFT: HONGKONG
ZUBEREITUNGSZEIT: 15 MINUTEN, ZZGL. 1 STUNDE EINWEICHZEIT
GARZEIT: 10 MINUTEN
PERSONEN: 4

* Die Muscheln 1 Stunde in eine Schüssel mit kaltem Wasser legen, bis sie den Sand abgegeben haben. Abtropfen lassen.
* Einen großen Topf Wasser zum Kochen bringen, Muscheln hineingeben und wieder aufkochen lassen. Sofort vom Herd nehmen. Abtropfen lassen und ungeöffnete Muscheln aussortieren. Unter fließendem kaltem Wasser abspülen, dann in ein Sieb legen. Jede Muschel öffnen, eine Schalenhälfte entfernen, abspülen und die Innereien entfernen.
* Schwarze Bohnen, Bohnenpaste, Knoblauch und Zucker zu einer Sauce verrühren.
* Das Pflanzenöl in einem Wok oder einer großen Pfanne erhitzen. Ingwer und Sauce hineingeben und auf starker Hitze 30 Sekunden unter Rühren braten, bis alles duftet. Chilistreifen und Muscheln zufügen und 1 Minute unter Rühren braten. Reiswein und Sojasauce hineinträufeln und erneut 30 Sekunden unter Rühren braten.
* Die Stärke in einer kleinen Schüssel mit 1 Esslöffel Wasser anrühren und die Mischung mit den Frühlingszwiebeln in den Wok rühren. Unter Rühren 30 Sekunden aufkochen lassen, bis die Sauce eindickt. Mit Sesamöl beträufeln und auf einem Teller anrichten. Mit Reis servieren.

- 600 G SCHWERTMUSCHELN ODER ANDERE MUSCHELN
- 1 ½ EL FERMENTIERTE SCHWARZE BOHNEN, ABGESPÜLT UND GEHACKT
- 1 EL BOHNENPASTE
- 2 KNOBLAUCHZEHEN, GEHACKT
- 1 TL ZUCKER
- 2 EL PFLANZENÖL
- 5 G INGWER (CA. 1 CM), IN SCHEIBEN GESCHNITTEN
- 3 ROTE CHILISCHOTEN, SAMEN ENTFERNT UND IN FEINE STREIFEN GESCHNITTEN
- 1 EL SHAOXING-REISWEIN
- ½ EL HELLE SOJASAUCE
- 1 TL SPEISESTÄRKE
- 2 FRÜHLINGSZWIEBELN, IN 4 CM LANGE STÜCKE GESCHNITTEN
- ½ TL SESAMÖL
- GEDÄMPFTER REIS (SEITE 540) ZUM SERVIEREN

蒜茸蒸竹蚌
SCHWERTMUSCHELN MIT KNOBLAUCHSAUCE

HERKUNFT: HONGKONG
ZUBEREITUNGSZEIT: 15 MINUTEN
GARZEIT: 4 MINUTEN
PERSONEN: 4

* Einen großen Topf Wasser zum Kochen bringen, Muscheln hineingeben und wieder aufkochen lassen. Sofort vom Herd nehmen. Abtropfen lassen und ungeöffnete Muscheln aussortieren. Unter fließendem kaltem Wasser abspülen, dann in ein Sieb legen.
* Jede Muschel öffnen, eine Schalenhälfte entfernen, abspülen und die Innereien entfernen. Das Muschelfleisch längs halbieren. Abspülen und abtropfen lassen, dann an jedes Schalenende je 1 Stück Muschelfleisch setzen. Die Schalen auf einen ofenfesten Teller legen.
* Geriebenen Knoblauch in einer Schüssel mit Salz und Öl verrühren. Je etwa ½ Teelöffel der Masse an beide Enden jeder Schale setzen. Den Teller in einem Dämpfeinsatz oder Bambus-Dämpfkorb über einen Topf mit kochendem Wasser stellen. Mit Deckel 3–4 Minuten dämpfen.
* Sofort servieren.

- 8 GROSSE SCHWERTMUSCHELN, ABGESPÜLT
- 1 KNOLLE KNOBLAUCH, GERIEBEN
- ½ TL SALZ
- 3 EL PFLANZENÖL

HERKUNFT: HONGKONG
ZUBEREITUNGSZEIT: 10 MINUTEN,
ZZGL. 1 STUNDE EINWEICHZEIT
GARZEIT: 10 MINUTEN
PERSONEN: 4
SEITE 213

豉椒炒蜆
VENUSMUSCHELN IN SCHWARZE-BOHNEN-SAUCE

- 600 G VENUSMUSCHELN
- 1 EL HOISIN-SAUCE
- 1 EL HELLE SOJASAUCE
- 1 TL ZUCKER
- ½ TL SALZ
- 2 EL PFLANZENÖL
- 5 G INGWER (CA. 1 CM), IN SCHEIBEN GESCHNITTEN
- 4 KNOBLAUCHZEHEN, ZERDRÜCKT
- 2 ROTE CHILISCHOTEN, SAMEN ENTFERNT UND GEHACKT
- 1 EL FERMENTIERTE SCHWARZE BOHNEN, ABGESPÜLT UND GEHACKT
- 1 EL SHAOXING-REISWEIN
- 1 EL SPEISESTÄRKE
- 2 FRÜHLINGSZWIEBELN, GEHACKT, ZZGL. ETWAS MEHR ZUM GARNIEREN
- 1 TL SESAMÖL
- GEDÄMPFTER REIS (SEITE 540) ZUM SERVIEREN (NACH BELIEBEN)

* Die Muscheln 1 Stunde in eine Schüssel mit kaltem Wasser legen, bis sie den Sand abgegeben haben. Abspülen und zum Abtropfen in ein Sieb legen.
* Einen großen Topf Wasser zum Kochen bringen, Muscheln hineingeben und wieder aufkochen lassen. Sofort vom Herd nehmen. Abtropfen lassen und ungeöffnete Muscheln aussortieren.
* Hoisin-Sauce, Sojasauce, Zucker und Salz in einer kleinen Schüssel verrühren. Beiseitestellen.
* Das Pflanzenöl in einem Wok oder einer großen Pfanne auf mittlerer Hitze heiß werden lassen und Ingwer, Knoblauch und Chilischoten hineingeben. 1–2 Minuten unter Rühren braten, bis sie duften. Schwarze Bohnen und Muscheln einrühren, mit dem Wein beträufeln und alles mischen. Die verfeinerte Hoisin-Sauce zufügen und umrühren.
* Die Stärke in einer kleinen Schüssel mit 2 Esslöffeln Wasser anrühren und die Mischung in den Wok rühren. Unter Rühren 30 Sekunden aufkochen lassen, bis die Sauce eindickt.
* Zum Schluss Frühlingszwiebeln und Sesamöl untermischen. Mit Frühlingszwiebeln garnieren und mit Reis oder als Snack zum Bier servieren.

HERKUNFT: HONGKONG
ZUBEREITUNGSZEIT: 10 MINUTEN,
ZZGL. 1 STUNDE EINWEICHZEIT
GARZEIT: 10 MINUTEN
PERSONEN: 4

油盐水粉丝浸花甲
MUSCHELN MIT GLASNUDELN

- 600 G JAPANISCHE TEPPICHMUSCHELN
- 1 TL SALZ, ZZGL. ETWAS MEHR NACH GESCHMACK
- 1 GETROCKNETE MANDARINENSCHALE
- 1 EL PFLANZENÖL
- 4 KNOBLAUCHZEHEN, GESCHÄLT
- 10 G EINGELEGTE STECKRÜBEN, IN FEINE STREIFEN GESCHNITTEN
- 1 ROTE CHILISCHOTE, SAMEN ENTFERNT UND GEHACKT
- 1 PRISE GEMAHLENER WEISSER PFEFFER, ZZGL. ETWAS MEHR NACH GESCHMACK
- 20 G GLASNUDELN
- 1 STÄNGEL KORIANDERGRÜN, IN 5 CM LANGE STÜCKE GESCHNITTEN

* Muscheln in eine Schüssel mit kaltem Wasser legen, Salz zufügen und 1 Stunde stehen lassen, bis sie den Sand abgegeben haben. Abspülen und zum Abtropfen in ein Sieb legen.
* Inzwischen die Mandarinenschale 10 Minuten in kaltem Wasser einweichen. Abtropfen lassen und in dünne Streifen schneiden. Beiseitestellen.
* Das Öl in einem Wok oder einer großen Pfanne erhitzen, den Knoblauch hineingeben und auf schwacher Hitze 1–2 Minuten braten, bis er duftet und leicht angebräunt ist. 750 ml Wasser zugießen und Steckrüben, Mandarinenschale, Chili und Pfeffer zufügen. Auf mittlerer Hitze zum Kochen bringen und 2 Minuten kochen lassen. Muscheln und Glasnudeln zufügen und 2 Minuten mitkochen, bis sich die Muschelschalen öffnen. Das Koriandergrün unterrühren und den Herd ausschalten. Nach Geschmack nachwürzen. Ungeöffnete Muscheln aussortieren. Die Muscheln mit Glasnudeln und Brühe servieren.

VENUSMUSCHELN IN SCHWARZE-BOHNEN-SAUCE

HERKUNFT: FUJIAN
ZUBEREITUNGSZEIT: 15 MINUTEN,
ZZGL. 20 MINUTEN EINWEICHZEIT
GARZEIT: 10 MINUTEN
PERSONEN: 4

炒西施舌
SAUTIERTE MUSCHELN

- 2 GETROCKNETE SHIITAKE
- 1,5 KG VENUSMUSCHELN
- 1 ½ EL SHAOXING-REISWEIN
- 2 EL PFLANZENÖL
- 2 KNOBLAUCHZEHEN, GEHACKT
- 75 G BAMBUSSPROSSEN, IN SCHEIBEN, ABGETROPFT
- GEDÄMPFTER REIS (SEITE 540) ZUM SERVIEREN

FÜR DIE SAUCE:
- 1 FRÜHLINGSZWIEBEL, GEHACKT
- 3 EL HÜHNERBRÜHE (SEITE 90)
- ½ TL SALZ
- 1 TL ZUCKER
- 1 EL HELLE SOJASAUCE
- ½ TL SESAMÖL
- ½ TL SPEISESTÄRKE

* Die Shiitake in eine Schüssel legen, mit kaltem Wasser bedecken und mindestens 20 Minuten einweichen. Herausnehmen, Wasser herausdrücken und die Stiele entfernen. In dünne Streifen schneiden und beiseitestellen.
* Eine Muschel fest in einer Hand halten und ein Muschelmesser (oder ein kurzes, stumpfes Messer) zwischen die beiden Schalen schieben. Vorsichtig am Rand entlang durch den Schließmuskel schneiden und die Schale aufstemmen. Die Innereien entfernen und das Fleisch längs halbieren.
* Einen kleinen Topf Wasser zum Kochen bringen und 5 Minuten zum Abkühlen beiseitestellen. Das Muschelfleisch hineingeben und 30 Sekunden ziehen lassen. Abtropfen lassen.
* Eventuelle Reste von Schlossband und Innereien von den Muschelstücken entfernen. Die Muscheln in eine Schüssel legen und mit 1 Esslöffel Reiswein mischen, dann abtropfen lassen.
* Für die Sauce alle Zutaten in einer kleinen Schüssel gründlich verrühren. Beiseitestellen.
* Das Pflanzenöl in einem Wok oder einer großen Pfanne auf mittlerer bis starker Hitze heiß werden lassen, den Knoblauch hineingeben und 1 Minute unter Rühren braten, bis er duftet. Pilze, Bambussprossen und den restlichen ½ Esslöffel Reiswein zufügen, dann die Sauce zugießen und alles zum Kochen bringen. 4 Minuten köcheln lassen, bis die Sauce eindickt, dann die Muscheln zufügen und zügig unterrühren. Auf einem Teller anrichten und mit Reis servieren.

花雕蛋白蒸花蛤
MUSCHELN MIT EIERN UND SHAOXING-REISWEIN

HERKUNFT: HONGKONG
ZUBEREITUNGSZEIT: 15 MINUTEN
GARZEIT: 17 MINUTEN
PERSONEN: 4

* Einen großen Topf Wasser zum Kochen bringen, Muscheln hineingeben und wieder aufkochen lassen. Sofort vom Herd nehmen. Abtropfen lassen und ungeöffnete Muscheln aussortieren. Unter fließendem kaltem Wasser abspülen, dann in ein Sieb legen. Jede Muschel öffnen, eine Schalenhälfte entfernen, abspülen und die Innereien entfernen.
* Eiweiße durch ein Sieb in eine flache ofenfeste Schüssel streichen, Hühnerbrühe und ½ Teelöffel Salz zufügen und gut verrühren. Dicht mit Alufolie abdecken und in einem Dämpfeinsatz oder Bambus-Dämpfkorb über einen Topf mit kochendem Wasser stellen. Mit Deckel 12 Minuten dämpfen. Folie entfernen, Muscheln in den Schalen in die Schüssel legen, wieder abdecken und weitere 3 Minuten dämpfen.
* Inzwischen das Öl in einer kleinen Pfanne auf schwacher Hitze heiß werden lassen. Knoblauch und den restlichen ¼ Teelöffel Salz zufügen und 2 Minuten unter Rühren braten, bis alles duftet. Das Knoblauchöl über jede Muschel löffeln.
* In einer anderen Schüssel Reiswein und Zucker verrühren und über die Muscheln träufeln. Mit Frühlingszwiebeln garnieren und sofort servieren.

- 600 G JAPANISCHE TEPPICHMUSCHELN, ABGEBÜRSTET UND ABGESPÜLT
- 6 EIWEISS, LEICHT VERRÜHRT
- 250 ML HÜHNERBRÜHE (SEITE 90)
- ¾ TL SALZ
- 2 EL PFLANZENÖL
- 6 KNOBLAUCHZEHEN, GEHACKT
- 2 EL SHAOXING-REISWEIN
- ½ TL ZUCKER
- 1 FRÜHLINGSZWIEBEL, GEHACKT

三丝炒蛏子
MUSCHELN MIT SCHINKEN, SHIITAKE UND CHILISCHOTEN

HERKUNFT: ZHEJIANG
ZUBEREITUNGSZEIT: 15 MINUTEN, ZZGL. 20 MINUTEN EINWEICHZEIT
GARZEIT: 5 MINUTEN
PERSONEN: 4

* Die Shiitake in eine Schüssel legen, mit kaltem Wasser bedecken und mindestens 20 Minuten einweichen. Herausnehmen, Wasser herausdrücken und die Stiele entfernen. In dünne Streifen schneiden und beiseitestellen.
* Einen großen Topf Wasser zum Kochen bringen. Die Muscheln hineingeben und 1 Minute blanchieren, bis sie sich öffnen. Abtropfen lassen, ungeöffnete Muscheln aussortieren und zum Abkühlen kurz beiseitestellen. Das Muschelfleisch aus den Schalen lösen, die Innereien entfernen, abspülen und beiseitestellen.
* Das Pflanzenöl in einem Wok oder einer großen Pfanne auf mittlerer Hitze heiß werden lassen, den Ingwer hineingeben und 1 Minute unter Rühren braten, bis er duftet. Pilze und Schinken zufügen und erneut 1 Minute unter Rühren braten. Muscheln und Chilischoten zufügen und auf starker Hitze 30 Sekunden unter Rühren braten. Essig, Sojasauce, Salz und Zucker einrühren. Sesamöl unterrühren und auf einem Teller anrichten. Mit Reis servieren.

- 4 GETROCKNETE SHIITAKE
- 600 G SCHWERTMUSCHELN, ABGESPÜLT
- 2 EL PFLANZENÖL
- 5 G INGWER (CA. 1 CM), IN SCHEIBEN GESCHNITTEN
- 25 G JINHUA- ODER PARMASCHINKEN, IN STREIFEN GESCHNITTEN
- 2 ROTE ODER GRÜNE CAYENNE-CHILISCHOTEN, SAMEN ENTFERNT UND IN STREIFEN GESCHNITTEN
- 1 TL WEISSER REISESSIG
- ½ EL HELLE SOJASAUCE
- ¼ TL SALZ
- ½ TL ZUCKER
- ½ TL SESAMÖL
- GEDÄMPFTER REIS (SEITE 540) ZUM SERVIEREN

HERKUNFT: CHAOZHOU
ZUBEREITUNGSZEIT: 5 MINUTEN,
   ZZGL. 1 STUNDE EINWEICHZEIT
GARZEIT: 5 MINUTEN
PERSONEN: 4
SEITE 217

韭菜炒蚬
VENUSMUSCHELN MIT SCHNITTKNOBLAUCH

- 300 G VENUSMUSCHELN, ABGESPÜLT
- 1 TL SALZ
- 2 EL PFLANZENÖL
- 15 G INGWER (CA. 5 CM), GEHACKT
- 1 KNOBLAUCHZEHE, FEIN GEHACKT
- 1 ROTE CHILISCHOTE, SAMEN ENTFERNT UND IN DÜNNE STREIFEN GESCHNITTEN
- ½ TL ZUCKER
- 150 G SCHNITTKNOBLAUCH, IN 1 CM LANGE STÜCKE GESCHNITTEN
- ½ TL FISCHSAUCE
- 1 PRISE GEMAHLENER WEISSER PFEFFER
- GEDÄMPFTER REIS (SEITE 540) ZUM SERVIEREN

* Muscheln in eine Schüssel mit kaltem Wasser legen, Salz zufügen und 1 Stunde stehen lassen, bis sie allen Sand abgegeben haben. Abspülen und zum Abtropfen in ein Sieb legen.
* In einen Topf geben und mit Wasser bedecken. Auf starker Hitze zum Kochen bringen und 30 Sekunden blanchieren. Abtropfen lassen.
* Das Öl in einem Wok oder einer großen Pfanne auf starker Hitze heiß werden lassen. Ingwer, Knoblauch und Chili hineingeben und 30 Sekunden unter Rühren braten, bis sie duften. Muscheln, Zucker, Schnittknoblauch und Fischsauce zufügen und 1 Minute unter Rühren braten, bis die Muscheln gar sind. Den Pfeffer zufügen, alles mischen und auf einem Teller anrichten. Mit Reis servieren.

HERKUNFT: CHAOZHOU
ZUBEREITUNGSZEIT: 5 MINUTEN,
   ZZGL. 1 STUNDE EINWEICHZEIT
GARZEIT: 5 MINUTEN
PERSONEN: 4

金不换炒薄壳
MIESMUSCHELN MIT BASILIKUM

- 600 G FRISCHE MIESMUSCHELN, KÜCHENFERTIG
- 1 TL SALZ
- 1 TL ZUCKER
- 2 EL SHA-CHA-SAUCE
- 2 EL PFLANZENÖL
- 4 KNOBLAUCHZEHEN, GEHACKT
- 2 KLEINE ROTE CHILISCHOTEN, IN STREIFEN GESCHNITTEN
- 1 TL WEISSWEINESSIG
- 1 TL HELLE SOJASAUCE
- 75 G BASILIKUMBLÄTTER
- GEDÄMPFTER REIS (SEITE 540) ZUM SERVIEREN

Die Asiatische Miesmuschel ist eine kleine olivgrüne Muschel mit hellvioletten Streifen vom Wachstumszentrum nach außen. Falls Sie für diesen Klassiker aus Chaozhou keine Asiatischen Miesmuscheln bekommen können, lassen diese sich auch durch jede andere Miesmuschelart ersetzen.

* Die Muscheln in einen großen Topf legen, mit kaltem Wasser bedecken, das Salz zufügen und 1 Stunde stehen lassen. Mehrmals unter fließendem kaltem Wasser abspülen, bis das Wasser klar bleibt und keinen Sand mehr enthält. Abtropfen lassen.
* Zucker, Sha-Cha-Sauce und 2 Esslöffel Wasser in einer kleinen Schüssel gründlich verrühren.
* Das Öl in einem Wok oder einer großen Pfanne auf mittlerer bis starker Hitze heiß werden lassen, den Knoblauch hineingeben und auf starker Hitze 1 Minute unter Rühren braten, bis er duftet. Verfeinerte Sha-Cha-Sauce, Chili, Essig und Sojasauce zufügen und umrühren. Die Muscheln zugeben und 1–2 Minuten unter Rühren braten, bis sich die Schalen öffnen, dann das Basilikum untermischen. Ungeöffnete Muscheln aussortieren. Auf einem Teller anrichten und mit Reis servieren.

VENUSMUSCHELN MIT SCHNITTKNOBLAUCH

HERKUNFT: HONGKONG
ZUBEREITUNGSZEIT: 5 MINUTEN
GARZEIT: 25 MINUTEN
PERSONEN: 3–4

蜜汁金蠔
HALB GETROCKNETE AUSTERN IN SAUCE

- 12 HALB GETROCKNETE AUSTERN
- 1 ½ EL INGWERSAFT
- 2 EL ZUCKER
- 1 EL SHAOXING-REISWEIN
- 1 EL AUSTERNSAUCE
- ½ TL GEMAHLENER WEISSER PFEFFER
- 1 TL SESAMÖL
- GEDÄMPFTER REIS (SEITE 540) ZUM SERVIEREN

FÜR DIE FRITTIERTEN GLASNUDELN (NACH BELIEBEN):
- 2 EL PFLANZENÖL
- 5 G GLASNUDELN

In diesem Rezept werden halb getrocknete Austern (*jin hao*) verwendet, nicht zu verwechseln mit den getrockneten Austern (*hao chi*), die in einigen anderen Rezepten im Buch auftauchen. Halb getrocknete Austern wurden weniger als eine Woche an der frischen Luft getrocknet und enthalten daher noch relativ viel Feuchtigkeit. Sie fühlen sich prall und weich an.

* Die Austern gründlich abspülen und mit Küchenpapier trocken tupfen.
* In einer ofenfesten Schüssel Austern, Ingwersaft, Zucker, Reiswein, Austernsauce und Pfeffer gründlich verrühren. In einem Dämpfeinsatz oder Bambus-Dämpfkorb über einen Topf mit kochendem Wasser stellen. Mit Deckel 10 Minuten dämpfen. Herausnehmen und die Garflüssigkeit in eine große Schüssel abgießen. Die Austern beiseitelegen.
* Für die frittierten Glasnudeln, falls verwendet, das Pflanzenöl in einem Wok oder einer großen Pfanne auf mittlerer bis starker Hitze heiß werden lassen, die Glasnudeln hineingeben und 1 Minute braten, bis sie aufgegangen und kross sind. Mit einem Schaumlöffel auf einen Teller heben und warm stellen.
* Die Austern in den Wok geben und auf schwacher Hitze in 5–6 Minuten goldbraun braten. Die aufgehobene Garflüssigkeit einrühren, auf mittlere Hitze erhöhen und ohne Deckel 5–6 Minuten köcheln, bis die Sauce eingekocht ist. Sie sollte zu diesem Zeitpunkt an den Austern hängen bleiben. Mit einem Pfannenwender (Fischeber) die Austern einmal wenden, damit sie ganz von der Sauce bedeckt sind.
* Die Austern auf den Glasnudeln anrichten und mit dem Sesamöl bestreichen. Mit Reis servieren.

客家釀蠔豉
GETROCKNETE AUSTERN IM HACKFLEISCHMANTEL

HERKUNFT: HAKKA
ZUBEREITUNGSZEIT: 20 MINUTEN, ZZGL. 5 MINUTEN EINWEICH- UND 10 MINUTEN MARINIERZEIT
GARZEIT: 20 MINUTEN
PERSONEN: 4

* Die getrockneten Austern 5 Minuten in einer Schüssel mit kaltem Wasser einweichen. Abtropfen lassen und in einer kleinen ofenfesten Schüssel mit Ingwersaft, Frühlingszwiebel und Reiswein mischen.
* Die Schüssel in einem Dämpfeinsatz oder Bambus-Dämpfkorb über einen Topf mit kochendem Wasser stellen. Mit Deckel 10 Minuten dämpfen. Herausnehmen und die Garflüssigkeit in eine große Schüssel abseihen. Beides beiseitestellen.
* Hackfleisch, Sojasauce, ½ Teelöffel Salz und Zucker zur Garflüssigkeit geben. Alles gut verrühren und 10 Minuten marinieren. Haferflocken, Stärke und Pfeffer unterrühren.
* Eine Auster mit 1 gehäuften Esslöffel Hackfleischmasse umwickeln. Falls erforderlich, mehr Hackfleisch zufügen. In eine Eiform bringen und darauf achten, dass die Auster vollständig vom Hackfleisch bedeckt ist. Mit den restlichen Austern und der übrigen Hackfleischmasse ebenso verfahren.
* Die Glasnudeln etwa 3 Minuten in einer Schüssel mit heißem Wasser einweichen.
* Inzwischen Knoblauch, den restlichen ½ Teelöffel Salz und Öl in einer kleinen Schüssel verrühren. Abtropfen lassen, die Glasnudeln in eine ofenfeste flache Schüssel legen und das Knoblauchöl unterrühren. Die eingewickelten Austern auf den Glasnudeln anrichten und in einem Dämpfeinsatz oder Bambus-Dämpfkorb über einen Topf mit kochendem Wasser stellen. Mit Deckel 10 Minuten dämpfen, bis die Hackfleischmasse gar ist. Die Schüssel vorsichtig aus dem Dämpfeinsatz nehmen und mit Reis servieren.

- 8 GETROCKNETE AUSTERN
- 1 EL INGWERSAFT
- 1 FRÜHLINGSZWIEBEL, IN FEINE STREIFEN GESCHNITTEN
- 1 TL REISWEIN
- 200 G SCHWEINEHACKFLEISCH
- 1 TL HELLE SOJASAUCE
- 1 TL SALZ
- ½ TL ZUCKER
- 1 TL HAFERFLOCKEN, IN DER GETREIDEMÜHLE GEMAHLEN
- 1 TL SPEISESTÄRKE
- ¼ TL GEMAHLENER WEISSER PFEFFER
- 50 G GLASNUDELN
- 3 KNOBLAUCHZEHEN, GEHACKT
- 1 TL PFLANZENÖL
- GEDÄMPFTER REIS (SEITE 540) ZUM SERVIEREN

HERKUNFT: HONGKONG
ZUBEREITUNGSZEIT: 10 MINUTEN,
  ZZGL. 20 MINUTEN EINWEICHZEIT
GARZEIT: 10 MINUTEN
PERSONEN: 4
SEITE 221

蚝松生菜包
GETROCKNETE AUSTERN IM SALATBLATT

- 6 GETROCKNETE SHIITAKE
- 12 GROSSE GETROCKNETE AUSTERN
- 150 G SCHWEINEHACKFLEISCH
- ¼ TL SALZ
- 1 TL SPEISESTÄRKE
- 3 EL PFLANZENÖL
- 10 G INGWER (CA. 2 CM), FEIN GEHACKT
- 2 SCHALOTTEN, FEIN GEHACKT
- 2 KLEINE KAROTTEN, FEIN GEHACKT
- 1 ENTENLEBERWURST, FEIN GEHACKT
- 1 EL BOHNENPASTE
- 1 EL AUSTERNSAUCE
- 2 EL INGWERSAFT
- 1 EL ZUCKER
- 6 WASSERKASTANIEN, FEIN GEHACKT
- ½ TL SESAMÖL
- 1 PORTION FRITTIERTE GLASNUDELN (SEITE 218, NACH BELIEBEN)
- 1 EISBERGSALAT, BLÄTTER ABGETRENNT

* Die Shiitake in eine Schüssel legen, mit kaltem Wasser bedecken und mindestens 20 Minuten einweichen. Herausnehmen, Wasser herausdrücken und die Stiele entfernen. Abtropfen lassen und fein hacken.
* Die Austern 15 Minuten in einer Schüssel mit kaltem Wasser einweichen. Fein hacken.
* Hackfleisch, Salz und 2 Esslöffel Wasser in einer zweiten Schüssel mischen und 10 Minuten marinieren. Die Stärke unterrühren.
* 2 Esslöffel Pflanzenöl in einem Wok oder einer großen Pfanne auf mittlerer bis starker Hitze heiß werden lassen, das Hackfleisch hineingeben und 3–5 Minuten unter Rühren gar braten. Auf einen Teller legen.
* Den restlichen Esslöffel Öl im Wok auf mittlerer bis starker Hitze heiß werden lassen, Ingwer und Schalotten hineingeben und 1 Minute unter Rühren braten, bis es duftet. Austern, Pilze, Karotten, Wurst, Bohnenpaste, Austernsauce, Ingwersaft, Zucker, Hackfleisch und Wasserkastanien unterrühren. Alles gut mischen und das Sesamöl einrühren.
* Die Masse auf einer Servierplatte anrichten, mit frittierten Glasnudeln garnieren, falls verwendet, und mit den Salatblättern als Schälchen servieren.

GETROCKNETE AUSTERN IM SALATBLATT

HERKUNFT: HONGKONG
ZUBEREITUNGSZEIT: 15 MINUTEN,
  ZZGL. 10 MINUTEN MARINIERZEIT
GARZEIT: 10 MINUTEN
PERSONEN: 4

酥炸生蠔
FRITTIERTE AUSTERN

- 600 G AUSTERN, AUSGELÖST
- 1 TL SALZ
- 2 EL INGWERSAFT
- 1 EL REISWEIN
- 1 EL HELLE SOJASAUCE
- ¼ TL GEMAHLENER WEISSER PFEFFER
- 475 ML PFLANZENÖL
- WORCESTERSHIRESAUCE ZUM SERVIEREN
- GEDÄMPFTER REIS (SEITE 540) ZUM SERVIEREN

FÜR DEN TEIG:
- 3 EL MEHL
- 1 EL SPEISESTÄRKE
- ¼ TL BACKPULVER
- ½ TL SALZ
- ½ EL PFLANZENÖL

FÜR DAS GEWÜRZSALZ:
- 1 TL SALZ
- 1 PRISE FÜNF-GEWÜRZE-PULVER

* Für das Gewürzsalz das Salz in einer kleinen Pfanne ohne Öl auf mittlerer bis starker Hitze heiß werden lassen. Vom Herd nehmen, abkühlen lassen und das Fünf-Gewürze-Pulver untermischen. Beiseitestellen.
* Die Austern mit einer weichen Bürste säubern, dann vorsichtig mit dem Salz abreiben. Unter fließendem kaltem Wasser abspülen und abtropfen lassen.
* Einen großen Topf Wasser zum Kochen bringen, die Austern hineingeben und 30 Sekunden blanchieren.
* Ingwersaft, Reiswein, Sojasauce und Pfeffer in einer kleinen Schüssel gründlich verrühren. Die Austern hineinlegen und 10 Minuten marinieren, dann abtropfen lassen.
* Alle Teigzutaten in einer großen Schüssel mit 4 Esslöffeln Wasser verrühren.
* Das Öl in einem Wok oder hohen Topf auf 150 °C erhitzen oder bis ein Brotwürfel in 1½ Minuten braun wird. Die Austern einzeln in den Teig tauchen, vorsichtig ins heiße Öl gleiten lassen und portionsweise in 2 Minuten goldbraun frittieren. Mit einem Schaumlöffel herausheben und auf Küchenpapier abtropfen lassen.
* Die Austern mit Gewürzsalz und Worcestershiresauce servieren, dazu gedämpften Reis reichen.

蚝烙
AUSTERN-PFANNKUCHEN

HERKUNFT: CHAOZHOU
ZUBEREITUNGSZEIT: 10 MINUTEN
GARZEIT: 15 MINUTEN
PERSONEN: 4

* Die Austern mit der Speisestärke abreiben, eventuelle Schalenstücke entfernen. Unter fließendem kaltem Wasser abspülen.
* Einen Topf Wasser auf starker Hitze zum Kochen bringen, die Austern hineingeben und 30 Sekunden blanchieren. Abtropfen lassen.
* In einer großen Schüssel Süßkartoffelstärke, Koriandergrün, Salz, Pfeffer und 120 ml Wasser verrühren. Die Austern zufügen und alles gut mischen.
* 2 Esslöffel Öl in einem Wok oder einer großen Pfanne auf mittlerer Hitze heiß werden lassen, die Frühlingszwiebeln hineingeben und 1 Minute unter Rühren braten, bis sie duften. Den Austernteig in den Wok gießen und gleichmäßig zu einem runden Pfannkuchen verteilen. Die Eier darübergießen und in 4–5 Minuten leicht anbräunen.
* Wenn der Pfannkuchen etwa halb gar ist, mit einem Pfannenwender wenden. Den restlichen Esslöffel Öl im Wok verteilen und weitere 4–5 Minuten braten, bis die Pfannkuchenränder kross werden. Auf einem Teller anrichten und mit der Fischsauce als Dip servieren.

- 300 G KLEINE AUSTERN, AUSGELÖST
- 1 EL SPEISESTÄRKE
- 50 G SÜSSKARTOFFELSTÄRKE
- 2 BUND KORIANDERGRÜN, IN 1 CM LANGE STÜCKE GESCHNITTEN
- ½ TL SALZ
- ½ TL GEMAHLENER WEISSER PFEFFER
- 3 EL PFLANZENÖL
- 2 FRÜHLINGSZWIEBELN, NUR SCHÄFTE, IN 1 CM GROSSE STÜCKE GESCHNITTEN
- 3 ENTENEIER, VERRÜHRT
- FISCHSAUCE ZUM SERVIEREN

荫豉煮鲜蚵
AUSTERN MIT SCHWARZEN BOHNEN

HERKUNFT: TAIWAN
ZUBEREITUNGSZEIT: 5 MINUTEN
GARZEIT: 5 MINUTEN
PERSONEN: 4

* Die Austern mit der Speisestärke abreiben, eventuelle Schalenstücke entfernen. Gründlich unter fließendem kaltem Wasser abspülen. Beiseitestellen.
* Einen Topf Wasser auf starker Hitze zum Kochen bringen, die Austern hineingeben und 30 Sekunden blanchieren. Abtropfen lassen.
* Das Pflanzenöl in einem Wok oder einer großen Pfanne auf mittlerer Hitze heiß werden lassen, die Frühlingszwiebeln hineingeben und 1 Minute unter Rühren braten, bis sie leicht gebräunt sind. Knoblauch zufügen und erneut 1 Minute unter Rühren braten, bis er duftet. Chili und schwarze Bohnen unterrühren und 30 Sekunden mitbraten, bis sie duften, dann Reiswein, Hühnerbrühe, Sojasauce, Zucker und Salz zugeben und alles zum Kochen bringen. Die Austern zufügen, umrühren und vom Herd nehmen. Das Sesamöl unterrühren und auf einem Servierteller anrichten. Mit Reis servieren.

- 300 G PERLAUSTERN ODER ANDERE KLEINE FLEISCHAUSTERN, ABGESPÜLT
- 1 EL SPEISESTÄRKE
- 1 FL PFLANZENÖL
- 4 FRÜHLINGSZWIEBELN, IN 2 CM LANGE STÜCKE GESCHNITTEN
- 3 KNOBLAUCHZEHEN, GEHACKT
- ½ ROTE CHILISCHOTE, SAMEN ENTFERNT, IN STREIFEN GESCHNITTEN
- 1 EL FERMENTIERTE SCHWARZE BOHNEN, ABGESPÜLT UND GEHACKT
- 2 EL REISWEIN
- 300 ML HÜHNERBRÜHE (SEITE 90)
- 1 EL DUNKLE SOJASAUCE
- ½ TL ZUCKER
- ¼ TL SALZ
- 1 TL SESAMÖL
- GEDÄMPFTER REIS (SEITE 540) ZUM SERVIEREN

HERKUNFT: ANHUI
ZUBEREITUNGSZEIT: 20 MINUTEN
GARZEIT: 1 STUNDE
PERSONEN: 4

干贝萝卜
GEDÄMPFTER DAIKON MIT JAKOBSMUSCHELN

- 2 MITTELGROSSE GETROCKNETE JAKOBSMUSCHELN
- 1 TL INGWERSAFT
- 1 EL SHAOXING-REISWEIN
- 2 ½ EL PFLANZENÖL
- 500 G DAIKON-RETTICH, IN 1 CM DICKE SCHEIBEN GESCHNITTEN
- 15 G JINHUA- ODER PARMASCHINKEN, IN 5 CM BREITE STREIFEN GESCHNITTEN
- 150 ML HÜHNERBRÜHE (SEITE 90)
- 1 EL SALZ
- ¼ TL ZUCKER
- 2 TL SPEISESTÄRKE
- 1 FRÜHLINGSZWIEBEL, GEHACKT, ZUM GARNIEREN
- GEDÄMPFTER REIS (SEITE 540) ZUM SERVIEREN

* Getrocknete Muscheln, Ingwersaft, Reiswein und 4 Esslöffel Wasser in eine ofenfeste Schüssel geben und in einem Dämpfeinsatz oder Bambus-Dämpfkorb über einen Topf mit kochendem Wasser stellen. Mit Deckel 15 Minuten dämpfen. Beiseitestellen.
* Die Muscheln mit den Fingern in dünne Streifen zerfasern. Die Garflüssigkeit durch ein Sieb in eine Schüssel abseihen und für den späteren Gebrauch beiseitestellen.
* 2 Esslöffel Öl in einer Pfanne erhitzen, den Daikon hineingeben und auf schwacher Hitze 5 Minuten braten, bis er weich ist. Aus der Pfanne nehmen und beiseitelegen.
* Die Muscheln auf dem Boden einer ofenfesten Schüssel verteilen, den Schinken außen herum verteilen und die Daikonscheiben darauflegen. Hühnerbrühe, Garflüssigkeit vom Dämpfen, Salz und Zucker zufügen und die Schüssel mit Alufolie dicht verschließen. In einem Dämpfeinsatz oder Bambus-Dämpfkorb über einen Topf mit kochendem Wasser stellen. Mit Deckel 45 Minuten dämpfen, bis die Muscheln weich sind. Vom Herd nehmen und etwas abkühlen lassen.
* Vorsichtig die Folie entfernen. Die Sauce in einen Wok abgießen. Eine flache Schüssel über die Schüssel mit den Daikonscheiben legen und mithilfe von Geschirrtüchern stürzen, sodass der Inhalt in die flache Schüssel fällt. (Alternative: Den Schüsselinhalt mit einer Küchenzange von einer Schüssel in die andere umfüllen.)
* Die Sauce im Wok auf starker Hitze heiß werden lassen. Die Stärke in einer kleinen Schüssel mit 2 Esslöffeln Wasser anrühren und die Mischung in den Wok rühren. Unter Rühren 30 Sekunden aufkochen lassen, bis die Sauce eindickt. Den restlichen ½ Esslöffel Öl zufügen, umrühren und die Sauce über die Muscheln gießen. Mit Frühlingszwiebel garnieren und mit Reis servieren.

干贝明珠
JAKOBSMUSCHELN MIT WACHTELEIERN

HERKUNFT: YUNNAN
ZUBEREITUNGSZEIT: 15 MINUTEN, ZZGL. 20 MINUTEN EINWEICHZEIT
GARZEIT: 1 STUNDE 10 MINUTEN
PERSONEN: 4

- Die Shiitake in eine Schüssel legen, mit kaltem Wasser bedecken und mindestens 20 Minuten einweichen. Herausnehmen, Wasser herausdrücken und die Stiele entfernen. In dünne Streifen schneiden.
- Inzwischen die getrockneten Muscheln in einer kleinen Schüssel 15 Minuten in 120 ml kaltem Wasser einweichen. Abtropfen lassen und den zähen Muskel entfernen.
- Einen kleinen Topf Wasser auf starker Hitze zum Kochen bringen, die Erbsensprossen hineingeben und 1 Minute blanchieren. Abtropfen lassen und zum Abkühlen beiseitestellen.
- Das Hähnchen in einer kleinen Schüssel mit ¼ Teelöffel Salz mischen.
- Die Muscheln auf dem Boden einer ofenfesten Schüssel verteilen, dann Hähnchen, Pilze, Bambussprossen und Schinken zufügen. In einem Dämpfeinsatz oder Bambus-Dämpfkorb über einen Topf mit kochendem Wasser stellen. Mit Deckel 1 Stunde dämpfen (Wasser nachfüllen, falls erforderlich).
- Die Garflüssigkeit aus der Schüssel in einen Wok oder eine Pfanne abseihen. Einen Servierteller über die Schüssel mit den Muscheln legen und den Schüsselinhalt mithilfe von Geschirrtüchern auf den Teller stürzen. (Alternative: Die Muscheln mit einer Küchenzange auf dem Teller anrichten.) Erbsensprossen und Wachteleier um die Muscheln herum anrichten.
- Den restlichen ¾ Teelöffel Salz und den Pfeffer in den Wok geben. Die Stärke in einer kleinen Schüssel mit 1 Esslöffel Wasser anrühren und die Mischung in den Wok rühren. Unter Rühren 30 Sekunden aufkochen lassen, bis die Sauce eindickt. Das Sesamöl unterrühren. Die Sauce über die Muscheln gießen. Mit Reis servieren.

- 3 GETROCKNETE SHIITAKE
- 50 G GETROCKNETE JAKOBSMUSCHELN
- 100 G ERBSENSPROSSEN
- 1 HÄHNCHENBRUST, OHNE HAUT UND KNOCHEN, FEIN GEHACKT
- 1 TL SALZ
- 40 G BAMBUSSPROSSEN, IN SCHEIBEN
- 25 G YUNNAN-SCHINKEN ODER ANDERER TROCKEN GEPÖKELTER SCHINKEN, IN SCHEIBEN GESCHNITTEN
- 12 HART GEKOCHTE WACHTELEIER
- ¼ TL GEMAHLENER WEISSER PFEFFER
- 1 TL SPEISESTÄRKE
- ½ TL SESAMÖL
- GEDÄMPFTER REIS (SEITE 540) ZUM SERVIEREN

HERKUNFT: HONGKONG
ZUBEREITUNGSZEIT: 15 MINUTEN
GARZEIT: 10 MINUTEN
PERSONEN: 4
SEITE 227

蒜蓉粉丝蒸扇贝
GEDÄMPFTE JAKOBSMUSCHELN MIT KNOBLAUCH

- 8 TIEFSEE-SCALLOPS
- 20 G GLASNUDELN
- 4 EL PFLANZENÖL
- 16 KNOBLAUCHZEHEN, GEHACKT
- ½ TL MEERSALZ
- 2 EL GEHACKTE FRÜHLINGSZWIEBELN
- 1 ROTE CHILISCHOTE, IN STREIFEN GESCHNITTEN (NACH BELIEBEN)

* Die Muschelschalen mit einer Bürste säubern und mit Küchenpapier trocken tupfen. Die Schalenhälften trennen und jeweils die entfernen, die nicht am Schließmuskel hängt. Die Muskeln von der Schale trennen und die Innereien entfernen, dann unter fließendem kaltem Wasser abspülen. Die Muscheln in einer Schüssel beiseitestellen und 8 Schalen aufheben. Die Glasnudeln 3 Minuten in einer Schüssel mit heißem Wasser einweichen. Abtropfen lassen, dann in 5 cm lange Stücke schneiden. Die Nudeln auf die Schalen verteilen und das Muschelfleisch darauf anrichten.
* 3 Esslöffel Öl in einem Wok oder einer großen Pfanne erhitzen, die Hälfte des Knoblauchs zufügen und auf schwacher Hitze 1 Minute unter Rühren braten, bis er hellgoldbraun und kross ist. Mit einem Schaumlöffel herausnehmen und auf Küchenpapier abtropfen lassen. Beiseitelegen.
* Restlichen Knoblauch, Salz und 1 Esslöffel Öl in einer Schüssel gründlich verrühren. Über die Muscheln träufeln. Die Schüssel in einem Dämpfeinsatz oder Bambus-Dämpfkorb über einen Topf mit kochendem Wasser stellen. Mit Deckel 5–6 Minuten dämpfen, bis die Muscheln gar sind.
* Mit Knoblauch, Frühlingszwiebeln und Chilistreifen, falls verwendet, garnieren.

HERKUNFT: HUBEI
ZUBEREITUNGSZEIT: 10 MINUTEN, ZZGL. 5 MINUTEN EINWEICHZEIT
GARZEIT: 15 MINUTEN
PERSONEN: 4

桂花干贝
JAKOBSMUSCHELN MIT EI

- 10 MITTELGROSSE GETROCKNETE JAKOBSMUSCHELN
- 1 EI
- 5 EIGELB
- ½ TL SALZ
- 4 EL SCHMALZ
- GEDÄMPFTER REIS (SEITE 540) ZUM SERVIEREN

* Die getrockneten Muscheln mit 120 ml kaltem Wasser in eine kleine Schüssel legen und 5 Minuten einweichen. Abtropfen lassen und den kleinen, harten Muskel entfernen. Die Muscheln in eine ofenfeste Schüssel legen und in einem Dämpfeinsatz oder Bambus-Dämpfkorb über einen Topf mit kochendem Wasser stellen. Mit Deckel 10 Minuten dämpfen. Die Garflüssigkeit aus der Schüssel abgießen und das Muschelfleisch fein zerfasern.
* Ei und Eigelbe in einer Schüssel verrühren. Muschelfasern und Salz unterrühren.
* Das Schmalz in einem Wok oder einer großen Pfanne auf mittlerer Hitze zerlassen. Muschel-Ei-Masse hineingeben und mit einem Pfannenwender (Fischheber) immer wieder zusammenschieben, bis das Ei am Muschelfleisch hängen bleibt. Auf einem Teller anrichten und mit Reis servieren.

GEDÄMPFTE JAKOBSMUSCHELN MIT KNOBLAUCH

HERKUNFT: HONGKONG
ZUBEREITUNGSZEIT: 10 MINUTEN
GARZEIT: 15 MINUTEN
PERSONEN: 4
SEITE 229

虾酱带子炒芦笋
JAKOBSMUSCHELN MIT SPARGEL

- 300 G GRÜNER SPARGEL, UNTERES ENDE ABGESCHNITTEN
- 300 G TIEFGEKÜHLTE TIEFSEE-SCALLOPS, AUFGETAUT UND ABGESPÜLT
- 2 EL PFLANZENÖL
- 3 KNOBLAUCHZEHEN, 1 IN SCHEIBEN GESCHNITTEN UND 2 FEIN GEHACKT
- ½ KAROTTE, IN 5 MM DICKE SCHEIBEN GESCHNITTEN
- ¼ TL SALZ
- 2 TL SHAOXING-REISWEIN
- 1 TL ZUCKER
- ½ TL GARNELENPASTE
- 4 FRÜHLINGSZWIEBELN, IN 4 CM LANGE STÜCKE GESCHNITTEN
- ½ TL SPEISESTÄRKE
- ½ TL SESAMÖL
- GEDÄMPFTER REIS (SEITE 540) ZUM SERVIEREN

* Die Spargelstangen schräg in 4 cm lange Stücke schneiden.
* Einen Topf Wasser auf starker Hitze zum Kochen bringen. Die Muscheln hineingeben und 1 Minute blanchieren. Mit einem Schaumlöffel herausheben und abtropfen lassen.
* 1 Esslöffel Pflanzenöl in einem Wok erhitzen, die Knoblauchscheiben hineingeben und auf starker Hitze 1 Minute unter Rühren braten, bis sie duften. Spargel, Karotte und Salz zufügen und 1 Minute unter kräftigem Rühren braten. Spargel und Karotte aus dem Wok nehmen.
* Den restlichen Esslöffel Öl in einem sauberen Wok auf mittlerer Hitze heiß werden lassen. Gehackten Knoblauch, Reiswein, Zucker, Garnelenpaste, Muscheln, Spargel, Karotte und Frühlingszwiebeln zufügen und 30 Sekunden unter kräftigem Rühren braten.
* Die Stärke in einer kleinen Schüssel mit ½ Esslöffel Wasser anrühren und die Mischung in den Wok rühren. Unter Rühren 30 Sekunden aufkochen lassen, bis die Sauce eindickt. Das Sesamöl einrühren und auf einem Servierteller anrichten. Mit Reis servieren.

HERKUNFT: SHUNDE
ZUBEREITUNGSZEIT: 5 MINUTEN, ZZGL. 15 MINUTEN MARINIERZEIT
GARZEIT: 5 MINUTEN
PERSONEN: 4

荷芹炒田鸡
FROSCHSCHENKEL MIT ZUCKERSCHOTEN UND SELLERIE

- 8 FROSCHSCHENKEL, ABGESPÜLT UND ABGETROPFT
- 1 EL INGWERSAFT
- 1 TL HELLE SOJASAUCE
- 2 TL SPEISESTÄRKE
- 2 EL PFLANZENÖL
- 10 G INGWER (CA. 2 CM), IN SCHEIBEN GESCHNITTEN
- 100 G ZUCKERSCHOTEN, FÄDEN ENTFERNT UND ENDEN ABGESCHNITTEN
- 2 SELLERIESTANGEN, DIAGONAL IN 5 MM DICKE SCHEIBEN GESCHNITTEN
- ½ KAROTTE, IN DÜNNE SCHEIBEN GESCHNITTEN
- ½ TL SALZ, ZZGL. ETWAS MEHR NACH GESCHMACK
- 1 EL REISWEIN
- GEDÄMPFTER REIS (SEITE 540) ZUM SERVIEREN

* Froschschenkel, Ingwersaft und Sojasauce in einer Schüssel mischen und 15 Minuten marinieren. Die Stärke unterrühren.
* 1 Esslöffel Öl in einem Wok oder einer großen Pfanne auf mittlerer bis starker Hitze heiß werden lassen, Ingwer, Zuckerschoten, Sellerie, Karotte und ½ Teelöffel Salz zufügen und 30 Sekunden unter Rühren braten. Alles auf einen Teller legen und beiseitestellen.
* Den restlichen Esslöffel Öl im Wok auf starker Hitze heiß werden lassen, die Froschschenkel hineingeben und in 1–2 Minuten unter Rühren gar braten. Den Reiswein darüberträufeln und Zuckerschoten, Sellerie und Möhren unterrühren. Alles gründlich mischen und nach Geschmack salzen. Mit Reis servieren.

FISCH & MEERESFRÜCHTE

JAKOBSMUSCHELN MIT SPARGEL

HERKUNFT: HONGKONG
ZUBEREITUNGSZEIT: 30 MINUTEN
GARZEIT: 10 MINUTEN
PERSONEN: 6
SEITE 231

清蒸鲍鱼
GEDÄMPFTE ABALONEN

- 6 FRISCHE ABALONEN IN DER SCHALE (JE CA. 50 G)
- ¼ TL SALZ
- 5 G INGWER (CA. 1 CM), IN FEINE STREIFEN GESCHNITTEN
- 3 KNOBLAUCHZEHEN, GERIEBEN
- 1 EL PFLANZENÖL
- 1 FRÜHLINGSZWIEBEL, IN FEINE STREIFEN GESCHNITTEN
- 1 ROTE CHILISCHOTE, IN STREIFEN GESCHNITTEN, ZUM GARNIEREN (NACH BELIEBEN)
- GEDÄMPFTER REIS (SEITE 540) ZUM SERVIEREN

* Die Abaloneschalen abbürsten und gründlich abspülen. Einen großen Topf Wasser zum Kochen bringen, die Abalonen hineingeben und 1 Minute blanchieren. Abtropfen lassen und unter kaltem Wasser abspülen.
* Mit einem kleinen Messer das Fleisch von den Schalen trennen und die inneren Organe entfernen. Den Fuß (flache Seite) jeder Abalone zum Säubern leicht mit dem Messer abschaben und die Seiten sauber bürsten. Die Abalonen gründlich abspülen.
* Das Fleisch wieder in die Schalen legen und die Abalonen auf einen ofenfesten Teller legen. Salz, Ingwer, Knoblauch und Öl in einer kleinen Schüssel verrühren und über die Abalonen träufeln. In einem Dämpfeinsatz oder Bambus-Dämpfkorb über einen Topf mit kochendem Wasser stellen. Mit Deckel in 7–10 Minuten gar dämpfen. Nicht übergaren! Die Abalonen anrichten und mit den Frühlingszwiebel- und Chilistreifen garnieren. Mit Reis servieren.

HERKUNFT: HONGKONG
ZUBEREITUNGSZEIT: 15 MINUTEN
GARZEIT: 5 MINUTEN
PERSONEN: 4

椒盐鲍鱼
ABALONEN MIT GEWÜRZSALZ

- 8 FRISCHE ABALONEN IN DER SCHALE
- 475 ML PFLANZENÖL
- 2 EL SPEISESTÄRKE

FÜR DAS GEWÜRZSALZ:
- 1 TL SALZ
- 1 TL GEWÜRZLILIENPULVER
- ½ TL FÜNF-GEWÜRZE-PULVER
- ½ TL CHILIPULVER

* Für das Gewürzsalz das Salz in einer kleinen Pfanne ohne Öl auf schwacher Hitze heiß werden lassen, dann vom Herd nehmen. Die restlichen Zutaten zufügen und gründlich mischen. In einen Salzstreuer füllen und beiseitestellen.
* Die Abaloneschalen abbürsten und gründlich abspülen. Einen großen Topf Wasser zum Kochen bringen, die Abalonen hineingeben und 1 Minute blanchieren. Abtropfen lassen und unter fließendem kaltem Wasser abspülen.
* Mit einem kleinen Messer das Fleisch von den Schalen trennen und die Organe entfernen. Den Fuß (flache Seite) jeder Abalone zum Säubern leicht mit dem Messer abschaben und die Seiten sauber bürsten. Gründlich abspülen. Den Fuß gitterförmig so einschneiden, dass die Schnitte tief reichen, aber nicht durch die Seiten gehen. Schalen beiseitelegen.
* Das Öl in einem Wok oder hohen Topf auf 180 °C erhitzen oder bis ein Brotwürfel in 30 Sekunden braun wird. Die Abalonen leicht in der Stärke wälzen, dann einzeln sanft ins Öl gleiten lassen und 30 Sekunden frittieren.
* Jede Abalone auf beiden Seiten mit dem Gewürzsalz bestreuen und wieder in die Schale legen. Ganz oder in Scheiben geschnitten sofort servieren.

GEDÄMPFTE ABALONEN

HERKUNFT: SHANDONG
ZUBEREITUNGSZEIT: 20 MINUTEN
GARZEIT: 10 MINUTEN
PERSONEN: 4

扒原壳鲍鱼
SAUTIERTE ABALONEN

- 8 FRISCHE ABALONEN IN DER SCHALE (JE CA. 120 G), ABGEBÜRSTET UND ABGESPÜLT
- 30 G CHINESISCHES PÖKELFLEISCH
- 60 G BAMBUSSPROSSEN, IN SCHEIBEN
- 1 EL SCHMALZ
- 120 ML HÜHNERBRÜHE (SEITE 90)
- ¼ TL SALZ
- 1 EL SHAOXING-REISWEIN
- 1 TL SPEISESTÄRKE
- GEDÄMPFTER REIS (SEITE 540) ZUM SERVIEREN

* Die Abaloneschalen abbürsten und gründlich abspülen. In einem Wok Wasser zum Kochen bringen, die Abalonen hineingeben und 1 Minute blanchieren. Mit einem Schaumlöffel herausnehmen, das Wasser im Wok lassen. Die Abalonen abspülen und abtropfen lassen.

* Mit einem kleinen Messer das Fleisch von den Schalen trennen und die inneren Organe entfernen. Den Fuß (flache Seite) jeder Abalone zum Säubern leicht mit dem Messer abschaben und die Seiten sauber bürsten. Die Abalonen gründlich abspülen. In 5 mm dicke Scheiben schneiden und beiseitelegen.

* Die Abaloneschalen wieder in den Wok geben und 1 Minute auf starker Hitze blanchieren, dann mit der Innenseite nach oben als Servierschälchen für die Abalonen auf einen Teller legen. Beiseitestellen.

* Das Pökelfleisch in einem Dämpfeinsatz oder Bambus-Dämpfkorb über einen Topf mit kochendem Wasser stellen. Mit Deckel 5 Minuten dämpfen. In dünne Scheiben schneiden und beiseitelegen.

* Für frische Bambussprossen einen Topf Wasser zum Kochen bringen, die Bambussprossen hineingeben und 1 Minute blanchieren. Abtropfen lassen und unter fließendem kaltem Wasser abspülen.

* Das Schmalz in einem Wok oder einer Pfanne auf mittlerer Hitze zerlassen, Hühnerbrühe, Salz und Reiswein zufügen und zum Kochen bringen. Pökelfleisch, Bambussprossen und Abalonen zufügen und 30 Sekunden sautieren. Abalonen, Pökelfleisch und Bambussprossen gleichmäßig auf die Abaloneschalen verteilen.

* Auf starke Hitze erhöhen und die Sauce im Wok auf die Hälfte einkochen lassen. Die Stärke in einer kleinen Schüssel mit 1 Esslöffel Wasser anrühren und die Mischung in den Wok rühren. Unter Rühren 30 Sekunden aufkochen lassen, bis die Sauce eindickt.

* Die Sauce über die Abalonen in den Schalen träufeln. Mit Reis servieren.

香菜三杯小卷
TINTENFISCH MIT CHILI UND KORIANDER

HERKUNFT: TAIWAN
ZUBEREITUNGSZEIT: 15 MINUTEN
GARZEIT: 5 MINUTEN
PERSONEN: 4

* Einen Topf Wasser auf starker Hitze zum Kochen bringen. Den Tintenfisch hineingeben und 10 Sekunden blanchieren. Sofort abtropfen lassen und unter fließendem kaltem Wasser abspülen. In 2 cm dicke Ringe schneiden. Beiseitestellen.
* Das Sesamöl in einem Wok oder einer großen Pfanne auf mittlerer Hitze heiß werden lassen, Knoblauch, Ingwer und Frühlingszwiebeln hineingeben und 1 Minute unter Rühren braten, bis sie duften. Reiswein, Sojasauce und Kandiszucker zufügen.
* Auf starke Hitze erhöhen, die Tintenfischringe zufügen und 1–2 Minuten unter Rühren braten, bis die Ringe gar sind. Chili und Koriander unterrühren, nach Geschmack salzen und auf einem Teller anrichten.

- 900 G TINTENFISCH, GESÄUBERT
- 120 ML SESAMÖL
- 8 KNOBLAUCHZEHEN, IN SCHEIBEN GESCHNITTEN
- 20 G INGWER (CA. 2,5 CM), GEHACKT
- 3 FRÜHLINGSZWIEBELN, NUR SCHÄFTE, GEHACKT
- 120 ML REISWEIN
- 120 ML HELLE SOJASAUCE
- 25 G KANDISZUCKER, ZERSTOSSEN
- 4 ROTE CHILISCHOTEN, SAMEN ENTFERNT UND GEWÜRFELT
- 4 BUND KORIANDERGRÜN, GEHACKT
- SALZ NACH GESCHMACK

酥炸鱿鱼须
TINTENFISCH MIT GEWÜRZSALZ

HERKUNFT: HONGKONG
ZUBEREITUNGSZEIT: 10 MINUTEN
GARZEIT: 5 MINUTEN
PERSONEN: 4

* Für das Gewürzsalz eine kleine Pfanne auf mittlerer bis starker Hitze heiß werden lassen und das Salz hineingeben. 30 Sekunden unter Rühren anwärmen und vom Herd nehmen. In eine kleine Schüssel füllen und etwas abkühlen lassen. Die restlichen Zutaten gründlich unterrühren.
* Einen großen Topf Wasser zum Kochen bringen, die Tentakel hineingeben und 30 Sekunden kochen lassen, bis sie sich aufrollen. Abtropfen lassen und mit Küchenpapier trocken tupfen. In eine Schüssel legen und mit der Stärke mischen.
* Die Teigzutaten in einer großen Schüssel mit 175 ml kaltem Wasser verrühren. Die Tentakel zufügen und alles gut mischen, bis jedes Stück mit Teig bedeckt ist.
* Das Öl in einem Wok oder hohen Topf auf 180 °C erhitzen oder bis ein Brotwürfel in 30 Sekunden braun wird. Die Tentakel vorsichtig ins Öl gleiten lassen, mit Stäbchen voneinander trennen und in 1–2 Minuten hellbraun frittieren. Mit einem Schaumlöffel herausheben.
* Das Öl wieder auf 180 °C erhitzen und die Tentakel erneut 1 Minute frittieren, bis sie goldbraun sind. Herausnehmen und auf Küchenpapier abtropfen lassen.
* Die Tentakel auf einem Teller anrichten und mit dem Gewürzsalz bestreuen. Sofort servieren.

- 450 G TINTENFISCHTENTAKEL, ABGESPÜLT UND LÄNGS HALBIERT
- 2 EL SPEISESTÄRKE
- 750 ML PFLANZENÖL

FÜR DEN TEIG:
- 6 EL MEHL
- 2 EL SPEISESTÄRKE
- ½ EI
- 2 TL BACKPULVER
- ½ TL SALZ
- 2 EL PFLANZENÖL

FÜR DAS GEWÜRZSALZ:
- 1 TL SALZ
- ¼ TL FÜNF-GEWÜRZE-PULVER
- ½ TL GEWÜRZLILIENPULVER
- ½ TL ROTES CHILIPULVER

HERKUNFT: CHAOZHOU
ZUBEREITUNGSZEIT: 20 MINUTEN
GARZEIT: 5 MINUTEN
PERSONEN: 4
SEITE 235

韭菜花炒鮮魷
TINTENFISCH MIT SCHNITTKNOBLAUCH

- 300 G SCHNITTKNOBLAUCH, ABGESPÜLT, ABGETROPFT UND IN 8 CM LANGE STÜCKE GESCHNITTEN
- 500 G FRISCHER TINTENFISCH, GESÄUBERT, ODER 450 G TINTENFISCHTUBEN
- 2 EL PFLANZENÖL
- 4 KNOBLAUCHZEHEN, GEHACKT
- 2 SCHALOTTEN, GEVIERTELT
- 1 TL SALZ
- 1 TL REISWEIN
- ½ TL ZUCKER
- ½ EL SPEISESTÄRKE
- ¼ TL SESAMÖL
- GEDÄMPFTER REIS (SEITE 540) ZUM SERVIEREN (NACH BELIEBEN)

In diesem Gericht wird der Tintenfisch gitterförmig eingeschnitten, um einen „Blüteneffekt" zu erzielen. Das sieht nicht nur dekorativ aus und sorgt dafür, dass er die Sauce besser aufnimmt, Blumen gelten in der chinesischen Kultur auch als Glücksbringer. Frische Meeresfrüchte sind immer vorzuziehen, aber falls Sie keinen frischen Tintenfisch bekommen, können Sie ihn auch durch 450 Gramm Tintenfischtuben ersetzen.

* Einen Topf Wasser auf starker Hitze zum Kochen bringen, den Schnittknoblauch hineingeben und 30 Sekunden blanchieren. Abtropfen lassen und unter fließendem kaltem Wasser abspülen.
* Die Tentakel vom Körper wegziehen, unter dem Auge abschneiden und die Innereien entfernen. Die Kauwerkzeuge vom Kopf entfernen und die Haut abziehen. Den Schulp entfernen und mit einem Messerrücken die Innereien herausschaben. Den Tintenfisch öffnen und flach drücken, abspülen und parieren. In einem feinen Gittermuster leicht einschneiden, dann in 4 × 6 cm große Stücke schneiden.
* Einen Wok oder eine große Pfanne mit Wasser füllen und zum Kochen bringen. Den Tintenfisch in ein Handsieb aus Metall legen und ins kochende Wasser hängen. Den Herd sofort abschalten und die Tintenfischstücke mit Stäbchen im Wasser verteilen. 5 Sekunden ziehen lassen, dann mit dem Sieb herausnehmen, abtropfen lassen und in eine Schüssel mit Eiswasser legen. Zum Abkühlen beiseitestellen. Abtropfen lassen und mit Küchenpapier trocken tupfen.
* Das Pflanzenöl im Wok oder der Pfanne auf mittlerer bis starker Hitze heiß werden lassen, Knoblauch und Schalotten hineingeben und 1 Minute unter Rühren braten, bis sie duften. Auf starke Hitze erhöhen, den Tintenfisch zufügen und 30 Sekunden unter Rühren halb gar braten. Salz, Reiswein, Zucker und Schnittknoblauch zufügen und weitere 30 Sekunden unter kräftigem Rühren braten, bis der Tintenfisch gar ist.
* Die Stärke in einer kleinen Schüssel mit ½ Esslöffel Wasser anrühren und die Mischung in den Wok rühren. Unter Rühren 30 Sekunden aufkochen lassen, bis die Sauce eindickt. Sesamöl einrühren und auf einem Servierteller anrichten. Falls gewünscht, mit Reis servieren.

TINTENFISCH MIT SCHNITTKNOBLAUCH

HERKUNFT: SHANDONG
ZUBEREITUNGSZEIT: 10 MINUTEN
GARZEIT: 20 MINUTEN
PERSONEN: 4

葱烧海参
SEEGURKEN MIT WINTERZWIEBELN

- 600 G EINGEWEICHTE SEEGURKEN
- 3 EL INGWERSAFT
- 2 EL PFLANZENÖL
- 3 WINTERZWIEBELN ODER 9 FRÜHLINGSZWIEBELN, IN 5 CM LANGE STÜCKE GESCHNITTEN
- 250 ML HÜHNERBRÜHE (SEITE 90)
- 5 G INGWER (CA. 1 CM), IN SCHEIBEN GESCHNITTEN
- 2 EL AUSTERNSAUCE
- 1 TL SESAMÖL
- GEDÄMPFTER REIS (SEITE 540) ZUM SERVIEREN

Die Seegurke ist ein Meerestier mit lederartiger Haut und länglichem Körper. In der chinesischen Küche wird sie von alters her hochgeschätzt und wird bei chinesischen Festessen oft zu Abalone- oder Haiflossensuppe serviert. Seegurken werden häufig getrocknet verkauft; wählen Sie Exemplare, die sich fest und gummiartig anfühlen. Eingeweichte Seegurken sind tiefgekühlt in asiatischen Supermärkten erhältlich.

* Die Seegurken unter fließendem kaltem Wasser abspülen, dabei mit den Fingern alle Sandpartikel aus dem Inneren entfernen. In 5 cm lange Stücke schneiden.
* Einen großen Topf Wasser auf starker Hitze zum Kochen bringen. Ingwersaft und Seegurken hineingeben und 1 Minute blanchieren. Abtropfen lassen und unter fließendem kaltem Wasser abspülen.
* Das Pflanzenöl in einem Wok oder einer großen Pfanne auf mittlerer Hitze heiß werden lassen und die Winterzwiebeln in 4 Minuten goldbraun braten. Die grünen Teile entfernen, die weißen Teile aufheben.
* Hühnerbrühe und Ingwerscheiben in den Topf geben, in dem die Seegurken blanchiert wurden. Auf mittlerer Hitze zum Kochen bringen, die Seegurken zufügen und wieder aufkochen lassen. Die Austernsauce einrühren, auf schwache Hitze reduzieren und 5 Minuten köcheln lassen. Die Winterzwiebeln zufügen und noch einmal 5 Minuten köcheln lassen, bis die Sauce eindickt. Zum Schluss das Sesamöl einrühren. Mit Reis servieren.

鸡焖甲鱼
WEICHSCHILDKRÖTE MIT HUHN

HERKUNFT: SHANDONG
ZUBEREITUNGSZEIT: 30 MINUTEN
GARZEIT: 1 STUNDE 30 MINUTEN
PERSONEN: 6

Weichschildkröten gelten in der chinesischen Küche als Delikatesse und sind für ihren Nährwert und ihre medizinischen Eigenschaften bekannt. Aufgrund der steigenden Nachfrage und der verstärkten Jagd auf die Tiere sind einige Arten inzwischen jedoch gefährdet oder stark gefährdet. Wir empfehlen, dieses Gericht nur mit nachhaltig gefangenen oder gezüchteten Schildkröten zuzubereiten.

- 1 GANZES HÄHNCHEN (1 KG), IN GROSSE STÜCKE GETEILT (BRUST, OBERKEULEN, UNTERKEULEN, FLÜGEL, RÜCKEN)
- 50 G INGWER (CA. 7,5 CM), 1 HÄLFTE IN SCHEIBEN GESCHNITTEN, 1 HÄLFTE IN FEINE STREIFEN
- 1 WEICHSCHILDKRÖTE
- 2 EL PFLANZENÖL
- 1 EL SICHUAN-PFEFFERKÖRNER
- 5 FRÜHLINGSZWIEBELN, IN 4 CM LANGE STÜCKE GESCHNITTEN
- 2 STERNANISE
- 2 EL REISWEIN
- 10 G KANDISZUCKER
- 2 EL DUNKLE SOJASAUCE
- 1 TL SESAMÖL
- GEDÄMPFTER REIS (SEITE 540) ZUM SERVIEREN

* Hähnchen und Ingwer in einen großen Topf legen und mit Wasser bedecken. Zum Kochen bringen, auf schwache Hitze reduzieren und etwa 20 Minuten köcheln lassen, bis die Hähnchenteile gar sind. Brust, Oberkeulen und Unterkeulen herausnehmen und die restlichen Teile ohne Deckel weiterköcheln lassen, bis nur noch 200 ml Hühnerbrühe übrig ist. Abseihen und beiseitestellen.
* Das Fleisch von den Knochen lösen, in Stücke zerpflücken und beiseitelegen. Die Knochen entfernen.
* Die Schildkröte in eine große Schüssel legen und mit 1¾ Liter heißem Wasser (ca. 60 °C) übergießen. Mit einem Scheuerschwamm den dunklen Film von der Schale schrubben.
* Eine zweite Schüssel mit kaltem Wasser füllen. Die Schildkröte in kleinere Stücke schneiden und 15 Minuten zum Säubern im Wasser einweichen. Abtropfen lassen, die Teile wieder in die Schüssel legen und mit kochendem Wasser bedecken. 1 Minute stehen lassen, dann abtropfen lassen.
* Das Pflanzenöl in einem Wok oder einer großen Pfanne erhitzen, die Sichuan-Pfefferkörner hineingeben und 2–3 Minuten unter Rühren braten, bis sie duften. Mit einem Schaumlöffel herausnehmen, das aromatisierte Öl im Wok lassen.
* Ingwer und Frühlingszwiebeln in den Wok geben und auf mittlerer Hitze 1–2 Minuten unter Rühren braten, bis sie duften. Schildkrötenstücke, Sternanise und 150 ml der aufgehobenen Hühnerbrühe zufügen und alles zum Kochen bringen. Auf schwache Hitze reduzieren und mit Deckel 30 Minuten köcheln lassen, bis die Schildkröte gar ist. Mit einem Schaumlöffel die Sternanise herausheben und entfernen. Die Hähnchenteile in den Wok geben, Reiswein, Sojasauce und Kandiszucker zufügen und 3 Minuten köcheln lassen. Mit Sesamöl beträufeln.
* Auf einem Servierteller anrichten und mit Reis servieren.

GEFLÜGEL

GEFLÜGEL

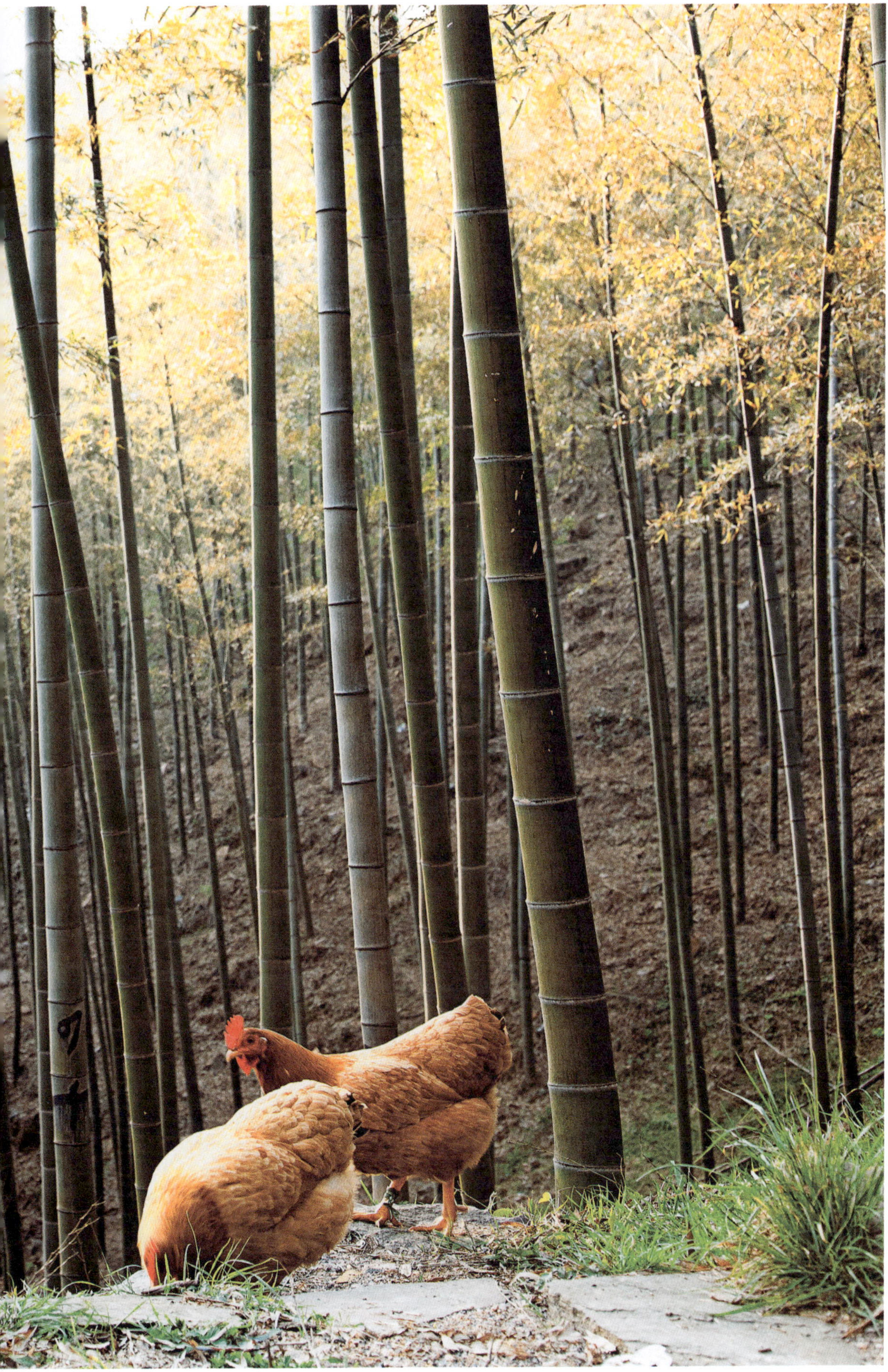

HERKUNFT: SICHUAN
ZUBEREITUNGSZEIT: 10 MINUTEN,
ZZGL. 1 STUNDE MARINIERZEIT
GARZEIT: 30 MINUTEN
PERSONEN: 4

怪味鸡
PIKANTES HÄHNCHEN MIT SICHUAN-PFEFFER

- 1 GANZES HÄHNCHEN (1 KG)
- 1 EL REISWEIN
- 1 EL SALZ
- 1 TL ZERSTOSSENE SICHUAN-PFEFFERKÖRNER
- 1 TL SESAMÖL
- 1 EL ERDNUSSBUTTER
- 1 EL SESAMPASTE
- 1 EL CHILIÖL
- 1 TL ZUCKER
- 1 EL SCHWARZER REISESSIG ODER BALSAMICO-ESSIG
- 1 EL HELLE SOJASAUCE
- 10 G INGWER (CA. 2 CM), IN FEINE STREIFEN GESCHNITTEN
- 1 FRÜHLINGSZWIEBEL, IN FEINE STREIFEN GESCHNITTEN
- GEDÄMPFTER REIS (SEITE 540) ZUM SERVIEREN

* Das Hähnchen in eine hitzebeständige Schüssel legen und mit Reiswein und Salz einreiben. Abdecken und 1 Stunde marinieren.
* Die Schüssel mit dem Hähnchen in einen Dämpfeinsatz oder Bambus-Dämpfkorb stellen und abgedeckt 20–25 Minuten, oder bis es gar ist, über kochendem Wasser dämpfen. Vom Herd nehmen und 5 Minuten stehen lassen. Das Hähnchen herausnehmen und abkühlen lassen. Die Kochflüssigkeit durch ein Sieb in eine Schüssel geben und beiseitestellen.
* Die Sichuan-Pfefferkörner in einer kleinen Pfanne auf mittlerer Hitze 2–3 Minuten rösten. Beiseitestellen.
* Sesamöl, Erdnussbutter, Sesampaste, Chiliöl, Zucker, Essig, Sojasauce und geröstete Sichuan-Pfefferkörner in einer Schüssel vermengen. Für die Sauce etwa 120 ml der Kochflüssigkeit einrühren. (Bei Bedarf noch etwas Wasser oder Kochflüssigkeit hinzufügen.) Das Hähnchen in Stücke schneiden und auf einer Platte anrichten. Die Sauce darübergießen. Mit Ingwer und Frühlingszwiebel bestreuen. Mit Reis servieren.

HERKUNFT: HAINAN
ZUBEREITUNGSZEIT: 5 MINUTEN
GARZEIT: 1 STUNDE 45 MINUTEN
PERSONEN: 4

海南椰奶鸡
HAINAN-HÄHNCHEN MIT KOKOSMILCH

- 1 GANZES HÄHNCHEN (1,2 KG)
- 250 ML HÜHNERBRÜHE (SEITE 90)
- 10 G INGWER (CA. 2 CM), IN SCHEIBEN GESCHNITTEN
- 2 FRÜHLINGSZWIEBELN, JE EINMAL VERKNOTET
- 1 EL REISWEIN
- 100 ML MILCH
- 100 ML KOKOSMILCH
- 1 TL SALZ, ZZGL. ETWAS MEHR ZUM ABSCHMECKEN
- 1 TL ZUCKER
- 1 EL SPEISESTÄRKE
- GEDÄMPFTER REIS (SEITE 540) ZUM SERVIEREN

* Das Hähnchen in einen großen Topf legen und vollständig mit Wasser bedecken. Auf starker Hitze zum Kochen bringen und 5 Minuten blanchieren. Abtropfen lassen und unter kaltem Wasser abspülen.
* Hähnchen, Hühnerbrühe, Ingwer, Frühlingszwiebeln und Wein in eine große hitzebeständige Schüssel geben. Schüssel mit Alufolie fest abdecken, in einen Dämpfeinsatz oder Bambus-Dämpfkorb stellen und mit Deckel 1½ Stunden, oder bis alles gar ist, über kochendem Wasser dämpfen. (Bei Bedarf noch etwas Wasser in den Topf geben.)
* Das Hähnchen auf einen tiefen Teller legen und die Sauce durch ein Sieb in einen Topf schütten. Ingwer und Frühlingszwiebeln entfernen.
* Milch, Kokosmilch, Salz und Zucker in den Topf geben und zum Kochen bringen. Die Stärke mit 2 Esslöffeln Wasser anrühren und hinzugeben. Unter Rühren etwa 30 Sekunden aufkochen lassen, bis die Sauce eindickt. Salzen. Die Sauce über das Hähnchen geben. Mit Reis servieren.

荷叶蒸滑鸡
HÄHNCHEN IM LOTUSBLATT

HERKUNFT: SHUNDE
ZUBEREITUNGSZEIT: 15 MINUTEN, ZZGL. 45 MINUTEN EINWEICHZEIT
GARZEIT: 30 MINUTEN
PERSONEN: 4

* Das Lotusblatt 45 Minuten, oder bis es weich ist, in kaltem Wasser einweichen.
* Inzwischen die Pilze in eine Schüssel geben, mit kaltem Wasser bedecken und mindestens 20 Minuten einweichen. Gut mit ½ Teelöffel Sojasauce vermengen.
* Das Hähnchen in eine große Schüssel legen, Salz, Zucker, Austernsauce und den restlichen Teelöffel Sojasauce hinzufügen und 15 Minuten marinieren.
* Ingwersaft mit Reiswein, weißem Pfeffer und Stärke vermengen und zum Hähnchen geben, dann Sesam- und Pflanzenöl hinzufügen. Chinesische Wurst, Pilze und Jujube-Datteln hinzugeben und gut vermengen.
* Das Lotusblatt abtropfen lassen und mit Küchenpapier trocken tupfen. Die harten Stielansätze mit einem scharfen Messer herausschneiden und das Blatt auf ein Dämpfgestell legen. Bei Bedarf mehrere Schichten legen. Die Hähnchenmischung auf das Blatt legen und zu einem Paket falten, sodass alle Zutaten bedeckt sind. Das Gestell in einen Dämpfeinsatz oder Bambus-Dämpfkorb stellen und abgedeckt 25–30 Minuten, oder bis es gar ist, über kochendem Wasser dämpfen.
* Anschließend das Päckchen öffnen, die in feine Streifen geschnittenen Frühlingszwiebeln darüberstreuen und mit Reis servieren. (Das Lotusblatt ist nicht für den Verzehr vorgesehen.)

- 1–2 GETROCKNETE LOTUSBLÄTTER
- 5 GETROCKNETE SHIITAKE
- 1 ½ TL HELLE SOJASAUCE
- 1 KG HÄHNCHENSTÜCKE
- ½ TL SALZ
- ½ TL ZUCKER
- 1 TL AUSTERNSAUCE
- 1 EL INGWERSAFT
- 1 TL SHAOXING-REISWEIN
- ¼ TL GEMAHLENER WEISSER PFEFFER
- 1 EL SPEISESTÄRKE
- ½ TL SESAMÖL
- 1 EL PFLANZENÖL
- 1 CHINESISCHE WURST, DIAGONAL IN DICKE SCHEIBEN GESCHNITTEN
- 4 JUJUBE-DATTELN, ENTKERNT UND HALBIERT
- 2 FRÜHLINGSZWIEBELN, NUR DIE HELLGRÜNEN TEILE, IN FEINE STREIFEN GESCHNITTEN
- GEDÄMPFTER REIS (SEITE 540) ZUM SERVIEREN

HERKUNFT: HUBEI
ZUBEREITUNGSZEIT: 1 STUNDE
GARZEIT: 1 STUNDE 15 MINUTEN
PERSONEN: 4–6

糯米全鸡
HÄHNCHEN MIT KLEBREISFÜLLUNG

- 1 GANZES HÄHNCHEN (1 KG)
- 475 ML PFLANZENÖL, ZZGL. 2 EL MEHR
- 20 G (CA. 2,5 CM) INGWER, GEHACKT
- 1 FRÜHLINGSZWIEBEL, GEHACKT
- 50 G RÜCKENSPECK (VOM SCHWEIN), GEWÜRFELT
- 1 TL SALZ
- 1 TL ZUCKER
- 1 TL HELLE SOJASAUCE
- 2 TL SHAOXING-REISWEIN
- 20 G BAMBUSSPROSSEN, GEWÜRFELT
- 15 G SCHINKEN, GEWÜRFELT
- 50 G IN TIANJIN-HIRSE-ESSIG EINGELEGTER CHINAKOHL, ABGESPÜLT UND GEHACKT
- 400 G GEKOCHTER KLEBREIS
- 2 EL SPEISESTÄRKE

Gefülltes Geflügel ist eine Spezialität aus den Regionen Kanton, Shanghai und Peking. Das Geflügel, Ente oder Huhn, wird entbeint. Das Fleisch wird entfernt und anschließend mit verschiedenen Zutaten aufgefüllt. Diese Gerichte sind Feinschmeckergerichte.

* Die Haut des Hähnchens direkt über dem Ende des Brustbeins etwas einschneiden. Haut und Fleisch mit den Fingern trennen. An der Brust beginnen und bis zum Rücken vorarbeiten, dann Fleisch und Haut entlang der Ober- und Unterschenkel vorsichtig trennen. Die Haut langsam nacheinander von den Unterschenkeln ziehen, dabei darauf achten, dass sie nicht reißt. Die Haut langsam bis zum Hals hochziehen und das Gelenk zwischen Flügel und Körper unter der Haut durchtrennen, sodass der Flügel noch an der Haut hängt. Vorgang mit dem zweiten Flügel wiederholen. Die Haut über den Hals ziehen. Die gesamte Haut (mit den Flügeln) sollte jetzt vom Rumpf getrennt sein. Überschüssiges Fett von der Haut schneiden. Die Enden der Beinhaut mit Küchengarn zusammenbinden.

* Das gesamte Fleisch vom Knochen lösen und würfeln. 2 Esslöffel Öl in einem Wok erhitzen, Ingwer, Frühlingszwiebel und Speck hinzufügen und auf mittlerer Hitze etwa 2 Minuten unter Rühren braten. Rückenspeck, Salz, Zucker, Sojasauce und Reiswein hinzufügen und auf starker Hitze 3–4 Minuten unter Rühren gar braten.

* Bambussprossen, Schinken und Chinakohl hinzufügen, umrühren und gekochten Reis hinzufügen. Gut vermengen.

* Die Haut des Hähnchens mit der Brustseite nach oben auf ein Schneidbrett legen. Die Reisfüllung durch die Öffnung am unteren Ende in die Haut füllen, mit den Beinen beginnen und anschließend den Rest des Körpers befüllen (die Füllung sollte ausreichen, um die Form des Hähnchens wiederherzustellen). Die Öffnungen mit Nadel und Faden zusammennähen.

* Das Hähnchen auf eine hitzebeständige Platte legen, in einen Dämpfeinsatz oder Bambus-Dämpfkorb stellen und abgedeckt 1 Stunde über kochendem Wasser gar dämpfen. (Bei Bedarf noch etwas Wasser in den Topf geben.) Hähnchen herausnehmen und mit einer dünnen Schicht Speisestärke bestäuben.

* Das restliche Pflanzenöl (475 ml) in einem Wok oder einem hohen Topf auf 150 °C erhitzen oder bis ein Brotwürfel in 1½ Minuten braun wird. Das Hähnchen sanft in das Öl gleiten lassen und 4 Minuten unter mehrmaligem Drehen goldbraun frittieren. Das Hähnchen mit einem Schaumlöffel aus dem Öl nehmen und auf Küchenpapier abtropfen lassen.

* Das Küchengarn entfernen. Das gefüllte Hähnchen in etwa 2 × 5 cm große Stücke schneiden und servieren.

贵妃鸡
GUIFEI-HÄHNCHEN

HERKUNFT: GUANGDONG
ZUBEREITUNGSZEIT: 10 MINUTEN, ZZGL. 1 STUNDE EINWEICHZEIT
GARZEIT: 55 MINUTEN
PERSONEN: 4

Die Konkubinen des Kaisers werden „Guifei" genannt. Hier ist damit gemeint, dass das Hähnchen so zart und weich ist wie die Konkubine des Kaisers. Durch das Einweichen des Hähnchens in Salzwasser wird es zarter, und sein Geschmack wird intensiviert.

* Das Hähnchen mit Salz und 3 Litern Wasser in einen großen Topf geben und 1 Stunde einweichen, damit das Fleisch zart wird. Hähnchen mit einem großen Schaumlöffel herausnehmen und beiseitelegen.
* Alle dafür vorgesehenen Zutaten in das Gewürzsäckchen füllen. Das Gewürzsäckchen in das Salzwasser geben und auf starker Hitze zum Kochen bringen. Die Hitze reduzieren und 15 Minuten ziehen lassen. Das Hähnchen mit der Brust nach oben wieder in das Wasser legen und erneut zum Kochen bringen. Die Hitze reduzieren und abgedeckt 25–30 Minuten leicht ziehen lassen. Deckel entfernen, das Hähnchen mit der Brust nach unten drehen und erneut abdecken. Herd ausschalten und 5 Minuten stehen lassen.
* Inzwischen eine große Schüssel mit Eiswasser vorbereiten.
* Das Hähnchen vorsichtig in die Schüssel mit Eiswasser legen (das festigt die Haut und das Fleisch des Hähnchens). Das Hähnchen herausnehmen und abtropfen lassen. Die Haut des Hähnchens mit Sesamöl einstreichen. Das Hähnchen in Stücke schneiden und auf einer Platte anrichten. Mit Reis servieren.

- 1 GANZES HÄHNCHEN (1,2 KG)
- 250 G SALZ
- SESAMÖL ZUM EINSTREICHEN
- GEDÄMPFTER REIS (SEITE 540) ZUM SERVIEREN

FÜR DAS GEWÜRZSÄCKCHEN:
- 4 STERNANISE
- 1 GETROCKNETE MANDARINENSCHALE
- ½ ZIMTSTANGE
- ⅛ GETROCKNETE ARHAT-FRUCHT
- 50 G GEWÜRZLILIE
- 8 G SÜSSHOLZWURZEL
- ½ EL SICHUAN-PFEFFERKÖRNER
- ½ EL KREUZKÜMMELSAMEN
- ½ TL GEWÜRZNELKEN

HERKUNFT: HONGKONG
ZUBEREITUNGSZEIT: 30 MINUTEN,
    ZZGL. 2 STUNDEN MARINIERZEIT
GARZEIT: 40 MINUTEN
PERSONEN: 4
SEITE 247

金华玉树鸡
HÄHNCHEN MIT CHINESISCHEM SCHINKEN

- 1 GANZES MAISHÜHNCHEN, FETT HERAUSGESCHNITTEN UND AUFBEWAHRT
- 2 EL INGWERSAFT
- ½ EL SHAOXING-REISWEIN
- ½ EL SALZ
- 200 G JINHUA- ODER SMITHFIELD-SCHINKEN
- 1 EL SPEISESTÄRKE
- 1 TL ZUCKER
- 1 TL PFLANZENÖL
- 300 G CHINESISCHER BROKKOLI, GESCHNITTEN
- ½ TL SESAMÖL
- ¼ TL GEMAHLENER WEISSER PFEFFER
- GEDÄMPFTER REIS (SEITE 540) ZUM SERVIEREN

Dieses Gericht wurde 1959 für ein Bankett zur Begrüßung von Prinz Philip von England in Hongkong kreiert. Dabei wurde berücksichtigt, dass der Prinz nicht wissen könnte, wie er Hähnchenstücke mit Knochen mit Stäbchen essen sollte.

* Das Hähnchen in eine große Schüssel legen und innen und außen mit Ingwersaft, Reiswein und Salz einreiben. Abdecken und 2 Stunden im Kühlschrank marinieren.
* Das Hähnchen in Alufolie wickeln, auf eine hitzebeständige Platte legen, diese in einen Dämpfeinsatz oder Bambus-Dämpfkorb stellen und abgedeckt 23–25 Minuten über kochendem Wasser gar dämpfen. Herausnehmen und abkühlen lassen. Die Kochflüssigkeit in eine Schüssel sieben und aufbewahren.
* Den Schinken 3 Minuten dämpfen, dann in Stücke schneiden und beiseitestellen.
* Eine kleine Pfanne auf mittlerer Hitze heiß werden lassen, das aufbewahrte Fett hineingeben und 2–3 Minuten kochen, bis das Fett ausgelassen ist. Beiseitestellen und feste Bestandteile entfernen.
* Nach dem Abkühlen die Knochen entfernen. Darauf achten, dass Fleisch und Haut (insbesondere von Brust und Beinen) ganz bleiben. Die Hähnchenbrust der Länge nach in 2 Stücke schneiden und dann in 2 cm breite Streifen. Genauso mit den Beinen verfahren.
* Die Stärke in einer kleinen Schüssel mit 3 Esslöffeln Wasser anrühren. 5 Minuten beiseitestellen, oder bis sich die Stärke auf dem Boden abgesetzt hat, dann das Wasser abschütten, sodass nasse Stärke zurückbleibt. Beiseitestellen.
* Die Hähnchenstücke mit der Haut nach oben in zwei Reihen auf einer ovalen hitzebeständigen Platte anrichten. Schinken zwischen die Hähnchenstücke stecken. Die Platte in einen Dämpfeinsatz oder Bambus-Dämpfkorb stellen und abgedeckt 3 Minuten über kochendem Wasser dämpfen.
* Inzwischen einen großen Topf mit Wasser zum Kochen bringen, Zucker, Pflanzenöl und Brokkoli hinzufügen, 2 Minuten blanchieren und abtropfen lassen. Den gedämpften Brokkoli um das Hähnchen herumlegen.
* Das ausgelassene Hähnchenfett in einem Wok oder einer Pfanne erhitzen, die aufbewahrte Kochflüssigkeit, Sesamöl und weißen Pfeffer hinzugeben. Aufkochen lassen, die nasse Stärke langsam in den Wok geben und 30 Sekunden unter Rühren zu einer Sauce eindicken lassen. Diese nun über das Hähnchen und den Brokkoli geben. Mit Reis servieren.

HÄHNCHEN MIT CHINESISCHEM SCHINKEN

HERKUNFT: GUANGDONG
ZUBEREITUNGSZEIT: 20 MINUTEN,
ZZGL. 20 MINUTEN EINWEICHZEIT
GARZEIT: 15 MINUTEN
PERSONEN: 4

鱼肚棉花鸡
HÄHNCHEN MIT SCHWIMMBLASE

- 40 G FRITTIERTE SCHWIMMBLASE, ABGESPÜLT
- 10 G (CA. 2 CM) INGWER, IN SCHEIBEN GESCHNITTEN
- 4 GETROCKNETE SHIITAKE
- 1 TL AUSTERNSAUCE
- 2 ½ EL PFLANZENÖL
- 8 HÄHNCHENOBERSCHENKEL, OHNE KNOCHEN, IN MUNDGERECHTE STÜCKE GESCHNITTEN
- 1 EL HELLE SOJASAUCE
- ½ EL REISWEIN
- ½ TL ZUCKER
- 3 KNOBLAUCHZEHEN, GEHACKT
- 1 EL SPEISESTÄRKE
- GEDÄMPFTER REIS (SEITE 540) ZUM SERVIEREN

* Schwimmblase, Ingwer und 1 Liter Wasser in einen großen Topf geben. Auf starker Hitze zum Kochen bringen und 3 Minuten blanchieren. Deckel aufsetzen, Herd ausschalten und 30 Minuten stehen lassen.
* Inzwischen die Pilze in einer Schüssel mit kalten Wasser mindestens 20 Minuten einweichen. Die Pilze halbieren, Wasser herausdrücken und in eine Schüssel geben. Mit Austernsauce und 1 Esslöffel Öl vermengen.
* Schwimmblase in einen Durchschlag geben und mit kaltem Wasser abspülen. Überschüssiges Wasser herausdrücken und in 5 cm große Stücke schneiden.
* Hähnchen, Sojasauce, Reiswein, Zucker und Knoblauch in einer großen Schüssel vermengen und 10 Minuten marinieren. Speisestärke einrühren. Schwimmblase, Pilze und die restlichen 1½ Esslöffel Öl hinzugeben, gut vermengen und auf eine hitzebeständige Platte legen. In einen Dämpfeinsatz oder Bambus-Dämpfkorb stellen und abgedeckt 10 Minuten über kochendem Wasser gar dämpfen. Mit Reis servieren.

HERKUNFT: GUANGXI
ZUBEREITUNGSZEIT: 15 MINUTEN,
ZZGL. 1 STUNDE MARINIERZEIT
GARZEIT: 30 MINUTEN
PERSONEN: 4

五味手撕鸡
HÄHNCHEN IN AROMATISCHER SAUCE

- ½ EL SESAMSAAT
- 1 GANZES HÄHNCHEN (1,2 KG)
- 1 TL SALZ
- 2 EL EINGELEGTES GEMÜSE, IN FEINE STREIFEN GESCHNITTEN
- 20 G EINGELEGTER INGWER (SEITE 296)
- 3 KORIANDERSTÄNGEL, GEHACKT
- GEDÄMPFTER REIS (SEITE 540) ZUM SERVIEREN

FÜR DIE SAUCE:
- 1 EL HELLE SOJASAUCE
- 1 EL ZUCKER
- 1 TL ROTER ESSIG
- 1 TL ENGLISCHER SENF
- 1 TL SESAMÖL
- ½ TL CHILIÖL

* Die Sesamsaat auf mittlerer Hitze und unter gelegentlichem Schütteln in einer kleinen Pfanne 3–5 Minuten goldbraun rösten. Beiseitestellen.
* Das Hähnchen in eine hitzebeständige Schüssel legen und mit Salz einreiben. Abdecken und 1 Stunde im Kühlschrank marinieren.
* Die Schüssel mit dem Hähnchen in einen Dämpfeinsatz oder Bambus-Dämpfkorb stellen und abgedeckt 23 Minuten über kochendem Wasser dämpfen. Herd ausschalten und 5 Minuten stehen lassen. Das Hähnchen herausnehmen und etwas abkühlen lassen.
* Das Hähnchen entbeinen, Haut und Fleisch in lange Streifen reißen. Hähnchen, eingelegtes Gemüse und eingelegten Ingwer in einer Schüssel vermengen und auf einer Servierplatte anrichten.
* Alle Zutaten für die Sauce in einer kleinen Schüssel vermengen. Die Sauce über das Hähnchen geben und mit Sesamsaat und Koriander bestreuen. Lauwarm mit Reis servieren.

雪花丁香鸡
HÄHNCHEN MIT GEWÜRZNELKEN

HERKUNFT: ANHUI
ZUBEREITUNGSZEIT: 15 MINUTEN, ZZGL. 1 STUNDE TROCKENZEIT
GARZEIT: 20 MINUTEN
PERSONEN: 4–6

* Das Hähnchen in eine große Schüssel geben, kochendes Wasser über die Haut gießen und abtropfen lassen. Die Haut mit 2 Teelöffeln Sojasauce einreiben. Das Hähnchen 1 Stunde im Kühlschrank lufttrocknen lassen und danach in eine große hitzebeständige Schüssel geben. Das Öl in einem Wok oder einem hohen Topf auf 170 °C erhitzen oder bis ein Brotwürfel in 45 Sekunden braun wird. Das heiße Öl löffelweise über das Hähnchen geben, bis es goldbraun ist. Nun das Hähnchen auf eine mit Küchenpapier ausgelegte Platte geben. Das Hähnchen in kleine Stücke schneiden und mit der Hautseite nach unten in eine große Schüssel legen. Frühlingszwiebeln und Ingwer hinzufügen.
* Salz, Zucker, Reiswein, restlichen Teelöffel Sojasauce und Gewürze in einer kleinen Schüssel vermengen und über das Hähnchen gießen. Das Hähnchen in einen Dämpfeinsatz oder Bambus-Dämpfkorb stellen und abgedeckt 15 Minuten über kochendem Wasser gar dämpfen. Herausnehmen und die Kochflüssigkeit in einen Topf abschütten. Die Schüssel mit einem großen Teller abdecken, mit Küchentüchern anfassen und umdrehen, sodass das Hähnchen auf dem Teller liegt. (Alternativ das Hähnchen mit einer Zange drehen.) Frühlingszwiebeln, Ingwer und Gewürze entfernen.
* Die Kochflüssigkeit auf großer Hitze in einem Topf erhitzen. Die Stärke in einer kleinen Schüssel mit ½ Esslöffel Wasser vermengen und in den Wok einrühren. Unter Rühren etwa 30 Sekunden aufkochen lassen, bis die Sauce eindickt. Die Sauce über das Hähnchen geben.
* Die Eiweiße in einer kleinen Schüssel schaumig schlagen. Den Wok auswischen und auf mittlerer Hitze heiß werden lassen. 4 Esslöffel Wasser zugeben, zum Kochen bringen und Eiweiße hinzufügen. Gut verquirlen – die Eiweiße sollte jetzt eine schneeartige Textur aufweisen. Die gekochten Eiweiße mit einem Löffel auf das Hähnchen geben. Mit Reis servieren.

- 1 GANZES HÄHNCHEN (1,2 KG)
- 3 TL HELLE SOJASAUCE
- 250 ML PFLANZENÖL
- 2 FRÜHLINGSZWIEBELN, IN 5 CM LANGE STÜCKE GESCHNITTEN
- 10 G (CA. 2 CM) INGWER, IN SCHEIBEN GESCHNITTEN
- 2 TL SALZ
- 1 TL ZUCKER
- 1 EL SHAOXING-REISWEIN
- 2 TL GEWÜRZNELKEN
- 1 STERNANIS
- ¼ TL GEMAHLENER ZIMT
- ¼ TL GEMAHLENER KREUZKÜMMEL
- ½ TL SPEISESTÄRKE
- 3 EIWEISS
- GEDÄMPFTER REIS (SEITE 540) ZUM SERVIEREN

HERKUNFT: GUANGDONG
ZUBEREITUNGSZEIT: 10 MINUTEN, ZZGL. 1 STUNDE TROCKEN- UND 2 STUNDEN MARINIERZEIT
GARZEIT: 30 MINUTEN
PERSONEN: 4–6

白切鸡
GEDÄMPFTES HÄHNCHEN

- 1 GANZES HÄHNCHEN (1,2 KG)
- 1 EL SALZ
- 1 EL INGWERSAFT
- 1 EL SHAOXING-REISWEIN
- 2 TL GERASPELTER INGWER
- 2 FRÜHLINGSZWIEBELN, GEHACKT
- 2 EL PFLANZENÖL
- 1 TL SESAMÖL
- GEDÄMPFTER REIS (SEITE 540) ZUM SERVIEREN

* Das Hähnchen 1 Stunde im Kühlschrank lufttrocknen lassen. Hähnchen innen und außen mit Salz, Ingwersaft und Reiswein einreiben. Mindestens 2 Stunden marinieren. Das Hähnchen in dieser Zeit ein- bis zweimal drehen.
* Das Hähnchen in Alufolie wickeln, aber hinten offen lassen. Das Hähnchen auf eine hitzebeständige Platte legen und diese in einen Dämpfeinsatz oder Bambus-Dämpfkorb stellen und abgedeckt 25 Minuten, oder bis es gar ist, auf starker Hitze dämpfen. Herd ausschalten und 5 Minuten stehen lassen. Das Hähnchen herausnehmen und abkühlen lassen.
* Die Kochflüssigkeit durch ein Sieb schütten und für später beiseitestellen (siehe Anmerkung).
* Für die Sauce geraspelten Ingwer, Frühlingszwiebeln und 1 Teelöffel der aufbewahrten Kochflüssigkeit in einer kleinen Schüssel vermengen. Das Pflanzenöl in einem kleinen Topf auf mittlerer Hitze heiß werden lassen, das heiße Öl über die Sauce geben und gut vermengen.
* Wenn das Hähnchen abgekühlt ist, die Alufolie entfernen. Das Hähnchen mit Sesamöl einstreichen, in Stücke schneiden und zusammen mit dem Dip und Reis lauwarm servieren.

HINWEIS:
Die salzige Kochflüssigkeit kann für die Zubereitung/zum Abschmecken von Gerichten wie dem Hainan-Hähnchen mit gewürztem Reis (Seite 542) verwendet werden. Sie kann auch zum Würzen von gebratenem Reis oder Gemüse verwendet werden. Kann bis zu 3 Tage im Kühlschrank aufbewahrt werden.

口水鸡
GEDÄMPFTE POULARDE MIT SCHARFER SAUCE

HERKUNFT: SICHUAN
ZUBEREITUNGSZEIT: 10 MINUTEN, ZZGL. 1 STUNDE MARINIERZEIT
GARZEIT: 35 MINUTEN
PERSONEN: 4

* Die Poularde in eine hitzebeständige Schüssel legen und mit Reiswein und Salz einreiben. Abdecken und 1 Stunde im Kühlschrank marinieren.
* Die Schüssel mit der Poularde in einen Dämpfeinsatz oder Bambus-Dämpfkorb stellen und abgedeckt 23–25 Minuten, oder bis sie gar ist, auf großer Hitze über kochendem Wasser dämpfen. Herd ausschalten und 5 Minuten stehen lassen. Die Poularde herausnehmen und abkühlen lassen. Kochflüssigkeit durch ein Sieb in eine Schüssel geben und beiseitestellen.
* Inzwischen die Sichuan-Pfefferkörner in einer kleinen Pfanne auf mittlerer Hitze 2–3 Minuten rösten, dann in einem Mörser grob zerstoßen und beiseitestellen.
* Die Erdnüsse in derselben Pfanne rösten, bis sie hellbraun sind, danach etwas abkühlen lassen. Die Schalen entfernen, die Kerne grob zerstoßen und beiseitestellen.
* Die Poularde in kleinere Stücke schneiden und diese auf einer Servierplatte anrichten.
* Für die Sauce Sesamöl, Chiliöl und Erdnussbutter in eine Schüssel geben. Geröstete Sichuan-Pfefferkörner, Knoblauch, Essig, Chilipaste, Zucker und 120 ml der aufbewahrten Kochflüssigkeit hinzufügen. Das Pflanzenöl in einer Pfanne auf mittlerer Hitze heiß werden lassen, die Chilisauce hinzufügen und 1 Minute rühren, bis es duftet.
* Die Sauce über die Poularde geben und mit Sesamsaat, Erdnüssen und Koriander bestreuen. Mit Reis servieren.

- 1 GANZE POULARDE (1,5 KG)
- 1 EL REISWEIN
- ½ TL SALZ
- ½ EL SICHUAN-PFEFFERKÖRNER
- 1 EL ROHE ERDNUSSKERNE
- ½ EL SESAMÖL
- 2 EL CHILIÖL
- 1 EL ERDNUSSBUTTER
- 4 KNOBLAUCHZEHEN, GEHACKT
- 2 EL SCHWARZER REISESSIG ODER BALSAMICO-ESSIG
- 1 EL PIXIAN-CHILI-BOHNEN-PASTE
- 1 TL ZUCKER
- 1 TL PFLANZENÖL
- 1 EL GERÖSTETE WEISSE SESAMSAAT
- 1 BUND KORIANDER, GEHACKT
- GEDÄMPFTER REIS (SEITE 540) ZUM SERVIEREN

HERKUNFT: SHUNDE
ZUBEREITUNGSZEIT: 10 MINUTEN,
 ZZGL. 10 MINUTEN MARINIERZEIT
GARZEIT: 10 MINUTEN
PERSONEN: 4
SEITE 253

豆豉鸡
HÄHNCHEN IN SCHWARZE-BOHNEN-SAUCE

- 450 G HÄHNCHENSTÜCKE
- ½ EL HELLE SOJASAUCE
- ½ TL ZUCKER
- 1 TL SHAOXING-REISWEIN
- 2 EL PFLANZENÖL
- ¼ TL SPEISESTÄRKE
- ¼ TL SALZ
- ½ EL FERMENTIERTE SCHWARZE BOHNEN, ABGESPÜLT UND GEHACKT
- 1 KNOBLAUCHZEHE, GEHACKT
- 6 SCHALOTTEN, HALBIERT
- 1 GROSSE ROTE CHILISCHOTE, GROB GEHACKT
- 1 GRÜNE CHILISCHOTE, GROB GEHACKT
- 4 FRÜHLINGSZWIEBELN, NUR DIE HELLGRÜNEN TEILE, IN 4 CM LANGE STÜCKE GESCHNITTEN, ZZGL. ETWAS MEHR FÜR DIE GARNITUR
- ¼ TL SESAMÖL
- GEDÄMPFTER REIS (SEITE 540) ZUM SERVIEREN

* Die Hähnchenstücke unter kaltem Wasser abspülen und in mundgerechte Stücke schneiden. Hähnchen, Sojasauce, ¼ Teelöffel Zucker, ½ Teelöffel Reiswein, ½ Esslöffel Pflanzenöl, Speisestärke und Salz in einer großen Schüssel vermengen. Beiseitestellen und 10 Minuten marinieren.
* Schwarze Bohnen, Knoblauch, den restlichen ¼ Teelöffel Zucker und ½ Esslöffel Pflanzenöl in eine Schüssel geben und gut vermengen.
* Den restlichen Esslöffel Pflanzenöl in einem Wok oder einer großen Pfanne auf mittlerer Hitze heiß werden lassen, die Schalotten hinzufügen und 1–2 Minuten braten, bis es duftet. Die Hähnchenstücke hinzufügen und auf mittlerer Hitze unter Rühren 3 Minuten heiß werden lassen, bis sie halb gar sind. Schwarze-Bohnen-Mischung und Chilischoten auf die Hähnchenstücke geben. Nicht umrühren. Den restlichen ½ Teelöffel Reiswein auf die Innenseite des Woks träufeln, die Hitze reduzieren und abgedeckt 2 Minuten ziehen lassen.
* Den Deckel entfernen, die Hitze erhöhen und die Zutaten im Wok verrühren, bis das Hähnchen gar ist. Frühlingszwiebeln und Sesamöl hineingeben und durchschwenken. Alles auf einer Servierplatte anrichten, mit zusätzlichen Frühlingszwiebeln garnieren und mit Reis servieren.

HÄHNCHEN IN SCHWARZE-BOHNEN-SAUCE

HERKUNFT: HUBEI
ZUBEREITUNGSZEIT: 15 MINUTEN
GARZEIT: 5 MINUTEN
PERSONEN: 2

玉米鸡茸
GESCHMORTES HÄHNCHEN MIT MAIS

- 2 HÄHNCHENBRÜSTE, OHNE HAUT UND KNOCHEN, FEIN GEHACKT
- 5 EIWEISS
- 2 TL SPEISESTÄRKE
- 1 TL FEIN GEHACKTE FRÜHLINGSZWIEBEL
- 1 TL FEIN GEHACKTER INGWER
- ½ TL SALZ, ZZGL. ETWAS MEHR ZUM ABSCHMECKEN
- 150 ML HÜHNERBRÜHE (SEITE 90)
- 1 MAISKOLBEN, NUR DIE KÖRNER
- 150 G SCHMALZ
- 1 SCHEIBE KOCHSCHINKEN, GEWÜRFELT
- GEDÄMPFTER REIS (SEITE 540) ZUM SERVIEREN

* Hähnchenbrüste, Eiweiße, Speisestärke, Frühlingszwiebel, Ingwer, Salz und Hühnerbrühe in einen Mixer geben und pürieren. Die Masse in eine Schüssel geben und beiseitestellen.
* Den Mixer reinigen, Maiskörner und 2 Esslöffel Wasser einfüllen und pürieren. Ein Sieb mit einem Seihtuch auslegen. Das Maispüree durch das Sieb pressen und dabei möglichst viel Maissaft in eine Schüssel drücken. Den extrahierten Maissaft zum Hähnchenpüree geben.
* Das Schmalz in einem Wok oder einer großen Pfanne auf mittlerer Hitze heiß werden lassen. Hähnchen- und Maispüree vorsichtig löffelweise dazugeben und 4–5 Minuten mit einem Pfannenwender rühren, bis das Püree eindickt. Mit Salz abschmecken.
* Auf einer Servierplatte anrichten und mit dem gewürfelten Schinken bestreuen. Mit Reis servieren.

HERKUNFT: GUANGDONG
ZUBEREITUNGSZEIT: 10 MINUTEN, ZZGL. 20 MINUTEN EINWEICHZEIT
GARZEIT: 25 MINUTEN
PERSONEN: 4

金针云耳蒸滑鸡
HÄHNCHEN MIT GELBROTEN TAGLILIEN

- 15 G GETROCKNETE GELBROTE TAGLILIEN
- 10 G GETROCKNETE MU-ERR
- 700 G HÄHNCHENSTÜCKE, IN 4 CM GROSSE STÜCKE GESCHNITTEN
- 1 TL HELLE SOJASAUCE
- ½ TL SALZ
- ½ TL ZUCKER
- 1 EL INGWERSAFT
- 1 TL SHAOXING-REISWEIN
- 1 EL SPEISESTÄRKE
- 20 G EINGELEGTE STECKRÜBE, IN DICKE STIFTE GESCHNITTEN
- 4 JUJUBE-DATTELN, ENTKERNT
- 3 FRÜHLINGSZWIEBELN, NUR DIE HELLGRÜNEN TEILE, GEHACKT
- 1 TL AUSTERNSAUCE
- ¼ TL GEMAHLENER WEISSER PFEFFER
- 2 EL PFLANZENÖL
- GEDÄMPFTER REIS (SEITE 540) ZUM SERVIEREN

* Die gelbroten Taglilien und die Mu-Err 20 Minuten in einer kleinen Schüssel mit kaltem Wasser einweichen. Wasser abtropfen lassen, gelbrote Taglilien in 6 cm große Stücke und die Mu-Err in kleinere Stücke schneiden. Beiseitestellen.
* Nun Hähnchenstücke, Sojasauce, Salz und Zucker in eine große hitzebeständige Schüssel geben und 15 Minuten marinieren. Ingwersaft, Reiswein und Speisestärke hinzugeben und gut vermengen.
* Gelbrote Taglilien, Mu-Err, Steckrübe, Jujube-Datteln und Frühlingszwiebeln hinzufügen und mit Austernsauce, weißem Pfeffer und Öl vermengen. Die Schüssel in einen Dämpfeinsatz oder Bambus-Dämpfkorb stellen und abgedeckt 25 Minuten, oder bis es gar ist, über kochendem Wasser dämpfen. Mit Reis servieren.

安东子鸡
ANDONG-HÄHNCHEN

HERKUNFT: HUNAN
ZUBEREITUNGSZEIT: 10 MINUTEN
GARZEIT: 20 MINUTEN
PERSONEN: 4

Dieses ehrwürdige Gericht stammt aus der Stadt Andong in der Provinz Hunan. Es geht zurück auf die Tang-Dynastie vor mehr als 1200 Jahren und ist eines der bekanntesten Gerichte aus Hunan.

* Wasser in einem großen Topf zum Kochen bringen, das Hähnchen hineingeben, die Hitze reduzieren und 10 Minuten garen. Etwas abkühlen lassen und anschließend in 5 cm breite Streifen schneiden.
* Das Schmalz auf mittlerer Hitze in einem Wok oder einer großen Pfanne erhitzen.
* Ingwer und Chilischoten hinzufügen und 1 Minute unter Rühren anbraten, bis es duftet. Hähnchenstreifen, Essig, Reiswein, Salz, Sichuan-Pfefferkörner und Hühnerbrühe hinzufügen und zum Kochen bringen. Deckel aufsetzen, Hitze reduzieren und etwa 2 Minuten ziehen lassen. Den Deckel entfernen, die Hitze erhöhen und die Sauce 1–2 Minuten sieden und bis auf 4 Esslöffel einkochen lassen.
* Die Stärke in einer kleinen Schüssel mit ½ Esslöffel Wasser vermengen und in den Wok einrühren. Unter Rühren etwa 30 Sekunden aufkochen lassen, bis die Sauce eindickt. Frühlingszwiebeln einrühren, mit Salz abschmecken und auf einer Servierplatte anrichten. Mit Reis servieren.

- 600 G HÄHNCHENFLEISCH, OHNE KNOCHEN
- 4 EL SCHMALZ
- 20 G (CA. 2 CM) INGWER, IN FEINE STREIFEN GESCHNITTEN
- 14 GETROCKNETE CHILISCHOTEN, GEHACKT
- 3 EL WEISSER ESSIG
- 2 EL SHAOXING-REISWEIN
- 1 TL SALZ, ZZGL. ETWAS MEHR ZUM ABSCHMECKEN
- ¼ TL ZERSTOSSENE SICHUAN-PFEFFERKÖRNER
- 2 EL HÜHNERBRÜHE (SEITE 90)
- ½ TL SPEISESTÄRKE
- ½ TL SESAMÖL
- 2 FRÜHLINGSZWIEBELN, IN 4 CM LANGE STÜCKE GESCHNITTEN
- GEDÄMPFTER REIS (SEITE 540) ZUM SERVIEREN

客家娘酒鸡
HÄHNCHEN IN WEIN

HERKUNFT: HAKKA
ZUBEREITUNGSZEIT: 10 MINUTEN
GARZEIT: 30 MINUTEN
PERSONEN: 4

Dieses Gericht aus Hakka wird traditionell Frauen direkt nach der Geburt serviert. Man glaubt, dass es die Blutzirkulation anregt und das Immunsystem stärkt und damit zur Genesung beiträgt.

* Das Hähnchen säubern und in 5 × 2 cm große Stücke (mit Knochen) schneiden.
* Das Öl auf starker Hitze in einem Topf heiß werden lassen, Ingwer hinzufügen und 1–2 Minuten unter Rühren braun braten. Das Hähnchen hinzufügen und etwa 5 Minuten unter Rühren braun braten. Reiswein hinzufügen und aufkochen lassen.
* Auf schwacher Hitze mit Deckel 20 Minuten, oder bis die Hähnchenstücke gar sind, ziehen lassen. In eine Schüssel geben und sofort servieren.

- 1 GANZES HÄHNCHEN (1 KG)
- 1 EL PFLANZENÖL
- 50 G (CA. 7,5 CM) INGWER, IN SCHEIBEN GESCHNITTEN
- 1 L KLEBREISWEIN

HERKUNFT: GUANGDONG
ZUBEREITUNGSZEIT: 20 MINUTEN,
ZZGL. 1 STUNDE TROCKENZEIT
GARZEIT: 45 MINUTEN
PERSONEN: 6

家乡梅菜鸡
HÄHNCHEN MIT SÜSS EINGELEGTEN SENFBLÄTTERN

- 1 GANZE POULARDE (1,5 KG)
- ½ TL SALZ
- 1 EL SHAOXING-REISWEIN
- 2 TL DUNKLE SOJASAUCE
- 300 G SÜSS EINGELEGTE SENFBLÄTTER
- 1 EL ZUCKER
- 2 EL INGWERSAFT
- 475 ML PFLANZENÖL
- ½ TL SPEISESTÄRKE
- GEDÄMPFTER REIS (SEITE 540) ZUM SERVIEREN

* Die Poularde in eine große hitzebeständige Schüssel geben, kochendes Wasser über die Haut gießen und abtropfen lassen. Die Poularde von innen mit Salz und die Haut mit Reiswein und Sojasauce einreiben und 1 Stunde im Kühlschrank lufttrocknen lassen.

* Inzwischen die süß eingelegten Senfblätter 3 Minuten in einer kleinen Schüssel mit kaltem Wasser einweichen. Abtropfen lassen und überschüssiges Wasser ausdrücken. Die Stängel herausschneiden, wieder in die Schüssel geben und Zucker und Ingwersaft hinzufügen. Beiseitestellen.

* Das Öl in einem Wok oder einem hohen Topf auf 150 °C erhitzen oder bis ein Brotwürfel in 1½ Minuten braun wird. Die Poularde vorsichtig hineingeben und 3–4 Minuten mit einem Schaumlöffel im heißen Öl leicht hin und her rollen, bis die Haut goldbraun ist. Poularde vorsichtig aus dem Öl nehmen und in einem Durchschlag abtropfen lassen.

* Die Poularde auf eine hitzebeständige Platte legen und mit ⅔ der Senfblatt-Mischung füllen. Die restlichen Senfblätter auf die Poularde legen, die Platte in einen Bambusdämpfer stellen und abgedeckt 25 Minuten über kochendem Wasser gar dämpfen. Vom Herd nehmen und 10 Minuten stehen lassen. Die Poularde herausnehmen und die Kochflüssigkeit aufbewahren. Die Senfblätter mit einem Löffel von der Oberseite und aus der Bauchhöhle der Poularde nehmen und in eine Schale geben. Die Poularde in mundgerechte Stücke schneiden und auf die Senfblätter legen.

* Für die Sauce Kochflüssigkeit in einem kleinen Topf zum Kochen bringen. Die Stärke in einer kleinen Schüssel mit ½ Esslöffel Wasser vermengen und in den Topf einrühren. Unter Rühren 30 Sekunden aufkochen lassen, bis die Sauce eindickt, und anschließend über die Poularde träufeln. Mit Reis servieren.

柱侯鸡
HÄHNCHEN IN ZHUHOU-SAUCE

HERKUNFT: SHUNDE
ZUBEREITUNGSZEIT: 10 MINUTEN, ZZGL. 15 MINUTEN MARINIERZEIT
GARZEIT: 20 MINUTEN
PERSONEN: 4

* Das Hähnchen in 2,5 × 5 cm große Stücke (mit Knochen) schneiden. Die Hähnchenstücke mit Ingwersaft, Salz, weißem Pfeffer und Stärke in einer Schüssel vermengen und 15 Minuten marinieren.
* Das Pflanzenöl auf mittlerer Hitze in einem Wok oder einer großen Pfanne erhitzen, die Hähnchenstücke hinzufügen und 5 Minuten unter Rühren braten, bis sie Farbe annehmen. Das Hähnchen aus dem Wok nehmen und auf eine Platte geben.
* Ingwer, Schalotten und Knoblauch zum restlichen Öl in den Wok geben und auf mittlerer Hitze etwa 30 Sekunden unter Rühren anbraten. Zhuhou-Sauce, Sojasauce, Zucker und Hähnchenstücke hinzufügen, den Reiswein einträufeln. Gut vermengen.
* 120 ml Wasser in den Wok geben, zum Kochen bringen und auf schwacher bis mittlerer Hitze 5 Minuten, oder bis die Sauce eingedickt und das Hähnchenfleisch gar ist, ziehen lassen. Frühlingszwiebeln und Sesamöl hinzufügen und gut unterschwenken.
* Auf eine Servierplatte geben und mit Reis servieren.

- 1 GANZES HÄHNCHEN (1 KG)
- 1 EL INGWERSAFT
- ½ TL SALZ
- 1 PRISE GEMAHLENER WEISSER PFEFFER
- 2 EL SPEISESTÄRKE
- 2 EL PFLANZENÖL
- 10 G (CA. 2 CM) INGWER, IN SCHEIBEN GESCHNITTEN
- 4 SCHALOTTEN, GEVIERTELT
- 4 KNOBLAUCHZEHEN, GEHACKT
- 2 EL ZHUHOU-SAUCE
- 1 TL HELLE SOJASAUCE
- 1 TL ZUCKER
- 1 EL SHAOXING-REISWEIN
- 4 FRÜHLINGSZWIEBELN, IN 5 CM LANGE STÜCKE GESCHNITTEN
- ½ TL SESAMÖL
- GEDÄMPFTER REIS (SEITE 540) ZUM SERVIEREN

茶树菇干锅鸡
HÄHNCHEN MIT SÜDLICHEN SCHÜPPLINGEN

HERKUNFT: HUNAN
ZUBEREITUNGSZEIT: 10 MINUTEN
GARZEIT: 10 MINUTEN
PERSONEN: 4

Dieses Gericht spiegelt einen populären Kochstil aus dem Südwesten Chinas wider. Traditionell wird das Essen während der gesamten Mahlzeit in einem Wok auf einem mobilen Küchenherd serviert – es ähnelt dem heißen Topf, nur ohne Suppe.

* Die Enden der Pilze abschneiden und die Pilze trennen. Gründlich abspülen und abtropfen lassen.
* Das Öl auf mittlerer Hitze in einem kleinen Wok oder einer kleinen Pfanne heiß werden lassen. Die Chili-Bohnen-Paste einrühren und 1 Minute unter Rühren anbraten, bis sie duftet. Das Hähnchen hinzufügen und 1–2 Minuten unter Rühren anbraten, bis es Farbe annimmt.
* Schnittknoblauch und Pilze, dann Salz, Sojasauce und 120 ml Wasser hinzufügen. Auf mittlerer bis starker Hitze 2–3 Minuten kurz anbraten, bis das Hähnchen gar und ein großer Teil des Wassers verdampft ist.
* Das Hähnchen auf einer Servierplatte anrichten. Mit Reis servieren.

- 250 G SÜDLICHE SCHÜPPLINGE, ENOKI-PILZE (OHNE STIELE) ODER MATSUTAKE
- 2 EL PFLANZENÖL
- 1 EL CHILI-BOHNEN-PASTE
- 6 HÄHNCHENOBERSCHENKEL, OHNE HAUT UND KNOCHEN, IN 2 CM DICKE STÜCKE GESCHNITTEN
- 1 BUND (CA. 25) SCHNITTKNOBLAUCH, IN 5 CM LANGE STÜCKE GESCHNITTEN
- ½ TL SALZ
- 1 TL HELLE SOJASAUCE
- GEDÄMPFTER REIS (SEITE 540) ZUM SERVIEREN

HERKUNFT: GUANGDONG
ZUBEREITUNGSZEIT: 5 MINUTEN,
  ZZGL. 10 MINUTEN MARINIERZEIT
GARZEIT: 15 MINUTEN
PERSONEN: 4
📷 SEITE 259

腰果鸡球
HÄHNCHEN MIT CASHEWKERNEN

- 5 HÄHNCHENSCHENKEL, OHNE KNOCHEN, IN 2 CM GROSSE WÜRFEL GESCHNITTEN
- 1 KNOBLAUCHZEHE, GEHACKT
- ½ TL SALZ
- 1 TL SHAOXING-REISWEIN
- 1 ½ TL SPEISESTÄRKE
- 1 EL PFLANZENÖL, ZZGL. ÖL ZUM FRITTIEREN
- 100 G CASHEWKERNE
- 6 SCHALOTTEN, GEVIERTELT
- 1 ROTE PAPRIKASCHOTE, ENTKERNT UND GROB GEHACKT
- 1 TL HELLE SOJASAUCE
- 2 FRÜHLINGSZWIEBELN, NUR DIE HELLGRÜNEN TEILE, IN 5 CM LANGE STÜCKE GESCHNITTEN
- ½ TL SESAMÖL
- GROB GEHACKTE KORIANDERBLÄTTER ZUM GARNIEREN
- GEDÄMPFTER REIS (SEITE 540) ZUM SERVIEREN

* Hähnchen, Knoblauch, Salz, Reiswein und 1 Teelöffel Stärke in eine große Schüssel geben, Öl hinzufügen und 10 Minuten marinieren.
* Die Cashewkerne in einen Wok oder eine große Pfanne geben und vollständig mit Öl bedecken. Öl auf 140 °C erhitzen oder bis ein Brotwürfel in 2 Minuten goldbraun wird. Die Cashewkerne 2–3 Minuten, oder bis sie knusprig sind, frittieren. Die Cashewkerne vorsichtig mit einem Schaumlöffel aus dem Öl nehmen und auf Küchenpapier abtropfen lassen.
* Das Öl bis auf etwa 1 Esslöffel abgießen und auf mittlerer Hitze heiß werden lassen. Schalotten hinzufügen und 1–2 Minuten unter Rühren anbraten, bis es duftet. Das Hähnchen hinzufügen, die Hitze erhöhen und 2 Minuten schnell schwenken, bis es Farbe annimmt. Paprikaschote und Sojasauce hinzugeben und 1 weitere Minuten, oder bis das Hähnchen gar ist, unter Rühren braten. Die Frühlingszwiebeln einrühren.
* Den restlichen ½ Teelöffel Stärke in einer kleinen Schüssel mit 1 Teelöffel Wasser vermengen und in den Wok einrühren. Unter Rühren etwa 30 Sekunden aufkochen lassen, bis die Sauce eindickt. Sesamöl hinzufügen und nach Geschmack mit Koriander garnieren. Mit Reis servieren.

HÄHNCHEN MIT CASHEWKERNEN

HERKUNFT: HONGKONG
ZUBEREITUNGSZEIT: 20 MINUTEN,
   ZZGL. 20 MINUTEN EINWEICHZEIT
GARZEIT: 10 MINUTEN
PERSONEN: 4

核桃虾球
HÄHNCHEN MIT WALNÜSSEN

- 2 GETROCKNETE SHIITAKE
- 50 G WALNUSSKERNE
- 4 HÄHNCHENBRÜSTE OHNE HAUT UND KNOCHEN, IN MUNDGERECHTE STÜCKE GESCHNITTEN
- 250 ML PFLANZENÖL
- 2 KNOBLAUCHZEHEN, ZERDRÜCKT
- 5 G (CA. 1 CM) INGWER, IN SCHEIBEN GESCHNITTEN
- 1 TL SHAOXING-REISWEIN
- ½ EL AUSTERNSAUCE
- ¼ TL GEMAHLENER WEISSER PFEFFER
- ½ TL SESAMÖL
- ½ TL SPEISESTÄRKE
- 3 BUND KORIANDER, GEHACKT, ZUM GARNIEREN
- GEDÄMPFTER REIS (SEITE 540) ZUM SERVIEREN

* Die Pilze in eine Schüssel geben, mit kalten Wasser bedecken und mindestens 20 Minuten einweichen. In Streifen schneiden und beiseitestellen.
* Inzwischen die Walnüsse 15 Minuten in einer Schüssel mit warmem Wasser einweichen. Abtropfen lassen und zwischen zwei sauberen Küchentüchern reiben, um die Haut zu entfernen. Beiseitestellen.
* Das Pflanzenöl in einem Wok oder einem hohen Topf auf 130 °C erhitzen, die Walnüsse vorsichtig in das Öl geben und 4–5 Minuten knusprig frittieren. Die Walnüsse mit einem Schaumlöffel vorsichtig aus dem Öl nehmen und auf Küchenpapier abtropfen lassen.
* Das Öl erneut auf 130 °C erhitzen, das Hähnchenfleisch hinzufügen, umrühren und etwa 30 Sekunden frittieren, bis es weiß wird. Das Hähnchenfleisch mit einem Schaumlöffel aus dem Öl nehmen und auf Küchenpapier abtropfen lassen.
* Das Öl bis auf 1 Esslöffel Öl abgießen und auf mittlerer Hitze heiß werden lassen. Knoblauch und Ingwer hinzufügen und 1 Minute unter Rühren anbraten, bis es duftet. Das Hähnchenfleisch hinzufügen und 1–2 Minuten auf starker Hitze schwenken, bis es gar ist. Mit Reiswein beträufeln.
* Walnüsse und Austernsauce hinzufügen, schwenken und weißen Pfeffer und Sesamöl einrühren.
* Die Stärke in einer kleinen Schüssel mit ½ Esslöffel Wasser vermengen und in den Wok einrühren. Unter Rühren 30 Sekunden aufkochen lassen, bis die Sauce eindickt.
* Auf einer Servierplatte anrichten, mit gehacktem Koriander garnieren und mit Reis servieren.

鸡茸炒银耳
HÄHNCHEN MIT SILBEROHR-PILZEN

HERKUNFT: BEIJING
ZUBEREITUNGSZEIT: 5 MINUTEN, ZZGL. 30 MINUTEN EINWEICHZEIT
GARZEIT: 15 MINUTEN
PERSONEN: 4

- 20 G SILBEROHR-PILZE
- 1 HÄHNCHENBRUST, OHNE HÄUTE UND KNOCHEN
- 150 ML MILCH
- 2 TL REISWEIN
- 1 TL INGWERSAFT
- 4 EIWEISS
- 2 EL PFLANZENÖL
- 1 FRÜHLINGSZWIEBEL, IN 4 CM BREITE ABSCHNITTE UND DANACH IN FEINE STREIFEN GESCHNITTEN
- 75 ML HÜHNERBRÜHE (BRÜHE, S. 90)
- ½ TL SALZ
- 1 TL SPEISESTÄRKE
- GEDÄMPFTER REIS (SEITE 540) ZUM SERVIEREN

* Die Silberohr-Pilze mit heißem Wasser bedecken und etwa 30 Minuten einweichen. Die Pilze abspülen, Wasser ausdrücken und den festen unteren Teil herausschneiden. Die Pilze in kleinere Stücke zerpflücken.
* Inzwischen das Hähnchenfleisch 20 Minuten in einer kleinen Schüssel mit kaltem Wasser einweichen und danach mit einem scharfen Messer sehr fein hacken. 2 Teelöffel Milch untermengen und weiterhacken, bis Hähnchen und Milch vollständig vermischt sind. Mischung in eine Schüssel geben.
* Silberohr-Pilze, 1 Teelöffel Reiswein und ½ Teelöffel Ingwersaft in einer Schüssel vermengen und 1 Minute stehen lassen. In ein sauberes Küchentuch wickeln und überschüssige Flüssigkeit herausdrücken. Die Silberohr-Pilze zum Hähnchen geben und gut vermengen.
* Die Eiweiße in einer kleinen Schüssel schaumig schlagen und nach und nach in die Mischung einrühren, bis es vollständig eingearbeitet ist.
* 2 Liter Wasser zum Kochen bringen. Den Herd sofort abstellen. Aus der Hähnchenmischung mit den Händen 7,5 × 3 × 0,5 cm große rechteckige Stücke formen und diese vorsichtig direkt in das heiße Wasser geben. Das Wasser fast zum Kochen bringen und auf schwacher Hitze etwa 1 Minute ziehen lassen, bis sie gar sind. Die Stücke mit einem Schaumlöffel vorsichtig aus dem Wasser nehmen und auf eine Platte geben.
* Das Öl auf mittlerer bis starker Hitze in einem Wok oder einer großen Pfanne heiß werden lassen, Frühlingszwiebel hinzufügen und 1 Minute unter Rühren anbraten, bis es duftet. Den restlichen Teelöffel Reiswein hinzufügen und die Frühlingszwiebel herausnehmen. Hühnerbrühe hinzufügen und die Hähnchenstücke sanft in die Brühe gleiten lassen, das Salz hinzufügen und aufkochen lassen.
* Die restliche Milch und den übrigen ½ Teelöffel Ingwersaft hinzufügen und erneut aufkochen lassen. Die Stärke in einer kleinen Schüssel mit 1 Esslöffel Wasser vermengen und in den Wok einrühren. Unter Rühren 30 Sekunden aufkochen lassen, bis die Sauce eindickt.
* In eine große Schüssel geben und mit Reis servieren.

HERKUNFT: YUNNAN
ZUBEREITUNGSZEIT: 10 MINUTEN, ZZGL. 15 MINUTEN EINWEICHZEIT
GARZEIT: 4 STUNDEN
PERSONEN: 4–6

汽锅鸡
POULARDE IN EINEM YUNNAN-DAMPFTOPF

- 1 GANZE POULARDE (2 KG), IN 4 CM GROSSE WÜRFEL GESCHNITTEN
- 30 G INGWER, IN SCHEIBEN GESCHNITTEN
- 2 FRÜHLINGSZWIEBELN, IN 4 CM LANGE STÜCKE GESCHNITTEN
- 2 TL SALZ
- ½ TL GEMAHLENER WEISSER PFEFFER
- GEDÄMPFTER REIS (SEITE 540) ZUM SERVIEREN

Ein Dampftopf ist ein spezielles Kochgeschirr aus Yunnan. Dabei gelangt etwas Dampf durch ein kleines Loch in den Topf, sodass die Lebensmittel in ihrem eigenen Saft gekocht werden. In den Topf wird kein Wasser gegeben, es kommt nur in die darunter befindliche Dampfpfanne.

* Die Poulardenstücke 15 Minuten in kaltem Wasser einweichen, dann abtropfen lassen.
* Die Poulardenstücke in den Yunnan-Dampftopf geben, Ingwer und Frühlingszwiebeln darauflegen und Deckel aufsetzen. Wasser in die Dampfpfanne füllen und auf starker Hitze zum Kochen bringen. Den Dampftopf auf die Dampfpfanne setzen und alle Lücken zwischen Topf und Dampfpfanne mit feuchten Küchentüchern verschließen, damit kein Dampf entweicht. Etwa 4 Stunden dämpfen. Bei Bedarf etwas zusätzliches Wasser in die Dampfpfanne geben.
* Ingwer und Frühlingszwiebeln entfernen und die Kochflüssigkeit mit Salz und weißem Pfeffer würzen. Im Dampftopf und mit Reis servieren.

HERKUNFT: CHAOZHOU
ZUBEREITUNGSZEIT: 15 MINUTEN
GARZEIT: 15 MINUTEN
PERSONEN: 4
SEITE 263

豆酱鸡翼
HÄHNCHENFLÜGEL IN BOHNENSAUCE

- 450 G HÄHNCHENFLÜGEL
- 2 EL PUNING-BOHNENPASTE
- 2 EL INGWERSAFT
- ½ EL REISWEIN
- ½ EL SESAMPASTE
- ½ TL ZUCKER
- 1 EL PFLANZENÖL
- 10 G RÜCKENSPECK (VOM SCHWEIN), FEIN GEHACKT
- 2 SCHALOTTEN, GEHACKT
- IN FEINE STREIFEN GESCHNITTENE CHILISCHOTE UND FRÜHLINGSZWIEBELN ZUM GARNIEREN (NACH BELIEBEN)
- GEDÄMPFTER REIS (SEITE 540) ZUM SERVIEREN

* Wasser in einem großen Topf zum Kochen bringen, die Hähnchenflügel hineingeben und 1 Minute blanchieren. Abtropfen lassen und unter fließendem kaltem Wasser abspülen.
* Bohnenpaste, Ingwersaft, Reiswein, Sesampaste und Zucker in einer kleinen Schüssel vermengen. Beiseitestellen.
* Das Öl in einem Wok oder einer großen Pfanne erhitzen, Speck hinzufügen und 2 Minuten auf mittlerer Hitze unter Rühren anbraten, bis er etwas braun ist. Die Schalotten hinzufügen und unter Rühren anbraten, bis es duftet. Sauce und Flügel hinzufügen und 1 weitere Minuten kurz anbraten, dann 120 ml Wasser dazugeben und auf starker Hitze zum Kochen bringen. 3 Minuten kochen, bis die Sauce andickt und die Flügel gar sind.
* Alles auf einer Servierplatte anrichten, falls verwendet mit Chilischoten und Frühlingszwiebeln garnieren und mit Reis servieren.

HÄHNCHENFLÜGEL IN BOHNENSAUCE

HERKUNFT: SICHUAN
ZUBEREITUNGSZEIT: 10 MINUTEN
GARZEIT: 5 MINUTEN
PERSONEN: 4

辣子鸡丁
SCHARFES HÄHNCHEN

- 2 GROSSE HÄHNCHENBRÜSTE, OHNE HAUT UND KNOCHEN, IN 2 CM GROSSE WÜRFEL GESCHNITTEN
- 2 TL SPEISESTÄRKE
- ½ TL SALZ
- 2 TL REISWEIN
- 2 TL HELLE SOJASAUCE
- ½ TL ZUCKER
- 1 TL SCHWARZER REISESSIG ODER BALSAMICO-ESSIG
- 2 EL HÜHNERBRÜHE (SEITE 90)
- 3 EL PFLANZENÖL
- 4 KNOBLAUCHZEHEN, IN SCHEIBEN GESCHNITTEN
- 10 G (CA. 2 CM) INGWER, IN SCHEIBEN GESCHNITTEN
- 4 EINGELEGTE ROTE CHILISCHOTEN, GEHACKT
- 6 WASSERKASTANIEN, IN 1 CM GROSSE WÜRFEL GESCHNITTEN
- 2 FRÜHLINGSZWIEBELN, IN 1 CM LANGE STÜCKE GESCHNITTEN
- 1 TL SESAMÖL

* Hähnchen, 1 Teelöffel Speisestärke, Salz und 1 Teelöffel Reiswein gut in einer großen Schüssel vermengen und beiseitestellen.
* Sojasauce, Zucker, Essig, Hühnerbrühe, den restlichen Teelöffel Wein und die Stärke in eine zweite Schüssel geben und zu einer Sauce vermengen. Beiseitestellen.
* 1 Esslöffel Öl unter das Hähnchen rühren. Die restlichen 2 Esslöffel Öl auf mittlerer bis starker Hitze in einem Wok oder einer großen Pfanne heiß werden lassen, Knoblauch und Ingwer hinzufügen und 1 Minute unter Rühren anbraten, bis es duftet. Das Hähnchen hinzufügen und 2 Minuten unter Rühren anbraten, bis es Farbe annimmt. Die eingelegten Chilischoten und Wasserkastanien hinzugeben und 1 weitere Minuten unter Rühren anbraten, bis das Hähnchen gar ist. Frühlingszwiebeln und Sauce einrühren und gründlich durchschwenken.
* Das Sesamöl einrühren und alles auf einer Servierplatte anrichten.

HERKUNFT: HONGKONG
ZUBEREITUNGSZEIT: 10 MINUTEN, ZZGL. 30 MINUTEN MARINIERZEIT
GARZEIT: 15 MINUTEN
PERSONEN: 4

南乳炸鸡
HÄHNCHEN MIT ROTER TOFUSAUCE

- 2 STÜCKE ROTER FERMENTIERTER TOFU
- 1 EL FLÜSSIGKEIT DES ROTEN FERMENTIERTEN TOFUS
- 10–12 HÄHNCHENOBERSCHENKEL, OHNE KNOCHEN, IN MUNDGERECHTE STÜCKE GESCHNITTEN
- 1 EL REISWEIN
- ½ TL SALZ
- ½ TL GEMAHLENER WEISSER PFEFFER
- 2 EL SPEISESTÄRKE
- 1 EIWEISS, GESCHLAGEN
- 150 G PANIERMEHL
- 1 L PFLANZENÖL
- GEDÄMPFTER REIS (SEITE 540) ZUM SERVIEREN

* Den Tofu in einer kleinen Schüssel zerdrücken, Tofuflüssigkeit hinzugeben und verrühren. Beiseitestellen.
* Das Hähnchenfleisch in eine große Schüssel geben, Tofusauce, Reiswein, Salz und weißen Pfeffer hinzufügen und 30 Minuten im Kühlschrank marinieren. Die Stärke unterrühren. Eiweiß hinzufügen und gut vermengen. Hähnchenstücke in Paniermehl wälzen und abschütteln.
* Das Öl in einem Wok oder einem hohen Topf auf 150 °C erhitzen oder bis ein Brotwürfel in 1½ Minuten braun wird. Das Hähnchen nach und nach hinzugeben und 3–4 Minuten frittieren, bis es goldbraun und gar ist. Die Hähnchenstücke mit einem Schaumlöffel in einen Durchschlag geben und abtropfen lassen.
* Das Öl wieder auf 150 °C erhitzen, das Hähnchen erneut hineingeben und 1–2 Minuten braten, bis es knusprig ist. Auf Küchenpapier abtropfen lassen und mit Reis servieren.

贵妃鸡翅
HÄHNCHENFLÜGEL IN WEINSAUCE

HERKUNFT: SICHUAN
ZUBEREITUNGSZEIT: 5 MINUTEN
GARZEIT: 40 MINUTEN
PERSONEN: 3–4

* Die Hähnchenflügel in einen Topf legen und vollständig mit Wasser bedecken. Auf starker Hitze zum Kochen bringen und 1 Minute blanchieren. Abtropfen lassen.
* Die Sichuan-Pfefferkörner zerstoßen und in ein Gewürzsäckchen füllen. Pflanzenöl auf mittlerer Hitze in einem Topf heiß werden lassen, Ingwer und Frühlingszwiebel hinzufügen und etwa 1 Minute unter Rühren braten, bis es duftet. Hähnchenflügel, Salz, Kandiszucker, Gewürzsäckchen, Rotwein und 250 ml Wasser hinzugeben und zum Kochen bringen. Die Hitze reduzieren und 30 Minuten ziehen lassen.
* Die Karotte hinzufügen und etwa 5 Minuten, oder bis die Sauce eindickt, ziehen lassen. Sesamöl und weißen Pfeffer hinzufügen, mit Salz abschmecken und Hähnchenflügel und Karotten auf einer Servierplatte anrichten.

- 12 HÄHNCHENFLÜGEL
- 1 TL SICHUAN-PFEFFERKÖRNER
- 1 EL PFLANZENÖL
- 5 G (CA. 1 CM) INGWER, IN SCHEIBEN GESCHNITTEN
- 1 FRÜHLINGSZWIEBEL, IN 5 CM LANGE STÜCKE GESCHNITTEN
- ½ TL SALZ, ZZGL. ETWAS MEHR ZUM ABSCHMECKEN
- 20 G KANDISZUCKER, ZERSTOSSEN
- 75 ML ROTWEIN
- 1 GROSSE KAROTTE, IN DÜNNE SCHEIBEN GESCHNITTEN
- 1 TL SESAMÖL
- 1 PRISE GEMAHLENER WEISSER PFEFFER

酥炸鸡软骨
FRITTIERTE HÄHNCHENKNORPEL

HERKUNFT: HONGKONG
ZUBEREITUNGSZEIT: 10 MINUTEN, ZZGL. 20 MINUTEN MARINIERZEIT
GARZEIT: 15 MINUTEN
PERSONEN: 4

Die Chinesen mögen die elastische, aber auch knusprige Konsistenz des Knorpels. Zudem wird geglaubt, er erneuere das Kollagen und lindere Arthritis-Symptome. Sie können ihn eventuell gefroren in asiatischen Supermärkten bekommen oder beim Metzger bestellen.

* Hähnchenknorpel, Sojasauce, Reiswein, Zucker, Salz und weißen Pfeffer in einer Schüssel vermengen und 20 Minuten im Kühlschrank marinieren. Die Stärke einrühren und das Eiweiß untermengen.
* Die Hähnchenknorpel in Paniermehl wälzen und abschütteln. Öl in einem Wok oder einem hohen Topf auf 170 °C erhitzen oder bis ein Brotwürfel in 45 Sekunden braun wird. Die Hähnchenknorpel nach und nach zugeben und 2–3 Minuten goldbraun frittieren. Die Hähnchenknorpel mit einem Schaumlöffel vorsichtig aus dem Öl nehmen und in einem Durchschlag abtropfen lassen.
* Das Öl erneut auf 170 °C erhitzen, die Knorpel wieder in den Wok geben und 1 Minute knusprig frittieren. Die Knorpel vorsichtig mit einem Schaumlöffel herausnehmen und auf Küchenpapier abtropfen lassen. Sofort zusammen mit kaltem Bier servieren.

- 500 G HÄHNCHENKNORPEL
- 1 EL HELLE SOJASAUCE
- 1 TL REISWEIN
- 1 TL ZUCKER
- ½ TL SALZ
- ½ TL GEMAHLENER WEISSER PFEFFER
- 1 EL SPEISESTÄRKE
- 1 EIWEISS, GESCHLAGEN
- 5 EL PANIERMEHL
- 750 ML PFLANZENÖL

HERKUNFT: HUNAN
ZUBEREITUNGSZEIT: 10 MINUTEN, ZZGL.
  30 MINUTEN MARINIERZEIT
GARZEIT: 10 MINUTEN
PERSONEN: 6
SEITE 267

左宗棠鸡
GENERAL-TSO-HÄHNCHEN

- 6 HÄHNCHENOBERSCHENKEL OHNE HAUT UND KNOCHEN, IN MUNDGERECHTE STÜCKE GESCHNITTEN
- 1 TL SALZ
- ½ EL HELLE SOJASAUCE
- 1 TL WEIN
- ½ TL ZUCKER
- 1 EI, GESCHLAGEN
- 4 EL WEIZENMEHL, TYPE 405
- 250 ML PFLANZENÖL
- 2 KNOBLAUCHZEHEN, IN SCHEIBEN GESCHNITTEN
- 4 ROTE CHILISCHOTEN, IN SCHEIBEN GESCHNITTEN
- ½ ZWIEBEL, IN STÜCKE GESCHNITTEN
- ½ GRÜNE PAPRIKASCHOTE, ENTKERNT UND IN STÜCKE GESCHNITTEN
- GEDÄMPFTER REIS (SEITE 540) ZUM SERVIEREN

FÜR DIE SÜSSSAURE SAUCE:
- 4 EL ROTER ESSIG
- 2 EL BRAUNER ZUCKER

General Tso Tsong-T'ang war ein berühmter General der Qing-Dynastie und bekannt für seine Vorliebe für scharf gewürzte Speisen. Dieses Gericht war aber die Kreation eines Restaurants in Taiwan. Der Name des Generals wurde nur verwendet, um die Schärfe des Gerichts zu verdeutlichen.

* Hähnchen, Salz und 4 Esslöffel Wasser in einer Schüssel vermengen und 15 Minuten marinieren. Überschüssiges Wasser abschütten. Sojasauce, Wein und Zucker zugeben und 15 Minuten beiseitestellen. Geschlagenes Ei und Mehl einrühren und gut vermengen.
* Die Zutaten für die Sauce in einer Schüssel vermengen. Beiseitestellen.
* Das Öl in einem Wok oder einem hohen Topf auf 150 °C erhitzen oder bis ein Brotwürfel in 1½ Minuten braun wird. Das Hähnchen nach und nach hinzugeben und 4–5 Minuten frittieren, bis es goldbraun, knusprig und gar ist. Aus dem Öl nehmen und auf Küchenpapier abtropfen lassen.
* Das Öl bis auf 1 Esslöffel Öl abgießen und auf mittlerer Hitze heiß werden lassen. Knoblauch und Chili hinzufügen und 1 Minute unter Rühren anbraten, bis es duftet. Zwiebeln und Paprikaschote einrühren.
* Die süßsaure Sauce hinzufügen und kurz erhitzen, bis sie eindickt. Das Hähnchen darin schwenken, bis es gut von der Sauce umhüllt ist. Mit Reis servieren.

HERKUNFT: ANHUI
ZUBEREITUNGSZEIT: 15 MINUTEN
GARZEIT: 5 MINUTEN
PERSONEN: 4

纸包鸡
KNUSPRIGE HÄHNCHENPAKETE

- 2 HÄHNCHENBRÜSTE, OHNE HAUT UND KNOCHEN, IN 16 SCHEIBEN GESCHNITTEN
- 1 FRÜHLINGSZWIEBEL, GEHACKT
- 1 TL GEHACKTER INGWER
- ½ TL SALZ
- 1 EL SHAOXING-REISWEIN
- 2 TL SESAMÖL
- 4 BLÄTTER REISPAPIER, IN 18 CM GROSSE QUADRATE GESCHNITTEN
- 50 G JINHUA- ODER SMITHFIELD-SCHINKEN, IN 8 SCHEIBEN GESCHNITTEN
- GEDÄMPFTER REIS (SEITE 540) ZUM SERVIEREN

* Hähnchen, Frühlingszwiebel, Ingwer, Salz, Reiswein und Sesamöl in einer großen Schüssel vermengen.
* 1 Reispapier auf ein Schneidbrett legen, 2 Hähnchenscheiben, mit 1 Scheibe Schinken dazwischen, darauflegen. Das Reispapier um Hähnchen und Schinken zu einem rechteckigen Päckchen falten. Das lose Ende in das Päckchen stecken. Aus dem restlichen Hähnchen, Schinken und Reispapier 7 weitere Päckchen falten.
* Das Öl in einem Wok oder einem hohen Topf auf 150 °C erhitzen oder bis ein Brotwürfel in 1½ Minuten braun wird. Die Päckchen nach und nach vorsichtig hineingeben und etwa 1 Minute frittieren, bis sie gar sind. Die Päckchen mit einem Schaumlöffel aus dem Öl nehmen und auf Küchenpapier abtropfen lassen. Auf eine Servierplatte geben und mit Reis servieren.

GENERAL-TSO-HÄHNCHEN

HERKUNFT: HAKKA
ZUBEREITUNGSZEIT: 10 MINUTEN,
ZZGL. 10 MINUTEN MARINIERZEIT
GARZEIT: 10 MINUTEN
PERSONEN: 4

沙葛鸡球
HÄHNCHEN MIT YAMBOHNE

- 600 G HÄHNCHENSTÜCKE (MIT KNOCHEN), IN 4 × 3 CM GROSSE STÜCKE GESCHNITTEN
- ½ TL DUNKLE SOJASAUCE
- ½ TL SALZ
- 2 JUJUBE-DATTELN, ENTKERNT UND HALBIERT
- 1 EL PFLANZENÖL
- 10 G (CA. 2 CM) INGWER, IN SCHEIBEN GESCHNITTEN
- ½ TL HELLE SOJASAUCE
- 3 EL KLEBREISWEIN
- 1 YAMBOHNENKNOLLE, GESCHÄLT UND IN 2,5 CM GROSSE STÜCKE GESCHNITTEN
- ½ TL BRAUNER ZUCKER
- ¼ TL WEISSER ESSIG
- GEDÄMPFTER REIS (SEITE 540) ZUM SERVIEREN

* Das Hähnchen in einen großen Topf legen und vollständig mit Wasser bedecken. Auf starker Hitze zum Kochen bringen und etwa 1 Minute blanchieren. Abtropfen lassen.
* Hähnchen, dunkle Sojasauce und Salz in einer großen Schüssel vermengen und 10 Minuten marinieren.
* Inzwischen die Jujube-Datteln mit kalten Wasser bedecken und mindestens 10 Minuten einweichen.
* Das Öl auf mittlerer Hitze in einem Wok oder einer großen Pfanne heiß werden lassen, Ingwer hinzufügen und 1 Minute unter Rühren braten, bis er hellbraun ist. Hähnchen und Jujube-Datteln hinzufügen und auf starker Hitze etwa 30 Sekunden unter Rühren anbraten. Helle Sojasauce und 2 Esslöffel Reiswein einrühren und 2 Minuten, oder bis das Hähnchen fast gar ist, sieden.
* Yambohne, braunen Zucker, Essig und den restlichen Esslöffel Wein hinzufügen. Das Hähnchen etwa 1–2 Minuten, oder bis es gar und die Sauce eingedickt ist, kurz anbraten.
* Auf eine Servierplatte geben und mit Reis servieren.

HERKUNFT: BEIJING
ZUBEREITUNGSZEIT: 5 MINUTEN,
ZZGL. 10 MINUTEN EINWEICHZEIT
GARZEIT: 5 MINUTEN
PERSONEN: 4

夜来香炒鸡丝
HÄHNCHEN MIT PAKALANA

- 4 HÄHNCHENBRÜSTE, OHNE HAUT UND KNOCHEN
- 100 G PAKALANA, ABGESPÜLT
- 1 TL SALZ
- 1 EL SHAOXING-REISWEIN
- 2 TL SPEISESTÄRKE
- 2 EL HÜHNERBRÜHE (SEITE 90)
- 1 TL ZUCKER
- 1 EL PFLANZENÖL
- 1 TL SESAMÖL
- GEDÄMPFTER REIS (SEITE 540) ZUM SERVIEREN

* Das Hähnchen 10 Minuten in einer Schüssel mit kaltem Wasser einweichen. Abtropfen lassen, in dünne Streifen schneiden und in eine Schüssel geben.
* Wasser in einem Topf auf starker Hitze zum Kochen bringen, die Pakalana zugeben und 30 Sekunden blanchieren. Abtropfen lassen und beiseitestellen.
* ½ Teelöffel Salz, Reiswein und 1 Teelöffel Stärke mit dem Hähnchen vermengen.
* Hühnerbrühe, Zucker, restlichen ½ Teelöffel Salz und Speisestärke in einer anderen Schüssel vermengen. Beiseitestellen.
* Das Pflanzenöl auf starker Hitze in einem Wok oder einer großen Pfanne heiß werden lassen, Hähnchen hinzufügen und 2 Minuten unter Rühren anbraten, bis es weiß ist. Pakalana und Hühnerbrühe-Mischung hinzugeben und 1 Minute unter Rühren braten, bis das Fleisch gar ist. Mit dem Sesamöl beträufeln und auf einer Servierplatte anrichten. Mit Reis servieren.

GEFLÜGEL

鸡里蹦
HÄHNCHEN MIT GARNELEN

HERKUNFT: HEBEI
ZUBEREITUNGSZEIT: 10 MINUTEN, ZZGL. 10 MINUTEN MARINIERZEIT
GARZEIT: 10 MINUTEN
PERSONEN: 4

* Hähnchen, ¼ Teelöffel Salz und ½ Esslöffel Reiswein in einer Schüssel vermengen und 10 Minuten marinieren. 1 Esslöffel Stärke mit 1 Esslöffel Wasser verrühren.
* Inzwischen Garnelen, den restlichen ¼ Teelöffel Salz, ½ Esslöffel Wein und weißen Pfeffer in einer weiteren Schüssel vermengen und 10 Minuten marinieren. 1 Esslöffel Stärke mit 1 Esslöffel Wasser verrühren.
* Sojasauce, weißen Essig, Zucker, restlichen ½ Esslöffel Stärke und 2 Esslöffel Wasser in einer kleinen Schüssel vermengen. Beiseitestellen.
* Das Öl in einem Wok oder einem hohen Topf auf 130 °C erhitzen. Das Hähnchen vorsichtig hineingeben und 2 Minuten frittieren, bis es fast gar ist. Vorsichtig mit einem Schaumlöffel herausnehmen und auf Küchenpapier abtropfen lassen.
* Das Öl erneut auf 130 °C erhitzen, die Garnelen vorsichtig hineingeben und 30 Sekunden frittieren. Auf Küchenpapier abtropfen lassen.
* Das Öl bis auf 2 Esslöffel abgießen und auf mittlerer Hitze heiß werden lassen. Die Sichuan-Pfefferkörner hinzufügen und 1 Minute unter Rühren anbraten, bis es duftet. Pfefferkörner entfernen, Ingwer und getrocknete Chilischoten in den Wok geben und unter Rühren anbraten, bis es duftet. Paprikaschoten hinzufügen, Hitze erhöhen, einige Male schwenken, Hähnchen und Garnelen einrühren.
* Die Sauce in der Schüssel schlagen, dann in den Wok geben und 2 Minuten anbraten, bis Hähnchen und Garnelen gar sind. Gehackte Frühlingszwiebel einrühren und auf einer Servierplatte anrichten. Mit Reis servieren.

- 4 HÄHNCHENOBERSCHENKEL, OHNE HAUT UND KNOCHEN, IN 2 CM GROSSE WÜRFEL GESCHNITTEN
- ½ TL SALZ
- 1 EL REISWEIN
- 2 ½ EL SPEISESTÄRKE
- 300 G ROHE GARNELEN, GESCHÄLT UND OHNE DARM
- 1 PRISE GEMAHLENER WEISSER PFEFFER
- 1 TL HELLE SOJASAUCE
- 1 EL WEISSER ESSIG
- 1 EL ZUCKER
- 250 ML PFLANZENÖL
- 1 EL SICHUAN-PFEFFERKÖRNER
- 5 G (CA. 1 CM) INGWER, IN SCHEIBEN GESCHNITTEN
- 4 GETROCKNETE CHILISCHOTEN
- 1 GRÜNE PAPRIKASCHOTE, ENTKERNT UND IN 2 CM GROSSE QUADRATE GESCHNITTEN
- 1 ROTE PAPRIKASCHOTE, ENTKERNT UND IN 2 CM GROSSE QUADRATE GESCHNITTEN
- 1 FRÜHLINGSZWIEBEL, GEHACKT, ZUM GARNIEREN
- GEDÄMPFTER REIS (SEITE 540) ZUM SERVIEREN

HERKUNFT: SICHUAN
ZUBEREITUNGSZEIT: 15 MINUTEN,
 ZZGL. 15 MINUTEN EINWEICHZEIT
GARZEIT: 15 MINUTEN
PERSONEN: 4
SEITE 271

宫保鸡丁
GONGBAO-HÄHNCHEN

- 6 HÄHNCHENOBERSCHENKEL, OHNE HAUT UND KNOCHEN, IN 2 CM GROSSE WÜRFEL GESCHNITTEN
- ½ TL SALZ
- 1 TL SPEISESTÄRKE
- 100 G ROHE ERDNUSSKERNE
- 1 TL PFLANZENÖL, ZZGL. ÖL ZUM FRITTIEREN
- 1 EL SICHUAN-PFEFFERKÖRNER
- 3 GETROCKNETE CHILISCHOTEN, HALBIERT
- 4 KNOBLAUCHZEHEN, IN SCHEIBEN GESCHNITTEN
- 10 G (CA. 2 CM) INGWER, IN SCHEIBEN GESCHNITTEN
- 1 EL CHILIÖL
- 1 EL CHILI-BOHNEN-PASTE
- 50 G BAMBUSSPROSSEN, IN 1 CM GROSSE WÜRFEL GESCHNITTEN
- 1 EL SHAOXING-REISWEIN
- 1 EL SCHWARZER REISESSIG ODER BALSAMICO-ESSIG
- 1 TL HELLE SOJASAUCE
- 1 TL ZUCKER
- 4 FRÜHLINGSZWIEBELN, NUR DIE HELLGRÜNEN TEILE, IN 5 MM LANGE STÜCKE GESCHNITTEN
- ½ TL SESAMÖL
- GEDÄMPFTER REIS (SEITE 540) ZUM SERVIEREN

* Hähnchen, Salz und 3 Esslöffel Wasser in einer Schüssel vermengen und 15 Minuten einweichen. Überschüssiges Wasser abtropfen lassen. Die Stärke zum Hähnchen geben und gut vermengen.
* Die Erdnüsse in einen Wok oder einen hohen Topf geben und mit Öl bedecken. Öl auf mittlerer Hitze heiß werden lassen und die Erdnüsse 3–4 Minuten frittieren, bis sie hellbraun und knusprig sind. Die Erdnüsse vorsichtig mit einem Schaumlöffel herausnehmen und auf Küchenpapier abtropfen lassen.
* Das Öl bis auf 2 Esslöffel abgießen und auf schwacher Hitze heiß werden lassen. Sichuan-Pfefferkörner hinzufügen und 1 Minute unter Rühren anbraten, bis es duftet. Die Pfefferkörner entfernen, getrocknete Chilischoten, Knoblauch, Ingwer, Chiliöl und Chili-Bohnen-Paste hinzufügen und 1 Minute unter Rühren anbraten, bis es duftet.
* 1 Teelöffel Pflanzenöl in die Schüssel geben und unter das Hähnchen rühren. Hähnchen, Bambussprossen und Reiswein in den Wok geben, Hitze erhöhen und etwa 3 Minuten unter Rühren anbraten, bis das Hähnchen fast gar ist. Essig, Sojasauce und Zucker einrühren, anschließend Frühlingszwiebeln und Sesamöl hinzufügen. Die Erdnüsse darüberstreuen und gut durchschwenken.
* Auf einer Servierplatte anrichten und mit Reis servieren.

GONGBAO-HÄHNCHEN

HERKUNFT: ANHUI
ZUBEREITUNGSZEIT: 15 MINUTEN,
  ZZGL. 35–40 MINUTEN TROCKENZEIT
GARZEIT: 2 STUNDEN 15 MINUTEN
PERSONEN: 4

符离集烧鸡
GESCHMORTES FULIJI-HÄHNCHEN

- 1 GANZES HÄHNCHEN (1,2 KG)
- 1 EL MALTOSESIRUP
- 475 ML PFLANZENÖL
- 4 EL SALZ
- 1 EL ZUCKER
- GEDÄMPFTER REIS (SEITE 540) ZUM SERVIEREN

FÜR DAS GEWÜRZSÄCKCHEN:
- 4 GEWÜRZNELKEN
- 2 STERNANISE
- 1 KAPSEL SCHWARZER KARDAMOM
- 1 GETROCKNETE MANDARINENSCHALE
- 20 G (CA. 2,5 CM) INGWER, IN SCHEIBEN GESCHNITTEN
- 1 TL SICHUAN-PFEFFERKÖRNER
- ½ TL GEWÜRZLILIENPULVER
- ½ TL GEMAHLENER KREUZKÜMMEL
- ½ TL GERIEBENE MUSKATNUSS

Die Heimat dieses berühmten Gerichts ist die Stadt Fuli in der Provinz Anhui. Archäologen legten hier einst eine Grabstätte und eine Urne mit der Aufschrift „Büro von Fuli" frei, die einen vollständigen Satz gut erhaltener Hühnerknochen enthielt. Sie werden auf 2000 Jahre geschätzt.

* Das Hähnchen 30 Minuten im Kühlschrank lufttrocknen lassen.
* Den Maltosesirup in einer kleinen Schüssel mit 2 Esslöffeln heißem Wasser vermengen und auf die Haut des Hähnchens streichen. 2–3 Minuten beiseitestellen. Eine weitere Schicht aufstreichen und 2–3 Minuten trocknen lassen.
* Das Öl in einem Wok oder einem hohen Topf auf 150 °C erhitzen. Hähnchen vorsichtig zugeben und 3–4 Minuten mit einem Schaumlöffel im heißen Öl hin und her rollen, bis die Haut goldbraun ist. Das Hähnchen aus dem Öl nehmen und in einem Durchschlag abtropfen lassen.
* Die Gewürze in ein Gewürzsäckchen füllen. Hähnchen, Salz und Zucker in einen großen Topf geben und vollständig mit Wasser bedecken. Auf starker Hitze aufkochen lassen und Gewürzsäckchen hinzufügen. Hitze reduzieren, Deckel aufsetzen und etwa 2 Stunden ziehen lassen, bis das Hähnchen gar und zart ist. Das Hähnchen (ohne die zu scharfe Brühe) auf einer Servierplatte anrichten und mit Reis servieren.

HERKUNFT: SHANDONG
ZUBEREITUNGSZEIT: 10 MINUTEN
GARZEIT: 25 MINUTEN
PERSONEN: 4

黄焖鸡块
HÄHNCHEN IN BOHNENSAUCE

- 2 EL PFLANZENÖL • 2 EL ZUCKER
- 2 EL SÜSSE BOHNENSAUCE
- 10 G (CA. 2 CM) INGWER, IN SCHEIBEN GESCHNITTEN
- 2 FRÜHLINGSZWIEBELN, IN 5 CM LANGE STÜCKE GESCHNITTEN
- 1 KG HÄHNCHENSCHENKEL, IN 3 × 4 CM GROSSE STÜCKE GESCHNITTEN
- 1 TL SALZ
- 250 ML HÜHNERBRÜHE (SEITE 90)
- 1 EL SHAOXING-REISWEIN
- 1 TL SESAMÖL
- GEDÄMPFTER REIS (SEITE 540) ZUM SERVIEREN

* Das Pflanzenöl in einem Topf auf schwacher Hitze heiß werden lassen, Zucker hinzufügen und 1–2 Minuten leicht sieden, bis der Zucker karamellisiert ist. Süße Bohnensauce, Ingwer und Frühlingszwiebeln hinzufügen und 1–2 Minuten unter Rühren anbraten, bis es duftet.
* Hähnchen, Salz und Hühnerbrühe in die Pfanne geben und zum Kochen bringen. Deckel aufsetzen, die Hitze reduzieren und 15 Minuten ziehen lassen.
* Den Reiswein hinzufügen, die Hitze erhöhen und etwa 5 Minuten, oder bis die Sauce angedickt und das Hähnchen gar ist, ziehen lassen. Sesamöl einrühren und alles auf einer Servierplatte anrichten. Mit Reis servieren.

捶烩鸡片
HÄHNCHEN MIT PILZEN UND BAMBUS

HERKUNFT: SHANDONG
ZUBEREITUNGSZEIT: 10 MINUTEN, ZZGL. 20 MINUTEN EINWEICHZEIT
GARZEIT: 10 MINUTEN
PERSONEN: 4

- 6 GETROCKNETE SHIITAKE
- 3 HÄHNCHENBRÜSTE, OHNE HAUT, IN 2 CM GROSSE UND 5 MM DICKE QUADRATE GESCHNITTEN
- 2 EL SPEISESTÄRKE
- 475 ML PFLANZENÖL
- 2 FRÜHLINGSZWIEBELN, IN 4 CM LANGE STÜCKE GESCHNITTEN
- 50 G IN SCHEIBEN GESCHNITTENE BAMBUSSPROSSEN, ABGETROPFT
- 1 EL REISWEIN
- 475 ML HÜHNERBRÜHE (SEITE 90)
- ½ TL SALZ
- ½ TL ZUCKER
- 50 G JINHUA- ODER SMITHFIELD-SCHINKEN, IN DÜNNE SCHEIBEN GESCHNITTEN
- ½ TL SESAMÖL
- GEDÄMPFTER REIS (SEITE 540) ZUM SERVIEREN

* Die Pilze in eine Schüssel geben, mit kalten Wasser bedecken und mindestens 20 Minuten einweichen. Die Köpfe schräg in Scheiben schneiden (sodass eine größere Oberfläche entsteht). Beiseitestellen.
* Das Hähnchen in eine Schüssel geben und mit 1½ Esslöffeln Stärke vermengen. Ein paar Hähnchenstücke auf Klarsichtfolie geben, einwickeln und mit einer Teigrolle bis auf Papierdicke (ca. 2 mm) platt schlagen. Den Vorgang mit den restlichen Stücken wiederholen.
* Das Öl in einem Wok oder einem hohen Topf auf mittlerer Hitze heiß werden lassen, die Hähnchenstücke hinzufügen und 30 Sekunden frittieren, bis sie gar sind. Das Hähnchen vorsichtig mit einem Schaumlöffel herausnehmen und auf Küchenpapier abtropfen lassen.
* Das Öl bis auf 2 Esslöffel abgießen und auf mittlerer Hitze heiß werden lassen. Die Frühlingszwiebeln hinzufügen und 2 Minuten unter Rühren anbraten, bis sie braun sind und es duftet. Die Frühlingszwiebeln mit einem Schaumlöffel herausnehmen und entfernen.
* Bambussprossen und Pilze in den Wok geben und 2 Minuten unter Rühren anbraten. Reiswein darüberträufeln, Hühnerbrühe, Salz, Zucker und Schinken hinzufügen und zum Kochen bringen. Das Hähnchen hinzugeben und erneut aufkochen lassen.
* Den restlichen ½ Esslöffel Stärke in einer kleinen Schüssel mit 2 Esslöffeln Wasser vermengen und in den Wok einrühren. Unter Rühren etwa 30 Sekunden aufkochen lassen, bis die Sauce eindickt. Das Sesamöl darüberträufeln, umrühren und alles auf einer Servierplatte anrichten. Mit Reis servieren.

HERKUNFT: YUNNAN
ZUBEREITUNGSZEIT: 5 MINUTEN,
  ZZGL. 30 MINUTEN MARINIERZEIT
GARZEIT: 25 MINUTEN
PERSONEN: 4
SEITE 275

酱汁鸡腿
HÄHNCHENKEULEN IN SAUCE

- 8 HÄHNCHENUNTERSCHENKEL
- 475 ML PFLANZENÖL
- 1 EL SÜSSE SOJABOHNENSAUCE
- 1 EL ZUCKER
- 1 EL HELLE SOJASAUCE
- 4 EL HÜHNERBRÜHE (SEITE 90)
- GEDÄMPFTER REIS (SEITE 540) ZUM SERVIEREN

FÜR DIE MARINADE:
- 1 EL INGWERSAFT
- 2 FRÜHLINGSZWIEBELN, IN 5 CM LANGE STÜCKE GESCHNITTEN
- ½ TL SALZ
- 1 TL HELLE SOJASAUCE
- 1 TL DUNKLE SOJASAUCE
- 1 EL REISWEIN
- 1 TL FÜNF-GEWÜRZE-PULVER

* Das Hähnchen und die Zutaten für die Marinade in einer großen Schüssel vermengen und 30 Minuten marinieren. Das Öl in einem Wok oder einem hohen Topf auf 150 °C erhitzen oder bis ein Brotwürfel in 1½ Minuten braun wird. Hähnchenunterschenkel sanft in das Öl gleiten lassen und 2–3 Minuten goldbraun frittieren. Mit einem Schaumlöffel vorsichtig aus dem Öl nehmen und auf Küchenpapier abtropfen lassen.
* Das Öl bis auf 1 Esslöffel abgießen und auf mittlerer Hitze heiß werden lassen. Süße Sojabohnensauce hinzufügen und 1 Minute unter Rühren anbraten, bis es duftet. Zucker, Sojasauce und Hühnerbrühe hinzufügen und zum Kochen bringen.
* Das Hähnchen in eine flache hitzebeständige Schale geben, die Sauce darübergießen und alles in einen Dämpfeinsatz oder Bambus-Dämpfkorb stellen und abgedeckt 15 Minuten, oder bis es gar ist, über kochendem Wasser dämpfen.
* Das Hähnchen aus dem Dampfeinsatz nehmen und die Sauce vorsichtig in den Wok tropfen lassen. Die Sauce auf mittlerer Hitze zum Eindicken auf die Hälfte einkochen lassen. Die Sauce über das Hähnchen träufeln und mit Reis servieren.

HÄHNCHENKEULEN IN SAUCE

HERKUNFT: TAIWAN
ZUBEREITUNGSZEIT: 10 MINUTEN
GARZEIT: 25 MINUTEN
PERSONEN: 2

三杯鸡
HÄHNCHEN MIT SESAMÖL, SOJASAUCE UND WEIN

- 450 G HÄHNCHENUNTERSCHENKEL, IN 2 CM GROSSE STÜCKE GESCHNITTEN
- 2 EL SESAMÖL
- 50 G (CA. 7,5 CM) INGWER, IN DÜNNE SCHEIBEN GESCHNITTEN
- 6 KNOBLAUCHZEHEN, GESCHÄLT
- 1 EL ZUCKER
- 1 ROTE CHILISCHOTE, ENTKERNT
- 2 EL HELLE SOJASAUCE
- 2 EL REISWEIN
- 50 G BASILIKUMBLÄTTER
- GEDÄMPFTER REIS (SEITE 540) ZUM SERVIEREN

* Die Hähnchenunterschenkel in einen Topf geben und vollständig mit Wasser bedecken. Aufkochen lassen und 2 Minuten blanchieren. Abtropfen lassen und unter kaltem Wasser abspülen.
* Öl auf mittlerer Hitze in einem Schmortopf heiß werden lassen, Ingwer hinzufügen und 1 Minute goldbraun braten. Den Knoblauch hinzugeben und weitere 30 Sekunden braten. Das Hähnchen hinzufügen und 2 Minuten unter Rühren leicht braun anbraten. Zucker hinzufügen und weitere 2–3 Minuten karamellbraun garen. Chilischote, Sojasauce und Wein hinzufügen und gut vermengen. Aufkochen lassen, die Hitze reduzieren und 10 Minuten, oder bis die Sauce eingedickt und das Hähnchen gar ist, mit Deckel ziehen lassen.
* Die Basilikumblätter hinzufügen, Deckel aufsetzen, Herd ausschalten und 1 Minute stehen lassen, bis die Blätter leicht welk sind. Im Schmortopf und mit Reis servieren.

HERKUNFT: SICHUAN
ZUBEREITUNGSZEIT: 10 MINUTEN, ZZGL. 30 MINUTEN MARINIERZEIT
GARZEIT: 25 MINUTEN
PERSONEN: 4–6

热窝姜汁鸡
HÄHNCHEN-INGWER-SCHMORTOPF

- 1 GANZES HÄHNCHEN (1 KG)
- 1 EL SALZ
- 1 EL REISWEIN
- 2 EL PFLANZENÖL
- 100 G GEHACKTER INGWER
- 3 FRÜHLINGSZWIEBELN, IN 4 CM LANGE STÜCKE GESCHNITTEN
- 3 SCHALOTTEN, GEVIERTELT
- 1 TL ZUCKER
- 1 EL SPEISESTÄRKE
- 2 EL SCHWARZER REISESSIG ODER BALSAMICO-ESSIG
- 1 TL SESAMÖL

* Das Hähnchen in eine große hitzebeständige Schüssel geben, mit Salz und Wein einreiben und 30 Minuten im Kühlschrank marinieren.
* Die Schüssel mit dem Hähnchen in einen Dämpfeinsatz oder Bambus-Dämpfkorb stellen und abgedeckt 15 Minuten über kochendem Wasser dämpfen. Das Hähnchen vorsichtig auf eine Platte legen und zum Abkühlen beiseitestellen. Kochflüssigkeit in einer Schüssel aufbewahren.
* Das lauwarme Hähnchen in 2 × 4 cm große Stücke schneiden. (Das Hähnchen ist jetzt nur halb gar, es kann noch etwas rosa sein.)
* Das Öl auf mittlerer Hitze im Schmortopf heiß werden lassen. Ingwer hinzufügen und 1 Minute unter Rühren anbraten, bis es duftet, dann Frühlingszwiebeln und Schalotten hinzugeben. Die Hitze erhöhen, Hähnchen und Zucker hinzufügen und 3–4 Minuten unter Rühren braten, bis es gar ist.
* Die Stärke in einer kleinen Schüssel mit 3 Esslöffeln Kochflüssigkeit vermengen und in den Schmortopf einrühren. Unter Rühren etwa 30 Sekunden aufkochen lassen, damit die Sauce eindickt. Essig und Sesamöl hinzufügen und weitere 20 Sekunden aufkochen lassen. Im Schmortopf servieren.

司马怀府鸡
HÄHNCHEN MIT CHINESISCHER YAMSWURZEL

HERKUNFT: HENAN
ZUBEREITUNGSZEIT: 15 MINUTEN, ZZGL. 10 MINUTEN MARINIERZEIT
GARZEIT: 25 MINUTEN
PERSONEN: 4–6

* Hähnchenstücke, Salz und Pfeffer in einer großen Schüssel vermengen und 10 Minuten marinieren. Die Stärke hinzufügen und gut vermengen.
* Das Pflanzenöl in einem Wok oder einem hohen Topf auf 180 °C erhitzen oder bis ein Brotwürfel in 30 Sekunden braun wird. Das Hähnchen sanft in das heiße Öl gleiten lassen und 3–4 Minuten frittieren, bis es hellbraun und halb gar ist. Das Hähnchen vorsichtig mit einem Schaumlöffel in eine hitzebeständige Schüssel geben.
* Die Yamswurzel abtropfen lassen und mit Küchenpapier trocken tupfen. Das Öl erneut auf 180 °C erhitzen und die Yamswurzel 4–5 Minuten goldbraun frittieren. Die Yamswurzel vorsichtig mit einem Schaumlöffel in die Schüssel mit dem Hähnchen geben.
* Sojasaucen, Zucker, Reiswein, Sternanise, Ingwer, Frühlingszwiebeln und Hühnerbrühe in einer zweiten Schüssel vermengen und über die Yamswurzel und das Hähnchen gießen.
* Die Schüssel mit Yamswurzel und Hähnchen in einen Dämpfeinsatz oder Bambus-Dämpfkorb stellen und mit Deckel 12 Minuten, oder bis beides gar ist, über kochendem Wasser dämpfen.
* Die Sauce vorsichtig aus der Schüssel in einen Wok oder eine Pfanne gießen und auf starker Hitze zum Kochen bringen. Unter Kochen auf zwei Drittel einkochen lassen. Das Sesamöl einrühren und die Sauce über das Gericht gießen. Mit Reis servieren.

- 1 KG HÄHNCHENSTÜCKE, MIT KNOCHEN, IN 2,5 × 5 CM GROSSE STÜCKE GESCHNITTEN
- 1 TL SALZ
- ¼ TL GEMAHLENER WEISSER PFEFFER
- 1 EL SPEISESTÄRKE
- 475 ML PFLANZENÖL
- 1 ½ CHINESISCHE YAMSWURZELN (CA. 600 G), GESCHÄLT, IN KLEINE STÜCKE GESCHNITTEN UND IN EISKALTEM WASSER EINGEWEICHT
- 2 TL HELLE SOJASAUCE
- 1 TL DUNKLE SOJASAUCE
- ½ TL ZUCKER
- 1 TL REISWEIN
- 2 STERNANISE
- 10 G (CA. 2 CM) INGWER, IN SCHEIBEN GESCHNITTEN
- 3 FRÜHLINGSZWIEBELN, IN 4 CM LANGE STÜCKE GESCHNITTEN
- 120 ML HÜHNERBRÜHE (SEITE 90)
- 1 TL SESAMÖL
- GEDÄMPFTER REIS (SEITE 540) ZUM SERVIEREN

HERKUNFT: GUANGDONG
ZUBEREITUNGSZEIT: 15 MINUTEN,
  ZZGL. 20 MINUTEN EINWEICHZEIT
GARZEIT: 45 MINUTEN
PERSONEN: 4
SEITE 279

栗子焖鸡
HÄHNCHEN MIT ESSKASTANIEN

- 15 GESCHÄLTE ESSKASTANIEN
- 4 GETROCKNETE SHIITAKE
- 120 ML PFLANZENÖL, ZZGL. 2 ½ EL
- 700 G HÄHNCHENSTÜCKE (MIT KNOCHEN), IN STÜCKE GESCHNITTEN
- ½ TL SALZ
- ¼ TL GEMAHLENER WEISSER PFEFFER
- 1 EL SHAOXING-REISWEIN
- 1 EL SPEISESTÄRKE
- 3 SCHALOTTEN, GEVIERTELT
- 2 KNOBLAUCHZEHEN, IN SCHEIBEN GESCHNITTEN
- 5 G (CA. 1 CM) INGWER, IN SCHEIBEN GESCHNITTEN
- 1 TL ZUCKER
- 1 EL HELLE SOJASAUCE
- 1 EL AUSTERNSAUCE
- 3 FRÜHLINGSZWIEBELN, IN 6 CM LANGE STÜCKE GESCHNITTEN
- ½ TL SESAMÖL

* Die Esskastanien auf eine hitzebeständige Platte geben und in einen Dämpfeinsatz oder Bambus-Dämpfkorb stellen und abgedeckt 15 Minuten über kochendem Wasser dämpfen. Beiseitestellen.
* Die Pilze in eine Schüssel geben, mit kalten Wasser bedecken und mindestens 20 Minuten einweichen. Abtropfen lassen, wieder in die Schüssel geben und ½ Esslöffel Pflanzenöl zugeben. Gut vermengen.
* Hähnchen, Salz, weißen Pfeffer, Wein und Speisestärke in einer Schüssel vermengen. 15 Minuten marinieren. 120 ml Öl in einem Wok auf 150 °C erhitzen oder bis ein Brotwürfel in 1½ Minuten braun wird. Die Hähnchenstücke hinzufügen und 3–4 Minuten hellbraun anbraten. Das Hähnchen auf einen mit Küchenpapier ausgelegten Teller legen.
* Die restlichen 2 Esslöffel Öl in einem Schmortopf erhitzen, Schalotten, Knoblauch, Ingwer und Pilze hinzufügen und auf starker Hitze 2 Minuten unter Rühren anbraten, bis es duftet. Hähnchen, Esskastanien, Zucker, Soja- und Austernsauce, Frühlingszwiebeln und 120 ml Wasser hinzufügen und zum Kochen bringen. Die Hitze etwas reduzieren und 20 Minuten abgedeckt schmoren lassen. Das Sesamöl einrühren und im Schmortopf servieren.

HERKUNFT: YUNNAN
ZUBEREITUNGSZEIT: 10 MINUTEN,
  ZZGL. 15 MINUTEN MARINIERZEIT
GARZEIT: 30 MINUTEN
PERSONEN: 4–6

番木瓜焖鸡
HÄHNCHEN MIT PAPAYA

- 1,2 KG HÄHNCHENSTÜCKE, MIT KNOCHEN
- 1 EL SALZ
- 2 EL BAIJIU ODER WODKA
- 1 EL SPEISESTÄRKE
- 2 EL PFLANZENÖL
- 10 G (CA. 2 CM) INGWER, IN SCHEIBEN GESCHNITTEN
- 1 FRÜHLINGSZWIEBEL, IN 4 CM LANGE STÜCKE GESCHNITTEN
- 1 PAPAYA, GESCHÄLT, ENTKERNT UND IN STÜCKE GESCHNITTEN
- 2 EL ZUCKER
- GEDÄMPFTER REIS (SEITE 540) ZUM SERVIEREN

* Das Hähnchen in eine große Schüssel geben und mit Salz, 1 Esslöffel Baijiu und Stärke einreiben. 15 Minuten marinieren.
* Das Öl auf mittlerer Hitze in einem Wok oder einem großen Topf heiß werden lassen, Ingwer und Frühlingszwiebel hinzufügen und 1 Minute unter Rühren anbraten, bis es duftet. Die Hitze erhöhen, das Hähnchen hinzufügen und 4–5 Minuten garen. Papaya, Zucker und restlichen Esslöffel Baijiu hinzufügen und Hähnchen mit Wasser bedecken. Aufkochen lassen, die Hitze etwas reduzieren und 20 Minuten, oder bis das Hähnchen gar ist, abgedeckt ziehen lassen. In eine Servierschüssel geben und mit Reis servieren.

HÄHNCHEN MIT ESSKASTANIEN

HERKUNFT: XINJIANG
ZUBEREITUNGSZEIT: 10 MINUTEN
GARZEIT: 25 MINUTEN
PERSONEN: 4

大盘鸡
HÄHNCHEN XINJIANG

- 700 G HÄHNCHENBRUST UND -SCHENKEL, IN 2 × 4 CM GROSSE STÜCKE GESCHNITTEN
- 1 STERNANISFRUCHT
- 1 TL SICHUAN-PFEFFERKÖRNER
- ½ KLEINE ZIMTSTANGE
- 2 EL PFLANZENÖL
- 1 EL ZUCKER
- 1 EL PIXIAN-CHILI-BOHNEN-PASTE
- 4 GETROCKNETE CHILISCHOTEN, HALBIERT
- 2 ROTE CHILISCHOTEN, HALBIERT
- 5 G (CA. 1 CM) INGWER, IN SCHEIBEN GESCHNITTEN
- 2 KNOBLAUCHZEHEN, IN SCHEIBEN GESCHNITTEN
- ½ TL SALZ
- 1 EL HELLE SOJASAUCE
- 1 EL REISWEIN
- 2 KARTOFFELN, IN 2 CM GROSSE WÜRFEL GESCHNITTEN
- 3 KAROTTEN, IN 2 CM GROSSE WÜRFEL GESCHNITTEN
- 1 ROTE PAPRIKASCHOTE, ENTKERNT UND IN 2 CM GROSSE QUADRATE GESCHNITTEN
- GEKOCHTE WEIZENNUDELN ZUM SERVIEREN

* Die Hähnchenstücke in einen großen Topf geben und vollständig mit Wasser bedecken. Auf starker Hitze aufkochen lassen und 1 Minute blanchieren. Abtropfen lassen und unter kaltem Wasser abspülen. Erneut abtropfen lassen.
* Sternanise, Sichuan-Pfefferkörner und Zimtstange in ein Gewürzsäckchen geben.
* Das Öl auf schwacher Hitze in einem Wok oder einer großen Pfanne heiß werden lassen, Zucker hinzufügen und 1–2 Minuten rühren, bis der Zucker karamellisiert ist.
* Die Hähnchenstücke zugeben und rühren, bis sie ganz von Karamell umhüllt sind. Pixian-Chili-Bohnen-Paste, getrocknete und frische Chilischoten, Ingwer und Knoblauch hinzufügen und auf mittlerer Hitze 1 Minute unter Rühren anbraten, bis es duftet. Salz, Sojasauce, Wein und Gewürzsäckchen hinzufügen und Hähnchen vollständig mit Wasser bedecken. Zum Kochen bringen.
* Kartoffeln und Karotten zugeben, Deckel aufsetzen, Hitze reduzieren und etwa 15 Minuten ziehen lassen, bis das Hähnchen gar und das Gemüse weich ist. Um ein Ansetzen zu vermeiden, häufig umrühren und, falls erforderlich, Wasser hinzufügen.
* Die Paprikaschote hinzufügen, das Gewürzsäckchen entfernen und umrühren. Auf starker Hitze kochen, bis die Sauce auf 120 ml eingekocht ist.
* Auf einer Servierplatte anrichten und mit den gekochten Nudeln servieren.

鲍鱼鸡煲
HÄHNCHEN-ABALONEN-SCHMORTOPF

HERKUNFT: HONGKONG
ZUBEREITUNGSZEIT: 15 MINUTEN, ZZGL. 20 MINUTEN EINWEICHZEIT
GARZEIT: 20 MINUTEN
PERSONEN: 4

- 4 GETROCKNETE SHIITAKE
- 300 G HÄHNCHENSTÜCKE, MIT KNOCHEN (BRUST UND SCHENKEL)
- ½ TL SALZ
- 2 TL ZUCKER
- 2 EL SPEISESTÄRKE
- 8 FRISCHE ABALONEN
- 2 EL PFLANZENÖL
- 10 SCHALOTTEN, GESCHÄLT
- 50 G (CA. 7,5 CM) INGWER, IN SCHEIBEN GESCHNITTEN
- 2 EL SHAOXING-REISWEIN
- 1 TL HELLE SOJASAUCE
- 1 EL AUSTERNSAUCE
- ½ ROTE PAPRIKASCHOTE, ENTKERNT UND IN STÜCKE GESCHNITTEN
- 3 FRÜHLINGSZWIEBELN, NUR DIE HELLGRÜNEN TEILE, IN STÜCKE GESCHNITTEN
- KORIANDER, GEHACKT, ZUM GARNIEREN
- GEDÄMPFTER REIS (SEITE 540) ZUM SERVIEREN

* Die Pilze in eine Schüssel geben, mit kalten Wasser bedecken und mindestens 20 Minuten einweichen, bis sie weich sind. Beiseitestellen.
* Inzwischen das Hähnchen in eine Schüssel geben und mit Salz und 1 Teelöffel Zucker einreiben. 10 Minuten marinieren. 1 Esslöffel Stärke darunterrühren.
* Wasser in einem großen Topf auf starker Hitze zum Kochen bringen und Abalonen hinzufügen. Nach 1 Minute zügig herausnehmen, abtropfen lassen und unter kaltem Wasser abspülen.
* Das Fleisch der Abalonen mit einem kleinen Messer aus den Gehäusen schneiden und die inneren Organe entfernen. Zum Reinigen die Füße (flache Seite) der Abalonen leicht mit einem Messer abschaben und die Seiten abbürsten. Gründlich abspülen. Die Füße diagonal rautenförmig einschneiden.
* Die Abalonen mit dem restlichen Esslöffel Stärke bestäuben. Das Öl im Schmortopf auf mittlerer Hitze heiß werden lassen und die Abalonen hinzufügen. Eine Seite in 1 Minute hellbraun braten. Umdrehen und 1 weitere Minuten braten. Die Abalonen auf eine Platte geben und beiseitestellen.
* Schalotten und Ingwer in den Schmortopf geben und 1 Minute unter Rühren anbraten, bis es duftet. Das Hähnchen hinzufügen und 2–3 Min unter Rühren goldbraun anbraten. Reiswein darüberträufeln und Pilze, Soja- und Austernsauce und restlichen Teelöffel Zucker einrühren. 120 ml Wasser zugießen und auf starker Hitze aufkochen, dann 2–3 Minuten offen kochen, damit die Sauce einkocht und eindickt. Abalonen, Paprikaschote und Frühlingszwiebeln hinzufügen und gut durchschwenken. Auf schwacher Hitze mit Deckel 2–3 Minuten, oder bis die Hähnchenstücke gar sind, ziehen lassen.
* Mit dem Koriander garnieren und mit Reis servieren.

HERKUNFT: HONGKONG
ZUBEREITUNGSZEIT: 10 MINUTEN,
 ZZGL. 1½ STUNDEN TROCKENZEIT
GARZEIT: 1 STUNDE
PERSONEN: 4
SEITE 283

豉油鸡
SOJASAUCEN-HÄHNCHEN

- 1 GANZE POULARDE (1,5 KG)
- 1 EL DUNKLE SOJASAUCE
- 475 ML PFLANZENÖL
- 120 ML HELLE SOJASAUCE
- 120 G KANDISZUCKER
- 2 STERNANISE
- 20 G (CA. 2,5 CM) INGWER, IN SCHEIBEN GESCHNITTEN
- GEDÄMPFTER REIS (SEITE 540) ZUM SERVIEREN

* Die Poularde 30 Minuten im Kühlschrank lufttrocknen lassen. Die Poularde überall mit dunkler Sojasauce einreiben und 1 weitere Stunde lufttrocknen lassen.
* Das Öl in einem Wok oder einem hohen Topf auf 150 °C erhitzen oder bis ein Brotwürfel in 1½ Minuten braun wird. Die Poularde vorsichtig hineingeben und 3–4 Minuten mit einem Schaumlöffel im heißen Öl hin und her rollen, bis die Haut goldbraun ist. Die Poularde vorsichtig aus dem Öl nehmen und in einem Durchschlag abtropfen lassen.
* Das Öl bis auf 2 Esslöffel abgießen. Helle Sojasauce, Kandiszucker, Sternanis, Ingwer und 750 ml Wasser hinzufügen. Auf starker Hitze zum Kochen bringen, die Hitze reduzieren und ziehen lassen. Die Poularde mit der Brust nach unten in den Wok geben, 18 Minuten garen und dabei mit Sauce begießen. Poularde drehen, weitere 18 Minuten garen und ab und zu begießen. Die Poularde wieder mit der Brust nach unten drehen, weitere 5 Minuten fertig garen.
* Die Poularde vorsichtig in einen Durchschlag geben und abkühlen lassen. In Stücke schneiden.
* Die Sauce im Wok auf starker Hitze heiß werden lassen und 3–4 Minuten kochen, bis die Sauce auf 120 ml eingekocht ist. Die Sauce über das Hähnchen gießen und mit Reis servieren.

HERKUNFT: YUNNAN
ZUBEREITUNGSZEIT: 15 MINUTEN
GARZEIT: 2 STUNDEN 15 MINUTEN
PERSONEN: 4

椰子砂锅鸡
DAI-HÄHNCHEN MIT KOKOS

- 50 G YUNNAN- ODER ANDERER PÖKELSCHINKEN
- 1 GANZES HÄHNCHEN (1,2 KG), MIT SCHMETTERLINGSSCHNITT
- 1 REIFE KOKOSNUSS
- 5 G (CA. 1 CM) INGWER, IN SCHEIBEN GESCHNITTEN
- 1 TL SALZ
- GEDÄMPFTER REIS (SEITE 540) ZUM SERVIEREN

* Den Schinken in einen Dämpfeinsatz oder Bambus-Dämpfkorb geben und abgedeckt 5 Minuten über kochendem Wasser dämpfen. Herausnehmen und abkühlen lassen. Den abgekühlten Schinken in Scheiben schneiden und beiseitestellen.
* Das Hähnchen mit der Haut nach oben im Schmortopf verteilen. Die Kokosnuss öffnen und das Kokoswasser in den Schmortopf gießen. Das Fruchtfleisch in kleine Stücke schneiden und zum Hähnchen geben. Schinken und Ingwer darüberstreuen und mit Wasser bedecken. Salzen.
* Deckel aufsetzen und auf starker Hitze zum Kochen bringen. Den Schaum von der Oberfläche abschöpfen und die Hitze reduzieren. 2 Stunden ziehen lassen. Im Schmortopf und mit Reis servieren.

SOJASAUCEN-HÄHNCHEN

HERKUNFT: HONGKONG
ZUBEREITUNGSZEIT: 15 MINUTEN,
ZZGL. 30 MINUTEN EINWEICH-
UND 15 MINUTEN MARINIERZEIT
GARZEIT: 25 MINUTEN
PERSONEN: 4

啫啫猪肝滑鸡煲
HÄHNCHEN-LEBER-SCHMORTOPF

- 150 G SCHWEINELEBER, IN 5 MM DICKE STÜCKE GESCHNITTEN
- 1 TL WEISSER ESSIG
- 4 GETROCKNETE SHIITAKE
- 1½ TL HELLE SOJASAUCE
- 2 TL SPEISESTÄRKE
- 5 TL PFLANZENÖL
- 500 G HÄHNCHENSTÜCKE MIT KNOCHEN, IN 5 × 2,5 CM GROSSE STÜCKE GESCHNITTEN
- ½ TL SALZ
- 1 TL ZUCKER
- 2 EL REISWEIN
- 50 G 7,5 CM GROSSES STÜCK FRISCHER INGWER (CA.), IN SCHEIBEN GESCHNITTEN
- 6 SCHALOTTEN, GESCHÄLT
- 4 KNOBLAUCHZEHEN, ZERDRÜCKT
- 1 EL BOHNENPASTE
- 1 GROSSE KAROTTE, IN SCHEIBEN GESCHNITTEN
- 3 FRÜHLINGSZWIEBELN, IN 5 CM LANGE STÜCKE GESCHNITTEN
- GEDÄMPFTER REIS (SEITE 540) ZUM SERVIEREN

* Schweineleber, Essig und 475 ml Wasser in einer großen Schüssel vermengen und 30 Minuten einweichen. Um den Geruch von Essig zu entfernen, unter kaltem Wasser abspülen und abtropfen lassen.
* Inzwischen die Pilze in eine Schüssel geben, mit kaltem Wasser bedecken und mindestens 20 Minuten einweichen.
* Pilze, ½ Teelöffel Sojasauce, ½ Teelöffel Stärke und 1 Teelöffel Öl in eine kleine hitzebeständige Schüssel geben und gut vermengen. Die Schüssel in einen Dämpfeinsatz oder Bambus-Dämpfkorb stellen und abgedeckt 10 Minuten über kochendem Wasser dämpfen. Etwas abkühlen lassen, danach die Pilze halbieren.
* Hähnchenstücke, Salz, Zucker, ½ Esslöffel Reiswein und den restlichen Teelöffel Sojasauce vermengen. Die restlichen 1½ Teelöffel Stärke einrühren und 15 Minuten marinieren.
* 2 Teelöffel Öl unter das Hähnchen mengen. 1 Esslöffel Öl in einem Schmortopf erhitzen, die Hähnchenstücke hinzufügen und auf starker Hitze etwa 4 Minuten unter Rühren goldbraun anbraten. Das Hähnchen herausnehmen und beiseitestellen.
* Den restlichen Esslöffel Öl in den Schmortopf geben. Auf mittlerer Hitze heiß werden lassen, Ingwer, Schalotten und Knoblauch hinzufügen und 1 Minute unter Rühren anbraten, bis es duftet. Bohnenpaste, Karottenscheiben und Pilze zugeben und gut vermengen.
* Die Hitze erhöhen, die Schweineleber hinzufügen und 1 Minute unter Rühren anbraten. Restliche 1½ Esslöffel Reiswein darüberträufeln und die Hähnchenstücke hinzufügen. Gut verrühren. Mit Deckel etwa 3 Minuten garen, dann die Frühlingszwiebeln hinzugeben. Deckel erneut aufsetzen, den Herd ausschalten und 1 weitere Minute stehen lassen. Mit Reis servieren.

鸡豆花
HÄHNCHEN „TOFU"

HERKUNFT: SICHUAN
ZUBEREITUNGSZEIT: 20 MINUTEN, ZZGL. 15 MINUTEN EINWEICHZEIT
GARZEIT: 45 MINUTEN
PERSONEN: 4

Dieses klassische Gericht aus der Provinz Sichuan ist eine leichte und überzeugende Zugabe für jedes Familienessen. Nach dem Kochen sieht das Hähnchen aus wie Tofu – dazu wird es in einer heißen, aber nicht kochenden Brühe gegart.

- 1 GANZES HÄHNCHEN (1 KG)
- ½ TL SALZ
- 10 G (CA. 2 CM) INGWER, IN SCHEIBEN GESCHNITTEN
- 2 EL SPEISESTÄRKE
- 2 EIWEISS

* Die Haut des Hähnchens entfernen. Die Hähnchenbrust filetieren, alle Häute und Sehnen entfernen und beiseitestellen.
* Die Hähnchenbrust 15 Minuten in einer Schüssel mit kaltem Wasser einweichen. Abtropfen lassen, in dünne Scheiben schneiden und mit einem Messerrücken immer wieder daraufschlagen, bis es eine breiige Konsistenz hat. Die Paste in eine Schüssel geben und ¼ Teelöffel Salz zugeben.
* Inzwischen den Rumpf und die restlichen Teile des Hähnchens in einen großen Topf geben, den Ingwer und 1 Liter Wasser hinzufügen und auf starker Hitze zum Kochen bringen. Die Hitze reduzieren und 30 Minuten garen, oder bis 475 ml Hühnerbrühe übrig sind. Ein Seihtuch in ein Sieb legen und die Brühe durch das Sieb in eine Schüssel gießen. Mit dem restlichen ¼ Teelöffel salzen und beiseitestellen.
* Die Stärke in einer kleinen Schüssel mit 4 Esslöffeln Wasser vermengen. Diese Mischung mit Stäbchen nach und nach in einer Richtung in die Hähnchenpaste rühren. Weitere 4 Esslöffel Wasser hinzufügen und zu einem dünnflüssigen Hähnchenbrei verrühren.
* Die Eiweiße schaumig schlagen und nach und nach in eine Richtung unter den Brei rühren, bis alles vollständig vermengt ist.
* Die Hühnerbrühe in einem Topf auf mittlerer bis starker Hitze heiß werden, aber nicht kochen lassen. Den Hähnchenbrei esslöffelweise hinzugeben. Auf schwacher Hitze mit Deckel 2 Minuten gar ziehen lassen. In eine Suppenschüssel geben.

HERKUNFT: NORDOSTEN
ZUBEREITUNGSZEIT: 10 MINUTEN,
ZZGL. 20 MINUTEN EINWEICHZEIT
GARZEIT: 40 MINUTEN
PERSONEN: 4–6
SEITE 287

小鸡炖蘑菇
GESCHMORTES HÄHNCHEN MIT PILZEN

- 75 G GETROCKNETE HELL- ODER DUNKELBRAUNE SHIITAKE
- 1 KG HÄHNCHENBRUST UND -UNTERSCHENKEL, MIT KNOCHEN
- 2 EL PFLANZENÖL
- 2 FRÜHLINGSZWIEBELN, IN 4 CM LANGE STÜCKE GESCHNITTEN
- 10 G (CA. 2 CM) INGWER, IN SCHEIBEN GESCHNITTEN
- 1 GETROCKNETE ROTE CHILISCHOTE, LÄNGS HALBIERT
- 1 EL REISWEIN
- 2 STERNANISE
- 1 EL HELLE SOJASAUCE
- 1 TL SALZ, ZZGL. ETWAS MEHR ZUM ABSCHMECKEN
- 1 TL ZUCKER
- GEDÄMPFTER REIS (SEITE 540) ZUM SERVIEREN

Im Nordosten Chinas ist es die meiste Zeit im Jahr kalt, mit Temperaturen von bis zu −40 °C. Deshalb sind in Privathaushalten und Restaurants häufig Schmorgerichte mit schmackhaften Saucen zu finden. In diesen Gerichten werden insbesondere die reichlich vorhandenen wilden Pilze dieser bewaldeten Region genutzt.

* Die Pilze abspülen, in eine kleine Schüssel mit Wasser geben und 20 Minuten einweichen. Die Pilze herausnehmen, Wasser ausdrücken und die Stiele entfernen. Halbieren. Die Einweichflüssigkeit durch ein Sieb in eine Schüssel gießen. Flüssigkeit und Pilze getrennt aufbewahren.

* Die Hähnchenstücke in einen großen Topf geben und vollständig mit Wasser bedecken. Auf starker Hitze zum Kochen bringen und 2 Minuten blanchieren. Abtropfen lassen und unter kaltem Wasser abspülen.

* Das Öl auf starker Hitze in einem Wok oder einer großen Pfanne heiß werden lassen, Frühlingszwiebeln, Ingwer und Chilischote hinzufügen und 1 Minute unter Rühren anbraten, bis es duftet. Das Hähnchen hinzufügen und 1 weitere Minuten unter Rühren anbraten. Reiswein darüberträufeln, Sternanise, Sojasauce, Salz, Zucker und Pilze sowie die Einweichflüssigkeit zugeben. Hähnchen mit Wasser bedecken und zum Kochen bringen. Die Hitze reduzieren und mit Deckel 30 Minuten ziehen lassen. Salzen, in eine Servierschüssel geben und mit Reis servieren.

GESCHMORTES HÄHNCHEN MIT PILZEN

HERKUNFT: HONGKONG
ZUBEREITUNGSZEIT: 10 MINUTEN,
ZZGL. 1 STUNDE TROCKENZEIT
GARZEIT: 30 MINUTEN
PERSONEN: 4

瓦罐葱油鸡
HÄHNCHEN MIT FRÜHLINGSZWIEBELN

- 1 GANZES HÄHNCHEN (1,2 KG)
- 1 EL DUNKLE SOJASAUCE
- 2 EL PFLANZENÖL
- 10 G (CA. 2 CM) INGWER, IN SCHEIBEN GESCHNITTEN
- 4 KNOBLAUCHZEHEN, ZERRIEBEN
- 8 SCHALOTTEN, GEHACKT
- 2 EL MISO
- 5 EL SHAOXING-REISWEIN
- 1 EL AUSTERNSAUCE
- 1 TL ZUCKER
- 1 ½ TL SALZ
- 150 ML HÜHNERBRÜHE (SEITE 90)
- 1 TL SPEISESTÄRKE
- 6 FRÜHLINGSZWIEBELN, GEHACKT
- GEDÄMPFTER REIS (SEITE 540) ZUM SERVIEREN

Für einige Geflügelgerichte werden Hähnchen oder Enten luftgetrocknet, damit die gesamte Flüssigkeit abtropft und die Haut trocknet. Dadurch werden Saucen besser aufgenommen, und das Geflügel lässt sich besser frittieren. Trocken tupfen mit Küchenpapier reicht nicht aus, da die Hautoberfläche fortlaufend Feuchtigkeit abgibt.

* Die Haut des Hähnchens mit Sojasauce einreiben und im Kühlschrank 1 Stunde lufttrocknen lassen.
* 1 Esslöffel Öl in einem Schmortopf auf starker Hitze heiß werden lassen, Ingwer, Knoblauch, Schalotten und Miso hinzufügen und 1 Minute unter Rühren anbraten, bis es duftet. Das Hähnchen auf der Seite liegend in den Schmortopf geben, Reiswein, Austernsauce, Zucker, Salz und Hühnerbrühe hinzufügen. Mit Deckel zum Kochen bringen. Die Hitze reduzieren und 10 Minuten ziehen lassen. Das Hähnchen umdrehen und weitere 10 Minuten mit Deckel gar ziehen lassen.
* Das Hähnchen auf ein Schneidbrett legen und abkühlen lassen. Die Sauce mit Knoblauch und Schalotten in einen anderen Topf geben und beiseitestellen.
* Das lauwarme Hähnchen in mundgerechte Stücke schneiden und wieder in den Schmortopf geben.
* Die Sauce auf mittlerer Hitze heiß werden lassen. Die Stärke in einer kleinen Schüssel mit 1 Esslöffel Wasser vermengen und in die Sauce einrühren. Unter Rühren etwa 30 Sekunden aufkochen lassen, bis die Sauce leicht eindickt. Die Sauce in den Schmortopf über das Hähnchen gießen, Deckel aufsetzen, aufkochen lassen und danach den Herd ausschalten. Bis zum Servieren beiseitestellen. Hähnchen vor dem Servieren erneut auf dem Herd erhitzen.
* Den restlichen Esslöffel Öl auf mittlerer Hitze in einer kleinen Pfanne heiß werden lassen, Frühlingszwiebeln hinzufügen und 1 Minute unter Rühren anbraten, bis es duftet. Über das Hähnchen gießen. Mit Reis servieren.

道口烧鸡
GESCHMORTES DAOKOU-HÄHNCHEN

HERKUNFT: HEBEI
ZUBEREITUNGSZEIT: 10 MINUTEN
GARZEIT: 1 STUNDE 15 MINUTEN
PERSONEN: 4

* Die Flügel nach hinten auf den Rücken des Hähnchens binden. Die Beine mit Küchengarn zusammenbinden.
* Den Honig mit 2–3 Esslöffeln heißem Wasser zu einer dünnen Sauce verrühren und die Haut des Hähnchens damit einreiben.
* Das Öl in einem Wok oder einem hohen Topf auf 150 °C erhitzen oder bis ein Brotwürfel in 1½ Minuten braun wird. Das Hähnchen vorsichtig hineingeben und 3–4 Minuten mit einem Schaumlöffel im heißen Öl hin und her rollen, bis die Haut goldbraun ist. Das Hähnchen vorsichtig aus dem Öl nehmen und in einem Durchschlag abtropfen lassen.
* Alle Gewürze in ein Gewürzsäckchen füllen. Ingwer, Salz, Zucker, Reiswein und das Gewürzsäckchen in einen großen Topf geben. 2 Liter Wasser hinzufügen und zum Kochen bringen. Die Hitze reduzieren und 15 Minuten ziehen lassen.
* Das Hähnchen hinzugeben, erneut aufkochen lassen und auf schwacher Hitze 45 Minuten gar ziehen lassen. Das Hähnchen vorsichtig mit einem Drahtsieb herausnehmen und auf eine Servierplatte geben. Das Küchengarn durchschneiden und entfernen. Mit Reis servieren.

- 1 GANZES HÄHNCHEN (1,2 KG)
- 3 EL HONIG
- 475 ML PFLANZENÖL
- 10 G (CA. 2 CM) INGWER, IN SCHEIBEN GESCHNITTEN
- 6 EL SALZ
- 50 G KANDISZUCKER
- 4 EL SHAOXING-REISWEIN
- GEDÄMPFTER REIS (SEITE 540) ZUM SERVIEREN

FÜR DAS GEWÜRZSÄCKCHEN:
- 10 KAPSELN GRÜNER KARDAMOM
- 2 KAPSELN SCHWARZER KARDAMOM
- 2 STERNANISE
- 1 GETROCKNETE MANDARINENSCHALE
- 50 G GEWÜRZLILIE
- 8 G SÜSSHOLZWURZEL
- ½ EL SICHUAN-PFEFFERKÖRNER
- ½ EL GEMAHLENER KREUZKÜMMEL
- ½ KLEINE ZIMTSTANGE
- ½ TL GEWÜRZNELKEN

烤红糟鸡
GEBRATENES HÄHNCHEN MIT ROTER TRESTERSAUCE

HERKUNFT: TAIWAN
ZUBEREITUNGSZEIT: 10 MINUTEN, ZZGL. 10 MINUTEN MARINIERZEIT
GARZEIT: 20 MINUTEN
PERSONEN: 2

* Gehackten Knoblauch, weißen Pfeffer, Zucker, Kaoliang und Trestersauce in einer Schüssel vermengen. Das Hähnchen hinzufügen und die Mischung etwa 2 Minuten lang einreiben, danach 10 Minuten marinieren.
* Ofen auf 180 °C vorheizen.
* Das Sesamöl auf mittlerer Hitze in einer Pfanne heiß werden lassen, den restlichen Knoblauch hinzufügen und 1 Minute braten, bis er braun ist.
* Hähnchenstücke und Marinade in einen Bräter geben. Die ganzen Knoblauchzehen darauflegen und etwas Öl darüberträufeln. Im Ofen 8 Minuten braten, die Hähnchenstücke drehen und weitere 7 Minuten gar braten.
* Auf eine Servierplatte geben und mit Reis servieren.

- 20 KNOBLAUCHZEHEN, 1 HÄLFTE GEHACKT, 1 HÄLFTE GANZ
- ¼ TL GEMAHLENER WEISSER PFEFFER
- ½ TL ZUCKER
- 1 EL KAOLIANG
- 3 EL ROTE TRESTERSAUCE
- 350 G HÄHNCHEN, OHNE KNOCHEN, IN 2,5 CM GROSSE STÜCKE GESCHNITTEN
- 2 EL SESAMÖL
- GEDÄMPFTER REIS (SEITE 540) ZUM SERVIEREN

HERKUNFT: HAKKA
ZUBEREITUNGSZEIT: 20 MINUTEN,
ZZGL. 1 STUNDE TROCKENZEIT
GARZEIT: 1 STUNDE 15 MINUTEN
PERSONEN: 4

盐焗鸡
IN SALZ GEBACKENES HÄHNCHEN

- 1 GANZES HÄHNCHEN (1,2 KG), MIT SCHMETTERLINGSSCHNITT
- 1 TL SALZ
- 20 G FRISCHE GEWÜRZLILIE ODER ½ EL GEWÜRZLILIENPULVER
- 1 TL PFLANZENÖL
- GEDÄMPFTER REIS (SEITE 540) ODER GEKOCHTE KARTOFFELN ZUM SERVIEREN

FÜR DAS FÜNF-GEWÜRZE-SALZ:
- 600 G GROBES MEERSALZ
- 1 TL FÜNF-GEWÜRZE-PULVER

Die Hakka-Methode, ein Hähnchen in Salz zu backen, wurde vor Jahrhunderten in der dicht mit Hakka bevölkerten Region Guangdong entwickelt. Die Region war auch das Zentrum des Salzhandels. Traditionell wurde das Hähnchen in ein Stück Papier gewickelt und in einem großen Wok mit sehr heißem Salz vergraben. Der Geschmack des Salzes und des Fünf-Gewürze-Pulvers wurde durch das Papier weitergegeben, ohne dass das Salz jemals mit dem Hähnchen in Kontakt kam.

* Das Hähnchen 1 Stunde im Kühlschrank lufttrocknen lassen. Von innen mit Küchenpapier trocken tupfen. Das Hähnchen innen und außen mit Salz und Gewürzlilie einreiben und diese innen im Hähnchen belassen. Die Haut mit Öl einreiben.
* Den Ofen auf 220 °C vorheizen.
* Die Zutaten für das Fünf-Gewürze-Salz gut vermengen.
* Das Hähnchen vollständig und lückenlos in einen großen Bogen Backpapier wickeln und mit Küchengarn verschnüren. Das Hähnchenpaket auf ein langes Stück Alufolie legen, diese sehr lose darumwickeln und nur ein Ende schließen. Das gewürzte Salz an der offenen Seite in die Folienröhre geben und schütteln, damit es sich gleichmäßig verteilt. Die offene Seite verschließen.
* Das Hähnchen in einen Bräter geben und 1¼ Stunden gar backen (wenn das Hähnchen sehr gut durch sein soll, 10–15 Minuten länger backen). Das Hähnchen aus dem Ofen nehmen und 15 Minuten ruhen lassen.
* Die Alufolie entfernen und das Salz vom Hähnchenpaket bürsten. Das Backpapier entfernen und das Hähnchen auf ein Schneidbrett legen. Das Hähnchen in mehrere Stücke schneiden und mit Reis oder Kartoffeln servieren.

山东烧鸡
GEBRATENES SHANDONG-HÄHNCHEN

HERKUNFT: SHANDONG
ZUBEREITUNGSZEIT: 15 MINUTEN, ZZGL. 1 STUNDE TROCKENZEIT
GARZEIT: 30 MINUTEN
PERSONEN: 4

* Das Hähnchen in eine große Schüssel geben, vollständig mit Sojasauce einreiben und 15 Minuten marinieren, dabei mehrmals drehen, damit die Haut gleichmäßig gefärbt ist. Das Hähnchen 1 Stunde im Kühlschrank lufttrocknen lassen.
* Das Öl in einem Wok oder einem hohen Topf auf 150 °C erhitzen oder bis ein Brotwürfel in 1½ Minuten braun wird. Das Hähnchen vorsichtig hineingeben und 3–4 Minuten mit einem Schaumlöffel im heißen Öl hin und her rollen, bis die Haut goldbraun ist. Das Hähnchen vorsichtig aus dem Öl nehmen und in einem Durchschlag abtropfen lassen.
* Die Sichuan-Pfefferkörner in einer kleinen Pfanne auf mittlerer Hitze 2–3 Minuten rösten, bis es duftet, und dann in einem Mörser leicht zerstoßen. Beiseitestellen.
* Das Hähnchen auf einen tiefen hitzebeständigen Teller legen, Ingwer, Frühlingszwiebeln und zerstoßene Sichuan-Pfefferkörner darübergeben. In einen Dämpfeinsatz oder Bambus-Dämpfkorb stellen und mit Deckel 25 Minuten, oder bis es gar ist, über kochendem Wasser dämpfen.
* Das Hähnchen auf ein Schneidbrett legen und abkühlen lassen. Die Kochflüssigkeit durch ein Sieb in eine Schüssel geben und beiseitestellen. Nach dem Abkühlen Flügel, Beine, Brust und Rücken des Hähnchens trennen. Die Knochen aus Beinen und Brust entfernen und so viel Fleisch wie möglich vom Rücken abzupfen. Das Hähnchenfleisch in Stücke schneiden.
* Auf einer Servierplatte erst die Gurke und darauf das Hähnchen anrichten. Die Hähnchenflügel danebenlegen.
* Alle Zutaten für die Sauce und 60 ml der Kochflüssigkeit vermengen. Über das Hähnchen träufeln und mit Reis servieren.

- 1 GANZES HÄHNCHEN (1 KG)
- 3 EL HELLE SOJASAUCE
- 475 ML PFLANZENÖL
- 1 EL SICHUAN-PFEFFERKÖRNER
- 2 TL GEHACKTER INGWER
- 2 FRÜHLINGSZWIEBELN, GEHACKT
- 1 GURKE, IN 3 CM GROSSE STÜCKE GESCHNITTEN
- GEDÄMPFTER REIS (SEITE 540) ZUM SERVIEREN

FÜR DIE SAUCE:
- 2 EL GEHACKTER KNOBLAUCH
- 2 EL GEHACKTER KORIANDER
- 2 EL HELLE SOJASAUCE
- 2 EL SCHWARZER REISESSIG ODER BALSAMICO-ESSIG
- 1 EL SESAMÖL
- ½ EL SALZ
- 1 TL ZUCKER

HERKUNFT: SICHUAN
ZUBEREITUNGSZEIT: 10 MINUTEN
GARZEIT: 50 MINUTEN
PERSONEN: 4

包烧鸡
GEBRATENES HÄHNCHEN MIT FERMENTIERTEM KOHLGEMÜSE

- 1 GANZES HÄHNCHEN (1,2 KG)
- 2 EL PFLANZENÖL
- 10 G (CA. 2 CM) INGWER, IN SCHEIBEN GESCHNITTEN
- 50 G SCHWEINEHACKFLEISCH
- 200 G FERMENTIERTES KOHLGEMÜSE AUS SICHUAN, GESCHNITTEN, ABGESPÜLT UND GEHACKT
- 50 G EINGELEGTE CHILISCHOTEN, GEHACKT
- 2 EL ZUCKER
- GEDÄMPFTER REIS (SEITE 540) ZUM SERVIEREN

* Die Flügel nach hinten auf den Rücken des Hähnchens biegen.
* Den Ofen auf 190 °C vorheizen.
* Das Öl in einem Wok oder einer großen Pfanne erhitzen, den Ingwer hinzufügen und 1 Minute auf mittlerer Hitze unter Rühren anbraten, bis es duftet. Das Hackfleisch hinzufügen, die Hitze erhöhen und etwa 1 Minute unter Rühren anbraten, bis es gar ist. Kohlgemüse, Chilischoten und Zucker zugeben und etwa 2 Minuten unter Rühren anbraten. Die Füllung in eine Schüssel geben und das Hähnchen mit einem Löffel befüllen. Die Beine mit Küchengarn zusammenbinden. Das gefüllte Hähnchen in einem Bräter legen und 45 Minuten braten, bis es gar ist. Das Hähnchen herausnehmen, das Küchengarn aufschneiden und entfernen.
* Die Füllung aus dem Hähnchen herausholen und auf eine Platte legen. Das Hähnchen in 4 × 2 cm große Stücke schneiden und auf der Füllung anrichten. Mit Reis servieren.

HERKUNFT: JIANGSU
ZUBEREITUNGSZEIT: 15 MINUTEN, ZZGL. 20 MINUTEN EINWEICHZEIT
GARZEIT: 2 STUNDEN 15 MINUTEN
PERSONEN: 4-6

清炖硕鸭
ENTE MIT PILZEN UND SCHINKEN

- 1 GANZE ENTE (1,5 KG)
- 4 GETROCKNETE SHIITAKE
- 1 L HÜHNERBRÜHE (SEITE 90)
- 100 G JINHUA- ODER SMITHFIELD-SCHINKEN, IN SCHEIBEN GESCHNITTEN
- 2 TL SALZ
- 100 ML SHAOXING-REISWEIN
- 10 G (CA. 2 CM) INGWER, IN SCHEIBEN GESCHNITTEN
- 2 FRÜHLINGSZWIEBELN, VERKNOTET
- GEDÄMPFTER REIS (SEITE 540) ZUM SERVIEREN

* Die Ente in einen großen Topf legen und vollständig mit Wasser bedecken. Auf starker Hitze zum Kochen bringen, dann die Ente herausnehmen. Abtropfen lassen, unter kaltem Wasser abspülen und erneut abtropfen lassen.
* Die Pilze in eine Schüssel geben, mit kaltem Wasser bedecken und mindestens 20 Minuten einweichen. Beiseitestellen.
* Die Ente in einen Schmortopf geben, Hühnerbrühe, Schinken, Pilze, Salz, Wein, Ingwer und Frühlingszwiebeln hinzufügen und zum Kochen bringen. Auf schwacher Hitze mit Deckel 2 Stunden ziehen lassen, bis die Ente zart und gar ist. Ingwer und Frühlingszwiebeln entfernen.
* Im Schmortopf und mit Reis servieren.

香酥鸭片
AUFGESCHNITTENE KNUSPRIGE ENTE

HERKUNFT: SICHUAN
ZUBEREITUNGSZEIT: 5 MINUTEN, ZZGL. 1 STUNDE MARINIERZEIT
GARZEIT: 20 MINUTEN
PERSONEN: 4–6

* Reiswein, Ingwersaft, Salz, gemahlenen Sichuan-Pfeffer und Fünf-Gewürze-Pulver in einer großen Schüssel vermengen. Die Entenbrust hinzufügen, durchschwenken, damit sie gut beschichtet ist, und 1 Stunde marinieren.
* Auf eine hitzebeständige Platte legen und Frühlingszwiebeln darübergeben. In einen Dämpfeinsatz oder Bambus-Dämpfkorb stellen und mit Deckel 15 Minuten über kochendem Wasser dämpfen, bis sie gar ist. Die Entenbrüste in einem Durchschlag abtropfen lassen. Die Frühlingszwiebeln entfernen.
* Das Pflanzenöl in einem Wok oder einem hohen Topf auf 170 °C erhitzen oder bis ein Brotwürfel in 45 Sekunden braun wird. Die Ente hineingeben und 2–3 Minuten frittieren, bis die Haut goldbraun ist. Vorsichtig mit einem Schaumlöffel aus dem Öl nehmen und abtropfen lassen. Die Haut mit Sesamöl einstreichen und die Brust in Scheiben schneiden. Auf eine Servierplatte geben und mit Reis servieren.

- 2 EL SHAOXING-REISWEIN
- 1 EL INGWERSAFT
- ½ EL SALZ
- 1 TL GEMAHLENER SICHUAN-PFEFFER
- ¼ TL FÜNF-GEWÜRZE-PULVER
- 4 ENTENBRÜSTE, MIT HAUT UND OHNE KNOCHEN
- 2 FRÜHLINGSZWIEBELN, IN 4 CM LANGE STÜCKE GESCHNITTEN
- 475 ML PFLANZENÖL
- ½ EL SESAMÖL
- GEDÄMPFTER REIS (SEITE 540) ZUM SERVIEREN

生焖鸭
JIANGXI-ENTE

HERKUNFT: JIANGXI
ZUBEREITUNGSZEIT: 10 MINUTEN
GARZEIT: 1 STUNDE 15 MINUTEN
PERSONEN: 4–6

* Die Entenstücke in einen großen Topf geben und vollständig mit Wasser bedecken. 1 Esslöffel Reiswein hinzufügen, auf starker Hitze zum Kochen bringen und 1 Minute blanchieren. Abtropfen lassen und unter kaltem Wasser abspülen.
* Auf mittlerer Hitze 2 Esslöffel Pflanzenöl in einem Wok oder einer großen Pfanne heiß werden lassen, den Zucker hinzufügen und karamellisieren. Die Ente zugeben und auf mittlerer Hitze 2–3 Minuten unter Rühren anbraten, bis sie dunkel bernsteinfarben ist. Ente herausnehmen und beiseitestellen.
* Das restliche Öl im selben Wok auf schwacher Hitze heiß werden lassen. Den Knoblauch zugeben, 1–2 Minuten braun braten, herausnehmen und beiseitestellen. Chilisauce und Ingwer in den Wok geben und auf mittlerer Hitze 1 Minute unter Rühren anbraten, bis es duftet. Ente, Salz, Sojasauce und den restlichen Esslöffel Reiswein hinzufügen.
* 475 ml kochendes Wasser hinzufügen und aufkochen lassen. Auf schwacher Hitze mit Deckel 1 Stunde ziehen lassen, bis die Ente zart und gar ist. Knoblauch und Chilischoten einrühren und weitere 3 Minuten ziehen lassen, dann die Sauce auf starker Hitze um ein Drittel einkochen lassen.
* Das Sesamöl einrühren und alles auf einer Servierplatte anrichten. Mit Reis servieren.

- 1 ENTE (1,5 KG) IN 3 CM GROSSE STÜCKE GESCHNITTEN (MIT KNOCHEN)
- 2 EL REISWEIN
- 4 EL PFLANZENÖL
- 2 EL ZUCKER
- 1 KNOLLE KNOBLAUCH, IN EINZELNEN ZEHEN
- 1 EL CHILISAUCE
- 100 G (CA. 15 CM) INGWER, IN DÜNNE SCHEIBEN GESCHNITTEN
- 1 TL SALZ
- 1 EL HELLE SOJASAUCE
- 4 ROTE CHILISCHOTEN, ENTKERNT UND GEHACKT
- 1 TL SESAMÖL
- GEDÄMPFTER REIS (SEITE 540) ZUM SERVIEREN

HERKUNFT: SICHUAN
ZUBEREITUNGSZEIT: 10 MINUTEN,
ZZGL. 30 MINUTEN MARINIERZEIT
GARZEIT: 1 STUNDE
PERSONEN: 4

豆渣鸭脯
ENTE MIT SOJACHIPS

- 4 ENTENBRÜSTE (JE 175 G)
- 1 TL SALZ
- 3 EL REISWEIN
- 20 G (CA. 2,5 CM) INGWER, GERASPELT
- 1 FRÜHLINGSZWIEBEL, GEHACKT
- 2 EL PFLANZENÖL
- 1 PORTION SOJACHIPS (SEITE 52)
- GEMAHLENER WEISSER PFEFFER ZUM ABSCHMECKEN
- GEDÄMPFTER REIS (SEITE 540) ZUM SERVIEREN

* Die Entenbrüste in eine hitzebeständige Schale legen, ½ Teelöffel Salz, Wein, Ingwer und Frühlingszwiebel hinzufügen und im Kühlschrank 30 Minuten marinieren.
* Die Ente mit Wasser bedecken, in einen Dämpfeinsatz oder Bambus-Dämpfkorb stellen und mit Deckel 15 Minuten über kochendem Wasser dämpfen, bis sie gar ist. Ente herausnehmen und abkühlen lassen. Die Kochflüssigkeit in eine Schüssel abtropfen lassen.
* Die Ente in Scheiben schneiden und mit der Hautseite nach unten in eine hitzebeständige Schüssel legen. Mit Alufolie abdecken und auf starker Hitze 30 Minuten dämpfen. Herausnehmen und beiseitestellen.
* Inzwischen das Öl in einem Wok erhitzen, die Sojachips hinzufügen und 1 Minute auf starker Hitze unter Rühren anbraten, bis es duftet. 5 Esslöffel Kochflüssigkeit, ½ Teelöffel Salz und weißen Pfeffer einrühren und aufkochen lassen.
* Die Alufolie von der Schüssel mit der Ente entfernen, diese mit einem Teller abdecken, mit Küchentüchern anfassen und umdrehen. Die Sauce über die Ente gießen und mit Reis servieren.

HERKUNFT: JIANGXI
ZUBEREITUNGSZEIT: 10 MINUTEN
GARZEIT: 2 STUNDEN 30 MINUTEN
PERSONEN: 4–6

丁香烩鸭
ENTE MIT GEWÜRZNELKEN

- 2 ½ TL GEWÜRZNELKEN
- 1 ZIMTSTANGE (2,5 CM)
- 20 G (CA. 2,5 CM) INGWER, ZERDRÜCKT
- 2 FRÜHLINGSZWIEBELN, VERKNOTET
- 1 GANZE ENTE (1,5 KG)
- 2 TL SALZ
- 1 EL DUNKLE SOJASAUCE
- 2 TL ZUCKER
- ¼ TL GEMAHLENER WEISSER PFEFFER
- 2 EL SHAOXING-REISWEIN
- 1 TL SESAMÖL
- GEDÄMPFTER REIS (SEITE 540) ZUM SERVIEREN

* Die Ente mit Gewürznelken, Zimt, Ingwer und Frühlingszwiebeln füllen. In eine große hitzebeständige Schüssel legen, Salz hinzufügen und mit Wasser bedecken. Fest mit Alufolie abdecken, in einen Dämpfeinsatz oder Bambus-Dämpfkorb stellen und 2 Stunden über kochendem Wasser dämpfen. (Bei Bedarf noch etwas Wasser in den Topf geben.)
* Die Ente herausnehmen, Gewürznelken, Zimt, Ingwer und Frühlingszwiebeln entfernen. Die Sauce in einen Wok oder Topf abtropfen lassen.
* Sojasauce, Zucker und weißen Pfeffer in den Wok geben und die Sauce auf mittlerer Hitze zur Hälfte einkochen lassen. Den Reiswein einrühren.
* Die Ente in die Sauce geben und 5–10 Minuten ziehen lassen, bis die Sauce eindickt. Die Ente mit der Sauce begießen, bis sie eine gleichmäßige Farbe annimmt.
* Die Ente auf ein Schneidbrett legen und in 2 × 5 cm große Stücke schneiden. Auf einer Servierplatte anrichten.
* Das Sesamöl mit der Sauce im Wok vermengen und über die Ente träufeln. Mit Reis servieren.

洋葱鸭
ENTE MIT ZWIEBELN

HERKUNFT: JIANGSU
ZUBEREITUNGSZEIT: 15 MINUTEN, ZZGL. 1 STUNDE TROCKENZEIT
GARZEIT: 2 STUNDEN 15 MINUTEN
PERSONEN: 6–8

* Die Ente 1 Stunde im Kühlschrank lufttrocknen lassen. Mit Küchentüchern trocken tupfen.
* 250 ml Öl in einem Wok oder einem hohen Topf auf 150 °C erhitzen oder bis ein Brotwürfel in 1½ Minuten braun wird. Den Schweinebauch vorsichtig zugeben und 4–5 Minuten hellbraun frittieren. Den Schweinebauch mit einem Schaumlöffel vorsichtig aus dem Öl nehmen und auf Küchenpapier abtropfen lassen.
* Das Öl erneut auf 150 °C erhitzen. Die Ente vorsichtig hineingeben und 3–4 Minuten mit einem Schaumlöffel im heißen Öl hin und her rollen, bis die Haut goldbraun ist. Die Ente vorsichtig aus dem Öl nehmen und in einem Durchschlag abtropfen lassen.
* Die restlichen 2 Esslöffel Öl auf mittlerer Hitze in einer großen Pfanne erhitzen, Ingwer hinzufügen und 1 Minute unter Rühren anbraten, bis es duftet. Die Zwiebeln hinzufügen und 2 Minuten unter Rühren anbraten, bis sie leicht gebräunt sind. Sojasaucen, Salz, Zucker, Sternanis und Bier hinzufügen und auf starker Hitze zum Kochen bringen. Erst den Schweinebauch, danach die Ente mit der Brust nach unten hinzufügen. Mit Deckel auf mittlerer Hitze 45 Minuten garen. Die Ente umdrehen und weitere 45 Minuten garen, bis sie gar und zart ist.
* Den Schweinebauch auf ein Schneidbrett legen. Ente im Wok erneut drehen und weitere 30 Minuten garen.
* Die Ente auf eine große Servierplatte legen. Den Schweinebauch in Stücke schneiden und neben die Ente legen.
* Die Stärke in einer kleinen Schüssel mit 3 Esslöffeln Wasser vermengen und in den Wok einrühren. Unter Rühren 30 Sekunden aufkochen lassen, bis die Sauce eindickt und anschließend über Ente und Schweinebauch gießen. Mit gedämpftem Reis servieren.

- 1 GANZE ENTE (1,5 KG), FETT HERAUSGESCHNITTEN
- 250 ML PFLANZENÖL ZZGL. 2 EL
- 250 G SCHWEINEBAUCH, MIT HAUT UND OHNE KNOCHEN
- 50 G (CA. 7,5 CM) INGWER, IN SCHEIBEN GESCHNITTEN
- 6 GROSSE ZWIEBELN, IN SPALTEN GESCHNITTEN
- 1 EL DUNKLE SOJASAUCE
- 4 EL HELLE SOJASAUCE
- 2 TL SALZ
- 2 EL ZUCKER
- 1 STERNANIS
- 350 ML BIER
- 1 EL SPEISESTÄRKE
- GEDÄMPFTER REIS (SEITE 540) ZUM SERVIEREN

HERKUNFT: HONGKONG
ZUBEREITUNGSZEIT: 15 MINUTEN,
ZZGL. 9 STUNDEN PÖKELZEIT
GARZEIT: 10 MINUTEN
PERSONEN: 4
SEITE 297

子萝鸭片
ENTE MIT JUNGEM INGWER UND ANANAS

- 2 ENTENBRÜSTE (JE 225 G), IN SCHEIBEN GESCHNITTEN
- 1 TL HELLE SOJASAUCE
- 1 TL SPEISESTÄRKE
- 2 ½ EL PFLANZENÖL
- 4 SCHALOTTEN, HALBIERT
- 1 ROTE PAPRIKASCHOTE, ENTKERNT UND GEWÜRFELT
- ½ GRÜNE PAPRIKASCHOTE, ENTKERNT UND GEWÜRFELT
- 1 EL SHAOXING-REISWEIN
- ¼ TL SALZ, ZZGL. ETWAS MEHR ZUM ABSCHMECKEN
- ¼ FRISCHE ANANAS, GEWÜRFELT, ODER 1 DOSE ANANASSTÜCKE (225 G), ABGEGOSSEN
- KORIANDER UND FRÜHLINGSZWIEBEL, ZUM GARNIEREN (NACH BELIEBEN)
- GEDÄMPFTER REIS (SEITE 540) ZUM SERVIEREN

FÜR DEN EINGELEGTEN INGWER:
- ¼ TL SALZ
- 100 G (CA. 15 CM) INGWER, IN KLEINE STÜCKE GESCHNITTEN
- 2 TL ZUCKER
- 2 TL WEISSER ESSIG

* Für den eingelegten Ingwer Salz und Ingwer in einer Schüssel vermengen und 1 Stunde beiseitestellen. Ingwer abspülen und abtropfen lassen. Zucker und Essig zum Ingwer geben und 8 Stunden stehen lassen.
* Inzwischen die Ente mit Sojasauce und ½ Teelöffel Stärke in einer großen Schüssel vermengen und 10 Minuten marinieren. ½ Esslöffel Öl untermengen.
* In einem Wok oder einer großen Pfanne auf mittlerer Hitze 1 Esslöffel Öl heiß werden lassen, die Schalotten hinzufügen und 1–2 Minuten unter Rühren anbraten, bis es duftet. Eingelegten Ingwer und Paprikaschoten zugeben und 1 weitere Minuten unter Rühren anbraten, bis die Paprika halb gar sind. Auf eine Platte geben und beiseitestellen.
* Den restlichen Esslöffel Öl in den Wok geben und auf starker Hitze heiß werden lassen. Die Ente hinzufügen und 2 Minuten, oder bis die Ente fast gar ist, unter Rühren anbraten. Den Reiswein einträufeln und die beiseitegestellten Paprikaschotern und Schalotten einrühren. Das Salz hinzufügen, abschmecken.
* Den restlichen ½ Teelöffel Stärke in einer kleinen Schüssel mit ½ Esslöffel Wasser vermengen und in den Wok einrühren. Unter Rühren 30 Sekunden aufkochen lassen, bis die Sauce eindickt. Die Ananas einrühren und auf einer Servierplatte anrichten. Falls verwendet, mit Koriander und Frühlingszwiebeln garnieren. Mit Reis servieren.

ENTE MIT JUNGEM INGWER UND ANANAS

HERKUNFT: SICHUAN
ZUBEREITUNGSZEIT: 15 MINUTEN,
ZZGL. 1 STUNDE TROCKENZEIT
GARZEIT: 2 STUNDEN 50 MINUTEN
PERSONEN: 4

神仙鸭子
GESCHMORTE ENTE
SICHUAN

- 1 GANZE ENTE (1,5 KG), FLÜGEL FESTGEKLEMMT
- 4 GROSSE GETROCKNETE SHIITAKE
- 475 ML PFLANZENÖL
- 100 G PÖKELSCHINKEN, IN SCHEIBEN GESCHNITTEN
- 100 G BAMBUSSPROSSEN, IN SCHEIBEN
- 25 G (CA. 2,5 CM) INGWER, ZERDRÜCKT
- 2 FRÜHLINGSZWIEBELN, VERKNOTET
- 2 EL SHAOXING-REISWEIN
- 1½ EL HELLE SOJASAUCE
- 1 TL SALZ
- 2 L HÜHNERBRÜHE (SEITE 90)
- 2 EL SESAMÖL
- GEDÄMPFTER REIS (SEITE 540) ZUM SERVIEREN

Dieses klassische Entengericht benötigt Zeit. Die ist es aber auch wert. Die Ente wird in ein Seihtuch eingewickelt und geschmort, sodass sie auf die Servierplatte gelegt werden kann, ohne ihre Form zu verlieren und ohne dass das Fleisch vom Knochen fällt.

* Die Ente in einen großen Topf legen und vollständig mit Wasser bedecken. Zum Kochen bringen und 5 Minuten blanchieren. Abtropfen lassen und unter kaltem Wasser abspülen. Die Ente 1 Stunde im Kühlschrank lufttrocknen lassen. Innen mit Küchenpapier trocken tupfen.
* Die Pilze in eine Schüssel geben, mit kalten Wasser bedecken und mindestens 20 Minuten einweichen. In Scheiben schneiden.
* Das Pflanzenöl in einem Wok oder einem hohen Topf auf 150 °C erhitzen oder bis ein Brotwürfel in 1½ Minuten braun wird. Die Ente sanft in das Öl gleiten lassen und 3–4 Minuten mit einem Schaumlöffel im heißen Öl hin und her rollen, bis die Haut goldbraun ist. Die Ente vorsichtig aus dem Öl nehmen und in einem Durchschlag abtropfen lassen.
* Eine große Schüssel mit einem Seihtuch auslegen, dabei viel überstehen lassen. Schinkenscheiben, Pilze und Bambussprossen in das Seihtuch legen, die Ente mit der Brust nach unten darauflegen. Die aufbewahrten Entenfüße an den Seiten befestigen. Die überhängenden Enden des Seihtuchs zu einem Paket binden und in eine große Pfanne geben. Ingwer, Frühlingszwiebeln, Reiswein, Sojasauce, Salz und Hühnerbrühe hinzufügen. Auf mittlerer Hitze zum Kochen bringen und 20 Minuten garen. Die Hitze reduzieren und 2 Stunden ziehen lassen.
* Das Paket vorsichtig auf eine große Platte legen. Das Seihtuch vorsichtig öffnen (Achtung, es entweicht heißer Dampf) und eine Ecke anheben, um die Ente auf die Platte zu rollen, sodass die Brust nach oben zeigt. Ingwer und Frühlingszwiebeln entfernen.
* Die Pfanne mit der Brühe auf starker Hitze zum Kochen bringen. Die Hitze reduzieren und die Brühe offen etwa 25 Minuten ziehen lassen, bis sie auf 250 ml eingekocht ist. Das Sesamöl hinzufügen und die angedickte Brühe über die Ente gießen. Mit Reis servieren.

湘西风味鸭
ENTEN-SCHMORTOPF

HERKUNFT: HUNAN
ZUBEREITUNGSZEIT: 10 MINUTEN
GARZEIT: 1 STUNDE 15 MINUTEN
PERSONEN: 4–6

* Sternanise und Sichuan-Pfefferkörner in ein Gewürzsäckchen geben.
* Das Öl auf schwacher Hitze in einem Schmortopf heiß werden lassen, Knoblauch hinzufügen und etwa 2 Minuten braten, bis er braun ist. Chili-Bohnen-Paste einrühren und 1 Minute sieden, bis es duftet.
* Die Hitze erhöhen und die Ente hinzufügen. Etwa 1 Minute rühren, bis die Ente gut umhüllt ist. Chilischoten, Gewürzsäckchen, Salz, Sojasauce, Reiswein und süße Bohnensauce hinzufügen und die Ente mit Wasser bedecken. Aufkochen lassen, Deckel auflegen, die Hitze reduzieren und 1 Stunde ziehen lassen.
* Danach auf starker Hitze ohne Deckel kochen, bis die Sauce auf 120 ml eingekocht ist. Die Stärke in einer kleinen Schüssel mit 1 Esslöffel Wasser vermengen und in den Schmortopf einrühren. Unter Rühren etwa 30 Sekunden aufkochen lassen, bis die Sauce eindickt.
* Im Schmortopf und mit Reis servieren.

- 2 EL PFLANZENÖL
- 4 KNOBLAUCHZEHEN
- 1 EL CHILI-BOHNEN-PASTE
- ½ ENTE, IN 2 CM DICKE STÜCKE GESCHNITTEN
- 1 GRÜNE CHILISCHOTE, IN 2 CM GROSSE STÜCKE GESCHNITTEN
- 1 ROTE CHILISCHOTE, IN 2 CM GROSSE STÜCKE GESCHNITTEN
- 1 TL SALZ
- 1 EL HELLE SOJASAUCE
- 2 EL REISWEIN
- 1 EL SÜSSE SOJABOHNENSAUCE
- 1 TL SPEISESTÄRKE
- GEDÄMPFTER REIS (SEITE 540) ZUM SERVIEREN

FÜR DAS GEWÜRZSÄCKCHEN:
- 2 STERNANISE
- 1 EL SICHUAN-PFEFFERKÖRNER

油爆鸭丁
GEBRATENE ENTE

HERKUNFT: BEIJING
ZUBEREITUNGSZEIT: 15 MINUTEN
GARZEIT: 10 MINUTEN
PERSONEN: 2

* Die Ente mit ½ Teelöffel Salz, 3 Esslöffeln Hühnerbrühe und 1 Esslöffel Stärke in einem großen Topf vermengen. Die Eiweiße hinzufügen und gründlich vermengen.
* Das Öl in einem Wok oder einem hohen Topf auf 130 °C erhitzen. Die Ente vorsichtig hineingeben, dabei die Stücke mit Stäbchen trennen und 30 Sekunden goldbraun und knusprig frittieren. Die Entenstücke mit einem Schaumlöffel herausnehmen und in einem Durchschlag abtropfen lassen.
* Das Öl bis auf 2 Esslöffel abgießen und auf mittlerer Hitze heiß werden lassen. Ingwer und Knoblauch hinzufügen und 1 Minute unter Rühren anbraten, bis es duftet. Die Ente hinzufügen und 2 Minuten auf starker Hitze unter Rühren anbraten. Reiswein, den restlichen ½ Teelöffel Salz und Hühnerbrühe hinzufügen und 1–2 Minuten gar ziehen lassen.
* Den restlichen Esslöffel Stärke mit 1 Esslöffel Wasser vermengen und in den Wok einrühren. Unter Rühren 30 Sekunden aufkochen lassen, damit die Sauce andickt.
* Die Frühlingszwiebeln hinzufügen und gut unterschwenken. Auf eine Servierplatte geben und mit Reis servieren.

- 2 ENTENBRÜSTE, IN 2 CM GROSSE WÜRFEL GESCHNITTEN
- 1 TL SALZ
- 120 ML HÜHNERBRÜHE (SEITE 90)
- 2 EL SPEISESTÄRKE
- 2 EIWEISS, GESCHLAGEN
- 475 ML PFLANZENÖL
- 10 G (CA. 2 CM) INGWER, IN SCHEIBEN GESCHNITTEN
- 2 KNOBLAUCHZEHEN
- 1 EL SHAOXING-REISWEIN
- 2 FRÜHLINGSZWIEBELN, IN FEINE STREIFEN GESCHNITTEN
- GEDÄMPFTER REIS (SEITE 540) ZUM SERVIEREN

HERKUNFT: HONGKONG
ZUBEREITUNGSZEIT: 15 MINUTEN
GARZEIT: 5 MINUTEN
PERSONEN: 4
📷 SEITE 301

炒鸭松
ENTE AUS DEM WOK

- 2 EL PFLANZENÖL
- 100 G GRÜNE BOHNEN, GEHACKT
- 1 EL GERASPELTER INGWER
- 2 ENTENBRÜSTE, HÄUTE ENTFERNT UND FEIN GEHACKT
- 1 ENTENLEBERWURST, GEHACKT
- 50 G FERMENTIERTES KOHLGEMÜSE, GESCHNITTEN, ABGESPÜLT UND FEIN GEHACKT
- 1 TL ZUCKER
- 2 EL MISO
- ½ TL SESAMÖL
- KORIANDER ZUM GARNIEREN (NACH BELIEBEN)
- 1 KOPF EISBERGSALAT, BLÄTTER ABGELÖST UND ZU KLEINEN KÖRBCHEN GESCHNITTEN
- 2 EL HOISIN-SAUCE ZUM SERVIEREN

* 1 Esslöffel Pflanzenöl auf mittlerer Hitze in einem Wok oder einer Pfanne heiß werden lassen. Grüne Bohnen hinzufügen und etwa 30 Sekunden unter Rühren anbraten. Die Bohnen aus dem Wok nehmen und beiseitestellen.
* Den restlichen Esslöffel Öl in den Wok geben und den Ingwer 30 Sekunden unter Rühren anbraten, bis es duftet.
* Ente, Wurst, fermentiertes Kohlgemüse und Zucker hinzufügen und auf starker Hitze etwa 3 Minuten garen, bis die Ente gar ist. Miso und grüne Bohnen einrühren und unter Rühren anbraten, bis alle Zutaten gut vermengt sind. Das Sesamöl einrühren und alles auf eine Servierplatte geben. Falls verwendet, mit Koriander garnieren.
* In den Salatkörbchen servieren, Hoisin-Sauce dazustellen.

HERKUNFT: JIANGSU
ZUBEREITUNGSZEIT: 15 MINUTEN, ZZGL. 1 STUNDE TROCKEN- UND 6 STUNDEN RUHEZEIT
GARZEIT: 1 STUNDE 30 MINUTEN
PERSONEN: 8

南京盐水鸭
NANJING-ENTE

- 1 GANZE ENTE (1,5 KG)
- 150 G SALZ, ZZGL. 3 EL
- 1 TL SICHUAN-PFEFFERKÖRNER, ZERSTOSSEN
- 6 GEWÜRZNELKEN
- 6 LORBEERBLÄTTER
- 2 STERNANIS
- 1 GETROCKNETE MANDARINENSCHALE
- 1 TL SÜSSHOLZWURZELPULVER
- 1 TL ZERSTOSSENE WEISSE PFEFFERKÖRNER
- 20 G (CA. 2,5 CM) INGWER, IN SCHEIBEN GESCHNITTEN
- 3 EL SHAOXING-REISWEIN
- GEDÄMPFTER REIS (SEITE 540) ZUM SERVIEREN

* Die Ente 1 Stunde im Kühlschrank lufttrocknen lassen.
* In einer Pfanne 3 Esslöffel Salz erhitzen. Das Salz in einer Schüssel mit den Sichuan-Pfefferkörnern vermengen. Die Ente innen und außen mit der Mischung einreiben und 6 Stunden ruhen lassen.
* Gewürznelken, Lorbeerblätter, Sternanis, Mandarinenschale, Süßholzwurzelpulver und weiße Pfefferkörner in ein Gewürzsäckchen füllen und in einen großen Topf geben. Den Ingwer und 2¼ Liter Wasser hinzufügen. Auf starker Hitze zum Kochen bringen, Hitze reduzieren und 20 Minuten ziehen lassen.
* Salz und Reiswein zur Salzlake geben und rühren, bis sich das Salz aufgelöst hat. Die Ente mit der Brust nach unten in die Lake geben und erneut aufkochen lassen. Die Hitze reduzieren und 30 Minuten ziehen lassen. Die Ente mit einer Zange mit der Brust nach oben drehen und weitere 30 Minuten gar ziehen lassen. Die Ente abkühlen lassen, in Scheiben schneiden und auf einer Platte anrichten.

ENTE AUS DEM WOK

HERKUNFT: HAKKA
ZUBEREITUNGSZEIT: 15 MINUTEN,
  ZZGL. 1 STUNDE TROCKENZEIT
GARZEIT: 2 STUNDEN
PERSONEN: 4

芋头焖鸭
ENTE
MIT TARO

- 1 GANZE ENTE (750 G)
- 1 EL DUNKLE SOJASAUCE
- 600 G TARO, IN 2,5 CM GROSSE STÜCKE GESCHNITTEN
- 1 GETROCKNETE MANDARINENSCHALE
- 250 ML PFLANZENÖL
- 5 G (CA. 1 CM) INGWER, IN SCHEIBEN GESCHNITTEN
- 4 SCHALOTTEN, IN SCHEIBEN GESCHNITTEN
- 3 KNOBLAUCHZEHEN, GEHACKT
- 2 EL ZHUHOU-SAUCE
- 5 G KANDISZUCKER, ZERSTOSSEN
- 1 EL AUSTERNSAUCE
- 1 EL REISWEIN
- 250 ML HÜHNERBRÜHE (SEITE 90)
- 2 STÄNGEL KORIANDER, IN 5 CM LANGE STÜCKE GESCHNITTEN, ZUM GARNIEREN
- GEDÄMPFTER REIS (SEITE 540) ZUM SERVIEREN

* Die Ente vollständig mit Sojasauce einreiben und im Kühlschrank 1 Stunde lufttrocknen lassen.
* Den Taro in einen Dämpfeinsatz oder Bambus-Dämpfkorb geben und abgedeckt 10 Minuten über kochendem Wasser dämpfen, bis er zart ist. Vorsichtig herausnehmen und beiseitestellen.
* Die Mandarinenschale 10 Minuten in kaltem Wasser einweichen, abtropfen lassen und in feine Streifen schneiden. Beiseitestellen.
* Das Öl auf 150 °C erhitzen oder bis ein Brotwürfel in 1½ Minuten braun wird. Die Ente vorsichtig hineingeben und 3–4 Minuten mit einem Schaumlöffel leicht im heißen Öl hin und her rollen, bis die Haut goldbraun ist. Die Ente vorsichtig aus dem Öl nehmen und in einem Durchschlag abtropfen lassen.
* Das Öl bis auf 1 Esslöffel abgießen und auf mittlerer Hitze heiß werden lassen. Die Ingwerscheiben hinzufügen und 1 Minute unter Rühren anbraten, bis es duftet. Mandarinenschale, Schalotten, Knoblauch und Zhuhou-Sauce hinzufügen und 1 weitere Minute unter Rühren anbraten. Kandiszucker, Austernsauce, Reiswein, Hühnerbrühe und 250 ml Wasser einrühren und aufkochen lassen. Die Ente hinzufügen und erneut aufkochen lassen. Auf schwacher Hitze mit Deckel 1½ Stunden ziehen lassen, bis sie gar ist. Die Ente nach der Hälfte der Garzeit mit einer Zange drehen. Den Taro zur Sauce in den Wok geben und alles weitere 15 Minuten ziehen lassen.
* Den Taro auf eine Servierplatte legen. Die Ente vorsichtig auf ein Schneidbrett legen und etwas abkühlen lassen. Die lauwarme Ente in 2,5 cm große Stücke schneiden und auf dem Taro anrichten. Die Sauce löffelweise über Ente und Taro geben und mit Koriander garnieren. Mit Reis servieren.

冬菜大釀鴨
ENTE MIT FERMENTIERTEM KOHLGEMÜSE

HERKUNFT: SICHUAN
ZUBEREITUNGSZEIT: 20 MINUTEN, ZZGL. 15 MINUTEN MARINIERZEIT
GARZEIT: 3 STUNDEN 30 MINUTEN
PERSONEN: 4

* Den Schweinebauch mit Sojasauce und Zucker in eine Schüssel geben und 15 Minuten marinieren.
* Inzwischen das fermentierte Kohlgemüse 2 Minuten in einer Schüssel mit kaltem Wasser einweichen. Überschüssiges Wasser herausdrücken und beiseitestellen.
* Das Öl in einem Wok oder einer großen Pfanne auf mittlerer Hitze heiß werden lassen. Den Knoblauch hinzufügen und 1 Minute unter Rühren anbraten, bis es duftet. Ingwer, Schweinebauch und fermentiertes Kohlgemüse zugeben und 1 Minute unter Rühren anbraten. Die Hühnerbrühe zugeben und auf starker Hitze zum Kochen bringen. Die Hitze reduzieren und etwa 20 Minuten ziehen lassen. Die Suppe in eine große hitzebeständige Schüssel abseihen und die aufgefangenen Zutaten in eine separate Schüssel geben. Beides beiseitestellen.
* Die Ente mit den aufgefangenen Zutaten füllen. Vorsichtig in die Suppe geben und fest mit Alufolie abdecken. In einen Dämpfeinsatz oder Bambus-Dämpfkorb stellen und 3 Stunden über kochendem Wasser dämpfen, bis sie zart und gar ist. (Bei Bedarf noch etwas Wasser in den Topf geben.)
* Die Folie entfernen und die Suppe in einen Topf abseihen. Die Ente vorsichtig auf ein Schneidbrett legen, die Füllung herausnehmen und auf eine große Servierplatte legen. Die Ente in kleinere Stücke schneiden und darauf anrichten.
* Die Suppe auf mittlerer Hitze heiß werden lassen und salzen. Die Stärke in einer kleinen Schüssel mit 1 Esslöffel Wasser vermengen und in die Pfanne einrühren. Unter Rühren 30 Sekunden aufkochen lassen, bis die Suppe eindickt. Die Suppe über die Ente gießen. Mit Reis servieren.

- 1 STÜCK SCHWEINEBAUCH (150 G), IN 1 CM DICKE SCHEIBEN GESCHNITTEN
- 1 TL DUNKLE SOJASAUCE
- 1 TL ZUCKER
- 200 G FERMENTIERTES KOHLGEMÜSE AUS SICHUAN, ABGESPÜLT
- 1 EL PFLANZENÖL
- 4 KNOBLAUCHZEHEN, GESCHÄLT
- 2 SCHEIBEN INGWER
- 250 ML HÜHNERBRÜHE (SEITE 90)
- 1 GANZE ENTE (1,5 KG)
- 1 TL SALZ
- 1 TL SPEISESTÄRKE
- GEDÄMPFTER REIS (SEITE 540) ZUM SERVIEREN

HERKUNFT: TAIWAN
ZUBEREITUNGSZEIT: 10 MINUTEN,
　ZZGL. 30 MINUTEN MARINIERZEIT
GARZEIT: 1 STUNDE
PERSONEN: 4
📷 SEITE 305

当归鸭
ENTE MIT ENGELWURZ

- 1 KLEINE ENTE (1,5 KG), IN GROSSE STÜCKE GESCHNITTEN (MIT KNOCHEN)
- 1 EL SALZ
- 1 EL INGWERSAFT
- 10 G ENGELWURZ, IN SCHEIBEN GESCHNITTEN
- 5 G SICHUAN-LIEBSTÖCKELWURZEL (CHUAN XIONG)
- 2 EL REISWEIN
- 2 STÄNGEL KORIANDER, IN 4 CM LANGE STÜCKE GESCHNITTEN, ZUM GARNIEREN
- GEDÄMPFTER REIS (SEITE 540) ZUM SERVIEREN

* Die Ente in eine hitzebeständige Schüssel legen und mit Salz und Ingwersaft einreiben. Im Kühlschrank 30 Minuten marinieren.
* Engelwurz und Liebstöckelwurzel in die Schüssel geben, mit Alufolie abdecken, in einen Dämpfeinsatz oder Bambus-Dämpfkorb stellen und 30 Minuten über kochendem Wasser dämpfen. Die Hitze reduzieren und weitere 30 Minuten dämpfen. Die Folie entfernen, Engelwurz und Liebstöckelwurzel herausnehmen.
* Den Reiswein über die Ente träufeln und mit Koriander garnieren. Mit Reis servieren.

HERKUNFT: JIANGSU
ZUBEREITUNGSZEIT: 20 MINUTEN
GARZEIT: 3 STUNDEN 15 MINUTEN
PERSONEN: 8

馄饨鸭
GESCHMORTE ENTE MIT WONTONS

- 250 G GEWOLFTER SCHWEINEBAUCH ODER SCHWEINEHACKFLEISCH
- 2 EL HELLE SOJASAUCE
- 1 EL ZUCKER
- 2 EL SESAMÖL
- 24 GROSSE WONTON-BLÄTTER
- 1 GANZE ENTE (2 KG)
- 2 FRÜHLINGSZWIEBELN
- 20 G (CA. 2,5 CM) INGWER, IN SCHEIBEN GESCHNITTEN
- 4 EL SHAOXING-REISWEIN
- 100 G BAMBUSSPROSSEN, IN SCHEIBEN
- ½ EL SALZ

* Schweinefleisch, Sojasauce, Zucker und Sesamöl gut in einer Schüssel vermengen. In 24 Teile aufteilen.
* Einen Teil der Füllung auf eine Ecke eines Wonton-Blatts legen, Teigblatt über die Füllung falten und zur Hälfte aufrollen, bis die Füllung vollständig vom Teig umschlossen ist. Die zwei Enden des Teigs zur Mitte falten, übereinanderlegen, etwas Wasser dazwischenstreichen und die Lagen fest aufeinanderdrücken, um den Wonton zu verschließen. Vorgang mit den restlichen Teigblättern und der übrigen Füllung wiederholen.
* Die Ente in einen großen Topf mit kaltem Wasser legen und aufkochen. Herausnehmen und mit kaltem Wasser abspülen.
* Die Ente mit der Brust nach unten in einen großen ovalen Schmortopf geben. Frühlingszwiebeln, Ingwer und Reiswein hinzufügen und die Ente mit Wasser bedecken. Aufkochen lassen und den Schaum von der Oberfläche abschöpfen. Auf schwacher Hitze mit Deckel 3 Stunden, oder bis die Ente gar und zart ist, ziehen lassen.
* Den Deckel entfernen, die Ente mit der Brust nach oben drehen, Bambussprossen und Salz hinzufügen und aufkochen lassen.
* Inzwischen in einem großen Topf 1 Liter Wasser aufkochen, die Wontons hineingeben und 3 Minuten kochen lassen, bis sie an der Oberfläche schwimmen. Die Wontons abtropfen lassen, in den Schmortopf geben und servieren.

ENTE MIT ENGELWURZ

HERKUNFT: HAKKA
ZUBEREITUNGSZEIT: 15 MINUTEN,
  ZZGL. 12 STUNDEN RUHEZEIT
GARZEIT: 1 STUNDE
PERSONEN: 8

蒸咸鹅
GEDÄMPFTE SALZGANS

- 1 GANS (2,5 KG)
- 3 EL SALZ
- ½ TL FÜNF-GEWÜRZE-PULVER
- 3 EL INGWERSAFT
- 3 EL KLEBREISWEIN
- 5 G ENGELWURZ, IN SCHEIBEN GESCHNITTEN
- 2 KNOBLAUCHZEHEN, GEHACKT
- 2 EL WEISSER ESSIG
- GEDÄMPFTER REIS (SEITE 540) ZUM SERVIEREN

Im Süden Chinas wird immer gern Gans gegessen, z. B. die bekannte gebratene kantonesische Gans, Chaozhou-Gans in Lake, windgetrocknete Jiangsu-Gans und die Hakka-Salzgans, um nur ein paar zu nennen. In der Regel wird eine Gans lang mariniert, damit der Geschmack sie vollständig durchdringt.

* Die Gans in eine große Schüssel legen, innen und außen mit Salz und Fünf-Gewürze-Pulver einreiben und 4 Stunden marinieren. Die Gans innen und außen vollständig mit Ingwersaft und Wein einreiben und im Kühlschrank 8 Stunden marinieren. Dabei die Gans ein- oder zweimal drehen.
* Die Gans mit Engelwurz füllen und auf eine hitzebeständige Platte geben. In einen Dämpfeinsatz oder Bambus-Dämpfkorb stellen und mit Deckel etwa 1 Stunde, oder bis sie gar ist, über kochendem Wasser dämpfen. (Bei Bedarf noch etwas Wasser in den Topf geben.) Die Gans vorsichtig herausnehmen, die Engelwurz entfernen und auf ein Schneidbrett legen. Die Gans nach dem Abkühlen, wenn sie noch lauwarm ist, in kleine Stücke schneiden. Auf einer Servierplatte anrichten.
* Knoblauch und Essig in einer kleinen Schüssel zu einem Dip vermengen. Mit der Sauce und Reis als Beilage servieren.

HERKUNFT: TAIWAN
ZUBEREITUNGSZEIT: 5 MINUTEN,
  ZZGL. 15 MINUTEN EINWEICHZEIT
GARZEIT: 2 MINUTEN
PERSONEN: 6

卤味鹅肠
GÄNSEDÄRME IN SOJASAUCE

- 300 G GÄNSEDÄRME
- 475 ML HÜHNERBRÜHE (SEITE 90)
- 150 ML HELLE SOJASAUCE
- 2 ½ EL ZUCKER
- 150 G SCHNITTKNOBLAUCHBLÜTEN

* Die Gänsedärme in einen großen Topf geben und vollständig mit Wasser bedecken. Auf starker Hitze zum Kochen bringen und 5 Sekunden blanchieren. Abtropfen lassen.
* Hühnerbrühe, Sojasauce und Zucker in einen Topf geben, zum Kochen bringen und die Mischung in eine hitzebeständige Schüssel gießen. Die Därme hinzufügen und 15 Minuten einweichen.
* Wasser in einem Topf zum Kochen bringen, Schnittknoblauchblüten zugeben und 1 Minute blanchieren. Abtropfen lassen und mit Küchenpapier trocken tupfen. In 4 cm große Stücke schneiden. Den Boden einer Servierplatte mit dem Schnittknoblauch auslegen.
* Die Gänsedärme in 5 cm lange Stücke schneiden und auf den Schnittknoblauchblüten anrichten.

玫瑰醉鸽煲
TÄUBCHEN- UND ROSENSCHNAPS-SCHMORTOPF

HERKUNFT: HONGKONG
ZUBEREITUNGSZEIT: 5 MINUTEN
GARZEIT: 30 MINUTEN
PERSONEN: 4

Für den chinesischen Rosenschnaps werden Rosen mit Hirse und anderem Getreide destilliert. Daraus entsteht ein schwerer Likör mit Rosenduft. Er wird in der kantonesischen Küche oft zur Verstärkung des Fleischgeschmacks verwendet.

* In einem großen Topf 2,5 Liter Wasser zum Kochen bringen. Die Täubchen vorsichtig mit einer Zange an den Hälsen festhalten und 30 Sekunden in das heiße Wasser tauchen, sodass das Wasser in die Körperhöhlen fließt. Die Täubchen in einem Durchschlag abtropfen lassen. Wasser erneut aufkochen lassen, Täubchen ganz in das heiße Wasser legen, abdecken und den Herd ausschalten. (Die Täubchen werden in heißes Wasser getaucht, damit es in die Körperöffnungen läuft, sodass sie von innen und außen dieselbe Temperatur haben und gleichmäßiger gar werden.)
* Die Täubchen etwa 15 Minuten in dem heißen Wasser liegen lassen. Danach herausnehmen und abkühlen lassen. Jedes Täubchen nach dem Abkühlen in 6 Stücke schneiden.
* Das Öl in einem Schmortopf auf mittlerer Hitze heiß werden lassen. Frühlingszwiebeln und Ingwer hinzufügen und 1 Minute unter Rühren anbraten, bis es duftet. Jujube-Datteln, Reiswein und Rosenschnaps, Sojasauce, Salz, Zucker und Hühnerbrühe hinzufügen und aufkochen lassen. Die Täubchenstücke im Schmortopf verteilen, die Hitze reduzieren und mit Deckel 12 Minuten gar ziehen lassen. Die Täubchen auf einer Servierplatte anrichten.
* Die Stärke in einer kleinen Schüssel mit 1 Esslöffel Wasser vermengen und in den Schmortopf einrühren. Unter Rühren 30 Sekunden aufkochen lassen, bis die Sauce eindickt. Das Sesamöl einrühren und die Sauce über die Täubchen gießen. Mit Reis servieren.

- 2 TÄUBCHEN (250 G)
- 2 EL PFLANZENÖL
- 4 FRÜHLINGSZWIEBELN, NUR DIE HELLGRÜNEN TEILE, IN 4 CM LANGE STÜCKE GESCHNITTEN
- 10 G (CA. 2 CM) INGWER, IN SCHEIBEN GESCHNITTEN
- 4 JUJUBE-DATTELN, ENTKERNT
- 4 EL SHAOXING-REISWEIN
- 2 EL CHINESISCHER ROSENSCHNAPS
- 1 EL DUNKLE SOJASAUCE
- 1 TL SALZ
- 1 TL ZUCKER
- 120 ML HÜHNERBRÜHE (SEITE 90)
- 1 TL SPEISESTÄRKE
- ½ TL SESAMÖL
- GEDÄMPFTER REIS (SEITE 540) ZUM SERVIEREN

HERKUNFT: GUANGDONG
ZUBEREITUNGSZEIT: 15 MINUTEN, ZZGL.
 1 STUNDE 30 MINUTEN TROCKENZEIT
GARZEIT: 45 MINUTEN
PERSONEN: 4
📷 SEITE 309

脆皮鸽
FRITTIERTES TÄUBCHEN

- 2 TÄUBCHEN (250 G)
- 6 EL SALZ
- 475 ML PFLANZENÖL
- GEDÄMPFTER REIS (SEITE 540) ZUM SERVIEREN

FÜR DIE GLASUR:
- 3 EL MALTOSESIRUP
- 1 EL SPEISESTÄRKE
- 2 TL ESSIG
- 2 TL REISWEIN

FÜR DAS GEWÜRZSÄCKCHEN:
- 2 STERNANISE
- 1 GETROCKNETE MANDARINENSCHALE
- 1 KLEINE ZIMTSTANGE
- 50 G GEWÜRZLILIE
- ⅛ GETROCKNETE ARHAT-FRUCHT
- 8 G SÜSSHOLZWURZEL
- ½ EL SICHUAN-PFEFFERKÖRNER
- ½ EL GEMAHLENER KREUZKÜMMEL
- ½ TL GEWÜRZNELKEN

FÜR DAS GEWÜRZSALZ:
- 1 TL SALZ
- ½ TL FÜNF-GEWÜRZE-PULVER

Täubchen sind in der Regel junge Tauben, die weniger als vier Wochen alt sind. Beim Frittieren oder Braten wird ihre Haut knusprig und glänzend, das Fleisch bleibt aber zart und saftig. Dieses Gericht wird sehr oft in chinesischen Restaurants und zu speziellen Anlässen wie Geburtstagen oder Hochzeiten serviert.

* Wasser in einem großen Topf zum Kochen bringen, Täubchen zugeben und etwa 1 Minute blanchieren. Abtropfen lassen und beiseitestellen.
* Alle Zutaten für das Gewürzsäckchen in dieses füllen und in den Topf geben. Salz und 1½ Liter Wasser hinzufügen und auf starker Hitze zum Kochen bringen. Die Hitze reduzieren und 15 Minuten, oder bis die Geschmacksstoffe aus dem Gewürzsäckchen gezogen wurden, ziehen lassen.
* Die Täubchen zugeben und das Wasser erneut zum Kochen bringen. Deckel aufsetzen, Herd ausschalten und 12 Minuten im heißen Wasser stehen lassen. Die Täubchen in einen Durchschlag geben und die Haut mit kochendem Wasser übergießen. Die Täubchen 30 Minuten im Kühlschrank lufttrocknen lassen.
* Für die Glasur den Maltosesirup in einer kleinen Schüssel mit 3 Esslöffeln kochendem Wasser unter Rühren schmelzen. Die restlichen Zutaten für die Glasur hinzufügen und gut vermengen.
* Die Täubchen mit der Glasur einstreichen und weitere 30 Minuten lufttrocknen lassen. Den Vorgang wiederholen.
* Für das Gewürzsalz das Salz in einer kleinen trockenen Pfanne auf mittlerer Hitze 1 Minute heiß werden lassen. Vom Herd nehmen und abkühlen lassen. Das Fünf-Gewürze-Pulver einrühren.
* Das Öl in einem Wok oder einem hohen Topf auf 150 °C erhitzen oder bis ein Brotwürfel in 1½ Minuten braun wird. Die Täubchen sanft hineingeben und 3–4 Minuten mit einem Schaumlöffel im heißen Öl hin und her rollen, bis die Haut tief rot ist. Vorsichtig aus dem Öl nehmen und in einem Durchschlag abtropfen lassen. Den Vorgang mit dem zweiten Täubchen wiederholen.
* Die Täubchen vor dem Servieren halbieren und auf eine Servierplatte geben. Mit Gewürzsalz und gedämpftem Reis servieren.

FRITTIERTES TÄUBCHEN

HERKUNFT: JIANGSU
ZUBEREITUNGSZEIT: 10 MINUTEN
GARZEIT: 5 MINUTEN
PERSONEN: 4

三丝炒鸽松
TAUBE AUS DEM WOK

- 4–5 TAUBENBRÜSTE, OHNE KNOCHEN (CA. 300 G), FEIN GEHACKT
- ½ TL SALZ
- 1 EIWEISS
- 1½ TL SPEISESTÄRKE
- 2 EL SESAMÖL
- 3 EL SCHMALZ
- 10 G (CA. 2 CM) INGWER, IN FEINE STREIFEN GESCHNITTEN
- 1 FRÜHLINGSZWIEBEL, IN FEINE STREIFEN GESCHNITTEN
- 1 ROTE CHILISCHOTE, IN SCHEIBEN GESCHNITTEN
- 1 EL SHAOXING-REISWEIN
- 2 EL HELLE SOJASAUCE
- 1 TL ZUCKER
- ½ TL WEISSER ESSIG
- GEDÄMPFTER REIS (SEITE 540) ZUM SERVIEREN

* Taubenbrüste, Salz, Eiweiß und 1 Teelöffel Stärke gut in einer großen Schüssel vermengen. 1 Esslöffel Sesamöl einrühren.
* 2 Esslöffel Schmalz auf mittlerer Hitze in einem Wok oder einer großen Pfanne heiß werden lassen, das Taubenfleisch hinzufügen und etwa 30 Sekunden unter schnellem Rühren anbraten. Das Fleisch auf eine Platte legen.
* Den restlichen Esslöffel Schmalz auf mittlerer bis starker Hitze im Wok heiß werden lassen, Ingwer, Frühlingszwiebel und Chilischote hinzufügen und 1 Minute unter Rühren anbraten, bis es duftet. Reiswein, Sojasauce und Zucker zugeben und gut durchschwenken.
* Den restlichen ½ Teelöffel Speisestärke in einer kleinen Schüssel mit ½ Esslöffel Wasser vermengen und in den Wok einrühren. Aufkochen lassen und etwa 30 Sekunden umrühren, bis die Sauce eindickt. Das Taubenfleisch wieder in den Wok geben, schwenken und den Essig und den restlichen Esslöffel Sesamöl einrühren. Auf eine Servierplatte geben und mit Reis servieren.

HERKUNFT: SICHUAN
ZUBEREITUNGSZEIT: 5 MINUTEN
GARZEIT: 45 MINUTEN
PERSONEN: 2

熏五香鸽
GERÄUCHERTE TAUBE

- 2 GANZE TAUBEN (JE 250 G)
- 10 G (CA. 2 CM) INGWER, IN SCHEIBEN GESCHNITTEN
- 2 EL DUNKLE SOJASAUCE
- 6 EL SALZ
- 50 G KANDISZUCKER
- 4 EL SHAOXING-REISWEIN
- 2 EL JASMINTEEBLÄTTER
- GEDÄMPFTER REIS (SEITE 540) ZUM SERVIEREN

FÜR DAS GEWÜRZSÄCKCHEN:
- 2 STERNANISE
- 1 GETROCKNETE MANDARINENSCHALE
- 50 G GEWÜRZLILIE
- 8 G SÜSSHOLZWURZEL
- ½ KLEINE ZIMTSTANGE
- ½ EL SICHUAN-PFEFFERKÖRNER
- ½ EL GEMAHLENER KREUZKÜMMEL
- ½ TL GEWÜRZNELKEN

* Die Tauben in einen großen Topf legen und vollständig mit Wasser bedecken. Auf starker Hitze zum Kochen bringen und 1 Minute blanchieren. Abtropfen lassen.
* Gewürze in das Gewürzsäckchen füllen. In einem großen Topf 4 Liter Wasser geben. Ingwer, Sojasauce, Salz, Kandiszucker, Reiswein und das Gewürzsäckchen hinzufügen und zum Kochen bringen. Die Hitze reduzieren und 15 Minuten ziehen lassen.
* Die Sauce aufkochen lassen und die Tauben zugeben. Erneut aufkochen lassen, Herd ausschalten und weitere 12 Minuten ziehen lassen. Die Tauben in einem Durchschlag abtropfen lassen.
* Einen trockenen Wok auf starker Hitze heiß werden lassen, Teeblätter hinzufügen und ein Dämpfgestell aus Metall auf die Blätter im Wok stellen. Die Tauben auf das Gestell legen, abdecken und die Hitze reduzieren. Etwa 10 Minuten räuchern.
* Die Tauben auf ein Schneidbrett legen und nach dem Abkühlen halbieren. Auf eine Servierplatte geben und mit Reis servieren.

干收鸭鹑
GESCHMORTE WACHTEL

HERKUNFT: SICHUAN
ZUBEREITUNGSZEIT: 10 MINUTEN, ZZGL. 1 STUNDE MARINIERZEIT
GARZEIT: 1 STUNDE 15 MINUTEN
PERSONEN: 4

* Wachteln, Sojasauce, Reiswein und ½ Teelöffel Salz in einer großen Schüssel vermengen und 1 Stunde marinieren.
* 475 ml Öl in einem Wok oder einem hohen Topf auf 170 °C erhitzen oder bis ein Brotwürfel in 45 Sekunden braun wird. Die Wachteln sanft in das Öl gleiten lassen und 3–4 Minuten goldbraun frittieren. Die Wachteln zum Abtropfen auf eine mit Küchenpapier ausgelegte Platte legen.
* 1 Esslöffel Öl in einem sauberen Wok auf starker Hitze heiß werden lassen, Ingwer und Frühlingszwiebeln hinzufügen und etwa 1 Minute unter Rühren anbraten, bis es duftet. Die Hühnerbrühe hinzufügen und zum Kochen bringen. Wachteln, Zucker und den restlichen ½ Teelöffel Salz hinzufügen und auf mittlerer Hitze etwa 1 Stunde, oder bis die Sauce von den Wachteln aufgenommen wurde, ziehen lassen. Die Wachteln währenddessen mehrmals drehen.
* Ingwer und Frühlingszwiebeln entfernen, die Wachteln auf einer Servierplatte anrichten und mit Sesamöl einstreichen. Mit Reis servieren.

- 4 WACHTELN (JE 200 G)
- 1 EL HELLE SOJASAUCE
- 1 EL SHAOXING-REISWEIN
- 1 TL SALZ
- 475 ML PFLANZENÖL ZZGL. 1 EL
- 10 G (CA. 2 CM) INGWER, ZERDRÜCKT
- 2 FRÜHLINGSZWIEBELN, IN 4 CM LANGE STÜCKE GESCHNITTEN
- 475 ML HÜHNERBRÜHE (SEITE 90)
- 2 TL ZUCKER
- 2 TL SESAMÖL
- GEDÄMPFTER REIS (SEITE 540) ZUM SERVIEREN

FLEISCH

FLEISCH

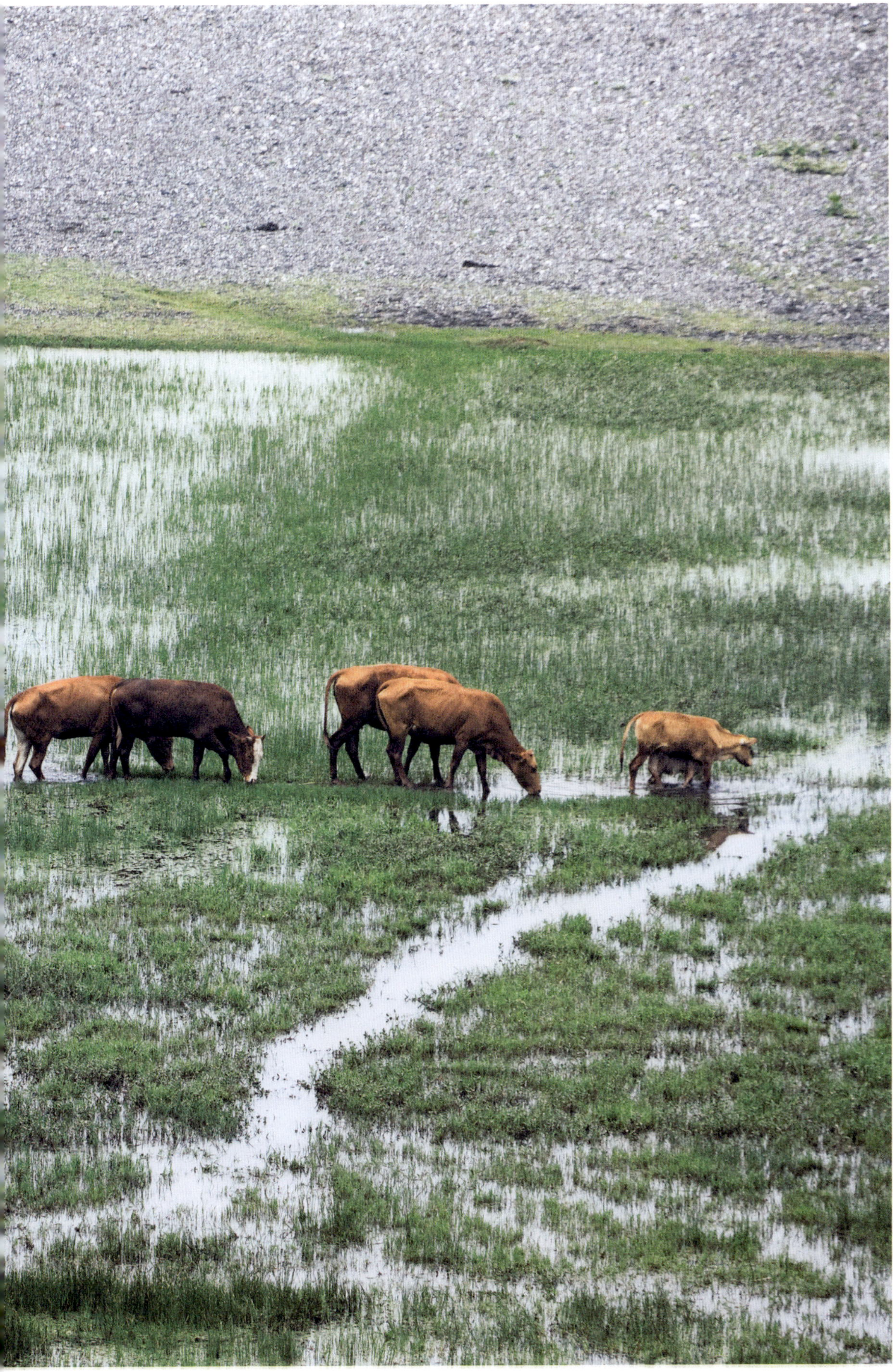

HERKUNFT: TAIWAN
ZUBEREITUNGSZEIT: 1 STUNDE,
    ZZGL. 3 STUNDEN MARINIERZEIT
GARZEIT: 30 MINUTEN
PERSONEN: 6–8

粉肝
KALTE SCHWEINELEBER

- 1 KG SCHWEINELEBER
- 1 EL WEISSE PFEFFERKÖRNER
- 50 G (CA. 7,5 CM) INGWER, IN FEINE STREIFEN GESCHNITTEN ZUM SERVIEREN

FÜR DIE SAUCE:
- 4 EL HELLE SOJASAUCE
- 4 EL SHAOXING-REISWEIN
- 1 EL ZUCKER
- 1 EL INGWERSAFT
- 1 EL SALZ

* Alle Zutaten für die Sauce und 475 ml kaltes Wasser in einer großen Schüssel vermengen und kühl stellen.
* Die Leber unter kaltem Wasser abspülen. Wasser in die Öffnungen der Leber laufen lassen, dann die Leber zusammendrücken und damit das Wasser und das Blut aus der Leber herausdrücken. Die Leber wiederholt spülen und ausdrücken, bis ein großer Teil des Blutes herausgespült wurde und die Leber hellrosa wird.
* Die Leber auf einer nicht-metallischen hitzebeständigen Platte in einen großen Topf stellen. Die weißen Pfefferkörner hinzufügen und die Leber mit Wasser bedecken. Das Wasser auf 70 °C erhitzen und 30 Minuten ziehen lassen. (Die Wassertemperatur muss mit einem Thermometer überprüft und durch Zugabe von heißem Wasser konstant gehalten werden.) Herausnehmen und sofort in die kalte Sauce tauchen. Die Leber mindestens 3 Stunden in der Sauce marinieren.
* Herausnehmen und abtropfen lassen. Mit einem scharfen Messer die harte Haut abschaben, die Leber in Scheiben schneiden und auf einer Servierplatte anrichten. Zusammen mit dem Ingwer servieren.

HERKUNFT: ZHEJIANG
ZUBEREITUNGSZEIT: 5 MINUTEN,
    ZZGL. 2 TAGE RUHEZEIT
GARZEIT: 2 STUNDEN 10 MINUTEN
PERSONEN: 4

醉猪手
DRUNKEN TROTTERS

- 1 KG SCHWEINEFÜSSE, GESÄUBERT
- 30 G (CA. 5 CM) INGWER, IN SCHEIBEN GESCHNITTEN
- 1 EL SICHUAN-PFEFFERKÖRNER
- 250 ML PÖKEL-WEINSAUCE
- 120 ML SHAOXING-REISWEIN
- 1 TL ZUCKER
- ½ TL SALZ

* Die Schweinefüße in einen großen Topf legen und mit Wasser bedecken. Auf starker Hitze aufkochen lassen und 5 Minuten blanchieren. Falls erforderlich, den Schaum abschöpfen. Abtropfen lassen und unter kaltem Wasser abspülen.
* Die Schweinefüße wieder in den Topf geben und den Ingwer und die Sichuan-Pfefferkörner hinzufügen. Mit Wasser bedecken und auf starker Hitze aufkochen lassen, dann auf schwacher Hitze 2 Stunden ziehen lassen. Abtropfen lassen und Ingwer und Pfefferkörner entfernen. Die Schweinefüße zum Abkühlen in kaltes Wasser tauchen, dann abtropfen lassen.
* Pökel-Weinsauce, Reiswein, Zucker, Salz und 250 ml kaltes Wasser in einer großen nichtmetallischen Schüssel vermengen. Die Schweinefüße darin eintauchen und 2 Tage im Kühlschrank ziehen lassen.
* Gekühlt ohne die Sauce servieren.

粉蒸肉
SCHWEINEBAUCH MIT ZERSTOSSENEM REIS

HERKUNFT: HUBEI
ZUBEREITUNGSZEIT: 30 MINUTEN, ZZGL. 10 MINUTEN MARINIERZEIT
GARZEIT: 1 STUNDE 20 MINUTEN
PERSONEN: 6

* Die Schwarte des Schweinebauchs säubern und unter kaltem Wasser abspülen.
* Den Schweinebauch in einen großen Topf legen und mit Wasser bedecken. Auf starker Hitze aufkochen lassen und 10 Minuten blanchieren. Abtropfen lassen und unter fließendem kaltem Wasser abkühlen.
* Inzwischen den Reis in einer kleinen Pfanne auf schwacher Hitze 3–4 Minuten trocken rösten, bis er leicht braun ist.
* Salz, Sternanis, Sichuan-Pfefferkörner, Gewürznelken und Zimt hinzufügen und auf mittlerer Hitze etwa 3 Minuten rösten. In eine Mühle (oder einen Mörser) geben und grob mahlen. Beiseitestellen.
* Den Schweinebauch in 4 × 2,5 × 1 cm große Stücke schneiden, zusammen mit den Zutaten für die Marinade in eine große Schüssel geben und 10 Minuten marinieren.
* Inzwischen die Kanäle der Lotuswurzel mit einem Stäbchen reinigen und gründlich unter kaltem Wasser abspülen. Die Lotuswurzel in 3 cm breite Scheiben schneiden, in eine Schüssel geben und mit 1 Esslöffel gewürztem Reis vermengen.
* Den restlichen gewürzten und gemahlenen Reis in die Schüssel mit dem Schweinebauch geben und gut vermengen.
* Den Boden einer hitzebeständigen Schüssel mit dem Schweinebauch mit der Schwarte nach unten auslegen und die Lotuswurzel-Scheiben darauflegen. Die Schüssel in einen Dämpfeinsatz oder Bambus-Dämpfkorb stellen und mit Deckel 1 Stunde über kochendem Wasser dämpfen. (Bei Bedarf noch etwas Wasser in den Topf geben.) Die Schüssel aus dem Dämpfeinsatz nehmen, mit einem Teller abdecken, mit Küchentüchern anfassen und die Schweinebauch- und Lotuswurzel-Mischung auf die Platte stürzen. (Alternativ die Zutaten mit einer Zange auf die Platte geben).
* Mit Frühlingszwiebeln garnieren und mit Reis servieren.

- 500 G AUSGELÖSTER SCHWEINEBAUCH, MIT SCHWARTE
- 75 G LANGKORNREIS
- 1 TL SALZ
- 2 STERNANISE
- 1 EL SICHUAN-PFEFFERKÖRNER
- ¾ TL GEWÜRZNELKEN
- ½ TL GEMAHLENER ZIMT
- 150 G LOTUSWURZEL, GESCHÄLT
- 1 EL GEHACKTE FRÜHLINGSZWIEBELN ZUM GARNIEREN
- GEDÄMPFTER REIS (SEITE 540) ZUM SERVIEREN

FÜR DIE MARINADE:
- 1 EL INGWERSAFT
- 1 EL FLÜSSIGKEIT DES ROTEN FERMENTIERTEN TOFUS
- 1 EL SÜSSE BOHNENSAUCE
- 1 TL REISWEIN
- 1 TL ZUCKER
- ¼ TL GEMAHLENER WEISSER PFEFFER

HERKUNFT: ZHEJIANG
ZUBEREITUNGSZEIT: 10 MINUTEN,
 ZZGL. 30 MINUTEN MARINIERZEIT
GARZEIT: 20 MINUTEN
PERSONEN: 6

- 300 G AUSGELÖSTER SCHWEINE-BAUCH, MIT SCHWARTE
- 50 G ROHE GARNELEN, OHNE PANZER UND DARM
- 10 G RÜCKENSPECK VOM SCHWEIN, GEHACKT
- 1½ EL GARNELENPASTE
- 1 EL ZUCKER
- 1 EL SHAOXING-REISWEIN
- 1 EL INGWERSAFT
- 1 EL SPEISESTÄRKE
- 10 STÜCKE FRITTIERTER TOFU, HALBIERT
- 1 EL GEHACKTE FRÜHLINGSZWIEBELN ZUM GARNIEREN
- GEDÄMPFTER REIS (SEITE 540) ZUM SERVIEREN

虾酱蒸五花腩
GEDÄMPFTES SCHWEIN MIT GARNELENPASTE

* Die Schwarte des Schweinebauchs säubern und unter kaltem Wasser abspülen. In 5 mm dicke Scheiben schneiden und beiseitestellen.
* Die Garnelen sehr fein hacken und dann mit Rückenspeck, Garnelenpaste, Zucker, Reiswein, Ingwersaft und Stärke in einer Schüssel zu einer Sauce vermengen und zum Schweinefleisch geben. 30 Minuten marinieren.
* Den Boden einer hitzebeständigen Schüssel mit dem frittierten Tofu auslegen und die marinierten Schweinefleischscheiben darauflegen. Die Marinade über das Schweinefleisch geben, in einen Dämpfeinsatz oder Bambus-Dämpfkorb stellen und mit Deckel 20 Minuten über kochendem Wasser dämpfen. Mit Frühlingszwiebeln garnieren und mit Reis servieren.

HERKUNFT: GUANGXI
ZUBEREITUNGSZEIT: 15 MINUTEN,
 ZZGL. 15 MINUTEN MARINIERZEIT
GARZEIT: 3 STUNDEN 30 MINUTEN
PERSONEN: 4–6

- 400 G AUSGELÖSTER SCHWEINE-BAUCH, MIT SCHWARTE, CA. 8 CM BREIT
- 3 STÜCKE ROTER FERMENTIERTER TOFU, ZERDRÜCKT
- 2 EL REISWEIN
- 2 EL ZUCKER
- 1 EL INGWERSAFT
- 600 G TARO, GESCHÄLT
- GEDÄMPFTER REIS (SEITE 540) ZUM SERVIEREN

芋头扣肉
SCHWEINEBAUCH MIT TARO

* Die Schwarte des Schweinebauchs säubern und unter kaltem Wasser abspülen. Den Schweinebauch in einen großen Topf legen und mit Wasser bedecken. Auf starker Hitze aufkochen lassen und 15 Minuten blanchieren. Falls erforderlich, den Schaum von der Oberfläche abschöpfen. Abtropfen lassen und unter kaltem Wasser abspülen. Abkühlen lassen.
* Den roten fermentierten Tofu, Reiswein, Zucker und Ingwersaft zu einer Sauce vermengen.
* Den Schweinebauch in 12 gleich große Scheiben schneiden. Die Scheiben in die Sauce geben und 15 Minuten marinieren.
* Den Taro in 12 gleich große Scheiben schneiden wie den Schweinebauch, in einen Dämpfeinsatz oder Bambus-Dämpfkorb legen und mit Deckel 15 Minuten über kochendem Wasser dämpfen. Danach aus dem Dämpfer nehmen.
* Den Schweinebauch aus der Sauce nehmen und in eine Schüssel geben. Die Taroscheiben in die Sauce tauchen.
* Auf einer hitzebeständigen Platte abwechselnd Schweinebauch und Taroscheiben anrichten und die restliche Sauce darübergießen. Die Platte mit Alufolie abdecken, in den Dämpfer setzen und auf starker Hitze 3 Stunden dämpfen. (Bei Bedarf noch etwas Wasser zugeben.) Mit Reis servieren.

夹心扣肉
SCHWEINEBAUCH MIT YAMSWURZEL

HERKUNFT: JIANGXI
ZUBEREITUNGSZEIT: 20 MINUTEN
GARZEIT: 2 STUNDEN 30 MINUTEN
PERSONEN: 4

* Die Schwarte des Schweinebauchs säubern und unter kaltem Wasser abspülen.
* Den Schweinebauch mit Ingwer und der verknoteten Frühlingszwiebel in einen großen Topf geben und mit Wasser bedecken. Auf starker Hitze aufkochen lassen, dann auf schwacher Hitze 20 Minuten garen. Den Schweinebauch in einem Durchschlag abtropfen lassen und etwa 2 Esslöffel Kochflüssigkeit auffangen.
* Den Schweinebauch in eine Schüssel geben und mit dunkler Sojasauce und Reiswein einreiben.
* Das Öl in einem Wok oder einem hohen Topf auf 170 °C oder bis ein Brotwürfel in 45 Sekunden braun wird erhitzen. Den Schweinebauch mit Küchenpapier trocken tupfen, in das Öl geben und 2–3 Minuten goldbraun frittieren. Den Schweinebauch mit einem Schaumlöffel aus dem Öl nehmen und auf Küchenpapier abtropfen lassen. Abkühlen lassen. In 1 cm dicke Scheiben schneiden und beiseitestellen.
* Das Öl erneut auf 170 °C erhitzen und die Yamswurzel 3–4 Minuten goldbraun frittieren. Die Yamswurzel mit einem Schaumlöffel aus dem Öl nehmen und auf Küchenpapier abtropfen lassen.
* Die Seiten und den Boden einer großen hitzebeständigen Schüssel überlappend mit dem Fleisch mit der Schwarte nach unten und der Yamswurzel auslegen.
* Die helle Sojasauce in einer kleinen Schüssel mit Zucker, Salz und der aufgefangenen Kochflüssigkeit vermengen und über den Schweinebauch und die Yamswurzel gießen. Die Schüssel mit Alufolie abdecken, in einen Dämpfeinsatz oder Bambus-Dämpfkorb stellen und mit Deckel 2 Stunden über kochendem Wasser dämpfen. (Bei Bedarf noch etwas Wasser zugeben.)
* Die Folie entfernen und die Sauce in einen Topf sieben. Die Schüssel mit einer Servierplatte abdecken, mit Küchentüchern anfassen und den Inhalt auf die Platte stürzen. (Alternativ die Zutaten mit einer Zange auf die Platte geben).
* Die Sauce auf mittlerer bis starker Hitze heiß werden lassen.
* Die Stärke in einer kleinen Schüssel mit 1 Esslöffel Wasser vermengen und in den Topf einrühren. Unter Rühren 30 Sekunden aufkochen lassen, bis die Sauce eindickt. Über den Schweinebauch und die Yamswurzel gießen und mit Reis servieren.

- 350 G AUSGELÖSTER SCHWEINEBAUCH, MIT SCHWARTE
- 10 G (CA. 2 CM) INGWER, IN SCHEIBEN GESCHNITTEN
- 1 FRÜHLINGSZWIEBEL, VERKNOTET
- 1 EL DUNKLE SOJASAUCE
- 1 EL REISWEIN
- 250 ML PFLANZENÖL
- 300 G YAMSWURZEL, IN 1 CM DICKE STÜCKE GESCHNITTEN
- 2 EL HELLE SOJASAUCE
- 1 TL ZUCKER
- ½ TL SALZ
- 1 TL SPEISESTÄRKE
- GEDÄMPFTER REIS (SEITE 540) ZUM SERVIEREN

HERKUNFT: HAKKA
ZUBEREITUNGSZEIT: 15 MINUTEN,
  ZZGL. 30 MINUTEN MARINIERZEIT
GARZEIT: 4 STUNDEN 15 MINUTEN
PERSONEN: 4-6

梅菜扣肉
SCHWEINEBAUCH MIT FERMENTIERTEM KOHLGEMÜSE

- 300 G SÜSSES FERMENTIERTES KOHLGEMÜSE, GESCHNITTEN, ABGESPÜLT UND FEIN GEHACKT
- 3 EL ZUCKER
- 1 EL HELLE SOJASAUCE
- 1 EL REISWEIN
- 600 G AUSGELÖSTER SCHWEINEBAUCH, MIT SCHWARTE
- 1 EL DUNKLE SOJASAUCE
- 4 EL PFLANZENÖL
- 10 G (CA. 2 CM) INGWER, IN SCHEIBEN GESCHNITTEN
- GEDÄMPFTER REIS (SEITE 540) ZUM SERVIEREN

* Das Kohlgemüse mit Zucker, heller Sojasauce und Reiswein in eine Schüssel geben und 30 Minuten marinieren.
* Inzwischen die Schwarte des Schweinebauchs säubern und unter kaltem Wasser abspülen.
* Das Fleisch in einen großen Topf geben und mit Wasser bedecken. Auf starker Hitze aufkochen lassen und 10 Minuten blanchieren. Abtropfen lassen und unter fließendem kaltem Wasser abkühlen. Mit Küchenpapier trocken tupfen und die Schwarte mit der dunklen Sojasauce einreiben.
* In einem Wok oder einer großen Pfanne 2 Esslöffel Öl auf mittlerer Hitze heiß werden lassen, das Fleisch mit der Schwarte nach unten hinzufügen und etwa 2 Minuten braten, bis die Schwarte Blasen wirft. Zum Abkühlen auf ein Schneidbrett legen. Dann in 1 cm dicke Scheiben schneiden.
* Eine kleine Pfanne auf mittlerer Hitze heiß werden lassen und das Kohlgemüse hineingeben. Zum Trocknen 3 Minuten rösten. Die restlichen 2 Esslöffel Öl hinzufügen und gründlich vermengen.
* Die Seiten und den Boden einer großen hitzebeständigen Schüssel mit dem Fleisch mit der Schwarte nach unten auslegen und das Kohlgemüse in die Mitte geben. Den Ingwer darauf verteilen, die Schüssel mit Alufolie abdecken, in einen Dämpfeinsatz oder Bambus-Dämpfkorb stellen und mit Deckel 4 Stunden über kochendem Wasser dämpfen. (Bei Bedarf noch etwas Wasser zugeben.) Die Folie entfernen und den Ingwer wegwerfen.
* Die Sauce durch ein Sieb in eine andere Schüssel gießen. Die Schüssel mit einer Servierplatte abdecken, mit Küchentüchern anfassen und den Inhalt auf den Teller stürzen. Der Schweinebauch liegt nun auf einem Bett aus Kohlgemüse. Die aufgefangene Sauce darübergießen und mit Reis servieren.

大头菜蒸肉饼
SCHWEINEFLEISCH MIT EINGELEGTEM KOHLRABI

HERKUNFT: HAKKA
ZUBEREITUNGSZEIT: 10 MINUTEN, ZZGL. 30 MINUTEN GEFRIERZEIT
GARZEIT: 10 MINUTEN
PERSONEN: 4

* Den Rückenspeck 30 Minuten in den Gefrierschrank legen, damit er fest wird. Herausnehmen und im gefrorenen Zustand fein hacken. Beiseitestellen.
* Inzwischen Sojasauce. Zucker, Salz und 4 Esslöffel Wasser in einer großen Schüssel vermengen und das Hackfleisch 15 Minuten darin marinieren.
* Das Hackfleisch mit Stäbchen etwa 1 Minute in eine Richtung rühren, bis es eine gummiartige Konsistenz hat. Das Hackfleisch mit einer Hand etwa fünfmal gegen die Schüssel schlagen, damit es klebrig und elastisch wird. Die Haferflocken und den Rückenspeck hinzufügen und gut mit den Händen vermengen. Den eingelegten Kohlrabi, Knoblauch, Stärke, Pflanzen- und Sesamöl einarbeiten.
* Die Masse zu einer flachen Scheibe formen und in eine hitzebeständige Schale legen. Mit Alufolie fest abdecken, in einen Dämpfeinsatz oder Bambus-Dämpfkorb stellen, aufkochen lassen und mit Deckel 8–10 Minuten über kochendem Wasser gar dämpfen. (Die Frikadelle mit einer Gabel oder einem Messer einstechen und prüfen, ob das Fleisch gar ist.) Mit Reis servieren.

- 100 G RÜCKENSPECK VOM SCHWEIN
- 200 G MAGERES SCHWEINE-HACKFLEISCH
- 1 TL HELLE SOJASAUCE
- 1 TL ZUCKER
- ½ TL SALZ
- 2 EL ZERKLEINERTE HAFERFLOCKEN
- 50 G EINGELEGTER KOHLRABI, GEHACKT
- 2 KNOBLAUCHZEHEN, GEHACKT
- 1 EL SPEISESTÄRKE
- 1 EL PFLANZENÖL
- ½ TL SESAMÖL
- GEDÄMPFTER REIS (SEITE 540) ZUM SERVIEREN

葱爆肉
SCHWEINEBAUCH MIT WINTERZWIEBELN

HERKUNFT: SHANDONG
ZUBEREITUNGSZEIT: 10 MINUTEN
GARZEIT: 10 MINUTEN
PERSONEN: 4

* Das Fleisch in einer Schüssel erst mit Stärke, dann mit 1 Esslöffel Öl vermengen.
* Die restlichen 2 Esslöffel Öl in einem Wok erhitzen. Das Fleisch zugeben und auf mittlerer bis schwacher Hitze 2–3 Minuten unter Rühren braten, bis es gar ist. Das Fleisch auf einer Platte beiseitestellen.
* Die Winterzwiebeln in den Wok geben und auf mittlerer bis starker Hitze 1–2 Minuten unter Rühren braten, bis es duftet. Die süße Bohnensauce, Sojasauce, Reiswein, Salz und Fleisch zugeben und auf starker Hitze 1 Minute unter Rühren braten. Mit Salz abschmecken.
* Auf einer Servierplatte mit Reis servieren.

- 300 G SCHWEINEBAUCH, IN SCHEIBEN GESCHNITTEN
- 1 EL SPEISESTÄRKE
- 3 EL PFLANZENÖL
- 2 WINTERZWIEBELN ODER 6 FRÜHLINGSZWIEBELN, IN 3 CM LANGE STÜCKE GESCHNITTEN
- 1 EL SÜSSE BOHNENSAUCE
- 1 TL HELLE SOJASAUCE
- 1 EL REISWEIN
- ½ TL SALZ, ZZGL. ETWAS MEHR ZUM ABSCHMECKEN
- GEDÄMPFTER REIS (SEITE 540) ZUM SERVIEREN

HERKUNFT: HONGKONG
ZUBEREITUNGSZEIT: 20 MINUTEN, ZZGL. 30 MINUTEN GEFRIER- UND 15 MINUTEN MARINIERZEIT
GARZEIT: 15 MINUTEN
PERSONEN: 4

咸鱼瑶柱蒸肉饼
SCHWEINEFLEISCH MIT KLIPPFISCH

- 100 G RÜCKENSPECK VOM SCHWEIN
- 75 G GETROCKNETE JAKOBSMUSCHELN
- 250 G MAGERES, FEIN GEHACKTES SCHWEINEHACKFLEISCH
- 1 TL ZUCKER
- ½ TL HELLE SOJASAUCE
- ½ TL SALZ
- 2 EL ZERKLEINERTE HAFERFLOCKEN
- 1 EL SPEISESTÄRKE
- ½ TL SESAMÖL
- 1 EL PFLANZENÖL, ZZGL. ETWAS MEHR FÜR DAS FRITTIEREN
- 75 G CHINESISCHER KLIPPFISCH
- ½ TL IN FEINE STREIFEN GESCHNITTENER INGWER ZUM GARNIEREN
- GEDÄMPFTER REIS (SEITE 540) ZUM SERVIEREN

* Den Rückenspeck 30 Minuten tiefkühlen, damit er fest wird. Herausnehmen und im gefrorenen Zustand fein hacken. Beiseitestellen.
* Die getrockneten Jakobsmuscheln 15 Minuten in einer kleinen Schüssel in 4 Esslöffeln kaltem Wasser einweichen. Abtropfen lassen und den kleinen, harten Muskel entfernen. Die Muscheln in feine Streifen schneiden, die Einweichflüssigkeit durchsieben und auffangen.
* Hackfleisch, Zucker, Sojasauce, Salz und Einweichflüssigkeit in einer großen Schüssel vermengen. 15 Minuten marinieren.
* Das Hackfleisch mit Stäbchen etwa 1 Minute in eine Richtung rühren, bis es eine gummiartige Konsistenz hat. Das Hackfleisch mit einer Hand etwa fünfmal gegen die Schüssel schlagen, damit es klebrig und elastisch wird. Die Haferflocken und den Rückenspeck hinzufügen und gut mit den Händen vermengen. Jakobsmuscheln, Stärke, Sesam- und Pflanzenöl einarbeiten.
* Die Masse zu einer flachen Scheibe formen und in eine hitzebeständige Schale geben. Die Schüssel mit Alufolie abdecken, in einen Dämpfeinsatz oder Bambus-Dämpfkorb stellen und mit Deckel 10–12 Minuten über kochendem Wasser gar dämpfen. (Die Frikadelle mit einer Gabel oder einem Messer einstechen und prüfen, ob das Fleisch gar ist.)
* Inzwischen etwas Pflanzenöl in einer kleinen Pfanne auf schwacher Hitze heiß werden lassen, den Klippfisch hinzufügen und von jeder Seite 1–2 Minuten hellbraun braten. Von der Kochplatte nehmen, den Klippfisch auf das gedämpfte Hackfleisch legen und mit dem Ingwer bestreuen. Mit gedämpftem Reis servieren.

咸蛋蒸肉饼
SCHWEINEFLEISCH MIT GESALZENEN ENTENEIERN

HERKUNFT: GUANGDONG
ZUBEREITUNGSZEIT: 10 MINUTEN, ZZGL. 30 MINUTEN GEFRIERZEIT
GARZEIT: 10–12 MINUTEN
PERSONEN: 4

* Den Rückenspeck 30 Minuten tiefkühlen, damit er fest wird. Herausnehmen und im gefrorenen Zustand fein hacken. Beiseitestellen.
* Inzwischen das Hackfleisch, Salz, Zucker und 4 Esslöffel Wasser in einer Schüssel vermengen und 15 Minuten marinieren. Den Rückenspeck untermengen. Das Hackfleisch mit Stäbchen etwa 1 Minute in eine Richtung rühren, bis es eine gummiartige Konsistenz hat.
* Haferflocken, Stärke und Öl zugeben und gut vermengen.
* Das Eigelb der Enteneier klein hacken und Eiweiß und Eigelb zum geschlagenen Ei geben.
* Das Hackfleisch zu einer flachen Scheibe formen und in eine hitzebeständige Schale legen. Die Schüssel mit Alufolie abdecken, in einen Dämpfeinsatz oder Bambus-Dämpfkorb stellen und mit Deckel 10–12 Minuten über kochendem Wasser gar dämpfen. (Die Frikadelle mit einer Gabel einstechen und prüfen, ob das Fleisch gar ist.)

- 80 G RÜCKENSPECK VOM SCHWEIN
- 200 G SCHWEINEHACKFLEISCH
- ½ TL SALZ
- 1 TL ZUCKER
- 3 EL ZERKLEINERTE HAFERFLOCKEN
- 2 TL SPEISESTÄRKE
- 1 EL PFLANZENÖL
- 2 GESALZENE ENTENEIER, GESCHÄLT, DER LÄNGE NACH HALBIERT UND GETRENNT
- 1 EI, GESCHLAGEN
- GEDÄMPFTER REIS (SEITE 540) ZUM SERVIEREN

土鱿蒸肉饼
SCHWEINEFLEISCH MIT GETROCKNETEM TINTENFISCH

HERKUNFT: HONGKONG
ZUBEREITUNGSZEIT: 10 MINUTEN, ZZGL. 30 MINUTEN EINWEICH- UND 10 MINUTEN MARINIERZEIT
GARZEIT: 10 MINUTEN
PERSONEN: 4

* Den Tintenfisch in einen Topf geben, mit warmem Wasser bedecken und 30 Minuten einweichen. Mit den Händen Haut und Knorpel entfernen und fein hacken.
* Inzwischen den Rückenspeck 30 Minuten tiefkühlen, damit er fest wird. Herausnehmen und im gefrorenen Zustand fein hacken. Beiseitestellen.
* Das Schweinehackfleisch, 2 Esslöffel Wasser, Sojasauce, Salz und Zucker in einer Schüssel vermengen und 10 Minuten marinieren. Das Hackfleisch mit Stäbchen etwa 1 Minute in eine Richtung rühren, bis es eine gummiartige Konsistenz hat. Das Hackfleisch mit einer Hand etwa fünfmal gegen die Schüssel schlagen, damit die Masse klebrig und elastisch wird. Tintenfisch und Rückenspeck untermengen.
* Die Wasserkastanien abtropfen lassen und Hackfleisch, Knoblauch, Stärke und weißen Pfeffer hinzufügen. Gut vermengen, dann Haferflocken und Sesamöl hinzufügen. Die Hackfleischmischung zu einer Frikadelle formen, in einen Dämpfeinsatz oder Bambus-Dämpfkorb geben und mit Deckel 10 Minuten über kochendem Wasser gar dämpfen. Mit Reis servieren.

- 50 G GETROCKNETER TINTENFISCH, ABGESPÜLT
- 75 G RÜCKENSPECK VOM SCHWEIN
- 200 G MAGERES, FEIN GEHACKTES SCHWEINEHACKFLEISCH
- ½ EL HELLE SOJASAUCE
- ½ TL SALZ
- ½ TL ZUCKER
- 2 WASSERKASTANIEN, GEWÜRFELT UND IN KALTEM WASSER EINGEWEICHT
- 1 KNOBLAUCHZEHE, GEHACKT
- 1 EL SPEISESTÄRKE
- ½ TL GEMAHLENER WEISSER PFEFFER
- 1 EL ZERKLEINERTE HAFERFLOCKEN
- 1 TL SESAMÖL
- GEDÄMPFTER REIS (SEITE 540) ZUM SERVIEREN

HERKUNFT: JIANGSU
ZUBEREITUNGSZEIT: 30 MINUTEN,
ZZGL. 30 MINUTEN GEFRIERZEIT
GARZEIT: 2 STUNDEN
PERSONEN: 3
📷 SEITE 325

清汤狮子头
LÖWENKOPF-FLEISCHBÄLLCHEN

- 200 G RÜCKENSPECK VOM SCHWEIN
- 300 G MAGERES SCHWEINEHACKFLEISCH
- 100 G ROHE GARNELEN, GESCHÄLT UND GEHACKT
- 1 EL INGWERSAFT
- 1 TL SALZ
- ¼ TL ZUCKER
- ¼ TL GEMAHLENER WEISSER PFEFFER
- 1½ EL SPEISESTÄRKE
- 1 EL FEIN GEMAHLENE HAFERFLOCKEN
- 1 L HÜHNERBRÜHE (SEITE 90)
- FRÜHLINGSZWIEBELN ZUM GARNIEREN (NACH BELIEBEN)

* Den Rückenspeck 30 Minuten tiefkühlen, damit er fest wird. Herausnehmen und im gefrorenen Zustand fein hacken. Beiseitestellen.
* Das Hackfleisch in zwei Teile teilen. Einen Teil fein hacken.
* Beide Teile des Hackfleischs, den Rückenspeck und die Garnelen in einer großen Schüssel vermengen und Ingwersaft, Salz, Zucker, weißen Pfeffer, Stärke und Haferflocken hinzufügen. Alles gut mit den Händen vermengen.
* Aus der Mischung mit nassen Händen 6 große Fleischbällchen formen und in 6 separate hitzebeständige Schüsseln legen, die tief genug sind, um das Fleischbällchen und die Brühe aufzunehmen. Die Fleischbällchen mit Hühnerbrühe bedecken. Die Schüsseln mit Alufolie abdecken, in einen Dämpfeinsatz oder Bambus-Dämpfkorb stellen und mit Deckel 2 Stunden über kochendem Wasser dämpfen. (Bei Bedarf noch etwas Wasser zugeben.) Mit Salz abschmecken, nach Belieben mit Frühlingszwiebeln garnieren und servieren.

HERKUNFT: ANHUI
ZUBEREITUNGSZEIT: 25 MINUTEN
GARZEIT: 30 MINUTEN
PERSONEN: 6

笼仔粉砣
FLEISCHBÄLLCHEN

- 1 STERNANIS
- 1 TL SICHUAN-PFEFFERKÖRNER
- 1 SOJAHAUT
- 50 G SÜSSKARTOFFEL-VERMICELLI
- 300 G SCHWEINEHACKFLEISCH
- 1 EL INGWERSAFT
- 1 TL SALZ
- 4 EL LOTUSWURZELPULVER, SÜSSKARTOFFELSTÄRKE ODER SPEISESTÄRKE
- 2 EIER, GESCHLAGEN

* Sternanis und Sichuan-Pfefferkörner in einer kleinen Pfanne 2–3 Minuten auf mittlerer bis schwacher Hitze rösten, bis es duftet. Mit Mörser und Stößel zermahlen. Beiseitestellen.
* Die Sojahaut mit einem sauberen, feuchten Küchentuch durch Reiben aufweichen. In Stücke schneiden und auf einem Dämpfgestell auslegen.
* Die Süßkartoffel-Vermicelli in einen großen Topf mit kochendem Wasser geben. Bei reduzierter Hitze 3–4 Minuten weich kochen. Abtropfen lassen und in 10 cm lange Stücke schneiden. In eine Schüssel geben und beiseitestellen.
* In einer zweiten Schüssel Hackfleisch, Ingwersaft, Salz, Sternanis, Pfeffer und Lotuswurzelpulver vermengen. Daraus 6 Fleischbällchen formen, diese in den geschlagenen Eiern rollen und auf eine Platte geben.
* Die Ei-Reste in eine heiße Pfanne geben, auf mittlerer Hitze 2–3 Minuten braten und dann in lange dünne Streifen schneiden. Die Fleischbällchen mit den Eierstreifen und Vermicelli umwickeln und auf die Sojahaut auf dem Dämpfgestell legen. Das Gestell in einen Dampfeinsatz stellen und mit Deckel etwa 18 Minuten über kochendem Wasser dämpfen. Servieren.

LÖWENKOPF-FLEISCHBÄLLCHEN

HERKUNFT: SHANDONG
ZUBEREITUNGSZEIT: 20 MINUTEN,
ZZGL. 30 MINUTEN MARINIERZEIT
GARZEIT: 55 MINUTEN
PERSONEN: 4–6

荷叶肉
SCHWEINEBAUCH IM LOTUSBLATT

- 450 G AUSGELÖSTER SCHWEINEBAUCH, MIT SCHWARTE
- 1 EL GERASPELTER INGWER
- 1 EL GEHACKTE FRÜHLINGSZWIEBELN
- 1 EL SÜSSE BOHNENSAUCE
- 2 EL HELLE SOJASAUCE
- 1 EL SHAOXING-REISWEIN
- 4 EL LANGKORNREIS
- 10 SICHUAN-PFEFFERKÖRNER
- 2 STERNANISE
- ½ TL GEMAHLENER ZIMT
- 3 GETROCKNETE LOTUSBLÄTTER, IN WASSER EINGEWEICHT UND IN 8 CM GROSSE QUADRATE GESCHNITTEN
- GEDÄMPFTER REIS (SEITE 540) ZUM SERVIEREN

* Die Schwarte des Schweinebauchs säubern und unter kaltem Wasser abspülen.
* Das Fleisch in einem Topf mit Wasser bedecken. Auf starker Hitze aufkochen lassen und 15 Minuten blanchieren. Abtropfen lassen und unter fließendem kaltem Wasser abkühlen. Das Fleisch in 5 × 3 × 0,5 cm große Scheiben schneiden.
* Ingwer, Frühlingszwiebeln, süße Bohnensauce, Sojasauce und Reiswein in einer großen Schüssel vermengen. 30 Minuten marinieren.
* Inzwischen den Reis in einer kleinen trockenen Pfanne auf schwacher Hitze 4–5 Minuten braun rösten. Sichuan-Pfefferkörner und Sternanise zugeben und 2–3 Minuten auf mittlerer bis schwacher Hitze rösten, bis es duftet. Von der Kochplatte nehmen, abkühlen lassen und im Mörser zu einem groben Pulver zerstoßen. Den Zimt einrühren, 4 Esslöffel kochendes Wasser hinzufügen und zu einem Brei vermengen.
* Das Fleisch mit dem Reisbrei bestreichen, jeweils 1 Stück auf ein Lotusblattquadrat legen und dieses zu einem kleinen Päckchen falten. Die Päckchen auf eine hitzebeständige Platte oder ein Dämpfgestell legen, in einen Dämpfeinsatz oder Bambus-Dämpfkorb stellen und mit Deckel 30 Minuten über kochendem Wasser dämpfen.
* Auf eine Servierplatte geben und mit Reis servieren. Jede Person nimmt ein Päckchen und packt es aus. (Das Lotusblatt ist nicht für den Verzehr bestimmt.)

HERKUNFT: HONGKONG
ZUBEREITUNGSZEIT: 10 MINUTEN,
ZZGL. 15 MINUTEN EINWEICHZEIT
GARZEIT: 20 MINUTEN
PERSONEN: 4–6

榄角虾干蒸猪肉
SCHWEIN MIT OLIVEN UND GARNELEN

- 2 EL GETROCKNETE GARNELEN
- 300 G SCHWEINESCHULTER ODER -LENDE VOM, IN DÜNNE SCHEIBEN GESCHNITTEN
- 1½ TL HELLE SOJASAUCE
- 1 TL ZUCKER
- 1 TL SPEISESTÄRKE
- 12 EINGELEGTE SCHWARZE OLIVEN, GEHACKT
- 1 TL INGWERSAFT • 1 EL PFLANZENÖL
- GEDÄMPFTER REIS (SEITE 540) ZUM SERVIEREN

* Die Garnelen abspülen und 15 Minuten in einer Schüssel mit kaltem Wasser einweichen. Abtropfen lassen und die Einweichflüssigkeit auffangen.
* Inzwischen Fleisch, Sojasauce, ½ Teelöffel Zucker und 2 Esslöffel aufgefangene Einweichflüssigkeit in einer Schüssel vermengen. 10 Minuten marinieren, dann die Stärke einrühren.
* Oliven, Ingwersaft und den restlichen ½ Teelöffel Zucker in einer hitzebeständigen Schüssel vermengen. In einen Dämpfeinsatz oder Bambus-Dämpfkorb stellen und mit Deckel 10 Minuten über kochendem Wasser dämpfen. Fleisch und Garnelen zufügen und Öl einrühren. Erneut 10 Minuten dämpfen, bis alles gar ist. Mit Reis servieren.

萝卜干南瓜蒸肉片
SCHWEIN MIT EINGELEGTEM RETTICH UND KÜRBIS

HERKUNFT: HONGKONG
ZUBEREITUNGSZEIT: 10 MINUTEN
GARZEIT: 10 MINUTEN
PERSONEN: 4

* Das Fleisch, Salz, Zucker, Sojasauce, Stärke und Öl gut in einer Schüssel vermengen. Den eingelegten Rettich unterrühren.
* Den Kürbis auf eine hitzebeständige Platte legen und die Rettich-Fleischmischung darauf verteilen. In einen Dämpfeinsatz oder Bambus-Dämpfkorb stellen und mit Deckel 10 Minuten über kochendem Wasser dämpfen, bis alles gar ist. Mit Reis servieren.

- 300 G SCHWEINESCHULTER MIT SCHWARTE, IN 5 MM DICKE SCHEIBEN GESCHNITTEN
- ½ TL SALZ
- ½ TL ZUCKER
- 1 TL HELLE SOJASAUCE
- 1 TL SPEISESTÄRKE
- 1 EL PFLANZENÖL
- 50 G EINGELEGTER RETTICH, ABGESPÜLT UND DIAGONAL IN DÜNNE SCHEIBEN GESCHNITTEN
- 100 G KÜRBIS, IN 1 CM DICKE STÜCKE GESCHNITTEN
- GEDÄMPFTER REIS (SEITE 540) ZUM SERVIEREN

客家腐乳肉
SCHWEINESCHULTER MIT FERMENTIERTEM TOFU

HERKUNFT: HAKKA
ZUBEREITUNGSZEIT: 10 MINUTEN
GARZEIT: 40 MINUTEN
PERSONEN: 4

* Das Fleisch in einen großen Topf geben und mit Wasser bedecken. Auf starker Hitze aufkochen lassen und 10 Minuten blanchieren. Falls erforderlich, den Schaum von der Oberfläche schöpfen. Abtropfen lassen und unter fließendem kaltem Wasser abkühlen. Das Fleisch in 1 cm dicke Scheiben schneiden.
* Den fermentierten Tofu, Knoblauch, Miso, Sojasauce, Reiswein und Zucker in einer großen Schüssel zu einem Brei vermengen. Die Fleischstücke in die Schüssel geben und gut vermengen.
* Die Tofustreifen auf eine hitzebeständige Platte geben.
* Die marinierten Fleischscheiben darauflegen und den restlichen Brei darübergeben. Alles in einen Dämpfeinsatz oder Bambus-Dämpfkorb stellen und mit Deckel 30 Minuten über kochendem Wasser gar dämpfen. Mit Reis servieren.

HINWEIS:
In asiatischen Lebensmittelmärkten werden frittierte Tofustangen angeboten. Alternativ können sie selbst hergestellt werden. Dazu in einem hohen Topf 475 ml Pflanzenöl auf 140 °C erhitzen und die getrockneten Tofustangen 2–3 Minuten frittieren, bis sie Blasen bilden.

- 500 G SCHWEINESCHULTER MIT SCHWARTE
- 3 STÜCKE FERMENTIERTER TOFU, ZERDRÜCKT
- 3 KNOBLAUCHZEHEN, GEHACKT
- 2 EL ZERDRÜCKTE MISO
- 1 EL HELLE SOJASAUCE
- 2 EL KLEBREISWEIN
- 1 EL ZERSTOSSENER KANDISZUCKER
- 200 G FRITTIERTE TOFUSTANGEN, ABGESPÜLT UND IN 5 CM LANGE STÜCKE GESCHNITTEN (SIEHE ANMERKUNG)
- GEDÄMPFTER REIS (SEITE 540) ZUM SERVIEREN

HERKUNFT: ANHUI
ZUBEREITUNGSZEIT: 20 MINUTEN,
ZZGL. 1 STUNDE MARINIERZEIT
GARZEIT: 2 STUNDEN
PERSONEN: 4

卷筒粉蒸肉
SCHWEINESCHULTER AUF SOJAHAUT

- 450 G SCHWEINESCHULTER MIT SCHWARTE, ZU EINEM RECHTECK GESCHNITTEN
- 4 EL HELLE SOJASAUCE
- 3 EL SHAOXING-REISWEIN
- 2 EL ZUCKER
- 120 G LANGKORNREIS, ABGESPÜLT UND ABGETROPFT
- 2 STERNANISE
- 1 GEWÜRZNELKE
- ½ KLEINE ZIMTSTANGE
- 1 GETROCKNETE SOJAHAUT, IN WASSER EINGEWEICHT UND ABGETROPFT
- GEDÄMPFTER REIS (SEITE 540) ZUM SERVIEREN

* Das Fleisch in 10 cm breite und 3 mm dicke Scheiben schneiden. Jede Scheibe sollte aus Schwarte und Fleisch bestehen.
* Sojasauce, Reiswein und Zucker in einer großen Schüssel vermengen, das Fleisch zugeben und 1 Stunde marinieren.
* Inzwischen den Reis auf eine mit Küchenpapier ausgelegte Platte geben, damit die überschüssige Feuchtigkeit entzogen wird. Den Reis zusammen mit Sternanisen, Gewürznelke und Zimt in einer trockenen Pfanne 4–5 Minuten auf schwacher Hitze rösten, bis der Reis aromatisch und knusprig wird. Herausnehmen und abkühlen lassen.
* Die Gewürze und den Reis in einen Mixer geben und mit der Pulsfunktion zu groben Bröseln mixen. Diese zu der Fleischmischung geben und gut vermengen.
* Die aufgeweichte Sojahaut auf eine hitzebeständige Platte geben. Jedes Stück Fleisch aufrollen und mit der Schwarte nach oben auf die Sojahaut geben. Die Platte in einen Dämpfeinsatz oder Bambus-Dämpfkorb stellen und mit Deckel 2 Stunden über kochendem Wasser dämpfen, bis das Fleisch gar ist. (Bei Bedarf noch etwas Wasser zugeben.) Mit Reis servieren.

HERKUNFT: GUANGDONG
ZUBEREITUNGSZEIT: 10 MINUTEN
GARZEIT: 10 MINUTEN
PERSONEN: 4

咸虾蒸猪肉
SCHWEINEBÄCKCHEN MIT GARNELENPASTE

- 400 G SCHWEINEBÄCKCHEN, IN 1 CM GROSSE WÜRFEL GESCHNITTEN
- 1 ½ EL GARNELENPASTE
- 1 EL ZUCKER
- 25 G (CA. 5 CM) INGWER, GERASPELT
- 1 EL SHAOXING-REISWEIN
- 1 ½ TL SPEISESTÄRKE
- 1 FRÜHLINGSZWIEBEL, IN FEINE STREIFEN GESCHNITTEN, ZUM GARNIEREN
- GEDÄMPFTER REIS (SEITE 540) ZUM SERVIEREN

In den Küstenregionen Chinas und in Südostasien ist die Garnelenpaste sehr beliebt. Sie hat dort viele Namen wie zum Beispiel „belacan" auf Malaysisch und „kapi" auf Thailändisch. Die Garnelenpaste wird aus fermentierten, klein gehackten Garnelen und Salz hergestellt und verleiht den Gerichten einen stechenden Geruch und einen unverwechselbaren Geschmack.

* Die Schweinebäckchen, Garnelenpaste, Zucker, Ingwer, Reiswein und Stärke gründlich in einer hitzebeständigen Schüssel vermengen.
* Die Schüssel in einen Dämpfeinsatz oder Bambus-Dämpfkorb stellen und mit Deckel 10 Minuten über kochendem Wasser gar dämpfen. Herausnehmen und mit der Frühlingszwiebel garnieren. Mit Reis servieren.

梅子蒸猪颈肉
SCHWEINEBÄCKCHEN IN PFLAUMENSAUCE

HERKUNFT: HONGKONG
ZUBEREITUNGSZEIT: 10 MINUTEN
GARZEIT: 12 MINUTEN
PERSONEN: 4

* Schweinebäckchen, Ingwersaft und Stärke gut in einer Schüssel vermengen.
* Salzpflaumen, Chilischote, Pflaumensauce und das Fleisch in einer hitzebeständigen Schüssel vermengen, in einen Dämpfeinsatz oder Bambus-Dämpfkorb stellen und mit Deckel 12 Minuten über kochendem Wasser gar dämpfen. In einer Schüssel mit Reis servieren.

- 400 G SCHWEINEBÄCKCHEN, IN 1 CM GROSSE WÜRFEL GESCHNITTEN
- 2 EL INGWERSAFT
- 1 EL SPEISESTÄRKE
- 2 SALZPFLAUMEN, ENTKERNT UND ZERKLEINERT
- 1 ROTE CHILISCHOTE, ENTKERNT UND IN SCHEIBEN GESCHNITTEN
- 2 EL PFLAUMENSAUCE
- GEDÄMPFTER REIS (SEITE 540) ZUM SERVIEREN

白菜肉卷
KOHLROULADEN MIT HACKFLEISCH

HERKUNFT: ANHUI
ZUBEREITUNGSZEIT: 20 MINUTEN, ZZGL. 20 MINUTEN EINWEICHZEIT
GARZEIT: 25 MINUTEN
PERSONEN: 4 (ERGIBT 8 STÜCK)

* Die Pilze in einer Schüssel mit kalten Wasser bedecken und mindestens 20 Minuten einweichen.
* Inzwischen das Hackfleisch, ¼ Teelöffel Salz, Zucker, weißen Pfeffer und 2 Esslöffel Wasser in einer großen Schüssel vermengen. 15 Minuten marinieren, dann 1 Teelöffel Stärke unterrühren.
* Die Pilze herausnehmen, Wasser herausdrücken und die Stiele entfernen. Die Pilze hacken, zum Fleisch geben und gut vermengen. Die Füllung in 8 Teile aufteilen.
* Wasser in einem Topf zum Kochen bringen, die Kohlblätter zugeben und 2–3 Minuten blanchieren, bis sie weich sind. Abtropfen lassen.
* 1 Kohlblatt auf einer Seite mit etwas Stärke bestäuben, einen Teil der Füllung darauflegen, einrollen und die Enden einstecken. Den Vorgang mit den restlichen Kohlblättern, 1 Teelöffel Stärke und der Füllung wiederholen.
* Die Rollen auf eine hitzebeständige Platte geben, in einen Dämpfeinsatz oder Bambus-Dämpfkorb stellen und mit Deckel 20 Minuten über kochendem Wasser gar dämpfen. Das Wasser von der Platte abtropfen lassen.
* Die Hühnerbrühe in einen kleinen Topf gießen, den restlichen ¼ Teelöffel Salz hinzufügen und aufkochen lassen. Den restlichen Teelöffel Stärke in einer kleinen Schüssel mit 1 Esslöffel Wasser vermengen und in den Topf einrühren. Unter Rühren 30 Sekunden aufkochen lassen, bis die Sauce eindickt. Die Sauce über die Hackfleisch-Kohlrouladen gießen. Mit Reis servieren.

- 2 GETROCKNETE SHIITAKE
- 200 G SCHWEINEHACKFLEISCH
- ½ TL SALZ
- ½ TL ZUCKER
- ¼ TL GEMAHLENER WEISSER PFEFFER
- 3 TL SPEISESTÄRKE
- 8 GROSSE CHINAKOHLBLÄTTER
- 4 EL HÜHNERBRÜHE (SEITE 90)
- GEDÄMPFTER REIS (SEITE 540) ZUM SERVIEREN

HERKUNFT: HUBEI
ZUBEREITUNGSZEIT: 20 MINUTEN,
  ZZGL. 2 STUNDEN 10 MINUTEN
  EINWEICHZEIT
GARZEIT: 15 MINUTEN
PERSONEN: 4
SEITE 331

珍珠圆子
FLEISCHBÄLLCHEN MIT KLEBREIS

- 100 G KLEBREIS, ABGESPÜLT
- 400 G MAGERES, FEIN GEHACKTES SCHWEINEHACKFLEISCH
- 1 TL SALZ
- 1 TL GEMAHLENER WEISSER PFEFFER
- 100 G RÜCKENSPECK VOM SCHWEIN, FEIN GEHACKT
- 4 WASSERKASTANIEN, FEIN GEHACKT
- 1 TL GEHACKTER INGWER
- 2 EL SPEISESTÄRKE
- GEDÄMPFTER REIS (SEITE 540) ZUM SERVIEREN

* Den Klebreis 2 Stunden in einer Schüssel mit kaltem Wasser einweichen. Abtropfen lassen und den Reis wieder in die Schüssel geben.
* Hackfleisch, Salz, weißen Pfeffer und 6 Esslöffel Wasser in einer zweiten Schüssel vermengen. 10 Minuten einweichen. Rückenspeck, Wasserkastanien, Ingwer und Stärke untermengen.
* Mit den Händen 3 cm große Bällchen formen und dann im Klebreis rollen. Die Fleischbällchen in einen Dämpfeinsatz oder Bambus-Dämpfkorb stellen und mit Deckel 15 Minuten über kochendem Wasser dämpfen, bis sie gar sind. Die Bällchen auf eine Servierplatte geben und mit Reis servieren.

HERKUNFT: SHANDONG
ZUBEREITUNGSZEIT: 20 MINUTEN,
  ZZGL. 20 MINUTEN EINWEICHZEIT
GARZEIT: 10 MINUTEN
PERSONEN: 4

蒸白菜肉丸
FLEISCHBÄLLCHEN MIT KOHL

- 5 G GETROCKNETE MU-ERR
- 1 EL GETROCKNETE GARNELEN
- 300 G SCHWEINEHACKFLEISCH
- ½ TL SALZ
- 2-3 CHINAKOHLBLÄTTER, GEHACKT
- 2 BUND KORIANDER, 1 HÄLFTE GEHACKT, 1 HÄLFTE IN 5 CM LANGE STÜCKE GESCHNITTEN
- 1 FRÜHLINGSZWIEBEL, IN FEINE STREIFEN GESCHNITTEN
- 1 EIWEISS
- ½ EL REISWEIN
- ½ EL SPEISESTÄRKE
- ½ TL GERASPELTER INGWER
- ½ TL GEMAHLENER WEISSER PFEFFER
- 1 EL HELLE SOJASAUCE
- 1 EL WEISSER REISESSIG
- ½ EL SESAMÖL
- GEDÄMPFTER REIS (SEITE 540) ZUM SERVIEREN

* Die Mu-Err 20 Minuten in kaltem Wasser einweichen. Die Pilze herausnehmen, die Stiele entfernen und die Köpfe in kleine Stücke zerpflücken.
* Inzwischen die getrockneten Garnelen 5 Minuten in einer Schüssel mit kaltem Wasser einweichen. Abtropfen lassen, hacken und beiseitestellen.
* Das Hackfleisch in einer großen Schüssel gründlich mit dem Salz vermengen. Garnelen, Pilze, Kohl und gehackten Koriander hinzufügen und gut vermengen, dann die Frühlingszwiebel, Eiweiß, Reiswein, Stärke, Ingwer und ¼ Teelöffel Pfeffer zugeben. 2,5 cm große Fleischbällchen formen, auf eine hitzebeständige Platte legen, diese in einen Dämpfeinsatz oder Bambus-Dämpfkorb stellen und mit Deckel 8 Minuten über kochendem Wasser dämpfen, bis sie gar sind. Die Fleischbällchen auf eine Servierplatte legen.
* Die Kochflüssigkeit in einen Wok oder Topf geben, Sojasauce, Essig, den restlichen ¼ Teelöffel Pfeffer und 200 ml Wasser zugeben und aufkochen lassen. Den übrigen Koriander und das Sesamöl einrühren und die Sauce über die Fleischbällchen gießen. Mit Reis servieren.

FLEISCHBÄLLCHEN MIT KLEBREIS

HERKUNFT: ZHEJIANG
ZUBEREITUNGSZEIT: 15 MINUTEN
GARZEIT: 1 STUNDE 55 MINUTEN
PERSONEN: 4

南乳肉
SCHWEINEBAUCH MIT ROTEM FERMENTIERTEM TOFU

- 400 G AUSGELÖSTER SCHWEINEBAUCH, MIT SCHWARTE
- ½ TL ROTER FERMENTIERTER REIS ODER KIRSCHSAFT
- 5 G (CA. 1 CM) INGWER, IN SCHEIBEN GESCHNITTEN
- 1 FRÜHLINGSZWIEBEL, IN 5 CM LANGE STÜCKE GESCHNITTEN
- 1 EL ZUCKER
- 1 EL SHAOXING-REISWEIN
- 2 TL HELLE SOJASAUCE
- 1 WÜRFEL ROTER FERMENTIERTER TOFU
- ½ TL SALZ
- GEDÄMPFTER REIS (SEITE 540) ZUM SERVIEREN

* Die Schwarte des Schweinebauchs säubern und unter kaltem Wasser abspülen. Das Fleisch in einen großen Topf geben und mit Wasser bedecken. Auf starker Hitze aufkochen lassen und 10 Minuten blanchieren. Falls erforderlich, den Schaum von der Oberfläche abschöpfen. Abtropfen lassen und unter fließendem kaltem Wasser abkühlen. Das Fleisch in 3 cm große Quadrate schneiden.
* Den rot fermentierten Reis mit 120 ml Wasser in einen kleinen Topf geben und aufkochen lassen. Dann auf schwacher Hitze etwa 5 Minuten ziehen lassen. Die Mischung durch ein Sieb gießen und beiseitestellen.
* Ingwer, Frühlingszwiebel, Zucker, Reiswein, Sojasauce, den roten fermentierten Tofu und Salz in einer großen Schüssel vermengen. Den Tofu mit einem großen Löffel zerdrücken. Das Reiswasser und 2 Esslöffel Wasser zugeben und alle Zutaten vermengen. Das Fleisch hinzufügen und vermengen, bis alle Stücke mit Sauce beschichtet sind.
* Die beschichteten Fleischstücke mit der Schwarte nach unten in eine hitzebeständige Schüssel geben. Die Schüssel mit Alufolie fest abdecken, in einen Dämpfeinsatz oder Bambus-Dämpfkorb stellen und mit Deckel 1½ Stunden über kochendem Wasser dämpfen. (Bei Bedarf etwas Wasser zugeben.) Auf eine Servierplatte geben und mit Reis servieren.

HERKUNFT: YUNNAN
ZUBEREITUNGSZEIT: 10 MINUTEN, ZZGL. 20 MINUTEN EINWEICHZEIT
GARZEIT: 1 STUNDE 5 MINUTEN
PERSONEN: 4

蜜汁云腿
YUNNAN-SCHINKEN IN HONIGSÜSSER SAUCE

- 300 G YUNNAN-SCHINKEN, IN 5 × 2,5 CM GROSSE SCHEIBEN GESCHNITTEN
- 2 EL ZUCKER
- 100 G KANDISZUCKER, ZERSTOSSEN
- 2 BIRNEN, ENTKERNT UND IN SCHEIBEN GESCHNITTEN
- 1½ EL HONIG
- GEDÄMPFTER REIS (SEITE 540) ZUM SERVIEREN

* Schinken und Zucker in einer hitzebeständigen Schüssel mit kochendem Wasser bedecken. 20 Minuten einweichen, dann abtropfen lassen.
* Die Hälfte des Kandiszuckers zugeben und alles mit Wasser bedecken. Die Schüssel in einen Dampfeinsatz stellen und mit Deckel 1 Stunde dämpfen. Bei Bedarf Wasser zugeben. Die Schüssel herausnehmen, das Wasser abtropfen lassen.
* Eine hitzebeständige Platte mit den Birnenscheiben auslegen, den Schinken darauflegen und 5 Minuten dämpfen. Dann die Kochflüssigkeit von der Platte abtropfen lassen.
* Inzwischen den Honig und die andere Hälfte des Kandiszuckers in einem kleinen Topf auf schwacher Hitze heiß werden lassen und dabei häufig umrühren, damit sich der Zucker auflöst. Über den Schinken träufeln und mit Reis servieren.

蜜汁白果火腿
GINKGONÜSSE UND SCHINKEN

HERKUNFT: HUNAN
ZUBEREITUNGSZEIT: 15 MINUTEN
GARZEIT: 2 STUNDEN 20 MINUTEN
PERSONEN: 4–6

- 150 G GINKGONÜSSE OHNE SCHALE
- 300 G PÖKELSCHINKEN, IN 3 × 1 CM GROSSE SCHEIBEN GESCHNITTEN
- 200 G KANDISZUCKER, ZERSTOSSEN
- 3 EL SHAOXING-REISWEIN
- ½ TL ROSENZUCKER (NACH BELIEBEN)
- 1 TL SPEISESTÄRKE

* Wasser in einem Topf zum Kochen bringen, Ginkgonüsse zugeben und 15 Minuten blanchieren. Abtropfen lassen und unter kaltem Wasser abspülen. Die Haut der Nüsse abreiben.
* Die Nüsse in einer hitzebeständigen Schüssel mit Wasser bedecken. Die Schüssel in einen Dämpfeinsatz oder Bambus-Dämpfkorb stellen und mit Deckel auf starker Hitze etwa 1 Stunde dämpfen. (Bei Bedarf etwas Wasser zugeben.) Die Ginkgonüsse abtropfen lassen.
* Inzwischen den Boden einer hitzebeständigen Schüssel mit den Schinkenscheiben auslegen. 50 g Kandiszucker und 1 Esslöffel Reiswein zugeben und den Schinken mit Wasser bedecken. Die Schüssel in einen Dämpfeinsatz oder Bambus-Dämpfkorb stellen, aufkochen lassen und mit Deckel etwa 1 Stunde dämpfen. Die Sauce abtropfen lassen, dabei den Schinken in der Schüssel belassen.
* Die Nüsse in die Schüssel auf die Schinkenscheiben legen. 75 g Kandiszucker und die restlichen 2 Esslöffel Reiswein hinzufügen. Die Schüssel in einen Dämpfeinsatz oder Bambus-Dämpfkorb stellen und auf starker Hitze abgedeckt 1 Stunde über kochendem Wasser dämpfen. (Bei Bedarf etwas Wasser zugeben.)
* Die Schüssel herausnehmen und die Flüssigkeit abtropfen lassen. Die Schüssel mit einer Servierplatte abdecken, mit Küchentüchern anfassen und den Inhalt auf die Platte stürzen. (Alternativ die Zutaten mit einer Zange auf eine Servierplatte geben).
* Den Rosenzucker, falls verwendet, und die restlichen 75 g Kandiszucker zusammen mit 2 Esslöffeln Wasser in einem Wok auf schwacher Hitze heiß werden lassen, bis sich der Zucker auflöst. Die Stärke mit 1 Esslöffel Wasser vermengen und in den Wok einrühren. Unter Rühren etwa 30 Sekunden aufkochen lassen, bis die Sauce eindickt. Die Sauce zum Servieren über den Schinken und die Ginkgonüsse träufeln.

HERKUNFT: SHANDONG
ZUBEREITUNGSZEIT: 20 MINUTEN,
ZZGL. 15 MINUTEN MARINIERZEIT
GARZEIT: 1 STUNDE 10 MINUTEN
PERSONEN: 4

冬菜五花肉
SCHWEINEBAUCH MIT EINGELEGTEM KOHL

- 500 G SCHWEINEBAUCH MIT SCHWARTE, IN 10 × 5 CM GROSSE SCHEIBEN GESCHNITTEN
- 2 EL REISWEIN
- 2 TL HELLE SOJASAUCE
- 2 FRÜHLINGSZWIEBELN, 1 IN FEINE STREIFEN UND 1 IN 4 CM LANGE STÜCKE GESCHNITTEN
- 1 EL INGWERSAFT
- 3 EL TIANJIN-KOHL, FEIN GEHACKT
- 2 EL PFLANZENÖL
- 1 EL ZUCKER
- 100 ML SCHWEINEBRÜHE (SEITE 91)
- ½ TL SALZ
- 5 G (CA. 1 CM) INGWER, IN SCHEIBEN GESCHNITTEN
- 1 TL SPEISESTÄRKE
- 1 EL SICHUAN-CHILIÖL
- GEDÄMPFTER REIS (SEITE 540) ZUM SERVIEREN

* Das Fleisch, 1 Esslöffel Reiswein, 1 Teelöffel Sojasauce, die in Streifen geschnittene Frühlingszwiebel und Ingwersaft in eine große Schüssel geben und 15 Minuten marinieren.
* In einer zweiten Schüssel den eingelegten Kohl mit 1 Esslöffel Pflanzenöl vermengen.
* Den restlichen Esslöffel Pflanzenöl in einem Topf auf schwacher bis mittlerer Hitze heiß werden lassen, den Zucker einrühren und 2 Minuten karamellisieren. Die Brühe, Salz, den restlichen Esslöffel Reiswein und 1 Teelöffel Sojasauce hinzufügen und aufkochen lassen.
* 1 Scheibe Schweinebauch auf ein Schneidbrett geben. Den Kohl über die ganze Länge auf dem Fleisch verteilen und dieses dann zu einem Zylinder rollen, dabei den Kohl vollständig einschließen. Den Vorgang mit den restlichen Fleischstücken und dem Kohl wiederholen. Die Rollen senkrecht mit der Schwarte nach unten in eine hitzebeständige Schüssel stellen, die Sauce darüberträufeln und die übrige Frühlingszwiebel und die Ingwerscheiben darübergeben.
* Die Schüssel mit Alufolie abdecken, in einen Dämpfeinsatz oder Bambus-Dämpfkorb stellen und mit Deckel 1 Stunde dämpfen. (Bei Bedarf etwas Wasser zugeben.)
* Die Alufolie entfernen und die Sauce in einen Wok oder eine große Pfanne tropfen lassen. Die Schüssel mit dem Fleisch mit einer Servierplatte abdecken, mit Küchentüchern anfassen und den Inhalt auf die Platte stürzen. (Alternativ den Inhalt mit einer Zange auf die Platte legen.)
* Die Sauce im Wok zum Kochen bringen. Die Stärke in einer kleinen Schüssel mit 1 Esslöffel Wasser vermengen und in den Wok einrühren. Unter Rühren etwa 30 Sekunden aufkochen lassen, bis die Sauce eindickt. Das Chiliöl einrühren und die Sauce über das Fleisch gießen. Mit Reis servieren.

爆糟排骨
RIPPCHEN MIT ROTER TRESTERSAUCE

HERKUNFT: FUJIAN
ZUBEREITUNGSZEIT: 5 MINUTEN
GARZEIT: 10 MINUTEN
PERSONEN: 4

* Das Pflanzenöl auf mittlerer Hitze in einem Wok heiß werden lassen, Knoblauch hinzufügen und 1–2 Minuten unter Rühren goldbraun braten. Den Knoblauch mit einem Schaumlöffel herausnehmen und beiseitestellen.
* Das restliche Öl im Wok erhitzen, die Rippchen hinzufügen und 2 Minuten auf mittlerer Hitze unter Rühren gar braten. Die Rippchen auf einer Platte beiseitestellen.
* Den Ingwer in den Wok geben und 1 Minute unter Rühren braten, bis es duftet. Die Trestersauce, die Fischsauce, Salz, Reiswein, Fünf-Gewürze-Pulver, den gebratenen Knoblauch und die Rippchen hinzufügen. Auf starker Hitze etwa 1 Minute unter Rühren braten, dann die Brühe zugeben und auf starker Hitze aufkochen lassen. Zum Einkochen die Sauce 3–4 Minuten ziehen lassen.
* Die Stärke in einer kleinen Schüssel mit ½ Esslöffel Wasser vermengen und in den Wok geben. Unter Rühren 30 Sekunden aufkochen lassen, bis die Sauce eindickt. Das Sesamöl unterrühren, auf einer Servierplatte anrichten und mit Reis servieren.

- 3 EL PFLANZENÖL
- 6 KNOBLAUCHZEHEN
- 500 G SCHÄLRIPPCHEN VOM SCHWEIN, IN 2,5 CM GROSSE STÜCKE GESCHNITTEN
- ½ TL GEHACKTER INGWER
- 3 EL ROTE TRESTERSAUCE
- 2 EL FISCHSAUCE
- 2 EL SALZ
- 1 EL KLEBREISWEIN
- ¼ TL FÜNF-GEWÜRZE-PULVER
- 250 ML HÜHNER- ODER SCHWEINEBRÜHE (SEITE 90–91)
- ½ TL SPEISESTÄRKE
- ¼ TL SESAMÖL
- GEDÄMPFTER REIS (SEITE 540) ZUM SERVIEREN

梅子蒸排骨
RIPPCHEN MIT SALZPFLAUMEN

HERKUNFT: GUANGDONG
ZUBEREITUNGSZEIT: 10 MINUTEN, ZZGL. 10 MINUTEN EINWEICHZEIT
GARZEIT: 10 MINUTEN
PERSONEN: 4

* Die Rippchen, Salz und 2 Esslöffel Wasser in einer großen Schüssel vermengen und 10 Minuten einweichen.
* In einer zweiten Schüssel die Salzpflaumen, Miso, Knoblauch und Zucker mit einer Gabel zu einem Brei zerdrücken.
* Den Brei zu den Rippchen geben, Stärke untermengen und Pflanzenöl einrühren. Die Rippchen auf einer hitzebeständigen Platte anrichten und mit eingelegtem Ingwer und der Chilischote bestreuen. Die Schüssel in einen Dämpfeinsatz oder Bambus-Dämpfkorb stellen und mit Deckel 10 Minuten über kochendem Wasser dämpfen, bis das Fleisch gar ist. Mit Reis servieren.

- 400 G SCHÄLRIPPCHEN VOM SCHWEIN, IN KLEINE STÜCKE GESCHNITTEN
- 1 TL SALZ
- 3 SALZPFLAUMEN, ENTKERNT
- 2 TL MISO
- 2 KNOBLAUCHZEHEN, GEHACKT
- 1 TL ZUCKER
- 1 TL SPEISESTÄRKE
- 1 EL PFLANZENÖL
- 8 SCHEIBEN EINGELEGTER INGWER (SEITE 296)
- 1 ROTE CHILISCHOTE, ENTKERNT UND IN FEINE STREIFEN GESCHNITTEN
- GEDÄMPFTER REIS (SEITE 540) ZUM SERVIEREN

HERKUNFT: HONGKONG
ZUBEREITUNGSZEIT: 5 MINUTEN,
    ZZGL. 30 MINUTEN EINWEICHZEIT
GARZEIT: 20 MINUTEN
PERSONEN: 4

SEITE 337

京都排骨
JINGDU-RIPPCHEN

- 2 TL SALZ
- 4 SCHULTERKOTELETTS MIT KNOCHEN (200 G), ABGESPÜLT
- 2 EL ROTER ESSIG
- 2 EL KETCHUP
- 1 EL ZUCKER
- 1 TL WORCESTERSHIRESAUCE
- 1 TL HELLE SOJASAUCE
- 2 EL PFLANZENÖL
- 10 G (CA. 2 CM) INGWER, IN SCHEIBEN GESCHNITTEN
- 3 EL SHAOXING-REISWEIN
- 2 FRÜHLINGSZWIEBELN, IN FEINE STREIFEN GESCHNITTEN, ZUM GARNIEREN (NACH BELIEBEN)
- KORIANDER ZUM GARNIEREN
- GEDÄMPFTER REIS (SEITE 540), NUDELN ODER KARTOFFELN ZUM SERVIEREN

* Das Salz und 475 ml Wasser in einer Schüssel verrühren, das Fleisch zugeben und 30 Minuten einweichen. Abtropfen lassen und abspülen.
* Das Fleisch in einen Topf geben und mit Wasser bedecken. Auf starker Hitze aufkochen lassen und 1 Minute blanchieren. Abtropfen lassen und unter kaltem Wasser abspülen.
* Essig, Ketchup, Zucker, Worcestershire- und Sojasauce in einer kleinen Schüssel zu einer Sauce verrühren. Beiseitestellen.
* Das Öl auf mittlerer bis starker Hitze in einem Wok oder einer großen Pfanne heiß werden lassen, Ingwer zugeben und 1 Minute unter Rühren anbraten, bis es duftet. Das Fleisch hinzugeben und 3–4 Minuten braten, bis es von beiden Seiten goldbraun ist. Den Reiswein auf die Innenseite des Woks träufeln, die Sauce einrühren und das Fleisch gerade mit Wasser bedecken. Aufkochen lassen und auf mittlerer bis starker Hitze etwa 5 Minuten kochen. Dann auf mittlerer bis schwacher Hitze weitere 3–4 Minuten ziehen lassen, bis die Sauce angedickt und das Fleisch gar ist. Auf einer Servierplatte anrichten, nach Belieben mit Frühlingszwiebeln und Koriander garnieren und mit Reis, Nudeln oder Kartoffeln servieren.

HERKUNFT: SHANDONG
ZUBEREITUNGSZEIT: 5 MINUTEN
GARZEIT: 20 MINUTEN
PERSONEN: 4

茶香排骨
RIPPCHEN IN TEE

- 300 G SCHÄLRIPPCHEN VOM SCHWEIN, IN 4 CM GROSSE STÜCKE GESCHNITTEN
- 2 ½ EL JASMINTEEBLÄTTER
- 1 EL PFLANZENÖL
- 1 TL GEHACKTER INGWER
- 1 FRÜHLINGSZWIEBEL, GEHACKT
- 2 EL HELLE SOJASAUCE
- 1 TL SHAOXING-REISWEIN
- 1 EL SICHUAN-CHILIÖL
- GEDÄMPFTER REIS (SEITE 540) ZUM SERVIEREN

* Die Rippchen in einen großen Topf geben und mit Wasser bedecken. Auf starker Hitze aufkochen lassen und 5 Minuten blanchieren. Abtropfen lassen und unter kaltem Wasser abspülen.
* Inzwischen die Teeblätter mit 250 ml kochendem Wasser aufgießen und 5 Minuten ziehen lassen.
* Das Pflanzenöl in einem Schmortopf auf mittlerer bis starker Hitze heiß werden lassen, Ingwer und Frühlingszwiebel hinzufügen und 1 Minute unter Rühren anbraten, bis es duftet. Die Rippchen, Sojasauce und Reiswein hinzufügen und etwa 2 Minuten unter Rühren anbraten. Den Jasmintee darübergießen, die Teeblätter beiseitestellen, aufkochen lassen und etwa 5 Minuten kochen, bis das Fleisch gar ist. Die Teeblätter einrühren und das Sichuan-Chiliöl einträufeln. Auf eine Servierplatte geben und mit Reis servieren.

JINGDU-RIPPCHEN

HERKUNFT: SHANDONG
ZUBEREITUNGSZEIT: 15 MINUTEN
GARZEIT: 15 MINUTEN
PERSONEN: 4

茶烧肉
GEBRATENER SCHWEINEBAUCH MIT TEEBLÄTTERN

- 300 G AUSGELÖSTER SCHWEINEBAUCH, MIT SCHWARTE
- 3 EL JASMINTEEBLÄTTER
- 2 EL PFLANZENÖL
- 1 TL GEHACKTER INGWER
- ½ FRÜHLINGSZWIEBEL, GEHACKT
- 1 EL REISWEIN
- 1 EL HELLE SOJASAUCE
- ½ TL ZUCKER
- ½ TL SALZ
- 1 EL SICHUAN-CHILIÖL
- GEDÄMPFTER REIS (SEITE 540) ZUM SERVIEREN

* Die Schwarte des Schweinebauchs säubern und unter kaltem Wasser abspülen.
* Das Fleisch in einen großen Topf geben und mit Wasser bedecken. Auf starker Hitze aufkochen lassen und 5 Minuten blanchieren. Abtropfen lassen und unter fließendem kaltem Wasser abkühlen. Das Fleisch in 3 cm große Stücke schneiden.
* Die Teeblätter in einer Kanne mit kochendem Wasser aufgießen. Den Tee wegschütten und die Teeblätter aufbewahren.
* Das Pflanzenöl in einem Wok erhitzen, Ingwer und Frühlingszwiebel hinzufügen und 1 Minute auf mittlerer bis starker Hitze unter Rühren anbraten, bis es duftet. Das Fleisch hinzufügen und umrühren. Reiswein, Sojasauce, Zucker und Salz zugeben und gut vermengen. Auf schwacher Hitze weitere 5 Minuten unter Rühren braten, bis das Fleisch gar ist. Die aufbewahrten Teeblätter und das Chiliöl hinzufügen, durchschwenken und auf einer Servierplatte anrichten. Mit Reis servieren.

HERKUNFT: NORDOSTEN
ZUBEREITUNGSZEIT: 10 MINUTEN, ZZGL. 30 MINUTEN EINWEICHZEIT
GARZEIT: 1 STUNDE 30 MINUTEN
PERSONEN: 4

酸菜炖排骨
SCHMORTOPF MIT GEMÜSE UND RIPPCHEN

- 50 G GETROCKNETE MUNGOBOHNENSTÄRKE-STREIFEN
- 250 G SCHÄLRIPPCHEN VOM SCHWEIN, IN 2,5 CM GROSSE STÜCKE GESCHNITTEN
- 2 KARTOFFELN, IN STÜCKE GESCHNITTEN
- 1 WINTERZWIEBEL ODER 3 FRÜHLINGSZWIEBELN, IN 5 CM LANGE STÜCKE GESCHNITTEN
- 5 G (CA. 1 CM) INGWER, IN SCHEIBEN GESCHNITTEN
- ½ TL SALZ
- 1 EL REISWEIN
- 2 EL PFLANZENÖL
- 150 G EINGELEGTE CHINAKOHLBLÄTTER, ABGESPÜLT UND IN DÜNNE STREIFEN GESCHNITTEN
- GEDÄMPFTER REIS (SEITE 540) ZUM SERVIEREN

* Die Mungobohnenstärke-Streifen 30 Minuten in einer Schüssel mit kaltem Wasser einweichen. Abtropfen lassen und beiseitestellen.
* Inzwischen die Schälrippchen in einen mittelgroßen Topf geben und mit Wasser bedecken. Auf starker Hitze aufkochen lassen und 2 Minuten blanchieren. Abtropfen lassen und unter kaltem Wasser abspülen.
* 1 Liter Wasser in einen Schmortopf geben und Rippchen, Kartoffeln, Winterzwiebel, Ingwer, Salz und Reiswein hinzufügen und auf starker Hitze aufkochen lassen. Dann auf schwacher Hitze mit Deckel 1 Stunde ziehen lassen.
* Das Öl in einem Wok oder einer großen Pfanne erhitzen, den eingelegten Kohl zugeben und 1 Minute auf mittlerer Hitze unter Rühren anbraten. Den eingelegten Kohl in den Schmortopf geben und weitere 20 Minuten garen. Die Mungobohnenstärke-Streifen hinzufügen und weitere 5 Minuten garen. Im Schmortopf mit Reis servieren.

南煎丸子
GEBRATENE FLEISCHBÄLLCHEN

HERKUNFT: SHANDONG
ZUBEREITUNGSZEIT: 20 MINUTEN
GARZEIT: 10 MINUTEN
PERSONEN: 4

* Hackfleisch, Eiweiße, Salz und Stärke in einer großen Schüssel vermengen. Alle Zutaten mit Stäbchen in eine Richtung verrühren, bis die Masse klebrig wird. Die Wasserkastanien und den Schinken untermengen. Mit den Händen Fleischbällchen mit einem Durchmesser von 2,5 cm formen. Beiseitestellen.
* Für die Sauce in einer kleinen Schüssel Hühnerbrühe, Reiswein, Zucker und Sojasauce verrühren. Beiseitestellen.
* 2 Esslöffel Pflanzenöl in einem Wok oder einer großen Pfanne auf mittlerer Hitze heiß werden lassen, die Fleischbällchen hineingeben und mit einem Pfannenwender flach drücken. (Falls erforderlich in mehreren Etappen arbeiten.) Die Fleischbällchen 2 Minuten auf mittlerer Hitze braun braten, wenden und weitere 2 Minuten gar braten. Die Fleischbällchen herausnehmen.
* Den restlichen Esslöffel Pflanzenöl im Wok auf mittlerer bis starker Hitze heiß werden lassen und den Ingwer und die Frühlingszwiebel 1 Minute unter Rühren anbraten, bis es duftet. Die Fleischbällchen, die Sauce und das Sesamöl zugeben und auf starker Hitze 2 Minuten garen, bis die Sauce eingekocht ist. Die Fleischbällchen auf einer Servierplatte pur, als Snack oder mit Reis, als vollständige Mahlzeit, servieren.

- 200 G SCHWEINEHACKFLEISCH
- 2 EIWEISS
- ½ TL SALZ
- 2 EL SPEISESTÄRKE
- 5 WASSERKASTANIEN, GROB GEHACKT
- 20 G JINHUA- ODER SMITHFIELD-SCHINKEN, GEHACKT
- 2 EL HÜHNERBRÜHE (SEITE 90)
- 1 EL REISWEIN
- 1 TL ZUCKER
- 2 TL HELLE SOJASAUCE
- 3 EL PFLANZENÖL
- 2 TL GEHACKTER INGWER
- 1 FRÜHLINGSZWIEBEL, GEHACKT
- 1 TL SESAMÖL
- GEDÄMPFTER REIS (SEITE 540) ZUM SERVIEREN

浏阳合蒸
FLEISCHBÄLLCHEN NACH LIUYANG-ART

HERKUNFT: HUNAN
ZUBEREITUNGSZEIT: 15 MINUTEN, ZZGL. 1 STUNDE RUHEZEIT
GARZEIT: 40 MINUTEN
PERSONEN: 4

Liuyang ist eine Stadt in der Provinz Hunan. Hier bevorzugt man gedämpfte Gerichte. In der Regel werden in einem Dämpfer oder Wok mehrere Speisen gleichzeitig gekocht.

* Das Fleisch mit dem Salz 1 Stunde in einer Schüssel stehen lassen.
* Den Fisch unter warmem Wasser abspülen, auf einer hitzebeständigen Platte in einen Dämpfeinsatz oder Bambus-Dämpfkorb stellen und mit Deckel 10 Minuten über kochendem Wasser dämpfen. Den Fisch schuppen und ebenfalls in 4 × 0,5 cm große Streifen schneiden.
* Zucker, Knoblauch und fermentierte schwarze Bohnen in einer kleinen Schüssel mischen. Den Boden einer hitzebeständigen Schüssel mit den grünen Bohnen, dann mit dem Fisch und dem Fleisch auslegen. Schwarze Bohnen und Chilischoten daraufgeben, dann 30 Minuten dämpfen, bis das Fleisch gar ist. Mit Reis servieren.

- 300 G AUSGELÖSTER SCHWEINEBAUCH, MIT SCHWARTE, IN 4 × 0,5 CM GROSSE STREIFEN GESCHNITTEN
- 1 TL SALZ
- 200 G EINGELEGTER FISCH
- 1½ EL ZUCKER
- 3 KNOBLAUCHZEHEN, GEHACKT
- 1½ EL FERMENTIERTE SCHWARZE BOHNEN, ABGESPÜLT UND GEHACKT
- 200 G EINGELEGTE GRÜNE BOHNEN, IN ABSCHNITTE GESCHNITTEN
- 4 ROTE CHILISCHOTEN, DIAGONAL IN SCHEIBEN GESCHNITTEN
- GEDÄMPFTER REIS (SEITE 540) ZUM SERVIEREN

HERKUNFT: FUJIAN
ZUBEREITUNGSZEIT: 10 MINUTEN,
 ZZGL. 15 MINUTEN EINWEICHZEIT
GARZEIT: 10 MINUTEN
ERGIBT: 18
SEITE 341

福州荔枝肉
FUZHOU-LYCHEE-FLEISCHBÄLLCHEN

- 250 G MAGERES SCHWEINEHACKFLEISCH
- ¾ TL SALZ
- ½ TL ZUCKER
- 1 EL SPEISESTÄRKE
- 3 WASSERKASTANIEN, GROB GEHACKT
- 475 ML PFLANZENÖL
- 2 KNOBLAUCHZEHEN, IN SCHEIBEN GESCHNITTEN
- GEDÄMPFTER REIS (SEITE 540) ZUM SERVIEREN

FÜR DIE SAUCE:
- 1 EL ROTE TRESTERSAUCE
- 2 EL ZUCKER
- 3 EL ROTER ESSIG

In diesem Rezept sind keine Lychees enthalten, die Fleischbällchen sollen aber mit ihrer rötlichen Farbe und den Wasserkastanien Lychees ähnlich sehen.

* Hackfleisch, Salz, Zucker und 3 Esslöffel Wasser in einer Schüssel vermengen, gut durchrühren und 15 Minuten einweichen. Das Hackfleisch mit Stäbchen etwa 1 Minute in eine Richtung rühren, bis es eine gummiartige Konsistenz hat. Die Stärke hinzufügen und gut vermengen. Die Masse mit den Händen in 18 gleich große Teile teilen.
* 1 oder 2 Stücke der Wasserkastanien in die Mitte eines Teils Hackfleisch legen und daraus ein Fleischbällchen formen. Den Vorgang mit den restlichen Wasserkastanien und dem Fleisch wiederholen.
* Alle Zutaten für die Sauce in einem Mörser zerstoßen, bis sie gut vermengt sind. Beiseitestellen.
* Das Öl auf schwacher Hitze in einem Wok oder einer großen Pfanne heiß werden lassen, die Fleischbällchen zugeben und 2–3 Minuten braten, bis sie hellbraun sind. Herausnehmen und beiseitestellen.
* Das Öl bis auf 1 Esslöffel abgießen und auf mittlerer Hitze heiß werden lassen. Den Knoblauch hinzufügen und 1–2 Minuten unter Rühren braten, bis es duftet. Den Knoblauch entfernen und die Sauce einrühren. Die Fleischbällchen hinzufügen und kurz anbraten. Auf starker Hitze 1 Minute ohne Deckel köcheln lassen, bis die Sauce eindickt. Mit Reis servieren.

FUZHOU-LYCHEE-FLEISCHBÄLLCHEN

HERKUNFT: CHAOZHOU
ZUBEREITUNGSZEIT: 10 MINUTEN,
ZZGL. 8 STUNDEN TROCKENZEIT
GARZEIT: 30 MINUTEN
PERSONEN: 4

脆姜鱼露炒猪肉
SCHWEINEBAUCH MIT KNUSPRIGEM INGWER

- 50 G (CA. 7,5 CM) INGWER, UNGESCHÄLT UND IN SEHR DÜNNE SCHEIBEN GESCHNITTEN
- 1 ½ TL BRAUNER ZUCKER
- 400 G AUSGELÖSTER SCHWEINE-BAUCH, MIT SCHWARTE
- 120 ML PFLANZENÖL
- 1 ½ EL FISCHSAUCE
- 2 EL SHAOXING-REISWEIN
- GEDÄMPFTER REIS (SEITE 540) ZUM SERVIEREN

* Den Ingwer in einer Schale mit 1 Teelöffel braunem Zucker vermengen. Den Ingwer in einer Schicht auf einem Tablett verteilen und 8 Stunden trocknen lassen.
* Die Schwarte des Schweinebauchs säubern und unter kaltem Wasser abspülen. Das Fleisch in einen großen Topf legen und mit Wasser bedecken. Auf starker Hitze aufkochen lassen und 20 Minuten blanchieren. Abtropfen lassen und unter kaltem Wasser abspülen. In 5 mm dicke Scheiben schneiden und beiseitestellen.
* Das Öl in einem Wok oder einem hohen Topf auf 170 °C oder bis ein Brotwürfel in 45 Sekunden braun wird erhitzen. Den Ingwer in das Öl geben und 1–2 Minuten knusprig frittieren. Den Ingwer mit einem Schaumlöffel herausnehmen und auf Küchenpapier abtropfen lassen.
* Das Öl bis auf etwa 2 Esslöffel abgießen und auf mittlerer Hitze heiß werden lassen. Das Fleisch und die Hälfte des Ingwers hinzufügen und 1–2 Minuten unter Rühren braten. Die Fischsauce und 1 Esslöffel Reiswein einrühren und 1 Minute unter Rühren braten, bis die Flüssigkeit verdampft ist. Den restlichen Esslöffel Reiswein und ½ Teelöffel braunen Zucker hinzufügen und einige Sekunden unter Rühren braten. Nun den Ingwer einrühren. Auf eine Servierplatte geben und mit Reis servieren.

HERKUNFT: GUIZHOU
ZUBEREITUNGSZEIT: 15 MINUTEN
GARZEIT: 10 MINUTEN
PERSONEN: 4

炸酥肉
SCHWEIN MIT GEWÜRZSALZ

- 3 EL WEIZENMEHL, TYPE 405
- 1 EL SPEISESTÄRKE
- 1 ½ TL SALZ
- ¼ TL NATRON
- 475 ML PFLANZENÖL, ZZGL. ½ EL
- 200 G SCHWEINEFILET IN 3 CM DICKE SCHEIBEN GESCHNITTEN
- ¼ TL GEMAHLENER SICHUAN-PFEFFER

* Für den Teig Mehl, Stärke, ½ Teelöffel Salz, Natron und 4 Esslöffel Wasser in einer Schüssel vermengen. 10 Minuten beiseitestellen, dann das Öl einrühren.
* Inzwischen das Schweinefilet mit einem Fleischklopfer oder schweren Fleischerbeil flach klopfen, bis es sehr dünn sind.
* Für das Gewürzsalz 1 Teelöffel Salz auf schwacher Hitze in einer Pfanne heiß werden lassen und von der Kochplatte nehmen. Den gemahlenen Sichuan-Pfeffer hinzufügen und gut vermengen. Beiseitestellen.
* Das Öl in einem Wok oder einem hohen Topf auf 170 °C erhitzen oder bis ein Brotwürfel in 45 Sekunden braun wird. Das Fleisch in den Teig tauchen, danach in das heiße Öl geben und 2–3 Minuten frittieren, bis es goldbraun und gar ist. Die Fleischstücke mit einem Schaumlöffel aus dem Öl nehmen und auf Küchenpapier abtropfen lassen. Auf einer Servierplatte anrichten und mit dem Gewürzsalz bestreuen.

酱爆肉条
SCHWEINEFILET AUS DEM WOK

HERKUNFT: BEIJING
ZUBEREITUNGSZEIT: 10 MINUTEN
GARZEIT: 10 MINUTEN
PERSONEN: 4

* Die Fleischstücke mit ½ Eiweiß, 1 Esslöffel Stärke und 2 Esslöffeln Wasser in einer Schüssel vermengen. (Das restliche Eiweiß entfernen oder für ein anderes Rezept aufbewahren.) Beiseitestellen.
* Wasser in einem Topf auf starker Hitze aufkochen lassen. Die Bambussprossen zugeben und 1 Minute blanchieren. Abtropfen lassen und unter kaltem Wasser abspülen.
* Die Hühnerbrühe, den restlichen ½ Esslöffel Stärke, den fermentierten Tofu, Zucker, Salz und Sojasauce zu einer Sauce verrühren.
* Das Öl in einem Wok oder einem hohen Topf auf 170 °C erhitzen oder bis ein Brotwürfel in 45 Sekunden braun wird. Die Fleischstücke in das Öl geben, dabei sofort mit Stäbchen trennen, damit sie nicht zusammenkleben, und 1 Minute frittieren, bis das Fleisch weiß wird. Die Fleischstücke mit einem Schaumlöffel herausnehmen und in einem Durchschlag abtropfen lassen.
* Das Öl bis auf etwa 2 Esslöffel abgießen und auf starker Hitze heiß werden lassen. Frühlingszwiebel, Ingwer und Knoblauch hinzufügen und 1 Minute unter Rühren braten, bis es duftet. Bambussprossen, Gurke und Fleisch hinzufügen und weitere 2 Minuten unter Rühren braten, bis das Fleisch gar ist. Die Sauce darübergießen und 1–2 Minuten unter Rühren braten, bis die Sauce eindickt. Auf eine Servierplatte geben und mit Reis servieren.

- 200 G SCHWEINEFILET, IN 6 × 0,5 CM GROSSE STREIFEN GESCHNITTEN
- 1 EIWEISS, STEIF GESCHLAGEN
- 1½ EL SPEISESTÄRKE
- 50 G BAMBUSSPROSSEN, ABGETROPFT UND IN SCHEIBEN GESCHNITTEN
- 2 EL HÜHNERBRÜHE (SEITE 90)
- 1 STÜCK ROTER FERMENTIERTER TOFU, ZERDRÜCKT
- 1½ TL ZUCKER
- ½ TL SALZ
- 2 TL HELLE SOJASAUCE
- 475 ML PFLANZENÖL
- 1 FRÜHLINGSZWIEBEL, IN FEINE STREIFEN GESCHNITTEN
- 1 TL GEHACKTER INGWER
- 2 KNOBLAUCHZEHEN, GEHACKT
- 1 GURKE, IN STREIFEN GESCHNITTEN
- GEDÄMPFTER REIS (SEITE 540) ZUM SERVIEREN

HERKUNFT: SICHUAN
ZUBEREITUNGSZEIT: 10 MINUTEN,
 ZZGL. 15 MINUTEN EINWEICH- UND
 15 MINUTEN MARINIERZEIT
GARZEIT: 10 MINUTEN
PERSONEN: 4

鱼香肉丝
SCHWEINEFILET IN KNOBLAUCHSAUCE

- 10 G GETROCKNETE MU-ERR
- 250 G SCHWEINEFILET, IN FEINE STREIFEN GESCHNITTEN
- ½ EL HELLE SOJASAUCE
- 2 EL PFLANZENÖL
- ½ TL GEHACKTER INGWER
- 3 KNOBLAUCHZEHEN, GEHACKT
- 25 G EINGELEGTE CHILISCHOTEN, GEHACKT
- 1 EL REISWEIN
- ½ EL ZUCKER
- ½ TL SALZ
- 1 EL SCHWARZER REISESSIG ODER BALSAMICO-ESSIG
- 25 G BAMBUSSPROSSEN, ABGETROPFT UND IN SCHEIBEN GESCHNITTEN
- 1 TL SPEISESTÄRKE
- ½ TL SESAMÖL
- GEDÄMPFTER REIS (SEITE 540) ZUM SERVIEREN

* Die Mu-Err 15 Minuten in kaltem Wasser einweichen.
* Wasser in einem Topf auf starker Hitze aufkochen lassen, die Pilze zugeben und 3 Minuten blanchieren. Abtropfen las-sen, unter kaltem Wasser abspülen und in feine Streifen schneiden.
* Nun die Fleischstreifen, Sojasauce und 1 Esslöffel Wasser in einer Schüssel vermengen und 15 Minuten marinieren.
* Das Pflanzenöl in einem Wok oder einer großen Pfanne erhitzen, Ingwer, Knoblauch und Chilischoten zugeben und 1 Minute auf mittlerer Hitze unter Rühren anbraten, bis es duftet. Das Fleisch zugeben und weitere 2 Minuten unter Rühren braten, bis es fast gar ist. Reiswein, Zucker, Salz, Essig und 2 Esslöffel Wasser einrühren und aufkochen lassen. Pilze und Bambussprossen hinzufügen und 1 weitere Minute garen. Die Stärke in einer kleinen Schüssel mit 1 Esslöffel Wasser vermengen und in den Wok einrühren. Unter Rühren etwa 30 Sekunden aufkochen lassen, bis die Sauce eindickt.
* Das Sesamöl einrühren und alles auf einer Servierplatte anrichten. Mit Reis servieren.

HERKUNFT: SHAANXI
ZUBEREITUNGSZEIT: 10 MINUTEN
GARZEIT: 5 MINUTEN
PERSONEN: 4

姜芽肉丝
SCHWEIN MIT INGWER

- 200 G SCHWEINEFILET, IN 4 CM LANGE STREIFEN GESCHNITTEN
- 2 TL SHAOXING-REISWEIN
- 1 EL HELLE SOJASAUCE
- 1 TL SPEISESTÄRKE
- 250 ML PFLANZENÖL
- 100 G (CA. 15 CM) INGWER, IN 4 CM LANGE STREIFEN GESCHNITTEN
- 2 FRÜHLINGSZWIEBELN, IN 4 CM LANGE STREIFEN GESCHNITTEN
- ⅓ TL SALZ, ZZGL. ETWAS MEHR ZUM ABSCHMECKEN
- GEDÄMPFTER REIS (SEITE 540) ZUM SERVIEREN

Frischer Ingwer ist aromatisch, würzig und in der chinesischen Küche allgegenwärtig, wohingegen junger Ingwer frisch, saftig und mild schmeckt. Die durchscheinende Schale wird eher abgerieben als geschält.

* Fleisch, 1 Teelöffel Reiswein, 1 Teelöffel Sojasauce und die Stärke in einer Schüssel vermengen und beiseitestellen.
* Das Öl in einem Wok oder einem hohen Topf auf 160 °C erhitzen oder bis ein Brotwürfel in 1 Minute braun wird. Die Fleischstreifen einrühren und 3–4 Minuten garen, bis sie braun werden, Dann auf eine mit Küchenpapier ausgelegte Platte legen.
* Das Öl bis auf etwa 2 Esslöffel abgießen. Ingwer und Frühlingszwiebeln hinzufügen und 1 Minute unter Rühren anbraten, bis es duftet. Das Fleisch, Salz, den restlichen Teelöffel Reiswein und 2 Teelöffel Sojasauce zugeben und alles gut durchschwenken. Mit Salz abschmecken. Auf eine Servierplatte geben und mit Reis servieren.

芙蓉肉丝
SHANDONG-SCHWEINEFILET

HERKUNFT: SHANDONG
ZUBEREITUNGSZEIT: 15 MINUTEN,
ZZGL. 20 MINUTEN EINWEICHZEIT
GARZEIT: 10 MINUTEN
PERSONEN: 4

* Die Mu-Err 20 Minuten in kaltem Wasser einweichen. Die Pilze herausnehmen, die Stiele entfernen und in dünne Scheiben schneiden.
* Inzwischen das Fleisch 10 Minuten in einer Schüssel mit kaltem Wasser einweichen. Dann abtropfen lassen und mit ½ Teelöffel Salz vermengen.
* Wasser in einem Topf auf starker Hitze aufkochen lassen. Bambussprossen, Mu-Err und Erbsen zugeben und 2 Minuten blanchieren. Abtropfen lassen und unter kaltem Wasser abspülen.
* Das Eiweiß in einer Schüssel schaumig schlagen, die Stärke zugeben und zu einem Eiweißteig vermengen. Das Fleisch zugeben und gut vermengen.
* Das Öl in einem Wok oder einem hohen Topf auf 140 °C erhitzen oder bis ein Brotwürfel in 2 Minuten braun wird. Das Fleisch in das Öl geben, dabei sofort mit Stäbchen trennen, damit es nicht zusammenklebt, und 2–3 Minuten frittieren, bis es goldbraun und gar ist. Das Fleisch mit einem Schaumlöffel aus dem Öl nehmen und auf Küchenpapier abtropfen lassen.
* Das Öl bis auf etwa 1 Esslöffel abgießen. Die Frühlingszwiebel und den Ingwer hinzufügen und 1 Minute auf mittlerer bis starker Hitze unter Rühren anbraten, bis es duftet. Bambussprossen, Mu-Err, Erbsen, Fleisch, Schinken, Hühnerbrühe, Reiswein und den restlichen ½ Teelöffel Salz hinzufügen und 1–2 Minuten auf starker Hitze unter Rühren braten. Auf eine Servierplatte geben und mit Reis servieren.

- 5 G GETROCKNETE MU-ERR
- 150 G SCHWEINEFILET, IN DÜNNE, 7 CM LANGE STREIFEN GESCHNITTEN
- 1 TL SALZ
- 25 G BAMBUSSPROSSEN, ABGETROPFT UND IN SCHEIBEN GESCHNITTEN
- 2 EL ERBSEN
- 1 EIWEISS
- 1 TL SPEISESTÄRKE
- 250 ML PFLANZENÖL
- ½ FRÜHLINGSZWIEBEL, IN FEINE STREIFEN GESCHNITTEN
- 5 G (CA. 1 CM) INGWER, IN FEINE STREIFEN GESCHNITTEN
- 30 G GEKOCHTER SCHINKEN, IN DÜNNE STREIFEN GESCHNITTEN
- 3 EL HÜHNERBRÜHE (SEITE 90)
- 1 EL REISWEIN
- GEDÄMPFTER REIS (SEITE 540) ZUM SERVIEREN

HERKUNFT: BEIJING
ZUBEREITUNGSZEIT: 10 MINUTEN,
   ZZGL. 30 MINUTEN EINWEICHZEIT
GARZEIT: 5 MINUTEN
PERSONEN: 4
SEITE 347

芫爆里脊
SCHWEINEFILET MIT KORIANDER

- 250 G SCHWEINEFILET, DIAGONAL IN DÜNNE, 4 × 2,5 CM GROSSE SCHEIBEN GESCHNITTEN
- 1 EL SHAOXING-REISWEIN
- ½ TL SALZ
- ½ EIWEISS
- 1 TL SPEISESTÄRKE
- 4 BUND KORIANDER, IN 4 CM LANGE STÜCKE GESCHNITTEN
- 2 FRÜHLINGSZWIEBELN, IN FEINE STREIFEN GESCHNITTEN
- 4 KNOBLAUCHZEHEN, IN SCHEIBEN GESCHNITTEN
- 2 TL INGWERSAFT
- 1 TL WEISSER REISESSIG
- ¼ TL GEMAHLENER WEISSER PFEFFER
- 3 EL PFLANZENÖL
- 1 EL SESAMÖL
- GEDÄMPFTER REIS (SEITE 540) ZUM SERVIEREN

* Das Fleisch 30 Minuten in einer großen Schüssel mit kaltem Wasser einweichen, bis es weiß wird. Das Wasser aus dem Fleisch drücken und dieses dann mit 1 Teelöffel Reiswein, ¼ Teelöffel Salz, dem Eiweiß und der Stärke vermengen.
* In einer zweiten Schüssel Koriander, Frühlingszwiebeln, Knoblauch, die restlichen 2 Teelöffel Reiswein und ¼ Teelöffel Salz, Ingwersaft, Essig und Pfeffer zu einer Sauce verrühren.
* Das Öl in einem Wok oder einer großen Pfanne erhitzen, die Fleischstücke zugeben, 2–3 Minuten auf starker Hitze unter Rühren anbraten, bis das Fleisch gerade eben gar ist, und auf eine Servierplatte geben. Die Sauce in den Wok geben und aufkochen lassen. Das Fleisch hinzufügen und weitere 2 Minuten auf starker Hitze unter Rühren braten, bis die Sauce eingekocht und das Fleisch gar ist. Das Sesamöl hinzufügen und gründlich durchschwenken. Alles auf eine Servierplatte geben und mit Reis servieren.

HERKUNFT: GUANGDONG
ZUBEREITUNGSZEIT: 10 MINUTEN
GARZEIT: 10 MINUTEN
PERSONEN: 4

茄子火腩煲
SCHWEIN UND AUBERGINEN

- 475 ML PFLANZENÖL, ZZGL. 1 EL
- 2 MITTELGROSSE AUBERGINEN (600 G), OHNE STIELENDEN UND IN MUNDGERECHTE STÜCKE GESCHNITTEN
- 40 G (CA. 6 CM) INGWER, IN SCHEIBEN GESCHNITTEN
- 2 KNOBLAUCHZEHEN, IN SCHEIBEN GESCHNITTEN
- 2 SCHALOTTEN, IN SCHEIBEN GESCHNITTEN
- ½ EL MISO
- 300 G SCHWEINEBRATEN, GEHACKT
- 1 EL REISWEIN
- ½ TL ZUCKER
- 1 TL HELLE SOJASAUCE
- 3 FRÜHLINGSZWIEBELN, IN 4 CM LANGE STÜCKE GESCHNITTEN

* Das Öl in einem Wok auf 170 °C erhitzen oder bis ein Brotwürfel in 45 Sekunden braun wird. Die Auberginen in das Öl geben und 2 Minuten frittieren, bis sie etwa halb gar sind. Die Auberginen mit einem Schaumlöffel aus dem Öl nehmen und auf Küchenpapier abtropfen lassen.
* In einem Schmortopf 1 Esslöffel Öl erhitzen, Ingwer, Knoblauch und Schalotten hinzufügen und auf starker Hitze 1 Minute unter Rühren anbraten, bis es duftet. Miso und das Fleisch einrühren, den Reiswein darüberträufeln und 30 Sekunden unter schnellem Rühren kurz anbraten. Die Auberginen, Zucker, Sojasauce, Frühlingszwiebeln und drei Esslöffel kochendes Wasser hinzufügen. Umrühren und mit Deckel etwa 2 Minuten garen, bis die Auberginen weich sind. Den Herd ausschalten und das Gericht im Schmortopf servieren.

SCHWEINEFILET MIT KORIANDER

HERKUNFT: ZHEJIANG
ZUBEREITUNGSZEIT: 10 MINUTEN,
  ZZGL. 10 MINUTEN MARINIERZEIT
GARZEIT: 5 MINUTEN
PERSONEN: 4

糖醋里脊
SCHWEINEFILET MIT SÜSSSAURER SAUCE

- 300 G SCHWEINEFILET, IN 2 CM GROSSE WÜRFEL GESCHNITTEN
- ½ EL HELLE SOJASAUCE
- 3 EL SPEISESTÄRKE
- 750 ML PFLANZENÖL
- 2 FRÜHLINGSZWIEBELN, IN 4 CM LANGE STÜCKE GESCHNITTEN
- 1 TL SESAMÖL
- GEDÄMPFTER REIS (SEITE 540) ZUM SERVIEREN

FÜR DIE SÜSSSAURE SAUCE:
- 2 EL ZUCKER
- 2 EL ZHENJIANG- ODER BALSAMICO-ESSIG
- 2 EL SPEISESTÄRKE
- 1 EL HELLE SOJASAUCE
- 1 EL INGWERSAFT
- 1 TL SALZ

* Fleisch, ½ Esslöffel Sojasauce und 4 Esslöffel Wasser in einer großen Schüssel vermengen und 10 Minuten marinieren. Dann die Stärke unterrühren.
* Alle Zutaten für die süßsaure Sauce in einer kleinen Schüssel gut verrühren. Beiseitestellen.
* Das Pflanzenöl in einem Wok auf 170 °C erhitzen oder bis ein Brotwürfel in 45 Sekunden braun wird. Die Fleischstücke in das Öl geben, dabei sofort mit Stäbchen trennen, damit sie nicht zusammenkleben, und 1 Minute frittieren. Die Fleischstücke mit einem Schaumlöffel aus dem Öl nehmen und auf Küchenpapier abtropfen lassen. Das Öl erneut auf 170 °C erhitzen, die Fleischstücke in den Wok geben und 2–3 Minuten frittieren, bis sie goldbraun und gar sind. Herausnehmen und in einem Durchschlag abtropfen lassen.
* Das Öl bis auf etwa 1 Esslöffel abgießen und auf mittlerer bis starker Hitze heiß werden lassen. Die Frühlingszwiebeln hinzufügen und 1 Minute unter Rühren braten, bis es duftet.
* Das Fleisch und die süßsaure Sauce zugeben und auf starker Hitze schwenken, bis die Sauce eindickt. Das Sesamöl einrühren und alles auf einer Servierplatte anrichten. Mit Reis servieren.

过油肉
SCHWEINEFILET MIT ESSIGSAUCE

HERKUNFT: SHAANXI
ZUBEREITUNGSZEIT: 15 MINUTEN, ZZGL. 20 MINUTEN EINWEICHZEIT
GARZEIT: 10 MINUTEN
PERSONEN: 4

* Das Fleisch, das Eigelb und 1 Teelöffel Stärke gut in einer Schüssel vermengen und beiseitestellen.
* Die Mu-Err 20 Minuten in kaltem Wasser einweichen. Die Pilze herausnehmen, die Stiele entfernen und die Köpfe in kleine Stücke zerpflücken.
* Das Pflanzenöl in einem Wok oder einem hohen Topf auf 150 °C erhitzen oder bis ein Brotwürfel in 1½ Minuten braun wird. Das Fleisch in das Öl geben, dabei sofort mit Stäbchen trennen, damit es nicht zusammenklebt und 2–3 Minuten frittieren, bis das Fleisch goldbraun und gar ist. Das Fleisch mit einem Schaumlöffel aus dem Öl nehmen und auf Küchenpapier abtropfen lassen.
* Das Öl bis auf etwa 1 Esslöffel abgießen und auf mittlerer bis starker Hitze heiß werden lassen. Knoblauch, Ingwer und Frühlingszwiebel hinzufügen und 1 Minute unter Rühren anbraten, bis es duftet. Die Mu-Err und Bambussprossen hinzufügen und 1 Minute unter Rühren braten.
* Das Fleisch wieder in den Wok geben und Sojasauce und Reiswein hinzufügen. Den restlichen ½ Teelöffel Stärke in einer kleinen Schüssel mit 1 Esslöffel Wasser vermengen und in den Wok einrühren. Unter Rühren 30 Sekunden aufkochen lassen, bis die Sauce eindickt. Den Essig einrühren, das Sesamöl darüberträufeln und alles auf einer Servierplatte anrichten. Mit Reis servieren.

- 150 G SCHWEINEFILET, IN DÜNNE SCHEIBEN GESCHNITTEN
- 1 EIGELB
- 1½ TL SPEISESTÄRKE
- 5 G GETROCKNETE MU-ERR
- 250 ML PFLANZENÖL
- 2 KNOBLAUCHZEHEN, IN SCHEIBEN GESCHNITTEN
- ½ TL GERASPELTER INGWER
- 1 EL FEIN GEHACKTE FRÜHLINGSZWIEBEL
- 25 G BAMBUSSPROSSEN, ABGETROPFT UND IN SCHEIBEN GESCHNITTEN
- 1 TL HELLE SOJASAUCE
- 1 EL REISWEIN
- 1 TL SCHWARZER REISESSIG ODER BALSAMICO-ESSIG
- 1 TL SESAMÖL
- GEDÄMPFTER REIS (SEITE 540) ZUM SERVIEREN

HERKUNFT: NORDOSTEN
ZUBEREITUNGSZEIT: 15 MINUTEN,
  ZZGL. 20 MINUTEN EINWEICHZEIT
GARZEIT: 10 MINUTEN
PERSONEN: 2
SEITE 351

木须肉
MUXU-SCHWEINEFLEISCH

- 5 G GETROCKNETE MU-ERR
- 150 G MAGERES SCHWEINEFLEISCH, IN DÜNNE STREIFEN GESCHNITTEN
- ½ TL HELLE SOJASAUCE
- 1 TL SPEISESTÄRKE
- 2 EL PFLANZENÖL, ZZGL. 1 TL
- 3 EIER, GESCHLAGEN
- 5 G (CA. 1 CM) INGWER, IN SCHEIBEN GESCHNITTEN
- 25 G BAMBUSSPROSSEN, ABGETROPFT UND IN SCHEIBEN GESCHNITTEN
- ½ KLEINE KAROTTE, IN STIFTE GESCHNITTEN
- ⅓ KLEINE GURKE, IN STIFTE GESCHNITTEN
- ½ TL SALZ
- PFANNKUCHEN (SEITE 53) ZUM SERVIEREN

* Die Mu-Err etwa 20 Minuten in kaltem Wasser einweichen, dann abspülen. Wasser in einem Topf auf starker Hitze aufkochen lassen, die Pilze zugeben und 1–2 Minuten blanchieren. Abtropfen lassen, unter kaltem Wasser abspülen und beiseitestellen.
* Fleisch, Sojasauce und Stärke in einer Schüssel vermengen, 1 Teelöffel Öl einrühren und zum Marinieren beiseitestellen.
* In einem Wok 1 Esslöffel Öl auf mittlerer bis starker Hitze heiß werden lassen. Auf schwache Hitze reduzieren und sofort die Eier hinzufügen, 45 Sekunden leicht rühren, bis die Eier leicht geronnen sind. Herausnehmen und auf einer Platte beiseitestellen. Den Wok auswischen.
* Den restlichen Esslöffel Öl in dem Wok auf mittlerer bis starker Hitze heiß werden lassen, den Ingwer hinzufügen und 1 Minute unter Rühren anbraten, bis es duftet. Das Fleisch hinzufügen, dann auf starker Hitze 2 Minuten fertig garen. Mu-Err, Bambussprossen, Karotte, Gurke und Salz hinzufügen und 1 weitere Minute durchschwenken. Die Rühreier hinzufügen und 1 weitere Minute unter Rühren braten, bis die Eier gar sind. Mit Pfannkuchen servieren.

HERKUNFT: GUANGDONG
ZUBEREITUNGSZEIT: 10 MINUTEN,
  ZZGL. 25 MINUTEN EINWEICHZEIT
GARZEIT: 3 MINUTEN
PERSONEN: 4

榨菜炒肉丝
SCHWEINESCHULTER MIT FERMENTIERTEM KOHLGEMÜSE

- 6 GETROCKNETE SHIITAKE
- 2 EL PFLANZENÖL, ZZGL. 2 TL
- 150 G SCHWEINESCHULTER, IN DÜNNE STREIFEN GESCHNITTEN
- 1 TL HELLE SOJASAUCE
- 2 TL ZUCKER
- 1 TL SPEISESTÄRKE
- 50 G FERMENTIERTES KOHLGEMÜSE AUS SICHUAN, ABGESPÜLT
- 1 ROTE CHILISCHOTE, ENTKERNT UND IN STREIFEN GESCHNITTEN

* Die Pilze in einer Schüssel mit kaltem Wasser bedecken und mindestens 20 Minuten einweichen. Die Pilze herausnehmen, ausdrücken und die Stiele entfernen. Die Pilze in dünne Streifen schneiden und mit 1 Teelöffel Öl vermengen.
* Nun das Fleisch, die Sojasauce und 1 Teelöffel Zucker vermengen und 10 Minuten marinieren. Die Stärke einrühren. Kurz vor dem Kochen 1 Teelöffel Öl untermengen.
* Das Kohlgemüse in dünne Streifen schneiden und 5 Minuten in einer Schüssel mit kaltem Wasser einweichen, dann abtropfen lassen.
* Die restlichen 2 Esslöffel Öl in einem Wok oder einer großen Pfanne auf starker Hitze heiß werden lassen, die Fleischstücke hinzufügen und etwa 1 Minute unter Rühren anbraten. Die Pilze hinzufügen und 1 Minute unter Rühren braten. Das Kohlgemüse, die Chilischoten, 1 Teelöffel Zucker und 1 Esslöffel Wasser hinzufügen und 1 Minute braten, bis das Fleisch gar ist. Auf einer Servierplatte anrichten und servieren.

MUXU-SCHWEINEFLEISCH

HERKUNFT: SHUNDE
ZUBEREITUNGSZEIT: 10 MINUTEN,
ZZGL. 20 MINUTEN EINWEICH-
UND 15 MINUTEN RUHEZEIT
GARZEIT: 5 MINUTEN
PERSONEN: 4

凤城生菜包
HACKFLEISCH-SALAT-WRAPS

- 3 GETROCKNETE SHIITAKE
- 100 G SCHWEINEHACKFLEISCH
- ½ TL SALZ
- 1 TL SPEISESTÄRKE
- 1 KOPF EISBERGSALAT, BLÄTTER ABGETRENNT
- 1 EL PFLANZENÖL
- 2 KNOBLAUCHZEHEN, GEHACKT
- 1 CHINESISCHE LEBERWURST, ABGESPÜLT UND IN 5 CM GROSSE WÜRFEL GESCHNITTEN
- 1 KAROTTE, FEIN GEHACKT
- 1 EL GEHACKTER EINGELEGTER KOHLRABI
- 1 EL AUSTERNSAUCE
- 6 WASSERKASTANIEN, FEIN GEHACKT
- 50 G PINIENKERNE
- 2 EL HOISIN-SAUCE ZUM SERVIEREN

* Die Pilze in eine Schüssel geben, mit kaltem Wasser bedecken und mindestens 20 Minuten einweichen. Die Pilze herausnehmen, Wasser herausdrücken und die Stiele entfernen.
* Inzwischen das Hackfleisch mit Salz und 1 Esslöffel Wasser in einer Schüssel vermengen und 15 Minuten stehen lassen. Die Stärke einrühren.
* Jedes Salatblatt in eine tassenähnliche Form schneiden.
* Das Öl in einem Wok oder einer großen Pfanne erhitzen, den Knoblauch hinzufügen und 1 Minute auf mittlerer bis starker Hitze unter Rühren anbraten, bis es duftet. Das Fleisch hinzufügen, dann auf starker Hitze etwa 2 Minuten unter Rühren gar braten, dabei entstehende Klümpchen zerdrücken.
* Die Leberwurst, Karotte, Pilze und Kohlrabi einrühren, die Austernsauce hinzufügen und alles gründlich durchschwenken. Wasserkastanien und Pinienkerne untermengen.
* Auf einer Servierplatte anrichten und mit Hoisin-Sauce und Salat-Wraps an der Seite servieren.

HERKUNFT: FUJIAN
ZUBEREITUNGSZEIT: 10 MINUTEN,
ZZGL. 10 MINUTEN MARINIERZEIT
GARZEIT: 10 MINUTEN
PERSONEN: 2–4

丁香鱼炒肉丝
SCHWEINEFILET MIT ANCHOVIS

- 200 G SCHWEINEFILET, IN 4 CM LANGE STREIFEN GESCHNITTEN
- 1 EL HELLE SOJASAUCE
- ½ TL ZUCKER • 1 TL SPEISESTÄRKE
- 2 EL PFLANZENÖL, ZZGL. 1 TL
- 50 G GETROCKNETE ANCHOVIS
- 2 KNOBLAUCHZEHEN, IN SCHEIBEN GESCHNITTEN
- 4 SCHALOTTEN, IN SCHEIBEN GESCHNITTEN
- 1 ROTE CHILISCHOTE, ENTKERNT UND IN SCHEIBEN GESCHNITTEN
- 1 EL FERMENTIERTE SCHWARZE BOHNEN, ABGESPÜLT UND GEHACKT
- 1 EL SHAOXING-REISWEIN
- ½ TL SESAMÖL
- GEDÄMPFTER REIS (SEITE 540) ZUM SERVIEREN

* Das Fleisch, die Sojasauce, Zucker und 2 Esslöffel Wasser in einer Schüssel vermengen und 10 Minuten marinieren. Die Stärke und 1 Teelöffel Pflanzenöl untermengen.
* Inzwischen die Anchovis 5 Minuten in kaltem Wasser einweichen, dann abtropfen lassen.
* In einem Wok 1 Esslöffel Pflanzenöl auf schwacher Hitze heiß werden lassen, das Fleisch zugeben und 2–3 Minuten unter Rühren gar braten. Das Fleisch auf eine Platte geben.
* Den restlichen Esslöffel Pflanzenöl in den Wok geben. Knoblauch, Schalotten und Chilischote zugeben und auf mittlerer bis starker Hitze 1 Minute unter Rühren braten, bis es duftet. Die Anchovis zugeben und 1 Minute unter Rühren braten, dann die schwarzen Bohnen und das Fleisch zugeben. Auf starker Hitze 30 Sekunden schwenken.
* Den Reiswein in den Wok träufeln und das Sesamöl unterrühren. Alles auf eine Servierplatte geben und mit Reis servieren.

椒酱肉
SCHWEINEFILET MIT CHILISAUCE

HERKUNFT: CHAOZHOU
ZUBEREITUNGSZEIT: 15 MINUTEN,
  ZZGL. 20 MINUTEN EINWEICHZEIT
GARZEIT: 10 MINUTEN
PERSONEN: 6–8

* Die Pilze in eine Schüssel geben, mit kaltem Wasser bedecken und mindestens 20 Minuten einweichen. Die Pilze herausnehmen, Wasser herausdrücken und die Stiele entfernen. Würfeln und beiseitestellen.
* In einem Wok oder einer Pfanne auf schwacher Hitze 3 Esslöffel Pflanzenöl mit den Erdnüssen vermengen und 3–4 Minuten unter Rühren knusprig braten. Herausnehmen und abkühlen lassen.
* Das Öl bis auf etwa 1 Esslöffel abgießen. Den eingelegten Rettich, 1 Esslöffel Miso, die Pilze, getrockneten Tofu und getrocknete Garnelen zugeben und auf mittlerer Hitze 1 Minute unter Rühren braten, bis es duftet. Alle Zutaten herausnehmen und beiseitestellen.
* Im Wok den restlichen 1 Esslöffel Pflanzenöl auf starker Hitze heiß werden lassen und den Knoblauch und 1 Teelöffel Miso etwa 1 Minute unter Rühren anbraten. Das Fleisch hinzufügen und weitere 2 Minuten unter Rühren braten, bis es gar ist. Paprikaschote, Chilischote und die Tofu-Garnelen-Mischung einrühren, dann Sojasauce, Zucker und Sesamöl hinzufügen. Zum Andicken der Sauce 1 Minute unter Rühren braten. Die Erdnüsse untermengen und alles auf eine Servierplatte geben. Mit Reis servieren.

- 6 GETROCKNETE SHIITAKE
- 4 EL PFLANZENÖL
- 80 G ROHE ERDNUSSKERNE
- 3 EL GEWÜRFELTER EINGELEGTER RETTICH
- 1 EL MISO, ZZGL. 1 TL
- 1 STÜCK HALBTROCKENER TOFU, IN 1 CM GROSSE WÜRFEL GESCHNITTEN
- 2 EL GETROCKNETE GARNELEN
- 1 KNOBLAUCHZEHE, GERIEBEN
- 200 G SCHWEINFILET, IN 1 CM GROSSE WÜRFEL GESCHNITTEN
- ½ GRÜNE PAPRIKASCHOTE, ENTKERNT UND IN 1 CM GROSSE WÜRFEL GESCHNITTEN
- 1 ROTE CHILISCHOTE, FEIN GEHACKT
- 1 TL DUNKLE SOJASAUCE
- 2 TL ZUCKER
- 1 TL SESAMÖL
- GEDÄMPFTER REIS (SEITE 540) ZUM SERVIEREN

红糖五花肉
SCHWEINEBAUCH MIT ROTER TRESTERSAUCE

HERKUNFT: TAIWAN
ZUBEREITUNGSZEIT: 5 MINUTEN,
  ZZGL. 8 STUNDEN MARINIERZEIT
GARZEIT: 10 MINUTEN
PERSONEN: 4

* Die Fleischstreifen in einer Schüssel mit der roten Tresters-auce, Zucker und Reiswein vermengen und 8 Stunden marinieren.
* Nun die Fleischstreifen mit der Süßkartoffelstärke vermengen.
* Das Öl in einem Wok oder einem hohen Topf auf 170 °C erhitzen oder bis ein Brotwürfel in 45 Sekunden braun wird. Das Fleisch in das Öl geben, sofort auf schwache Hitze reduzieren und etwa 5 Minuten frittieren. Dann auf mittlerer Hitze weitere 2–3 Minuten frittieren, bis das Fleisch goldbraun und gar ist. Das Fleisch mit einem Schaumlöffel aus dem Öl nehmen und auf Küchenpapier abtropfen lassen. Auf eine Servierplatte geben und mit Reis servieren.

- 150 G SCHWEINEBAUCH, IN 2 CM DICKE STREIFEN GESCHNITTEN
- 1 EL ROTE TRESTERSAUCE
- ½ TL ZUCKER
- 1 EL KAOLIANG
- 3 EL GROBE SÜSSKARTOFFELSTÄRKE
- 475 ML PFLANZENÖL
- GEDÄMPFTER REIS (SEITE 540) ZUM SERVIEREN

HERKUNFT: SICHUAN
ZUBEREITUNGSZEIT: 15 MINUTEN,
   ZZGL. 4 STUNDEN MARINIERZEIT
GARZEIT: 40 MINUTEN
PERSONEN: 4
SEITE 355

回锅肉
SCHWEINEFLEISCH MIT KNOBLAUCHSTÄNGELN

- 1 EL SALZ
- 200 G SCHWEINESCHULTER, MIT SCHWARTE
- 3 EL PFLANZENÖL
- ¼ KOPF WEISSKOHL, GROB GEHACKT
- 3 KNOBLAUCHSTÄNGEL, NUR DIE GRÜNEN TEILE, IN 4 CM LANGE STÜCKE GESCHNITTEN
- 4 KNOBLAUCHZEHEN, KLEIN GEHACKT
- 1 EL SÜSSE BOHNENSAUCE
- 1 ½ EL PIXIAN-CHILI-BOHNEN-PASTE, GEHACKT
- 6 GETROCKNETE CHILISCHOTEN
- 2 ROTE CHILISCHOTEN
- ½ ROTE PAPRIKASCHOTE, ENTKERNT UND IN KLEINE STÜCKE GESCHNITTEN
- 1 TL SHAOXING-REISWEIN
- ½ TL ZUCKER
- 1 TL HELLE SOJASAUCE
- ½ TL SESAMÖL

* Das Fleisch mit Salz einreiben und 4 Stunden marinieren. Unter kaltem Wasser abspülen und abtropfen lassen.
* Das Fleisch in einen großen Topf geben und mit Wasser bedecken. Auf starker Hitze aufkochen lassen, die Hitze bis gerade eben unter den Siedepunkt reduzieren. Das Fleisch 15 Minuten garen, dann den Herd ausschalten und mit Deckel 15 Minuten stehen lassen. Abtropfen lassen und unter kaltem Wasser abkühlen. Das Fleisch in sehr dünne Scheiben schneiden.
* In einem Wok 2 Esslöffel Pflanzenöl erhitzen, Weißkohl und Knoblauchstängel hinzufügen und 2 Minuten auf starker Hitze unter Rühren braten, bis beides weich ist. Herausnehmen und auf einer Platte beiseitestellen. Das Fleisch im Wok im restlichen 1 Esslöffel Pflanzenöl auf starker Hitze 2 Minuten unter Rühren braten, bis es brutzelt und sich kringelt. Knoblauch, süße Bohnensauce, Chili-Bohnen-Paste, getrocknete und frische Chilischoten zugeben und 2 Minuten unter Rühren anbraten. Paprikaschote, Knoblauchstängel und Weißkohl einrühren, dann den Reiswein, Zucker und Sojasauce hinzufügen. Das Sesamöl darüberträufeln und gut durchschwenken. Auf einer Servierplatte anrichten und servieren.

HERKUNFT: HUBEI
ZUBEREITUNGSZEIT: 10 MINUTEN
GARZEIT: 5 MINUTEN
PERSONEN: 4

红菜苔炒腊肉
VIOLETTER BLÄTTERKOHL MIT GEPÖKELTEM SCHWEIN

- 2 EL SCHMALZ
- 1 TL GEHACKTER INGWER
- 200 G CHINESISCHES PÖKELFLEISCH, ABGESPÜLT UND IN DÜNNE SCHEIBEN GESCHNITTEN
- 500 G VIOLETTER BLÄTTERKOHL ODER CHOY SUM, IN 4 CM LANGE STÜCKE GESCHNITTEN
- ½ TL SALZ
- GEDÄMPFTER REIS (SEITE 540) ZUM SERVIEREN

Violetter Blätterkohl ist ein violettes und sehr süßes Blattgemüse aus Zentralchina, das sehr gut zu pfannengerührten Gerichten passt. Als Ersatz kann Choy Sum verwendet werden.

* Das Schmalz auf mittlerer bis starker Hitze in einem Wok heiß werden lassen, Ingwer zugeben und 1 Minute unter Rühren braten, bis es duftet. Das Fleisch zugeben, weitere 1–2 Minuten unter Rühren braten, bis es gar ist, und dann auf eine Platte geben.
* Den Kohl in den Wok geben, Salz hinzufügen und 2 Minuten auf starker Hitze unter Rühren braten, bis er noch etwas bissfest ist. Das Fleisch im Wok mit dem Kohl vermengen. Auf eine Servierplatte geben und mit Reis servieren.

SCHWEINEFLEISCH MIT KNOBLAUCHSTÄNGELN

HERKUNFT: HUBEI
ZUBEREITUNGSZEIT: 10 MINUTEN
GARZEIT: 35 MINUTEN
PERSONEN: 4

桃仁酱汁肉
SCHWEINEBAUCH MIT KNUSPRIGEN WALNÜSSEN

- 500 G AUSGELÖSTER SCHWEINEBAUCH, MIT SCHWARTE
- 250 ML PFLANZENÖL
- 100 G WALNUSSKERNE
- 50 G (CA. 7,5 CM) INGWER, IN SCHEIBEN GESCHNITTEN
- 2 FRÜHLINGSZWIEBELN, IN 4 CM LANGE STÜCKE GESCHNITTEN
- 3 EL ZUCKER
- ½ EL SÜSSE BOHNENSAUCE
- 1 TL SALZ, ZZGL. ETWAS MEHR ZUM ABSCHMECKEN
- 1 EL KLEBREISWEIN
- GEDÄMPFTER REIS (SEITE 540) ZUM SERVIEREN

* Die Schwarte des Schweinebauchs säubern und unter kaltem Wasser abspülen.
* Das Fleisch in einen großen Topf geben und mit Wasser bedecken. Auf starker Hitze aufkochen lassen und 10 Minuten blanchieren. Abtropfen lassen und unter fließendem kaltem Wasser abkühlen. Das Fleisch in 2 cm große Würfel schneiden.
* Das Öl in einem Wok oder einem hohen Topf auf 130 °C erhitzen, die Walnüsse in das Öl geben und 4–5 Minuten goldbraun frittieren. Die Walnüsse mit einem Schaumlöffel aus dem Öl nehmen und auf Küchenpapier abtropfen lassen.
* Das Öl bis auf 2 Esslöffel abgießen und auf mittlerer Hitze heiß werden lassen. Ingwer und Frühlingszwiebeln hinzufügen und 1 Minute unter Rühren braten, bis es duftet. Den Zucker zugeben und 2 Minuten unter Rühren braten, bis er karamellisiert.
* Die süße Bohnensauce einrühren, das Fleisch zugeben und auf starker Hitze 2 Minuten unter Rühren braten. Salz und Reiswein hinzufügen, mit Wasser bedecken und aufkochen lassen. Dann auf schwacher Hitze 12–15 Minuten ziehen lassen, bis die Sauce angedickt und das Fleisch gar ist. Die knusprigen Walnüsse einrühren und durchschwenken. Mit Salz abschmecken, dann auf einer Servierplatte anrichten. Mit Reis servieren.

HERKUNFT: HAKKA
ZUBEREITUNGSZEIT: 10 MINUTEN
GARZEIT: 20 MINUTEN
PERSONEN: 4

爆炒猪舌
ZUNGE AUS DEM WOK

- 1 SCHWEINEZUNGE
- 2 EL PFLANZENÖL
- 50 G (CA. 7,5 CM) INGWER, IN SCHEIBEN GESCHNITTEN
- 3 KNOBLAUCHZEHEN, IN SCHEIBEN GESCHNITTEN
- 1 EL MISO
- ½ TL ZUCKER
- 1 TL REISWEIN
- 150 G GELBER SCHNITTLAUCH, IN 5 CM LANGE STÜCKE GESCHNITTEN
- 1 ROTE PAPRIKASCHOTE, ENTKERNT UND IN STREIFEN GESCHNITTEN
- GEDÄMPFTER REIS (SEITE 540) ZUM SERVIEREN

* Die Zunge in einem Topf mit Wasser bedecken. Auf starker Hitze zum Kochen bringen und 15 Minuten gar kochen. Falls erforderlich, den Schaum von der Oberfläche abschöpfen. Abtropfen lassen und unter kaltem Wasser abspülen.
* Mit einem Messer die Haut von der Oberfläche der Zunge abschaben und eventuell vorhandene Knochen entfernen. Die Zunge der Länge nach halbieren, dann horizontal in 5 mm dicke Scheiben schneiden.
* Das Öl in einem Wok oder einer großen Pfanne erhitzen, Ingwer und Knoblauch hinzufügen und 1 Minute auf mittlerer bis starker Hitze unter Rühren braten, bis es duftet. Miso, Zucker und die Zunge zugeben und 1 Minute unter Rühren braten. Reiswein, Schnittlauch und Paprikaschote zugeben und 1 weitere Minute durchschwenken.
* Auf eine Servierplatte geben und mit Reis servieren.

葱爆猪心
SCHWEINEHERZ MIT FRÜHLINGSZWIEBELN

HERKUNFT: TAIWAN
ZUBEREITUNGSZEIT: 10 MINUTEN,
ZZGL. 15 MINUTEN EINWEICHZEIT
GARZEIT: 2 MINUTEN
PERSONEN: 2–4

* Das Herz aufschneiden und Blutgefäße und Häute entfernen. Dann in 3 mm dicke Scheiben schneiden.
* 475 ml Wasser mit dem Essig verrühren, das Fleisch hinzufügen und 15 Minuten einweichen. Unter kaltem Wasser abspülen und abtropfen lassen.
* Das Pflanzenöl auf starker Hitze in einem Wok oder einer großen Pfanne heiß werden lassen, die weißen Teile der Frühlingszwiebeln und die Paprikaschote hinzufügen und etwa 30 Sekunden unter Rühren anbraten. Die Schweineherzscheiben, das Grün der Frühlingszwiebeln, Reiswein, Sojasauce und 1 Esslöffel Wasser hinzufügen und etwa 30 Sekunden schnell durchschwenken. Mit Salz abschmecken, dann das Sesamöl einrühren. Alles auf eine Servierplatte geben und mit Reis servieren.

- 1 SCHWEINEHERZ
- 1 TL WEISSER REISESSIG
- 3 EL PFLANZENÖL
- 2 FRÜHLINGSZWIEBELN, DIE WEISSEN UND GRÜNEN TEILE GETRENNT GEHACKT
- 1 ROTE PAPRIKASCHOTE, ENTKERNT UND DIAGONAL IN 1 CM DICKE SCHEIBEN GESCHNITTEN
- 1 EL REISWEIN
- 1 TL HELLE SOJASAUCE
- SALZ • 1 TL SESAMÖL
- GEDÄMPFTER REIS (SEITE 540) ZUM SERVIEREN

白云猪手
EINGELEGTE SCHWEINEFÜSSE

HERKUNFT: GUANGDONG
ZUBEREITUNGSZEIT: 10 MINUTEN,
ZZGL. 8 STUNDEN EINWEICHZEIT
GARZEIT: 2 STUNDEN
PERSONEN: 6

* Die Schweinefüße in einem großen Topf mit Wasser bedecken. Aufkochen lassen und 5 Minuten blanchieren. Falls erforderlich, den Schaum von der Oberfläche abschöpfen. Abtropfen lassen und unter kaltem Wasser abspülen.
* Das Fleisch wieder in den Topf geben, die Hälfte des Ingwers hinzufügen, mit Wasser bedecken und aufkochen lassen. Auf schwacher Hitze etwa 30 Minuten ohne Deckel ziehen lassen. Abtropfen lassen und den Ingwer entfernen. Das Fleisch unter fließendem kaltem Wasser abkühlen und 1 Stunde in einem großen Eimer mit Eiswasser einweichen. Herausnehmen, wieder in den Topf geben, den restlichen Ingwer zugeben und mit Wasser bedecken. Aufkochen lassen, die Hitze reduzieren und 30 Minuten ziehen lassen. Abtropfen lassen und den Ingwer entfernen, das Fleisch 1 weitere Stunde in Eiswasser einweichen. Das Fleisch wieder in den Topf geben, mit Wasser bedecken und aufkochen. Dann auf schwacher Hitze ohne Deckel etwa 20 Minuten ziehen lassen. Herd ausschalten und das Fleisch in der Resthitze 30 Minuten weiterziehen lassen. Das Fleisch aus dem Topf nehmen.
* Essig, Zucker und Salz in einem Topf vermengen, aufkochen lassen, dann auf schwacher Hitze 3–4 Minuten kochen. Die Mischung durch ein Sieb in eine große Schüssel gießen. Zitronenschale und Lorbeerblätter zugeben und abkühlen lassen.
* Das Fleisch zugeben und 6 Stunden einweichen. Das Fleisch herausnehmen und auf eine Platte geben.

- 600 G SCHWEINEFÜSSE, GESÄUBERT, ABGESPÜLT UND IN 25 G SCHWERE STÜCKE GEHACKT
- 20 G (CA. 2,5 CM) INGWER, IN SCHEIBEN GESCHNITTEN
- 600 ML WEISSER REISESSIG
- 350 G ZUCKER
- 2 TL SALZ
- IN FEINE STREIFEN GESCHNITTENE SCHALE VON 1 UNBEHANDELTEN ZITRONE
- 3 LORBEERBLÄTTER

HERKUNFT: FUJIAN
ZUBEREITUNGSZEIT: 10 MINUTEN,
ZZGL. 30 MINUTEN EINWEICH-
UND 15 MINUTEN MARINIERZEIT
GARZEIT: 3 MINUTEN
PERSONEN: 4

南煎肝
KURZ GEBRATENE SCHWEINELEBER

- 500 G SCHWEINELEBER, IN DÜNNE SCHEIBEN GESCHNITTEN
- 1 TL WEISSER REISESSIG
- 2 TL HELLE SOJASAUCE
- 1 EL REISWEIN
- ¼ TL GEMAHLENER WEISSER PFEFFER
- ½ EL SPEISESTÄRKE
- 1 TL ZUCKER
- 475 ML PFLANZENÖL
- 1 EL GERASPELTER INGWER
- 1 EL GEHACKTE FRÜHLINGSZWIEBELN
- GEDÄMPFTER REIS (SEITE 540) ZUM SERVIEREN

* Die Leber, den Essig und 475 ml Wasser in einer großen Schüssel vermengen und 30 Minuten einweichen, dann abtropfen lassen. Die Leber wieder in die Schüssel geben, 1 Teelöffel Sojasauce, ½ Esslöffel Reiswein, weißen Pfeffer und Stärke zugeben und 15 Minuten marinieren.
* Den restlichen ½ Esslöffel Reiswein, 1 Teelöffel Sojasauce und den Zucker in einer kleinen Schüssel vermengen. Beiseitestellen.
* Das Öl in einem Wok oder einem hohen Topf auf 130 °C erhitzen, die Leber in das Öl geben, dabei sofort mit Stäbchen trennen, damit sie nicht zusammenklebt, und 1 Minute goldbraun frittieren. Die Leber mit einem Schaumlöffel aus dem Öl nehmen und auf Küchenpapier abtropfen lassen.
* Das Öl bis auf 1 Esslöffel abgießen und auf mittlerer bis starker Hitze heiß werden lassen. Ingwer und Frühlingszwiebeln hinzufügen und 1 Minute unter Rühren braten, bis es duftet. Die Leber und die aufbewahrte Sauce hinzufügen und 30 Sekunden unter Rühren braten, bis die Sauce eindickt und an der Leber haftet. Auf eine Servierplatte geben und mit Reis servieren.

韭菜腊味炒猪肝
LEBER MIT PÖKELFLEISCH UND SCHNITTLAUCH

HERKUNFT: HAKKA
ZUBEREITUNGSZEIT: 10 MINUTEN, ZZGL. 30 MINUTEN EINWEICHZEIT
GARZEIT: 10 MINUTEN
PERSONEN: 4

* Die Gefäße und äußere Haut der Leber entfernen, dann in 5 mm dicke Scheiben schneiden. Die Leber, Essig und 475 ml Wasser in einer großen Schüssel vermengen und 30 Minuten einweichen, dann gründlich abspülen, um den Essig zu entfernen. Abtropfen lassen.
* Inzwischen das Pökelfleisch und die chinesische Wurst in einen Dämpfeinsatz oder Bambus-Dämpfkorb stellen und mit Deckel 5 Minuten über kochendem Wasser dämpfen. Beides in 5 mm dicke Scheiben schneiden.
* Die Leber in einer Schüssel mit Ingwer, Reiswein, Pfeffer und 1 Teelöffel Pflanzenöl vermengen.
* Die restlichen 2 Esslöffel Pflanzenöl in einem Wok oder einer großen Pfanne auf mittlerer bis starker Hitze heiß werden lassen, Knoblauch hinzufügen und 1 Minute braten, bis es duftet. Die Leber hinzufügen und auf starker Hitze 1 Minute unter Rühren scharf anbraten. Pökelfleisch, Wurst, Schnittlauch, Zucker, Salz und Sojasauce hinzufügen und weitere 1–2 Minuten unter Rühren anbraten, die Leber aber nicht zerkochen lassen. Das Sesamöl einrühren und alles auf einer Platte anrichten und mit Reis servieren.

- 300 G SCHWEINELEBER
- 1 TL WEISSER REISESSIG
- 100 G CHINESISCHES PÖKELFLEISCH, OHNE HAUT UND ABGESPÜLT
- 1 CHINESISCHE WURST
- 10 G (CA. 2 CM) INGWER, IN FEINE STREIFEN GESCHNITTEN
- 1 TL REISWEIN
- 1 PRISE GEMAHLENER WEISSER PFEFFER
- 2 EL PFLANZENÖL, ZZGL. 1 TL
- 2 KNOBLAUCHZEHEN, IN SCHEIBEN GESCHNITTEN
- 200 G SCHNITTLAUCH, IN 6 CM LANGE STÜCKE GESCHNITTEN
- 1 TL ZUCKER
- 1 TL SALZ
- 1 TL HELLE SOJASAUCE
- 1 TL SESAMÖL
- GEDÄMPFTER REIS (SEITE 540) ZUM SERVIEREN

HERKUNFT: HUNAN
ZUBEREITUNGSZEIT: 5 MINUTEN
GARZEIT: 15 MINUTEN
PERSONEN: 4
SEITE 361

腊肉炒豆干
CHINESISCHES PÖKELFLEISCH MIT HALBTROCKENEM TOFU

- 50 G CHINESISCHES PÖKELFLEISCH
- 1 EL PFLANZENÖL
- 2 KNOBLAUCHZEHEN, IN SCHEIBEN GESCHNITTEN
- 2 ROTE CHILISCHOTEN, ENTKERNT UND GEHACKT
- 2 BUND SCHNITTSELLERIE, STÄNGEL OHNE BLÄTTER GEHACKT
- 1 FÜNF-GEWÜRZE-TOFU, IN DÜNNE SCHEIBEN GESCHNITTEN
- ½ TL HELLE SOJASAUCE • ½ TL SALZ
- GEDÄMPFTER REIS (SEITE 540) ZUM SERVIEREN

* Das Pökelfleisch in einen Dämpfeinsatz oder Bambus-Dämpfkorb stellen und mit Deckel 10 Minuten über kochendem Wasser dämpfen, bis es weich und gar ist. Dann in 2 mm dicke Scheiben schneiden.
* Das Öl in einem Wok oder einer großen Pfanne erhitzen, Knoblauch und Chilischoten hinzufügen und 1 Minute auf mittlerer Hitze unter Rühren braten, bis es duftet. Das Pökelfleisch, Sellerie, Tofu, Sojasauce und Salz zugeben und 2 Minuten unter Rühren braten, bis der Sellerie gerade weich wird. Mit Salz abschmecken. Auf einer Servierplatte anrichten und mit Reis servieren.

HERKUNFT: HUBEI
ZUBEREITUNGSZEIT: 20 MINUTEN
GARZEIT: 2 STUNDEN 20 MINUTEN
PERSONEN: 4

鲜炖咸
GEDÄMPFTER BAUCH MIT PÖKELFLEISCH

- 300 G AUSGELÖSTER SCHWEINEBAUCH, MIT SCHWARTE, IN 2 CM GROSSE WÜRFEL GESCHNITTEN
- 250 G GEPÖKELTES SCHWEINEFLEISCH, IN 2 CM GROSSE WÜRFEL GESCHNITTEN
- 100 G BAMBUSSPROSSEN, ABGETROPFT UND IN SCHEIBEN GESCHNITTEN
- ¼ TL SALZ
- 200 ML HÜHNERBRÜHE (SEITE 90)
- 2 EL REISWEIN
- 2 FRÜHLINGSZWIEBELN, IN 5 CM LANGE STÜCKE GESCHNITTEN
- 25 G (CA. 5 CM) INGWER, IN SCHEIBEN GESCHNITTEN
- ¼ TL GEMAHLENER WEISSER PFEFFER
- GEDÄMPFTER REIS (SEITE 540) ZUM SERVIEREN

* Den Schweinebauch in einen großen Topf geben und mit Wasser bedecken. Auf starker Hitze aufkochen lassen und 5 Minuten blanchieren. Abtropfen lassen und unter kaltem Wasser abkühlen.
* Den Schweinebauch und das gepökelte Schweinefleisch mit der Schwarte nach unten überlappend in eine hitzebeständigen Schüssel legen. Die Bambussprossen daraufliegen. Salzen. Hühnerbrühe, Reiswein, Frühlingszwiebeln und Ingwer darübergeben. Die Schüssel mit Alufolie abdecken, in einen Dämpfeinsatz oder Bambus-Dämpfkorb stellen und mit Deckel 2 Stunden über kochendem Wasser dämpfen.
* Die Folie entfernen, den Ingwer entfernen und die Sauce durch ein Sieb in einen Topf gießen. Die Schüssel mit dem Fleisch mit einer Servierplatte abdecken, mit Küchentüchern anfassen und den Inhalt auf die Platte stürzen. (Alternativ den Inhalt mit einer Zange auf die Platte legen.) Warm halten.
* Die Sauce auf mittlerer bis starker Hitze heiß werden lassen und in 15 Minuten auf die Hälfte einkochen. Die Sauce über das Fleisch gießen, mit Pfeffer bestäuben und mit Reis servieren.

CHINESISCHES PÖKELFLEISCH MIT HALBTROCKENEM TOFU

HERKUNFT: HONGKONG
ZUBEREITUNGSZEIT: 20 MINUTEN
GARZEIT: 1 STUNDE 45 MINUTEN
PERSONEN: 4

大豆芽菜炒猪肠
SCHWEINEDARM MIT SOJASPROSSEN

- 4 GROSSE SCHWEINEDÄRME
- 4 TL SALZ
- 150 G SOJASPROSSEN
- 1 EL WEISSER REISESSIG
- 50 G (CA. 7,5 CM) INGWER, IN SCHEIBEN GESCHNITTEN
- 2 EL PFLANZENÖL
- 1 ROTE CHILISCHOTE, GEWÜRFELT
- 2 EL MISO
- 1 EL HELLE SOJASAUCE
- ½ TL ZUCKER
- 2 EL REISWEIN
- GEDÄMPFTER REIS (SEITE 540) ZUM SERVIEREN

* Den dünneren Abschnitt der Därme abschneiden und entfernen, nur den dicken Anteil verwenden.
* Das dünnere Ende eines Darms mit Küchengarn zusammenbinden, dann den Knoten mit einem Stäbchen nach innen in den Darm drücken. Mit der freien Hand den Darm über das Stäbchen stülpen, sodass die Innenseite nach außen zeigt. Den Darm mit 1 Teelöffel Salz einreiben und unter kaltem Wasser abspülen.
* Den Darm nun wieder umstülpen, sodass die Außenseite wieder nach außen zeigt, und das Küchengarn entfernen, den Vorgang mit den restlichen Därmen wiederholen.
* Wasser in einem großen Topf auf starker Hitze aufkochen lassen. Die Därme hineingeben und 5 Minuten kochen. Herausnehmen, abtropfen lassen und unter kaltem Wasser abspülen. Nacheinander ein Ende jedes Darms über einen Wasserhahn stülpen und die Innenseite mit Wasser spülen.
* Die Sojasprossen in einer kleinen Pfanne auf schwacher Hitze 2–3 Minuten rösten, bis ein großer Teil der äußeren Feuchtigkeit verdampft ist. Beiseitestellen.
* In einem großen Topf 2 Liter Wasser zum Kochen bringen, die Därme, Essig und ein Viertel des Ingwers hinzufügen und erneut aufkochen lassen. Den Schaum von der Oberfläche abschöpfen und auf schwacher Hitze 1½ Stunden ziehen lassen. Die Därme abtropfen lassen und gut unter kaltem Wasser abkühlen. Den Ingwer entfernen. Die Därme diagonal in 2 cm dicke Stücke schneiden.
* Das Öl in einem Wok oder einer großen Pfanne auf mittlerer Hitze heiß werden lassen und die Chilischote und den restlichen Ingwer hinzufügen. 1 Minute unter Rühren braten, bis es duftet. Miso hinzugeben und weitere 15 Sekunden unter Rühren braten. Auf starker Hitze die Därme, Sojasauce und Zucker hinzufügen und den Reiswein auf die Innenseite des Woks träufeln. 1 weitere Minute unter Rühren braten, dann die Sojasprossen zugeben und gründlich durchschwenken, bis alles gut vermischt und heiß ist. Mit Reis servieren.

爆炒腰花
SCHWEINENIEREN AUS DEM WOK

HERKUNFT: SHANDONG
ZUBEREITUNGSZEIT: 15 MINUTEN, ZZGL. 30 MINUTEN EINWEICHZEIT
GARZEIT: 35 MINUTEN
PERSONEN: 4

- 2 SCHWEINENIEREN
- 1 EL WEISSER REISESSIG
- 10 G GETROCKNETE MU-ERR
- 2 EL PFLANZENÖL
- 2 KNOBLAUCHZEHEN, GEHACKT
- 1 EL SHAOXING-REISWEIN
- 25 G BAMBUSSPROSSEN, ABGETROPFT UND IN SCHEIBEN GESCHNITTEN
- ½ EL HELLE SOJASAUCE
- ½ TL SALZ, ZZGL. ETWAS MEHR ZUM ABSCHMECKEN
- 1 TL SESAMÖL
- 1 FRÜHLINGSZWIEBEL, GEHACKT
- GEDÄMPFTER REIS (SEITE 540) ZUM SERVIEREN

* Jede Niere der Länge nach in zwei Hälften schneiden und alle weißen Drüsen und dunkelroten Bereiche entfernen. Die Nieren zusammen mit dem Essig und 475 ml Wasser in eine Schüssel geben und etwa 30 Minuten einweichen.
* Inzwischen die Mu-Err 20 Minuten in einer kleinen Schüssel mit kaltem Wasser einweichen. Die Pilze herausnehmen, die Stiele entfernen und die Köpfe in kleine Stücke zerpflücken. Beiseitestellen.
* Die Nieren gründlich unter kaltem Wasser abspülen. Die Oberfläche der Nieren rautenförmig, etwa ein Drittel der Dicke der Nieren tief, einschneiden. Die Nieren quer in 3 cm dicke Scheiben schneiden und bis zu ihrer Verwendung in Wasser einweichen. Bei Bedarf das Wasser mehrmals wechseln.
* Das Pflanzenöl in einem Wok oder einer großen Pfanne erhitzen, den Knoblauch hinzufügen und 30 Minuten auf starker Hitze unter Rühren anbraten, bis es duftet. Die Nieren hinzufügen und 1 weitere Minute unter Rühren braten. Den Reiswein auf die Innenseite des Woks träufeln. Die Bambussprossen und Mu-Err hinzufügen, die Sojasauce, Salz und 2 Esslöffel Wasser einrühren und gut vermengen. Alles 1–2 Minuten unter Rühren braten, bis das Wasser verdampft ist. Mit Salz abschmecken. Das Sesamöl und die gehackte Frühlingszwiebel hinzufügen und gut durchschwenken. Alles auf eine Servierplatte geben und mit Reis servieren.

HERKUNFT: HEBEI
ZUBEREITUNGSZEIT: 5 MINUTEN
GARZEIT: 1 STUNDE 15 MINUTEN
PERSONEN: 4

锅巴肘子
KNUSPRIGE SCHWEINSHAXE

- 1 AUSGELÖSTE SCHWEINSHAXE (600 G), MIT GESÄUBERTER SCHWARTE
- 10 G (CA. 2 CM) INGWER, IN SCHEIBEN GESCHNITTEN
- 2 FRÜHLINGSZWIEBELN, VERKNOTET
- 2 EL SALZ
- 5 EL SPEISESTÄRKE
- 475 ML PFLANZENÖL
- GEDÄMPFTER REIS (SEITE 540) ZUM SERVIEREN

FÜR DAS GEWÜRZSÄCKCHEN:
- 1 EL SICHUAN-PFEFFERKÖRNER
- 2 STERNANISE

FÜR DAS GEWÜRZSALZ:
- 1 EL SALZ
- ½ TL FÜNF-GEWÜRZE-PULVER

* Die Schweinshaxe in einen großen Topf geben und mit Wasser bedecken. Auf starker Hitze aufkochen lassen und 5 Minuten blanchieren. Falls erforderlich, den Schaum von der Oberfläche abschöpfen. Abtropfen lassen und unter kaltem Wasser abspülen.
* Sichuan-Pfefferkörner und Sternanise in ein Gewürzsäckchen füllen. In einem großen Topf 1½ Liter Wasser auf starker Hitze aufkochen lassen. Die Schweinshaxe, Ingwer, Frühlingszwiebeln, Salz und das Gewürzsäckchen hinzufügen und aufkochen lassen. Dann auf schwacher Hitze 1 Stunde ziehen lassen. Die Haxe herausnehmen, abspülen und abtropfen lassen.
* Für das Gewürzsalz das Salz in einer trockenen Pfanne auf mittlerer Hitze 1 Minute heiß werden, dann 1 Minute abkühlen lassen und mit dem Fünf-Gewürze-Pulver vermengen.
* Die Stärke mit 4 Esslöffeln Wasser vermengen. Die Haxe mit der Mischung einstreichen.
* Das Öl in einer Pfanne auf 170 °C erhitzen oder bis ein Brotwürfel in 45 Sekunden braun wird. Die Haxe in das Öl geben und 3–4 Minuten frittieren, bis die Schwarte goldbraun und knusprig ist. Die Haxe aus dem Öl nehmen, auf ein Schneidbrett legen und in 1 cm dicke Scheiben schneiden. Das Gewürzsalz darüberstreuen und mit Reis servieren.

HERKUNFT: CHAOZHOU
ZUBEREITUNGSZEIT: 5 MINUTEN, ZZGL. 1 STUNDE RUHEZEIT
GARZEIT: 15 MINUTEN
PERSONEN: 4

梅膏骨
PFLAUMEN-RIPPCHEN

- 600 G SCHÄLRIPPCHEN VOM SCHWEIN, IN 5 CM GROSSE STÜCKE GESCHNITTEN
- ½ TL SALZ
- 475 ML PFLANZENÖL
- 10 G (CA. 2 CM) INGWER, IN SCHEIBEN GESCHNITTEN
- 120 ML REISWEIN
- 3 EL CHAOZHOU-PFLAUMENPASTE ODER PFLAUMENSAUCE
- 1 TL ZHENJIANG- ODER BALSAMICO-ESSIG
- 1 EL HELLE SOJASAUCE
- 1 TL ZUCKER
- ½ TL SESAMÖL
- GEDÄMPFTER REIS (SEITE 540) ZUM SERVIEREN

* Die Rippchen mit Salz bestreuen und 1 Stunde beiseitestellen. Unter kaltem Wasser abspülen und mit Küchenpapier trocken tupfen.
* Das Pflanzenöl in einem Wok oder einem hohen Topf auf 170 °C erhitzen oder bis ein Brotwürfel in 45 Sekunden braun wird. Die Rippchen in das Öl geben und 3 Minuten goldbraun frittieren. Die Rippchen mit einem Schaumlöffel aus dem Öl nehmen und auf Küchenpapier abtropfen lassen.
* Das Öl bis auf 1 Esslöffel abgießen und auf mittlerer Hitze heiß werden lassen. Rippchen, Ingwer, Reiswein, Pflaumenpaste, Essig, Sojasauce und Zucker hinzufügen und 10 Minuten unter Rühren braten, bis die Sauce eindickt und die Rippchen gar sind. Das Sesamöl hinzufügen und alles auf einer Servierplatte anrichten. Mit Reis servieren.

紫酥肉
KNUSPRIGER SCHWEINEBAUCH

HERKUNFT: HENAN
ZUBEREITUNGSZEIT: 10 MINUTEN,
ZZGL. 30 MINUTEN MARINIERZEIT
GARZEIT: 1 STUNDE
PERSONEN: 4–6

* Die Schwarte des Schweinebauchs säubern und unter kaltem Wasser abspülen.
* Das Fleisch, Ingwer, gehackte Frühlingszwiebeln, Sichuan-Pfefferkörner, Sojasauce und Salz in einer großen Schüssel vermengen und 30 Minuten marinieren.
* Das Fleisch auf einer hitzebeständigen Platte in einen Dämpfeinsatz oder Bambus-Dämpfkorb stellen und mit Deckel 30 Minuten über kochendem Wasser dämpfen. Das Wasser von der Platte abtropfen lassen, Ingwer und Frühlingszwiebeln entfernen. Das Fleisch abkühlen lassen.
* Das Öl in einem Wok auf 140 °C erhitzen oder bis ein Brotwürfel in 2 Minuten goldbraun wird. Das Fleisch in das Öl geben und 10 Minuten frittieren. Dann das Fleisch aus dem Öl nehmen und auf Küchenpapier abtropfen lassen.
* Das Öl auf 170 °C erhitzen oder bis ein Brotwürfel in 45 Sekunden braun wird. Die Schwarte mit Essig einstreichen und 1 Minute braun frittieren. Das Fleisch aus dem Öl nehmen und abtropfen lassen. Das Öl erneut erhitzen und den Vorgang zweimal wiederholen. Das Fleisch aus dem Öl nehmen, abtropfen lassen und in Scheiben schneiden.
* Das Fleisch mit Pfannkuchen, den hellgrünen Teilen der Frühlingszwiebeln und Hoisin-Sauce servieren.

- 500 G AUSGELÖSTER SCHWEINEBAUCH, MIT SCHWARTE
- 10 G (CA. 2 CM) INGWER, GEHACKT
- 4 FRÜHLINGSZWIEBELN, DAVON 2 GEHACKT UND VON 2 ZWIEBELN NUR DIE HELLGRÜNEN TEILE, IN 5 CM LANGE STÜCKE GESCHNITTEN
- 1 TL SICHUAN-PFEFFERKÖRNER
- 1 EL HELLE SOJASAUCE
- 1 EL SALZ
- 750 ML PFLANZENÖL
- 3 EL WEISSER REISESSIG
- 12 PFANNKUCHEN (SEITE 53) ZUM SERVIEREN
- 2 EL HOISIN-SAUCE ZUM SERVIEREN

甜酸排骨
SÜSSSAURE RIPPCHEN

HERKUNFT: GUANGDONG
ZUBEREITUNGSZEIT: 10 MINUTEN, ZZGL. 10 MINUTEN EINWEICH- UND 15 MINUTEN MARINIERZEIT
GARZEIT: 15 MINUTEN
PERSONEN: 4
SEITE 367

- 300 G SCHÄLRIPPCHEN VOM SCHWEIN, IN KLEINE STÜCKE GESCHNITTEN
- 2 KNOBLAUCHZEHEN, GEHACKT
- ½ TL SALZ
- ½ TL BRAUNER ZUCKER
- ½ TL REISWEIN
- ¼ EL HELLE SOJASAUCE
- 1 EI, VERRÜHRT
- 4 EL GLUTENFREIES MEHL
- 250 ML PFLANZENÖL
- ½ ZWIEBEL, IN SPALTEN GESCHNITTEN
- ½ GRÜNE PAPRIKASCHOTE, ENTKERNT UND IN SPALTEN GESCHNITTEN
- ½ ROTE PAPRIKASCHOTE, ENTKERNT UND IN SPALTEN GESCHNITTEN
- 225 G ANANAS AUS DER DOSE, ABGETROPFT UND IN STÜCKE GESCHNITTEN
- KORIANDER ZUM GARNIEREN (NACH BELIEBEN)
- GEDÄMPFTER REIS (SEITE 540) ZUM SERVIEREN

FÜR DIE SÜSSSAURE SAUCE:
- 4 EL ROTER ESSIG
- 4 EL BRAUNER ZUCKER

* Die Rippchen 10 Minuten in einer großen Schüssel mit kaltem Wasser einweichen, dann abtropfen lassen.
* Die Rippchen in einer großen Schüssel mit Knoblauch, Salz, braunem Zucker, Reiswein und Sojasauce vermengen und 15 Minuten marinieren. Das Ei unterrühren, das Mehl hinzufügen und gut vermengen, sodass alle Rippchen mit Mehl behaftet sind.
* Die Zutaten für die Sauce so lange vermengen, bis sich der Zucker aufgelöst hat. Beiseitestellen.
* Das Öl in einem Wok oder einem hohen Topf auf 180 °C erhitzen oder bis ein Brotwürfel in 30 Sekunden braun wird. Die Rippchen portionsweise in das Öl geben und 3–4 Minuten frittieren, bis sie goldbraun und gar sind. Die Rippchen mit einem Schaumlöffel aus dem Öl nehmen und auf Küchenpapier abtropfen lassen.
* Das Öl bis auf etwa 1 Esslöffel abgießen und auf mittlerer Hitze heiß werden lassen. Die Zwiebel zugeben und 1–2 Minuten unter Rühren braten, bis sie leicht weich ist. Die Paprikaschoten und die Sauce einschwenken und 2–3 Minuten ziehen lassen, bis die Sauce eindickt.
* Die Rippchen hinzufügen und schnell schwenken, bis alle Stücke von Sauce umhüllt sind. Die Ananas einrühren und erhitzen, dann alles auf einer Servierplatte anrichten und, falls verwendet, mit Koriander garnieren. Mit Reis servieren.

SÜSSSAURE RIPPCHEN

HERKUNFT: ANHUI
ZUBEREITUNGSZEIT: 20 MINUTEN,
   ZZGL. 10 MINUTEN RUHEZEIT
GARZEIT: 10 MINUTEN
PERSONEN: 4

寸金肉
KNUSPRIGE ROULADEN

- 200 G SCHWEINEFILET
- 2 EL INGWERSAFT
- ¼ TL GEMAHLENER WEISSER PFEFFER
- 1 TL REISWEIN
- ½ TL SALZ
- 1 EI
- 1 EL SPEISESTÄRKE, ZZGL. ½ TL
- 25 G FRÜHSTÜCKSSCHINKEN, GEHACKT
- 2 FRÜHLINGSZWIEBELN, GEHACKT
- 50 G WEISSE SESAMSAAT
- 475 ML PFLANZENÖL
- GEDÄMPFTER REIS (SEITE 540) ZUM SERVIEREN (NACH BELIEBEN)

* Alle Häute und Sehnen vom Fleisch entfernen und in der Mitte durchschneiden, um 2 lange Lappen zu erhalten. Das Fleisch mit der Rückseite eines Fleischerbeils oder einem Fleischklopfer flach klopfen.
* Ingwersaft, Pfeffer, Reiswein und Salz in einer kleinen Schüssel vermengen, über das Fleisch gießen, einreiben und 10 Minuten stehen lassen.
* In eine zweite Schüssel das Ei schlagen und mit 1 Esslöffel Stärke zu einem Eierteig verrühren.
* Den Schinken in einer Schüssel mit dem restlichen ½ Teelöffel Stärke und den Frühlingszwiebeln vermengen.
* Das Fleisch flach auf ein Schneidbrett legen und mit einem Teil des Eierteigs einstreichen. Die Schinkenmischung daraufgeben und das Fleisch fest zu einer langen Rolle aufrollen. Diese mit dem restlichen Eierteig bestreichen und mit Sesamsaat bestreuen.
* Das Öl in einem Wok oder einem hohen Topf auf 130 °C erhitzen, die Rolle in das Öl geben und 3–4 Minuten hellbraun frittieren. Mit einem Schaumlöffel aus dem Öl nehmen und abkühlen lassen. Die Rolle in 10 cm lange Rouladen schneiden. Das Öl erneut auf 150 °C erhitzen oder bis ein Brotwürfel in 1½ Minuten braun wird. Die Rouladen wieder in den Wok geben und 1–2 Minuten frittieren, bis sie goldbraun und gar sind. Die Rouladen aus dem Öl nehmen, jede Roulade in 3 Stücke schneiden und auf einer Servierplatte anrichten. Mit Reis oder als Snack servieren.

溜核桃肉
SCHWEINEFLEISCH-WALNUSS-RÖLLCHEN

HERKUNFT: ANHUI
ZUBEREITUNGSZEIT: 15 MINUTEN, ZZGL. 15 MINUTEN EINWEICHZEIT
GARZEIT: 15 MINUTEN
PERSONEN: 4

- 100 G WALNUSSKERNE
- 200 G SCHWEINEFILET, IN 5 × 2,5 CM GROSSE SCHEIBEN GESCHNITTEN
- ¼ TL SALZ
- 1 EL SPEISESTÄRKE, ZZGL. 1 TL
- 2 EIWEISS
- 475 ML PFLANZENÖL
- 1 ROTE CHILISCHOTE, IN SCHEIBEN GESCHNITTEN
- 3 EL ZUCKER
- ½ EL HELLE SOJASAUCE
- 1½ EL ZHENJIANG- ODER BALSAMICO-ESSIG
- GEDÄMPFTER REIS (SEITE 540) ZUM SERVIEREN

* Die Walnüsse 15 Minuten in einer Schüssel mit kochendem Wasser einweichen. Abtropfen lassen.
* Inzwischen das Fleisch in einer Schüssel mit dem Salz vermengen und 10 Minuten stehen lassen.
* In einer kleinen Schüssel 1 Esslöffel Stärke mit 2 Teelöffeln Wasser verrühren und 5 Minuten beiseitestellen, bis sich die Stärke auf dem Boden absetzt. Das Wasser abschütten, sodass die feuchte Stärke zurückbleibt.
* In einer weiteren kleinen Schüssel die Eiweiße schlagen, mit der Stärke zu einem Teig verrühren und beiseitestellen.
* Das Öl in einem Wok auf 130 °C erhitzen, die Walnüsse darin 4–5 Minuten goldbraun frittieren, dann mit einem Schaumlöffel aus dem Öl nehmen und auf Küchenpapier abtropfen lassen.
* 1 Stück Fleisch auf das Schneidbrett legen, mit dem Eierteig bestreichen und 1–2 Walnussstücke auf eine Ecke legen. Aufrollen, die Enden einstecken und die Roulade in den Teig tauchen. Den Vorgang mit dem restlichen Fleisch, den Walnüssen und dem Teig wiederholen.
* Das Öl erneut auf 150 °C erhitzen oder bis ein Brotwürfel in 1½ Minuten braun wird. Die Rouladen zugeben, 3–4 Minuten goldbraun frittieren, dann mit einem Schaumlöffel herausnehmen und auf Küchenpapier abtropfen lassen.
* Das Öl bis auf etwa 1 Esslöffel abgießen und auf mittlerer Hitze heiß werden lassen. Die Chilischote darin 1–2 Minuten unter Rühren anbraten, bis es duftet. Zucker, Sojasauce, Essig und 4 Esslöffel Wasser einrühren und aufkochen lassen.
* In einer kleinen Schüssel 1 Teelöffel Stärke mit 1 Esslöffel Wasser verrühren und in den Wok einrühren. Unter Rühren 30 Sekunden aufkochen lassen, bis die Sauce eindickt. Die Rouladen einrühren, bis sie mit der Sauce überzogen sind, und auf eine Servierplatte geben. Mit Reis servieren.

HERKUNFT: JIANGXI
ZUBEREITUNGSZEIT: 20 MINUTEN,
    ZZGL. 10 MINUTEN EINWEICHZEIT
GARZEIT: 20 MINUTEN
PERSONEN: 4

芝麻金钱肉
SCHWEINEFILET MIT SESAMSAAT

- 150 G RÜCKENSPECK VOM SCHWEIN
- 200 G SCHWEINEFILET, IN MUNDGERECHTE STÜCKE GESCHNITTEN
- 2 TL GEHACKTER INGWER
- 1 FRÜHLINGSZWIEBEL, GEHACKT
- 1 TL SALZ
- 1 TL REISWEIN
- 100 G WEIZENMEHL, TYPE 405
- 2 EIER, LEICHT VERRÜHRT
- 2 ½ EL WEISSE SESAMSAAT
- 1 L PFLANZENÖL
- 1 EL SESAMÖL
- 1–2 ZWEIGE KORIANDER ZUM GARNIEREN
- 2 EL KETCHUP ZUM SERVIEREN
- BAMBUSSPIESSE

FÜR DAS GEWÜRZSALZ:
- 1 TL SALZ
- ¼ TL GEMAHLENE SICHUAN-PFEFFERKÖRNER

* Die Bambusspieße 10 Minuten in Wasser einweichen.
* Inzwischen für das Gewürzsalz eine kleine, trockene Pfanne auf mittlerer Hitze heiß werden lassen und das Salz hinzufügen. Zum Durchwärmen 1 Minute umrühren, den Herd ausschalten, das Salz in eine kleine Schüssel geben und kurz abkühlen lassen. Die gemahlenen Sichuan-Pfefferkörner einrühren. Beiseitestellen.
* Den Speck in einen kleinen Topf geben und mit Wasser bedecken. Auf starker Hitze aufkochen lassen und 5 Minuten blanchieren. Abtropfen lassen und unter kaltem Wasser abspülen. Den Speck in mundgerechte Stücke schneiden.
* Schweinefilet, Rückenspeck, Ingwer, Frühlingszwiebel und Reiswein in einer großen Schüssel vermengen und 10 Minuten marinieren. Das Filet und den Speck in zwei getrennte Schüsseln geben.
* Das Filet mit Mehl bestäuben und leicht in den Eiern wälzen. Das Fleisch auf beiden Seiten mit der Sesamsaat bestreuen und leicht andrücken. Beiseitestellen. Den Vorgang mit dem Speck wiederholen.
* Die Spieße abtropfen lassen. Abwechselnd Filet und Speck daraufstecken.
* Das Pflanzenöl in einem Wok oder einem hohen Topf auf 150 °C erhitzen oder bis ein Brotwürfel in 1 ½ Minuten braun wird. Die Spieße hineingeben und 3–4 Minuten frittieren, bis das Fleisch gar ist. Die Spieße mit einer Zange aus dem Öl nehmen und auf Küchenpapier abtropfen lassen.
* Das Öl erneut auf 150 °C erhitzen, die Spieße wieder in den Wok geben und 2–3 Minuten goldbraun frittieren. Dann die Spieße aus dem Öl nehmen und auf Küchenpapier abtropfen lassen. Das Fleisch mit einer Gabel von den Spießen schieben und das frittierte Fleisch auf einer Platte anrichten. Mit Sesamöl bestreichen und mit Koriander garnieren. Mit dem Gewürzsalz und Ketchup als Beilage servieren.

洛阳肉片
LUOYANG-SCHWEINEBAUCH

HERKUNFT: HENAN
ZUBEREITUNGSZEIT: 15 MINUTEN, ZZGL. 20 MINUTEN EINWEICHZEIT
GARZEIT: 15 MINUTEN
PERSONEN: 4

* Die Mu-Err 20 Minuten in kaltem Wasser einweichen. Die Pilze herausnehmen, die Stiele entfernen und die Köpfe in kleine Stücke zerpflücken.
* In einer Schüssel ¼ Teelöffel Salz, ½ Teelöffel Sojasauce und 1 Teelöffel Stärke vermengen. Die Hälfte des geschlagenen Eis untermengen. Die andere Hälfte für später beiseitestellen.
* Das Öl in einem Wok oder einem hohen Topf auf 150 °C erhitzen oder bis ein Brotwürfel in 1½ Minuten braun wird. Die Fleischstücke in das Öl geben, diese dabei sofort mit Stäbchen trennen, damit sie nicht zusammenkleben, und 2 Minuten frittieren, bis das Fleisch goldbraun und gar ist. Das Fleisch mit einem Schaumlöffel aus dem Öl nehmen und auf Küchenpapier abtropfen lassen.
* Das Öl bis auf 1 Esslöffel abgießen und auf mittlerer bis starker Hitze heiß werden lassen. Den Knoblauch hinzufügen und 1 Minute unter Rühren anbraten, bis es duftet. Bambussprossen, Mu-Err und Erbsen einrühren. Hühnerbrühe, Reiswein, die restlichen 1½ Teelöffel Sojasauce, ¾ Teelöffel Salz und das Fleisch zugeben und aufkochen lassen.
* Den übrigen Teelöffel Stärke in einer kleinen Schüssel mit 1 Esslöffel Wasser verrühren und in den Wok einrühren. Den Essig hinzufügen. Unter Rühren 30 Sekunden aufkochen lassen, bis die Sauce eindickt. Die gehackte Frühlingszwiebel und den weißen Pfeffer darüberstreuen. Alles auf eine Servierplatte geben und mit Reis servieren.

- 5 G GETROCKNETE MU-ERR
- 200 G AUSGELÖSTER SCHWEINEBAUCH, GESÄUBERT UND MIT SCHWARTE, IN 4 × 2 × 0,25 CM GROSSE SCHEIBEN GESCHNITTEN
- 1 TL SALZ
- 2 TL HELLE SOJASAUCE
- 2 TL SPEISESTÄRKE
- 1 EI, GESCHLAGEN
- 475 ML PFLANZENÖL
- 1 KNOBLAUCHZEHE, IN SCHEIBEN GESCHNITTEN
- 25 G BAMBUSSPROSSEN, IN SCHEIBEN GESCHNITTEN
- 2 EL ERBSEN
- 120 ML HÜHNERBRÜHE (SEITE 90)
- 1 TL REISWEIN
- 2 TL ESSIG
- 1 FRÜHLINGSZWIEBEL, GEHACKT
- ½ TL GEMAHLENER WEISSER PFEFFER
- GEDÄMPFTER REIS (SEITE 540) ZUM SERVIEREN

HERKUNFT: HAKKA
ZUBEREITUNGSZEIT: 10 MINUTEN,
 ZZGL. 15 MINUTEN MARINIERZEIT
GARZEIT: 5 MINUTEN
PERSONEN: 4
SEITE 373

唐蒜炒肉片
SCHWEINESCHULTER MIT CHINESISCHEM LAUCH

- 300 G SCHWEINESCHULTER, OHNE SCHWARTE, IN SCHEIBEN GESCHNITTEN
- 3 KNOBLAUCHZEHEN, GEHACKT
- ½ TL ZUCKER
- ½ EL HELLE SOJASAUCE
- 1 TL SPEISESTÄRKE
- 2 EL PFLANZENÖL, ZZGL. 1 TL
- 400 G CHINESISCHER LAUCH, IN 6 CM LANGE STÜCKE GESCHNITTEN
- ¼ TL SALZ, ZZGL. ETWAS MEHR ZUM ABSCHMECKEN
- GEDÄMPFTER REIS (SEITE 540) ZUM SERVIEREN

* Fleisch, Knoblauch, Zucker und Sojasauce in einer Schüssel gut vermengen und 15 Minuten marinieren. Die Stärke und 1 Teelöffel Öl einrühren.
* In einem Wok auf starker Hitze 1 Esslöffel Öl heiß werden lassen, Lauch und Salz hinzufügen und 1 Minute unter Rühren braten. Auf eine Servierplatte geben.
* Im Wok den restlichen Esslöffel Öl auf starker Hitze heiß werden lassen, das Fleisch zugeben und 2 Minuten unter Rühren gar braten. Den Lauch hinzufügen und 1 weitere Minute unter Rühren braten. Alles auf eine Servierplatte geben und mit Reis servieren.

HERKUNFT: SHUNDE
ZUBEREITUNGSZEIT: 10 MINUTEN
GARZEIT: 1 STUNDE 10 MINUTEN
PERSONEN: 4-6

话梅猪手
SCHWEINEFÜSSE MIT SALZPFLAUMEN

- 450 G SCHWEINEFÜSSE, GESÄUBERT, ABGESPÜLT UND IN STÜCKE GESCHNITTEN
- 2 EL REISESSIG
- 25 G (CA. 5 CM) INGWER, IN SCHEIBEN GESCHNITTEN
- 5 GROSSE SALZPFLAUMEN
- 1 EL SCHWARZER REISESSIG ODER BALSAMICO-ESSIG
- ½ TL DUNKLE SOJASAUCE
- ¼ TL SALZ

* Die Schweinefüße in einen großen Topf geben und mit Wasser bedecken. Auf starker Hitze aufkochen lassen und 10 Minuten blanchieren. Falls erforderlich, den Schaum von der Oberfläche abschöpfen. Abtropfen lassen und unter kaltem Wasser abspülen.
* Die Pfoten in einem sauberen Topf mit dem Reisessig vermengen und mit Wasser bedecken. Abdecken und auf starker Hitze aufkochen lassen. Auf niedriger Hitze 15 Minuten garen. Abtropfen lassen und unter kaltem Wasser abspülen.
* Die Pfoten wieder in den Topf geben, Ingwer, Salzpflaumen Essig, Sojasauce und Salz zugeben und mit Wasser bedecken. Auf starker Hitze aufkochen lassen, dann auf mittlerer Hitze mit Deckel 45 Minuten ziehen lassen. Die Schweinefüße in eine Servierschüssel geben.
* Die Sauce auf starker Hitze um die Hälfte einkochen lassen. Dann über die Schweinefüße gießen und abkühlen lassen. Lauwarm servieren.

SCHWEINESCHULTER MIT CHINESISCHEM LAUCH

HERKUNFT: BEIJING
ZUBEREITUNGSZEIT: 10 MINUTEN,
    ZZGL. 10 MINUTEN MARINIERZEIT
GARZEIT: 5 MINUTEN
PERSONEN: 4

京酱肉丝
SCHWEINEFLEISCH MIT PEKINGSAUCE

- 300 G MAGERES SCHWEINEFLEISCH, IN DÜNNE STREIFEN GESCHNITTEN
- ½ TL SALZ
- ½ TL HELLE SOJASAUCE
- 2 TL ZUCKER
- 1 EL SPEISESTÄRKE
- 475 ML PFLANZENÖL, ZZGL. 1 EL
- 2 FRÜHLINGSZWIEBELN, NUR DIE HELLGRÜNEN TEILE, IN FEINE STREIFEN GESCHNITTEN
- 1 EL SÜSSE BOHNENSAUCE
- ½ EL DUNKLE SOJASAUCE
- 1 TL SESAMÖL
- GEDÄMPFTER REIS (SEITE 540) ZUM SERVIEREN

* Fleisch, Salz, helle Sojasauce und ½ Teelöffel Zucker gut in einer Schüssel vermengen und 10 Minuten marinieren. Die Stärke einrühren. Direkt vor dem Erhitzen 1 Esslöffel Öl einrühren.
* Den Boden einer Servierplatte mit den Frühlingszwiebeln auslegen. Beiseitestellen.
* Das restliche Pflanzenöl in einem Wok oder einem hohen Topf auf 150 °C erhitzen oder bis ein Brotwürfel in 1½ Minuten braun wird. Die Fleischstücke in das Öl geben, dabei sofort mit Stäbchen trennen, damit sie nicht zusammenkleben, und 1 Minute frittieren. Das Fleisch mit einem Schaumlöffel aus dem Öl nehmen und auf Küchenpapier abtropfen lassen.
* Das Öl bis auf 1 Esslöffel abgießen und auf starker Hitze heiß werden lassen. Die süße Bohnensauce, die dunkle Sojasauce und die restlichen 1½ Teelöffel Zucker einrühren. Das Fleisch wieder in den Wok geben und 1–2 Minuten unter Rühren gar braten. Das Sesamöl hinzufügen und gründlich durchschwenken. Alles auf eine Servierplatte geben und mit Reis servieren.

HERKUNFT: NINGXIA
ZUBEREITUNGSZEIT: 15 MINUTEN
GARZEIT: 3 STUNDEN
PERSONEN: 4-6

丁香肘子
HAXE MIT GEWÜRZNELKEN

- 1 SCHWEINSHAXE (1 KG), GESÄUBERT UND ABGESPÜLT
- 1 EL PFLANZENÖL
- 3 EL ZUCKER
- GEDÄMPFTER REIS (SEITE 540) ZUM SERVIEREN

FÜR DIE SAUCE:
- 6 GEWÜRZNELKEN
- 10 G (CA. 2 CM) INGWER, IN SCHEIBEN GESCHNITTEN
- 2 EL REISWEIN
- 1 TL SALZ
- 2 EL HELLE SOJASAUCE
- 475 ML HÜHNERBRÜHE (SEITE 90)

* Die Haxe in einen großen Topf geben und mit Wasser bedecken. Auf starker Hitze aufkochen lassen, dann auf schwacher Hitze 30 Minuten blanchieren. Abtropfen lassen und unter kaltem Wasser abspülen.
* Die Haxe auf ein Schneidbrett legen und die Schwarte rautenförmig alle 2,5 cm einschneiden.
* Das Öl in einem Wok oder einer großen Pfanne auf mittlerer bis niedriger Hitze heiß werden lassen. Den Zucker zugeben und 3–4 Minuten kochen, bis er karamellisiert. Die Haxe darin wälzen, bis die Schwarte vollständig beschichtet ist.
* Die Haxe in eine hitzebeständige Schüssel geben und alle Zutaten für die Sauce zugeben. Die Schüssel mit Alufolie abdecken, in einen Dämpfeinsatz oder Bambus-Dämpfkorb stellen und mit Deckel 2 Stunden über kochendem Wasser dämpfen, bis die Haxe weich ist. Die Haxe in eine Schale legen, aufschneiden und den Knochen entfernen.
* Die Sauce in einen Topf geben und die Gewürznelken und den Ingwer entfernen. Auf starker Hitze aufkochen lassen, dann auf mittlerer Hitze ohne Deckel 25 Minuten ziehen lassen, bis die Flüssigkeit um die Hälfte eingekocht ist. Die Sauce über das Fleisch gießen und mit Reis servieren.

红烧狮子头
GESCHMORTE ROTE FLEISCHBÄLLCHEN

HERKUNFT: SHANGHAI
ZUBEREITUNGSZEIT: 20 MINUTEN, ZZGL. 20 MINUTEN EINWEICHZEIT
GARZEIT: 15 MINUTEN
PERSONEN: 6

- 300 G MAGERES, FEIN GEHACKTES SCHWEINEHACKFLEISCH
- 200 G RÜCKENSPECK VOM SCHWEIN, GEWÜRFELT
- 1 EL INGWERSAFT
- ½ TL SALZ
- ½ TL ZUCKER
- ¼ TL GEMAHLENER WEISSER PFEFFER
- 1 EL SPEISESTÄRKE, ZZGL. ETWAS MEHR ZUM BESTÄUBEN
- 1 EL ZERKLEINERTE HAFERFLOCKEN
- 475 ML PFLANZENÖL
- GEDÄMPFTES GEMÜSE ZUM SERVIEREN (NACH BELIEBEN)

FÜR DIE SAUCE:
- 6 GETROCKNETE SHIITAKE
- 10 G (CA. 2 CM) INGWER, IN SCHEIBEN GESCHNITTEN
- 1 EL SHAOXING-REISWEIN
- ½ TL DUNKLE SOJASAUCE
- 1 EL AUSTERNSAUCE
- ½ TL ZUCKER
- 120 ML HÜHNERBRÜHE (SEITE 90) ODER WASSER
- 1 TL SPEISESTÄRKE
- 1 TL SESAMÖL

* Für die Sauce die Pilze in eine Schüssel geben, mit 120 ml kalten Wasser bedecken und mindestens 20 Minuten einweichen. Die Pilze herausnehmen, Wasser herausdrücken und die Stiele entfernen. Die Einweichflüssigkeit aufbewahren.
* Das Hackfleisch in einer großen Schüssel mit dem Rückenspeck, Ingwersaft, Salz, Zucker, weißem Pfeffer, Stärke und Haferflocken vermengen. Das Hackfleisch in eine Hand nehmen und etwa fünfmal gegen die Schüssel schlagen, damit die Masse klebrig und elastisch wird. Die Hände anfeuchten und aus der Fleischmischung 6 Fleischbällchen formen und in etwas Stärke wälzen.
* Das Pflanzenöl in einem Wok oder einem hohen Topf auf 150 °C erhitzen oder bis ein Brotwürfel in 1½ Minuten braun wird. Die Fleischbällchen zugeben und 1–2 Minuten frittieren, bis sie fest werden, dann auf schwacher Hitze weitere 1–2 Minuten frittieren, bis sie fast gar sind. Die Fleischbällchen mit einem Schaumlöffel aus dem Öl nehmen und auf Küchenpapier abtropfen lassen.
* Das Öl bis auf etwa 1 Esslöffel abgießen. Für die Sauce den Ingwer und die ganzen Pilze hinzufügen und auf mittlerer Hitze 1 Minute unter Rühren anbraten, bis es duftet. Reiswein, Soja- und Austernsauce und Zucker hinzufügen. Die Fleischbällchen, die Hühnerbrühe und die Einweichflüssigkeit zugeben und auf starker Hitze aufkochen lassen. Auf schwacher Hitze 2–3 Minuten ziehen lassen, bis sie gar sind. Die Fleischbällchen auf eine Platte geben und warm halten.
* Die Sauce im Wok aufkochen lassen und ohne Deckel 2–3 Minuten kochen, bis die Sauce um die Hälfte eingekocht ist.
* Die Stärke in einer kleinen Schüssel mit 1 Esslöffel Wasser vermengen und in den Wok einrühren. Unter Rühren etwa 30 Sekunden aufkochen lassen, bis die Sauce eindickt.
* Das Sesamöl einrühren und die Sauce über die Fleischbällchen gießen. Auf Wunsch mit gedämpftem Gemüse servieren.

HERKUNFT: ANHUI
ZUBEREITUNGSZEIT: 10 MINUTEN
GARZEIT: 1 STUNDE
PERSONEN: 2

燴三鮮
GESCHMORTES FLEISCH NACH ANHUI-ART

- 120 G AUSGELÖSTER SCHWEINEBAUCH, MIT SCHWARTE
- 1 AUSGELÖSTER HÄHNCHEN-OBERSCHENKEL
- 4 EL SCHMALZ ODER PFLANZENÖL
- 1 FILET VOM SCHWARZEN GRASKARPFEN ODER WOLFSBARSCH (120 G), IN 5 CM GROSSE STÜCKE GESCHNITTEN
- 1 TL SPEISESTÄRKE
- 1 FRÜHLINGSZWIEBEL, IN 4 CM LANGE STÜCKE GESCHNITTEN
- 5 G (CA. 1 CM) INGWER, IN SCHEIBEN GESCHNITTEN
- 1 STERNANIS
- 1 TL SALZ
- 1 TL ZUCKER
- 1 EL HELLE SOJASAUCE
- 750 ML HÜHNERBRÜHE (SEITE 90)
- 1 BUND KORIANDER, GEHACKT, ZUM GARNIEREN
- GEDÄMPFTER REIS (SEITE 540) ZUM SERVIEREN

* Die Schwarte des Schweinebauchs säubern und unter kaltem Wasser abspülen.
* Das Hähnchen- und Schweinefleisch in einen großen Topf geben und mit Wasser bedecken. Auf starker Hitze aufkochen lassen und 2 Minuten blanchieren. Abtropfen lassen und unter kaltem Wasser abkühlen, dann ebenfalls in 5 cm große Stücke schneiden.
* Das Schmalz in einem Wok oder einer großen Pfanne auf mittlerer bis starker Hitze heiß werden lassen. Die Fischstücke mit Stärke bestäuben, nach und nach in das heiße Öl geben und 3–4 Minuten goldbraun frittieren. Die Fischstücke mit einem Schaumlöffel herausnehmen und auf Küchenpapier abtropfen lassen.
* Das Hähnchen- und Schweinefleisch in den Wok geben, Frühlingszwiebel, Ingwer, Sternanis, Salz, Zucker, Sojasauce und Hühnerbrühe hinzufügen und aufkochen lassen. Auf schwacher Hitze etwa 40 Minuten ohne Deckel ziehen lassen, bis die Flüssigkeit um drei Viertel eingekocht ist. Den Fisch hinzufügen und bei mittlerer Hitze weitere etwa 8 Minuten garen, bis die Sauce eindickt. Frühlingszwiebel, Ingwer und Sternanis entfernen.
* Alles auf einer Servierplatte anrichten und mit Koriander garnieren. Mit Reis servieren.

木耳炖猪尾
SCHWEINESCHWÄNZCHEN MIT WEISSEN MU-ERR

HERKUNFT: HAKKA
ZUBEREITUNGSZEIT: 15 MINUTEN,
  ZZGL. 10 MINUTEN EINWEICHZEIT
GARZEIT: 2 STUNDEN 45 MINUTEN
PERSONEN: 4

* Das Schweineschwänzchen in viel kaltem Wasser einweichen, dann die Schwarte säubern. Das Schwänzchen mit einem scharfen Messer an den Gelenken in kleine Stücke schneiden.
* Die Stücke in einen großen Topf geben und mit Wasser bedecken. Auf starker Hitze aufkochen lassen und 5 Minuten blanchieren. Abtropfen lassen und unter kaltem Wasser abspülen.
* Die Mu-Err 10 Minuten in kaltem Wasser einweichen. In 1 cm dicke Streifen schneiden und beiseitestellen. Inzwischen in einer weiteren Schüssel die Mandarinenschale 10 Minuten in kaltem Wasser einweichen, abtropfen lassen und beiseitestellen.
* Die schwarzen Bohnen in einer kleinen Pfanne auf schwacher Hitze 3–4 Minuten rösten, bis sie platzen, dann herausnehmen und unter kaltem Wasser abspülen.
* Das Schweineschwänzchen, Pilze, schwarze Bohnen, Mandarinenschale, Jujube-Datteln, Ingwer und 1 Liter Wasser in einen großen Topf geben. Auf starker Hitze aufkochen lassen, dann auf schwacher Hitze mit Deckel 2½ Stunden ziehen lassen. Mit Salz abschmecken und in eine Servierschüssel geben. Mit Reis servieren.

- 1 SCHWEINESCHWÄNZCHEN
- 20 G WEISSE MU-ERR
- 1 GETROCKNETE MANDARINENSCHALE
- 8 JUJUBE-DATTELN, ENTKERNT
- 2 EL GETROCKNETE SCHWARZE BOHNEN
- 5 G (CA. 1 CM) INGWER, IN SCHEIBEN GESCHNITTEN
- SALZ
- GEDÄMPFTER REIS (SEITE 540) ZUM SERVIEREN

HERKUNFT: GUANGDONG
ZUBEREITUNGSZEIT: 3 TAGE
GARZEIT: 4 STUNDEN 15 MINUTEN
PERSONEN: 6

猪脚姜醋
SCHWEINEFÜSSE IN INGWER UND ESSIG

- 600 G INGWER, IN 5 CM GROSSE STÜCKE GESCHNITTEN, HALBIERT UND ZERKLEINERT
- ½ EL SALZ
- 1,5 L KANTONESISCHER GESÜSSTER SCHWARZER REISESSIG
- 600 G SCHWEINEFÜSSE, GESÄUBERT, ABGESPÜLT UND IN KLEINE STÜCKE GESCHNITTEN
- 6 EIER, BEI RAUMTEMPERATUR

Dies ist ein sehr beliebtes kantonesisches Gericht, um die Geburt eines Babys zu feiern. Es wird in der Regel in einer großen Menge zubereitet und bei der Feier mit Familienmitgliedern und Freunden geteilt. Der Ingwer, der Essig und das Kollagen aus den Schweinefüße sollen die Genesung der Mutter nach der Geburt unterstützen.

Tag 1
* Ingwer und Salz in einer kleinen Schüssel vermengen und 30 Minuten stehen lassen. Abspülen und abtropfen lassen.
* Den Ingwer auf einer hitzebeständigen Platte in einen Dämpfeinsatz oder Bambus-Dämpfkorb stellen und mit Deckel 30 Minuten über kochendem Wasser dämpfen. Das Wasser von der Platte abtropfen lassen. Den Ingwer und den Essig in einen Ton- oder Edelstahltopf geben. Mit Deckel auf starker Hitze aufkochen lassen, dann auf schwacher Hitze 2 Stunden ziehen lassen. Den Herd ausschalten und über Nacht stehen lassen.

Tag 2
* Die Schweinefüße in einem großen Topf mit Wasser bedecken. Auf starker Hitze aufkochen lassen und 5 Minuten blanchieren. Abtropfen lassen und gut unter kaltem Wasser abspülen.
* Die Füße wieder in den Topf geben und mit Wasser auffüllen. Mit Deckel auf starker Hitze aufkochen lassen, dann auf schwacher Hitze 45 Minuten ziehen lassen. Falls erforderlich, den Schaum von der Oberfläche abschöpfen. Den Herd ausschalten und mit Deckel 45 Minuten stehen lassen.
* Die Schweinefüße abtropfen lassen und unter kaltem Wasser vollständig abkühlen. Nun die Schweinefüße in den Topf mit dem Ingwer und dem Essig geben und mit Deckel auf starker Hitze aufkochen lassen. Dann auf schwacher Hitze 45 Minuten ziehen lassen. Den Herd ausschalten und mit Deckel über Nacht stehen lassen.
* Die ganzen Eier in einen Topf geben und mit Wasser bedecken. Auf mittlerer bis starker Hitze aufkochen lassen und 3½ Minuten kochen. Die Eier sofort herausnehmen, abtropfen lassen und gut unter kaltem Wasser abspülen. Die lauwarmen Eier schälen und zu den Schweinefüßen geben.

Tag 3
* Schweinefüße und Eier in einen separaten Behälter geben.
* Aus dem großen Topf mit Essig die gewünschte Menge herausnehmen und in einem großen Topf auf starker Hitze aufkochen lassen. Die Hitze reduzieren, Schweinefüße und die Eier hinzufügen und erhitzen. Das Ganze in einzelne Schüsseln geben und servieren.

湖南红烧肉
HUNAN-SCHWEINEBAUCH

HERKUNFT: HUNAN
ZUBEREITUNGSZEIT: 15 MINUTEN
GARZEIT: 2 STUNDEN
PERSONEN: 6

* Den Schweinebauch mit der Schwarte nach unten auf ein Schneidbrett legen. Das Fleisch auf eine einheitliche Dicke schneiden, die Schwarte säubern und unter kaltem Wasser abspülen.
* Das Fleisch in einen großen Topf geben und mit Wasser bedecken. Auf starker Hitze aufkochen lassen und 15 Minuten blanchieren. Falls erforderlich, den Schaum von der Oberfläche schöpfen. Abtropfen lassen und unter kaltem Wasser abkühlen. Das Fleisch in 3 cm große Quadrate schneiden.
* Das Öl auf mittlerer Hitze in einem Wok oder einer großen Pfanne heiß werden lassen, die getrockneten Chilischoten hinzufügen und 1 Minute unter Rühren braten, bis es duftet. Die frischen Chilischoten, Knoblauch, Ingwer und die schwarzen Bohnen einrühren. Die Chili-Bohnen-Paste und die rote Trestersauce zugeben und 1 Minute unter Rühren anbraten. Das Fleisch hinzufügen und auf starker Hitze unter Rühren anbraten, bis es duftet. Mit Reiswein beträufeln. Sichuan-Pfefferkörner, Sternanise und 250 ml Wasser hinzufügen und aufkochen lassen. Auf schwacher Hitze mit Deckel etwa 45 Minuten ziehen lassen. Das Fleisch in dieser Zeit ein- bis zweimal wenden.
* Sojasauce und Kandiszucker zugeben und mit Deckel weitere 45 Minuten ziehen lassen, bis das Fleisch sehr weich ist. Danach das Fleisch auf eine Servierplatte geben und warm stellen. Die Sauce auf starker Hitze aufkochen lassen und ohne Deckel auf mittlerer Hitze 2–3 Minuten ziehen lassen, bis die Sauce leicht eingedickt ist. Die Sauce über das Fleisch geben. Mit Reis servieren.

- 600 G AUSGELÖSTER SCHWEINEBAUCH, MIT SCHWARTE
- 2 EL PFLANZENÖL
- 4 GETROCKNETE CHILISCHOTEN, HALBIERT
- 3 ROTE CHILISCHOTEN, HALBIERT
- 2 KNOBLAUCHZEHEN, GEHACKT
- 25 G (CA. 5 CM) INGWER, IN SCHEIBEN GESCHNITTEN
- 1 EL FERMENTIERTE SCHWARZE BOHNEN, ABGESPÜLT UND GEHACKT
- 1½ EL CHILI-BOHNEN-PASTE
- 1 EL ROTE TRESTERSAUCE
- 2 EL SHAOXING-REISWEIN
- 1 EL SICHUAN-PFEFFERKÖRNER
- 2 STERNANISE
- 1 TL DUNKLE SOJASAUCE
- ½ TL HELLE SOJASAUCE
- 20 G KANDISZUCKER
- GEDÄMPFTER REIS (SEITE 540) ZUM SERVIEREN

HERKUNFT: ZHEJIANG
ZUBEREITUNGSZEIT: 15 MINUTEN
GARZEIT: 3 STUNDEN 30 MINUTEN
PERSONEN: 4
SEITE 381

东坡肉
DONGPO-SCHWEINEBAUCH

- 500 G AUSGELÖSTER SCHWEINEBAUCH, MIT SCHWARTE
- 1 TL PFLANZENÖL
- 2 EL BRAUNER ZUCKER
- 1 EL ROTER FERMENTIERTER REIS ODER KIRSCHSAFT
- 10 G (CA. 2 CM) INGWER, IN SCHEIBEN GESCHNITTEN
- 2 WINTERZWIEBELN ODER 6 FRÜHLINGSZWIEBELN, IN 4 CM LANGE STÜCKE GESCHNITTEN
- 375 ML SHAOXING-REISWEIN
- 1 EL KANDISZUCKER
- 3 EL HELLE SOJASAUCE
- 300 G GRÜNER PAK CHOI
- KORIANDERBLÄTTER ZUM GARNIEREN (NACH BELIEBEN)
- GEDÄMPFTER REIS (SEITE 540) ZUM SERVIEREN

Der Dongpo-Schweinebauch ist nach Su Dongpo (1037–1101) aus der Song-Dynastie benannt. Su war nicht nur ein berühmter Essayist und Dichter, sondern auch ein großer Gastronom. Sein Gedicht über das Kochen von Fleisch war wahrscheinlich eines der ersten Schriftstücke zum „Slow Cooking". Der Dongpo-Schweinebauch ist eine seiner vielen Kreationen und in China sehr beliebt.

* Den Schweinebauch mit der Schwarte nach unten auf ein Schneidbrett legen, auf eine einheitliche Dicke schneiden, die Schwarte säubern und unter kaltem Wasser abspülen.
* Das Fleisch in einem großen Topf mit Wasser bedecken. Auf starker Hitze aufkochen lassen und 20 Minuten blanchieren. Bei Bedarf den Schaum von der Oberfläche abschöpfen. Abtropfen lassen und 5 Minuten unter kaltem Wasser abkühlen. Das Fleisch mit der Schwarte nach unten auf ein Schneidbrett legen. Das magere Fleisch in 4 gleich große Quadrate schneiden, dabei nicht durch die Schwarte schneiden.
* In einem Topf 1 Teelöffel Öl erhitzen, den braunen Zucker zugeben und auf schwacher Hitze 2–3 Minuten karamellisieren. Dann 2 Esslöffel Wasser einrühren, das Fleisch mit der Schwarte nach unten in den Karamell legen und dann wenden, damit das gesamte Fleisch von Karamell umhüllt ist. Den Herd ausschalten.
* Den roten fermentierten Reis in einem kleinen Topf mit 250 ml Wasser aufkochen lassen. 15 Minuten ziehen lassen, dann in eine Schüssel abseihen und beiseitestellen.
* Den Boden eines Schmortopfs erst mit den Ingwerscheiben, dann dem Fleisch mit der Schwarte nach unten auslegen und mit den Winterzwiebeln umranden. Das aufbewahrte Reiswasser und den Reiswein darübergeben und mit Wasser auffüllen.
* Aufkochen lassen, dann auf schwacher Hitze 30 Minuten ziehen lassen. Kandiszucker und Sojasauce hinzufügen und 1 weitere Stunde ziehen lassen. Das Fleisch einmal wenden und noch 1 Stunde ziehen lassen.
* Inzwischen Wasser in einem großen Topf zum Kochen bringen, Pak Choi hineingeben und 2 Minuten blanchieren. Das Fleisch mit der Schwarte nach oben in der Mitte und den Pak Choi am Rand der Platte anrichten. Die Sauce aus dem Topf darübergießen, mit Koriander, falls verwendet, garnieren und mit Reis servieren.

DONGPO-SCHWEINEBAUCH

HERKUNFT: ZHEJIANG
ZUBEREITUNGSZEIT: 20 MINUTEN,
    ZZGL. 1 STUNDE EINWEICHZEIT
GARZEIT: 5 STUNDEN
PERSONEN: 8

- 600 G JINHUA- ODER SMITHFIELD-SCHINKEN
- 50 G ZUCKER
- 4 EL ROTWEIN
- 120 G KANDISZUCKER, ZERSTOSSEN
- 4 EL SHAOXING-REISWEIN
- 100 G GETROCKNETE LOTUSSAMEN
- CHINESISCHE BRÖTCHEN, WIE ZUM BEISPIEL MANTOU (WEICHES DAMPFBROT), ODER BROT ZUM SERVIEREN

蜜汁火方
DOPPELT GEKOCHTER PÖKELSCHINKEN

Die Geschichte dieses Gerichts reicht 300 Jahre oder noch weiter zurück. Yuan Mei, ein berühmter Gourmet aus der Qing-Dynastie, beschrieb es in seinem Werk *Suiyuan Shidan*. Traditionell wird hierfür ein speziell geschnittenes Stück aus der Mitte eines Jinhua-Schinkens verwendet, es kann jedoch durch jeden hochwertigen Schinken ersetzt werden.

* Die Schwarte des Schinkens vom Fett befreien und unter heißem Wasser gut abspülen. Den Schinken zu einem Quadrat und auf eine Gesamtdicke von etwa 4 cm inklusive Schwarte schneiden. Der magere Schinken kann für den späteren Gebrauch aufbewahrt werden.
* Den Schinken mit der Schwarte nach unten auf ein Schneidbrett legen und das magere Fleisch rautenförmig einschneiden. Die Tiefe der Schnitte sollte maximal zwei Drittel der Gesamtdicke betragen.
* Den Schinken mit der Schwarte nach unten in eine ausreichend große hitzebeständige Schüssel geben und Zucker zufügen. Die Schüssel mit Wasser auffüllen und mit Alufolie abdecken.
* In einen Dämpfeinsatz oder Bambus-Dämpfkorb stellen und mit Deckel 1 Stunde über kochendem Wasser dämpfen. Die Alufolie entfernen und das Wasser von der Schüssel abtropfen lassen.
* Beide Weine und 90 g Kandiszucker in die Schüssel geben und mit frischem Wasser auffüllen. Die Schüssel mit Alufolie abdecken und weitere 4 Stunden dämpfen. Bei Bedarf etwas Wasser zugeben.
* Inzwischen die Lotussamen 1 Stunde in einer Schüssel mit warmem Wasser einweichen. Abtropfen lassen, die Kerne entfernen und abspülen.
* Die Lotussamen mit dem restlichen Kandiszucker und 475 ml Wasser in einen Topf geben und aufkochen lassen. Dann auf schwacher Hitze 1 Stunde ziehen lassen, bis Zucker und Wasser zu einem Sirup geworden sind. Den Herd ausschalten.
* Den Schinken mit einer Zange mit der Schwarte nach oben auf einen tiefen Teller legen. Die Lotussamen um den Schinken herum streuen. Warm halten.
* Die Sauce von dem gekochten Schinken in einen kleinen Topf geben, auf starker Hitze aufkochen lassen und bis auf 250 ml zu einem Sirup einkochen. Über den Schinken gießen. Mit chinesischen Brötchen oder einem anderen Brot servieren.

樱桃肉
KIRSCHFARBENER SCHWEINEBAUCH

HERKUNFT: JIANGSU
ZUBEREITUNGSZEIT: 15 MINUTEN
GARZEIT: 2 STUNDEN
PERSONEN: 4

Das Einkerben der Schwarte führt zu einer interessanten Veränderung der Struktur, wobei der oft in der chinesischen Küche verwendete rote fermentierte Reis hier seine Handschrift hinterlässt. Das Ergebnis? Ein markantes und spektakuläres Gericht, das sich gut zum Bewirten von Gästen eignet.

- 500 G AUSGELÖSTER SCHWEINEBAUCH, MIT SCHWARTE
- 2 EL ROTER FERMENTIERTER REIS ODER KIRSCHSAFT
- 750 ML HÜHNERBRÜHE (SEITE 90)
- 2 FRÜHLINGSZWIEBELN, VERKNOTET
- 5 G (CA. 1 CM) INGWER, IN SCHEIBEN GESCHNITTEN
- 2 EL SHAOXING-REISWEIN
- 2 TL SALZ
- 50 G KANDISZUCKER
- GEDÄMPFTER REIS (SEITE 540) ZUM SERVIEREN

* Den Schweinebauch mit der Schwarte nach unten auf ein Schneidbrett legen. Das Fleischstück auf eine einheitliche Dicke schneiden, die Schwarte säubern und unter kaltem Wasser abspülen.
* Das Fleisch in einen großen Topf geben und mit Wasser bedecken. Auf starker Hitze aufkochen lassen und 10 Minuten blanchieren. Abtropfen lassen und unter fließendem kaltem Wasser abkühlen.
* Inzwischen den roten fermentierten Reis, falls verwendet, und 120 ml Wasser in einen Topf geben und auf starker Hitze aufkochen lassen. Dann auf mittlerer bis schwacher Hitze in 3–4 Minuten auf etwa 2 Esslöffel Flüssigkeit einkochen. Die Flüssigkeit durch ein mit einem Seihtuch ausgekleidetes Sieb in eine Schüssel gießen. Beiseitestellen.
* Das Fleisch mit der Schwarte nach oben auf ein Schneidbrett legen und mit einem scharfen Messer rautenförmig mit jeweils 1 cm Abstand einschneiden. Die Schnitte sollten durch die Schwarte und das Fett, aber nicht durch das magere Fleisch gehen.
* Den Schweinebauch mit der Schwarte nach oben in einen Schmortopf legen, Hühnerbrühe, Frühlingszwiebeln, Ingwer, Reiswein, Salz und das Reiswasser oder den Kirschsaft zugeben und auf starker Hitze aufkochen lassen. Auf mittlerer Hitze mit Deckel etwa 45 Minuten ziehen lassen.
* Den Kandiszucker zugeben, dann 1 weitere Stunde auf schwacher Hitze ziehen lassen. Nun die Sauce auf mittlerer Hitze um die Hälfte einkochen lassen. Frühlingszwiebeln und Ingwer entfernen. Im Schmortopf mit Reis servieren.

HERKUNFT: ZHEJIANG
ZUBEREITUNGSZEIT: 15 MINUTEN
GARZEIT: 2 STUNDEN 15 MINUTEN
PERSONEN: 6

虎皮肉
SCHWEINEBAUCH MIT TIGERSTREIFEN

- 500 G AUSGELÖSTER SCHWEINEBAUCH, MIT SCHWARTE
- 25 G FERMENTIERTES KOHLGEMÜSE, NUR DIE STÄNGEL, BESCHNITTEN, ABGESPÜLT UND IN 2 CM LANGE STÜCKE GESCHNITTEN
- 3 EL ÖL
- 2 TL HELLE SOJASAUCE
- 1 TL DUNKLE SOJASAUCE
- 1 EL SHAOXING-REISWEIN
- 2 EL ZUCKER
- 1 TL SALZ
- 2 FRÜHLINGSZWIEBELN
- 10 G (CA. 2 CM) INGWER, IN SCHEIBEN GESCHNITTEN
- 1 STERNANIS
- GEDÄMPFTER REIS (SEITE 540) ZUM SERVIEREN

Der Legende nach wurde dieses Gericht in der Ming-Dynastie von der schönen Dame Dong Xiaowan (1624–1651) kreiert. Sie war eine der sogenannten Acht Schönen von Nanjing. Sie war sehr intelligent, kultiviert und musisch und zudem eine große Köchin. Zahlreiche Dim-Sum-Gerichte in Jiangsu tragen noch heute ihren Namen.

* Den Schweinebauch mit der Schwarte nach unten auf ein Schneidbrett legen. Das Fleisch auf eine einheitliche Dicke schneiden, die Schwarte säubern und unter kaltem Wasser abspülen.
* Das Fleisch in einen großen Topf geben und mit Wasser bedecken. Auf starker Hitze aufkochen lassen und 5 Minuten blanchieren. Falls erforderlich, den Schaum von der Oberfläche abschöpfen. Abtropfen lassen und unter kaltem Wasser abkühlen. Mit einem scharfen Messer die Schwarte und die Fettschicht senkrecht mit 1 cm Abstand einschneiden (Tigerstreifen).
* Das Kohlgemüse auf Küchenpapier legen, um ihm Flüssigkeit zu entziehen.
* Das Öl in einem großen Topf erhitzen, die Kohlgemüsestängel hinzufügen und auf starker Hitze 2–3 Minuten braun anbraten. Die Stängel auf einer Platte beiseitestellen.
* Das Fleisch mit der Schwarte nach oben in den Topf geben und mit Wasser bedecken. Sojasaucen, Reiswein, Zucker, Salz, die Frühlingszwiebeln, Ingwer und Sternanis zugeben. Aufkochen lassen, dann auf schwacher Hitze etwa 1 Stunde ziehen lassen. Den Schaum von der Oberfläche schöpfen. Zuerst das Fleisch mit der Schwarte nach unten, dann das Kohlgemüse in eine hitzebeständige Schüssel geben und die Brühe darübergießen. Die Schüssel in einen Dämpfeinsatz oder Bambus-Dämpfkorb stellen und mit Deckel 1 Stunde über kochendem Wasser dämpfen. (Bei Bedarf etwas Wasser zugeben.)
* Die Sauce in einen kleinen Topf tropfen lassen. Die Schüssel mit dem Fleisch mit einer Platte abdecken, mit Küchentüchern anfassen und den Inhalt auf die Platte stürzen. (Alternativ den Inhalt mit einer Zange auf eine Servierplatte legen.)
* Die Sauce auf starker Hitze heiß werden lassen und ohne Deckel kochen lassen, bis sie angedickt und eingekocht ist. Die Sauce über das Fleisch geben. Mit Reis servieren.

莲藕焖猪肉
SCHWEINEBAUCH MIT LOTUSWURZEL

HERKUNFT: SHUNDE
ZUBEREITUNGSZEIT: 15 MINUTEN
GARZEIT: 1 STUNDE 15 MINUTEN
PERSONEN: 4

- Die Kanäle der Lotuswurzel mit einem Stäbchen reinigen und gründlich unter kaltem Wasser abspülen. Die Lotuswurzel in 8 × 5 cm große Rechtecke schneiden. In eine Schüssel geben und beiseitestellen.
- Den Schweinebauch mit der Schwarte nach unten auf ein Schneidbrett legen. Das Fleisch auf eine einheitliche Dicke schneiden, die Schwarte säubern und unter kaltem Wasser abspülen.
- Das Fleisch in einen großen Topf geben und mit Wasser bedecken. Auf starker Hitze aufkochen lassen und 5 Minuten blanchieren. Abtropfen lassen und unter kaltem Wasser abkühlen. Das Fleisch ebenfalls in 8 × 5 cm große Rechtecke schneiden.
- Das Öl in einem Wok oder einer großen Pfanne erhitzen, den Ingwer hinzufügen und 1 Minute auf mittlerer Hitze unter Rühren anbraten, bis es duftet. Den roten fermentierten Tofu und Miso hinzufügen und mit einem Pfannenwender zerteilen. Das Fleisch zugeben und auf starker Hitze 1 Minute unter Rühren braten. Den Reiswein darüberträufeln, bis etwa 1 cm über dem Fleisch mit Wasser auffüllen, dann aufkochen lassen. Mit Deckel auf schwacher Hitze 30 Minuten ziehen lassen.
- Die Lotuswurzeln, Sojasauce und Zucker hinzufügen und mit Deckel 30 Minuten ziehen lassen. Dann ohne Deckel auf starker Hitze 2–3 Minuten ziehen lassen, bis die Sauce etwas eingekocht ist. Auf eine Servierplatte geben und mit Reis servieren.

- 600 G LOTUSWURZEL, GESCHÄLT UND OHNE DIE ENDEN
- 300 G AUSGELÖSTER SCHWEINEBAUCH, MIT SCHWARTE
- 1 EL PFLANZENÖL
- 25 G (CA. 5 CM) INGWER, IN SCHEIBEN GESCHNITTEN
- 1 WÜRFEL ROTER FERMENTIERTER TOFU
- 1 EL MISO
- 1 EL REISWEIN
- 1 TL HELLE SOJASAUCE
- 1 TL ZUCKER
- GEDÄMPFTER REIS (SEITE 540) ZUM SERVIEREN

HERKUNFT: HAKKA
ZUBEREITUNGSZEIT: 10 MINUTEN
GARZEIT: 1 STUNDE 20 MINUTEN
PERSONEN: 4
SEITE 387

客家焖猪肉
GESCHMORTER HAKKA-SCHWEINEBAUCH

- 400 G AUSGELÖSTER SCHWEINE-BAUCH, MIT SCHWARTE
- 4 EL PFLANZENÖL
- 1 STERNANIS
- 1 TL SICHUAN-PFEFFERKÖRNER
- 3 KNOBLAUCHZEHEN, IN SCHEIBEN GESCHNITTEN
- 5 G (CA. 1 CM) INGWER, IN SCHEIBEN GESCHNITTEN
- ½ TL GEMAHLENER ZIMT
- ½ TL GEMAHLENER KREUZKÜMMEL
- 1 EL HELLE SOJASAUCE
- ½ EL DUNKLE SOJASAUCE
- 10 G KANDISZUCKER, ZERSTOSSEN
- 250 ML KLEBREISWEIN
- 180 G FERMENTIERTES KOHLGEMÜSE, BESCHNITTEN, ABGESPÜLT UND IN 2 CM GROSSE STÜCKE GESCHNITTEN
- GEDÄMPFTER REIS (SEITE 540) ZUM SERVIEREN

* Den Schweinebauch mit der Schwarte nach unten auf ein Schneidbrett legen. Das Fleisch auf eine einheitliche Dicke schneiden, die Schwarte säubern und unter kaltem Wasser abspülen.

* Das Fleisch in einen großen Topf geben und mit Wasser bedecken. Auf starker Hitze aufkochen lassen und 5 Minuten blanchieren. Falls erforderlich, den Schaum von der Oberfläche schöpfen. Abtropfen lassen und unter kaltem Wasser abspülen.

* Das Öl in einem Wok erhitzen. Das Fleisch mit der Schwarte nach unten zugeben und etwa 2–3 Minuten goldbraun und knusprig braten. Das Fleisch aus dem Öl nehmen und auf Küchenpapier abtropfen lassen.

* Das Öl bis auf etwa 1 Esslöffel abgießen. Sternanis und Sichuan-Pfefferkörner in ein Gewürzsäckchen geben. Das Öl auf mittlerer Hitze heiß werden lassen, Knoblauch und Ingwer hinzufügen und 1 Minute unter Rühren anbraten, bis es duftet. 250 ml Wasser, das Gewürzsäckchen, Zimt, Kreuzkümmel, die Sojasaucen und Kandiszucker hinzufügen und aufkochen lassen.

* Das Fleisch mit der Schwarte nach unten hinzufügen und mit dem Klebreiswein begießen. Mit Deckel auf mittlerer bis schwacher Hitze etwa 40 Minuten ziehen lassen. Nach der Hälfte der Zeit das Fleisch wenden. Das Gewürzsäckchen entfernen, das Fleisch auf ein Schneidbrett legen und etwas abkühlen lassen, dann in Stücke schneiden.

* Inzwischen das Kohlgemüse und 4 Esslöffel Wasser in die Sauce geben. Aufkochen lassen, dann auf mittlerer Hitze 15 Minuten ziehen lassen. Das Fleisch hinzugeben und weitere 15 Minuten ziehen lassen. In eine Servierschüssel geben und mit Reis servieren.

GESCHMORTER HAKKA-SCHWEINEBAUCH

HERKUNFT: TAIWAN
ZUBEREITUNGSZEIT: 10 MINUTEN,
    ZZGL. 20 MINUTEN MARINIERZEIT
GARZEIT: 35 MINUTEN
PERSONEN: 4

香菇卤肉
SCHWEINEBAUCH MIT PILZEN

- 600 G AUSGELÖSTER SCHWEINEBAUCH, MIT SCHWARTE, ABGESPÜLT UND IN MUNDGERECHTE STÜCKE GESCHNITTEN
- 1 EL DUNKLE SOJASAUCE
- 8 GROSSE GETROCKNETE SHIITAKE
- 1 STERNANIS
- 1 TL SICHUAN-PFEFFERKÖRNER
- ¼ ZIMTSTANGE
- 2 EL PFLANZENÖL
- 3 KNOBLAUCHZEHEN, IN SCHEIBEN GESCHNITTEN
- 1 EL REISWEIN
- 1 EL HELLE SOJASAUCE
- 20 G KANDISZUCKER
- GEDÄMPFTER REIS (SEITE 540) ZUM SERVIEREN

* Das Fleisch und die dunkle Sojasauce in eine Schüssel geben und 20 Minuten marinieren.
* Inzwischen die Pilze mit kalten Wasser bedecken und mindestens 20 Minuten einweichen. Die Pilze herausnehmen, Wasser herausdrücken und die Stiele entfernen.
* Sternanis, Sichuan-Pfefferkörner und die Zimtstange in ein Gewürzsäckchen geben.
* Das Öl in einem Schmortopf erhitzen, das Fleisch hinzufügen und auf starker Hitze 1–2 Minuten unter Rühren goldbraun anbraten. Das Fleisch herausnehmen und auf einer Platte beiseitestellen. Knoblauch und Pilze in den Schmortopf geben und 1 Minute auf mittlerer bis starker Hitze unter Rühren braten, bis es duftet.
* Das Fleisch wieder in den Schmortopf geben und gut mit dem Reiswein und der hellen Sojasauce vermengen. Kandiszucker, Gewürzsäckchen und 250 ml Wasser zugeben und aufkochen. Dann mit Deckel auf schwacher Hitze etwa 30 Minuten ziehen lassen, bis das Fleisch weich ist. Das Gewürzsäckchen entfernen. Im Schmortopf mit Reis servieren.

HERKUNFT: TAIWAN
ZUBEREITUNGSZEIT: 5 MINUTEN,
    ZZGL. KÜHLZEIT
GARZEIT: 1 STUNDE 15 MINUTEN
PERSONEN: 4

卤肉
SCHWEINEBAUCH IN SOJASAUCE

- 475 ML PFLANZENÖL
- 600 G AUSGELÖSTER SCHWEINEBAUCH, MIT SCHWARTE, ABGESPÜLT
- 3 FRÜHLINGSZWIEBELN, IN 5 CM LANGE STÜCKE GESCHNITTEN
- 6 KNOBLAUCHZEHEN
- ½ TL GEMAHLENER WEISSER PFEFFER
- 80 ML DUNKLE SOJASAUCE
- 250 ML HELLE SOJASAUCE
- 120 ML REISWEIN
- 15 G KANDISZUCKER, ZERSTOSSEN
- GEDÄMPFTER REIS (SEITE 540) ZUM SERVIEREN

* Das Öl in einem Wok oder einer großen Pfanne auf mittlerer bis starker Hitze heiß werden lassen. Das Fleisch hinzufügen und 4–5 Minuten goldbraun frittieren, dann auf ein Schneidbrett legen. Den Wok mit dem Öl beiseitestellen.
* Den lauwarmen Schweinebauch in 2,5 cm große Stücke schneiden und in einen großen Topf geben.
* Das Öl im Wok erneut erhitzen, Frühlingszwiebeln und Knoblauch hinzufügen und 2 Minuten auf mittlerer Hitze goldbraun frittieren. Beides mit einem Schaumlöffel herausnehmen und in den Topf geben. Pfeffer, die Sojasaucen, Reiswein, Kandiszucker und 1 Liter Wasser hinzufügen und aufkochen lassen. Dann auf schwacher Hitze 1 Stunde ziehen lassen, bis das Fleisch weich ist. Das Fleisch in einer Servierschüssel mit Reis servieren.

笋虾焖猪肉
SCHWEINEBAUCH MIT BAMBUSSPROSSEN

HERKUNFT: HONGKONG
ZUBEREITUNGSZEIT: 15 MINUTEN, ZZGL. 24 STUNDEN EINWEICHZEIT
GARZEIT: 1 STUNDE 30 MINUTEN
PERSONEN: 8

* Die getrockneten Bambussprossen 24 Stunden in kaltem Wasser einweichen. In dieser Zeit zwei- bis dreimal das Wasser austauschen.
* Die Pilze mit kalten Wasser bedecken und mindestens 20 Minuten einweichen. Die Pilze herausnehmen, Wasser herausdrücken und die Stiele entfernen.
* Den Schweinebauch mit der Schwarte nach unten auf ein Schneidbrett legen. Das Fleisch auf eine einheitliche Dicke schneiden, die Schwarte säubern und unter kaltem Wasser abspülen.
* Das Fleisch in einen großen Topf geben und mit Wasser bedecken. Auf starker Hitze aufkochen lassen und 15 Minuten blanchieren. Falls erforderlich, den Schaum von der Oberfläche abschöpfen. Abtropfen lassen und unter kaltem Wasser abkühlen. Das Fleisch in 2 cm große Quadrate schneiden.
* Die Bambussprossen in einen Topf geben und mit Wasser bedecken. Auf starker Hitze aufkochen lassen und 5 Minuten blanchieren. Unter kaltem Wasser abspülen. Diesen Vorgang wiederholen und die Bambussprossen erneut blanchieren. Abtropfen lassen und beiseitestellen.
* Das restliche Öl in einem Schmortopf auf starker Hitze heiß werden lassen, Ingwer, Schalotten und Knoblauch hinzufügen und 1 Minute unter Rühren anbraten, bis es duftet. Miso und den roten fermentierten Tofu hinzufügen. Den Tofu mit einem Pfannenwender zerdrücken.
* Fleisch, Reiswein, Bambussprossen, Pilze, Zucker und Salz hinzufügen und alle Zutaten mit Wasser bedecken. Zum Kochen bringen, dann auf schwacher Hitze mit Deckel etwa 1 Stunde ziehen lassen, bis das Fleisch, so weich ist, dass man es mit einem Stäbchen aufspießen kann. Im Schmortopf mit Reis servieren.

- 100 G GETROCKNETE BAMBUSSPROSSEN, ABGESPÜLT
- 8 GETROCKNETE SHIITAKE
- 600 G AUSGELÖSTER SCHWEINEBAUCH, MIT SCHWARTE
- 2 EL PFLANZENÖL
- 50 G (CA. 7,5 CM) INGWER, IN SCHEIBEN GESCHNITTEN
- 4 SCHALOTTEN, HALBIERT
- 2 KNOBLAUCHZEHEN, ZERDRÜCKT
- 1 EL ZERRIEBENER MISO
- 1 WÜRFEL ROTER FERMENTIERTER TOFU
- 2 EL REISWEIN
- 2 TL ZUCKER
- ½ TL SALZ
- GEDÄMPFTER REIS (SEITE 540) ZUM SERVIEREN

HERKUNFT: ANHUI
ZUBEREITUNGSZEIT: 10 MINUTEN,
 ZZGL. 45 MINUTEN EINWEICHZEIT
GARZEIT: 3 STUNDEN 5 MINUTEN
PERSONEN: 4

绩溪干锅炖
JIXI-SCHWEINEBAUCH

- 1 GETROCKNETES LOTUSBLATT
- 600 G AUSGELÖSTER SCHWEINE-BAUCH, MIT SCHWARTE
- 10 G (CA. 2 CM) INGWER, IN SCHEIBEN GESCHNITTEN
- 2 FRÜHLINGSZWIEBELN, IN 5 CM LANGE STÜCKE GESCHNITTEN
- 2 EL SHAOXING-REISWEIN
- 2 ½ EL HELLE SOJASAUCE
- 1 TL SALZ
- 5 G KANDISZUCKER, ZERSTOSSEN
- GEDÄMPFTER REIS (SEITE 540) ZUM SERVIEREN

* Das getrocknete Lotusblatt 45 Minuten in kaltem Wasser einweichen.
* Das Fleisch mit der Schwarte nach unten auf ein Schneidbrett legen. Das Fleisch auf einheitliche Dicke schneiden, die Schwarte säubern und unter kaltem Wasser abspülen.
* Das Fleisch in einen großen Topf geben und mit Wasser bedecken. Auf starker Hitze aufkochen lassen und 5 Minuten blanchieren. Falls erforderlich, den Schaum von der Oberfläche abschöpfen. Abtropfen lassen und unter kaltem Wasser abkühlen. Nun das Fleisch in 5 × 3 cm große und 2 cm dicke Scheiben schneiden.
* Das Lotusblatt abspülen und den Boden des Schmortopfs damit auslegen. (Falls erforderlich, das Lotusblatt auf die passende Größe zuschneiden.) Den Ingwer und die Frühlingszwiebeln auf das Lotusblatt geben und das Fleisch mit der Schwarte nach oben darauf verteilen.
* Reiswein, Sojasauce, Salz und Kandiszucker vermengen und über das Fleisch gießen. Mit Deckel auf schwacher Hitze 3 Stunden kochen lassen. Im Schmortopf mit Reis servieren. (Das Lotusblatt ist nicht für den Verzehr vorgesehen.)

HERKUNFT: JIANGXI
ZUBEREITUNGSZEIT: 5 MINUTEN
GARZEIT: 1 STUNDE 5 MINUTEN
PERSONEN: 4

信丰萝卜干烧排骨
EINTOPF MIT RIPPCHEN UND GETROCKNETEM RETTICH

- 2 EL PFLANZENÖL
- 5 G (CA. 1 CM) INGWER, IN SCHEIBEN GESCHNITTEN
- 350 G SCHÄLRIPPCHEN VOM SCHWEIN, IN 5 CM GROSSE STÜCKE GESCHNITTEN
- 1 TL ZUCKER
- 2 TL HELLE SOJASAUCE
- 1 TL DUNKLE SOJASAUCE
- 1 EL REISWEIN
- 150 G GETROCKNETER RETTICH, ABGESPÜLT UND IN 5 CM GROSSE STÜCKE GESCHNITTEN
- ½ TL SALZ
- 1 TL SPEISESTÄRKE
- GEDÄMPFTER REIS (SEITE 540) ZUM SERVIEREN

* Das Öl auf mittlerer bis starker Hitze in einem Schmortopf heiß werden lassen, den Ingwer hinzufügen und 1 Minute braten, bis es duftet. Die Rippchen hinzufügen und auf starker Hitze 1 weitere Minute unter Rühren braten. Zucker, Sojasaucen und Reiswein hinzufügen und die Rippchen mit Wasser bedecken. Aufkochen lassen, den getrockneten Rettich hinzufügen und mit Deckel auf schwacher Hitze etwa 1 Stunde ziehen lassen. Salzen.
* Die Stärke in einer kleinen Schüssel mit 1 Esslöffel Wasser vermengen und in den Schmortopf einrühren. Unter Rühren 30 Sekunden aufkochen lassen, bis die Sauce eindickt. Im Schmortopf mit Reis servieren.

杏仁肉丁
SCHWEINEFLEISCH MIT APRIKOSENKERNEN

HERKUNFT: SHANXI
ZUBEREITUNGSZEIT: 15 MINUTEN, ZZGL. 10 MINUTEN MARINIERZEIT
GARZEIT: 10 MINUTEN
PERSONEN: 4

* Fleisch, 1 Teelöffel Sojasauce, ¼ Teelöffel Salz und 1 Teelöffel Reiswein in einer Schüssel vermengen und 10 Minuten marinieren. Dann 1 Teelöffel Stärke und 1 Esslöffel Öl einrühren. Beiseitestellen.
* Wasser in einem Topf aufkochen lassen. Karotte und Aprikosenkerne zugeben und auf mittlerer Hitze 5 Minuten ziehen lassen. Abtropfen lassen und unter kaltem Wasser abspülen.
* Die restlichen 2 Esslöffel Öl auf mittlerer Hitze in einem Wok heiß werden lassen. Ingwer und Frühlingszwiebel hinzufügen und 1 Minute unter Rühren braten, bis es duftet. Das Fleisch und den restlichen Reiswein zugeben und weitere 3–4 Minuten unter Rühren braten, bis das Fleisch gar ist. Karotte, Aprikosenkerne und Paprikaschote zugeben und gut durchschwenken. Den restlichen ¼ Teelöffel Salz, 1 Teelöffel Sojasauce und 3 Esslöffel Wasser einrühren und 2–3 Minuten unter Rühren braten.
* Den restlichen Teelöffel Stärke in einer kleinen Schüssel mit 1 Esslöffel Wasser verrühren und in den Wok einrühren. Unter Rühren etwa 30 Sekunden aufkochen lassen, bis die Sauce eindickt. Auf eine Servierplatte geben und mit Reis servieren.

- 200 G MAGERES SCHWEINEFLEISCH, IN 1,5 CM GROSSE WÜRFEL GESCHNITTEN
- 2 TL HELLE SOJASAUCE
- ½ TL SALZ
- 1 EL SHAOXING-REISWEIN
- 2 TL SPEISESTÄRKE
- 3 EL PFLANZENÖL
- ½ KAROTTE, IN 1 CM GROSSE WÜRFEL GESCHNITTEN
- 100 G SÜSSE APRIKOSENKERNE ODER MANDELN, ABGESPÜLT
- 1 TL FEIN GEHACKTER INGWER
- 1 FRÜHLINGSZWIEBEL, GEHACKT
- ¼ GRÜNE PAPRIKASCHOTE, ENTKERNT UND IN 1 CM GROSSE WÜRFEL GESCHNITTEN
- GEDÄMPFTER REIS (SEITE 540) ZUM SERVIEREN

节瓜面筋焖火腩
SCHWEINEBRATEN MIT GLUTEN UND WACHSKÜRBIS

HERKUNFT: HONGKONG
ZUBEREITUNGSZEIT: 15 MINUTEN
GARZEIT: 40 MINUTEN
PERSONEN: 4

* Die Kürbisse abspülen und der Länge nach halbieren. Jede Hälfte in 3–4 Stücke schneiden.
* Das Öl in einem Wok auf 150 °C erhitzen oder bis ein Brotwürfel in 1½ Minuten braun wird. Das Gluten hinzufügen und etwa 1 Minute frittieren, bis es leicht fest ist. Mit einem Schaumlöffel aus dem Öl nehmen und auf Küchenpapier abtropfen lassen.
* Das Öl bis auf etwa 2 Esslöffel abgießen. Den Knoblauch hinzufügen und auf mittlerer Hitze 1 Minute unter Rühren braten, bis es duftet. Schwarze Bohnen, Garnelenpaste, Salz, Zucker, Fleisch und Gluten hinzufügen und den Reiswein darüberträufeln. Unter Rühren 1 Minute anbraten, dann 250 ml Wasser hinzufügen und aufkochen.
* Den Wachskürbis zugeben und auf mittlerer Hitze mit Deckel 30 Minuten ziehen lassen, bis der Kürbis weich ist. Die Stärke mit 1 Esslöffel Wasser verrühren und in die Sauce im Wok einrühren. Unter Rühren etwa 30 Sekunden aufkochen lassen, bis die Sauce eindickt. Auf einer Servierplatte anrichten.

- 2 WACHSKÜRBISSE, GESCHÄLT
- 250 ML PFLANZENÖL
- 200 G GLUTEN, IN 2,5 CM GROSSE UND CA. 1 CM DICKE QUADRATE GESCHNITTEN
- 4 KNOBLAUCHZEHEN, ZERDRÜCKT
- 1 EL FERMENTIERTE SCHWARZE BOHNEN, ABGESPÜLT UND GEHACKT
- 2 TL GARNELENPASTE
- ½ TL SALZ
- 1 TL ZUCKER
- 200 G GEGARTER SCHWEINEBRATEN, IN 2,5 CM GROSSE STÜCKE GESCHNITTEN
- 1 EL SHAOXING-REISWEIN
- 1 TL SPEISESTÄRKE

HERKUNFT: JIANGSU
ZUBEREITUNGSZEIT: 10 MINUTEN,
ZZGL. 8 STUNDEN RUHEZEIT
GARZEIT: 2 STUNDEN 15 MINUTEN
PERSONEN: 4

无锡肉骨头
RIPPCHEN NACH WUXI-ART

- 600 G SCHÄLRIPPCHEN VOM SCHWEIN, IN 6 CM LANGE STÜCKE GESCHNITTEN
- 2 TL SALZ
- 1 STERNANIS
- 1 TL ROTER FERMENTIERTER REIS ODER KIRSCHSAFT
- 10 G (CA. 2 CM) INGWER, IN SCHEIBEN GESCHNITTEN
- 2 WINTERZWIEBELN ODER 6 FRÜHLINGSZWIEBELN, IN 4 CM LANGE STÜCKE GESCHNITTEN
- ½ TL GEMAHLENER ZIMT
- 120 ML SHAOXING-REISWEIN
- 1 EL DUNKLE SOJASAUCE
- 40 G KANDISZUCKER
- GEDÄMPFTER REIS (SEITE 540) ZUM SERVIEREN

Wuxi ist eine Küstenstadt in der Nähe von Shanghai, die für ihre reiche Kulturgeschichte bekannt ist. Dieses typische Gericht gehört zu meinen Lieblingsgerichten: Bei den zarten und saftigen Rippchen, die von einer delikaten, glänzenden Sauce umhüllt sind, werden sich Ihre Gäste nach mehr sehnen.

* Die Rippchen unter fließendem kaltem Wasser abspülen, abtropfen lassen und mit Küchenpapier trocken tupfen. Dann in eine Schüssel geben, mit Salz einreiben, mit Klarsichtfolie abdecken und 8 Stunden oder über Nacht stehen lassen.
* Die Rippchen unter kaltem Wasser abspülen, in einen großen Topf geben, mit Wasser bedecken, auf starker Hitze aufkochen lassen und etwa 2 Minuten blanchieren. Bei Bedarf den Schaum von der Oberfläche abschöpfen. Abtropfen lassen und unter kaltem Wasser abspülen.
* Den Sternanis und den rot fermentierten Reis in ein Gewürzsäckchen geben. Den Boden eines kleinen Schmortopfs mit den Ingwerscheiben und den Winterzwiebeln auslegen. Rippchen, Gewürzsäckchen, gemahlenen Zimt und Reiswein zugeben und alle Zutaten mit Wasser bedecken. Auf starker Hitze aufkochen lassen und 5 Minuten kochen. Sojasauce und Kandiszucker hinzufügen und mit Deckel auf schwacher Hitze 2 Stunden ziehen lassen, bis die Sauce eindickt. Den Herd ausschalten und das Gewürzsäckchen entfernen.
* Rippchen, Ingwer und Winterzwiebeln auf eine Servierplatte geben und die Sauce aus dem Topf darübergeben. Mit Reis servieren.

蒜香金沙骨
RIPPCHEN IN SÜSSER SAUCE

HERKUNFT: HONGKONG
ZUBEREITUNGSZEIT: 10 MINUTEN,
  ZZGL. 30 MINUTEN MARINIERZEIT
GARZEIT: 35 MINUTEN
PERSONEN: 4

* Die Rippchen in einer großen Schüssel mit der Sojasauce vermengen und 30 Minuten im Kühlschrank marinieren. Mit etwas Stärke bestäuben.
* Das Öl auf mittlerer Hitze in einem Wok oder einer großen Pfanne heiß werden lassen, die Rippchen hinzufügen und 3–4 Minuten goldbraun braten. Die Rippchen herausnehmen und beiseitestellen.
* Den Ofen auf 190 °C vorheizen.
* Das Öl in einem Wok auf mittlerer bis starker Hitze heiß werden lassen, Knoblauch und Schalotten zugeben und 1 Minute unter Rühren anbraten, bis es duftet. Die Rippchen, Ketchup, Currypulver, Zucker und Salz hinzufügen und 120 ml Wasser dazugeben. Auf starker Hitze aufkochen lassen, dann mit Deckel auf mittlerer Hitze 12 Minuten ziehen lassen.
* Die Mischung in einen Bräter geben. Die Rippchen mit der geschmolzenen Butter einstreichen und etwa 12 Minuten braten. Auf eine Servierplatte geben und mit Reis servieren.

- 300 G SCHÄLRIPPCHEN VOM SCHWEIN, IN 5 CM GROSSE STÜCKE GESCHNITTEN
- 1 TL HELLE SOJASAUCE
- 1 TL SPEISESTÄRKE
- 3 EL PFLANZENÖL
- 2 KNOBLAUCHZEHEN, GEHACKT
- 4 SCHALOTTEN, GEHACKT
- ½ EL KETCHUP
- ½ EL CURRYPULVER
- 2 TL ZUCKER
- 1 TL SALZ
- 2 EL GESCHMOLZENE BUTTER
- GEDÄMPFTER REIS (SEITE 540) ZUM SERVIEREN

冬菜牛肉餅
RINDERHACKFLEISCH MIT TIANJIN-KOHL

HERKUNFT: HONGKONG
ZUBEREITUNGSZEIT: 10 MINUTEN,
  ZZGL. 15 MINUTEN MARINIERZEIT
GARZEIT: 10 MINUTEN
PERSONEN: 4

* Den Kohl in kaltem Wasser abspülen, überschüssiges Wasser ausdrücken und grob hacken.
* Hackfleisch mit Sojasauce, Zucker und 4 Esslöffel Wasser in einer großen Schüssel vermengen und 15 Minuten marinieren. Kohl und Stärke hinzufügen und gut vermengen. Das Hackfleisch mit einer Hand etwa fünfmal gegen die Schüssel schlagen, damit die Masse klebrig und elastisch wird.
* Haferflocken und Öl einrühren. Die Mischung auf eine hitzebeständige Platte geben und mit den Fingern zu einer 1 cm dicken Frikadelle drücken. Die Frikadelle in einen Dämpfeinsatz oder Bambus-Dämpfkorb stellen und mit Deckel 8–10 Minuten über kochendem Wasser dämpfen, bis sie gar ist. (Die Frikadelle mit einer Gabel oder einem Messer einstechen und prüfen, ob das Fleisch gar ist.)
* Die gehackten Frühlingszwiebeln darüberstreuen und mit Reis servieren.

- 3 EL TIANJIN-KOHL
- 250 G RINDERHACKFLEISCH
- 1 TL HELLE SOJASAUCE
- ½ TL ZUCKER
- 1 ½ EL SPEISESTÄRKE
- 2 EL ZERKLEINERTE HAFERFLOCKEN
- 2 EL PFLANZENÖL
- 1 EL GEHACKTE FRÜHLINGSZWIEBELN
- GEDÄMPFTER REIS (SEITE 540) ZUM SERVIEREN

蜜汁叉烧
GEGRILLTE SCHWEINESCHULTER

HERKUNFT: GUANGDONG
ZUBEREITUNGSZEIT: 20 MINUTEN, ZZGL. 30 MINUTEN EINWEICH- UND 1 STUNDE MARINIERZEIT
GARZEIT: 30 MINUTEN
PERSONEN: 2
SEITE 395

- 150 G SCHWEINESCHULTER OHNE SCHWARTE, IN 2 CM BREITE STREIFEN GESCHNITTEN
- 1 EL SALZ
- GEDÄMPFTER REIS (SEITE 540) ZUM SERVIEREN

FÜR DIE MARINADE:
- 6 EL ZUCKER
- 2 EL SHAOXING-REISWEIN
- 2 EL GEHACKTER KNOBLAUCH
- 1 SCHALOTTE, GEHACKT
- 2 EL HOISIN-SAUCE
- 1 EL INGWERSAFT
- 1 TL FÜNF-GEWÜRZE-PULVER
- ½ TL GEWÜRZLILIENPULVER
- ½ TL HELLE SOJASAUCE

FÜR DIE GLASUR:
- 3 EL MALTOSESIRUP
- 3 EL ZUCKER
- 1 EL MIRIN

* Fleisch, Salz und 475 ml Wasser in einer großen Schüssel vermengen und 30 Minuten einweichen. Unter kaltem Wasser abspülen, abtropfen lassen und mit Küchenpapier trocken tupfen.
* Alle Zutaten für die Marinade in einer Schüssel vermengen, das Fleisch hinzufügen und abgedeckt 1 Stunde marinieren, dabei zwei-bis dreimal wenden. Die Marinade entfernen.
* Den Ofen auf 190 °C vorheizen. Einen Bräter mit Alufolie auslegen und einen Bratrost darauflegen. Das Fleisch auf den Bratrost legen und 15 Minuten leicht braun rösten.
* Die Zutaten für die honigsüße Sauce in einem kleinen Topf auf schwacher Hitze heiß werden lassen und 1–2 Minuten unter Rühren auflösen. Das Fleisch mit der Glasur einstreichen. Den Ofen auf Grillen stellen, auf mittlerer Hitze vorheizen und das Fleisch 3–5 Minuten grillen. Das Fleisch wenden, erneut mit der Glasur einstreichen und 3–5 Minuten grillen, bis die Glasur karamellisiert. Das Fleisch auf eine Platte geben und mit der restlichen Glasur einstreichen. Mit Reis servieren.

GEGRILLTE SCHWEINESCHULTER

HERKUNFT: GUANGXI
ZUBEREITUNGSZEIT: 15 MINUTEN
GARZEIT: 1 STUNDE 15 MINUTEN
PERSONEN: 4

慈菇焖猪肉
SCHWEINEBAUCH MIT PFEILKRAUT

- 300 G AUSGELÖSTER SCHWEINEBAUCH, MIT SCHWARTE, ABGESPÜLT
- 300 G PFEILKRAUT, GESCHÄLT UND HALBIERT
- 2 EL PFLANZENÖL
- 5 G (CA. 1 CM) INGWER, IN SCHEIBEN GESCHNITTEN
- 1 EL MISO
- ½ TL SALZ
- 1 TL ZUCKER
- 1 EL SHAOXING-REISWEIN
- 1 TL SPEISESTÄRKE
- GEDÄMPFTER REIS (SEITE 540) ZUM SERVIEREN

* Den Schweinebauch mit der Schwarte nach unten auf ein Schneidbrett legen. Das Fleisch auf eine einheitliche Dicke schneiden, die Schwarte säubern und unter kaltem Wasser abspülen.
* Das Fleisch in einen großen Topf geben und mit Wasser bedecken. Auf starker Hitze aufkochen lassen und 5 Minuten blanchieren. Abtropfen lassen und unter kaltem Wasser abkühlen. Das Fleisch in 1 cm dicke Scheiben schneiden. Beiseitestellen.
* Frisches Wasser in den Topf geben und auf starker Hitze aufkochen lassen. Das Pfeilkraut hinzufügen und 1 Minute blanchieren. Abtropfen lassen und beiseitestellen.
* Das Öl auf mittlerer bis starker Hitze in einem Schmortopf heiß werden lassen, den Ingwer hinzufügen und 1 Minute braten, bis es duftet. Miso, Salz, Zucker und das Fleisch hinzufügen. Umrühren, den Reiswein zugeben und mit Wasser auffüllen. Auf starker Hitze aufkochen lassen, dann mit Deckel auf schwacher Hitze etwa 45 Minuten ziehen lassen. Das Pfeilkraut hinzufügen und alles mit Deckel weitere 5 Minuten kochen. Ohne Deckel auf starker Hitze aufkochen lassen, danach 15 Minuten ziehen lassen, bis die Sauce auf etwa 120 ml eingekocht ist.
* Die Stärke in einer kleinen Schüssel mit 1 Esslöffel Wasser vermengen und in den Schmortopf einrühren. Unter Rühren 30 Sekunden aufkochen lassen, bis die Sauce eindickt. Im Schmortopf mit Reis servieren.

中式牛柳
CHINESISCHES RINDERFILET

HERKUNFT: HONGKONG
ZUBEREITUNGSZEIT: 5 MINUTEN,
ZZGL. 10 MINUTEN EINWEICHZEIT
GARZEIT: 5 MINUTEN
PERSONEN: 4

* Das Fleisch in einer Schüssel mit 2 Esslöffeln Wasser vermengen und 10 Minuten einweichen. Die Stärke hinzufügen und beiseitestellen.
* In einem Wok auf mittlerer Hitze 2 Esslöffel Öl heiß werden lassen, die Zwiebel zugeben und 2 Minuten unter Rühren glasig braten. Die Zwiebel herausnehmen.
* Alle Zutaten für die Sauce in einer Schüssel gut verrühren.
* Den restlichen Esslöffel Öl unter die Fleischmischung rühren und diese dann in den Wok geben. Auf starker Hitze 1–2 Minuten unter Rühren anbraten, bis es etwa halb gar ist. Die Sauce zugeben und 1 Minute unter Rühren braten, bis sie eindickt. Die Zwiebel wieder in den Wok geben, den zerstoßenen schwarzen Pfeffer hinzufügen und gut durchschwenken. Alles auf eine Servierplatte geben und mit Reis servieren.

- 400 G RINDERFILET, IN 1 CM DICKE SCHEIBEN GESCHNITTEN
- 1 TL SPEISESTÄRKE
- 3 EL PFLANZENÖL
- 1 ZWIEBEL, IN DÜNNE SCHEIBEN GESCHNITTEN
- 1 TL ZERSTOSSENE SCHWARZE PFEFFERKÖRNER
- GEDÄMPFTER REIS (SEITE 540) ZUM SERVIEREN

FÜR DIE SAUCE:
- 1 EL HELLE SOJASAUCE
- 1 EL WORCESTERSHIRESAUCE
- 1 EL KETCHUP
- 1 TL FRANZÖSISCHER SENF
- 1 TL ZUCKER
- ¼ TL SALZ

陈皮蒸牛腱
RINDERWADE MIT JUJUBE-DATTELN

HERKUNFT: SHUNDE
ZUBEREITUNGSZEIT: 20 MINUTEN,
ZZGL. 1 STUNDE GEFRIERZEIT
GARZEIT: 5 MINUTEN
PERSONEN: 4

* Das Fleisch abspülen, mit Küchenpapier trocken tupfen, in Klarsichtfolie einrollen und 1 Stunde in der Gefrierschrank legen, bis es fest, aber nicht hart ist. Das Fleisch in sehr dünne Scheiben schneiden.
* Inzwischen die Mu-Err 20 Minuten in einer kleinen Schüssel mit kaltem Wasser einweichen. Die Pilze herausnehmen, die Stiele entfernen und die Köpfe in 2 Hälften zerpflücken. Die Mandarinenschale 10 Minuten in kaltem Wasser einweichen. Abtropfen lassen und in sehr dünne Streifen schneiden. Beides beiseitestellen.
* Das Fleisch in einer Schüssel mit Ingwersaft, Reiswein und Salz, der getrockneter Mandarinenschale, Jujube-Datteln und Stärke vermengen. 2 Teelöffel Öl untermengen.
* Die Mu-Err mit 1 Teelöffel Öl vermengen und auf einer hitzebeständigen Platte verteilen. Das Fleisch flach auf die Pilze legen. Die Platte in einen Dämpfeinsatz oder Bambus-Dämpfkorb stellen und mit Deckel 5 Minuten über kochendem Wasser dämpfen. Die Frühlingszwiebeln und den Ingwer über das Fleisch streuen und 1 Esslöffel heißes Öl darübergeben. Mit Reis servieren.

- 250 G RINDERWADE, OHNE HÄUTE
- 10 G GETROCKNETE MU-ERR
- 2 GETROCKNETE MANDARINENSCHALEN
- 1 EL INGWERSAFT
- ½ EL REISWEIN
- ½ TL SALZ
- 4 JUJUBE-DATTELN, ENTKERNT UND GEHACKT
- 1 ½ TL SPEISESTÄRKE
- 5 TL PFLANZENÖL
- 2 FRÜHLINGSZWIEBELN, GEHACKT
- 20 G (CA. 2,5 CM) INGWER, IN FEINE STREIFEN GESCHNITTEN
- GEDÄMPFTER REIS (SEITE 540) ZUM SERVIEREN

HERKUNFT: SICHUAN
ZUBEREITUNGSZEIT: 5 MINUTEN,
 ZZGL. 15 MINUTEN MARINIERZEIT
GARZEIT: 15 MINUTEN
PERSONEN: 4

陈皮牛肉
RINDERFILET MIT MANDARINENSCHALE

- 500 G RINDERFILET
- ½ TL SALZ
- 1 EL INGWERSAFT
- 1 EL SHAOXING-REISWEIN
- 7–8 GETROCKNETE MANDARINENSCHALEN
- 475 ML PFLANZENÖL
- 15 GETROCKNETE CHILISCHOTEN, HALBIERT
- 1 EL SICHUAN-PFEFFERKÖRNER
- 3 SCHEIBEN INGWER
- 250 ML HÜHNERBRÜHE (SEITE 90)
- 2 TL ZUCKER
- 1 TL SESAMÖL
- GEDÄMPFTER REIS (SEITE 540) ZUM SERVIEREN

* Das Filet in 6 × 4 cm große und etwa 2 mm dicke Streifen schneiden. Die Filetstreifen, Salz, Ingwersaft und Reiswein in einer Schüssel vermengen und 15 Minuten marinieren.
* Inzwischen die getrocknete Mandarinenschale 10 Minuten in kaltem Wasser einweichen, dann abtropfen lassen. Die Hautreste abschaben und die Schale hacken.
* Das Pflanzenöl in einem Wok auf 150 °C erhitzen oder bis ein Brotwürfel in 1½ Minuten braun wird. Das Fleisch portionsweise in das Öl geben und 1 Minute frittieren, bis es fest ist. Das Fleisch mit einem Schaumlöffel aus dem Öl nehmen.
* Das Öl auf 180 °C erhitzen oder bis ein Brotwürfel in 30 Sekunden braun wird. Das Fleisch erneut in den Wok geben und 1–2 Minuten knusprig frittieren. Dann das Fleisch herausnehmen und auf Küchenpapier abtropfen lassen.
* Das Öl bis auf etwa 1 Esslöffel abgießen. Chilischoten, Sichuan-Pfefferkörner und Mandarinenschale hinzufügen und auf mittlerer Hitze unter Rühren anbraten, bis es duftet. Fleisch, Ingwer und Hühnerbrühe hinzufügen und aufkochen lassen. Braten, bis die Sauce eingekocht ist.
* Zucker und Sesamöl einrühren und alles auf einer Servierplatte anrichten. Abkühlen lassen. Mit Reis servieren.

HERKUNFT: GUANGDONG
ZUBEREITUNGSZEIT: 5 MINUTEN,
 ZZGL. 10 MINUTEN EINWEICHZEIT
GARZEIT: 3 MINUTEN
PERSONEN: 2–4

蚝油牛肉
RINDERFLANKE IN AUSTERNSAUCE

- 300 G FLANKSTEAK, IN 5 × 2 CM GROSSE SCHEIBEN GESCHNITTEN
- 2 TL SPEISESTÄRKE
- 3 EL PFLANZENÖL
- 5 G (CA. 1 CM) INGWER, IN SCHEIBEN GESCHNITTEN
- 2 EL AUSTERNSAUCE
- ½ TL SESAMÖL
- GEDÄMPFTER REIS (SEITE 540) ZUM SERVIEREN

* Das Fleisch und 2 Esslöffel Wasser in einer Schüssel vermengen und 10 Minuten einweichen. 1 Teelöffel Stärke unterrühren. 1 Esslöffel Pflanzenöl einrühren.
* Die restlichen 2 Esslöffel Pflanzenöl in einem Wok auf mittlerer bis starker Hitze heiß werden lassen, den Ingwer hinzufügen und 1 Minute braten, bis es duftet. Auf starker Hitze das Fleisch hinzufügen und 30 Sekunden unter Rühren anbraten. Die Austernsauce und 2 Esslöffel Wasser unterrühren und aufkochen lassen.
* Den restlichen Teelöffel Stärke mit 1 Esslöffel Wasser verrühren und zum Eindicken der Sauce in den Wok einrühren. Dann 30 Sekunden unter Rühren braten, dann das Sesamöl einträufeln. Auf eine Servierplatte geben und mit Reis servieren.

兴宁牛对猪
GEMISCHTE FLEISCHBÄLLCHEN

HERKUNFT: HAKKA
ZUBEREITUNGSZEIT: 15 MINUTEN
GARZEIT: 10 MINUTEN
PERSONEN: 4

* Rindfleisch, Schweinehackfleisch, Rückenspeck und Tapiokamehl mit ½ Teelöffel Zucker und ½ Esslöffel Sojasauce in einer großen Schüssel gut vermengen. Daraus mit den Händen 16 Bällchen formen.
* Wasser in einem Topf mit dem Salz und ½ Esslöffel Öl auf starker Hitze aufkochen lassen. Den Spinat zugeben und 1 Minute blanchieren. Abtropfen lassen und auf eine Servierplatte geben. Warm halten.
* Die restlichen 2 Esslöffel Öl in einem Wok auf schwacher Hitze heiß werden lassen, die Fleischbällchen hineingeben und in 3–4 Minuten braun braten. Den Reiswein auf die Innenseite des Woks träufeln, den restlichen ½ Esslöffel Sojasauce und ½ Teelöffel Zucker hinzufügen und auf mittlerer bis starker Hitze 2 Minuten braten, bis die Fleischbällchen gar sind.
* Die Stärke in einer kleinen Schüssel mit ½ Esslöffel Wasser vermengen und in den Wok einrühren. Unter Rühren etwa 30 Sekunden aufkochen lassen, bis die Sauce eindickt. Die Fleischbällchen auf eine Servierplatte geben und sofort mit Reis servieren.

- 150 G RUMP- ODER NACKENSTEAK, FEIN GEHACKT
- 150 G SCHWEINEHACKFLEISCH
- 20 G RÜCKENSPECK VOM SCHWEIN, FEIN GEHACKT
- 1 EL TAPIOKAMEHL
- 1 TL ZUCKER
- 1 EL HELLE SOJASAUCE
- ½ TL SALZ
- 2 ½ EL PFLANZENÖL
- 500 G BABYSPINAT
- 1 EL REISWEIN
- ½ TL SPEISESTÄRKE
- GEDÄMPFTER REIS (SEITE 540) ZUM SERVIEREN

姜葱焗牛腱
RINDERWADE MIT INGWER UND FRÜHLINGSZWIEBELN

HERKUNFT: GUANGDONG
ZUBEREITUNGSZEIT: 10 MINUTEN
GARZEIT: 45 MINUTEN
PERSONEN: 4

* Das Fleisch in einen großen Topf geben und mit Wasser bedecken. Auf starker Hitze aufkochen lassen und 5 Minuten blanchieren. Abtropfen lassen und unter kaltem Wasser abkühlen. Das Fleisch in 1 cm dicke Scheiben schneiden.
* Das Pflanzenöl auf mittlerer bis starker Hitze in einem Schmortopf heiß werden lassen, den Ingwer und die Hälfte der Frühlingszwiebeln hinzufügen und 1 Minute unter Rühren anbraten, bis es duftet. Das Fleisch hinzufügen und mit Wasser bedecken. Aufkochen lassen, dann mit Deckel auf schwacher Hitze 30 Minuten ziehen lassen, bis das Fleisch so weich ist, dass man es mit einem Stäbchen aufspießen kann. Falls erforderlich, mehr Wasser zugeben, sodass das Fleisch bedeckt bleibt.
* Die Austernsauce, den Zucker und die restlichen Frühlingszwiebeln einrühren. Die Stärke in einer kleinen Schüssel mit 1 Esslöffel Wasser vermengen und in den Schmortopf einrühren. Unter Rühren 30 Sekunden aufkochen lassen, bis die Sauce eindickt. Das Sesamöl einträufeln, mit Salz abschmecken und im Schmortopf mit Reis servieren.

- 250 G RINDERWADE
- 2 EL PFLANZENÖL
- 20 G (CA. 2,5 CM) INGWER, IN SCHEIBEN GESCHNITTEN
- 4 FRÜHLINGSZWIEBELN, IN 5 CM LANGE STÜCKE GESCHNITTEN
- 2 EL AUSTERNSAUCE
- 1 TL ZUCKER
- 1 TL SPEISESTÄRKE
- 1 TL SESAMÖL
- SALZ ZUM ABSCHMECKEN
- GEDÄMPFTER REIS (SEITE 540) ZUM SERVIEREN

HERKUNFT: SICHUAN
ZUBEREITUNGSZEIT: 20 MINUTEN
GARZEIT: 15 MINUTEN
PERSONEN: 4
SEITE 401

水煮牛肉
RINDERFILET IN CHILIBRÜHE

- 300 G RINDERFILET, IN 4 × 2,5 CM GROSSE SCHEIBEN GESCHNITTEN
- 1 EL SPEISESTÄRKE
- 5 EL PFLANZENÖL
- 150 G BOHNENSPROSSEN
- 2 STÄNGEL SCHNITTKNOBLAUCH, IN 6 CM LANGE STÜCKE GESCHNITTEN
- 1 LAUCH, IN 6 CM LANGE ABSCHNITTE GESCHNITTEN UND JEDER ABSCHNITT DER LÄNGE NACH GEVIERTELT
- 4 KNOBLAUCHZEHEN, IN SCHEIBEN GESCHNITTEN
- 1 TL GERASPELTER INGWER
- 50 G GETROCKNETE ROTE CHILISCHOTEN, IN 2 HÄLFTEN GERISSEN
- 6 ROTE CHILISCHOTEN, DER LÄNGE NACH HALBIERT
- 2½ TL GROB ZERSTOSSENE SICHUAN-PFEFFERKÖRNER
- 2 EL PIXIAN-CHILI-BOHNEN-PASTE, GEHACKT
- 1 EL REISWEIN
- 1 TL SALZ
- 1 TL ZUCKER
- 2 EL SESAMÖL
- ½ EL GEMAHLENE SICHUAN-PFEFFERKÖRNER
- ROTE CHILISCHOTEN UND KORIANDERBLÄTTER, IN SCHEIBEN GESCHNITTEN, ZUM GARNIEREN (NACH BELIEBEN)
- GEDÄMPFTER REIS (SEITE 540) ZUM SERVIEREN

* Die Fleischstücke in der Stärke wälzen, von beiden Seiten mit einem Fleischerbeil oder Fleischklopfer flach klopfen und in eine Schüssel geben. Dann gut mit 1 Esslöffel Pflanzenöl vermengen.

* In einem Topf 750 ml Wasser zum Kochen bringen. Die Bohnensprossen zugeben, 30 Sekunden blanchieren, bis sie halb gar sind, und mit einem Schaumlöffel in eine große Schüssel geben. Das Wasser erneut aufkochen lassen, Schnittknoblauch und Lauch zugeben und 2 Minuten blanchieren, bis beides gerade weich ist. Das Kochwasser mit dem Gemüse in die Schüssel mit den Bohnensprossen schütten.

* Dann 4 Esslöffel Öl in einem Wok auf 140 °C erhitzen oder bis ein Brotwürfel in 2 Minuten goldbraun wird. Das Fleisch portionsweise in das Öl geben, dabei sofort mit Stäbchen trennen, damit es nicht zusammenklebt, und 1 Minute frittieren, bis es halb gar ist, dann mit einem Schaumlöffel zu den Sprossen und dem Lauch geben.

* Das Öl auf 150 °C erhitzen oder bis ein Brotwürfel in 1½ Minuten braun wird. Knoblauch, Ingwer, getrocknete und frische Chilischoten und Pfefferkörner zugeben und 1 Minute braten, bis es duftet. Die Bohnenpaste und den Reiswein unterrühren.

* Die Mischung mit dem Fleisch, den Sprossen und der Kochflüssigkeit in den Wok geben, Salz, Zucker und Sesamöl hinzufügen, umrühren und 1 Minute garen. Alles in eine Servierschüssel geben, mit dem gemahlenen Sichuan-Pfeffer und, falls verwendet, mit Koriander und Chilischoten bestreuen und mit Reis servieren.

HINWEIS:
Dieses beliebte Gericht ist sehr scharf und würzig. Sie können die Schärfe mit der Anzahl der verwendeten getrockneten Chilischoten anpassen.

RINDERFILET IN CHILIBRÜHE

HERKUNFT: BEIJING
ZUBEREITUNGSZEIT: 15 MINUTEN
GARZEIT: 10 MINUTEN
PERSONEN: 4

袈裟牛肉
RINDERFILET IM EIMANTEL

- 250 G RINDERFILET, IN STREIFEN GESCHNITTEN UND GEHACKT
- ¼ TL GEMAHLENER WEISSER PFEFFER
- 5 G (CA. 1 CM) INGWER, GEHACKT
- 1 WINTERZWIEBEL ODER 3 FRÜHLINGSZWIEBELN, GEHACKT
- 2 KNOBLAUCHZEHEN, GEHACKT
- ½ TL SALZ
- 1 EL REISWEIN
- 4 EL SPEISESTÄRKE
- 2 EIER, VERRÜHRT, ZZGL. 1 EIWEISS
- 250 ML PFLANZENÖL, ZZGL. 2 TL

* Das Fleisch in einer großen Schüssel mit Pfeffer, Ingwer, Winterzwiebel, Knoblauch, Salz und Reiswein vermengen, dann die Stärke und das Eiweiß untermengen und zu einem Brei pürieren.
* In einer Pfanne auf schwacher Hitze 1 Teelöffel Öl heiß werden lassen, die Hälfte der geschlagenen Eier zugeben, die Pfanne etwas schwenken, damit sich das Ei auf dem Boden der Pfanne verteilen kann, und etwa 1–2 Minuten braten, bis ein dünnes Omelett entstanden ist. Dieses vorsichtig, ohne es zu zerreißen, auf ein Schneidbrett legen.
* 1 Teelöffel Öl auf schwacher Hitze in der Pfanne heiß werden lassen, das verbliebene Ei hineingeben und den Vorgang wiederholen. Den Herd ausschalten, sobald das zweite Omelett fertig ist, und die Pfanne mit dem Inhalt beiseitestellen.
* Inzwischen das pürierte Fleisch gleichmäßig auf der Oberfläche des Omeletts auf dem Schneidbrett verteilen. Das zweite Omelett aus der Pfanne nehmen und das pürierte Fleisch damit abdecken. Leicht andrücken, damit die Fleischpaste an beiden Omeletts haftet und so ein Sandwich ergibt.
* Das Sandwich in 4 cm große Quadrate schneiden.
* Die restlichen 250 ml Öl in einem Wok auf 140 °C erhitzen oder bis ein Brotwürfel in 2 Minuten goldbraun wird. Die Sandwichstücke in das Öl geben und etwa 5 Minuten goldbraun frittieren. Die Stücke mit einem Schaumlöffel aus dem Öl nehmen, auf Küchenpapier abtropfen lassen und servieren.

干拌牛肉
RIND MIT SCHARFER SAUCE

HERKUNFT: ANHUI
ZUBEREITUNGSZEIT: 10 MINUTEN
GARZEIT: 35 MINUTEN
PERSONEN: 4

* Das Steak in einen großen Topf geben und mit Wasser bedecken. Auf starker Hitze aufkochen lassen. Dann auf schwacher Hitze 30 Minuten ziehen lassen. Das Steak mit einem Schaumlöffel aus dem Topf nehmen und abkühlen lassen. Das Wasser wegschütten.
* Die Erdnüsse in einer kleinen Pfanne auf mittlerer Hitze 2–3 Minuten goldbraun rösten und in einem Mörser grob zerstoßen. Beiseitestellen.
* Chilischote, Salz, Zucker, Sojasauce und Chiliöl gut in einer kleinen Schüssel vermengen. Beiseitestellen.
* Das Steak in dünne Scheiben schneiden und in eine große Schüssel geben. Die Frühlingszwiebel und die Chilimischung hinzufügen und gut vermengen. Alles auf eine Servierplatte geben, die zerstoßenen Erdnüsse, die gemahlenen Sichuan-Pfefferkörner und den Koriander darüberstreuen. Mit Reis servieren.

- 1 RUMPSTEAK (450 G)
- 3–4 EL ERDNUSSKERNE
- 1 ROTE CHILISCHOTE, ENTKERNT UND IN STREIFEN GESCHNITTEN
- ¼ TL SALZ
- ½ TL ZUCKER
- ½ EL HELLE SOJASAUCE
- 1 EL CHILIÖL
- 1 FRÜHLINGSZWIEBEL, IN FEINE STREIFEN GESCHNITTEN
- ½ TL GEMAHLENE SICHUAN-PFEFFERKÖRNER
- 1 KORIANDERSTÄNGEL, GROB GEHACKT
- GEDÄMPFTER REIS (SEITE 540) ZUM SERVIEREN

清炖牛肉
GESCHMORTES RIND

HERKUNFT: HUNAN
ZUBEREITUNGSZEIT: 10 MINUTEN
GARZEIT: 2 STUNDEN 15 MINUTEN
PERSONEN: 4

* Das Fleisch in einen großen Topf geben und mit Wasser bedecken. Auf starker Hitze aufkochen lassen und 10 Minuten blanchieren. Abtropfen lassen und unter kaltem Wasser abkühlen. Das Rindfleisch in 4 × 2 × 1 cm große Stücke schneiden.
* Das Fleisch in einen Schmortopf geben. Zimt, Reiswein, Frühlingszwiebeln, Ingwer, Salz, Öl und 1 Liter Wasser hinzufügen. Aufkochen lassen und mit Deckel auf schwacher Hitze 2 Stunden ziehen lassen, bis das Fleisch weich ist. Die Frühlingszwiebeln, den Ingwer und den Zimt entfernen, dann den Schnittknoblauch und den Pfeffer einrühren Mit Salz abschmecken. Im Schmortopf mit Reis servieren.

- 750 G RINDERNACKEN
- ½ KLEINE ZIMTSTANGE
- 4 EL REISWEIN
- 2 FRÜHLINGSZWIEBELN, VERKNOTET
- 10 G (CA. 2 CM) INGWER, ZERDRÜCKT
- 1 TL SALZ, ZZGL. ETWAS MEHR ZUM ABSCHMECKEN
- 2 EL PFLANZENÖL
- 2–3 STÄNGEL SCHNITTKNOBLAUCH, IN 1 CM LANGE STÜCKE GESCHNITTEN
- ¼ TL GEMAHLENER WEISSER PFEFFER
- GEDÄMPFTER REIS (SEITE 540) ZUM SERVIEREN

HERKUNFT: GUANGDONG
ZUBEREITUNGSZEIT: 10 MINUTEN
GARZEIT: 5 MINUTEN
PERSONEN: 4

沙葛炒牛柳丝
KURZ GEBRATENES RINDERFILET MIT YAMBOHNE

- 150 G RINDERFILET, IN DICKE STREIFEN GESCHNITTEN
- 1 TL SPEISESTÄRKE
- 2 ½ EL PFLANZENÖL
- 5 G (CA. 1 CM) INGWER, IN SCHEIBEN GESCHNITTEN
- 1 TL HELLE SOJASAUCE
- ½ TL SALZ
- 300 G YAMBOHNE, IN 4 CM LANGE STREIFEN GESCHNITTEN
- 2 FRÜHLINGSZWIEBELN, NUR DIE HELLGRÜNEN TEILE, IN 4 CM LANGE ABSCHNITTE GESCHNITTEN
- GEDÄMPFTER REIS (SEITE 540) ZUM SERVIEREN

* Fleisch und Stärke mit ½ Esslöffel Öl in einer Schüssel vermengen.
* Die restlichen 2 Esslöffel Öl in einem Wok auf mittlerer Hitze heiß werden lassen, den Ingwer hinzufügen und 1 Minute unter Rühren anbraten, bis es duftet. Das Fleisch hinzufügen und 1 weitere Minute unter Rühren braten, bis es halb gar ist. Sojasauce, Salz, 2 Esslöffel Wasser, die Yambohne und die Frühlingszwiebeln einschwenken. Weitere 1–2 Minuten unter Rühren anbraten, bis die Yambohne weich ist. Alles auf eine Servierplatte geben und mit Reis servieren.

HERKUNFT: SICHUAN
ZUBEREITUNGSZEIT: 5 MINUTEN
GARZEIT: 5 MINUTEN
PERSONEN: 4

干煸牛肉丝
RINDERFILET AUS DEM WOK

- 300 G RINDERFILET, LÄNGS ZUR MUSKELFASER IN DÜNNE SCHEIBEN, DANN IN FEINE STREIFEN GESCHNITTEN
- 2 EL PFLANZENÖL
- 1 EL PIXIAN-CHILI-BOHNEN-PASTE, GEHACKT
- 10 G (CA. 2 CM) INGWER, IN FEINE STREIFEN GESCHNITTEN
- 1 TL ZUCKER
- ¼ TL SALZ
- 1 TL REISWEIN
- 1 EL DUNKLE SOJASAUCE
- ½ TL SESAMÖL
- ½ TL SICHUAN-PFEFFERKÖRNER, ZERSTOSSEN
- GEDÄMPFTER REIS (SEITE 540) ZUM SERVIEREN

* Das Fleisch in einer großen Schüssel mit 1 Esslöffel Pflanzenöl vermengen.
* Den restlichen Esslöffel Pflanzenöl in einem Wok oder einer großen Pfanne auf starker Hitze heiß werden lassen, das Fleisch hinzufügen und 2–3 Minuten gar braten. Die Chili-Bohnen-Paste, Ingwer, Zucker und Salz hinzufügen und 1 weitere Minute schnell rühren. Den Reiswein einträufeln, dann die Sojasauce und das Sesamöl einschwenken.
* Alles auf einer Servierplatte anrichten, mit Sichuan-Pfefferkörnern bestreuen und mit Reis servieren.

沙茶牛肉
FLANKSTEAK IN SHA-CHA-SAUCE

HERKUNFT: CHAOZHOU
ZUBEREITUNGSZEIT: 10 MINUTEN, ZZGL. 10 MINUTEN MARINIERZEIT
GARZEIT: 5 MINUTEN
PERSONEN: 4

* Das Fleisch mit einem scharfen Messer quer zu den Muskelfasern in Scheiben schneiden, mit dem Ananassaft in eine Schüssel geben und 10 Minuten marinieren, dann unter kaltem Wasser abspülen.
* Den Knoblauch und 1 Teelöffel Stärke hinzufügen und 1 Esslöffel Pflanzenöl untermengen.
* Wasser in einem Topf auf starker Hitze zum Kochen bringen. Die Bohnensprossen zugeben und 30 Sekunden blanchieren. Abtropfen lassen, unter kaltem Wasser abspülen und auf eine Servierplatte geben.
* Die restlichen 2 Esslöffel Pflanzenöl in einem Wok auf mittlerer Hitze heiß werden lassen, Sha-Cha-Sauce, Ingwer, Sojasauce und Zucker hinzufügen und 1 Minute unter Rühren anbraten, bis es duftet. Dann auf starker Hitze das Fleisch einrühren, 3 Esslöffel Wasser zugeben und etwa 1 Minute unter Rühren braten, bis das Fleisch fast gar ist.
* Den restlichen Teelöffel Stärke in einer kleinen Schüssel mit 1 Teelöffel Wasser verrühren und in den Wok einrühren. Unter Rühren 30 Sekunden aufkochen lassen, bis die Sauce eindickt. Die Frühlingszwiebeln und das Sesamöl einrühren, durchschwenken und die Bohnensprossen darübergeben. Mit Reis servieren.

- 300 G FLANKSTEAK
- 2 EL ANANASSAFT
- 3 KNOBLAUCHZEHEN, FEIN GEHACKT
- 2 TL SPEISESTÄRKE
- 3 EL PFLANZENÖL
- 150 G BOHNENSPROSSEN
- 2 EL SHA-CHA-SAUCE
- 1 TL GERASPELTER INGWER
- 1 TL HELLE SOJASAUCE
- ½ TL ZUCKER
- 2 FRÜHLINGSZWIEBELN, IN 4 CM LANGE STÜCKE GESCHNITTEN
- 1 TL SESAMÖL
- GEDÄMPFTER REIS (SEITE 540) ZUM SERVIEREN

味菜牛百页
KUTTELN MIT SÜSS EINGELEGTEN SENFBLÄTTERN

HERKUNFT: GUANGDONG
ZUBEREITUNGSZEIT: 5 MINUTEN
GARZEIT: 10 MINUTEN
PERSONEN: 4

* Die Kutteln in einen großen Topf geben und mit Wasser bedecken. Auf starker Hitze aufkochen lassen und etwa 20 Sekunden blanchieren. Abtropfen lassen und unter kaltem Wasser abkühlen. Die Kutteln in 4 × 2 cm große Scheiben schneiden.
* Einen Wok auf mittlerer bis starker Hitze heiß werden lassen, die Senfblätter zugeben und 4–5 Minuten fettfrei braten, um die Feuchtigkeit herauszuziehen. Auf eine Platte geben und beiseitestellen.
* Das Öl in einem Wok auf mittlerer Hitze heiß werden lassen, Knoblauch und Miso hinzufügen und 1 Minute unter Rühren anbraten, bis es duftet. Kutteln, Senfblätter, Sojasauce, Zucker und Salz einrühren. Die Stärke in einer kleinen Schüssel mit 1 Esslöffel Wasser vermengen und in den Wok geben. Unter Rühren 30 Sekunden aufkochen lassen, bis die Sauce eindickt. Alles auf eine Servierplatte geben und mit Reis servieren.

- 600 G KUTTELN
- 200 G SÜSS EINGELEGTE SENFBLÄTTER, BESCHNITTEN, ABGESPÜLT UND IN 4 × 2 CM GROSSE SCHEIBEN GESCHNITTEN
- 2 EL PFLANZENÖL
- 3 KNOBLAUCHZEHEN, FEIN GEHACKT
- 1 EL MISO
- ½ EL HELLE SOJASAUCE
- 2 TL ZUCKER
- ¼ TL SALZ
- 1 TL SPEISESTÄRKE
- GEDÄMPFTER REIS (SEITE 540) ZUM SERVIEREN

HERKUNFT: GUANGDONG
ZUBEREITUNGSZEIT: 5 MINUTEN,
    ZZGL. 10 MINUTEN MARINIERZEIT
GARZEIT: 3 MINUTEN
PERSONEN: 2
📷 SEITE 407

芥兰炒牛肉
FLANKSTEAK MIT CHINESISCHEM BROKKOLI

- 150 G FLANKSTEAK, IN 3 MM DICKE SCHEIBEN GESCHNITTEN
- 1 KNOBLAUCHZEHE, GEHACKT
- 1 TL SPEISESTÄRKE
- 3 EL PFLANZENÖL
- 300 G CHINESISCHER BROKKOLI, IN 10 CM LANGE STÜCKE GESCHNITTEN
- 1 EL INGWERSAFT
- 1 EL SHAOXING-REISWEIN
- 1 TL ZUCKER
- 2 EL AUSTERNSAUCE
- 1 MILDE ROTE CHILISCHOTE, IN SCHEIBEN GESCHNITTEN, ZUM GARNIEREN (NACH BELIEBEN)
- GEDÄMPFTER REIS (SEITE 540) ZUM SERVIEREN

* Das Fleisch in einer Schüssel mit Knoblauch, Stärke und 1 Esslöffel Wasser vermengen und 10 Minuten marinieren. Kurz vor dem Kochen 1 Esslöffel Öl untermengen.
* In einem Wok 1 Esslöffel Öl auf starker Hitze heiß werden lassen, den Brokkoli hinzufügen und etwa 1 Minute unter Rühren braten. Ingwersaft, Reiswein und Zucker hinzufügen und 1 Minute unter Rühren braten. Den Brokkoli mit der Sauce auf eine Platte geben. Den Wok auswischen.
* Den restlichen Esslöffel Öl in dem Wok auf starker Hitze heiß werden lassen, das Fleisch hinzufügen und etwa 30 Sekunden unter Rühren braten. Die Austernsauce, den chinesischen Brokkoli und die Sauce zugeben und etwa 30 Sekunden durchschwenken, bis das Fleisch fast gar ist.
* Alles auf einer Servierplatte anrichten, nach Belieben mit der Chilischote garnieren und mit Reis servieren.

HERKUNFT: SICHUAN
ZUBEREITUNGSZEIT: 5 MINUTEN,
    ZZGL. 10 MINUTEN EINWEICHZEIT
GARZEIT: 10 MINUTEN
PERSONEN: 4

野山椒炒牛柳
RINDERFILET MIT EINGELEGTEN CHILISCHOTEN

- 300 G RINDERFILET, IN DÜNNE SCHEIBEN GESCHNITTEN
- 1 EL SPEISESTÄRKE
- 2 EL PFLANZENÖL
- 1 TL WEISSE SESAMSAAT
- 2 KNOBLAUCHZEHEN, IN SCHEIBEN GESCHNITTEN
- 1 ROTE PAPRIKASCHOTE, ENTKERNT UND IN SCHEIBEN GESCHNITTEN
- 25 G GRÜNE EINGELEGTE CHILISCHOTEN
- 1 EL AUSTERNSAUCE
- ½ TL SESAMÖL
- ¼ TL SICHUAN-PFEFFER
- SALZ
- GEDÄMPFTER REIS (SEITE 540) ZUM SERVIEREN

* Das Fleisch mit 3 Esslöffeln Wasser und der Stärke in einer großen Schüssel vermengen und 10 Minuten einweichen. Dann 1 Esslöffel Pflanzenöl einrühren.
* Die Sesamsaat auf mittlerer Hitze in einer kleinen Pfanne 3–5 Minuten goldbraun rösten, dabei mehrmals schwenken. Beiseitestellen.
* In einem Wok 1 Esslöffel Pflanzenöl auf mittlerer bis starker Hitze heiß werden lassen, den Knoblauch zugeben und 1 Minute braten, bis es duftet. Die Paprikaschote zugeben und etwa 10 Sekunden durchschwenken. Das Fleisch zugeben und auf starker Hitze die eingelegten Chilischoten und die Austernsauce einrühren. Weitere 2–3 Minuten gut durchschwenken, bis das Fleisch fast gar ist. Das Sesamöl und den gemahlenen Sichuan-Pfeffer einrühren. Mit Salz abschmecken. Auf einer Servierplatte mit Reis servieren.

FLANKSTEAK MIT CHINESISCHEM BROKKOLI

HERKUNFT: HONGKONG
ZUBEREITUNGSZEIT: 15 MINUTEN,
  ZZGL. 1 STUNDE EINWEICHZEIT
GARZEIT: 1 STUNDE 45 MINUTEN
PERSONEN: 4

红酒炆牛胸
GESCHMORTE RINDERBRUST MIT ROTWEIN

- 600 G RINDERBRUST
- 1½ EL WEISSE PFEFFERKÖRNER, ZERSTOSSEN
- 1 GETROCKNETE MANDARINENSCHALE
- 10 G (CA. 2 CM) INGWER, IN SCHEIBEN GESCHNITTEN
- 1 EL PFLANZENÖL
- 2 ZWIEBELN, HALBIERT UND IN SPALTEN GESCHNITTEN
- 2 EL MISO
- 250 ML ROTWEIN
- 1 KAROTTE, IN STÜCKE GESCHNITTEN
- 20 G KANDISZUCKER
- SALZ ZUM ABSCHMECKEN
- GEDÄMPFTER REIS (SEITE 540) ODER GEKOCHTE KARTOFFELN ZUM SERVIEREN

* Das Fleisch 1 Stunde in einer großen Schüssel mit kaltem Wasser einweichen, dann abspülen und abtropfen lassen.
* Das Fleisch in einen großen Topf geben und mit Wasser bedecken. Auf starker Hitze aufkochen lassen und 1–2 Minuten blanchieren. Abtropfen lassen und unter kaltem Wasser abspülen. Beiseitestellen.
* Die Pfefferkörner in ein Gewürzsäckchen füllen. Das Fleisch mit der Mandarinenschale, dem Gewürzsäckchen und der Hälfte der Ingwerscheiben in den Topf geben. Den Topf bis etwa 2 cm über dem Fleisch mit Wasser auffüllen, aufkochen lassen und mit Deckel auf starker Hitze etwa 15 Minuten kochen. Auf schwacher Hitze weitere 45 Minuten ziehen lassen. Das Fleisch herausnehmen und abkühlen lassen. Die Brühe in eine Schüssel geben und beiseitestellen.
* Das Fleisch in mundgerechte Stücke schneiden.
* Das Öl in einem großen Topf erhitzen, den restlichen Ingwer hinzufügen und 1 Minute auf mittlerer bis starker Hitze unter Rühren braten, bis es duftet. Die Zwiebeln zugeben und 2–3 Minuten unter Rühren goldbraun braten. Miso, Fleisch, Brühe, Rotwein, die Karotte und den Kandiszucker zugeben und auf starker Hitze aufkochen lassen. Dann mit Deckel auf mittlerer bis schwacher Hitze etwa 30 Minuten ziehen lassen, bis das Fleisch ausreichend weich ist. Mit Salz abschmecken und mit Reis oder gekochten Kartoffeln servieren.

清汤牛腩
RINDERRIPPCHEN IN BRÜHE

HERKUNFT: HONGKONG
ZUBEREITUNGSZEIT: 5 MINUTEN
GARZEIT: 2 STUNDEN
PERSONEN: 4

* Das Fleisch in einen großen Topf geben und mit Wasser bedecken. Auf starker Hitze aufkochen lassen und 10 Minuten blanchieren. Abtropfen lassen und unter kaltem Wasser abspülen.
* Den Topf reinigen, mit Wasser füllen und zum Kochen bringen. Den Rettich hinzufügen und 1–2 Minuten blanchieren. Abtropfen lassen und beiseitestellen.
* Fleisch, Ingwer, Sternanise, Sichuan-Pfefferkörner, weiße Pfefferkörner, Mandarinenschale und Luo Han Guo in einen sauberen Topf geben und mit Wasser bedecken. Auf starker Hitze aufkochen lassen, dann mit Deckel auf schwacher Hitze 1½ Stunden ziehen lassen, bis das Fleisch so weich ist, dass man es mit einem Stäbchen aufspießen kann. Das Fleisch in einen Durchschlag geben, gründlich unter kaltem Wasser abkühlen. Die restlichen Zutaten entfernen. Das Fleisch in dicke Scheiben schneiden.
* Die Hühnerbrühe in einem Schmortopf aufkochen lassen. Das Fleisch und den Rettich hinzufügen, mit Salz abschmecken und erneut aufkochen lassen. Auf schwacher Hitze mit Deckel etwa 15 Minuten ziehen lassen, bis der Rettich weich ist. Mit Reis oder Nudeln servieren.

- 600 G AUSGELÖSTE RINDERRIPPCHEN
- 400 G DAIKON-RETTICH, IN STÜCKE GESCHNITTEN
- 20 G (CA. 2,5 CM) INGWER, IN SCHEIBEN GESCHNITTEN
- 2 STERNANISE
- 1 TL SICHUAN-PFEFFERKÖRNER
- 1 TL WEISSE PFEFFERKÖRNER
- 1 GETROCKNETE MANDARINENSCHALE
- 1 GETROCKNETE LUO HAN GUO
- 475 ML HÜHNERBRÜHE (SEITE 90)
- SALZ ZUM ABSCHMECKEN
- GEDÄMPFTER REIS (SEITE 540) ODER GEKOCHTE REISNUDELN ZUM SERVIEREN

瓦罐煨牛肉
GESCHMORTE RINDERRIPPCHEN

HERKUNFT: HUBEI
ZUBEREITUNGSZEIT: 10 MINUTEN
GARZEIT: 2 STUNDEN 30 MINUTEN
PERSONEN: 4

* Das Fleisch in einen großen Topf geben und mit Wasser bedecken. Auf starker Hitze aufkochen lassen und etwa 15 Minuten blanchieren. Abtropfen lassen und unter kaltem Wasser abspülen. Das Fleisch in dünne Scheiben schneiden.
* Das Öl auf schwacher Hitze in einem Schmortopf heiß werden lassen, die Pfefferkörner hinzufügen und 2–3 Minuten braten, bis es duftet. Die Pfefferkörner entfernen. Die Frühlingszwiebeln hinzufügen und 2 Minuten goldbraun braten. Die Frühlingszwiebeln herausnehmen und beiseitestellen.
* Den Ingwer und die getrockneten Chilischoten in den Schmortopf geben und 1 Minute unter Rühren anbraten, bis es duftet. Das Fleisch hinzufügen und 1 weitere Minute unter Rühren braten. Den Reiswein einträufeln, Sojasauce, Kandiszucker, Salz und 750 ml Wasser hinzufügen und aufkochen lassen. Sternanise, Zimt und Frühlingszwiebeln zugeben und mit Deckel etwa 2 Stunden auf schwacher Hitze ziehen lassen, bis alles weich ist.
* Mit weißem Pfeffer abschmecken, alles in eine Servierschüssel geben, mit Koriander garnieren und servieren.

- 750 G AUSGELÖSTE RINDERRIPPCHEN
- 4 EL PFLANZENÖL
- 1¼ TL SICHUAN-PFEFFERKÖRNER
- 4 FRÜHLINGSZWIEBELN, IN 5 CM LANGE STÜCKE GESCHNITTEN
- 10 G (CA. 2 CM) INGWER, ZERDRÜCKT
- 2 GETROCKNETE CHILISCHOTEN
- 1 EL REISWEIN
- 2 EL HELLE SOJASAUCE
- 10 G KANDISZUCKER
- 1 EL SALZ
- 2 STERNANISE
- ½ ZIMTSTANGE
- ½ TL GEMAHLENER WEISSER PFEFFER
- 1 EL GEHACKTER KORIANDER, ZUM GARNIEREN

HERKUNFT: GUANGDONG
ZUBEREITUNGSZEIT: 15 MINUTEN,
ZZGL. 1 STUNDE EINWEICHZEIT
GARZEIT: 2 STUNDEN
PERSONEN: 4–6
SEITE 411

柱侯牛筋腩
GESCHMORTE RIPPCHEN UND SEHNEN

- 600 G AUSGELÖSTE RINDERRIPPCHEN
- 25 G (CA. 5 CM) INGWER, IN SCHEIBEN GESCHNITTEN
- 300 G RINDERSEHNEN
- 2 EL PFLANZENÖL
- 3 EL ZHUHOU-SAUCE
- 1 DAIKON-RETTICH, IN GROSSE STÜCKE GESCHNITTEN
- 1 GETROCKNETE MANDARINENSCHALE
- 1 TL SALZ, ZZGL. ETWAS MEHR ZUM ABSCHMECKEN
- 1 TL ZUCKER
- 1 EL DUNKLE SOJASAUCE
- 1 EL SPEISESTÄRKE
- GEDÄMPFTER REIS (SEITE 540) ZUM SERVIEREN
- IN FEINE STREIFEN GESCHNITTENE FRÜHLINGSZWIEBEL ZUM GARNIEREN

* Das Fleisch 1 Stunde in einer Schüssel mit kaltem Wasser einweichen, dann abspülen und abtropfen lassen.
* Das Fleisch und 5 Scheiben Ingwer in einen großen Topf geben, mit Wasser bedecken und aufkochen lassen. Auf schwacher Hitze 1¼–1½ Stunden ohne Deckel ziehen lassen, bis das Fleisch so weich ist, dass man es mit einem Stäbchen aufspießen kann. Während des Kochvorgangs kein Wasser hinzufügen. Das Fleisch mit einem Schaumlöffel oder einer Zange herausnehmen, abtropfen lassen und in eine Schüssel geben. Die Brühe beiseitestellen.
* Inzwischen die Rindersehnen in einen zweiten Topf geben und mit Wasser bedecken. Auf starker Hitze aufkochen lassen und 2 Minuten blanchieren. Falls erforderlich, den Schaum von der Oberfläche abschöpfen. Abtropfen lassen und unter kaltem Wasser abspülen. Die Sehnen in eine hitzebeständige Schüssel geben, in einen Dämpfeinsatz oder Bambus-Dämpfkorb stellen und mit Deckel 1 Stunde über kochendem Wasser dämpfen. (Bei Bedarf etwas Wasser zugeben.) Unter kaltem Wasser abkühlen. Die Sehnen in 2,5 cm große Stücke schneiden.
* Eine große Pfanne auf mittlerer Hitze heiß werden lassen, das Fleisch hineingeben und 2–3 Minuten braun braten. Das Fleisch wenden und weitere 2–3 Minuten braten. Dann herausnehmen und in 3 cm große Würfel schneiden.
* Das Öl auf mittlerer bis starker Hitze in einem Topf heiß werden lassen, den restlichen Ingwer zugeben und 1 Minute unter Rühren braten, bis es duftet. Die Zhuhou-Sauce einrühren. 250 ml der Rinderbrühe, den Rettich, die getrocknete Mandarinenschale, Salz, Zucker und Sojasauce hinzufügen. Zum Kochen bringen und auf mittlerer Hitze 10 Minuten kochen lassen, bis der Rettich gerade weich ist. Das abgetropfte Fleisch und die Sehnen hinzufügen und 15–20 Minuten garen. Mit Salz abschmecken.
* Die Stärke in einer kleinen Schüssel mit 2 Esslöffeln Wasser vermengen und unter das Fleisch rühren. Unter Rühren etwa 30 Sekunden aufkochen lassen, bis die Sauce eindickt. Mit Frühlingszwiebeln garnieren und mit Reis servieren.

GESCHMORTE RIPPCHEN UND SEHNEN

HERKUNFT: SHAANXI
ZUBEREITUNGSZEIT: 15 MINUTEN,
    ZZGL. 30 MINUTEN MARINIERZEIT
GARZEIT: 2 STUNDEN
PERSONEN: 4-6

红烧牛尾
GESCHMORTER OCHSENSCHWANZ

- 1 KG OCHSENSCHWANZ, AN DEN GELENKEN IN KLEINE STÜCKE GESCHNITTEN UND ABGESPÜLT
- 3 EL HELLE SOJASAUCE
- 3 EL REISWEIN
- 1 TL SALZ
- 475 ML PFLANZENÖL, ZZGL. 2 EL
- 50 G BAMBUSSPROSSEN, ABGETROPFT UND IN SCHEIBEN GESCHNITTEN
- 12-15 GETROCKNETE CHILISCHOTEN, ENTKERNT
- 2 FRÜHLINGSZWIEBELN, IN 4 CM LANGE STÜCKE GESCHNITTEN
- 1 SCHEIBE INGWER, ZERDRÜCKT
- 4 STERNANISE
- 15 G SÜSSHOLZWURZEL
- 1½ EL ZUCKER
- 1 TL SICHUAN-PFEFFERKÖRNER
- ¼ TL GEMAHLENER WEISSER PFEFFER
- 1 GROSSE KAROTTE, IN GROSSE STÜCKE GESCHNITTEN
- GEDÄMPFTER REIS (SEITE 540) ODER NUDELN ZUM SERVIEREN

* Den Ochsenschwanz in einen großen Topf geben und mit Wasser bedecken. Auf starker Hitze aufkochen lassen und etwa 5 Minuten blanchieren. Den Schaum von der Oberfläche schöpfen. Abtropfen lassen und unter kaltem Wasser abspülen.
* In einer großen Schüssel 1 Esslöffel Sojasauce, 1 Esslöffel Reiswein und ½ Teelöffel Salz vermengen, dann den Ochsenschwanz hinzufügen. 30 Minuten marinieren.
* 475 ml Öl in einem Wok oder einem hohen Topf auf 150 °C erhitzen oder bis ein Brotwürfel in 1½ Minuten braun wird. Die Bambussprossen in das Öl geben und 5–6 Minuten goldbraun frittieren. Die Bambussprossen mit einem Schaumlöffel aus dem Öl nehmen und auf Küchenpapier abtropfen lassen. Beiseitestellen.
* Den Ochsenschwanz mit Küchenpapier trocken tupfen und 5–6 Minuten frittieren, bis er braun ist. Herausnehmen und auf Küchenpapier abtropfen lassen.
* In einem Schmortopf 2 Esslöffel Öl auf starker Hitze heiß werden lassen, die Chilischoten hinzufügen und 30 Sekunden unter Rühren anbraten, bis es duftet. Den Ochsenschwanz, Frühlingszwiebeln, Ingwer, Sternanise, Süßholzwurzel, Zucker, Sichuan-Pfefferkörner, weißen Pfeffer, den restlichen ½ Teelöffel Salz, 2 Esslöffel Sojasauce, 2 Esslöffel Reiswein und 750 ml kochendes Wasser hinzufügen. Auf schwacher Hitze mit Deckel etwa 1½ Stunden ziehen lassen, bis der Ochsenschwanz weich ist.
* Die Karotte und die Bambussprossen hinzufügen und aufkochen lassen. Auf schwacher Hitze mit Deckel weitere 15 Minuten ziehen lassen, bis die Karotte weich ist. Im Schmortopf mit Reis oder Nudeln servieren.

清炖牛尾
GESCHMORTER OCHSENSCHWANZ IN BRÜHE

HERKUNFT: SICHUAN
ZUBEREITUNGSZEIT: 10 MINUTEN, ZZGL. 20 MINUTEN EINWEICHZEIT
GARZEIT: 2 STUNDEN 5 MINUTEN
PERSONEN: 6

* Den Ochsenschwanz 20 Minuten in einer Schüssel mit kaltem Wasser einweichen. Abtropfen lassen.
* Ingwer und Sichuan-Pfefferkörner in ein Gewürzsäckchen geben.
* In einem großen Topf 2 Liter Wasser zum Kochen bringen. Das Fleisch zugeben, aufkochen lassen, das Gewürzsäckchen und den Reiswein zugeben und auf schwacher Hitze 1 Stunde ziehen lassen. Den Schaum von der Oberfläche schöpfen.
* Das Fleisch herausnehmen, das Gewürzsäckchen entfernen und die Brühe durch ein Sieb in eine Schüssel gießen. Brühe und Fleisch wieder in den Topf geben, Salz zufügen und aufkochen lassen. Auf schwacher Hitze 1 weitere Stunde ziehen lassen, bis das Fleisch weich ist. Mit Salz abschmecken. Das Fleisch und die Brühe in eine große Suppenschüssel geben.
* Für den Dip das restliche Sesamöl auf mittlerer bis starker Hitze in einer kleinen Pfanne heiß werden lassen, die Chili-Bohnen-Paste und Zucker hinzufügen, 1 Minute unter Rühren anbraten, bis es duftet, und mit dem gehackten Koriander in eine kleine Schüssel geben. Den Ochsenschwanz und die Brühe mit dem Dip und Reis servieren.

- 1 OCHSENSCHWANZ (1,2 KG), AN DEN GELENKEN IN KLEINERE STÜCKE GESCHNITTEN
- 50 G (CA. 7,5 CM) INGWER, ZERDRÜCKT
- 1 TL SICHUAN-PFEFFERKÖRNER
- 120 ML SHAOXING-REISWEIN
- 2 TL SALZ, ZZGL. ETWAS MEHR ZUM ABSCHMECKEN
- GEDÄMPFTER REIS (SEITE 540) ODER NUDELN ZUM SERVIEREN

FÜR DEN DIP:
- 1 ½ EL SESAMÖL
- 1 ½ EL PIXIAN-CHILI-BOHNEN-PASTE, GEHACKT
- 2 TL ZUCKER
- ½ BUND KORIANDER, GEHACKT
- GEDÄMPFTER REIS (SEITE 540) ZUM SERVIEREN

HERKUNFT: XINJIANG
ZUBEREITUNGSZEIT: 10 MINUTEN,
    ZZGL. 30 MINUTEN MARINIERZEIT
GARZEIT: 1 STUNDE 5 MINUTEN
PERSONEN: 4–6

香酥羊腿
KNUSPRIGE LAMMKEULE

- 1 LAMMKEULE (1 KG)
- 2 EL INGWERSAFT
- 6 KNOBLAUCHZEHEN, GEHACKT
- 1 EL ZERSTOSSENE SICHUAN-PFEFFERKÖRNER
- 2 EL REISWEIN
- 750 ML PFLANZENÖL
- 1 TL GEMAHLENER KREUZKÜMMEL
- FLADENBROT (SEITE 54), GEKOCHTE KARTOFFELN ODER GEDÄMPFTER REIS (SEITE 540) ZUM SERVIEREN

* Die Lammkeule mit einem scharfen Messer rautenförmig etwa 5 mm tief einschneiden. Ingwersaft, Knoblauch, Sichuan-Pfefferkörner und Reiswein in einer Schüssel vermengen, dann das Lamm damit einreiben und 30 Minuten marinieren.
* Das Lamm auf einem Dämpfgestell in einen Dämpfeinsatz oder Bambus-Dämpfkorb stellen und mit Deckel etwa 1 Stunde auf starker Hitze über kochendem Wasser dämpfen, bis es gar ist. (Bei Bedarf etwas Wasser zugeben.) Die Lammkeule auf eine Servierplatte geben.
* Das Öl in einem Wok auf 170 °C erhitzen oder bis ein Brotwürfel in 45 Sekunden braun wird. Die Lammkeule in das Öl geben und 3–4 Minuten frittieren, bis die Oberfläche knusprig ist. Das Lamm im Öl hin und her rollen, sodass es gleichmäßig gart. Das Fleisch aus dem Öl nehmen, auf die Servierplatte geben und mit gemahlenem Kreuzkümmel bestreuen.
* Das Lammfleisch in Scheiben schneiden und mit Fladenbrot, Kartoffeln oder Reis servieren.

它似蜜
ZIEGENBAUCH MIT SÜSSER BOHNENSAUCE

HERKUNFT: BEIJING
ZUBEREITUNGSZEIT: 10 MINUTEN
GARZEIT: 5 MINUTEN
PERSONEN: 4

* Den Ziegenbauch in einer Schüssel mit süßer Bohnensauce, Salz und 1 Esslöffel Stärke vermengen. Beiseitestellen.
* In einem kleinen Topf 3 Esslöffel Wasser und 2 Esslöffel Zucker vermengen, auf mittlerer Hitze 3–4 Minuten kochen, bis der Zucker karamellisiert ist. In eine Schüssel geben, Sojasauce, Ingwersaft, Essig, Reiswein, 2 Esslöffel Zucker und 1 Esslöffel Stärke hinzufügen.
* Das Pflanzenöl in einem Wok auf 170 °C erhitzen oder bis ein Brotwürfel in 45 Sekunden braun wird. Das Fleisch in das Öl geben, dabei sofort mit Stäbchen trennen, damit es nicht zusammenklebt, und 10 Sekunden frittieren, bis das Fleisch weiß wird. Das Fleisch mit einem Schaumlöffel aus dem Öl nehmen und auf Küchenpapier abtropfen lassen.
* In einem Wok 3 Esslöffel Sesamöl erhitzen, das Fleisch und die Sauce hinzufügen und auf starker Hitze 1–2 Minuten schnell durchschwenken, damit es gut mit Sauce umhüllt ist. Den restlichen Esslöffel Sesamöl einrühren. Auf eine Servierplatte geben und mit Reis servieren.

- 300 G ZIEGENBAUCH, IN FEINE SCHEIBEN GESCHNITTEN
- ½ TL SÜSSE BOHNENSAUCE
- ¼ TL SALZ
- 2 EL SPEISESTÄRKE
- 4 EL ZUCKER
- 2 TL DUNKLE SOJASAUCE
- 1 TL HELLE SOJASAUCE
- 1 TL INGWERSAFT
- 1 TL SCHWARZER REISESSIG ODER BALSAMICO-ESSIG
- 1 TL SHAOXING-REISWEIN
- 475 ML PFLANZENÖL
- 4 EL SESAMÖL
- GEDÄMPFTER REIS (SEITE 540) ZUM SERVIEREN

HERKUNFT: BEIJING
ZUBEREITUNGSZEIT: 15 MINUTEN
GARZEIT: 5 MINUTEN
PERSONEN: 4

醋熘肉片
KURZ GEBRATENE LAMMKEULE IN ESSIG

- 1 AUSGELÖSTE LAMMKEULE (250 G), QUER ZUR FASER IN DÜNNE SCHEIBEN GESCHNITTEN
- 1 ½ TL SPEISESTÄRKE
- 2 FRÜHLINGSZWIEBELN, IN FEINE STREIFEN GESCHNITTEN
- 1 TL GEHACKTER INGWER
- 1 KNOBLAUCHZEHE, GEHACKT
- 1 EL SCHWARZER REISESSIG ODER BALSAMICO-ESSIG
- 2 EL HELLE SOJASAUCE
- 1 EL REISWEIN
- 475 ML PFLANZENÖL
- 50 G BAMBUSSPROSSEN, ABGETROPFT UND IN SCHEIBEN GESCHNITTEN
- 1 EL SESAMÖL
- SALZ ZUM ABSCHMECKEN
- GEDÄMPFTER REIS (SEITE 540) ZUM SERVIEREN

* Das Fleisch mit ½ Teelöffel Stärke und ½ Teelöffel Wasser in einer Schüssel gut vermengen und beiseitestellen.
* In einer zweiten Schüssel Frühlingszwiebeln, Ingwer und Knoblauch, Essig, Sojasauce, Reiswein und den restlichen Teelöffel Stärke und 1 Esslöffel Wasser zugeben, zu einer Sauce verrühren und beiseitestellen.
* Das Pflanzenöl in einem Wok oder einem hohen Topf auf 140 °C erhitzen oder bis ein Brotwürfel in 2 Minuten goldbraun wird. Das Fleisch und die Bambussprossen in das Öl geben, dabei sofort mit Stäbchen trennen, damit die Stücke nicht zusammenkleben, und 6–7 Sekunden frittieren. Das Fleisch und die Bambussprossen mit einem Schaumlöffel aus dem Öl nehmen und auf Küchenpapier abtropfen lassen.
* Das Öl bis auf etwa 1 Esslöffel abgießen und auf mittlerer bis starker Hitze heiß werden lassen. Fleisch, Bambussprossen und Sauce zugeben und 1–2 Minuten schnell verrühren, bis die Sauce eindickt und am Fleisch und an den Bambussprossen haftet. Das Sesamöl einrühren und mit Salz abschmecken. Alles auf eine Servierplatte geben und mit Reis servieren.

香芹羊肉丝
LAMMKEULE MIT SCHNITTSELLERIE

HERKUNFT: SICHUAN
ZUBEREITUNGSZEIT: 10 MINUTEN,
ZZGL. 10 MINUTEN MARINIERZEIT
GARZEIT: 5 MINUTEN
PERSONEN: 4

* Das Lammfleisch, Salz, 1 Teelöffel Sojasauce, 1 Esslöffel Stärke und 2 Esslöffel Wasser in einer Schüssel vermengen und 10 Minuten marinieren. Dann 1 Esslöffel Öl einrühren.
* Den restlichen Teelöffel Sojasauce, Reiswein, Essig, den restlichen ½ Esslöffel Stärke und 3 Esslöffel Wasser in einer kleinen Schüssel zu einer Sauce verrühren. Beiseitestellen.
* Die restlichen 2 Esslöffel Öl in einem Wok erhitzen, den Ingwer hinzufügen und 1 Minute auf starker Hitze unter Rühren anbraten, bis es duftet. Das Fleisch hinzufügen und auf mittlerer Hitze weitere 2–3 Minuten unter Rühren braten, bis es gerade gar ist. Chili-Bohnen-Paste, Sellerie, Knoblauchstängel und die Sauce hinzufügen und weitere 1–2 Minuten unter Rühren anbraten, bis die Sauce eindickt. Auf eine Servierplatte geben und mit Reis servieren.

- 1 AUSGELÖSTE LAMMKEULE (300 G), IN DÜNNE STREIFEN GESCHNITTEN
- ½ TL SALZ
- 2 TL HELLE SOJASAUCE
- 1 ½ EL SPEISESTÄRKE
- 3 EL PFLANZENÖL
- 1 EL REISWEIN
- ½ TL WEISSER REISESSIG
- 15 G (CA. 2 CM) INGWER, IN FEINE STREIFEN GESCHNITTEN
- 1 ½ EL PIXIAN-CHILI-BOHNEN-PASTE, GEHACKT
- 1 KLEINES BUND SCHNITTSELLERIE, IN 4 CM LANGE STÜCKE GESCHNITTEN
- 2 KNOBLAUCHSTÄNGEL, IN 4 CM LANGE STÜCKE GESCHNITTEN
- GEDÄMPFTER REIS (SEITE 540) ZUM SERVIEREN

烤羊肉串
LAMM-SPIESSE

HERKUNFT: XINJIANG
ZUBEREITUNGSZEIT: 15 MINUTEN,
ZZGL. 15 MINUTEN MARINIERZEIT
GARZEIT: 6 MINUTEN
PERSONEN: 4

* Lammfleisch, Zwiebel, ½ Teelöffel Salz und 5 Esslöffel Wasser in einer großen Schüssel vermengen und 15 Minuten marinieren.
* Inzwischen die Bambusspieße 10 Minuten in Wasser einweichen. Abtropfen lassen.
* Für das Gewürzsalz den Sichuan-Pfeffer, das Chilipulver und den restlichen ½ Teelöffel Salz in einer kleinen Schüssel vermengen. Beiseitestellen.
* Den Grill auf starke Hitze einstellen. Die Lammstücke auf die Spieße stecken und 2–3 Minuten unter den Grill legen. Die Spieße wenden, mit Sojasauce bestreichen und mit Gewürzsalz bestreuen, dann weitere 2–3 Minuten grillen, bis das Fleisch goldbraun und gar ist. Mit Sesamöl einstreichen und den Kreuzkümmel darüberstreuen. Sofort servieren.

- 1 AUSGELÖSTE LAMMKEULE (500 G), IN 5 × 2,5 × 0,5 CM GROSSE SCHEIBEN GESCHNITTEN
- 1 ZWIEBEL, GEHACKT
- 1 TL SALZ
- ½ TL GEMAHLENE SICHUAN-PFEFFERKÖRNER
- ¼ TL CHILIPULVER
- 4 EL HELLE SOJASAUCE
- 2 EL SESAMÖL
- 1 TL GEMAHLENER KREUZKÜMMEL
- 8–12 BAMBUSSPIESSE

HERKUNFT: TIBET
ZUBEREITUNGSZEIT: 15 MINUTEN,
    ZZGL. 30 MINUTEN EINWEICHZEIT
GARZEIT: 10 MINUTEN
PERSONEN: 4

赛蜜羊肉
HONIGSÜSSES LAMM

- 1 AUSGELÖSTE LAMMKEULE (500 G), IN 3 × 2 × 0,5 CM GROSSE SCHEIBEN GESCHNITTEN
- 1 EIGELB
- 2 EL HELLE SOJASAUCE
- 2 TL SPEISESTÄRKE
- 100 G ZUCKER
- ¼ TL SALZ, ZZGL. ETWAS MEHR ZUM ABSCHMECKEN
- 1 TL HULLESS BARLEY WINE (NACKTGERSTENWEIN)
- 1 TL ESSIG
- 2 TL INGWERSAFT
- 1 L PFLANZENÖL
- 2 EL YAKBUTTER, GHEE ODER BUTTER
- GEDÄMPFTER REIS (SEITE 540) ODER KARTOFFELN ZUM SERVIEREN

„Hulless Barley Wine" ist ein spezieller Branntwein aus Tibet, Shanghai und Sichuan. Er kann durch einen anderen Branntwein mit einem Alkoholgehalt von 40–50 % ersetzt werden.

* Das Fleisch 30 Minuten in einer Schüssel mit kaltem Wasser einweichen. Abtropfen lassen.
* Das Eigelb, 1 Esslöffel Sojasauce, 1 Teelöffel Stärke und 1 Esslöffel Wasser in einer großen Schüssel zu einem Teig vermengen. Das Fleisch zugeben und gut vermengen.
* Zucker, Salz, Barley Wine, Essig, Ingwersaft, den restlichen Esslöffel Sojasauce, 1 Teelöffel Stärke und 1 Esslöffel Wasser in einer zweiten Schüssel zu einer Sauce verrühren.
* Das Öl in einem Wok auf 150 °C erhitzen oder bis ein Brotwürfel in 1½ Minuten braun wird. Das Fleisch in das Öl geben und sofort mit Stäbchen trennen, damit es nicht zusammenklebt. 3–4 Minuten frittieren, bis es goldbraun und fast gar ist. Das Fleisch mit einem Schaumlöffel aus dem Öl nehmen und auf Küchenpapier abtropfen lassen.
* Das Öl bis auf etwa 1 Esslöffel abgießen und auf starker Hitze heiß werden lassen. Das Fleisch und die Sauce zugeben und 1–2 Minuten unter Rühren braten, bis die Sauce eindickt. Die Butter einrühren und mit Salz abschmecken. Mit Reis oder Kartoffeln servieren.

羊肉馅饼
LAMM-PIES

HERKUNFT: SHAANXI
ZUBEREITUNGSZEIT: 20 MINUTEN, ZZGL. 30 MINUTEN RUHE- UND 15 MINUTEN MARINIERZEIT
GARZEIT: 20 MINUTEN
PERSONEN: 8

* Für den Teig das Mehl in eine große Schüssel geben, nach und nach 150 ml heißes Wasser (etwa 70 °C) hinzufügen und gründlich mit Stäbchen vermengen. Der Teig kann etwas trocken und flockig wirken. Den Teig etwa 3–4 Minuten kneten, bis er seidenweich und glatt ist. Wenn der Teig zu klebrig erscheint, etwas Mehl hinzufügen. Die Schüssel mit einem sauberen, feuchten Küchentuch abdecken und etwa 30 Minuten bei Raumtemperatur ruhen lassen.
* Für die Füllung Lammfleisch, Salz, Sojasauce und 2 Esslöffel Wasser in einer Schüssel vermengen und 15 Minuten marinieren. Die gehackten Winterzwiebeln, Ingwer, Reiswein und Sesamöl einrühren. Die Stärke untermengen. Die Füllung in 8 Teile aufteilen.
* Für die Pies ein Schneidbrett mit Mehl bestäuben. Den Teig auf das Brett geben und 1 Minute weich kneten. Den Teig in 8 Teile (je etwa 50 g) aufteilen. Jedes Teigstück mit einer Teigrolle zu einer runden Platte von etwa 12 cm Durchmesser ausrollen. 1 Portion der Füllung in die Mitte der Platte legen und die runden Kanten zur Mitte zu einer geschlossenen Pie auffalten. Die Enden zusammendrücken. Den Vorgang mit den restlichen Teigstücken und der übrigen Füllung wiederholen.
* Das Pflanzenöl in einer großen Pfanne auf schwacher Hitze heiß werden lassen, ein paar Lamm-Pies mit der Oberseite nach unten in das Öl geben und 3–4 Minuten braun braten, dann wenden und die andere Seite braun braten. Bei Bedarf mehr Öl zugeben. Den Vorgang mit den restlichen Pies wiederholen und heiß servieren.

- 250 G WEIZENMEHL, TYPE 405, ZZGL. ETWAS MEHR BEI BEDARF
- 1 EL PFLANZENÖL

FÜR DIE LAMMFÜLLUNG:
- 250 G LAMMHACKFLEISCH
- 1 TL SALZ
- 1 EL HELLE SOJASAUCE
- 2 WINTERZWIEBELN ODER 6 FRÜHLINGSZWIEBELN, NUR DIE HELLGRÜNEN TEILE, GEHACKT
- 1 EL GEHACKTER INGWER
- 1 EL REISWEIN
- 2 EL SESAMÖL
- 1 EL SPEISESTÄRKE

HERKUNFT: ANHUI
ZUBEREITUNGSZEIT: 15 MINUTEN,
  ZZGL. 10 MINUTEN MARINIERZEIT
GARZEIT: 45 MINUTEN
PERSONEN: 4
SEITE 421

焦炸羊肉
FRITTIERTE LAMMRIPPCHEN

- 300 G AUSGELÖSTE LAMMRIPPCHEN
- ¼ TL SICHUAN-PFEFFERKÖRNER, GERÖSTET UND ZERSTOSSEN
- 2 EL GEHACKTER INGWER
- 1 FRÜHLINGSZWIEBEL, GEHACKT
- 1 TL SALZ
- 1 TL WEIZENMEHL, TYPE 405
- ¼ TL GEMAHLENER SICHUAN-PFEFFER
- 6 EL SPEISESTÄRKE
- 3 EIWEISS
- 3 EL SESAMÖL
- 750 ML PFLANZENÖL
- 1 FRÜHLINGSZWIEBEL, NUR DIE HELLGRÜNEN TEILE, IN 5 CM LANGE STÜCKE GESCHNITTEN, ZUM GARNIEREN
- 2 EL SÜSSE BOHNENSAUCE ZUM SERVIEREN

* Das Fleisch in einen großen Topf geben und mit Wasser bedecken. Auf starker Hitze aufkochen lassen und 30 Minuten blanchieren. Falls erforderlich, den Schaum von der Oberfläche abschöpfen. Abtropfen lassen und unter kaltem Wasser abspülen. Das Lammfleisch in 5 × 2 × 0,5 cm große Stücke schneiden und in eine Schüssel geben.
* Sichuan-Pfefferkörner, Ingwer, gehackte Frühlingszwiebel und ½ Teelöffel Salz hinzufügen. Alles gut vermengen und 10 Minuten marinieren. Das Mehl unterrühren.
* Für eine Pfeffer-Salz-Mischung den restlichen ½ Teelöffel Salz mit dem Sichuan-Pfeffer vermengen und beiseitestellen.
* In einer kleinen Schüssel die Stärke mit 150 ml Wasser verrühren und 5 Minuten beiseitestellen, bis sich die Stärke auf dem Boden abgesetzt hat. Dann das Wasser abschütten, sodass die feuchte Stärke zurückbleibt.
* Die Eiweiße in einer Schüssel schlagen, das Sesamöl und die feuchte Stärke hinzufügen und gründlich vermengen.
* Das Pflanzenöl in einem Wok auf 150 °C erhitzen oder bis ein Brotwürfel in 1½ Minuten braun wird. Die Fleischstücke portionsweise in das Eiweiß tauchen, in das Öl geben und 3–4 Minuten hellbraun frittieren. Das Fleisch mit einem Schaumlöffel aus dem Öl nehmen und auf eine Platte geben. Alle Fleischstücke wieder in das Öl geben und weitere 2 Minuten frittieren, bis sie goldbraun und gar sind. Das Fleisch mit einem Schaumlöffel aus dem Öl nehmen, auf eine Platte geben und mit der Pfeffer-Salz-Mischung bestreuen. Mit Frühlingszwiebeln garnieren und mit süßer Bohnensauce servieren.

FRITTIERTE LAMMRIPPCHEN

HERKUNFT: SICHUAN
ZUBEREITUNGSZEIT: 10 MINUTEN
GARZEIT: 40 MINUTEN
PERSONEN: 4-6

酥脆香辣羊肉
KNUSPRIGES LAMM MIT SCHARFEM DIP

- 1 AUSGELÖSTE LAMMKEULE (750 G), ABGESPÜLT UND IN 5-6 STÜCKE GESCHNITTEN
- 10 G (CA. 2 CM) INGWER, ZERDRÜCKT
- 1 FRÜHLINGSZWIEBEL, IN 4 CM LANGE STÜCKE GESCHNITTEN
- 2 STERNANISE, ZERSTOSSEN
- 1¼ TL SICHUAN-PFEFFERKÖRNER, ZERSTOSSEN
- 1 TL GEMAHLENER ZIMT
- 1 TL HELLE SOJASAUCE
- 1 TL DUNKLE SOJASAUCE
- 1 EL REISWEIN
- ½ TL SALZ
- 3 EIWEISS
- 2 EL SPEISESTÄRKE
- 750 ML PFLANZENÖL
- GEDÄMPFTER REIS (SEITE 540) ZUM SERVIEREN

FÜR DEN DIP:
- 25 G EINGELEGTE CHILISCHOTEN, GEHACKT
- 2 KNOBLAUCHZEHEN, GEHACKT
- 1 FRÜHLINGSZWIEBEL, GEHACKT
- 2 EL ZUCKER
- 1 EL SPEISESTÄRKE
- 1 TL GEHACKTER INGWER
- 1 TL SCHWARZER REISESSIG ODER BALSAMICO-ESSIG
- ½ TL SALZ
- 100 ML HÜHNER- ODER RINDERBRÜHE (SEITE 90-91)

* Wasser in einem großen Topf auf starker Hitze zum Kochen bringen. Das Lammfleisch hinzufügen und 10 Minuten blanchieren. Falls erforderlich, den Schaum von der Oberfläche abschöpfen. Abtropfen lassen und unter kaltem Wasser abspülen.

* Das Lammfleisch in einer hitzebeständigen Schüssel mit Ingwer, Frühlingszwiebel, Sternanise, Sichuan-Pfeffer, Zimt, beiden Sojasaucen, Reiswein und Salz vermengen. Die Schüssel in einen Dämpfeinsatz oder Bambus-Dämpfkorb stellen und mit Deckel 20 Minuten über kochendem Wasser dämpfen.

* Die Eiweiße in einer Schüssel schlagen und die Stärke untermengen. Das Öl in einem Wok auf 170 °C erhitzen oder bis ein Brotwürfel in 45 Sekunden braun wird. Die Fleischstücke portionsweise in das Eiweiß tauchen, in das Öl geben und 3-4 Minuten frittieren, bis sie goldbraun und knusprig sind. Das Fleisch mit einem Schaumlöffel aus dem Öl nehmen und auf Küchenpapier abtropfen lassen. Das lauwarme Fleisch in kleine Stücke schneiden und warm halten.

* Für den Dip das Öl bis auf etwa 2 Esslöffel abgießen und auf mittlerer bis starker Hitze heiß werden lassen. Die eingelegten Chilischoten zugeben und 2 Minuten unter Rühren anbraten, bis es duftet. Die restlichen Zutaten für den Dip zugeben und 1–2 Minuten garen, bis die Sauce eindickt. Die Sauce in eine kleine Schüssel gießen.

* Das Lammfleisch auf einer Servierplatte mit dem Dip und Reis servieren.

香酥岩羊
KNUSPRIGES LAMMFILET MIT GEWÜRZSALZ

HERKUNFT: QINGHAI
ZUBEREITUNGSZEIT: 15 MINUTEN
GARZEIT: 40 MINUTEN
PERSONEN: 4–6

* Das Lammfleisch in einen Topf geben und mit Wasser bedecken. Auf starker Hitze aufkochen lassen, die Hitze reduzieren und 30 Minuten ziehen lassen.
* Abtropfen lassen und unter kaltem Wasser abspülen.
* Das Fleisch in Scheiben schneiden, in eine Schüssel geben und weißen Pfeffer, Sichuan-Pfeffer, Salz und Reiswein zugeben.
* Die Stärke in einer Schüssel mit 3 Esslöffeln Wasser anrühren. Nach 5 Minuten, wenn sich die Stärke auf dem Boden abgesetzt hat, das Wasser abschütten, sodass die feuchte Stärke zurückbleibt.
* Die Eiweiße in einer Schüssel schaumig schlagen, zur nassen Stärke geben und zu einem Teig verarbeiten.
* Das Öl in einem Wok auf 170 °C erhitzen oder bis ein Brotwürfel in 45 Sekunden braun wird. Jede Lammscheibe einzeln in den Eiweißteig tauchen, dann die Scheiben, eine nach der anderen, in das heiße Öl tauchen. Die Fleischstücke sofort mit Stäbchen trennen, damit sie nicht zusammenkleben, und 2–3 Minuten knusprig frittieren. Das Fleisch mit einem Schaumlöffel aus dem Öl nehmen und auf Küchenpapier abtropfen lassen.
* Für das Gewürzsalz eine kleine Pfanne auf mittlerer bis starker Hitze heiß werden lassen und das Salz zugeben. Unter Rühren 1 Minute erhitzen, den Herd ausschalten, das Salz in eine Schüssel geben und abkühlen lassen. Den Sichuan-Pfeffer einrühren.
* Das knusprige Lammfleisch auf eine Platte geben und zusammen mit dem Salz zum Bestreuen servieren.

- 500 G LAMMFILET
- ½ TL GEMAHLENER WEISSER PFEFFER
- ½ TL GEMAHLENER SICHUAN-PFEFFER
- 1 TL SALZ
- 2 EL REISWEIN
- 2 EL SPEISESTÄRKE
- 3 EIWEISS
- 475 ML PFLANZENÖL

FÜR DAS GEWÜRZSALZ:
- 1 TL SALZ
- ½ TL GEMAHLENER SICHUAN-PFEFFER

HERKUNFT: HONGKONG
ZUBEREITUNGSZEIT: 10 MINUTEN,
ZZGL. 5 MINUTEN RUHEZEIT
GARZEIT: 10 MINUTEN
PERSONEN: 4
SEITE 425

避风塘炒羊排
LAMMKOTELETTS UND CHILISCHOTEN

- 8 LAMMKOTELETTS
- 1 TL SALZ
- 1 L PFLANZENÖL ZUM BRATEN UND FRITTIEREN
- 2 KNOLLEN KNOBLAUCH, GESCHÄLT UND GROB GEHACKT
- 2 EL SPEISESTÄRKE
- 4 SCHALOTTEN, GEHACKT
- 6–12 GETROCKNETE CHILISCHOTEN
- 1 ROTE CHILISCHOTE, IN FEINE STREIFEN GESCHNITTEN
- 1 EL GEMAHLENE SICHUAN-PFEFFERKÖRNER
- 3 PORTIONEN SOJACHIPS (SEITE 52)
- 1 EL HELLE SOJASAUCE
- 1 TL ZUCKER
- 2 FRÜHLINGSZWIEBELN, IN 5 CM LANGE STÜCKE GESCHNITTEN
- GEDÄMPFTER REIS (SEITE 540) ZUM SERVIEREN

* Die Koteletts mit Salz bestreuen, in eine Schüssel geben und 5 Minuten beiseitestellen.
* In einem Wok 2 Esslöffel Öl auf schwacher Hitze heiß werden lassen, den Knoblauch hinzufügen und 20–30 Sekunden goldbraun braten. Den Knoblauch mit einem Schaumlöffel aus dem Öl nehmen und auf Küchenpapier abtropfen lassen.
* Die Lammkoteletts mit Stärke bestäuben. Das restliche Pflanzenöl in den Wok geben und auf 150 °C erhitzen oder bis ein Brotwürfel in 1½ Minuten braun wird. Die Koteletts in das Öl geben und 4–5 Minuten frittieren, bis sie goldbraun und gar sind. Die Koteletts mit einem Schaumlöffel aus dem Öl nehmen und auf Küchenpapier abtropfen lassen.
* Das Öl bis auf etwa 2 Esslöffel abgießen und auf mittlerer Hitze heiß werden lassen. Die Schalotten hinzufügen und 1–2 Minuten unter Rühren anbraten, bis es duftet. Auf starker Hitze die getrockneten Chilischoten, die rote Chilischote, Sichuan-Pfefferkörner, Knoblauch, Sojachips, Sojasauce und Zucker zugeben. Alle Zutaten gut vermengen. Die Lammkoteletts zugeben und etwa 1 Minute unter Rühren braten, dann die Frühlingszwiebeln zugeben und durchschwenken. Alles auf eine Servierplatte geben und mit Reis servieren.

LAMMKOTELETTS UND CHILISCHOTEN

HERKUNFT: HUNAN
ZUBEREITUNGSZEIT: 15 MINUTEN
GARZEIT: 1 STUNDE 15 MINUTEN
PERSONEN: 6

酸辣红烧羊肉
SCHARFSAURES LAMMFLEISCH

- 900 G AUSGELÖSTE LAMMRIPPCHEN
- 4 EL PFLANZENÖL
- 4 EL REISWEIN
- 1 EL HELLE SOJASAUCE
- 1 EL DUNKLE SOJASAUCE
- 1 TL SALZ
- 2 FRÜHLINGSZWIEBELN, IN 4 CM LANGE STÜCKE GESCHNITTEN
- 2 CM GROSSES STÜCK FRISCHER INGWER (CA. 15 G), IN SCHEIBEN GESCHNITTEN
- 5 GETROCKNETE ROTE CHILISCHOTEN
- 3 EL EINGELEGTES GEMÜSE, ABGESPÜLT UND GEHACKT
- 1–2 GRÜNE CHILISCHOTEN, ENTKERNT UND FEIN GEHACKT
- 1 TL WEISSER REISESSIG
- 1 EL SPEISESTÄRKE
- 1 CHINESISCHER LAUCH, GEHACKT
- ½ TL SESAMÖL
- 4 BUND KORIANDER, GEHACKT
- GEDÄMPFTER REIS (SEITE 540) ZUM SERVIEREN

* Das Lammfleisch in einen großen Topf geben und mit Wasser bedecken. Auf starker Hitze aufkochen lassen und 5 Minuten blanchieren. Falls erforderlich, den Schaum von der Oberfläche abschöpfen. Abtropfen lassen und unter kaltem Wasser abkühlen. Das Lammfleisch in 3 cm große Würfel schneiden.
* In einem Wok oder einer großen Pfanne 2 Esslöffel Pflanzenöl auf starker Hitze heiß werden lassen. Das Fleisch zugeben und etwa 1 Minute unter Rühren anbraten. Mit Reiswein beträufeln. Sojasaucen und Salz hinzufügen und 1 weitere Minute unter Rühren braten. Die Frühlingszwiebeln, den Ingwer und die getrockneten Chilischoten einrühren.
* 475 ml Wasser hinzufügen und aufkochen lassen. Auf schwacher Hitze mit Deckel 1 Stunde ziehen lassen.
* Die Frühlingszwiebeln, den Ingwer und die getrockneten Chilischoten entfernen. Das Fleisch mit einem Schaumlöffel in eine Schale geben und warm halten. Die Lammbrühe beiseitestellen.
* Die restlichen 2 Esslöffel Pflanzenöl in einem Wok erhitzen, das eingelegte Gemüse und die grünen Chilischoten hinzufügen und etwa 1 Minute unter Rühren anbraten. Den Essig und die Lammbrühe dazugießen und aufkochen lassen. Die Stärke in einer kleinen Schüssel mit 2 Esslöffeln Wasser vermengen und in den Wok einrühren. Unter Rühren etwa 30 Sekunden aufkochen lassen, bis die Sauce eindickt. Den Lauch hinzufügen und das Sesamöl einrühren.
* Die Sauce über das Lammfleisch geben und mit dem gehackten Koriander bestreuen. Mit Reis servieren.

支竹羊腩煲
ZIEGEN-TOFU-SCHMORTOPF

HERKUNFT: GUANGDONG
ZUBEREITUNGSZEIT: 15 MINUTEN
GARZEIT: 2 STUNDEN
PERSONEN: 4

* Das Fleisch in einen großen Topf geben und mit Wasser bedecken. Auf starker Hitze aufkochen lassen und etwa 3 Minuten blanchieren. Abtropfen lassen und unter kaltem Wasser abspülen.
* Das Öl in einem Wok oder einem hohen Topf auf 150 °C erhitzen oder bis ein Brotwürfel in 1½ Minuten braun wird. Die Tofustangen zugeben und 1 Minute frittieren, bis sie Blasen bilden. Die Stangen herausnehmen, in eine Schüssel mit kaltem Wasser geben und 2–3 Minuten einweichen. Abtropfen lassen, die Tofustangen in etwa 6 cm lange Stücke schneiden und beiseitestellen.
* Die Wasserkastanien schälen und in einer kleinen Schüssel mit kaltem Wasser bis zum Gebrauch einweichen.
* Dann 2 Esslöffel Öl auf mittlerer bis starker Hitze in einem Schmortopf heiß werden lassen, den Ingwer und den Knoblauch hinzufügen und 30 Sekunden unter Rühren anbraten, bis es duftet. Das Fleisch, Reiswein, Kardamom, Wasserkastanien, Jujube-Datteln und 475 ml Wasser zugeben. Aufkochen lassen, dann auf schwacher Hitze mit Deckel etwa 1 Stunde ziehen lassen.
* Die Sojasaucen, Salz, Zucker und die Tofustangen hinzufügen und 30 Minuten weitergaren. Den Lauch zugeben und 15 Minuten ziehen lassen. Die Stärke in einer kleinen Schüssel mit 2 Esslöffeln Wasser vermengen und in den Schmortopf einrühren. Unter Rühren 30 Sekunden aufkochen lassen, damit die Sauce eindickt. Den Pfeffer einrühren. Alles auf eine Servierplatte geben und mit Reis servieren.

- 600 G ZIEGENBAUCH, IN MUNDGERECHTE STÜCKE GESCHNITTEN
- 475 ML PFLANZENÖL, ZZGL. 2 EL
- 4 GETROCKNETE TOFUSTANGEN
- 6 WASSERKASTANIEN
- 50 G (CA. 7,5 CM) INGWER, IN SCHEIBEN GESCHNITTEN
- 4 KNOBLAUCHZEHEN, IN SCHEIBEN GESCHNITTEN
- 1 EL REISWEIN
- 2 KAPSELN SCHWARZER KARDAMOM
- 3 JUJUBE-DATTELN
- 1 EL HELLE SOJASAUCE
- 1 EL DUNKLE SOJASAUCE
- 1 TL SALZ
- 1 TL ZUCKER
- 3 STÄNGEL CHINESISCHER LAUCH, IN 4 CM LANGE STÜCKE GESCHNITTEN
- 1 EL SPEISESTÄRKE
- ¼ TL GEMAHLENER WEISSER PFEFFER
- GEDÄMPFTER REIS (SEITE 540) ZUM SERVIEREN

HERKUNFT: GANSU
ZUBEREITUNGSZEIT: 10 MINUTEN,
ZZGL. 1 STUNDE MARINIERZEIT
GARZEIT: 45 MINUTEN
PERSONEN: 4–6
SEITE 429

靖远焖羔羊
GESCHMORTES LAMMFLEISCH

- 1 KG LAMMRAGOUT, IN 4 CM GROSSE WÜRFEL GESCHNITTEN
- 10 G (CA. 2 CM) INGWER, 1 HÄLFTE GEHACKT, 1 HÄLFTE IN SCHEIBEN GESCHNITTEN
- 2 FRÜHLINGSZWIEBELN, 1 GEHACKT UND 1 VERKNOTET, ZZGL. ETWAS MEHR ZUM GARNIEREN
- ½ TL SALZ
- 1 EL REISWEIN
- 1 ½ EL HELLE SOJASAUCE
- 475 ML PFLANZENÖL
- ½ TL GEMAHLENER WEISSER PFEFFER
- 1 EL SPEISESTÄRKE
- 1 TL SESAMÖL
- GEDÄMPFTER REIS (SEITE 540) ZUM SERVIEREN

* Das Lammfleisch in einer Schüssel mit dem gehackten Ingwer, der gehackten Frühlingszwiebel, Salz, Reiswein und ½ Esslöffel Sojasauce vermengen und 1 Stunde marinieren.
* Das Pflanzenöl in einem Wok oder einem hohen Topf auf 150 °C erhitzen oder bis ein Brotwürfel in 1½ Minuten braun wird. Das Fleisch in das Öl geben, dabei mit Stäbchen trennen, damit es nicht zusammenklebt, und 3–4 Minuten goldbraun frittieren. Das Fleisch mit einem Schaumlöffel aus dem Öl nehmen und auf Küchenpapier abtropfen lassen. Das Lammfleisch in einen Schmortopf geben und mit Wasser bedecken. Aufkochen lassen, die Ingwerscheiben, die verknotete Frühlingszwiebel, den weißen Pfeffer und den restlichen Esslöffel Sojasauce zugeben. Auf schwacher Hitze mit Deckel etwa 40 Minuten ziehen lassen, bis alles weich ist.
* Die Stärke in einer kleinen Schüssel mit 2 Esslöffeln Wasser vermengen und in den Schmortopf einrühren. Unter Rühren 30 Sekunden aufkochen lassen, bis die Sauce eindickt. Das Sesamöl darüberträufeln und alles auf einer Servierplatte anrichten. Mit Frühlingszwiebeln garnieren und mit Reis servieren.

HERKUNFT: YUNNAN
ZUBEREITUNGSZEIT: 10 MINUTEN,
ZZGL. 1 STUNDE MARINIER-
UND 15 MINUTEN RUHEZEIT
GARZEIT: 2 STUNDEN 30 MINUTEN
PERSONEN: 8

丁香烤羊腿
GEBRATENE LAMMKEULE MIT GEWÜRZNELKEN

- 1 GANZE LAMMKEULE MIT KNOCHEN (3 KG)
- 2 EL SALZ
- ½ TL GEMAHLENER WEISSER PFEFFER
- 2 EL GEHACKTE FRÜHLINGSZWIEBELN
- 2 EL GEHACKTER INGWER
- 120 ML PFLANZENÖL
- 12 GEWÜRZNELKEN
- 2 EL SESAMÖL
- 2 EL SÜSSE BOHNENSAUCE
- 4 FRÜHLINGSZWIEBELN, IN 5 CM LANGE STÜCKE GESCHNITTEN
- 24 GEDÄMPFTE FRÜHLINGSROLLEN- BLÄTTER

* Das Lamm aus dem Kühlschrank nehmen und beiseitestellen, bis es Raumtemperatur hat.
* Mit einem Spieß zwölf Löcher in die Oberfläche des Lammfleisches stechen. Salz, Pfeffer, gehackte Frühlingszwiebeln und Ingwer vermengen, das Fleisch damit einreiben und 1 Stunde marinieren.
* Den Ofen auf 190 °C vorheizen.
* Das Lammfleisch sorgfältig mit dem Pflanzenöl einreiben. In jedes Loch im Lammfleisch eine Gewürznelke stecken, dann das Fleisch in einen Bräter geben. 120 ml Wasser hinzugeben. Das Fleisch 2½ Stunden braten, bis das ganze Wasser verdampft und das Fleisch goldbraun ist. Das Lamm aus dem Ofen nehmen und mit Sesamöl bestreichen.
* 15 Minuten ruhen lassen, dann in Scheiben schneiden. Mit süßer Bohnensauce, Frühlingszwiebelstücken und Frühlingsrollenblättern servieren.

GESCHMORTES LAMMFLEISCH

HERKUNFT: SHANXI
ZUBEREITUNGSZEIT: 15 MINUTEN,
ZZGL. 24 STUNDEN GEFRIERZEIT
GARZEIT: 1 STUNDE 15 MINUTEN
PERSONEN: 4

羊肉冻豆腐
GESCHMORTES LAMM MIT TOFU

- 400 G FESTER TOFU, ABGETROPFT
- 300 G LAMMRAGOUT
- 1 TL SALZ, ZZGL. ETWAS MEHR ZUM ABSCHMECKEN
- 1 TL GERASPELTER INGWER
- 1 EL GETROCKNETE GARNELEN, ABGESPÜLT, ABGETROPFT UND GEHACKT
- 1 TL GEMAHLENER SICHUAN-PFEFFER
- 100 G SÜSSE KARTOFFEL-VERMICELLI
- 100 G SPINAT, DIE BLÄTTER HALBIERT
- 10 G GELBER SCHNITTLAUCH, IN 1 CM LANGE STÜCKE GESCHNITTEN
- 1 BUND KORIANDER, IN 1 CM LANGE STÜCKE GESCHNITTEN
- GEDÄMPFTER REIS (SEITE 540) ZUM SERVIEREN

Dieses köstliche Gericht wird sehr gern von den Einheimischen gegessen. Wenn Tofu gefriert, kristallisiert das Wasser im Inneren. Beim Schmelzen hinterlassen die Kristalle Lücken im Tofu, in die Sauce hineinlaufen kann.

* Den Tofu in einen kältebeständigen Behälter geben, abdecken und 24 Stunden in den Gefrierschrank stellen. Vor dem Gebrauch vollständig auftauen.
* Den Tofu in einen großen Topf geben und mit Wasser bedecken. Auf starker Hitze aufkochen lassen und 2 Minuten blanchieren. Abtropfen lassen und unter kaltem Wasser abkühlen. Den größten Teil des Wassers aus dem lauwarmen Tofu herausdrücken, dann den Tofu in 2,5 cm große Würfel schneiden und beiseitestellen.
* Das Fleisch in einen großen Topf geben und mit Wasser bedecken. Auf starker Hitze aufkochen lassen und 5 Minuten blanchieren. Abtropfen lassen und unter kaltem Wasser abkühlen.
* Das Fleisch in 4 cm große Würfel schneiden, wieder in den Topf geben und mit Wasser bedecken. Erneut aufkochen lassen, Salz, Ingwer, getrocknete Garnelen und Sichuan-Pfeffer zufügen. Auf schwacher Hitze mit Deckel 1 Stunde ziehen lassen, bis das Fleisch weich ist.
* Inzwischen die Vermicelli 3 Minuten in einer Schüssel mit heißem Wasser einweichen. Abtropfen lassen und beiseitestellen.
* Den Tofu und die Vermicelli zum Lammfleisch geben, aufkochen lassen und mit Deckel weitere 5 Minuten ziehen lassen. Den Spinat und den gelben Schnittlauch einrühren und erneut aufkochen lassen. Auf einer großen Servierplatte anrichten und mit Koriander garnieren. Mit Reis servieren.

山药炖羊肉
LAMMRAGOUT MIT CHINESISCHER YAMSWURZEL

HERKUNFT: SHANXI
ZUBEREITUNGSZEIT: 15 MINUTEN
GARZEIT: 2 STUNDEN 15 MINUTEN
PERSONEN: 4–6

* Die Yamswurzel in eine Schüssel mit eiskaltem Wasser geben und beiseitestellen.
* Das Fleisch in einen Topf geben und mit Wasser bedecken. Auf starker Hitze aufkochen lassen und 10 Minuten blanchieren. Abtropfen lassen und unter kaltem Wasser abspülen. Beiseitestellen.
* Sichuan-Pfefferkörner und Sternanis in ein Gewürzsäckchen geben. Das Öl auf mittlerer Hitze in einem Schmortopf heiß werden lassen, Ingwer und Winterzwiebeln zugeben und 1–2 Minuten braten, bis es duftet. Das Fleisch zugeben und etwa 1 Minute unter Rühren braten, dann den Reiswein, die Goji-Beeren und das Gewürzsäckchen hinzufügen und bis etwa 4 cm über dem Fleisch mit Wasser auffüllen.
* Auf starker Hitze aufkochen lassen, dann auf schwacher Hitze mit Deckel 2 Stunden ziehen lassen, bis das Fleisch so weich ist, dass man es mit einem Stäbchen aufspießen kann. Die Yamswurzel zugeben, mit Salz abschmecken und 5 Minuten ziehen lassen. Auf einer Servierplatte mit Reis oder gekochten Nudeln servieren.

- 100 G CHINESISCHE YAMSWURZEL ODER MANIOK, GESCHÄLT UND IN 1 CM BREITE SCHEIBEN GESCHNITTEN
- 300 G LAMMRAGOUT
- 1 TL SICHUAN-PFEFFERKÖRNER
- 1 STERNANIS
- 1 EL PFLANZENÖL
- 10 G (CA. 2 CM) INGWER, IN SCHEIBEN GESCHNITTEN
- 2 WINTERZWIEBELN ODER 6 FRÜHLINGSZWIEBELN, IN 5 CM LANGE STÜCKE GESCHNITTEN
- 1 EL REISWEIN
- 1 EL GETROCKNETE GOJI-BEEREN
- 1 TL SALZ
- GEDÄMPFTER REIS (SEITE 540) ODER GEKOCHTE NUDELN ZUM SERVIEREN

白汁东山羊
ZIEGENFLEISCH IM SCHMORTOPF

HERKUNFT: HAINAN
ZUBEREITUNGSZEIT: 5 MINUTEN, ZZGL. 5 MINUTEN EINWEICH- UND 15 MINUTEN MARINIERZEIT
GARZEIT: 1 STUNDE 20 MINUTEN
PERSONEN: 4

* Das Ziegenfleisch in einen großen Topf geben und mit Wasser bedecken. Auf starker Hitze aufkochen lassen und 5 Minuten blanchieren. Falls erforderlich, den Schaum von der Oberfläche abschöpfen. Abtropfen lassen und unter kaltem Wasser abkühlen. Das Fleisch in 4 cm große Quadrate schneiden, in eine große Schüssel geben, mit warmem Wasser bedecken und 5 Minuten einweichen. Abtropfen lassen.
* Das Fleisch in einer Schüssel mit den Zutaten für die Marinade vermengen und 15 Minuten marinieren.
* Das Öl auf starker Hitze in einem Wok oder einer großen Pfanne heiß werden lassen, das Fleisch hinzufügen und 2 Minuten unter Rühren braten. 125 ml Hühnerbrühe zugeben und aufkochen lassen, dann mit Deckel bei mittlerer Hitze 10 Minuten ziehen lassen. Alles in einen Schmortopf geben.
* Das Salz und die restlichen 350 ml Hühnerbrühe hinzufügen und aufkochen lassen. Den Tofu zugeben und auf schwacher Hitze 1 weitere Stunde ziehen lassen. Mit Salz abschmecken. Im Schmortopf mit Reis servieren.

- 700 G AUSGELÖSTES ZIEGENFLEISCH MIT HAUT
- 1 EL PFLANZENÖL
- 475 ML HÜHNERBRÜHE (SEITE 90)
- ½ TL SALZ
- 250 G FESTER TOFU, ABGETROPFT UND IN 2,5 CM GROSSE WÜRFEL GESCHNITTEN
- GEDÄMPFTER REIS (SEITE 540) ZUM SERVIEREN

FÜR DIE MARINADE:
- 4 KNOBLAUCHZEHEN, GEHACKT
- 2 LORBEERBLÄTTER
- 1 EL REISWEIN
- 10 G (CA. 2 CM) INGWER, IN FEINE STREIFEN GESCHNITTEN
- ¼ TL GEMAHLENER WEISSER PFEFFER

HERKUNFT: INNERE MONGOLEI
ZUBEREITUNGSZEIT: 10 MINUTEN
GARZEIT: 1 STUNDE 45 MINUTEN
PERSONEN: 4

手抓羊肉
HAMMEL-RIPPCHEN

- 1 KG HAMMEL- ODER LAMMRIPPCHEN, AN DEN KNOCHEN GETEILT
- 4 KAPSELN SCHWARZER KARDAMOM
- 50 G (CA. 7,5 CM) INGWER, IN SCHEIBEN GESCHNITTEN
- 2 WINTERZWIEBELN ODER 6 FRÜHLINGSZWIEBELN, IN 4 CM LANGE STÜCKE GESCHNITTEN
- 2 EL SALZ

FÜR DEN DIP:
- 2 KNOBLAUCHZEHEN, GEHACKT
- 1 BUND KORIANDER, GEHACKT
- 1 EL HELLE SOJASAUCE
- 1 EL SCHWARZER REISESSIG ODER BALSAMICO-ESSIG

* Die Rippchen in einen großen Topf geben, mit Wasser bedecken, auf starker Hitze aufkochen lassen und 5 Minuten blanchieren. Dann abtropfen lassen und unter kaltem Wasser abspülen.
* In einem zweiten großen Topf 2 Liter Wasser auf starker Hitze zum Kochen bringen. Die Rippchen, Kardamom, Ingwerscheiben und Winterzwiebeln hinzufügen. Erneut aufkochen lassen und den Schaum von der Oberfläche abschöpfen. Die Rippchen auf schwacher Hitze 1¼ Stunden ziehen lassen, bis das Fleisch weich ist. Salz zugeben und weitere 15 Minuten garen. Die Rippchen auf eine Servierplatte geben.
* Alle Zutaten für den Dip in einer kleinen Schüssel gut verrühren.
* Die Rippchen mit dem Dip servieren.

HERKUNFT: ANHUI
ZUBEREITUNGSZEIT: 10 MINUTEN
GARZEIT: 1 STUNDE 40 MINUTEN
PERSONEN: 4

白切羊肉
GESCHMORTER ZIEGENBAUCH

- 600 G ZIEGENBAUCH
- 10 SÜSSE APRIKOSENKERNE, ZERSTOSSEN
- 20 WEISSE PFEFFERKÖRNER
- 30 G (CA. 5 CM) INGWER, IN SCHEIBEN GESCHNITTEN UND ZERDRÜCKT
- 2 WINTERZWIEBELN ODER 6 FRÜHLINGSZWIEBELN, IN 5 CM LANGE STÜCKE GESCHNITTEN
- 3 KAPSELN SCHWARZER KARDAMOM
- 1 TL SALZ
- 2 STÄNGEL KORIANDER ZUM GARNIEREN

FÜR DEN DIP:
- 1 TL GEHACKTER KNOBLAUCH
- 2 EL ZHENJIANG-ESSIG
- 2 EL HELLE SOJASAUCE
- ¼ TL SICHUAN-CHILIÖL
- ½ TL SESAMÖL

* Den Ziegenbauch in einen großen Topf geben und mit Wasser bedecken. Auf starker Hitze aufkochen lassen und 5 Minuten blanchieren. Abtropfen lassen und unter kaltem Wasser abspülen. Beiseitestellen.
* Die Aprikosenkerne und die weißen Pfefferkörner in ein Gewürzsäckchen geben.
* Das Fleisch wieder in den Topf geben, Ingwer, Winterzwiebeln, Kardamom und das Gewürzsäckchen zugeben und mit Wasser bedecken. Mit Deckel auf starker Hitze aufkochen lassen, dann auf schwacher Hitze 1 Stunde ziehen lassen. Das Salz einrühren, Herd ausschalten, Deckel erneut auflegen und 30 Minuten stehen lassen. Das Fleisch aus dem Topf nehmen und auf einer Platte vollständig abkühlen lassen.
* Inzwischen alle Zutaten für den Dip in einer kleinen Schüssel verrühren und beiseitestellen.
* Das Fleisch in Streifen schneiden und kalt mit Korianderblättern und dem Dip servieren.

麻辣兔丁
KANINCHEN IN CHILISAUCE

HERKUNFT: HUNAN
ZUBEREITUNGSZEIT: 10 MINUTEN
GARZEIT: 10 MINUTEN
PERSONEN: 4

* Das Kaninchenfleisch in einer Schüssel mit 1 Teelöffel Sojasauce, ½ Teelöffel Salz, Reiswein und Stärke vermengen.
* Das Pflanzenöl in einem Wok auf 170 °C erhitzen oder bis ein Brotwürfel in 45 Sekunden braun wird. Das Fleisch in das Öl geben, dabei sofort mit Stäbchen trennen, damit es nicht zusammenklebt, und 2–3 Minuten frittieren, bis das Fleisch hellbraun ist. Das Fleisch mit einem Schaumlöffel aus dem Öl nehmen und auf Küchenpapier abtropfen lassen.
* Das Öl erneut auf 170 °C erhitzen, das Fleisch in den Wok geben und 2–3 Minuten frittieren, bis es goldbraun und gar ist. Das Fleisch in einem Durchschlag abtropfen lassen.
* Das Öl bis auf etwa 2 Esslöffel abgießen und auf starker Hitze heiß werden lassen. Chilischoten und Sichuan-Pfefferkörner zugeben und 30 Sekunden unter Rühren anbraten, bis es duftet. Das Fleisch mit dem restlichen ½ Teelöffel Salz durchschwenken und unter Rühren kurz anbraten. Den chinesischen Lauch, Essig und die restlichen 2 Teelöffel Sojasauce zugeben und 1 Minute unter Rühren braten.
* Das Sesamöl darüberträufeln, durchschwenken und alles auf einer Servierplatte anrichten. Mit Reis servieren.

- 400 G AUSGELÖSTES KANINCHENFLEISCH, IN 1 CM GROSSE WÜRFEL GESCHNITTEN
- 1 EL HELLE SOJASAUCE
- 1 TL SALZ
- 1 EL REISWEIN
- 1 EL SPEISESTÄRKE
- 750 ML PFLANZENÖL
- 100 G MITTELSCHARFE ROTE CHILISCHOTEN, ENTKERNT UND IN 1 CM GROSSE STÜCKE GEHACKT
- 1 TL SICHUAN-PFEFFERKÖRNER, ZERSTOSSEN
- 1 CHINESISCHER LAUCH, IN 2 CM GROSSE STÜCKE GESCHNITTEN
- 3 TL SCHWARZER REISESSIG ODER BALSAMICO-ESSIG
- 1 TL SESAMÖL
- GEDÄMPFTER REIS (SEITE 540) ZUM SERVIEREN

GEMÜSE, TOFU & EIER

GEMÜSE, TOFU & EIER

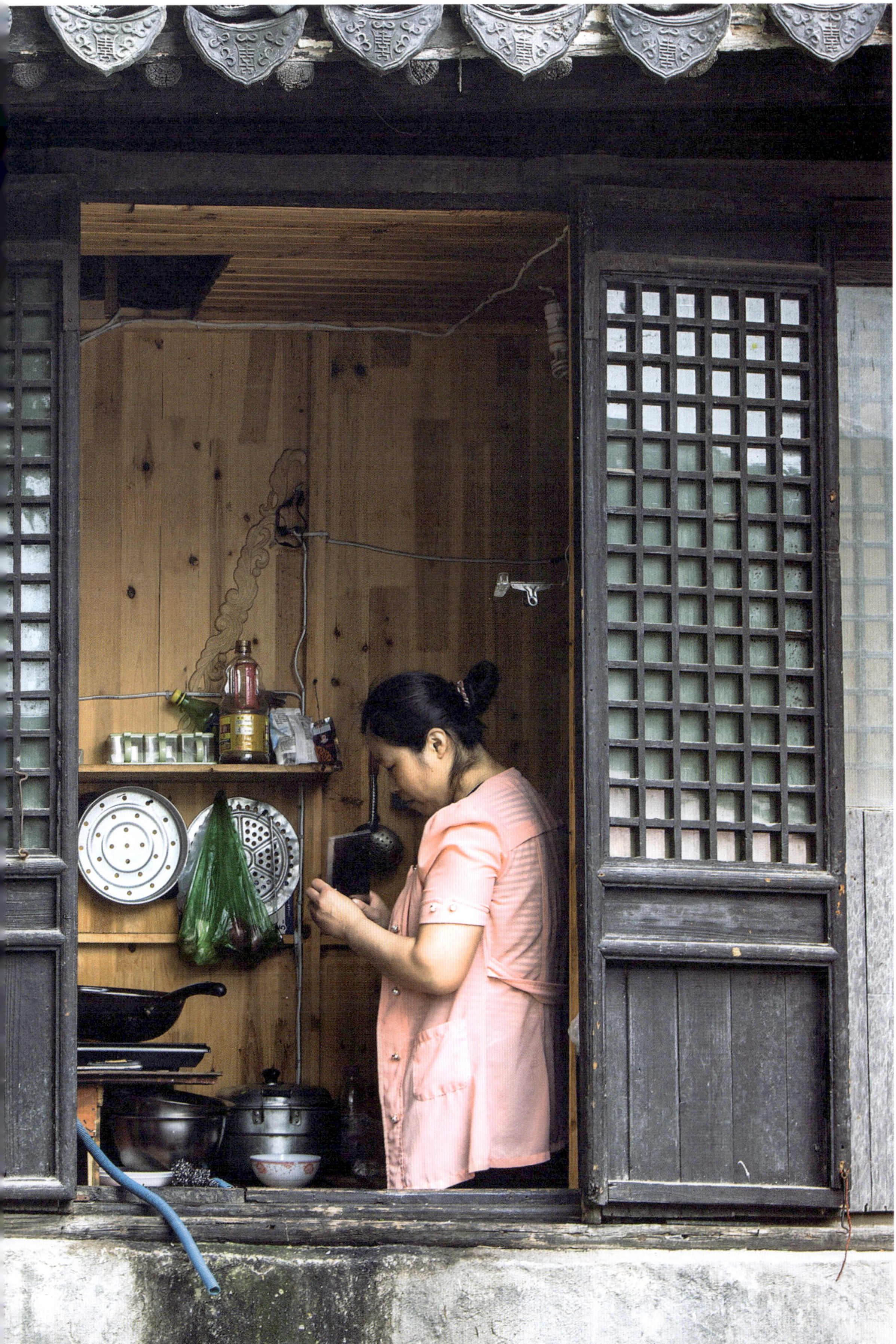

HERKUNFT: SICHUAN
ZUBEREITUNGSZEIT: 10 MINUTEN
GARZEIT: 10 MINUTEN
PERSONEN: 4

开水白菜
KOHLHERZEN IN BRÜHE

- 450 G CHINAKOHLHERZEN, AUF 12,5 CM LÄNGE GESCHNITTEN
- 2 TL SHAOXING-REISWEIN
- ¼ TL GEMAHLENER WEISSER PFEFFER
- ½ TL SALZ
- 1 ¼ LITER HÜHNERBRÜHE (SEITE 90)

Dieses scheinbar einfache und schnelle Gericht gehört zu den anspruchsvollsten der Sichuan-Küche. Die Brühe wird normalerweise mindestens einen Tag lang aus Huhn, Ente, Schwein, Schweineknochen und Schinken gekocht und dann geklärt, damit die Suppe keine Schwebstoffe enthält. Der Einfachheit halber wird in diesem Rezept simple Hühnerbrühe verwendet.

* Einen großen Topf Wasser zum Kochen bringen, die Kohlherzen hineingeben und 1 Minute blanchieren. Abtropfen lassen und in eine ofenfeste Schüssel legen.
* Reiswein, Pfeffer, Salz und 250 ml Hühnerbrühe zufügen. Die Schüssel in einem Dämpfeinsatz oder Bambus-Dämpfkorb über einen Topf mit kochendem Wasser stellen. Mit Deckel 2 Minuten dämpfen. Abtropfen lassen und beiseitestellen.
* Den restlichen Liter Brühe im Topf auf starker Hitze heiß werden lassen und über den Kohl gießen.

HERKUNFT: SHAANXI
ZUBEREITUNGSZEIT: 5 MINUTEN
GARZEIT: 10 MINUTEN
PERSONEN: 4

金边白菜
SAUTIERTER KOHL

- 500 G CHINAKOHL
- 2 EL PFLANZENÖL
- 20 GETROCKNETE CHILISCHOTEN, SAMEN ENTFERNT UND HALBIERT
- 1 EL WEISSER REISESSIG
- 2 EL ZUCKER
- 1 TL SALZ
- 2 TL HELLE SOJASAUCE
- ½ TL SPEISESTÄRKE
- 1 TL SESAMÖL
- GEDÄMPFTER REIS (SEITE 540) ZUM SERVIEREN

* Nur die festeren Teile des Kohlkopfs in 4 × 2 cm große Stücke schneiden.
* Das Pflanzenöl in einem Wok oder einer großen Pfanne auf schwacher Hitze heiß werden lassen, Chilischoten hineingeben und 2–3 Minuten unter Rühren braten, bis sie duften. Den Kohl zufügen und auf starker Hitze 4–5 Minuten unter Rühren braten, bis die Ränder leicht braun werden.
* Essig, Zucker, Salz und Sojasauce einrühren und gründlich mischen. Die Stärke mit ½ Esslöffel Wasser anrühren und die Mischung in den Wok rühren. Unter Rühren 30 Sekunden aufkochen lassen, bis die Sauce eindickt. Das Sesamöl unterrühren und auf einem Teller anrichten. Mit Reis servieren.

荷香娃娃菜
JUNGER KOHL AUF LOTUSBLATT

HERKUNFT: BUDDHISTISCH-VEGETARISCH
ZUBEREITUNGSZEIT: 15 MINUTEN, ZZGL. 45 MINUTEN EINWEICHZEIT
GARZEIT: 10 MINUTEN
PERSONEN: 4

* Das Lotusblatt mit kaltem Wasser bedecken und 45 Minuten einweichen.
* Inzwischen die Mu-Err mit kaltem Wasser bedecken und 15 Minuten einweichen. Abspülen und in feine Streifen schneiden.
* Das Kohlgemüse abspülen, überschüssiges Wasser herausdrücken, Enden abschneiden, hacken und beiseitelegen.
* Das Lotusblatt abspülen und in einem Bambus-Dämpfkorb (Durchmesser: 30 cm) ausbreiten.
* Den Kohl längs halbieren und jede Hälfte längs so vierteln, dass die Blätter jeweils am Strunk verbunden bleiben.
* Einen Topf Wasser zum Kochen bringen, den Kohl hineingeben und 1 Minute blanchieren, bis er weich ist. In ein Sieb legen und abtropfen lassen, dann so auf dem Lotusblatt im Dämpfkorb verteilen, dass der Strunk jeweils in die Mitte zeigt.
* Das Pflanzenöl in einem Wok oder einer großen Pfanne auf mittlerer Hitze heiß werden lassen. Kohlgemüse, Mu-Err, Karotten und Paprika hineingeben und 1 Minute unter Rühren braten. Sojasauce, Zucker und Sesamöl unterrühren, salzen und auf dem Kohl im Dämpfkorb anrichten. Die Ingwerstreifen zufügen. Den Dämpfkorb über einen Topf mit kochendem Wasser stellen. 5 Minuten dämpfen. Mit Reis servieren. (Das Lotusblatt wird nicht mitgegessen.)

- 1 GETROCKNETES LOTUSBLATT
- 10 G GETROCKNETE MU-ERR
- 50 G FERMENTIERTES KOHLGEMÜSE
- 500 G JUNGER CHINAKOHL
- 2 EL PFLANZENÖL
- 2 KLEINE KAROTTEN, IN FEINE STREIFEN GESCHNITTEN
- 1 ROTE PAPRIKASCHOTE, SAMEN ETNFERNT UND IN FEINE STREIFEN GESCHNITTEN
- 1 TL HELLE SOJASAUCE
- ½ TL ZUCKER
- 1 TL SESAMÖL
- SALZ NACH GESCHMACK
- 25 G INGWER (CA. 5 CM), IN FEINE STREIFEN GESCHNITTEN
- GEDÄMPFTER REIS (SEITE 540) ZUM SERVIEREN

HERKUNFT: GUANGDONG
ZUBEREITUNGSZEIT: 15 MINUTEN
GARZEIT: 15 MINUTEN
PERSONEN: 4

蟹肉扒西兰花
KREBSFLEISCH AUF BROKKOLI

- 120 ML HÜHNERBRÜHE (SEITE 90)
- ½ EL SPEISESTÄRKE
- 1 TL SALZ
- 1½ TL ZUCKER
- 1 PRISE GEMAHLENER WEISSER PFEFFER
- 2 EL PFLANZENÖL
- 1 BROKKOLI, NUR DIE RÖSCHEN
- 3 KNOBLAUCHZEHEN, FEIN GEHACKT
- 160 G KREBSFLEISCH
- 1 EIWEISS, VERRÜHRT
- ⅛ TL SESAMÖL
- 3 EL KRABBENROGEN
- GEDÄMPFTER REIS (SEITE 540) ZUM SERVIEREN

* Hühnerbrühe, Stärke, ½ Teelöffel Salz, ½ Teelöffel Zucker und den weißen Pfeffer in einer Schüssel zu einer Sauce verrühren. Beiseitestellen.
* 1 Liter Wasser in einem großen Topf zum Kochen bringen. Den restlichen ½ Teelöffel Salz, 1 Teelöffel Zucker und 1 Esslöffel Pflanzenöl zufügen. Den Brokkoli hineingeben und auf starker Hitze 1 Minute blanchieren, dann abtropfen lassen und auf einem Servierteller anrichten.
* Den restlichen Esslöffel Pflanzenöl in einem Wok oder einer großen Pfanne auf mittlerer bis starker Hitze heiß werden lassen. Den Knoblauch zufügen und 1 Minute unter Rühren braten, bis er duftet. Die Sauce zufügen und zum Kochen bringen. Das Krebsfleisch hineingeben, Eiweiß und Sesamöl unterrühren und den Herd ausschalten, sobald das Eiweiß gestockt ist. Die Masse auf dem Servierteller anrichten und mit Krabbenrogen garnieren. Mit Reis servieren.

HERKUNFT: CHAOZHOU
ZUBEREITUNGSZEIT: 10 MINUTEN, ZZGL. 30 MINUTEN GEFRIERZEIT
GARZEIT: 5 MINUTEN
PERSONEN: 4
SEITE 441

姜汁鱼露炒芥兰
CHINESISCHER BROKKOLI MIT FISCHSAUCE

- 30 G RÜCKENSPECK VOM SCHWEIN
- 1 EL INGWERSAFT
- 1 EL SHAOXING-REISWEIN
- 1 EL ZUCKER
- 2 EL PFLANZENÖL
- 600 G CHINESISCHER BROKKOLI, IN 7 CM LANGE STÜCKE GESCHNITTEN
- 1 EL FISCHSAUCE
- GEDÄMPFTER REIS (SEITE 540) ZUM SERVIEREN

* Den Rückenspeck 30 Minuten tiefkühlen, bis er fest ist. In dünne Scheiben schneiden.
* Ingwersaft, Reiswein und Zucker in einer kleinen Schüssel verrühren.
* Das Öl in einem Wok oder einer großen Pfanne auf mittlerer Hitze heiß werden lassen, den Brokkoli hineingeben und auf starker Hitze 2–3 Minuten unter kräftigem Rühren braten, bis er knapp gar ist.
* Den verfeinerten Ingwersaft unterrühren, die Fischsauce zufügen, alles mischen und auf einem Teller anrichten. Mit Reis servieren.

CHINESISCHER BROKKOLI MIT FISCHSAUCE

HERKUNFT: SHANGHAI
ZUBEREITUNGSZEIT: 5 MINUTEN
GARZEIT: 15 MINUTEN
PERSONEN: 4

翡翠白玉
BLUMENKOHL MIT PAPRIKA

- 1 KLEINER BLUMENKOHL, NUR DIE RÖSCHEN, IN 2 CM GROSSE STÜCKE GESCHNITTEN
- 3 EL MEHL
- 1 TL SALZ, ZZGL. ETWAS MEHR NACH GESCHMACK
- ½ TL BACKPULVER
- 475 ML PFLANZENÖL, ZZGL. 1 TL
- 1 GRÜNE PAPRIKASCHOTE, SAMEN ENTFERNT UND IN 2 CM GROSSE STÜCKE GESCHNITTEN
- 1 TL ZUCKER
- 1 TL SHAOXING-REISWEIN
- 3 EL GEMÜSEBRÜHE (SEITE 92)
- 1 TL SPEISESTÄRKE
- ¼ TL SESAMÖL
- GEDÄMPFTER REIS (SEITE 540) ZUM SERVIEREN

* Einen großen Topf Wasser zum Kochen bringen, die Blumenkohlröschen hineingeben und 3 Minuten blanchieren. Abtropfen lassen und unter fließendem kaltem Wasser abspülen, bis sie abgekühlt sind.
* Mehl, ½ Teelöffel Salz, Backpulver, 1 Teelöffel Pflanzenöl und 4 Esslöffel Wasser in einer Schüssel zu einer Paste verrühren. Den Blumenkohl zufügen und darin wenden, bis er überall bedeckt ist.
* 475 ml Pflanzenöl in einem Wok oder hohen Topf auf 150 °C erhitzen oder bis ein Brotwürfel in 1½ Minuten braun wird. Den Blumenkohl hineingleiten lassen und zügig mit Stäbchen im Öl verteilen, damit die Röschen nicht aneinanderkleben. In etwa 3 Minuten hellbraun frittieren. Mit einem Schaumlöffel vorsichtig aus dem Öl heben und auf Küchenpapier abtropfen lassen.
* Das Öl bis auf 1 Esslöffel abgießen. Paprika, Zucker, den restlichen ½ Teelöffel Salz und den Reiswein hineingeben. 1 Minute auf starker Hitze unter Rühren braten, bis die Paprika weich ist.
* Gemüsebrühe, Stärke und 1 Esslöffel Wasser in einer kleinen Schüssel verrühren und die Mischung in den Wok rühren. Unter Rühren 30 Sekunden aufkochen lassen, bis die Sauce eindickt. Den Blumenkohl unterrühren, das Sesamöl zufügen und nach Geschmack salzen. Auf einem Servierteller anrichten und mit Reis servieren.

瑶柱焖节瓜
FUZZY MELON MIT JAKOBSMUSCHELN

HERKUNFT: GUANGDONG
ZUBEREITUNGSZEIT: 10 MINUTEN, ZZGL. 15 MINUTEN EINWEICHZEIT
GARZEIT: 35 MINUTEN
PERSONEN: 4

* Die Muscheln in einer kleinen ofenfesten Schüssel 15 Minuten in kaltem Wasser einweichen. Abtropfen lassen und den kleinen harten Muskel entfernen. Das Fleisch zerfasern und wieder ins Wasser geben. Ingwersaft und Zucker zufügen.
* Die Schüssel in einem Dämpfeinsatz oder Bambus-Dämpfkorb über einen Topf mit kochendem Wasser stellen. Mit Deckel 10 Minuten dämpfen.
* Das Öl in einem Wok oder einer großen Pfanne auf mittlerer Hitze heiß werden lassen, den Knoblauch hineingeben und 2 Minuten unter Rühren braten, bis er duftet. Fuzzy Melon und Muscheln zufügen und alles gründlich mischen. Die Hühnerbrühe zugießen und zum Kochen bringen. Auf schwache Hitze reduzieren und mit Deckel etwa 20 Minuten köcheln lassen, bis die Fuzzy Melon weich ist. Mit einem Schaumlöffel die Fuzzy Melon auf einen Servierteller legen.
* Die Stärke in einer kleinen Schüssel mit 1 Esslöffel Wasser verrühren und die Mischung in den Wok rühren. Unter Rühren 30 Sekunden aufkochen lassen, bis die Sauce eindickt. Das Sesamöl hineinträufeln und die Sauce über die Fuzzy Melon gießen. Mit Reis servieren.

- 25 G GETROCKNETE JAKOBSMUSCHELN
- 1 EL INGWERSAFT
- ½ TL ZUCKER
- 2 EL PFLANZENÖL
- 1 KNOBLAUCHZEHE, FEIN GEHACKT
- 600 G FUZZY MELON, GESCHÄLT UND IN 1,5 CM DICKE SCHEIBEN GESCHNITTEN
- 250 ML HÜHNERBRÜHE (SEITE 90)
- 1 TL SPEISESTÄRKE
- ½ TL SESAMÖL
- GEDÄMPFTER REIS (SEITE 540) ZUM SERVIEREN

素卷肘
YAMSWURZEL-ROLLEN

HERKUNFT: SHANDONG
ZUBEREITUNGSZEIT: 20 MINUTEN
GARZEIT: 20 MINUTEN
PERSONEN: 8

* Die Yamswurzel in einem Dämpfeinsatz oder Bambus-Dämpfkorb über einen Topf mit kochendem Wasser stellen. Mit Deckel 10 Minuten dämpfen. Herausnehmen und abkühlen lassen. Schälen und in eine große Schüssel legen.
* Mit einer Gabel die Yamswurzel zu einer Paste zerdrücken. Sojasaucen, Salz, Zucker, Fünf-Gewürze-Pulver, Reiswein, Hühnerbrühe und 1½ Esslöffel Sesamöl zufügen.
* Die Sojahaut in 4 Teile von 10 x 20 cm schneiden. Ein Stück Sojahaut auf ein Blatt Alufolie legen. Etwas Yamswurzelpaste gleichmäßig darauf verteilen und zu einer Röhre von 2 cm Durchmesser aufrollen. Die Rolle in die Folie einwickeln. Mit den restlichen Sojahautstücken und der übrigen Paste ebenso verfahren, sodass insgesamt 4 Rollen entstehen.
* Die Rollen in einem Dämpfeinsatz oder Bambus-Dämpfkorb über einen Topf mit kochendem Wasser stellen. Mit Deckel 10 Minuten dämpfen. Kurz abkühlen lassen, herausnehmen und die Folie vorsichtig entfernen. Die Rollen mit dem restlichen Sesamöl bestreichen, in mundgerechte Stücke schneiden, auf einem Teller anrichten und mit Reis servieren.

- 450 G CHINESISCHE YAMSWURZEL, UNGESCHÄLT UND ABGESPÜLT
- 1 EL HELLE SOJASAUCE
- ½ EL DUNKLE SOJASAUCE
- ½ TL SALZ
- ½ TL ZUCKER
- 1 TL FÜNF-GEWÜRZE-PULVER
- ½ TL REISWEIN
- 4 EL HÜHNERBRÜHE (SEITE 90)
- 2 EL SESAMÖL
- 2 BLATT SOJAHAUT (JE CA. 50 CM KANTENLÄNGE)
- GEDÄMPFTER REIS (SEITE 540) ZUM SERVIEREN

HERKUNFT: NORDOSTEN
ZUBEREITUNGSZEIT: 20 MINUTEN,
 ZZGL. 15 MINUTEN EINWEICHZEIT
GARZEIT: 15 MINUTEN
PERSONEN: 4
SEITE 445

地三鲜
KARTOFFELN MIT AUBERGINEN UND PAPRIKA

- 1 GROSSE KARTOFFEL, IN 2,5 CM GROSSE STÜCKE GESCHNITTEN
- 1 KLEINE AUBERGINE, IN 2,5 CM GROSSE STÜCKE GESCHNITTEN
- 1½ TL SALZ
- 475 ML PFLANZENÖL
- 2 GRÜNE PAPRIKASCHOTEN, SAMEN ENTFERNT UND IN 2,5 CM GROSSE STÜCKE GESCHNITTEN
- ½ EL HELLE SOJASAUCE
- 1 TL ZUCKER
- 1 TL SPEISESTÄRKE
- ½ TL INGWERSTREIFEN
- 4 KNOBLAUCHZEHEN, IN SCHEIBEN GESCHNITTEN
- 1 EL REISWEIN
- GEDÄMPFTER REIS (SEITE 540) ZUM SERVIEREN

* Die Kartoffelstücke bis zum Gebrauch in einer Schüssel mit kaltem Wasser einweichen.
* 500 ml Wasser in eine Schüssel füllen, die Auberginen und 1 Teelöffel Salz zufügen. 15 Minuten einweichen.
* Das Öl in einem Wok oder hohen Topf auf 150 °C erhitzen oder bis ein Brotwürfel in 1½ Minuten braun wird. Die Paprikastücke hineingeben und 15 Sekunden frittieren. Mit einem Schaumlöffel vorsichtig aus dem Öl heben und auf Küchenpapier abtropfen lassen.
* Die Kartoffelstücke abtropfen lassen und mit Küchenpapier trocken tupfen. Ins Öl gleiten lassen und in etwa 4 Minuten goldbraun frittieren. Mit einem Schaumlöffel auf einen Teller mit Küchenpapier legen.
* Die Auberginenstücke abtropfen lassen und mit Küchenpapier trocken tupfen. Das Öl auf 180 °C erhitzen oder bis ein Brotwürfel in 30 Sekunden braun wird, die Auberginenstücke hineingeben und 2 Minuten frittieren. Mit einem Schaumlöffel vorsichtig herausheben und auf einen Teller mit Küchenpapier legen.
* Sojasauce, Zucker, den restlichen ½ Teelöffel Salz und die Stärke in einer Schüssel zu einer Sauce verrühren. Beiseitestellen.
* Das Öl bis auf etwa 1 Esslöffel abgießen und den Wok auf mittlere bis starke Hitze stellen. Ingwer und Knoblauch hineingeben und 1–2 Minuten unter Rühren braten, bis sie duften. Kartoffeln, Auberginen und Paprika zufügen, auf starke Hitze erhöhen und 1 Minute unter Rühren braten.
* Reiswein und Sauce in den Wok geben. Unter Rühren 30 Sekunden aufkochen lassen, bis die Sauce eindickt. Auf einem Servierteller anrichten und mit Reis servieren.

KARTOFFELN MIT AUBERGINEN UND PAPRIKA

HERKUNFT: BUDDHISTISCH-VEGETARISCH
ZUBEREITUNGSZEIT: 10 MINUTEN,
  ZZGL. 10 MINUTEN EINWEICHZEIT
GARZEIT: 10 MINUTEN
PERSONEN: 4

鱼香脆皮茄子
AUBERGINE IN DUFTENDER SAUCE

- 1 AUBERGINE, GESCHÄLT UND IN 1,5 × 1,5 × 5 CM GROSSE STREIFEN GESCHNITTEN
- 1 TL SALZ
- 3 EL SPEISESTÄRKE, ZZGL. 1 TL
- ½ EL ZUCKER
- 1 EL HELLE SOJASAUCE
- 2 EL SCHWARZER REISESSIG ODER BALSAMICO-ESSIG
- 475 ML PFLANZENÖL
- 1 GRÜNE CAYENNE-CHILISCHOTE, SAMEN ENTFERNT UND IN 1,5 × 5 CM GROSSE STREIFEN GESCHNITTEN
- 1 ROTE CAYENNE-CHILISCHOTE, SAMEN ENTFERNT UND IN 1,5 × 5 CM GROSSE STREIFEN GESCHNITTEN
- 10 G INGWER (CA. 2 CM), IN FEINE STREIFEN GESCHNITTEN
- 1 EL CHILISAUCE
- GEDÄMPFTER REIS (SEITE 540) ZUM SERVIEREN

* Aubergine, Salz und 475 ml Wasser in einer Schüssel mischen und 10 Minuten stehen lassen. Abtropfen lassen, in eine Schüssel legen und mit 3 Esslöffeln Stärke mischen.
* Zucker, Sojasauce und Essig zu einer Sauce verrühren.
* Das Öl in einem Wok oder einer großen Pfanne auf mittlerer bis starker Hitze auf 170 °C erhitzen. Die Auberginenstreifen hineingeben und in etwa 3 Minuten goldbraun frittieren. Mit einem Schaumlöffel vorsichtig aus dem Öl heben und auf Küchenpapier abtropfen lassen.
* Die Chilistreifen ins Öl gleiten lassen und 10 Sekunden frittieren. Abtropfen lassen und auf einem Teller anrichten.
* Das Öl bis auf etwa 1 Esslöffel abgießen. Ingwer und Chilisauce zufügen und auf mittlerer bis starker Hitze unter Rühren braten, bis sie duften. Die angerührte Sauce zufügen und zum Kochen bringen.
* 1 Teelöffel Stärke mit 1 Esslöffel Wasser anrühren und die Mischung in die Sauce rühren. Unter Rühren 30 Sekunden aufkochen lassen, bis die Sauce eindickt. Auberginen und Chili zufügen und zügig wenden, bis alles gründlich gemischt ist. Auf einem Servierteller anrichten und mit Reis servieren.

甜酸茄子
AUBERGINEN SÜSSSAUER

HERKUNFT: BUDDHISTISCH-VEGETARISCH
ZUBEREITUNGSZEIT: 10 MINUTEN
GARZEIT: 10 MINUTEN
PERSONEN: 2

* Die Auberginen abspülen und mit Küchenpapier trocken tupfen. Im Abstand von 5 mm mehrmals 2 cm tief einschneiden, dabei die Aubergine jeweils um 15 Grad weiterrollen, sodass sich das Muster schlangenförmig über die Schale zieht.
* Für den Teig alle Zutaten mit 2 Esslöffeln Wasser gründlich verrühren.
* Das Öl in einem Wok oder hohen Topf auf 150 °C erhitzen oder bis ein Brotwürfel in 1½ Minuten braun wird. Die Auberginen in den Teig tauchen und vorsichtig ins Öl gleiten lassen. In 2–3 Minuten goldbraun frittieren. Mit einem Schaumlöffel herausheben und auf Küchenpapier abtropfen lassen.
* Zucker und Essig in einen kleinen Topf geben und auf mittlerer Hitze 2–3 Minuten verrühren, bis sich der Zucker aufgelöst hat. Über die Auberginen gießen und mit Reis servieren.

- 2 AUBERGINEN
- 250 ML PFLANZENÖL
- 3 EL BRAUNER ZUCKER
- 3 EL ROTER ESSIG
- GEDÄMPFTER REIS (SEITE 540) ZUM SERVIEREN

FÜR DEN TEIG:
- 1 ½ EL MEHL
- ½ EL SPEISESTÄRKE
- ⅛ TL NATRON
- ¼ TL SALZ
- ¼ EL PFLANZENÖL

梅菜蒸三寸心
CHOY SUM MIT FERMENTIERTEM KOHLGEMÜSE

HERKUNFT: SHUNDE
ZUBEREITUNGSZEIT: 10 MINUTEN, ZZGL. 5 MINUTEN EINWEICHZEIT
GARZEIT: 10 MINUTEN
PERSONEN: 4

* Das Kohlgemüse abspülen und 5 Minuten in eine Schüssel mit kaltem Wasser legen. Die Enden abschneiden, dann in kleine Stücke hacken. Den Choy Sum auf einen ofenfesten Teller legen.
* Kohlgemüse, Ingwer und Öl in einer kleinen Schüssel gut verrühren. Kohlgemüse und Ingwer gleichmäßig auf dem Choy Sum verteilen.
* Den Teller in einem Dämpfeinsatz oder Bambus-Dämpfkorb über einen Topf mit kochendem Wasser stellen. Mit Deckel 10 Minuten dämpfen. Mit Reis servieren.

- 50 G SÜSS FERMENTIERTES KOHLGEMÜSE
- 600 G CHOY SUM, NUR DIE STÄNGEL
- 25 G INGWER (CA. 5 CM), IN FEINE STREIFEN GESCHNITTEN
- 2 EL PFLANZENÖL
- GEDÄMPFTER REIS (SEITE 540) ZUM SERVIEREN

HERKUNFT: FUJIAN
ZUBEREITUNGSZEIT: 20 MINUTEN, ZZGL. 5 MINUTEN MARINIER- UND 1 STUNDE KÜHLZEIT
GARZEIT: 15 MINUTEN
PERSONEN: 6

焖酿苦瓜
GEFÜLLTE BITTERMELONE

- 450 G ROHE GARNELEN, AUSGELÖST UND DARMFADEN ENTFERNT
- 2 TL SALZ
- 1 EL FERMENTIERTE SCHWARZE BOHNEN, ABGESPÜLT UND GEHACKT
- 1 EL GEHACKTER KNOBLAUCH
- 1 EL ZUCKER
- 1 TL HELLE SOJASAUCE
- 2 EL PFLANZENÖL, ZZGL. 1 TL
- 600 G BITTERMELONE
- 1 EIWEISS, VERRÜHRT
- 1 EL RÜCKENSPECK VOM SCHWEIN, GEWÜRFELT
- ¼ TL GEMAHLENER WEISSER PFEFFER
- 2 TL SPEISESTÄRKE
- 1 EL SHAOXING-REISWEIN
- ½ TL SESAMÖL
- GEDÄMPFTER REIS (SEITE 540) ZUM SERVIEREN

* Die Garnelen mit 1 Teelöffel Salz abreiben und abspülen. Auf Küchenpapier abtropfen lassen, um die überschüssige Feuchtigkeit aufzunehmen, dann in ein Geschirrtuch wickeln. 1 Stunde in den Kühlschrank legen.
* Fermentierte schwarze Bohnen, Knoblauch, Zucker, Sojasauce und 1 Teelöffel Pflanzenöl in einer Schüssel zu einer Paste verrühren.
* Die Enden der Bittermelone abschneiden und die Melone in 2,5 cm dicke Scheiben schneiden. Die Samen entfernen. Mit ½ Teelöffel Salz mischen und 5 Minuten marinieren.
* Einen großen Topf Wasser zum Kochen bringen, die Bittermelone hineingeben und 1 Minute blanchieren. Abtropfen lassen und unter fließendem kaltem Wasser abspülen.
* Die Garnelen auf ein Schneidbrett legen. Mit der flachen Klinge eines Messers mehrmals grob zerdrücken. Mit dem Messerrücken einige Male hacken, in eine Schüssel geben und den restlichen ½ Teelöffel Salz zufügen. 1 Teelöffel Eiweiß zufügen und mit Stäbchen 1 Minute in einer Richtung unterrühren, bis die Masse eine gummiartige Konsistenz annimmt. Rückenspeck, Pfeffer und 1 Teelöffel Stärke zufügen, alles gründlich vermengen und zu einer Kugel formen. Die Kugel mit einer Hand aufnehmen und fünf- bis sechsmal gegen die Schüsselwände schleudern, bis sie klebrig und elastisch ist.
* Die Innenseite der Bittermelonenringe mit der restlichen Stärke bestäuben und jedes Stück mit der Garnelenpaste füllen. Die Oberfläche mit einem Löffel glätten.
* 2 Esslöffel Pflanzenöl in einem Wok oder einer großen Pfanne auf mittlerer Hitze heiß werden lassen, die Schwarze-Bohnen-Paste einrühren und 1 Minute braten, bis sie duftet. Den Reiswein hineinträufeln, 120 ml Wasser zufügen und alles zum Kochen bringen. Die gefüllte Bittermelone hineinlegen, auf schwache Hitze reduzieren und mit Deckel 10 Minuten köcheln lassen. Die Bittermelonen nicht wenden.
* Die gefüllten Bittermelonen auf einem Servierteller anrichten. Auf starke Hitze erhöhen und die Sauce in 2–3 Minuten um ein Drittel einkochen lassen. Das Sesamöl einrühren. Die Sauce über die Bittermelone träufeln. Mit Reis servieren.

酿南瓜花
GEFÜLLTE KÜRBISBLÜTEN

HERKUNFT: GUANGXI
ZUBEREITUNGSZEIT: 20 MINUTEN, ZZGL. 20 MINUTEN EINWEICHZEIT
GARZEIT: 10 MINUTEN
PERSONEN: 4–6

* Die Shiitake in eine Schüssel legen, mit kaltem Wasser bedecken und mindestens 20 Minuten einweichen. Herausnehmen, Wasser herausdrücken und die Stiele entfernen. Die weichen Hüte hacken.
* Staubblätter und Blütenachse aus jeder Blüte entfernen. Die Kelchblätter (den grünen Teil am Stiel, der die Blütenblätter zusammenhält) außen an den Blütenblättern vorsichtig ablösen.
* Hackfleisch, Fisch, Pilze, Tofu, Frühlingszwiebel, ¼ Teelöffel Salz und Sesamöl in einer Schüssel verrühren. Die Füllung in 24 gleiche Portionen teilen und die Blüten damit füllen. Die Blüten offen lassen.
* Die Blüten fächerförmig auf einem großen ofenfesten Teller anrichten. Den Teller in einem Dämpfeinsatz oder Bambus-Dämpfkorb über einen Topf mit kochendem Wasser stellen. Mit Deckel 7 Minuten dämpfen, dann das Wasser vom Teller abgießen.
* Die Hühnerbrühe in eine Pfanne gießen. Auf starker Hitze zum Kochen bringen, dann den restlichen ¼ Teelöffel Salz einrühren. Die Stärke mit 1 Esslöffel Wasser anrühren und die Mischung in die Sauce rühren. Unter Rühren 30 Sekunden aufkochen lassen, bis die Sauce eindickt. Die Sauce über die Blüten träufeln. Mit Reis servieren.

- 2 GETROCKNETE SHIITAKE
- 24 MÄNNLICHE KÜRBIS- ODER ZUCCHINIBLÜTEN, ABGESPÜLT
- 150 G SCHWEINEHACKFLEISCH
- 50 G WEISSFISCHFILET, GEHACKT
- 150 G FESTER TOFU, ABGETROPFT
- 1 FRÜHLINGSZWIEBEL, GEHACKT
- ½ TL SALZ
- 1 TL SESAMÖL
- 60 ML HÜHNERBRÜHE (SEITE 90)
- 1 TL SPEISESTÄRKE
- GEDÄMPFTER REIS (SEITE 540) ZUM SERVIEREN

椰汁香芋南瓜煲
KÜRBIS-TARO-SCHMORTOPF

HERKUNFT: HONGKONG
ZUBEREITUNGSZEIT: 15 MINUTEN
GARZEIT: 25 MINUTEN
PERSONEN: 4

* Taro und Kürbis in einem Dämpfeinsatz oder Bambus-Dämpfkorb über einen Topf mit kochendem Wasser stellen. Mit Deckel 10 Minuten dämpfen.
* Das Öl in einem Schmortopf auf mittlerer Hitze heiß werden lassen, den Ingwer hineingeben und 1 Minute braten, bis er duftet. Taro, Kürbis und 120 ml Wasser zufügen, zum Kochen bringen und auf schwache bis mittlere Hitze reduzieren. Die Frühlingszwiebeln zufügen, Deckel aufsetzen und 10 Minuten köcheln lassen.
* Salz und Kokosmilch zufügen, umrühren und weitere 2 Minuten kochen lassen, bis die Sauce eindickt.
* Im Schmortopf mit Reis servieren.

- 200 G TARO, IN 4 × 2 CM GROSSE STÜCKE GESCHNITTEN
- 200 G KÜRBIS, IN 4 × 2 CM GROSSE STÜCKE GESCHNITTEN
- 1 EL PFLANZENÖL
- 5 G INGWER (CA. 1 CM), IN SCHEIBEN GESCHNITTEN
- 2 FRÜHLINGSZWIEBELN, NUR SCHÄFTE, GEHACKT
- ½ TL SALZ
- 200 ML KOKOSMILCH
- GEDÄMPFTER REIS (SEITE 540) ZUM SERVIEREN

HERKUNFT: GUANGDONG
ZUBEREITUNGSZEIT: 10 MINUTEN
GARZEIT: 10 MINUTEN
PERSONEN: 4

番茄滑蛋
TOMATEN MIT RÜHREI

- 2 TOMATEN
- 3 GROSSE EIER, GETRENNT
- 4 EL PFLANZENÖL
- ½ TL SALZ
- 5 G INGWER (CA. 1 CM), IN FEINE STREIFEN GESCHNITTEN
- 1 EL KETCHUP
- 1 TL ZUCKER
- ½ TL SPEISESTÄRKE

* Die Tomaten auf der Unterseite einschneiden. Einen kleinen Topf Wasser zum Kochen bringen, die Tomaten hineingeben und 1–2 Minuten erhitzen. Sofort in eine Schüssel mit Eiswasser legen. Wenn sie etwas abgekühlt sind, die Haut abziehen, dann grob hacken und den überschüssigen Saft abtropfen lassen.
* Die Eiweiße in einer kleinen Schüssel schaumig aufschlagen, 1 Esslöffel Öl zufügen und gut unterrühren. Die Eigelbe und ¼ Teelöffel Salz unterschlagen.
* 2 Esslöffel Öl in einem Wok oder einer großen Pfanne auf 170 °C erhitzen oder bis ein Brotwürfel in 45 Sekunden braun wird. (Das Öl muss relativ heiß sein, damit die Eier bei ausgeschaltetem Herd gar werden.) Hat das Öl seine Temperatur erreicht, den Herd ausschalten und die Eier hineingießen.
* Mit einem Pfannenwender (Fischheber) die Eier so an eine Seite des Woks schieben, dass Schichten von gestocktem Ei entstehen. Sobald die Eier fast gar sind, auf einen Teller legen. (Wenn das Öl abgekühlt ist, bevor die Eier gestockt waren, den Wok wieder auf schwache Hitze stellen, bis die Eier gar sind.)
* In dem restlichen Esslöffel Öl den Ingwer im Wok einige Sekunden unter Rühren braten, dann Tomaten, Ketchup, den restlichen ¼ Teelöffel Salz und Zucker zufügen und 1 Minute unter Rühren braten. Die Stärke mit 1 Teelöffel Wasser anrühren und die Mischung in den Wok rühren. Unter Rühren 30 Sekunden aufkochen lassen, bis die Sauce eindickt. Die gekochten Tomaten auf die Eier legen. Mit Stäbchen Tomaten und Eier vor dem Servieren leicht verrühren.

丝瓜蛤蜊
FLÜGELGURKE MIT VENUSMUSCHELN

HERKUNFT: TAIWAN
ZUBEREITUNGSZEIT: 5 MINUTEN
GARZEIT: 10 MINUTEN
PERSONEN: 4

* Die Flügelgurke rollschneiden.
* Einen Topf Wasser zum Kochen bringen, die Venusmuscheln hineingeben und 1 Minute kochen, bis sie sich öffnen. Abtropfen lassen und alle geschlossenen aussortieren.
* Das Pflanzenöl in einem Wok oder einer großen Pfanne auf mittlerer Hitze heiß werden lassen, den Ingwer hineingeben und 1 Minute unter Rühren braten, bis er duftet. Flügelgurke, Venusmuscheln, Salz, Zucker und 3 Esslöffel Wasser zufügen und alles zum Kochen bringen. Auf schwache Hitze reduzieren und mit Deckel 2 Minuten sautieren. Die Frühlingszwiebeln einrühren.
* Die Stärke in einer kleinen Schüssel mit 1 Esslöffel Wasser anrühren und die Mischung in den Wok rühren. Unter Rühren 30 Sekunden aufkochen lassen, bis die Sauce eindickt. Das Sesamöl einrühren und auf einem Teller anrichten. Mit Reis servieren.

- 500 G FLÜGELGURKE, RIPPEN GESCHÄLT, ABER SCHALE BELASSEN
- 300 G VENUSMUSCHELN, SAUBER GESCHRUBBT
- 2 EL PFLANZENÖL
- 25 G INGWER (CA. 5 CM), IN FEINE STREIFEN GESCHNITTEN
- 1 TL SALZ
- ½ TL ZUCKER
- 2 FRÜHLINGSZWIEBELN, IN FEINE STREIFEN GESCHNITTEN
- 1 TL SPEISESTÄRKE
- ⅛ TL SESAMÖL
- GEDÄMPFTER REIS (SEITE 540) ZUM SERVIEREN

干贝烩丝瓜
FLÜGELGURKE MIT JAKOBSMUSCHELN

HERKUNFT: HUNAN
ZUBEREITUNGSZEIT: 10 MINUTEN
GARZEIT: 15 MINUTEN
PERSONEN: 4

* Die getrockneten Muscheln in einer kleinen ofenfesten Schüssel 5 Minuten in Wasser einweichen. Abtropfen lassen und den harten Schließmuskel an der Seite durch sanftes Hinunterdrücken entfernen. Die Schüssel in einem Dämpfeinsatz oder Bambus-Dämpfkorb über einen Topf mit kochendem Wasser stellen. Mit Deckel 10 Minuten dämpfen. Zum Abkühlen beiseitestellen.
* Die Muscheln zerfasern. Die Garflüssigkeit aufheben und beides beiseitestellen.
* Die Flügelgurke von Samen befreien und das Fleisch in 5 × 0,5 cm große Stücke schneiden.
* Das Pflanzenöl in einem Wok oder einer großen Pfanne auf starker Hitze heiß werden lassen. Die Flügelgurke hineingeben und 30 Sekunden unter Rühren braten. Salz, Jakobsmuscheln, Garflüssigkeit und 3 Esslöffel Wasser zufügen und alles zum Kochen bringen. Auf schwache Hitze reduzieren und 2–3 Minuten dünsten, bis die Flügelgurke durchscheinend ist.
* Die Stärke in einer kleinen Schüssel mit ½ Esslöffel Wasser anrühren und die Mischung in den Wok rühren. Unter Rühren 30 Sekunden aufkochen lassen, bis die Sauce eindickt. Sesamöl und Pfeffer unterrühren. Auf einem Teller anrichten und mit Reis servieren.

- 25 G GETROCKNETE JAKOBSMUSCHELN
- 1 KG FLÜGELGURKE, RIPPEN GESCHÄLT, ABER SCHALE BELASSEN
- 2 EL PFLANZENÖL
- ½ TL SALZ
- ½ TL SPEISESTÄRKE
- ½ TL SESAMÖL
- ⅛ TL GEMAHLENER WEISSER PFEFFER
- GEDÄMPFTER REIS (SEITE 540) ZUM SERVIEREN

HERKUNFT: SICHUAN
ZUBEREITUNGSZEIT: 10 MINUTEN
  ZZGL. 15 MINUTEN EINWEICH-
  UND MARINIERZEIT
GARZEIT: 10 MINUTEN
PERSONEN: 4
SEITE 453

鱼香茄子
AUBERGINE IN KNOBLAUCHSAUCE

- 2 AUBERGINEN, LÄNGS HALBIERT UND IN 1,5 CM BREITE STREIFEN GESCHNITTEN
- 1 EL SALZ
- 100 G SCHWEINEHACKFLEISCH
- 1 TL HELLE SOJASAUCE
- 475 ML PFLANZENÖL
- 1 EL GEHACKTER INGWER
- 1 EL GERIEBENER KNOBLAUCH
- 2 EL GEHACKTE FRÜHLINGSZWIEBELN
- ½ TL ZERSTOSSENE SICHUAN-PFEFFERKÖRNER
- 1 EL GEHACKTE PIXIAN-CHILIPASTE
- 1 EL REISWEIN
- 2 TL ZUCKER
- 2 EL SCHWARZER REISESSIG ODER BALSAMICO-ESSIG
- 1 TL SPEISESTÄRKE
- ½ TL SESAMÖL
- KORIANDERBLÄTTER ZUM GARNIEREN (NACH BELIEBEN)
- GEDÄMPFTER REIS (SEITE 540) ODER NUDELN ZUM SERVIEREN

* Die Auberginen 15 Minuten mit dem Salz in 1 Liter Wasser einweichen. Abtropfen lassen, unter fließendem kaltem Wasser abspülen und mit Küchenpapier trocken tupfen.
* Während die Auberginen einweichen, das Hackfleisch in einer Schüssel mit der Sojasauce und 1 Esslöffel Wasser verrühren. 15 Minuten marinieren.
* Das Öl in einem Wok oder hohen Topf auf 170 °C erhitzen oder bis ein Brotwürfel in 45 Sekunden braun wird. Die Auberginen hineingeben und portionsweise 3–5 Minuten frittieren. Mit einem Schaumlöffel vorsichtig aus dem Öl heben und auf Küchenpapier abtropfen lassen.
* Das Öl bis auf etwa 2 Esslöffel abgießen. Ingwer, Knoblauch und Frühlingszwiebeln hineingeben und 30 Sekunden unter Rühren braten, bis sie duften. Sichuan-Pfefferkörner und Chilipaste untermischen und 1 Minute auf mittlerer Hitze mitbraten.
* Das Hackfleisch zufügen und 1 Minute unter kräftigem Rühren braten. Den Reiswein hineinträufeln, Zucker, Essig und 2 Esslöffel Wasser zufügen. Alles zum Kochen bringen. Auf mittlere Hitze reduzieren, die Auberginen zufügen und mit Deckel 1–2 Minuten köcheln lassen.
* Die Stärke mit ½ Esslöffel Wasser anrühren und die Mischung in den Wok rühren. Unter Rühren 30 Sekunden aufkochen lassen, bis die Sauce eindickt. Zum Schluss das Sesamöl einrühren und auf einem Servierteller anrichten. Mit Korianderblättern garnieren, falls verwendet. Mit Reis oder Nudeln servieren.

AUBERGINE IN KNOBLAUCHSAUCE

HERKUNFT: HONGKONG
ZUBEREITUNGSZEIT: 10 MINUTEN,
ZZGL. 15 MINUTEN EINWEICHZEIT
GARZEIT: 10 MINUTEN
PERSONEN: 4

丝瓜云耳炒肉片
FLÜGELGURKE MIT SCHWEINEFLEISCH

- 10 G GETROCKNETE MU-ERR
- 600 G FLÜGELGURKE, RIPPEN GESCHÄLT, ABER SCHALE BELASSEN
- 150 G SCHWEINEFILET, IN SCHEIBEN GESCHNITTEN
- 1 TL HELLE SOJASAUCE
- 1 TL ZUCKER
- ¼ TL GEMAHLENER WEISSER PFEFFER
- 2 TL SPEISESTÄRKE
- 2 EL PFLANZENÖL
- 10 G INGWER (CA. 2 CM), IN SCHEIBEN GESCHNITTEN
- 2 KNOBLAUCHZEHEN, IN SCHEIBEN GESCHNITTEN
- 3 SCHALOTTEN, GEVIERTELT
- ¼ TL SALZ
- ½ TL SESAMÖL
- GEDÄMPFTER REIS (SEITE 540) ZUM SERVIEREN

* Die Mu-Err mit kaltem Wasser bedecken und 15 Minuten einweichen. In kleine Stücke zerpflücken und beiseitestellen.
* Einen Topf Wasser zum Kochen bringen, die Pilze hineingeben und 3 Minuten blanchieren. Abtropfen lassen und beiseitestellen.
* Die Flügelgurke abspülen und in kleine Stücke rollschneiden.
* Hackfleisch, Sojasauce, Zucker, Pfeffer und 2 Esslöffel Wasser verrühren und 5 Minuten marinieren. 1 Teelöffel Stärke unterrühren.
* Das Pflanzenöl in einem Wok oder einer großen Pfanne auf mittlerer bis starker Hitze heiß werden lassen. Ingwer, Knoblauch und Schalotten hineingeben und 1 Minute unter Rühren braten, bis sie duften. Das Hackfleisch zufügen und in etwa 4 Minuten unter Rühren gar braten.
* Die Flügelgurke zufügen und 1 Minute unter Rühren braten, dann Salz und Pilze zufügen und alles gut mischen.
* Den restlichen Teelöffel Stärke mit 1 Esslöffel Wasser anrühren und die Mischung zum Andicken in die Sauce rühren. Das Sesamöl darüberträufeln, umrühren und auf einem Teller anrichten. Mit Reis servieren.

HERKUNFT: GUANGDONG
ZUBEREITUNGSZEIT: 5 MINUTEN
GARZEIT: 5 MINUTEN
PERSONEN: 2

豆豉酱焗苦瓜
BITTERMELONE MIT SCHWARZE-BOHNEN-PASTE

- 3 KNOBLAUCHZEHEN, 2 GEHACKT UND 1 IN SCHEIBEN GESCHNITTEN
- 1 EL FERMENTIERTE SCHWARZE BOHNEN, ABGESPÜLT UND GEHACKT
- ½ TL ZUCKER
- 2 EL PFLANZENÖL
- 300 G BITTERMELONE, SCHALE ABGESCHÄLT, INNERES ENTFERNT UND IN STÜCKE GESCHNITTEN
- ¼ TL SALZ
- 1 EL REISWEIN
- GEDÄMPFTER REIS (SEITE 540) ZUM SERVIEREN

* Gehackten Knoblauch, schwarze Bohnen, Zucker und 1 Esslöffel Öl zu einer Paste verrühren.
* Den restlichen Esslöffel Öl in einem Wok oder einer großen Pfanne erhitzen. Die Knoblauchscheiben hineingeben und auf mittlerer Hitze 1 Minute unter Rühren braten, bis sie duften. Bittermelone und Salz zufügen, dann kurz mischen. Schwarze-Bohnen-Paste zufügen und nicht umrühren. 2 Esslöffel Wasser zufügen, Deckel aufsetzen, auf schwache Hitze reduzieren und 2 Minuten köcheln lassen.
* Den Reiswein zufügen, auf mittlere Hitze erhöhen und die Bittermelone 1–2 Minuten unter Rühren braten, bis die Flüssigkeit größtenteils verdampft ist. Auf einem Servierteller anrichten und mit Reis servieren.

甜水瓜烙
SÜSSER SCHWAMMKÜRBIS-PFANNKUCHEN

HERKUNFT: CHAOZHOU
ZUBEREITUNGSZEIT: 20 MINUTEN, ZZGL. 5 MINUTEN EINWEICH- UND 15 MINUTEN RUHEZEIT
GARZEIT: 15 MINUTEN
PERSONEN: 4

- 400 G SCHWAMMKÜRBIS, RIPPEN GESCHÄLT
- 3 EL EINGELEGTER RETTICH
- 50 G ERDNUSSKERNE
- 4 EL ZUCKER
- 1 EL WEISSE SESAMSAAT
- 50 G SÜSSKARTOFFELSTÄRKE ODER 3 EL SPEISESTÄRKE
- 3 EL PFLANZENÖL

* Den Schwammkürbis abspülen und in 5 cm lange Streifen schneiden.
* Den eingelegten Rettich mit kaltem Wasser bedecken und 5 Minuten einweichen. Abspülen, abtropfen lassen und in kleine Stücke hacken.
* Die Erdnüsse in eine Pfanne ohne Öl geben, auf mittlerer Hitze 3–4 Minuten unter gelegentlichem Rütteln braun rösten. In eine Schüssel füllen, eventuelle Häutchen entfernen und die Erdnüsse zerstoßen. 1 Esslöffel Zucker unterrühren.
* Die Sesamsaat in einem kleinen Topf auf mittlerer Hitze 3–5 Minuten unter gelegentlichem Rütteln rösten. In eine Schüssel füllen.
* Schwammkürbisstreifen, Rettich und die restlichen 3 Esslöffel Zucker in einer großen Schüssel mischen und 15 Minuten stehen lassen. Süßkartoffelstärke und 120 ml Wasser unterrühren und alles gründlich zu einem Teig mischen.
* 2 Esslöffel Öl auf mittlerer Hitze in einer antihaftbeschichteten Pfanne heiß werden lassen. Den Schwammkürbisteig umrühren und in die Pfanne gießen. Die Oberfläche mit einem Silikon-Pfannenwender (Fischheber) glätten. 2–3 Minuten braten, bis die Unterseite des Pfannkuchens gar ist. Wenden, den restlichen Esslöffel Öl an der Seite in die Pfanne träufeln und erneut 2–3 Minuten braten, bis die andere Seite gar ist. Den Schwammkürbis-Pfannkuchen auf einem Servierteller anrichten. Zum Servieren die zerstoßenen Erdnüsse und die Sesamsaat über den Pfannkuchen streuen.

HERKUNFT: SHANGHAI
ZUBEREITUNGSZEIT: 15 MINUTEN,
ZZGL. 30 MINUTEN EINWEICHZEIT
GARZEIT: 2 MINUTEN
PERSONEN: 4

素蟹黃豆腐
VEGETARISCHES „KREBSFLEISCH" MIT TOFU

- 2 KARTOFFELN, IN 2 CM DICKE SCHEIBEN GESCHNITTEN
- 1 GROSSE KAROTTE, IN 2 CM DICKE SCHEIBEN GESCHNITTEN
- 2 EIER, GETRENNT
- 1½ TL SESAMÖL
- 1 GESALZENES ENTENEI
- 200 G SEIDENTOFU, IN 2 CM GROSSE WÜRFEL GESCHNITTEN
- 1 T HELLE SOJASAUCE
- 1 TL SALZ
- 2 EL PFLANZENÖL
- 1 EL GERIEBENER INGWER
- 1 TL ZUCKER
- 2 TL ZHENJIANG- ODER BALSAMICO-ESSIG
- GEDÄMPFTER REIS (SEITE 540) ZUM SERVIEREN

* Einen Topf Wasser zum Kochen bringen, Kartoffeln und Karotte hineingeben und in 15 Minuten gar kochen. Abtropfen lassen, dann mit einer Gabel zerdrücken. Beiseitestellen.
* Die Eigelbe mit ½ Teelöffel Sesamöl in eine Schüssel geben und gründlich verrühren. Beiseitestellen.
* Das Eiweiß des gesalzenen Enteneis zu den anderen Eiweißen geben und alles schaumig aufschlagen. Beiseitestellen. Das gesalzene Enteneigelb in unregelmäßige Stücke zerdrücken.
* Den Tofu mit 475 ml Wasser und ½ Teelöffel Salz in eine Schüssel geben. 30 Minuten einweichen, dann abtropfen lassen und auf einen ofenfesten Teller legen. Mit der Sojasauce und ½ Teelöffel Sesamöl mischen.
* Den Teller in einem Dämpfeinsatz oder Bambus-Dämpfkorb über einen Topf mit kochendem Wasser stellen. Mit Deckel 3 Minuten dämpfen. Das Wasser vom Teller abgießen und den Tofu beiseitestellen.
* Das Pflanzenöl in einem Wok oder einer großen Pfanne erhitzen. Die Eiweiße hineingeben, dabei mit einem Pfannenwender (Fischheber) zerteilen, und auf mittlerer Hitze in 1–2 Minuten unter Rühren gar braten. Aus dem Wok nehmen und auf einem Teller beiseitestellen.
* Ingwer und Enteneigelb hineingeben und 1 Minute unter Rühren braten. Kartoffeln, Karotte, den restlichen ½ Teelöffel Salz, Zucker und Essig zufügen und weitere 1–2 Minuten unter Rühren braten.
* Den restlichen ½ Teelöffel Sesamöl und die gebratenen Eiweiße zufügen. Alle Zutaten mischen und den Wok vom Herd nehmen. Die rohen Eigelbe unterrühren, den Tofu zufügen und mit Reis servieren.

焦盐菠菜心
FRITTIERTER SPINAT

HERKUNFT: HUNAN
ZUBEREITUNGSZEIT: 10 MINUTEN
GARZEIT: 5 MINUTEN
PERSONEN: 4–6

* Ein Spülbecken oder eine große Schüssel mit kaltem Wasser füllen und den Spinat zum Säubern 1 Minute hineinlegen. Abtropfen lassen und noch zweimal wiederholen.
* Die Eiweiße schaumig schlagen. Eigelbe, Schinken, getrocknete Garnelen, Mehl, Stärke und Salz zufügen und alles zu einem Teig verrühren.
* Das Pflanzenöl in einem Wok oder hohen Topf auf 170 °C erhitzen oder bis ein Brotwürfel in 45 Sekunden braun wird. Den Spinat in den Teig tauchen und in 2–3 Minuten kross frittieren. Mit einem Schaumlöffel vorsichtig herausheben und auf Küchenpapier abtropfen lassen.
* Den Sichuan-Pfeffer über den Spinat streuen und das Sesamöl darüberträufeln. Mit Ketchup servieren.

- 3 BUND JUNGER SPINAT (CA. 600 G), WURZELN ABGESCHNITTEN
- 3 EIER, GETRENNT
- 15 G PÖKELSCHINKEN, GEHACKT
- ½ EL GEHACKTE GETROCKNETE GARNELEN
- 50 G MEHL
- 2 ½ EL SPEISESTÄRKE
- ½ TL SALZ
- 750 ML PFLANZENÖL
- ¼ TL GEMAHLENER SICHUAN-PFEFFER
- ½ TL SESAMÖL
- 2 EL KETCHUP ZUM SERVIEREN

锅塌菠菜
SPINATPÄCKCHEN

HERKUNFT: SHANDONG
ZUBEREITUNGSZEIT: 15 MINUTEN
GARZEIT: 10 MINUTEN
PERSONEN: 4

* Vom Spinat die Wurzeln entfernen und die Stiele unten bis auf 2 cm abschneiden. Abspülen und abtropfen lassen.
* Mit einem scharfen, schweren Messer das Hähnchen quer zur Faserrichtung in dünne Scheiben schneiden, diese kräftig mit der flachen Seite zerdrücken und zu einer Paste hacken. (Alternative: In einer Küchenmaschine zerkleinern.)
* Hähnchen, Rückenspeck, Ingwer und ¼ Teelöffel Salz in einer großen Schüssel mischen. Beiseitestellen.
* Die Eiweiße in einer kleinen Schüssel schaumig schlagen und die Stärke einrühren, sodass ein dünner Teig entsteht. Ein Spinatblatt in den Eiweißteig tauchen, etwas Hähnchenpaste darauf verteilen und längs zur Hälfte falten, sodass ein gefülltes Spinatpäckchen entsteht. Mit den restlichen Spinatblättern ebenso verfahren.
* Das Öl in einem Wok oder hohen Topf auf 140 °C erhitzen oder bis ein Brotwürfel in 2 Minuten goldbraun wird. Die Spinatpäckchen portionsweise hineinlegen, von beiden Seiten bräunen und auf Küchenpapier abtropfen lassen.
* Die Päckchen wieder in den Wok geben und Reiswein, Hühnerbrühe und den restlichen ½ Teelöffel Salz zufügen. Auf starker Hitze zum Kochen bringen, auf schwache Hitze reduzieren und 1–2 Minuten köcheln lassen.
* Sofort mit Reis servieren.

- 100 G SPINAT
- 100 G HÄHNCHENBRUST OHNE KNOCHEN UND HAUT
- 30 G RÜCKENSPECK VOM SCHWEIN, FEIN GEHACKT
- ½ TL GEHACKTER INGWER
- ¾ TL SALZ
- 2 EIWEISS
- 2 TL SPEISESTÄRKE
- 2 EL PFLANZENÖL
- 1 EL SHAOXING-REISWEIN
- 120 ML HÜHNERBRÜHE (SEITE 90)
- GEDÄMPFTER REIS (SEITE 540) ZUM SERVIEREN

HERKUNFT: ZHEJIANG
ZUBEREITUNGSZEIT: 15 MINUTEN,
  ZZGL 5 MINUTEN EINWEICHZEIT
GARZEIT: 10 MINUTEN
PERSONEN: 4

干煸虾子茭白
WASSERBAMBUS MIT GARNELENROGEN

- 600 G WASSERBAMBUSSTÄNGEL
- 2 EL GETROCKNETE GARNELEN
- 50 G SCHWEINEHACKFLEISCH
- 3 EL HELLE SOJASAUCE
- 1 TL ZUCKER
- 2 EL PFLANZENÖL
- 1 EL SICHUAN-PFEFFERKÖRNER
- 1 TL GERIEBENER INGWER
- 3 EL FERMENTIERTES KOHLGEMÜSE AUS SICHUAN, ABGESPÜLT, ENDEN ABGESCHNITTEN UND GEHACKT
- 1 TL ZHENJIANG- ODER BALSAMICO-ESSIG
- ¼ TL SESAMÖL
- 4 EL GETROCKNETER GARNELENROGEN
- 2 EL GEHACKTE FRÜHLINGSZWIEBELN
- GEDÄMPFTER REIS (SEITE 540) ZUM SERVIEREN

* Die äußere Hülle der Wasserbambusstängel entfernen und mit einem Gemüseschäler die grüne Schale bis auf den weißen Teil abschälen. Abspülen und in kleine Stücke schneiden. Einen Topf Wasser auf starker Hitze zum Kochen bringen, die Stängel hineingeben, 1 Minute blanchieren und abtropfen lassen.

* Die getrockneten Garnelen 5 Minuten in einer kleinen Schüssel mit Wasser einweichen. Abtropfen lassen und fein hacken. ½ Teelöffel fein gehackte Garnelen mit dem Hackfleisch, ½ Teelöffel Sojasauce und ½ Teelöffel Zucker in eine Schüssel geben. Gründlich mischen und beiseitestellen.

* Das Pflanzenöl in einem Wok oder einer großen Pfanne auf schwacher Hitze heiß werden lassen. Den Wasserbambus hineingeben und in 3–4 Minuten unter Rühren goldbraun braten. Auf einen Teller legen und beiseitestellen.

* Die Sichuan-Pfefferkörner in das Öl im Wok geben und auf schwacher Hitze 1–2 Minuten braten, bis sie duften. Mit einem Schaumlöffel herausheben und entfernen. Ingwer, die restlichen getrockneten Garnelen und die Garnelen-Hackfleisch-Mischung hineingeben und 1–2 Minuten unter Rühren braten, bis das Hackfleisch gar ist. Kohlgemüse, den restlichen ½ Teelöffel Zucker, Sojasauce, Wasserbambus, Essig und Sesamöl zufügen und gründlich untermischen. Den Garnelenrogen zufügen, kurz untermischen, auf einem Servierteller anrichten und mit den Frühlingszwiebeln garnieren. Mit Reis servieren.

虾酱炒通菜
WASSERSPINAT MIT GARNELENPASTE

HERKUNFT: CHAOZHOU
ZUBEREITUNGSZEIT: 5 MINUTEN
GARZEIT: 5 MINUTEN
PERSONEN: 4

* Einen großen Topf Wasser zum Kochen bringen und 1 Teelöffel Öl zufügen. Den Wasserspinat hineingeben und 30 Sekunden blanchieren. Herausnehmen und sofort unter fließendem kaltem Wasser abspülen, bis er abgekühlt ist. Abtropfen lassen und beiseitestellen.
* Die Garnelenpaste mit 1 Esslöffel Wasser gründlich verrühren.
* Die restlichen 2 Esslöffel Öl in einem Wok oder einer großen Pfanne auf starker Hitze heiß werden lassen. Schalotten, Chilistreifen und Knoblauch hineingeben und 1 Minute unter Rühren braten, bis sie duften. Angerührte Garnelenpaste, Salz, Zucker und Reiswein zufügen. Den Wasserspinat zufügen und 30 Sekunden zügig untermischen. Auf einem Servierteller anrichten und mit Reis servieren.

- 2 EL PFLANZENÖL, ZZGL. 1 TL
- 300 G WASSERSPINAT
- 2 TL GARNELENPASTE
- 3 SCHALOTTEN, GEVIERTELT
- 1 ROTE CHILISCHOTE, SAMEN ENTFERNT UND IN FEINE STREIFEN GESCHNITTEN
- 2 KNOBLAUCHZEHEN, IN SCHEIBEN GESCHNITTEN
- ½ TL SALZ • ½ TL ZUCKER
- ½ EL SHAOXING-REISWEIN
- GEDÄMPFTER REIS (SEITE 540) ZUM SERVIEREN

虾米虎皮椒
CHILISCHOTEN MIT GETROCKNETEN GARNELEN

HERKUNFT: HAKKA
ZUBEREITUNGSZEIT: 10 MINUTEN, ZZGL. 5 MINUTEN EINWEICHZEIT
GARZEIT: 10 MINUTEN
PERSONEN: 4

* Die getrockneten Garnelen 5 Minuten in einer kleinen Schüssel mit Wasser einweichen. Abtropfen lassen und beiseitestellen.
* Die Stielansätze der Chilischoten entfernen, die Schoten aber nicht aufschneiden. Mit einem Zahnstocher oder Holzspieß die Oberfläche der Chilischoten überall einstechen und mit Küchenpapier trocken tupfen.
* Das Öl in einem Wok oder einer großen Pfanne auf mittlerer Hitze heiß werden lassen, die Chilischoten hineingeben und 6–7 Minuten braten, bis sie weich und runzelig sind. Herausnehmen und das Öl bis auf 1 Teelöffel abgießen.
* Das Öl auf mittlerer bis starker Hitze heiß werden lassen, Ingwer und getrocknete Garnelen hineingeben und 1–2 Minuten unter Rühren braten, bis sie duften. Chilischoten, Sojasauce, Salz und Zucker zufügen und alles gründlich mischen. Den Essig untermischen, auf einem Servierteller anrichten und mit Reis servieren.

- 2 EL GETROCKNETE GARNELEN
- 8 GROSSE SCHARFE (CAYENNE-) CHILISCHOTEN, ABGESPÜLT
- 3 EL PFLANZENÖL
- 1 EL INGWERSTREIFEN
- 1 TL HELLE SOJASAUCE
- ½ TL SALZ
- 1 TL ZUCKER
- 1 EL SCHWARZER REISESSIG ODER BALSAMICO-ESSIG
- GEDÄMPFTER REIS (SEITE 540) ZUM SERVIEREN

HERKUNFT: YUNNAN
ZUBEREITUNGSZEIT: 15 MINUTEN
GARZEIT: 5 MINUTEN
PERSONEN: 4
SEITE 461

云腿炒苦瓜
BITTERMELONE MIT SCHINKEN

- 500 G BITTERMELONE, SAMEN ENTFERNT, LÄNGS HALBIERT UND IN DÜNNE SCHEIBEN GESCHNITTEN
- 1 ½ TL SALZ • 2 EL PFLANZENÖL
- 1 TL GEHACKTER KNOBLAUCH
- 150 G YUNNAN-SCHINKEN ODER ANDERER TROCKEN GEPÖKELTER SCHINKEN, IN DÜNNE SCHEIBEN GESCHNITTEN
- 50 G CAYENNE-CHILISCHOTEN, SAMEN ENTFERNT UND GEWÜRFELT
- 1 ½ TL ZUCKER
- ½ TL GEMAHLENER WEISSER PFEFFER
- GEDÄMPFTER REIS (SEITE 540) ZUM SERVIEREN

* Die Bittermelone mit 1 Teelöffel Salz mischen und 10 Minuten marinieren, dann abspülen und abtropfen lassen.
* Das Öl in einem Wok oder einer großen Pfanne auf mittlerer Hitze heiß werden lassen. Den Knoblauch hineingeben und 1 Minute unter Rühren braten, bis er duftet.
* Schinken, Chiliwürfel und Bittermelone zufügen und 1 Minute unter Rühren braten. Mit dem restlichen ½ Teelöffel Salz, Zucker und Pfeffer würzen. Umrühren und auf einem Servierteller anrichten. Mit Reis servieren.

HERKUNFT: HAKKA
ZUBEREITUNGSZEIT: 15 MINUTEN
GARZEIT: 15 MINUTEN
PERSONEN: 4

咸蛋炒苦瓜
BITTERMELONE MIT GESALZENEN EIERN

- 300 G BITTERMELONE
- 1 GESALZENES ENTENEI
- 1 EL PFLANZENÖL
- 2 KNOBLAUCHZEHEN, IN SCHEIBEN GESCHNITTEN
- ½ TL SALZ
- 1 TL ZERSTOSSENER KANDISZUCKER
- 1 EINGELEGTES ENTENEI, GEPELLT UND IN 16 STÜCKE GESCHNITTEN
- 1 FRÜHLINGSZWIEBEL, GEHACKT
- 1 PRISE GEMAHLENER WEISSER PFEFFER
- GEDÄMPFTER REIS (SEITE 540) ZUM SERVIEREN

* Die Bittermelone abspülen, längs halbieren und Mark und Samen entfernen. Das Fruchtfleisch in 1 cm dicke Scheiben schneiden.
* Einen Topf Wasser zum Kochen bringen, das gesalzene Entenei hineingeben und in 7–8 Minuten hart kochen. Aus dem Wasser nehmen, etwas abkühlen lassen und pellen. Aufschneiden und das Eigelb vorsichtig herauslösen. Das Eiweiß in kleine Stücke schneiden, das Eigelb zerdrücken.
* Das Öl in einem Wok oder einer großen Pfanne auf mittlerer Hitze heiß werden lassen. Den Knoblauch hineingeben und in 1–2 Minuten unter Rühren goldbraun braten.
* Gesalzenes Eiweiß und Bittermelone zufügen und alles gut mischen. Salz, Kandiszucker und 120 ml Wasser einrühren. Zum Kochen bringen, Deckel aufsetzen und 1 Minute köcheln lassen.
* Das eingelegte Ei und das gesalzene Eigelb einrühren und etwa 2 Minuten unter Rühren braten, bis die Sauce eindickt. Frühlingszwiebel und Pfeffer zufügen auf einem Teller anrichten. Mit Reis servieren.

BITTERMELONE MIT SCHINKEN

HERKUNFT: SHUNDE
ZUBEREITUNGSZEIT: 15 MINUTEN,
 ZZGL. 20 MINUTEN EINWEICHZEIT
GARZEIT: 20 MINUTEN
PERSONEN: 4

十锦肉
GEMISCHTER SALAT NACH SHUNDE-ART

- 4 GETROCKNETE SHIITAKE
- 100 G MAGERES SCHWEINEFLEISCH, IN FEINE STREIFEN GESCHNITTEN
- 1 TL HELLE SOJASAUCE
- 10 G GETROCKNETE MU-ERR
- 250 ML PFLANZENÖL
- 1 EI, VERRÜHRT
- 30 G ERDNUSSKERNE
- 5 G GLASNUDELN
- 50 G TARO, GESCHÄLT UND IN FEINE STREIFEN GESCHNITTEN
- 50 G SCHNITTLAUCH, IN 5 CM LANGE STÜCKE GESCHNITTEN
- ½ KAROTTE, IN FEINE STREIFEN GESCHNITTEN
- ½ TL SALZ
- 50 G YAMBOHNEN, GESCHÄLT UND IN FEINE STREIFEN GESCHNITTEN
- GEDÄMPFTER REIS (SEITE 540) ZUM SERVIEREN

* Die Shiitake in eine Schüssel legen, mit kaltem Wasser bedecken und mindestens 20 Minuten einweichen. Herausnehmen, Wasser herausdrücken und die Stiele entfernen. In feine Streifen schneiden.
* Inzwischen das Schweinefleisch mit der Sojasauce verrühren und 10 Minuten marinieren. Die Mu-Err mit kaltem Wasser bedecken und 15 Minuten einweichen. Abtropfen lassen und in Streifen schneiden.
* 1 Esslöffel Öl in einer kleinen Pfanne auf mittlerer Hitze heiß werden lassen. Das Ei hineingießen und die Pfanne so schwenken, dass ein dünner Pfannkuchen entsteht. 2 Minuten braten, dann wenden und noch einmal 2 Minuten braten. Nach dem Abkühlen in Streifen schneiden.
* Das restliche Öl in einem Wok oder hohen Topf auf schwacher Hitze heiß werden lassen. Die Erdnüsse hineingeben und in 4–5 Minuten kross frittieren. Mit einem Schaumlöffel vorsichtig herausheben und auf Küchenpapier abtropfen lassen.
* Das Öl auf 150 °C erhitzen oder bis ein Brotwürfel in 1½ Minuten braun wird. Die Glasnudeln hineingeben und 20 Sekunden frittieren, bis sie aufgehen. Mit einem Schaumlöffel vorsichtig aus dem Öl heben und auf Küchenpapier abtropfen lassen.
* Die Tarostreifen ins heiße Öl geben und auf mittlerer Hitze in 3–4 Minuten kross frittieren. Mit einem Schaumlöffel herausheben und auf Küchenpapier abtropfen lassen.
* Die Fleischstreifen ins heiße Öl geben und etwa 3 Minuten frittieren, bis sie gar sind. Mit einem Schaumlöffel herausheben und auf Küchenpapier abtropfen lassen.
* Das Öl bis auf etwa 1 Esslöffel abgießen. Die Shiitake hineingeben und auf starker Hitze 30 Sekunden unter Rühren braten. Mu-Err, Schnittlauch, Karotte, Salz und Schweinefleisch zufügen, etwa 30 Sekunden mischen und in eine große Schüssel füllen.
* Ei-, Yambohnen- und Tarostreifen in die Schüssel geben und mit den anderen Zutaten gut mischen. Auf einem Servierteller anrichten und die Glasnudeln und Erdnüsse darauf verteilen. Mit Reis servieren.

冬菇烩竹笙
SHIITAKE UND CHAMPIGNONS MIT BAMBUSPILZ

HERKUNFT: GUANGDONG
ZUBEREITUNGSZEIT: 10 MINUTEN, ZZGL. 20 MINUTEN EINWEICH- UND 10 MINUTEN MARINIERZEIT
GARZEIT: 20 MINUTEN
PERSONEN: 4

* Die Shiitake in eine Schüssel legen, mit kaltem Wasser bedecken und mindestens 20 Minuten einweichen. Herausnehmen, Wasser herausdrücken und die Stiele entfernen. Das Einweichwasser aufheben.
* Shiitake, 1 Esslöffel Ingwersaft und Sojasauce in einer ofenfesten Schüssel verrühren und 10 Minuten marinieren. 2 Esslöffel Pflanzenöl untermischen, mit Alufolie dicht abdecken und die Schüssel in einem Dämpfeinsatz oder Bambus-Dämpfkorb über einen Topf mit kochendem Wasser stellen. Mit Deckel 10 Minuten dämpfen.
* Einen kleinen Topf Wasser zum Kochen bringen, Bambuspilze und den restlichen Esslöffel Ingwersaft zufügen und 2 Minuten blanchieren. Abtropfen lassen und unter fließendem kaltem Wasser abspülen. Überschüssiges Wasser leicht mit den Händen ausdrücken.
* Das restliche Pflanzenöl in einem Wok oder einer großen Pfanne erhitzen, den Knoblauch hineingeben und auf mittlerer Hitze 2–3 Minuten unter Rühren braten, bis er duftet. Bambuspilze und Champignons zufügen, den Reiswein hineinträufeln, die Hühnerbrühe zugießen und auf starker Hitze zum Kochen bringen. Die Shiitake mit dem Einweichwasser unterrühren, dann Austernsauce, Zucker und Salz zufügen und 2 Minuten unter Rühren braten. Auf mittlere Hitze reduzieren und ohne Deckel 2–3 Minuten köcheln lassen, bis die Sauce auf die Hälfte eingekocht ist.
* Die Stärke in einer kleinen Schüssel mit 3 Esslöffeln kaltem Wasser anrühren und die Mischung in den Wok rühren. Unter Rühren 30 Sekunden aufkochen lassen, bis die Sauce eindickt.
* Mit dem Sesamöl beträufeln, auf einem Servierteller anrichten und mit Reis servieren.

- 8 GETROCKNETE SHIITAKE
- 2 EL INGWERSAFT
- 1 EL HELLE SOJASAUCE
- 4 EL PFLANZENÖL
- 8 BAMBUSPILZE, GEKÜHLT, TIEFKÜHLWARE AUFGETAUT
- 3 KNOBLAUCHZEHEN, IN SCHEIBEN GESCHNITTEN
- 8 GROSSE WEISSE CHAMPIGNONS, ABGEBÜRSTET UND GESÄUBERT
- 1 EL SHAOXING-REISWEIN
- 120 ML HÜHNERBRÜHE (SEITE 90)
- 1 EL AUSTERNSAUCE
- ½ TL ZUCKER
- ½ TL SALZ
- 1 EL SPEISESTÄRKE
- ½ TL SESAMÖL
- GEDÄMPFTER REIS (SEITE 540) ZUM SERVIEREN

HERKUNFT: FUJIAN
ZUBEREITUNGSZEIT: 10 MINUTEN,
ZZGL. 20 MINUTEN EINWEICHZEIT
GARZEIT: 5 MINUTEN
PERSONEN: 4

二冬白雪
SHIITAKE MIT BAMBUSSPROSSEN

- 6 GETROCKNETE SHIITAKE
- 130 G BAMBUSSPROSSEN, IN SCHEIBEN
- ¼ KAROTTE, IN SCHEIBEN GESCHNITTEN
- 1 EL PFLANZENÖL
- 1 EL SHAOXING-REISWEIN
- ½ TL SALZ
- 4 EL GEMÜSEBRÜHE (SEITE 92)
- 25 G ZUCKERSCHOTEN, GEFÄDELT
- ½ TL SPEISESTÄRKE
- 1 TL SESAMÖL
- GEDÄMPFTER REIS (SEITE 540) ZUM SERVIEREN

* Die Shiitake in eine Schüssel legen, mit kaltem Wasser bedecken und mindestens 20 Minuten einweichen. Herausnehmen, Wasser herausdrücken und die Stiele entfernen.
* Einen Topf Wasser zum Kochen bringen, Bambussprossen und Karotte hineingeben und 2 Minuten blanchieren. Abtropfen lassen und beiseitestellen.
* Das Pflanzenöl in einem Wok oder einer großen Pfanne erhitzen, Pilze, Bambussprossen, Karotte, Reiswein, Salz und Gemüsebrühe zufügen und zum Kochen bringen. Die Zuckerschoten einrühren.
* Die Stärke in einer kleinen Schüssel mit ½ Esslöffel Wasser anrühren und die Mischung in den Wok rühren. Unter Rühren 30 Sekunden aufkochen lassen, bis die Sauce eindickt. Das Sesamöl einrühren und auf einem Servierteller anrichten. Mit Reis servieren.

HERKUNFT: BUDDHISTISCH-VEGETARISCH
ZUBEREITUNGSZEIT: 10 MINUTEN
GARZEIT: 5 MINUTEN
PERSONEN: 4

椒盐蘑菇
AUSTERNPILZE MIT GEWÜRZSALZ

- 1 TL SALZ
- ½ TL GEMAHLENER SICHUAN-PFEFFER
- 250 ML PFLANZENÖL
- 400 G AUSTERNPILZE, ABGESPÜLT UND IN LANGE STREIFEN GERISSEN
- 6 EL MEHL

* Das Salz in einer Pfanne ohne Öl 2 Minuten auf mittlerer Hitze heiß werden lassen. Die Pfanne vom Herd nehmen und das Salz 1 Minute abkühlen lassen, dann den gemahlenen Sichuan-Pfeffer einrühren.
* Das Öl in einem Wok oder hohen Topf auf 150 °C erhitzen oder bis ein Brotwürfel in 1½ Minuten braun wird. Die Pilze im Mehl wenden, bis sie überall bedeckt sind, dann in 2–3 Minuten hellbraun frittieren. Mit einem Schaumlöffel vorsichtig aus dem Öl heben und auf Küchenpapier abtropfen lassen.
* Auf einem Servierteller anrichten und mit dem Gewürzsalz servieren.

香菜拌木耳
MU-ERR-KORIANDER-SALAT

HERKUNFT: NORDOSTEN
ZUBEREITUNGSZEIT: 10 MINUTEN, ZZGL. 15 MINUTEN EINWEICH- UND 30 MINUTEN KÜHLZEIT
GARZEIT: 10 MINUTEN
PERSONEN: 4–6

* Die Mu-Err in einer kleinen Schüssel mit kaltem Wasser 15 Minuten einweichen. Herausnehmen und die harten Stiele an der Basis entfernen. Gut abspülen.
* Einen kleinen Topf Wasser zum Kochen bringen, die Pilze hineingeben und 3 Minuten blanchieren. In einem Sieb abtropfen lassen und das überschüssige Wasser abschütteln.
* Mu-Err, Chili, Austernsauce und Zucker in einer großen Schüssel gründlich verrühren. 30 Minuten in den Kühlschrank stellen.
* Die Sesamsaat in einer kleinen Pfanne auf mittlerer Hitze unter gelegentlichem Rütteln in 3–5 Minuten goldbraun rösten. Beiseitestellen.
* Die Mu-Err aus dem Kühlschrank nehmen und mit dem Sesamöl mischen. Mit gerösteter Sesamsaat und dem Koriandergrün bestreuen und servieren.

- 15 G GETROCKNETE MU-ERR
- 1 ROTE CHILISCHOTE, SAMEN ENTFERNT UND GEHACKT
- 1 EL AUSTERNSAUCE
- ½ TL ZUCKER
- ½ EL WEISSE SESAMSAAT
- 1 TL SESAMÖL
- 350 G KORIANDERGRÜN, GEHACKT

厚菇大芥菜
GRÜNER SENFKOHL MIT SHIITAKE

HERKUNFT: CHAOZHOU
ZUBEREITUNGSZEIT: 15 MINUTEN, ZZGL. 20 MINUTEN EINWEICH- UND 10 MINUTEN MARINIERZEIT
GARZEIT: 20 MINUTEN
PERSONEN: 4

* Die Shiitake in eine Schüssel legen, mit kaltem Wasser bedecken und mindestens 20 Minuten einweichen. Herausnehmen, Wasser herausdrücken und die Stiele entfernen. Mit der Sojasauce wieder in die Schüssel legen und 10 Minuten marinieren. 1 Esslöffel Öl unterrühren.
* Einen Topf Wasser zum Kochen bringen, die Senfkohlscheiben hineingeben und 5 Minuten köcheln lassen. Abtropfen lassen und beiseitestellen.
* Den restlichen Esslöffel Öl in einem Schmortopf auf starker Hitze heiß werden lassen, den Schweinebauch hineingeben und 3–4 Minuten braten, bis das Fett ausgelassen ist. Die Knoblauchzehen im Ganzen zufügen und 1 Minute unter Rühren braten, bis sie duften, dann Pilze, Hühnerbrühe und Senfkohl zufügen. Alles zum Kochen bringen, auf schwache Hitze reduzieren und mit Deckel 5 Minuten köcheln lassen, bis der Senfkohl weich ist. Salzen und das Schweinefleisch entfernen.
* Senfkohl und Pilze im Schmortopf mit Reis servieren.

- 8 GROSSE GETROCKNETE SHIITAKE
- 1 TL HELLE SOJASAUCE
- 2 EL PFLANZENÖL
- 1 GRÜNER SENFKOHL (CA. 450 G), NUR DER STIEL, IN DICKE SCHEIBEN GESCHNITTEN
- 150 G SCHWEINEBAUCH MIT HAUT, IN SCHEIBEN GESCHNITTEN
- 6 KNOBLAUCHZEHEN
- 475 ML HÜHNERBRÜHE (SEITE 90)
- ½ TL SALZ
- GEDÄMPFTER REIS (SEITE 540) ZUM SERVIEREN

HERKUNFT: YUNNAN
ZUBEREITUNGSZEIT: 15 MINUTEN
GARZEIT: 5 MINUTEN
PERSONEN: 4

夜来香炒鸡油菌
PFIFFERLINGE MIT PAKALANA

- 350 G PFIFFERLINGE
- 150 G PAKALANA, ABGESPÜLT UND ABGETROPFT
- 50 G SCHWEINEFILET, IN STREIFEN GESCHNITTEN
- ½ TL SALZ
- 1 TL SPEISESTÄRKE
- 1 EIWEISS
- 250 G SCHMALZ
- ½ TL GEMAHLENER WEISSER PFEFFER
- GEDÄMPFTER REIS (SEITE 540) ZUM SERVIEREN

* Die Pfifferlinge säubern und abspülen, überschüssiges Wasser herausdrücken. Längs in Streifen schneiden.
* Die Pakalana mit Küchenpapier möglichst trocken tupfen.
* Filetstreifen, ¼ Teelöffel Salz, ½ Teelöffel Stärke und das Eiweiß verrühren.
* Das Schmalz in einem Wok oder einer großen Pfanne auf etwa 140 °C erhitzen. Das Fleisch hineingeben und 30 Sekunden unter Rühren braten, dann auf einen Teller mit Küchenpapier legen.
* Das Schmalz bis auf 2 Esslöffel abgießen. Auf starker Hitze heiß werden lassen. Die Pilze hineingeben und 1 Minute unter kräftigem Rühren braten, dann Fleisch und Pakalana einrühren. Den restlichen ¼ Teelöffel Salz und den Pfeffer unterrühren.
* Den restlichen ½ Teelöffel Stärke mit 1 Esslöffel Wasser anrühren und die Mischung unter die Pilz-Fleisch-Mischung rühren. Unter Rühren 30 Sekunden aufkochen lassen, bis die Sauce eindickt. Auf einem Servierteller anrichten. Mit Reis servieren.

HERKUNFT: SHANGHAI
ZUBEREITUNGSZEIT: 10 MINUTEN
GARZEIT: 5 MINUTEN
PERSONEN: 4

青椒凤尾菇
PILZE MIT PAPRIKA

- 300 G AUSTERNPILZE, KLEIN GEZUPFT
- 1 TL SALZ
- 2 TL SHAOXING-REISWEIN
- 3 TL SPEISESTÄRKE
- 3 EL PFLANZENÖL
- 1 GRÜNE PAPRIKASCHOTE, SAMEN ENTFERNT UND IN 2 CM GROSSE WÜRFEL GESCHNITTEN
- 3 EL GEMÜSEBRÜHE (SEITE 92)
- 1 TL SESAMÖL
- GEDÄMPFTER REIS (SEITE 540) ZUM SERVIEREN

* Einen Topf Wasser zum Kochen bringen, die Pilze hineingeben und 1 Minute blanchieren. Abtropfen lassen, abspülen und den Großteil des Wassers herausdrücken. Die Pilze in eine Schüssel füllen und mit ½ Teelöffel Salz, 1 Teelöffel Reiswein und 2 Teelöffeln Stärke mischen.
* Das Pflanzenöl in einem Wok oder einer großen Pfanne auf mittlerer Hitze heiß werden lassen. Pilze und Paprika hineingeben und 15 Sekunden unter Rühren braten. Aus dem Wok nehmen.
* Gemüsebrühe, den restlichen ½ Teelöffel Salz und 1 Teelöffel Reiswein in den Wok geben. Den restlichen Teelöffel Stärke in einer kleinen Schüssel mit 1 Esslöffel Wasser anrühren und die Mischung in den Wok rühren. Unter Rühren 30 Sekunden aufkochen lassen, bis die Sauce eindickt. Pilze und Paprika wieder in den Wok geben und das Sesamöl zufügen. Auf einem Servierteller anrichten und mit Reis servieren.

GEMÜSE, TOFU & EIER

蠔油鮮草菇
STROHPILZE IN AUSTERNSAUCE

HERKUNFT: HONGKONG
ZUBEREITUNGSZEIT: 10 MINUTEN
GARZEIT: 5 MINUTEN
PERSONEN: 4–6

- Einen großen Topf Wasser zum Kochen bringen. Den Pak Choi hineingeben und 1 Minute blanchieren, dann unter fließendem kaltem Wasser abspülen. Abtropfen lassen und beiseitestellen.
- 2½ Esslöffel Hühnerbrühe in einem Wok oder einer großen Pfanne auf schwacher bis mittlerer Hitze heiß werden lassen, die Pilze hineingeben und 2 Minuten köcheln lassen. Die Pilze mit einem Schaumlöffel auf einen Teller legen. Die Hühnerbrühe wegschütten.
- Das Pflanzenöl auf mittlerer bis starker Hitze im Wok heiß werden lassen, den Knoblauch hineingeben und in 1 Minute goldbraun braten. Herausnehmen und entfernen. Pilze, Ingwersaft, Austernsauce, Zucker, Salz und die restlichen 2½ Esslöffel Hühnerbrühe zufügen und alles zum Kochen bringen.
- Die Stärke in einer kleinen Schüssel mit ½ Esslöffel Wasser anrühren und die Mischung in den Wok rühren. Unter Rühren 30 Sekunden aufkochen lassen, bis die Sauce eindickt. Pfeffer und Sesamöl zufügen. Die Pilze in die Mitte eines großen Serviertellers legen und den Pak Choi außenherum anrichten. Mit Reis servieren.

- 300 G GRÜNER PAK CHOI
- 5 EL HÜHNERBRÜHE (SEITE 90)
- 1 DOSE (425 G) STROHPILZE, ABGETROPFT
- 2 EL PFLANZENÖL
- 4 KNOBLAUCHZEHEN, ZERDRÜCKT
- 1 EL INGWERSAFT
- 1½ EL AUSTERNSAUCE
- 1 TL ZUCKER
- ¼ TL SALZ
- ½ TL SPEISESTÄRKE
- ¼ TL GEMAHLENER WEISSER PFEFFER
- ½ TL SESAMÖL
- GEDÄMPFTER REIS (SEITE 540) ZUM SERVIEREN

HERKUNFT: BUDDHISTISCH-VEGETARISCH
ZUBEREITUNGSZEIT: 5 MINUTEN,
  ZZGL. 20 MINUTEN EINWEICHZEIT
GARZEIT: 20 MINUTEN
PERSONEN: 4

素蚂蚁上树
GEMÜSE AUF GLASNUDELN

- 2 GETROCKNETE SHIITAKE
- 50 G KAOFU, IN KLEINERE STÜCKE GEZUPFT
- 75 G GLASNUDELN, IN 10 CM LANGE STÜCKE GESCHNITTEN
- 750 ML PFLANZENÖL
- 25 G BAMBUSSPROSSEN, FEIN GEHACKT
- ½ TL SALZ
- 1 EL HELLE SOJASAUCE
- 1 TL SHAOXING-REISWEIN
- 200 ML HEISSE GEMÜSEBRÜHE (SEITE 92)
- 1 TL SPEISESTÄRKE
- 1 EL SESAMÖL
- GEDÄMPFTER REIS (SEITE 540) ZUM SERVIEREN

* Die Shiitake in eine Schüssel legen, mit kaltem Wasser bedecken und mindestens 20 Minuten einweichen. Herausnehmen, Wasser herausdrücken und die Stiele entfernen. Fein hacken. Das Einweichwasser in eine kleine Schüssel abseihen und beiseitestellen.
* Den Ofen auf 150 °C vorheizen.
* Den Kaofu auf einem Backblech verteilen und 15 Minuten im Ofen rösten, bis er trocken genug ist, um ihn von Hand zu zerbrechen. Etwas abkühlen lassen und zu Pulver zerstoßen.
* Die Glasnudeln in der Mitte locker mit Küchengarn zu einem Bündel zusammenbinden.
* Das Pflanzenöl in einem Wok oder hohen Topf auf 150 °C erhitzen oder bis ein Brotwürfel in 1½ Minuten braun wird. Das Glasnudelbündel ins Öl geben und etwa 20 Sekunden frittieren, bis alle Nudeln aufgegangen und weiß sind. Das Bündel auf einem Servierteller anrichten und das Garn entfernen.
* Das Öl bis auf etwa 1 Esslöffel abgießen. Pilze, Kaofupulver, Bambussprossen, Salz, Sojasauce, Reiswein, Einweichwasser und Gemüsebrühe zufügen. Die Brühe zum Kochen bringen, dann auf schwache Hitze reduzieren und 2 Minuten köcheln lassen.
* Die Stärke in einer kleinen Schüssel mit 1 Esslöffel Wasser anrühren und in den Wok geben. Unter Rühren 30 Sekunden aufkochen lassen, bis die Sauce eindickt. Das Sesamöl einrühren und die Sauce über die Glasnudeln gießen. Mit Reis servieren.

口蘑锅巴
PILZSAUCE AUF KROSSEM REIS

HERKUNFT: SICHUAN
ZUBEREITUNGSZEIT: 5 MINUTEN
GARZEIT: 10 MINUTEN
PERSONEN: 2

Krosser Reis ist die Kruste, die sich am Boden bildet, wenn Reis in einem Schmortopf gegart wird. In einigen Supermärkten mit asiatischen Lebensmitteln ist er inzwischen schon abgepackt erhältlich.

* Die Gemüsebrühe in einem Topf erhitzen. Pilze, Bambussprossen, Salz, Sojasauce und Reiswein zufügen und alles zum Kochen bringen. Den Spinat zufügen, auf schwache Hitze reduzieren und etwa 2 Minuten köcheln lassen, bis er zusammengefallen ist. Die Stärke mit 1 Esslöffel Wasser anrühren und die Mischung in den Topf rühren. Unter Rühren 30 Sekunden aufkochen lassen, bis die Sauce eindickt.
* Das Öl in einem Wok oder hohen Topf auf 150 °C erhitzen oder bis ein Brotwürfel in 1½ Minuten braun wird. Den krossen Reis zufügen und in 3–4 Minuten goldbraun frittieren.
* Den krossen Reis auf einem großen Servierteller anrichten und die Sauce darübergießen. Mit Reis servieren.

- 250 ML GEMÜSEBRÜHE (SEITE 92)
- 2 PORTOBELLO-PILZE, IN 2 MM DICKE SCHEIBEN GESCHNITTEN
- 50 G BAMBUSSPROSSEN, IN SCHEIBEN, ABGETROPFT
- ½ TL SALZ
- 2 TL SOJASAUCE
- 2 TL SHAOXING-REISWEIN
- 100 G JUNGER SPINAT
- 1 TL SPEISESTÄRKE
- 250 ML PFLANZENÖL
- 100 G KROSSER REIS, IN 4 CM GROSSE QUADRATE GEBROCHEN
- GEDÄMPFTER REIS (SEITE 540) ZUM SERVIEREN

香菇盒
SHIITAKE-SANDWICHES

HERKUNFT: ANHUI
ZUBEREITUNGSZEIT: 15 MINUTEN, ZZGL 20 MINUTEN EINWEICHZEIT
GARZEIT: 15 MINUTEN
PERSONEN: 6

* Die Shiitake in eine Schüssel legen, mit kaltem Wasser bedecken und mindestens 20 Minuten einweichen. Herausnehmen, Wasser herausdrücken und die Stiele entfernen.
* In der Einweichzeit die Füllung zubereiten: Alle Zutaten (aber nur ½ Teelöffel Stärke) gründlich verrühren. Die Füllung in 6 gleiche Portionen teilen.
* Die Pilze auf ein Schneidbrett legen und die Unterseite mit 1 Teelöffel Stärke bestäuben. Die Füllung auf 6 Pilze verteilen, die anderen 6 darauflegen und auf einem ofenfesten Teller anrichten.
* Den Teller in einem Dämpfeinsatz oder Bambus-Dämpfkorb über einen Topf mit kochendem Wasser stellen. Mit Deckel 10 Minuten dämpfen. Das Wasser vom Teller abgießen. Warm stellen.
* Hühnerbrühe und Sojasauce in einem Topf zum Kochen bringen. In einer kleinen Schüssel den restlichen ½ Teelöffel Stärke mit ½ Esslöffel Wasser anrühren und die Mischung in den Wok rühren. Unter Rühren 30 Sekunden aufkochen lassen, bis die Sauce eindickt. Sesamöl zufügen und die Sauce über die Sandwiches träufeln. Mit Reis servieren.

- 12 GETROCKNETE SHIITAKE (ALLE ÄHNLICH GROSS)
- 60 ML HÜHNERBRÜHE (SEITE 90)
- 1 TL HELLE SOJASAUCE
- 1 TL SESAMÖL
- GEDÄMPFTER REIS (SEITE 540) ZUM SERVIEREN

FÜR DIE FÜLLUNG:
- 60 G MAGERES SCHWEINEHACKFLEISCH
- 1 EL GEHACKTER SCHINKEN
- 2 TL GEHACKTE FRÜHLINGSZWIEBEL
- ¼ TL SALZ
- ¼ TL ZUCKER
- 2 TL SPEISESTÄRKE
- ½ EI, VERRÜHRT
- 1 TL PFLANZENÖL

HERKUNFT: BUDDHISTISCH-VEGETARISCH
ZUBEREITUNGSZEIT: 15 MINUTEN,
 ZZGL. 20 MINUTEN EINWEICHZEIT
GARZEIT: 1 STUNDE 15 MINUTEN
PERSONEN: 4

素炒鳝丝
SAUTIERTE SHIITAKE

- 100 G GETROCKNETE SHIITAKE
- 1 EL HELLE SOJASAUCE
- 1 EL INGWERSAFT
- 250 ML PFLANZENÖL, ZZGL. 2 EL
- 150 G SPEISESTÄRKE
- 90 G BAMBUSSPROSSEN, IN SCHEIBEN, ABGETROPFT
- 1 EL SESAMÖL
- ½ TL WEISSER REISESSIG
- GEDÄMPFTER REIS (SEITE 540) ZUM SERVIEREN

FÜR DIE SAUCE:
- 4 STÄNGEL KORIANDERGRÜN, IN 4 CM LANGE ABSCHNITTE GESCHNITTEN
- 2 FRÜHLINGSZWIEBELN, IN 4 CM LANGE DÜNNE STREIFEN GESCHNITTEN
- 5 G INGWER (CA. 1 CM), IN 4 CM LANGE DÜNNE STREIFEN GESCHNITTEN
- 1 EL SESAMÖL
- 2 TL SHAOXING-REISWEIN
- ½ TL SALZ
- ¼ TL GEMAHLENER WEISSER PFEFFER

* Die Shiitake in eine Schüssel legen, mit kaltem Wasser bedecken und mindestens 20 Minuten einweichen. Herausnehmen, Wasser herausdrücken und die Stiele entfernen.
* Die Shiitake in eine ofenfeste Schüssel legen und mit Sojasauce, Ingwersaft und 2 Esslöffeln Pflanzenöl mischen. Die Schüssel in einem Dämpfeinsatz oder Bambus-Dämpfkorb über einen Topf mit kochendem Wasser stellen. Mit Deckel 1 Stunde dämpfen. (Falls erforderlich, Wasser nachfüllen.)
* Die Pilze zum Abtropfen in ein Sieb geben und abkühlen lassen, dann in 3 mm dicke Streifen schneiden.
* Für die Sauce alle Zutaten in einer Schüssel gründlich verrühren und beiseitestellen.
* Die restlichen 250 ml Pflanzenöl in einem Wok oder hohen Topf auf 170 °C erhitzen oder bis ein Brotwürfel in 45 Sekunden braun wird. Die Stärke in das Sieb mit den Pilzen streuen und einige Male wenden, bis die Pilzstreifen überall bedeckt sind. Überschüssige Stärke abschütteln.
* Die überzogenen Pilzstreifen ins Öl gleiten lassen und in 3–4 Minuten bissfest und knusprig frittieren. Die Bambussprossen zufügen und 30 Sekunden mitfrittieren. Mit einem Schaumlöffel Pilze und Bambussprossen vorsichtig aus dem Öl heben und auf Küchenpapier abtropfen lassen. Das Öl abgießen.
* Pilze und Bambussprossen wieder in den Wok geben, die Sauce zufügen und auf starker Hitze 3 Minuten sautieren, bis die Sauce zum größten Teil verdampft ist. Sesamöl und Essig unterrühren und auf einem Servierteller anrichten. Sofort mit Reis servieren.

红烧牛肝菌
SAUTIERTE STEINPILZE

HERKUNFT: YUNNAN
ZUBEREITUNGSZEIT: 15 MINUTEN
GARZEIT: 10 MINUTEN
PERSONEN: 4

* Eventuellen Schmutz von den Pilzstielen schaben und die Pilze mit einem feuchten Geschirrtuch oder Küchenpapier abreiben. In große Stücke schneiden.
* Fleisch, ¼ Teelöffel Salz, ¼ Teelöffel Pfeffer und ½ Teelöffel Stärke in einer Schüssel mischen. Das Eiweiß zufügen und alles gründlich verrühren.
* Das Pflanzenöl in einem Wok oder hohen Topf auf 130 °C erhitzen. Die Steinpilze hineingeben und 1 Minute frittieren. Mit einem Schaumlöffel zum Abtropfen in ein Sieb geben.
* Das Fleisch ins heiße Öl gleiten lassen und 30 Sekunden frittieren. Mit einem Schaumlöffel vorsichtig aus dem Öl heben und auf Küchenpapier abtropfen lassen.
* Das Öl bis auf etwa 1 Teelöffel abgießen. Knoblauch, Ingwer und Frühlingszwiebel hineingeben und auf starker Hitze 1 Minute unter Rühren braten, bis sie duften. Die Paprikaschote zufügen und 30 Sekunden unter Rühren braten, Pilze, Fleisch, eingelegtes Gemüse, den restlichen ¼ Teelöffel Salz, Sojasauce, Zucker, ¼ Teelöffel Pfeffer und Hühnerbrühe zufügen und alles 2 Minuten garen. In einer kleinen Schüssel den restlichen Teelöffel Stärke mit 1 Esslöffel Wasser anrühren und die Mischung in den Wok rühren. Unter Rühren 30 Sekunden aufkochen lassen, bis die Sauce eindickt.
* Das Sesamöl einrühren und auf einem Servierteller anrichten. Mit Reis servieren.

- 350 G FRISCHE STEINPILZE
- 60 G SCHWEINEFILET, IN SCHEIBEN GESCHNITTEN
- ½ TL SALZ
- ½ TL GEMAHLENER WEISSER PFEFFER
- ½ EL SPEISESTÄRKE
- ½ EIWEISS
- 475 ML PFLANZENÖL
- 2 KNOBLAUCHZEHEN
- 2 INGWERSCHEIBEN
- 1 FRÜHLINGSZWIEBEL, IN 5 CM LANGE STÜCKE GESCHNITTEN
- ½ ROTE PAPRIKASCHOTE, SAMEN ENTFERNT UND GEWÜRFELT
- 1 CAYENNE-CHILISCHOTE, SAMEN ENTFERNT UND GEWÜRFELT
- 3 EL EINGELEGTES GEMÜSE, IN KLEINE STÜCKE GESCHNITTEN
- 1 TL HELLE SOJASAUCE
- 1 TL ZUCKER
- 2 EL HÜHNERBRÜHE (SEITE 90)
- ½ EL SESAMÖL
- GEDÄMPFTER REIS (SEITE 540) ZUM SERVIEREN

HERKUNFT: BUDDHISTISCH-VEGETARISCH
ZUBEREITUNGSZEIT: 10 MINUTEN,
　ZZGL. 20 MINUTEN EINWEICHZEIT
GARZEIT: 10 MINUTEN
PERSONEN: 4

素脆鳝
KNUSPRIGE SHIITAKE

- 100 G GROSSE GETROCKNETE SHIITAKE
- 4 EL SPEISESTÄRKE
- 3 EL GEMÜSEBRÜHE (SEITE 92)
- 2 EL SCHWARZER REISESSIG ODER BALSAMICO-ESSIG
- 4 TL ZUCKER
- 2 TL HELLE SOJASAUCE
- ½ TL SALZ
- 250 ML PFLANZENÖL
- 10 G INGWER (CA. 2 CM), FEIN GEHACKT
- 1 EL SESAMSAAT, GERÖSTET
- GEDÄMPFTER REIS (SEITE 540) ZUM SERVIEREN

* Die Shiitake in eine Schüssel legen, mit kaltem Wasser bedecken und mindestens 20 Minuten einweichen. Herausnehmen, Wasser herausdrücken und die Stiele entfernen. In 2 mm breite Streifen schneiden. Wieder in die Schüssel legen und mit der Stärke mischen.
* Gemüsebrühe, Essig, Zucker, Sojasauce und Salz in einer kleinen Schüssel gründlich verrühren.
* Das Öl in einem Wok oder einer großen Pfanne auf mittlerer Hitze auf etwa 170 °C erhitzen oder bis ein Brotwürfel in 45 Sekunden braun wird. Die Pilze in kleinen Portionen hineingeben und in 3 Minuten goldbraun und kross braten. Mit einem Schaumlöffel die Pilze aus dem Öl heben und auf Küchenpapier abtropfen lassen.
* Das Öl bis auf etwa 1 Esslöffel abgießen und den Wok auf mittlere Hitze stellen. Den Ingwer hineingeben und 1 Minute unter Rühren braten, bis er duftet. Die Sauce zufügen und zum Kochen bringen. Auf starke Hitze erhöhen und etwa 4 Minuten kochen lassen, bis die Sauce um die Hälfte eingekocht ist.
* Die Pilze zufügen und zügig untermischen, bis sie überall mit der Sauce bedeckt sind. Auf einem Servierteller anrichten und mit der gerösteten Sesamsaat garnieren. Mit Reis servieren.

山桃仁冬菇
SHIITAKE MIT PFIRSICHKERNEN

HERKUNFT: NORDOSTEN
ZUBEREITUNGSZEIT: 5 MINUTEN, ZZGL. 20 MINUTEN EINWEICHZEIT
GARZEIT: 1 STUNDE 20 MINUTEN
PERSONEN: 4

* Die Shiitake in eine Schüssel legen, mit kaltem Wasser bedecken und mindestens 20 Minuten einweichen. Herausnehmen, Wasser herausdrücken und die Stiele entfernen.
* Einen Topf Wasser zum Kochen bringen, die Pfirsichkerne hineingeben und 4–5 Minuten blanchieren, bis die Häute zu schrumpeln beginnen. Abtropfen lassen und unter fließendem kaltem Wasser abspülen. Schälen und gründlich mit Küchenpapier abtrocknen.
* Die Pfirsichkerne in einen Wok oder einen hohen Topf geben, mit Pflanzenöl bedecken und auf schwacher bis mittlerer Hitze in 5–10 Minuten knusprig frittieren. Mit einem Schaumlöffel vorsichtig aus dem Öl heben und auf Küchenpapier abtropfen lassen. Das Pflanzenöl wegschütten.
* Das Sesamöl auf mittlerer Hitze heiß werden lassen. Die Ingwerscheiben hineingeben und 1 Minute unter Rühren braten, bis sie duften. Pilze und Gemüsebrühe zufügen, zum Kochen bringen, auf schwache Hitze reduzieren und 1 Stunde köcheln lassen, dabei häufig rühren, damit nichts anbrennt. Die Pilze in eine Schüssel füllen.
* Die restlichen 2 Esslöffel Öl auf starker Hitze im Wok heiß werden lassen. Den gehackten Ingwer hineingeben und 1 Minute unter Rühren braten, bis er duftet. Pilze und Pfirsichkerne zufügen. Sojasauce, Zucker und Salz zufügen. Die Stärke mit 1 Esslöffel Wasser anrühren und die Mischung in den Wok rühren. Unter Rühren 30 Sekunden aufkochen lassen, bis die Sauce eindickt. Auf einem Servierteller anrichten und mit Reis servieren.

• 50 G GETROCKNETE SHIITAKE
• 150 G PFIRSICHKERNE
• 2 EL PFLANZENÖL, ZZGL. ETWAS MEHR ZUM FRITTIEREN
• 2 TL SESAMÖL
• 20 G INGWER (CA. 2,5 CM), 1 HÄLFTE IN SCHEIBEN GESCHNITTEN, 1 HÄLFTE GEHACKT
• 250 ML GEMÜSEBRÜHE (SEITE 92)
• 1 TL HELLE SOJASAUCE
• ½ TL ZUCKER
• ¼ TL SALZ
• 1 TL SPEISESTÄRKE
• GEDÄMPFTER REIS (SEITE 540) ZUM SERVIEREN

HERKUNFT: HAKKA
ZUBEREITUNGSZEIT: 10 MINUTEN,
 ZZGL. 30 MINUTEN EINWEICH- UND
 10 MINUTEN MARINIERZEIT
GARZEIT: 3–4 MINUTEN
PERSONEN: 4

客家小炒
CHINAPFANNE NACH HAKKA-ART

- 40 G GETROCKNETER TINTENFISCH
- ½ EL GROBES SALZ
- 200 G SCHWEINEFILET, IN DICKE STREIFEN GESCHNITTEN
- 1 TL ZUCKER
- 2 TL HELLE SOJASAUCE
- ½ TL SPEISESTÄRKE
- 1 TL PFLANZENÖL, ZZGL. 2 EL
- 1 ROTE CHILISCHOTE, SAMEN ENTFERNT UND IN STREIFEN GESCHNITTEN
- 1 TL SHA-CHA-SAUCE
- 1 EL REISWEIN
- 200 G SCHNITTLAUCH, IN 5 CM LANGE STÜCKE GESCHNITTEN
- 1 STÄNGEL SCHNITTSELLERIE, BLÄTTER ENTFERNT, IN 5 CM LANGE STÜCKE GESCHNITTEN
- ⅛ TL GEMAHLENER WEISSER PFEFFER
- GEDÄMPFTER REIS (SEITE 540) ZUM SERVIEREN

* Getrockneten Tintenfisch, Salz und 475 ml kaltes Wasser in eine Schüssel geben und 30 Minuten stehen lassen. Unter fließendem kaltem Wasser abspülen. Die dünne Haut vom Tintenfisch abziehen und diesen waagerecht in 2 mm dicke Streifen schneiden.
* Fleischstreifen, Zucker und 1 Teelöffel Sojasauce mischen und 10 Minuten marinieren. Die Stärke und 1 Teelöffel Öl untermischen.
* 1 Esslöffel Öl in einem Wok oder einer großen Pfanne erhitzen. Das Fleisch hineingeben und auf starker Hitze in 1 Minute unter Rühren gar braten. Auf einen Teller legen.
* Den restlichen Esslöffel Öl in den Wok geben, Tintenfisch und Chilistreifen hineingeben und auf starker Hitze etwa 30 Sekunden unter kräftigem Rühren braten. Die Sha-Cha-Sauce zufügen und den Reiswein an der Wokwand entlang einträufeln. Schnittlauch, Schnittsellerie und Fleisch zufügen und 1 Minute unterrühren. Den restlichen Teelöffel Sojasauce und den Pfeffer zufügen, gründlich umrühren und auf einem Servierteller anrichten. Mit Reis servieren.

HERKUNFT: HONGKONG
ZUBEREITUNGSZEIT: 5 MINUTEN
GARZEIT: 5 MINUTEN
PERSONEN: 4

清炒番薯叶
GEBRATENE YAMBLÄTTER

- 250 G YAM- ODER SPINATBLÄTTER
- 1 EL PFLANZENÖL
- 2 KNOBLAUCHZEHEN, GEHACKT
- 1 ROTE CHILISCHOTE, SAMEN ENTFERNT UND IN STÜCKE GESCHNITTEN
- ¼ TL SALZ

* Die Yamblätter abspülen und die Stiele bis auf 2 cm unter den Blättern abschneiden.
* Das Öl in einem Wok oder einer großen Pfanne erhitzen. Knoblauch und Chili hineingeben und auf schwacher Hitze 1 Minute unter Rühren braten, bis sie duften. Die Yamblätter hineingeben und auf mittlerer Hitze 2 Minuten unter kräftigem Rühren braten, bis sie eben gar sind. Salzen und noch 1 Minute unter Rühren braten. Auf einem Servierteller anrichten und servieren.

素蟹粉
VEGETARISCHES KREBSFLEISCH

HERKUNFT: BUDDHISTISCH-VEGETARISCH
ZUBEREITUNGSZEIT: 5 MINUTEN
GARZEIT: 20 MINUTEN
PERSONEN: 4

* Einen Topf Wasser zum Kochen bringen, Kartoffeln und Karotten hineingeben und in 15 Minuten gar kochen. Abtropfen lassen und mit einer Gabel zerdrücken.
* 3 Esslöffel Öl in einem Wok oder einer großen Pfanne auf mittlerer Hitze heiß werden lassen. Den Ingwer hineingeben und 1 Minute unter Rühren braten, bis er duftet. Kartoffeln und Karotten, ¼ Teelöffel Salz und den Pfeffer zufügen und 1 Minute unter Rühren braten. Auf schwache Hitze reduzieren und noch 2 Minuten unter Rühren braten. Zucker und Essig zufügen und alle Zutaten kräftig verrühren. Auf einem Servierteller anrichten.
* Den restlichen Esslöffel Öl in einem sauberen Wok auf mittlerer Hitze heiß werden lassen. Pilze, den restlichen ¼ Teelöffel Salz und Gemüsebrühe zufügen und alles zum Kochen bringen. 30 Sekunden köcheln lassen. Die Stärke mit 1 Esslöffel Wasser anrühren und die Mischung in den Wok rühren. Unter Rühren 30 Sekunden aufkochen lassen, bis die Sauce eindickt. Die Frühlingszwiebeln zufügen und unterrühren. Nach Geschmack nachsalzen. Pilze und Sauce über die Kartoffeln und Karotten gießen. Mit Reis servieren.

- 3 KARTOFFELN, IN 2 CM DICKE SCHEIBEN GESCHNITTEN
- 2 KAROTTEN, IN 2 CM DICKE SCHEIBEN GESCHNITTEN
- 4 EL PFLANZENÖL
- 10 G INGWER (CA. 2 CM), GEHACKT
- ½ TL SALZ, ZZGL. ETWAS MEHR NACH GESCHMACK
- ⅛ TL GEMAHLENER WEISSER PFEFFER
- 1 EL ZUCKER
- 1 EL SCHWARZER REISESSIG ODER BALSAMICO-ESSIG
- 180 G STROHPILZE AUS DER DOSE, ABGETROPFT UND IN SCHEIBEN GESCHNITTEN
- 100 ML GEMÜSEBRÜHE (SEITE 92)
- 1 TL SPEISESTÄRKE
- 1 EL GEHACKTE FRÜHLINGSZWIEBELN
- GEDÄMPFTER REIS (SEITE 540) ZUM SERVIEREN

HERKUNFT: BUDDHISTISCH-VEGETARISCH
ZUBEREITUNGSZEIT: 15 MINUTEN,
   ZZGL. 40 MINUTEN EINWEICHZEIT
GARZEIT: 25 MINUTEN
PERSONEN: 6

南乳清斋
GEMÜSE MIT ROTEM FERMENTIERTEM TOFU

- 6 GETROCKNETE SHIITAKE
- 10 G MU-ERR
- 1 SILBEROHR
- 20 G GLASNUDELN
- ½ CHINAKOHL, IN 5 CM LANGE STÜCKE GESCHNITTEN
- 2 EL PFLANZENÖL
- 40 G INGWER (CA. 6 CM), IN SCHEIBEN GESCHNITTEN
- 1 WÜRFEL ROT FERMENTIERTER TOFU
- 400 ML GEMÜSEBRÜHE (SEITE 92)
- 30 G GINKGONÜSSE, GESCHÄLT
- 150 G FRITTIERTE SOJASTANGEN (SIEHE HINWEIS), IN 3 CM LANGE STÜCKE GESCHNITTEN
- ½ KAROTTE, IN SCHEIBEN GESCHNITTEN
- 2 EL VEGETARISCHE AUSTERNSAUCE ODER HELLE SOJASAUCE
- 1 TL SALZ
- 1 TL ZUCKER
- 150 G ZUCKERSCHOTEN, ENDEN ABGESCHNITTEN UND GEFÄDELT
- GEDÄMPFTER REIS (SEITE 540) ZUM SERVIEREN

* Die Shiitake in eine Schüssel legen, mit kaltem Wasser bedecken und mindestens 20 Minuten weich werden lassen. Herausnehmen, Wasser herausdrücken und die Stiele entfernen. Die Einweichflüssigkeit durch ein Sieb abseihen und aufheben.
* Mu-Err und Silberohr mit kaltem Wasser bedecken und 15 Minuten einweichen. Abgießen und die Mu-Err-Stiele entfernen. Das Silberohr in 3 cm große Quadrate zerpflücken.
* Die Glasnudeln etwa 5 Minuten in einer Schüssel mit heißem Wasser einweichen. Abtropfen lassen und beiseitestellen.
* Die Kohlblätter von den Stielen trennen.
* Das Öl in einem Wok oder einer großen Pfanne auf mittlerer bis starker Hitze heiß werden lassen. Den Ingwer hineingeben und 1 Minute unter Rühren braten, bis er duftet. Den roten Tofu zufügen und zerdrücken, dann Kohlstiele, Einweichwasser und Gemüsebrühe zufügen und zum Kochen bringen.
* Ginkgonüsse, Shiitake, Mu-Err, Silberohr, Sojastangen, Karotte und Kohlblätter in den Wok geben. Austernsauce, Salz und Zucker einrühren. Zum Kochen bringen, Deckel aufsetzen und auf schwacher Hitze 15 Minuten köcheln lassen.
* Die Glasnudeln zufügen, umrühren und die Zuckerschoten zufügen. Deckel aufsetzen und 5 Minuten köcheln lassen. Auf einem Servierteller anrichten und mit Reis servieren.

HINWEIS:
Frittierte Sojastangen sind in Asienmärkten erhältlich. Falls Sie keine bekommen, 475 ml Pflanzenöl in einem Wok auf 150 °C erhitzen oder bis ein Brotwürfel in 1½ Minuten braun wird. Die Sojastangen hineingeben und 3 Minuten frittieren, bis sie aufgegangen sind.

大豆芽炒肉松
SOJASPROSSEN MIT HACKFLEISCH

HERKUNFT: GUANGDONG
ZUBEREITUNGSZEIT: 45 MINUTEN
GARZEIT: 10 MINUTEN
PERSONEN: 4

* Rückenspeck, Hackfleisch, Sojasauce, Stärke und ½ Esslöffel Öl in einer Schüssel mischen.
* Die Sprossen in 1 cm lange Stücke schneiden. Die Keimblätter in einen Wok oder eine große Pfanne ohne Öl geben und auf schwacher Hitze 3 Minuten unter Rühren braten, bis die Flüssigkeit größtenteils verdampft ist. Aus dem Wok nehmen und beiseitelegen.
* 1 Esslöffel Öl in einem sauberen Wok auf starker Hitze heiß werden lassen, Keimblätter und Karotte einrühren, dann Sprossen, Ingwersaft und Reiswein zufügen und 1 Minute unter Rühren braten, bis die Sprossen durchscheinend werden. Abtropfen lassen und auf einem Servierteller anrichten.
* Den restlichen Esslöffel Öl auf mittlerer Hitze im Wok heiß werden lassen und den Knoblauch 1 Minute unter Rühren braten, bis er duftet. Die Fleischmasse zufügen und auf starker Hitze in 2 Minuten gar braten.
* Keimblätter, Sprossen und Salz einrühren und auf starker Hitze 1 Minute unter Rühren braten, bis die Flüssigkeit verdampft ist. Auf einem Servierteller anrichten und mit Reis servieren.

- 50 G RÜCKENSPECK VOM SCHWEIN, FEIN GEHACKT
- 150 G MAGERES SCHWEINEHACKFLEISCH, FEIN GEHACKT
- ½ TL HELLE SOJASAUCE
- ½ TL SPEISESTÄRKE
- 2 ½ EL PFLANZENÖL
- 300 G SOJASPROSSEN, WURZELENDEN ENTFERNT UND KEIMBLÄTTER VON DEN STÄNGELN GETRENNT
- ⅓ KAROTTE, GEHACKT
- 1 TL INGWERSAFT
- 1 TL REISWEIN
- 2 KNOBLAUCHZEHEN, GERIEBEN
- ½ TL SALZ
- GEDÄMPFTER REIS (SEITE 540) ZUM SERVIEREN

HERKUNFT: HONGKONG
ZUBEREITUNGSZEIT: 15 MINUTEN,
  ZZGL. 20 MINUTEN EINWEICHZEIT
GARZEIT: 45 MINUTEN
PERSONEN: 4

釀冬菇
GEFÜLLTE SHIITAKE

- 10 GETROCKNETE SHIITAKE
- 1 EL HELLE SOJASAUCE
- 1 ½ TL ZUCKER
- 1 EL SPEISESTÄRKE
- 750 ML PFLANZENÖL, ZZGL. 2 EL
- 1 GROSSE KARTOFFEL, IN 2 CM DICKE SCHEIBEN GESCHNITTEN
- 3 WASSERKASTANIEN, GEHACKT
- 1–2 EL FEIN GEHACKTE KAROTTE
- ¼ TL SALZ
- GEMAHLENER WEISSER PFEFFER NACH GESCHMACK
- GEDÄMPFTER REIS (SEITE 540) ZUM SERVIEREN

FÜR DEN TEIG:
- 3 EL MEHL
- 1 EL SPEISESTÄRKE
- ¼ TL NATRON
- ½ TL SALZ
- ½ EL PFLANZENÖL

* Die Shiitake mit kochendem Wasser bedecken und mindestens 20 Minuten einweichen. Herausnehmen, Wasser herausdrücken und die Stiele entfernen.
* In einer ofenfesten Schüssel 8 Shiitake, Sojasauce, 1 Teelöffel Zucker und Stärke gut verrühren. 1 Esslöffel Öl unterrühren.
* Die Schüssel in einem Dämpfeinsatz oder Bambus-Dämpfkorb über einen Topf mit kochendem Wasser stellen. Mit Deckel 15 Minuten auf starker Hitze dämpfen. Zum Abkühlen beiseitestellen.
* Die Kartoffelscheiben in einem Dämpfeinsatz oder Bambus-Dämpfkorb über einen Topf mit kochendem Wasser stellen und mit Deckel 20 Minuten dämpfen. In eine Schüssel füllen und stampfen.
* Während die Kartoffeln dämpfen, die 2 restlichen Shiitake würfeln.
* 1 Esslöffel Öl in einem Wok oder einer großen Pfanne erhitzen. Die gewürfelten Pilze, Wasserkastanien und Karotte hineingeben und 2 Minuten unter Rühren braten. Salz, den restlichen ½ Teelöffel Zucker und Pfeffer unterrühren. Den Kartoffelbrei zufügen und mit den anderen Zutaten zu einer Füllung verrühren.
* Für den Teig alle Zutaten mit 4 Esslöffeln Wasser in einer großen Schüssel gründlich verrühren.
* Die gedämpften Pilze mit der Füllmasse füllen.
* Die restlichen 750 ml Öl in einem Wok oder hohen Topf auf 150 °C erhitzen oder bis ein Brotwürfel in 1 ½ Minuten braun wird. Die gefüllten Pilze in den Teig tauchen, ins heiße Öl gleiten lassen und in 4 Minuten goldbraun frittieren. Mit einem Schaumlöffel vorsichtig aus dem Öl heben und auf Küchenpapier abtropfen lassen. Mit Reis servieren.

三丝干巴菌
GEBRATENE GANBA-PILZE

HERKUNFT: YUNNAN
ZUBEREITUNGSZEIT: 30 MINUTEN
GARZEIT: 10 MINUTEN
PERSONEN: 4

* Die Pilzstreifen in eine Schüssel legen und gründlich mit ¼ Teelöffel Salz abreiben. Abspülen, in eine saubere Schüssel geben und das Mehl zufügen. Die Pilzstreifen gründlich damit abreiben, dann erneut mit Wasser spülen, um alle Schmutzpartikel und Verunreinigungen zu entfernen. Überschüssiges Wasser herausdrücken.
* Die Pilzstreifen in einem Dämpfeinsatz oder Bambus-Dämpfkorb über einen Topf mit kochendem Wasser stellen. Mit Deckel 5 Minuten dämpfen. Zum Abkühlen beiseitestellen.
* Die Stärke in eine Schüssel geben. 1 Esslöffel Wasser zufügen, umrühren und warten, bis die Stärke sich absetzt. Das Wasser abgießen, sodass nur noch die feuchte Stärke übrig bleibt. Mit dem Eiweiß zu einem Teig verrühren. Die Hähnchenstreifen hineingeben und alles gut mischen.
* 2 Esslöffel Öl in einem Wok oder einer großen Pfanne auf mittlerer Hitze heiß werden lassen. Die Hähnchenstreifen aus dem Teig nehmen, in den Wok legen und 30 Sekunden unter Rühren braten. Auf einen Teller legen.
* Die Pilze auf mittlerer Hitze in den Wok geben und 15 Sekunden unter Rühren braten. Auf einen Teller legen.
* Den restlichen Esslöffel Öl in einem Wok auf mittlerer bis starker Hitze heiß werden lassen und den Knoblauch darin 1 Minute unter Rühren braten, bis er duftet. Schinken, Cayenne-Chili und Hähnchen zufügen und in 3–4 Minuten unter Rühren gar braten. Pilze zufügen, alles mischen und auf einem Servierteller anrichten. Mit Reis servieren.

- 200 G FRISCHE GANBA-PILZE, GESÄUBERT UND IN DÜNNE STREIFEN GERISSEN
- 1 TL SALZ
- 1 TL MEHL
- 1 TL SPEISESTÄRKE
- ½ EIWEISS, VERRÜHRT
- 2 HÄHNCHENBRÜSTE, IN DÜNNE STREIFEN GESCHNITTEN
- 3 EL PFLANZENÖL
- 5–6 KNOBLAUCHZEHEN, GEHACKT
- 80 G GEKOCHTER YUNNAN-SCHINKEN, IN DÜNNE STREIFEN GESCHNITTEN
- ½ CAYENNE-CHILISCHOTE, IN FEINE STREIFEN GESCHNITTEN
- GEDÄMPFTER REIS (SEITE 540) ZUM SERVIEREN

HERKUNFT: HUNAN
ZUBEREITUNGSZEIT: 10 MINUTEN,
 ZZGL. 5 MINUTEN MARINIERZEIT
GARZEIT: 5 MINUTEN
PERSONEN: 4

肉末酸豆角
EINGELEGTE GRÜNE BOHNEN MIT HACKFLEISCH

- 150 G SCHWEINEHACKFLEISCH
- 1 TL HELLE SOJASAUCE
- ½ TL ZUCKER
- ½ TL SPEISESTÄRKE
- 1 EL PFLANZENÖL
- 2 KNOBLAUCHZEHEN, ZERDRÜCKT
- 2 ROTE CHILISCHOTEN, SAMEN ENTFERNT UND IN STREIFEN GESCHNITTEN
- 250 G EINGELEGTE GRÜNE BOHNEN, ABGESPÜLT UND GEHACKT
- GEDÄMPFTER REIS (SEITE 540) ZUM SERVIEREN

* Hackfleisch, Sojasauce, Zucker und 2 Esslöffel Wasser in einer Schüssel mischen. 5 Minuten marinieren, dann die Stärke unterrühren.
* Das Öl in einem Wok oder einer großen Pfanne auf schwacher Hitze heiß werden lassen. Knoblauch und Chili hineingeben und 1 Minute unter Rühren braten, bis sie duften. Das Hackfleisch zufügen und 2–3 Minuten auf starker Hitze unter kräftigem Rühren gar braten. Die eingelegten grünen Bohnen zufügen und noch 1 Minute unter Rühren braten. Auf einem Servierteller anrichten und mit Reis servieren.

HERKUNFT: BUDDHISTISCH-VEGETARISCH
ZUBEREITUNGSZEIT: 5 MINUTEN
GARZEIT: 10 MINUTEN
PERSONEN: 2

雪菜毛豆
SOJABOHNEN MIT TOFU UND FERMENTIERTEM KOHLGEMÜSE

- 300 G FRISCHE SOJABOHNEN, GEPALT
- 200 G FERMENTIERTES KOHLGEMÜSE, ABGESPÜLT
- 2 EL PFLANZENÖL
- 1 EL GEHACKTER INGWER
- 1 STÜCK HALBTROCKENER TOFU, IN 1 CM GROSSE WÜRFEL GESCHNITTEN
- 1 ROTE PAPRIKA, SAMEN ENTFERNT UND IN 1 CM GROSSE WÜRFEL GESCHNITTEN
- ½ TL SALZ
- ½ TL ZUCKER
- 1 TL HELLE SOJASAUCE
- 1 TL SESAMÖL
- GEDÄMPFTER REIS (SEITE 540) ZUM SERVIEREN

* Einen großen Topf Wasser zum Kochen bringen, die Sojabohnen hineingeben und 2 Minuten blanchieren. Abtropfen lassen und unter fließendem kaltem Wasser abspülen.
* Überschüssiges Wasser aus dem Kohlgemüse drücken, Enden abschneiden und hacken.
* Das Pflanzenöl in einem Wok oder einer großen Pfanne auf mittlerer bis starker Hitze heiß werden lassen. Den Ingwer hineingeben und 30 Sekunden unter Rühren braten, bis er duftet. Sojabohnen, Kohlgemüse und Tofu zufügen und 3 Minuten sautieren. Paprika, Salz, Zucker und Sojasauce zufügen und 1 Minute sautieren. Das Sesamöl unterrühren, auf einem Servierteller anrichten und mit Reis servieren.

栗子烧面筋
SEITAN MIT MARONEN

HERKUNFT: BUDDHISTISCH-VEGETARISCH
ZUBEREITUNGSZEIT: 5 MINUTEN
GARZEIT: 10 MINUTEN
PERSONEN: 4

* Das Pflanzenöl in einem Wok oder einer großen Pfanne auf starker Hitze heiß werden lassen. Den Ingwer hineingeben und 1 Minute unter Rühren braten, bis er duftet. Seitan, Maronen, Sojasauce, Zucker und 4 Esslöffel Wasser zufügen und alles zum Kochen bringen.
* Auf mittlere Hitze reduzieren und etwa 5 Minuten sautieren, bis die Sauce vollständig aufgenommen ist. Das Sesamöl einrühren, auf einem Servierteller anrichten. Mit Reis servieren.

- 2 EL PFLANZENÖL
- 1 EL GEHACKTER INGWER
- 150 G SEITAN, IN 2,5 × 4 CM GROSSE, 5 MM DICKE STÜCKE GESCHNITTEN
- 150 G GESCHÄLTE MARONEN
- 1 ½ EL HELLE SOJASAUCE
- 2 TL ZUCKER
- ½ TL SESAMÖL
- GEDÄMPFTER REIS (SEITE 540) ZUM SERVIEREN

栗子烧大葱
WINTERZWIEBELN MIT MARONEN

HERKUNFT: SHANXI
ZUBEREITUNGSZEIT: 15 MINUTEN, ZZGL. 5 MINUTEN EINWEICHZEIT
GARZEIT: 25 MINUTEN
PERSONEN: 4

* Die getrockneten Garnelen 5 Minuten in einer kleinen Schüssel mit Wasser einweichen. Abtropfen lassen und beiseitestellen.
* Das Öl in einem Wok oder einer großen Pfanne erhitzen. Die Winterzwiebeln hineingeben und auf schwacher Hitze 1–2 Minuten unter Rühren braten, bis sie duften. Mit einem Schaumlöffel auf einen Teller legen.
* Im verbliebenen Öl Knoblauch und Frühlingszwiebel 1–2 Minuten unter Rühren braten, bis sie duften. Fleischstreifen, Salz und Sojasauce zufügen und 2–3 Minuten unter Rühren braten, bis das Fleisch gar ist.
* Das Fleisch in die Mitte einer ofenfesten Schüssel legen, die geschälten Maronen außenherum verteilen und Winterzwiebeln und Garnelen darüberstreuen. Mit dem Zucker bestreuen.
* In einem Dämpfeinsatz oder Bambus-Dämpfkorb über einen Topf mit kochendem Wasser stellen. Mit Deckel 15 Minuten dämpfen. Herausnehmen und die Sauce in eine weitere Schüssel abseihen.
* Einen Servierteller über die Schüssel mit dem Fleisch legen und den Schüsselinhalt mithilfe von Geschirrtüchern auf den Teller stürzen. (Alternative: Mit einer Zange auf den Teller legen.) Die Sauce im Wok über das Fleisch gießen. Mit Reis servieren.

- ½ EL GETROCKNETE GARNELEN
- 2 EL PFLANZENÖL
- 600 G WINTERZWIEBELN ODER FRÜHLINGSZWIEBELN, IN 5 CM LANGE STÜCKE GESCHNITTEN
- 2 KNOBLAUCHZEHEN, IN SCHEIBEN GESCHNITTEN
- 1 FRÜHLINGSZWIEBEL, IN FEINE STREIFEN GESCHNITTEN
- 150 G SCHWEINEFILET, IN DÜNNE SCHEIBEN GESCHNITTEN
- ½ TL SALZ
- 1 TL HELLE SOJASAUCE
- 100 G GESCHÄLTE MARONEN
- 1 EL ZUCKER
- GEDÄMPFTER REIS (SEITE 540) ZUM SERVIEREN

HERKUNFT: HAKKA
ZUBEREITUNGSZEIT: 45 MINUTEN,
  ZZGL. 30 MINUTEN RUHEZEIT
GARZEIT: 5 MINUTEN
PERSONEN: 4
SEITE 483

炒算盘子
GEBRATENE ABAKUSPERLEN

- 2 EL GETROCKNETE GARNELEN
- 300 G TARO, IN KLEINE STÜCKE GESCHNITTEN
- 150 G TAPIOKASTÄRKE
- ½ TL SALZ
- 2 EL PFLANZENÖL, ZZGL. ETWAS MEHR ZUM EINFETTEN
- 3 SCHALOTTEN, FEIN GEHACKT
- 1 ROTE CHILISCHOTE, SAMEN ENTFERNT UND FEIN GEHACKT
- 1 TL GARNELENPASTE
- 1 TL ZUCKER
- 2 FRÜHLINGSZWIEBELN, IN FEINE STREIFEN GESCHNITTEN, ZZGL. ETWAS MEHR ZUM GARNIEREN
- GEDÄMPFTER REIS (SEITE 540) ZUM SERVIEREN

Die Hakka führen traditionell ein einfaches Leben, und die Frauen sind häufig für die Finanzen zuständig. Durch das Formen des Taropürees zu Abakusperlen sollte vermittelt werden, wie wichtig richtiges Wirtschaften ist. Noch heute gehört die Zubereitung dieses Gerichts in manchen Teilen der Welt für Hakka-Kinder zu ihrer normalen Erziehung.

* Die getrockneten Garnelen 5 Minuten in einer Schüssel mit warmem Wasser einweichen, dann fein hacken.
* Den Taro in einer ofenfesten Schüssel in einem Dämpfeinsatz oder Bambus-Dämpfkorb über einen Topf mit kochendem Wasser stellen. Mit Deckel 30 Minuten dämpfen. Vorsichtig herausnehmen und mit der Gabel zerdrücken.
* Die Tapiokastärke zufügen, dann nach und nach 175 ml Wasser zugießen und mit der Hand zu einem Teig verkneten. 30 Minuten stehen lassen.
* Einen großen Teller mit Öl einfetten.
* 1 Esslöffel Öl in eine große Schüssel geben und beiseitestellen.
* Ein kleines Stück Teig (etwa 5 g) zu einer Kugel rollen. Leicht zusammendrücken und mit Daumen und Zeigefinger eine Mulde in die Mitte drücken, sodass die Form einer Abakusperle ähnelt. Auf den eingefetteten Teller legen. Mit dem restlichen Teig ebenso verfahren.
* Einen großen Topf Wasser zum Kochen bringen. Die Perlen hineingeben und 1 Minute kochen. Sobald sie an die Oberfläche steigen, mit einem Schaumlöffel herausheben und in die vorbereitete Schüssel legen. Die Perlen dabei im Öl wälzen, damit sie nicht zusammenkleben.
* Eine antihaftbeschichtete Pfanne erhitzen und die Perlen hineingeben. Auf mittlerer Hitze 1–2 Minuten leicht anbräunen. Auf einen Servierteller legen.
* Den restlichen Esslöffel Öl auf mittlerer Hitze in einer Pfanne heiß werden lassen und Garnelen, Schalotten, Chili, Garnelenpaste und Zucker hineingeben. Die Taroperlen zufügen und untermischen.
* Auf einem Servierteller anrichten und mit den Frühlingszwiebeln garnieren. Mit Reis oder zum Frühück servieren.

GEBRATENE ABAKUSPERLEN

HERKUNFT: SHUNDE
ZUBEREITUNGSZEIT: 10 MINUTEN,
  ZZGL. 30 MINUTEN MARINIERZEIT
GARZEIT: 20 MINUTEN
PERSONEN: 4

顺德小炒
SHUNDE-PFANNE

- 150 G SCHWEINEBAUCH, OHNE KNOCHEN, MIT HAUT
- 1 TL SALZ
- 2 EL PFLANZENÖL
- 75 G TARO, IN 4 CM DICKE STREIFEN GESCHNITTEN
- 3 INGWERSCHEIBEN
- 75 G SCHNITTKNOBLAUCHBLÜTEN, BLÜTEN ENTFERNT, IN 4 CM LANGE STÜCKE GESCHNITTEN
- 1 ROTE CHILISCHOTE, SAMEN ENTFERNT UND IN STREIFEN GESCHNITTEN
- 1 TL HELLE SOJASAUCE
- 75 G GELBER SCHNITTLAUCH, IN 4 CM LANGE STÜCKE GESCHNITTEN
- GEDÄMPFTER REIS (SEITE 540) ZUM SERVIEREN

* Den Schweinebauch mit dem Salz mischen und 30 Minuten marinieren. Unter fließendem kaltem Wasser abspülen und abtropfen lassen.
* Das Fleisch in einen großen Topf legen und mit Wasser bedecken. Auf starker Hitze zum Kochen bringen, auf schwache Hitze reduzieren und mit Deckel 10 Minuten köcheln lassen. Abtropfen lassen und unter fließendem kaltem Wasser abspülen, dann in Scheiben schneiden.
* Das Öl auf mittlerer Hitze in einem Wok oder einer großen Pfanne heiß werden lassen, den Taro hineingeben und in 4 Minuten kross braten. Herausnehmen und beiseitelegen.
* Den Ingwer in den Wok geben und auf starker Hitze 30 Sekunden unter Rühren braten. Das Fleisch zufügen und unter Rühren braten, bis es gebräunt ist, dann Schnittknoblauch, Chili und Sojasauce zufügen. Weitere 30 Sekunden unter Rühren braten. Gelben Schnittlauch und Taro unterrühren und alles gründlich mischen. Mit Reis servieren.

香酥荔芋卷
KNUSPRIGE TAROROLLEN

HERKUNFT: BUDDHISTISCH-VEGETARISCH
ZUBEREITUNGSZEIT: 15 MINUTEN
GARZEIT: 40 MINUTEN
PERSONEN: 4

* Den Taro in einem Dämpfeinsatz oder Bambus-Dämpfkorb über einen Topf mit kochendem Wasser stellen. Mit Deckel auf starker Hitze 30 Minuten dämpfen. In eine Schüssel füllen und noch heiß mit einer Gabel zerdrücken.
* Das Taropüree mit Salz, Zucker, Pfeffer und 1 Esslöffel Stärke zu einer dicken, aber streichbaren Paste verrühren. Falls sie zu fest ist, etwas Wasser zufügen. Die Paste in 4 gleiche Portionen teilen.
* Einen Topf Wasser zum Kochen bringen, die Karotte hineingeben und in etwa 2 Minuten gerade weich kochen. Abtropfen lassen.
* Den restlichen ½ Teelöffel Stärke mit ½ Teelöffel Wasser als Kleber anrühren.
* 1 Stück Sojahaut auf eine Bambusmatte zur Herstellung von Sushirollen legen. 1 Portion Taropaste auf der Haut verteilen, dabei an einem Ende etwa 1 cm frei lassen. Ein Stück Klarsichtfolie auf die Taropaste legen und mit den Händen so glatt streichen, dass die Schicht überall gleich stark ist. Mit einer Teigrolle auf der Sojahaut dünn ausrollen.
* 1 Karottenstift an einem Ende der Sojahaut auf die Taropaste legen (falls er nicht über die gesamte Länge reicht, zwei hintereinander legen) und die Sojahaut mithilfe der Bambusmatte zu einer festen Rolle aufrollen. Die Sojahaut an einem Ende mit der angerührten Stärke bestreichen und durch leichtes Andrücken verschließen. Die beiden Enden der Rolle sauber abschneiden. Mit den restlichen Sojahautstücken und der übrigen Taropaste ebenso verfahren. Die Tarorollen in 1,5 cm dicke Scheiben schneiden.
* Das Öl in einem Wok oder einem hohen Topf erhitzen. Die Tarorollenscheiben hineingleiten lassen und in 1–2 Minuten außen kross frittieren. Mit einem Frittierlöffel herausheben und auf Küchenpapier abtropfen lassen. Auf einem Servierteller anrichten. Falls gewünscht, mit Ketchup zum Dippen servieren.

- 300 G TARO, GESCHÄLT UND IN 1 CM GROSSE WÜRFEL GESCHNITTEN
- ½ TL SALZ
- ½ TL ZUCKER
- ¼ TL GEMAHLENER WEISSER PFEFFER
- 1 EL SPEISESTÄRKE, ZZGL. ½ TL
- 1 KAROTTE, IN 4 LANGE STIFTE (1 × 1 CM) GESCHNITTEN
- 4 SOJAHÄUTE, IN 4 QUADRATE (KANTENLÄNGE 20 CM) GESCHNITTEN
- 475 ML PFLANZENÖL
- KETCHUP ZUM SERVIEREN (NACH BELIEBEN)

HERKUNFT: SHUNDE
ZUBEREITUNGSZEIT: 10 MINUTEN
GARZEIT: 10 MINUTEN
PERSONEN: 4

大良煎藕餅
GEBRATENE LOTUSWURZEL-FRIKADELLEN

- 200 G GESCHÄLTE LOTUSWURZEL, ENDEN ABGESCHNITTEN
- 100 G SCHWEINEHACKFLEISCH
- ½ TL HELLE SOJASAUCE
- ¼ TL ZUCKER
- 1 PRISE GEMAHLENER WEISSER PFEFFER
- 1 ENTENLEBERWURST, GEHACKT
- ½ EI, VERRÜHRT
- 1 BUND KORIANDERGRÜN, GEHACKT
- 1½ EL SPEISESTÄRKE
- 3 EL PFLANZENÖL, ZZGL. ETWAS MEHR ZUM EINFETTEN
- GEDÄMPFTER REIS (SEITE 540) ZUM SERVIEREN

* Mit einem Stäbchen die Kanäle in der Lotuswurzel säubern und gründlich unter fließendem kaltem Wasser abspülen. Hacken.
* Hackfleisch, Sojasauce, Zucker und Pfeffer in einer großen Schüssel vermengen. Mit Stäbchen die Masse etwa 1 Minute in einer Richtung umrühren, bis eine zähe Frikadelle entsteht. Wurst, Lotuswurzel, Ei, Koriandergrün und Stärke zufügen und gründlich unterrühren. Mit nassen Händen 8–9 Kugeln aus der Mischung formen.
* Das Öl auf schwacher Hitze in einer Pfanne heiß werden lassen und die Kugeln einzeln hineinlegen.
* Den Rücken eines Pfannenwenders (Fischhebers) einölen und jede Kugel damit vorsichtig zu einer Frikadelle mit einem Durchmesser von etwa 5 cm drücken. Von jeder Seite in 4 Minuten goldbraun braten. Mit Reis servieren.

HERKUNFT: SHUNDE
ZUBEREITUNGSZEIT: 15 MINUTEN
GARZEIT: 30 MINUTEN
PERSONEN: 4

牛肉薯仔餅
KARTOFFEL-RINDFLEISCH-PUFFER

- 1 GROSSE KARTOFFEL, IN 1,5 CM DICKE SCHEIBEN GESCHNITTEN
- 2 KNOBLAUCHZEHEN, GEHACKT
- 100 G RINDERHACKFLEISCH
- 1 SCHALOTTE, GEHACKT
- ¼ TL SALZ
- 1 PRISE GEMAHLENER WEISSER PFEFFER
- 1 EL PFLANZENÖL
- 1 EI, VERRÜHRT

Dieses köstliche Gericht kann im Rahmen eines großen Familienessens oder als Snack serviert werden. Durch das Dämpfen lässt sich besser kontrollieren, wie viel Wasser die Kartoffeln aufnehmen, was sich auf die Konsistenz auswirkt.

* Die Kartoffeln auf einen ofenfesten Teller legen. Mit dem gehackten Knoblauch bestreuen und in einem Dämpfeinsatz oder Bambus-Dämpfkorb über einen Topf mit kochendem Wasser stellen. Mit Deckel 20 Minuten dämpfen.
* Die Kartoffeln in eine Schüssel füllen und mit einer Gabel zerdrücken. Hackfleisch, Schalotte, Salz und Pfeffer unterrühren.
* Aus der Kartoffelmasse 8 Kugeln formen und zu 1 cm dicken Puffern von 5 cm Durchmesser flach drücken.
* Das Öl in einer großen Pfanne erhitzen. Jeden Puffer mit dem verrührten Ei bestreichen und auf schwacher bis mittlerer Hitze in 3–4 Minuten goldbraun braten. Wenden und 3–4 Minuten von der anderen Seite braten. Servieren.

金玉满堂
KARTOFFEL-KAROTTEN-PÜREE

HERKUNFT: BUDDHISTISCH-VEGETARISCH
ZUBEREITUNGSZEIT: 10 MINUTEN,
ZZGL. 20 MINUTEN EINWEICHZEIT
GARZEIT: 20 MINUTEN
PERSONEN: 4

* Die Shiitake in eine Schüssel legen, mit kaltem Wasser bedecken und mindestens 20 Minuten einweichen. Herausnehmen, Wasser herausdrücken und die Stiele entfernen. In sehr feine Streifen schneiden.
* Kartoffeln und Karotten in einen großen Topf geben, mit Wasser bedecken und zum Kochen bringen. In etwa 15 Minuten weich kochen. Kartoffeln und Karotten stampfen.
* Einen Topf Wasser auf starker Hitze zum Kochen bringen, die Erbsen hineingeben und 2 Minuten blanchieren. Abtropfen lassen.
* Kartoffeln, Karotten, Pilze und Bambussprossen in eine große Schüssel geben. Salz, Reiswein und Zucker zufügen und zu einer Paste verrühren.
* 2 Esslöffel Öl in einem Wok erhitzen. Die Paste hineingeben und auf mittlerer Hitze unter Rühren braten, bis das Öl vollständig aufgenommen ist. Den restlichen Esslöffel Öl zufügen und weiterrühren, dann die Erbsen untermischen. Den Essig einrühren und auf einem Servierteller anrichten. Mit Reis servieren.

- 3 GETROCKNETE SHIITAKE
- 2 KARTOFFELN, GESCHÄLT
- 3 KAROTTEN, GEHACKT
- 30 G BAMBUSSPROSSEN, IN SCHEIBEN
- 50 G FRISCHE ODER TIEFGEKÜHLTE ERBSEN
- ½ TL SALZ
- 2 EL SHAOXING-REISWEIN
- 1 EL ZUCKER
- 3 EL PFLANZENÖL
- 2 TL WEISSER REISESSIG
- GEDÄMPFTER REIS (SEITE 540) ZUM SERVIEREN

HERKUNFT: SHUNDE
ZUBEREITUNGSZEIT: 10 MINUTEN,
 ZZGL. 10 MINUTEN EINWEICHZEIT
GARZEIT: 15 MINUTEN
PERSONEN: 4

家乡蒸藕粉
GEDÄMPFTE LOTUSWURZEL

- 1 EL GETROCKNETE GARNELEN
- 450 G GESCHÄLTE LOTUSWURZEL, ENDEN ABGESCHNITTEN
- ½ TL SALZ
- 1 ½ TL SÜSSKARTOFFELSTÄRKE
- 3 EL PFLANZENÖL
- GEDÄMPFTER REIS (SEITE 540) ZUM SERVIEREN

* Die getrockneten Garnelen abspülen, mit kaltem Wasser bedecken und 10 Minuten einweichen. Abtropfen lassen und fein hacken.
* Mit einem Stäbchen die Kanäle der Lotuswurzel säubern und gründlich unter fließendem kaltem Wasser abspülen. Grob hacken.
* Die Lotuswurzel in einen Mixer oder eine Küchenmaschine geben, 4 Esslöffel Wasser zufügen und grob pürieren.
* Die pürierte Lotuswurzel in eine Schüssel füllen, überschüssiges Wasser abgießen. Salz, Stärke und Öl zufügen und gründlich verrühren, dann in einen ofenfesten tiefen Teller füllen und die getrockneten Garnelen darauf anrichten.
* Den Teller mit Alufolie abdecken und in einem Dämpfeinsatz oder Bambus-Dämpfkorb über einen Topf mit kochendem Wasser stellen. Mit Deckel 15 Minuten dämpfen. Mit Reis servieren.

HERKUNFT: GUANGDONG
ZUBEREITUNGSZEIT: 20 MINUTEN
GARZEIT: 15 MINUTEN
PERSONEN: 6–8

火腿冬瓜夹
WINTERMELONEN-SANDWICHES MIT GEDÄMPFTEM SCHINKEN

- 600 G WINTERMELONE
- 100 G PÖKELSCHINKEN, IN 16 GLEICHE STÜCKE GESCHNITTEN
- 1 EL HONIG
- 4 INGWERSCHEIBEN
- 250 ML HÜHNERBRÜHE (SEITE 90)
- GEDÄMPFTER REIS (SEITE 540) ZUM SERVIEREN

* Die Wintermelone so schälen, dass noch eine Spur Grün übrig bleibt. In 4 gleich große Stücke schneiden, Schale und Samen entfernen.
* Jedes Melonenstück in 4 gleiche Stücke schneiden und jedes so tief einschneiden, dass 1 Stück Schinken hineinpasst.
* In einer kleinen ofenfesten Schüssel die Schinkenstücke mit Honig mischen und in einem Dämpfeinsatz oder Bambus-Dämpfkorb über einen Topf mit kochendem Wasser stellen. Mit Deckel 3 Minuten dämpfen.
* In jedes Melonenstück 1 Stück Schinken stecken. Die Melonen-„Sandwiches" in einer ofenfesten flachen Schüssel verteilen. Den Ingwer auf den Sandwiches verteilen, alles mit der Hühnerbrühe übergießen und 10 Minuten dämpfen. Herausnehmen und den Ingwer entfernen, dann mit Reis servieren.

虾米肉碎蒸莲藕丝
LOTUSWURZEL MIT HACKFLEISCH

HERKUNFT: HONGKONG
ZUBEREITUNGSZEIT: 10 MINUTEN, ZZGL. 15 MINUTEN EINWEICHZEIT
GARZEIT: 8 MINUTEN
PERSONEN: 4

* Die getrockneten Garnelen in einer kleinen Schüssel mit Wasser 15 Minuten einweichen. Abtropfen lassen, hacken und beiseitestellen.
* Hackfleisch, Pfeffer und ½ Teelöffel Sojasauce in einer großen Schüssel gründlich verrühren. Beiseitestellen.
* Mit einem Stäbchen die Kanäle der Lotuswurzel säubern und gründlich unter fließendem kaltem Wasser abspülen. Mit einem Spiralschneider lange Streifen abschälen (Alternative: Die Lotuswurzel in lange, dünne Streifen schneiden) und in eine Schüssel legen. Stärke, Zucker und den restlichen Teelöffel Sojasauce zufügen und gründlich verrühren.
* Lotuswurzel, Hackfleisch und Garnelen mischen und auf einen ofenfesten Teller legen. Das Öl unterrühren und in einem Dämpfeinsatz oder Bambus-Dämpfkorb über einen Topf mit kochendem Wasser stellen. Mit Deckel etwa 8 Minuten dämpfen. Vorsichtig herausnehmen, mit den gehackten Frühlingszwiebeln bestreuen und mit Reis servieren.

- 1 ½ EL GETROCKNETE GARNELEN
- 100 G SCHWEINEHACKFLEISCH, FEIN GEHACKT
- ½ TL GEMAHLENER WEISSER PFEFFER
- 1 ½ TL HELLE SOJASAUCE
- 450 G LOTUSWURZEL, GESCHÄLT UND ENDEN ABGESCHNITTEN
- ½ EL SPEISESTÄRKE
- ½ TL ZUCKER
- 1 EL PFLANZENÖL
- 2 EL GEHACKTE FRÜHLINGSZWIEBELN
- GEDÄMPFTER REIS (SEITE 540) ZUM SERVIEREN

清蒸萝卜丸
GEDÄMPFTE DAIKONKUGELN

HERKUNFT: HAKKA
ZUBEREITUNGSZEIT: 15 MINUTE
GARZEIT: 10 MINUTEN
PERSONEN: 4 (ERGIBT CA. 30 STÜCK)

* Daikon, Speisestärke und ¼ Teelöffel Salz in einer großen Schüssel mischen und 5 Minuten stehen lassen.
* In einer zweiten Schüssel Hackfleisch, den restlichen ¼ Teelöffel Salz und Pfeffer verrühren.
* 1 Esslöffel Daikonraspel in eine Hand nehmen, überschüssige Flüssigkeit leicht herausdrücken und um ½ Teelöffel Hackfleisch zu einer Kugel formen. Mit den restlichen Zutaten ebenso verfahren.
* Die gefüllten Daikonkugeln in einem Dämpfeinsatz oder Bambus-Dämpfkorb über einen Topf mit kochendem Wasser stellen. Mit Deckel 10 Minuten dämpfen. Herausnehmen und mit den gehackten Frühlingszwiebeln bestreuen. Mit Reis servieren.

- 300 G DAIKON, GERASPELT
- 6 ½ EL SPEISESTÄRKE
- ½ TL SALZ
- 60 G SCHWEINEHACKFLEISCH
- 1 PRISE GEMAHLENER WEISSER PFEFFER
- 2 FRÜHLINGSZWIEBELN, GEHACKT
- GEDÄMPFTER REIS (SEITE 540) ZUM SERVIEREN

HERKUNFT: BUDDHISTISCH-VEGETARISCH
ZUBEREITUNGSZEIT: 5 MINUTEN,
ZZGL. 20 MINUTEN EINWEICHZEIT
GARZEIT: 1 STUNDE 30 MINUTEN
PERSONEN: 4

粟米番薯斋粥
VEGETARISCHES CONGEE MIT MAIS UND SÜSSKARTOFFELN

- 160 G LANGKORNREIS, ABGESPÜLT
- ½ TL SALZ, ZZGL. ETWAS MEHR NACH GESCHMACK
- ½ EL PFLANZENÖL
- 500 G SÜSSKARTOFFELN, GESCHÄLT UND IN 2 CM GROSSE WÜRFEL GESCHNITTEN
- 1 DOSE (400 G) MAISCREME

* Reis, Salz und Öl in einer großen Schüssel mischen und 20 Minuten stehen lassen.
* 3 Liter Wasser in einem großen Topf zum Kochen bringen. Die Reismischung zufügen und ohne Deckel auf starker Hitze 15 Minuten kochen.
* Die Süßkartoffeln zufügen und auf starker Hitze 45 Minuten bis 1 Stunde kochen, bis Reis und Kartoffeln gar sind. Häufig rühren, damit nichts ansetzt.
* Die Maiscreme zufügen, zum Kochen bringen und Deckel aufsetzen, dann den Herd ausschalten und 10 Minuten stehen lassen. Den Reis umrühren, nach Geschmack nachwürzen, und in Portionsschüsseln füllen.

HERKUNFT: GUANGDONG
ZUBEREITUNGSZEIT: 10 MINUTEN
GARZEIT: 30 MINUTEN
PERSONEN: 4
SEITE 491

腊味香芋煲
TARO MIT PÖKELFLEISCH

- 600 G TARO, IN 1 CM DICKE SCHEIBEN GESCHNITTEN
- 100 G CHINESISCHES PÖKELFLEISCH
- 1 CHINESISCHE WURST
- 1 GEPÖKELTER ENTENSCHLEGEL
- 2 EL PFLANZENÖL
- 20 G INGWER (CA. 2,5 CM), IN SCHEIBEN GESCHNITTEN
- 3 KNOBLAUCHZEHEN, IN SCHEIBEN GESCHNITTEN
- 120 ML KOKOSMILCH
- 3 FRÜHLINGSZWIEBELN, NUR SCHÄFTE, GEHACKT
- 1 TL SALZ
- GEDÄMPFTER REIS (SEITE 540) ZUM SERVIEREN

* Den Taro in einem Dämpfeinsatz oder Bambus-Dämpfkorb über einen Topf mit kochendem Wasser stellen. Mit Deckel 10 Minuten dämpfen. Vorsichtig herausnehmen und beiseitestellen.
* Pökelfleisch, Wurst und Entenschlegel in eine ofenfeste große Schüssel legen und 10 Minuten dämpfen. Vorsichtig herausnehmen und abkühlen lassen. Nach dem Abkühlen Pökelfleisch und Wurst in Scheiben und den Entenschlegel in große Stücke schneiden.
* Das Öl in einem Schmortopf auf mittlerer Hitze heiß werden lassen, Ingwer und Knoblauch hineingeben und 1 Minute unter Rühren braten, bis sie duften. Fleisch unterrühren, 5 Esslöffel Wasser zugießen und auf starker Hitze alles zum Kochen bringen.
* Den Taro zufügen, leicht umrühren, auf schwache Hitze reduzieren und mit Deckel 2 Minuten köcheln lassen. Kokosmilch, Frühlingszwiebeln und Salz einrühren, Deckel aufsetzen und 1 Minute kochen. Den Herd ausschalten und auf der Resthitze 5 Minuten köcheln lassen. Im Schmortopf mit Reis servieren.

TARO MIT PÖKELFLEISCH

HERKUNFT: ANHUI
ZUBEREITUNGSZEIT: 20 MINUTEN,
 ZZGL. 40 MINUTEN EINWEICHZEIT
GARZEIT: 20 MINUTEN
PERSONEN: 4

李鸿章杂烩
CHOP SUEY

- 30 G GETROCKNETE TOFUSTANGEN
- 2 GETROCKNETE SHIITAKE
- 150 G WEISSFISCHFILETS, IN MUNDGERECHTE STÜCKE GESCHNITTEN
- ½ TL SALZ
- ¼ TL GEMAHLENER WEISSER PFEFFER
- 2 HÄHNCHENOBERKEULEN, OHNE HAUT UND KNOCHEN, IN 5 × 1 CM GROSSE SCHEIBEN GESCHNITTEN
- 50 G GEKOCHTER SCHINKEN, IN 5 × 1 CM GROSSE SCHEIBEN GESCHNITTEN
- 90 G BAMBUSSPROSSEN, IN SCHEIBEN, ABGETROPFT
- 1 FRÜHLINGSZWIEBEL, IN 5 CM LANGE STÜCKE GESCHNITTEN
- 15 G INGWER (CA. 2 CM), IN SCHEIBEN GESCHNITTEN
- 1 EL HELLE SOJASAUCE
- 1 EL SHAOXING-REISWEIN
- 150 ML HÜHNERBRÜHE (SEITE 90)
- 2 EL PFLANZENÖL
- 50 G ZUCKERSCHOTEN, ENDEN ABGESCHNITTEN, GEFÄDELT
- 1 TL SPEISESTÄRKE
- GEDÄMPFTER REIS (SEITE 540) ZUM SERVIEREN

Der vollständige Name dieses Gerichts lautet Li Hung Zhang Chop Suey. Li war ein hoher Beamter in der Qing-Dynastie und verantwortlich für Militär, Wirtschaft und Außenpolitik. 1896 nahm Li an den Krönungsfeierlichkeiten von Nikolaus II. von Russland teil und reiste anschließend in die USA. Das chinesische Dinner, das er für die amerikanischen Funktionsträger gab, kam so gut an, dass viele Gäste hinterher herauszufinden versuchten, was genau dort aufgetischt worden war. Lis Antwort lautete chop suey, was so viel heißt wie „verschiedene kleine Dinge".

* Die Tofustangen mit kaltem Wasser bedecken und 20 Minuten einweichen. Abtropfen lassen und in 5 cm lange Stücke schneiden.
* Die Shiitake in eine Schüssel legen, mit kaltem Wasser bedecken und mindestens 20 Minuten einweichen. Herausnehmen, Wasser herausdrücken und die Stiele entfernen. In dünne Streifen schneiden.
* Während die Pilze einweichen, in einem Mixer Fisch, ¼ Teelöffel Salz und Pfeffer zu einer Paste verarbeiten. Mit nassen Händen daraus Kugeln mit einem Durchmesser von 2 cm formen.
* Die Fischkugeln in einem Dämpfeinsatz oder Bambus-Dämpfkorb über einen Topf mit kochendem Wasser stellen. Mit Deckel 5 Minuten dämpfen.
* Fischkugeln, Tofustangen und Pilze in einen Wok oder eine große Pfanne ohne Öl geben. Hähnchen, Schinken, Bambussprossen, Frühlingszwiebel, Ingwer, Sojasauce, Reiswein, den restlichen ¼ Teelöffel Salz, Hühnerbrühe und Öl zufügen und alles zum Kochen bringen. Deckel aufsetzen, auf schwache Hitze reduzieren und 10 Minuten köcheln lassen. Die Zuckerschoten zufügen und 2 Minuten mitköcheln.
* Die Stärke mit 1 Esslöffel Wasser anrühren und die Mischung in den Wok rühren. Unter Rühren 30 Sekunden aufkochen lassen, bis die Sauce eindickt. Auf einem Servierteller anrichten und mit Reis servieren.

芋头糕
TARO-PUDDING

HERKUNFT: GUANGDONG
ZUBEREITUNGSZEIT: 45 MINUTEN,
 ZZGL. 5 MINUTEN EINWEICHZEIT
GARZEIT: 2 STUNDEN
PERSONEN: 4

Dieses Gericht gehört zu den vielen beliebten Festgerichten, die in Guangdong und Hongkong anlässlich des chinesischen Neujahrs zubereitet werden. Es wird auch gern als Dim Sum serviert, wenn während der Feiertage Gäste vorbeikommen.

- 600 G TARO, IN 1 CM GROSSE WÜRFEL GESCHNITTEN
- 5 EL GETROCKNETE GARNELEN
- 1 CHINESISCHE WURST
- 6 EL TAPIOKASTÄRKE
- 1 TL SALZ
- ¼ TL GEMAHLENER WEISSER PFEFFER
- 75 G REISMEHL

* Den Taro in 2 Portionen aufteilen. 1 Portion in einem Dämpfeinsatz oder Bambus-Dämpfkorb über einen Topf mit kochendem Wasser stellen. Mit Deckel 30 Minuten dämpfen. Vorsichtig in eine Schüssel füllen und zu einer Paste zerdrücken. Die zweite Portion 15 Minuten dämpfen und beiseitestellen.
* Inzwischen die getrockneten Garnelen 5 Minuten in einer Schüssel mit 250 ml kaltem Wasser einweichen. Das Einweichwasser in eine Schüssel abseihen und die Garnelen hacken.
* Die Wurst in einem Dämpfeinsatz oder Bambus-Dämpfkorb über einen Topf mit kochendem Wasser stellen. Mit Deckel 3 Minuten dämpfen. Herausnehmen und in dünne Scheiben schneiden. Beiseitestellen.
* Taropaste und Tapiokastärke mischen, dann Salz, Pfeffer und 75 ml Garnelen-Einweichwasser zufügen. Alles gut verrühren. Das Reismehl und das restliche Einweichwasser zufügen und erneut mischen. Gedämpfte Tarowürfel, getrocknete Garnelen und Wurstscheiben untermischen. Die Masse in eine Kastenform füllen und in einem Dämpfeinsatz oder Bambus-Dämpfkorb über einen Topf mit kochendem Wasser stellen. Mit Deckel 1 Stunde dämpfen. (Falls erforderlich, Wasser nachfüllen.) Herausnehmen und zum Auskühlen beiseitestellen.
* Den Taropudding in 1 cm dicke Scheiben schneiden. Eine große Pfanne erhitzen und auf mittlerer bis starker Hitze in 2–3 Minuten leicht anbräunen. Wenden und 2 Minuten von der anderen Seite braten. Zum Frühstück oder mit anderen Dim Sum servieren.

HERKUNFT: BUDDHISTISCH-VEGETARISCH
ZUBEREITUNGSZEIT: 10 MINUTEN
GARZEIT: 20 MINUTEN
PERSONEN: 4

银杏香笋
GINKGONÜSSE MIT BAMBUSSPROSSEN

- 150 G GESCHÄLTE GINKGONÜSSE
- 60 G FRISCHE BAMBUSSPROSSEN, IN STÜCKE GESCHNITTEN (ODER BAMBUSSPROSSEN IN SCHEIBEN AUS DER DOSE)
- 1 EL PFLANZENÖL
- ¼ TL SALZ
- 1 PRISE GEMAHLENER WEISSER PFEFFER
- ½ ROTE PAPRIKASCHOTE, SAMEN ENTFERNT UND IN 2 CM GROSSE QUADRATE GESCHNITTEN
- ½ GRÜNE PAPRIKASCHOTE, SAMEN ENTFERNT UND IN 2 CM GROSSE QUADRATE GESCHNITTEN
- GEDÄMPFTER REIS (SEITE 540) ZUM SERVIEREN

* Einen Topf Wasser zum Kochen bringen, die Ginkgonüsse hineingeben und 15 Minuten kochen. Abtropfen lassen, abspülen und durch Aneinanderreiben die Häute entfernen.
* Falls frische Bambussprossen verwendet werden, einen Topf Wasser zum Kochen bringen, die Bambussprossen hineingeben und 2 Minuten blanchieren. Abtropfen lassen und unter fließendem kaltem Wasser abspülen.
* Das Öl in einem Wok oder einer großen Pfanne auf mittlerer Hitze heiß werden lassen. Die Ginkgonüsse hineingeben und 1 Minute unter Rühren braten. Salzen und pfeffern, dann die Paprikaschoten zufügen und 30 Sekunden untermischen. Auf einem Servierteller anrichten und mit Reis servieren.

HINWEIS:
Ginkgonüsse sollten nur in Maßen verzehrt werden – weitere Informationen im Glossar.

HERKUNFT: BUDDHISTISCH-VEGETARISCH
ZUBEREITUNGSZEIT: 20 MINUTEN, ZZGL. 30 MINUTEN EINWEICHZEIT
GARZEIT: 10 MINUTEN
PERSONEN: 4

白璧青云
SPARGEL MIT TOFU

- 25 G GETROCKNETE MU-ERR
- 15 G FAT CHOY
- 200 G FESTER TOFU, ABGETROPFT UND ZU EINER PASTE ZERDRÜCKT
- 2 TL SALZ
- 3 TL SHAOXING-REISWEIN
- 1 EL PFLANZENÖL
- 1 BUND GRÜNER SPARGEL, ENDEN ABGESCHNITTEN UND DIAGONAL IN 2,5 CM LANGE STÜCKE GESCHNITTEN
- 350 ML GEMÜSEBRÜHE (SEITE 92)
- 1 TL SESAMÖL
- GEDÄMPFTER REIS (SEITE 540) ZUM SERVIEREN

* Die Mu-Err mit kaltem Wasser bedecken und 15 Minuten einweichen. Herausnehmen und in feine Streifen schneiden.
* Das Fat Choy mit kaltem Wasser bedecken und etwa 15 Minuten einweichen. Herausnehmen, abtropfen lassen und Wasser herausdrücken. Hacken und in eine ofenfeste Schüssel geben.
* Zerdrückten Tofu, 1 Teelöffel Salz und 2 Teelöffel Reiswein zufügen. Die Schüssel in einem Dämpfeinsatz oder Bambus-Dämpfkorb über einen Topf mit kochendem Wasser stellen und mit Deckel 5 Minuten dämpfen. Zum Abkühlen beiseitestellen, dann in 1,5 × 1,5 × 2,5 cm große Stücke schneiden.
* Das Pflanzenöl in einem Wok oder einer großen Pfanne auf mittlerer Hitze heiß werden lassen. Spargel, Mu-Err, den restlichen Teelöffel Salz, 1 Teelöffel Reiswein und die Gemüsebrühe einrühren und zum Kochen bringen. Tofu und Fat Choy zufügen, auf schwache Hitze reduzieren und 2–3 Minuten köcheln lassen. Das Sesamöl einrühren, auf einem Servierteller anrichten und mit Reis servieren.

GEMÜSE, TOFU & EIER

雪里蕻干烧冬笋
FERMENTIERTES KOHLGEMÜSE MIT BAMBUSSPROSSEN

HERKUNFT: BUDDHISTISCH-VEGETARISCH
ZUBEREITUNGSZEIT: 10 MINUTEN, ZZGL. 5 MINUTEN EINWEICHZEIT
GARZEIT: 10 MINUTEN
PERSONEN: 4

* Das Kohlgemüse mit Wasser bedecken und 5 Minuten einweichen. Abtropfen lassen, gründlich abspülen und das überschüssige Wasser herausdrücken. Die Enden abschneiden und die grünen Teile hacken.
* Falls frische Bambussprossen verwendet werden, einen Topf Wasser zum Kochen bringen, Bambussprossen hineingeben und 1 Minute blanchieren. Abtropfen lassen und unter fließendem kaltem Wasser abspülen.
* Das Pflanzenöl in einem Wok oder einer großen Pfanne auf starker Hitze heiß werden lassen. Den Ingwer hineingeben und 1 Minute unter Rühren braten, bis er duftet. Kohlgemüse und Bambussprossen zufügen und 2 Minuten unter Rühren braten.
* Salz, Zucker und 4 Esslöffel Wasser in den Wok geben und 1 Minute sautieren. Die Stärke mit 1 Esslöffel Wasser anrühren und in den Wok rühren. Unter Rühren 30 Sekunden aufkochen lassen, bis die Sauce eindickt.
* Mit Sesamöl beträufeln und auf einem Servierteller anrichten. Mit Reis servieren.

- 150 G FERMENTIERTES KOHLGEMÜSE
- 500 G FRISCHE BAMBUSSPROSSEN (ODER 350 G BAMBUSSPROSSEN AUS DER DOSE), IN 4 CM LANGE STIFTE GESCHNITTEN
- 2 EL PFLANZENÖL
- 10 G INGWER (CA. 2 CM), GEHACKT
- ½ TL SALZ
- 2 TL ZUCKER
- 1 TL SPEISESTÄRKE
- 1 TL SESAMÖL
- GEDÄMPFTER REIS (SEITE 540) ZUM SERVIEREN

油焖春笋
GESCHMORTE BAMBUSSPROSSEN

HERKUNFT: ZHEJIANG
ZUBEREITUNGSZEIT: 10 MINUTEN
GARZEIT: 15 MINUTEN
PERSONEN: 2

* Vom unteren Ende der Bambussprossen 1 cm abschneiden und entfernen.
* Das Pflanzenöl in einem Wok oder einer großen Pfanne auf schwacher Hitze heiß werden lassen, die Sichuan-Pfefferkörner hineingeben und 2–3 Minuten unter Rühren braten, bis sie duften. Pfefferkörner herausnehmen und entfernen.
* Die Bambussprossen in den Wok geben und auf mittlerer Hitze 1 Minute unter Rühren braten. Sojasauce, Zucker und 4 Esslöffel Wasser einrühren und alles zum Kochen bringen. Auf schwache Hitze reduzieren und mit Deckel 5 Minuten köcheln lassen, bis die Bambussprossen weich sind. Auf starke Hitze erhöhen und 1 Minute unter Rühren braten, bis die Sauce leicht eindickt und an den Sprossen haften bleibt. Das Sesamöl einträufeln und mit Reis servieren.

- 400 G FRISCHE FRÜHLINGSSPROSSEN (ODER 350 G BAMBUSSPROSSEN AUS DER DOSE, ABGETROPFT), IN SCHEIBEN GESCHNITTEN
- 1 EL PFLANZENÖL
- 1 TL SICHUAN-PFEFFERKÖRNER
- 2 TL DUNKLE SOJASAUCE
- 2 TL ZUCKER
- 1 TL SESAMÖL
- GEDÄMPFTER REIS (SEITE 540) ZUM SERVIEREN

HERKUNFT: HUNAN
ZUBEREITUNGSZEIT: 5 MINUTEN
GARZEIT: 5 MINUTEN
PERSONEN: 2
SEITE 497

火腿蚕豆
DICKE BOHNEN MIT SCHINKEN

- 2 EL SCHMALZ
- 300 G DICKE BOHNEN
- 100 G SCHINKEN, IN 1 CM GROSSE WÜRFEL GESCHNITTEN
- ¼ TL SALZ
- 4 EL HÜHNERBRÜHE (SEITE 90)
- 1 TL SPEISESTÄRKE
- 1 EL SESAMÖL
- GEDÄMPFTER REIS (SEITE 540) ZUM SERVIEREN

* Das Schmalz in einem Wok oder einer großen Pfanne auf mittlerer Hitze zerlassen. Die dicken Bohnen hineingeben und 30 Sekunden kräftig rühren. Schinken und Salz unterrühren, dann die Hühnerbrühe zugießen. Zum Kochen bringen und 1 Minute sautieren.
* Die Stärke mit 1 Esslöffel Wasser anrühren und die Mischung in den Wok rühren. Unter Rühren 30 Sekunden aufkochen lassen, bis die Sauce eindickt.
* Mit dem Sesamöl beträufeln. In eine Servierschüssel füllen und mit Reis servieren.

HERKUNFT: SICHUAN
ZUBEREITUNGSZEIT: 10 MINUTEN, ZZGL. 1 STUNDE KÜHLZEIT
GARZEIT: 5 MINUTEN
PERSONEN: 4

翡翠虾仁
GARNELEN MIT ZUCKERSCHOTEN

- 250 G ROHE GARNELEN, AUSGELÖST UND DARMFADEN ENTFERNT
- 1 ½ TL SALZ
- 1 EIWEISS, VERRÜHRT
- 2 TL SHAOXING-REISWEIN
- ¼ TL GEMAHLENER WEISSER PFEFFER
- 1 TL SPEISESTÄRKE
- 3 EL HÜHNERBRÜHE (SEITE 90)
- 475 ML PFLANZENÖL
- 100 G ZUCKERSCHOTEN, GEPALT
- GEDÄMPFTER REIS (SEITE 540) ZUM SERVIEREN

* Die Garnelen 30 Sekunden mit 1 Teelöffel Salz abreiben, abspülen und abtropfen lassen. Mit Küchenpapier die überschüssige Feuchtigkeit abtupfen und in ein sauberes Geschirrtuch wickeln. 1 Stunde in den Kühlschrank legen.
* Die Garnelen in eine Schüssel füllen, das Eiweiß und ¼ Teelöffel Salz zufügen und gut mischen.
* In einer zweiten Schüssel Reiswein, Pfeffer, den restlichen ¼ Teelöffel Salz, Stärke und Hühnerbrühe zu einer Sauce verrühren.
* Das Öl in einem Wok oder hohen Topf auf 150 °C erhitzen. Die Garnelen hineingeben, umrühren und etwa 30 Sekunden frittieren, bis sie rosa werden. Mit einem Schaumlöffel herausheben und auf Küchenpapier abtropfen lassen.
* Das Öl abgießen, die Garnelen wieder in den Wok geben und Erbsen und Sauce zufügen. Auf starker Hitze 4 Minuten sautieren, bis die Sauce verdampft ist. Auf einem Servierteller anrichten. Mit Reis servieren.

GEMÜSE, TOFU & EIER

DICKE BOHNEN MIT SCHINKEN

HERKUNFT: BUDDHISTISCH-VEGETARISCH
ZUBEREITUNGSZEIT: 10 MINUTEN
GARZEIT: 10 MINUTEN
PERSONEN: 4

油辣冬笋尖
BAMBUSSPROSSEN IN CHILIÖL

- 600 G FRISCHE BAMBUSSPROSSEN (ODER BAMBUSSPROSSEN IN SCHEIBEN AUS DER DOSE)
- 3 EL SESAMÖL
- 1 TL SICHUAN-PFEFFERKÖRNER
- 2 TL HELLE SOJASAUCE
- ¼ TL SALZ
- 100 ML GEMÜSEBRÜHE (SEITE 92)
- 2 EL CHILIÖL

* Den unteren Teil der Bambussprossen etwa 4 cm unter den Spitzen abschneiden und nur die zarten Spitzen verwenden. (Bei Bambussprossen aus der Dose diesen Schritt auslassen.) Jede Spitze längs in 12 oder 16 Streifen schneiden.
* Falls frische Bambussprossen verwendet werden, einen großen Topf Wasser zum Kochen bringen, die Sprossen hineingeben und 1 Minute blanchieren. Abtropfen lassen und unter fließendem kaltem Wasser abspülen. In Scheiben schneiden.
* Das Sesamöl in einem Wok oder einer großen Pfanne auf mittlerer Hitze heiß werden lassen. Bambussprossen und Sichuan-Pfefferkörner hineingeben und 30 Sekunden unter Rühren braten. Sojasauce, Salz und Gemüsebrühe zufügen, Deckel aufsetzen und 2 Minuten köcheln lassen.
* Deckel abnehmen und die Sauce in etwa 4 Minuten auf ein Viertel einkochen lassen. Auf einem Servierteller anrichten.
* Das Chiliöl in einer kleinen Pfanne erhitzen, über die Sprossen träufeln und zum Abkühlen beiseitestellen. Bei Raumtemperatur servieren.

HERKUNFT: ZHEJIANG
ZUBEREITUNGSZEIT: 20 MINUTEN
GARZEIT: 30 MINUTEN
PERSONEN: 6

虾子油焖冬笋
BAMBUSSPROSSEN MIT GARNELENROGEN

- 1 KG FRISCHE BAMBUSSPROSSEN
- 475 ML PFLANZENÖL
- 1½ EL GARNELENROGEN
- 1 EL HELLE SOJASAUCE
- 1 TL SALZ
- 1 TL ZUCKER
- 120 ML HÜHNERBRÜHE (SEITE 90)
- 1 TL SESAMÖL
- GEDÄMPFTER REIS (SEITE 540) ZUM SERVIEREN

* Die äußere Schale der Bambussprossen längs aufschneiden und vom zarten Inneren schälen. Den unteren Teil abschneiden und nur den zarten Teil verwenden. Die Oberfläche mit einem Messer glätten.
* Jede Bambussprosse längs in 4 breite Scheiben schneiden. Jede Scheibe vier- bis fünfmal so einschneiden, dass sie an der Spitze noch zusammenhängt und wie ein Fächer aussieht.
* Das Pflanzenöl in einem Wok oder hohen Topf auf 150 °C erhitzen oder bis ein Brotwürfel in 1½ Minuten braun wird. Die Sprossen hineingeben und in 5 Minuten hellbraun frittieren. Mit einem Schaumlöffel vorsichtig aus dem Öl heben und auf Küchenpapier abtropfen lassen.
* Das Öl bis auf etwa 2 Esslöffel abgießen. Bambussprossen, Garnelenrogen, Sojasauce, Salz, Zucker und Hühnerbrühe zufügen und zum Kochen bringen. Auf schwache Hitze reduzieren und mit Deckel 15–20 Minuten köcheln lassen. Auf starke Hitze erhöhen und ohne Deckel 5 Minuten kochen lassen, bis die Sauce eingedickt ist. Das Sesamöl einrühren und die Bambussprossen auf einem Servierteller anrichten. Mit Reis servieren.

香辣四季豆
BOHNEN IN DUFTENDER SAUCE

HERKUNFT: BUDDHISTISCH-VEGETARISCH
ZUBEREITUNGSZEIT: 5 MINUTEN
GARZEIT: 10 MINUTEN
PERSONEN: 4

* Das Pflanzenöl in einem Wok oder hohen Topf auf 150 °C erhitzen oder bis ein Brotwürfel in 1½ Minuten braun wird. Die Glasnudeln portionsweise hineingeben und 20 Sekunden frittieren, bis sie aufgegangen sind. Mit einem Schaumlöffel vorsichtig aus dem Öl heben und auf Küchenpapier abtropfen lassen.
* Das Öl erneut auf 170 °C erhitzen oder bis ein Brotwürfel in 45 Sekunden braun wird. Die Bohnen hineingeben und 3 Minuten frittieren. Mit einem Schaumlöffel vorsichtig herausheben und auf Küchenpapier abtropfen lassen.
* Das Öl bis auf etwa 2 Esslöffel abgießen. Frühlingszwiebel, Ingwer und eingelegte Chilischoten hineingeben und auf mittlerer Hitze etwa 30 Sekunden unter Rühren braten, bis sie duften. Die Chili-Bohnen-Paste zufügen und 30 Sekunden unter Rühren weiterbraten. Bohnen, Sojasauce, Salz, Zucker und Gemüsebrühe zufügen und zum Kochen bringen. Die Glasnudeln zufügen, 1 Minute sautieren und den Essig einrühren.
* Die Stärke mit 1 Esslöffel Wasser anrühren, dann die Mischung in den Wok rühren. Unter Rühren 30 Sekunden aufkochen lassen, bis die Sauce eindickt.
* Mit dem Sesamöl beträufeln, umrühren und auf einem Servierteller anrichten. Mit Reis servieren.

- 475 ML PFLANZENÖL
- 100 G GLASNUDELN
- 150 G BUSCHBOHNEN, STIELENDEN ABGESCHNITTEN UND GEFÄDELT
- 1 FRÜHLINGSZWIEBEL, IN 5 CM LANGE STÜCKE UND DANN IN FEINE STREIFEN GESCHNITTEN
- 5 G INGWER (CA. 1 CM), IN FEINE STREIFEN GESCHNITTEN
- 5 G EINGELEGTE CHILISCHOTEN, IN FEINE STREIFEN GESCHNITTEN
- 1 EL PIXIAN-CHILI-BOHNEN-PASTE, GEHACKT
- 1 TL HELLE SOJASAUCE
- ½ TL SALZ
- 1 TL ZUCKER
- 100 ML GEMÜSEBRÜHE (SEITE 92)
- 1 EL SCHWARZER REISESSIG ODER BALSAMICO-ESSIG
- 1 TL SPEISESTÄRKE
- 1 TL SESAMÖL
- GEDÄMPFTER REIS (SEITE 540) ZUM SERVIEREN

HERKUNFT: SICHUAN
ZUBEREITUNGSZEIT: 5 MINUTEN
GARZEIT: 10 MINUTEN
PERSONEN: 4

干煸四季豆
GEBRATENE GRÜNE BOHNEN

- 475 ML PFLANZENÖL
- 300 G GRÜNE BOHNEN, GEFÄDELT UND IN 5 CM LANGE STÜCKE GESCHNITTEN
- 4 GETROCKNETE CHILISCHOTEN, LÄNGS HALBIERT
- 2 KNOBLAUCHZEHEN, GEHACKT
- ¼ TL ZERSTOSSENE SICHUAN-PFEFFERKÖRNER
- 30 G SCHWEINEHACKFLEISCH
- 30 G FERMENTIERTES KOHLGEMÜSE AUS SICHUAN, GEHACKT
- 1 TL HELLE SOJASAUCE
- 1 EL REISWEIN
- 1 TL ZUCKER
- GEDÄMPFTER REIS (SEITE 540) ZUM SERVIEREN

* Das Öl in einem Wok oder hohen Topf auf 150 °C erhitzen oder bis ein Brotwürfel in 1½ Minuten braun wird. Die grünen Bohnen hineingeben und 2 Minuten frittieren, bis sie schrumplig werden. Mit einem Schaumlöffel vorsichtig aus dem Öl heben und auf Küchenpapier abtropfen lassen.
* Das Öl bis auf etwa 2 Esslöffel abgießen. Chilischoten, Knoblauch und Sichuan-Pfefferkörner hineingeben und auf mittlerer Hitze unter Rühren braten, bis sie duften.
* Das Hackfleisch zufügen und in 4–5 Minuten auf mittlerer Hitze unter Rühren gar braten. Kohlgemüse, Sojasauce, Reiswein und Zucker einrühren und 30 Sekunden unter Rühren braten.
* Die Hitze erhöhen, die Bohnen zufügen und alles gut mischen. Auf einem Servierteller anrichten und mit Reis servieren.

HERKUNFT: HONGKONG
ZUBEREITUNGSZEIT: 15 MINUTEN
GARZEIT: 5 MINUTEN
PERSONEN: 4
SEITE 501

炒豆角松
GRÜNE BOHNEN MIT GRILLFLEISCH

- 2 EIER
- 1 TL SALZ
- 100 G ROHE ERDNUSSKERNE
- 2 EL PFLANZENÖL
- 200 G GRÜNE BOHNEN, ENDEN ABGESCHNITTEN UND IN 5 CM LANGE STÜCKE GESCHNITTEN
- 1 EL INGWERSAFT
- 1 TL REISWEIN
- 100 G GEGRILLTE SCHWEINESCHULTER (SEITE 394), IN 1 CM GROSSE WÜRFEL GESCHNITTEN
- ½ TL SESAMÖL
- 1 EISBERGSALAT, BLÄTTER ABGETRENNT UND IN SCHÜSSELFORM ZURÜCK-GESCHNITTEN (NACH BELIEBEN)

* Die Eier in einer kleinen Schüssel mit ½ Teelöffel Salz verrühren.
* Die Erdnüsse in einer kleinen Pfanne ohne Öl auf schwacher bis mittlerer Hitze 2–3 Minuten rösten, bis sie duften. Auf einen Teller legen, etwas abkühlen lassen und die Häute entfernen.
* Das Pflanzenöl in einem Wok oder einer großen Pfanne auf starker Hitze heiß werden lassen, die Bohnen hineingeben und 1 Minute unter Rühren braten. Den restlichen ½ Teelöffel Salz, Ingwersaft, Reiswein und Fleisch einrühren. Den Wokinhalt an den Rand schieben, die Eier in die Wokmitte gießen und zügig verrühren, bis sie stocken.
* Erdnüsse und Sesamöl zufügen, alles mischen und auf einem Servierteller anrichten. Mit den Salatblättern als Wraps servieren, falls verwendet.

GRÜNE BOHNEN MIT GRILLFLEISCH

HERKUNFT: GUANGDONG
ZUBEREITUNGSZEIT: 5 MINUTEN
GARZEIT: 5 MINUTEN
PERSONEN: 2

炒豆苗
GEBRATENE ERBSENSPROSSEN

- 300 G ERBSENSPROSSEN, ABGESPÜLT
- 3 EL PFLANZENÖL
- 2 KNOBLAUCHZEHEN, ZERDRÜCKT
- ¼ TL SALZ
- GEDÄMPFTER REIS (SEITE 540) ZUM SERVIEREN

* Die Erbsensprossen zum Abtropfen in ein Sieb geben. Möglichst viel Wasser von den Sprossen abschütteln.
* Das Öl in einem Wok oder einer großen Pfanne auf starker Hitze heiß werden lassen. Den Knoblauch hineingeben und 1 Minute unter Rühren goldbraun braten. Die Erbsensprossen zufügen und unter kräftigem Rühren braten, bis sie weich werden. Das Salz zufügen und noch 1 Minute unter Rühren braten. Auf einem Servierteller anrichten und mit Reis servieren.

HERKUNFT: HONGKONG
ZUBEREITUNGSZEIT: 10 MINUTEN, ZZGL. 20 MINUTEN EINWEICHZEIT
GARZEIT: 10 MINUTEN
PERSONEN: 4

青豆粟米炒肉碎
HACKFLEISCH MIT ERBSEN UND MAIS

- 2 GETROCKNETE SHIITAKE
- 150 G SCHWEINEHACKFLEISCH
- 1 TL HELLE SOJASAUCE
- 150 G ERBSEN
- 2 EL PFLANZENÖL
- 150 G MAIS
- ½ TL SALZ
- GEDÄMPFTER REIS (SEITE 540) ZUM SERVIEREN

* Die Shiitake in eine Schüssel legen, mit kaltem Wasser bedecken und mindestens 20 Minuten einweichen. Herausnehmen, Wasser herausdrücken und die Stiele entfernen. Die Hüte würfeln.
* Hackfleisch und Sojasauce in einer Schüssel gründlich verrühren.
* Einen kleinen Topf Wasser zum Kochen bringen, die Erbsen hineingeben und 1 Minute blanchieren. Abtropfen lassen.
* Das Öl in einem Wok oder einer großen Pfanne auf mittlerer bis starker Hitze heiß werden lassen. Die Pilze hineingeben und 1 Minute unter Rühren braten. Das Hackfleisch zufügen und 2 Minuten unter Rühren gar braten.
* Erbsen, Mais und Salz in den Wok geben, 2 Minuten alles mischen und dann auf einem Servierteller anrichten. Mit Reis servieren.

软烧豆腐
GESCHMORTER TOFU

HERKUNFT: SHANDONG
ZUBEREITUNGSZEIT: 5 MINUTEN
GARZEIT: 20 MINUTEN
PERSONEN: 4

* 1 Liter Wasser in einem großen Topf zum Kochen bringen. Den Tofu und ½ Teelöffel Salz hineingeben, auf mittlere Hitze reduzieren und 1 Minute köcheln lassen. Abtropfen lassen und beiseitestellen.
* Das Sesamöl in einer Pfanne erhitzen, die Sichuan-Pfefferkörner hineingeben und 2–3 Minuten unter Rühren braten, bis sie duften. Herausnehmen und entfernen.
* Den Zucker hineingeben und auf schwacher Hitze 2 Minuten karamellisieren. Den Tofu zufügen und leicht mit dem Karamell verrühren. Frühlingszwiebel, Ingwer, Sojasauce, Reiswein, den restlichen ½ Teelöffel Salz und Gemüsebrühe zufügen und zum Kochen bringen. Auf schwache Hitze reduzieren und ohne Deckel 10 Minuten köcheln lassen, bis die Sauce eindickt. Den Tofu mit einer Gabel mehrmals anstechen, damit er die Sauce besser aufnimmt.
* Das Sichuan-Pfefferöl einrühren und auf einem Servierteller anrichten. Mit Reis servieren.

- 500 G FESTER TOFU, ABGETROPFT UND IN 2 CM GROSSE WÜRFEL GESCHNITTEN
- 1 TL SALZ
- 3 EL SESAMÖL
- 1 TL SICHUAN-PFEFFERKÖRNER
- 2 EL ZUCKER
- 1 FRÜHLINGSZWIEBEL, GEHACKT
- 1 TL GEHACKTER INGWER
- 1 EL HELLE SOJASAUCE
- 1 TL SHAOXING-REISWEIN
- 125 ML GEMÜSEBRÜHE (SEITE 92)
- 1 TL SICHUAN-PFEFFERÖL
- GEDÄMPFTER REIS (SEITE 540) ZUM SERVIEREN

辣子豆腐
TOFU IN DUFTENDER SAUCE

HERKUNFT: SHAANXI
ZUBEREITUNGSZEIT: 10 MINUTEN
GARZEIT: 10 MINUTEN
PERSONEN: 4

* 250 ml Wasser in einem Wok oder einer großen Pfanne erhitzen, Tofu, Spinat, Salz und Sojasauce zufügen und zum Kochen bringen. Auf mittlere Hitze reduzieren und 5 Minuten köcheln lassen. Die Stärke mit 1 Esslöffel Wasser anrühren und in den Wok geben. Unter Rühren 30 Sekunden aufkochen lassen, bis die Sauce eindickt. In einen tiefen Servierteller füllen.
* Das Öl in einem sauberen Wok erhitzen. Die Winterzwiebeln hineingeben und auf mittlerer Hitze 2 Minuten unter Rühren braten, bis sie leicht gebräunt sind. Das Chilipulver zufügen und 1 Minute unter kräftigem Rühren mitbraten, bis alles duftet. Den gemahlenen Sichuan-Pfeffer einrühren und die Mischung auf dem Tofu anrichten. Mit Reis servieren.

- 300 G FESTER TOFU, ABGETROPFT UND IN 3 × 1,5 × 1 CM GROSSE STÜCKE GESCHNITTEN
- 25 G SPINAT, IN 3 CM BREITE STREIFEN GESCHNITTEN
- ½ TL SALZ
- 1 EL HELLE SOJASAUCE
- 1 TL SPEISESTÄRKE
- 2 EL PFLANZENÖL
- 2 WINTERZWIEBELN ODER 6 FRÜHLINGSZWIEBELN, IN 3 CM LANGE STÜCKE GESCHNITTEN, DANN LÄNGS HALBIERT
- 1 EL CHILIPULVER
- ¼ TL GEMAHLENER SICHUAN-PFEFFER
- GEDÄMPFTER REIS (SEITE 540) ZUM SERVIEREN

HERKUNFT: BUDDHISTISCH-VEGETARISCH
ZUBEREITUNGSZEIT: 10 MINUTEN,
    ZZGL. 20 MINUTEN EINWEICHZEIT
GARZEIT: 30 MINUTEN
PERSONEN: 4

黄焖豆腐
TOFU IN BRAUNER SAUCE

- 6 GETROCKNETE SHIITAKE
- 1 ½ TL HELLE SOJASAUCE
- 2 TL ZUCKER
- 3 EL SPEISESTÄRKE
- 475 ML ZZGL. 1 TL PFLANZENÖL
- 50 G BAMBUSSPROSSEN, IN SCHEIBEN, ABGETROPFT
- 500 G FESTER TOFU, ABGETROPFT UND IN 5 × 2,5 × 1 CM GROSSE STÜCKE GESCHNITTEN
- 5 G INGWER (CA. 1 CM), GEHACKT
- 1 TL SHAOXING-REISWEIN
- ½ TL SALZ
- 250 ML PFLANZENÖL (SEITE 92)
- 1 EL SESAMÖL
- GEDÄMPFTER REIS (SEITE 540) ZUM SERVIEREN

* Die Shiitake in eine Schüssel legen, mit kaltem Wasser bedecken und mindestens 20 Minuten einweichen.
* Die Pilze in einer ofenfesten Schüssel mit ½ Teelöffel Sojasauce, ½ Teelöffel Zucker und ½ Esslöffel Stärke mischen. 1 Teelöffel Pflanzenöl einrühren. Die Schüssel in einem Dämpfeinsatz oder Bambus-Dämpfkorb über einen Topf mit kochendem Wasser stellen. Mit Deckel 15 Minuten dämpfen.
* Einen Topf mit Wasser zum Kochen bringen, die Bambussprossen hineingeben und 1 Minute blanchieren. Abtropfen lassen und unter fließendem kaltem Wasser abspülen.
* Die restlichen 475 ml Pflanzenöl in einem Wok oder hohen Topf auf 170 °C erhitzen oder bis ein Brotwürfel in 45 Sekunden braun wird. Die Tofustücke in 2 Esslöffel Stärke wenden, dann goldbraun frittieren. Mit einem Schaumlöffel vorsichtig aus dem Öl heben und auf Küchenpapier abtropfen lassen.
* Das Öl bis auf etwa 1 Esslöffel abgießen. Den Ingwer hineingeben und auf mittlerer bis starker Hitze 1 Minute unter Rühren braten, bis er duftet. Pilze, Bambussprossen und Reiswein einrühren. Tofu, Salz, den restlichen Teelöffel Sojasauce, 1½ Teelöffel Zucker und die Gemüsebrühe zufügen. Zum Kochen bringen, dann auf schwache Hitze reduzieren und etwa 1 Minute köcheln lassen, bis der Tofu weich wird.
* Auf starke Hitze erhöhen und 3 Minuten kochen lassen, bis die Sauce auf 120 ml eingekocht ist. Die restliche Stärke mit 1 Esslöffel Wasser anrühren und die Mischung in den Wok rühren. Unter Rühren 30 Sekunden aufkochen lassen, bis die Sauce eindickt.
* Das Sesamöl einrühren und auf einem Teller anrichten. Mit Reis servieren.

溜腐皮
GESCHMORTE SOJAHAUT

HERKUNFT: BUDDHISTISCH-VEGETARISCH
ZUBEREITUNGSZEIT: 10 MINUTEN,
ZZGL. 5 MINUTEN EINWEICHZEIT
GARZEIT: 5 MINUTEN
PERSONEN: 2

* Die Sojahäute mit kaltem Wasser bedecken und 5 Minuten einweichen. Abtropfen lassen und in 3 × 2 cm große Stücke schneiden.
* Das Öl in einem Wok oder einer großen Pfanne auf mittlerer Hitze heiß werden lassen. Die Sojahäute hineinlegen und etwa 3 Minuten braten, bis sie kross, aber nicht gebräunt sind. Mit einem Schaumlöffel vorsichtig herausheben und auf Küchenpapier abtropfen lassen.
* Das Öl bis auf etwa 1 Teelöffel abgießen. Den Ingwer zufügen und auf mittlerer Hitze etwa 30 Sekunden unter Rühren braten, bis er duftet. Gemüsebrühe, Sojasauce und Salz zufügen und zum Kochen bringen.
* Pilze, Bambussprossen und Sojahäute zufügen und erneut zum Kochen bringen. Die Stärke mit 2 Esslöffeln Wasser anrühren und die Mischung in den Wok rühren. Unter Rühren 30 Sekunden aufkochen lassen, bis die Sauce eindickt. Servieren.

- 10 SOJAHÄUTE
- 3 EL PFLANZENÖL
- 1 TL GEHACKTER INGWER
- 475 ML GEMÜSEBRÜHE (SEITE 92)
- 1 TL HELLE SOJASAUCE
- ¼ TL SALZ
- 100 G SHIITAKE, IN 1 CM DICKE SCHEIBEN GESCHNITTEN
- 50 G BAMBUSSPROSSEN, IN SCHEIBEN, ABGETROPFT
- 1 EL SPEISESTÄRKE

梅菜焖豆腐
TOFU MIT FERMENTIERTEM KOHLGEMÜSE

HERKUNFT: TAIWAN
ZUBEREITUNGSZEIT: 5 MINUTEN
GARZEIT: 15 MINUTEN
PERSONEN: 4

* Den Tofu mit Stärke bestäuben.
* Das Pflanzenöl in einem Wok oder hohen Topf auf 170 °C erhitzen oder bis ein Brotwürfel in 45 Sekunden braun wird. Die Tofustücke hineingeben und in 4 Minuten goldbraun frittieren. Mit einem Schaumlöffel vorsichtig herausheben und auf Küchenpapier abtropfen lassen.
* Das Öl bis auf etwa 1 Esslöffel abgießen. Den Knoblauch hineingeben und auf mittlerer Hitze 1 Minute unter Rühren braten, bis er duftet. Das Hackfleisch zufügen, auf starke Hitze erhöhen und 1 Minute unter Rühren braten, dabei eventuelle Hackfleischklumpen zerkleinern.
* Das Kohlgemüse zufügen und etwa 1 Minute unter Rühren braten. Hühnerbrühe, Zucker, Salz und Pfeffer zufügen und zum Kochen bringen. Den Tofu einrühren, die Brühe wieder aufkochen lassen, dann die Hitze reduzieren, Deckel aufsetzen und 3–4 Minuten köcheln lassen. Das Sesamöl einrühren, auf einem Servierteller anrichten und mit Reis servieren.

- 500 G FESTER TOFU, ABGETROPFT UND IN 6 × 3 × 1,5 CM GROSSE STÜCKE GESCHNITTEN
- 1 EL SPEISESTÄRKE
- 475 ML PFLANZENÖL
- 7 KNOBLAUCHZEHEN, FEIN GEHACKT
- 100 G SCHWEINEHACKFLEISCH
- 150 G FERMENTIERTES KOHLGEMÜSE, ENDEN ABGESCHNITTEN, ABGESPÜLT UND GEHACKT
- 120 ML HÜHNERBRÜHE (SEITE 90)
- 2 EL ZUCKER
- ⅓ TL SALZ
- ½ TL GEMAHLENER WEISSER PFEFFER
- 1 TL SESAMÖL
- GEDÄMPFTER REIS (SEITE 540) ZUM SERVIEREN

HERKUNFT: SHANDONG
ZUBEREITUNGSZEIT: 10 MINUTEN
GARZEIT: 5 MINUTEN
PERSONEN: 4–6
SEITE 507

炸豆腐丸子
FRITTIERTE TOFUKUGELN

- 1 EL GETROCKNETE GARNELEN
- 250 G FESTER TOFU, ABGETROPFT
- 1 BUND KORIANDERGRÜN, FEIN GEHACKT
- 1 FRÜHLINGSZWIEBEL, NUR DIE GRÜNEN TEILE, FEIN GEHACKT
- ½ TL EINGELEGTES SENFGEMÜSE AUS SICHUAN, FEIN GEHACKT
- 1 TL FEIN GEHACKTER INGWER
- 1 TL SALZ
- ½ TL GEMAHLENER SICHUAN-PFEFFER
- 1 TL SÜSSE BOHNENSAUCE
- 1 EI
- 2 EL SPEISESTÄRKE
- 1 L PFLANZENÖL
- GEDÄMPFTER REIS (SEITE 540) ZUM SERVIEREN
- KETCHUP ZUM SERVIEREN (NACH BELIEBEN)

FÜR DAS GEWÜRZSALZ:
- ½ TL SALZ
- ¼ TL GEMAHLENER SICHUAN-PFEFFER

* Die getrockneten Garnelen 5 Minuten in einer Schüssel mit kaltem Wasser einweichen. Abtropfen lassen, fein hacken und beiseitestellen.
* Den Tofu in eine große Schüssel legen und mit einer Gabel zerdrücken. Getrocknete Garnelen, Koriandergrün, Frühlingszwiebel, Senfgemüse, Ingwer, Salz, Sichuan-Pfeffer, süße Bohnensauce und Ei unterrühren. Alles gründlich mischen, dann die Stärke einrühren. Aus der Tofumasse Kugeln von 3 cm Durchmesser formen.
* Das Öl in einem Wok oder hohen Topf auf 170 °C erhitzen oder bis ein Brotwürfel in 45 Sekunden braun wird. Die Tofukugeln hineingeben und 3 Minuten frittieren, bis sie leicht gebräunt sind. Mit einem Schaumlöffel vorsichtig herausnehmen und auf Küchenpapier abtropfen lassen.
* Das Öl wieder auf 170 °C erhitzen und die Tofukugeln wieder in den Wok geben. Erneut 1 Minute frittieren, bis sie goldbraun sind. Mit einem Schaumlöffel herausnehmen und auf Küchenpapier abtropfen lassen.
* Für das Gewürzsalz die Zutaten mischen. Die Tofukugeln mit Reis, Ketchup, falls verwendet, und Gewürzsalz servieren.

FRITTIERTE TOFUKUGELN

HERKUNFT: BEIJING
ZUBEREITUNGSZEIT: 10 MINUTEN
GARZEIT: 12 MINUTEN
PERSONEN: 4

冬菇烩豆腐
TOFU MIT SHIITAKE

- 2 EL ERBSEN
- 2 EL PFLANZENÖL
- 250 G TOFU, IN 4 CM GROSSE, 5 MM DICKE STÜCKE GESCHNITTEN
- 1 EL HELLE SOJASAUCE
- 1 TL ZUCKER
- 1 TL SALZ
- 2 TL REISWEIN
- 6 EL GEMÜSEBRÜHE (SEITE 92)
- 1 EL SPEISESTÄRKE
- 4 GETROCKNETE SHIITAKE, IN KALTEM WASSER EINGEWEICHT, STIELE ENTFERNT
- 1 TL SESAMÖL
- GEDÄMPFTER REIS (SEITE 540) ZUM SERVIEREN

* Einen kleinen Topf Wasser auf starker Hitze zum Kochen bringen, die Erbsen hineingeben und 1 Minute blanchieren. Abtropfen lassen und abspülen.
* 1 Esslöffel Pflanzenöl in einem Wok oder einer großen Pfanne auf mittlerer Hitze heiß werden lassen. Den Tofu hineingeben und 3 Minuten braten, bis er auf beiden Seiten leicht gebräunt ist. Sojasauce, Zucker, ½ Teelöffel Salz, 1 Teelöffel Reiswein und 4 Esslöffel Gemüsebrühe einrühren. Auf schwache Hitze reduzieren und 5 Minuten köcheln lassen, bis die Sauce auf die Hälfte eingekocht ist.
* ½ Esslöffel Stärke in einer kleinen Schüssel mit 1 Esslöffel Wasser anrühren und die Mischung in die Sauce rühren. Unter Rühren 30 Sekunden aufkochen lassen, bis die Sauce eindickt. Auf einem Servierteller anrichten.
* Den restlichen Esslöffel Pflanzenöl in den Wok geben und Pilze und Erbsen auf starker Hitze 1 Minute unter Rühren braten. Den restlichen Teelöffel Reiswein, ½ Teelöffel Salz und 2 Esslöffel Gemüsebrühe zufügen und zum Kochen bringen. Den restlichen ½ Esslöffel Stärke mit 1 Esslöffel Wasser anrühren und unterrühren. Das Sesamöl zufügen. Unter Rühren 30 Sekunden aufkochen lassen, bis die Sauce eindickt. Über den Tofu auf dem Teller gießen und mit Reis servieren.

HERKUNFT: HUNAN
ZUBEREITUNGSZEIT: 15 MINUTEN, ZZGL. 15 MINUTEN EINWEICHZEIT
GARZEIT: 10 MINUTEN
PERSONEN: 4

湘潭包子豆腐
TOFU NACH XIANGTAN-ART

- 25 G FERMENTIERTES KOHLGEMÜSE AUS SHAOXING
- 2 EL PFLANZENÖL
- 600 G FESTER TOFU, ABGETROPFT UND IN 32 WÜRFEL GESCHNITTEN
- 1 LAUCHSTANGE, IN 2,5 CM LANGE STÜCKE GESCHNITTEN
- 5 EL GEMÜSEBRÜHE (SEITE 92)
- 2 EL CHILIÖL
- 2 TL HELLE SOJASAUCE
- ⅓ TL SALZ
- 1 TL SPEISESTÄRKE
- ½ TL SESAMÖL
- GEDÄMPFTER REIS (SEITE 540) ZUM SERVIEREN

* Das Kohlgemüse in einer Schüssel Wasser 15 Minuten einweichen. Gründlich abspülen, Enden abschneiden und in 2,5 cm lange Stücke schneiden.
* Das Pflanzenöl in einem Wok oder einer großen Pfanne auf mittlerer Hitze heiß werden lassen, den Tofu hineingeben und in 3 Minuten goldbraun braten. Aus dem Wok nehmen und beiseitelegen.
* Im restlichen Öl im Wok das Kohlgemüse auf mittlerer Hitze 30 Sekunden unter Rühren braten. Den Tofu wieder in den Wok geben, Lauch, Gemüsebrühe, Chiliöl, Sojasauce und Salz zufügen und alles vorsichtig mischen. Aufkochen lassen, dann auf mittlere Hitze reduzieren und mit Deckel 2 Minuten köcheln lassen.
* Die Stärke mit 1 Esslöffel Wasser anrühren und die Mischung in den Wok rühren. Unter Rühren 30 Sekunden aufkochen lassen, bis die Sauce eindickt. Das Sesamöl einträufeln und auf einem Teller anrichten. Sofort mit Reis servieren.

白起豆腐
BAIQI-TOFU

HERKUNFT: SHANXI
ZUBEREITUNGSZEIT: 10 MINUTEN
GARZEIT: 20 MINUTEN
PERSONEN: 4

Baiqi war ein berühmter General im Königreich Qin (aus dem die Qin-Dynastie hervorging) zur Zeit der Streitenden Reiche vor über 2300 Jahren. In einer Schlacht mit dem Königreich Zhao tötete Baiqi mehr als 400 000 Soldaten aus Zhao und führte die Qin-Armee zum Sieg. Beim Volk von Zhao war er verständlicherweise sehr unbeliebt; einige Jahre später erfanden sie dieses Gericht, um ihrem Hass Ausdruck zu verleihen. Der Tofu wird traditionell über einem offenen Holzkohlefeuer geröstet und dann gedämpft und soll den Tod Baiqis durch Verbrennen und Ertrinken symbolisieren.

- 500 G FESTER TOFU, ABGETROPFT UND IN 2,5 CM GROSSE WÜRFEL GESCHNITTEN
- 2 EL PFLANZENÖL
- 2 TL FEIN GEHACKTER INGWER
- 4 KNOBLAUCHZEHEN, GEHACKT
- 2 PORTIONEN SOJACHIPS (SEITE 52)
- 100 G MAISMEHL
- 2 TL SALZ
- GEDÄMPFTER REIS (SEITE 540) ZUM SERVIEREN

* Den Ofengrill vorheizen. Den Tofu auf einen Gitterrost legen und 3–4 Minuten grillen. Alle Tofustücke wenden und weitere 3–4 Minuten bräunen.
* Das Öl in einem Wok oder einer großen Pfanne auf mittlerer Hitze heiß werden lassen. Ingwer und Knoblauch hineingeben und 1 Minute unter Rühren braten, bis sie duften. Sojachips, Maismehl und Salz einrühren und 1 Minute unter Rühren braten, bis alles vermischt ist.
* Den Tofu auf einen ofenfesten Teller legen und in einem Dämpfeinsatz oder Bambus-Dämpfkorb über einen Topf mit kochendem Wasser stellen. Mit Deckel 5 Minuten dämpfen.
* Den Tofu aus dem Dämpfeinsatz nehmen und auf einem Servierteller anrichten. Mit der krossen Sojachips-Mischung garnieren und mit Reis servieren.

HERKUNFT: HUNAN
ZUBEREITUNGSZEIT: 15 MINUTEN,
 ZZGL. 10 MINUTEN EINWEICHZEIT
GARZEIT: 5 MINUTEN
PERSONEN: 4

焦溜豆腐丸
FRITTIERTE TOFUKUGELN IN SAUCE

- 500 G FESTER TOFU, ABGESPÜLT UND ABGETROPFT
- 50 G GLASNUDELN
- 100 G MEHL
- 1 EI
- ½ TL SALZ
- 2 TL GEHACKTE FRÜHLINGSZWIEBELN
- 1 PRISE GEMAHLENER WEISSER PFEFFER
- 475 ML PFLANZENÖL
- 5 EL GEMÜSEBRÜHE (SEITE 92)
- 1 TL HELLE SOJASAUCE
- 1 TL SPEISESTÄRKE
- GEDÄMPFTER REIS (SEITE 540) ZUM SERVIEREN

* Den Tofu in eine Schüssel legen und mit einer Gabel grob zerdrücken.
* Die Glasnudeln etwa 10 Minuten in einer Schüssel mit kaltem Wasser einweichen. Abtropfen lassen, hacken und zum Tofu geben.
* Mehl, Ei, Salz, 1 Teelöffel gehackte Frühlingszwiebeln und Pfeffer zufügen. Mit den Händen alles gut vermengen und beiseitestellen.
* Das Öl in einem Wok oder hohen Topf auf 170 °C erhitzen oder bis ein Brotwürfel in 45 Sekunden braun wird. Gut 1 Esslöffel der Masse zu einer Kugel von 2,5 cm Durchmesser rollen, dabei noch Masse zufügen, falls erforderlich. Mit der restlichen Tofumasse ebenso verfahren. Mit einem Löffel die Kugeln portionsweise ins Öl gleiten lassen und in 3–4 Minuten goldbraun frittieren. Mit einem Schaumlöffel die Tofukugeln vorsichtig aus dem Öl heben und auf Küchenpapier abtropfen lassen.
* Das Öl bis auf etwa 1 Esslöffel abgießen. Die Gemüsebrühe hineingießen und zum Kochen bringen. Sojasauce und restliche gehackte Frühlingszwiebeln einrühren.
* Die Stärke in einer kleinen Schüssel mit 1 Esslöffel Wasser anrühren und die Mischung in den Wok rühren. Unter Rühren 30 Sekunden aufkochen lassen, bis die Sauce eindickt.
* Die Sauce über die Tofukugeln träufeln und mit Reis servieren.

宫保豆腐
GONGBAO-TOFU

HERKUNFT: SICHUAN
ZUBEREITUNGSZEIT: 20 MINUTEN,
ZZGL. 10 MINUTEN EINWEICHZEIT
GARZEIT: 10 MINUTEN
PERSONEN: 4

* Den Tofu in eine Schüssel legen, 475 ml Wasser und ½ Teelöffel Salz zufügen und 15 Minuten einweichen. Abtropfen lassen und mit Küchenpapier trocken tupfen.
* Den Tofu in 1,5 cm große Würfel schneiden, in eine Schüssel füllen und Ei, Stärke und den restlichen ½ Teelöffel Salz zufügen. Beiseitestellen.
* In einer anderen Schüssel Chili-Bohnen-Paste, eingelegte Chilischoten und Sesamöl verrühren.
* 3 Esslöffel Pflanzenöl in einem Wok oder einer großen Pfanne auf schwacher Hitze heiß werden lassen, die Erdnüsse hineingeben und 5 Minuten braten, bis sie goldbraun und knackig sind. Zum Abkühlen auf einen Teller legen.
* Den restlichen Esslöffel Öl auf mittlerer Hitze im Wok heiß werden lassen. Den Tofu hineingeben und 3–4 Minuten braten, bis er leicht fest ist. Mit einem Schaumlöffel vorsichtig aus dem Öl heben und auf Küchenpapier abtropfen lassen.
* Im restlichen Öl im Wok Ingwer, Frühlingszwiebel, Chili-Bohnen-Paste und eingelegte Chilischoten unter Rühren braten, bis alles duftet. Sojasauce, Zucker und 125 ml Wasser zufügen und sautieren, bis die Sauce eindickt. Tofu und Erdnüsse vorsichtig unterrühren, dann den Reiswein einträufeln. Auf einem Servierteller anrichten und mit Reis servieren.

- 500 G FESTER TOFU, ABGETROPFT
- 1 TL SALZ
- 1 EI, VERRÜHRT
- 2 EL SPEISESTÄRKE
- 2 EL PIXIAN-CHILI-BOHNEN-PASTE, GROB GEHACKT
- 20 G EINGELEGTE CHILISCHOTEN, GEHACKT
- 1 EL SESAMÖL
- 4 EL PFLANZENÖL
- 50 G ERDNUSSKERNE
- 1 EL GEHACKTER INGWER
- 1 FRÜHLINGSZWIEBEL, GEHACKT
- 1 TL HELLE SOJASAUCE
- 1 EL ZUCKER
- 2 EL SHAOXING-REISWEIN
- GEDÄMPFTER REIS (SEITE 540) ZUM SERVIEREN

HERKUNFT: SICHUAN
ZUBEREITUNGSZEIT: 20 MINUTEN,
   ZZGL. 5 MINUTEN EINWEICHZEIT
GARZEIT: 5 MINUTEN
PERSONEN: 4
SEITE 513

麻婆豆腐
MAPO-TOFU

- 450 G FESTER TOFU, ABGETROPFT UND IN 2 CM GROSSE WÜRFEL GESCHNITTEN
- 1 TL SALZ
- 3 EL PFLANZENÖL
- 100 G SCHWEINEHACKFLEISCH
- 1 TL FERMENTIERTE SCHWARZE BOHNEN, ABGESPÜLT UND GEHACKT
- 1 EL PIXIAN-CHILI-BOHNEN-PASTE, GEHACKT
- 2 TL GEHACKTER INGWER
- 2 TL GEHACKTER KNOBLAUCH
- 1 TL CHILIPULVER
- 2 EL HELLE SOJASAUCE
- ½ TL ZUCKER
- ½ EL SPEISESTÄRKE
- 1 TL SESAMÖL
- 2 FRÜHLINGSZWIEBELN, GEHACKT
- ½ TL GEMAHLENER SICHUAN-PFEFFER
- GEDÄMPFTER REIS (SEITE 540) ZUM SERVIEREN

* Den Tofu in einer Schüssel mit heißem Wasser einweichen, ½ Teelöffel Salz zufügen und 5 Minuten stehen lassen. Abtropfen lassen.
* Das Pflanzenöl in einem Wok oder einer großen Pfanne auf mittlerer Hitze heiß werden lassen, das Hackfleisch hineingeben und 2–3 Minuten unter Rühren braten, bis die Flüssigkeit größtenteils verdampft ist.
* Fermentierte schwarze Bohnen, Chili-Bohnen-Paste, Ingwer und Knoblauch zufügen. Das Chilipulver einrühren, 4 Esslöffel Wasser zufügen und zum Kochen bringen.
* Den Tofu zufügen, vorsichtig umrühren und auf schwache Hitze reduzieren. Mit Deckel 1 Minute köcheln lassen. Sojasauce, Zucker und den restlichen ½ Teelöffel Salz einrühren.
* Die Stärke in einer kleinen Schüssel mit 1 Esslöffel Wasser anrühren und die Mischung in den Wok rühren. Unter Rühren 30 Sekunden aufkochen lassen, bis die Sauce eindickt. Sesamöl und Frühlingszwiebeln zufügen, alles mischen und in eine Servierschüssel füllen. Mit dem gemahlenen Sichuan-Pfeffer bestreuen und mit Reis servieren.

HERKUNFT: BUDDHISTISCH-VEGETARISCH
ZUBEREITUNGSZEIT: 10 MINUTEN
GARZEIT: 10 MINUTEN
PERSONEN: 4

炒豆腐脑
EINTOPF MIT TOFUMUS

- 3 EL PFLANZENÖL
- 5 G INGWER (CA. 1 CM), IN SCHEIBEN GESCHNITTEN
- ⅓ KAROTTE, FEIN GERASPELT
- 1 FRÜHLINGSZWIEBEL, GEHACKT
- 500 G TOFU, PÜRIERT
- 700 ML HEISSE GEMÜSEBRÜHE (SEITE 92)
- ½ TL SALZ
- 1 EL SPEISESTÄRKE
- 1 STÄNGEL KORIANDERGRÜN, NUR DIE BLÄTTER

* 1 Esslöffel Öl in einem Wok oder einer großen Pfanne auf schwacher Hitze heiß werden lassen. Den Ingwer hineingeben und in 2 Minuten kross braten. Entfernen und das Öl aufheben.
* Die restlichen 2 Esslöffel Öl im Wok erhitzen. Die geraspelte Möhre hineingeben und auf schwacher Hitze 2–3 Minuten frittieren. Das Öl durch ein feines Sieb abseihen. Die Karotte entfernen und das Öl wieder in den Wok geben.
* Das Karottenöl auf mittlerer bis starker Hitze heiß werden lassen. Die Frühlingszwiebel hineingeben und 1 Minute unter Rühren braten, bis sie duftet. Das Tofumus zufügen und rühren, bis Öl und Tofu gründlich vermischt sind.
* Gemüsebrühe und Salz zufügen und zum Kochen bringen. Die Stärke mit 3 Esslöffeln Wasser anrühren und die Mischung in den Wok rühren. Unter Rühren 30 Sekunden aufkochen lassen, bis die Sauce eindickt. Das Ingweröl über die Suppe träufeln und mit Koriandergrün garniert servieren.

MAPO-TOFU

HERKUNFT: FUJIAN
ZUBEREITUNGSZEIT: 15 MINUTEN,
    ZZGL. 30 MINUTEN MARINIERZEIT
GARZEIT: 10 MINUTEN
PERSONEN: 2

宁化豆腐丸
NINGHUA-TOFUKUGELN

- 150 G SCHWEINEHACKFLEISCH
- ½ TL SALZ
- ½ TL ZUCKER
- 3 GETROCKNETE SHIITAKE
- 500 G FESTER TOFU, ABGETROPFT
- 50 G FERMENTIERTES KOHLGEMÜSE AUS SICHUAN, ABGESPÜLT, ENDEN ABGESCHNITTEN UND GEHACKT
- 1 PRISE GEMAHLENER WEISSER PFEFFER
- 1 EL SPEISESTÄRKE
- 60 G HAFERFLOCKEN
- 250 ML PFLANZENÖL
- WORCESTERSHIRESAUCE ODER SÜSSSAURE SAUCE (SEITE 169) ZUM SERVIEREN

* Hackfleisch, Salz, Zucker und 1 Esslöffel Wasser in einer Schüssel mischen und 30 Minuten marinieren. Mit Stäbchen in einer Richtung umrühren, bis das Hackfleisch eine gummiartige Konsistenz annimmt.
* Inzwischen die Shiitake in eine Schüssel legen, mit kaltem Wasser bedecken und mindestens 20 Minuten einweichen. Herausnehmen, die Stiele entfernen und die Hüte hacken.
* Den Tofu mit Küchenpapier trocken tupfen und in große Stücke brechen. In die Schüssel mit dem Hackfleisch geben und Kohlgemüse, Pilze, Pfeffer und Stärke in einer Richtung unterrühren, bis alles gut vermischt ist. Aus der Masse 12 Kugeln formen.
* Die Haferflocken in einer Küchenmaschine grob mahlen und auf einen Teller geben. Die Tofukugeln darin wälzen und auf einen Teller legen.
* Das Öl in einem Wok oder hohen Topf auf 150 °C erhitzen oder bis ein Brotwürfel in 1½ Minuten braun wird. Die Tofubälle portionsweise ins Öl gleiten lassen und in 3–4 Minuten goldbraun frittieren. Mit Worcestershiresauce oder süßsaurer Sauce servieren.

HERKUNFT: ANHUI
ZUBEREITUNGSZEIT: 10 MINUTEN,
    ZZGL. 10 MINUTEN EINWEICHZEIT
GARZEIT: 10 MINUTEN
PERSONEN: 4

八公山豆腐
BAGONGSHAN-TOFU

- 10 G GETROCKNETE MU-ERR
- 50 G SPEISESTÄRKE, ZZGL. 1 TL
- 250 G FESTER TOFU, ABGETROPFT UND IN 2 CM GROSSE WÜRFEL GESCHNITTEN
- 475 ML PFLANZENÖL
- 1 EL GETROCKNETER GARNELENROGEN
- 25 G BAMBUSSPROSSEN, IN SCHEIBEN, ABGETROPFT
- 1 FRÜHLINGSZWIEBEL, IN 2 CM LANGE STÜCKE GESCHNITTEN
- 3 EL HELLE SOJASAUCE
- ⅓ TL SALZ
- GEDÄMPFTER REIS (SEITE 540) ZUM SERVIEREN

* Die Mu-Err mit kaltem Wasser bedecken und in etwa 10 Minuten einweichen. Abtropfen lassen, dann in 3 cm große Quadrate zerpflücken.
* 50 g Stärke mit 3 Esslöffeln Wasser anrühren. Den Tofu zufügen und verrühren, bis er überall benetzt ist.
* Das Öl in einem Wok oder hohen Topf auf 170 °C erhitzen oder bis ein Brotwürfel in 45 Sekunden braun wird. Den Tofu hineingeben und in 2–3 Minuten goldbraun frittieren. Mit einem Schaumlöffel aus dem Öl heben und auf Küchenpapier abtropfen lassen.
* Das Öl bis auf etwa 1 Esslöffel abgießen. Garnelenrogen, Bambussprossen, Mu-Err und Frühlingszwiebel zufügen und auf mittlerer Hitze 30 Sekunden unter Rühren braten. Tofu, Sojasauce, Salz und 3 Esslöffel Wasser zufügen und zum Kochen bringen.
* Den restlichen Teelöffel Stärke mit 1 Esslöffel Wasser anrühren und die Mischung in den Wok rühren. Unter Rühren 30 Sekunden aufkochen lassen, bis die Sauce eindickt. Alles auf einem Servierteller anrichten und mit Reis servieren.

金相玉
TOFUPFANNE MIT SCHWEINEFLEISCH

HERKUNFT: JIANGXI
ZUBEREITUNGSZEIT: 20 MINUTEN
GARZEIT: 20 MINUTEN
PERSONEN: 4

* Den Tofu auf einen ofenfesten Teller legen und in einem Dämpfeinsatz oder Bambus-Dämpfkorb über einen Topf mit kochendem Wasser stellen. Mit Deckel 5 Minuten dämpfen. Das Wasser vom Teller abgießen und beiseitestellen.
* Fleisch, helle Sojasauce und ½ Teelöffel Stärke in einer Schüssel gut verrühren. Beiseitestellen.
* Den Tofu in 2 Portionen teilen und eine in 3 mm breite Streifen schneiden. Die andere Portion in sehr dünne Scheiben schneiden und mit Küchenpapier trocken tupfen.
* 2 Esslöffel Pflanzenöl in einem Wok oder einer großen Pfanne auf mittlerer Hitze heiß werden lassen, die Tofuscheiben hineinlegen und in 3–4 Minuten goldbraun braten. Herausnehmen und die Scheiben in 3 mm breite Streifen schneiden.
* Ingwer und Frühlingszwiebeln im restlichen Öl im Wok auf starker Hitze 1–2 Minuten unter Rühren braten, bis sie duften. Das Fleisch zufügen und 3–4 Minuten unter Rühren braten, bis es gar ist.
* Die gebratenen und ungebratenen Tofustreifen, Mu-Err, Chilistreifen und Bambussprossen zufügen. Den Reiswein hineinträufeln, dann Hühnerbrühe, dunkle Sojasauce und Salz zufügen und gut verrühren.
* Die Stärke in einer kleinen Schüssel mit 1 Esslöffel Wasser anrühren und die Mischung in den Wok rühren. Unter Rühren 30 Sekunden aufkochen lassen, bis die Sauce eindickt. Sesamöl und Pfeffer einrühren. Auf einem Servierteller anrichten und mit Reis servieren.

- 500 G FESTER TOFU, ABGETROPFT
- 75 G SCHWEINEFILET, IN FEINE STREIFEN GESCHNITTEN
- ½ TL HELLE SOJASAUCE
- 1 ½ TL SPEISESTÄRKE
- 3 EL PFLANZENÖL
- 20 G INGWER (CA. 2,5 CM), GEHACKT
- 2 FRÜHLINGSZWIEBELN, GEHACKT
- 10 G GETROCKNETE MU-ERR, IN WASSER EINGEWEICHT, STIELE ENTFERNT UND HÜTE IN FEINE STREIFEN GESCHNITTEN
- 2 CAYENNE-CHILISCHOTEN, SAMEN ENTFERNT UND IN FEINE STREIFEN GESCHNITTEN
- 250 G BAMBUSSPROSSEN, IN SCHEIBEN, ABGETROPFT
- 1 EL REISWEIN
- 2 EL HÜHNERBRÜHE (SEITE 90)
- 1 TL DUNKLE SOJASAUCE
- ½ TL SALZ
- ¼ TL SESAMÖL
- ⅛ TL GEMAHLENER WEISSER PFEFFER
- GEDÄMPFTER REIS (SEITE 540) ZUM SERVIEREN

HERKUNFT: BUDDHISTISCH-VEGETARISCH
ZUBEREITUNGSZEIT: 10 MINUTEN,
  ZZGL. 5 MINUTEN EINWEICHZEIT
GARZEIT: 10 MINUTEN
PERSONEN: 2

梅菜素扣肉
FERMENTIERTES KOHLGEMÜSE MIT TOFU

- 75 G SÜSS FERMENTIERTES KOHLGEMÜSE
- 1 EL ZUCKER
- ½ EL SHAOXING-REISWEIN
- ½ EL INGWERSAFT
- 2 EL PFLANZENÖL
- 2 STÜCK HALBTROCKENER TOFU (CA. 50 G GESAMT), IN JE 12 SCHEIBEN GESCHNITTEN
- GEDÄMPFTER REIS (SEITE 540) ZUM SERVIEREN

* Das Kohlgemüse mit kaltem Wasser bedecken und 5 Minuten einweichen. Unter fließendem kaltem Wasser abspülen. Überschüssiges Wasser ausdrücken. Enden abschneiden, dann hacken und in eine Schüssel geben. Zucker, Reiswein und Ingwersaft untermischen und das Öl einrühren.
* Eine ofenfeste Schüssel (Fassungsvermögen: 500 ml) mit den Tofuscheiben auslegen. Das gehackte Kohlgemüse darauf verteilen und glatt streichen. Die Schüssel mit Alufolie dicht verschließen.
* Die Schüssel in einem Dämpfeinsatz oder Bambus-Dämpfkorb über einen Topf mit kochendem Wasser stellen. Mit Deckel 10 Minuten dämpfen.
* Herausnehmen und die Sauce in eine andere Schüssel abgießen. Einen Teller über die Schüssel legen und mithilfe von Geschirrtüchern den Schüsselinhalt auf den Teller stürzen. (Alternative: Den Schüsselinhalt mit einer Zange umfüllen.) Mit der Sauce übergießen und mit Reis servieren.

HERKUNFT: BEIJING
ZUBEREITUNGSZEIT: 10 MINUTEN
GARZEIT: 10 MINUTEN
PERSONEN: 4

锅塌豆腐
FRITTIERTER TOFU

- 500 G FESTER TOFU, ABGETROPFT
- 1 FRÜHLINGSZWIEBEL, FEIN GEHACKT
- 1 TL FEIN GEHACKTER INGWER
- 2 TL SHAOXING-REISWEIN
- 750 ML PFLANZENÖL
- 3 EL MEHL
- 2 EIER, VERRÜHRT
- 100 ML HÜHNERBRÜHE (SEITE 90)
- 1 TL SALZ
- 1 TL SESAMÖL
- GEDÄMPFTER REIS (SEITE 540) ZUM SERVIEREN

* Den Tofu längs in 2 Stücke, dann quer in 5 mm dicke Scheiben schneiden. Auf einen Teller legen und ½ Teelöffel gehackte Frühlingszwiebel, ½ Teelöffel gehackten Ingwer und 1 Teelöffel Reiswein darüber verteilen.
* Das Pflanzenöl in einem Wok oder hohen Topf auf 150 °C erhitzen oder bis ein Brotwürfel in 1½ Minuten braun wird. Den Tofu mit Mehl bestäuben, dann in das verrührte Ei tauchen. Vorsichtig ins Öl gleiten lassen und in 2–3 Minuten goldbraun frittieren. Mit einem Schaumlöffel vorsichtig herausheben und auf Küchenpapier abtropfen lassen. Geronnene Eireste entfernen.
* Das Öl bis auf etwa 2 Esslöffel abgießen. Restliche Frühlingszwiebel und Ingwer zufügen und auf mittlerer bis starker Hitze 1 Minute unter Rühren braten, bis sie duften. Hühnerbrühe, Salz, restlichen Reiswein und frittierten Tofu zufügen und alles zum Kochen bringen. Auf schwacher bis mittlerer Hitze unter Rühren braten, bis die Flüssigkeit vollständig verdampft ist.
* Das Sesamöl vorsichtig unterrühren und auf einem Servierteller anrichten. Mit Reis servieren.

鸡火干丝
HALBTROCKENER TOFU MIT HUHN UND SCHINKEN

HERKUNFT: JIANGSU
ZUBEREITUNGSZEIT: 30 MINUTEN, ZZGL. 30 MINUTEN EINWEICHZEIT
GARZEIT: 3 STUNDEN
PERSONEN: 4

Dieser Klassiker aus Yangzhou in der Provinz Jiangsu gehörte zu den vielen Gerichten, die dem Kaiser Qianlong in der Qing-Dynastie auf einer seiner Reisen durch Südchina serviert wurden.

- 1 GANZES HÄHNCHEN (1,2 KG)
- 5 G INGWER (CA. 1 CM), IN SCHEIBEN GESCHNITTEN
- 1½ TL SALZ
- 20 G JINHUA- ODER PARMASCHINKEN
- 2 STÜCK HALBTROCKENER TOFU, DIE HARTE HAUT ABGESCHNITTEN UND IN FEINE STREIFEN GESCHNITTEN
- ½ TL SESAMÖL

* 2 Liter Wasser in einem großen Topf zum Kochen bringen, Hähnchen und Ingwerscheiben hineingeben, Deckel aufsetzen und auf starker Hitze wieder aufkochen lassen. Den Herd ausschalten und das Hähnchen mit Deckel 30 Minuten im heißen Wasser ziehen lassen. Mit einer Zange herausnehmen und abkühlen lassen.
* Das Hähnchen mit dem Rücken nach unten auf ein Schneidbrett legen und mit einem scharfen Messer die Brust heraustrennen. Die Hähnchenbrust fein zerfasern und beiseitelegen.
* Das restliche Huhn wieder in den Topf legen. Hähnchen und Brühe zum Kochen bringen und ohne Deckel auf schwacher Hitze weitere 2 Stunden kochen lassen, bis noch etwa 750 ml Brühe übrig sind. ½ Teelöffel Salz zufügen.
* Mit einer Kelle das Fett von der Oberfläche der Brühe abschöpfen, den Topf vom Herd nehmen und die Brühe durch ein mit Gaze ausgelegtes Sieb in eine Schüssel abseihen. Für den späteren Gebrauch beiseitestellen.
* Inzwischen den Schinken 30 Minuten in kaltem Wasser einweichen, dann abspülen und abtropfen lassen. Den Tofu 30 Minuten in einer Schüssel mit 475 ml Wasser und 1 Teelöffel Salz einweichen. Abtropfen lassen.
* Den Schinken in einem Dämpfeinsatz oder Bambus-Dämpfkorb über einen Topf mit kochendem Wasser stellen. Mit Deckel 5 Minuten dämpfen. Herausnehmen und in sehr dünne Streifen schneiden.
* Den Tofu in einen Topf legen, mit frischem Wasser bedecken und 2 Minuten aufkochen lassen. Abtropfen lassen.
* Die 750 ml aufgehobene Hühnerbrühe in einem sauberen Topf zum Kochen bringen, das zerfaserte Hähnchen und die Schinkenstreifen hineingeben und auf mittlerer Hitze 5 Minuten kochen. Den Tofu einrühren und 5 Minuten köcheln lassen, dann das Sesamöl zufügen. In eine Servierschüssel füllen und servieren.

HERKUNFT: JIANGSU
ZUBEREITUNGSZEIT: 5 MINUTEN
GARZEIT: 10 MINUTEN
PERSONEN: 4
SEITE 519

蟹粉豆腐
TOFU MIT KRABBENFLEISCH UND KRABBENROGEN

- 3 GESALZENE ENTENEIER
- 2 EL PFLANZENÖL
- 50 G INGWER (CA. 7,5 CM), GEHACKT
- ⅔ KAROTTE, FEIN GERASPELT
- 1 TL SALZ
- 1 TL ZUCKER
- 1 TL ZHENJIANG- ODER BALSAMICO-ESSIG
- 2 STÜCK TOFU, ABGETROPFT UND IN 1,5 CM GROSSE STÜCKE GESCHNITTEN
- 2 TL SPEISESTÄRKE
- 3 EL KRABBENFLEISCH UND KREBSFETT
- 1 ½ EL KRABBENROGEN
- GEHACKTES KORIANDERGRÜN UND GEHACKTE FRÜHLINGSZWIEBEL ZUM GARNIEREN (NACH BELIEBEN)

* Die gesalzenen Enteneier in einem Dämpfeinsatz oder Bambus-Dämpfkorb über einen Topf mit kochendem Wasser stellen. Mit Deckel 5 Minuten dämpfen. Vorsichtig herausnehmen und abkühlen lassen.
* Die Eiweiße entfernen und entfernen. Die Eigelbe in eine Schüssel legen und mit einer Gabel zerdrücken. Beiseitestellen.
* Das Öl in einem Wok oder einer großen Pfanne erhitzen. Ingwer und Karotte hineingeben und auf mittlerer Hitze 1 Minute unter Rühren braten, bis sie duften. Drei Viertel der Eigelbe und 4 Esslöffel Wasser zufügen, zum Kochen bringen und mit Salz, Zucker und Essig würzen. Den Tofu zufügen, vorsichtig umrühren und 30 Sekunden mitgaren.
* Die Stärke in einer kleinen Schüssel mit 2 Esslöffeln Wasser anrühren und die Mischung in den Wok rühren. Unter Rühren 30 Sekunden aufkochen lassen, bis die Sauce eindickt. In eine Servierschüssel füllen.
* 2 Esslöffel Wasser in den Wok geben, zum Kochen bringen und Krabbenfleisch, Krebsfett und das restliche Eigelb einrühren. Über den Tofu gießen. Mit Krabbenrogen sowie Koriandergrün und Frühlingszwiebel, falls verwendet, bestreuen.

HERKUNFT: ANHUI
ZUBEREITUNGSZEIT: 5 MINUTEN, ZZGL. 15 MINUTEN EINWEICHZEIT
GARZEIT: 2 MINUTEN
PERSONEN: 4

香椿拌豆腐
TOFU MIT GESALZENEN GEMÜSEBAUM-TRIEBEN

- 50 G GESALZENE GEMÜSEBAUM-TRIEBE, ABGESPÜLT
- 1 EL SESAMPASTE
- 250 G FESTER TOFU, ABGETROPFT UND IN 1 CM GROSSE WÜRFEL GESCHNITTEN
- 1 TL SESAMÖL
- ½ TL SALZ
- GEDÄMPFTER REIS (SEITE 540) ZUM SERVIEREN

* Die Gemüsebaum-Triebe 15 Minuten abgedeckt in einer Schüssel mit kaltem Wasser einweichen.
* Einen großen Topf Wasser zum Kochen bringen, die Triebe hineingeben und 30 Sekunden blanchieren. Abtropfen lassen und unter fließendem kaltem Wasser abspülen. Fein hacken und beiseitestellen.
* Die Sesampaste in eine Schüssel geben und mit 1 Teelöffel Wasser verrühren.
* In einer Servierschüssel Tofu, Gemüsebaum-Triebe, Sesampaste, Sesamöl und Salz verrühren. Bei Raumtemperatur mit Reis servieren.

TOFU MIT KRABBENFLEISCH UND KRABBENROGEN

HERKUNFT: SHANDONG
ZUBEREITUNGSZEIT: 10 MINUTEN
GARZEIT: 10 MINUTEN
PERSONEN: 4

炒豆腐泥
TOFUPÜREE

- 4 EL PFLANZENÖL
- 300 G WEICHER TOFU, ABGETROPFT UND ZERDRÜCKT
- 2 ½ EL GETROCKNETE GARNELEN, IN WASSER EINGEWEICHT UND GEHACKT
- 25 G FERMENTIERTES KOHLGEMÜSE, ENDEN ABGESCHNITTEN, ABGESPÜLT UND GEHACKT
- 2 EL SHAOXING-REISWEIN
- ½ FRÜHLINGSZWIEBEL, GEHACKT
- ½ TL GEHACKTER INGWER
- ⅛ TL SALZ
- 2 EL HÜHNERBRÜHE (SEITE 90)
- 2 STÄNGEL SCHNITTKNOBLAUCH, IN 4 CM LANGE STÜCKE GESCHNITTEN
- ½ EL SPEISESTÄRKE
- 1 EL SESAMÖL
- GEDÄMPFTER REIS (SEITE 540) ZUM SERVIEREN

* 2 Esslöffel Pflanzenöl in einem Wok oder einer großen Pfanne auf mittlerer Hitze heiß werden lassen, den zerdrückten Tofu hineingeben und 3 Minuten unter Rühren braten, bis die Flüssigkeit größtenteils verdampft ist. Aus dem Wok nehmen und beiseitestellen. Den Wok mit Küchenpapier auswischen.
* 1 Esslöffel Pflanzenöl zufügen und die Garnelen auf mittlerer bis starker Hitze 1 Minute unter Rühren braten, bis sie duften. Kohlgemüse und 1 Esslöffel Reiswein zufügen und weitere 2–3 Minuten unter Rühren braten, bis die Flüssigkeit größtenteils verdampft ist. Aus dem Wok nehmen und die Garnelen-Kohlgemüse-Mischung in 2 Portionen teilen.
* Den restlichen Esslöffel Pflanzenöl im Wok erhitzen, Frühlingszwiebel und Ingwer hineingeben und auf starker Hitze 1 Minute unter Rühren braten, bis sie duften. Tofupüree, 1 Portion Kohlgemüsemischung, den restlichen Esslöffel Reiswein, Salz und Hühnerbrühe zufügen und den Schnittknoblauch einrühren.
* Die Stärke in einer kleinen Schüssel mit ½ Esslöffel Wasser anrühren und die Mischung in den Wok rühren. Unter Rühren 30 Sekunden aufkochen lassen, bis die Sauce eindickt.
* Das Sesamöl darüberträufeln und auf einem Servierteller anrichten. Mit der Garnelen-Kohlgemüse-Mischung garnieren. Mit Reis servieren.

HERKUNFT: GUANGDONG
ZUBEREITUNGSZEIT: 5 MINUTEN, ZZGL. 10 MINUTEN EINWEICHZEIT
GARZEIT: 10 MINUTEN
PERSONEN: 6–8

椒盐豆腐
TOFU MIT GEWÜRZSALZ

- 500 G FESTER TOFU, ABGETROPFT UND IN 2 CM GROSSE WÜRFEL GESCHNITTEN
- 1 TL SALZ
- 475 ML PFLANZENÖL
- 4 EL MEHL
- 2 FRÜHLINGSZWIEBELN, GEHACKT
- 2 KNOBLAUCHZEHEN, GEHACKT

FÜR DAS GEWÜRZSALZ:
- 1 TL SALZ
- ½ TL FÜNF-GEWÜRZE-PULVER
- 1 TL GEWÜRZLILIENPULVER
- ½ TL CHILIPULVER

* Den Tofu in 475 ml Wasser einweichen, das Salz zufügen und 10 Minuten beiseitestellen. Abtropfen lassen.
* Für das Gewürzsalz das Salz in einem Topf ohne Öl auf mittlerer Hitze 2 Minuten erwärmen, dann den Topf vom Herd nehmen, die restlichen Zutaten untermischen und beiseitestellen.
* Das Öl in einem Wok oder einer großen Pfanne auf 130 °C erhitzen. Die Tofuwürfel mit Mehl bestäuben und 2–3 Minuten frittieren, bis sie braun sind.
* Das Öl bis auf etwa 1 Esslöffel abgießen. Frühlingszwiebeln und Knoblauch hineingeben und auf mittlerer Hitze 1 Minute unter Rühren braten, bis sie duften. Den frittierten Tofu zufügen, mit den anderen Zutaten mischen und 1 Teelöffel Gewürzsalz unterrühren. Auf einem Servierteller anrichten.

鸡汁百页包
TOFUROLLE IN HÜHNERBRÜHE

HERKUNFT: SHANGHAI
ZUBEREITUNGSZEIT: 30 MINUTEN,
  ZZGL. 15 MINUTEN EINWEICHZEIT
GARZEIT: 15 MINUTEN
PERSONEN: 4

* In einer großen Schüssel 1 Liter Wasser mit dem Natron verrühren. Die Sojahäute hineinlegen und 15 Minuten einweichen, bis sie eine naturweiße Färbung annehmen. Gründlich abspülen.
* Einen großen Topf Wasser auf starker Hitze zum Kochen bringen, den Kohl hineingeben und 3 Minuten blanchieren. Mit einem Schaumlöffel in ein Sieb legen und unter fließendem kaltem Wasser abspülen. Das Wasser aus dem Kohl drücken und hacken.
* Das Wasser im Topf auf starker Hitze wieder zum Kochen bringen. Die Blätter vom Schnittknoblauch schneiden, ins Wasser geben und 15 Sekunden einweichen. Mit einem Schaumlöffel sofort herausnehmen.
* Etwas abkühlen lassen, dann jedes Blatt längs halbieren und beiseitelegen (damit werden später die Tofurollen fixiert).
* Für die Füllung Hackfleisch, Garnelen, Kohl, Salz, Zucker, Sojasauce, Pfeffer und Stärke gründlich mischen. In 16 gleiche Portionen teilen.
* Jede Sojahaut vierteln. 1 Portion Füllung an den Rand einer Sojahaut legen, zur Hälfte aufrollen, die Seiten einschlagen und weiter aufrollen. Mit den restlichen Sojahäuten und der übrigen Füllung ebenso verfahren. Jede Tofurolle mit ½ Schnittknoblauchblatt zusammenbinden.
* Die Hühnerbrühe in einem Topf zum Kochen bringen, die Tofurollen hineingeben, auf schwache Hitze reduzieren, Deckel aufsetzen und 10 Minuten köcheln lassen. Tofurollen und Hühnerbrühe in eine flache Schüssel geben und mit Reis servieren.

- 1 TL NATRON
- 4 SOJAHÄUTE
- 200 G CHINAKOHL, BLÄTTER ABGETRENNT
- 1 BUND SCHNITTKNOBLAUCH
- 250 G SCHWEINEHACKFLEISCH
- 50 G ROHE GARNELEN, AUSGELÖST, DARMFADEN ENTFERNT UND GROB GEHACKT
- ½ TL SALZ
- ½ TL ZUCKER
- 1 TL HELLE SOJASAUCE
- 1 PRISE GEMAHLENER WEISSER PFEFFER
- 1 EL SPEISESTÄRKE
- 475 ML HÜHNERBRÜHE (SEITE 90)
- GEDÄMPFTER REIS (SEITE 540) ZUM SERVIEREN

HERKUNFT: TAIWAN
ZUBEREITUNGSZEIT: 20 MINUTEN
GARZEIT: 15 MINUTEN
PERSONEN: 4
SEITE 523

翡翠素方
GEMÜSEROLLE

- 1 EL WEISSE SESAMSAAT
- 1 GETROCKNETE SOJAHAUT (CA. 50 CM KANTENLÄNGE), NACH PACKUNGSANLEITUNG EINGEWEICHT
- 450 G ABGEPACKTE SPINATBLÄTTER ODER ANDERES BLATTGEMÜSE
- 4 GETROCKNETE SHIITAKE, IN WASSER EINGEWEICHT, STIELE ENTFERNT, HÜTE IN FEINE STREIFEN GESCHNITTEN
- 4 EL GERASPELTE KAROTTE (NACH BELIEBEN)
- 1 EL STEINPILZPULVER
- ¾ TL SALZ
- ½ TL SESAMÖL
- 1 EI VERRÜHRT
- 1 EL PFLANZENÖL
- KORIANDERGRÜN ZUM GARNIEREN (NACH BELIEBEN)

* Die Sesamsaat in einer kleinen Pfanne auf mittlerer Hitze unter gelegentlichem Rütteln in 3–5 Minuten goldbraun rösten. Beiseitestellen.
* Die Sojahaut zweimal falten und die Kanten knapp abschneiden, sodass 4 Quadrate entstehen.
* Einen großen Topf Wasser auf starker Hitze zum Kochen bringen, den Spinat hineingeben und 30 Sekunden blanchieren. Abtropfen lassen und unter fließendem kaltem Wasser abspülen. Mit den Händen überschüssiges Wasser ausdrücken. Die Blätter grob hacken.
* Für die Füllung Spinat, Pilze, Karotten, falls verwendet, Steinpilzpulver, Sesamsaat, Salz und Sesamöl in einer Schüssel verrühren. Die Füllung in 4 gleiche Portionen teilen.
* Ein Stück Sojahaut mit etwas Ei bestreichen, die Füllung an einem Rand verteilen. Die Sojahaut etwas aufrollen, die Ränder einschlagen und den Rest aufrollen.
* Das Pflanzenöl in einem Wok oder einer großen Pfanne erhitzen, die Gemüserollen hineingeben und auf schwacher bis mittlerer Hitze von beiden Seiten 4–6 Minuten bräunen, dann aus der Pfanne nehmen und auf Küchenpapier abtropfen lassen. Vor dem Servieren jede Rolle in 5 Teile schneiden. Mit Koriander garnieren, falls verwendet.

HERKUNFT: JIANGSU
ZUBEREITUNGSZEIT: 20 MINUTEN, ZZGL. 30 MINUTEN EINWEICHZEIT
GARZEIT: 5 MINUTEN
PERSONEN: 4–6

烫干丝
YANGZHOU-TOFUSALAT

- 2 STÜCK HALBTROCKENER TOFU AUS YANGZHOU
- 1 TL SALZ
- 2 EL HELLE SOJASAUCE
- 1 EL ZHENJIANG- ODER BALSAMICO-ESSIG
- 1 TL ZUCKER
- 2 EL SESAMÖL
- 10 G INGWER (CA. 2 CM), IN FEINE STREIFEN GESCHNITTEN
- 1 STÄNGEL KORIANDERGRÜN, GEHACKT

* Den Tofu abspülen und auf allen Seiten die harte Haut abschneiden. In 2 mm dicke Scheiben schneiden, dann in 2 mm breite Streifen.
* Die Tofustreifen in 475 ml Wasser legen, das Salz zufügen und 30 Minuten stehen lassen. Zum Abtropfen in ein Sieb geben.
* Sojasauce, Essig, Zucker und Sesamöl in einer Schüssel zu einer Sauce verrühren.
* 475 ml Wasser zum Kochen bringen. Das kochende Wasser über den Tofu im Sieb gießen. Abtropfen lassen.
* Den Tofu in eine Schüssel füllen, die Sauce darüber verteilen und mit Ingwer und Koriandergrün garnieren.

GEMÜSEROLLE

HERKUNFT: HAKKA
ZUBEREITUNGSZEIT: 15 MINUTEN,
 ZZGL. 3 STUNDEN EINWEICHZEIT
GARZEIT: 25 MINUTEN
PERSONEN: 4

东江豆腐煲
TOFU-SCHMORTOPF NACH HAKKA-ART

- 100 G GETROCKNETE SOJABOHNEN
- 250 ML PFLANZENÖL
- 30 G CHINESISCHER KLIPPFISCH
- 200 G SCHWEINEHACKFLEISCH
- 3 FRÜHLINGSZWIEBELN, NUR SCHÄFTE, GEHACKT
- 500 G FESTER TOFU, ABGETROPFT
- 475 ML HÜHNERBRÜHE (SEITE 90)
- 2 STÄNGEL SCHNITTKNOBLAUCH, IN 6 CM LANGE STÜCKE GESCHNITTEN UND DIE STIELE FLACH GEKLOPFT
- 1 TL SALZ
- 1 PRISE GEMAHLENER WEISSER PFEFFER
- GEDÄMPFTER REIS (SEITE 540) ZUM SERVIEREN

* Die Sojabohnen 3 Stunden in einer Schüssel mit kaltem Wasser einweichen. Abtropfen lassen.
* Das Öl in einem Wok oder einer großen Pfanne auf 150 °C erhitzen oder bis ein Brotwürfel in 1½ Minuten braun wird. Die Sojabohnen hineingeben und in 3–4 Minuten kross frittieren. Mit einem Schaumlöffel vorsichtig aus dem Öl heben und auf Küchenpapier abtropfen lassen. Das Öl bis auf etwa 2 Esslöffel abgießen. Beiseitestellen.
* Den Klippfisch in einem Dämpfeinsatz oder Bambus-Dämpfkorb über einen Topf mit kochendem Wasser stellen. Mit Deckel 3 Minuten dämpfen. Vorsichtig herausnehmen und kurz abkühlen lassen, dann die Haut abziehen und alle Gräten entfernen. Das Fleisch mit Hackfleisch und Frühlingszwiebeln in eine große Schüssel geben. Mit Stäbchen in einer Richtung umrühren, bis die Masse eine gummiartige Konsistenz annimmt.
* Den Tofu in 8 Würfel schneiden. Mit einem Löffel einen Teil aushöhlen und mit der Hackfleischmasse füllen.
* Das Öl im Wok auf mittlerer Hitze heiß werden lassen, den Tofu mit der Fleischseite nach unten hineingeben und in 2 Minuten goldbraun braten. Beiseitestellen.
* Einen Schmortopf erhitzen, Hühnerbrühe, Schnittknoblauch, Salz und Pfeffer hineingeben und zum Kochen bringen.
* Gebratenen Tofu und Sojabohnen zufügen, auf schwache Hitze reduzieren und mit Deckel 15 Minuten köcheln lassen. Mit Reis servieren.

总督豆腐
VIZEKÖNIG-TOFU

HERKUNFT: HEBEI
ZUBEREITUNGSZEIT: 10 MINUTEN,
 ZZGL. 15 MINUTEN EINWEICHZEIT
GARZEIT: 10 MINUTEN
PERSONEN: 4

Li Hung Zhang, ein hoher Beamter in der Qing-Dynastie, war der Vizekönig von Heibei. Als Feinschmecker stellte Li hohe Ansprüche; dieses Tofugericht gehörte zu seinen Leibspeisen.

- 1 GETROCKNETE JAKOBSMUSCHEL
- 2 EL SPEISESTÄRKE, ZZGL. 1 TL
- 2 EL MEHL
- 250 G FESTER TOFU, IN 2 CM GROSSE STÜCKE GESCHNITTEN
- 250 ML PFLANZENÖL
- 5 G INGWER (CA. 1 CM), GEHACKT
- 2 KNOBLAUCHZEHEN, GEHACKT
- 10 G EINGELEGTE CHILISCHOTEN, GEHACKT
- 50 G SCHWEINEHACKFLEISCH
- 1 EL CHILISAUCE
- 1 EL REISWEIN
- ¼ TL SALZ
- 1 TL ZUCKER
- 1 EL HELLE SOJASAUCE
- 1 TL GARNELENROGEN
- 1 FRÜHLINGSZWIEBEL, GEHACKT
- GEDÄMPFTER REIS (SEITE 540) ZUM SERVIEREN

* Die getrocknete Jakobsmuschel 15 Minuten in 50 ml Wasser einweichen. Abtropfen lassen und mit den Händen zerfasern. Das Einweichwasser durch ein feines Sieb abseihen und aufheben.
* 2 Esslöffel Stärke mit dem Mehl mischen und die Tofuwürfel in der Mischung wälzen, bis sie leicht damit bedeckt sind.
* Das Öl in einem Wok oder einer großen Pfanne auf mittlerer bis starker Hitze heiß werden lassen. Die Tofuwürfel hineingeben und in 4 Minuten goldbraun frittieren. Abtropfen lassen und auf einem Servierteller anrichten.
* Das Öl bis auf etwa 2 Esslöffel abgießen. Ingwer, Knoblauch und eingelegte Chilischoten hineingeben und auf mittlerer bis starker Hitze 1 Minute unter Rühren braten, bis alles duftet. Das Schweinehackfleisch zufügen und 2 Minuten unter Rühren braten, bis es ganz durchgegart ist. Chilisauce, Reiswein, Salz, Zucker, Sojasauce und Muschel-Einweichwasser zufügen und alles zum Kochen bringen.
* Garnelenrogen und Muschelfasern einrühren. 1 Teelöffel Stärke mit 1 Esslöffel Wasser anrühren und die Mischung in den Wok rühren. Unter Rühren 30 Sekunden aufkochen lassen, bis die Sauce eindickt. Die Frühlingszwiebel zufügen, alles gut mischen und die Sauce über den Tofu auf dem Teller gießen. Mit Reis servieren.

HERKUNFT: ANHUI
ZUBEREITUNGSZEIT: 30 MINUTEN,
ZZGL. 1 STUNDE KÜHLZEIT
GARZEIT: 10 MINUTEN
PERSONEN: 6
SEITE 527

朱洪武豆腐
TOFU À LA ZHU HONGWU

- 100 G ROHE GARNELEN, AUSGELÖST UND DARMFADEN ENTFERNT
- 100 G SCHWEINEHACKFLEISCH
- 1 TL SALZ
- 4 TL SPEISESTÄRKE
- ¼ TL GEMAHLENER WEISSER PFEFFER
- 250 G FESTER TOFU, ABGETROPFT
- 4 EIWEISS
- 750 ML PFLANZENÖL
- 100 ML HÜHNERBRÜHE (SEITE 90)
- 1 TL SHAOXING-REISWEIN
- 1 EL ZHENJIANG- ODER BALSAMICO-ESSIG
- 1 EL ZUCKER
- 1 EL GEHACKTE FRÜHLINGSZWIEBEL
- 1 EL GEHACKTER INGWER
- GEDÄMPFTER REIS (SEITE 540) ZUM SERVIEREN

Dieses Gericht ist nach dem Mönch und späteren Gründer und Kaiser der Ming-Dynastie, Zhu Yuanzhang (1328–1398), benannt. Der Legende nach war Zhu in jungen Jahren ein Bettler, und ein gutherziger Restaurantbesitzer gab ihm oft Tofu, um seinen Hunger zu stillen. Als Zhu Kaiser wurde, ließ er von seinen Palastköchen häufig dieses Gericht zubereiten.

* Die Garnelen in ein sauberes Geschirrtuch wickeln und 1 Stunde in den Kühlschrank legen.
* Inzwischen Hackfleisch, ¼ Teelöffel Salz und 2 Esslöffel Wasser in einer Schüssel verrühren und 15 Minuten marinieren. 1 Teelöffel Stärke untermischen und beiseitestellen.
* Die Garnelen aus dem Geschirrtuch nehmen und auf ein Schneidbrett legen. Mit einem schweren Hackbeil flach klopfen und zu einer Paste zerkleinern. In eine große Schüssel geben, den Pfeffer und ¼ Teelöffel Salz zufügen und unterrühren.
* Mit Stäbchen die Masse in einer Richtung umrühren, bis sie eine zähe Konsistenz annimmt. In 12 Portionen teilen.
* Den Tofu in 24 rechteckige Scheiben von 4 × 2 × 0,2 cm schneiden. 12 Stücke auf einem großen Teller verteilen und auf jedem Stück 1 Portion der Paste gleichmäßig verstreichen. Auf jedes Stück Tofu ein zweites Stück setzen, sodass Tofu-Sandwiches entstehen. Beiseitestellen.
* Die Eiweiße in einer kleinen Schüssel schaumig aufschlagen, 1 Teelöffel Stärke zufügen und zu einem dünnen Teig verrühren.
* Das Öl in einem Wok oder hohen Topf auf 150 °C erhitzen oder bis ein Brotwürfel in 1½ Minuten braun wird. Die Tofu-Sandwiches einzeln in den Teig tauchen und vorsichtig ins heiße Öl gleiten lassen. 2–3 Minuten frittieren, bis sie fest sind. Mit einem Schaumlöffel herausheben und auf Küchenpapier abtropfen lassen.
* Das Öl auf 170 °C erhitzen oder bis ein Brotwürfel in 45 Sekunden braun wird. Die Sandwiches vorsichtig hineingleiten lassen und in 1–2 Minuten goldbraun frittieren. Mit einem Schaumlöffel herausheben und auf Küchenpapier abtropfen lassen. Das Öl abgießen und für andere Gerichte aufheben.
* Die Hühnerbrühe in den Wok gießen und auf starker Hitze zum Kochen bringen. Reiswein, Essig, Zucker und den restlichen ½ Teelöffel Salz zufügen. Auf schwache Hitze reduzieren, die Tofu-Sandwiches hineingeben und zum Kochen bringen. Den restlichen Teelöffel Stärke in einer kleinen Schüssel mit 1 Esslöffel Wasser anrühren und in den Wok rühren. Unter Rühren 30 Sekunden aufkochen lassen, bis die Sauce eindickt. Tofu-Sandwiches und Sauce auf einem Teller anrichten. Mit Reis servieren.

GEMÜSE, TOFU & EIER

TOFU À LA ZHU HONGWU

大良炒鲜奶
AUSGEBACKENE GARNELEN NACH DALIANG-ART

HERKUNFT: SHUNDE
ZUBEREITUNGSZEIT: 10 MINUTEN,
ZZGL. 30 MINUTEN MARINIERZEIT
GARZEIT: 10 MINUTEN
PERSONEN: 2

- 300 G ROHE GARNELEN, AUSGELÖST UND DARMFADEN ENTFERNT
- 1 EL SPEISESTÄRKE
- 1 EL SALZ
- 10 G PÖKELSCHINKEN
- 200 ML MILCH
- 6 EIWEISS
- 2 EL PFLANZENÖL
- 1 EL PINIENKERNE
- GEDÄMPFTER REIS (SEITE 540) ZUM SERVIEREN

* Die Garnelen mit ½ Esslöffel Stärke abreiben, abspülen und mit Küchenpapier trocken tupfen. In eine Schüssel geben und mit Salz bestreuen. 30 Minuten im Kühlschrank marinieren.
* 1 Liter Wasser in einem großen Topf zum Kochen bringen. Die Garnelen hineingeben und 2 Minuten blanchieren, bis sie gar sind. In einem Sieb abtropfen lassen.
* Den Schinken auf einem ofenfesten Teller in einem Dämpfeinsatz oder Bambus-Dämpfkorb über einen Topf mit kochendem Wasser stellen. Mit Deckel 3 Minuten dämpfen. Abkühlen lassen, hacken und beiseitestellen.
* Den restlichen ½ Esslöffel Stärke in einer großen Schüssel gründlich mit 1 Esslöffel Milch verrühren. Die restliche Milch einrühren.
* Die Eiweiße in einer kleinen Schüssel glatt rühren. Durch ein feinmaschiges Sieb streichen, um den Schaum zu entfernen. Eiweiße und Garnelen zur angerührten Milch geben und zu einem dünnen Teig verrühren.
* Das Öl in einer Pfanne auf mittlerer bis starker Hitze auf 170 °C erhitzen oder bis ein Brotwürfel in 45 Sekunden braun wird. Den Herd ausschalten. Das Öl 1 Minute abkühlen lassen, dann den Teig mit den Garnelen langsam in die Mitte gießen.
* Sobald die Milch gerinnt, den Teig mit einem Pfannenwender (Fischheber) so zusammenschieben, dass er schichtweise stocken kann. Wird der Teig zu langsam oder gar nicht mehr fest, den Herd auf schwacher Hitze wieder einschalten und mit dem Pfannenwender weiter zusammenschieben, bis der gesamte Teig gestockt ist. Auf einem Teller anrichten und mit Pinienkernen und gehacktem Schinken garnieren. Mit Reis servieren.

煎芙蓉蛋
OMELETT FOO YUNG

HERKUNFT: HONGKONG
ZUBEREITUNGSZEIT: 5 MINUTEN
GARZEIT: 10 MINUTEN
PERSONEN: 4

* Einen Topf Wasser zum Kochen bringen, die Garnelen hineingeben und 1 Minute blanchieren. Mit einem Schaumlöffel zum Abtropfen in ein Sieb geben. Unter fließendem kaltem Wasser abspülen.
* Die Bohnensprossen ins Wasser geben und 15 Sekunden blanchieren, abtropfen lassen und sofort abspülen.
* Die Eier in einer Schüssel verrühren und Garnelen, Bohnensprossen und Fleisch unterrühren. Salz und 1 Teelöffel Öl unterrühren.
* Die restlichen 4 Teelöffel Öl in einer Pfanne erhitzen und durch Schwenken gut verteilen. Die Eiermasse hineingießen, in der Pfanne verteilen und auf mittlerer bis starker Hitze in 3–4 Minuten gerade stocken lassen. Mit einem Pfannenwender (Fischheber) wenden und 3 Minuten von der anderen Seite braten, bis das Omelett gar ist. Mit Reis servieren.

- 150 G ROHE GARNELEN, AUSGELÖST UND DARMFADEN ENTFERNT
- 75 G BOHNENSPROSSEN, NUR STÄNGEL
- 4 EIER
- ¼ PORTION (ODER 100 G) GEGRILLTE SCHWEINESCHULTER (SEITE 394), IN DICKE STREIFEN GESCHNITTEN
- ½ TL SALZ
- 5 TL PFLANZENÖL
- GEDÄMPFTER REIS (SEITE 540) ZUM SERVIEREN

菜脯韭菜煎蛋
OMELETT MIT RETTICH UND SCHNITTKNOBLAUCH

HERKUNFT: HAKKA
ZUBEREITUNGSZEIT: 10 MINUTEN
GARZEIT: 5 MINUTEN
PERSONEN: 4

* Die Tapiokastärke in einer kleinen Schüssel mit 2 Esslöffeln Wasser anrühren, absetzen lassen und das Wasser langsam abgießen, sodass nur die feuchte Stärke in der Schüssel bleibt.
* Die Eier in einer anderen kleinen Schüssel verrühren, dann feuchte Stärke, Salz und Sesamöl einrühren.
* 1 Esslöffel Pflanzenöl in einem Wok oder einer großen Pfanne auf mittlerer Hitze heiß werden lassen. Eingelegten Rettich und Schnittknoblauch hineingeben und auf mittlerer Hitze 1 Minute unter Rühren braten, bis sie duften. Zum Eierteig geben und alles gut verrühren.
* Die restlichen 2 Esslöffel Pflanzenöl in der Pfanne erhitzen. Den Eierteig hineingießen und auf mittlerer Hitze 3–4 Minuten braten, bis beide Seiten gebräunt sind. Das Omelett auf einem Servierteller anrichten und mit Reis servieren.

- 1 EL TAPIOKASTÄRKE ODER SPEISESTÄRKE
- 3 EIER
- ½ TL SALZ
- ¼ TL SESAMÖL
- 3 EL PFLANZENÖL
- 3 EL SÜSS EINGELEGTER RETTICH, ABGESPÜLT UND GEHACKT
- 150 G SCHNITTKNOBLAUCH, IN 7 CM LANGE STÜCKE GESCHNITTEN
- GEDÄMPFTER REIS (SEITE 540) ZUM SERVIEREN

HERKUNFT: SHUNDE
ZUBEREITUNGSZEIT: 15 MINUTEN,
ZZGL. 10 MINUTEN MARINIERZEIT
GARZEIT: 15 MINUTEN
PERSONEN: 4

煎蛋角
OMELETT MIT HACKFLEISCH

- 100 G SCHWEINEHACKFLEISCH
- ½ TL SALZ
- ½ TL ZUCKER
- 1 ½ TL SPEISESTÄRKE
- 2 EL PFLANZENÖL
- 3 EL SÜSS EINGELEGTER RETTICH, GEHACKT
- 4 EIER
- 1 PRISE GEMAHLENER WEISSER PFEFFER
- GEDÄMPFTER REIS (SEITE 540) ZUM SERVIEREN

* Hackfleisch, Salz, Zucker und 1 Esslöffel Wasser in einer Schüssel verrühren und 10 Minuten marinieren.
* Inzwischen 2 Esslöffel Wasser in einer kleinen Schüssel gründlich mit der Stärke verrühren. Wenn die Stärke sich abgesetzt hat, das Wasser vorsichtig abgießen, sodass nur die feuchte Stärke in der Schüssel bleibt.
* 1 Esslöffel Öl in einem Wok oder einer großen Pfanne erhitzen und Hackfleisch und eingelegten Rettich hineingeben. Auf starker Hitze 2 Minuten unter Rühren braten, dann überschüssiges Wasser und Öl abgießen. In eine Schüssel füllen und beiseitestellen.
* Die Eier in einer kleinen Schüssel verrühren, zur feuchten Stärke geben und zu einem dünnen Eierteig verrühren.
* Den Wok mit Küchenpapier auswischen und den restlichen Esslöffel Öl auf schwacher bis mittlerer Hitze heiß werden lassen. 1 Esslöffel Eierteig hineingeben und den Wok so schwenken, dass der Teig einen kleinen Kreis in der Mitte bildet. 1 Löffel Hackfleisch und Rettich auf eine Seite des Teigkreises setzen. Den Wok leicht hin und her rütteln, damit das Omelett nicht ansetzt, und 2 Minuten braten.
* Kurz bevor das Omelett gar ist, mit einem Pfannenwender (Fischheber) vorsichtig eine Hälfte so über die Hackfleischfüllung schlagen, dass ein Halbkreis entsteht, und die Ränder durch leichtes Andrücken verschließen. Das Omelett wenden und 2 Minuten von der anderen Seite leicht anbräunen. Das Omelett auf einen Servierteller legen. Mit dem restlichen Eierteig und der übrigen Füllung ebenso verfahren. Mit Reis servieren.

虾仁炒滑蛋
RÜHREI
MIT GARNELEN

HERKUNFT: GUANGDONG
ZUBEREITUNGSZEIT: 10 MINUTEN
GARZEIT: 5 MINUTEN
PERSONEN: 4

* Die Garnelen mit ½ Teelöffel Salz gründlich abreiben, dann abspülen.
* Einen Topf Wasser zum Kochen bringen, die Garnelen hineingeben und 1 Minute blanchieren. Abtropfen lassen und unter fließendem kaltem Wasser abspülen.
* Die Eiweiße schaumig aufschlagen. Das Schmalz zufügen und unterrühren. Eigelbe und restliches Salz zufügen und gründlich verrühren, dann die Garnelen unterziehen.
* Das Öl in einem Wok oder einer großen Pfanne auf 170 °C erhitzen oder bis ein Brotwürfel in 45 Sekunden braun wird. Den Herd ausschalten und die Eier hineingießen. Mit einem Pfannenwender (Fischheber) Eier und Garnelen immer wieder an eine Seite des Woks schieben, bis die Eier schichtweise stocken. Wenn die Eier knapp gar sind, auf einen Teller legen. (Falls das Öl zu stark abgekühlt ist, bevor die Eier gar sind, den Wok wieder auf schwache Hitze stellen.) Sofort mit Reis servieren.

- 150 G ROHE GARNELEN, AUSGELÖST UND DARMFADEN ENTFERNT
- 1 TL SALZ
- 5 EIER, GETRENNT
- 1 EL ZERLASSENES SCHMALZ
- 2 EL PFLANZENÖL
- GEDÄMPFTER REIS (SEITE 540) ZUM SERVIEREN

雪夜桃花
EIWEISS-RÜHREI
MIT GARNELEN

HERKUNFT: HENAN
ZUBEREITUNGSZEIT: 20 MINUTEN, ZZGL. 15 MINUTEN RUHEZEIT
GARZEIT: 10 MINUTEN
PERSONEN: 4

* Die Garnelen mit dem Salz in eine Schüssel geben und 15 Minuten stehen lassen. Einen kleinen Topf Wasser auf starker Hitze zum Kochen bringen, die Garnelen hineingeben und 1 Minute blanchieren. Abtropfen lassen und zum Abkühlen beiseitestellen.
* Die Eiweiße in einer mittleren Schüssel schaumig schlagen.
* Die Stärke in einer kleinen Schüssel mit 2 Esslöffeln Wasser anrühren. Sobald die Stärke sich abgesetzt hat, das Wasser langsam abgießen, sodass nur die feuchte Stärke zurückbleibt.
* Die Eiweiße durch ein feines Sieb streichen und mit der Stärke zu einem Teig verrühren. Die Garnelen zufügen und alles gut mischen.
* Das Öl in einem Wok oder einer großen Pfanne auf 170 °C erhitzen oder bis ein Brotwürfel in 45 Sekunden braun wird. Den Herd ausschalten. Das Öl 1 Minute abkühlen lassen, dann den Teig in die Mitte gießen. Sobald er stockt, mit einem Pfannenwender (Fischheber) immer wieder langsam in Falten zusammenschieben, bis alles gestockt ist. Falls erforderlich, wieder auf schwache Hitze stellen und zu einem weichen Rührei weitergaren. Auf einem Teller anrichten und mit dem Schinken garnieren. Mit Reis servieren.

- 150 G ROHE GARNELEN, AUSGELÖST UND DARMFADEN ENTFERNT
- 1 TL SALZ
- 12 EIWEISS
- 4 EL SPEISESTÄRKE
- 2 EL PFLANZENÖL
- 10 G GEKOCHTER PÖKELSCHINKEN, GEHACKT
- GEDÄMPFTER REIS (SEITE 540) ZUM SERVIEREN

HERKUNFT: ZHEJIANG
ZUBEREITUNGSZEIT: 5 MINUTEN
GARZEIT: 3–4 STUNDEN
PERSONEN: 8
SEITE 533

茶叶蛋
TEE-EIER

- 8 EIER
- 2 EL SCHWARZE TEEBLÄTTER
- 1 EL FÜNF-GEWÜRZE-PULVER
- 3 EL HELLE SOJASAUCE
- 1 TL SALZ
- 1 EL ZUCKER
- GEDÄMPFTER REIS (SEITE 540) ZUM SERVIEREN

* Die Eier in einen Topf mit 2 Litern Wasser legen und zum Kochen bringen, dann auf schwache Hitze reduzieren und 5 Minuten köcheln lassen. Herausnehmen und unter fließendem kaltem Wasser abspülen, bis sie abgekühlt sind.
* Die Eier vorsichtig so anstoßen, dass die Schale überall Risse bekommt. Noch nicht schälen!
* 1 Liter Wasser in einem Topf mit Teeblättern, Fünf-Gewürze-Pulver, Sojasauce, Salz und Zucker 5 Minuten kochen lassen. Die Eier hineingeben und wieder aufkochen lassen. Auf schwache Hitze reduzieren, Deckel aufsetzen und 5 Minuten köcheln lassen.
* Den Herd ausschalten und die Eier 3–4 Stunden in der Sauce ziehen lassen. Die Eier schälen und servieren.

HERKUNFT: HONGKONG
ZUBEREITUNGSZEIT: 10 MINUTEN
GARZEIT: 5 MINUTEN
PERSONEN: 4

黑松露酱玉子豆腐
EIERTOFU MIT SCHWARZE-TRÜFFEL-SAUCE

- 300 G EIERTOFU
- 1 EL PFLANZENÖL
- 2 EL SPEISESTÄRKE
- 1 EI, VERRÜHRT
- 3 EL SCHWARZE TRÜFFELSAUCE
- 2 EL GEHACKTE FRÜHLINGSZWIEBELN

* Den Eiertofu vorsichtig aus der Packung nehmen und in 1,5 cm dicke Scheiben schneiden.
* Das Öl in einer großen Pfanne erhitzen.
* Jede Tofuscheibe leicht mit Stärke bestäuben, in das verrührte Ei tauchen und in die Pfanne legen. Auf schwacher Hitze 2–3 Minuten braten, bis sie auf beiden Seiten goldbraun sind. Mit einem Schaumlöffel den Eiertofu vorsichtig aus dem Öl heben und auf Küchenpapier abtropfen lassen.
* Über jede Tofuscheibe etwas Schwarze-Trüffel-Sauce träufeln und mit den gehackten Frühlingszwiebeln bestreuen.

TEE-EIER

HERKUNFT: GUANGDONG
ZUBEREITUNGSZEIT: 10 MINUTEN,
  ZZGL. 20 MINUTEN EINWEICH-
  UND RUHEZEIT
GARZEIT: 20 MINUTEN
PERSONEN: 4

粉丝虾米蒸水蛋
GEDÄMPFTE EIER MIT GETROCKNETEN GARNELEN UND GLASNUDELN

- 20 G GLASNUDELN
- 2 EL GETROCKNETE GARNELEN, ABGESPÜLT
- 4 EIER
- ¼ TL SALZ
- GEDÄMPFTER REIS (SEITE 540) ZUM SERVIEREN

* Die Glasnudeln 10 Minuten in einer Schüssel mit kaltem Wasser einweichen. Abtropfen lassen, in 6 cm lange Stücke schneiden und in eine ofenfeste flache Schüssel legen.
* Die Garnelen mit 250 ml Wasser in einen Topf geben, auf schwacher Hitze 1 Minute aufkochen lassen, den Herd ausschalten und die Garnelen 10 Minuten im heißen Wasser ziehen lassen. Herausnehmen, die Flüssigkeit aus dem Topf in eine Schüssel abseihen und für den späteren Gebrauch zum Abkühlen beiseitestellen. Die Garnelen gleichmäßig auf den Glasnudeln verteilen.
* In einer Schüssel die Garnelen-Garflüssigkeit mit Wasser auf 550 ml aufgießen. Die Eier in einer großen Schüssel verrühren. Garnelenflüssigkeit und Salz zufügen, die Mischung über die Garnelen und Glasnudeln gießen und mit mikrowellenfester Klarsichtfolie dicht abdecken. In einem Dämpfeinsatz oder Bambus-Dämpfkorb über einen Topf mit kochendem Wasser stellen. Aufkochen lassen, Hitze auf ein Köcheln reduzieren und mit Deckel 15 Minuten dämpfen, bis die Eier fest sind. Falls sie noch zu flüssig sind, noch 2–3 Minuten weiterdämpfen.
* Die Klarsichtfolie entfernen und mit Reis servieren.

榨菜肉松蒸滑蛋
GEDÄMPFTE EIER MIT FERMENTIERTEM KOHLGEMÜSE UND ROUSONG

HERKUNFT: HONGKONG
ZUBEREITUNGSZEIT: 10 MINUTEN, ZZGL. 10 MINUTEN RUHEZEIT
GARZEIT: 10 MINUTEN
PERSONEN: 4

* Den Tofu in einer Schüssel mit ¼ Teelöffel Salz mischen. 10 Minuten beiseitestellen, dann abtropfen lassen.
* Das fermentierte Kohlgemüse 5 Minuten in einer Schüssel Wasser einweichen. Abtropfen lassen, Enden abschneiden und hacken.
* Die Eier verrühren und durch ein feines Sieb streichen, um den Schaum zu entfernen. Hühnerbrühe und den restlichen ¼ Teelöffel Salz zufügen, dann den Tofu zugeben und in eine ofenfeste flache Schüssel füllen. Das Kohlgemüse darauf verteilen. Mit Alufolie dicht abdecken und in einem Dämpfeinsatz oder Bambus-Dämpfkorb über einen Topf mit kochendem Wasser stellen. Mit Deckel 10 Minuten dämpfen.
* Die Folie abnehmen und die Eier mit Rousong und Frühlingszwiebeln garnieren. Mit Reis servieren.

- 250 G WEICHER TOFU, ABGETROPFT UND IN 1,5 CM GROSSE WÜRFEL GESCHNITTEN
- ½ TL SALZ
- 10 G FERMENTIERTES KOHLGEMÜSE AUS SICHUAN
- 2 EIER
- 240 ML HÜHNERBRÜHE (SEITE 90)
- 3 EL ROUSONG
- 2 FRÜHLINGSZWIEBELN, GEHACKT
- GEDÄMPFTER REIS (SEITE 540) ZUM SERVIEREN

炒桂花翅
GLASNUDELN MIT EIERN

HERKUNFT: GUANGDONG
ZUBEREITUNGSZEIT: 10 MINUTEN, ZZGL. 5 MINUTEN EINWEICHZEIT
GARZEIT: 20 MINUTEN
PERSONEN: 4

* Die Glasnudeln 5 Minuten in einer Schüssel mit kaltem Wasser einweichen. Abtropfen lassen und in 7,5 cm lange Stücke schneiden.
* Einen Topf Wasser auf starker Hitze zum Kochen bringen, die Bohnensprossen hineingeben und 15 Minuten kochen lassen. Sofort abtropfen lassen.
* Die Eier in einer kleinen Schüssel mit dem Salz verrühren.
* Das Öl in einer antihaftbeschichteten Pfanne erhitzen. Den Schinken hineingeben und auf schwacher bis mittlerer Hitze 1 Minute unter Rühren braten. Die Glasnudeln zufügen und weitere 3–4 Minuten unter Rühren braten, dabei nach und nach die Hühnerbrühe zugießen, bis die Glasnudeln weich sind. Gerade so viel Brühe zugießen, dass die Glasnudeln weich genug sind, um sie mit Stäbchen zu essen. Die Eier langsam und unter ständigem Rühren in die Pfanne gießen, damit sie nicht verklumpen.
* Die Bohnensprossen zufügen und leicht mit den Glasnudeln mischen. Mit Reis servieren.

- 50 G GLASNUDELN
- 50 G BOHNENSPROSSEN
- 2 ENTENEIER ODER HÜHNEREIER
- ½ TL SALZ
- 2 EL PFLANZENÖL
- 30 G PÖKELSCHINKEN, IN STREIFEN GESCHNITTEN
- 120 ML HÜHNERBRÜHE (SEITE 90)
- GEDÄMPFTER REIS (SEITE 540) ZUM SERVIEREN

REIS CONGEE & NUDELN

REIS, CONGEE & NUDELN

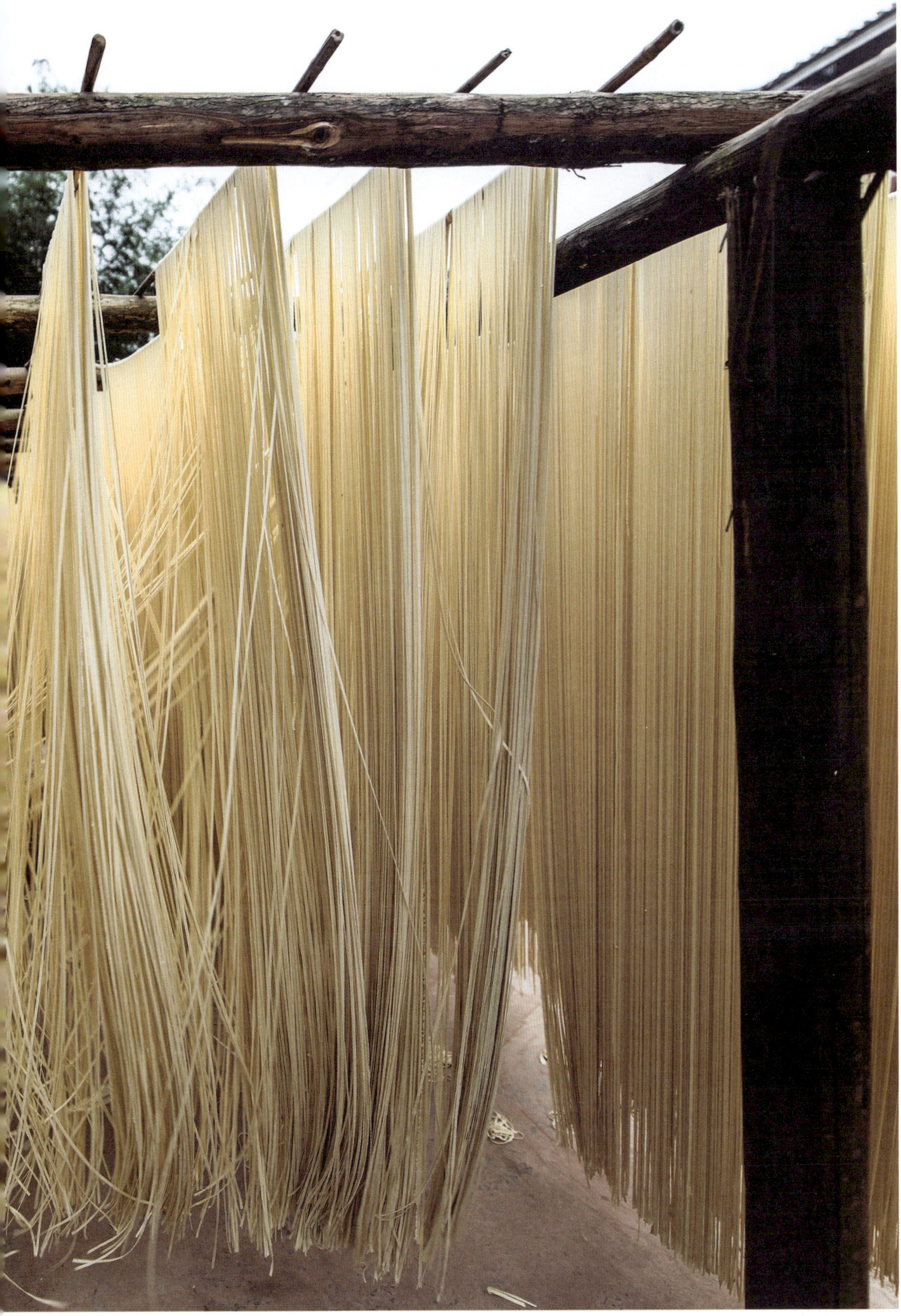

HERKUNFT: ALLE REGIONEN
ZUBEREITUNGSZEIT: 5 MINUTEN,
 ZZGL. 10 MINUTEN RUHEZEIT
GARZEIT: 20 MINUTEN
PERSONEN: 3–4

白米饭
GEDÄMPFTER REIS

- 400 G LANGKORNREIS

Ein Reiskocher ist ein unverzichtbares Küchengerät in jedem chinesischen Haushalt, aber wenn Sie keinen haben, lässt sich gedämpfter Reis auch leicht auf dem Herd zubereiten.

* Den Reis unter fließendem kaltem Wasser abspülen, um die Stärke zu entfernen.
* 375 ml Wasser in einem kleinen Topf zum Kochen bringen. Den Reis einrühren und auf mittlerer bis starker Hitze wieder aufkochen lassen.
* Auf schwache Hitze reduzieren und mit Deckel 16–18 Minuten dämpfen, bis der Reis weich ist und das Wasser vollständig aufgenommen hat.
* Mit Deckel 10 Minuten stehen lassen. Servieren.

HERKUNFT: HONGKONG
ZUBEREITUNGSZEIT: 15 MINUTEN,
 ZZGL. 30 MINUTEN EINWEICHZEIT
GARZEIT: 20 MINUTEN
PERSONEN: 4

海味三宝腊味饭
REIS MIT PÖKELFLEISCH UND MEERESFRÜCHTEN

- 1 GETROCKNETER OKTOPUS
- 2 EL GROSSE GETROCKNETE GARNELEN, ABGESPÜLT UND ABGETROPFT
- 10 G GETROCKNETE GLASFISCHCHEN (WHITEBAIT), ABGESPÜLT UND ABGETROPFT
- 1 EL INGWERSAFT
- 2 EL PFLANZENÖL, ZZGL. 1 TL
- 6 KNOBLAUCHZEHEN, GEHACKT
- 300 G LANGKORNREIS, ABGESPÜLT UND ABGETROPFT
- 2 CHINESISCHE WÜRSTE, DIAGONAL IN 5 MM DICKE SCHEIBEN GESCHNITTEN
- 50 G CHINESISCHES PÖKELFLEISCH

* Den getrockneten Oktopus 30 Minuten in einer Schüssel mit kaltem Wasser einweichen, dann in mundgerechte Stücke schneiden.
* Getrocknete Garnelen, Glasfischchen, Oktopus, Ingwersaft und 1 Teelöffel Öl in einer kleinen Schüssel mischen. Beiseitestellen.
* Die restlichen 2 Esslöffel Öl in einem Wok oder einer großen Pfanne auf mittlerer bis starker Hitze heiß werden lassen, den Knoblauch zufügen und 1 Minute unter Rühren braten, bis er duftet. Den Reis zufügen und 1 Minute unter Rühren braten. 550 ml Wasser zugießen und zum Kochen bringen, dann auf schwache Hitze reduzieren und mit Deckel 10 Minuten kochen, bis das Wasser zum Großteil absorbiert ist. (Alternative: Reiskocher verwenden.)
* Getrocknete Garnelen, Glasfischchen und Oktopus zusammen mit den Würsten und dem Pökelfleisch unterrühren. Deckel wieder aufsetzen und 5 Minuten weiterkochen, bis der Reis gar ist. Auf einem Servierteller anrichten und sofort servieren.

荷叶饭
REIS IM LOTUSBLATT

HERKUNFT: GUANGDONG
ZUBEREITUNGSZEIT: 10 MINUTEN, ZZGL. 45 MINUTEN EINWEICHZEIT
GARZEIT: 30 MINUTEN
PERSONEN: 4

- 1 GETROCKNETES LOTUSBLATT
- 4 ½ EL PFLANZENÖL, ZZGL. ETWAS MEHR ZUM BESTREICHEN
- 2 GETROCKNETE SHIITAKE
- 2 GETROCKNETE JAKOBSMUSCHELN
- 4 HÄHNCHENOBERKEULEN OHNE KNOCHEN UND HAUT, IN MUNDGERECHTE STÜCKE GESCHNITTEN
- 2 EL HELLE SOJASAUCE
- ½ TL ZUCKER
- 1 TL SPEISESTÄRKE
- 2 EIER, VERRÜHRT
- 100 G ROHE GARNELEN, AUSGELÖST UND DARMFADEN ENTFERNT
- 100 G BRATENTE, GEWÜRFELT
- 2 SCHALOTTEN, GEHACKT
- 650 G GEKOCHTER REIS
- 1 TL FISCHSAUCE
- 1 FRÜHLINGSZWIEBEL, GEHACKT, ZUM GARNIEREN

* Das getrocknete Lotusblatt etwa 45 Minuten in einer Schüssel mit kaltem Wasser einweichen. Unter fließendem kaltem Wasser abspülen und mit einem sauberen Geschirrtuch trocken tupfen. Auf ein Dämpfgestell legen und mit Öl bestreichen. Beiseitestellen.

* Inzwischen die Shiitake 20 Minuten in einer Schüssel mit kaltem Wasser einweichen. Die getrockneten Jakobsmuscheln in einer zweiten Schüssel 15 Minuten in 120 ml kaltem Wasser einweichen. Die Muscheln abtropfen lassen und den kleinen harten Muskel entfernen. Die Pilze herausnehmen, Wasser herausdrücken, Stiele entfernen und Einweichwasser abgießen.

* In einer weiteren Schüssel Hähnchen, 1 Teelöffel Sojasauce, Zucker, Stärke und ½ Esslöffel Öl gut verrühren und 10 Minuten marinieren.

* 1 Esslöffel Öl in einer kleinen Pfanne erhitzen, die Eier hineingeben und die Pfanne so schwenken, dass die Eier eine dünne Schicht bilden. Auf mittlerer Hitze in 1–2 Minuten gar braten. In Streifen schneiden und beiseitestellen.

* 1 Esslöffel Öl in einem Wok oder einer großen Pfanne auf mittlerer bis starker Hitze heiß werden lassen, Pilze, Hähnchen und Garnelen hineingeben und 2 Minuten unter Rühren braten, bis das Hähnchen fast gar ist und die Garnelen rosa werden. Muscheln und Bratente zufügen, alles mischen und 1 weitere Minute unter Rühren braten, bis die Muscheln gar sind. Aus dem Wok nehmen und auf einem Teller beiseitestellen.

* Im selben Wok die restlichen 2 Esslöffel Öl auf mittlerer bis starker Hitze heiß werden lassen und die Schalotten 1–2 Minuten unter Rühren braten. Reis, Eistreifen, Fischsauce und den restlichen Teelöffel Sojasauce zufügen und 1 Minute unter Rühren braten. Die garen Zutaten unterrühren und alles gut mischen.

* Den gebratenen Reis auf das Lotusblatt legen, zu einem quadratischen Paket einschlagen und in einem Dämpfeinsatz oder Bambus-Dämpfkorb über einen Topf mit kochendem Wasser stellen. Mit Deckel 20 Minuten dämpfen. Das Lotusblatt vorsichtig aufschneiden, die Frühlingszwiebel über den Reis streuen und servieren. (Das Lotusblatt wird nicht mitgegessen.)

HERKUNFT: HAINAN
ZUBEREITUNGSZEIT: 15 MINUTEN
GARZEIT: 45 MINUTEN
PERSONEN: 4
SEITE 543

海南鸡饭
HAINAN-HÄHNCHEN MIT GEWÜRZTEM REIS

- 1 MAISHUHN (600 G)
- 250 ML HÜHNERBRÜHE (SEITE 90)
- 1 EL PFLANZENÖL
- 6 KNOBLAUCHZEHEN, GEHACKT
- 300 G LANGKORNREIS, ABGESPÜLT UND ABGETROPFT
- 1 ZITRONENGRASSTÄNGEL, IN 5 CM LANGE STÜCKE GESCHNITTEN
- 2 EL KOKOSMILCH
- KORIANDERGRÜN ZUM GARNIEREN (NACH BELIEBEN)
- ROTE CHILISTREIFEN ZUM GARNIEREN (NACH BELIEBEN)

FÜR DIE MARINADE:
- ½ EL SALZ
- ½ EL INGWERSAFT
- ½ EL SHAOXING-REISWEIN

FÜR DEN SCHARFEN DIP:
- 1 KNOBLAUCHZEHE, FEIN GEHACKT
- ½ ROTE CHILISCHOTE, GEHACKT
- 2 EL WEISSER REISESSIG

FÜR DEN INGWER-FRÜHLINGS-ZWIEBEL-DIP:
- 100 ML RAPSÖL
- 1 EL GERIEBENER INGWER
- 1 TL SALZ NACH GESCHMACK
- 30 G FEIN GEHACKTE FRÜHLINGSZWIEBELN

* Die Marinadezutaten in einer kleinen Schüssel verrühren und das Hähnchen damit einreiben. Das Hähnchen in eine ofenfeste Schüssel legen und in einem Dämpfeinsatz oder Bambus-Dämpfkorb über einen Topf mit kochendem Wasser stellen. Mit Deckel in 15–20 Minuten dämpfen. Herausnehmen und beiseitelegen. Die Garflüssigkeit in einen Messbecher abseihen. Mit Hühnerbrühe mit Wasser auf 500 ml aufgießen. Beiseitestellen.

* Das Öl in einem Wok oder einer großen Pfanne auf mittlerer bis starker Hitze heiß werden lassen, den Knoblauch hineingeben und 1 Minute unter Rühren braten, bis er duftet. Den Reis zufügen und umrühren, bis er gut mit Öl benetzt ist.

* Den Reis in einen großen Topf füllen. Hühnerbrühe und Zitronengras zufügen, zum Kochen bringen und auf schwacher Hitze 15–20 Minuten köcheln lassen. (Alternative: Reiskocher verwenden.) Wenn der Großteil der Brühe absorbiert ist, die Kokosmilch einrühren. Weitere 5 Minuten kochen, bis der Reis weich ist, dann das Zitronengras herausnehmen.

* Für den scharfen Dip die Zutaten verrühren und beiseitestellen.

* Für den Ingwer-Frühlingszwiebel-Dip das Öl in einem kleinen Topf auf mittlerer Hitze heiß werden lassen, Ingwer und Salz hineingeben und die Frühlingszwiebeln 20–30 Sekunden lang unterrühren. In eine kleine Schüssel füllen und beiseitestellen.

* Das Hähnchen in Scheiben schneiden, auf einem Servierteller anrichten, mit dem Koriandergrün und den Chilistreifen garnieren, falls verwendet, und mit dem Reis und den Dips servieren.

HAINAN-HÄHNCHEN MIT GEWÜRZTEM REIS

HERKUNFT: SHANGHAI
ZUBEREITUNGSZEIT: 10 MINUTEN,
ZZGL. 1 STUNDE EINWEICHZEIT
GARZEIT: 20–30 MINUTEN
PERSONEN: 4
SEITE 545

上海菜饭
SHANGHAI-REISSCHALE MIT SCHWEINEFLEISCH UND GEMÜSE

- 100 G GESALZENER SCHWEINEBAUCH
- 100 G GRÜNER PAK CHOI
- 1 EL PFLANZENÖL
- 50 G RÜCKENSPECK VOM SCHWEIN, GEWÜRFELT
- 3 KNOBLAUCHZEHEN, GEHACKT
- 400 G LANGKORNREIS, ABGESPÜLT UND ABGETROPFT

* Den Schweinebauch 1 Stunde in kaltem Wasser einweichen. Abtropfen lassen, dann in 3 mm dicke Scheiben schneiden.
* Einen großen Topf Wasser zum Kochen bringen und den Pak Choi 1–2 Minuten blanchieren. Abtropfen lassen, unter fließendem kaltem Wasser abspülen und hacken.
* Das Öl im Wok oder einer großen Pfanne auf schwacher Hitze heiß werden lassen und den Rückenspeck in 4–5 Minuten unter Rühren kross braten. Auf einem Teller beiseitestellen.
* Den Knoblauch in den Wok geben und 30 Sekunden unter Rühren braten, bis er duftet, Reis zufügen und 30 Sekunden unter Rühren braten. 750 ml Wasser zugießen und einmal umrühren. Zum Kochen bringen, den Schweinebauch zufügen, auf schwache Hitze reduzieren und mit Deckel 15–20 Minuten kochen lassen, bis der Reis gar ist. Den Pak Choi einrühren, Deckel aufsetzen und 3 Minuten stehen lassen. Auf einem Servierteller anrichten, mit dem Schweinebauch garnieren und servieren.

HERKUNFT: HONGKONG
ZUBEREITUNGSZEIT: 10 MINUTEN,
ZZGL. 45 MINUTEN EINWEICHZEIT
GARZEIT: 55 MINUTEN
PERSONEN: 4

蒜蓉中虾笼仔蒸饭
GEDÄMPFTER REIS MIT GARNELEN

- 1 GETROCKNETES LOTUSBLATT, ABGESPÜLT
- 2 EL PFLANZENÖL, ZZGL. ETWAS MEHR ZUM BESTREICHEN
- 1 KNOLLE KNOBLAUCH, ZEHEN GETRENNT UND GEHACKT
- 300 G LANGKORNREIS, ABGESPÜLT UND 1 STUNDE IN KALTEM WASSER EINGEWEICHT
- 1 TL SALZ
- 300 G ROHE GARNELEN MIT KOPF UND SCHALE, SCHEREN UND BEINE ENTFERNT

* Das getrocknete Lotusblatt etwa 45 Minuten in einer Schüssel mit kaltem Wasser einweichen. Unter fließendem kaltem Wasser abspülen und mit einem sauberen Geschirrtuch trocken tupfen. Auf einem Dämpfgestell auslegen und mit Öl bestreichen. Beiseitestellen.
* 1 Esslöffel Öl in einer großen Pfanne auf mittlerer Hitze heiß werden lassen und 1 Esslöffel Knoblauch 1–2 Minuten unter Rühren braten, bis er duftet. Abtropfen lassen, den Reis und ½ Teelöffel Salz zufügen und gut mischen.
* Reis auf dem Blatt verteilen. Gestell in einem Dämpfeinsatz oder Bambus-Dämpfkorb über einen Topf mit kochendem Wasser stellen. Mit Deckel in 45 Minuten gar dämpfen.
* Inzwischen die Garnelenschalen längs aufschneiden. Beide Seiten festhalten und nach hinten biegen, um die Schale zu knacken und sie offen zu halten.
* Den restlichen Knoblauch, ½ Teelöffel Salz und 1 Esslöffel Öl in einer Schüssel verrühren und etwas von der Mischung auf jeder Garnele verteilen. Die Garnelen auf den Reis legen und weitere 5 Minuten dämpfen, bis sie rosa und gar sind. Servieren. (Das Lotusblatt wird nicht mitgegessen.)

SHANGHAI-REISSCHALE MIT SCHWEINEFLEISCH UND GEMÜSE

HERKUNFT: CHAOZHOU
ZUBEREITUNGSZEIT: 10 MINUTEN
GARZEIT: 20 MINUTEN
PERSONEN: 2–4

香葱珠蚝焗饭
REIS MIT AUSTERN UND SCHWEINEFLEISCH

- 600 G KLEINE AUSTERN
- 1 EL SPEISESTÄRKE
- 1 EL INGWERSAFT
- 1 ½ TL SALZ
- ½ TL GEMAHLENER WEISSER PFEFFER
- 50 G SCHWEINEHACKFLEISCH
- 1 EL PFLANZENÖL
- 2 KNOBLAUCHZEHEN, GEHACKT
- 150 G LANGKORNREIS, ABGESPÜLT UND ABGETROPFT
- ½ FRÜHLINGSZWIEBEL, GEHACKT, ZUM GARNIEREN

FÜR DIE SAUCE:
- 3 EL HELLE SOJASAUCE
- 1 EL DUNKLE SOJASAUCE
- 1 EL HÜHNERBRÜHE (SEITE 90)
- ½ TL ZUCKER
- ½ TL SESAMÖL

* Die Austern auslösen, eventuelle Schalenstücke entfernen und mit der Stärke abreiben. Gründlich abspülen.
* Einen großen Topf Wasser zum Kochen bringen, die Austern 30 Sekunden blanchieren, dann abtropfen lassen.
* Austern, Ingwersaft, ½ Teelöffel Salz und Pfeffer in einer Schüssel gut mischen. Beiseitestellen.
* In einer anderen Schüssel das Hackfleisch mit ½ Teelöffel Salz mischen.
* Das Öl in einem Wok oder einer großen Pfanne erhitzen, den Knoblauch hineingeben und 30 Sekunden unter Rühren braten, bis er duftet. Den Reis und den restlichen ½ Teelöffel Salz einrühren.
* Den Reis mit 300 ml Wasser in einen Topf geben und einmal umrühren. Zum Kochen bringen, auf schwache Hitze reduzieren und mit Deckel 10 Minuten kochen lassen. (Alternative: Reiskocher verwenden.) Hackfleisch und Austern unterrühren und 5 Minuten weiterkochen, bis der Reis weich und das Fleisch gar ist.
* Die Saucenzutaten in einem kleinen Topf auf mittlerer bis starker Hitze zum Kochen bringen. Die Sauce unter den Reis rühren. Auf einem Servierteller anrichten, mit der Frühlingszwiebel garnieren und servieren.

HERKUNFT: HONGKONG
ZUBEREITUNGSZEIT: 10 MINUTEN, ZZGL. 30 MINUTEN EINWEICHZEIT
GARZEIT: 5 MINUTEN
PERSONEN: 4

章鱼鸡粒炒饭
GEBRATENER HÄHNCHENREIS MIT GETROCKNETEM OKTOPUS

- 100 G GETROCKNETER OKTOPUS
- 3 HÄHNCHENOBERKEULEN, OHNE KNOCHEN, IN 2 CM GROSSE WÜRFEL GESCHNITTEN
- 2 TL HELLE SOJASAUCE
- ½ TL ZUCKER
- 1 TL SPEISESTÄRKE
- 2 EL PFLANZENÖL, ZZGL. 1 TL
- 1 INGWERSCHEIBE, GEHACKT
- 50 G ERBSEN
- 650 G GEKOCHTER LANGKORNREIS, ABGESPÜLT, KLUMPEN GETRENNT UND ABGETROPFT
- 1 FRÜHLINGSZWIEBEL, GEHACKT

* Den Oktopus in einer Schüssel mit kaltem Wasser 30 Minuten einweichen.
* Inzwischen in einer zweiten Schüssel das Hähnchen mit 1 Teelöffel Sojasauce, Zucker und Stärke mischen und 15 Minuten marinieren.
* Den Oktopus abtropfen lassen und in 1 cm große Würfel schneiden. In eine Schüssel geben und 1 Teelöffel Öl zufügen.
* 2 Esslöffel Öl in einem Wok oder einer großen Pfanne auf mittlerer bis starker Hitze heiß werden lassen. Den Ingwer hineingeben und 1 Minute unter Rühren braten, bis er duftet. Hähnchen, Oktopus und Erbsen zufügen und 2 Minuten unter Rühren braten, bis das Hähnchen gar ist.
* Den gekochten Reis und den restlichen Teelöffel Sojasauce unterrühren und 2 Minuten kräftig mischen, bis der Reis warm ist. Die Frühlingszwiebel zufügen, umrühren und zum Servieren auf einem Teller anrichten.

福建炒饭
GEBRATENER REIS NACH FUJIAN-ART

HERKUNFT: FUJIAN
ZUBEREITUNGSZEIT: 15 MINUTEN, ZZGL. 20 MINUTEN EINWEICHZEIT
GARZEIT: 10 MINUTEN
PERSONEN: 4

* Die Shiitake in eine Schüssel legen, mit kaltem Wasser bedecken und mindestens 20 Minuten einweichen. Herausnehmen, Wasser herausdrücken und die Stiele entfernen. Hacken und beiseitestellen.
* Während die Pilze einweichen, die getrockneten Muscheln in einer kleinen Schüssel 15 Minuten in 120 ml Wasser einweichen. Abtropfen lassen und den kleinen harten Muskel entfernen. Mit den Händen zerfasern, das Einweichwasser aufheben.
* Das Hähnchen in einer Schüssel mit ¼ Teelöffel Salz mischen und 10 Minuten marinieren.
* Das Ei in einer großen Schüssel verrühren, den restlichen ¼ Teelöffel Salz zufügen und den gekochten Reis untermischen.
* 1½ Esslöffel Pflanzenöl in einem Wok oder einer großen Pfanne auf starker Hitze heiß werden lassen, den Reis hineingeben und 2–3 Minuten unter Rühren braten. Auf einen Servierteller legen und beiseitelegen.
* Den restlichen 1½ Esslöffel Öl auf mittlerer bis starker Hitze heiß werden lassen, den Knoblauch hineingeben und 30 Sekunden unter Rühren braten, bis er duftet. Hähnchen, Pilze, Muscheln, Garnelen und chinesischen Brokkoli zufügen und 2–3 Minuten unter Rühren braten, bis alle Zutaten gar sind. Sojasauce, Zucker und Muschel-Einweichwasser zufügen und zum Kochen bringen.
* Die Stärke mit 2 Esslöffeln Wasser anrühren und die Mischung in den Wok rühren. Unter Rühren 30 Sekunden aufkochen lassen, bis die Sauce eindickt.
* Das Sesamöl einträufeln, gut mischen und die Sauce über den gebratenen Reis gießen. Auf einem Servierteller anrichten und servieren.

- 4 GETROCKNETE SHIITAKE
- 2 GETROCKNETE JAKOBSMUSCHELN
- 2 HÄHNCHENOBERKEULEN, OHNE KNOCHEN UND OHNE HAUT, GEHACKT
- ½ TL SALZ
- 1 EI
- 650 G GEKOCHTER LANGKORNREIS, ABGESPÜLT, KLUMPEN GETRENNT UND ABGETROPFT
- 3 EL PFLANZENÖL
- 1 KNOBLAUCHZEHE, IN SCHEIBEN GESCHNITTEN
- 150 G ROHE GARNELEN, AUSGELÖST, DARMFADEN ENTFERNT UND GEHACKT
- 2 STÄNGEL CHINESISCHER BROKKOLI, IN SCHEIBEN GESCHNITTEN
- 1 EL HELLE SOJASAUCE
- ½ TL ZUCKER
- 1 EL SPEISESTÄRKE
- 1 TL SESAMÖL

HERKUNFT: HONGKONG
ZUBEREITUNGSZEIT: 5 MINUTEN,
  ZZGL. 15 MINUTEN MARINIERZEIT
GARZEIT: 20 MINUTEN
PERSONEN: 2–3
SEITE 549

三文鱼芦笋野菌饭
REIS MIT LACHS UND SPARGEL

- 160 G LACHSFILET MIT HAUT
- 2 TL MIRIN
- 2 TL HELLE SOJASAUCE, ZZGL. ETWAS MEHR ZUM SERVIEREN
- 8 MORCHELN ODER SHIITAKE
- 250 G LANGKORNREIS, ABGESPÜLT UND ABGETROPFT
- ½ TL SALZ
- 1 EL OLIVENÖL
- 600 ML HÜHNERBRÜHE (SEITE 90)
- 4 GRÜNE SPARGELSTANGEN, UNTERES ENDE ABGESCHNITTEN

* Den Lachs in einen großen Gefrierbeutel geben, Mirin und Sojasauce zufügen und verschließen. Kräftig schütteln, bis der Lachs überall benetzt ist, und 15 Minuten im Kühlschrank marinieren.
* Inzwischen die Pilze 10 Minuten in 4 Esslöffel kaltes Wasser legen. Noch im Wasser mit einer Schere aufschneiden und das Innere säubern. Aus dem Wasser nehmen und die Einweichflüssigkeit in eine kleine Schüssel abseihen. Beiseitestellen.
* Reis, Salz und Olivenöl in einen Topf geben, Einweichwasser und Hühnerbrühe zugießen und verrühren. Zum Kochen bringen, die Pilze zufügen und etwa 5 Minuten kochen lassen, bis sie das Wasser größtenteils aufgenommen haben. Lachs und Spargel zufügen, auf schwache Hitze reduzieren und mit Deckel weitere 5–10 Minuten kochen lassen, bis der Reis gar ist. Den Herd ausschalten und 5 Minuten stehen lassen, bis der Lachs gar ist. Sofort servieren und dazu Sojasauce reichen, falls gewünscht.

HERKUNFT: HAKKA
ZUBEREITUNGSZEIT: 15 MINUTEN
GARZEIT: 20 MINUTEN
PERSONEN: 4

客家水粄
HAKKA-REISPUDDING

- 1 EL PFLANZENÖL, ZZGL. ETWAS MEHR ZUM EINFETTEN
- 100 G REISMEHL
- ½ TL SALZ
- 2 EL GETROCKNETE GARNELEN
- 2 SCHALOTTEN, GEHACKT
- 1 CHINESISCHE WURST, GEHACKT
- 2 EL SÜSS EINGELEGTER RETTICH, GEHACKT
- ½ TL HELLE SOJASAUCE
- 1 TL ZUCKER
- 50 G SCHNITTLAUCH, IN 1 CM LANGE STÜCKE GESCHNITTEN
- GEMAHLENER WEISSER PFEFFER NACH GESCHMACK

* Vier ofenfeste Schüsseln mit Pflanzenöl einfetten und in einem Dämpfkorb warm stellen.
* Reismehl und Salz in einer großen Schüssel mischen. In einer weiteren ofenfesten Schüssel 120 ml kaltes Wasser mit 350 ml kochendem Wasser mischen und sofort auf das gesalzene Mehl gießen. Mit Stäbchen verrühren.
* Die Mischung in die vorbereiteten Schüsseln gießen, kurz umrühren und jede Schüssel dicht mit Alufolie abdecken. Mit Deckel 15 Minuten dämpfen.
* Inzwischen die getrockneten Garnelen 5 Minuten in einer Schüssel mit kaltem Wasser einweichen. Abtropfen lassen und hacken.
* Das Öl in einem Wok oder einer großen Pfanne erhitzen, die Schalotten hineingeben und auf mittlerer Hitze 1–2 Minuten unter Rühren anbräunen. Wurst, Rettich und Garnelen einrühren, dann Sojasauce und Zucker zufügen und alles gut mischen. Schnittlauch zufügen und mit Pfeffer würzen.
* Die Schüsseln mit dem Reispudding vorsichtig aus dem Dämpfkorb nehmen. Das Topping gleichmäßig auf die Schalen verteilen. Heiß servieren.

REIS MIT LACHS UND SPARGEL

HERKUNFT: HONGKONG
ZUBEREITUNGSZEIT: 15 MINUTEN
GARZEIT: 15 MINUTEN
PERSONEN: 3–4
SEITE 551

- 1 KAROTTE, GEWÜRFELT
- 100 G GEKOCHTER SCHINKEN, GEWÜRFELT
- 50 G TIEFGEKÜHLTE ERBSEN
- 2 EIER, VERRÜHRT
- 500 G GEKOCHTER LANGKORNREIS, ABGESPÜLT, KLUMPEN GETRENNT UND ABGETROPFT
- 1 EL PFLANZENÖL
- ½ ZWIEBEL, GEWÜRFELT
- 150 G ROHE GARNELEN, AUSGELÖST, DARMFADEN ENTFERNT UND GEWÜRFELT
- 1 TL SALZ
- 3 EL KETCHUP

西炒饭
GEBRATENER REIS NACH HONGKONG-ART

* Einen kleinen Topf Wasser zum Kochen bringen, die Karotte hineingeben und 2 Minuten blanchieren. Abtropfen lassen und unter fließendem kaltem Wasser abspülen. In eine Schüssel geben und Schinken und Erbsen zufügen.
* Die Eier in einer großen Schüssel mit dem gekochten Reis mischen.
* Das Öl in einem Wok oder einer großen Pfanne auf mittlerer bis starker Hitze heiß werden lassen, die Zwiebelwürfel hineingeben und 5–7 Minuten unter Rühren braten, bis sie weich sind. Die Garnelen zufügen und etwa 2 Minuten unter Rühren knapp gar braten. Reis-Ei-Mischung, Salz und Ketchup zufügen und 3–4 Minuten unter Rühren braten, bis Eier und Garnelen gar sind. Schinken und Gemüse zufügen und weitere 2 Minuten gründlich mischen. In Portionsschüsseln verteilen oder auf einem Servierteller anrichten und servieren.

HERKUNFT: YUNNAN
ZUBEREITUNGSZEIT: 20 MINUTEN
GARZEIT: 10 MINUTEN
PERSONEN: 2

- 100 G FRISCHE ODER 10 G GETROCKNETE GANBA-PILZE, GRÜNDLICH ABGESPÜLT
- ½ TL SALZ
- 1 TL MEHL
- 1 EI
- 350 G GEKOCHTER LANGKORNREIS, ABGESPÜLT, KLUMPEN GETRENNT UND ABGETROPFT
- 2 EL PFLANZENÖL

干巴菌炒饭
REIS MIT GANBA-PILZEN

Der Ganba-Pilz, auch „Trockenfleischpilz" genannt, wächst in den Wäldern von Yunnan. Er ist nur im Juli und August zu finden und wird von den Einheimischen sehr geschätzt. Bei Verwendung getrockneter Ganba Schritt 1 und 2 auslassen.

* Die Pilze mit einem kleinen Messer sauber schaben. In dünne Streifen reißen, in eine Schüssel geben und gründlich mit ¼ Teelöffel Salz abreiben, dann abspülen.
* Das Mehl zu den Pilzen geben, gründlich abreiben und abspülen, um eventuell verbliebene Verunreinigungen zu entfernen. Überschüssiges Wasser ausdrücken.
* Die Pilze in einem Dämpfeinsatz oder Bambus-Dämpfkorb über einen Topf mit kochendem Wasser stellen. Mit Deckel in 5 Minuten gar dämpfen. Beiseitestellen.
* Das Ei in einer großen Schüssel mit dem restlichen ¼ Teelöffel Salz verrühren, dann den Reis zufügen und alles gründlich mischen.
* Das Öl in einem Wok oder einer großen Pfanne auf mittlerer bis starker Hitze heiß werden lassen. Den Reis hineingeben und 3–4 Minuten unter Rühren braten, bis die Reiskörner sich voneinander trennen und das Ei gestockt ist. Die Pilze zufügen und 30 Sekunden unter Rühren braten, bis alles duftet (nicht übergaren!). Auf einem Servierteller anrichten.

GEBRATENER REIS NACH HONGKONG-ART

HERKUNFT: HONGKONG
ZUBEREITUNGSZEIT: 15 MINUTEN,
 ZZGL. 1 STUNDE EINWEICHZEIT
GARZEIT: 35 MINUTEN
PERSONEN: 2
SEITE 553

焗猪扒饭
GEBACKENE SCHWEINEKOTELETTS AUF REIS

- 1 EL SALZ, ZZGL. ½ TL
- 2 SCHWEINEKOTELETTS MIT KNOCHEN, CA. 2 CM DICK
- 2 EL TIEFGEKÜHLTE ERBSEN
- 2 EIER, LEICHT VERRÜHRT
- 125 G PANIERMEHL
- 350 G GEKOCHTER LANGKORNREIS, ABGESPÜLT, KLUMPEN GETRENNT UND ABGETROPFT
- 250 ML PFLANZENÖL, ZZGL. 1 EL
- ½ ZWIEBEL, IN DÜNNE SCHEIBEN GESCHNITTEN
- 2 TOMATEN, GEHACKT

  FÜR DIE SAUCE:
- 3 EL KETCHUP
- 1 EL ZUCKER
- 2 ½ TL SPEISESTÄRKE
- ¾ TL SALZ

* 250 ml Wasser in einer großen Schüssel mit 1 Esslöffel Salz verrühren. Die Koteletts hineinlegen und 1 Stunde einweichen.
* Einen Topf Wasser zum Kochen bringen, die Erbsen hineingeben und 1 Minute blanchieren. Abtropfen lassen und beiseitestellen.
* Den Ofen auf 180 °C vorheizen.
* Für die Sauce alle Zutaten in einer Schüssel mit 120 ml Wasser verrühren und beiseitestellen.
* Die Koteletts abtropfen lassen und unter fließendem kaltem Wasser abspülen, dann mit Küchenpapier trocken tupfen. Mit 1 verrührtem Ei bestreichen und im Paniermehl wälzen.
* Reis, ½ Teelöffel Salz und das restliche verrührte Ei in einer großen Schüssel mischen.
* Das Öl in einem Wok oder einer großen Pfanne auf mittlerer bis starker Hitze heiß werden lassen, die Koteletts hineinlegen und von jeder Seite 4 Minuten braten, bis sie goldbraun und knapp gar sind. Herausnehmen und beiseitelegen.
* Das Öl bis auf 1 Esslöffel abgießen. Auf mittlerer bis starker Hitze heiß werden lassen, den Reis hineingeben und 2–3 Minuten unter Rühren braten, bis er überall mit Öl benetzt ist. Den gebratenen Reis in einen Schmortopf füllen und die Koteletts darauf verteilen.
* Den Wok mit Küchenpapier auswischen, 1 Esslöffel Öl hineingeben und die Zwiebel auf mittlerer Hitze 5 Minuten unter Rühren braten, bis sie weich ist. Erbsen, Tomaten und die Sauce zufügen und auf starker Hitze zum Kochen bringen. Die Sauce über Koteletts und Reis gießen. In den Ofen schieben und 20 Minuten backen, bis alles leicht gebräunt und gar ist.

GEBACKENE SCHWEINEKOTELETTS AUF REIS

HERKUNFT: HONGKONG
ZUBEREITUNGSZEIT: 10 MINUTEN,
 ZZGL. 5 MINUTEN MARINIERZEIT
GARZEIT: 10 MINUTEN
PERSONEN: 4
SEITE 555

香葱肉碎虾酱炒饭
REIS MIT RINDFLEISCH UND GARNELENPASTE

- 500 G GEKOCHTER LANGKORNREIS
- 200 G RINDERHACKFLEISCH
- ½ EL GARNELENPASTE
- 1 TL ZUCKER
- 2 EL PFLANZENÖL
- 1 EL GEHACKTER INGWER
- ½ TL SALZ
- ½ FRÜHLINGSZWIEBEL, GEHACKT

FÜR DIE MARINADE:
- 1 TL HELLE SOJASAUCE
- 1 TL SPEISESTÄRKE
- ½ TL ZUCKER
- 1 PRISE GEMAHLENER WEISSER PFEFFER

* Den Reis unter fließendem kaltem Wasser abspülen, um die Stärke zu entfernen und eventuelle Klumpen aufzubrechen, dann abtropfen lassen.
* Die Marinadezutaten in einer großen Schüssel verrühren, das Hackfleisch zufügen und 5 Minuten marinieren.
* Garnelenpaste und Zucker in einer kleinen Schüssel verrühren, mit 1 Esslöffel Wasser verdünnen und beiseitestellen.
* Das Öl in einem Wok oder einer großen Pfanne auf mittlerer bis starker Hitze heiß werden lassen, den Ingwer hineingeben und 1 Minute unter Rühren braten, bis er duftet. Hackfleisch und angerührte Garnelenpaste zufügen und 1 Minute unter kräftigem Rühren braten. Zum Schluss Reis und Salz zufügen, alles gründlich weitere 5 Minuten lang mischen, bis das Hackfleisch gar und der Reis heiß ist. Die Frühlingszwiebel einrühren und zum Servieren in Servierschüsseln füllen.

HERKUNFT: SHUNDE
ZUBEREITUNGSZEIT: 10 MINUTEN,
 ZZGL. 1 STUNDE EINWEICHZEIT
GARZEIT: 1 STUNDE 30 MINUTEN
PERSONEN: 4

糯米蒸排骨
RIPPCHEN MIT KLEBREIS

- 150 G KLEBREIS, ABGESPÜLT
- 1 WÜRFEL ROTER FERMENTIERTER TOFU, MIT EINER GABEL ZERDRÜCKT
- 2 KNOBLAUCHZEHEN, GEHACKT
- 1 FRÜHLINGSZWIEBEL, GEHACKT, ZZGL. ETWAS MEHR ZUM GARNIEREN
- 1 EL HELLE SOJASAUCE
- 1 TL REISWEIN
- ½ TL ZUCKER
- 1 TL SALZ
- ½ TL SPEISESTÄRKE
- 300 G SCHWEINERIPPCHEN, IN KLEINE STÜCKE GESCHNITTEN, ABGESPÜLT UND ABGETROPFT
- 1 EL PFLANZENÖL

* Den Reis in einer ofenfesten Schüssel mit 475 ml kochendem Wasser mischen und 1 Stunde stehen lassen. Unter fließendem kaltem Wasser abspülen und abtropfen lassen.
* Inzwischen in einer großen Schüssel fermentierten Tofu, Knoblauch, Frühlingszwiebel, Sojasauce, Reiswein, Zucker, Salz, Stärke und 2 Esslöffel Wasser gründlich verrühren. Die Rippchen hineingeben und 15 Minuten marinieren.
* Das Öl in einem Wok oder einer großen Pfanne auf mittlerer Hitze heiß werden lassen, Rippchen und Marinade hineingeben und 1 Minute kochen lassen. Den Reis einrühren.
* Einen Dämpfeinsatz oder Bambus-Dämpfkorb mit einem Blatt Alufolie auslegen. Die Rippchen-Reis-Masse auf die Folie gießen und über einen Topf mit kochendem Wasser stellen. Mit Deckel 1½ Stunden dämpfen, bis Reis und Rippchen gar sind. (Falls erforderlich, Wasser nachgießen.)
* Mit gehackter Frühlingszwiebel garnieren und auf einem Servierteller anrichten.

REIS MIT RINDFLEISCH UND GARNELENPASTE

HERKUNFT: GUANGDONG
ZUBEREITUNGSZEIT: 10 MINUTEN,
  ZZGL. 25 MINUTEN EINWEICHZEIT
GARZEIT: 30 MINUTEN
PERSONEN: 3–4

SEITE 557

生炒糯米饭
KLEBREIS-PFANNE

- 200 G KLEBREIS, ABGESPÜLT
- 2 EL PFLANZENÖL
- 3 GETROCKNETE SHIITAKE
- 2 EL GETROCKNETE GARNELEN
- 1 CHINESISCHE WURST
- 1 CHINESISCHE ENTENLEBERWURST
- 100 G CHINESISCHES PÖKELFLEISCH
- 1 EL HELLE SOJASAUCE
- ½ TL SALZ
- 1 TL ZUCKER
- 1 FRÜHLINGSZWIEBEL, GEHACKT, ZZGL. ETWAS MEHR ZUM GARNIEREN

* Den Klebreis 20 Minuten in 750 ml kochendem Wasser einweichen. Unter fließendem kaltem Wasser abspülen und vorsichtig abreiben, um die Stärke von der Oberfläche der Reiskörner zu entfernen. Erneut abspülen, abtropfen lassen und mit 1 Esslöffel Öl gründlich mischen.

* Während der Reis einweicht, die Shiitake in eine Schüssel legen, mit kaltem Wasser bedecken und mindestens 20 Minuten einweichen. Herausnehmen, Wasser herausdrücken und die Stiele entfernen. In dünne Streifen schneiden. In einer zweiten Schüssel die getrockneten Garnelen 5 Minuten in kaltem Wasser einweichen. Abtropfen lassen und in kleine Stücke schneiden. Das Einweichwasser von Pilzen und Garnelen für den späteren Gebrauch abseihen.

* Würste und Pökelfleisch in einen großen Topf geben und mit Wasser bedecken. Auf starker Hitze zum Kochen bringen und 1 Minute blanchieren. Abtropfen lassen. Etwas abkühlen lassen, dann in Scheiben schneiden und beiseitelegen.

* Sojasauce, Salz und Zucker in einer kleinen Schüssel gut verrühren.

* Den restlichen Esslöffel Öl in einem Wok oder einer großen Pfanne auf mittlerer Hitze heiß werden lassen, Würste, Pökelfleisch, Pilze und Garnelen hineingeben und 1 Minute unter Rühren braten, bis alles duftet. Aus dem Wok nehmen und bis zum Gebrauch auf einem Teller beiseitestellen.

* Das Öl im Wok wieder erhitzen und den Klebreis auf mittlerer Hitze unter Rühren braten, dabei ständig mit einem Pfannenwender (Fischheber) wenden. Das Einweichwasser von Pilzen und Garnelen in Portionen von 2 Esslöffeln über etwa 20 Minuten nach und nach zugießen, bis der Reis die Flüssigkeit vollständig aufgenommen hat und gar ist. Die Zutaten vom Teller und die Sauce zufügen und weitere 2–3 Minuten unter Rühren braten, bis alles gut mit dem Reis vermischt ist.

* Die Frühlingszwiebel einrühren und in eine Servierschüssel füllen, dann mit der zusätzlichen Frühlingszwiebel garnieren und servieren.

KLEBREISPFANNE

HERKUNFT: JIANGSU
ZUBEREITUNGSZEIT: 10 MINUTEN,
  ZZGL. 1 STUNDE EINWEICHZEIT
GARZEIT: 30 MINUTEN
PERSONEN: 2–3
SEITE 559

扬州炒饭
GEBRATENER REIS NACH YANGZHOU-ART

- 250 G GEKOCHTER LANGKORNREIS, ABGESPÜLT UND ABGETROPFT (SIEHE HINWEIS)
- 2 ½ EL PFLANZENÖL
- 100 G ROHE GARNELEN, AUSGELÖST UND DARMFADEN ENTFERNT
- 4 EIER, GETRENNT
- 1 TL SALZ
- ½ PORTION GEGRILLTE SCHWEINE-SCHULTER (SEITE 394), GEWÜRFELT
- 1 FRÜHLINGSZWIEBEL, GEHACKT

Dieses Gericht geht zurück auf das späte 6. Jahrhundert und wurde von Yang Shu kreiert, einem hohen Regierungsbeamten unter Kaiser Yangs Herrschaft in der Sui-Dynastie. Ursprünglich hieß es „Goldklumpenreis", weil jedes Reiskorn von goldgelbem Eigelb umhüllt ist.

* Reis, ½ Esslöffel Öl und 475 ml Wasser in einen Topf geben und einmal umrühren. Zum Kochen bringen, dann auf schwache Hitze reduzieren und mit Deckel etwa 15–20 Minuten kochen lassen, bis der Reis weich ist. (Alternative: Reiskocher verwenden.)
* Einen Topf mit Wasser auf starker Hitze zum Kochen bringen, die Garnelen hineingeben und 2 Minuten blanchieren. Abtropfen lassen und beiseitestellen.
* 2 Eiweiße, 4 Eigelbe und ½ Teelöffel Salz in einer kleinen Schüssel verrühren.
* Die Eier langsam in den Reis gießen und mit Stäbchen umrühren, bis jedes Reiskorn mit Ei benetzt ist.
* Die restlichen 2 Esslöffel Öl in einem Wok oder einer großen Pfanne auf mittlerer bis starker Hitze heiß werden lassen, den Reis hineingeben und unter Rühren braten, bis jedes Reiskorn mit Öl benetzt ist. Den Herd ausschalten und noch 2 Minuten unter Rühren braten, bis das Ei gestockt ist. Garnelen, gegrilltes Schweinefleisch und ½ Teelöffel Salz zufügen und weitere 2–3 Minuten alles mischen. Die gehackte Frühlingszwiebel unterrühren und in eine Servierschüssel füllen oder auf einem Servierteller anrichten und servieren.

HINWEIS:
Alternativ können auch 500 g Reis vom Vortag verwendet werden. Mit Wasser abspülen, um die Stärke zu entfernen und eventuelle Klumpen aufzulösen, dann abtropfen lassen. Schritt 1 des Rezepts überspringen.

GEBRATENER REIS NACH YANGZHOU-ART

HERKUNFT: HONGKONG
ZUBEREITUNGSZEIT: 10 MINUTEN
GARZEIT: 10 MINUTEN
PERSONEN: 4

鸳鸯炒饭
FLITTERWOCHEN-REIS

- 1 HÄHNCHENBRUST, OHNE KNOCHEN UND OHNE HAUT, IN DÜNNE STREIFEN GESCHNITTEN
- 1 ½ TL SPEISESTÄRKE
- 150 G ROHE GARNELEN, AUSGELÖST UND DARMFADEN ENTFERNT
- 2 EL ERBSEN
- 3 EL PFLANZENÖL
- ½ ZWIEBEL, IN DÜNNE SCHEIBEN GESCHNITTEN
- 2 EIER, VERRÜHRT
- 700 G GEKOCHTER LANGKORNREIS, ABGESPÜLT, KLUMPEN GETRENNT UND ABGETROPFT
- 2 EL KETCHUP
- 1 TL ZUCKER
- ½ TL SALZ
- 100 ML MILCH
- 1 PRISE GEMAHLENER WEISSER PFEFFER

Der Flitterwochen-Reis, auch als „Yin-Yang-Reis" bekannt, wird zur Hälfte mit einer pikanten roten und zur Hälfte mit einer cremigen weißen Sauce garniert, die zusammen das Yin-Yang-Symbol bilden. In Hongkong serviert man ihn häufig am Ende eines Hochzeitsbanketts.

* Hähnchenstreifen, ½ Teelöffel Stärke und 1 Esslöffel Wasser in einer Schüssel verrühren.
* Einen Topf Wasser zum Kochen bringen, die Garnelen hineingeben und 2 Minuten blanchieren. Abtropfen lassen.
* Einen Topf Wasser zum Kochen bringen, die Erbsen hineingeben und 1 Minute blanchieren. Abtropfen lassen.
* 1 Esslöffel Öl in einem Wok oder einer großen Pfanne auf mittlerer bis starker Hitze heiß werden lassen, die Hähnchenstreifen hineingeben und 1 Minute unter Rühren braten, dann die Zwiebel zufügen und noch 1 Minute unter Rühren braten, bis sie weich ist. Die Mischung auf einen Teller legen.
* Den Wok auswischen und 1 Esslöffel Öl auf mittlerer bis starker Hitze heiß werden lassen. Die Garnelen hineingeben und 1 Minute unter Rühren braten. Die Erbsen zufügen, mischen und auf einen Teller legen.
* Den restlichen Esslöffel Öl auf mittlerer bis starker Hitze im Wok heiß werden lassen. Die Eier hineingeben und 1 Minute unter Rühren braten, bis sie halb gestockt sind. Den Reis zufügen und 1 weitere Minute unter Rühren braten, bis alles gut vermischt und gar ist. Die Mischung in eine flache Servierschüssel füllen.
* Den Ketchup mit 200 ml Wasser in einen sauberen Wok geben und zum Kochen bringen. Zucker, ¼ Teelöffel Salz und die Hähnchen-Zwiebel-Mischung zufügen und erneut zum Kochen bringen. ½ Teelöffel Stärke mit 1 Esslöffel Wasser anrühren, in den Wok geben und 30 Sekunden rühren, bis die Sauce eindickt. Den gebratenen Reis in der Schüssel zur Hälfte mit der Sauce bedecken.
* Die Milch mit 100 ml Wasser in einen sauberen Wok gießen und zum Kochen bringen. Den restlichen ¼ Teelöffel Salz, Pfeffer und die Garnelen und Erbsen zufügen und wieder aufkochen lassen. Den restlichen ½ Teelöffel Stärke mit 1 Esslöffel Wasser anrühren und die Mischung in den Wok rühren. Unter Rühren 30 Sekunden aufkochen lassen, bis die Sauce eindickt. Die Sauce über die andere Hälfte des gebratenen Reises gießen. Servieren.

菠萝鸡粒炒饭
GEBRATENER REIS MIT HÄHNCHEN UND ANANAS

HERKUNFT: HONGKONG
ZUBEREITUNGSZEIT: 10 MINUTEN, ZZGL. 15 MINUTEN MARINIERZEIT
GARZEIT: 10 MINUTEN
PERSONEN: 2–3

* Den Reis in eine Schüssel füllen, das verrührte Ei einrühren und bis zum Gebrauch beiseitestellen.
* In einer zweiten Schüssel Hähnchen, Zucker, Stärke und 1 Teelöffel Sojasauce mischen. Leicht salzen und 15 Minuten marinieren.
* Das Öl in einem Wok oder einer großen Pfanne erhitzen, den Ingwer hineingeben und auf mittlerer bis starker Hitze 1 Minute unter Rühren braten, bis er duftet. Hähnchen und Brokkolistängel zufügen und 2–3 Minuten unter Rühren braten, bis das Hähnchen gar ist. Paprika, Ananas, Reis und den restlichen Teelöffel Sojasauce zufügen. Gründlich umrühren und 3–4 Minuten braten, bis das Ei gestockt ist. Die Frühlingszwiebeln zufügen und untermischen. Den Reis auf einer Servierplatte anrichten und servieren.

HINWEIS:
Wer dieses Gericht traditioneller zubereiten möchte, kann auch eine frische Ananas nehmen: Mit einem scharfen Messer eine Ananashälfte so aushöhlen, dass die Schale als Servierschüssel intakt bleibt. Die „Augen" im Fruchtfleisch entfernen und den Strunk herausschneiden und entfernen. Die Ananas grob in Stücke schneiden, mit 250 ml Wasser und ½ Teelöffel Salz in eine Schüssel geben und 2 Minuten einweichen. Abtropfen lassen und die Ananas nach Rezept zufügen. Zum Servieren den Reis in die Ananasschale füllen.

- 500 G GEKOCHTER LANGKORNREIS, ABGESPÜLT, KLUMPEN GETRENNT UND ABGETROPFT
- 1 EI, VERRÜHRT
- 3 HÄHNCHENOBERKEULEN, OHNE KNOCHEN UND OHNE HAUT, GEWÜRFELT
- ½ TL ZUCKER
- 1 TL SPEISESTÄRKE
- 2 TL HELLE SOJASAUCE
- SALZ NACH GESCHMACK
- 2 EL PFLANZENÖL
- 1 TL GEHACKTER INGWER
- 50 G STÄNGEL VOM CHINESISCHEN BROKKOLI ODER GRÜNE SPARGELSTANGEN, IN DÜNNE SCHEIBEN GESCHNITTEN
- ½ ROTE PAPRIKASCHOTE, SAMEN ENTFERNT UND GEWÜRFELT
- 1 DOSE (225 G) ANANAS, IN STÜCKEN, ABGETROPFT
- 2 FRÜHLINGSZWIEBELN, GEHACKT

HERKUNFT: HONGKONG
ZUBEREITUNGSZEIT: 10 MINUTEN,
ZZGL. 20 MINUTEN MARINIERZEIT
GARZEIT: 30 MINUTEN
PERSONEN: 2
SEITE 563

腊肠鸡煲仔饭
REIS MIT HUHN UND WURST IM SCHMORTOPF

- 600 G HÄHNCHENTEILE, IN 4 × 2 CM GROSSE STÜCKE GESCHNITTEN (MIT KNOCHEN)
- 1 TL HELLE SOJASAUCE
- 1 EL INGWERSAFT
- 1 EL SPEISESTÄRKE
- 2 EL PFLANZENÖL
- 6 KNOBLAUCHZEHEN, GEHACKT
- 150 G LANGKORNREIS, ABGESPÜLT UND ABGETROPFT
- 2 CHINESISCHE WÜRSTE, DIAGONAL IN 1 CM DICKE SCHEIBEN GESCHNITTEN
- 2 FRÜHLINGSZWIEBELN, GEHACKT
- 1 EL FEINE INGWERSTREIFEN
- 2–3 STÄNGEL KORIANDERGRÜN ZUM GARNIEREN (NACH BELIEBEN)

FÜR DIE SAUCE:
- 1 EL DUNKLE SOJASAUCE
- 3 EL HELLE SOJASAUCE
- 1 EL HÜHNERBRÜHE (SEITE 90)
- ½ TL ZUCKER
- ½ TL SESAMÖL

* Hähnchenteile, Sojasauce und Ingwersaft in einer Schüssel mischen und 20 Minuten im Kühlschrank marinieren. Die Stärke untermischen.
* 1 Esslöffel Öl in einem Wok oder einer großen Pfanne auf mittlerer bis starker Hitze heiß werden lassen, das Hähnchen hineingeben und in 2–3 Minuten unter Rühren bräunen. Auf einen Teller legen.
* Den restlichen Esslöffel Öl in einem sauberen Wok auf mittlerer Hitze heiß werden lassen, den Knoblauch hineingeben und 1 Minute unter Rühren braten, bis er duftet. Den Reis zufügen und 30 Sekunden unter Rühren braten.
* Die Reismischung in einen Schmortopf füllen. 225 ml Wasser zufügen und ohne Deckel 3–4 Minuten auf starker Hitze kochen lassen, bis der Reis das Wasser größtenteils aufgenommen hat.
* Würste und Hähnchenteile zufügen und mit Frühlingszwiebeln und Ingwerstreifen bestreuen. Deckel aufsetzen und 20 Minuten auf schwacher Hitze schmoren, bis Hähnchen und Reis gar sind.
* Die Saucenzutaten in einem kleinen Topf verrühren und auf mittlerer bis starker Hitze zum Kochen bringen. Die Sauce zum Schmortopf servieren. Falls verwendet, mit Koriandergrünstängeln garnieren.

REIS MIT HUHN UND WURST IM SCHMORTOPF

HERKUNFT: HONGKONG
ZUBEREITUNGSZEIT: 5 MINUTEN,
  ZZGL. 10 MINUTEN MARINIERZEIT
GARZEIT: 20 MINUTEN
PERSONEN: 2–3

咸鱼肉饼煲仔饭
REIS MIT SCHWEINEFILET UND KLIPPFISCH IM SCHMORTOPF

- 150 G SCHWEINEFILET, IN SCHEIBEN GESCHNITTEN
- 1 EL HELLE SOJASAUCE
- 1 TL ZUCKER
- 1 E SPEISESTÄRKE
- 2 EL PFLANZENÖL
- 150 G LANGKORNREIS, ABGESPÜLT UND ABGETROPFT
- 30 G CHINESISCHER KLIPPFISCH, ABGESPÜLT UND ABGETROPFT
- 10 G INGWER (CA. 2 CM), IN FEINE STREIFEN GESCHNITTEN

* Fleisch, Sojasauce, ½ Teelöffel Zucker, Stärke und 2 Esslöffel Wasser in einer Schüssel mischen und 10 Minuten marinieren. 1 Esslöffel Öl einrühren.
* Den Reis in einen Schmortopf füllen. 250 ml Wasser zufügen, auf starker Hitze zum Kochen bringen und ohne Deckel 3–4 Minuten kochen lassen, bis der Reis das Wasser größtenteils aufgenommen hat.
* Die Fleischscheiben auf dem Reis und den Klippfisch auf dem Fleisch anrichten. Ingwer, den restlichen ½ Teelöffel Zucker und den restlichen Esslöffel Öl darauf verteilen. Deckel aufsetzen, auf schwache Hitze reduzieren und 10–15 Minuten schmoren, bis Reis und Fleisch gar sind.
* Fisch und Fleisch herausnehmen und auf einem Teller separat servieren, den Reis dazu reichen.

HERKUNFT: HONGKONG
ZUBEREITUNGSZEIT: 10 MINUTEN,
  ZZGL. 10 MINUTEN MARINIERZEIT
GARZEIT: 25 MINUTEN
PERSONEN: 4

窝蛋牛肉煲仔饭
REIS-SCHMORTOPF MIT EI UND RINDFLEISCH

- 200 G RINDERHACKFLEISCH
- 1 EL HELLE SOJASAUCE
- ½ EL AUSTERNSAUCE
- ½ TL ZUCKER
- 1 EL SÜSSKARTOFFELSTÄRKE ODER SPEISESTÄRKE
- 2 EL PFLANZENÖL
- 400 G LANGKORNREIS, ABGESPÜLT UND ABGETROPFT
- 1 EI

  FÜR DIE SÜSSE SOJASAUCE:
- 1 EL DUNKLE SOJASAUCE
- 1 EL HÜHNERBRÜHE (SEITE 90)
- ½ TL ZUCKER
- ½ TL SESAMÖL

* Hackfleisch, Sojasauce, Austernsauce, Zucker und 4 Esslöffel Wasser in einer großen Schüssel mischen und 10 Minuten marinieren.
* Die Süßkartoffelstärke zufügen und gründlich unterrühren, dann das Öl zufügen und erneut verrühren. Mit den Händen aus der Masse 1 große runde Frikadelle formen.
* Den Reis in einen Schmortopf füllen, 750 ml Wasser zufügen und auf starker Hitze zum Kochen bringen. Ohne Deckel 3–4 Minuten kochen lassen, bis der Reis das Wasser größtenteils aufgenommen hat.
* Die Frikadelle auf den Reis legen, Deckel aufsetzen, auf schwache Hitze reduzieren und 15 Minuten schmoren, bis das Fleisch durchgegart ist.
* Deckel abnehmen und das Ei auf die Frikadelle schlagen. Deckel aufsetzen, den Herd ausschalten und 3–5 Minuten stehen lassen.
* Inzwischen für die Sauce alle Zutaten in einem kleinen Topf auf mittlerer Hitze verrühren, bis der Zucker sich aufgelöst hat. Die Sauce vor dem Servieren über Frikadelle und Reis träufeln.

豉汁白鱔煲仔飯
REIS MIT AAL UND SCHWARZE-BOHNEN-SAUCE

HERKUNFT: HONGKONG
ZUBEREITUNGSZEIT: 20 MINUTEN
GARZEIT: 35 MINUTEN
PERSONEN: 3–4

* Schwarze Bohnen, Chili, die Hälfte des Knoblauchs, Zucker, Sojasauce und 1 Esslöffel Öl in einer Schüssel verrühren. Beiseitestellen.
* Mit einem scharfen Messer den Aalkopf abtrennen und entfernen. Mit 1 Teelöffel Salz und der Stärke bestreuen und den Schleim von der Haut reiben. Unter fließendem kaltem Wasser abspülen und abtropfen lassen. Den Aal längs halbieren und jedes Stück erneut längs halbieren. In 1 cm dicke Scheiben schneiden und mit der Schwarze-Bohnen-Sauce mischen.
* Den restlichen Esslöffel Öl auf mittlerer Hitze in einem Schmortopf erhitzen, den übrigen Knoblauch, Reis und den restlichen ½ Teelöffel Salz zufügen und 1–2 Minuten unter Rühren braten, bis alles duftet.
* 475 ml Wasser zugießen, zum Kochen bringen und ohne Deckel 15–20 Minuten köcheln lassen, bis der Reis das Wasser größtenteils aufgenommen hat. Den Aal auf dem Reis verteilen, Deckel aufsetzen und auf schwacher Hitze 12 Minuten schmoren.
* Die Saucenzutaten in einem kleinen Topf auf mittlerer bis starker Hitze zum Kochen bringen. Über den Reis gießen und im Schmortopf servieren.

- 2 EL FERMENTIERTE SCHWARZE BOHNEN, ABGESPÜLT UND GEHACKT
- 1 ROTE CHILISCHOTE, SAMEN ENTFERNT UND GEHACKT
- 6 KNOBLAUCHZEHEN, GEHACKT
- 1 TL ZUCKER
- 2 EL HELLE SOJASAUCE
- 2 EL PFLANZENÖL
- 1 SÜSSWASSERAAL (600 G)
- 1 ½ TL SALZ
- 1 EL SPEISESTÄRKE
- 300 G LANGKORNREIS, ABGESPÜLT UND ABGETROPFT

FÜR DIE SAUCE:
- 3 EL HELLE SOJASAUCE
- 1 EL DUNKLE SOJASAUCE
- 1 EL HÜHNERBRÜHE (SEITE 90)
- ½ TL ZUCKER
- ½ TL SESAMÖL

羊肉手抓飯
REIS-LAMM-SCHMORTOPF

HERKUNFT: XINJIANG
ZUBEREITUNGSZEIT: 10 MINUTEN, ZZGL. 20 MINUTEN EINWEICHZEIT
GARZEIT: 40 MINUTEN
PERSONEN: 4

* Den Reis 20 Minuten in einer Schüssel mit kaltem Wasser einweichen. Abtropfen lassen und beiseitestellen.
* Das Öl in einem Schmortopf auf mittlerer bis starker Hitze heiß werden lassen, Ingwer und Knoblauch hineingeben und 1 Minute unter Rühren braten, bis sie duften. Das Lamm einrühren und 2–3 Minuten anbräunen. Zwiebeln und Karotte zufügen, dann Reiswein, Pfeffer, Salz und Sojasauce unterrühren. Alles gut mischen und aus dem Schmortopf nehmen.
* Den Reis mit 475 ml Wasser einfüllen und auf starker Hitze zum Kochen bringen. Lamm und Gemüse wieder in den Schmortopf geben, auf schwache Hitze reduzieren und mit Deckel etwa 30 Minuten schmoren, bis Lamm und Reis gar sind. Frühlingszwiebeln und Kreuzkümmel untermischen. Im Schmortopf servieren.

- 300 G LANGKORNREIS
- 1 EL PFLANZENÖL
- 10 G INGWER (CA. 2 CM), IN SCHEIBEN GESCHNITTEN
- 2 KNOBLAUCHZEHEN, GEHACKT
- 300 G LAMM, OHNE KNOCHEN, IN 1 CM GROSSE WÜRFEL GESCHNITTEN
- 2 ZWIEBELN, GEHACKT
- 1 KAROTTE, GEWÜRFELT
- ½ EL REISWEIN
- ½ TL GEMAHLENER WEISSER PFEFFER
- 1 ½ TL SALZ
- 2 TL HELLE SOJASAUCE
- 2 FRÜHLINGSZWIEBELN, GEHACKT
- 1 EL GEMAHLENER KREUZKÜMMEL

HERKUNFT: HONGKONG
ZUBEREITUNGSZEIT: 10 MINUTEN
GARZEIT: 25 MINUTEN
PERSONEN: 2
SEITE 567

豉汁排骨煲仔飯
REIS MIT RIPPCHEN IM SCHMORTOPF

- 2 EL FERMENTIERTE SCHWARZE BOHNEN, ABGESPÜLT UND GEHACKT
- 6 KNOBLAUCHZEHEN, GEHACKT
- 2 EL HELLE SOJASAUCE
- 1 TL ZUCKER
- 2 EL PFLANZENÖL
- 600 G SCHWEINERIPPCHEN, IN MUNDGERECHTE STÜCKE GESCHNITTEN
- 1 EL SPEISESTÄRKE
- 150 G LANGKORNREIS, ABGESPÜLT UND ABGETROPFT
- ½ TL SALZ
- FRÜHLINGSZWIEBELN UND ROTE CHILISCHOTEN IN STREIFEN ZUM GARNIEREN (NACH BELIEBEN)

FÜR DIE SAUCE:
- 3 EL HELLE SOJASAUCE
- 1 EL DUNKLE SOJASAUCE
- 1 EL HÜHNERBRÜHE (SEITE 90)
- ½ TL ZUCKER
- ½ TL SESAMÖL

* Schwarze Bohnen, 1 Esslöffel gehackten Knoblauch, Sojasauce, Zucker und 1 Esslöffel Öl in einer großen Schüssel gut verrühren.
* In einer zweiten Schüssel die Rippchen mit 4 Esslöffeln Wasser mischen, die Stärke einrühren und alles in die Schüssel mit den schwarzen Bohnen geben.
* Den restlichen Esslöffel Öl in einem Schmortopf erhitzen, den übrigen Knoblauch hineingeben und auf mittlerer Hitze 1 Minute unter Rühren braten, bis er duftet. Abgetropften Reis und Salz einrühren. 250 ml Wasser zugießen, zum Kochen bringen und auf schwache Hitze reduzieren. Ohne Deckel 3–4 Minuten köcheln lassen, bis der Reis das Wasser größtenteils aufgenommen hat. Rippchen und schwarze Bohnen zufügen und mit Deckel 20 Minuten schmoren, bis Rippchen und Reis gar sind.
* Die Saucenzutaten in einem kleinen Topf verrühren und auf starker Hitze zum Kochen bringen. Die Sauce über die Rippchen gießen und direkt aus dem Schmortopf servieren. Falls verwendet, mit Frühlingszwiebeln und Chilistreifen garnieren.

REIS MIT RIPPCHEN IM SCHMORTOPF

HERKUNFT: GUANGDONG
ZUBEREITUNGSZEIT: 5 MINUTEN,
　　ZZGL. 20 MINUTEN RUHEZEIT
GARZEIT: 1 STUNDE 35 MINUTEN
ERGIBT: 1 LITER

白粥
EINFACHES CONGEE

- 150 G LANGKORNREIS, ABGESPÜLT UND ABGETROPFT
- ½ TL SALZ, ZZGL. ETWAS MEHR NACH GESCHMACK
- ½ EL PFLANZENÖL

* Alle Zutaten in einer Schüssel verrühren und 20 Minuten stehen lassen.
* 3½ Liter Wasser in einem großen Topf auf starker Hitze zum Kochen bringen. Den Reis hineingeben und erneut zum Kochen bringen. Hitze reduzieren und 1¼ Stunden köcheln lassen, bis der Reis breiartig zerkocht ist. (Gelegentlich umrühren, damit der Brei nicht am Topfboden ansetzt.)
* Deckel aufsetzen und weitere 15 Minuten stehen lassen.
* Congee kann pur, gesalzen oder als Beilage zu Fleisch-, Fisch- oder Gemüsegerichten serviert werden.

HERKUNFT: GUANGDONG
ZUBEREITUNGSZEIT: 15 MINUTEN,
　　ZZGL. 30 MINUTEN MARINIERZEIT
GARZEIT: 10 MINUTEN
PERSONEN: 4

生菜鲮鱼球粥
CONGEE MIT FISCHKUGELN

- 300 G UNGESALZENER SCHLAMMKARPFEN, FEIN GEHACKT
- 1 TL SALZ, ZZGL. ETWAS MEHR NACH GESCHMACK
- ¼ TL ZUCKER
- ¼ TL GEMAHLENER WEISSER PFEFFER
- 1 EL SPEISESTÄRKE
- 2 PORTIONEN EINFACHES CONGEE (SIEHE OBEN)
- ½ KOPF GARTENSALAT, IN FEINE STREIFEN GESCHNITTEN

* Fisch, Salz, Zucker und Pfeffer in einer Schüssel mischen und 30 Minuten marinieren. Die Stärke zufügen und alles gründlich zu einer Fischpaste vermengen.
* Das Congee in einem Topf auf starker Hitze zum Kochen bringen. 1 Handvoll Fischpaste aufnehmen und so durch die Öffnung zwischen Daumen und Zeigefinger drücken, dass eine kleine Kugel entsteht. Ins Congee fallen lassen. Mit der restlichen Fischpaste ebenso verfahren. Den Herd ausschalten, Deckel aufsetzen und 5 Minuten stehen lassen.
* Das Congee noch einmal 5 Minuten aufkochen, bis die Fischkugeln gar sind, dann mit dem zusätzlichen Salz würzen. Die Salatstreifen unterrühren, in Schüsseln füllen und sofort servieren.

生滚鸡粥
HÄHNCHEN-CONGEE

HERKUNFT: HONGKONG
ZUBEREITUNGSZEIT: 5 MINUTEN, ZZGL. 30 MINUTEN MARINIERZEIT
GARZEIT: 20 MINUTEN
PERSONEN: 4

* Hähnchen, Ingwersaft, Sojasauce, Salz und Zucker in einer großen Schüssel mischen und 30 Minuten marinieren. Stärke und Pflanzenöl unterrühren.
* Das Congee in einem großen Topf auf starker Hitze zum Kochen bringen. Das Hähnchen einrühren, dann den Herd abschalten, Deckel aufsetzen und 10 Minuten stehen lassen.
* Das Congee wieder aufkochen lassen, dann auf schwache Hitze reduzieren und 5 Minuten kochen lassen, bis das Hähnchen gar ist. Den Topf vom Herd nehmen, das Sesamöl darüberträufeln und die Salatstreifen unterrühren. Nach Geschmack nachsalzen, dann in Portionsschüsseln füllen und servieren.

- 600 G HÄHNCHENFLEISCH, OHNE KNOCHEN UND OHNE HAUT, IN 2 × 4 CM GROSSE STÜCKE GESCHNITTEN
- 2 EL INGWERSAFT
- 2 EL HELLE SOJASAUCE
- 1 TL SALZ, ZZGL. ETWAS MEHR NACH GESCHMACK
- 1 TL ZUCKER
- 1 EL SPEISESTÄRKE
- 1 EL PFLANZENÖL
- 2 PORTIONEN EINFACHES CONGEE (SEITE 568)
- 1 TL SESAMÖL
- ½ KOPF EISBERGSALAT, IN FEINE STREIFEN GESCHNITTEN

菜干猪骨粥
CONGEE MIT GETROCKNETEM PAK CHOI UND RIPPCHEN

HERKUNFT: GUANGDONG
ZUBEREITUNGSZEIT: 10 MINUTEN, ZZGL. 4 STUNDEN MARINIERZEIT
GARZEIT: 1 STUNDE 50 MINUTEN
PERSONEN: 4

* Die Rippchen überall mit 3 Teelöffeln Salz abreiben und im Kühlschrank 4 Stunden marinieren. Das Salz abspülen und abtropfen lassen.
* Während das Fleisch mariniert, die Wurzeln vom getrockneten Pak Choi abschneiden und entfernen und den Rest 1 Stunde in kaltem Wasser einweichen. Abspülen, abtropfen lassen und in 2 cm lange Stücke schneiden.
* Den Reis in einer Schüssel mit dem restlichen ½ Teelöffel Salz und dem Öl mischen und 20 Minuten stehen lassen.
* Die Rippchen in einen Suppentopf legen und 3 Liter Wasser zugießen. Auf starker Hitze zum Kochen bringen, auf mittlere Hitze reduzieren und 20 Minuten köcheln lassen. Schaum und Feststoffe von der Oberfläche schöpfen, falls erforderlich. Den Reis zufügen und auf starker Hitze 15 Minuten sprudelnd kochen lassen.
* Hitze reduzieren, den Pak Choi einrühren und 1 Stunde köcheln lassen.
* Deckel aufsetzen, den Herd ausschalten und vor dem Servieren 10 Minuten stehen lassen.

- 300 G SCHWEINERIPPCHEN, IN KLEINE STÜCKE GESCHNITTEN
- 3 ½ TL SALZ
- 50 G GETROCKNETER PAK CHOI
- 160 G LANGKORNREIS, ABGESPÜLT UND ABGETROPFT
- 1 EL PFLANZENÖL

HERKUNFT: GUANGDONG
ZUBEREITUNGSZEIT: 10 MINUTEN,
    ZZGL. 1 STUNDE EINWEICHZEIT
GARZEIT: 15 MINUTEN
PERSONEN: 4
📷 SEITE 571

荔灣艇仔粥
CONGEE NACH LAIWAN-ART

- 100 G GETROCKNETER TINTENFISCH, IN WASSER EINGEWEICHT UND ABGETROPFT
- ½ TL SALZ
- 50 G ERDNUSSKERNE
- 1 EL PFLANZENÖL, ZZGL. ETWAS MEHR ZUM FRITTIEREN
- 5 G GLASNUDELN
- 300 G WEISSFISCHFILETS, IN DÜNNE SCHEIBEN GESCHNITTEN
- 2 PORTIONEN EINFACHES CONGEE (SEITE 568)
- 20 G INGWER (CA. 2,5 CM), IN FEINE STREIFEN GESCHNITTEN
- 1 FRÜHLINGSZWIEBEL, IN FEINE STREIFEN GESCHNITTEN ZUM GARNIEREN

FÜR DIE SCHWEINESCHWARTE:
- 100 G SCHWEINESCHWARTEN
- 2 INGWERSCHEIBEN
- 1 FRÜHLINGSZWIEBEL, IN 4 CM LANGE STÜCKE GESCHNITTEN
- ½ TL SALZ

FÜR DAS HACKFLEISCH:
- 150 G RINDERHACKFLEISCH
- 1 TL SALZ
- 1 TL ZUCKER
- ½ TL GEMAHLENER WEISSER PFEFFER

* Einen großen Topf Wasser zum Kochen bringen und Tintenfisch und Salz hineingeben. 2 Minuten köcheln lassen, dann abtropfen lassen und abspülen. In Streifen schneiden und beiseitestellen.
* Denselben Topf mit Wasser füllen und zum Kochen bringen. Die Zutaten für die Schweineschwarte hineingeben und auf mittlerer bis starker Hitze 4–5 Minuten kochen lassen. Die Schwarte herausnehmen und mindestens 1 Stunde in einer Schüssel mit kaltem Wasser einweichen, abtropfen lassen und in Streifen schneiden.
* Die Erdnüsse in einen Wok oder einen tiefen Topf geben und mit Öl bedecken. Auf schwacher bis mittlerer Hitze in 3–4 Minuten kross frittieren. Mit einem Schaumlöffel vorsichtig aus dem Öl heben und auf Küchenpapier abtropfen lassen. Zum Abkühlen beiseitestellen.
* Das Öl im Wok wieder erhitzen, die Glasnudeln vorsichtig hineingleiten lassen und auf schwacher Hitze (etwa 150 °C) 30 Sekunden frittieren, bis sie goldbraun und aufgegangen sind. Auf Küchenpapier abtropfen lassen und beiseitelegen.
* Alle Zutaten für das Hackfleisch in einer Schüssel mit 4 Esslöffeln Wasser verrühren. Die frittierten Glasnudeln zufügen und mit den Händen gut vermengen.
* Den Fisch mit 1 Esslöffel Öl mischen.
* Das Congee in einem großen Topf zum Kochen bringen, Hackfleischmasse, Tintenfisch, Schweineschwarten und Ingwer zufügen und salzen. Etwa 1 Minute umrühren, bis alles gar ist. Die Mischung in einzelne Schüsseln schöpfen. Mit frittierten Erdnüssen und Frühlingszwiebelstreifen garnieren. Servieren.

CONGEE NACH LAIWAN-ART

HERKUNFT: GUANGDONG
ZUBEREITUNGSZEIT: 5 MINUTEN,
 ZZGL. 30 MINUTEN MARINIERZEIT
GARZEIT: 10 MINUTEN
PERSONEN: 4

生滚田鸡粥
CONGEE MIT FROSCHSCHENKELN

- 600 G FROSCHSCHENKEL, GEHÄUTET, ABGESPÜLT UND IN MUNDGERECHTE STÜCKE GESCHNITTEN
- 1 EL INGWERSAFT
- 2 EL HELLE SOJASAUCE
- 1 TL ZUCKER
- ½ TL GEMAHLENER WEISSER PFEFFER
- 1 EL SPEISESTÄRKE
- 1 EL PFLANZENÖL
- 2 PORTIONEN EINFACHES CONGEE (SEITE 568)
- ½ KOPF ROMANASALAT, IN FEINE STREIFEN GESCHNITTEN
- 1 TL SESAMÖL
- SALZ NACH GESCHMACK

* Froschschenkel, Ingwersaft, Sojasauce, Zucker und Pfeffer in einer Schüssel mit den Händen gründlich mischen und 30 Minuten im Kühlschrank marinieren.
* Die Stärke zufügen und das Pflanzenöl einrühren.
* Das Congee in einem großen Topf zum Kochen bringen, die Froschschenkel einrühren und den Herd ausschalten. Deckel aufsetzen und 5 Minuten stehen lassen, bis die Froschschenkel gar sind.
* Das Congee auf starker Hitze erneut aufkochen lassen und die Salatstreifen einrühren.
* Das Sesamöl zufügen, nach Geschmack salzen und in einer Suppenterrine oder in Portionsschüsseln servieren.

HERKUNFT: GUANGDONG
ZUBEREITUNGSZEIT: 5 MINUTEN,
 ZZGL. 15 MINUTEN EINWEICHZEIT
GARZEIT: 1 STUNDE
PERSONEN: 4

柴鱼花生粥
CONGEE MIT THUNFISCH UND ERDNÜSSEN

- 40 G GETROCKNETER GESTREIFTER THUN ODER 40 G BONITO-FLOCKEN
- 60 G ERDNUSSKERNE
- 2 PORTIONEN EINFACHES CONGEE (SEITE 568)
- 150 G SCHWEINEHACKFLEISCH
- ½ TL HELLE SOJASAUCE
- ½ TL SPEISESTÄRKE
- SALZ NACH GESCHMACK
- 2 FRÜHLINGSZWIEBELN, GEHACKT

Gestreifter Thun (Bonito) wird in getrockneter Form in China und Japan häufig zum Aromatisieren von Suppen verwendet. So gehört er beispielsweise in der klassischen Misosuppe zu den wichtigsten Zutaten.

* Den getrockneten Thunfisch abspülen und 15 Minuten in einer Schüssel mit warmem Wasser einweichen. Abtropfen lassen und in 2,5 cm große Quadrate schneiden.
* Einen Topf Wasser zum Kochen bringen, Thunfisch und Erdnüsse hineingeben und 10 Minuten kochen lassen. Thunfisch und Erdnüsse abtropfen lassen.
* Das Congee in einem Topf zum Kochen bringen, Thunfisch und Erdnüsse zufügen und weitere 30 Minuten kochen lassen.
* Inzwischen in einer Schüssel Hackfleisch, Sojasauce und Stärke mischen und 15 Minuten marinieren.
* Das Hackfleisch ins Congee rühren, dann den Herd ausschalten, Deckel aufsetzen und 10 Minuten stehen lassen, bis das Hackfleisch gar ist. Nach Geschmack salzen, dann das Congee in eine Suppenterrine oder in Portionsschüsseln füllen. Mit gehackten Frühlingszwiebeln garnieren.

蠔仔肉碎粥
CONGEE MIT AUSTERN UND HACKFLEISCH

HERKUNFT: CHAOZHOU
ZUBEREITUNGSZEIT: 10 MINUTEN, ZZGL. 20 MINUTEN EINWEICHZEIT
GARZEIT: 5 MINUTEN
PERSONEN: 4

* Die Shiitake in eine Schüssel legen, mit kaltem Wasser bedecken und mindestens 20 Minuten einweichen. Herausnehmen, Wasser herausdrücken und die Stiele entfernen. In dünne Streifen schneiden.
* Während die Pilze einweichen, den Reis 5 Minuten in einer Schüssel mit heißem Wasser einweichen, dann abtropfen lassen und beiseitestellen.
* Die Austern mit 1 Teelöffel Stärke abreiben und eventuelle Schalenstücke entfernen. Gründlich unter fließendem kaltem Wasser abspülen. Einen Topf Wasser zum Kochen bringen, die Austern hineingeben und 30 Sekunden blanchieren. Abtropfen lassen und beiseitestellen.
* Hackfleisch, den restlichen ½ Teelöffel Stärke und ½ Teelöffel Salz in einer Schüssel mischen. 15 Minuten marinieren.
* Das Öl in einer antihaftbeschichteten Pfanne erhitzen, die getrocknete Flunder hineingeben und auf mittlerer Hitze in 1–2 Minuten kross braten. Beiseitestellen.
* Die Hühnerbrühe in einem großen Topf zum Kochen bringen. Hackfleisch und Pilze hineingeben, auf schwache bis mittlere Hitze reduzieren und 2 Minuten köcheln lassen, bis das Fleisch gar ist. Den Reis zufügen und aufkochen lassen.
* Austern, Schnittsellerie, Rettich und den restlichen Teelöffel Salz zufügen. 1 Minute kochen lassen, dann die Flunder zufügen. Direkt vor dem Servieren den Pfeffer einrühren.

* 3 GETROCKNETE SHIITAKE
* 350 G GEKOCHTER REIS
* 250 G PERLAUSTERN ODER KLEINE AUSTERN, AUSGELÖST UND ABGETROPFT
* 1 ½ TL SPEISESTÄRKE
* 80 G SCHWEINEHACKFLEISCH
* 1 ½ TL SALZ
* 2 EL PFLANZENÖL
* 10 G GETROCKNETE FLUNDER, IN 1,5 CM GROSSE WÜRFEL GESCHNITTEN
* 1 LITER HÜHNERBRÜHE (SEITE 90)
* 1 EL GEHACKTER SCHNITTSELLERIE ODER GEHACKTES KORIANDERGRÜN
* 2 TL GEHACKTER EINGELEGTER RETTICH
* 1 PRISE GEMAHLENER WEISSER PFEFFER

生滾牛肉粥
CONGEE MIT RINDFLEISCH

HERKUNFT: GUANGDONG
ZUBEREITUNGSZEIT: 5 MINUTEN, ZZGL. 15 MINUTEN EINWEICHZEIT
GARZEIT: 5 MINUTEN
PERSONEN: 4

* Das Rindfleisch in einer Schüssel mit 3 Esslöffeln kaltem Wasser verrühren und 15 Minuten einweichen.
* Überschüssiges Wasser abgießen, dann Knoblauch und Stärke unterrühren.
* Das Congee in einem großen Topf auf starker Hitze zum Kochen bringen, das Fleisch zufügen und 1–2 Minuten mitkochen, bis es gar ist. Nach Geschmack salzen und in Portionsschüsseln füllen. Mit dem weißen Pfeffer bestreuen und mit Sesamöl beträufeln.

* 300 G RINDERLENDE, IN SEHR DÜNNE SCHEIBEN GESCHNITTEN, ODER RINDERHACKFLEISCH
* 3 KNOBLAUCHZEHEN, GEHACKT
* 1 EL SPEISESTÄRKE
* 2 PORTIONEN EINFACHES CONGEE (SEITE 568)
* SALZ NACH GESCHMACK
* ¼ TL GEMAHLENER WEISSER PFEFFER
* 1 TL SESAMÖL

HERKUNFT: GUANGDONG
ZUBEREITUNGSZEIT: 10 MINUTEN,
 ZZGL. 2 STUNDEN MARINIERZEIT
GARZEIT: 15 MINUTEN
PERSONEN: 4

皮蛋瘦肉粥
CONGEE MIT SCHWEINEFLEISCH UND EINGELEGTEN ENTENEIERN

- 150 G MAGERES SCHWEINEFLEISCH, IN SCHEIBEN GESCHNITTEN
- 1 EL SALZ
- ½ EL SPEISESTÄRKE
- ½ EL PFLANZENÖL
- 2 PORTIONEN EINFACHES CONGEE (SEITE 568)
- 2 EINGELEGTE ENTENEIER, GEHACKT
- 2 FRÜHLINGSZWIEBELN, GEHACKT, ZUM GARNIEREN

* Schweinefleisch und Salz in einer Schüssel mischen und mindestens 2 Stunden im Kühlschrank marinieren.
* Abspülen, abtropfen lassen und in die Schüssel zurücklegen. Stärke und Öl untermischen.
* Das Congee in einem Topf zum Kochen bringen, dann den Herd ausschalten. Die Fleischscheiben trennen und nacheinander in den Topf geben. Deckel aufsetzen und 10 Minuten stehen lassen, bis das Fleisch gar ist. Nicht umrühren.
* Die eingelegten Enteneier einrühren und das Congee in eine Suppenterrine oder in Portionsschüsseln füllen. Mit Frühlingszwiebeln garnieren.

HERKUNFT: GUANGDONG
ZUBEREITUNGSZEIT: 5 MINUTEN,
 ZZGL. 8 STUNDEN EINWEICHZEIT
GARZEIT: 1 STUNDE 30 MINUTEN
PERSONEN: 4

糯米麦粥
CONGEE MIT KLEBREIS UND WEIZEN

- 150 G GANZE WEIZENKÖRNER
- 200 G KLEBREIS
- 1 INGWERSCHEIBE
- 2 EL ZERSTOSSENER KANDISZUCKER

Dieses süße Congee kann zum Frühstück oder als Zwischenmahlzeit serviert werden. Neben seinen nahrhaften Eigenschaften wirkt es auch beruhigend bei Magenverstimmung.

* Die Weizenkörner 8 Stunden in einer Schüssel mit kaltem Wasser einweichen.
* In einer zweiten Schüssel mit Wasser den Reis 4 Stunden einweichen. Beide abtropfen lassen.
* Ingwer, Reis, Weizenkörner und 2,5 Liter Wasser in einem großen Topf zum Kochen bringen. Ohne Deckel 10 Minuten kochen lassen. Auf schwache Hitze reduzieren, Deckel aufsetzen und 1 Stunde 20 Minuten weiterkochen lassen, bis der Inhalt breiartig weich ist.
* Den Kandiszucker unterrühren, bis er sich aufgelöst hat. In Portionsschüsseln servieren.

生滚猪肝鱼片粥
CONGEE MIT SCHWEINELEBER UND FISCH

HERKUNFT: GUANGDONG
ZUBEREITUNGSZEIT: 15 MINUTEN, ZZGL. 1 STUNDE EINWEICHZEIT
GARZEIT: 5 MINUTEN
PERSONEN: 4

* Die Schweineleber 1 Stunde in eine Schüssel mit kaltem Wasser legen, dabei das Wasser zwei- bis dreimal wechseln und die Leber gelegentlich sanft ausdrücken, um das Blut zu entfernen. Abtropfen lassen und in 5 mm dicke Scheiben schneiden. In einer Schüssel mit der Hälfte des Ingwers mischen.
* Den Fisch mit dem Salz bestreuen und 10 Minuten beiseitestellen.
* Den Fisch abspülen und mit Küchenpapier trocken tupfen, dann in dünne Scheiben schneiden. Fisch, den restlichen Ingwer, Pfeffer und Öl in einer Schüssel gründlich mischen.
* Das Congee in einem großen Topf auf starker Hitze zum Kochen bringen. Schweineleber und Fisch einrühren, Deckel aufsetzen, den Herd ausschalten und 4 Minuten stehen lassen, bis Leber und Fisch gar sind.
* In Portionsschüsseln füllen und mit gehacktem Koriandergrün garnieren.

- 300 G SCHWEINELEBER
- 50 G INGWER (CA. 7,5 CM), IN FEINE STREIFEN GESCHNITTEN
- 300 G WEISSFISCHFILETS
- ½ TL SALZ, ZZGL. ETWAS MEHR NACH GESCHMACK
- 1 PRISE GEMAHLENER WEISSER PFEFFER
- 1 EL PFLANZENÖL
- 2 PORTIONEN EINFACHES CONGEE (SEITE 568)
- 1 BUND KORIANDERGRÜN, GEHACKT, ZUM GARNIEREN

小米粥
HIRSE-CONGEE

HERKUNFT: INNERE MONGOLEI
ZUBEREITUNGSZEIT: 20 MINUTEN
GARZEIT: 45 MINUTEN
PERSONEN: 4

Dieses uralte Getreide wird in Nordostchina und der Inneren Mongolei seit der Shang-Dynastie 1600 v. Chr. verwendet. Tatsächlich waren Mao und die Rote Armee auf Hirse angewiesen, als sie gegen die Kuomintang und die einfallenden Japaner kämpften. Hirse ist glutenfrei und reich an Proteinen.

* Die Hirse abspülen und 15 Minuten in einer Schüssel mit kaltem Wasser einweichen. Abtropfen lassen.
* 2 Liter Wasser in einem großen Topf zum Kochen bringen. Die Hirse hineingeben und ohne Deckel auf mittlerer bis starker Hitze 30 Minuten kochen lassen. Den Herd ausschalten, Deckel aufsetzen und 10 Minuten stehen lassen, bis der Topfinhalt eine breiartige Konsistenz angenommen hat.
* Mit Salz oder Zucker würzen.

- 100 G KOLBENHIRSE
- SALZ ODER ZUCKER NACH GESCHMACK

HERKUNFT: GUANGDONG
ZUBEREITUNGSZEIT: 5 MINUTEN
GARZEIT: 15 MINUTEN
PERSONEN: 4

- 600 G FISCHBAUCH
- 40 G INGWER (CA. 6 CM), IN FEINE STREIFEN GESCHNITTEN
- 1 EL PFLANZENÖL
- 2 PORTIONEN EINFACHES CONGEE (SEITE 568)
- 1 TL SALZ
- 1 FRÜHLINGSZWIEBEL, GEHACKT

姜丝鱼腩粥
CONGEE MIT FISCHBAUCH

* Den Fischbauch in kaltem Wasser abspülen und die schwarze Haut vom Fleisch ziehen. Abspülen und in 1 cm dicke Stücke schneiden. In eine Schüssel legen und Ingwer und Öl zufügen.
* Das Congee in einem großen Topf zum Kochen bringen, salzen und den Fischbauch zufügen. Umrühren, den Herd ausschalten, Deckel aufsetzen und 10 Minuten stehen lassen. Das Congee wieder zum Kochen bringen und vom Herd nehmen, sobald der Fisch gar ist. In eine Suppenterrine oder Portionsschüsseln füllen und mit der gehackten Frühlingszwiebel garnieren.

HERKUNFT: TAIWAN
ZUBEREITUNGSZEIT: 25 MINUTEN
GARZEIT: 40 MINUTEN
PERSONEN: 4
SEITE 577

- 1 TOMATE
- 1 STERNANIS
- ½–1 TL SICHUAN-PFEFFERKÖRNER
- 1 EL PFLANZENÖL
- 1 TL INGWERSCHEIBEN
- 1 EL ROTE TRESTERSAUCE
- 1 EL BOHNENPASTE
- 500 G RINDERHAXE
- 1 EL SHAOXING-REISWEIN
- 1 EL DUNKLE SOJASAUCE
- ½ EL HELLE SOJASAUCE
- ½ TL SALZ
- 1 TL ZUCKER
- 200 G GETROCKNETE WEIZENNUDELN
- 750 ML HEISSE RINDERBRÜHE (SEITE 90)
- 2 FRÜHLINGSZWIEBELN, GEHACKT, ZUM GARNIEREN
- KORIANDERGRÜN ZUM GARNIEREN (NACH BELIEBEN)

台湾红烧牛肉面
RINDFLEISCHNUDELN NACH TAIWAN-ART

* Die Unterseite der Tomate einschneiden. Einen kleinen Topf Wasser zum Kochen bringen, die Tomate hineingeben und 1–2 Minuten erhitzen. Sofort in eine Schüssel mit Eiswasser legen. Kurz abkühlen lassen, dann die Haut abziehen. Hacken und beiseitelegen.
* Sternanis und Sichuan-Pfefferkörner in ein Gewürzsäckchen füllen.
* Das Öl in einem Wok oder einer großen Pfanne auf mittlerer bis starker Hitze heiß werden lassen, den Ingwer hineingeben und 1 Minute unter Rühren braten, bis er duftet. Trestersauce, Bohnenpaste und Rinderhaxe zufügen und 2–3 Minuten unter Rühren braten, bis das Fleisch angebräunt ist. Den Reiswein und so viel Wasser zugießen, dass das Fleisch bedeckt ist. Auf starke Hitze erhöhen und zum Kochen bringen, dann auf schwache Hitze reduzieren. Gewürzsäckchen und gehackte Tomate zufügen. Umrühren, Deckel aufsetzen und 30 Minuten köcheln lassen, bis das Fleisch zart ist. Sojasaucen, Salz und Zucker zufügen.
* Ingwer und Gewürzsäckchen entfernen. Die Rinderhaxe mit einer Zange aus der Sauce nehmen, in dicke Stücke schneiden und wieder in die Sauce geben.
* Während das Fleisch köchelt, einen großen Topf Wasser zum Kochen bringen und die Nudeln hineingeben. Nach Packungsanweisung weich kochen. Abtropfen lassen und auf Portionsschüsseln aufteilen. Fleisch und Brühe über die Nudeln schöpfen und mit Frühlingszwiebeln und Koriandergrün garnieren, falls verwendet.

RINDFLEISCHNUDELN NACH TAIWAN-ART

HERKUNFT: SHANGHAI
ZUBEREITUNGSZEIT: 10 MINUTEN,
ZZGL. 1 STUNDE MARINIERZEIT
GARZEIT: 10 MINUTEN
PERSONEN: 2
SEITE 579

上海排骨面
SHANGHAIER NUDELSUPPE MIT SCHWEINEKOTELETT

- 2 LENDENKOTELETTS VOM SCHWEIN
- 250 ML PFLANZENÖL
- 4 GRÜNE PAK CHOI
- 300 G FRISCHE SHANGHAI-NUDELN
- ¼ TL SALZ
- ½ TL SESAMÖL
- 550 ML HEISSE SCHWEINEBRÜHE (SEITE 91)
- 1 EL GEHACKTE FRÜHLINGSZWIEBEL ZUM GARNIEREN

FÜR DIE MARINADE:
- 1 EL SHAOXING-REISWEIN
- 1 EL GEHACKTER KNOBLAUCH
- 2 TL HELLE SOJASAUCE
- 1 TL ZUCKER
- ½ TL GEMAHLENER WEISSER PFEFFER

* Mit einem Fleischklopfer oder dem Rücken eines schweren Messers die Koteletts weich klopfen. Das Fleisch in einer Schüssel mit den Marinadezutaten mischen und 1 Stunde im Kühlschrank marinieren.
* Das Pflanzenöl in einem Wok oder einer großen Pfanne auf 170 °C erhitzen oder bis ein Brotwürfel in 45 Sekunden braun wird. Die Koteletts vorsichtig ins Öl gleiten lassen und in 3–4 Minuten goldbraun und gar frittieren. Mit einem Schaumlöffel aus dem Öl heben und auf Küchenpapier abtropfen lassen. Beiseitelegen.
* Einen großen Topf Wasser auf starker Hitze zum Kochen bringen und den Pak Choi 3 Minuten blanchieren. Abtropfen lassen.
* Einen weiteren Topf Wasser zum Kochen bringen und die Nudeln hineingeben. Nach Packungsanweisung bissfest kochen. Abtropfen lassen und auf Portionsschüsseln verteilen.
* Den Pak Choi auf die Nudeln verteilen, mit Salz und Sesamöl würzen und die Schweinebrühe darüberschöpfen. Mit der Frühlingszwiebel bestreuen. Die Koteletts separat auf einem Teller servieren oder in Scheiben schneiden und auf den Nudeln anrichten.

HERKUNFT: HONGKONG
ZUBEREITUNGSZEIT: 15 MINUTEN
GARZEIT: 10 MINUTEN
PERSONEN: 4

蟹肉片儿面
KRABBENFLEISCHSUPPE MIT KROSSEN WONTON-BLÄTTERN

- 475 ML PFLANZENÖL
- 16 KANTONESISCHE WONTON-BLÄTTER, IN 2 CM GROSSE QUADRATE GESCHNITTEN
- 600 ML HÜHNERBRÜHE (SEITE 90)
- 150 G STROHPILZE, ENDEN ABGESCHNITTEN UND HALBIERT
- 1 TL SALZ
- 150 G KRABBENFLEISCH
- ¼ TL SESAMÖL
- ½ TL GEMAHLENER WEISSER PFEFFER
- 40 G GELBER SCHNITTLAUCH, IN 2 CM LANGE STÜCKE GESCHNITTEN

* Das Öl in einem Wok oder hohen Topf auf 150 °C erhitzen oder bis ein Brotwürfel in 1½ Minuten braun wird. Die Wonton-Blätter portionsweise vorsichtig hineingleiten lassen und in 1–2 Minuten kross frittieren. Mit einem Schaumlöffel herausheben und auf Küchenpapier abtropfen lassen.
* Die Hühnerbrühe in einem mittelgroßen Topf zum Kochen bringen, Pilze und Salz zufügen und wieder aufkochen lassen.
* Das Krabbenfleisch zufügen, erneut zum Kochen bringen, dann Sesamöl und Pfeffer einrühren.
* Den Schnittlauch in eine Terrine legen. Die Hühnerbrühe mit dem Krabbenfleisch darübergießen.
* Die Wonton-Blätter separat zur Suppe reichen, damit die Gäste sie direkt vor dem Genuss in die Brühe geben können.

SHANGHAIER NUDELSUPPE MIT SCHWEINEKOTELETT

HERKUNFT: HONGKONG
ZUBEREITUNGSZEIT: 10 MINUTEN
GARZEIT: 10 MINUTEN
PERSONEN: 2

番茄蛋汤面
NUDELSUPPE MIT TOMATE UND EIERN

- 1 GROSSE TOMATE
- 2 EIER, GETRENNT
- 2 EL PFLANZENÖL, ZZGL. 1 TL
- ½ TL SALZ
- 150 G GETROCKNETE EIERNUDELN
- 475 ML HÜHNERBRÜHE (SEITE 90)
- 5 G INGWER (CA. 1 CM), IN FEINE STREIFEN GESCHNITTEN
- ½ TL ZUCKER

* Die Unterseite der Tomate einschneiden. Einen kleinen Topf Wasser zum Kochen bringen, die Tomate hineingeben und 1–2 Minuten erhitzen. Sofort in eine Schüssel mit Eiswasser legen. Kurz abkühlen lassen, dann die Haut abziehen. Hacken und beiseitelegen.
* Die Eiweiße in einer Schüssel schaumig aufschlagen. 1 Teelöffel Öl, ¼ Teelöffel Salz und die Eigelbe zufügen und erneut verrühren, bis eine homogene Masse entsteht.
* Einen großen Topf Wasser auf starker Hitze zum Kochen bringen. Nudeln hineingeben und nach Packungsanweisung weich kochen. Abtropfen lassen und in eine Schüssel legen.
* Die Hühnerbrühe in einem Topf zum Kochen bringen, dann über die Nudeln schöpfen.
* 1 Esslöffel Öl in einem Wok oder einer großen Pfanne auf mittlerer bis starker Hitze heiß werden lassen, den Ingwer hineingeben und 2 Minuten unter Rühren braten, bis er duftet. Tomate, Zucker und den restlichen ¼ Teelöffel Salz zufügen und 1–2 Minuten unter Rühren braten. Aus dem Wok nehmen und auf einem Teller beiseitestellen.
* Den Wok mit Küchenpapier auswischen und den restlichen Esslöffel Öl auf mittlerer bis starker Hitze heiß werden lassen. Die verrührten Eier hineingießen und sofort den Herd ausschalten. Zusammenschieben, bis die Eier gerade gestockt, aber noch etwas flüssig sind. Zum Schluss die Tomatenmischung unterrühren und auf die Nudeln löffeln. Sofort servieren.

HERKUNFT: NINGXIA
ZUBEREITUNGSZEIT: 5 MINUTEN
GARZEIT: 10 MINUTEN
PERSONEN: 2

羊肉烩面
NUDELSUPPE MIT HAMMELFLEISCH

- 150 G GETROCKNETE WEIZENNUDELN
- 1 TL PFLANZENÖL
- 3 FRÜHLINGSZWIEBELN, IN 5 CM LANGE STÜCKE GESCHNITTEN
- 1 TL HELLE SOJASAUCE
- ½ TL SALZ
- ¼ TL SESAMÖL
- 1 PRISE GEMAHLENER WEISSER PFEFFER
- 300 G HAMMEL- ODER LAMMFLEISCH, OHNE KNOCHEN, IN DÜNNE SCHEIBEN GESCHNITTEN

* Einen großen Topf Wasser zum Kochen bringen und die Nudeln hineingeben. Nach Packungsanweisung weich kochen. Abtropfen lassen und beiseitestellen.
* Das Pflanzenöl im selben Topf auf mittlerer Hitze heiß werden lassen und die Frühlingszwiebeln unter Rühren braten, bis sie weich sind. 475 ml Wasser zugießen, zum Kochen bringen und Sojasauce, Salz, Sesamöl und Pfeffer zufügen. Das Hammelfleisch in die Suppe rühren, die Scheiben mit einem Stäbchen voneinander trennen, dann die Nudeln zufügen. 2 Minuten köcheln lassen, bis das Fleisch gar ist. In Portionsschüsseln füllen und sofort servieren.

冬菇素汤面
VEGETARISCHE NUDELSUPPE

HERKUNFT: HONGKONG
ZUBEREITUNGSZEIT: 5 MINUTEN, ZZGL. 20 MINUTEN EINWEICH- UND 5 MINUTEN MARINIERZEIT
GARZEIT: 15 MINUTEN
PERSONEN: 2

* Die Shiitake in eine Schüssel legen, mit kaltem Wasser bedecken und mindestens 20 Minuten einweichen. Herausnehmen, Wasser herausdrücken und die Stiele entfernen. Die Hüte wieder in die Schüssel legen, Zucker und Sojasauce zufügen und mindestens 5 Minuten bis zum Gebrauch marinieren.
* Einen großen Topf Wasser zum Kochen bringen und die Nudeln hineingeben. Nach Packungsanweisung bissfest kochen. Abtropfen lassen und auf Portionsschüsseln aufteilen.
* Einen zweiten Topf Wasser auf starker Hitze zum Kochen bringen, das Gemüse zufügen und weich kochen. (Karotten müssen länger blanchiert werden als Blattgemüse.) Abtropfen lassen und auf die Nudelschüsseln verteilen.
* Die Gemüsebrühe in einem Topf erhitzen. Die Pilze hineingeben und auf starker Hitze zum Kochen bringen. Auf mittlere Hitze reduzieren und 5 Minuten kochen lassen. Das Salz zufügen, nach Geschmack nachwürzen, die Brühe in die Schüsseln füllen und mit den Pilzen garnieren. Servieren.

- 6 GETROCKNETE SHIITAKE
- ½ TL ZUCKER
- 1 TL HELLE SOJASAUCE
- 100 G GETROCKNETE WEIZENNUDELN
- 100 G GEMISCHTES GEMÜSE (KAROTTEN, BLATTGEMÜSE ODER BROKKOLI), IN GLEICH GROSSE STÜCKE GEHACKT
- 750 ML GEMÜSEBRÜHE (SEITE 92)
- ¼ TL SALZ, ZZGL. ETWAS MEHR NACH GESCHMACK

嫩鸡煨面
SHANGHAI-NUDELSUPPE MIT HUHN

HERKUNFT: SHANGHAI
ZUBEREITUNGSZEIT: 10 MINUTEN
GARZEIT: 15 MINUTEN
PERSONEN: 2

* Hähnchen, Salz und Pfeffer in einer Schüssel gründlich mischen.
* Einen großen Topf Wasser zum Kochen bringen und die Nudeln hineingeben. Nach Packungsanweisung bissfest kochen. Abtropfen lassen und beiseitestellen.
* Die Hühnerbrühe in einem Topf mit 250 ml Wasser auf starker Hitze zum Kochen bringen. Das Fleisch hineingeben und 3 Minuten mitkochen, bis es gar ist. Die Nudeln in die Suppe geben, auf schwache Hitze reduzieren und 1 Minute mitkochen.
* Mit Salz und Pfeffer nachwürzen, dann Suppe und Nudeln in eine große Servierschüssel füllen.

- 2 HÄHNCHENOBERKEULEN, OHNE KNOCHEN UND OHNE HAUT, IN MUNDGERECHTE STÜCKE GESCHNITTEN
- ½ TL SALZ, ZZGL. ETWAS MEHR NACH GESCHMACK
- 1 PRISE GEMAHLENER WEISSER PFEFFER, ZZGL. ETWAS MEHR NACH GESCHMACK
- 100 G GETROCKNETE SHANGHAI-NUDELN
- 475 ML HÜHNERBRÜHE (SEITE 90)

HERKUNFT: HONGKONG
ZUBEREITUNGSZEIT: 5 MINUTEN, ZZGL.
  10 MINUTEN RUHEZEIT
GARZEIT: 15 MINUTEN
PERSONEN: 4
SEITE 583

雪菜火鸭丝汤米粉
VERMICELLI MIT BRATENTE IN SUPPE

- 200 G GETROCKNETE REISVERMICELLI
- 750 ML HÜHNERBRÜHE (SEITE 90)
- ½ TL SALZ
- 1 EL PFLANZENÖL
- 1 KNOBLAUCHZEHE, IN SCHEIBEN GESCHNITTEN
- 150 G FERMENTIERTES KOHLGEMÜSE, ABGESPÜLT, ENDEN ABGESCHNITTEN UND GEHACKT
- 1 ROTE CHILISCHOTE, SAMEN ENTFERNT UND IN DÜNNE SCHEIBEN GESCHNITTEN (NACH BELIEBEN)
- ½ KLEINE BRATENTE, MIT DEN HÄNDEN ZERPFLÜCKT
- 1 TL SPEISESTÄRKE

  FÜR DIE SAUCE:
- 2 TL HELLE SOJASAUCE
- 1 TL ZUCKER
- 1 TL SESAMÖL

* Einen großen Topf Wasser zum Kochen bringen und die Vermicelli hineingeben. Deckel aufsetzen, den Herd ausschalten und 10 Minuten stehen lassen, bis sie weich sind. Mit Stäbchen umrühren, damit sie nicht zusammenkleben, dann abtropfen lassen.
* Hühnerbrühe, Salz und 475 ml Wasser in einem großen Topf zum Kochen bringen. Die Vermicelli hineingeben, wieder aufkochen lassen und alles in eine Suppenterrine füllen.
* Das Pflanzenöl in einem Wok oder einer großen Pfanne auf starker Hitze heiß werden lassen, den Knoblauch hineingeben und 1 Minute unter Rühren goldbraun braten. Kohlgemüse und Chili, falls verwendet, zufügen und 1 Minute unter Rühren braten. Bratente und Saucenzutaten einrühren, 4 Esslöffel Wasser zufügen und alles zum Kochen bringen.
* Die Stärke in einer kleinen Schüssel mit 1 Esslöffel Wasser anrühren und die Mischung in den Wok rühren. Unter Rühren 30 Sekunden aufkochen lassen, bis die Sauce eindickt, dann über die Vermicelli gießen.

HERKUNFT: HONGKONG
ZUBEREITUNGSZEIT: 10 MINUTEN
GARZEIT: 15 MINUTEN
PERSONEN: 2

虾球汤面
NUDELSUPPE MIT GARNELEN

- 6-8 ROHE GARNELEN, AUSGELÖST UND DARMFADEN ENTFERNT
- ¾ TL SALZ, ZZGL. ETWAS MEHR NACH GESCHMACK
- 100 G GETROCKNETE EIERNUDELN
- 475 ML HÜHNERBRÜHE (SEITE 90)
- 75 G GELBER SCHNITTLAUCH, IN 5 CM LANGE STÜCKE GESCHNITTEN

* Die Garnelen am Rücken längs aufschneiden. Mit ½ Teelöffel Salz abreiben, dann gründlich abspülen und abtropfen lassen.
* Einen großen Topf Wasser zum Kochen bringen und die Nudeln hineingeben. Nach Packungsweisung bissfest kochen. Abtropfen lassen.
* Inzwischen die Hühnerbrühe in einen Topf füllen und zum Kochen bringen. Die Nudeln hineingeben und wieder aufkochen lassen. Die Nudeln auf Portionsschüsseln verteilen.
* Die Brühe zum Kochen bringen, Garnelen, Schnittlauch und den restlichen ¼ Teelöffel Salz zufügen und 1–2 Minuten kochen lassen, bis die Garnelen gar sind. Nach Geschmack nachsalzen. Garnelen und Brühe über die Nudeln in den Schüsseln gießen und servieren.

VERMICELLI MIT BRATENTE IN SUPPE

HERKUNFT: HONGKONG
ZUBEREITUNGSZEIT: 10 MINUTEN
GARZEIT: 5 MINUTEN
PERSONEN: 4
SEITE 585

松茸火腿烩伊面
YI MEIN MIT PILZEN UND CHINESISCHEM PÖKELFLEISCH

- 3–4 FRISCHE MATSUTAKE
- 20 G CHINESISCHES PÖKELFLEISCH
- 200 G YI MEIN
- 1 EL PFLANZENÖL
- 120 ML HÜHNERBRÜHE (SEITE 90)
- 1 EL MATSUTAKE-PULVER
- 1 EL AUSTERNSAUCE
- ½ EL DUNKLE SOJASAUCE

* Die Pilze mit einem feuchten Tuch säubern, dann in Streifen reißen.
* Das Pökelfleisch in einem Dämpfeinsatz oder Bambus-Dämpfkorb über einen Topf mit kochendem Wasser stellen. Mit Deckel 5 Minuten dämpfen. Abtropfen lassen und in dünne Streifen schneiden.
* Einen großen Topf Wasser zum Kochen bringen und die Nudeln hineingeben. Durch Umrühren mit Stäbchen trennen, dann sofort abtropfen lassen und unter fließendem kaltem Wasser abspülen.
* Das Öl in einem Wok oder einer großen Pfanne auf mittlerer bis starker Hitze heiß werden lassen, das Fleisch hineingeben und 1 Minute unter Rühren braten. Pilze und Hühnerbrühe zufügen, zum Kochen bringen und auf schwache Hitze reduzieren.
* Pilzpulver, Austernsauce und Sojasaucen zufügen. Nudeln zufügen und 1–2 Minuten leicht rühren, bis die Sauce zum größten Teil von den Nudeln aufgenommen wurde. Servieren.

HERKUNFT: HONGKONG
ZUBEREITUNGSZEIT: 10 MINUTEN
GARZEIT: 10 MINUTEN
PERSONEN: 2–3

干烧伊面
GESCHMORTE YI MEIN

- 250 G STROHPILZE, ABGESPÜLT UND HALBIERT
- 250 G YI MEIN
- 1 EL PFLANZENÖL
- 2 KNOBLAUCHZEHEN, GERIEBEN
- 1 TL SHAOXING-REISWEIN
- 150 G SCHNITTLAUCH, IN 6 CM LANGE STÜCKE GESCHNITTEN
- ½ EL SESAMÖL

  FÜR DIE SAUCE:
- 1 ½ EL AUSTERNSAUCE
- 1 EL HELLE SOJASAUCE
- 1 TL DUNKLE SOJASAUCE
- ½ TL ZUCKER
- 250 ML HÜHNERBRÜHE (SEITE 90)

* Falls frische Strohpilze verwendet werden, einen großen Topf Wasser auf starker Hitze zum Kochen bringen, die Pilze hineingeben und 1 Minute blanchieren. Abtropfen lassen und unter fließendem kaltem Wasser abspülen. Beiseitestellen.
* Denselben Topf mit reichlich Wasser füllen und zum Kochen bringen. Die Nudeln hineingeben, durch Umrühren mit Stäbchen trennen und 1 Minute kochen. Abtropfen lassen und auf einen Servierteller legen.
* Alle Saucenzutaten in einer kleinen Schüssel verrühren.
* Das Pflanzenöl in einem Wok oder einer großen Pfanne auf mittlerer Hitze heiß werden lassen, den Knoblauch hineingeben und 1 Minute unter Rühren braten, bis er duftet. Strohpilze und Reiswein zufügen und erneut 1 Minute unter Rühren braten. Die Sauce zufügen, zum Kochen bringen, dann Nudeln und Schnittlauch einrühren. Auf schwache Hitze reduzieren und 3–4 Minuten ständig rühren, bis die Nudeln die Flüssigkeit größtenteils aufgenommen haben. Das Sesamöl darüberträufeln, auf dem Servierteller anrichten und servieren.

YI MEIN MIT PILZEN UND CHINESISCHEM PÖKELFLEISCH

HERKUNFT: BEIJING
ZUBEREITUNGSZEIT: 10 MINUTEN,
 ZZGL. 20 MINUTEN EINWEICHZEIT
GARZEIT: 15 MINUTEN
PERSONEN: 2

打卤面
NUDELN MIT SCHWEINEFILET UND SAUCE

- 4 GETROCKNETE SHIITAKE
- 10 G GETROCKNETE MU-ERR
- 50 G SCHWEINEFILET, IN STREIFEN GESCHNITTEN
- 150 G GETROCKNETE WEIZENNUDELN
- 2 EL PFLANZENÖL
- ½ SALATGURKE, IN SCHEIBEN GESCHNITTEN
- 1 CHINAKOHLBLATT, IN FEINE STREIFEN GESCHNITTEN
- ½ KAROTTE, IN SCHEIBEN GESCHNITTEN
- 475 ML SCHWEINEBRÜHE (SEITE 91)
- ½ TL SALZ
- 1 EL HELLE SOJASAUCE
- 1 EL SPEISESTÄRKE
- ½ TL SESAMÖL
- 1 EI, LEICHT VERRÜHRT

FÜR DIE MARINADE:
- ½ TL HELLE SOJASAUCE
- ½ TL SPEISESTÄRKE
- ¼ TL ZUCKER

* Shiitake und Mu-Err in eine Schüssel legen, mit kaltem Wasser bedecken und mindestens 20 Minuten einweichen. Herausnehmen, Wasser herausdrücken und die Stiele entfernen. In Streifen schneiden und die Mu-Err in mundgerechte Stücke zerpflücken. Beide beiseitestellen.
* Während die Pilze einweichen, alle Marinadezutaten in einer kleinen Schüssel mit 1 Esslöffel Wasser verrühren. Das Fleisch hineinlegen und 15 Minuten marinieren.
* Einen großen Topf Wasser zum Kochen bringen und die Nudeln hineingeben. Nach Packungsanweisung bissfest kochen. Abtropfen lassen und auf Portionsschüsseln aufteilen.
* Das Pflanzenöl in einem Wok oder einer großen Pfanne auf mittlerer Hitze heiß werden lassen. Fleisch, Pilze, Gurke, Mu-Err, Chinakohl und Karotten zufügen und 2–3 Minuten unter Rühren braten. Schweinebrühe, 250 ml Wasser, Salz und Sojasauce zufügen und 3 Minuten kochen lassen, bis das Fleisch gar ist.
* Die Stärke in einer kleinen Schüssel mit 3 Esslöffeln Wasser anrühren und die Mischung in den Wok gießen. Unter Rühren 30 Sekunden aufkochen lassen, bis die Sauce eindickt. Das Sesamöl darüberträufeln.
* Das verrührte Ei über den Wokinhalt gießen und mit Stäbchen so umrühren, dass Streifen aus gestocktem Ei entstehen. Fleisch mit Sauce über den Nudeln verteilen und servieren.

HERKUNFT: HONGKONG
ZUBEREITUNGSZEIT: 5 MINUTEN
GARZEIT: 15 MINUTEN
PERSONEN: 4

虾子烩面
GESCHMORTE NUDELN MIT GARNELENROGEN

- 300 G GETROCKNETE DÜNNE EIERNUDELN
- 2 EL PFLANZENÖL
- 20 G INGWER (CA. 2,5 CM), IN FEINE STREIFEN GESCHNITTEN
- 2 EL GARNELENROGEN
- 250 ML HÜHNERBRÜHE (SEITE 90)
- 2 EL AUSTERNSAUCE
- 2 FRÜHLINGSZWIEBELN, IN FEINE STREIFEN GESCHNITTEN
- 1 TL SESAMÖL

* Einen Topf Wasser zum Kochen bringen und die Nudeln nach Packungsanweisung bissfest kochen. Abtropfen lassen, unter fließendem kaltem Wasser abspülen und beiseitestellen.
* Das Pflanzenöl in einem Wok oder einer großen Pfanne auf mittlerer bis starker Hitze heiß werden lassen, den Ingwer hineingeben und 1–2 Minuten unter Rühren braten, bis er duftet. Den Garnelenrogen zufügen und 30 Sekunden unter Rühren braten. Die Hühnerbrühe zugießen und zum Kochen bringen. Austernsauce und Nudeln gründlich unterrühren.
* Auf schwache Hitze reduzieren und 2–3 Minuten unter Rühren braten, bis die Nudeln die Brühe aufgenommen haben.
* Die Frühlingszwiebeln einstreuen und das Sesamöl einträufeln. Mischen, auf einem Servierteller anrichten und servieren.

黄鱼煨面
NUDELSUPPE MIT CORVINA

HERKUNFT: SHANGHAI
ZUBEREITUNGSZEIT: 15 MINUTEN, ZZGL. 30 MINUTEN KÜHLZEIT
GARZEIT: 35 MINUTEN
PERSONEN: 2

* Eventuelle Stehgräten aus dem Filet zupfen. Auf einem mit Küchenpapier ausgelegten Teller die Filets mit ½ Teelöffel Salz mischen und mit weiterem Küchenpapier abdecken. 30 Minuten im Kühlschrank fest werden lassen.
* Inzwischen in einer kleinen Pfanne das Kohlgemüse auf schwacher Hitze erwärmen, bis die Flüssigkeit größtenteils verdampft ist. Vom Herd nehmen, in eine Schüssel füllen und den Zucker untermischen. Beiseitestellen.
* Das Öl in einem großen Topf auf starker Hitze heiß werden lassen, Ingwer, Fischkopf und -gräten, Reiswein und 475 ml kochendes Wasser hineingeben und alles zum Kochen bringen. Auf mittlere bis schwache Hitze reduzieren und 10–15 Minuten köcheln lassen, bis die Brühe weiß wird.
* Die Brühe abseihen und Ingwer, Fischkopf und Gräten entfernen. Die Brühe wieder in den Topf gießen, Kohlgemüse und Bambussprossen zufügen und zum Kochen bringen. Auf mittlere Hitze reduzieren und 10 Minuten köcheln lassen, bis sich die Aromen verbunden haben und die Sprossen weich sind.
* Inzwischen einen großen Topf Wasser zum Kochen bringen und die Nudeln hineingeben. Auf mittlerer Hitze bissfest kochen. Abtropfen lassen und beiseitestellen.
* Die Filets in mundgerechte Stücke schneiden und in eine Schüssel legen. Ingwersaft und Pfeffer zufügen und gut mischen.
* Die Nudeln in die Suppe geben, dann die Fischfilets und den restlichen ½ Teelöffel Salz zufügen. Zum Kochen bringen, auf schwache Hitze reduzieren und etwa 3 Minuten köcheln lassen, bis der Fisch gar ist. Die Nudeln auf Portionsschüsseln verteilen, die Suppe darüberschöpfen und servieren.

- 450 G CORVINA, GESÄUBERT, FILETIERT, KOPF UND GRÄTEN AUFGEHOBEN
- 1 TL SALZ
- 100 G FERMENTIERTES KOHLGEMÜE, ENDEN ABGESCHNITTEN, ABGESPÜLT UND GEHACKT
- 1 TL ZUCKER
- 1 TL PFLANZENÖL
- 5 G INGWER (CA. 1 CM), IN SCHEIBEN GESCHNITTEN
- 1 TL SHAOXING-REISWEIN
- 50 G BAMBUSSPROSSEN, IN FEINE STREIFEN GESCHNITTEN
- 300 G FRISCHE SHANGHAI-NUDELN
- 1 EL INGWERSAFT
- 1 PRISE GEMAHLENER WEISSER PFEFFER

HERKUNFT: CHAOZHOU
ZUBEREITUNGSZEIT: 10 MINUTEN,
   ZZGL. 10 MINUTEN MARINIERZEIT
GARZEIT: 10 MINUTEN
PERSONEN: 4
SEITE 589

炒粿条
CHAR KWAY TEOW

- 150 G SCHWEINEFILET, IN SCHEIBEN GESCHNITTEN
- 1 TL SALZ
- 1 PRISE GEMAHLENER WEISSER PFEFFER
- 1 TL SPEISESTÄRKE
- 450 G FRISCHE REISNUDELN
- 2 EL HELLE SOJASAUCE
- 3 EL PFLANZENÖL, ZZGL. 1 TL
- 1 KNOBLAUCHZEHE, GEHACKT
- 1 CHINESISCHE WURST, DIAGONAL IN 5 MM DICKE SCHEIBEN GESCHNITTEN
- 150 G ROHE GARNELEN, AUSGELÖST UND DARMFADEN ENTFERNT
- 2 SCHALOTTEN, IN SCHEIBEN GESCHNITTEN
- 1 ROTE CHILISCHOTE, SAMEN ENTFERNT UND IN FEINE STREIFEN GESCHNITTEN
- ½ EL CURRYPULVER
- 1 TL ZUCKER
- 1 EI
- 150 G BOHNENSPROSSEN
- 1 EL KROSSER KNOBLAUCH (SEITE 195) ZUM GARNIEREN

* Fleisch, ½ Teelöffel Salz, Pfeffer, Stärke und 1 Esslöffel Wasser in einer Schüssel mischen und 10 Minuten marinieren.
* Inzwischen die Reisnudeln in eine Schüssel legen. Voneinander trennen und die Sojasauce unterrühren. Beiseitestellen.
* 1 Teelöffel Öl zum marinierten Fleisch geben und gut untermischen.
* 1 Esslöffel Öl in einem Wok oder einer großen Pfanne auf mittlerer bis starker Hitze heiß werden lassen, den Knoblauch hineingeben und 1 Minute unter Rühren braten, bis er duftet. Das Fleisch zufügen, auf starke Hitze erhöhen und 1 Minute unter Rühren braten. Wurst und Garnelen zufügen und etwa 2 Minuten unter Rühren braten, bis alle Zutaten gar sind. Auf einen Teller legen.
* 1 Esslöffel Öl in einem sauberen Wok auf mittlerer Hitze heiß werden lassen, Schalotten, Chili und Currypulver hineingeben und auf schwacher Hitze 1 Minute unter Rühren braten, bis alles duftet.
* 50 ml Wasser einrühren und auf starke Hitze erhöhen. Reisnudeln, Zucker und den restlichen ½ Teelöffel Salz zufügen und alles gut mischen.
* Die Nudeln so an den Wokrand schieben, dass die Mitte frei ist. Den restlichen Esslöffel Öl hineingeben und das Ei hineinschlagen. 2–3 Minuten unter Rühren braten, bis das Ei gestockt und mit den Reisnudeln vermischt ist.
* Bohnensprossen, Fleisch, Wurst und Garnelen zufügen. Gut mischen, dann auf einem Servierteller anrichten, mit dem krossen Knoblauch garnieren und servieren.

CHAR KWAY TEOW

HERKUNFT: SICHUAN
ZUBEREITUNGSZEIT: 10 MINUTEN
GARZEIT: 10 MINUTEN
PERSONEN: 2
SEITE 591

担担面
DAN-DAN-NUDELN

Dan-Dan-Nudeln sind ein klassisches Gericht aus Sichuan mit Schweine- oder Rindfleisch und einer scharfen Sauce aus Chiliöl und eingelegtem Gemüse. Wie bei den meisten Gerichten aus Sichuan lässt sich die Schärfe durch die Menge an Öl und Pfefferkörnern regulieren.

- 2 EL PFLANZENÖL
- 4 EL FERMENTIERTES KOHLGEMÜSE AUS SICHUAN, ENDEN ABGESCHNITTEN, ABGESPÜLT UND GEHACKT
- 150 G RINDER- ODER SCHWEINEHACKFLEISCH
- 3 TL HELLE SOJASAUCE
- 200 G GETROCKNETE REISNUDELN
- 2 EL SESAMPASTE, MIT 2 EL WASSER ANGERÜHRT
- 2 EL SICHUAN-PFEFFERÖL
- 4 EL CHILIÖL
- 120 ML HEISSE HÜHNERBRÜHE (SEITE 90)
- 50 G ERDNUSSKERNE, GERÖSTET UND ZERSTOSSEN, ZUM GARNIEREN
- 1 FRÜHLINGSZWIEBEL, GEHACKT, ZUM GARNIEREN

* 1 Esslöffel Pflanzenöl in einem Wok oder einer großen Pfanne auf mittlerer bis starker Hitze heiß werden lassen, das Kohlgemüse hineingeben und 3–4 Minuten unter Rühren braten, bis es duftet. Beiseitestellen.
* Das Hackfleisch in einer Schüssel mit 1 Teelöffel Sojasauce mischen. 1 Esslöffel Pflanzenöl in einem sauberen Wok auf mittlerer bis starker Hitze heiß werden lassen, das Fleisch hineingeben und in 3–4 Minuten unter Rühren gar braten.
* Inzwischen einen großen Topf Wasser zum Kochen bringen und die Nudeln nach Packungsanweisung bissfest kochen. Abtropfen lassen und auf Portionsschüsseln verteilen.
* Sesampaste, Kohlgemüse, Fleisch, die restlichen 2 Teelöffel Sojasauce und Pfeffer- und Chiliöl auf die Schüsseln verteilen. Die heiße Hühnerbrühe darüberschöpfen und mit Erdnüssen und Frühlingszwiebeln garnieren.

HERKUNFT: HONGKONG
ZUBEREITUNGSZEIT: 10 MINUTEN
GARZEIT: 20 MINUTEN
PERSONEN: 2-3

雞絲冷麵
KALTE NUDELN MIT HUHN

- 150 G GETROCKNETE EIERNUDELN
- 2 HÄHNCHENBRÜSTE, OHNE KNOCHEN UND OHNE HAUT
- 1 TL WEISSE SESAMSAAT
- 2 TL SESAMÖL
- 1 KLEINE SALATGURKE, IN FEINE STREIFEN GESCHNITTEN
- 1 KLEINE KAROTTE, IN FEINE STREIFEN GESCHNITTEN

FÜR DIE SAUCE:
- 3 EL HOISIN-SAUCE
- 3 EL SESAMPASTE
- 1½ EL HELLE SOJASAUCE
- 1½ EL AUSTERNSAUCE
- 1½ EL SCHWARZER REISESSIG ODER BALSAMICO-ESSIG
- 1½ EL ZUCKER

* Einen großen Topf Wasser zum Kochen bringen und die Nudeln hineingeben. Nach Packungsanweisung bissfest kochen, dabei mit Stäbchen voneinander trennen. Abtropfen lassen, abspülen und im Kühlschrank abkühlen lassen.
* Im selben Topf 1 Liter Wasser zum Kochen bringen. Das Hähnchen hineingeben und wieder aufkochen lassen. Deckel aufsetzen, den Herd ausschalten und 10 Minuten stehen lassen, bis es gar ist. Das Fleisch in Streifen schneiden und in den Kühlschrank stellen.
* Die Sesamsaat in einer kleinen Pfanne unter gelegentlichem Rütteln in 3–5 Minuten goldbraun rösten. Beiseitestellen.
* Für die Sauce alle Zutaten mit 3 Esslöffeln kaltem Wasser gut verrühren.
* Die Nudeln mit dem Sesamöl mischen, Gurke und Karotte zufügen und mit den Fleischstreifen garnieren.
* Die Sauce über die Nudeln gießen, mit der Sesamsaat bestreuen und servieren.

DAN-DAN-NUDELN

HERKUNFT: XINJIANG
ZUBEREITUNGSZEIT: 30 MINUTEN,
　ZZGL. 1 STUNDE RUHEZEIT
GARZEIT: 15 MINUTEN
PERSONEN: 2

拉条子
HANDGEZOGENE NUDELN

- 1 LAMMKEULE (150 G), IN SCHEIBEN GESCHNITTEN
- ½ TL HELLE SOJASAUCE
- 1 EL PFLANZENÖL, ZZGL. ETWAS MEHR ZUM EINFETTEN
- 1 INGWERSCHEIBE
- 1 ZWIEBEL, IN SCHEIBEN GESCHNITTEN
- 1 TOMATE, GROB IN STÜCKE GESCHNITTEN
- ½ TL SALZ
- ½ TL ZUCKER
- 1 EI, VERRÜHRT
- ½ TL SPEISESTÄRKE

FÜR DIE HANDGEZOGENEN NUDELN:
- 150 G WEIZENMEHL, TYPE 405 ODER 550, ZZGL. ETWAS MEHR NACH BEDARF
- ½ TL SALZ

* Für die handgezogenen Nudeln Mehl und Salz in einer großen Schüssel mischen. Nach und nach 5 Esslöffel warmes Wasser zugießen und unterrühren, bis der Teig homogen ist – das Wasser nicht auf einmal zufügen! Der Teig sollte sich eher trocken anfühlen. Falls er zu feucht ist, mehr Mehl zufügen.

* Den Teig auf einer leicht bemehlten Arbeitsfläche etwa 1 Minute leicht durchkneten, bis er glatt und elastisch ist. Zu einer glatten Kugel formen und wieder in die Schüssel legen. Mit einem Geschirrtuch abdecken und an einem warmen Ort 20 Minuten ruhen lassen.

* Den Teig herausnehmen und etwa 1 Minute kneten (nicht überkneten, sonst lassen sich die Nudeln schwerer ziehen) und erneut zu einer Kugel formen. Wieder in die Schüssel legen, mit einem sauberen Geschirrtuch abdecken und noch einmal 20 Minuten ruhen lassen.

* Den Teig auf eine geölte Arbeitsfläche legen. In 4 Stücke schneiden und jedes zu einem 60 cm langen Zylinder rollen. Jedes Stück einölen, wieder in die Schüssel legen, abdecken und weitere 20 Minuten ruhen lassen. Der Teig kann nun bis zum Gebrauch im Kühlschrank aufbewahrt werden.

* Zur Herstellung der Nudeln ein Stück Teig nehmen, zu einem langen, dünnen Zylinder rollen (etwa vom Durchmesser eines Essstäbchens) und vorsichtig auf Armlänge ausziehen. Beiseitelegen und mit den restlichen Teigstücken ebenso verfahren. Dabei zügig vorgehen, damit die Nudeln gleich dick werden.

* Einen großen Topf Wasser auf starker Hitze zum Kochen bringen. Die Nudeln einzeln ins Wasser gleiten lassen und dabei weiter ausziehen. Mit Stäbchen im Wasser verteilen. In 4–5 Minuten bissfest kochen, dann unter fließendem kaltem Wasser abspülen. Gut abtropfen lassen und auf Portionsschüsseln aufteilen.

* Fleisch und Sojasauce in einer Schüssel mischen und 5 Minuten marinieren.

* Das Öl in einem Wok oder einer großen Pfanne auf mittlerer bis starker Hitze heiß werden lassen, den Ingwer hineingeben und 1 Minute unter Rühren braten, bis er duftet. Die Zwiebel zufügen und in 5–6 Minuten unter Rühren weich braten. Das Fleisch zufügen und 2 Minuten unter Rühren braten, bis es gar ist.

* Tomate, Salz, Zucker und 120 ml Wasser zufügen und zum Kochen bringen. Das Ei langsam in den Wok gießen und umrühren.

* Die Stärke mit ½ Esslöffel Wasser anrühren und die Mischung in den Wok rühren. Unter Rühren 30 Sekunden aufkochen lassen, bis die Sauce eindickt, über die Nudeln gießen und servieren.

鳝糊面
NUDELN MIT AAL

HERKUNFT: SHANGHAI
ZUBEREITUNGSZEIT: 20 MINUTEN
GARZEIT: 10 MINUTEN
PERSONEN: 2

* Mit einem scharfen Messer den Aalkopf abtrennen und entfernen. Den Aal über die ganze Länge aufschneiden und die Wirbelsäule herausziehen. Mit dem groben Salz und der Stärke bestreuen und den Schleim von der Haut reiben. Unter fließendem kaltem Wasser abspülen und abtropfen lassen. Mit Küchenpapier trocken tupfen, dann in 5 × 1,5 cm große Stücke schneiden.
* Einen großen Topf Wasser zum Kochen bringen. Den Herd ausschalten, den Aal hineingeben und 10 Sekunden rasch umrühren. Sofort mit einem Schaumlöffel aus dem Wasser heben, unter fließendem kaltem Wasser abspülen und abtropfen lassen.
* Salz, Sojasauce und Zucker in einer kleinen Schüssel gründlich zu einer Sauce verrühren. Beiseitestellen.
* 1 Esslöffel Pflanzenöl in einem Wok oder einer großen Pfanne auf schwacher bis mittlerer Hitze heiß werden lassen, den Rückenspeck hineingeben und 1–2 Minuten unter Rühren kross braten. Mit einem Schaumlöffel herausheben und entfernen.
* ½ Esslöffel Pflanzenöl in den Wok geben und auf starker Hitze heiß werden lassen. Ingwer und Aal hineingeben und 1 Minute unter kräftigem Rühren braten. Den Reiswein einträufeln, die Sauce zufügen und alles 1 Minute mischen, bis die Aalstücke gar sind.
* Die Bohnensprossen zufügen und 1 Minute unter Rühren braten, bis sie weich, aber noch leicht knackig sind. Den Pfeffer unterrühren und den Aal auf einem Servierteller anrichten.
* Den gehackten Knoblauch neben den Aal auf den Teller geben. Den Wok mit Küchenpapier auswischen und den restlichen ½ Esslöffel Pflanzenöl sowie 1 Esslöffel Sesamöl hineingeben. Auf mittlerer bis starker Hitze heiß werden lassen, dann das heiße Öl über den gehackten Knoblauch gießen.
* Inzwischen einen großen Topf Wasser zum Kochen bringen und die Nudeln nach Packungsanweisung bissfest kochen. Auf Portionsschüsseln verteilen und zum gebratenen Aal servieren.

- 1 SÜSSWASSERAAL (500 G)
- ½ TL GROBES SALZ
- 1 EL SPEISESTÄRKE
- ½ TL SALZ
- 2 EL HELLE SOJASAUCE
- 1 TL ZUCKER
- 1 EL PFLANZENÖL, ZZGL. 1 TL
- 1 EL GEHACKTER RÜCKENSPECK VOM SCHWEIN
- 5 G INGWER (CA. 1 CM), IN FEINE STREIFEN GESCHNITTEN
- 1 TL SHAOXING-REISWEIN
- 100 G BOHNENSPROSSEN
- ¼ TL GEMAHLENER WEISSER PFEFFER
- 2 KNOBLAUCHZEHEN, GEHACKT
- 1 EL SESAMÖL
- 300 G FRISCHE ODER GETROCKNETE SHANGHAI-NUDELN

HERKUNFT: FUJIAN
ZUBEREITUNGSZEIT: 15 MINUTEN,
   ZZGL. 20 MINUTEN EINWEICHZEIT
GARZEIT: 20 MINUTEN
PERSONEN: 4
SEITE 595

福建炒米粉
VERMICELLI NACH FUJIAN-ART

- 4 GETROCKNETE SHIITAKE
- 2 EL GETROCKNETE GARNELEN
- 200 G XIN-ZHU- ODER ANDERE GETROCKNETE REISVERMICELLI
- 150 G BOHNENSPROSSEN
- 4 EL PFLANZENÖL
- 2 EIER, VERRÜHRT
- 1 EL HELLE SOJASAUCE
- ½ TL SALZ
- 1 TL ZUCKER
- 1 EL SCHWARZER REISESSIG ODER BALSAMICO-ESSIG
- 3 SCHALOTTEN, IN SCHEIBEN GESCHNITTEN
- 1 SCHWEINEBAUCH (150 G), IN SCHEIBEN GESCHNITTEN
- 1 EL SPEISESTÄRKE
- 65 G SCHNITTLAUCH, IN 4 CM LANGE STÜCKE GESCHNITTEN
- 2 EL KROSSER KNOBLAUCH (SEITE 195)

* Die Shiitake in eine Schüssel legen, mit kaltem Wasser bedecken und mindestens 20 Minuten einweichen. Herausnehmen, Wasser herausdrücken und die Stiele entfernen. In dünne Streifen schneiden.
* Während die Pilze einweichen, die getrockneten Garnelen 10 Minuten in 120 ml kaltem Wasser einweichen. Das Einweichwasser in eine Schüssel abseihen und beiseitestellen.
* Die Vermicelli in einen großen Topf geben und mit Wasser bedecken. Auf starker Hitze zum Kochen bringen, dann den Herd sofort ausschalten. 10 Minuten stehen lassen. Mit Stäbchen voneinander trennen, dann abgießen und unter fließendem kaltem Wasser abspülen. Abtropfen lassen und beiseitestellen.
* Einen Topf Wasser auf starker Hitze zum Kochen bringen, die Bohnensprossen hineingeben und 30 Sekunden blanchieren. Herausnehmen und abtropfen lassen. Beiseitestellen.
* 1 Esslöffel Öl in einem Wok oder einer großen Pfanne auf mittlerer Hitze heiß werden lassen, die Eier hineingeben und durch Schwenken in einer dünnen Schicht verteilen. 1–2 Minuten braten, bis sie gestockt sind. Herausnehmen, abkühlen lassen und in dünne Streifen schneiden.
* Sojasauce, Salz, Zucker, Essig und das Garnelen-Einweichwasser in einer kleinen Schüssel zu einer Sauce verrühren.
* 2 Esslöffel Öl in einem Wok erhitzen, die Vermicelli hineingeben und auf mittlerer Hitze 3–4 Minuten unter Rühren braten, bis sie leicht gebräunt sind. Auf einen Teller legen. Den restlichen Esslöffel Öl erhitzen und die Schalotten 1–2 Minuten unter Rühren braten, bis sie duften. Schweinebauch, getrocknete Garnelen und Pilze zufügen und 2 Minuten mitbraten, bis alles gar ist.
* Die Stärke in einer kleinen Schüssel mit 2 Esslöffeln Wasser anrühren und die Mischung in den Wok rühren. Unter Rühren 30 Sekunden aufkochen lassen, bis die Sauce eindickt. Die Garnelensauce zufügen, Schnittlauch, Bohnensprossen und Eistreifen einrühren und die Vermicelli darauf verteilen. Auf einem Servierteller anrichten und mit dem krossen Knoblauch bestreuen.

VERMICELLI NACH FUJIAN-ART

HERKUNFT: BEIJING
ZUBEREITUNGSZEIT: 10 MINUTEN,
   ZZGL. 10 MINUTEN MARINIERZEIT
GARZEIT: 10 MINUTEN
PERSONEN: 4
SEITE 597

炸酱面
NUDELN MIT SCHARFER BRAUNER SAUCE

- 200 G MAGERES SCHWEINEFLEISCH, IN DÜNNE STREIFEN GESCHNITTEN
- 2 TL HELLE SOJASAUCE
- ½ TL ZUCKER
- 1 EL SPEISESTÄRKE, ZZGL. 1 TL
- 3 EL PFLANZENÖL
- 3 KNOBLAUCHZEHEN, GEHACKT
- 1 EL FERMENTIERTES KOHLGEMÜSE AUS SICHUAN, ENDEN ABGESCHNITTEN, ABGESPÜLT UND GEHACKT
- 2 EL HOISIN-SAUCE
- 1 EL CHILISAUCE
- 1 EL KETCHUP
- ½ TL SALZ
- ½ TL DUNKLE SOJASAUCE
- 600 G GETROCKNETE WEIZENNUDELN
- ⅓ SALATGURKE, IN FEINE STREIFEN GESCHNITTEN

* Fleisch, 1 Teelöffel helle Sojasauce, Zucker, 1 Teelöffel Stärke und 1 Esslöffel Wasser in einer Schüssel gründlich mischen und 10 Minuten marinieren. 1 Esslöffel Öl einrühren.
* Die restlichen 2 Esslöffel Öl in einem Wok oder einer großen Pfanne auf mittlerer bis starker Hitze heiß werden lassen, den Knoblauch hineingeben und 1 Minute unter Rühren braten, bis er duftet. Fleisch, Kohlgemüse, Hoisin- und Chilisauce, Ketchup und den restlichen Teelöffel helle Sojasauce zufügen. Weitere 2–3 Minuten unter Rühren braten, bis das Fleisch gar ist. Salz und 120 ml Wasser zufügen, zum Kochen bringen und die dunkle Sojasauce unterrühren.
* In einer kleinen Schüssel den restlichen Esslöffel Stärke mit 2 Esslöffeln Wasser anrühren und die Mischung in den Wok rühren. Unter Rühren 30 Sekunden aufkochen lassen, bis die Sauce eindickt.
* Inzwischen einen großen Topf Wasser zum Kochen bringen und die Nudeln hineingeben. Nach Packungsanweisung bissfest kochen. Abtropfen lassen und in eine große Schüssel oder in vier Portionsschüsseln füllen. Die braune Sauce darübergießen, mit den Gurkenstreifen garnieren und servieren.

HERKUNFT: HAKKA
ZUBEREITUNGSZEIT: 5 MINUTEN
GARZEIT: 15 MINUTEN
PERSONEN: 2

葱油拌面
NUDELN MIT SCHALOTTENÖL

- 1 ⅓ EL PFLANZENÖL
- 30 G RÜCKENSPECK VOM SCHWEIN, IN ERBSENGROSSE STÜCKE GESCHNITTEN, ZUM GARNIEREN
- 4 SCHALOTTEN, GEVIERTELT UND LEICHT ZERDRÜCKT
- 4 KNOBLAUCHZEHEN, GEHACKT
- 300 G FRISCHE EIERNUDELN
- 1 EL HELLE SOJASAUCE
- 1 EL FISCHSAUCE

* 1 Teelöffel Öl in einem Topf auf mittlerer bis starker Hitze erhitzen, den Rückenspeck hineingeben und in 4–5 Minuten kross braten. Herausnehmen und auf Küchenpapier abtropfen lassen.
* Schalotten und Knoblauch in den Topf geben und auf mittlerer Hitze in 2 Minuten leicht anbräunen. Das Öl in eine Schüssel gießen. Knoblauch und Schalotten entfernen.
* Einen großen Topf Wasser zum Kochen bringen, die frischen Nudeln hineingeben und 30 Sekunden kochen. Abtropfen lassen und mit dem restlichen Esslöffel Öl mischen. Abtropfen lassen und auf Portionsschüsseln verteilen.
* Mit Sojasauce, Fischsauce und Knoblauch-Schalotten-Öl beträufeln. Gut mischen und mit dem krossen Speck garnieren. Sofort servieren.

NUDELN MIT SCHARFER BRAUNER SAUCE

HERKUNFT: HONGKONG
ZUBEREITUNGSZEIT: 5 MINUTEN
GARZEIT: 10 MINUTEN
PERSONEN: 2–3

煎炒麵底
GEBRATENE EIERNUDELN

- 400 G FRISCHE ODER 200 G GETROCKNETE EIERNUDELN
- 3 EL PFLANZENÖL

* Einen großen Topf Wasser zum Kochen bringen, die frischen Nudeln hineingeben und 30 Sekunden kochen. (Getrocknete Nudeln nach Packungsanweisung bissfest garen.) Abtropfen lassen und mit 1 Esslöffel Öl mischen.
* Die restlichen 2 Esslöffel Öl in einer großen antihaftbeschichteten Pfanne erhitzen, die Nudeln hineingeben, gleichmäßig verteilen und 2–4 Minuten auf mittlerer Hitze goldbraun braten. Nicht rühren, sondern die Pfanne ständig bewegen, damit sie gleichmäßig braten. Die Nudeln wenden und in weiteren 3–4 Minuten braun braten.

HERKUNFT: HONGKONG
ZUBEREITUNGSZEIT: 5 MINUTEN
GARZEIT: 20 MINUTEN
PERSONEN: 2–3

煎米粉底
GEBRATENE REISVERMICELLI

- 200 G GETROCKNETE REISVERMICELLI
- 3 EL PFLANZENÖL

Dieses Rezept ist die Grundlage für viele Pfannengerichte wie Rührei mit Garnelen auf Reisvermicelli (Seite 603). Es wird niemals pur serviert.

* Einen großen Topf Wasser zum Kochen bringen und die Vermicelli hineingeben. Deckel aufsetzen, den Herd ausschalten und 10 Minuten stehen lassen. Deckel absetzen und mit Stäbchen umrühren, damit die Nudeln nicht zusammenkleben. Abtropfen lassen und 1 Esslöffel Öl einrühren.
* Die restlichen 2 Esslöffel Öl in einer großen antihaftbeschichteten Pfanne auf mittlerer Hitze heiß werden lassen, die Vermicelli hineingeben und in 3–4 Minuten hellbraun und knusprig braten. Nicht rühren, sondern die Pfanne ständig bewegen, damit sie gleichmäßig braten. Die Nudeln wenden und in weiteren 3–4 Minuten braun braten.

虾面
NUDELN MIT GARNELEN

HERKUNFT: FUJIAN
ZUBEREITUNGSZEIT: 5 MINUTEN
GARZEIT: 10 MINUTEN
PERSONEN: 4

* Einen Topf Wasser zum Kochen bringen, die Garnelen hineingeben und 2 Minuten blanchieren, bis sie rosa und gar sind. Abtropfen lassen und beiseitestellen.
* Einen großen Topf Wasser zum Kochen bringen und die Nudeln hineingeben. Nach Packungsanweisung bissfest kochen. Abtropfen lassen und auf Portionsschüsseln verteilen.
* Im selben Topf erneut Wasser auf starker Hitze zum Kochen bringen. Die Bohnensprossen hineingeben und 30 Sekunden blanchieren. Abtropfen lassen und auf die Schüsseln verteilen.
* Garnelen und Eier auf die Schüsseln verteilen.
* Die Brühe in einem Topf erhitzen, die Fischsauce zufügen und zum Kochen bringen. In die Schüsseln füllen und sofort servieren.

- 12 ROHE GARNELEN, AUSGELÖST UND DARMFADEN ENTFERNT
- 400 G DÜNNE GETROCKNETE EIERNUDELN
- 100 G BOHNENSPROSSEN
- 2 HARTGEKOCHTE EIER, HALBIERT
- 1 LITER GARNELENBRÜHE (SEITE 92)
- 4 EL FISCHSAUCE

鮪魚米粉
VERMICELLI MIT THUNFISCH

HERKUNFT: TAIWAN
ZUBEREITUNGSZEIT: 10 MINUTEN
GARZEIT: 10 MINUTEN
PERSONEN: 4

* Hühnerbrühe, Salz und 250 ml Wasser in einer Schüssel gründlich verrühren und beiseitestellen.
* Den Thunfisch in einer Schüssel mit einer Gabel zerkleinern.
* 1 Esslöffel Öl in einem Wok oder einer Pfanne auf schwacher bis mittlerer Hitze heiß werden lassen, das Ei hineingeben und die Pfanne so schwenken, dass es sich gleichmäßig verteilt. Von jeder Seite in 1–2 Minuten goldbraun braten. Herausnehmen und in dünne Streifen schneiden.
* Die restlichen 2 Esslöffel Öl im selben Wok auf mittlerer Hitze heiß werden lassen und Karotte und Thunfisch hineingeben. 1 Minute unter Rühren braten.
* Die verdünnte Hühnerbrühe zugießen und zum Kochen bringen, dann die Vermicelli zufügen und umrühren. Auf schwache Hitze reduzieren und unter ständigem Rühren etwa 3–4 Minuten kochen lassen, bis die Sauce vollständig von den Vermicelli aufgenommen wurde.

HINWEIS:
Xin-Zhu-Reisvermicelli müssen nicht eingeweicht werden. Bei Verwendung einer anderen Sorte einen großen Topf Wasser zum Kochen bringen und die Vermicelli hineingeben. Deckel aufsetzen, Herd ausschalten und 10 Minuten stehen lassen. Deckel absetzen und die Nudeln mit Stäbchen trennen. Abtropfen lassen und 1 Esslöffel Öl einrühren.

- 250 ML HÜHNERBRÜHE (SEITE 90)
- 1 TL SALZ
- 1 DOSE THUNFISCH (170 G), ABGETROPFT
- 3 EL PFLANZENÖL
- 1 EI, VERRÜHRT
- 1 KAROTTE, GERASPELT
- 150 G GETROCKNETE XIN-ZHU- ODER ANDERE REISVERMICELLI (SIEHE HINWEIS)

HERKUNFT: GUANGDONG
ZUBEREITUNGSZEIT: 10 MINUTEN,
ZZGL. 20 MINUTEN EINWEICHZEIT
GARZEIT: 5 MINUTEN
PERSONEN: 4
SEITE 601

银芽肉丝炒面
NUDELN MIT SCHWEINEFLEISCH UND BOHNENSPROSSEN

- 3 GETROCKNETE SHIITAKE
- 300 G MAGERES SCHWEINEFLEISCH, IN SCHEIBEN GESCHNITTEN
- 1 TL HELLE SOJASAUCE
- ½ TL GEMAHLENER WEISSER PFEFFER
- 3 EL PFLANZENÖL
- 150 G BOHNENSPROSSEN
- 150 G GELBER SCHNITTLAUCH, IN 4 CM LANGE STÜCKE GESCHNITTEN
- 1 EL AUSTERNSAUCE
- ½ TL ZUCKER
- 1 EL SPEISESTÄRKE
- ½ TL SESAMÖL
- 1 PORTION GEBRATENE EIERNUDELN (SEITE 598)

* Die Shiitake in eine Schüssel legen, mit kaltem Wasser bedecken und mindestens 20 Minuten einweichen. Herausnehmen, Wasser herausdrücken und die Stiele entfernen. Das Einweichwasser in eine Tasse abseihen und beiseitestellen.
* Während die Pilze einweichen, in einer Schüssel Fleisch, Sojasauce, Pfeffer und 1 Esslöffel Pflanzenöl mischen und 10 Minuten marinieren.
* Einen Topf Wasser auf starker Hitze zum Kochen bringen, die Bohnensprossen hineingeben und 10–15 Sekunden blanchieren. Abtropfen lassen und unter fließendem kaltem Wasser abspülen. Beiseitestellen.
* Die restlichen 2 Esslöffel Öl in einem Wok oder einer großen Pfanne erhitzen, das Fleisch hineinlegen und 2 Minuten auf starker Hitze unter Rühren gar braten. Pilze und Schnittlauch zufügen und gründlich mischen.
* Austernsauce, Zucker und 4 Esslöffel Pilz-Einweichwasser zufügen. Zum Kochen bringen. Die Stärke in einer kleinen Schüssel mit 2 Esslöffeln Wasser anrühren und die Mischung in den Wok rühren. Unter Rühren 30 Sekunden aufkochen lassen, bis die Sauce eindickt.
* Bohnensprossen und Sesamöl zufügen, umrühren und zum Servieren auf den gebratenen Eiernudeln verteilen.

HERKUNFT: HONGKONG
ZUBEREITUNGSZEIT: 5 MINUTEN
GARZEIT: 10 MINUTEN
PERSONEN: 4

豉油王炒面
NUDELN MIT SPEZIAL-SOJASAUCE

- 350 G FRISCHE EIERNUDELN
- 4 EL PFLANZENÖL
- 1 EL HELLE SOJASAUCE
- 1 ½ EL DUNKLE SOJASAUCE
- 1 EL AUSTERNSAUCE
- ½ TL ZUCKER
- ½ ZWIEBEL, IN FEINE STREIFEN GESCHNITTEN
- 150 G BOHNENSPOSSEN
- 75 G SCHNITTLAUCH, IN 6 CM LANGE STÜCKE GESCHNITTEN
- ½ TL SALZ
- 2 EL HÜHNERBRÜHE (SEITE 90)

* Einen großen Topf Wasser zum Kochen bringen, die frischen Nudeln hineingeben und 30 Sekunden kochen. Abtropfen lassen und mit 1 Esslöffel Öl mischen.
* Sojasaucen, Austernsauce und Zucker in einer kleinen Schüssel gründlich zu einer Sauce verrühren. Beiseitestellen.
* 2 Esslöffel Öl in einem Wok oder einer großen Pfanne erhitzen, die Zwiebel hineingeben und auf starker Hitze unter Rühren weich braten. Bohnensprossen und Schnittlauch zufügen und salzen. Aus dem Wok nehmen und beiseitestellen.
* Den restlichen Esslöffel Öl in den Wok geben, Nudeln und Spezial-Sojasauce hineingeben und 2 Minuten unter Rühren braten. Hühnerbrühe und Bohnensprossen zufügen und 1 Minute unter Rühren braten und mischen. Servieren.

NUDELN MIT SCHWEINEFLEISCH UND BOHNENSPROSSEN

HERKUNFT: GUANGDONG
ZUBEREITUNGSZEIT: 10 MINUTEN
GARZEIT: 2 STUNDEN 30 MINUTEN
PERSONEN: 4

南乳猪手捞面
NUDELN MIT SCHWEINSHAXE

- 1 SCHWEINSHAXE (600 G)
- 10 G INGWER (CA. 2 CM), IN SCHEIBEN GESCHNITTEN
- 1 TL SICHUAN-PFEFFERKÖRNER
- 2 WÜRFEL ROTER FERMENTIERTER TOFU
- 1 EL FLÜSSIGKEIT VON ROTEM FERMENTIERTEM TOFU
- 2 EL PFLANZENÖL
- 2 EL SHAOXING-REISWEIN
- 1 TL DUNKLE SOJASAUCE
- ½ TL SALZ
- 1 TL ZUCKER
- 200 G GETROCKNETE EIERNUDELN

* Mit einem Messer die Schweinshaxe sauber schaben und unter fließendem kaltem Wasser abspülen. In einen großen Topf legen und mit Wasser bedecken. Auf starker Hitze zum Kochen bringen und 5 Minuten blanchieren. Abtropfen lassen und unter fließendem kaltem Wasser abspülen. In große Stücke hacken und beiseitelegen.

* Denselben Topf mit Wasser füllen und zum Kochen bringen. Schweinshaxe, 4 Ingwerscheiben und die Sichuan-Pfefferkörner hineingeben und auf starker Hitze erneut aufkochen lassen. Auf schwache Hitze reduzieren und 2 Stunden köcheln lassen, bis das Fleisch zart ist. Abtropfen lassen und die Stücke gründlich unter fließendem kaltem Wasser abspülen.

* Fermentierten Tofu, Tofu-Einlegeflüssigkeit und 4 Esslöffel Wasser in eine Küchenmaschine oder einen Mixer geben. Alles zu einer Sauce pürieren, in eine Schüssel füllen und beiseitestellen.

* Das Öl in einem Wok oder einer großen Pfanne auf mittlerer bis starker Hitze heiß werden lassen, die restlichen Ingwerscheiben hineingeben und 1 Minute unter Rühren braten, bis sie duften. Schweinshaxenstücke, Reiswein, Tofusauce und Sojasauce zufügen und 1 Minute unter Rühren braten. So viel Wasser zugießen, dass die Fleischstücke bedeckt sind, und alles zum Kochen bringen. Mit Salz und Zucker würzen, auf mittlere bis schwache Hitze reduzieren und ohne Deckel 15 Minuten köcheln lassen, bis die Sauce eindickt.

* Inzwischen einen großen Topf Wasser zum Kochen bringen und die Nudeln hineingeben. Nach Packungsanweisung bissfest kochen. Abtropfen lassen und auf Portionsschüsseln verteilen. In jede Schüssel einige Fleischstücke geben, mit der Sauce beträufeln und servieren.

菜薳牛肉炒河
GEBRATENE NUDELN MIT RINDFLEISCH

HERKUNFT: GUANGDONG
ZUBEREITUNGSZEIT: 10 MINUTEN, ZZGL. 10 MINUTEN EINWEICHZEIT
GARZEIT: 10 MINUTEN
PERSONEN: 3–4

* Das Fleisch mit 3 Esslöffeln Wasser in eine Schüssel geben und 10 Minuten einweichen. Überschüssiges Wasser abgießen und 1 Teelöffel Stärke untermischen.
* Inzwischen die Reisnudeln in eine Schüssel legen. Die Nudeln voneinander trennen und die Sojasauce einrühren.
* 1 Esslöffel Pflanzenöl in einem Wok oder einer großen Pfanne auf starker Hitze heiß werden lassen, den Ingwer hineingeben und 1 Minute braten, bis er duftet. Den Choy Sum zufügen und in 1–2 Minuten unter Rühren braten, bis er gerade weich ist. Salzen, mischen und auf einen Teller legen.
* Wok mit Küchenpapier auswischen. 2 Esslöffel Pflanzenöl auf starker Hitze heiß werden lassen. Fleisch hineingeben und 2–3 Minuten unter Rühren halb gar braten. Austernsauce und 4 Esslöffel Wasser zufügen und zum Kochen bringen.
* In einer kleinen Schüssel die restlichen 2 Teelöffel Stärke mit 2 Esslöffeln Wasser anrühren und die Mischung in den Wok rühren. Unter Rühren 30 Sekunden aufkochen lassen, bis die Sauce eindickt.
* Choy Sum wieder in den Wok geben, die Nudeln zufügen und auf starker Hitze 1 Minute unter Rühren braten. Das Sesamöl zufügen, umrühren und auf einem Servierteller anrichten.

- 150 G FLANKSTEAK VOM RIND, IN SCHEIBEN GESCHNITTEN
- 3 TL SPEISESTÄRKE
- 450 G FRISCHE REISNUDELN
- 1 TL HELLE SOJASAUCE
- 3 EL PFLANZENÖL
- 20 G INGWER (CA. 2,5 CM), IN SCHEIBEN GESCHNITTEN
- 300 G CHOY SUM, NUR DER ZARTE TEIL BIS CA. 10 CM UNTER DER SPITZE
- ½ TL SALZ
- 2 EL AUSTERNSAUCE
- 1 TL SESAMÖL

滑蛋虾仁煎米粉
RÜHREI MIT GARNELEN AUF REISVERMICELLI

HERKUNFT: HONGKONG
ZUBEREITUNGSZEIT: 15 MINUTEN
GARZEIT: 5 MINUTEN
PERSONEN: 4

* Einen großen Topf Wasser zum Kochen bringen, die Garnelen hineingeben und 2 Minuten blanchieren. Abtropfen lassen und beiseitestellen.
* Die Eiweiße in einer kleinen Schüssel schaumig aufschlagen, 1 Teelöffel Öl, Salz und Eigelbe zufügen und erneut verrühren. Die Garnelen unterrühren.
* 2 Esslöffel Öl in einem Wok oder einer großen Pfanne auf starker Hitze heiß werden lassen. (Das Öl muss heiß genug sein, um die Eier bei ausgeschaltetem Herd zu garen.) Den Herd ausschalten und die Eimasse hineingießen.
* Mit einem Pfannenwender (Fischheber) die Eier etwa 2 Minuten lang schichtweise immer wieder zusammenfalten, dabei stets in derselben Richtung falten. (Wenn das Öl zu stark abkühlt, bevor die Eier gestockt sind, den Wok wieder auf schwache Hitze stellen und die Eier fertig garen.)
* Vermicelli auf einem Servierteller anrichten und die Rührei-Garnelen-Mischung darauf verteilen. Sofort servieren.

- 300 G ROHE GARNELEN, AUSGELÖST UND DARMFADEN ENTFERNT
- 6 EIER, GETRENNT
- 2 EL PFLANZENÖL, ZZGL. 1 TL
- ½ TL SALZ
- 1 PORTION GEBRATENE REISVERMICELLI (SEITE 598)

HERKUNFT: SHANGHAI
ZUBEREITUNGSZEIT: 10 MINUTEN,
ZZGL. 15 MINUTEN MARINIERZEIT
GARZEIT: 10 MINUTEN
PERSONEN: 4
SEITE 605

京葱肉片炒年糕
KLEBREISBÄLLCHEN MIT SCHWEIN UND WINTERZWIEBELN

- 150 G SCHWEINEFLEISCH, IN SCHEIBEN GESCHNITTEN
- ½ TL HELLE SOJASAUCE
- ½ TL ZUCKER
- ½ TL SPEISESTÄRKE
- 2 ½ EL PFLANZENÖL
- 1 WINTERZWIEBEL ODER 3 FRÜHLINGSZWIEBELN, DIAGONAL IN SCHEIBEN GESCHNITTEN
- 1 ½ EL BOHNENPASTE
- 300 G KLEBREISBÄLLCHEN, ABGESPÜLT UND IN 5 MM DICKE SCHEIBEN GESCHNITTEN
- ½ TL SALZ
- ½ TL SESAMÖL

* Fleisch, Sojasauce, Zucker und 2 Esslöffel Wasser in einer Schüssel mischen und 15 Minuten marinieren. Die Stärke einrühren und ½ Esslöffel Pflanzenöl zufügen.
* Die restlichen 2 Esslöffel Öl in einem Wok oder einer großen Pfanne auf mittlerer Hitze heiß werden lassen, die Winterzwiebel hineingeben und 1–2 Minuten unter Rühren weich braten. Auf einen Teller legen.
* Die Bohnenpaste in den Wok geben und auf mittlerer bis starker Hitze unterrühren, dann das Fleisch zufügen und 2 Minuten unter Rühren braten, bis es gerade gar ist. 2 Esslöffel Wasser und die Klebreisbällchen zufügen und weitere 1–2 Minuten unter Rühren braten, bis sie das Wasser aufgenommen haben. Weitere 2 Esslöffel Wasser und das Salz einrühren und unter Rühren braten, bis die Reisscheiben weich sind. Winterzwiebel und Sesamöl einrühren, dann auf einem Teller anrichten und servieren.

HERKUNFT: HONGKONG
ZUBEREITUNGSZEIT: 10 MINUTEN
GARZEIT: 25 MINUTEN
PERSONEN: 2

味菜牛肉丝炒米粉
VERMICELLI MIT RIND UND FERMENTIERTEM KOHLGEMÜSE

- 250 G GETROCKNETE REISVERMICELLI
- 1 TL SALZ
- 4 EL PFLANZENÖL
- 1 ROTE CHILISCHOTE, GEHACKT
- 2 KNOBLAUCHZEHEN, GEHACKT
- 1 EL FERMENTIERTE SCHWARZE BOHNEN, ABGESPÜLT UND GROB GEHACKT
- ½ TL ZUCKER
- 150 G FLANKSTEAK VOM RIND, IN DÜNNE STREIFEN GESCHNITTEN
- 100 G FERMENTIERTES KOHLGEMÜSE, ENDEN ABGESCHNITTEN, ABGESPÜLT UND GEHACKT
- 2 EL HELLE SOJASAUCE
- 1 EL SPEISESTÄRKE
- 1 TL SESAMÖL

* Einen großen Topf Wasser zum Kochen bringen und Vermicelli und Salz hineingeben. Deckel aufsetzen, den Herd ausschalten und 10 Minuten stehen lassen. Mit Stäbchen umrühren, damit die Nudeln nicht zusammenkleben. Abtropfen lassen und 1 Esslöffel Pflanzenöl einrühren.
* Chili, Knoblauch, schwarze Bohnen und Zucker in einer kleinen Schüssel gründlich verrühren. 2 Esslöffel Pflanzenöl in einem Wok oder einer großen Pfanne auf mittlerer Hitze heiß werden lassen, die Vermicelli hineingeben und in 3–4 Minuten leicht kross braten. Wenden und weitere 4–5 Minuten braten, bis sie braun sind. Beiseitestellen.
* 1 Esslöffel Pflanzenöl in den Wok geben und die schwarzen Bohnen 1 Minute unter Rühren braten, bis sie duften.
* Auf starke Hitze erhöhen, das Fleisch einrühren, Kohlgemüse, Sojasauce und 120 ml Wasser zufügen, zum Kochen bringen und 1–2 Minuten kochen lassen, bis das Fleisch gerade gar ist.
* Die Stärke mit 2 Esslöffeln Wasser anrühren und die Mischung in den Wok rühren. Unter Rühren 30 Sekunden aufkochen lassen, bis die Sauce eindickt. Die Vermicelli zufügen, alles mischen und mit dem Sesamöl beträufeln. Servieren.

KLEBREISBÄLLCHEN MIT SCHWEIN UND WINTERZWIEBELN

HERKUNFT: GUANGDONG
ZUBEREITUNGSZEIT: 10 MINUTEN,
ZZGL. 10 MINUTEN EINWEICHZEIT
GARZEIT: 10 MINUTEN
PERSONEN: 3
SEITE 607

豉椒牛河
REISNUDELN MIT RIND UND SCHWARZE-BOHNEN-SAUCE

- 200 G FLANKSTEAK VOM RIND, IN SCHEIBEN GESCHNITTEN
- 2 TL SPEISESTÄRKE
- 3 EL PFLANZENÖL
- 450 G FRISCHE REISNUDELN
- 2 EL HELLE SOJASAUCE
- 2 EL FERMENTIERTE SCHWARZE BOHNEN, ABGESPÜLT UND GEHACKT
- 2 KNOBLAUCHZEHEN, GEHACKT
- 1 ROTE CHILISCHOTE, SAMEN ENTFERNT UND IN FEINE STREIFEN GESCHNITTEN
- 1 TL ZUCKER
- 1 GRÜNE PAPRIKASCHOTE, SAMEN ENTFERNT UND GROB IN STÜCKE GESCHNITTEN
- 1 TL SESAMÖL

* Das Fleisch mit 4 Esslöffeln Wasser in eine Schüssel geben und 10 Minuten einweichen. Überschüssiges Wasser abgießen, dann 1 Teelöffel Stärke und ½ Esslöffel Pflanzenöl untermischen.
* Während das Fleisch einweicht, die Reisnudeln in eine Schüssel legen. Mit Stäbchen die Nudeln voneinander trennen und ½ Esslöffel Sojasauce unterrühren.
* Schwarze Bohnen, Knoblauch und Chili in einer Schüssel mischen. Zucker und ½ Esslöffel Pflanzenöl unterrühren.
* Die restlichen 2 Esslöffel Pflanzenöl in einem Wok oder einer großen Pfanne auf mittlerer Hitze heiß werden lassen, die Schwarze-Bohnen-Mischung hineingeben und 1 Minute unter Rühren braten, bis sie duftet. Das Fleisch zufügen und weitere 2–3 Minuten unter Rühren braten, bis es halb gar ist. Paprika, die restlichen 1½ Esslöffel Sojasauce und 5 Esslöffel Wasser zufügen und zum Kochen bringen.
* Den restlichen Teelöffel Stärke in einer kleinen Schüssel mit 2 Esslöffeln Wasser anrühren und die Mischung in den Wok rühren. Unter Rühren 30 Sekunden aufkochen lassen, bis die Sauce eindickt.
* Die Reisnudeln zufügen und auf starker Hitze 2 Minuten unter Rühren braten, bis die Nudeln heiß und alle Zutaten gut vermischt sind.
* Das Sesamöl einrühren, auf einem Servierteller anrichten und servieren.

REISNUDELN MIT RIND UND SCHWARZE-BOHNEN-SAUCE

HERKUNFT: HONGKONG
ZUBEREITUNGSZEIT: 5 MINUTEN
GARZEIT: 5 MINUTEN
PERSONEN: 4
SEITE 609

XO辣椒酱炒肠粉
REISROLLEN MIT CHILISAUCE

- 2 EL PFLANZENÖL
- 2 KNOBLAUCHZEHEN, GEHACKT
- 2 EL CHILISAUCE (Z.B. XO-SAUCE)
- 450 G FRISCHE REISROLLEN, IN 4 CM LANGE STÜCKE GESCHNITTEN
- 1 TL SESAMÖL
- KORIANDERGRÜN ZUM GARNIEREN (NACH BELIEBEN)

* Das Öl in einem Wok oder einer großen Pfanne auf mittlerer bis starker Hitze heiß werden lassen, den Knoblauch hineingeben und 1 Minute unter Rühren braten, bis er duftet. Die Chilisauce zufügen und 1 Minute unter Rühren braten. Reisrollen und Sesamöl zufügen, auf starke Hitze erhöhen und weitere 1–2 Minuten unter Rühren braten, bis alles gut gemischt ist. Auf einem Servierteller anrichten, mit Koriandergrün garnieren, falls verwendet, und zum Frühstück oder als Dim Sum servieren.

HERKUNFT: CHAOZHOU
ZUBEREITUNGSZEIT: 15 MINUTEN
GARZEIT: 15 MINUTEN
PERSONEN: 3-4

潮州煎面
NUDELN NACH CHAOZHOU-ART

- 1 EL SALZ
- 500 G FRISCHE EIERNUDELN
- 4 EL PFLANZENÖL
- 2 EIGELB, VERRÜHRT
- 50 G GELBER SCHNITTLAUCH, IN 2 CM LANGE STÜCKE GESCHNITTEN
- 2 EL ROTER ESSIG ZUM SERVIEREN
- 2 EL ZUCKER ZUM SERVIEREN

* Einen großen Topf Wasser zum Kochen bringen, Salz und frische Nudeln hineingeben und 30 Sekunden kochen. Abtropfen lassen und mit 1 Esslöffel Öl mischen. Unter fließendem kaltem Wasser abspülen, abtropfen lassen und die Nudeln in eine Schüssel geben. Eigelbe zufügen und verrühren.
* 1 Esslöffel Öl in einem Wok oder einer großen Pfanne auf mittlerer bis starker Hitze heiß werden lassen, den Schnittlauch hineingeben und 1 Minute unter Rühren weich braten. Aus dem Wok nehmen und beiseitestellen.
* Die restlichen 2 Esslöffel Öl in einer Pfanne auf mittlerer Hitze heiß werden lassen, die Nudeln hineingeben, umrühren, bis sie überall mit Öl benetzt sind, dann gleichmäßig in der Pfanne verteilen.
* Einen Topf von ähnlichem Durchmesser wie die Pfanne mit Wasser füllen und auf die Nudeln stellen, um sie beim Braten flach zu drücken.
* Auf schwache Hitze reduzieren und die Nudeln 4–5 Minuten braten, bis die Unterseite goldbraun ist. Den Topf entfernen, die Nudeln wenden und den Topf wieder in die Pfanne stellen. Weitere 4–5 Minuten braten, bis sie goldbraun sind.
* Die Nudeln auf einem Servierteller anrichten und mit dem gelben Schnittlauch bestreuen. Servieren und dazu Essig und Zucker reichen.

REISROLLEN MIT CHILISAUCE

HERKUNFT: SHANGHAI
ZUBEREITUNGSZEIT: 5 MINUTEN,
 ZZGL. 5 MINUTEN MARINIERZEIT
GARZEIT: 15 MINUTEN
PERSONEN: 2
SEITE 611

上海粗炒
GEBRATENE SHANGHAI-NUDELN

- 100 G MAGERES SCHWEINEFLEISCH, IN SCHEIBEN GESCHNITTEN
- 2 EL HELLE SOJASAUCE
- 1 TL ZUCKER
- 1 TL SPEISESTÄRKE
- 2 ½ EL PFLANZENÖL
- 300 G SHANGHAI-NUDELN
- 3 CHINAKOHLBLÄTTER, IN FEINE STREIFEN GESCHNITTEN
- ½ EL DUNKLE SOJASAUCE
- 1 TL SESAMÖL

* Fleisch, ½ Esslöffel helle Sojasauce, ½ Teelöffel Zucker, Stärke und ½ Esslöffel Pflanzenöl in einer Schüssel gründlich mischen und 5 Minuten marinieren.
* Inzwischen einen großen Topf Wasser zum Kochen bringen und die Nudeln hineingeben. Nach Packungsanweisung weich kochen. Abtropfen lassen und unter fließendem kaltem Wasser abspülen.
* Einen Topf Wasser auf starker Hitze zum Kochen bringen. Den Chinakohl hineingeben und 2 Minuten blanchieren, bis er weich ist. Abtropfen lassen.
* Die restlichen 2 Esslöffel Öl in einem Wok oder einer großen Pfanne auf mittlerer Hitze heiß werden lassen, das Fleisch hineingeben und 2 Minuten unter Rühren gar braten. Die abgetropften Nudeln zufügen und 2 Minuten unter Rühren braten. Chinakohl, den restlichen ½ Teelöffel Zucker, die restlichen 1 ½ Esslöffel helle Sojasauce und ½ Esslöffel dunkle Sojasauce zufügen. 2 Minuten unter Rühren braten, bis alles gut gemischt ist. Das Sesamöl unterrühren, auf einem Servierteller anrichten und servieren.

GEBRATENE SHANGHAI-NUDELN

DESSERTS

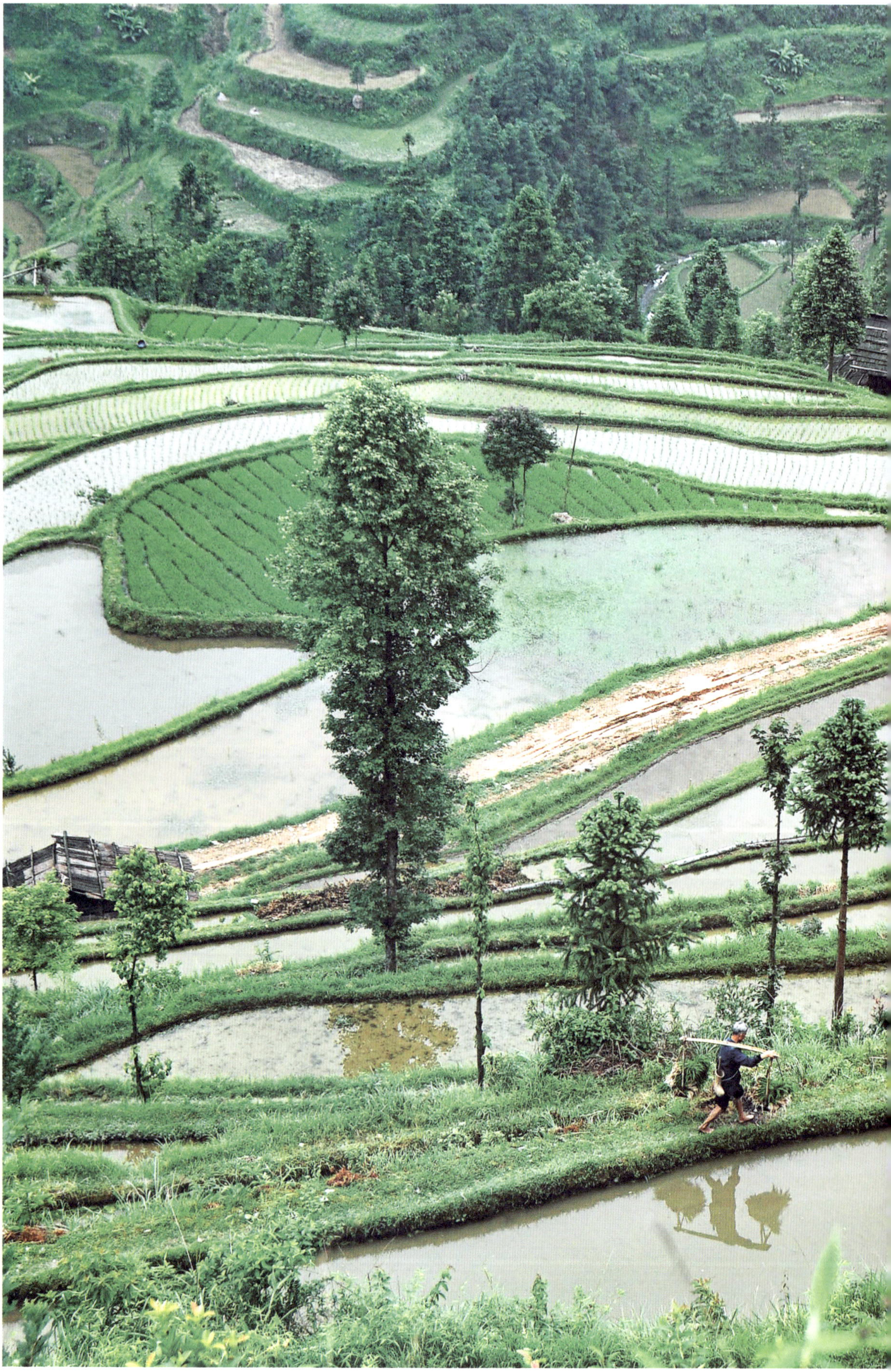

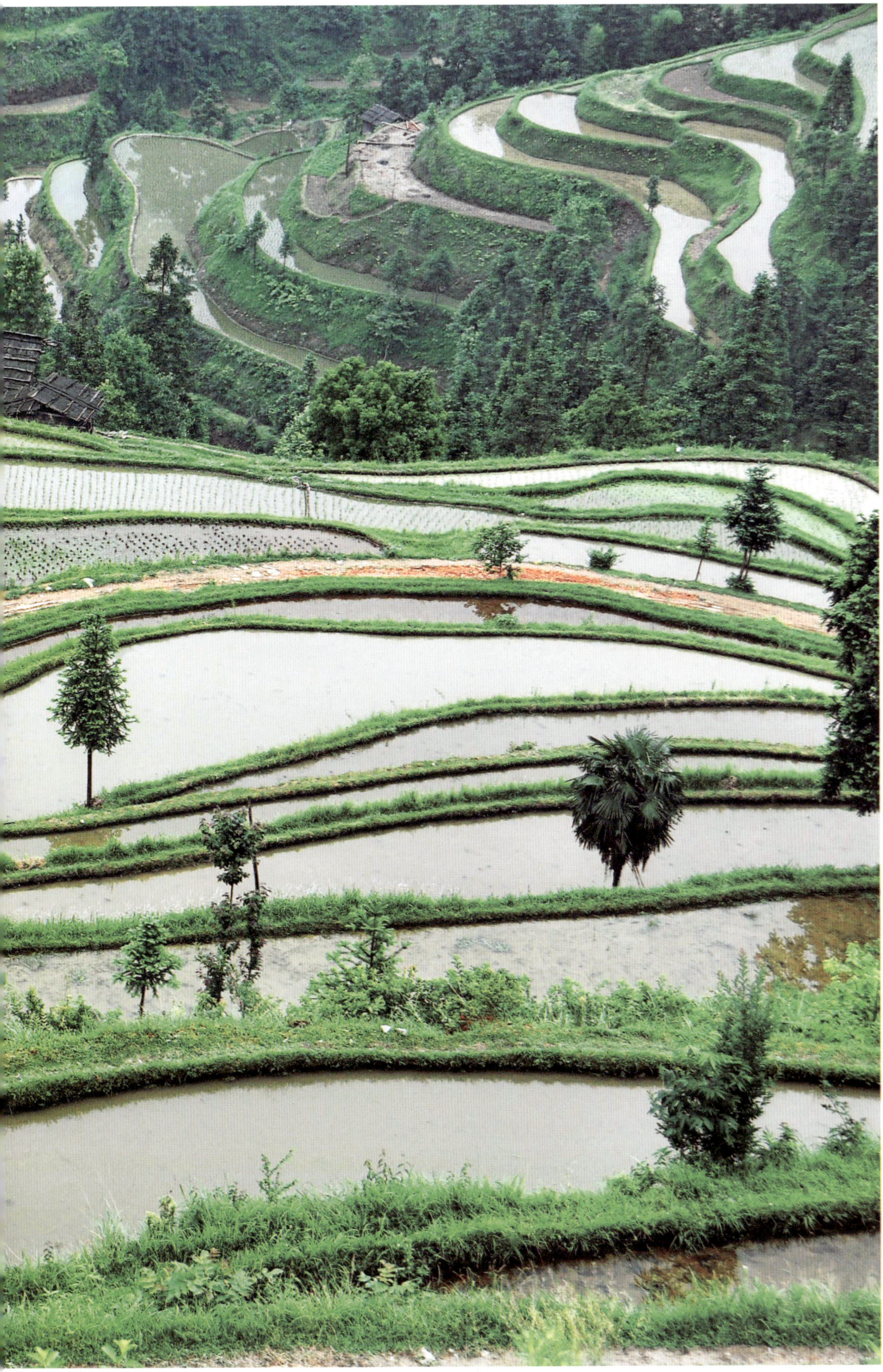

HERKUNFT: TIANJIN
ZUBEREITUNGSZEIT: 5 MINUTEN,
ZZGL. 15 MINUTEN EINWEICH-
UND 4 STUNDEN RUHEZEIT
GARZEIT: 10 MINUTEN
PERSONEN: 8
SEITE 617

琥珀桃仁
KARAMELLISIERTE WALNÜSSE

- 250 G WALNUSSKERNE
- 250 G ZUCKER
- 750 ML PFLANZENÖL
- SESAMSAAT ZUM GARNIEREN (NACH BELIEBEN)

* Die Walnüsse 15 Minuten in einer Schüssel mit warmem Wasser einweichen. Abtropfen lassen und Walnüsse und Zucker in einer sauberen Schüssel mischen. 4 Stunden ruhen lassen, währenddessen zwei- bis dreimal durchmischen.
* Die Walnüsse herausnehmen und den überschüssigen Zucker abschütteln.
* Das Öl in einem Wok oder hohen Topf auf 180 °C erhitzen oder bis ein Brotwürfel in 30 Sekunden braun wird. Die Walnüsse vorsichtig hineingleiten lassen und frittieren, bis sie karamellfarben sind. Mit einem Schaumlöffel zum Abtropfen in ein Sieb legen, dann zum Abkühlen auf einem großen Tablett verteilen.
* Mit der Sesamsaat bestreuen, falls verwendet, und servieren.

HERKUNFT: BEIJING
ZUBEREITUNGSZEIT: 10 MINUTEN,
ZZGL. 6 STUNDEN EINWEICHZEIT
GARZEIT: 1 STUNDE 10 MINUTEN
PERSONEN: 4

酸梅汤
SUPPE AUS GERÄUCHERTEN PFLAUMEN

- 4 RÄUCHERPFLAUMEN
- 4 GERÄUCHERTE DATTELN (NACH BELIEBEN)
- 15 GETROCKNETE HAGEDORNFRÜCHTE
- 1 KLEINE SÜSSHOLZWURZEL
- 1 EL GETROCKNETE OSMANTHUSBLÜTEN (NACH BELIEBEN)
- 200 G BRAUNER ZUCKER, ZZGL. ETWAS MEHR NACH GESCHMACK

* Pflaumen und Datteln, falls verwendet, mit 475 ml kaltem Wasser in eine mittelgroße Schüssel geben und mindestens 6 Stunden oder vorzugsweise über Nacht einweichen.
* Pflaumen und Datteln mit einer Schere aufschneiden. Mit dem Einweichwasser und 2 Liter frischem Wasser in einen Kochtopf aus Edelstahl oder einen Tontopf (siehe Hinweis) geben. Getrockneten Hagedorn und Süßholzwurzel zufügen.
* Das Wasser auf starker Hitze zum Kochen bringen, auf mittlere Hitze reduzieren und mit Deckel 1 Stunde köcheln lassen. Die Osmanthusblüten einstreuen, falls verwendet, ein paarmal umrühren und den Herd ausschalten. Deckel aufsetzen und 5 Minuten stehen lassen.
* Die Flüssigkeit durch ein feines Sieb in einen Krug abseihen, den Zucker einrühren und nach Geschmack nachsüßen. (Der Zucker soll die Säure der Pflaumen gerade ausgleichen, aber nicht überdecken.) Vor dem Servieren gut kühlen.

HINWEIS:
Aluminium kann mit Säure stark reagieren. Um jedes Risiko zu vermeiden, empfehlen wir einen Tontopf oder einen Kochtopf aus Edelstahl.

KARAMELLISIERTE WALNÜSSE

HERKUNFT: JIANGSU
ZUBEREITUNGSZEIT: 20 MINUTEN,
ZZGL. 1 STUNDE EINWEICHZEIT
GARZEIT: 3 STUNDEN
PERSONEN: 4

桂花糖藕
LOTUSWURZELN IN OSMANTHUSSIRUP

- 100 G KLEBREIS, ABGESPÜLT
- 800 G LOTUSWURZELN, ABGESPÜLT
- 2 EL ZERSTOSSENER KANDISZUCKER
- 2 EL OSMANTHUSZUCKER

* Den Klebreis 1 Stunde in einer Schüssel mit kaltem Wasser einweichen. Abtropfen lassen.
* Von jeder Lotuswurzeln beide Enden 4 cm lang abschneiden und beiseitelegen.
* Mit Stäbchen die Kanäle in den Lotuswurzeln säubern und gründlich in Wasser abspülen. Ein Ende jeder Wurzel als Deckel aufsetzen und mit Zahnstochern (Cocktailspießen) befestigen. Den Reis in die Lotuswurzeln löffeln, bis sie zu etwa 80 Prozent gefüllt sind. Das offene Ende jeweils mit den Endstücken verschließen und mit Zahnstochern fixieren.
* Die gefüllten Lotuswurzeln in einen nichtmetallischen Topf legen, mit Wasser bedecken und zum Kochen bringen. Auf mittlere bis schwache Hitze reduzieren und mit Deckel 2 Stunden köcheln lassen.
* Den Kandiszucker in den Topf geben und erneut 30 Minuten köcheln lassen. Den Osmanthuszucker zufügen und auf schwacher Hitze 15–20 Minuten weiterkochen, bis ein Sirup entstanden ist. Die Lotuswurzeln herausnehmen und zum Abkühlen beiseitestellen. Die Zahnstocher entfernen und die Wurzeln in 5 mm dicke Scheiben schneiden. Auf einem Servierteller anrichten. Den Osmanthussirup über die Lotuswurzeln gießen und servieren.

HERKUNFT: ANHUI
ZUBEREITUNGSZEIT: 10 MINUTEN
GARZEIT: 1 STUNDE 10 MINUTEN
PERSONEN: 4

蜜汁红芋
TARO IN HONIGSAUCE

- 120 G KANDISZUCKER
- 4 KLEINE TAROWURZELN (JE CA. 80 G), GESCHÄLT UND LÄNGS HALBIERT
- 1 EL HONIG

* 200 ml Wasser in einem antihaftbeschichteten Topf auf mittlerer Hitze heiß werden lassen. Den Kandiszucker einrühren und auflösen. Taro und Honig zufügen, auf starker Hitze zum Kochen bringen und den Schaum von der Oberfläche abschöpfen.
* Auf schwache Hitze reduzieren, Deckel aufsetzen und etwa 1 Stunde köcheln lassen, bis die Sauce zu einem Sirup eingedickt ist. Gelegentlich umrühren, damit er nicht anbrennt.
* Die Tarowurzeln auf Portionsschüsseln verteilen, mit dem Sirup übergießen und servieren.

蜜汁弥猴桃
KIWI IN HONIGSAUCE

HERKUNFT: ANHUI
ZUBEREITUNGSZEIT: 10 MINUTEN
GARZEIT: 5 MINUTEN
PERSONEN: 6

* In jede Kiwi an einem Ende ein 1 cm tiefes Loch bohren.
* Die Datteln in einer Küchenmaschine zu einer Paste pürieren und in die Löcher in den Kiwis füllen.
* Das Öl in einem Wok oder hohen Topf auf 130 °C erhitzen. Die Kiwis vorsichtig hineingleiten lassen und 1 Minute frittieren. Mit einem Schaumlöffel aus dem Öl heben und auf Küchenpapier abtropfen lassen.
* 120 ml Wasser auf starker Hitze in einem Topf zum Kochen bringen, dann Zucker und Honig einrühren. Die Stärke in einer kleinen Schüssel mit 2 Esslöffeln Wasser anrühren und die Mischung in den Topf rühren. Unter Rühren 30 Sekunden aufkochen lassen, bis die Sauce eindickt.
* Die frittierten Kiwis in der Honigsauce wälzen und mit Osmanthuszucker bestreuen. Auf sechs Portionsschüsseln aufteilen und servieren.

- 6 KIWIS, GESCHÄLT
- 3 GETROCKNETE SÜSSE DATTELN, ENTSTEINT
- 250 ML PFLANZENÖL
- 4 EL ZUCKER
- 1 EL HONIG
- 1 EL SPEISESTÄRKE
- 1 EL OSMANTHUSZUCKER

糯米红枣
JUJUBE-DATTELN MIT KLEBREISFÜLLUNG

HERKUNFT: SHANGHAI
ZUBEREITUNGSZEIT: 20 MINUTEN
GARZEIT: 20 MINUTEN
PERSONEN: 4-6

* 120 ml Wasser in einer Schüssel mit dem Mehl verrühren und zu einem Teig kneten.
* Den Teig in kleine Stücke schneiden und die Datteln damit füllen.
* Die gefüllten Datteln in einem Dämpfeinsatz oder Bambus-Dämpfkorb über einen Topf mit kochendem Wasser stellen. Mit Deckel 20 Minuten dämpfen.
* Inzwischen Kandiszucker, Ingwersaft und 120 ml Wasser in einem kleinen Topf verrühren und 10–15 Minuten auf schwacher Hitze zu einem dicken Sirup einkochen. Die Datteln im Sirup wälzen und auf einem Servierteller anrichten. Servieren.

- 100 G KLEBREISMEHL
- 300 G JUJUBE-DATTELN, ABGESPÜLT UND ENTSTEINT
- 3 EL ZERSTOSSENER KANDISZUCKER
- 1 TL INGWERSAFT

HERKUNFT: BEIJING
ZUBEREITUNGSZEIT: 15 MINUTEN,
ZZGL. 8 STUNDEN EINWEICH-
UND 4 STUNDEN KÜHLZEIT
GARZEIT: 1 STUNDE 30 MINUTEN
PERSONEN: 6–8
SEITE 621

豌豆黄
SPALTERBSEN-PUDDING

- 300 G GETROCKNETE GELBE SPALTERBSEN
- 2 BLATT GELATINE
- PFLANZENÖL ZUM EINFETTEN
- 120 G ZUCKER
- 1 PRISE SALZ
- HIMBEEREN ZUM SERVIEREN (NACH BELIEBEN)

* Die getrockneten Spalterbsen 8 Stunden in einer großen Schüssel mit kaltem Wasser einweichen. Abtropfen lassen.
* Die Erbsen in einen großen Topf geben, 1 Liter Wasser zufügen und auf starker Hitze zum Kochen bringen. Auf mittlere Hitze reduzieren und 45–60 Minuten köcheln lassen, bis die Erbsen ganz weich sind. Abtropfen lassen, die Erbsen in einen Mixer füllen und pürieren.
* Die Blattgelatine in einer kleinen Schüssel mit lauwarmem Wasser 10 Minuten einweichen.
* Eine quadratische Kuchenform von 20 cm Kantenlänge mit Öl einfetten.
* Die Erbsen durch ein feines Sieb in einen sauberen Topf streichen, dann Zucker und Salz zufügen. Auf mittlerer Hitze unter ständigem Rühren 10–15 Minuten leicht kochen lassen, bis die Feuchtigkeit verdampft ist. Die Masse ist fertig, wenn sie eine steife Konsistenz angenommen hat und beim Herausheben eines Silikon-Teigschabers daran hängen bleibt. Den Herd ausschalten.
* Die Blattgelatine abgießen, leicht ausdrücken und in den Topf geben. Umrühren, bis sie geschmolzen ist und sich gleichmäßig verteilt hat.
* Die Erbsenmasse in die vorbereitete Form gießen. Mit Klarsichtfolie abdecken und auf der Oberfläche glatt streichen. Auf Raumtemperatur abkühlen lassen, dann mindestens 4 Stunden in den Kühlschrank stellen. Zum Servieren die Ecken mit einem Messer aus der Form lösen, den Pudding auf eine saubere Arbeitsfläche stürzen und in Stücke schneiden. Auf einem Servierteller anrichten und mit Himbeeren dekorieren, falls verwendet.

SPALTERBSENPUDDING

HERKUNFT: HONGKONG
ZUBEREITUNGSZEIT: 10 MINUTEN
 ZZGL. 10 MINUTEN EINWEICH-
 UND 7 STUNDEN KÜHLZEIT
GARZEIT: 5 MINUTEN
PERSONEN: 8
SEITE 623

椰汁糕
KOKOS-PUDDING

- 6 BLATT GELATINE
- 120 ML MILCH
- 120 ML KOKOSMILCH
- 2 EIWEISS
- EINIGE TROPFEN ZITRONENSAFT
- 50 G EXTRAFEINER ZUCKER

Dieser Geleepudding ähnelt der Bayrischen Creme, jedoch ohne die Eigelbe und mit Eischnee anstelle von Schlagsahne. Durch den relativ hohen Anteil an Gelatine lässt sich der Pudding gut schneiden.

* Eine Form mit 475 ml Fassungsvermögen mit Klarsichtfolie auslegen. Beiseitestellen.
* Die Blattgelatine 10 Minuten in einer kleinen Schüssel mit lauwarmem Wasser einweichen.
* Die Milch in einen kleinen Topf gießen und auf schwacher bis mittlerer Hitze bis kurz unter den Siedepunkt bringen. Sobald Blasen aufsteigen, den Topf vom Herd nehmen. Die eingeweichte Gelatine vorsichtig ausdrücken und in den Topf geben. Langsam umrühren, bis sich die Gelatine aufgelöst hat. Die Kokosmilch zufügen und erneut umrühren.
* Die Mischung in einen großen Topf gießen und zum Kühlen über eine Schüssel mit Eis stellen, dabei gelegentlich umrühren, bis die Masse eine geleeartige Konsistenz angenommen hat und an den Rändern zu gelieren beginnt (aber noch keine feste Masse ist). Sie sollte dick, aber noch flüssig genug sein, um die Baisermasse unterheben zu können. Falls die Masse zu fest wird, einige Sekunden in der Mikrowelle wieder erwärmen. Beiseitestellen.
* Die Eiweiße mit einigen Tropfen Zitronensaft in einer großen Schüssel verrühren und mit einem elektrischen Handrührgerät aufschlagen, bis sich weiche Spitzen bilden. Nach und nach den Zucker unterschlagen, bis die Baisermasse glänzt und erneut weiche Spitzen zieht.
* Die Kokosmasse zum Auflockern noch einmal kräftig umrühren, dann die Baisermasse in wenigen Portionen vorsichtig unterheben. Die Masse in die vorbereitete Form gießen und mindestens 7 Stunden im Kühlschrank fest werden lassen.
* Einen Teller über die Form legen und den Pudding stürzen. In Würfel schneiden und servieren.

KOKOSPUDDING

HERKUNFT: HENAN
ZUBEREITUNGSZEIT: 10 MINUTEN,
    ZZGL. 5 MINUTEN RUHEZEIT
GARZEIT: 25 MINUTEN
PERSONEN: 4

炒三不粘
ÜPPIGE EIERCREME

- 4 EIER, GETRENNT
- 1 TL SPEISESTÄRKE
- 60 G ZUCKER
- ½ EL OSMANTHUSZUCKER
- 5 EL SCHMALZ

* Die Eigelbe und 2 Eiweiße in einer kleinen Schüssel gründlich verrühren. Die restlichen Eiweiße für ein anderes Rezept aufheben.
* Die Stärke in einer kleinen Schüssel mit 1 Esslöffel Wasser anrühren. 5 Minuten stehen lassen, bis die Stärke sich abgesetzt hat, dann das Wasser abgießen.
* Den Zucker in einen kleinen Topf geben, 100 ml Wasser zugießen und zum Kochen bringen. Die Hitze reduzieren und 15 Minuten köcheln lassen, bis der Zucker sich vollständig aufgelöst hat. Vollständig abkühlen lassen.
* Sirup, Osmanthuszucker und feuchte Stärke in die Schüssel mit den Eiern geben und alles gut verrühren.
* 4 Esslöffel Schmalz in einem Wok oder einer großen Pfanne auf schwacher Hitze (etwa 120 °C auf einem Zuckerthermometer) heiß werden lassen. Die Eiermasse hineingeben und mit einem Holzlöffel auf sehr schwacher Hitze 2–3 Minuten rühren. Nach und nach den restlichen Esslöffel Schmalz unter ständigem Rühren zufügen und 5–6 Minuten köcheln lassen, bis die Creme eindickt und am Löffelrücken hängen bleibt. Heiß in Portionsschüsseln servieren.

HERKUNFT: CHAOZHOU
ZUBEREITUNGSZEIT: 20 MINUTEN,
    ZZGL. 20 MINUTEN EINWEICH-
    UND 30 MINUTEN RUHEZEIT
GARZEIT: 45 MINUTEN
PERSONEN: 4

糕烧杂锦
GEZUCKERTE HÄPPCHEN

- 120 G FRISCHE MARONEN, GESCHÄLT
- 475 ML PFLANZENÖL
- 200 G KÜRBIS, GESCHÄLT UND IN 3 CM GROSSE WÜRFEL GESCHNITTEN
- 200 G TARO, GESCHÄLT UND IN 3 CM GROSSE WÜRFEL GESCHNITTEN
- 2 SÜSSKARTOFFELN (CA. 200 G), GESCHÄLT UND IN 3 CM GROSSE WÜRFEL GESCHNITTEN
- 300 G ZUCKER
- 200 G GESCHÄLTE GINKGONÜSSE, DIE KERNE ENTFERNT
- 150 G WASSERKASTANIEN

* Die Maronen 20 Minuten in einer Schüssel mit heißem Wasser einweichen, um die innere Haut zu entfernen.
* Das Öl in einem Wok oder hohen Topf auf 150 °C erhitzen oder bis ein Brotwürfel in 1½ Minuten braun wird. Den Kürbis hineingeben und in 4–5 Minuten goldbraun frittieren. Mit einem Schaumlöffel vorsichtig aus dem Öl heben und auf Küchenpapier abtropfen lassen. Taro, Süßkartoffeln und Maronen 4–5 Minuten frittieren, dann in einer Schüssel mit 50 g Zucker mischen und 30 Minuten stehen lassen.
* 475 ml Wasser in einen großen Topf füllen und Ginkgonüsse und die restlichen 250 g Zucker hineingeben. Auf starker Hitze zum Kochen bringen, auf schwache Hitze reduzieren und 30 Minuten köcheln lassen, bis das Wasser auf die Hälfte eingekocht ist.
* Alle frittierten Zutaten in den Topf geben und 10 Minuten mitköcheln, bis die Flüssigkeit zu einem Sirup eingedickt ist. Die Wasserkastanien abgießen, unterrühren und 1 Minute mitköcheln. Servieren.

芝麻糕
GEDÄMPFTER SESAMKUCHEN

HERKUNFT: GUANGDONG
ZUBEREITUNGSZEIT: 15 MINUTEN
GARZEIT: 50 MINUTEN
PERSONEN: 4

* Das Wasserkastanienmehl in einer großen Schüssel mit 250 ml Wasser gründlich verrühren und beiseitestellen.
* In einer zweiten großen Schüssel Sesampaste, Zucker und Salz verrühren, bis die Sesampaste eine lockere Konsistenz hat. Nach und nach sehr langsam 475 ml Wasser zugießen, dabei ständig weiterrühren, um eventuelle Klumpen zu entfernen. Es muss eine homogene Emulsion entstehen. Sobald die Mischung eine suppenartige Konsistenz hat, kann das Wasser rascher zugegossen werden.
* Die Mischung gründlich umrühren und mit einem Löffel durch ein feinmaschiges Sieb streichen, um alle Klümpchen zu entfernen. Angerührtes Wasserkastanienmehl und Sesamteig zu einem glatten Teig verrühren.
* Eine quadratische Backform mit 20 cm Kantenlänge einfetten und auf ein Dämpfgitter in einem Wok stellen. Das Wasser auf mittlerer bis starker Hitze zum Kochen bringen, dann mit einer Kelle 120 ml Sesamteig in die Form gießen. Deckel aufsetzen und auf starker Hitze 5 Minuten dämpfen. Eine zweite Schicht Sesamteig in die Form geben und weitere 6 Minuten dämpfen. Diesen Vorgang so oft wiederholen, bis der Kuchen 7–8 Schichten hat und sich fest anfühlt.
* Die Form vorsichtig aus dem Dämpfkorb nehmen und zum Abkühlen beiseitestellen. Wenn der Kuchen vollständig ausgekühlt ist, die Ränder mit den Fingern vorsichtig aus der Form lösen und auf einen Servierteller stürzen. Zum Servieren in Quadrate schneiden. Falls gewünscht, mit gerösteter Sesamsaat dekorieren.

HINWEIS:
In diesem Rezept wird schwarze Sesampaste verwendet, die in asiatischen Lebensmittelgeschäften erhältlich ist. Sie lässt sich aber auch durch Pürieren von gerösteter schwarzer Sesamsaat in der Küchenmaschine selbst herstellen.

- 175 G WASSERKASTANIENMEHL
- 6 EL UNGESÜSSTE SCHWARZE SESAMPASTE (SIEHE HINWEIS)
- 100 G ZUCKER
- 1 PRISE SALZ
- PFLANZENÖL ZUM EINFETTEN
- GERÖSTETE SESAMSAAT ZUM DEKORIEREN (NACH BELIEBEN)

HERKUNFT: HAKKA
ZUBEREITUNGSZEIT: 10 MINUTEN
GARZEIT: 1 STUNDE
PERSONEN: 4
SEITE 627

花生麻糬
ERDNUSS-MOCHI

- 50 G ROHE ERDNUSSKERNE
- 4 EL WEISSE SESAMSAAT
- 4 EL BRAUNER ZUCKER
- 100 G KLEBREISMEHL

* Die Erdnüsse in einem kleinen Topf auf schwacher Hitze 6–7 Minuten rösten, bis sie duften. Zum Abkühlen auf einen Teller legen. Im selben Topf die Sesamsaat auf mittlerer Hitze unter gelegentlichem Rütteln in 3–5 Minuten goldbraun rösten. Die Erdnüsse in eine Küchenmaschine geben und fein mahlen. In eine Schüssel füllen. Mit der Sesamsaat ebenso verfahren. Beides in eine Schüssel geben, den Zucker zufügen und gut mischen. Beiseitestellen.
* Das Reismehl in eine große Schüssel geben, nach und nach 120 ml Wasser zugießen und zu einem Teig kneten. Ein Stück Teig (etwa ein Neuntel) herausnehmen und in einem Dämpfeinsatz oder Bambus-Dämpfkorb über einen Topf mit kochendem Wasser stellen. Mit Deckel 30 Minuten dämpfen, bis der Teig klebrig und durchgegart ist.
* Den gedämpften Teig zum restlichen Teig in der Schüssel geben und alles gründlich verkneten.
* Mit den Händen Kugeln von etwa 2 cm Durchmesser rollen und auf einen ofenfesten Teller legen. In den Dämpfeinsatz oder Dämpfkorb stellen und über einem Topf mit kochendem Wasser mit Deckel 30 Minuten dämpfen.
* Herausnehmen und etwas abkühlen lassen. Die gedämpften Mochi in der Erdnuss-Sesam-Mischung wälzen und servieren.

HERKUNFT: GUANGXI
ZUBEREITUNGSZEIT: 10 MINUTEN
GARZEIT: 5 MINUTEN
PERSONEN: 4

桂花马蹄露
WASSERKASTANIENSUPPE MIT OSMANTHUSZUCKER

- 50 G KANDISZUCKER
- 300 G WASSERKASTANIEN, GESCHÄLT, ABGESPÜLT UND GROB GEHACKT
- 2 EL OSMANTHUSZUCKER
- 1 EL WASSERKASTANIENMEHL

* 750 ml Wasser in einem großen Topf zum Kochen bringen, den Kandiszucker hineingeben und umrühren, bis er sich aufgelöst hat.
* Die Wasserkastanien in den Topf geben, wieder aufkochen lassen und den Osmanthuszucker einrühren.
* Das Wasserkastanienmehl in einer kleinen Schüssel mit 3 Esslöffeln Wasser anrühren und die Mischung in die Suppe rühren. Die Mischung zum Kochen bringen, dann den Topf vom Herd nehmen und die Suppe auf Portionsschüsseln verteilen. Warm servieren.

ERDNUSS-MOCHI

HERKUNFT: HONGKONG
ZUBEREITUNGSZEIT: 30 MINUTEN
GARZEIT: 25 MINUTEN
ERGIBT: 15 STÜCK

椰丝红豆麻薯
KOKOS-MOCHI MIT ROTE-BOHNEN-FÜLLUNG

FÜR DEN MOCHI-TEIG:
- 180 G KLEBREISMEHL
- 2 EL REISMEHL
- 30 G WEIZENSTÄRKE
- 50 G ZUCKER
- 60 ML KOKOSMILCH

FÜR DIE FÜLLUNG:
- 300 G ROTE-BOHNEN-PASTE, IN 15 PORTIONEN ZU JE 20 G GETEILT UND ZU KUGELN GEROLLT, GEKÜHLT

ZUM ABRUNDEN:
- 100 G KLEBREISMEHL
- 120 G KOKOSRASPEL ZUM WÄLZEN

* Das Klebreismehl in einen trockenen Wok oder eine große Pfanne geben und auf schwacher Hitze einige Minuten unter Rühren braten, bis es leicht geröstet riecht. Den Topf vom Herd nehmen und vollständig abkühlen lassen.
* Inzwischen alle Zutaten für den Mochi-Teig in einer ofenfesten Schüssel mischen. Nach und nach 175 ml Wasser zugießen, bis der Teig sich gießen lässt und die Konsistenz von dicker Schlagsahne hat. Falls erforderlich, zum Verdünnen bis zu 4 Teelöffel mehr Wasser zufügen.
* Die Schüssel ohne Deckel auf ein Dämpfgestell in einem Wok mit kochendem Wasser stellen und auf starker Hitze 20 Minuten dämpfen.
* Die Schüssel aus dem Wok nehmen und den Mochi-Teig mit einem Holzlöffel oder einem Silikon-Teigschaber 1 Minute kräftig rühren, um ihn elastischer und zäher zu machen. Den Teig abkühlen lassen, bis er noch warm ist, man ihn aber anfassen kann.
* Für die Mochi geröstetes Reismehl, Kokosraspel und 100 ml Wasser in separate Schüsseln geben. Die Rote-Bohnen-Füllung aus dem Kühlschrank nehmen.
* Die Hände mit dem Mehl bestäuben und etwas warmen Teig (etwa 35 g) aufnehmen. Ein feuchtes sauberes Geschirrtuch über den restlichen Teig legen, damit er nicht austrocknet. Das Teigstück mit dem Daumen in der Mitte flach drücken und langsam nach außen ziehen, um eine Mulde für die Füllung zu schaffen. Die Rote-Bohnen-Kugel in die Mulde legen. Die Hände (vor allem die Daumen) mit etwas mehr Reismehl bestäuben und den Teig über die Füllung schieben, bis sie ganz eingehüllt ist. Den Teig über der Füllung fest zusammendrücken. Den Mochi zwischen den Handflächen zu einer Kugel rollen.
* Zügig so in die Schüssel mit dem Wasser tauchen, dass die gesamte Oberfläche befeuchtet ist. Mit einer Gabel herausheben und sofort in den Kokosraspeln wälzen; durch das Wasser bleiben die Raspel am Mochi kleben. Auf einen Teller legen.
* Auf diese Weise insgesamt 15 Mochi herstellen und servieren. Die Konsistenz ist am Herstellungstag am besten, danach werden die Mochi immer härter.

芝麻汤圆
KLEBREISKUGELN MIT SCHWARZER-SESAM-FÜLLUNG

HERKUNFT: ZHEJIANG
ZUBEREITUNGSZEIT: 30 MINUTEN, ZZGL. 1 STUNDE KÜHL- UND 10 MINUTEN RUHEZEIT
GARZEIT: 15 MINUTEN
PERSONEN: 4

* Für die Füllung die Sesamsaat in einem kleinen Topf auf mittlerer Hitze unter gelegentlichem Rütteln 3–5 Minuten rösten, bis sie duften. Zum Abkühlen beiseitestellen.
* Die Sesamsaat mit dem Zucker in einem Mixer oder einer Küchenmaschine zu einem Pulver mahlen. In eine Schüssel füllen und mit dem Schmalz verrühren. Etwa 1 Stunde in den Kühlschrank stellen, bis die Füllung fest ist.
* In 20 Portionen teilen und jede zu einer Kugel rollen. Auf einem Backblech verteilen und bis zum Gebrauch in den Kühlschrank stellen.
* Das Klebreismehl in eine große Schüssel geben, nach und nach 120 ml kochendes Wasser zufügen und mit Stäbchen zu einer blättrigen Masse verrühren. Die Masse zu einem Teig kneten (zu diesem Zeitpunkt wirkt er recht trocken). 10 Minuten ruhen lassen, dann weiterkneten, bis er weich und glatt ist. Falls erforderlich, etwas mehr Mehl zufügen, bis die richtige Konsistenz erreicht ist. Der Teig sollte weich und trocken sein und nicht an den Händen kleben bleiben. In 20 Portionen teilen.
* Eine Teigportion aufnehmen, zwischen den Handflächen zu einer Kugel rollen und mit dem Daumen eine Mulde hineindrücken. Eine Sesamkugel hineinlegen und den Teig darüberfalten, sodass die Füllung vollständig eingeschlossen ist. Den Teig oben zusammendrücken. Zu einer glatten Kugel rollen. Mit dem restlichen Teig und der übrigen Füllung ebenso verfahren. Beiseitestellen.
* 475 ml Wasser in einem Topf erhitzen, braunen Zucker und Ingwersaft hineingeben und zum Kochen bringen. Den Zucker durch Rühren auflösen. Den Ingwertee auf vier Schüsseln verteilen.
* 1½ Liter Wasser in einem großen Topf zum Kochen bringen. Mit einem Schaumlöffel die Klebreiskugeln portionsweise vorsichtig hineingleiten lassen und das Wasser erneut zum Kochen bringen. Umrühren, damit die Kugeln nicht am Topfboden ansetzen. 4–5 Minuten kochen, bis sie an die Oberfläche steigen. Mit einem Schaumlöffel aus dem Wasser heben, gleichmäßig auf die Schüsseln verteilen und servieren.

- 100 G KLEBREISMEHL
- 50 G BRAUNER ZUCKER
- 2 EL INGWERSAFT

FÜR DIE FÜLLUNG:
- 2 ¼ EL SCHWARZE SESAMSAAT
- 3 ½ EL ZUCKER
- 2 EL ZERLASSENES SCHMALZ

HERKUNFT: GUANGDONG
ZUBEREITUNGSZEIT: 20 MINUTEN,
  ZZGL. 4 STUNDEN RUHEZEIT
GARZEIT: 30 MINUTEN
ERGIBT: 8 STÜCK

SEITE 631

炸鲜奶
FRITTIERTE ENGLISCHE CREME

- PFLANZENÖL ZUM EINFETTEN UND FRITTIEREN
- 475 ML MILCH
- 50 G SPEISESTÄRKE
- 2 EIWEISS
- MEHL ZUM BESTÄUBEN
- 100 G ZUCKER, ZZGL. ETWAS MEHR ZUM BESTREUEN

FÜR DEN TEIG:
- 150 G MEHL
- 50 G SPEISESTÄRKE
- ½ TL SALZ
- 2 TL BACKPULVER
- 250 ML KALTES WASSER ODER MINERALWASSER, NACH BEDARF

Eine krosse Teighülle ist das Geheimnis dieses leckeren Desserts, das auf der Zunge zergeht. Am besten sollte jede Portion sofort serviert und die restlichen Stücke nach Bedarf frisch frittiert werden. Lässt man sie stehen, werden sie schnell matschig.

* Eine Backform von 10 × 15 cm einfetten.
* Für die Creme 125 ml Milch in einer Rührschüssel mit der Stärke verrühren, bis diese sich aufgelöst hat. Die Eiweiße zufügen und glatt rühren.
* Die restlichen 350 ml Milch in einen mittelgroßen Topf gießen, den Zucker zufügen und auf schwacher bis mittlerer Hitze zum Kochen bringen. Sobald die Milch Blasen schlägt, ein Drittel unter ständigem Rühren mit dem Schneebesen über die Eiermasse gießen. Nach und nach die restliche Milch zugießen, dabei immer weiterschlagen.
* Die Creme wieder in den Topf füllen und auf schwacher bis mittlerer Hitze zum Kochen bringen. 2–3 Minuten unter ständigem Rühren köcheln lassen, bis die Masse eindickt und an einem Holzlöffel hängen bleibt. Sofort in die vorbereitete Backform füllen, ein Stück Klarsichtfolie auf die Oberfläche legen und glatt streichen. Abkühlen lassen und mit Folie mindestens 4 Stunden in den Kühlschrank stellen.
* Für den Teig Mehl, Stärke, Salz und Backpulver in einer großen Schüssel mischen. In die Mitte eine Mulde drücken, das Wasser nach und nach zugießen und so lange unterrühren, bis der Teig fließt (eventuell ist weniger Wasser nötig).
* Mit einem Buttermesser die Creme vorsichtig aus der Form lösen und auf eine saubere Arbeitsfläche stürzen. In 5 × 2,5 cm große Stücke schneiden. 4 Esslöffel Mehl zum Bestäuben in eine flache Schüssel geben.
* Einen Wok oder hohen Topf zu höchstens einem Drittel mit Öl füllen. Auf 180 °C erhitzen oder bis ein Brotwürfel in 30 Sekunden braun wird. 4 Cremestücke im Mehl wälzen und in den Teig tauchen, bis sie gleichmäßig bedeckt sind. Herausheben und überschüssigen Teig abtropfen lassen. (Falls er nicht abtropft, mit etwas Wasser verdünnen.) Vorsichtig ins heiße Öl gleiten lassen und in 2–3 Minuten hellgoldbraun frittieren. Mit einem Schaumlöffel dabei häufig wenden, damit die Stücke gleichmäßig garen und nicht am Wokboden ansetzen. Vorsichtig aus dem Öl heben und auf Küchenpapier abtropfen lassen. Mit den restlichen Cremestücken ebenso verfahren. Noch heiß mit Zucker bestreuen, leicht darin wälzen und servieren.

FRITTIERTE ENGLISCHE CREME

HERKUNFT: CHAOZHOU
ZUBEREITUNGSZEIT: 15 MINUTEN
GARZEIT: 1 STUNDE 30 MINUTEN
PERSONEN: 6

福果芋泥
TAROPASTE MIT GINKGONÜSSEN

- 160 G ZUCKER
- 150 G GINKGONÜSSE, GESCHÄLT, HALBIERT UND INNERE KERNE ENTFERNT
- 600 G TARO, GESCHÄLT UND ENDEN ABGESCHNITTEN
- 150 ML PFLANZENÖL

* 250 ml Wasser in einen kleinen Topf gießen und 3 Esslöffel Zucker zufügen. Zum Kochen bringen und die Ginkgonüsse hineingeben. Wieder aufkochen lassen, auf schwache Hitze reduzieren und 10 Minuten köcheln lassen, bis der Zucker sich aufgelöst hat und ein Sirup entsteht. Den Herd ausschalten und beiseitestellen.
* Die Tarowurzel gründlich unter fließendem kaltem Wasser abspülen. In 1 cm dicke Scheiben schneiden. Die Scheiben in einer Schicht auf einem ofenfesten Teller verteilen und in einem Dämpfeinsatz oder Bambus-Dämpfkorb über einen Topf mit kochendem Wasser stellen. Mit Deckel 1 Stunde dämpfen. (Wasser nachfüllen, falls erforderlich.) Die Taroscheiben vorsichtig in eine große Schüssel legen und noch heiß zu einer Paste zerdrücken.
* 5 Esslöffel Öl in einer antihaftbeschichteten Pfanne auf mittlerer Hitze heiß werden lassen, Taropaste und restlichen Zucker hineingeben und gut mischen. Nach und nach 350 ml Wasser und 4 Esslöffel Öl zugießen, umrühren und glatt stampfen. Das restliche Öl zufügen und gut unterrühren.
* Die Hälfte der Ginkgonüsse unter die Taropaste mischen und auf kleine Schüsseln verteilen. Die übrigen Nüsse über die Schüsseln streuen und servieren.

HERKUNFT: JIANGSU
ZUBEREITUNGSZEIT: 10 MINUTEN, ZZGL. 4 STUNDEN EINWEICHZEIT
GARZEIT: 1 STUNDE 30 MINUTEN
PERSONEN: 4

琥珀莲子
LOTUSSAMEN MIT LONGAN

- 24 GETROCKNETE LOTUSSAMEN
- 24 FRISCHE LONGAN, GESCHÄLT UND SAMEN ENTFERNT
- 1 TL PFLANZENÖL
- 2 EL ZUCKER
- 20 G KANDISZUCKER
- 1 EL OSMANTHUSZUCKER

* Die getrockneten Lotussamen in einer Schüssel mit kaltem Wasser etwa 4 Stunden einweichen.
* 1 Liter Wasser in einem großen Topf zum Kochen bringen. Die Lotussamen hineingeben, auf schwache Hitze reduzieren und mit Deckel 30 Minuten köcheln lassen. Das Lotuswasser in eine Schüssel abseihen und beiseitestellen.
* In jede Longan 1 Lotussamen stecken.
* Das Öl in einem Topf erhitzen, den Zucker hineingeben und auf schwacher Hitze 2 Minuten schmelzen lassen, bis er karamellfarben ist. Das Lotuswasser zufügen und zum Kochen bringen.
* Gefüllte Longan und Kandiszucker einrühren und mit Deckel etwa 1 Stunde köcheln lassen, bis die Flüssigkeit sirupartig eingekocht ist. Den Osmanthuszucker einrühren, auf Portionsschüsseln verteilen und den Sirup separat servieren.

绿豆沙
MUNGOBOHNEN-SUPPE

HERKUNFT: GUANGDONG
ZUBEREITUNGSZEIT: 5 MINUTEN,
 ZZGL. 4 STUNDEN EINWEICHZEIT
GARZEIT: 1 STUNDE
PERSONEN: 4

Diese süße Dessertsuppe wird sowohl zu Hause als auch in chinesischen Restaurants nach einer Mahlzeit serviert. In Guangdong gibt man gern ein Kraut namens Weinraute dazu, an dem sich wegen seines kräftigen Aromas und der bitteren Note allerdings die Geister scheiden. Wer es ausprobieren möchte, gibt 10 Gramm für die letzten 30 Minuten Kochzeit dazu.

- 120 G MUNGOBOHNEN
- 1 SPRITZER ZITRONENSAFT ODER WEISSER REISESSIG
- 120 G BRAUNER ZUCKER ODER NACH GESCHMACK

* Die Mungobohnen in eine große Schüssel füllen, mit kaltem Wasser bedecken und mindestens 4 Stunden einweichen.
* Abtropfen lassen, dann mit 1½ Litern kaltem Wasser und 1 Spritzer Zitronensaft oder Essig (erhält das leuchtende Grün der Bohnen) in einen großen Topf geben. Zum Kochen bringen, dann die Hitze reduzieren und ohne Deckel auf mittlerer Hitze 1 Stunde köcheln lassen, bis die Bohnen weich sind. Zucker nach Geschmack zufügen und heiß oder kalt servieren.

豆沙锅饼
PFANNKUCHEN MIT ROTE-BOHNEN-FÜLLUNG

HERKUNFT: BEIJING
ZUBEREITUNGSZEIT: 10 MINUTEN
GARZEIT: 15 MINUTEN
PERSONEN: 4–8 (ERGIBT 2 STÜCK)

* Eier und Mehl in einer mittelgroßen Schüssel gründlich verrühren. Nach und nach 120 ml kaltes Wasser zugießen und zu einem Teig verrühren.
* Eine antihaftbeschichtete Pfanne von 20 cm Durchmesser auf schwacher Hitze heiß werden lassen und mit wenig Öl einpinseln. Die Hälfte des Teigs hineingeben, durch Schwenken gleichmäßig in der Pfanne verteilen und auf schwacher Hitze von jeder Seite 2–3 Minuten braten. Auf einen Teller legen und einen zweiten Pfannkuchen backen, dabei 1 Esslöffel Teig übrig lassen.
* Die Hälfte der Bohnenpaste auf einem Pfannkuchen verteilen, die Ränder zu einem Quadrat in die Mitte schlagen und zur Hälfte falten, sodass ein Rechteck entsteht. Die Ränder mit etwas aufgehobenem Teig verschließen und leicht andrücken. Mit dem zweiten Pfannkuchen ebenso verfahren.
* Das restliche Öl in einem Wok oder hohen Topf auf 170 °C erhitzen oder bis ein Brotwürfel in 45 Sekunden braun wird. Die Pfannkuchen einzeln hineingleiten lassen und in 2 Minuten goldbraun frittieren. Mit einer Zange herausnehmen und auf Küchenpapier abtropfen lassen. In 3 cm breite Streifen schneiden und servieren.

- 2 EIER, VERRÜHRT
- 80 G MEHL
- 750 ML PFLANZENÖL
- 150 G ROTE-BOHNEN-PASTE
- 1 PRISE SALZ

HERKUNFT: SHUNDE
ZUBEREITUNGSZEIT: 30 MINUTEN
GARZEIT: 15 MINUTEN
PERSONEN: 8
SEITE 635

笑口枣
LACHENDE MINIKRAPFEN

- 2 EL SCHMALZ ODER BUTTER
- 300 G MEHL
- ½ TL BACKPULVER
- ½ TL NATRON
- 140 G ZUCKER
- 1 EI, VERRÜHRT
- 6 EL WEISSE SESAMSAAT
- 2 L PFLANZENÖL

* Das Schmalz in einer Pfanne zerlassen und zum Abkühlen beiseitestellen.
* Mehl, Backpulver und Natron auf ein Nudelbrett oder eine saubere Arbeitsfläche sieben. Eine Mulde in die Mitte drücken und Zucker, Ei, Schmalz und 4 Esslöffel kaltes Wasser hineingeben. Mit den Händen das Mehl vorsichtig zur Mitte bringen und in die Mulde schieben, bis ein Teig entsteht. Mit einem Teigschaber den Teig 4–5 Minuten immer wieder leicht falten und mit den Händen nach unten drücken – nicht kneten, da das Gluten sonst verklebt und nicht die richtige Konsistenz erreicht werden kann.
* Den Teig in Streifen und dann in kleine Stücke von je etwa 7 g schneiden. Jedes Stück zu einer Kugel rollen, mit etwas Wasser befeuchten und in der Sesamsaat wälzen. Noch einmal rollen, dabei die Sesamsaat mit den Fingern fest in den Teig drücken.
* Das Öl in einem Wok oder hohen Topf auf 150 °C erhitzen oder bis ein Brotwürfel in 1½ Minuten braun wird. Die Teigkugeln portionsweise auf einen Frittierlöffel oder einen großen Schaumlöffel legen und vorsichtig ins heiße Öl tauchen. Auf 130 °C reduzieren und 2 Minuten frittieren, dabei gelegentlich mit Stäbchen umrühren, bis die Krapfen aufgegangen sind. Auf 150 °C erhöhen und in 1 Minute goldbraun frittieren. Mit einem Schaumlöffel herausheben und auf Küchenpapier abtropfen lassen. Mit den restlichen Teigkugeln ebenso verfahren.
* Die Minikrapfen können sofort serviert oder 2–3 Tage in einem luftdichten Behälter aufbewahrt werden.

HERKUNFT: ANHUI
ZUBEREITUNGSZEIT: 5 MINUTEN
GARZEIT: 5 MINUTEN
PERSONEN: 4

酒醉核桃仁
WALNÜSSE IN WEINSAUCE

- 150 G KANDISZUCKER, ZERSTOSSEN
- 2 EL HONIG
- 1 EIWEISS
- 250 G WALNUSSKERNE
- 3 EL KAOLIANG

* Kandiszucker, Honig und 150 ml warmes Wasser in einer Schüssel verrühren, bis der Zucker sich aufgelöst hat.
* Das Eiweiß aufschlagen und durch ein Sieb streichen, um den Schaum zu entfernen. Das Eiweiß in den Zuckersirup rühren.
* 200 ml Wasser in einem Topf zum Kochen bringen. Den Sirup einrühren und erneut zum Kochen bringen. Die Walnüsse einrühren und wieder aufkochen lassen. Den Kaoliang einrühren, die Mischung auf vier kleine Schüsseln verteilen und servieren.

LACHENDE MINIKRAPFEN

HERKUNFT: JIANGSU
ZUBEREITUNGSZEIT: 30 MINUTEN
GARZEIT: 20 MINUTEN
PERSONEN: 4

文思豆腐南瓜羹
KÜRBISSUPPE MIT WENSI-TOFU

- 250 G SEIDENTOFU
- 500 G KÜRBIS, GESCHÄLT UND SAMEN ENTFERNT, IN MUNDGERECHTE STÜCKE GESCHNITTEN
- 40 G KANDISZUCKER, ZERSTOSSEN

* Den Tofu auf ein Schneidbrett legen und halbieren. Jedes Stück längs in 3 gleich große Stücke schneiden, sodass insgesamt 6 Stücke entstehen.
* 1 Tofustück mit etwas Wasser benetzen und in dünne Scheiben schneiden. Mit dem flachen Messer sanft so gegen ein Ende der Reihe drücken, dass die Scheiben auf der Seite liegen. Erneut mit Wasser beträufeln und in dünne, haarähnliche Streifen schneiden. Die Tofustreifen in eine große Schüssel mit kaltem Wasser legen und mit Stäbchen sanft verteilen. Mit den restlichen Tofustücken ebenso verfahren. Die Streifen vorsichtig mit Stäbchen aufnehmen und auf vier Portionsschüsseln verteilen. Beiseitestellen.
* Den Kürbis in einem Dämpfeinsatz oder Bambus-Dämpfkorb über einen Topf mit kochendem Wasser stellen. Mit Deckel 15 Minuten dämpfen. Herausnehmen und kurz abkühlen lassen.
* Den Kürbis in einen Mixer oder eine Küchenmaschine geben, 750 ml Wasser zugießen und zu einem dicken Püree verarbeiten.
* Das Püree in einen großen Topf füllen und auf starker Hitze zum Kochen bringen. Mit einem großen Löffel den Schaum von der Oberfläche abschöpfen. Den Kandiszucker zufügen und 5 Minuten rühren, bis er sich aufgelöst hat. Die Suppe auf die Portionsschüsseln verteilen.
* Die Tofustreifen vorsichtig mit Stäbchen trennen und heiß oder kalt servieren.

桂花鲜栗羹
MARONENSUPPE MIT OSMANTHUSBLÜTEN

HERKUNFT: ZHEJIANG
ZUBEREITUNGSZEIT: 30 MINUTEN,
ZZGL. 20 MINUTEN EINWEICHZEIT
GARZEIT: 30 MINUTEN
PERSONEN: 4

* Falls frische Maronen verwendet werden, die äußere Schale entfernen. In eine Schüssel legen, mit kochendem Wasser bedecken und 20 Minuten einweichen. Die Haut abziehen. In 1 cm große Würfel schneiden.
* Einen Topf Wasser zum Kochen bringen und die Maronen hineingeben. Auf schwache Hitze reduzieren und 25 Minuten kochen lassen. Herausnehmen und abtropfen lassen.
* 475 ml Wasser in einen Topf erhitzen und zum Kochen bringen. Maronen und Zucker zufügen und 3 Minuten köcheln lassen.
* Das Mehl in einer Schüssel mit 2 Esslöffeln Wasser anrühren. Die Mischung nach und nach in die Suppe rühren. Auf vier Schüsseln aufteilen und mit den getrockneten Blüten garnieren.

- 150 G FRISCHE MARONEN ODER 120 G MARONEN AUS DER DOSE, ABGETROPFT
- 2 TL OSMANTHUSZUCKER
- 5 EL ZUCKER
- 1 EL LOTUSWURZEL- ODER WASSERKASTANIENMEHL
- ½ TL GETROCKNETE OSMANTHUSBLÜTEN ZUM GARNIEREN

枣莲炖雪哈
HASMA MIT LOTUSSAMEN UND JUJUBE-DATTELN

HERKUNFT: ZHEJIANG
ZUBEREITUNGSZEIT: 30 MINUTEN,
ZZGL. 8 STUNDEN EINWEICHZEIT
GARZEIT: 1 STUNDE 5 MINUTEN
PERSONEN: 4

* Das Hasma mit 475 ml Wasser bedecken und etwa 8 Stunden einweichen, bis es wie Wattebäusche aussieht. Mit einer Pinzette etwaige Schmutzpartikel entfernen.
* Während das Hasma einweicht, die getrockneten Lotussamen mit warmem Wasser bedecken und 1 Stunde einweichen. Abtropfen lassen, dann die inneren Kerne herauslösen und entfernen. Die Samen abspülen.
* Das Hasma in einen Topf geben und 475 ml Wasser und den Ingwersaft zufügen. Auf starker Hitze zum Kochen bringen und 5 Minuten blanchieren. Abtropfen lassen.
* Hasma, Lotussamen, Datteln und Kandiszucker in einer verschließbaren ofenfesten Schüssel mischen und 475 ml Wasser zufügen. Verschließen und die Schüssel in einem Dämpfeinsatz oder Bambus-Dämpfkorb über einen Topf mit kochendem Wasser stellen. Mit Deckel 1 Stunde dämpfen. (Wasser nachfüllen, falls erforderlich.)
* Auf vier Schüsseln verteilen und servieren.

- 10 G GETROCKNETES HASMA
- 15 G GETROCKNETE LOTUSSAMEN
- 1 EL INGWERSAFT
- 8-10 JUJUBE-DATTELN, ENTSTEINT
- 60 G KANDISZUCKER

HERKUNFT: GUANGDONG
ZUBEREITUNGSZEIT: 5 MINUTEN,
    ZZGL. 1 STUNDE EINWEICHZEIT
GARZEIT: 15 MINUTEN
PERSONEN: 4

SEITE 639

芝麻糊
SCHWARZER-SESAM-SUPPE

- 120 G KLEBREIS, ABGESPÜLT
- 250 G SCHWARZE SESAMSAAT
- ZUCKER NACH GESCHMACK

* Den Klebreis in eine große Schüssel geben, 1 Liter kaltes Wasser zufügen und 1 Stunde einweichen.
* Die Sesamsaat in eine Pfanne geben und auf auf schwacher Hitze 4–5 Minuten rösten, bis sie duftet. Darauf achten, dass die Samen nicht anbrennen, da sie sonst bitter werden.
* Geröstete Sesamsaat, Klebreis und Einweichwasser in einen Mixer oder eine Küchenmaschine füllen und glatt pürieren. Das Püree mit einem großen Löffel durch ein feinmaschiges Sieb in eine Schüssel streichen, dabei möglichst viel Flüssigkeit aus den Samen drücken. Die Sesamsaat entfernen.
* Die Sesamflüssigkeit durch ein Abseihtuch in eine Schüssel gießen, dann in einen Topf füllen und auf mittlerer Hitze zum Sieden bringen. Unter ständigem Rühren nach Geschmack Zucker zufügen, dann servieren.

HERKUNFT: BEIJING
ZUBEREITUNGSZEIT: 10 MINUTEN,
    ZZGL. 15 MINUTEN EINWEICHZEIT
GARZEIT: 25 MINUTEN
PERSONEN: 4

SEITE 639

核桃酪
WALNUSS-SUPPE

- 200 G WALNUSSKERNE
- 50 G LANGKORNREIS
- 50 G JUJUBE-DATTELN, ABGESPÜLT UND ENTSTEINT
- 200 G ZUCKER ODER NACH GESCHMACK

* Die Walnüsse 15 Minuten in einer Schüssel mit warmem Wasser einweichen. Abtropfen lassen.
* In einer zweiten Schüssel den Reis 15 Minuten in Wasser einweichen. Abtropfen lassen und beiseitestellen.
* Einen kleinen Topf Wasser auf starker Hitze zum Kochen bringen, die Datteln hineingeben und 15 Minuten köcheln lassen. Kerne und Haut entfernen, dann das Fleisch zermusen.
* Walnüsse, Reis und Datteln in einen Mixer geben, 200 ml Wasser zufügen und zu einer Paste verarbeiten. In einen Topf füllen, den Zucker und 475 ml Wasser zufügen und auf starker Hitze zum Kochen bringen. Auf schwache Hitze reduzieren und unter ständigem Rühren 5 Minuten köcheln lassen, bis die Aromen sich verbunden haben. Warm servieren.

SCHWARZER-SESAM-SUPPE (OBEN) UND WALNUSSSUPPE (UNTEN)

HERKUNFT: ANHUI
ZUBEREITUNGSZEIT: 5 MINUTEN,
 ZZGL. 5 MINUTEN RUHEZEIT
GARZEIT: 5 MINUTEN
PERSONEN: 2

敬亭绿雪
GRÜNTEE-WASSER-KASTANIEN-DESSERT

- 5 EL GRÜNE TEEBLÄTTER
- 6 TL SPEISESTÄRKE
- 475 ML PFLANZENÖL
- 10 WASSERKASTANIEN, GESCHÄLT UND IN DÜNNE STREIFEN GESCHNITTEN
- 3 EL PUDERZUCKER

* Die Teeblätter in eine Schüssel geben und mit 250 ml heißem Wasser übergießen. Abdecken und 5 Minuten ziehen lassen.
* Den Tee abgießen und die Teeblätter aufheben. Überschüssige Feuchtigkeit mit Küchenpapier aufnehmen. 2 Teelöffel Speisestärke unterrühren.
* Das Öl in einem Wok oder hohen Topf auf 150 °C erhitzen oder bis ein Brotwürfel in 1½ Minuten braun wird. Die Teeblätter hineingeben und 30 Sekunden frittieren. Mit einem Schaumlöffel sofort aus dem Öl heben (sonst brennen sie an) und auf Küchenpapier abtropfen lassen.
* In einer kleinen Schüssel die Wasserkastanien mit den restlichen 4 Teelöffeln Stärke mischen. Das Öl wieder erhitzen und die Wasserkastanien in 2–3 Minuten hellbraun frittieren, dann herausnehmen und abtropfen lassen.
* Die Teeblätter in der Mitte eines Serviertellers anrichten und mit Puderzucker bestäuben. Die Wasserkastanien um den Tee herum verteilen. Direkt vor dem Servieren beides mischen.

HINWEIS:
In diesem Dessert werden ursprünglich die Triebe des Jingting-Tees aus den Bergen von Anhui verwendet. Es schmeckt aber auch mit Longjing-Tee aus Zhejiang oder anderem grünem Tee.

HERKUNFT: YUNNAN
ZUBEREITUNGSZEIT: 10 MINUTEN,
 ZZGL. 8 STUNDEN EINWEICHZEIT
GARZEIT: 20 MINUTEN
PERSONEN: 2–3

红枣雪莲子
GLEDITSCHIENFRUCHT-DESSERT

- 20 G GLEDITSCHIENFRÜCHTE
- 2 SILBEROHR-PILZE (CA. 50 G)
- 4 JUJUBE-DATTELN, ABGESPÜLT, ENTSTEINT UND IN STÜCKE GESCHNITTEN
- 50 G KANDISZUCKER

* Die Gleditschienfrüchte in kaltem Wasser abspülen, dann 8 Stunden in 120 ml Wasser einweichen.
* Inzwischen die Silberohr-Pilze mit heißem Wasser bedecken und 30 Minuten einweichen. Abspülen und den harten Teil an der Basis abschneiden. Die Pilze in kleine Stücke zerpflücken.
* 750 ml Wasser in einem großen Topf zum Kochen bringen. Datteln, Silberohr-Pilze und Kandiszucker hineingeben, auf schwache Hitze reduzieren und 15 Minuten kochen.
* Die Gleditschienfrüchte zusammen mit dem Einweichwasser zufügen, auf starker Hitze zum Kochen bringen, dann auf schwache Hitze reduzieren und 5 Minuten köcheln lassen. Servieren.

蛋白杏仁茶
MANDELTEE MIT EISCHNEE

HERKUNFT: GUANGDONG
ZUBEREITUNGSZEIT: 20 MINUTEN, ZZGL. 4 STUNDEN EINWEICHZEIT
GARZEIT: 5 MINUTEN
PERSONEN: 4

„Mandeltee" ist eine irreführende Bezeichnung, da für dieses Rezept Aprikosenkerne verwendet werden und nicht Mandeln. Der Name erklärt sich aus der Tatsache, dass Aprikosenkerne ähnlich schmecken wie Mandeln und dieser Name eingängiger ist. „Tee" heißt das Dessert, weil es dünner ist als eine Suppe. Es gibt auch eine Version dieses Rezepts mit Reis, der die Flüssigkeit so weit andickt, dass man sie als Suppe bezeichnen kann.

- 250 G SÜSSE APRIKOSENKERNE
- 3 EIWEISS
- 50 G KANDISZUCKER, ZERSTOSSEN

* Die Aprikosenkerne unter fließendem kaltem Wasser abspülen. Abtropfen lassen, dann 4 Stunden in einer Schüssel mit kaltem Wasser einweichen.
* Die Eiweiße in einer großen Schüssel schaumig aufschlagen.
* Die Aprikosenkerne abtropfen lassen und in einen Mixer oder eine Küchenmaschine geben. 250 ml Wasser zugießen und zu einer glatten Paste pürieren.
* Weitere 750 ml Wasser in den Mixer gießen und 2 Minuten zu einer glatten Flüssigkeit weiterverarbeiten. Ein Sieb mit Gaze ausliegen und über eine große Schüssel hängen. Die Aprikosenkernmilch hineingießen und mit einem Löffel durch das Sieb streichen, dabei möglichst viel Milch aus den Kernen drücken. Beiseitestellen.
* Die ausgedrückten pürierten Kerne wieder in den Mixer geben, 100 ml Wasser zugießen und 2 Minuten mixen. Erneut durch die Gaze abseihen und mit der Milch aus dem ersten Durchgang mischen. Beiseitstellen. Die pürierten Kerne entfernen.
* Die Aprikosenkernmilch in einem Topf auf mittlerer Hitze zum Kochen bringen. Den Kandiszucker zufügen, dann ganz langsam das aufgeschlagene Eiweiß unterrühren. Heiß oder kalt servieren.

HERKUNFT: HONGKONG
ZUBEREITUNGSZEIT: 15 MINUTEN, ZZGL. 15 MINUTEN RUHEZEIT
GARZEIT: 15 MINUTEN
PERSONEN: 6
SEITE 643

杨枝甘露
DESSERT MIT MANGO, POMELO UND SAGO

- 30 G SAGO
- 4 REIFE MANGOS, GESCHÄLT, STEIN ENTFERNT UND GROB IN STÜCKE GESCHNITTEN
- 100 ML KOKOSMILCH
- 4 EL KONDENSMILCH, ZZGL. ETWAS MEHR ZUM SERVIEREN
- 50 G ZUCKER
- 5 POMELO- ODER ROSA-GRAPEFRUIT-SPALTEN

* Den Sago mit 300 ml Wasser in einen kleinen Topf geben und zum Kochen bringen. Auf schwache Hitze reduzieren und 10 Minuten kochen lassen. Deckel aufsetzen, den Herd ausschalten und 15 Minuten stehen lassen.
* Den Sago unter fließendem kaltem Wasser abspülen, um die Stärke zu entfernen. In eine große Schüssel geben, mit kaltem Wasser bedecken und in den Kühlschrank stellen.
* In einer Küchenmaschine zwei Drittel der Mangos mit Kokosmilch und Kondensmilch glatt pürieren. In eine Schüssel füllen und in den Kühlschrank stellen.
* Den Zucker in einem kleinen Topf mit 4 Esslöffeln heißem Wasser verrühren und auf schwacher Hitze 2–3 Minuten rühren, bis sich ein Sirup gebildet hat. Zum Abkühlen beiseitestellen.
* Das Häutchen von den Pomelo- oder Grapefruitspalten abziehen und die Spalten zerfasern (oder mit den Händen grob in Stücke teilen).
* Den Sago aus dem Kühlschrank nehmen und abtropfen lassen. Sago, Pomelo und Zuckersirup zum Mangopüree geben und vorsichtig mischen. Auf Portionsschüsseln verteilen, mit Kondensmilch beträufeln, mit der aufgehobenen Mango garnieren und servieren.

HERKUNFT: SHUNDE
ZUBEREITUNGSZEIT: 10 MINUTEN
GARZEIT: 10 MINUTEN
PERSONEN: 4

鲜奶炖蛋白
MILCHCREME MIT EIWEISS

- 6 EIWEISS
- 400 ML MILCH
- 5 TL ZUCKER

* Die Eiweiße in einer Schüssel glatt rühren und durch ein feinmaschiges Sieb in eine Schüssel abseihen.
* Milch und Zucker zufügen und alles verrühren, bis sich der Zucker vollständig aufgelöst hat.
* Die Mischung auf vier ofenfeste Schüsseln verteilen und mit Alufolie oder mikrowellenfester Klarsichtfolie dicht verschließen. Die Schüsseln in einem Dämpfeinsatz oder Bambus-Dämpfkorb über einen Topf mit kochendem Wasser stellen. Hitze auf ein leichtes Köcheln reduzieren und mit Deckel 10 Minuten dämpfen, bis die Creme gestockt ist. Servieren.

DESSERT MIT MANGO, POMELO UND SAGO

HERKUNFT: GUANGDONG
ZUBEREITUNGSZEIT: 5 MINUTEN,
ZZGL. 10 MINUTEN RUHEZEIT
GARZEIT: 5 MINUTEN
PERSONEN: 4
SEITE 645

豆腐花
TOFU-PUDDING

- ½ TL SHI GAO (GYPSUM FIBROSUM, SIEHE HINWEIS)
- 2 TL SPEISESTÄRKE
- 1 L UNGESÜSSTE SOJAMILCH (SIEHE HINWEIS)
- BRAUNER ZUCER ODER ZUCKERSIRUP ZUM SERVIEREN

* Für die Gerinnungslösung Shi Gao, Stärke und 4 Esslöffel lauwarmes Wasser in einer großen Schüssel gründlich verrühren, bis sich die Feststoffe gelöst haben. Beiseitestellen.
* Die Sojamilch in einem großen Topf auf schwacher Hitze auf 85 °C erhitzen. (Die Temperatur ist wichtig für die Gerinnung des Puddings.) Den Topf sofort vom Herd nehmen.
* Die Gerinnungslösung umrühren. Den Topf 30 cm über die Lösung halten und die heiße Sojamilch in die Schüssel gießen. Der Vorgang sollte nur 3–4 Sekunden dauern. Mit einem großen Löffel oder Silikon-Teigschaber die Gerinnungslösung zügig mit kreisförmigen Bewegungen in der Schüssel verteilen. Die Schüssel mit einem großen Teller oder Klarsichtfolie abdecken und mindestens 10 Minuten stehen lassen.
* Die Sojamilch sollte nun zu einer leichten, gallertartigen Konsistenz geronnen sein. Den Pudding vorsichtig in Schüsseln löffeln und warm oder kalt mit dem Zucker oder Sirup garniert servieren.

HINWEIS:
Shi Gao ist in chinesischen Kräutergeschäften und in einigen asiatischen Lebensmittelgeschäften erhältlich. Für dieses Rezept darf nur ungesüßte Sojamilch ohne Zusätze und Emulgatoren verwendet werden.

HERKUNFT: GUANGDONG
ZUBEREITUNGSZEIT: 5 MINUTEN,
ZZGL. 4 STUNDEN EINWEICHZEIT
GARZEIT: ETWA 2 STUNDEN
PERSONEN: 4

红豆沙
ROTE-BOHNEN-SUPPE

- 200 G ROTE BOHNEN
- 2 GETROCKNETE MANDARINENSCHALEN
- 100 G KANDISZUCKER ODER NACH GESCHMACK
- KONDENSMILCH ODER VANILLEEISCREME ZUM SERVIEREN

* Die Bohnen in eine Schüssel geben, mit reichlich kaltem Wasser bedecken und 4 Stunden einweichen.
* Die getrockneten Mandarinenschalen 10 Minuten in kaltem Wasser einweichen, dann abtropfen lassen. Mit einem Messer die weiße Haut abschaben. In kleinere Stücke schneiden.
* Die Bohnen abtropfen lassen, mit 2 Litern Wasser in einen großen Topf geben und zum Kochen bringen. Die Mandarinenschale zufügen. Auf mittlere Hitze reduzieren und ohne Deckel 2 Stunden köcheln lassen. Häufig umrühren, damit die Bohnen nicht am Topfboden ansetzen.
* Kandiszucker nach Geschmack zufügen. In Schüsseln füllen und mit Kondensmilch oder Vanilleeiscreme servieren.

TOFU PUDDING

HERKUNFT: HONGKONG
ZUBEREITUNGSZEIT: 10 MINUTEN,
ZZGL. 15 MINUTEN RUHEZEIT
GARZEIT: 1 STUNDE
PERSONEN: 8

焗西米布丁
GEBACKENER TAPIOKAPUDDING

- 200 G LOTUSSAMENPASTE ODER ROTE-BOHNEN-PASTE
- 80 G GETROCKNETE TAPIOKA
- BUTTER ZUM EINFETTEN

FÜR DIE PUDDINGCREME:
- 120 ML MILCH
- 3 EL PUDDINGPULVER
- 2 EL SPEISESTÄRKE
- 50 G ZUCKER
- 250 ML KOKOSMILCH
- 1½ EL (20 G) BUTTER
- 3 EIER

Die chinesische Interpretation eines traditionellen britischen Desserts – diese kantonesische Version des wärmenden Nachtischs wird mit einer Füllung aus Lotussamen oder roten Bohnen verfeinert.

* Eine Backform von 20 cm Kantenlänge mit Klarsichtfolie auslegen. Die Lotussamenpaste gleichmäßig auf dem Boden verteilen, dabei an den Rändern 2 cm frei lassen. Ein zweites Stück Klarsichtfolie darauflegen und sanft andrücken, sodass eine gleichmäßige Schicht entsteht. Die eingewickelte Paste auf einen großen Teller legen und kalt stellen.
* Inzwischen einen großen Topf Wasser auf starker Hitze zum Kochen bringen. Die Tapioka hineingeben und auf starker Hitze 10–15 Minuten kochen, bis die Perlen durchscheinend mit weißlichem Kern sind. Den Herd ausschalten, Deckel aufsetzen und 10 Minuten stehen lassen. Die Tapioka sollte durchscheinend sein, darf aber noch weiße Reste aufweisen, da sie im Ofen noch weitergegart wird.
* Die Tapioka durch ein Sieb abgießen und gründlich unter fließendem kaltem Wasser abspülen, um die Stärke zu entfernen. Abspülen, bis sie abgekühlt ist. Beiseitestellen.
* Einen Ofenrost auf mittlerer Schiene in den Ofen schieben und den Ofen auf 200 °C vorheizen. Die Kuchenform einfetten und beiseitestellen.
* Für die Puddingcreme Milch, Puddingpulver, Stärke und Zucker in einen mittelgroßen Topf geben und mit einem Silikon-Teigschaber glatt rühren. Kokosmilch und Butter zufügen. Den Topf auf mittlere Hitze stellen und die Mischung langsam erhitzen. Etwa 5–7 Minuten ständig weiterrühren, bis die Creme eindickt. Die abgetropfte Tapioka zufügen und weitere 2 Minuten ständig rühren, bis die Creme sich von den Topfwänden löst.
* Den Topf vom Herd nehmen und 1 Ei gründlich unterrühren, bis die Creme wieder ganz glatt ist. Mit den restlichen Eiern ebenso verfahren. Die Creme sollte nun glänzend und glatt sein.
* Die Hälfte des Tapiokapuddings in der vorbereiteten Form verteilen. Die Lotussamenfüllung aus dem Kühlschrank nehmen, die Folie entfernen und auf den Pudding legen. Mit der restlichen Tapiokamasse bedecken und die Oberfläche mit einem Stück Klarsichtfolie glätten. 30–35 Minuten backen, bis der Pudding goldbraun ist und an einem in die Mitte gesteckten Zahnstocher (Cocktailspieß) nichts mehr hängen bleibt. Wenn die Oberseite noch zu hell ist, den Ofengrill einschalten und 5 Minuten grillen, bis sie goldbraun ist. Den Pudding aus dem Ofen nehmen und vor dem Servieren 15 Minuten abkühlen lassen.

焗椰汁年糕
GEBACKENER KLEBREISPUDDING MIT KOKOSMILCH

HERKUNFT: HONGKONG
ZUBEREITUNGSZEIT: 10 MINUTEN
GARZEIT: 1 STUNDE
PERSONEN: 8

* Den Ofen auf 170 °C vorheizen.
* Die Eier in einer großen Schüssel mit dem Zucker verrühren, dann die Kondensmilch unterrühren. Das Klebreismehl portionsweise zufügen, dabei mit einem großen Holzlöffel langsam in einer Richtung rühren, bis das Mehl vollkommen eingebunden ist. Nach und nach die Kokosmilch unterrühren.
* Eine Kastenform (20 × 10 cm) einfetten und mit Backpapier auslegen. Den Teig hineingießen und 20 Minuten backen. Die Temperatur auf 150 °C reduzieren und weitere 40–45 Minuten backen, bis der Pudding goldbraun und gar ist.
* Aus dem Ofen nehmen und abkühlen lassen. Das Backpapier abziehen, in Scheiben schneiden und servieren.

- 5 EIER, GRÖSSE XL
- 200 G ZUCKER
- 120 ML KONDENSMILCH
- 280 G KLEBREISMEHL, GESIEBT
- 300 ML KOKOSMILCH
- BUTTER ZUM EINFETTEN

中式挞皮
SÜSSER MÜRBETEIG

HERKUNFT: HONGKONG
ZUBEREITUNGSZEIT: 10 MINUTEN, ZZGL. 30 MINUTEN KÜHLZEIT
ERGIBT: 650 G

Dieses Grundrezept ähnelt gewöhnlichem Mürbeteig, aber chinesische Bäcker geben oft noch Magermilchpulver in den Teig, um ihm ein Milcharoma zu verleihen. Es ist schwierig, nach diesem Rezept kleinere Mengen herzustellen, aber Teigreste lassen sich für den späteren Gebrauch gut einfrieren.

* Mit einem elektrischen Handrührgerät Butter, Puderzucker und Salz in 3–4 Minuten zu einer glatten, cremigen Masse verrühren. Ei und Magermilchpulver, falls verwendet, zufügen und zu einer homogenen Masse verrühren.
* Mit einem Silikon-Teigschaber das Mehl in 3 Portionen untermischen. Dabei darauf achten, das Mehl vom Schüsselboden mit zu verarbeiten.
* Den Teig einige Male durchkneten, bis er glatt ist und zusammenhält. In 4 gleiche Portionen teilen. Jedes Teigstück zu einer Scheibe flach drücken und fest in Klarsichtfolie einwickeln. 30 Minuten in den Kühlschrank legen, dann den Teig für den sofortigen Gebrauch ausrollen. (Alternative: Doppelt in Klarsichtfolie einwickeln und einfrieren. Zum Gebrauch den gefrorenen Teig auftauen und leicht durchkneten.)

- 225 G BUTTER (RAUMTEMPERATUR)
- 60 G PUDERZUCKER
- ¼ TL SALZ
- 1 EI
- 50 G MAGERMILCHPULVER (NACH BELIEBEN)
- 320 G MEHL

HERKUNFT: HONGKONG
ZUBEREITUNGSZEIT: 20 MINUTEN,
ZZGL. 30 MINUTEN KÜHL- UND
15 MINUTEN ABKÜHLZEIT
GARZEIT: 20 MINUTEN
PERSONEN: 6
SEITE 649

蛋挞
EIERCREMETÖRTCHEN NACH HONGKONG-ART

- 2 ½ EL ZUCKER
- ½ TL PUDDINGPULVER ODER ¼ TL SPEISESTÄRKE
- 2 EIER, ZZGL. 1 EIGELB
- 75 ML MILCH
- ¼ PORTION SÜSSER MÜRBETEIG (SEITE 647)

Diese typischen Törtchen stammen vom britischen Cremetörtchen ab, nur ist die Hongkong-Version kleiner und viel weniger cremig. Das Puddingpulver verhindert das Übergaren der Füllung. Wenn Sie kein Puddingpulver zur Hand haben, können Sie auch Speisestärke verwenden.

* Den Zucker mit 150 ml Wasser in einem kleinen Topf zum Kochen bringen und umrühren, bis der Zucker sich vollständig aufgelöst hat. (Es ist sehr wichtig, dass der Zucker aufgelöst ist, damit die Creme nach dem Backen einen schönen Glanz bekommt.) Den Topf vom Herd nehmen und den Sirup auf Raumtemperatur abkühlen lassen.

* Das Puddingpulver in einer großen Schüssel mit 1 Esslöffel abgekühltem Sirup zu einer Paste verrühren. (Den restlichen Sirup für ein anderes Rezept aufheben.) Eier und Eigelb zufügen und sanft glatt rühren. Die Milch einrühren.

* Die Puddingcreme durch ein feinmaschiges Sieb in eine Schüssel streichen, um ungelöste Partikel zu entfernen. Eventuellen Schaum von der Oberfläche abschöpfen.

* Mit dieser Menge Füllung lassen sich 6 große Törtchen (7,5 cm) oder 12 kleine (4 cm) herstellen. Für die größeren Törtchen den Teig in 6 Portionen zu je 35 g teilen. Für die kleineren Törtchen den Teig in 12 Portionen zu je 15 g teilen.

* 1 Portion Teig einige Male leicht durchkneten, bis sie geschmeidig ist. Zwischen zwei Schichten Klarsichtfolie zu einem Kreis ausrollen, der 2 mm dick und etwa 1 cm größer ist als die Obsttörtchenform. (Je dünner der Teig, desto knuspriger das Törtchen.) Die obere Klarsichtfolie entfernen und den Teig in eine Obsttörtchenform drücken. An die Wände der Vertiefung drücken, die Klarsichtfolie abziehen und den überstehenden Rand mit einem Messer wegschneiden. Die Seiten sanft so andrücken, dass der Teig bis kurz über den Rand der Form reicht. Mit den restlichen Törtchen ebenso verfahren, dann mindestens 30 Minuten in den Kühlschrank stellen.

* Den Ofen auf 220 °C vorheizen. Einen Ofenrost im unteren Drittel in den Ofen schieben. Ein schweres Backblech zum Vorheizen auf den Rost stellen.

* Die Formen aus dem Kühlschrank nehmen. Die Eiercreme umrühren und so auf die Formen verteilen, dass sie sie fast bis zum Rand füllt. 10 Minuten backen, bis die Creme goldbraun und der Teig fest ist.

* Die Temperatur auf 180 °C reduzieren. Weitere 5–7 Minuten backen, bis die Füllung in der Mitte noch leicht beweglich ist. Vor dem Servieren mindestens 15 Minuten abkühlen lassen.

EIERCREMETÖRTCHEN NACH HONGKONG-ART

HERKUNFT: HONGKONG
ZUBEREITUNGSZEIT: 15 MINUTEN,
    ZZGL. 30 MINUTEN RUHEZEIT
GARZEIT: 15–20 MINUTEN
PERSONEN: 12
SEITE 651

椰挞
KOKOS-TÖRTCHEN

- ¼ PORTION SÜSSER MÜRBETEIG (SEITE 647)
- KANDIERTE KIRSCHEN, HALBIERT ZUM DEKORIEREN (NACH BELIEBEN)

FÜR DIE FÜLLUNG:
- 100 G KOKOSRASPEL
- 2 ½ EL (30 G) BUTTER, ZERLASSEN
- 2 EIER
- 4 EL MILCH
- 1 ¼ TL BACKPULVER
- 1 ½ TL PUDDINGPULVER (NACH BELIEBEN)
- 60 G ZUCKER, ZZGL. 2 TL

Diese köstlichen Törtchen gehören zum Standardangebot jeder Bäckerei in Hongkong. Die Kokosfüllung erinnert an Frangipani-Creme. Traditionell wird sie mit Puddingpulver hergestellt, das bleibt aber jedem selbst überlassen.

* Alle Zutaten für die Füllung in einer großen Schüssel gründlich zu einer dicken Creme verrühren. 30 Minuten stehen lassen.
* Einen Ofenrost in die Mitte des Ofens schieben. Den Ofen auf 190 °C vorheizen.
* Mit dieser Menge Füllung lassen sich 6 große Törtchen (7,5 cm) oder 12 kleine (4 cm) herstellen. Für die größeren Törtchen den Teig in 6 Portionen zu je 35 g teilen. Für die kleineren Törtchen den Teig in 12 Portionen zu je 15 g teilen.
* 1 Portion Teig einige Male leicht durchkneten, bis sie geschmeidig ist. Zwischen zwei Schichten Klarsichtfolie zu einem Kreis ausrollen, der 2 mm dick und etwa 1 cm größer ist als die Obsttörtchenform. (Je dünner der Teig, desto knuspriger das Törtchen.) Die obere Klarsichtfolie entfernen und den Teig in eine Obsttörtchenform drücken. An die Wände der Vertiefung drücken, die Klarsichtfolie abziehen und den überstehenden Rand mit einem Messer wegschneiden. Die Seiten sanft so andrücken, dass der Teig bis kurz über den Rand der Form reicht. Mit den restlichen Törtchen ebenso verfahren, dann mindestens 30 Minuten in den Kühlschrank stellen.
* Die Kokosfüllung so in die Formen löffeln, dass sie zu drei Vierteln gefüllt sind. Ein kleines Stück Klarsichtfolie über die Füllung in jedem Törtchen legen und die Füllung damit vorsichtig gleichmäßig in der Teighülle verteilen. Die Folie entfernen, die Oberseite gitterförmig einritzen und mit ½ kandierten Kirsche garnieren, falls verwendet.
* Je nach Größe der Törtchenformen 15–20 Minuten backen, bis der Teig goldbraun und die Füllung fest ist. Warm oder bei Raumtemperatur servieren.

KOKOSTÖRTCHEN

HERKUNFT: AMERIKANISCH-CHINESISCH
ZUBEREITUNGSZEIT: 20 MINUTEN,
   ZZGL. 30 MINUTEN KÜHLZEIT
GARZEIT: 25–30 MINUTEN
ERGIBT: 24 STÜCK
SEITE 653

杏仁饼
MANDEL-KEKSE

- 350 G MEHL
- 2 TL BACKPULVER
- ½ TL NATRON
- 200 G SCHMALZ
- 150 G ZUCKER
- ¼ TL SALZ
- 2 TL MANDELEXTRAKT
- 2 EIER, 1 GETRENNT
- CA. 24 MANDELN, LEICHT GERÖSTET (NACH BELIEBEN)

Der hohe Anteil an Backtriebmitteln macht diese Kekse luftig und locker. Traditionell werden sie mit Schmalz gebacken, aber wenn Sie keines bekommen oder aus Ernährungsgründen darauf verzichten müssen, lässt es sich durch einen Teil Butter und einen Teil pflanzliches Backfett ersetzen. Das zusätzliche Eiweiß hält den Teig zusammen, der sonst zu stark zerkrümeln würde.

* Für den Teig Mehl, Backpulver und Natron in einer großen Schüssel mischen.
* Schmalz, Zucker, Salz und Mandelextrakt in einer zweiten großen Schüssel mit einem elektrischen Handrührgerät in 4–5 Minuten zu einer hellen, luftigen Masse aufschlagen.
* Das ganze Ei zzgl. 1 Eiweiß zufügen und weiterschlagen, bis die Masse emulgiert ist. Die Mehlmischung in 3–4 Portionen unterheben.
* Den Teig einige Male leicht durchkneten, bis er zusammenhält. In Klarsichtfolie einwickeln und mindestens 30 Minuten in den Kühlschrank legen.
* Den Ofen auf 200 °C vorheizen. Drei große Backbleche mit Backpapier auslegen.
* 1 Esslöffel Teig aufnehmen und zwischen den Handflächen zu einer Kugel rollen, dann auf ein Backblech legen. Mit dem restlichen Teig ebenso verfahren und die Teigkugeln gleichmäßig mit mindestens 4 cm Abstand auf den Backblechen verteilen. Jede Kugel zu einer etwa 1 cm dicken Scheibe von 6 cm Durchmesser flach drücken.
* Das restliche Eigelb mit 1 Teelöffel Wasser gründlich verrühren. Mit einem Teigpinsel jeden Teigkreis mit der Eiglasur bestreichen. Auf jeden Keks 1 Mandel legen, falls verwendet, und leicht andrücken.
* 10 Minuten backen, dann die Hitze auf 180 °C reduzieren und weitere 15–20 Minuten backen, bis die Kekse goldbraun und durchgebacken sind (sonst werden sie nicht knusprig).
* Aus dem Ofen nehmen und zum Abkühlen beiseitestellen. Sofort servieren oder in einem luftdichten Behälter bis zu 3 Tage aufbewahren.

MANDELKEKSE

HERKUNFT: HONGKONG
ZUBEREITUNGSZEIT: 20 MINUTEN,
ZZGL. 30 MINUTEN RUHEZEIT
GARZEIT: 30 MINUTEN
ERGIBT: 32 STÜCK
SEITE 655

核桃酥
WALNUSSKEKSE

- 120 G BUTTER (RAUMTEMPERATUR)
- 50 G ZUCKER
- 50 G BRAUNER ZUCKER
- 1 EI, VERRÜHRT
- 225 G MEHL
- ½ TL NATRON
- 1 TL BACKPULVER
- 1 PRISE SALZ
- 65 G WALNUSSKERNE, GEHACKT, ZZGL. EINIGE GANZE ZUM DEKORIEREN (NACH BELIEBEN)

* Den Ofen auf 180 °C vorheizen.
* Butter und beide Zuckersorten zu einer glatten Masse verrühren. 2 Esslöffel Ei zufügen und gründlich unterrühren.
* Mehl, Natron, Backpulver und Salz in eine große Schüssel sieben. Erneut sieben. Portionsweise zu den feuchten Zutaten geben und zu einem Teig verrühren. Die gehackten Walnusskerne einrühren. Den Teig auf ein Backblech legen, zu einer Scheibe formen und 30 Minuten ruhen lassen.
* Den Teig in 32 Portionen teilen. Jedes Teigstück zwischen den Handflächen zu einer Kugel rollen und zu einem kleinen, runden Keks flach drücken. Falls gewünscht, jeden Keks mit einem Stück Walnuss belegen und auf ein Backblech legen.
* Das restliche verrührte Ei mit 1 Esslöffel Wasser anrühren. Die Oberseiten der Kekse damit bestreichen.
* 18 Minuten backen. Die Ofentemperatur auf 160 °C reduzieren und in weiteren 12 Minuten durchbacken.
* Aus dem Ofen nehmen und zum Abkühlen beiseitestellen. Sofort servieren oder in einem luftdichten Behälter bis zu 3 Tage aufbewahren.

HERKUNFT: HONGKONG
ZUBEREITUNGSZEIT: 20 MINUTEN
GARZEIT: 20 MINUTEN
ERGIBT: 32 STÜCK

花生酥
KNUSPRIGE ERDNUSSKEKSE

- 120 G WEIZENMEHL, TYPE 405
- ¼ TL BACKPULVER
- 40 G PUDERZUCKER
- 65 G ERDNUSSBUTTER
- 4 EL MAISKEIMÖL
- ¼ TL SALZ
- 16 ERDNUSSKERNE, HALBIERT, ZUM DEKORIEREN
- 1 EI, VERRÜHRT

* Den Ofen auf 150 °C vorheizen.
* Mehl, Backpulver und Zucker in eine große Schüssel sieben.
* In einer zweiten Schüssel die Erdnussbutter mit dem Öl verrühren, dann das Salz und die Mehlmischung zufügen und alles verrühren, bis der Teig glatt ist und nicht mehr an den Händen klebt. Den Teig in 32 Portionen aufteilen.
* Eine Portion Teig zwischen den Handflächen zu einer Kugel rollen, dann zu einem kleinen, runden Keks flach drücken. ½ Erdnuss daraufsetzen. Mit den restlichen Teigportionen ebenso verfahren.
* 1–2 Teelöffel Wasser zum Ei geben und unterrühren. Jeden Keks auf der Oberseite mit der Eiglasur bestreichen und auf ein Backblech legen. In 20–22 Minuten goldbraun backen.
* Aus dem Ofen nehmen und zum Abkühlen beiseitestellen. Sofort servieren oder in einem luftdichten Behälter bis zu 3 Tage aufbewahren.

WALNUSSKEKSE

GAST KÖCHE

GASTKÜCHE

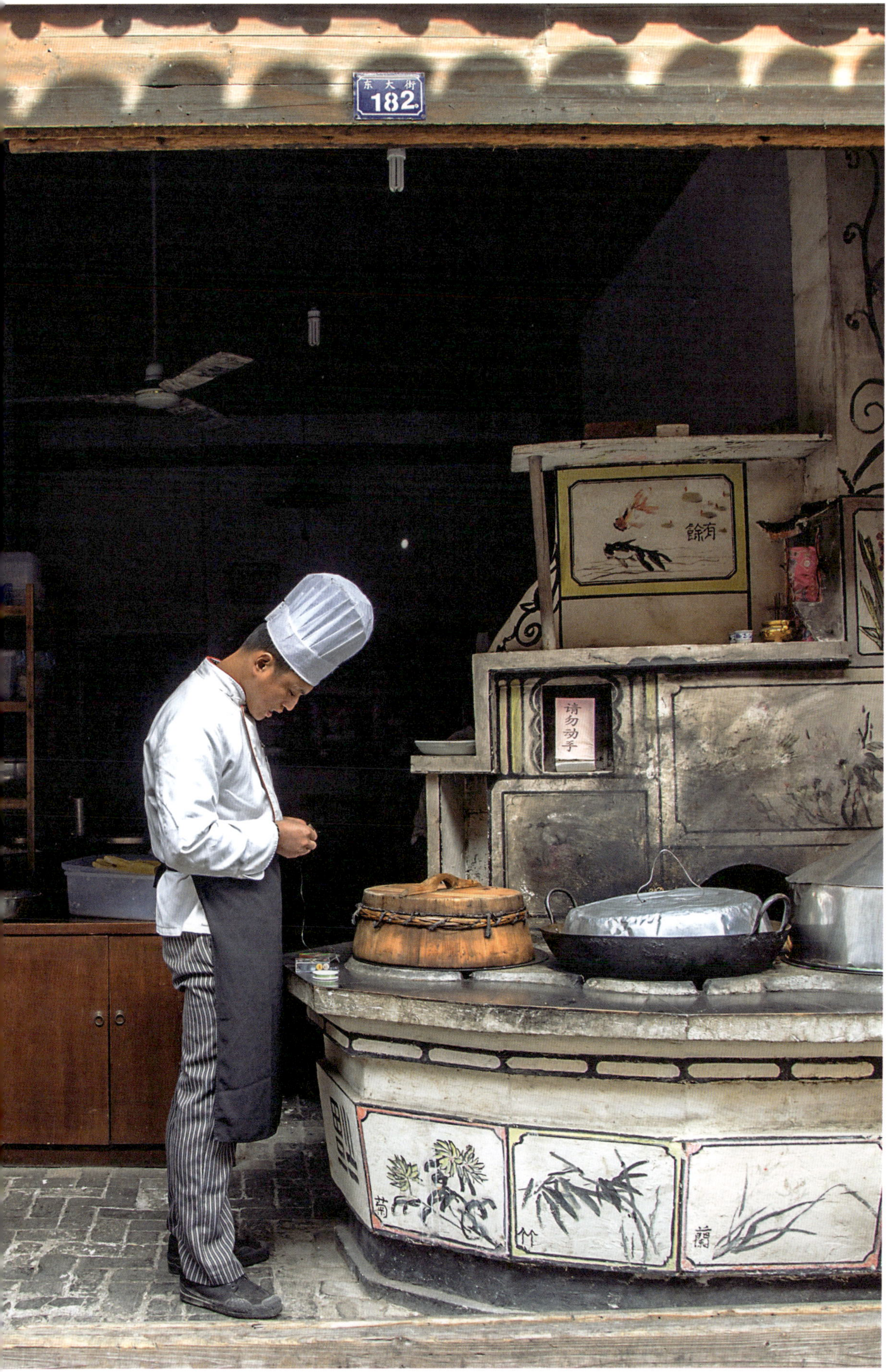
东大街
182
有餘
请勿动手
菊
竹
蘭

CHAN YAN TAK

LUNG KING HEEN

FOUR SEASONS HOTEL HONG KONG, 8 FINANCE STREET, CENTRAL, HONGKONG, CHINA

Chan Yan Tak präsentiert innovative Kombinationen von Strukturen und Aromen und wurde als erster chinesischer Küchenchef für seine komplexe Speisekarte im Four Seasons Lung King Heen mit drei Sternen ausgezeichnet. Tak, einer der berühmtesten Köche Chinas, ist dafür bekannt, westliche Zutaten in chinesische Gerichte zu integrieren.

ZUBEREITUNGSZEIT: 10 MINUTEN, ZZGL. 10 MINUTEN MARINIERZEIT
GARZEIT: 10 MINUTEN
PERSONEN: 2

黑蒜大千鸡
HÄHNCHEN „DAXIAN" MIT SCHWARZEM KNOBLAUCH

- 300 G HÄHNCHEN, OHNE KNOCHEN UND OHNE HAUT, IN MUNDGERECHTE STÜCKE GESCHNITTEN
- 1 ½ EL HELLE SOJASAUCE
- 1 TL SPEISESTÄRKE
- 1 EL PFLANZENÖL
- 2 KNOBLAUCHZEHEN, IN SCHEIBEN GESCHNITTEN
- 2 SCHALOTTEN, IN SCHEIBEN GESCHNITTEN
- ½ ZWIEBEL, IN SCHEIBEN GESCHNITTEN
- 2 GETROCKNETE CHILISCHOTEN, IN 1 CM LANGE STÜCKE GESCHNITTEN
- 1 ROTE VOGELAUGENCHILISCHOTE, FEIN GEHACKT
- 25 G SCHWARZER KNOBLAUCH, GEHACKT
- 1 EL FERMENTIERTE SCHWARZE BOHNEN, ABGESPÜLT UND GEHACKT
- 1 TL DUNKLE SOJASAUCE
- ½ TL ZUCKER
- 2 STÄNGEL KORIANDERGRÜN, IN LANGE STÜCKE GESCHNITTEN

* Hähnchen, 1 Esslöffel helle Sojasauce, Stärke und 4 Esslöffel Wasser in einer Schüssel verrühren und 10 Minuten marinieren.
* Das Öl in einem Wok oder einer großen Pfanne auf mittlerer bis starker Hitze heiß werden lassen, das Hähnchen hineingeben und in 3–4 Minuten gar braten. Auf einen Teller legen.
* Im selben Wok Knoblauch, Schalotten, Zwiebel, getrocknete Chilischoten und Vogelaugenchili auf mittlerer bis starker Hitze 1 Minute sautieren, bis alles duftet. Schwarzen Knoblauch, schwarze Bohnen und Hähnchen zufügen, dann den restlichen ½ Esslöffel helle Sojasauce, dunkle Sojasauce und Zucker zufügen und unter Rühren braten, bis alles gut vermischt ist. Die restliche Stärke zufügen, dann das Koriandergrün unterrühren. Auf einem Servierteller anrichten und servieren.

番茄奶冻
TOMATEN-BLANC-MANGER

ZUBEREITUNGSZEIT: 20 MINUTEN,
ZZGL. 30 MINUTEN EINWEICH-
UND 4 STUNDEN KÜHLZEIT
ERGIBT: 10 TASSEN

Die Zubereitung dieser Blanc-Manger besteht aus zwei Phasen: Die Basis bildet ein Tomatenpudding, der obere Teil besteht aus einer frischen Mousse.

* Für den Tomatenpudding die Basilikumsamen mit Wasser bedecken und 30 Minuten einweichen, dann abgießen.
* Die Unterseite der Tomaten einschneiden. Einen kleinen Topf Wasser zum Kochen bringen, die Tomaten hineingeben und 1–2 Minuten erhitzen. Sofort in eine Schüssel mit Eiswasser legen. Kurz abkühlen lassen, dann die Haut abziehen.
* Die Tomaten in einen Mixer geben, 450 ml Wasser zufügen und pürieren. Zucker und Gelatinepulver mischen, in den Mixer geben und alles gut mischen.
* Die Tomatenmasse in einen Topf füllen und zum Kochen bringen. Sofort den Herd ausschalten und zum Abkühlen beiseitestellen. (Zum schnelleren Abkühlen in ein Wasserbad stellen.)
* Die Schlagcreme zufügen und zu einer Paste verrühren. 110 g der Masse in einen Topf geben, die eingeweichten Basilikumsamen zufügen und gründlich unterrühren. 1 Stunde bei 0–4 °C kühlen, bis die Masse geliert ist.
* Für die Blanc-Manger Zucker und Gelatinepulver in einem kleinen Topf mischen. Nach und nach die Milch zugießen und auf mittlerer bis starker Hitze unter ständigem Rühren zum Kochen bringen. Vom Herd nehmen, abkühlen lassen, die Schlagcreme zufügen und zu einer Paste verrühren.
* Sobald der Tomatenpudding geliert ist, 36 g Blanc-Manger darauf verteilen, wieder in den Kühlschrank stellen und weitere 3 Stunden kühlen.
* Mit Minzeblättern dekorieren und servieren.

FÜR DEN TOMATENPUDDING:
* 1½ TL SÜSSE BASILIKUMSAMEN
* 4–5 TOMATEN
* 150 G ZUCKER
* 1½ EL GELATINEPULVER
* 75 G WHIPPED TOPPING (GESÜSSTE PFLANZLICHE SCHLAGSAHNE)
* MINZEBLÄTTER ZUM GARNIEREN

FÜR DIE BLANC-MANGER:
* 2 EL ZUCKER
* ½ EL GELATINE
* 250 ML MILCH
* 3 EL WHIPPED TOPPING (GESÜSSTE PFLANZLICHE SCHLAGSAHNE)

ZUBEREITUNGSZEIT: 40 MINUTEN
GARZEIT: 10 MINUTEN
ERGIBT: 30 STÜCK

蒜虾春卷
FRÜHLINGSROLLEN MIT KNOBLAUCH UND GARNELEN

- 80 G MEHL
- 1 GESTRICHENER TL BACKPULVER
- 30 FRÜHLINGSROLLEN-TEIGBLÄTTER (20 × 20 CM)
- 750 ML PFLANZENÖL ZUM FRITTIEREN

FÜR DIE GARNELENFÜLLUNG:
- 600 G ROHE GARNELEN, AUSGELÖST UND DARMFADEN ENTFERNT
- 4 TL SPEISESTÄRKE, ZZGL. ETWAS MEHR ZUM BESTREICHEN
- 5 EL PFLANZENÖL
- 25 KNOBLAUCHZEHEN (CA. 80 G), GEHACKT
- 1 ¼ TL SALZ
- ¾ TL GEMAHLENER WEISSER PFEFFER
- 4 TL ZUCKER
- 1 TL INSTANT-HÜHNERBRÜHE
- ½ TL SESAMÖL
- 80 G RÜCKENSPECK VOM SCHWEIN, FEIN GEHACKT

FÜR DIE GEMÜSEFÜLLUNG:
- 300 G CHINESISCHER BROKKOLI ODER CHOY SUM, FEIN GEHACKT
- ⅔ TL SALZ
- 2 ½ TL ZUCKER
- ½ TL INSTANT-HÜHNERBRÜHE
- 1 ½ EL PFLANZENÖL
- 12–14 KNOBLAUCHZEHEN, GEHACKT

* Für die Garnelenfüllung die Garnelen in eine Schüssel geben und mit der Stärke mischen. Unter fließendem kaltem Wasser abspülen, dann abtropfen lassen und beiseitestellen.
* 4 Esslöffel Pflanzenöl in einem Wok oder einer großen Pfanne auf mittlerer bis starker Hitze heiß werden lassen, den Knoblauch hineingeben und 30 Sekunden braten, bis er duftet. Den Herd ausschalten und zum Abkühlen beiseitestellen.
* Mit Küchenpapier die Garnelen trocken tupfen und in eine Schüssel füllen. Salz, Pfeffer und 1 Esslöffel Pflanzenöl zufügen und alles mit den Händen gründlich mischen. Zucker, Instant-Hühnerbrühe, Sesamöl, Rückenspeck und Knoblauch zufügen und gründlich vermengen. Beiseitestellen.
* Für die Gemüsefüllung alle Zutaten in einer Schüssel gründlich mischen.
* In einer kleinen Schüssel Mehl, Backpulver und 100 ml Wasser zu einer Paste verrühren. Beiseitestellen.
* Für die Frühlingsrollen 1 Teigblatt auf eine saubere Arbeitsfläche legen und 2 Esslöffel Garnelenfüllung an der unteren Kante verteilen. 2 Teelöffel Gemüsefüllung an derselben Kante verteilen, dann das Teigblatt aufrollen und die Ränder einschlagen. Die offene Kante zum Verschließen mit der Mehlpaste bestreichen. Mit den restlichen Teigblättern und der übrigen Füllung ebenso verfahren.
* Das Pflanzenöl in einem Wok oder hohen Topf auf 170 °C erhitzen oder bis ein Brotwürfel in 45 Sekunden braun wird. Die Frühlingsrollen portionsweise ins heiße Öl gleiten lassen und 3 Minuten frittieren, dabei mit Stäbchen mehrfach wenden. Die Hitze auf 180 °C erhöhen oder bis ein Brotwürfel in 30 Sekunden braun wird. In 1 Minute goldbraun frittieren. Die Frühlingsrollen mit einem Schaumlöffel aus dem heißen Öl heben und auf Küchenpapier abtropfen lassen. Sofort servieren.

THOMAS CHEN

TUOME

536 EAST 5TH STREET, NEW YORK, NY 10009, USA

Der chinesisch-amerikanische Küchenchef Thomas Chen ist in New York geboren und aufgewachsen. Nach dem Besuch der Kochschule arbeitete er mehrere Jahre im Eleven Madison Park, bevor er sein erstes Restaurant eröffnete. Die Speisekarte des Tuome präsentiert eine zutatenzentrierte zeitgenössische amerikanische Küche, die Chens klassische gastronomische Ausbildung mit seinen asiatischen Wurzeln vereint. Seit der Eröffnung werden Restaurant und Küchenchef von Gästen und Medien mit viel Lob bedacht.

红鲷鱼酸辣汤
RED SNAPPER IN SAUER-SCHARFER SUPPE

ZUBEREITUNGSZEIT: 30 MINUTEN
GARZEIT: 45 MINUTEN
PERSONEN: 2

* Das Öl in einem großen Topf auf mittlerer Hitze heiß werden lassen, Ingwer und Knoblauch hineingeben und 2 Minuten unter Rühren braten, bis sie duften. Zwiebel, Karotten, Sellerie, Frühlingszwiebel und Chilischote zufügen und 6–7 Minuten unter Rühren weich braten. Das Tomatenmark zufügen und 30 Sekunden rühren, dann den Reiswein zugießen und 2 Minuten einkochen lassen.
* Die Hühnerbrühe in den Topf gießen und auf starker Hitze zum Kochen bringen, dann auf schwache Hitze reduzieren und 15 Minuten köcheln lassen. Sojasauce und Essig zufügen.
* In einer kleinen Schüssel die Stärke mit 1½ Esslöffeln Wasser anrühren und die Mischung in den Topf rühren. Unter Rühren 30 Sekunden aufkochen lassen, bis die Sauce eindickt. Abseihen, das Gemüse entfernen und die Brühe wieder in den Topf geben.
* Bambussprossen und Pilze hineingeben. Langsam das verrührte Ei hineinträufeln und mit Stäbchen so einrühren, dass Streifen aus gestocktem Ei entstehen.
* Die Fischfilets salzen und in einem Dämpfeinsatz oder Bambus-Dämpfkorb über einen Topf mit kochendem Wasser stellen. Auf ein Köcheln reduzieren und mit Deckel in 6–8 Minuten gar dämpfen. Salzen.
* Die Suppe auf zwei tiefe Teller verteilen, in jeden 1 Fischfilet legen und mit Koriandergrün garnieren. Servieren.

- 1 EL RAPSÖL
- 2 EL INGWER, IN SCHEIBEN GESCHNITTEN
- 2–3 KNOBLAUCHZEHEN, ZERDRÜCKT
- 75 G ZWIEBEL, GEWÜRFELT
- 75 G KAROTTEN, IN SCHEIBEN GESCHNITTEN
- 50 G STANGENSELLERIE, IN SCHEIBEN GESCHNITTEN
- 30 G FRÜHLINGSZWIEBELN, GEHACKT
- 1 VOGELAUGENCHILISCHOTE, LÄNGS HALBIERT
- 1 TL TOMATENMARK
- 120 ML SHAOXING-REISWEIN
- 950 ML HÜHNERBRÜHE
- 2 EL HELLE SOJASAUCE
- 1 EL ROTWEINESSIG
- 1 EL SPEISESTÄRKE
- 30 G BAMBUSSPROSSEN, GEWÜRFELT
- 60 G ENOKI, ENDEN ABGESCHNITTEN
- 1 EI, VERRÜHRT
- 2 FILETS VOM RED SNAPPER (JE 170 G)
- SALZ NACH GESCHMACK
- 4 EL GEHACKTE KORIANDERBLÄTTER ZUM GARNIEREN

ZUBEREITUNGSZEIT: 20 MINUTEN,
ZZGL. 12 STUNDEN MARINIERZEIT
GARZEIT: 15 MINUTEN
PERSONEN: 4

左宗棠鸡
BRATHÄHNCHEN MIT GENERAL-TSO-HONIG

FÜR DAS BUTTERMILCH-HÄHNCHEN:
- 950 ML BUTTERMILCH
- ½ TL SRIRACHA®
- ¼ TL ZWIEBELPULVER
- ¼ TL KNOBLAUCHPULVER
- ¼ TL INGWERPULVER
- ¼ TL SALZ, ZZGL. ETWAS MEHR NACH GESCHMACK
- 8 HÄHNCHENOBERKEULEN, OHNE KNOCHEN UND OHNE HAUT, IN 2,5 CM GROSSE WÜRFEL GESCHNITTEN
- RAPSÖL ZUM FRITTIEREN

FÜR DIE HONIGSAUCE:
- 120 ML HONIG
- 2 TL HELLE SOJASAUCE
- 1 TL SAMBAL OELEK
- ¼ TL FEIN GEHACKTER KNOBLAUCH

FÜR DIE MEHLMISCHUNG:
- 500 G MEHL
- 225 G SPEISESTÄRKE
- ¼ TL KNOBLAUCHPULVER
- ¼ TL GEMAHLENER WEISSER PFEFFER
- ¼ TL FEINES SALZ

* In einer großen Rührschüssel Buttermilch, Sriracha®, Zwiebelpulver, Knoblauchpulver, Ingwerpulver und Salz gründlich verrühren. Das Fleisch hineinlegen und 12 Stunden in den Kühlschrank stellen.
* Für die Honigsauce alle Zutaten gründlich verrühren und beiseitestellen.
* Für die Mehlmischung alle Zutaten in einer großen Schüssel mischen.
* Das Öl in einem Wok oder hohen Topf auf 170 °C erhitzen oder bis ein Brotwürfel in 45 Sekunden braun wird. Die Hähnchenteile in die Mehlmischung geben und wenden, bis sie überall bedeckt sind. Portionsweise vorsichtig ins Öl gleiten lassen und 2 Minuten frittieren. Mit einem Schaumlöffel oder einer Drahtkelle herausheben und auf einem Gitterrost abtropfen lassen. 2 Minuten stehen lassen.
* Das Öl wieder auf 170 °C erhitzen, dann das Fleisch vorsichtig wieder hineingeben und weitere 2 Minuten frittieren, bis es gar ist. Nach Geschmack salzen.
* Das Hähnchen auf einem Servierteller anrichten und dazu die Honigsauce servieren.

虾仁腊肠炒饭
REIS MIT CHINESISCHER WURST UND GARNELEN

ZUBEREITUNGSZEIT: 20 MINUTEN, ZZGL. 12 STUNDEN KÜHLZEIT
GARZEIT: 20 MINUTEN
PERSONEN: 2

* Einen Topf Wasser zum Kochen bringen, den Reis hineingeben und 6 Minuten auf starker Hitze unter gelegentlichem Rühren kochen. Abtropfen lassen und 12 Stunden in den Kühlschrank stellen.
* 1 Esslöffel Öl in einem Wok oder einer großen Pfanne auf schwacher Hitze heiß werden lassen. Den Ingwer hineingeben und etwa 2 Minuten braten, bis er duftet. Shishito-Chili, Buchenpilze, Schnittknoblauch, Frühlingszwiebeln und getrocknete Garnelen zufügen. Auf starker Hitze 2 Minuten sautieren, bis das Gemüse weich ist.
* Die Garnelen zufügen und 2–3 Minuten mitbraten, bis sie rosa sind. Die Mischung in eine Schüssel füllen und beiseitestellen.
* 1 Esslöffel Öl in einer Pfanne auf starker Hitze heiß werden lassen, die Eier hineingeben und 2–3 Minuten verrühren, bis sie gerade gar sind. Mit einem Pfannenwender (Fischheber) das Rührei in kleine Stücke teilen und in die Schüssel mit dem Gemüse und den Garnelen geben.
* In einem sauberen Wok die chinesische Wurst auf mittlerer Hitze in 1–2 Minuten kross braten (Öl ist nicht nötig, da die Wurst beim Braten Fett abgibt). In die Schüssel mit den anderen Zutaten geben, das ausgelassene Fett im Wok belassen.
* Die restlichen 2 Esslöffel Öl in den Wok geben. Auf starker Hitze heiß werden lassen, den Reis hineingeben und unter ständigem Rühren braten, bis er überall mit Öl benetzt und heiß ist, dabei größere Klumpen mit dem Pfannenwender zerkleinern.
* Gemüse-Garnelen-Mischung, Sojasauce, Fischsauce und Sambal Oelek zufügen, alles gut mischen und nach Geschmack salzen. Auf einem Servierteller anrichten und servieren.

- 400 G LANGKORNREIS, ABGESPÜLT
- 4 EL RAPSÖL
- 1 EL FEIN GEHACKTER INGWER
- 7 SHISHITO-CHILISCHOTEN, IN FEINE STREIFEN GESCHNITTEN
- 30 G BUCHENPILZE (BUNAPI-SHIMEJI), GETRENNT
- 50 G SCHNITTKNOBLAUCH, 3 MM LANGE STÜCKE GESCHNITTEN
- 3 FRÜHLINGSZWIEBELN, IN SCHEIBEN GESCHNITTEN
- 2 TL GETROCKNETE GARNELEN
- 5 ROHE GARNELEN, AUSGELÖST, DARMFADEN ENTFERNT UND FÄCHERFÖRMIG AUFGESCHNITTEN
- 2 EIER, VERRÜHRT
- 2 CHINESISCHE WÜRSTE, IN SCHEIBEN GESCHNITTEN
- 2 TL HELLE SOJASAUCE
- 2 TL FISCHSAUCE
- 2 TL SAMBAL OELEK
- SALZ NACH GESCHMACK

KATHY FANG

HOUSE OF NANKING

919 KEARNY STREET, SAN FRANCISCO, CA 94133, USA

Die Familie Fang gilt in San Francisco als Vorreiter der chinesischen Küche, seit sie 1988 das House of Nanking eröffnete. In dem beliebten Restaurant, das für seine klassische Hausmannskost geschätzt wird, treffen sich Einheimische, Touristen, Stadthonoratioren und Prominente. Kathy wuchs in der Küche des House of Nanking auf und machte sich einen eigenen Namen als Küchenchefin und Miteigentümerin des Fang, eines chinesischen Restaurants in San Francisco, das sie 2011 mit ihrem Vater Peter Fang eröffnete.

ZUBEREITUNGSZEIT: 10 MINUTEN
GARZEIT: 50 MINUTEN
PERSONEN: 2

宫保三文鱼
LACHS KUNG PAO MIT BROKKOLI

- 1 GROSSE SÜSSKARTOFFEL, GESCHÄLT UND IN 2,5 CM GROSSE WÜRFEL GESCHNITTEN
- 2 EL NATIVES OLIVENÖL EXTRA
- 2 TL ZIMT
- SALZ UND GEMAHLENER SCHWARZER PFEFFER
- 500 G BROKKOLIRÖSCHEN
- 1 LACHSFILET OHNE HAUT (225 G), IN 2,5 CM GROSSE WÜRFEL GESCHNITTEN
- 2 EL GERÖSTETE UNGESALZENE ERDNUSSKERNE
- FRÜHLINGSZWIEBELN, IN DÜNNE SCHEIBEN GESCHNITTEN, ZUM GARNIEREN

FÜR DIE SAUCE:
- 120 ML HELLE SOJASAUCE
- 120 ML WEISSER REISESSIG
- 1 EL AGAVENDICKSAFT
- 1 TL INGWER
- ½ TL FEIN GEHACKTER KNOBLAUCH
- ½ TL CHILIFLOCKEN
- ½ TL SRIRACHA®

* Den Ofen auf 190 °C vorheizen.
* Die Süßkartoffelwürfel auf ein Backblech legen, ½ Esslöffel Öl und Zimt zufügen und alles mischen. Mit Salz und Pfeffer würzen und in einer Schicht auf dem Blech verteilen. In 15–20 Minuten weich backen.
* Inzwischen den Brokkoli in einer großen Schüssel mit ½ Esslöffel Öl mischen, mit Salz und Pfeffer würzen und erneut alles mischen.
* Die Süßkartoffelwürfel auf eine Seite des Backblechs schieben und den Brokkoli auf der anderen Seite in einer Schicht verteilen. Weitere 10–15 Minuten backen, bis er weich ist.
* Für die Sauce alle Zutaten in einer kleinen Schüssel gründlich verrühren.
* 1 Esslöffel Öl in einem Wok oder einer großen Pfanne auf starker Hitze heiß werden lassen, dann den Lachs hineingeben und insgesamt 3–5 Minuten von beiden Seiten anbräunen. Auf einen Teller legen und beiseitestellen.
* Die Sauce in den Wok geben und 2–4 Minuten köchelnd eindicken lassen. Auf mittlere Hitze reduzieren, Lachs, Brokkoli und Süßkartoffel zufügen und 3 Minuten kochen, dabei vorsichtig in der Sauce wenden.
* Die Mischung auf einem Servierteller anrichten und mit Erdnüssen und Frühlingszwiebeln garnieren.

港式咖喱虾仁炒饭
CURRYREIS MIT GARNELEN NACH HONGKONG-ART

ZUBEREITUNGSZEIT: 5 MINUTEN
GARZEIT: 5 MINUTEN
PERSONEN: 2

* 1 Teelöffel Öl in einer antihaftbeschichteten Pfanne auf starker Hitze heiß werden lassen. Die Eier hineingeben und verrühren, bis sie ganz gar sind. In eine Schüssel füllen und beiseitestellen.
* 1 Teelöffel Öl in derselben Pfanne auf mittlerer bis starker Hitze heiß werden lassen, Currypulver, Ingwer und Knoblauch hineingeben und 30–45 Sekunden rühren, bis alles duftet. Die Garnelen zufügen und 1 Minute unter Rühren braten. Erbsen, Reis, Salat, Frühlingszwiebeln, Fischsauce, Salz und Zucker einrühren. Alles gründlich mischen.
* Den restlichen Teelöffel Öl darüberträufeln, auf mittlere Hitze reduzieren und rühren, bis alles gut vermischt ist. Rührei und Sriracha® oder Chilipaste, falls verwendet, zufügen und umrühren.
* Auf einem Servierteller anrichten und servieren.

- 3 TL RAPS- ODER SOJAÖL
- 3 EIER, VERRÜHRT
- 1 EL GELBES CURRYPULVER
- 1 EL GERIEBENER INGWER
- 1 TL GEHACKTER KNOBLAUCH
- 60 G GEKOCHTE GARNELEN, GEHACKT
- 60 G ERBSEN ODER SOJABOHNEN
- 320 G GEKOCHTER WEISSER REIS
- 80 G ROMANA- ODER EISBERGSALAT, IN FEINE STREIFEN GESCHNITTEN
- 2 FRÜHLINGSZWIEBELN, GEHACKT
- 1 TL FISCHSAUCE
- 1 PRISE SALZ
- 1 PRISE ZUCKER
- 1 TL SRIRACHA® ODER CHILIPASTE (NACH BELIEBEN)

酸辣土豆丝
KARTOFFELSTREIFEN SAUER-SCHARF

ZUBEREITUNGSZEIT: 8 MINUTEN, ZZGL. 5 MINUTEN RUHEZEIT
GARZEIT: 7 MINUTEN
PERSONEN: 2

* Die Kartoffelstreifen in einer großen Schüssel mit dem Salz mischen. Mit Wasser bedecken und 5 Minuten stehen lassen, dann abtropfen lassen.
* Das Öl in einem Wok oder einer großen Pfanne auf starker Hitze heiß werden lassen, die Kartoffelstreifen hineingeben und unter Rühren braten, bis sie vom Öl umhüllt sind. Die restlichen Zutaten und 1 Esslöffel Wasser zufügen, dann 5 Minuten dünsten, dabei ständig rühren, damit die Kartoffeln nicht am Wokboden ansetzen und übergaren.
* Die Mischung auf einem Servierteller anrichten, nach Geschmack mit zusätzlichem Chiliöl würzen und mit schwarzer Sesamsaat garnieren, falls verwendet.

- 2 MEHLIGKOCHENDE KARTOFFELN, GESCHÄLT UND IN DÜNNE STREIFEN GESCHNITTEN
- 1 TL SALZ
- 1 EL RAPSÖL ODER SOJAÖL
- 4 EL WEISSER REISESSIG
- 2 TL ZUCKER
- 1 TL CHILIPASTE ODER SAMBAL OELEK
- 1 TL CHILIFLOCKEN
- 1 TL CHILIÖL, ZZGL. ETWAS MEHR NACH GESCHMACK
- SCHWARZE SESAMSAAT ZUM GARNIEREN (NACH BELIEBEN)

KONG KHAI MENG

LA CHINE

WALDORF ASTORIA HOTEL, 540 LEXINGTON AVENUE, NEW YORK, NY 10022, USA

Im La Chine werden erlesene Zutaten unter der Leitung des kulinarischen Direktors David Garcelon und des erfahrenen Küchenchefs Kong Khai Meng mithilfe traditioneller französischer Techniken zubereitet. Meng stammt aus Singapur und hat mehr als 20 Jahre lang in einigen von Asiens renommiertesten chinesischen Restaurants Erfahrungen gesammelt.

ZUBEREITUNGSZEIT: 35 MINUTEN,
ZZGL. 8 MINUTEN MARINIERZEIT
GARZEIT: 45 MINUTEN
PERSONEN: 1

蜜汁鲈鱼
CHILENISCHER SEEBARSCH MIT HONIG-SOJA-GLASUR

- 1 SEEBARSCHFILET (150 G) MIT HAUT
- 3 EL HELLE SOJASAUCE
- 1 EL SPEISESTÄRKE
- 1 EIWEISS
- 3 ½ EL PFLANZENÖL
- SALZ UND PFEFFER
- 250 G BUCHENPILZE (BUNAPI-SHIMEJI), ENDEN ABGESCHNITTEN UND GETRENNT
- 1 GRÜNE SPARGELSTANGE, DIAGONAL IN 3 CM LANGE STÜCKE GESCHNITTEN
- ½ EL ERBSEN

FÜR DIE HONIG-SOJA-GLASUR:
- 680 ML HOCHWERTIGE HELLE SOJASAUCE
- 500 ML DUNKLE SOJASAUCE
- 500 ML MAGGI®-WÜRZSAUCE
- 2 ⅔ EL SESAMÖL
- 80 G AUSTERNSAUCE
- 400 G ZUCKER
- 2 TL INSTANT-HÜHNERBRÜHE
- 430 ML HOCHWERTIGER BIOHONIG

* Den Ofen auf 180 °C vorheizen.
* Für die Glasur alle Zutaten außer dem Honig mit 700 ml Wasser in einen großen Topf geben. Auf einen Wasserbadtopf stellen und 25–30 Minuten köcheln lassen, bis die Sauce eingedickt ist und an einem Löffel hängen bleibt. Den Honig unterrühren und vom Herd nehmen. Beiseitestellen.
* Seebarschfilet und Sojasauce mischen und 8 Minuten marinieren. Mit der Hautseite nach unten in eine ofenfeste Schüssel legen und 7 Minuten backen. Dünn mit der Glasur bestreichen und weitere 5 Minuten backen, bis der Fisch gar ist.
* Inzwischen die Honig-Soja-Glasur auf schwacher Hitze heiß werden lassen. Die Stärke mit 1 Esslöffel Wasser anrühren und die Glasur mit der Mischung andicken.
* Einen kleinen Topf Wasser auf mittlerer bis starker Hitze zum Kochen bringen. Eiweiß und 3 Esslöffel Pflanzenöl hineingeben und pochieren. Abgießen, dann das Ei wieder in den Topf geben, mit Salz und Pfeffer würzen und 1 Minute sautieren, bis es weich ist. Auf einem Serviertelle anrichten.
* ½ Esslöffel Pflanzenöl in einer kleinen Pfanne auf mittlerer bis starker Hitze heiß werden lassen, Spargel, Erbsen und Pilze hineingeben und 2 Minuten braten. Mit Salz und Pfeffer würzen.
* Den Seebarsch auf das Eiweiß legen und das Gemüse um den Fisch herum anrichten. Mit der Glasur beträufeln und sofort servieren. (Die restliche Glasur hält sich bis zu 30 Tage im Kühlschrank.)

酸菜
EINGELEGTER CHINAKOHL

ZUBEREITUNGSZEIT: 10 MINUTEN,
ZZGL. 26 STUNDEN MARINIERZEIT
ERGIBT: 2¾ LB/1,8 KG

* Den Kohl mit 500 g Salz in einer großen Schüssel mischen und 2 Stunden stehen lassen, bis er weich ist. Unter fließendem kaltem Wasser abspülen, um das Salz zu entfernen und den Kohl wieder knackig zu machen. In einem Sieb abtropfen lassen und beiseitestellen.
* In einem Mixer Karotte, Chili, Knoblauch, die restlichen 4 Teelöffel Salz, Zucker, Reisessig und fermentierten Tofu zu einer Paste verarbeiten.
* Den Kohl gründlich mit der Paste vermischen und mindestens 24 Stunden im Kühlschrank marinieren.

- 1 GROSSER CHINAKOHL (1,8 KG), IN 7,5 CM LANGE STÜCKE GESCHNITTEN
- 520 G KOSCHERES SALZ
- 1 GROSSE KAROTTE, IN SCHEIBEN GESCHNITTEN
- 3–4 LANGE ROTE CHILISCHOTEN, IN STREIFEN GESCHNITTEN
- 10 KNOBLAUCHZEHEN
- 130 G ZUCKER
- 200 ML REISESSIG
- 140 G FERMENTIERTER TOFU

干炸马鲛鱼
KNUSPRIGE SPANISCHE MAKRELE MIT EINGELEGTEM CHINAKOHL UND RAUCHIGEM SOJADRESSING

ZUBEREITUNGSZEIT: 20 MINUTEN
GARZEIT: 3 STUNDEN 15 MINUTEN
PERSONEN: 6

* Für das Dressing das Öl in einem Topf auf mittlerer bis starker Hitze heiß werden lassen, Schalotten und Ingwer hineingeben und 1–2 Minuten anbraten. Die restlichen Zutaten und 1 Liter Wasser zufügen und zum Kochen bringen. Auf mittlere bis schwache Hitze reduzieren und 3 Stunden eindicken lassen. Abseihen und in den Kühlschrank stellen.
* Makrele, helle Sojasauce und Reiswein mischen und 30 Minuten marinieren. Abtropfen lassen und trocken tupfen.
* Das Öl in einem Wok oder hohen Topf auf 100 °C erhitzen, die Makrele vorsichtig hineingleiten lassen und 3–5 Minuten frittieren, bis sie gar und noch saftig ist. Mit einem Schaumlöffel herausheben und auf Küchenpapier abtropfen lassen.
* In 3 Esslöffel Sojadressing wenden, mit eingelegtem Chinakohl belegen und servieren.

- 140 G FILETS VON DER SPANISCHEN MAKRELE MIT HAUT, IN 6 STÜCKE GESCHNITTEN
- 1 ½ TL HELLE SOJASAUCE
- 1 ¼ TL SHAOXING-REISWEIN
- 750 ML PFLANZENÖL
- 6 STÜCKE EINGELEGTER CHINAKOHL (SIEHE OBEN)

FÜR DAS RAUCHIGE SOJADRESSING:
- 3½ EL PFLANZENÖL
- ½ KLEINE SCHALOTTE, IN SCHEIBEN GESCHNITTEN
- 60 G INGWER (CA. 7,5 CM), IN SCHEIBEN GESCHNITTEN
- 1 KLEINE FRÜHLINGSZWIEBEL
- 500 ML HOCHWERTIGE SOJASAUCE
- 450 G KANDISZUCKER
- 300 G ZUCKER
- 150 G MALTOSESIRUP
- 150 ML HUADIAO-REISWEIN (GELBER SHAOXING-REISWEIN)
- 2–3 LORBEERBLÄTTER
- 3 STERNANISE
- 1 ZIMTSTANGE

ZUBEREITUNGSZEIT: 15 MINUTEN
GARZEIT: 10 MINUTEN
PERSONEN: 2

黑椒牛排
RINDERFILET MIT HICKORYNÜSSEN UND SCHWARZER-PFEFFER-GLASUR

- 1 RINDERFILET (220 G), IN 3 CM GROSSE WÜRFEL GESCHNITTEN
- 1 EL BRAUNE BOHNENPASTE
- 2 TL ZUCKER
- 1 TL SPEISESTÄRKE
- 3⅓ EL PFLANZENÖL
- ¼ ROTE PAPRIKASCHOTE, SAMEN ENTFERNT UND IN 3 CM GROSSE QUADRATE GESCHNITTEN
- ¼ GELBE PAPRIKASCHOTE, SAMEN ENTFERNT UND IN 3 CM GROSSE QUADRATE GESCHNITTEN
- 25 G BUTTER
- 2–3 KNOBLAUCHZEHEN, IN SCHEIBEN GESCHNITTEN
- ½ KLEINE ROTE ZWIEBEL, IN 3 CM GROSSE QUADRATE GESCHNITTEN
- 3 CIPOLLINI-ZWIEBELN, GESCHÄLT, HALBIERT UND SCHICHTEN GETRENNT
- ⅓ LAUCHSTANGE, IN DÜNNE STREIFEN GESCHNITTEN
- ½ TL GROB GEMAHLENER SCHWARZER PFEFFER
- 3 G HICKORYNÜSSE AUS LIN'AN

FÜR DIE GLASUR:
- 800 ML MAGGI®-WÜRZE
- 250 ML WORCESTERSHIRESAUCE
- 3 ½ EL INSTANT-HÜHNERBRÜHE
- 1 KG KETCHUP
- 520 G ZUCKER

* Fleisch, braune Bohnenpaste, Zucker und Stärke in einer kleinen Schüssel mischen und im Kühlschrank bis zum Gebrauch marinieren.
* Für die Schwarzer-Pfeffer-Glasur alle Zutaten in einer Schüssel verrühren und beiseitestellen.
* Das Pflanzenöl in einem Wok oder einer großen Pfanne auf mittlerer bis starker Hitze heiß werden lassen, die Paprika hineingeben und in 1–2 Minuten weich braten. Auf einem Teller beiseitestellen.
* Im selben Wok die Butter auf mittlerer bis starker Hitze heiß werden lassen, das Fleisch hineingeben und von jeder Seite 2 Minuten anbraten, bis es gebräunt und englisch (à point) ist. Auf einen Teller legen.
* Knoblauch und beide Zwiebelarten in einen sauberen Wok geben und auf mittlerer bis starker Hitze 1 Minute sautieren, bis sie duften. Lauch und Pfeffer zufügen und erneut 1 Minute sautieren.
* Das Filet und ½ Esslöffel Glasur zufügen und auf starke Hitze erhöhen, dann die Paprika zufügen und 1–2 Minuten sautieren. Auf einen Servierteller legen und mit den Hickorynüssen bestreuen.

HINWEIS:
Die restliche Glasur hält sich bis zu 3 Tage im Kühlschrank.

TONY LU

MANDARIN ORIENTAL PUDONG

111 PUDONG S ROAD, PUDONG, SHANGHAI, CHINA

Der gefeierte Küchenchef Tony Lu ist in Shanghai geboren und aufgewachsen und sammelte in mehreren kantonesischen Nobelrestaurants Erfahrungen, bevor er mit seinen Restaurants Fu1039, Fu1088 und Fu1015 internationalen Ruhm erlangte. Fu1015 stand 2013 und 2014 auf San Pellegrinos Liste „Asiens 50 beste Restaurants", Fu1088 wurde 2010 und 2011 von Food & Wine China zu den „Besten 50 Restaurants in China" gezählt. Als Chefberater im Shanghaier Hotelrestaurant Yong Yi Ting im Mandarin Oriental Pudong serviert Lu authentische Gerichte aus Jiangnan, wo sich die Küchen von Shanghai und seinen benachbarten Provinzen Jiangsu und Zhejiang vereinen.

烟熏鲳鱼
GERÄUCHERTE SEEBRASSE MIT SÜSSER SOJASAUCE

ZUBEREITUNGSZEIT: 15 MINUTEN, ZZGL. 25 MINUTEN MARINIERZEIT
GARZEIT: 25 MINUTEN
PERSONEN: 2–3

* In einer großen Schüssel 1½ Esslöffel helle Sojasauce und den Reiswein verrühren, dann den Fisch hineinlegen und 25 Minuten marinieren.
* 1 Esslöffel Pflanzenöl in einem Wok oder einer großen Pfanne auf mittlerer bis starker Hitze heiß werden lassen. Ingwer, Frühlingszwiebeln und getrocknete Chilischoten hineingeben und 30 Sekunden sautieren, bis sie duften. 475 ml Wasser zugießen und zum Kochen bringen, dann Hoisin-Sauce, Zucker, 1½ Esslöffel helle Sojasauce, dunkle Sojasauce und Sesamöl zufügen und 20 Minuten köcheln lassen. Abseihen und beiseitestellen.
* Das Öl in einem Wok oder hohen Topf auf 180 °C erhitzen oder bis ein Brotwürfel in 30 Sekunden braun wird. Die Fischscheiben sanft ins Öl gleiten lassen und von jeder Seite 3 Minuten goldbraun und gar frittieren. Mit einem Schaumlöffel vorsichtig aus dem Öl in die Sauce heben. In der Sauce wälzen, dann auf einem Servierteller anrichten.

- 3 EL HELLE SOJASAUCE
- 1 ⅔ EL HUADIAO-REISWEIN (GELBER SHAOXING-REISWEIN)
- 1 GANZE SEEBRASSE (500 G), GESÄUBERT, FILETIERT UND IN DICKE SCHEIBEN GESCHNITTEN
- 740 ML PFLANZENÖL, ZZGL. 1 EL
- 10 G INGWER (CA. 2 CM), IN SCHEIBEN GESCHNITTEN
- 3 FRÜHLINGSZWIEBELN
- 2 GETROCKNETE CHILISCHOTEN
- 80 G HOISIN-SAUCE
- 80 G ZUCKER
- 1 EL DUNKLE SOJASAUCE
- 2 TL SESAMÖL
- 2 LORBEERBLÄTTER
- 3 STERNANISE

ZUBEREITUNGSZEIT: 15 MINUTEN,
ZZGL. 1 STUNDE EINWEICHZEIT
GARZEIT: 1 STUNDE 30 MINUTEN
PERSONEN: 2–3

黑松露鲍鱼红烧肉焖饭
REIS MIT IN SOJASAUCE GESCHMORTEM SCHWEINEBAUCH, ABALONE UND MORCHELN IN SCHWARZE-TRÜFFEL-SAUCE

- 300 G SCHWEINEBAUCH, MIT HAUT
- 1 MORCHEL
- 1 EL PFLANZENÖL
- 5 G INGWER (CA. 1 CM), GESCHÄLT UND GEHACKT
- 1 EL HUADIAO-REISWEIN (GELBER SHAOXING-REISWEIN)
- 2 EL GELBE-BOHNEN-SAUCE
- 2 TL DUNKLE SOJASAUCE
- 250 ML FLEISCHBRÜHE (SEITE 90–91)
- 150 G ZUCKER
- 60 G LANGKORNREIS
- 1 FRISCHE ABALONE, AUSGELÖST UND ABGESPÜLT
- 1 TL SCHWARZE-TRÜFFEL-SAUCE
- 1 TL SPEISESTÄRKE
- 1 FRISCHE SCHWARZE TRÜFFEL, IN SCHEIBEN GESCHNITTEN

* Einen Topf Wasser zum Kochen bringen, den Schweinebauch hineingeben und 3 Minuten kochen. Abtropfen lassen, abkühlen lassen und in 10 Quadrate schneiden.
* In einer kleinen Schüssel die Morchel mit heißem Wasser bedecken und 1 Stunde einweichen, bis sie aufgequollen ist.
* Inzwischen das Öl in einem Wok oder einer großen Pfanne auf schwacher Hitze heiß werden lassen, Fleisch und Ingwer hineingeben und 2–3 Minuten unter Rühren braten, bis das Fleisch fest ist. Reiswein, Gelbe-Bohnen-Sauce, dunkle Sojasauce, Brühe, Zucker und 500 ml Wasser zufügen und auf schwacher Hitze 1 Stunde köcheln lassen.
* Den Reis in einer ofenfesten Schüssel mit 2⅓ Esslöffeln Wasser mischen, mit Alufolie abdecken und in einem Dämpfeinsatz oder Bambus-Dämpfkorb über einen Topf mit kochendem Wasser stellen. Mit Deckel in 15 Minuten gar dämpfen.
* Morchel, Abalone und Schwarze-Trüffel-Sauce zur Fleischmischung geben und weitere 5 Minuten schmoren. Die Stärke mit 1 Teelöffel Wasser anrühren und die Mischung in den Wok rühren. Unter Rühren 30 Sekunden aufkochen lassen, bis die Sauce eindickt. Auf dem gedämpften Reis verteilen, mit einigen Trüffelscheiben garnieren und servieren.

ANTHONY LUI

THE FLOWER DRUM

17 MARKET LANE, MELBOURNE, VIC 3000, AUSTRALIEN

In China ist der traditionelle „Blumentrommel-Tanz" für seine Schönheit und Eleganz bekannt. 1975 eröffnete Gilbert Lau The Flower Drum in dem bescheidenen Wunsch, den Menschen in Australien gute chinesische Küche zu präsentieren. Dank Gilberts hohen Ansprüchen sowohl an sich selbst als auch an seine Mitarbeiter konnte die kantonesische Küche auf dem schwierigen australischen Restaurantmarkt Fuß fassen. Er etablierte damit ein chinesisches Restaurant, das den dominanten europäischen Küchen ernsthaft Konkurrenz machte. Unter der Leitung von Küchenchef Anthony Lui ist das Restaurant noch heute eine angesehene gastronomische Größe.

蟹肉蒸豆腐
GEDÄMPFTER SEIDENTOFU MIT KRABBENFLEISCH

ZUBEREITUNGSZEIT: 10 MINUTEN
GARZEIT: 10 MINUTEN
PERSONEN: 6

* In einer Schüssel Krabbenfleisch, Garnelen, Kartoffelmehl, Salz und Pfeffer gründlich zu einer glatten, festen Masse verrühren. Tofu, Frühlingszwiebel und Sesamöl zufügen und alles gut mischen.
* Jeden chinesischen Suppenlöffel leicht mit Pflanzenöl benetzen. Mit den Löffeln etwas Tofumasse abstechen und im Löffel in einem Dämpfeinsatz oder Bambus-Dämpfkorb über einen Topf mit kochendem Wasser stellen. Mit Deckel etwa 4–5 Minuten dämpfen, bis die Garnelen gar sind. Die Portionen von den Löffeln nehmen, dazu gegebenenfalls mit einem Zahnstocher lösen.
* ½ Esslöffel Pflanzenöl in einer Pfanne auf mittlerer bis starker Hitze heiß werden lassen, die gedämpften Tofupäckchen hineingeben und in etwa 2 Minuten goldbraun braten. Auf einem Servierteller anrichten.
* In einem kleinen Topf Hühnerbrühe, Sojasauce und Öl kurz aufkochen lassen. Die Sauce über den Tofu gießen und sofort servieren.

- 120 G GEKOCHTES KÖNIGS-KRABBENFLEISCH
- 100 G ROHE GARNELEN, AUSGELÖST, DARMFADEN ENTFERNT UND FEIN GEHACKT
- 1 TL KARTOFFELMEHL
- ¼ TL SALZ
- 1 PRISE GEMAHLENER WEISSER PFEFFER
- 2 STÜCKE SEIDENTOFU (JE 130 G), ZERDRÜCKT
- 1 FRÜHLINGSZWIEBEL, GEHACKT
- ½ TL SESAMÖL
- ½ EL PFLANZENÖL, ZZGL. ETWAS MEHR ZUM BESTREICHEN

FÜR DIE SAUCE:
- 60 ML HÜHNERBRÜHE (SEITE 90)
- 1 ½ EL HELLE SOJASAUCE
- ½ TL PFLANZENÖL

AUSSERDEM:
- 12 OFENFESTE CHINESISCHE SUPPENLÖFFEL

ZUBEREITUNGSZEIT: 25 MINUTEN
GARZEIT: 20 MINUTEN
PERSONEN: 2

耗油香菇烤鸡
GEBRATENE PILZE MIT HÄHNCHENFÜLLUNG UND AUSTERNSAUCE

- 8 PAK CHOI, ÄUSSERE BLÄTTER ENTFERNT, ZUM GARNIEREN
- 200 G HÄHNCHENBRUST ODER -OBERKEULE, OHNE KNOCHEN, GEWOLFT
- ⅔ TL SALZ
- 1 ⅔ EL KARTOFFELMEHL, ZZGL. ETWAS MEHR ZUM BESTÄUBEN
- ½ EIWEISS
- ½ TL INGWERSAFT
- 2 EL FEIN GEHACKTE WASSERKASTANIEN
- 12 BRAUNE CHAMPIONS (CA. 5 CM DURCHMESSER), STIELE ENTFERNT
- ½ EL PFLANZENÖL

FÜR DIE SAUCE:
- 120 ML HÜHNERBRÜHE (SEITE 90)
- 1 EL HOCHWERTIGE AUSTERNSAUCE
- ¼ TL DUNKLE SOJASAUCE
- ⅔ TL KARTOFFELMEHL
- ½ TL SESAMÖL
- ⅔ EL SHAOXING-REISWEIN

* Einen Topf Wasser zum Kochen bringen, den Pak Choi hineingeben und 2–3 Minuten blanchieren. Abtropfen lassen und beiseitestellen.
* In einer Küchenmaschine Hähnchen, Salz, Kartoffelmehl, Eiweiß und Ingwersaft 1 Minute gründlich verrühren. 2½ Teelöffel Wasser zufügen und noch 1 Minute verrühren. Diesen Vorgang dreimal wiederholen.
* Mit einem langen Löffel oder Pfannenwender (Fischheber) die Masse in die Mitte der Rührschüssel schieben und erneut 5 Minuten verrühren. Die Wasserkastanien zufügen und umrühren, bis alles gut gemischt ist. Die Masse in 12 Portionen teilen.
* Mit einem Löffel jeden Pilz etwas aushöhlen. Das Innere mit Kartoffelmehl bepinseln und jeden Pilz so mit der Hähnchenmasse füllen, dass ein glatter Hügel entsteht.
* Das Öl in einer großen Pfanne auf mittlerer Hitze heiß werden lassen. Die Pilze mit der gefüllten Seite nach unten hineinlegen, gegebenenfalls portionsweise. Deckel aufsetzen und 4 Minuten anbräunen, bis sie gerade gar sind. Wenden, Deckel aufsetzen und weitere 3 Minuten braten, bis die Füllung gar ist und die Pilze etwas weich sind.
* Alle Saucenzutaten in einer kleinen Schüssel verrühren und die Mischung in den Wok geben. Die Pilze vorsichtig darin wenden und garen, bis die Sauce eingedickt ist und Blasen wirft.
* Die Pilze auf einem Servierteller anrichten und mit dem Pak Choi dekorieren. Die Sauce darübergießen und sofort servieren.

烤乳鸽
GERÖSTETE JUNGTAUBE IN PORTWEINSAUCE

ZUBEREITUNGSZEIT: 15 MINUTEN, ZZGL. 30 MINUTEN KÜHL- UND 3 STUNDEN MARINIERZEIT
GARZEIT: 30 MINUTEN
PERSONEN: 4

- Bei jeder Taube Kopf und Füße abschneiden.
- Salz und Zucker in einer kleinen Schüssel mischen. Die Tauben von innen und außen leicht damit einreiben und 30 Minuten kalt stellen.
- Tauben und Portwein in eine große Schüssel geben und 3 Stunden marinieren, dabei die Tauben ein- bis zweimal wenden.
- 120 ml Portwein abnehmen. Die Tauben und den restlichen Portwein in einen großen Topf geben und auf mittlerer Hitze 15 Minuten kochen, dabei die Tauben alle 2–3 Minuten wenden, damit sie nicht am Topfboden ansetzen. Herausnehmen und die Sauce einkochen lassen, bis sie dick und sirupartig ist. Beiseitestellen.
- Die Sojasauce mit 2 Teelöffeln Wasser verrühren und die Tauben damit einreiben.
- Inzwischen einen Ofen auf 240 °C vorheizen. Die Tauben mit der Brust nach oben auf ein Backblech legen und 7–8 Minuten rösten. Die Hälfte der Sauce und den aufbewahrten Portwein zufügen, die Tauben wenden und mit der Brust nach unten weitere 5 Minuten rösten, bis sie goldbraun und gar sind. Aus dem Ofen nehmen und zum Abkühlen beiseitestellen.
- Sobald sie etwas abgekühlt sind, jede Taube halbieren, jede Hälfte in 3–4 Stücke schneiden und auf einem Servierteller anrichten. Die restliche Sauce darüberlöffeln und servieren.

- 4 JUNGTAUBEN (JE 500 G), GESÄUBERT
- 2 EL SALZ
- 4 EL ZUCKER
- 600 ML PORTWEIN
- 1 TL HELLE SOJASAUCE

MOK KIT KEUNG

SHANG PALACE

KOWLOON SHANGRI-LA HOTEL, 64 MODY ROAD, TSIM SHA TSUI EAST, KOWLOON, HONGKONG, CHINA

Mok Kit Keung, Küchenchef im Sterne-Hotelrestaurant Shang Palace, erlernte schon in jungen Jahren die Geheimnisse der kantonesischen Küche und kochte bereits für König Mohammed VI. von Marokko, den russischen Präsidenten, den ehemaligen und derzeitigen Premierminister von Singapur und viele andere prominente Würdenträger. Darüber hinaus wurde er mit zahlreichen Preisen ausgezeichnet wie der Goldmedaille der chinesischen Küche des Restaurantverbands von Singapur 2001 und 2004, der Goldmedaille im Rahmen der Food Hotel Asia 2008 Imperial Challenge sowie im Laufe der Jahre mit zahlreichen anderen Zeichen der Anerkennung.

ZUBEREITUNGSZEIT: 10 MINUTEN
GARZEIT: 5 MINUTEN
PERSONEN: 4

黑松露鲜蟹肉炒鲜奶蛋白
WEISSES RÜHREI MIT KRABBENFLEISCH UND SCHWARZEN TRÜFFELN

- 5 EIWEISS
- 150 ML KAFFEESAHNE
- 4 EL KÖNIGSKRABBENFLEISCH
- 475 ML PFLANZENÖL
- 7 G REISVERMICELLI
- 1 ESSBARE BLÜTE ZUM GARNIEREN
- FRISÉESALAT ZUM GARNIEREN
- SCHWARZE TRÜFFELSCHEIBEN ZUM SERVIEREN

FÜR DIE WÜRZSAUCE:
- ⅓ TL SALZ
- ¼ TL INSTANT-HÜHNERBRÜHE
- ¼ TL HÜHNERBRÜHE
- ¾ EL SPEISESTÄRKE
- 3 EL WASSER

* Eiweiße, Sahne und Würzzutaten in einer Schüssel gründlich verrühren und beiseitestellen.
* Das Krabbenfleisch in eine kleine Schüssel legen, mit heißem Wasser bedecken und umrühren. Abtropfen lassen und zur Eiweißmasse geben.
* Das Öl in einem Wok oder hohen Topf auf 180 °C erhitzen oder bis ein Brotwürfel in 30 Sekunden braun wird. Die Vermicelli hineingeben und in 10 Sekunden kross frittieren. Auf einem Servierteller anrichten.
* Ein Drittel der Eiweißmischung in den Wok geben und 1–2 Minuten unter Rühren gar braten. Auf den Vermicelli anrichten. Die Hälfte der restlichen Eiweißmischung in den Wok geben, in 1–2 Minuten unter Rühren gar braten und auf den Vermicelli anrichten. Mit der restlichen Eiweißmischung ebenso verfahren.
* Mit essbaren Blüten und Friséesalat garnieren, dann mit den Trüffelscheiben servieren.

酥炸牡蛎
FRITTIERTE AUSTER MIT KNUSPERREIS IN PORTWEINSAUCE

ZUBEREITUNGSZEIT: 15 MINUTEN
GARZEIT: 10 MINUTEN
PERSONEN: 1

* In einer kleinen Schüssel Auster und Stärke mischen.
* Einen kleinen Topf Wasser zum Kochen bringen, die Auster hineingeben und 1 Minute pochieren. Mit einem Schaumlöffel herausheben und auf Küchenpapier abtropfen lassen.
* Für den Trockenteig alle Zutaten in einer kleinen Schüssel gründlich mischen.
* In einer zweiten kleinen Schüssel 2 Esslöffel Trockenteig, 1 Teelöffel Pflanzenöl und 1½ Esslöffel Wasser zu einem feuchten Teig verrühren.
* Die Auster in dem Trockenteig wälzen, dann in den feuchten Teig tauchen und erneut im Trockenteig wälzen. 475 ml Öl in einem Wok oder hohen Topf auf 170 °C erhitzen oder bis ein Brotwürfel in 45 Sekunden braun wird. Die Auster hineingleiten lassen und in 2–3 Minuten goldbraun frittieren. Mit einem Schaumlöffel die Auster herausheben und auf Küchenpapier abtropfen lassen.
* Den Puffreis in denselben Wok geben und in etwa 1 Minute goldbraun und kross frittieren. Das Salatblatt auf einen Teller legen und den Puffreis darauf verteilen. Beiseitestellen.
* Den restlichen ½ Teelöffel Pflanzenöl auf mittlerer bis starker Hitze in den Wok geben und Knoblauch und Schalotte 30 Sekunden sautieren, bis sie duften. Die Würzzutaten und dann die Auster zufügen und gut umrühren.
* Die Auster in die Salatblatt-Schale legen und mit Frühlingszwiebelstreifen und essbaren Blüten garnieren.

- 1 AMERIKANISCHE AUSTER, AUSGELÖST
- 1 EL SPEISESTÄRKE
- 475 ML PFLANZENÖL, ZZGL. 1½ TL
- 6 G PUFFREIS
- 1 SALATBLATT
- ½ TL FEIN GEHACKTER KNOBLAUCH
- ½ TL FEIN GEHACKTE SCHALOTTE
- 1 FRÜHLINGSZWIEBEL, IN FEINE STREIFEN GESCHNITTEN, ZUM GARNIEREN
- ESSBARE BLÜTEN ZUM GARNIEREN

FÜR DEN TROCKENTEIG:
- 3¾ EL MEHL
- 1 EL BACKPULVER
- ½ TL NATRON
- ¾ EL SPEISESTÄRKE

FÜR DIE WÜRZSAUCE:
- 4 TL SÜSSSAURE SAUCE
- 1 TL PORTWEIN
- ¼ TL INSTANT-HÜHNERBRÜHE

ZUBEREITUNGSZEIT: 15 MINUTEN
GARZEIT: 2 STUNDEN 30 MINUTEN
PERSONEN: 4

梅酒排骨
GESCHMORTE IBÉRICO-RIPPCHEN MIT PFLAUMENWEIN

- 600 G IBÉRICO-SCHWEINERIPPCHEN
- 1 ⅓ EL HELLE SOJASAUCE
- 1 TL INSTANT-HÜHNERBRÜHE
- 1 ½ EL SPEISESTÄRKE
- 475 ML PFLANZENÖL
- 2 EL JAPANISCHER PFLAUMENWEIN
- 1 ESSBARES AHORNBLATT

FÜR DIE SAUCE:
- 3 EINGELEGTE ROTE PFLAUMEN
- 3–4 GESALZENE TROCKENPFLAUMEN
- 3–4 FRÜHLINGSZWIEBELN
- 6 KNOBLAUCHZEHEN
- 10 G INGWER (CA. 2 CM)
- 2 SCHALOTTEN, IN SCHEIBEN GESCHNITTEN
- 1 STERNANIS
- 2 SAURE PFLAUMEN
- 2 LORBEERBLÄTTER
- ¼ TL PFLAUMENPULVER
- 1 TL INSTANT-HÜHNERBRÜHE
- 2 ½ TL AUSTERNSAUCE
- 55 G KANDISZUCKER
- 2 ⅔ EL REISWEIN

* Einen großen Topf Wasser zum Kochen bringen und die Rippchen hineingeben. Auf schwache bis mittlere Hitze reduzieren und 1 Stunde köcheln lassen. Abtropfen und abkühlen lassen.
* Sobald sie etwas abgekühlt sind, die Rippchen in 4–6 Stücke schneiden. Mit Sojasauce, Instant-Hühnerbrühe und Stärke würzen.
* Das Öl in einem Wok oder einer großen Pfanne auf mittlerer bis starker Hitze heiß werden lassen, die Rippchen hineingeben und in 3–4 Minuten goldbraun frittieren. Mit einem Schaumlöffel herausnehmen und auf Küchenpapier abtropfen lassen. Das Öl aus dem Wok gießen.
* Den Wok auf mittlerer bis starker Hitze heiß werden lassen und Rippchen, Saucenzutaten und so viel Wasser hineingeben, dass die Rippchen bedeckt sind. Zum Kochen bringen, auf schwache bis mittlere Hitze reduzieren und mit Deckel 1½ Stunden köcheln lassen, bis die Rippchen weich sind. Den japanischen Pflaumenwein zufügen.
* Die Rippchen auf einem Servierteller anrichten. Die Sauce abseihen, über die Rippchen träufeln und mit essbarem Ahornblatt garnieren. Servieren.

TONG CHEE HWEE

HAKKASAN

8 HANWAY PLACE, LONDON W1T 1HD, GROSSBRITANNIEN

Für Küchenchef Tong Chee Hwee begann die Karriere, als er mit 18 Jahren in Singapur entdeckt wurde, wo er die Küchen im Ritz-Carlton beaufsichtigte. 2001 zog er nach London und wurde Chefkoch im Hakkasan; heute ist er Küchenchef im Hakkasan, im Yauatcha und im HKK in London. Alle Restaurants sind berühmt für ihre hochklassigen Degustationsmenüs, in denen sie die Vielfalt der chinesischen Küche in modernisierten traditionellen Rezepten wiederaufleben lassen.

醉鸡卷
DRUNKEN CHICKEN ROLL

ZUBEREITUNGSZEIT: 30 MINUTEN, ZZGL. 14 STUNDEN MARINIERZEIT
GARZEIT: 20 MINUTEN
PERSONEN: 4

* Die Hühnerbrühe in einem großen Topf auf mittlerer bis starker Hitze erwärmen. Vom Herd nehmen, beide Weine zufügen und zum Abkühlen beiseitestellen.
* Die Hähnchenkeulen mit Küchenpapier trocken tupfen und in eine Schüssel legen. Salz und Ingwersaft zufügen und 2 Stunden marinieren.
* Eine Keule mit der Hautseite nach unten auf ein Stück Klarsichtfolie legen und fest einrollen. Mit den restlichen Hähnchenkeulen ebenso verfahren.
* Die Keulen mit der Klarsichtfolie in einem Dämpfeinsatz oder Bambus-Dämpfkorb über einen Topf mit kochendem Wasser stellen. Mit Deckel 15 Minuten dämpfen, dann abkühlen lassen.
* Sobald sie etwas abgekühlt sind, die Klarsichtfolie entfernen und in eine Schüssel legen. Die Hühnerbrühe darübergießen und 12 Stunden marinieren.
* Das Fleisch in Scheiben schneiden, dann auf einem Servierteller anrichten und mit Koriandergrün garnieren.

- 600 ML HÜHNERBRÜHE (SEITE 90)
- 120 ML SHAOXING-REISWEIN
- 2 ½ EL KWAI-WEIN
- 6 HÄHNCHENKEULEN (FREILANDHALTUNG) OHNE KNOCHEN
- 4 TL SALZ
- 1 EL INGWERSAFT
- KORIANDERGRÜN ZUM GARNIEREN

ZUBEREITUNGSZEIT: 30 MINUTEN
GARZEIT: 2 STUNDEN
PERSONEN: 4

茶香烟熏神户牛肉
TEERAUCH-WAGYU-RINDFLEISCH

- 1,5 KG WAGYU-QUERRIPPEN, AUSGELÖST UND HALBIERT
- 2 EL KARTOFFELSTÄRKE
- PFLANZENÖLSPRAY ZUM BRATEN
- 3 KNOBLAUCHZEHEN
- 10 G INGWER (CA. 2 CM)
- 2 KLEINE FRÜHLINGSZWIEBELN, GEHACKT
- 100 G JAPANISCHE YAMSWURZEL (YAMAIMO) ODER KÜRBIS, GROB IN STÜCKE GESCHNITTEN UND GEBRATEN (NACH BELIEBEN)
- 50 G BRAUNER ZUCKER
- 100 G GEDÄMPFTER REIS
- 1½ EL JASMINTEEBLÄTTER

FÜR DIE SAUCE:
- 3 EL SOJASAUCE
- 2 EL KETCHUP
- 4 TL REISESSIG
- 25 G KANDISZUCKER
- 3 EL SHAOXING-REISWEIN, ZZGL. 1 TL
- 1 SCHWARZE KARDAMOMKAPSEL
- 2 EL ROT FERMENTIERTER REIS

* In einer Schüssel die Querrippen in der Kartoffelstärke wälzen.
* Einen Wok oder eine große Pfanne mit Pflanzenöl einsprühen und auf mittlerer Hitze heiß werden lassen. Das Fleisch hineingeben und in 2 Minuten goldbraun braten. Auf einen Teller legen.
* Den Wok sauber wischen und erneut mit Pflanzenöl einsprühen. Knoblauch, Ingwer und Frühlingszwiebeln auf mittlerer bis starker Hitze 1 Minute sautieren, bis sie duften.
* Für die Sauce alle Zutaten in einem großen Topf mit 2 Litern Wasser verrühren und zum Kochen bringen.
* Die Rippchen in den Topf geben und 1–1¼ Stunden mit Deckel kochen, bis sie weich und zart sind. Mit einem Schaumlöffel auf einen Teller legen und abkühlen lassen. Falls gewünscht, in kleinere Stücke schneiden.
* Die restliche Sauce 30 Minuten im Topf kochen, bis sie auf 250 ml eingekocht ist. Abseihen und wieder in den Topf geben. Das Fleisch hineingeben und unter ständigem Rühren zum Kochen bringen. Falls verwendet, die Yamswurzel zufügen.
* Einen Wok mit einem großen Stück Alufolie auskleiden, dann Zucker, gedämpften Reis und Teeblätter hineingeben und ein Dämpfgitter so darüberstellen, dass es die Räuchermischung nicht berührt. Auf schwacher bis mittlerer Hitze heiß werden lassen, bis die Mischung anfängt zu rauchen, dann die Rippchen auf das Gitter legen. Deckel aufsetzen, auf schwache Hitze reduzieren, damit sich nicht zu viel Rauch entwickelt, und 10 Minuten räuchern. Servieren.

松露香醋海鲈鱼
WILDER SEEBARSCH MIT TRÜFFELESSIG

ZUBEREITUNGSZEIT: 20 MINUTEN, ZZGL. 30 MINUTEN MARINIERZEIT
GARZEIT: 5 MINUTEN
PERSONEN: 4

* Für die Sauce alle Zutaten mit 120 ml Wasser in einem Mixer verrühren, dann in einen Topf gießen und zum Kochen bringen. Beiseitestellen.
* Fisch, Zucchini, Kürbis, Ingwer, Stärke, Eiweiß und Salz in eine große Schüssel geben, gründlich mischen und 30 Minuten marinieren. 2 Esslöffel Öl zufügen.
* 1 Teelöffel Öl in einer Pfanne auf mittlerer bis starker Hitze heiß werden lassen, dann den Fisch mit der Hautseite nach unten hineinlegen und von jeder Seite 2 Minuten braten, bis er fast gar ist. Den Fisch zum Abtropfen auf einen Teller mit Küchenpapier legen.
* In derselben Pfanne 1 Teelöffel Öl auf mittlerer Hitze heiß werden lassen, den Knoblauch hineingeben und 30 Sekunden sautieren, bis er duftet. Den Fisch hineingeben und 1 Minute braten, dann die Gemüse-Ingwer-Mischung zufügen. Nach Geschmack nachwürzen.
* Auf einem Servierteller anrichten und mit der Fischsauce servieren.

- 100 G WILDER SEEBARSCH (FILETS MIT HAUT)
- 100 G ZUCCHINI, IN 5 CM LANGE STREIFEN GESCHNITTEN
- 100 G KÜRBIS, IN 5 CM LANGE STREIFEN GESCHNITTEN
- 10 G INGWER (CA. 2 CM), IN STREIFEN GESCHNITTEN
- 2 TL KARTOFFELSTÄRKE
- ½ EIWEISS, VERRÜHRT
- ½ TL SALZ, ZZGL. ETWAS MEHR NACH GESCHMACK
- 2 EL PFLANZENÖL, ZZGL. 2 TL

FÜR DIE FISCHSAUCE:
- 2 ⅓ EL TRÜFFEL-BALSAMICO-ESSIG
- 2 EL HELLE SOJASAUCE
- 2 ½ TL ZUCKER
- 1 TL SHAOXING-REISWEIN
- ¾ TL MAGGI®-WÜRZSAUCE
- ½ TL TINTENFISCHSAUCE
- ½ TL DUNKLE SOJASAUCE
- GEHACKTES KORIANDERGRÜN

JOEL WATANABE

BAO BEI CHINESE BRASSERIE

163 KEEFER STREET, VANCOUVER, BC V6A 1X3, KANADA

---

*

Im Januar 2010 öffnete das Bao Bei seine Türen und erregte mit seiner innovativen Interpretation der chinesischen Küche sofort Aufmerksamkeit. Joel Watanabes kreative Zubereitung asiatischer Zutaten mithilfe klassischer Techniken aus der französischen und der japanischen Küche verleihen seinen Gerichten eine unverkennbare Note. Sein Stil hat ihm eine treue lokale wie internationale Fangemeinde eingebracht.

ZUBEREITUNGSZEIT: 20 MINUTEN, ZZGL. 20 MINUTEN RUHEZEIT
GARZEIT: 2 ¼–3 ¼ STUNDEN
ERGIBT: 10

狮子头
LÖWENKOPF-FLEISCHBÄLLCHEN

- 5 G INGWER (CA. 1 CM), GESCHÄLT
- 4 EL SHAOXING-REISWEIN
- 250 G SPEISESTÄRKE, ZZGL. 1 ½ EL
- 1 KG SCHWEINEKAMM (SCHULTER), GEWOLFT, CA. 30 % FETT
- 1 BUND FRÜHLINGSZWIEBELN, FEIN GEHACKT
- 2 EIWEISS, VERRÜHRT
- 2 EL HOCHWERTIGE HELLE SOJASAUCE
- 2 ½ TL GERÖSTETES SESAMÖL, ZZGL. ETWAS MEHR NACH GESCHMACK
- GEMAHLENER WEISSER PFEFFER NACH GESCHMACK
- 1 L RAPSÖL
- 1 KOPF CHINAKOHL, QUER IN 4 CM LANGE STÜCKE GESCHNITTEN
- 2 L HÜHNERBRÜHE (SEITE 90)

* Den Ofen auf 195 °C vorheizen.
* Den Ingwer mit ½ Esslöffel Wasser im Mixer pürieren. In eine kleine Schüssel füllen und beiseitestellen.
* Den Shaoxing-Reiswein und 1 ½ Esslöffel Stärke in eine große Schüssel geben. Fleisch, Frühlingszwiebeln, Eiweiße, Sojasauce und Sesamöl zufügen, dann mit weißem Pfeffer würzen und alles gut verrühren, bis eine elastische Masse entsteht. (Alternative: Im Standmixer mit dem Flachrührer auf mittlerer Geschwindigkeit 2 Minuten rühren.) Mit feuchten Händen aus der Masse 10 Kugeln mit einem Durchmesser von 7,5 cm formen.
* Das Rapsöl 2,5 cm hoch in einen Wok oder hohen Topf gießen und auf 170 °C erhitzen oder bis ein Brotwürfel in 45 Sekunden braun wird.
* 250 g Stärke in eine flache Schüssel geben und ein Fleischbällchen gründlich darin wenden. Mit den restlichen Fleischbällchen ebenso verfahren. Die Bällchen portionsweise ins heiße Öl gleiten lassen und 4–5 Minuten ausbacken, bis sie überall goldbraun sind. Mit einem Schaumlöffel die Fleischbällchen vorsichtig aus dem Öl heben und auf Küchenpapier abtropfen lassen.
* 3 Schichten Chinakohl auf dem Boden eines großen Schmortopfs verteilen und die Fleischbällchen eng nebeneinander auf den Kohl setzen. Mit weiteren 3 Schichten Kohl abdecken, dann alles mit Hühnerbrühe bedecken. Deckel aufsetzen und 2–3 Stunden in den Ofen stellen, bis die Innentemperatur der Fleischbällchen 75 °C erreicht. Aus dem Ofen nehmen und mit Deckel 20 Minuten stehen lassen. In Schüsseln mit etwas Brühe und Chinakohl servieren.

芥菜肉丝炒年糕
KLEBREISBÄLLCHEN MIT EINGELEGTEM SENFGEMÜSE UND SCHWEINEFLEISCH

ZUBEREITUNGSZEIT: 20 MINUTEN, ZZGL. 2 TAGE RUHEZEIT
GARZEIT: 25 MINUTEN
ERGIBT: 2

- 60 G SCHWEINELENDE, IN DÜNNE STREIFEN GESCHNITTEN
- 1 ½ TL HELLE SOJASAUCE
- 2 ½ TL ZUCKER
- 2 ½ TL GERÖSTETES SESAMÖL
- 5 G GETROCKNETE MU-ERR
- 60 G FRISCHE BAMBUSSPROSSEN, IN SCHEIBEN GESCHNITTEN
- 2 EL RAPSÖL
- 1 EL FEIN GEHACKTER KNOBLAUCH
- 250 G KLEBREISBÄLLCHEN
- 400 ML HÜHNERBRÜHE (SEITE 90)

FÜR DAS EINGELEGTE SENFGEMÜSE:
- 3 EL SALZ
- 2 EL ZUCKER
- 2 ¼ KG BLATTSENF, ABGESPÜLT UND ENDEN ABGESCHNITTEN

FÜR DAS OMELETT MIT GESALZENEM RETTICH:
- 3 EIER
- 1 ½ TL HELLE SOJASAUCE
- 1 PRISE ZUCKER
- 1 PRISE SALZ
- 1 ½ EL BUTTER
- 1 EL GEHACKTER GESALZENER RETTICH

* Für das eingelegte Senfgemüse Salz und Zucker in einer Schüssel mischen. 1 Schicht der Mischung in ein großes sterilisiertes Schraubglas füllen, 1 Schicht Blattsenf darauflegen, dann wieder 1 Salz-Zucker-Schicht zufügen. So weiterschichten, bis der Senf aufgebraucht ist.
* Den Blattsenf mit einem Gewicht beschweren, Deckel schließen und an einem kühlen, trockenen Ort 2 Tage ziehen lassen.
* In einer Schüssel Fleisch, 1 Teelöffel Sojasauce, ½ Teelöffel Zucker und 1 Teelöffel Sesamöl mischen.
* Einen kleinen Topf Wasser zum Kochen bringen, die Mu-Err zufügen, auf mittlere Hitze reduzieren und 5 Minuten köcheln lassen. In eine Schüssel mit Eiswasser legen und abseihen.
* Einen Topf Wasser zum Kochen bringen, die Bambussprossen hineingeben und 2 Minuten blanchieren. Abtropfen lassen und beiseitestellen.
* Das Fleisch in einem Wok oder einer großen Pfanne auf mittlerer bis starker Hitze 2–3 Minuten sautieren, bis es gerade gar ist. Auf einen Teller legen und beiseitestellen.
* Das Rapsöl in einem Wok auf mittlerer bis starker Hitze heiß werden lassen, den Knoblauch hineingeben und etwa 1 Minute braten, bis er duftet. Pilze, Bambussprossen und 3 Esslöffel Senfgemüse einrühren und 5 Sekunden heiß werden lassen.
* Klebreisbällchen, die restlichen 2 Teelöffel Zucker, ½ Teelöffel Sojasauce, 1 ½ Teelöffel Sesamöl und Hühnerbrühe zufügen. Auf starker Hitze 10 Minuten kochen lassen, bis die Brühe auf die Hälfte eingekocht ist. Das Fleisch hineingeben und 2–3 Minuten mitkochen, bis die Sauce so dick ist, dass sie am Löffelrücken hängen bleibt. In eine Servierschüssel füllen.
* Für das Omelett mit gesalzenem Rettich Eier, Sojasauce, Zucker und Salz in einer kleinen Schüssel gut verrühren.
* Die Butter in einer antihaftbeschichteten Pfanne auf schwacher bis mittlerer Hitze zerlassen. Sobald sie Blasen wirft, die Eiermasse und den gesalzenen Rettich hineingeben. Die Pfanne kräftig im Kreis schwenken, damit sich das Ei gleichmäßig verteilt. (Das Omelett sollte in der Mitte noch etwas flüssig sein.)
* Die Pfanne vom Herd nehmen und 1 Minute stehen lassen, dann das Omelett vorsichtig in die Schüssel mit den Reisbällchen rollen. Servieren.

GLOSSAR - REGISTER - BIBLIOGRAFIE - ANMERKUNGEN

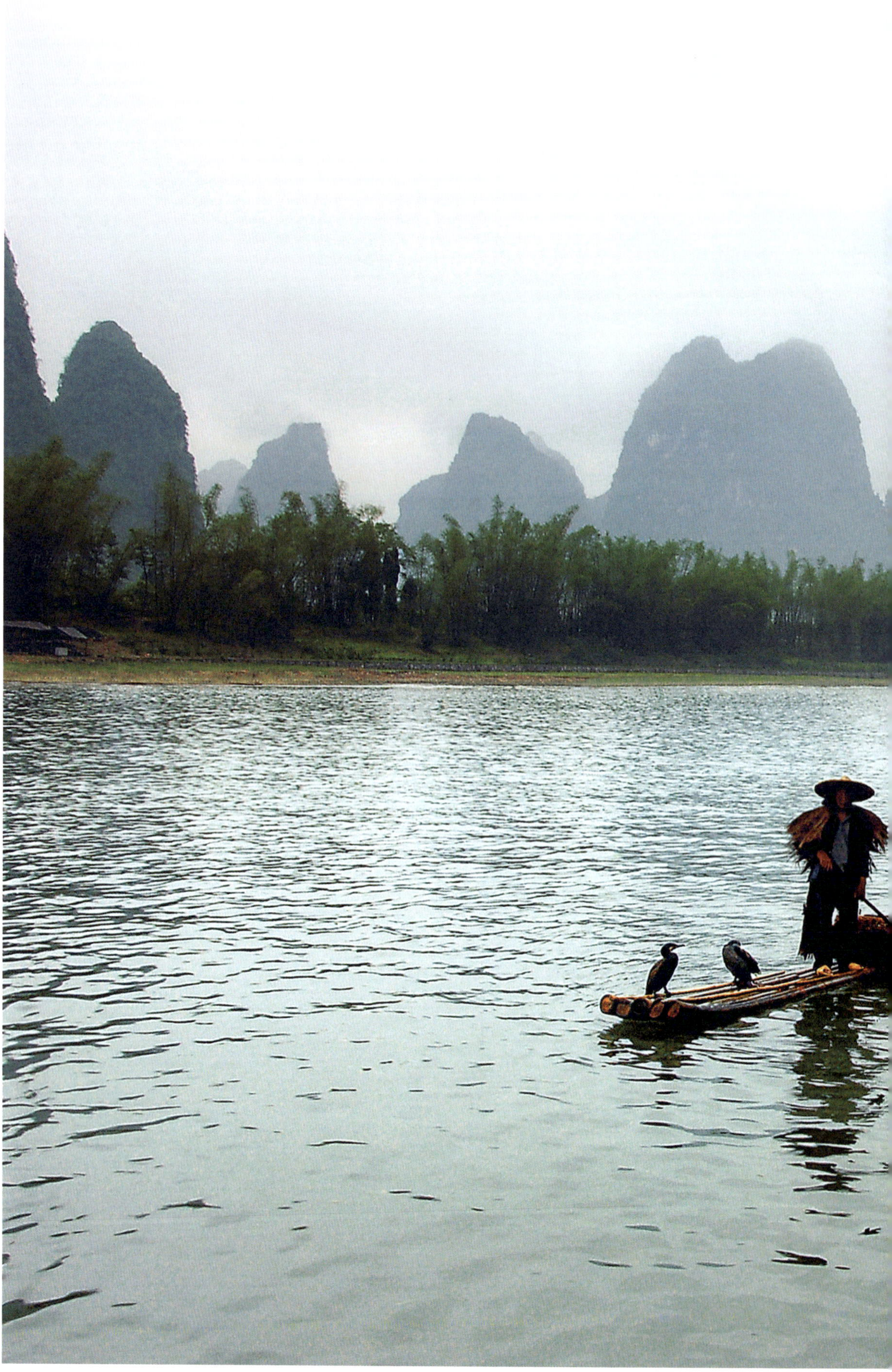

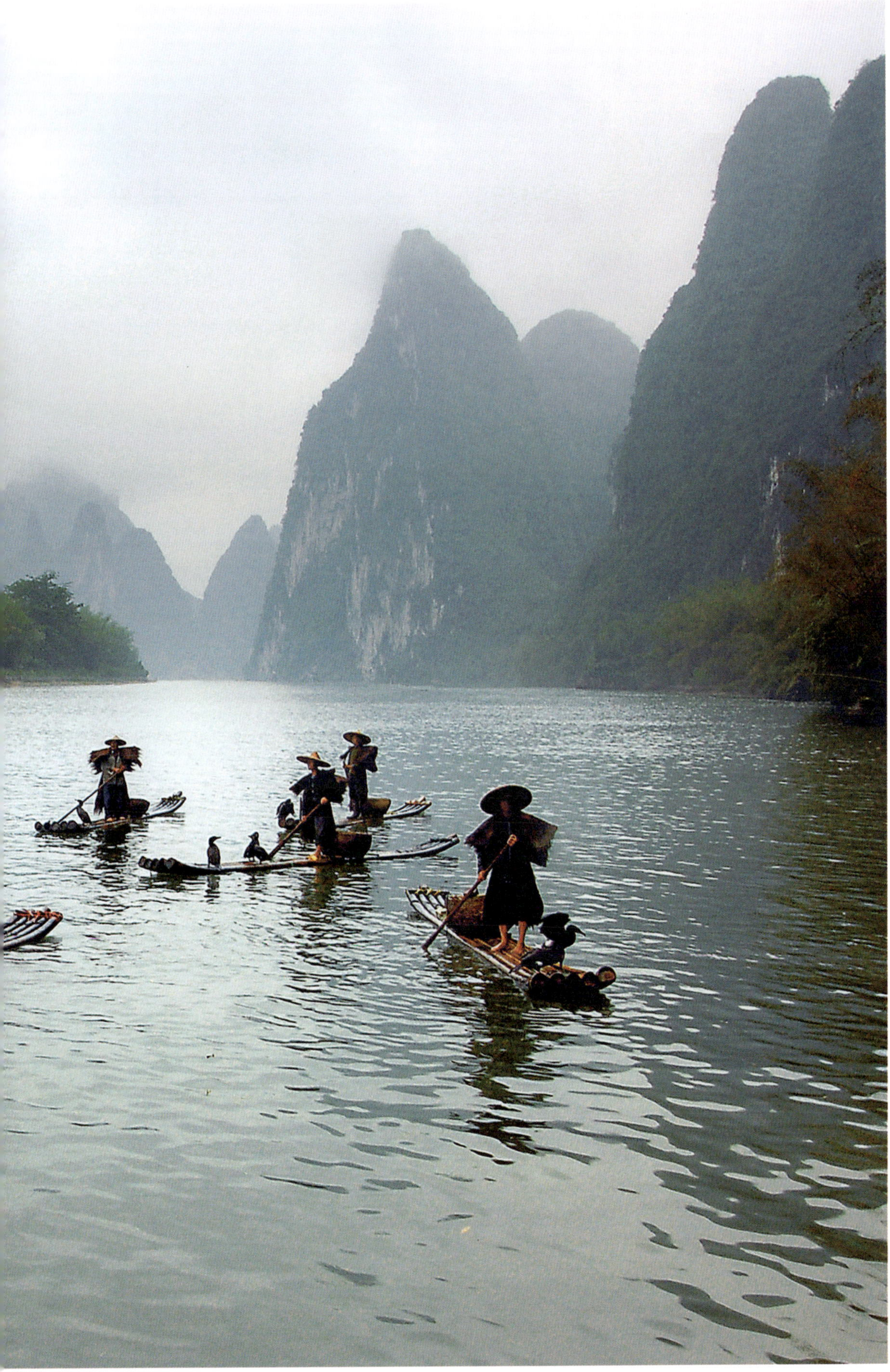

GLOSSAR

AAL (*HUANG SHAN*, 黄鳝)
Der Ostasiatische Kiemenschlitzaal ist ein länglicher Fisch, der im Ganzen zu unhandlich ist und deshalb meist enthäutet, ausgenommen und entgrätet verkauft wird. Das Fleisch ist zart und mager, das feine Aroma passt ideal zu kräftigeren Zutaten. In diesem Buch finden sich Rezepte mit Süßwasseraal, jedoch empfiehlt Seafood Watch, eine Informationsplattform zu nachhaltiger Fischerei, wegen des starken Drucks auf die Aalpopulationen auf den Verzehr zu verzichten.

ABALONE (*BAO YU*, 鲍鱼)
Früher traditionell dem Adel vorbehalten, heute als beliebte, wenn auch teure Festspeise frisch, getrocknet oder in Dosen in Spezialgeschäften und beim Fischhändler erhältlich. Das bissfeste Fleisch erinnert in der Konsistenz an Tintenfisch, im süßlichen Aroma an Tiefsee-Scallops und wird bei der Zubereitung zart und buttrig. Neben anderen medizinischen Eigenschaften soll sie gut für das Immunsystem sein.

APRIKOSENKERNE (*XING REN*, 杏仁)
Wurden lange als Heilmittel gegen Husten und Erkältung eingenommen. Es gibt zwei Sorten, süß und bitter, in der traditionellen chinesischen Küche in einem Verhältnis von 4:1 verwendet. Die bitteren Kerne können bei falscher Zubereitung giftig sein, daher kommt im Buch nur die süße Variante zum Einsatz.

AUSTERNSAUCE (*HAO YOU*, 蚝油)
Dickflüssige braune Würzsauce, beliebt in der kantonesischen Küche. Für die Herstellung werden Austern geköchelt, bis der Saft karamellisiert, der dann mit anderen Gewürzen verfeinert wird. Süß-salzig mit erdigen Untertönen, wird oft über gedämpftes Blattgemüse, Pfannen- und Reisgerichte geträufelt oder dient als Grundlage für Marinaden.

BAIJIU (*BAI JIU*, 白酒)
Dieser Schnaps, wörtlich übersetzt „weißer Alkohol", wird seit Jahrhunderten mithilfe uralter Techniken aus Hirse und anderem Getreide destilliert. Er macht einen großen Anteil am chinesischen Schnapsmarkt aus und lässt sich gut durch Wodka ersetzen, falls er nicht erhältlich ist.

BAMBUSPILZ (*ZHU SHENG*, 竹笙)
Nährstoffreicher Pilz, in China wegen seiner medizinischen Eigenschaften geschätzt. Von knackiger, elastischer Konsistenz und zartem Aroma, braucht kaum zusätzliche Würze.

BAMBUSSPROSSEN (*ZHU SUN*, 竹笋)
Zarte Sprossen mit erdiger Note und von knackiger Konsistenz, häufig in Pfannengerichten, Schmorgerichten, Salaten und Suppen verwendet. Frische Sprossen schälen und 2–3 Minuten blanchieren, um alle Toxine zu entfernen. Zarte Sorten wie Winter- und Frühlingssprossen sind sehr beliebt, u. U. aber schwierig zu finden. Bambussprossen in der Dose oder in der Vakuumverpackung finden sich in gut sortierten Supermärkten und Asienläden.

BITTERMELONE (*KU GUA*, 苦瓜)
Auch Bittergurke, beliebtes asiatisches Kürbisgewächs mit knotiger, gerippter Schale, wird als Nahrungsmittel und als Medizin eingesetzt. Kann Alkaloide wie Chinin und Momordicin enthalten, die von einigen Menschen nicht vertragen werden. Durch Ankochen oder Einweichen in Salzwasser bis zu 10 Minuten lassen sich Bitterkeit und Giftigkeit reduzieren.

BOHNENSPROSSEN (*YA CAI*, 芽菜)
Bohnensprossen werden meist aus der grünlichen Mungobohne gezogen.

BRAUNE ZUCKERSCHEIBEN
  (*PIAN TANG*, 片糖)
Diese braunen Zuckerblöcke, auch als „Jaggery" bezeichnet, werden aus unraffiniertem Zuckerrohr hergestellt und verleihen vielen chinesischen süßen und herzhaften Gerichten ein tiefes, komplexes Aroma. Nicht zu verwechseln mit dem ähnlich aussehenden Palmzucker.

BRAUNER ZUCKER
  (*HONG TANG*, 红糖)
Traditionelles Süßmittel, in China „roter Zucker" genannt, zentrale Zutat in süßsauren Saucen und Desserts. Lässt sich durch weißen Zucker ersetzen: In einer trockenen Pfanne erhitzen, bis er karamellisiert.

CHAOZHOU-PFLAUMENPASTE
(*MEI GAO JIANG*, 梅糕酱)
Ähnelt der Pflaumensauce, hat aber ein intensiveres Aroma. Lässt sich durch Pflaumensauce ersetzen.

CHAOZHOU-SALZGEMÜSE
(*CHAOZHOU XIAN CAI*, 潮州咸菜)
Die Stadt Chaozhou liegt in der Provinz Guangdong in Südostchina, die für ihr eingelegtes Gemüse bekannt ist. Hier wird nährstoffreicher Braune Senf mit kräftigem, pfeffrigem Geschmack in Salzlake eingelegt und traditionell als Appetithäppchen oder zum Frühstück mit Reisbrei (Congee) gegessen. Das Salzgemüse ist in Dosen oder vakuumverpackt erhältlich.

CHILI-BOHNEN-PASTE
(*DOU BAN JIANG*, 豆瓣酱)
Grundzutat vor allem der Sichuan-Küche. Durch das Fermentieren von dicken Bohnen (Saubohnen) oder Sojabohnen mit Chilischoten entsteht eine Basis mit kräftigem Aroma für Pfannengerichte, Suppen und Marinaden oder als Würzmittel zum Reis.

CHILIÖL (*LA YOU*, 辣油)
Kräftiges Pflanzenöl mit Chiliaroma, kann über gebratenen Reis, Nudeln und Salate geträufelt oder als Dip verwendet werden. Sternanis, Zimt, Sichuan-Pfefferkörner und Lorbeerblätter verstärken das Aroma. Sichuan-Chiliöl (*hong you*, 红油), enthält einen Bodensatz aus Sichuan-Chilis, Knoblauch und Sternanis. Als Dip für Wontons oder beim Würzen von Pfannengemüse sorgen die prickelnden Aromen des Sichuan-Chilis für eine besonders scharfe Note.

CHILISCHOTEN (*LA JIAO*, 辣椒)
China gehört zu den größten Chiliproduzenten weltweit. Die zahlreichen Sorten werden getrocknet, gehackt, zerstampft und pulverisiert verwendet. Der in der chinesischen Küche beliebte Vogelaugenchili hat kleine, spitz zulaufende rote oder grüne Schoten. Wegen seiner Schärfe reichen 1–2 Schoten pro Gericht. Wer es nicht so scharf mag, nimmt eine mildere Sorte.

CHINESISCHE WURST (*LA CHANG*, 腊肠)
Auf chinesischen Märkten wird Wurst in vielen Variationen verkauft, frische Sorten ebenso wie harte, schrumpelige Dauerwürste. Luftgetrocknete Würste heißen wegen ihrer glatten Pelle auf Kantonesisch „lap cheong" oder „Wachswürste". Manche enthalten Leber (siehe Entenleberwurst, S. 691), andere sind mit Sojasauce, Salz, Zucker und Rosenschnaps gewürzt. Beim Mitgaren verleiht das austretende Fett Pfannen- und Reisgerichten eine kräftige Süße. Schmecken auch gedämpft mit Reis.

CHINESISCHE YAMSWURZEL (*HUAI SHAN*, 淮山)
Die chinesische Varietät dieser stärkehaltigen essbaren Knolle hat eine zähe braune Haut und wird in der traditionellen Kräutermedizin zur Behandlung von Magen-, Milz- und Nierenleiden eingesetzt. Kann gekocht, gebraten oder gestampft zu Suppen, Pfannengerichten und Congees gegeben werden. Frisch oder in Pulverform erhältlich.

CHINESISCHER BROKKOLI (*JIE LAN*, 芥兰)
Auch Kai-lan genannt, Blattgemüse mit dicken Stielen und wenigen winzigen Blüten, ähnlich dem Brokkoli. Lässt sich durch Rübstiel (Stängelkohl) oder Brokkoli ersetzen.

CHINESISCHER KLIPPFISCH (*XIAN YU*, 咸鱼)
Seit jeher wird in der chinesischen Küche der Überschuss an frischem Fisch durch Salzen und Trocknen haltbar gemacht. Klippfisch galt traditionell als Arme-Leute-Essen, weil ein kleines, aromareiches Stück reichte, um große Mengen Reis zu würzen. Passt gut zu gebratenem Reis, Nudeln oder Schweinehack in gedämpften Frikadellen.

CHINESISCHES OLIVENGEMÜSE
(*GAN LAN CAI*, 橄榄菜)
Für diese Spezialität aus Guangdong werden Blattsenf und Oliven in Öl und Salz eingelegt. Schmeckt gut zu gebratenem Reis und in Gerichten wie Garnelen mit chinesischem Olivengemüse (seite 181).

CHINESISCHES PÖKELFLEISCH (*LA ROU*, 腊肉)
Pökeln ist eine traditionelle Methode zum Haltbarmachen von Fleisch und Fisch, vor allem in Südchina, wo es warm und feucht ist. Hier wird Schweinebauch (manchmal auch Schweineschulter) mit Sojasauce, braunem Zucker und Gewürzen wie Zimt gewürzt und dann an der Luft getrocknet. Es gibt geräucherte und ungeräucherte Varianten.

CHOY SUM (*CAI XIN*, 菜心)
Auch als chinesischer Blütenkohl bezeichnet, kann blanchiert, gedämpft, gebraten oder in Suppen verzehrt werden. Lässt sich durch chinesischen Brokkoli ersetzen, der allerdings festere Stängel hat.

CONGEE (*ZHOU*, 粥)
Der vielseitige und nahrhafte Reisbrei wird in China klassischerweise zum Frühstück und als Hausmannskost zu jeder Tageszeit gegessen. Manche essen es ungewürzt, häufiger wird Congee mit einer einfachen Brühe zubereitet und mit Fleisch, Fisch und Gemüse verfeinert. Zur Zubereitung eignen sich Rundkorn-, Langkorn-, Arborio- und sogar Naturreis.

DAIKON-RETTICH (*LUO BO*, 萝卜)
Auch als Chinesischer Rettich oder *lo bak* bekannt. Milder Rettich mit langer weißer Wurzel und schnell wachsenden Blättern. Wird gern in Gerichten wie Rettichauflauf (Seite 79) zu Dim Sum gegessen.

DUNKLE SOJASAUCE (siehe Sojasauce)

EIERTOFU (*YU ZI TOUFU*, 玉子豆腐)
Aromatischer Tofu aus Eiern, die, mit Dashi-Brühe verrührt, in Formen gegossen und gedämpft werden.

EINGEKOCHTE ANANASPASTE (*FENG LI JIANG*, 凤梨酱)
Frische Ananas wird mit Zucker und Zitronensaft langsam eingekocht und die eingedickte Mischung im Schraubglas abgekühlt. Die klebrige, goldgelbe Konfitüre wird oft zu Hause hergestellt, ist aber auch in Geschäften erhältlich, die taiwanesische Lebensmittel anbieten.

EINGELEGTE CHILISCHOTEN (*PAO JIAO*, 泡椒)
Die Chilischoten werden gewaschen, getrocknet und mit Gewürzen (Sternanis, Sichuan-Pfefferkörnern usw.) und abgekochtem Wasser in ein steriles Schraubglas gefüllt. Nach Zugabe von 1–2 Esslöffeln Baijiu wird das Glas luftdicht verschlossen und mindestens 1 Woche fermentieren gelassen. Eingelegte grüne Chilischoten werden oft zu Reis- oder Nudelgerichten serviert. Das Einlegen nimmt ihnen etwas Schärfe und ersetzt sie durch milde Süße. Durch das Fermentieren schmecken sie leicht säuerlich.

EINGELEGTE ENTENEIER (*PI DAN*, 皮蛋)
Auch „tausendjährige Eier" oder „chinesische Eier" genannte Delikatesse, geht zurück auf die Ming-Dynastie. Traditionell wurden die Eier in Salzlake eingelegt und monatelang mit Kohle, Kreide und Ton vergraben, inzwischen gibt es zeitsparendere Techniken. Das Eigelb nimmt dabei eine kräftig dunkelgrüne Färbung an und zeigt beim Aufschneiden konzentrische Kreise wie die Jahresringe eines Baumes. Das Eiweiß wird bernsteinfarben und geleeartig. Mit ihrem stechenden Geruch nach Schwefel und Ammoniak sind die Eier für viele gewöhnungsbedürftig. Sie werden als Appetithäppchen mit eingelegtem Ingwer oder zum Frühstück mit Congee gegessen.

EINGELEGTE SCHWARZE OLIVEN (*LAN JIAO*, 榄角)
Während Oliven im Mittelmeerraum meist zu Öl verarbeitet werden, verzehrt man bei chinesischen Oliven in der Regel die inneren Kerne und das Fruchtfleisch. Die großen, länglichen, an den Enden spitz zulaufenden Früchte werden erst in heißem Wasser eingeweicht, dann halbiert, entsteint und in Salz eingelegt.

EINGELEGTE STECKRÜBEN (*DA TOU CAI*, 大头菜)
Die mit Fünf-Gewürze-Pulver eingelegten Rüben sind ganz, gewürfelt, in Streifen oder gerieben erhältlich. Äußerst salzig, daher vor Gebrauch abspülen.

EINGELEGTER INGWER (*SUAN JIANG*, 酸姜)
Ingwer in dünnen Scheiben wird in einer Lake mit Salz, Zucker und klarem Essig eingelegt (siehe Rezept auf Seite 296). Schmeckt am besten mit jungem, frischem Ingwer. In der chinesischen Küche zum Neutralisieren zwischen zwei Gängen, in Salatdressings, Saucen und Marinaden verwendet oder zu eingelegten Enteneiern serviert.

EINGELEGTER KOHLRABI (*DA TOU CAI*, 大头菜)
Die grüne oder violette Knolle wird in Scheiben oder Streifen in Salzlake eingelegt.

EINGELEGTER RETTICH (*CAI PU*, 菜脯)
Zerkleinerter, gesalzener und getrockneter Daikon, auch als Takuan bekannt. Knackig und salzig zugleich, beliebte Zutat bei den Hakka, in Chaozhou, Fujian, Taiwan und Nordchina. Kann in Pfannengerichten und Omeletts verwendet werden oder als herzhafte Garnierung von Congee.

EINGELEGTES GEMÜSE (*PAO CAI*, 泡菜)
Einlegetechniken sind in Chinas kulinarischen Tradition fest verwurzelt, oft werden einfache Rezepte noch heute zu Hause umgesetzt. In einigen Regionen wurden Einlegegefäße aus Porzellan entworfen, nur um Lebensmittel möglichst effektiv haltbar zu machen. Gemüse in Scheiben wie Möhren, Sellerie, Rettich und Gurken werden gewöhnlich in Salzlake mit Zucker, weißem Reisessig, Ingwer und Gewürzen wie Sternanis und Sichuanpfeffer eingelegt. Jede Provinz hat ihre eigene Tradition – Konserven aus Sichuan sind eher scharf, kantonesisches Essiggemüse ist dagegen milder.

EINGELEGTES SENFGEMÜSE (*XUE LI HONG*, 雪里蕻)
Brauner Senf wird mit Gewürzen in Salzlake eingelegt und als scharfe Beilage zu Eintöpfen und Pfannengerichten serviert. Traditionell wurden die Blätter eng in irdene Töpfe gepackt und versiegelt, um die Fermentierung zu beschleunigen. In vielen ländlichen Gebieten ist das immer noch üblich. Abgepackt in gut sortierten Asienläden erhältlich.

ENGELWURZ (*DANG GUI*, 当归)
Die Wurzel mit dem kräftigen, leicht bitteren Aroma wird vielfach u. a. bei Verdauungsstörungen und Blutarmut verzehrt. Sie wird überwiegend in der Provinz Gansu im Nordwesten Chinas angebaut und ist in Spezialgeschäften und Bioläden erhältlich.

ENTENLEBERWURST (*YA RUN CHANG*, 鸭润肠)
Entenleber und Schweinefleisch werden in Salz, Zucker und Wein mariniert, in Wurstpellen gefüllt und in der Sonne getrocknet oder im Ofen geröstet. Wegen des hohen Fettgehalts, der saftigen Konsistenz und des milden Raucharomas eine beliebte Zutat in Tontopf-Reisgerichten, auch gedämpft zu einfachem Reis. Entenleberwurst ist meist getrocknet und vakuumverpackt erhältlich.

ERDNÜSSE (*HUA SHENG*, 花生)
Rohe Erdnüsse sind unverarbeitet und können als Snack gekocht werden oder frittiert als Garnierung dienen.

ESSIG (*CU*, 醋)
Weißer Reisessig (*bai mi cu*, 白米醋) ist ein farbloser Essig mit hohem Säuregehalt, der unserem Branntweinessig ähnelt. Zum Abrunden von üppigen, fleischlastigen Eintöpfen oder als Vinaigrette. Schwarzer Reisessig (*hei cu*, 黑醋) wird aus fermentiertem Reis hergestellt, es gibt aber auch schwarzen Essig aus anderen Getreidesorten. Wird wegen seiner holzigen, rauchigen Note gern als Dipsauce verwendet oder zu Reis, Nudeln, Marinaden und Pfannengerichten gegeben. Wird dank seiner Milde auch als Tonikum getrunken. Zhenjiang-Essig (*Zhenjiang cu*, 镇江醋) ist ein beliebter schwarzer Essig aus der Stadt Zhenjiang. Wird häufig mit Zucker zur Zubereitung von geschmortem Fleisch und Fisch für ein süßsaures Aroma verwendet. Soll in Pfannengerichten Nährstoffe erhalten und die Zutaten kross machen. Schwarzer Essig lässt sich allgemein durch Balsamico-Essig ersetzen. Für roten Essig (*da hong zhe cu*, 大红浙醋), auch als Zhejiang-Essig bekannt, wird fermentierter Reis mit Lebensmittelfarbe versetzt.

FAT CHOY (*FA CAI*, 发菜)
Bakterienart, wird in der Wüste Gobi und im Hochland von Tibet geerntet. Trockener Fat Choy sieht aus wie schwarze Fäden und wird häufig in der kantonesischen Küche verwendet. Diese seltene und teure Zutat ist online und in gut sortierten asiatischen Supermärkten erhältlich. Muss vor dem Kochen eingeweicht werden.

FERMENTIERTE SCHWARZE BOHNEN
 (*DOU CHI*, 豆豉)
Eingeweichte, gedämpfte, fermentierte, gesalzene und getrocknete schwarze Sojabohnen. Werden in Südchina gern verwendet, um Eintöpfen, gedämpften Gerichten und Pfannengerichten eine salzige, erdige Dimension zu verleihen. Können auch zu einer Paste zerstoßen oder mit Knoblauch zerdrückt werden.

FERMENTIERTES KOHLGEMÜSE
Wird als Appetithäppchen gereicht, als Zutat verwendet oder zu Congee serviert. Jede Region hat ihr eigenes Rezept. In Nordchina wird oft Chinakohl verwendet, im Süden eher die leicht bittere und pfeffrige Senfpflanze jie cai. Fermentiertes Kohlgemüse aus Shaoxing (*Shaoxing mei gan cai*, 绍兴霉干菜) ist aus der Küche von Shaoxing, einer Stadt in der östlichen Provinz Zhejiang, nicht wegzudenken. Es wird getrocknet verkauft und muss vor Gebrauch eine ganze Weile eingeweicht und dann gründlich abgespült werden. Sein kräftiges Aroma passt gut zu Fleisch- und Tofugerichten. In Sichuan werden die zarten Stängel der Senfpflanze zerkleinert und mit Salz und anderen Gewürzen trocken eingelegt (*ya cai*, 芽菜). Gehackt ist es eine der Hauptzutaten der berühmten Dan-Dan-Nudeln (Seite 590) und wird oft in Gemüsepfannen oder langsam gegarten Schweinefleischgerichten verwendet.

FERMENTIERTES KOHLGEMÜSE AUS SHAOXING
 (siehe Fermentiertes Kohlgemüse)

FERMENTIERTES KOHLGEMÜSE AUS SICHUAN
 (siehe Fermentiertes Kohlgemüse)

FISCHBAUCH (*YU NAN*, 鱼腩)
Der Graskarpfen, ein Süßwasserfisch, ist in den Gebieten um den Jangtse und den Perlfluss in Südchina heimisch. In der kantonesischen Küche wird der Bauch mit Ingwer und Zwiebeln gedämpft und mit Sojasauce gewürzt. Lässt sich durch Fluss- oder einen anderen Süßwasserbarsch ersetzen.

FISCHSAUCE (*YU LU*, 鱼露)
Bernsteinfarbene Würzsauce aus fermentiertem Fisch und Salzlake, sollte wegen ihres stechenden Geruchs und intensiven Aromas sparsam eingesetzt werden. Wird häufiger in der südostasiatischen Küche verwendet, taucht aber gelegentlich auch in chinesischen Rezepten auf.

FLÜGELGURKE (*SI GUA*, 丝瓜)
Längliches Gemüse mit Rippen, ähnelt dem Zucchino und lässt sich auch durch diesen ersetzen. Nimmt andere Aromen sehr gut auf.

FRITTIERTE SCHWIMMBLASE
 (*SHA BAO YU DU*, 沙爆鱼肚)
Durch Frittieren aufgeblähte Schwimmblase.

FRITTIERTER TOFU
(*DOU FU BU*, 豆腐卜)
Im Kühlregal im Asiengeschäft in vielen Formen und Größen zu finden. Nimmt wie gewöhnlicher Tofu Aromen und klebrigen Bratensaft in Eintöpfen auf. Frisch oder getrocknet zum Einweichen erhältlich.

FROSCH (*TIAN JI*, 田鸡)
Steht in China für Wohlstand, Glück oder Schutz. Das Fleisch schmeckt am besten frittiert oder in Pfannengerichten oder Reisaufläufen. Die Haut muss wegen möglicher Giftstoffe entfernt werden. Lässt sich durch Tiefsee-Scallops oder Hähnchen ersetzen.

FÜNF-GEWÜRZE-PULVER
(*WU XIANG FEN*, 五香粉)
Beliebte, vielseitige, überall erhältliche Gewürzmischung aus Pfefferkörnern, Sternanis, Gewürznelken, Kreuzkümmel und Zimt. Wichtige Zutat in der chinesischen Küche, Grundlage für Marinaden und Beizen für Braten. Erhältlich in großen Supermärkten und Asienläden.

FUZZY GOURD (*JIE GUA*, 节瓜)
Unterart der Wintermelone, ähnelt einem spärlich behaarten Zucchino. Sollte vor Gebrauch geschält werden. Das milde Aroma passt zu Pfannengerichten, Schmorgerichten und Suppen.

GANBA-PILZ (*GAN BA JUN*, 干巴菌)
Dieser seltene Pilz wächst auf dem sandigen Boden unter Kiefern in der Provinz Yunnan im Südwesten Chinas. Verleiht Gerichten wie Gebratenem Reis mit Ganba-Pilzen (Seite 550) Bissfestigkeit und ein kräftiges holziges Aroma. Vor der Zubereitung mit einem kleinen Messer von Erde und Gras reinigen.

GARNELENPASTE (*XIA JIANG*, 虾酱)
In Südostchina und anderen südostasiatischen Ländern verwendet (in Malaysia und Indonesien als Belacan). Traditionell wurden dazu fein gemahlene Garnelen traditionell gesalzen und in der Sonne fermentiert. Salzig und kräftig, verfeinert Pfannengerichte, Suppen und Reisgerichte.

GARNELENROGEN (*XIA ZI*, 虾子)
Klassisches, leuchtend rotes Gewürz aus pulverartig getrockneten Garneleneiern. Verleiht Eiernudeln, blanchiertem Blattgemüse und Tofu ein intensives Umami-Aroma. Einfaches Hongkonger Gericht: Geschmorte Nudeln mit Garnelenrogen (Seite 586).

GELBER SCHNITTLAUCH (*JIU HUANG*, 韭黄)
Im Sommer erhältlich, wird unter einer Abdeckung gezogen, um seine typisch gelben Blätter zu erhalten, die ohne Lichtzufuhr nicht grün werden. Milderes, süßeres Aroma als Schnittknoblauch.

GELBROTE TAGLILIE (*HUANG HUA CAI*, 黄花菜)
Taglilien sind zarte, trompetenförmige essbare Blüten und werden am besten am Pflücktag verzehrt. Getrocknet sind sie auch als „goldene Nadeln" bekannt. Da manche Menschen allergisch auf Taglilien reagieren, sollte man sicherheitshalber zunächst zur eine essen.

GEPÖKELTE ENTE (*LA YA*, 腊鸭)
Roher Entenschlegel, gesalzen und mit Kräutern und Reiswein gewürzt, dann langsam in der Sonne getrocknet. Von dichter Konsistenz und intensiv konzentriertem Entenaroma, passt zu jedem Gericht. Wird häufig gedämpft mit Reis gegessen.

GEPÖKELTES SCHWEIN (*XIAN ROU*, 咸肉)
Schweinefleisch wird über einen bestimmten Zeitraum wiederholt gesalzen und an einem schattigen, kühlen Ort getrocknet (Schinken dagegen wird in der Sonne oder im Ofen getrocknet). Gepökeltes Schweinefleisch ist weich und rosa und aromatisiert Reisgerichte wie Shanghai-Reisschale mit Schweinefleisch und Gemüse (Seite 544).

GESALZENE ENTENEIER (*XIAN DAN*, 咸蛋)
Das historische Verfahren, Enteneier in Salzlake einzulegen, wird mit vielen Variationen heute noch angewandt. Wegen des hohen Fettgehalts und der leuchtenden Färbung des Dotters sind Enteneier besonders beliebt als Appetithäppchen sowie in Suppen, Pfannengerichten und zu Congee. Vakuumverpackt oder in Schachteln in Asienläden erhältlich.

GESALZENE GEMÜSEBAUM-TRIEBE
(*YAN YAN XIANG CHUN*, 盐腌香椿)
Der Chinesische Suren- oder Gemüsebaum (Toona sinensis) stammt aus Nord- und Ostchina. Er wächst bis zu 100 cm pro Jahr und wird wegen seiner aromatischen, pfeffrig-würzigen Triebe kultiviert. Diese sind tiefgekühlt oder eingesalzen erhältlich; letztere sollten vor dem Gebrauch abgespült und in Wasser gelegt werden. Passen gut zu Tofu und Sesamöl oder zu Pfannengerichten, Eiergerichten und Essiggemüse.

GESALZENE TROCKENPFLAUMEN (*HUA MEI*, 话梅)
Die Pflaumen werden reif gepflückt, gewaschen, getrocknet und in Zuckerlösung eingelegt. Dieser Vorgang wird mehrmals wiederholt, bis die Pflaumen getrocknet, aber weich und süß sind. Gesalzene Trockenpflaumen sind ein köstlicher Snack, werden aber auch

in Gerichten wie Schweinefüße mit gesalzenen Trockenpflaumen (Seite 372) verarbeitet.

GETROCKNETE ANCHOVIS (siehe Trockenfisch)

GETROCKNETE FLUNDER (siehe Trockenfisch)

GETROCKNETE GARNELEN (*XIA MI*, 虾米)
In verschiedenen Formen, Farben und Größen, oft wegen ihres milden, ungewöhnlichen Umami-Aromas verwendet. Siehe auch Getrocknete Meeresfrüchte.

GETROCKNETE GOJI-BEEREN (*GOUQI*, 枸杞)
Auch Bocksdorn- oder Chinesische Wolfsbeeren. Das „Superfood" wird in Nordwestchina von Ningxia bis Xinjiang angebaut. Wegen des hohen Gehalts an Antioxidanzien und Vitaminen von jeher geschätzt und in Suppen und Gerichten mit Kräutern verwendet. Getrocknet in vielen Supermärkten, Bioläden und Asienläden erhältlich.

GETROCKNETE JAKOBSMUSCHELN (siehe Getrocknete Meeresfrüchte)

GETROCKNETE LONGAN (siehe Longan)

GETROCKNETE LOTUSSAMEN (*GAN LIAN ZI*, 干莲子)
Die geschälten, getrockneten Samen der Süßwasserpflanze werden gern als Füllung für süße Teigwaren, Suppen wie Lotussamen mit Longan (Seite 632) und Congee verwendet. Frisch Vermählten wird traditionell Suppe aus Azukibohnen und Lotussamen serviert; Letztere stehen für Kindersegen. In Dosen, gekühlt oder getrocknet in Asienläden erhältlich.

GETROCKNETE MANDARINENSCHALE (*CHEN PI*, 陈皮)
Getrocknete Schale einer Mandarinensorte aus Guangdong, seit Jahrhunderten zum Kochen und als Stärkungsmittel geschätzt. Muss vor dem Gebrauch mindestens drei Jahre gelagert werden. Das Aroma wird mit zunehmendem Alter intensiver; je älter die Schale, desto teurer.

GETROCKNETE MEERESFRÜCHTE (*HAI WEI*, 海味)
Garnelen, Jakobsmuscheln, Oktopus und Austern werden getrocknet zur Aromaverstärkung in Suppen, Pfannengerichten und Eintöpfen verwendet. Besonders gefragt in den festlichen Tagen vor dem chinesischen Neujahr; beispielsweise symbolisieren salzige getrocknete Austern Glück. Vor dem Gebrauch einweichen.

GETROCKNETE MUNGOBOHNENSTÄRKE (siehe Mungobohnen)

GETROCKNETE SÜSSE DATTELN (*MI ZAO*, 蜜枣)
Frische Jujube-Datteln werden in einer Zuckerlösung eingelegt und dann getrocknet. Meist als Suppenzutat verwendet.

GETROCKNETE TOFUBLÄTTER (*BAI YE*, 百页)
Viele Schichten Sojahaut werden zu einer dicken Platte gepresst, die oft zum Einwickeln einer Fleischfüllung verwendet oder als Suppeneinlage z.B. in Yan-du-xian-Suppe (Seite 113) zu Knoten geformt wird. Abgepackt in Asienläden erhältlich, müssen vor dem Gebrauch eingeweicht werden.

GETROCKNETER HAGEDORN (*GAN SHAN ZHA*, 干山楂)
Süßsaure kleine Früchte des chinesischen Weißdorns. Können kandiert, getrocknet und zur Herstellung erfrischender Stärkungsmittel wie der Suppe aus geräucherten Pflaumen (Seite 616) verwendet werden.

GETROCKNETER MU-ERR (*HEI MU ER*, 黑木耳)
Nährstoffreicher Waldpilz, auch als Judasohr bekannt, unter chinesischen Kräuterkundlern für seine kreislaufanregende Wirkung geschätzt. Im Gegensatz zur dicken, groben weißlichen Variante ist der schwarze Mu-Err weich und zart und eignet sich daher für Salate sowie geschmorte und gedämpfte Gerichte, in denen er die Aromen gut aufnimmt. Wird meist getrocknet verkauft und muss vor Gebrauch eingeweicht werden.

GETROCKNETER PAK CHOI (siehe Pak Choi)

GETROCKNETER SHIITAKE (*DONG GU*, 冬菇)
Der chinesische Name *dong gu* für Shiitake bedeutet „Winterpilz". Getrocknete Shiitake-Pilze aus dem Norden (北菇) haben wegen der intensiven Kälte blütenartige Linienmuster auf dem Hut und gelten als die besten. Wir empfehlen, die getrockneten Pilze vor dem Gebrauch mindestens 20 Minuten in kaltem Wasser einzuweichen.

GEWÜRZLILIE (*SHA JIANG*, 沙姜)
Die knotigen Wurzeln von *Kaempferia galanga*, auch Kleiner Galgant genannt, werden v.a. in Südchina angebaut. Ähnelt in Geschmack und Konsistenz dem Ingwer, verleiht Pfannengerichten und Pasten leichte Schärfe. Kann zum Marinieren von Fleisch, in Dips und Laken verwendet werden. Gewürzlilienpulver (*sha jiang fen*, 沙姜粉) wird auch „Sandingwer" genannt. Kräftiger als Ingwerpulver, wird oft als zusätzliche Zutat im Fünf-Gewürze-Pulver eingesetzt.

GINKGONÜSSE (*BAI GUO*, 白果)
Pistazienförmige Samen aus der Frucht des Ginkgobaums, in der chinesischen Kräutermedizin traditionell als Antioxidans und Anti-Aging-Mittel eingesetzt. Die Nüsse mit dem milden Kastanienaroma sollten nicht roh verzehrt werden. Geschält und vakuumverpackt in vielen Asiengeschäften erhältlich. Erwachsene sollten nicht mehr als acht Nüsse pro Tag verzehren, in größeren Mengen können sie giftig wirken.

GLEDITSCHIENFRUCHT (*XUE LIAN ZI*, 雪莲子)
In China heimischer Baum (Familie Hülsenfrüchtler), zu erkennen an den Dornen, die in Gruppen an Stamm und Ästen wachsen. Das leuchtend grüne, knackige, saftige Fruchtfleisch der Samenkapseln wird in Suppen, Congee, Desserts und als Getränk verarbeitet.

HAIRY FIG (*WU ZHI MAO TAO*, 五指毛桃)
Feigenart (*Ficus hirta*), immergrüner Strauch oder kleiner Baum in Südchina, Südostasien, Asien und Indien. Die Wurzel findet Anwendung in der chinesischen Kräutermedizin. Kokosaroma, schmeckt in Suppen mit Huhn oder Schwein.

HASMA (*XUE GE GAO*, 雪鸽膏)
Diese seltene, teure Zutat aus Nordostchina, auch als Hashima bekannt, war einst dem Kaiser vorbehalten. Das Fett um die Eileiter des Asiatischen Grasfroschs wird getrocknet und in Stücken oder Flocken verkauft. Beim Einweichen quillt es auf und wird halbtransparent mit zäher Konsistenz und ausgeprägtem Geruch. Kann in süße Suppen wie Hasma mit Lotussamen und Jujube-Datteln (Seite 637) gerührt werden.

HELLE SOJASAUCE (siehe Sojasauce)

HOISIN-SAUCE (*HAI XIAN JIANG*, 海鲜酱)
Dickflüssige schwarze Würzsauce mit kräftigem Aroma aus fermentierten Sojabohnen, Knoblauch, Chili und Zucker. In Supermärkten und Asienläden erhältlich, zum Marinieren von Grillfleisch oder als Dip – wegen des milden, rauchigen Geschmacks eine Grundzutat in der südchinesischen Küche.

INGWER (*JIANG*, 姜)
Wird in der chinesischen Küche extrem häufig eingesetzt. Kann geschält, in Scheiben, gerieben, kandiert und pulverisiert verwendet werden. Das feurig scharfe Aroma passt gut zu Rind, Schwein und Meeresfrüchten. Frischer Ingwersaft macht Fleisch zart und gehört in bestimmte Marinaden und Saucen. Für die hausgemachte Version ein geschältes Stück Ingwer reiben und den Saft abseihen.

JINHUA-SCHINKEN (*JIN HUA HUO TUI*, 金华火腿)
Diese Spezialität hat eine mehr als tausendjährige Tradition und ist nach ihrer Ursprungsstadt in Zhejiang benannt. Nach über dreijähriger Lagerzeit tiefrot gefärbt, mit intensivem, kräftigem Aroma, passt gut zu Brühen, Eintöpfen und Suppen. Kann durch Parmaschinken ersetzt werden.

JUJUBE-DATTELN (*HONG ZAO*, 红枣)
Es gibt mehrere Hundert Sorten von Jujube-Datteln. Wesentlicher Bestandteil der traditionellen chinesischen Medizin, geschätzt wegen ihrer süßen, wärmenden Wirkung. Können frisch, gekocht und kandiert verzehrt werden. Getrocknet in einigen Asienläden erhältlich.

KALIMERIS INDICA (*MA LAN TOU*, 马兰头)
Blütenpflanze aus der Familie der Astern, zu denen auch Gänseblümchen und Sonnenblumen gehören, wächst an Berghängen, Flussufern, Wegrändern und auf Brachland. Blätter und Stängel werden oft mit Tofu zu einem einfachen Salat verarbeitet (Seite 50). Lässt sich durch Rucola ersetzen.

KANDISZUCKER (*BING TANG*, 冰糖)
Große Palm-, Rüben- oder Rohrzuckerkristalle, goldgelb oder durchsichtig, zum Süßen von Marinaden, Suppen, Tees und Congee. Wird vor dem Gebrauch meist zerstoßen oder aufgelöst, in Asienläden erhältlich. Kann durch Kristallzucker ersetzt werden.

KAOFU (*KAOFU*, 烤麸)
Shanghaier Spezialität, aus fermentiertem, gedämpftem Glutenteig hergestellt und in Blöcken verkauft. Nimmt durch die schwammige, tofuähnliche Konsistenz Saucen und Aromen besonders gut auf.

KAOLIANG (*GAO LIANG JIU*, 高粱酒)
Starker Schnaps aus Zhigu in Südostchina, nach uralten Techniken aus fermentierter Sorghumhirse destilliert. Klar, oft mehr als 55 Prozent Alkoholgehalt. Taiwan ist ebenfalls ein wichtiges Erzeugerland dieses Schnapses.

KLEBREIS (*NUO MI*, 糯米)
Reissorte mit kurzen Körnern und hohem Stärkegehalt. Kann in herzhaften Gerichten gedämpft oder mitgebraten werden, wird aber häufig in Desserts mit roter (Azuki-)Bohnenpaste, Kokosnuss und Sesam zubereitet. Klebreismehl (manchmal auch süßes Reismehl genannt) kann für Desserts wie Klebreisbällchen und Erdnuss-Mochi (Seite 626) verwendet werden.

KLEBREISBÄLLCHEN (*NIAN GAO*, 年糕)
Gemahlener Reis wird zu steifen weißen Kugeln geknetet, die getrocknet oder tiefgekühlt erhältlich sind.

Können in herzhaften Gerichten wie Klebreisbällchen mit Schwein und Winterzwiebeln (Seite 604) verarbeitet werden, häufiger jedoch als festliches Dessert zum chinesischen Neujahr, wo sie Wohlstand symbolisieren.

KLEBREISWEIN (NUO MI JIU, 糯米酒)
Die Geschichte dieses sehr dicken, milchigweißen Reisweins reicht bis in die Tang-Dynastie zurück.

KNOBLAUCHSTÄNGEL (SUAN TAI, 蒜苔)
Die grünen Blütenschäfte der Knoblauchpflanze werden oft in Stücke geschnitten (ohne den harten unteren Teil) und angebraten. Aromatisch in Pfannengerichten, passen gut zu Schweinefleisch, Paprika und Ingwer. Kann durch Schnittknoblauch ersetzt werden.

KOKOSMILCH (YE NAI, 椰奶)
Das Wort „Kokosnuss" soll auf das spanische coco aus dem 16. Jh. zurückgehen, was „grinsen" bedeutet (aufgeschlagene Kokosnüsse ähneln lächelnden Gesichtern). Das beliebte, nährstoffreiche Würzmittel macht Currys und Suppen cremig. Kokosmilch in Dosen findet man im Supermarkt und in Asienläden.

KOLBENHIRSE (XIAO MI, 小米)
Hirse wird in China als Grundnahrungsmittel seit alten Zeiten angebaut. Die kleinen Samen werden beim Dreschen von den Spelzen befreit und sind dann eine glutenfreie, leicht verdauliche Alternative zu anderen Getreidesorten, die außerdem reich an Mineralstoffen wie Eisen und Magnesium ist. Durch Kochen lässt sich daraus ein einfacher, nahrhafter Brei zubereiten, z.B. Hirse-Congee (Seite 575). Erhältlich in Bioläden und einigen Supermärkten.

LONGAN (LONG YAN, 龙眼)
Die Longan, Chinesisch für „Drachenauge", ist eine Frucht mit hellgelber Schale und weißem, durchscheinendem Fleisch. Als gesunder Snack belebt er die Haut und ist frisch, in Dosen, in Sirup eingelegt, als Gelee oder als Tee erhältlich. In getrockneter Form zum Aromatisieren süßer Dessertsuppen oder herzhafter Gerichte wie Garnelen mit Goji-Beeren in Reisweinsauce (Seite 186) verwendet.

LOTUSWURZEL (LIAN OU, 莲藕)
Lotus wächst in Teichen und Sümpfen, die großen herzförmigen Blätter liegen an langen Stielen auf dem Wasser. Die weißen, dicken, runden Wurzeln mit ihren zahlreichen Kanälen im Inneren sind knackig, wohlschmeckend und eine wichtige Zutat in vegetarischen Gerichten. Seltener frisch, sonst getrocknet oder in Dosen in einigen Asienläden. Lotuswurzelmehl (ou fen, 藕粉) kann in Rezepten wie Wasserkastaniensuppe mit Osmanthuszucker (Seite 626) zum Andicken verwendet werden.

LUO HAN GUO (LUO HAN GUO, 罗汉果)
Traditionell in einer bewaldeten, bergigen Region in Südchina angebaute süße Frucht, wird getrocknet als Süßmittel verwendet.

MALTOSESIRUP (MAI YA TANG, 麦芽糖)
Sirup aus gekeimtem Weizen, Stärke und Rohrzucker. Dickflüssig, goldgelb und weniger süß als Zuckersirup, wird häufig in der Süßigkeitenherstellung oder zum Glasieren von Grillfleisch verwendet

MATSUTAKE (SONG RONG, 松茸)
Großer, fester Pilz, einheimisch in China, wächst zwischen Kiefernwurzeln. Verleiht ein kräftiges, holziges, würziges Aroma, das durch die Zubereitungsart erhalten bleiben sollte. Alternativ können Portobello oder Shiitake verwendet werden. Matsutake-Pulver (song rong fen, 松茸粉), gemahlene Trockenpilze, sorgt in Reisgerichten für eine erdige Note und unterstreicht milde Aromen von Fisch und Huhn.

MIRIN (siehe Reiswein)

MISO (MIAN CHI, 面豉)
Fermentierte Sojabohnenpaste, auch als yuan shai chi (原晒豉) oder mo yuan chi (磨原豉) bekannt, wird in der südchinesischen Küche zum Würzen verwendet. Miso ist ein Nebenprodukt der Sojasaucenherstellung: Die dunkelbraune Paste bleibt nach der Extraktion der Sojasauce aus fermentierten Sojabohnen übrig. In den meisten Asienläden erhältlich, verleiht Pfannengerichten und Eintöpfen mit Fleisch und Meeresfrüchten eine salzig-süßbittere Note.

MUNGOBOHNE (LU DOU, 绿豆)
Winzige grüne Bohne, weitverbreitet in der chinesischen Küche, seit 3000 Jahren angebaut. In Suppen mitgekocht oder für Teigtaschen und Aufläufe zu einer Paste zerstampft. Die weißen, knackigen Sprossen verleihen Frühlingsrollen und Pfannengerichten Biss (siehe Bohnensprossen). Getrocknete Mungobohnenstärke (gan fen pi, 干粉皮) wird in dünnen, durchscheinenden Platten fertig abgepackt verkauft. Sie muss nicht gegart, sondern nur in kochendes Wasser gelegt werden, bis sie weich und gallertartig ist. Es können auch durchsichtige Vermicelli daraus hergestellt werden, die als Glasnudeln (fen si, 粉丝) bezeichnet werden. Die Stärke lässt sich in Desserts auch gelieren.

NUDELN (*MIAN*, 面, ODER *FEN*, 粉)
Nudeln haben als preiswertes, nahrhaftes und sättigendes Nahrungsmittel die Zeiten überdauert: 2005 wurde in Nordwestchina eine 4000 Jahre alte versiegelte Schüssel mit Nudeln entdeckt, und ihre weltweite Verbreitung spricht für die ungebrochene Beliebtheit des Grundnahrungsmittels. Können aus Reis, Weizen, Mungobohnen oder Süßkartoffelmehl mit oder ohne Eier hergestellt werden und goldgelb bis durscheinend weiß gefärbt sein. Frisch oder getrocknet, als Band- oder Fadennudeln – chinesische Nudeln gibt es in Hunderten von Sorten, da jede Region sie auf ihre eigene Weise herstellt.

OSMANTHUSBLÜTE (*GUI HUA*, 桂花)
Wächst von China bis Südostasien, bekannt für ihr üppiges, anhaltendes Blütenaroma, wird oft getrocknet (*gan gui hua*, 干桂花), als Kräutertee oder in Desserts verzehrt. Für Osmanthuszucker (*gui hua tang*, 桂花糖) werden die duftenden gelben Blüten in Zucker gelegt.

PAK CHOI (*BAI CAI*, 白菜)
Pak Choi, auch Pok Choi oder Chinesischer Senfkohl, ist eine Kohlart mit glatten dunkelgrünen Blättern und weißen Blattrippen. In den meisten Supermärkten frisch erhältlich, es gibt auch die getrocknete Version *cai gan* (菜乾), die auf traditionelle Weise zur Kräftigung des Aromas konserviert wurde. Getrocknete Blätter etwa 1 Stunde in Wasser einlegen, vor Gebrauch abspülen und abtropfen lassen. Grüner Pak Choi (*xiao tang cai*, 小唐菜), auch als Shanghai-Senfkohl im Handel, hat grüne Blattrippen. Wenn es keinen Pak Choi gibt, ist Chinakohl eine gute Alternative.

PAKALANA (*YE XIANG HUA*, 夜香花)
In China wird diese Blume „Nachtduftblume" genannt, weil sie nachts aufblüht und der Duft für Parfüms extrahiert wird. Sie hat lange, dornige Stängel mit röhrenförmigen, cremefarbenen Blüten.

PFEILKRAUT (*CHI GU*, 慈菇)
Die Pfeilkraut-Wurzel wird oft zum chinesischen Neujahr verzehrt und steht in der kantonesischen Tradition für Wohlstand und Segen für männliche Nachkommen. Ähnelt einer Knoblauchknolle und kann gebraten, geschmort oder zu Chips verarbeitet werden. Lässt sich durch Kartoffeln (ähnliche Konsistenz), Wasserkastanien oder Yambohnen ersetzen.

PFIRSICHKERNE (*TAO REN*, 桃仁)
Auch Pfirsichsamen, sollen den Blutkreislauf anregen. Ähneln in Aussehen und Geschmack Mandeln und können durch diese ersetzt werden. Getrocknete Kerne gibt es in asiatischen Supermärkten.

PIXIAN-CHILI-BOHNEN-PASTE (*PIXIAN DOU BAN JIANG*, 郫县豆瓣酱)
Kräftige rötlich braune Würzpaste aus der Pixian-Region in Sichuan. Chilischoten, dicke Bohnen, Salz und Mehl werden über ein Jahr lang fermentiert; das entstehende Aroma ist mit anderen Bohnenpasten nicht zu vergleichen. Löst sich in Brühen, reichert Saucen an und würzt Fleisch- und Fischmarinaden. Kann auch als Würzmittel gereicht werden.

PÖKEL-WEINSAUCE (*ZAO LU*, 糟卤)
Hergestellt durch Zufügen von Reiswein zu roter Trestersauce, wird gern als Würzmittel zu vorgekochten Zutaten wie Entenzunge oder Schweinshaxe gegeben. Ergebnis: ein kaltes Appetithäppchen mit einem Hauch von Weinaroma.

PÖKELFISCH (*LA YU*, 腊鱼)
Leicht gesalzener Fisch, im Schatten luftgetrocknet. Nicht dasselbe wie Klippfisch, der wesentlich salziger und recht trocken ist.

PUNING-BOHNENPASTE (*PUNING DOU JIANG*, 普宁豆酱)
Sojabohnenprodukt aus Puning in der Region Chaozhou in Guangdong. Wird oft mit Meeresfrüchten oder als Dip serviert (siehe Reis mit Fisch, Seite 129).

QUALLE (*HAI ZHE*, 海蜇)
Einige essbare Quallenarten gelten in China als Delikatesse. Sie werden in Essig oder Salz eingelegt und getrocknet verkauft und müssen vor Gebrauch eingeweicht werden. Normalerweise wird der obere Mantel ohne Tentakeln verwendet, meist als kalter Salat bei Festessen. Am besten getrocknet im Asienladen kaufen.

REISWEIN (*MI JIU*, 米酒)
Nach der Sojasauce das zweitbeliebteste Würzmittel. Zum Zartmachen von Fleisch, Marinieren von Meeresfrüchten und Aromatisieren verwendet. Der hochwertige, duftende Shaoxing-Reiswein (*Shaoxing jiu*, 绍兴酒), seit dem 5. Jh. in der Region Shaoxing hergestellt und einer der ältesten chinesischen Weine, wird als Getränk genossen und in Marinaden, Suppen und Füllungen verarbeitet. Mirin (*wei lin*, 味醂) ist ein japanischer Reiswein mit geringerem Alkohol- und höherem Zuckergehalt als Sake.

ROT FERMENTIERTER REIS (*HONG QU MI*, 红曲米)
Auch Rotschimmelreis, in China seit über 1000 Jahren medizinisch genutzt. Zur Herstellung wird Reis mit einer Hefeart fermentiert. Verleiht Gerichten eine leuchtend rote Färbung. In einigen industriellen Zusätzen wurde ein

hoher Gehalt des Toxins Citrinin festgestellt; wir empfehlen daher, den Reis mittels Kirschsaft oder Cranberrysaft zu färben.

ROTE BOHNEN (AZUKI-BOHNEN) (HONG DOU, 红豆)
Kleine rote Bohnen aus China mit süßem, nussartigem Aroma. Oft in Desserts wie Rote-Bohnen-Suppe (Seite 644) verwendet. Die dunkle, süße rote Bohnenpaste (dou sha, 红豆沙), manchmal auch als anko bezeichnet, gibt es in stückiger und glatter Ausführung.

ROTE TRESTERSAUCE (siehe Trestersauce)

ROTER ESSIG (siehe Essig)

ROTER FERMENTIERTER TOFU (NAN RU, 南乳)
Wird aus der geronnenen Milch von Sojabohnen gewonnen und in Reiswein, Salz und rotem fermentiertem Reis fermentiert. Der Fermentierungsprozess macht den Tofu weich und setzt ein intensives Umami-Aroma frei, das gut zu Pfannengerichten und Eintöpfen passt. Erhältlich in Asiengeschäften, wichtige Zutat für Gerichte mit Huhn und Schwein, auch mit Congee zum Frühstück verzehrt.

ROUSONG (ROU SONG, 肉松)
Getrocknetes Schweinefleisch mit leichter, wollartiger Struktur, ähnlich wie Zuckerwatte. Es gibt zwei häufige Varianten: Pork Sung und Pork Fu.

RÜCKENSPECK (FEI ZHU ROU, 肥猪肉)
Speck aus dem Schweinerücken wird in kleine Stücke geschnitten, die beim Garen nicht schmelzen und das Gericht so nicht fettig machen. Verleiht auch Fleisch beim Garen eine glatte Oberfläche.

SALZPFLAUMEN (MEI ZI, 梅子)
Die beliebten chinesischen Salzpflaumen (nicht zu verwechseln mit gesalzenen Trockenpflaumen!) stammen aus der Provinz Guangdong. Das komplexe Aroma der Früchte ist gleichzeitig süß, sauer und salzig mit einer herben Note durch die Fermentierung. Wird als Zutat in Pflaumensaucen verwendet.

SALZZITRONEN (XIAN NING MENG, 咸柠檬)
Ganze Zitronen werden in Schraubgläsern mit Salz eingelegt und mehrere Monate stehen gelassen, bis sie ein tiefes Dunkelbraun annehmen. Werden in Congee, Fisch- und Geflügelgerichten verarbeitet oder mit gehacktem Chili, Knoblauch und Ingwer zum Würzen gereicht.

SCHLAMMKARPFEN (LING YU ROU, 鲮鱼肉)
Das Fleisch des Süßwasserfisches kann gehackt, gewürzt und zu Frikadellen geformt oder zu einem Mantel für frittiertes Gemüse verarbeitet werden. Das Fleisch ist mild und zart, enthält aber viele Gräten und wird daher oft pulverisiert statt im Ganzen verwendet. Beliebt ist z. B. Schlammkarpfen mit Daikon (Seite 158).

SCHNECKEN (LUO, 螺)
Meeresschnecken findet man in Asienmärkten bei den frischen Meeresfrüchten. Fleischig und aromatisch, am besten mit Gewürzen und Wein in der Pfanne gerührt. Meist aus Vietnam importiert, zu finden in guten vietnamesischen Lebensmittelgeschäften.

SCHNITTKNOBLAUCH (JIU CAI, 韭菜)
Auch als chinesischer Schnittlauch bezeichnet, zu erkennen an den flachen, zarten, dunklen Blättern. Fein gehackt zum Würzen, Garnieren oder in Füllungen zu verwenden. Das Aroma wird beim Garen milder. Die Stängel mit den Blütenständen (jiu cai hua, 韭菜花) verleihen Pfannengerichten eine knackige Konsistenz und eine feine Knoblauchnote.

SCHNITTKNOBLAUCHBLÜTEN (siehe Schnittknoblauch)

SCHNITTSELLERIE (TANG QIN, 唐芹)
Die dünnen, hohlen Stängel und fedrigen Blätter dieser Pflanze schmecken intensiver und aromatischer als die westlichen Sorten. Wird häufig in Suppen und Pfannengerichten verwendet, aber auch roh als pikante Salatzutat oder Garnierung. Lässt sich durch Stangensellerie ersetzen.

SCHWARZER KARDAMOM (CAO GUO, 草果)
Der entfernte Verwandte des grünen Kardamoms wird über offenem Feuer getrocknet und verströmt ein rauchiges Kampferaroma. Schwarzer Kardamom wird in ganz China zur Akzentuierung von Fleisch- und Fischaromen verwendet, sollte jedoch sparsam eingesetzt werden, da er andere Aromen überlagert.

SCHWARZER REISESSIG (siehe Essig)

SCHWIMMBLASE (siehe Trockenfisch)

SEEGURKEN (HAI SHEN, 海参)
Gehören wie Seesterne und Seeigel zu den Stachelhäutern. Dicker, länglicher Körper mit stacheligen Tentakeln. Der chinesischen Trivialname bedeutet „Ginseng des Meeres" und weist auf die Verwendung als Tonikum zur Stärkung des Bluts, Reinigung der Nieren und für das allgemeine Wohlbefinden hin. Wegen ihres milden Geschmacks absorbiert die Seegurke die kräftigeren Aromen von Brühen und Eintöpfen und passt besonders gut zu Winterzwiebeln, Kohl,

Shiitake und Schweinefleisch. Getrocknet und frisch online und in einigen Asienläden erhältlich, ist jedoch recht teuer.

SEITAN (MIAN JIN, 面筋)
Auch Weizengluten genannt. Zur Herstellung wird Mehl mit Wasser und Salz gemischt und so lange gerührt, bis eine dicke, gummiartige Kugel entsteht. Kann frittiert (油面筋) oder zu Kaofu fermentiert und gedämpft werden, einer beliebten Zutat in der Shanghaier Küche (siehe Kaofu, Seite 694). Seitan ist in Bio- und Asienläden in der Dose erhältlich.

SESAMÖL (ZHI MAN YOU, 芝麻油)
Vor über 5000 Jahren verbrannten die Chinesen dieses Öl in Lampen, heute gehört es wegen seiner Vielseitigkeit in jede Speisekammer. Überall in Supermärkten und Spezialitätengeschäften zu finden. Wird aus gerösteter Sesamsaat gepresst und verleiht Fisch- und Fleischmarinaden, Saucen, Dressings und Dips ein kräftiges, nussiges Aroma. Auch zum Beträufeln von Reis- und Nudelgerichten.

SESAMPASTE (ZHIMA JIANG, 芝麻酱)
In den Küchen Nordafrikas und des Nahen Ostens wird häufig Tahina verwendet, die chinesische Küche hat jedoch eine eigene Sesampaste. Geröstete Sesamsaat wird gemahlen, mit Öl und Gewürzen gemischt und zu Nudeln, gedämpftem Gemüse oder Grillfleisch serviert.

SESAMSAAT (ZHI MA, 芝麻)
Die winzigen, flachen Samen dieser Ölpflanze verleihen Gerichten durch Darüberstreuen oder Anrühren mit Sojasauce, Knoblauch und Ingwer sanften Biss. Es gibt auch gelbe, rote und schwarze Sorten. Beliebte Zutat für Desserts wie Lachende Minikrapfen (Seite 634).

SHA-CHA-SAUCE (SHA CHA JIANG, 沙茶酱)
Kräftige Würzsauce, auch Sa-Cha-Sauce, wird v.a. in der kantonesischen Küche gern als Marinade für Grillfleisch verwendet und daher in manchen Geschäften als Barbecuesauce verkauft. Leicht scharfe, proteinreiche Mischung aus Sojaöl, Knoblauch, Schalotten, Chili und getrockneten Garnelen. Passt gut zu fleischlastigen Pfannengerichten wie Flanksteak in Sha-Cha-Sauce (Seite 405).

SHAOXING-REISWEIN (siehe Reiswein)

SICHUAN-CHILIÖL (siehe Chiliöl)

SICHUAN-PFEFFERKÖRNER (HUA JIAO, 花椒)
Eigentlich keine Pfefferkörner, sondern die getrockneten rotbraunen Beeren einer Stachelesche. Das unverwechselbare, vielseitige Gewürz wird in der scharfen Küche Westchinas häufig verwendet. Ganz oder gemahlen wegen ihrer betäubenden, auf der Zunge prickelnden Schärfe beliebt. (Zerstoßen im Mörser ist er schärfer als in der fertig gemahlenen Version.) Gemahlen eine Hauptzutat im Fünf-Gewürze-Pulver, verleiht Fleisch-, Fisch- und Tofugerichten Wärme.

SOJACHIPS (DOU SU, 豆酥)
Die bei der Sojamilchherstellung übrig bleibenden Feststoffe werden geröstet, bis die Feuchtigkeit größtenteils verdampft ist, dann unter Rühren in Öl kross gebraten. Die knusprige Textur und das kräftige Sojaaroma verleihen Fleisch- und Meeresfrüchtegerichten zusätzliche Komplexität. Siehe Rezept auf Seite 52.

SOJAHAUT (FU PI, 腐皮)
Wenn Sojamilch gekocht wird, entsteht an der Oberfläche eine zarte Haut, die abgeschöpft und zu gelblichen Blättern getrocknet werden kann. Wird häufig zur Herstellung von Dim Sum verwendet. Sojahaut lässt sich auch zu harten Tofustangen oder -platten trocknen (fu zhu, 腐竹), die auch unter dem Namen yuba verkauft werden. Erhältlich in Asienläden.

SOJASAUCE (CHI YOU, 豉油)
Würzmittel aus fermentierten Sojabohnen, Salz, Wasser und Gersten- oder Weizenmehl, verleiht herzhaften Gerichten aromatische Tiefe. Helle Sojasauce (sheng chou, 生抽) wird in der chinesischen Küche als Aromaverstärker verwendet. Für die Herstellung werden Sojabohnen mit Mehl, Salz und Wasser gemischt, fermentiert und etwa ein Jahr in einem geschlossenen Behälter in der Sonne stehen gelassen. Salzig, wasserartig dünne Konsistenz, Grundzutat in Dips, Dressings und Marinaden. Dunkle Sojasauce (lao chou, 老抽) wird aus heller Sojasauce zzgl. Karamell hergestellt – dunkel und süß, ideal für ein kräftigeres, tieferes Aroma und Erscheinungsbild von Eintöpfen.

SOJASPROSSEN (HUANG DOU YA, 黄豆芽)
Gute protein- und vitaminreiche Alternative zu den häufigeren Mungobohnensprossen. Länger als diese, mit typischen gelben Keimblättern, knackig und nussig, ideal für Pfannengerichte und Salate.

SPARGELSALAT (WOJU, 莴苣)
Auch Chinesischer Salat oder Chinesischer Stangensalat. Wird hauptsächlich wegen des Stängels angebaut, der frisch in Salaten oder Pfannengerichten verzehrt werden kann. Wird geerntet, sobald die Stängel eine bestimmte Länge erreicht haben; die Blätter sind dann bereits alt, grob und weniger zum Kochen geeignet. Lässt sich durch Stangensellerie ersetzen.

STERNANIS (BA JIAO, 八角)
Überall in Südchina angebaute Grundzutat des Fünf-Gewürze-Pulvers. Verleiht langsam gekochten Gerichten ein warmes Anisaroma, wird vor dem Servieren herausgenommen. Passt gut zu Fleisch- und Geflügelgerichten, auch in Marinaden, Glasuren und langsam gegarten Suppen und Eintöpfen.

STROHPILZE (CAO GU, 草菇)
Kleine, graubraune Pilze, auch Reisstrohpilz genannt. Zart und von mildem Aroma, werden oft mit Tofu kombiniert oder mit Rindfleischstreifen in der Pfanne gebraten. In asiatischen Lebensmittelgeschäften am ehesten getrocknet oder in Dosen erhältlich.

SÜSS EINGELEGTER RETTICH (TIAN LU OBO, 甜萝卜)
Ähnlich wie eingelegter Rettich (Seite 690), jedoch süßlicher und weniger salzig.

SÜSSE BOHNENSAUCE (TIAN MIAN JIANG, 甜面酱)
Aus fermentiertem Mehl hergestellt, in mehreren chinesischen Regionen verbreitet. Dicke, glatte Paste, deren Verhältnis von süß zu salzig von Region zu Region variiert, ähnelt der Hoisin-Sauce. Als Grundlage für Pfannengerichte oder als Dip zu Pekingente. In Bechern oder Paketen im Asienladen erhältlich.

SÜSSHOLZWURZEL (GAN CAO, 甘草)
Getrocknete Wurzel, ähnelt faserigen Zweigen und wird in der chinesischen Kräutermedizin zum Tonisieren der Milz, als Verdauungshilfe, gegen Sodbrennen und zur Reinigung des Körpers von Giftstoffen eingesetzt. Auch als natürliches Süßmittel in Tee verwendet, in getrockneter Form gekaut oder für eine harmonische Gesamtwirkung mit anderen Kräutern gemischt.

SÜSSKARTOFFEL-VERMICELLI (HONG SHU FEN TIAO, 红薯粉条)
Ähnliche Konsistenz wie Glasnudeln, getrocknet grau, nach dem Kochen durchscheinend. Auch in der koreanischen Küche beliebt, glutenfrei, passen gut zu Pfannengerichten mit Fleisch und Gemüse und können auch im Salat mit Knoblauch und Chiliöl gemischt werden. Lassen sich durch Glasnudeln ersetzen.

SÜSSKARTOFFELBLÄTTER (FAN SHU YE, 番薯叶)
Mildes, zartes Grüngemüse, in der Regel in den Sommermonaten erhältlich. Werden oft sautiert oder gedämpft, um die Nährstoffe zu erhalten. Wir empfehlen Pfannenrühren mit Knoblauch und Soja- oder Austernsauce, können aber auch zu Reis serviert oder in Suppen gegeben werden.

SÜSSKARTOFFELSTÄRKE (FAN SHU FEN, 番薯粉)
Feines Pulver aus der Stärke dehydrierter Süßkartoffeln, als Bindemittel in Suppen verwendet. Die getrockneten Knollen werden auch zu glutenfreiem Mehl für gedämpfte Brötchen oder Nudeln vermahlen (siehe Süßkartoffel-Vermicelli unten). In einigen Geschäften ist das ähnliche Yamsmehl erhältlich, sonst durch Maisstärke, Tapiokastärke oder Pfeilwurzelmehl ersetzbar.

TAPIOKASTÄRKE (MU SHU FEN, 木薯粉)
Hergestellt aus der getrockneten Maniokwurzel, einer Pflanze aus Brasilien, die in ganz Asien angebaut wird. Das leicht süßliche, glutenfreie Mehl kann Suppen, Saucen und Dips andicken. Auch als kleine Perlen erhältlich, die in Desserts verwendet werden können, z.B. Gebackener Tapiokapudding (Seite 646).

TARO (YU TOU, 芋头)
Tropische Pflanze, wegen ihrer essbaren stärkehaltigen Wurzeln angebaut, Grundnahrungsmittel in Asien. Cremeweiß, nussiges Aroma, sollte immer gekocht werden, da sie roh schädliche Wirkungen haben kann. Tarowurzeln werden oft in Eintöpfen und Desserts oder Kuchen zu Neujahr verarbeitet.

TAROPASTE (YU NI, 芋泥)
Beliebtes Lebensmittel aus der gedämpften, pürierten und mit Zucker und Pflanzen- oder Kokosöl aromatisierten Tarowurzel. Kann selbst hergestellt oder in einigen Asienläden fertig gekauft werden.

TIANJIN-KOHL (DONG CAI, 冬菜)
Die nördliche Provinz Tianjin ist bekannt für ihre hoch entwickelten Methoden des Gemüseeinlegens. Für diese Konserve wird eine lokale Kohlsorte mit zarten, schmalen Blättern in Streifen geschnitten, mit Knoblauch und Salz gemischt und in braunen, irdenen Krügen gepresst. In Füllungen und Garnierungen von Rindfleisch- und Fischgerichten sowie in Congees und Brühen verwendet.

TOFU (DOU FU, 豆腐)
Weitverbreitete proteinreiche Grundzutat in der chinesischen Küche, zentral in der vegetarischen Ernährung. Bei der Herstellung wird Sojamilch aus eingeweichten Sojabohnen abgeseiht und gerinnt zu Blöcken. Durch Variationen dieses Prozesses entstehen zahlreiche Varianten: Seidentofu, weicher, normaler, fester und Gewürztofu, alle unterschiedlich in Festigkeit und Aroma. Fester Tofu eignet sich gut für Pfannengerichte, da er seine Form behält, während der zarte Seidentofu in Gerichten wie dem klassischen Mapo-Tofu (Seite 512) leicht bricht. Tofu nimmt oft die Aromen herzhafter Brühen und Pfannengerichte auf, vor allem Ingwer,

Sojasauce und Chili. Kann in Blöcken oder Würfeln auch gefüllt und kross frittiert werden.

TRESTERSAUCE (*JIU ZAO*, 酒糟)
Trester heißen die Getreiderückstände nach dem Destillieren von Schnaps. Rote Trestersauce (*hong zao*, 红糟) wird aus den Rückständen von rotem fermentiertem Reis hergestellt, weiße Trestersauce (*bai zao*, 白糟) aus den Rückständen von Klebreis. Beide Sorten werden oft als Marinade verwendet, vor allem in den Küstenregionen Fujian, Zheijiang und Jiangsu sowie in Taiwan.

TROCKENFISCH (*YU GAN*, 鱼乾)
In China bringen bestimmte Speisen, z.B. getrockneter Fisch, an bestimmten Daten wie dem chinesischen Neujahr Glück. Getrocknete Anchovis (*ding xiang yu gan*, 丁香鱼乾) bereichern durch ihr konzentriertes salziges Aroma Fischfonds oder Pfannengerichte wie Schweinefilet mit Anchovis (Seite 352). Der kalziumreiche Trockenfisch ist in Asienläden erhältlich. Getrocknete Flunder (*da di yu*, 大地鱼) wird oft gesalzen und zu harten Streifen, dem „Feuerholz", getrocknet. Sie verleiht der Hongkonger Wonton-Suppe Aroma und wird z.B. mit Ingwer, Soja, Frühlingszwiebeln und Reiswein gedämpft. Ersetzen lässt sie sich durch getrocknete Seezunge, Kabeljau oder Schellfisch. Getrocknete Schwimmblase (*yu du*, 鱼肚, oder *hua jiao*, 花胶) ist reich an Kollagen und Protein und gilt in China als Delikatesse. Sie hat kaum Eigenaroma, nimmt aber gut andere Aromen auf und sorgt für Konsistenz. Die trockene, gummiartige, durchscheinende Blase ist als flaches Stück oder Röhre erhältlich und muss vor dem Gebrauch eingeweicht werden. Beide Varianten stammen vom selben Fisch, jedoch sind *yu du* meist billige Ware, *hua jiao* dagegen teurer und hochwertiger.

WASSERBAMBUS (*JIAO BAI*, 茭白)
Eigentlich Mandschurischer Wildreis, typisches chinesisches Gemüse, ähnelt schmalen Bambussprossen. Zum Zubereiten der Stängel die äußere Hülle entfernen und mit einem Gemüseschäler die grüne Haut bis auf das weiße Fleisch abschälen.

WASSERKASTANIEN (*MA TI*, 马蹄)
In Asien einheimisches Wassergemüse, wächst in Sümpfen, trotz der Ähnlichkeit in Größe und Farbe nicht mit der Kastanie verwandt. Süßlich und knackig, meist in Dosen in Supermärkten und Asienläden erhältlich. Reich an Kalium und Ballaststoffen, nährstoffreiche Zutat in Pfannengerichten, Salaten und gedämpften Gerichten. Lassen sich getrocknet zu weißem, glutenfreiem Wasserkastanienmehl (*ma ti fen*, 马蹄粉) mahlen, das zum Andicken von Suppen und Eintöpfen oder im Teig für Frittiertes Verwendung findet.

WASSERSCHILD (*CHUN CAI*, 莼菜)
Auf der Oberfläche schwimmende Wasserpflanze, weitverbreitet in Asien und Nordamerika. Die essbaren Blätter werden traditionell in Suppen und Eintöpfen verarbeitet. Kein besonderer Eigengeschmack, wertet Gerichte durch seine Grüntöne aber optisch auf.

WASSERSPINAT (*WEN CAI*, 蕹菜)
Auch als Morning Glory, Wasserwinde oder Sumpfkohl bekannt. Mildes, süßliches Blattgemüse mit hohlen Stielen, die auch nach dem Garen relativ knackig bleiben. Siehe Wasserspinat mit Garnelenpaste (Seite 459).

WEISSE TRESTERSAUCE (siehe Trestersauce)

WEISSER MU-ERR (*BAI BEI MU ER*, 白背木耳)
Nährstoffreicher Waldpilz, geschätzt wegen seiner kreislaufanregenden Wirkung und seines hohen Eisengehalts. Schwaches Eigenaroma, wegen der bissfesten Konsistenz aber eine beliebte Zutat in Suppen und Eintöpfen. Meist getrocknet in Asiengeschäften erhältlich, muss vor dem Gebrauch eingeweicht werden.

WEIZENSTÄRKE (*XIAO MAI DIAN FEN*, 小麦淀粉)
Wird häufig mit Reis und glutenhaltigem Reismehl zu einer bestimmten Sorte Teigblatt für Teigtaschen verarbeitet.

WINTERMELONE (*DONG GUA*, 冬瓜)
Auch Wachskürbis genannt, große Frucht von mildem Aroma, wächst an Ranken. Das feste weiße Fleisch wird beim Kochen weich, v.a. in Suppen und Eintöpfen.

WINTERZWIEBEL (*DA CONG*, 大葱, ODER *JING CONG*, 京葱)
Dieses beliebte und vielseitige Gemüse aus Nordchina, auch *Tokyo Negi* genannt, ist eine Kreuzung zwischen Lauch und Frühlingszwiebel und lässt sich durch beides ersetzen. Sie schmeckt roh, in Pfannengerichten oder mit Nudeln.

WONTONBLÄTTER (*HUN TUN PI*, 馄饨皮)
Aus Mehl und Wasser, zur Herstellung von Wonton und Teigtaschen. In Asienläden gibt es zwei verschiedene Sorten: Kantonesische Teigblätter sind dünn und passen besser zu Gerichten wie Wontons nach Sichuan-Art in rotem Öl (Seite 64), Shanghai-Teigblätter dagegen sind dick und am besten in Gerichten wie Schweinefleisch-Gemüse-Wontons (Seite 59) zu verwenden.

XIN-ZHU-REISVERMICELLI (*XINZHU MI FEN*, 新竹米粉)
Dünne, durchscheinende, windgetrocknete Glasnudeln, Grundzutat in der Stadt Hsinchu in Nordtaiwan. Nicht

aus Mungobohnenstärke, sondern aus Reismehl hergestellt. Zur Zubereitung einweichen, abtropfen lassen und mit Schweinefleisch in dünnen Streifen, Shiitake, Möhren und Garnelen in der Pfanne braten. Siehe Vermicelli mit Thunfisch (Seite 599).

XO-SAUCE (XO LA JIAO JIANG, XO辣椒酱)
Hochwertige Chilisauce aus Hongkong, benannt nach der höchsten Klassifizierung von Cognac (XO). Enthält jedoch keinen Cognac oder Alkohol, sondern eine Mischung aus getrockneten Meeresfrüchten, Kräutern und Gewürzen. Kann durch normale Chilisauce ersetzt werden, dann fehlt allerdings das typische Umami-Aroma.

YAKBUTTER (SU YOU, 酥油)
Tibetische Spezialität. Aus der Milch des Yaks wird Butter mit hohem Fettgehalt hergestellt, die von der Dichte her eher Käse ähnelt. Tee mit Yakbutter wird im Himalaja-Gebirge gern getrunken.

YAMBOHNE (SHA GE, 沙葛)
Aus Mexiko, über Handelsrouten nach China eingewandert. Knackiges weißes Fleisch, mildes, mehliges Aroma, kann roh oder zu Fleisch oder Fisch gegessen werden. Lässt sich durch Wasserkastanien oder Topinambur ersetzen.

YI MEIN (YI MIAN, 伊面)
Kantonesische flache Eiernudeln aus Weizenmehl, durch Frittieren goldgelb und von bissfester, elastischer Konsistenz. Können gekocht, gebraten oder in Suppen und Salaten verwendet werden.

YUNNAN-SCHINKEN
(YUNNAN HUO TUI, 云南火腿)
Die Provinz Yunnan im Westen ist wegen ihrer traditionellen Trockenpökelmethode für Schweinefleisch berühmt. Die kräftigen Aromen machen aus diesem Schinken eine einfache, aber köstliche Vorspeise, wegen seines Salzgehalts passt er in Suppen aber auch gut zu Wintermelone, z.B. in der Krebssuppe mit Wintermelone (Seite 110). Wird vor dem Gebrauch in Wasser gelegt, um überschüssiges Salz auszuwaschen, und kann durch Prosciutto oder Speckstreifen ersetzt werden.

ZHEJIANG-ESSIG (siehe Essig)

ZHENJIANG-ESSIG (siehe Essig)

ZHUHOU-SAUCE (ZHU HOU JIANG, 柱候酱)
Auch Chu-Hou-Sauce. Die Kombination aus Sojabohnen, Knoblauch, Ingwer, Sesampaste und Gewürzen eignet sich ideal zum Schmoren von Fleisch und Gemüse. Kann durch Bohnensauce ersetzt werden.

ZITRONENGRAS (XIANG MAO, 香茅)
Der süße, zitronige Duft ist zwar typischer für thailändische Currygerichte, Zitronengras wird aber zu Huhn, Schwein oder Meeresfrüchten auch in der chinesischen Küche eingesetzt. Der Schaft wird meist ganz gegart, in Scheiben geschnitten oder zu einer Paste zerstoßen. Der holzige untere Teil ist härter als bei Frühlingszwiebeln und wird häufig vor dem Servieren entsorgt. Frisches Zitronengras ist das ganze Jahr über erhältlich, kann aber auch durch Zitronengraspulver oder Zitronenschale ersetzt werden.

REGISTER

• A
AAL 688
  Aal in Schwarze-Bohnen-Sauce 178
  Aalsuppe 111
  Frittierter Aal 69
  Geschmorter Flussaal 180
  Nudeln mit Aal 593
  Reis mit Aal und Schwarze-Bohnen-Sauce 565
  Sautierter Aal 179
ABALONEN 688
  Abalonen mit Gewürzsalz 230
  Gedämpfte Abalonen 230, 231
  Hähnchen-Abalonen-Schmortopf 281
  Reis mit in Sojasauce geschmortem Schweinebauch, Abalone und Morcheln in Schwarze-Trüffel-Sauce 672
  Sautierte Abalonen 232
ANANAS
  Ente mit jungem Ingwer und Ananas 296, 297
  Fisch süßsauer 149
  Gebratener Reis mit Hähnchen und Ananas 561
  Süßsaure Rippchen 366, 367
ANANASSAFT
  Flanksteak in Sha-Cha-Sauce 405
ANCHOVIS
  Frittierte Anchovis 72
Andong-Hähnchen 255
ÄPFEL
  Drunken Chicken 56, 57
APRIKOSENKERNE 688
  Geschmorter Ziegenbauch 432
  Mandeltee mit Eischnee 641
  Schweinefleisch mit Aprikosenkernen 391
  Schweinelunge-Aprikosenkern-Suppe 121
AUBERGINE
  Aubergine in duftender Sauce 446
  Aubergine in Knoblauchsauce 452, 453
  Auberginen süßsauer 447
  Auberginensalat mit Sesamsauce 48
  Kartoffeln mit Auberginen und Paprika 444, 445
  Schwein und Auberginen 345
AUCHA-BARSCH
  Fisch in würziger Essigsauce 158
  Fisch mit Lammfüllung 167
  Fischsuppe nach Songsao-Art 107
  Gebratener Aucha-Barsch 166
Aufgeschnittene knusprige Ente 293
Ausgebackene Garnelen nach Daliang-Art 528
AUSTERN
  Austern mit schwarzen Bohnen 223
  Austernrollen 76
  Austernpfannkuchen 223
  Congee mit Austern und Hackfleisch 573
  Frittierte Auster mit Knusperreis in Portweinsauce 677
  Frittierte Austern 222
  Getrocknete Austern im Hackfleischmantel 219
  Getrocknete Austern im Salatblatt 220
  Halb getrocknete Austern in Sauce 218
  Reis mit Austern und Schweinefleisch 546
Austernpilze mit Gewürzsalz 464
AUSTERNSAUCE 688
  Flanksteak mit chinesischem Brokkoli 406, 407
  Rinderflanke in Austernsauce 398
  Strohpilze in Austernsauce 467

• B
Baby-Venusmuscheln, in Knoblauchsauce eingelegt 210
Bagongshan-Tofu 514
Baijiu 688
Baiqi-Tofu 509
BAMBUSPILZE 688
  Shiitake und Champignons mit Bambuspilz 463
BAMBUSSPROSSEN 688
  Bagongshan-Tofu 514
  Bambussprossen in Chiliöl 498
  Bambussprossen mit Garnelenrogen 498
  Corvinasuppe 108
  Fermentiertes Kohlgemüse mit Bambussprossen 495
  Fisch in Trestersauce 145
  Fisch mit Schnittsellerie und Bambussprossen 152, 153
  Fischsuppe nach Songsao-Art 107
  Flunder mit Shiitake und Bambussprossen 144
  Gedämpfter Bauch mit Pökelfleisch 360
  Gefüllte Karausche 163
  Gemüse auf Glasnudeln 468
  Geschmorte Bambussprossen 495
  Geschmorte Ente mit Wontons 304
  Geschmorte Ente Sichuan 298
  Geschmorte Sojahaut 505
  Geschmorter Wels 161
  Ginkgonüsse mit Bambussprossen 494
  Gonbao-Hähnchen 270, 271
  Hähnchen mit Pilzen und Bambus 273
  Karausche in Suppe 159
  Kurz gebratene Lammkeule in Essig 416
  Luoyang-Schweinebauch 371
  Pilzsauce auf krossem Reis 469
  Red Snapper in sauer-scharfer Suppe 663
  Sautierte Abalonen 232
  Sautierte Muscheln 214
  Sautierte Shiitake 470
  Schmorfisch mit Suppe 100
  Schweinebauch mit Bambussprossen 389
  Schweinefilet aus dem Wok 343
  Schweinefilet mit Essigsauce 349
  Schweinenieren aus dem Wok 363
  Shandong-Schweinefilet 343
  Shiitake mit Bambussprossen 464
  Tofu in brauner Sauce 504
  Weiße Suppe mit Fisch und Ei 101
Bang-Bang-Hähnchen 54
BÄRENGARNELEN
  Bärengarnelen in Essig 187
  Goldene Garnelen 195
Barramundi mit Schwarze-Bohnen-Sauce 130
BASILIKUM
  Garnelen mit schwarzem Pfeffer und Basilikum 198
  Hähnchen mit Sesamöl, Sojasauce und Wein 276
  Miesmuscheln mit Basilikum 216
BASILIKUMSAMEN
  Tomaten-Blanc-Manger 661
BITTERMELONEN 688
  Bittermelone mit gesalzenen Eiern 460
  Bittermelone mit Schinken 460, 461
  Bittermelone mit Schwarze-Bohnen-Paste 454
  Bittermelonensalat 46
  Bittermelonensuppe mit Ananassauce 94
  Gefüllte Bittermelone 448
Blumenkohl mit Paprika 442
Bohnen in duftender Sauce 499
BOHNENSPROSSEN 688
  Flanksteak in Sha-Cha-Sauce 405
  Glasnudeln mit Eiern 535
  Hähnchenflügel mit Pfeffersauce 55
  Hähnchensalat mit Bohnensprossen 55
  Nudeln mit Aal 593
  Nudeln mit Schweinefleisch und Bohnensprossen 600, 601
  Nudeln mit Spezial-Sojasauce 600
  Omelett Foo Yung 529
  Rinderfilet in Chilibrühe 400, 401
  Brathähnchen mit General-Tso-Honig 664
Braune Zuckerscheiben 689
Brauner Zucker 689
BROKKOLI
  Krebsfleisch auf Brokkoli 440
  Lachs Kung Pao mit Brokkoli 666
BROT
  Garnelen auf Toast 191
BRUNNENKRESSE
  Brunnenkressesuppe mit Schweinefleisch 95
BUSCHBOHNEN
  Bohnen in duftender Sauce 499

• C
CASHEWKERNE
  Hähnchen mit Cashewkernen 258, 259
Chan Yan Tak 660–661
Chaozhou-Bratfisch 132
Chaozhou-Pflaumenpaste 689
Char Kway Teow 588, 589

Chen, Thomas 663–665
Chilenischer Seebarsch mit Honig-Soja-
　Glasur 668
CHILI-BOHNEN-PASTE 689
　Enten-Schmortopf 299
CHILIÖL 689
　Bambussprossen in Chiliöl 498
　Gebratener Schweinebauch mit
　　Teeblättern 338
　Rippchen in Tee 336
CHILISAUCE
　Reisrollen mit Chilisauce 608, 609
CHILISCHOTEN 689
　Fischkopf in Chilisauce 156
　General-Tso-Hähnchen 266, 267
　Jiangxi-Ente 293
　Kaninchen in Chilisauce 433
　Lammkoteletts und Chilischoten 424, 425
　Scharfsaures Lammfleisch 426
　Scharfes Hähnchen 264
　Tintenfisch mit Chili und Koriander 233
CHINAKOHL
　Eingelegter Chinakohl 669
　Eingelegtes Gemüse 49
　Fleischbällchen mit Kohl 330
　Gebratene Shanghai-Nudeln 610, 611
　Gemüse mit rotem fermentiertem Tofu 476
　Jiaozi 70, 71
　Junger Kohl auf Lotusblatt 439
　Knusprige spanische Makrele mit
　　eingelegtem Chinakohl und
　　rauchigem Sojadressing 669
　Kohlherzen in Brühe 438
　Kohlrouladen mit Hackfleisch 329
　Krabben-Glasnudel-Auflauf 201
　Löwenkopf-Fleischbällchen 682
　Nudeln mit Schweinefilet und Sauce 586
　Sautierter Kohl 438
　Schweinefleisch mit Knoblauchstängeln
　　354, 355
　Tofurolle in Hühnerbrühe 521
　Wontons nach Sichuan-Art in rotem
　　Öl 64, 65
Chinapfanne nach Hakka-Art 474
CHINESISCHE WURST 689
　Char Kway Teow 588, 589
　Hähnchen im Lotusblatt 243
　Hakka-Reispudding 548
　Reis mit chinesischer Wurst und
　　Garnelen 665
　Reis mit Huhn und Wurst im
　　Schmortopf 562, 563
　Taro mit Pökelfleisch 490, 491
　Taropudding 493
CHINESISCHE YAMSWURZEL 689
　Gebratene Yamblätter 474
　Hähnchen mit chinesischer
　　Yamswurzel 277
　Lammragout mit chinesischer
　　Yamswurzel 431
　Schweinebauch mit Yamswurzel 319
　Yamswurzel-Rollen 443
CHINESISCHER BROKKOLI 689
　Flanksteak mit chinesischem
　　Brokkoli 406, 407
　Hähnchen mit chinesischem
　　Schinken 246, 247
　Chinesischer Brokkoli mit Fischsauce 440, 441
CHINESISCHER KLIPPFISCH 689
　Goldene Fleischbällchen 83
　Reis mit Schweinefilet und Klippfisch
　　im Schmortopf 564
　Schweinefleisch mit Klippfisch 322
CHINESISCHER LAUCH
　Schweineschulter mit chinesischem
　　Lauch 372, 373
CHINESISCHES OLIVENGEMÜSE 689
　Garnelen mit chinesischem
　　Olivengemüse 181
　SIEHE AUCH OLIVEN
CHINESISCHES PÖKELFLEISCH 689
　Chinesisches Pökelfleisch mit
　　halbtrockenem Tofu 360, 361
　Hühnerbrühe 90
　Klebreispfanne 556, 557
　Leber mit Pökelfleisch und
　　Schnittlauch 359
　Sautierte Abalonen 232
　Violetter Blätterkohl mit gepökeltem
　　Schwein 354
　Yi Mein mit Pilzen und chinesischem
　　Pökelfleisch 584, 585
Chinesisches Pökelfleisch mit
　halbtrockenem Tofu 360, 361
Chinesisches Rinderfilet 397
CHITTERLINGS (SCHWEINEDARM)
　Frittierte Wontons 60, 61
　Schweinedarm mit Sojasprossen 362
Chop Suey 492
CHOY SUM 689
　Choy sum mit fermentiertem
　　Kohlgemüse 447
　Gebratene Nudeln mit Rindfleisch 603
Congee 568–576, 690
Congee mit Austern und Hackfleisch 573
Congee mit Fischbauch 576
Congee mit Fischkugeln 568
Congee mit Froschschenkeln 572
Congee mit getrocknetem Pak Choi
　und Rippchen 569
Congee mit Klebreis und Weizen 574
Congee mit Rindfleisch 573
Congee mit Schweinefleisch und
　eingelegten Enteneiern 574
Congee mit Schweineleber und Fisch 575
Congee mit Thunfisch und Erdnüssen 572
Congee nach Laiwan-Art 570, 571
CORVINA (MEERRABE)
　Corvina mit Frühlingszwiebeln 174, 175
　Corvinasuppe 108
　Nudelsuppe mit Corvina 587
　Weiße Suppe mit Fisch und Ei 101
Curryreis mit Garnelen nach Hongkong-Art
　667

● D
Dai-Hähnchen mit Kokos 282
DAIKON-RETTICH 690
　Gedämpfte Daikon-Kugeln 489
　Gedämpfter Daikon mit
　　Jakobsmuscheln 224
　Geschmorte Rippchen und Sehnen
　　410, 411
　Meerbrasse mit Daikon 136
　Rettichauflauf 79
　Schlammkarpfen mit Daikon 158
Dan-Dan-Nudeln 590, 591
DATTELN
　Kiwi in Honigsauce 619
　Suppe aus geräucherten Pflaumen 616
　SIEHE AUCH JUJUBE-DATTELN
Dessert mit Mango, Pomelo und
　Sago 642, 643

Dicke Bohnen mit Schinken 496, 497
Dongpo-Schweinebauch 380, 381
Doppelt gekochter Pökelschinken 382
DORSCH
　Dorsch mit Sojachips 130
　Reis mit Fisch 129
Drunken Chicken Roll 679
Drunken Trotters 316

● E
EIER
　Austernpfannkuchen 223
　Congee mit Schweinefleisch und
　　eingelegten Enteneiern 574
　Eierblumensuppe 93
　Eiercremetörtchen nach Hongkong-
　　Art 648, 649
　Eiertofu mit Schwarze-Trüffel-Sauce 532
　Eiweiß-Rührei mit Garnelen 531
　Frittierte Englische Creme 630, 631
　Frittierter Spinat 457
　Gebratener Reis nach Yangzhou-
　　Art 558, 559
　Gedämpfte Eier mit fermentiertem
　　Kohlgemüse und Rousong 535
　Gedämpfte Eier mit getrockneten
　　Garnelen und Glasnudeln 534
　Glasnudeln mit Eiern 535
　Jakobsmuscheln mit Ei 226
　Kokostörtchen 650, 651
　Mandelkekse 652, 653
　Mandeltee mit Eischnee 641
　Milchcreme mit Eiweiß 642
　Muscheln mit Eiern und Shaoxing-
　　Reiswein 215
　Nudeln mit Garnelen 599
　Nudelsuppe mit Tomate und Eiern 580
　Omelett Foo Yung 529
　Omelett mit Hackfleisch 530
　Omelett mit Rettich und
　　Schnittknoblauch 529
　Reis-Schmortopf mit Ei und
　　Rindfleisch 564
　Rinderfilet im Eimantel 402
　Rührei mit Garnelen 531
　Rührei mit Garnelen auf
　　Reisvermicelli 603
　Schweinefüße in Ingwer und
　　Essig 378
　Tee-Eier 532, 533
　Tomaten mit Rührei 450
　Üppige Eiercreme 624
　SIEHE AUCH GESALZENE ENTEN-
　　EIER
Eiercremetörtchen nach
　Hongkong-Art 648, 649
Eiertofu 690
Einfaches Congee 568
EINGEKOCHTE ANANASPASTE 690
Eingelegte Chilischoten 690
Eingelegte Enteneier 690
Eingelegte grüne Bohnen mit Hackfleisch 480
Eingelegte Lotuswurzeln 52
Eingelegte schwarze Oliven 690
Eingelegte Schweinefüße 357
Eingelegte Sojabohnen 49
Eingelegte Steckrüben 690
EINGELEGTE STECKRÜBEN 690
　SIEHE AUCH STECKRÜBEN
Eingelegter Chinakohl 669
Eingelegter Ingwer 690

EINGELEGTER KOHL
    Schweinebauch mit eingelegtem Kohl 334
EINGELEGTER KOHLRABI 690
    Schweinefleisch mit eingelegtem Kohlrabi 321
Eingelegter Rettich in Sojasauce 50
EINGELEGTES GEMÜSE
    Hähnchen in aromatischer Sauce 248
    Scharfsaures Lammfleisch 426
    Süßsaurer Fischbauch 173
Eingelegtes Gemüse 49, 690
Eingelegtes Senfgemüse 690
Eintopf mit Rippchen und getrocknetem Rettich 390
Eintopf mit Tofumus 512
EISBERGSALAT
    Getrocknete Austern im Salatblatt 220, 221
    Hackfleisch-Salat-Wraps 352
Eiweiß-Rührei mit Garnelen 531
ENGELWURZ 691
    Ente mit Engelwurz 304, 305
    Garnelen mit Goji-Beeren in Reisweinsauce 186
    Gedämpfte Salzgans 306
ENTE
    Aufgeschnittene knusprige Ente 293
    Ente aus dem Wok 300, 301
    Ente mit Engelwurz 304, 305
    Ente mit fermentiertem Kohlgemüse 303
    Ente mit Gewürznelken 294
    Ente mit jungem Ingwer und Ananas 296, 297
    Ente mit Pilzen und Schinken 292
    Ente mit Sojachips 294
    Ente mit Taro 302
    Ente mit Zwiebeln 295
    Enten-Schmortopf 299
    Gebratene Ente 299
    Geschmorte Ente mit Wontons 304
    Geschmorte Ente Sichuan 298
    Jiangxi-Ente 293
    Nanjing-Ente 300
    Vermicelli mit Bratene in Suppe 582, 583
ENTENNIEREN
    Brunnenkressesuppe mit Schweinefleisch 95
Ente aus dem Wok 300, 301
ENTENLEBERWURST 691
    Ente aus dem Wok 300, 301
    Gebratene Lotuswurzel-Frikadellen 486
    Klebreispfanne 556, 557
ERBSEN
    Curryreis mit Garnelen nach Hongkong-Art 667
    Garnelen mit Erbsen 191
    Gebackene Schweinekoteletts auf Reis 552, 553
    Hackfleisch mit Erbsen und Mais 502
    Kartoffel-Karotten-Püree 487
    Luoyang-Schweinebauch 371
    Tofu mit Shiitake 508
ERBSENSPROSSEN
    Gebratene Erbsensprossen 502
    Jakobsmuscheln mit Wachteleiern 225
ERDNUSSBUTTER
    Pikantes Hähnchen mit Sichuan-Pfeffer 242
ERDNÜSSE 691
    Congee mit Thunfisch und Erdnüssen 572
    Erdnuss-Mochi 626, 627

Erdnüsse in Essigsauce 53
Garnelen nach Gongbao-Art in Chilisauce 189
Gedämpfte Poularde mit scharfer Sauce 251
Gemischter Salat nach Shunde-Art 462
Gonbao-Hähnchen 270, 271
Gongbao-Tofu 511
Innereien in Chilisauce 85
Knusprige Erdnusskekse 654
Rind mit scharfer Sauce 403
Schweinefilet mit Chilisauce 353
Schweineschwanz-Erdnuss-Suppe 117
Essig 691

● F
Fächergarnelen 196, 197
FAT CHOY 691
    Muschelsuppe mit Fat Choy 106
FERMENTIERTE SCHWARZE BOHNEN SIEHE SCHWARZE BOHNEN
FERMENTIERTES KOHLGEMÜSE 691
    Choy sum mit fermentiertem Kohlgemüse 447
    Dan-Dan-Nudeln 590, 591
    Ente mit fermentiertem Kohlgemüse 303
    Fermentiertes Kohlgemüse mit Bambussprossen 495
    Fermentiertes Kohlgemüse mit Tofu 516
    Garnelen mit scharfer Sauce 194
    Gebratene grüne Bohnen 500
    Gebratenes Hähnchen mit fermentiertem Kohlgemüse 292
    Gedämpfte Eier mit fermentiertem Kohlgemüse und Rousong 535
    Geschmorter Hakka-Schweinebauch 386
    Klebreisbällchen mit eingelegtem Senfgemüse und Schweinefleisch 683
    Ninghua-Tofukugeln 514
    Nudeln mit scharfer brauner Sauce 596, 597
    Nudelsuppe mit Corvina 587
    Sautierter Kupferschnapper 137
    Schweinebauch mit fermentiertem Kohlgemüse 320
    Schweinebauch mit Tigerstreifen 384
    Schweinemagen-Ginkgo-Suppe 117
    Schweineschulter mit fermentiertem Kohlgemüse 350
    Sojabohnen mit Tofu und fermentiertem Kohlgemüse 480
    Tofu mit fermentiertem Kohlgemüse 505
    Tofu nach Xiangtan-Art 508
    Tofupüree 520
    Torpedobarsch mit fermentiertem Kohlgemüse 141
    Vermicelli mit Bratene in Suppe 582, 583
    Vermicelli mit Rind und fermentiertem Kohlgemüse 604
    SIEHE AUCH SÜSSES FERMENTIERTES KOHLGEMÜSE
FERMENTIERTES KOHLGEMÜSE AUS SHAOXING SIEHE FERMENTIERTES KOHLGEMÜSE
FERMENTIERTES KOHLGEMÜSE AUS SICHUAN SIEHE FERMENTIERTES KOHLGEMÜSE
FISCH
    Congee mit Fischbauch 576
    Congee mit Schweineleber und Fisch 575
    Geschmorter Fischbauch 164

Süßsaurer Fischbauch 173
Fisch in Chilisauce 170, 171
Fisch in roter Trestersauce 166
Fisch in Süßsauer-Sauce 169
Fisch in Süßsauer-Sauce 169
Fisch in Trestersauce 145
Fisch in würziger Essigsauce 158
Fisch mit Reisvermicelli 150
Fisch mit Schnittsellerie und Bambussprossen 152, 153
Fisch nach Westsee-Art 152
Fisch süßsauer 149
Fisch-Tofu-Suppe 109
Fischbauch 576, 691
Fischfond 91
FISCHKOPF
    Fischkopf in Chilisauce 156
    Geschmorter Fischkopf 139
    Lachskopf mit schwarzen Bohnen und eingelegten schwarzen Oliven 148
FISCHPLÄTZCHEN
    Frittierte Fischplätzchen nach Shunde-Art 72
    Shiitake mit frittierten Fischplätzchen 138
Fischsauce 691
Fischsuppe nach Songsao-Art 107
FLADENBROT
    Fladenbrot 54
    Hammelsuppe 120
Fleischbällchen 324
Fleischbällchen mit Klebreis 330, 331
Fleischbällchen nach Liuyang-Art 339
Flitterwochen-Reis 560
FLÜGELGURKE 691
    Flügelgurke mit Jakobsmuscheln 451
    Flügelgurke mit Schweinefleisch 454
    Flügelgurke mit Venusmuscheln 451
    Süßer Schwammkürbis-Pfannkuchen 455
Flügelgurke mit Jakobsmuscheln 451
Flügelgurke mit Schweinefleisch 454
Flügelgurke mit Venusmuscheln 451
FLUNDER
    Flunder mit Shiitake und Bambussprossen 144
    Gedämpfte Flunder 131
FLUSSBARSCH
    Geschmorter Flussbarsch 162
Frittierte Anchovis 72
Frittierte Austern 222
Frittierte Englische Creme 630, 631
Frittierte Fischplätzchen nach Shunde-Art 72
Frittierte Frikadellen 77
Frittierte Garnelen 69
Frittierte Garnelenkugeln 74, 75
Frittierte Hähnchenknorpel 265
Frittierte Lammrippchen 420, 421
FRITTIERTE SCHWIMMBLASE 691
    Hähnchen mit Schwimmblase 248
Frittierte Tofukugeln in Sauce 510
Frittierte Wontons 60, 61
Frittierter Aal 69
Frittierter Karpfen 177
Frittierter Spinat 457
FRITTIERTER TOFU 692
    Frittierter Tofu 516
    Frittierter Tofu mit Fischfüllung 165
Frittiertes Täubchen 308, 308
Frosch 692
FROSCHSCHENKEL
    Congee mit Froschschenkeln 572
Frühlingsrollen 80, 81

FRÜHLINGSROLLEN-TEIGBLÄTTER
Frühlingsrollen mit Knoblauch und Garnelen 662
FRÜHLINGSZWIEBELN
Andong-Hähnchen 255
Aufgeschnittene knusprige Ente 293
Bärengarnelen in Essig 187
Barramundi mit Schwarze-Bohnen-Sauce 130
Corvina mit Frühlingszwiebeln 174, 175
Eierblumensuppe 93
Fisch in Süßsauer-Sauce 169
Fisch in würziger Essigsauce 158
Frittierte Frikadellen 77
Frittierte Garnelen 69
Frittierter Aal 69
Frittierter Karpfen 177
Garnelen mit Sojasauce 187
Garnelen nach Gongbao-Art in Chilisauce 189
Garnelen süßsauer 190
Gebratene Ente 299
Gedämpfte Abalonen 230, 231
Gedämpfte Garnelen in duftender Sauce 183
Gedämpfter Zackenbarsch 132, 133
Gedämpftes Hähnchen 250
Geschmorter Flussaal 180
Geschmortes Hähnchen mit Pilzen 286, 287
Hähnchen in Bohnensauce 272
Hähnchen in Schwarze-Bohnen-Sauce 252, 253
Hähnchen mit chinesischer Yamswurzel 277
Hähnchen mit Frühlingszwiebeln 288
Hähnchen mit Gewürznelken 249
Hähnchen-Ingwer-Schmortopf 276
Hammelsuppe 120
Hühnersuppe in der Schüssel 112
Hummer in Schwarze-Bohnen-Sauce 208, 209
Jingdu-Rippchen 336, 337
Karpfen süßsauer 160
Knusprige Schweinshaxe 364
Krabbe mit Ingwer und Frühlingszwiebeln 206
Lotuswurzel-Rippchen-Suppe 114, 115
Poularde in einem Yunnan-Dampftopf 262
Rinderwade mit Ingwer und Frühlingszwiebeln 399
Sautierte Fischrollen 168
Sautierte Seebrasse 148
Schnecken in Chilisauce 73
Schwein mit Ingwer 344
Schweinebäckchen mit Garnelenpaste 328
Schweinebauch in Sojasauce 388
Schweinefilet mit süßsaurer Sauce 348
Schweineherz mit Frühlingszwiebeln 357
Seebarsch mit Tomaten 142, 143
Sensenfisch mit Essig 134
Steinbutt mit Tianjin-Kohl 134
Teigtaschen mit Lammfleisch 66
Weichschildkröte mit Huhn 237
Winterzwiebeln mit Maronen 481
Würziger Rauchfisch 149
Yan-du-xian-Suppe 113
Zackenbarsch mit Shiitake und Frühlingszwiebeln 138
FÜNF-GEWÜRZE-PULVER 692
In Salz gebackenes Hähnchen 290
Fuzhou-Lychee-Fleischbällchen 340, 341

FUZZY GOURD 692
Fuzzy melon mit Jakobsmuscheln 443
Schweinebraten mit Gluten und Wachskürbis 391

• G
GANBA-PILZE 692
Gebratene Ganba-Pilze 479
Reis mit Ganba-Pilzen 550
GANS
Gänsedärme in Sojasauce 306
Gedämpfte Salzgans 306
GARNELEN
Ausgebackene Garnelen nach Daliang-Art 528
Bärengarnelen in Essig 187
Curryreis mit Garnelen nach Hongkong-Art 667
Eiweiß-Rührei mit Garnelen 531
Fächergarnelen 196, 197
Flitterwochen-Reis 560
Frittierte Garnelen 69
Frittierte Garnelenkugeln 74, 75
Frühlingsrollen mit Knoblauch und Garnelen 662
Garnelen auf Toast 191
Garnelen im Nest 192, 193
Garnelen mit chinesischem Olivengemüse 181
Garnelen mit Erbsen 191
Garnelen mit Gewürzsalz 198, 199
Garnelen mit Glasnudeln 184, 185
Garnelen mit Goji-Beeren in Reisweinsauce 186
Garnelen mit Gurke 184
Garnelen mit Longjing-Tee 188
Garnelen mit Pakalana 181
Garnelen mit scharfer Sauce 194
Garnelen mit schwarzem Pfeffer und Basilikum 198
Garnelen mit Sojasauce 187
Garnelen mit Zuckerschoten 496
Garnelen nach Gongbao-Art in Chilisauce 189
Garnelen süßsauer 190
Garnelen-Eier-Rollen in Sojahaut 73
Garnelen-Wonton-Suppe 104
Garnelenbrühe 92
Garnelenfrikadellen 186
Gebratene Garnelen in Sauce 200
Gebratener Reis nach Hongkong-Art 550, 551
Gebratener Reis nach Yangzhou-Art 558, 559
Gedämpfte Garnelen in duftender Sauce 183
Gedämpfter Reis mit Garnelen 544
Gedämpfter Seidentofu mit Krabbenfleisch 673
Gedämpftes Schwein mit Garnelenpaste 318
Gefüllte Bittermelone 448
Goldene Fleischbällchen 83
Hähnchen mit Garnelen 269
Hähnchen mit Walnüssen 260
Löwenkopf-Fleischbällchen 324, 325
Nudeln mit Garnelen 599
Nudelsuppe mit Garnelen 582
Omelett Foo Yung 529
Pilze mit Garnelenfüllung 182
Reis mit chinesischer Wurst und Garnelen 665

Rührei mit Garnelen 531
Rührei mit Garnelen auf Reisvermicelli 603
Tofu à la Zhu Hongwu 526, 527
Vermicelli nach Fujian-Art 594, 595
SIEHE AUCH GETROCKNETE GARNELEN
Garnelen nach Gongbao-Art in Chilisauce 189
Garnelen süßsauer 190
GARNELENPASTE 692
Gebratene Abakusperlen 482, 483
Reis mit Rindfleisch und Garnelenpaste 554, 555
Schweinebäckchen mit Garnelenpaste 328
Wasserspinat mit Garnelenpaste 459
GARNELENROGEN 692
Bambussprossen mit Garnelenrogen 498
Geschmorte Nudeln mit Garnelenrogen 586
Gebackene Schweinekoteletts auf Reis 552, 553
Gebackene Klebreispudding mit Kokosmilch 647
Gebackener Tapiokapudding 646
Gebratene Abakusperlen 482, 483
Gebratene Eiernudeln 598
Gebratene Ente 299
Gebratene Erbsensprossen 502
Gebratene Fleischbällchen 339
Gebratene Ganba-Pilze 479
Gebratene Garnelen in Sauce 200
Gebratene grüne Bohnen 500
Gebratene Lotuswurzel-Frikadellen 486
Gebratene Nudeln mit Rindfleisch 603
Gebratene Pilze mit Hähnchenfüllung und Austernsauce 674
Gebratene Reisvermicelli 598
Gebratene Shanghai-Nudeln 610, 611
Gebratene Yamblätter 474
Gebratener Aucha-Barsch 166
Gebratener Fisch in Reiswein 174
Gebratener Reis nach Hongkong-Art 550, 551
Gebratener Reis nach Yangzhou-Art 558, 559
Gebratener Schweinebauch mit Teeblättern 338
Gebratener Sensenfisch 135
Gebratenes Hähnchen mit fermentiertem Kohlgemüse 292
Gebratenes Hähnchen mit roter Trestersauce 289
Gebratenes Shandong-Hähnchen 291
Gedämpfte Abalonen 230, 231
Gedämpfte Daikon-Kugeln 489
Gedämpfte Eier mit fermentiertem Kohlgemüse und Rousong 535
Gedämpfte Eier mit getrockneten Garnelen und Glasnudeln 534
Gedämpfte Flunder 131
Gedämpfte Krabbe auf Klebreis 202, 203
Gedämpfte Lotuswurzel 488
Gedämpfte Poularde mit scharfer Sauce 251
Gedämpfte Salzgans 306
Gedämpfter Bauch mit Pökelfleisch 360
Gedämpfter Daikon mit Jakobsmuscheln 224
Gedämpfter Fisch in Lotusblättern 155
Gedämpfter gesalzener Torpedobarsch 131
Gedämpfter Reis 540
Gedämpfter Reis mit Garnelen 544
Gedämpfter Seidentofu mit Krabbenfleisch 673
Gedämpfter Sesamkuchen 625
Gedämpfter Zackenbarsch 132, 133
Gedämpftes Hähnchen 250
Gedämpftes Schwein mit Garnelenpaste 318

Gefüllte Datteln 83
Gefüllte Karausche 163
Gefüllte Kürbisblüten 449
Gefüllte Shiitake 478
Gefüllter Schlammkarpfen 172
Gegrillte Hähnchenleber 77
Gegrillte Schweineschulter 394, 395
GELBER SCHNITTLAUCH 692
    SIEHE AUCH SCHNITTLAUCH
GELBROTE TAGLILIE 692
    Hähnchen mit gelbroten Taglilien 254
Gemischter Salat nach Shunde-Art 462
Gemüse auf Glasnudeln 468
Gemüse mit rotem fermentiertem Tofu 476
GEMÜSEBAUM-TRIEBE
    Tofu mit gesalzenen Gemüsebaum-
        Trieben 518
Gemüsebrühe 92
Gemüserolle 522, 523
General-Tso-Hähnchen 266, 267
GEPÖKELTE ENTE 692
    Taro mit Pökelfleisch 490, 491
Gepökeltes Schwein 692
GERÄUCHERTE PFLAUMEN
    Suppe aus geräucherten Pflaumen 616
Geräucherte Seebrasse mit süßer Sojasauce
    671
Geräucherte Taube 310
Geröstete Jungtaube in Portweinsauce 675
GESALZENE ENTENEIER 692
    Bittermelone mit gesalzenen Eiern 460
    Goldene Garnelen 195
    Schweinefleisch mit gesalzenen
        Enteneiern 323
    Tofu mit Krabbenfleisch und
        Krabbenrogen 518, 519
    Vegetarisches „Krebsfleisch" mit Tofu 456
Gesalzene Gemüsebaum-Triebe 692
GESALZENE TROCKENPFLAUMEN 692
    Schweinebäckchen in Pflaumensauce 329
    Schweinefüße mit Salzpflaumen 372
Geschmorte Bambussprossen 495
Geschmorte Ente mit Wontons 304
Geschmorte Ente Sichuan 298
Geschmorte Ibérico-Rippchen mit Pflaumen-
    wein 678
Geschmorte Nudeln mit Garnelenrogen 586
Geschmorte Rinderbrust mit Rotwein 408
Geschmorte Rinderrippchen 409
Geschmorte Rippchen und Sehnen 410, 411
Geschmorte rote Fleischbällchen 375
Geschmorte Sojahaut 505
Geschmorte Wachtel 311
Geschmorte Yi Mein 584
Geschmorter Fischbauch 164
Geschmorter Fischkopf 139
Geschmorter Flussaal 180
Geschmorter Flussbarsch 162
Geschmorter Hakka-Schweinebauch 386
Geschmorter Karpfen 159
Geschmorter Schwanz vom Zackenbarsch
    140
Geschmorter Tofu 503
Geschmorter Wels 161
Geschmortes Daokou-Hähnchen 289
Geschmortes Fleisch nach Anhui-Art 376
Geschmortes Fuliji-Hähnchen 272
Geschmortes Hähnchen mit Mais 254
Geschmortes Hähnchen mit Pilzen 286, 287
Geschmortes Lamm mit Tofu 430
Geschmortes Lammfleisch 428, 429
Geschmortes Rind 403

GETROCKNETE ANCHOVIS
    Bittermelonensuppe mit Ananassauce 94
    Schweinefilet mit Anchovis 352
Getrocknete Austern im Hackfleischmantel
    219
GETROCKNETE GARNELEN 693
    Chilischoten mit getrockneten
        Garnelen 459
    Frittierte Tofukugeln 506, 507
    Garnelenbrühe 92
    Gebratene Abakusperlen 482, 483
    Gedämpfte Eier mit getrockneten
        Garnelen und Glasnudeln 534
    Gedämpfte Lotuswurzel 488
    Gefüllter Schlammkarpfen 172
    Geschmortes Lamm mit Tofu 430
    Hakka-Reispudding 548
    Hakka-Teigtaschen 63
    Klebreisrollen 82
    Lotuswurzel mit Hackfleisch 489
    Reis mit Pökelfleisch und
        Meeresfrüchten 540
    Rettichauflauf 79
    Schwein mit Oliven und Garnelen 326
    Schwimmblase mit Kohl 136
    Taropudding 493
    Tofupüree 520
    Wasserbambus mit Garnelenrogen 458
    Winterzwiebeln mit Maronen 481
GETROCKNETE GOJI-BEEREN 692
    Garnelen mit Goji-Beeren in
        Reisweinsauce 186
    Lammragout mit chinesischer
        Yamswurzel 431
GETROCKNETE LOTUSSAMEN 693
    Doppelt gekochter Pökelschinken 382
    Hasma mit Lotussamen und
        Jujube-Datteln 637
    Lotussamen mit Longan 632
GETROCKNETE MANDARINEN-
SCHALE 693
    Aal in Schwarze-Bohnen-Sauce 178
    Ente mit Taro 302
    Geschmorte Rinderbrust mit Rotwein 408
    Geschmorte Rippchen und Sehnen 410, 411
    Muscheln mit Glasnudeln 212
    Nanjing-Ente 300
    Rinderfilet mit Mandarinenschale 398
    Rinderrippchen in Brühe 409
    Rinderwade mit Jujube-Datteln 397
    Rote-Bohnen-Suppe 644
    Schlammkarpfenkugeln mit Taro 176
Getrocknete Meeresfrüchte 693
Getrocknete süße Datteln 693
GETROCKNETE TOFUBLÄTTER 693
Getrockneter Hagedorn 693
GETROCKNETER MU-ERR 693
    Flügelgurke mit Schweinefleisch 454
    Mu-Err-Koriander-Salat 465
GETROCKNETER OKTOPUS
    Suppe mit Schweinefleisch,
        Lotuswurzel und Oktopus 116
GETROCKNETER SHIITAKE 693
    Aalsuppe 111
    Ente mit Pilzen und Schinken 292
    Fisch in Chilisauce 170, 171
    Fisch-Tofu-Suppe 109
    Fischsuppe nach Songsao-Art 107
    Flunder mit Shiitake und Bambussprossen
        144
    Gedämpfte Flunder 131
    Gefüllte Shiitake 478

Gefüllter Schlammkarpfen 172
Gemüsebrühe 92
Gemüserolle 522, 523
Geschmorte rote Fleischbällchen 375
Geschmorter Fischkopf 139
Geschmorter Karpfen 159
Geschmorter Schwanz vom
    Zackenbarsch 140
Geschmortes Hähnchen mit
    Pilzen 286, 287
Grüner Senfkohl mit Shiitake 465
Hackfleisch-Salat-Wraps 352
Hähnchen mit Esskastanien 278, 279
Hähnchen mit Pilzen und Bambus 273
Hähnchen mit Schwimmblase 248
Karausche in Suppe 159
Klebreisrollen 82
Knusprige Shiitake 472
Kohlrouladen mit Hackfleisch 329
Muscheln mit Schinken, Shiitake und
    Chilisoßen 215
Pampel nach Chaozhou-Art 128
Sauer-scharfe Suppe 96, 97
Sautierte Muscheln 214
Sautierter Kupferschnapper 137
Schmorfisch mit Suppe 100
Schmorfisch nach Xizhou-Art 177
Schweinebauch mit Bambussprossen 389
Schweinebauch mit Pilzen 388
Schweinefilet mit Essigsauce 349
Schwimmblase mit Kohl 136
Schwimmblase mit Shiitake 135
Shiitake mit frittierten Fischplätzchen 138
Tofu in brauner Sauce 504
Tofu mit Shiitake 508
Tofutaschen 62
Vegetarische Nudelsuppe 581
Weiße Suppe mit Fisch und Ei 101
Wensi-Tofu-Suppe 99
Wintermelonensuppe 98
Zackenbarsch mit Shiitake und
    Frühlingszwiebeln 138
GEWÜRZLILIE 693
    In Salz gebackenes Hähnchen 290
GEWÜRZNELKEN
    Ente mit Gewürznelken 294
    Hähnchen mit Gewürznelken 249
    Haxe mit Gewürznelken 374
Gezuckerte Häppchen 624
GINKGONÜSSE 694
    Gemüse mit rotem fermentiertem Tofu
        476
    Ginkgonüsse mit Bambussprossen 494
    Ginkgonüsse und Schinken 333
    Schweinemagen-Ginkgo-Suppe 117
    Taropaste mit Ginkgonüssen 632
GLASNUDELN
    Bohnen in duftender Sauce 499
    Congee nach Laiwan-Art 570, 571
    Frittierte Tofukugeln in Sauce 510
    Garnelen mit Glasnudeln 184, 185
    Gedämpfte Eier mit getrockneten
        Garnelen und Glasnudeln 534
    Gedämpfte Jakobsmuscheln mit
        Knoblauch 226, 227
    Gemischter Salat nach Shunde-Art 462
    Gemüse auf Glasnudeln 468
    Getrocknete Austern im
        Hackfleischmantel 219
    Glasnudeln mit Eiern 535
    Halb getrocknete Austern in Sauce 218
    Krabben-Glasnudel-Auflauf 201

Lammsuppe mit chinesischen Kräutern 122
Muscheln mit Glasnudeln 212
Glasnudeln mit Eiern 535
GLEDITSCHIENFRUCHT 694
   Gleditschienfrucht-Dessert 640
GLUTEN
   Schweinebraten mit Gluten und Wachskürbis 391
   Seitan mit Maronen 481
Goldene Fleischbällchen 83
Goldene Garnelen 195
Goldstreifen-Meerbrasse mit Tomaten 154
Gonbao-Hähnchen 270, *271*
Gongbao-Tofu 511
Graskarpfen-Tofu-Suppe 102
GRÜNE BOHNEN
   Eingelegte grüne Bohnen mit Hackfleisch 480
   Eingelegtes Gemüse 49
   Ente aus dem Wok 300, *301*
   Gebratene grüne Bohnen 500
   Grüne Bohnen mit Grillfleisch 500, *501*
   Schweinefilet mit Senfsauce 84
Gefüllte Bittermelone 448
GRÜNER LIPPFISCH
   Fisch in Trestersauce 145
Grüner Senfkohl mit Shiitake 465
Grüntee-Wasserkastanien-Dessert 640
Guifei-Hähnchen 245
GURKE
   Garnelen mit Gurke 184
   Gebratenes Shandong-Hähnchen 291
   Hähnchensalat mit Wasabi 47
   Kalte Nudeln mit Huhn 590
   Muxu-Schweinefleisch 350, *351*
   Qualle-Gurken-Salat 48
   Schweinefilet aus dem Wok 343
GYPSUM FIBROSUM
   Tofupudding 644, *645*

● H
Hähnchen „Daxian" mit schwarzem Knoblauch 660
Hähnchen Xinjiang 280
Hähnchen-Congee 569
Hähnchenkeulen in Sauce 274, *275*
HÄHNCHENLEBER
   Gegrillte Hähnchenleber 77
   Hainan-Hähnchen mit gewürztem Reis 250, *542, 543*
   Hainan-Hähnchen mit Kokosmilch 242
HAIRY FIG 694
Hakka-Reispudding 548
Hakka-Teigtaschen 63
Halb getrocknete Austern in Sauce 218
Halbtrockener Tofu mit Huhn und Schinken 517
HAMMEL
   Hammelrippchen 432
   Hammelsuppe 120
   Nudelsuppe mit Hammelfleisch 580
Muxu-Schweinefleisch 350, *351*
Handgezogene Nudeln 592
HASMA 694
   Hasma mit Lotussamen und Jujube-Datteln 637
   Hühnersuppe mit Hasma 94
HIMBEEREN
   Spalterbsenpudding 620, *621*
Hirse-Congee 575
Hoisin-Sauce 694

HONIG
   Brathähnchen mit General-Tso-Honig 664
   Chilenischer Seebarsch mit Honig-Soja-Glasur 668
   Geschmortes Daokou-Hähnchen 289
   Kiwi in Honigsauce 619
   Taro in Honigsauce 618
   Wintermelonen-Sandwiches mit gedämpftem Schinken 488
   Yunnan-Schinken in honigsüßer Sauce 332
Honigsüßes Lamm 418
House of Nanking 666–667
HUHN 34
   Andong-Hähnchen 255
   Bang-Bang-Hähnchen 54
   Bittermelonensuppe mit Ananassauce 94
   Brathähnchen mit General-Tso-Honig 664
   Chop Suey 492
   Dai-Hähnchen mit Kokos 282
   Drunken Chicken 56, *57*
   Drunken Chicken Roll 679
   Flitterwochen-Reis 560
   Frittierte Frikadellen 77
   Frittierte Hähnchenknorpel 265
   Gebratene Ganba-Pilze 479
   Gebratene Pilze mit Hähnchenfüllung und Austernsauce 674
   Gebratener Hähnchenreis mit getrocknetem Oktopus 546
   Gebratener Reis mit Hähnchen und Ananas 561
   Gebratener Reis nach Fujian-Art 547
   Gebratenes Hähnchen mit fermentiertem Kohlgemüse 292
   Gebratenes Hähnchen mit roter Trestersauce 289
   Gebratenes Shandong-Hähnchen 291
   Gedämpfte Poularde mit scharfer Sauce 251
   Gedämpftes Hähnchen 250
   General-Tso-Hähnchen 266, *267*
   Geschmortes Daokou-Hähnchen 289
   Geschmortes Fleisch nach Anhui-Art 376
   Geschmortes Fuliji-Hähnchen 272
   Geschmortes Hähnchen mit Mais 254
   Geschmortes Hähnchen mit Pilzen 286, *287*
   Gonbao-Hähnchen 270, *271*
   Guifei-Hähnchen 245
   Hähnchen „Daxian" mit schwarzem Knoblauch 660
   Hähnchen „Tofu" 285
   Hähnchen im Lotusblatt 243
   Hähnchen in aromatischer Sauce 248
   Hähnchen in Bohnensauce 272
   Hähnchen in Schwarze-Bohnen-Sauce 252, *253*
   Hähnchen in Wein 255
   Hähnchen in Zhuhou-Sauce 257
   Hähnchen mit Cashewkernen 258, *258*
   Hähnchen mit chinesischem Schinken 246, *247*
   Hähnchen mit chinesischer Yamswurzel 277
   Hähnchen mit Esskastanien 278, *279*
   Hähnchen mit Frühlingszwiebeln 288
   Hähnchen mit Garnelen 269
   Hähnchen mit gelbroten Taglilien 254
   Hähnchen mit Gewürznelken 249
   Hähnchen mit Klebreisfüllung 244
   Hähnchen mit Pakalana 268
   Hähnchen mit Papaya 278

   Hähnchen mit Pilzen und Bambus 273
   Hähnchen mit roter Tofusauce 264
   Hähnchen mit Schwimmblase 248
   Hähnchen mit Sesamöl, Sojasauce und Wein 276
   Hähnchen mit Silberohr-Pilzen 261
   Hähnchen mit südlichen Schüpplingen 257
   Hähnchen mit süß eingelegten Senfblättern 256
   Hähnchen mit Walnüssen 260
   Hähnchen mit Yambohne 268
   Hähnchen Xinjiang 280
   Hähnchen-Abalonen-Schmortopf 281
   Hähnchen-Congee 569
   Hähnchen-Ingwer-Schmortopf 276
   Hähnchen-Leber-Schmortopf 284
   Hähnchenflügel in Bohnensauce 262, *263*
   Hähnchenflügel in Weinsauce 265
   Hähnchenflügel mit Pfeffersauce 55
   Hähnchenkeulen in Sauce 274, *275*
   Hähnchensalat mit Bohnensprossen 55
   Hähnchensalat mit Nudeln 47
   Hähnchensalat mit Wasabi 47
   Hainan-Hähnchen mit gewürztem Reis 542, *543*
   Hainan-Hähnchen mit Kokosmilch 242
   Halbtrockener Tofu mit Huhn und Schinken 517
   Hühnerbrühe 90
   Hühnersuppe in der Schüssel 112
   Hühnersuppe mit Hasma 94
   In Salz gebackenes Hähnchen 290
   Kalte Nudeln mit Huhn 590
   Knusprige Hähnchenpakete 266
   Pikantes Hähnchen mit Sichuan-Pfeffer 242
   Poularde in einem Yunnan-Dampftopf 262
   Reis im Lotusblatt 541
   Reis mit Huhn und Wurst im Schmortopf 562, *563*
   Scharfes Hähnchen 264
   Schweinebrühe 91
   Schweinelebersuppe 118
   Seidenhuhn-Pilz-Suppe 119
   Shanghai-Nudelsuppe mit Huhn 581
   Sojasaucen-Hähnchen 282, *283*
   Spinatpäckchen 457
   Wasserschild-Suppe 99
   Weichschildkröte mit Huhn 237
HULLESS BARLEY WINE
   Honigsüßes Lamm 418
Hummer in Schwarze-Bohnen-Sauce 208, *209*
Hunan-Schweinebauch 379

● I
IBÉRICO-SCHWEINERIPPCHEN
   Geschmorte Ibérico-Rippchen mit Pflaumenwein 678
Im Wok geräucherte Seebrasse 157
In Salz gebackenes Hähnchen 290
INGWER 694
   Ente mit jungem Ingwer und Ananas 296, *297*
   Gebratene Ente 299
   Geschmorte Wachtel 311
   Geschmortes Lammfleisch 428, *429*
   Hähnchen-Ingwer-Schmortopf 276
   Haxe mit Gewürznelken 374
   Kalte Schweineleber 316
   Krabbe mit Ingwer und Frühlingszwiebeln 206

Krabbe mit Ingwersauce 207
Kurz gebratene Schweineleber 358
Rinderwade mit Ingwer und
   Frühlingszwiebeln 399
Schwein mit Ingwer 344
Schwein und Auberginen 345
Schweinebauch mit knusprigem Ingwer 342
Yangzhou-Tofusalat 522
INGWERSAFT
   Fächergarnelen 196, *197*
   Halb getrocknete Austern in Sauce 218
   Knusprige Lammkeule 414
   Schweinefilet mit süßsaurer Sauce 348
   Ziegenbauch mit süßer Bohnensauce 415

• J
JAKOBSMUSCHELN
   Flügelgurke mit Jakobsmuscheln 451
   Froschschenkel mit Zuckerschoten
     und Sellerie 228, *229*
   Fuzzy melon mit Jakobsmuscheln 443
   Gebratener Reis nach Fujian-Art 547
   Gedämpfte Jakobsmuscheln mit
     Knoblauch 226, *227*
   Gedämpfte Krabbe auf Klebreis 202, *203*
   Gedämpfter Daikon mit Jakobs-
     muscheln 224
   Jakobsmuscheln mit Ei 226
   Jakobsmuscheln mit Wachteleiern 225
   Schweinefleisch mit Klippfisch 322
   Vizekönig-Tofu 525
Jakobsmuscheln mit Spargel 228
JAPANISCHER PFLAUMENWEIN
   Geschmorte Ibérico-Rippchen mit
     Pflaumenwein 678
Jiangxi-Ente 293
Jiaozi 70, *71*
Jingdu-Rippchen 336, *337*
JINHUA-SCHINKEN 694
   SIEHE AUCH SCHINKEN
Jixi-Schweinebauch 390
JUJUBE-DATTELN 694
   Gefüllte Datteln 83
   Gleditschienfrucht-Dessert 640
   Hähnchen mit gelbroten Taglilien 254
   Hähnchen mit Yambohne 268
   Hasma mit Lotussamen und
     Jujube-Datteln 637
   Jujube-Datteln mit Klebreisfüllung 619
   Rinderwade mit Jujube-Datteln 397
   Schweineschwanz-Erdnuss-Suppe 117
   Schweineschwänzchen mit weißen
     Mu-Err 377
   Seidenhuhn-Pilz-Suppe 119
   Walnusssuppe 638, *639*
Junger Kohl auf Lotusblatt 439

• K
KALIMERIS INDICA 694
   Kalimeris-Tofu-Salat 50, *51*
Kalte Nudeln mit Huhn 590
Kalte Schweineleber 316
Kandiszucker 694
Kaninchen in Chilisauce 433
KAOFU 694
   Gemüse auf Glasnudeln 468
   Kaofu mit Mu-Err 85
   Morcheln mit Kaofu 78
KAOLIANG 694
Karamellisierte Walnüsse 616, *617*

Karausche in Suppe 159
KAROTTEN
   Gemüsebrühe 92
   Hähnchen Xinjiang 280
   Hähnchenflügel in Weinsauce 265
   Kartoffel-Karotten-Püree 487
   Knusprige Tarorollen 485
   Muxu-Schweinefleisch 350, *351*
   Reis-Lamm-Schmortopf 565
   Rinderbrühe 90
   Vegetarisches Krebsfleisch 475
KARPFEN
   Fisch in Chilisauce 170, *171*
   Fisch in roter Trestersauce 166
   Fisch in Süßsauer-Sauce 169
   Fisch mit Reisvermicelli 150
   Fisch nach Westsee-Art 152
   Fisch-Tofu-Suppe 109
   Fischkopf in Chilisauce 156
   Frittierter Karpfen 177
   Gebratener Fisch in Reiswein 174
   Gefüllte Karausche 163
   Geschmorter Karpfen 159
   Geschmortes Fleisch nach Anhui-Art 376
   Graskarpfen-Tofu-Suppe 102
   Karausche in Suppe 159
   Karpfen mit schwarzen Bohnen 164
   Karpfen süßsauer 160
   Karpfenbauch auf Tofu 151
   Schmorfisch mit Suppe 100
   Schmorfisch nach Xizhou-Art 177
KARTOFFELN
   Garnelen im Nest 192, *193*
   Gefüllte Shiitake 478
   Hähnchen Xinjiang 280
   Kartoffel-Karotten-Püree 487
   Kartoffel-Rindfleisch-Puffer 486
   Kartoffeln mit Auberginen und
     Paprika 444, *445*
   Kartoffelstreifen sauerscharf 667
   Schmortopf mit Gemüse und Rippchen 338
   Vegetarisches Krebsfleisch 475
   Vegetarisches „Krebsfleisch" mit Tofu 456
Kartoffelstreifen sauerscharf 667
Kirschfarbener Schweinebauch 383
Kiwi in Honigsauce 619
KLEBREIS 694
   Gebackener Klebreispudding mit
     Kokosmilch 647
   Klebreisbällchen 694
   Klebreisbällchen mit Schwein und
     Winterzwiebel 604, *605*
   Klebreiskugeln mit Schwarzer-
     Sesam-Füllung 629
   Klebreisrollen 82
   Klebreiswein 695
KLEBREISBÄLLCHEN
   Klebreisbällchen mit eingelegtem
     Senfgemüse und Schweinefleisch 683
   Klebreisbällchen mit Schwein und
     Winterzwiebel 604, *605*
Klebreisbällchen mit eingelegtem Senf-
   gemüse und Schweinefleisch 683
Klebreispfanne 556, *557*
KLIPPFISCH *SIEHE* CHINESISCHER
   KLIPPFISCH
KNOBLAUCH
   Aubergine in Knoblauchsauce 452, *453*
   Baby-Venusmuscheln, in
     Knoblauchsauce eingelegt 210
   Frühlingsrollen mit Knoblauch
     und Garnelen 662

   Gebratene Erbsensprossen 502
   Gebratene Garnelen in Sauce 200
   Gedämpfte Jakobsmuscheln mit
     Knoblauch 226, *227*
   Gegrillte Schweineschulter 394, *395*
   Hähnchen „Daxian" mit schwarzem
     Knoblauch 660
   Jiangxi-Ente 293
   Kartoffel-Rindfleisch-Puffer 486
   Sautierter Aal 179
   Schweinefilet in Knoblauchsauce 344
   Schweinefilet mit Koriander 346, *347*
   Schwertmuscheln mit Knoblauchsauce 211
   Wels mit Knoblauch 173
KNOBLAUCHSTÄNGEL 695
   Hähnchen mit südlichen Schüpplingen 257
   Lammkeule mit Schnittsellerie 417
   Schweinefleisch mit Knoblauchstängeln
     354, *355*
Knusprige Hähnchenpakete 266
Knusprige Lammkeule 414
Knusprige Rouladen 368
Knusprige Schweinshaxe 364
Knusprige Shiitake 472
Knusprige spanische Makrele mit eingeleg-
   tem Chinakohl und rauchigem Soja-
   dressing 669
Knusprige Tarorollen 485
Knuspriger Schweinebauch 365
Knuspriges Lamm mit scharfem Dip 422
Knuspriges Lammfilet mit Gewürzsalz 423
KOKOSMILCH 695
   Gebackener Klebreispudding mit
     Kokosmilch 647
   Gebackener Tapiokapudding 646
   Hainan-Hähnchen mit gewürztem
     Reis 542, *543*
   Hainan-Hähnchen mit Kokosmilch 242
   Kokos-Mochi mit Rote-Bohnen-Füllung 628
   Kokospudding 622, *623*
   Kürbis-Taro-Schmortopf 449
KOKOSNUSS
   Dai-Hähnchen mit Kokos 282
   Kokostörtchen 650, *651*
KOLBENHIRSE 695
   Hirse-Congee 575
KOMBU (RIEMENTANG)
   Wintermelonen-Kombu-Suppe 98
Kong Khai Meng 668–670
KORIANDER *SIEHE* KORIANDERGRÜN
KORIANDERGRÜN
   Aalsuppe 111
   Austernpfannkuchen 223
   Corvina mit Frühlingszwiebeln 174, *175*
   Eintopf mit Tofumus 512
   Fisch in würziger Essigsauce 158
   Fleischbällchen mit Kohl 330
   Frittierte Tofukugeln 506, *507*
   Frittierter Karpfen 177
   Garnelen süßsauer 190
   Gedämpfter Fisch in Lotusblättern 155
   Geschmorter Karpfen 159
   Hammelrippchen 432
   Karpfen süßsauer 160
   Mu-Err-Koriander-Salat 465
   Reisrollen mit Chilisauce 608, *609*
   Sautierte Shiitake 470
   Schweinefilet mit Koriander 346, *346*
   Schweinefilet mit Sesamsaat 370
   Schweinefleisch mit Knoblauchsauce 59
   Tintenfisch mit Chili und Koriander 233
   Westsee-Rindfleischsuppe 122, *123*

Yangzhou-Tofusalat 522
Krabbe mit Ingwersauce 207
KRABBEN
    Gedämpfte Krabbe auf Klebreis 202, *203*
    Gedämpfter Seidentofu mit
        Krabbenfleisch 199
    In Salz gebackene Krabben 200
    Krabbe in Puning-Bohnenpaste 204
    Krabbe in scharfer Knoblauchsauce 207
    Krabbe mit Ingwer und
        Frühlingszwiebeln 206
    Krabbe mit Ingwersauce 207
    Krabben-Glasnudel-Auflauf 201
    Krabbenfleischsuppe mit krossen
        Wonton-Blättern 578
    Krabbenpuffer 205
    Krebsfleisch auf Brokkoli 440
    Krebssuppe mit Wintermelone 110
    Tofu mit Krabbenfleisch und
        Krabbenrogen 518, *519*
    Weißes Rührei mit Krabbenfleisch und
        schwarzen Trüffeln 676
KUPFERSCHNAPPER
    Red Snapper in sauer-scharfer Suppe 663
    Sautierter Kupferschnapper 137
KÜRBIS
    Gefüllte Kürbisblüten 449
    Gezuckerte Häppchen 624
    Kürbis-Taro-Schmortopf 449
    Kürbissuppe mit Wensi-Tofu 636
    Schwein mit eingelegtem Rettich
        und Kürbis 327
    Kürbissuppe mit Wensi-Tofu 99, 636
    Kurz gebratene Schweineleber 358
    Kurz gebratenes Rinderfilet mit Yambohne
        404
KUTTELN
    Kutteln mit süß eingelegten Senfblättern 405
    Schweinemagen-Ginkgo-Suppe 117

• L
Lachende Minikrapfen 634, *635*
LACHS
    Lachs Kung Pao mit Brokkoli 666
    Lachskopf mit schwarzen Bohnen
        und eingelegten schwarzen Oliven 148
    Reis mit Lachs und Spargel 548, *549*
    Lachs Kung Pao mit Brokkoli 666
LAMM
    Fisch mit Lammfüllung 167
    Frittierte Lammrippchen 420, *421*
    Gebratene Lammkeule mit
        Gewürznelken 428
    Geschmortes Lamm mit Tofu 430
    Geschmortes Lammfleisch 428, *429*
    Handgezogene Nudeln 592
    Honigsüßes Lamm 418
    Knusprige Lammkeule 414
    Knuspriges Lamm mit scharfem Dip 422
    Knuspriges Lammfilet mit Gewürzsalz 423
    Kurz gebratene Lammkeule in Essig 416
    Lamm-Pies 419
    Lammkeule mit Schnittsellerie 417
    Lammkoteletts und Chilischoten 424, *425*
    Lammragout mit chinesischer
        Yamswurzel 431
    Lammspieße 417
    Lammsuppe mit chinesischen Kräutern 122
    Reis-Lamm-Schmortopf 565
    Scharfsaures Lammfleisch 426
    Teigtaschen mit Lammfleisch 66

Lammsuppe mit chinesischen Kräutern 122
LIEBSTÖCKELWURZEL
    Ente mit Engelwurz 304, *305*
LONGAN 695
    Lotussamen mit Longan 632
LOTUSBLÄTTER
    Gedämpfter Fisch in Lotusblättern 155
    Gedämpfter Reis mit Garnelen 544
    Hähnchen im Lotusblatt 243
    Jixi-Schweinebauch 390
    Junger Kohl auf Lotusblatt 439
    Reis im Lotusblatt 541
    Schweinebauch im Lotusblatt 326
LOTUSSAMENPASTE
    Gebackener Tapiokapudding 646
LOTUSWURZEL 695
    Eingelegte Lotuswurzeln 52
    Gebratene Lotuswurzel-Frikadellen 486
    Gedämpfte Lotuswurzel 488
    Lotuswurzel mit Hackfleisch 489
    Lotuswurzel mit Ingwer 80
    Lotuswurzel-Rippchen-Suppe 114, *115*
    Lotuswurzeln in Osmanthussirup 618
    Schweinebauch mit Lotuswurzel 385
    Schweinebauch mit zerstoßenem
        Reis 317
    Suppe mit Schweinefleisch,
        Lotuswurzel und Oktopus 116
Lotuswurzeln in Osmanthussirup 618
Löwenkopf-Fleischbällchen 324, *325*, 682
Lu, Tony 671–672
Lui, Anthony 673–675
Luo Han Guo 695
Luoyang-Schweinebauch 371

• M
MAIS
    Geschmortes Hähnchen mit Mais 254
    Hackfleisch mit Erbsen und Mais 502
    Schwimmblase-Mais-Suppe 102
    Suppe mit Schweinshaxe und Hairy Fig 114
MAKRELE
    Knusprige spanische Makrele mit
        eingelegtem Chinakohl und
        rauchigem Sojadressing 669
    Würziger Rauchfisch 149
MALTOSESIRUP 695
    Geschmortes Fuliji-Hähnchen 272
Mandelkekse 652, *653*
Mandeltee mit Eischnee 641
Mapo-Tofu 512, *513*
MARONEN
    Gezuckerte Häppchen 624
    Hähnchen mit Esskastanien 278, *279*
    Maronensuppe mit Osmanthusblüten 637
    Seitan mit Maronen 481
    Winterzwiebeln mit Maronen 481
MATSUTAKE 695
    Yi Mein mit Pilzen und chinesischem
        Pökelfleisch 584, *585*
MEERÄSCHE
    Meeräsche mit Salzzitronen 150
    Meeräsche mit Zitrone 151
MEERBRASSE
    Fisch mit Schnittsellerie und
        Bambussprossen 152, *153*
    Goldstreifen-Meerbrasse mit Tomaten 154
    Meerbrasse mit Daikon 136
    Meerbrasse mit eingelegten
        schwarzen Oliven 154
Miesmuscheln mit Basilikum 216

MILCH
    Eiercremetörtchen nach
        Hongkong-Art 648, *649*
    Frittierte Englische Creme 630, *631*
    Milchcreme mit Eiweiß 642
    Tomaten-Blanc-Manger 661
Miso 688
Mok Kit Keung 676–678
MU-ERR
    Bagongshan-Tofu 514
    Fisch in Chilisauce 170, *171*
    Fisch in Trestersauce 145
    Geschmorter Flussbarsch 162
    Kaofu mit Mu-Err 85
    Luoyang-Schweinebauch 371
    Mu-Err-Koriander-Salat 465
    Schweinefilet in Knoblauchsauce 344
    Schweinenieren aus dem Wok 363
    Shandong-Schweinefilet 343
    Spargel mit Tofu 494
    Tofupfanne mit Schweinefleisch 515
MUNGOBOHNEN 695
    Wintermelonen-Kombu-Suppe 98
MUNGOBOHNENSTÄRKE
    Hähnchensalat mit Nudeln 47
Mungobohnensuppe 633
MUSCHELN
    Baby-Venusmuschen, in
        Knoblauchsauce eingelegt 210
    Flügelgurke mit Venusmuscheln 451
    Muscheln in Brühe 108
    Muscheln mit Eiern und Shaoxing-
        Reiswein 215
    Muscheln mit Glasnudeln 212
    Muscheln mit Schinken, Shiitake und
        Chilischoten 215
    Muschelsuppe mit Fat Choy 106
    Sautierte Muscheln 214
    Schwertmuscheln in Schwarze-
        Bohnen-Sauce 211
    Schwertmuscheln mit Knoblauchsauce 211
    Venusmuscheln in Schwarze-
        Bohnen-Sauce 212, *213*
    Venusmuscheln mit
        Schnittknoblauch 216, *217*

• N
Nanjing-Ente 300
Ninghua-Tofukugeln 514
Nudelfischpfannkuchen 168
NUDELN 696
    Char Kway Teow 588, *589*
    Dan-Dan-Nudeln 590, *591*
    Gebratene Eiernudeln 598
    Gebratene Nudeln mit Rindfleisch 603
    Gebratene Shanghai-Nudeln 610, *611*
    Geschmorte Nudeln mit
        Garnelenrogen 586
    Geschmorte Yi Mein 584
    Handgezogene Nudeln 592
    Kalte Nudeln mit Huhn 590
    Nudeln mit Aal 593
    Nudeln mit Garnelen 599
    Nudeln mit Schalottenöl 596
    Nudeln mit scharfer brauner
        Sauce 596, *597*
    Nudeln mit Schweinefilet und Sauce 586
    Nudeln mit Schweinefleisch und
        Bohnensprossen 600, *601*
    Nudeln mit Schweinshaxe 602
    Nudeln mit Spezial-Sojasauce 600

Nudeln nach Chaozhou-Art 608
Nudelsuppe mit Corvina 587
Nudelsuppe mit Garnelen 582
Nudelsuppe mit Hammelfleisch 580
Nudelsuppe mit Tomate und Eiern 580
Reisnudeln mit Rind und Schwarze-
  Bohnen-Sauce 606, 607
Rindfleischnudeln nach Taiwan-
  Art 576, 577
Shanghai-Nudelsuppe mit Huhn 581
Shanghaier Nudelsuppe mit
  Schweinekotelett 578, 579
Vegetarische Nudelsuppe 581
Yi Mein mit Pilzen und chinesischem
  Pökelfleisch 584, 585
Nudeln mit Schweinefleisch und Bohnensprossen 600, 601
Nudeln nach Chaozhou-Art 608

• O
OCHSENSCHWANZ
  Geschmorter Ochsenschwanz 412
  Geschmorter Ochsenschwanz in Brühe 413
OKTOPUS
  Gebratener Hähnchenreis mit
    getrocknetem Oktopus 546
  Reis mit Pökelfleisch und
    Meeresfrüchten 540
OLIVEN
  Meerbrasse mit eingelegten
    schwarzen Oliven 154
  Schwein mit Oliven und Garnelen 326
Omelett mit Rettich und Schnittknoblauch
  529
OSMANTHUSBLÜTE 696
OSMANTHUSZUCKER
  Lotuswurzeln in Osmanthussirup 618
  Maronensuppe mit Osmanthusblüten 637
  Üppige Eiercreme 624
  Wasserkastaniensuppe mit
    Osmanthuszucker 626

• P
PAK CHOI 696
  Congee mit getrocknetem Pak Choi
    und Rippchen 569
  Gebratene Pilze mit Hähnchenfüllung
    und Austernsauce 674
  Schweinefleisch-Gemüse-Wontons 59
  Schweinefleisch-Pak-Choi-Suppe 118
  Shanghaier Nudelsuppe mit
    Schweinekotelett 578, 579
PAKALANA 696
  Garnelen mit Pakalana 181
  Hähnchen mit Pakalana 268
  Pfifferlinge mit Pakalana 466
PAMPEL
  Geräucherte Seebrasse mit süßer
    Sojasauce 671
  Im Wok geräucherte Seebrasse 157
  Pampel mit knusprigen Gräten 146, 147
  Pampel nach Chaozhou-Art 128
  Sautierte Seebrasse 148
Pampel nach Chaozhou-Art 128
PAPAYA
  Hähnchen mit Papaya 278
PAPRIKASCHOTEN
  Aal in Schwarze-Bohnen-Sauce 178
  Aubergine in duftender Sauce 446
  Blumenkohl mit Paprika 442

Chilischoten mit getrockneten Garnelen 459
General-Tso-Hähnchen 266, 267
Ginkgonüsse mit Bambussprossen 494
Hähnchen mit Cashewkernen 258, 259
Hähnchen mit Garnelen 269
Hähnchen-Abalonen-Schmortopf 281
Hähnchensalat mit Bohnensprossen 55
Junger Kohl auf Lotusblatt 439
Kaofu mit Mu-Err 85
Kartoffeln mit Auberginen und
  Paprika 444, 445
Muscheln mit Schinken, Shiitake und
  Chilischoten 215
Pilze mit Paprika 466
Reisnudeln mit Rind und Schwarze-
  Bohnen-Sauce 606, 607
Sautierte Steinpilze 471
Schweinefleisch mit Aprikosenkernen 391
Süßsaure Rippchen 366, 367
Zunge aus dem Wok 356
Patriotensuppe 93
Pfannkuchen 53
Pfannkuchen mit Rote-Bohnen-Füllung 633
PFEILKRAUT 696
  Schweinebauch mit Pfeilkraut 396
Pfifferlinge mit Pakalana 466
PFIRSICHKERNE 696
  Shiitake mit Pfirsichkernen 473
PFLAUMEN SIEHE SALZPFLAUMEN
Pflaumen-Rippchen 364
Pikantes Hähnchen mit Sichuan-Pfeffer 242
PILZE
  Austernpilze mit Gewürzsalz 464
  Chilenischer Seebarsch mit Honig-
    Soja-Glasur 668
  Gebratene Pilze mit Hähnchenfüllung
    und Austernsauce 674
  Geschmorte Sojahaut 505
  Hähnchen mit südlichen Schüpplingen 257
  Knusprige Shiitake 472
  Matsutake-Pilze 695
  Morcheln mit Kaofu 78
  Pfifferlinge mit Pakalana 466
  Pilze mit Garnelenfüllung 182
  Pilze mit Paprika 466
  Pilzsauce auf krossem Reis 469
  Red Snapper in sauer-scharfer Suppe 663
  Reis mit Ganba-Pilzen 550
  Sautierte Shiitake 470
  Sautierte Steinpilze 471
  Seidenhuhn-Pilz-Suppe 119
  Shiitake mit Bambussprossen 464
  Shiitake mit Pfirsichkernen 473
  Shiitake und Champignons mit
    Bambuspilz 463
  Shiitake-Sandwiches 469
  Yi Mein mit Pilzen und chinesischem
    Pökelfleisch 584, 585
  SIEHE AUCH GETROCKNETER
    SHIITAKE; STROHPILZE
PINIENKERNE
  Ausgebackene Garnelen nach
    Daliang-Art 528
Pixian-Chili-Bohnen-Paste 696
Pökel-Weinsauce 696
PÖKELFISCH 696
POMELO
  Dessert mit Mango, Pomelo und
    Sago 642, 643
PORTWEIN
  Frittierte Auster mit Knusperreis in
    Portweinsauce 677

Geröstete Jungtaube in Portweinsauce 675
PUNING-BOHNENPASTE 696
  Hähnchenflügel in Bohnensauce 262, 263
  Krabbe in Puning-Bohnenpaste 204

• Q
QUALLE 696
  Qualle-Gurken-Salat 48

• R
REIS
  Congee mit Austern und Hackfleisch 573
  Congee mit Fischbauch 576
  Congee mit Fischkugeln 568
  Congee mit Froschschenkeln 572
  Congee mit getrocknetem Pak Choi
    und Rippchen 569
  Congee mit Klebreis und Weizen 574
  Congee mit Rindfleisch 573
  Congee mit Schweinefleisch und
    eingelegten Enteneiern 574
  Congee mit Schweineleber und Fisch 575
  Congee mit Thunfisch und Erdnüssen 572
  Congee nach Laiwan-Art 570, 571
  Curryreis mit Garnelen nach
    Hongkong-Art 667
  Einfaches Congee 568
  Erdnuss-Mochi 626, 627
  Flitterwochen-Reis 560
  Frittierte Auster mit Knusperreis in
    Portweinsauce 677
  Gebackene Schweinekotelett auf
    Reis 552, 553
  Gebackener Klebreispudding mit
    Kokosmilch 647
  Gebratener Hähnchenreis mit
    getrocknetem Oktopus 546
  Gebratener Reis mit Hähnchen
    und Ananas 561
  Gebratener Reis nach Fujian-Art 547
  Gebratener Reis nach Hongkong-
    Art 550, 551
  Gebratener Reis nach Yangzhou-
    Art 558, 559
  Gedämpfte Krabbe auf Klebreis 202, 203
  Gedämpfter Reis 540
  Gedämpfter Reis mit Garnelen 544
  Hähnchen mit Klebreisfüllung 244
  Hähnchen-Congee 569
  Hainan-Hähnchen mit gewürztem
    Reis 542, 543
  Hakka-Reispudding 548
  Hirse-Congee 575
  Klebreispfanne 556, 557
  Klebreisrollen 82
  Pilzsauce auf krossem Reis 469
  Reis im Lotusblatt 541
  Reis mit Aal und Schwarze-Bohnen-
    Sauce 565
  Reis mit Austern und Schweinefleisch 546
  Reis mit chinesischer Wurst und
    Garnelen 665
  Reis mit Fisch 129
  Reis mit Ganba-Pilzen 550
  Reis mit Huhn und Wurst im
    Schmortopf 562, 563
  Reis mit in Sojasauce geschmortem
    Schweinebauch, Abalone und Morcheln
    in Schwarze-Trüffel-Sauce 672
  Reis mit Lachs und Spargel 548, 549

Reis mit Pökelfleisch und
    Meeresfrüchten 540
Reis mit Rindfleisch und
    Garnelenpaste 554, 555
Reis mit Rippchen im Schmortopf 566, 567
Reis mit Schweinefilet und Klippfisch
    im Schmortopf 564
Reis-Lamm-Schmortopf 565
Reis-Schmortopf mit Ei und
    Rindfleisch 564
Rippchen mit Klebreis 554
Schweinebauch mit zerstoßenem Reis 317
Schweineschulter auf Sojahaut 328
Shanghai-Reisschale mit
    Schweinefleisch und Gemüse 544, 545
Vegetarisches Congee mit Mais und
    Süßkartoffeln 490
    SIEHE AUCH ROTER FERMENTIERTER
    REIS
Reis mit Fisch 129
Reis mit Pökelfleisch und Meeresfrüchten 540
Reis mit Rindfleisch und Garnelenpaste
    554, 555
REISMEHL
    Jujube-Datteln mit Klebreisfüllung 619
    Klebreiskugeln mit Schwarzer-
        Sesam-Füllung 629
    Kokos-Mochi mit Rote-Bohnen-Füllung 628
    Reisnudeln mit Rind und Schwarze-
        Bohnen-Sauce 606, 607
REISPAPIER
    Knusprige Hähnchenpakete 266
    Reisrollen mit Chilisauce 608, 609
REISVERMICELLI
    Fisch mit Reisvermicelli 150
    Gebratene Reisvermicelli 598
    Rührei mit Garnelen auf Reisvermicelli 603
    Vermicelli mit Bratene in Suppe 582, 583
    Vermicelli mit Rind und fermentiertem
        Kohlgemüse 604
    Vermicelli mit Thunfisch 599
    Vermicelli nach Fujian-Art 594, 595
    Weißes Rührei mit Krabbenfleisch
        und schwarzen Trüffeln 676
REISWEIN 696
    Hähnchen in Wein 255
RETTICH
    Eingelegter Rettich in Sojasauce 50
    Eingelegtes Gemüse 49
    Eintopf mit Rippchen und
        getrocknetem Rettich 390
    Hakka-Teigtaschen 63
    Lammsuppe mit chinesischen Kräutern 122
    Omelett mit Hackfleisch 530
    Omelett mit Rettich und
        Schnittknoblauch 529
    Rettichauflauf 79
    Schwein mit eingelegtem Rettich
        und Kürbis 327
    Süßer Schwammkürbis-Pfannkuchen 455
RIND
    Chinesisches Rinderfilet 397
    Congee mit Rindfleisch 573
    Congee nach Laiwan-Art 570, 571
    Dan-Dan-Nudeln 590, 591
    Flanksteak in Sha-Cha-Sauce 405
    Flanksteak mit chinesischem
        Brokkoli 406, 407
    Gebratene Nudeln mit Rindfleisch 603
    Gemischte Fleischbällchen 399
    Geschmorte Rinderbrust mit Rotwein 408
    Geschmorte Rinderrippchen 409

Geschmorte Rippchen und Sehnen 410, 411
Geschmortes Rind 403
Innereien in Chilisauce 85
Kartoffel-Rindfleisch-Puffer 486
Kurz gebratenes Rinderfilet mit
    Yambohne 404
Reis mit Rindfleisch und
    Garnelenpaste 554, 555
Reis-Schmortopf mit Ei und
    Rindfleisch 564
Reisnudeln mit Rind und Schwarze-
    Bohnen-Sauce 606, 607
Rind mit scharfer Sauce 403
Rinderbrühe 90
Rinderfilet aus dem Wok 404
Rinderfilet im Eimantel 402
Rinderfilet in Chilibrühe 400, 401
Rinderfilet mit eingelegten
    Chilischoten 406
Rinderfilet mit Hickorynüssen und
    Schwarzer-Pfeffer-Glasur 670
Rinderfilet mit Mandarinenschale 398
Rinderflanke in Austernsauce 398
Rinderhackfleisch mit Tianjin-Kohl 393
Rinderrippchen in Brühe 409
Rinderwade mit Ingwer und
    Frühlingszwiebeln 399
Rinderwade mit Jujube-Datteln 397
Rindfleischnudeln nach
    Taiwan-Art 576, 577
Rindfleischsülze 58
Teerauch-Wagyu-Rindfleisch 680
Teigtaschen mit Rindfleisch 68
Vermicelli mit Rind und fermentiertem
    Kohlgemüse 604
Westsee-Rindfleischsuppe 122, 123
Rinderfilet aus dem Wok 404
Rinderhackfleisch mit Tianjin-Kohl 393
Rindfleischnudeln nach Taiwan-Art 576, 577
Rippchen in süßer Sauce 393
Rippchen in Tee 336
Rippchen mit Klebreis 554
Rippchen mit roter Trestersauce 335
Rippchen mit Salzpflaumen 335
Rippchen nach Wuxi-Art 392
ROSENSCHNAPS
    Täubchen- und Rosenschnaps-
        Schmortopf 307
Rote Bohnen (Azuki-Bohnen) 697
ROTE-BOHNEN-PASTE
    Kokos-Mochi mit Rote-Bohnen-
        Füllung 628
    Pfannkuchen mit Rote-Bohnen-
        Füllung 633
Rote-Bohnen-Suppe 644
ROTER FERMENTIERTER REIS 696
    Dongpo-Schweinebauch 380, 381
    Kirschfarbener Schweinebauch 383
    Rippchen nach Wuxi-Art 392
    Schweinebauch mit rotem
        fermentiertem Tofu 332
ROTER FERMENTIERTER TOFU 697
    Gemüse mit rotem fermentiertem Tofu 476
    Hähnchen mit roter Tofusauce 264
    Rippchen mit Klebreis 554
    Schweinebauch mit rotem
        fermentiertem Tofu 332
    Schweinebauch mit Taro 318
Rousong 697
Rückenspeck 697
Rührei mit Garnelen 531
Rührei mit Garnelen auf Reisvermicelli 603

• S
SAGO 642, 643
    Dessert mit Mango, Pomelo und
SALZ
    Abalonen mit Gewürzsalz 230
    Austernpilze mit Gewürzsalz 464
    Garnelen mit Gewürzsalz 198, 199
    In Salz gebackene Krabben 200
    In Salz gebackenes Hähnchen 290
    Schwein mit Gewürzsalz 342
    Tintenfisch mit Gewürzsalz 233
    Tofu mit Gewürzsalz 520
SALZPFLAUMEN
    Rippchen mit Salzpflaumen 335
SALZZITRONEN 697
Sauer-scharfe Suppe 96, 96
Sautierte Abalonen 232
Sautierte Fischrollen 168
Sautierte Muscheln 214
Sautierte Seebrasse 148
Sautierte Shiitake 470
Sautierte Steinpilze 471
Sautierter Aal 179
Sautierter Kohl 438
Sautierter Kupferschnapper 137
SCHALOTTEN
    Gegrillte Schweineschulter 394, 395
    Hähnchen in Zhuhou-Sauce 257
    Hähnchen mit Frühlingszwiebeln 288
    Hähnchenflügel in Bohnensauce
        262, 263
    Nudeln mit Schalottenöl 596
    Rippchen in süßer Sauce 393
Scharfsaures Lammfleisch 426
SCHINKEN
    Ausgebackene Garnelen nach
        Daliang-Art 528
    Bittermelone mit Schinken 460, 461
    Chop Suey 492
    Dai-Hähnchen mit Kokos 282
    Dicke Bohnen mit Schinken 496, 497
    Doppelt gekochter Pökelschinken 382
    Eiweiß-Rührei mit Garnelen 531
    Ente mit Pilzen und Schinken 292
    Frittierter Spinat 457
    Garnelen auf Toast 191
    Garnelen-Eier-Rollen in Sojahaut 73
    Garnelenfrikadellen 186
    Gebratene Fleischbällchen 339
    Gebratene Ganba-Pilze 479
    Gebratener Reis nach Hongkong-
        Art 550, 551
    Gedämpfter Daikon mit
        Jakobsmuscheln 224
    Geschmorte Ente Sichuan 298
    Geschmortes Hähnchen mit Mais 254
    Ginkgonüsse und Schinken 333
    Hähnchen mit chinesischem Schinken
        246, 247
    Hähnchen mit Klebreisfüllung 244
    Halbtrockener Tofu mit Huhn und
        Schinken 517
    Hühnersuppe mit Hasma 94
    Knusprige Hähnchenpakete 266
    Knusprige Rouladen 368
    Krebssuppe mit Wintermelone 110
    Muscheln mit Schinken, Shiitake und
        Chilischoten 214
    Schmorfisch nach Xizhou-Art 177
    Shiitake-Sandwiches 469

711

Wasserschild-Suppe 99
Wintermelonen-Sandwiches mit
  gedämpftem Schinken 488
Yunnan-Schinken in honigsüßer Sauce 332
SCHLAMMKARPFEN 697
  Congee mit Fischkugeln 568
  Frittierte Fischplätzchen nach
    Shunde-Art 72
  Frittierter Tofu mit Fischfüllung 165
  Gefüllter Schlammkarpfen 172
  Schlammkarpfen mit Daikon 158
  Schlammkarpfenkugeln mit Taro 176
SCHLANGENKOPFFISCH
  Sautierte Fischrollen 168
Schmorfisch mit Suppe 100
Schmorfisch nach Xizhou-Art 177
Schmortopf mit Gemüse und Rippchen 338
SCHNECKEN 697
  Schnecken in Chilisauce 73
SCHNITTKNOBLAUCH 697
  Frühlingsrollen 80, 81
  Gänsedärme in Sojasauce 306
  Geschmortes Rind 403
  Leber mit Pökelfleisch und
    Schnittlauch 359
  Nudelfischpfannkuchen 168
  Nudeln mit Spezial-Sojasauce 600
  Nudeln nach Chaozhou-Art 608
  Nudelsuppe mit Garnelen 582
  Omelett mit Rettich und
    Schnittknoblauch 529
  Rinderfilet in Chilibrühe 400, 401
  Shunde-Pfanne 484
  Teigtaschen mit Schweinefleisch 67
  Tintenfisch mit Schnittknoblauch 234, 235
  Venusmuscheln mit Schnittknoblauch
    216, 217
  Zunge aus dem Wok 356
SCHNITTSELLERIE 697
  Chinapfanne nach Hakka-Art 474
  Chinesisches Pökelfleisch mit
    halbtrockenem Tofu 360, 361
  Fisch mit Schnittsellerie und Bambus-
    sprossen 152, 153
  Lammkeule mit Schnittsellerie 417
  Meerbrasse mit Daikon 136
  Pampel mit knusprigen Gräten 146, 147
  Schlammkarpfen mit Daikon 158
SCHWARZE BOHNEN
  Aal in Schwarze-Bohnen-Sauce 178
  Austern mit schwarzen Bohnen 223
  Barramundi mit Schwarze-Bohnen-
    Sauce 130
  Bittermelone mit Schwarze-Bohnen-
    Paste 454
  Fleischbällchen nach Liuyang-Art 339
  Gefüllte Bittermelone 448
  Hähnchen „Daxian" mit schwarzem
    Knoblauch 660
  Hähnchen in Schwarze-Bohnen-
    Sauce 252, 253
  Hummer in Schwarze-Bohnen-
    Sauce 208, 209
  Hunan-Schweinebauch 379
  Karpfen mit schwarzen Bohnen 164
  Karpfenbauch auf Tofu 151
  Krabbe in scharfer Knoblauchsauce 207
  Lachskopf mit schwarzen Bohnen
    und eingelegten schwarzen Oliven 148
  Mapo-Tofu 512, 513
  Reis mit Rippchen im Schmortopf 566, 567
  Schweinefilet mit Anchovis 352

Schwertmuscheln in Schwarze-
  Bohnen-Sauce 211
Venusmuscheln in Schwarze-
  Bohnen-Sauce 212, 213
Wels mit Schwarze-Bohnen-Sauce 156
SCHWARZE PFEFFERKÖRNER
  Chinesisches Rinderfilet 397
SCHWARZE SESAMPASTE
  Gedämpfter Sesamkuchen 625
Schwarzer Kardamom 689
Schwarzer-Sesam-Suppe 638, 639
SCHWARZER PFEFFER
  Garnelen mit schwarzem Pfeffer und
    Basilikum 198
SCHWARZER TRÜFFEL
  Eiertofu mit Schwarze-Trüffel-Sauce 532
  Weißes Rührei mit Krabbenfleisch und
    schwarzen Trüffeln 676
SCHWEIN
  Aubergine in Knoblauchsauce 452, 453
  Austernrollen 76
  Brunnenkressesuppe mit
    Schweinefleisch 95
  Char Kway Teow 588, 589
  Chinapfanne nach Hakka-Art 474
  Congee mit Austern und Hackfleisch 573
  Congee mit getrocknetem Pak Choi
    und Rippchen 569
  Congee mit Schweinefleisch und
    eingelegten Enteneiern 574
  Dongpo-Schweinebauch 380, 381
  Eingelegte grüne Bohnen mit
    Hackfleisch 480
  Eintopf mit Rippchen und getrocknetem
    Rettich 390
  Ente mit fermentiertem Kohlgemüse 303
  Ente mit Zwiebeln 295
  Fleischbällchen 324
  Fleischbällchen mit Klebreis 330, 331
  Fleischbällchen mit Kohl 330
  Fleischbällchen nach Liuyang-Art 339
  Flügelgurke mit Schweinefleisch 454
  Frittierte Wontons 60, 61
  Frühlingsrollen 80, 81
  Fuzhou-Lychee-Fleischbällchen 340, 341
  Garnelen mit Gurke 184
  Garnelen mit scharfer Sauce 194
  Garnelen-Wonton-Suppe 104
  Gebackene Schweinekoteletts
    auf Reis 552, 553
  Gebratene Fleischbällchen 339
  Gebratene grüne Bohnen 500
  Gebratene Lotuswurzel-Frikadellen 486
  Gebratene Shanghai-Nudeln 610, 611
  Gebratener Schweinebauch mit
    Teeblättern 338
  Gebratenes Hähnchen mit
    fermentiertem Kohlgemüse 292
  Gedämpfte Daikon-Kugeln 489
  Gedämpfte Flunder 131
  Gedämpfter Bauch mit Pökelfleisch 360
  Gedämpftes Schwein mit
    Garnelenpaste 318
  Gefüllte Datteln 83
  Gefüllte Karausche 163
  Gefüllte Kürbisblüten 449
  Gegrillte Schweineschulter 394, 395
  Gemischte Fleischbällchen 399
  Geschmorte Ibérico-Rippchen mit
    Pflaumenwein 678
  Geschmorte rote Fleischbällchen 375
  Geschmorter Hakka-Schweinebauch 386

Geschmorter Schwanz vom
  Zackenbarsch 140
Geschmorter Wels 161
Geschmortes Fleisch nach Anhui-Art 376
Getrocknete Austern im
  Hackfleischmantel 219
Goldene Fleischbällchen 83
Grüne Bohnen mit Grillfleisch 500, 501
Hackfleisch mit Erbsen und Mais 502
Hackfleisch-Salat-Wraps 352
Hakka-Teigtaschen 63
Haxe mit Gewürznelken 374
Hühnerbrühe 90
Hunan-Schweinebauch 379
Jiaozi 70, 71
Jingdu-Rippchen 336, 337
Jixi-Schweinebauch 390
Karpfen mit schwarzen Bohnen 164
Kirschfarbener Schweinebauch 383
Klebreisbällchen mit eingelegtem
  Senfgemüse und Schweinefleisch 683
Klebreisbällchen mit Schwein und Winter-
  zwiebeln 604, 605
Knusprige Rouladen 368
Knusprige Schweinshaxe 364
Knuspriger Schweinebauch 365
Kohlrouladen mit Hackfleisch 329
Lotuswurzel mit Hackfleisch 489
Lotuswurzel-Rippchen-Suppe 114, 115
Löwenkopf-Fleischbällchen 324, 325, 682
Luoyang-Schweinebauch 371
Mapo-Tofu 512, 513
Muxu-Schweinefleisch 350, 351
Ninghua-Tofukugeln 514
Nudeln mit scharfer brauner
  Sauce 596, 597
Nudeln mit Schweinefilet und Sauce 586
Nudeln mit Schweinefleisch und
  Bohnensprossen 600, 601
Nudeln mit Schweinshaxe 602
Omelett mit Hackfleisch 530
Pampel nach Chaozhou-Art 128
Pflaumen-Rippchen 364
Reis mit Austern und Schweinefleisch 546
Reis mit in Sojasauce geschmortem
  Schweinebauch, Abalone und Morcheln
  in Schwarze-Trüffel-Sauce 672
Reis mit Rippchen im Schmortopf 566, 567
Reis mit Schweinefilet und Klippfisch
  im Schmortopf 564
Rettichauflauf 79
Rippchen in süßer Sauce 393
Rippchen in Tee 336
Rippchen mit Klebreis 554
Rippchen mit roter Tresterausauce 335
Rippchen mit Salzpflaumen 335
Rippchen nach Wuxi-Art 392
Sauer-scharfe Suppe 96, 97
Sautierte Steinpilze 471
Schmortopf mit Gemüse und
  Rippchen 338
Schwein mit eingelegtem Rettich
  und Kürbis 327
Schwein mit Gewürzsalz 342
Schwein mit Ingwer 344
Schwein mit Oliven und Garnelen 326
Schwein und Auberginen 346
Schweinebäckchen in Pflaumensauce 329
Schweinebäckchen mit Garnelenpaste 328
Schweinebauch im Lotusblatt 326
Schweinebauch in Sojasauce 388
Schweinebauch mit Bambussprossen 389

Schweinebauch mit eingelegtem Kohl 334
Schweinebauch mit fermentiertem
    Kohlgemüse 320
Schweinebauch mit knusprigem
    Ingwer 342
Schweinebauch mit knusprigen
    Walnüssen 356
Schweinebauch mit Lotuswurzel 385
Schweinebauch mit Pfeilkraut 396
Schweinebauch mit Pilzen 388
Schweinebauch mit rotem
    fermentiertem Tofu 332
Schweinebauch mit roter Trestersauce 353
Schweinebauch mit Taro 318
Schweinebauch mit Tigerstreifen 384
Schweinebauch mit Winterzwiebeln
    321, 348
Schweinebauch mit Yamswurzel 319
Schweinebauch mit zerstoßenem Reis 317
Schweinebraten mit Gluten und
    Wachskürbis 391
Schweinebrühe 91
Schweinefilet aus dem Wok 343
Schweinefilet in Knoblauchsauce 344
Schweinefilet mit Anchovis 352
Schweinefilet mit Chilisauce 353
Schweinefilet mit Essigsauce 349
Schweinefilet mit Koriander 346, 346
Schweinefilet mit Senfsauce 84
Schweinefilet mit Sesamsaat 370
Schweinefilet mit süßsaurer Sauce 348
Schweinefleisch mit Aprikosenkernen 391
Schweinefleisch mit eingelegtem
    Kohlrabi 321
Schweinefleisch mit gesalzenen
    Enteneiern 323
Schweinefleisch mit getrocknetem
    Tintenfisch 323
Schweinefleisch mit Klippfisch 322
Schweinefleisch mit Knoblauchsauce 59
Schweinefleisch mit Knoblauchstängeln
    354, 355
Schweinefleisch mit Pekingsauce 374
Schweinefleisch-Gemüse-Wontons 59
Schweinefleisch-Pak-Choi-Suppe 118
Schweinefleisch-Walnuss-Röllchen 369
Schweinelebersuppe 118
Schweineschulter auf Sojahaut 328
Schweineschulter mit chinesischem
    Lauch 372, 373
Schweineschulter mit fermentiertem
    Kohlgemüse 350
Schweineschulter mit fermentiertem
    Tofu 327
Schwimmblase-Mais-Suppe 102
Shandong-Schweinefilet 343
Shanghai-Reisschale mit
    Schweinefleisch und Gemüse 544, 545
Shanghaier Nudelsuppe mit
    Schweinekotelett 578, 579
Shiitake-Sandwiches 469
Shunde-Pfanne 484
Sojasprossen mit Hackfleisch 477
Suppe mit Schweinefleisch,
    Lotuswurzel und Oktopus 116
Suppe mit Schweinshaxe und
    Hairy Fig 114
Süßsaure Rippchen 366, 367
Teigtaschen mit Schweinefleisch 67
Tofu à la Zhu Hongwu 526, 527
Tofu-Schmortopf nach Hakka-Art 524
Tofupfanne mit Schweinefleisch 515

Tofurolle in Hühnerbrühe 521
Tofutaschen 62
Torpedobarsch mit fermentiertem
    Kohlgemüse 141
Vermicelli nach Fujian-Art 594, 595
Violetter Blätterkohl mit gepökeltem
    Schwein 354
Wasserbambus mit Garnelenrogen 458
Wels mit Knoblauch 173
Wintermelonensuppe 98
Winterzwiebeln mit Maronen 481
Wontons nach Sichuan-Art in
    rotem Öl 64, 65
Yan-du-xian-Suppe 113
Zunge aus dem Wok 356
Schweinefilet aus dem Wok 343
Schweinefleisch mit eingelegtem
    Kohlrabi 321
Schweinefleisch mit gesalzenen
    Enteneiern 323
Schweinefleisch mit getrocknetem
    Tintenfisch 323
Schweinefleisch mit Klippfisch 322
SCHWEINEFÜSSE
    Drunken Trotters 316
    Eingelegte Schweinefüße 357
    Schweinefüße in Ingwer und Essig 378
    Schweinefüße mit Salzpflaumen 372
Schweinefüße in Ingwer und Essig 378
Schweinefüße mit Salzpflaumen 372
Schweineherz mit Frühlingszwiebeln 357
SCHWEINELEBER
    Congee mit Schweineleber und Fisch 575
    Hähnchen-Leber-Schmortopf 284
    Kalte Schweineleber 316
    Kurz gebratene Schweineleber 358
    Leber mit Pökelfleisch und Schnittlauch
        359
    Schweinelebersuppe 118
SCHWEINELUNGE
    Schweinelunge-Aprikosenkern-Suppe 121
SCHWEINENIEREN
    Schweinenieren aus dem Wok 363
    Schweinenieren aus dem Wok 363
Schweineohren in Chilisauce 84
SCHWEINESCHWANZ
    Schweineschwanz-Erdnuss-Suppe 117
    Schweineschwänzchen mit weißen
        Mu-Err 377
SCHWEINEZUNGE
    Zunge aus dem Wok 356
Schwertmuscheln in Schwarze-Bohnen-
    Sauce 211
Schwertmuscheln mit Knoblauchsauce 211
SCHWIMMBLASE
    Schwimmblase mit Kohl 136
    Schwimmblase mit Shiitake 135
    Schwimmblase-Mais-Suppe 102
SEEBARSCH
    Chilenischer Seebarsch mit Honig-
        Soja-Glasur 668
    Seebarsch mit Tomaten 142, 143
    Wilder Seebarsch mit Trüffelessig 681
SEEGURKEN 697
    Seegurken mit Winterzwiebeln 236
SEETEUFEL
    Fisch süßsauer 149
SEITAN 698
    Seitan mit Maronen 481
    Vegetarische Ente 58
SELLERIE
    Jakobsmuscheln mit Spargel 228

SENFSTÄNGEL
    Corvinasuppe 108
SENSENFISCH
    Gebratener Sensenfisch 135
    Sensenfisch mit Essig 134
SESAMÖL 698
    Blumenkohl mit Paprika 442
    Hähnchen mit Sesamöl, Sojasauce
        und Wein 276
    Pflaumen-Rippchen 364
    Sautierter Kohl 438
    Schweineherz mit Frühlingszwiebeln 357
SESAMPASTE 698
SESAMSAAT 698
    Hähnchen in aromatischer Sauce 248
    Karamellisierte Walnüsse 616, 617
    Klebreiskugeln mit Schwarzer-
        Sesam-Füllung 629
    Knusprige Rouladen 368
    Knusprige Shiitake 472
    Lachende Minikrapfen 634, 635
    Rinderfilet mit eingelegten Chilischoten
        406
    Schwarzer-Sesam-Suppe 638, 639
    Schweinefilet mit Sesamsaat 370
Sha-Cha-Sauce 698
Shandong-Schweinefilet 343
Shanghai-Nudelsuppe mit Huhn 581
Shanghai-Reisschale mit Schweinefleisch
    und Gemüse 544, 545
Shanghaier Nudelsuppe mit Schweine-
    kotelett 578, 579
SHAOXING-REISWEIN
    Muscheln mit Eiern und Shaoxing-
        Reiswein 215
Shunde-Pfanne 484
SICHUAN-PFEFFERKÖRNER 698
    Andong-Hähnchen 255
    Aubergine in Knoblauchsauce 452, 453
    Bambussprossen in Chiliöl 498
    Drunken Trotters 316
    Frittierte Lammrippchen 420, 421
    Gebratenes Shandong-Hähnchen 291
    Gedämpfte Poularde mit scharfer
        Sauce 251
    Geschmorter Hakka-Schweinebauch 386
    Geschmorter Ochsenschwanz 412
    Geschmorter Ochsenschwanz in Brühe 413
    Geschmorter Tofu 503
    Guifei-Hähnchen 245
    Hähnchenflügel in Weinsauce 265
    Hunan-Schweinebauch 379
    Knusprige Lammkeule 414
    Knuspriger Schweinebauch 365
    Knuspriges Lamm mit scharfem Dip 422
    Lamm-Spieße 417
    Nanjing-Ente 300
    Nudeln mit Schweinshaxe 602
    Pikantes Hähnchen mit Sichuan-
        Pfeffer 242
    Rind mit scharfer Sauce 403
    Rinderfilet aus dem Wok 404
    Rinderfilet mit eingelegten
        Chilischoten 406
    Rinderfilet mit Mandarinenschale 398
    Rinderrippchen in Brühe 409
    Schweinebauch mit Pilzen 388
SICHUAN-PFEFFERÖL
    Geschmorter Tofu 503
SILBEROHR-PILZE
    Gleditschienfrucht-Dessert 640
    Hähnchen mit Silberohr-Pilzen 261

Schweinelunge-Aprikosenkern-Suppe 121
Silberohr-Suppe 100
SOJABOHNEN
    Eingelegte Sojabohnen 49
    Morcheln mit Kaofu 78
    Sojabohnen mit Tofu und fermentiertem Kohlgemüse 480
    Sojachips 52
SOJACHIPS 52, 698
    Baiqi-Tofu 509
    Dorsch mit Sojachips 130
    Ente mit Sojachips 294
    Krabbe in scharfer Knoblauchsauce 207
SOJAHAUT 698
    Austernrollen 76
    Garnelen-Eier-Rollen in Sojahaut 73
    Gemüserolle 522, 523
    Yamswurzel-Rollen 443
SOJAMILCH
    Tofupudding 644, 645
SOJASAUCE 698
    Sojasaucen-Hähnchen 282, 283
SOJASPROSSEN
    Gemüsebrühe 92
    Schweinedarm mit Sojasprossen 362
    Sojasprossen mit Hackfleisch 477
    Welssuppe mit eingelegtem Gemüse 103
    Wensi-Tofu-Suppe 99
Spalterbsenpudding 620, 621
SPARGEL
    Froschschenkel mit Zuckerschoten und Sellerie 228, 229
    Reis mit Lachs und Spargel 548, 549
    Spargel mit Tofu 494
SPARGELSALAT 698
    Spargelsalat 46
SPINAT
    Frittierter Spinat 457
    Gemischte Fleischbällchen 399
    Gemüserolle 522, 523
    Spinatpäckchen 457
    Tofu in duftender Sauce 503
    Wasserspinat mit Garnelenpaste 459
STECKRÜBEN
    Hähnchen mit gelbroten Taglilien 254
Steinbutt mit Tianjin-Kohl 134
Sternanis 699
STROHPILZE 699
    Gemüsebrühe 92
    Geschmorte Yi Mein 584
    Krabbenfleischsuppe mit krossen Wonton-Blättern 578
    Pampel mit knusprigen Gräten 146, 147
    Patriotensuppe 93
    Strohpilze in Austernsauce 467
    Vegetarisches Krebsfleisch 475
Suppe mit Schweinshaxe und Hairy Fig 114
Süß eingelegter Rettich 699
SÜSSE BOHNENSAUCE 699
    Enten-Schmortopf 299
    Frittierte Lammrippchen 420, 421
    Geschmortes Lammfleisch 428
    Hähnchen in Bohnensauce 272
    Hähnchenkeulen in Sauce 274, 275
    Schweinebauch mit knusprigen Walnüssen 356
    Schweinebauch mit Winterzwiebeln 321, 348
    Schweinefleisch mit Pekingsauce 374
    Ziegenbauch mit süßer Bohnensauce 415
Süßer Mürbeteig 647
Süßer Schwammkürbis-Pfannkuchen 455

SÜSSES FERMENTIERTES KOHLGEMÜSE
    Hähnchen mit süß eingelegten Senfblättern 256
    Kutteln mit süß eingelegten Senfblättern 405
    Schweinebauch mit fermentiertem Kohlgemüse 320
    SIEHE AUCH FERMENTIERTES KOHLGEMÜSE
SÜSSHOLZWURZEL 699
    Geschmorter Ochsenschwanz 412
    Guifei-Hähnchen 245
    Suppe aus geräucherten Pflaumen 616
    Vegetarische Ente 58
SÜSSKARTOFFEL-VERMICELLI 699
    Fleischbällchen 324
SÜSSKARTOFFELBLÄTTER 699
    Patriotensuppe 93
SÜSSKARTOFFELN
    Lachs Kung Pao mit Brokkoli 666
    Vegetarisches Congee mit Mais und Süßkartoffeln 490
SÜSSKARTOFFELSTÄRKE 699
SÜSSLIPPE
    Fisch süßsauer 149
    Süßsaure Rippchen 366, 367
    Süßsaurer Fischbauch 173

• T
TAPIOKASTÄRKE 699
    Gebackener Tapiokapudding 646
TARO 699
    Ente mit Taro 302
    Gebratene Abakusperlen 482, 483
    Knusprige Tarorollen 485
    Kürbis-Taro-Schmortopf 449
    Schlammkarpfenkugeln mit Taro 176
    Schweinebauch mit Taro 318
    Shunde-Pfanne 484
    Taro in Honigsauce 618
    Taro mit Pökelfleisch 490, 491
    Taropaste mit Ginkgonüssen 632
    Taropudding 493
Taropaste 699
TÄUBCHEN
    Frittiertes Täubchen 308, 309
    Geröstete Jungtaube in Portweinsauce 675
    Täubchen- und Rosenschnaps-Schmortopf 307
TAUBE
    Geräucherte Taube 310
    Taube aus dem Wok 310
Taube aus dem Wok 310
TEE
    Garnelen mit Longjing-Tee 188
    Gebratener Schweinebauch mit Teeblättern 338
    Grüntee-Wasserkastanien-Dessert 640
    Rippchen in Tee 336
    Tee-Eier 532, 533
Teerauch-Wagyu-Rindfleisch 680
TEIG
    Süßer Mürbeteig 647
TEIGBLÄTTER
    Jiaozi 70, 71
THUNFISCH
    Congee mit Thunfisch und Erdnüssen 572
    Vermicelli mit Thunfisch 599
TIANJIN-KOHL 699
    Rinderhackfleisch mit Tianjin-Kohl 393

Steinbutt mit Tianjin-Kohl 134
TINTENFISCH
    Chinapfanne nach Hakka-Art 474
    Schweinefleisch mit getrocknetem Tintenfisch 323
    Tintenfisch mit Chili und Koriander 233
    Tintenfisch mit Gewürzsalz 233
    Tintenfisch mit Schnittknoblauch 234, 235
TOFU 699
    Bagongshan-Tofu 514
    Baiqi-Tofu 509
    Chinesisches Pökelfleisch mit halbtrockenem Tofu 360, 361
    Chop Suey 492
    Eiertofu mit Schwarze-Trüffel-Sauce 532
    Eintopf mit Tofumus 512
    Fermentiertes Kohlgemüse mit Tofu 516
    Fisch-Tofu-Suppe 109
    Frittierte Tofukugeln 506, 507
    Frittierte Tofukugeln in Sauce 510
    Frittierter Tofu 516
    Frittierter Tofu mit Fischfüllung 165
    Gedämpfte Eier mit fermentiertem Kohlgemüse und Rousong 535
    Gedämpfter Seidentofu mit Krabbenfleisch 673
    Gedämpftes Schwein mit Garnelenpaste 318
    Gefüllte Kürbisblüten 449
    Geschmorte Sojahaut 505
    Geschmorter Fischkopf 139
    Geschmorter Tofu 503
    Geschmortes Lamm mit Tofu 430
    Gongbao-Tofu 511
    Graskarpfen-Tofu-Suppe 102
    Halbtrockener Tofu mit Huhn und Schinken 517
    Kalimeris-Tofu-Salat 50, 51
    Karpfenbauch auf Tofu 151
    Knusprige Tarorollen 485
    Kürbissuppe mit Wensi-Tofu 636
    Mapo-Tofu 512, 513
    Ninghua-Tofukugeln 514
    Sauer-scharfe Suppe 96, 97
    Schweinefilet aus dem Wok 343
    Schweinefilet mit Chilisauce 353
    Schweineschulter auf Sojahaut 328
    Schweineschulter mit fermentiertem Tofu 327
    Sojabohnen mit Tofu und fermentiertem Kohlgemüse 480
    Spargel mit Tofu 494
    Tofu à la Zhu Hongwu 526, 527
    Tofu in brauner Sauce 504
    Tofu in duftender Sauce 503
    Tofu mit fermentiertem Kohlgemüse 505
    Tofu mit gesalzenen Gemüsebaum-Trieben 518
    Tofu mit Gewürzsalz 520
    Tofu mit Krabbenfleisch und Krabbenrogen 518, 519
    Tofu mit Shiitake 508
    Tofu nach Xiangtan-Art 508
    Tofu-Schmortopf nach Hakka-Art 524
    Tofupfanne mit Schweinefleisch 515
    Tofupudding 644, 645
    Tofupüree 520
    Tofurolle in Hühnerbrühe 521
    Tofutaschen 62
    Vegetarisches „Krebsfleisch" mit Tofu 456
    Vizekönig-Tofu 525
    Wels mit Schwarze-Bohnen-Sauce 156

Wensi-Tofu-Suppe 99
Yan-du-xian-Suppe 113
Yangzhou-Tofusalat 522
Ziegen-Tofu-Schmortopf 427
Ziegenfleisch im Schmortopf 431
Tofu à la Zhu Hongwu 526, *527*
Tofu nach Xiangtan-Art 508
Tofu-Schmortopf nach Hakka-Art 524
Tofupfanne mit Schweinefleisch 515
TOMATEN
    Frittierte Wontons 60, *61*
    Goldstreifen-Meerbrasse mit Tomaten 154
    Handgezogene Nudeln 592
    Nudelsuppe mit Tomate und Eiern 580
    Rindfleischnudeln nach Taiwan-Art 576, *577*
    Seebarsch mit Tomaten 142, *143*
    Tomaten mit Rührei 450
    Tomaten-Blanc-Manger 661
    Welssuppe mit eingelegtem Gemüse 103
Tong Chee Hwee 679–681
TORPEDOBARSCH
    Gedämpfter gesalzener Torpedobarsch 131
    Torpedobarsch mit fermentiertem Kohlgemüse 141
TRESTERSAUCE 700
    Gebratenes Hähnchen mit roter Trestersauce 289
    Rippchen mit roter Trestersauce 335
    Schweinebauch mit roter Trestersauce 353
Trockenfisch 700

• U
Üppige Eiercreme 624

• V
Vegetarische Ente 58
Vegetarische Nudelsuppe 581
Vegetarisches „Krebsfleisch" mit Tofu 456
Vegetarisches Congee mit Mais und Süßkartoffeln 490
Vegetarisches Krebsfleisch 475
Vermicelli mit Bratene in Suppe 582, *583*
Vermicelli mit Thunfisch 599
Vermicelli nach Fujian-Art 594, *595*
Violetter Blätterkohl mit gepökeltem Schwein 354
Vizekönig-Tofu 525

• W
WACHTEL
    Geschmorte Wachtel 311
WACHTELEIER
    Jakobsmuscheln mit Wachteleiern 225
WALNUSSKERNE
    Hähnchen mit Walnüssen 260
    Karamellisierte Walnüsse 616, *617*
    Rinderfilet mit Hickorynüssen und Schwarzer-Pfeffer-Glasur 670
    Schweinebauch mit knusprigen Walnüssen 356
    Schweinefleisch-Walnuss-Röllchen 369
    Walnüsse in Weinsauce 634
    Walnusskekse 654, *655*
    Walnusssuppe 638, *639*
WASABI
    Hähnchensalat mit Wasabi 47
WASSERBAMBUS 700
    Wasserbambus mit Garnelenrogen 458
WASSERKASTANIEN 700
    Fleischbällchen mit Klebreis 330, *331*
    Frittierte Garnelenkugeln 74, *75*
    Fuzhou-Lychee-Fleischbällchen 340, *341*
    Garnelenfrikadellen 186
    Gebratene Fleischbällchen 339
    Gefüllte Shiitake 478
    Geschmorter Flussbarsch 162
    Getrocknete Austern im Salatblatt 220
    Grüntee-Wasserkastanien-Dessert 640
    Scharfes Hähnchen 264
    Schweinefleisch mit getrocknetem Tintenfisch 323
    Wasserkastaniensuppe mit Osmanthuszucker 626
    Ziegen-Tofu-Schmortopf 427
WASSERKASTANIENMEHL
    Gedämpfter Sesamkuchen 625
WASSERSCHILD 700
    Wasserschild-Suppe 99
WASSERSPINAT 700
    Wasserspinat mit Garnelenpaste 459
    Wasserspinatsuppe 95
Watanabe, Joel 682–683
Weichschildkröte mit Huhn 237
WEIN
    Geschmorte Rinderbrust mit Rotwein 408
    Walnüsse in Weinsauce 634
Weiße Suppe mit Fisch und Ei 101
WEISSER MU-ERR 700
    Schweineschwänzchen mit weißen Mu-Err 377
WEISSER UMBER
    Chaozhou-Bratfisch 132
WEIZENKÖRNER
    Congee mit Klebreis und Weizen 574
WEIZENSTÄRKE 700
WELS
    Geschmorter Wels 161
    Gedämpfter Fisch in Lotusblättern 155
    Wels mit Knoblauch 173
    Wels mit Schwarze-Bohnen-Sauce 156
    Welssuppe mit eingelegtem Gemüse 103
Westsee-Rindfleischsuppe 122, *123*
Wilder Seebarsch mit Trüffelessig 681
WINTERMELONEN 700
    Frittierter Tofu mit Fischfüllung 165
    Krebssuppe mit Wintermelone 110
    Wintermelonen-Kombu-Suppe 98
    Wintermelonen-Sandwiches mit gedämpftem Schinken 488
    Wintermelonensuppe 98
    Wintermelonen-Sandwiches mit gedämpftem Schinken 488
WINTERZWIEBELN 700
    Klebreisbällchen mit Schwein und Winterzwiebeln 604, *605*
    Lamm-Pies 419
    Schweinebauch mit Winterzwiebeln 321
    Seegurken mit Winterzwiebeln 236
    Winterzwiebeln mit Maronen 481
Winterzwiebeln mit Maronen 481
Wontons nach Sichuan-Art in rotem Öl 64, 65
WONTON-BLÄTTER 700
    Frittierte Wontons 60, *61*
    Garnelen-Wonton-Suppe 104

    Geschmorte Ente mit Wontons 304
    Krabbenfleischsuppe mit krossen Wonton Blättern 578
    Schweinefleisch-Gemüse-Wontons 59
    Wontons nach Sichuan-Art in rotem Öl 64, 65
WURST *SIEHE* CHINESISCHE WURST; ENTENLEBERWURST
Würziger Rauchfisch 149

• X
Xin-Zhu-Reisvermicelli 700
Xo-Sauce 701

• Y
Yakbutter 701
YAMBOHNEN 701
    Gemischter Salat nach Shunde-Art 462
    Hähnchen mit Yambohne 268
    Kurz gebratenes Rinderfilet mit Yambohne 404
YAMS *SIEHE* CHINESISCHE YAMSWURZEL
Yan-du-xian-Suppe 113
Yangzhou-Tofusalat 522
YI MEIN 701
    Yi Mein mit Pilzen und chinesischem Pökelfleisch 584, *585*
YUNNAN-SCHINKEN 701
    Yunnan-Schinken in honigsüßer Sauce 332

• Z
ZACKENBARSCH
    Gedämpfter Zackenbarsch 132, *133*
    Geschmorter Schwanz vom Zackenbarsch 140
    Zackenbarsch mit Shiitake und Frühlingszwiebeln 138
ZHUHOU-SAUCE 701
    Geschmorte Rippchen und Sehnen 410, *411*
    Hähnchen in Zhuhou-Sauce 257
ZIEGE
    Geschmorter Ziegenbauch 432
    Ziegen-Tofu-Schmortopf 427
    Ziegenbauch mit süßer Bohnensauce 415
    Ziegenfleisch im Schmortopf 431
ZITRONEN
    Eingelegte Schweinefüße 357
    Meeräsche mit Salzzitronen 150
    Meeräsche mit Zitrone 151
Zitronengras 701
ZUCCHINI
    Wilder Seebarsch mit Trüffelessig 681
ZUCKER
    Karamellisierte Walnüsse 616, *617*
    Mungobohnensuppe 633
    SIEHE AUCH OSMANTHUSZUCKER
ZUCKERSCHOTEN
    Garnelen im Nest 192, *193*
    Jakobsmuscheln mit Spargel 228
ZUCKERSCHOTEN
    Garnelen mit Zuckerschoten 496
    Shiitake mit Bambussprossen 464
Zunge aus dem Wok 356
ZWIEBELN
    Ente mit Zwiebeln 295

BIBLIOGRAFIE

Ang, Audra. *To the People, Food Is Heaven: Stories Of Food And Life In A Changing China.* Lyons Press, New York, 2012.

Anhuisheng, Zhiliangjianduju. „Zhongguo huicai baiozhun" 中国徽菜标准 [Standardwerk zur Anhui-Küche]. Anhui Kexue Jishu Chubanshe, 2009.

Barclay, Eliza. *Chow Under Mao: Surviving China's Cultural Revolution on Local Food.* http://www.npr.org/sections/thesalt/2012/01/19/145456950/surviving-chinas-cultural-revolution-on-seasonal-local-food, 2012.

Chen, Mengyin. „Yuecai suyuan lu" 粤菜溯源录 [Geschichte der Kanton-Küche]. Yinshi Tiandi Chubanshe, 1989.

ders. „Shijing Vol. 1–5" 食经 一至五册 [Shijing Volumes 1-5]. The Commercial Press, 2008.

CIA The World Factbook. https://www.cia.gov/library/publications/resources/the-world-factbook.

Claiborne, Craig & Lee, Virginia. *The Chinese Cookbook.* André Deutsch, London, 1973.

Dikötter, Frank. *Mao's Great Leap to Famine.* http://www.nytimes.com/2010/12/16/opinion/16iht-eddikotter16.html, 2010.

Dunlop, Fuchsia. *Every Grain of Rice: Simple Chinese Home Cooking.* Bloomsbury, London, 2012.

dies. *Sichuan Cookery.* Michel Joseph, London, 2001.

Dunlop, Fuchsia. *The Revolutionary Chinese Cookbook.* Ebury Press, London, 2006.

Farrer, James (editor). *The Globalization of Asian Cuisines: Transnational Networks and Culinary Contact Zones.* Palgrave Macmillan, 2015.

Gong, Sasha & Seligman, Scott D. *The Cultural Revolution Cookbook.* Earnshaw Books, 2011.

Hahn, Emily. *The Cooking of China.* Time-Life Books, 1968.

Höllmann, Thomas O. *The Land of the Five Flavors: A Cultural History of Chinese.* Columbia University Press, 2014.

Hom, Ken & Huang, Ching-He. *Exploring China: A Culinary Adventure.* BBC Books, London, 2012.

Hong, Lihe. „Gan cai xin pu" 赣菜新谱 [Neue Rezepte der Jiangxi-Küche]. Jiangxi Kexue Jishu Chubanshe, 1997.

Jing, Hong & Wu, Hua. „Jingdian yinshi zhanggu" 经典饮食掌故 [Klassische Küchenanekdoten]. Baihua Wenyi Chubanshe, 1991.

Jisheng, Yang. *China's Great Shame.* http://www.nytimes.com/2012/11/14/opinion/chinas-great-shame.html, 2012.

Li, Kai & Feng, Yong. „Chuancai chushi shouce" 川菜厨师手册 [Handbuch der Sichuan-Köche]. Sichuan Kexue Jishu Chubanshe, 2010.

Li, Xiin. „Chuancai pengren shidian" 川菜烹饪事典 [Lexikon der Sichuan-Küche]. Sichuan Kexue Jishu Chubanshe, 2009.

Li, Zhaoxia, „Zhongguo miandian cidian" 中国面点辞典 [Chinesisches Nudellexikon]. Shanxi Science and Technology Press, 1991.

dies. „Zhongguo pengren jifa cidian" 中国烹饪技法辞典 [Lexikon der chinesischen Küchentechniken]. Shanxi Science and Technology Press, 2014.

dies. „Zhongguo Shicai cidian" 中国食材辞典 [Lexikon der chinesischen Zutaten]. Shanxi Science and Technology Press, 2000.

Liu, Feng Tong, „ Zhongguo caipu daquan" 中国菜谱大全 [Rezeptsammlung]. Tianjin Science and Technology Press, 2014.

Liu, Junru. *Chinese food.* Cambridge University Press, 2011.

Liu, Zihua. „Liu zihua chuancai dajiangtang" 刘自华川菜大讲堂 [Liu Zihuans Sichuan-Vorlesungen]. Yanbiandaxue Chubanshe, 1991.

Pan, Yingjun, „Yuechu baodian shicai pian" 粤厨宝典食材篇 [Zutaten der Kanton-Küche]. Lingnan Meishu Chubanshe, 2009.

ders. „Yuechu baodian weibu pian" 粤厨宝典味部篇 [Rezepte der Guangdong-Küche]. Lingnan Meishu Chubanshe, 2009.

Perry, Neil. *Balance & Harmony: Asian Food.* Murdoch Books, Sydney, 2000.

Reilly, Fiona. *Essential Shanghai Street Food: 14 Must-eat Dishes.* http://www.seriouseats.com/2015/05/essential-shanghai-china-street-food-dishes.html, 2015.

Shun Wah, Annette & Aitkin, Greg. *Banquet: Ten Courses to Harmony.* Doubleday, 1999.

Simoons, Frederick J. *Food in China: a cultural and historical inquiry.* CRC Press, Boca Raton, 1991.

Sun, Jiaxiang and Zhao, Jianmin. „Zhongguo lucai wenhua" 中国鲁菜文化 [Shandong-Küche]. Shanxi Kexue Jishu Chubanshe, 1991.

Xiao, Fan. „Zhongguo pengren cidian" 中国烹饪辞典 [Lexikon der chinesischen Küche]. Zhongguo Shangye Chubanshe, 1992.

Xue, Jiachen. „Sushi lueshuo" 素食略说 [Kurze Abhandlung zum Vegetarismus]. Zhongguo Shenge Chubanshe,1984.

Yao, Haiyang. „Zhengzong kongfucai" 正宗孔府菜 [Authentische konfuzianische Gerichte]. Shandong Kexue Jishu Chubanshe, 1991.

ders. „Jiachang lucai" 家常鲁菜 [Volkstümliche Shandong-Küche]. Shandong Kexue Jishu Chubanshe, 2010.

Young, Grace & Richardson, Alan. *The Breath of a Wok.* Simon & Schuster, New York, 2004.

Zhang, Faming. „Jingchu shicui" 荆楚食萃 [Rezepte der Hubei-Küche]. Hubei Keji Chubanshe, 1988.

Zhang, Yunfu. „Zhongguo fo zhai" 中华佛斋 [Buddhistisch-vegetarische Gerichte]. Qingdao Chubanshe Youxiangongsi, 2014.

Zhongguo Pengren Baikuanshu. „Zhongguo da baikequanshu chubanshe" 中国烹饪百科全书 [Sachwörterbuch chinesische Küche]. China Encyclopedia Publishing House, 2000.

Zhongguo Pengren Xiehui. „Zhongguo pengtiao jifa jicheng" 中国烹调技法集成 [Chinesische Küchentechniken]. Yinshi Tiandi Chubanshe, 2006.

ANMERKUNGEN

- Butter ist immer ungesalzen.
- Gemüse und Früchte sind groß, Eier haben die Größe M, wenn nicht anders angegeben.
- Milch ist immer Vollmilch, wenn nicht anders angegeben.
- Knoblauchzehen sind immer groß; bei kleinen Knoblauchzehen zwei Stück verwenden.
- Eine frische Krabbe ist immer eine Salzwasserkrabbe, wenn nicht anders angegeben.
- Wir empfehlen dringend die Verwendung eines Kochthermometers. Zum Prüfen der Öltemperatur beim Frittieren einen Würfel altbackenes Brot hineingeben. Wenn er in 30 Sekunden braun wird, beträgt die Temperatur 180–190 °C und eignet sich für das meiste Frittiergut. Gehen Sie bei Rezepten mit potenziellen Gefahrenquellen wie hohen Temperaturen und offener Flamme ganz besonders umsichtig vor. Lassen Sie insbesondere beim Frittieren das Gargut vorsichtig ins Öl gleiten, um Spritzer zu vermeiden, tragen Sie langärmelige Kleidung, und lassen Sie den Wok oder Topf niemals unbeaufsichtigt.
- Gar- und Zubereitungszeiten dienen nur der Orientierung, da jeder Ofen und Herd anders heizt. Wenn Sie einen Umluftherd verwenden, befolgen Sie die Herstelleranweisungen zur Ermittlung der richtigen Ofentemperaturen.
- Einige Rezepte enthalten rohe oder angegarte Eier. Diese sollten von älteren Menschen, Säuglingen, Schwangeren, Kranken und Menschen mit geschwächtem Immunsystem gemieden werden.
- Manche Rezepte enthalten Zutaten, die bei falscher Zubereitung oder übermäßigem Verzehr schädlich wirken können, beispielsweise roten fermentierten Reis, Ginkgonüsse und Aprikosenkerne. Diese sollten von älteren Menschen, Säuglingen, Schwangeren, Kranken und Menschen mit geschwächtem Immunsystem gemieden werden.
- Ginkgonüsse können in großen Mengen giftig sein. Erwachsene sollten nicht mehr als acht Stück pro Tag verzehren.
- Alle Löffelmaße sind gestrichen. 1 Teelöffel = 5 ml; 1 Esslöffel = 15 ml.
- Wo keine Mengen angegeben sind, beispielsweise bei Öl, Salz und Kräutern zum Abrunden von Gerichten, sind die Zutaten nach eigenem Ermessen flexibel zu verwenden.

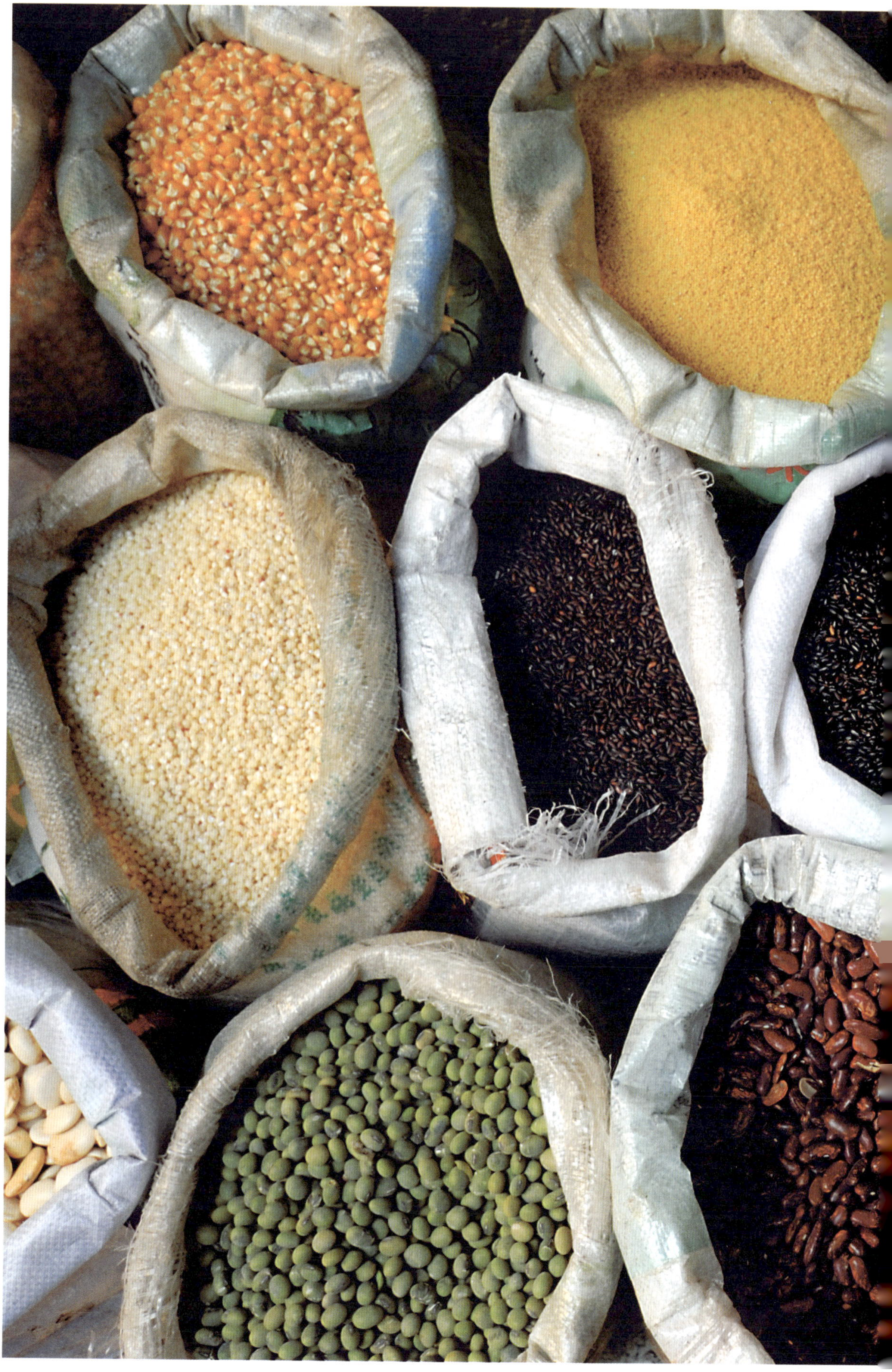